陈桥驿先生（1923—2015）

国家出版基金项目
NATIONAL PUBLICATION FOUNDATION

中国国家历史地理

陈桥驿全集

【第十二卷】

陈桥驿 著

人民出版社

目　录

论文　序言

书评　回忆　散记

其　他(讲话　发言　书信　诗词)

论文　序言

《徐霞客与〈徐霞客游记〉》序

　　全国纪念徐霞客诞辰400周年筹备委员会于1983年在江苏无锡召开,我忝为委员之一出席了这次会议,在会议发言中提出了"徐学"。后来参观江阴徐霞客故居,委员们在江阴马镇受到江阴领导和故居父老的热情接待,却不曾料到还有一个在故居即席题词的节目。我实在是仓卒临阵,在洁白的宣纸上面,来不及有什么思考,执笔濡墨,写下了一首劣诗:

　　　　郦学渊源长,徐学后来昌,

　　　　郦学与徐学,相得而益彰。

　　当时写这4句,是因为我自己毕生略涉郦学,即景生情而随意拼凑的。后来才知道,"徐学"一名从此普遍流行,实为我初料所未及;而这门学问随即出现的繁荣发展,当然使我踌躇满志。

　　其实在出席无锡筹委会以前,我对徐霞客其人其书,所知相当肤浅。我是一位历史地理学者,丁文江先生整理的《徐霞客游记》,当然长期插架于书房之中,但不过作为一般参考书,间或浏览抽阅而已。不仅自己对此"奇人奇书"没有特殊留意,而学术界在这方面的研究成果和动态,也并未随时关心。但无锡筹委会以后,这个长期以来相对冷漠的学术领域,发生了骤然的改变,学术界对于徐霞客及其《游记》的研究,一时风起云涌,形成了一种热潮。几种校注精详的《游记》版本和其他研究成果大量出版,而且长江后浪推前浪,徐学研究的势头方兴未艾,确实鼓舞人心。而像我这样以往并不热衷于此的人,在徐学界推动之下,也勉力以赴,参与了这方面的一些研究工作和学术活动。

在徐学研究蓬勃兴起,许多有关著述纷纷问世以后,我立刻发现,朱惠荣教授是这个领域中功底深厚、成果出众的重要学者。记得是1991年,徐霞客逝世350周年国际纪念活动在桂林举行,我在这次活动的大会发言中作了即席发言。除了表达我对当时徐学研究的发展前景感到快慰以外,我特别指出,徐学研究在今后当然需要扩大研究领域,但其基础显然是《游记》。当时,包括丁文江本在内,《游记》已经有了几种版本,美籍李祁教授整理的英文本《游记》"The Travel Diaries of Hsu Hsia-Ko"也已经到了我手上,但是我认为,朱惠荣教授整理校注的《徐霞客游记》,是我读到的最佳版本。此后不久,惠荣教授应贵州人民出版社特邀的《徐霞客游记全译》4册又接着出版,并且蒙他寄赠给我。

对于惠荣教授在徐学研究特别是《校注》和《全译》两书中的造诣和贡献,我想借用徐学界的老领导、老前辈、前中国徐霞客研究会会长江牧岳先生的话来加以说明。江老在其《勤奋求实开拓创新——有关建立良好学风的对话》(《徐霞客研究》第5辑,学苑出版社1999年版)一文中,高度称赞了惠荣教授的徐学研究,他说:"朱惠荣教授是一位学术上卓有成就的史学家,也是一位成绩卓著的徐学专家。"对于我在桂林大会发言中所说的版本,江老的表彰是:"增补了不少新的注释,而且用简化汉字横排,因而更受青年读者的欢迎。"江老并且特别提出了朱教授《全译》一书的贡献:"90年代,朱教授循着为广大读者服务这一思路,又对《游记》进行了全译。阅读这部全译《游记》,其考证之精细,文字之朴实,令人感佩,说明作者实事求是、精益求精的严谨治学态度。可以想见,这部上百万字的全译《游记》,花去了作者多少日日夜夜。这部全译《游记》受到广大读者的欢迎是理所当然的。"

现在,惠荣教授的徐学新著《徐霞客与〈徐霞客游记〉》已经完成,行将问世。这部煌煌巨构实在是近20年来徐学研究的学术总结,承前启后,继往开来,是这个学术领域中的一块众所瞩目的里程碑。我有机会先睹书稿,真是不胜荣幸。全书分成上篇、中篇、下篇、补篇4部分。上篇"文化瑰宝《徐霞客游记》",是从文化价值上阐述此书之"奇";中篇"时代先驱徐霞客",是从时代意义上论证此人之"奇";下篇"徐霞客的科学成就",揭示霞客学术研究的精神与方法,为后辈树立做学问的榜样;补篇"徐霞客著作的文献学价值",罗列霞客包括《游记》在内的各种著作,从文献学角度拓展后辈为学的眼界。而在导言中畅论当前的徐学研究,惠荣教授以其广泛全面的搜罗,深入细致的剖析,诚恳热情的赞赏,虚怀若谷的自谦,综论了徐学研究的现状和特点。以此一篇作为全书的导言,细细体味,实在是他的一种殚精竭虑的策划。读竟此篇,感慨至深,从局部来看,在这近 20 年中包括我在内的所有为徐学研究添过一砖一瓦的人,都在此篇中获得鼓励和表扬,但是从整体来看,实在也是作者对徐学界每一位同仁的由衷期望和殷切鞭策。目的当然是为了徐学研究的欣欣向荣,蒸蒸日上。

前面提及在 1983 年的无锡筹委会上,我使用了"徐学"这个名称、但当时我对"徐学"实在很不了解。我之所以写下了"渊源长"和"后来昌"的话,正是说明,对于《水经注》,我胸有成竹;而对于《徐霞客游记》,我心头无数。"后来昌"只是表达了我的一种希望。但是此后不过几午,由于看到了徐学发展的壮阔声势和美好前景,我的思想就发生了很大变化。1991 年,已故香港著名郦学家吴天任教授以其多年耕耘的成果《郦学研究史》索《序》于我(台湾艺文印书馆 1991 年版),我在那篇《序》中又以郦学和徐学相比,写了一首小诗,与 1983 年在徐霞客故居所写的一首就很不相同了:

郦学与徐学,渊源并悠久,

地学两相辉,山河喜同寿。

写此 4 句,转瞬又逾 10 年,10 年之中,目睹徐学的兴旺发达,如今又得拜读惠荣教授的精湛力作,令人精神振奋。惠荣教授与我私谊甚笃,而在学术上,他治徐学,我治郦学,也算是一种因缘巧合。年来频频为他人著作撰《序》,常常感到是一种负担,但此次为惠荣教授作《序》,心情实如故友重逢,抵足长谈,感到不胜愉快。祝贺此书的出版,并以徐学界成员的身份,向惠荣教授的辛勤耕耘致谢。

2002 年 9 月于浙江大学

原载《徐霞客与〈徐霞客游记〉》,中华书局 2003 年版

《诸暨揽胜》序

《诸暨揽胜》编撰就绪，行将公开问世，读竟全稿，令人踌躇满志。

我对《诸暨揽胜》的满腔赞赏，除了它本身的优异特色以外，也包含我对诸暨的情有独钟在内。我虽然籍非此邑，但我与它的关系，确实不同寻常。前年，当我从诸暨市风景旅游局欣获汤江岩景区的开发消息以后，曾经随赋一首七律：

> 也算半个暨阳人，生平竟未闻汤岩。
>
> 开卷得知洞壑秀，闭目能摹山水真。
>
> 五指擎天天不坠，千佛落地地有缘。
>
> 我欲乘风飞去看，胜景从来非等闲。

此诗首句"也算半个暨阳人"出自我的内心，包含了我写这个地方的两种关系。第一，因为我们家族在历史上是从枫桥迁到绍兴的，尽管时隔数百年，但追本溯源，诸暨仍是我的寻根之地。第二，也是特别重要的，我在生平求学，从小学到中学，曾经获得许多诸暨籍恩师的作育栽培。尤其是抗日战争时期，省立绍兴中学迁移到枫桥花明泉。此校名师毕集，其中有不少是诸暨籍的。上世纪 80 年代，《光明日报》曾约请若干学人编撰一套《中学生丛书》，我在其中一册《中学集》内，称道当年绍兴中学的教师阵容，提及此校至少有 5 位教师，是以自己编著并正式出版的教科书讲授的，这 5 位，恰恰都是诸暨籍老师。前年，我的诸暨籍恩师姚轩卿先生遗著《蠡斋随笔》在北京燕山出版社出版，我受其哲嗣姚越秀女士之嘱，为此书写了《序言》，文中回忆当年姚师的教导："身教言教,师范可教";"道德学问,一代师表"。

我和诸暨存在这样的情结,而现在又读到如此一套内容覆盖全境,文字生动流畅的集子,使我溯昔抚今,遐想连绵,并且为其地其书感到不胜快慰,无比自豪。《诸暨揽胜》以宣传诸暨"风景旅游"为主旨,但实际上对合邑的人地事物兼容并蓄,包罗了全境从远古到现代的全部自然和人文,它不仅有裨于诸暨的风景旅游,而且展示了这块渊源古老的土地上的全部历史文化,不愧是既富于披览情趣,又具有收藏价值的珍品。

《诸暨揽胜》以内容相对独立的 5 大块,其一是《西施寻踪》。我有幸沾西施之光,长期执教于"淡妆浓抹总相宜"的西子湖边。但我在思想上一直不曾虑及"淡妆浓抹"之类的辞藻,而是把她视作女中人杰。如我在上世纪 90 年代重编的《苎萝西施志序》中所说:"今日为西施修志,推崇其高尚人格与无私精神,于事为大;而议论其故里山川与容貌姿色,于事为小。"也就是书中《张夬和苎萝志》篇中所说的:"张夬在《苎萝志》中歌颂西施的爱国精神。他认为西施之所以能沼吴,不仅是因为她的天生丽质,而主要是靠她的一颗爱国热心。"十几年以前,我有幸参加重建西施殿的开光典礼,而如今殿区又进一步扩建,美轮美奂,气派非凡,其外观当然令人钦羡,但此殿内涵显然比外观更为伟大。在中国历史上,远离故国,委身外邦而后人为其建祠立庙的女子,除了西施以外,还有王昭君和文成公主,但后两人都不过充当了一个强大王朝安抚边疆小国的角色,而西施则是一位弱小国家抗御强邻的先驱。所以西施与西施殿虽然属于诸暨,却也属于中国的传统文化,这是到此参观瞻仰的游客们值得深思和崇敬的。

《诸暨揽胜》其二是《五泄胜景》,这是诸暨得天独厚的旅游自然资源,而且同样也累积了深厚的文化。在现存古籍中,首先记及五泄的是《水经注》,《渐江水注》在描述了景区的全貌以后说:"此是瀑布:土人号为'泄'也。"这一句的重要价值与《越绝书》卷三"越人谓船为须虑",卷八"越人谓盐为余"一样,为我们难得地保留了一个古代越语词汇。汉语"船",越语称"须虑"。汉语"盐",越语称"余",而汉语"瀑布",越语称"泄"。由于越人在秦一统以后流散,语言消亡,至今我们只能在地名与人名知道一些这个民族的常用词音,如我在《中国的非汉语地名》(《中国方言》1993 年第 3 期)一文中述及的古代越语地名,"常用无、句、乌、朱、姑、余等字音",对越语中的一般词汇,所知实在极少,除了《越绝书》提供的"须虑"和"余"以外,五泄胜地,单凭这个"泄"字,就可以看到它的深厚文化渊源。何况这个景区其本身确实不同凡响。越语称它为"泄",汉语比越语当然丰富多彩。上世纪 80 年代,我在游览了这处胜地后,也曾随意凑成一首七绝:

　　五级飞清千嶂翠,西龙幽壑东龙水。

老来到此绝胜处,脚力尽时山更美。

我作此诗,既是为了纪念久已慕名的五泄之游,也是为了纪念《水经注》对这个景区的细致论述。越语称瀑布为"泄",《水经注》称瀑布为"飞清",都是独一无二的,可称我国语言中的双绝。

读了《诸暨揽胜》中的《斯宅民居》,使我久久回忆抗日战争时期颠沛流离中曾在此村一宿的往事。那是民国三十一年(1942)年初,在逃避了一次日军的流窜以后,回到当时绍兴中学所在地嵊县崇仁复学,浙赣线当时只能通车到安华,我们同学四五人从安华步行去崇仁,因我有一位同窗好友孙源滢,也因战乱而从诸暨县城迁避到斯宅,他曾几次邀我,如道经斯宅到他家住宿。所以那次曾在此村住宿一晚,并且略睹这座古村的容貌。时隔整整60年,2002年春,我们夫妇承诸暨旅游局之邀,再次访问了这座古村,风貌依旧,而千柱屋已经荣列国家级文保单位,感慨之余,我又随赋一绝:

风风雨雨六十年,斯宅不改旧容颜。

有缘再访千柱屋,顶天立地存人间。

我在诗中虽以"顶天立地"称誉这座古民居,却还不曾想到它已经载誉海外。去年12月,由于日本国际文化研究中心的热情邀请,我们夫妇去京都访问讲学,住在市内最豪华的皇家旅馆。由于京都正在举行一个"东方城市形态及城市史"国际学术讨论会,从欧美各国来的东方学家不少,在寓次休息室闲谈,偶然提及诸暨斯宅古民居,竟获得不少国际东方学家的关注。我的学生钟翀君,正在京都大学人间环境系修博士学位,竟决定陪同我们回国,并随即到斯宅考察,承旅游局石裕堂先生陪同,到千柱屋等处考察竟日。他返回前告诉我此行收获不小,认为此村古民居价值甚巨,决定在春间再次前来作更为详细的考察研究。《斯宅民居》的出版,必将引起国际东方学家的重视。

《诸暨揽胜》中的《枫桥古镇》对我来说当然是非常关注的。枫桥不仅是个古镇,而且是个声名远扬的大镇。旧绍兴府的境域包括八邑,大小集镇很多,但府境内长期流行"上有枫桥,下有柯桥"的谚语。枫桥镇在八邑中的地位,于此可见一斑。此外,浙江省内的古镇所在多有,但历史上曾经建县的却很罕见,枫桥是其中之一,以此一端,更足以说明此镇的重要。我对枫桥的特殊感情当然可以理解,除了家族的根源以外,如前所说,特别重要的是我曾在此求学两年,受到不少诸暨籍名师的教导,对我毕生为人为学,都有重要意义。往年陈炳荣先生编撰《枫桥镇志》,我承邀为该志作序,许多话已在序中讲清,这里就不再赘述了。

《诸暨揽胜》最后还有《诸暨名产》,作为宣传一个地方风景名胜的专著,地方"名产"当然是不可或缺的,也是游客们所关心的。地方名产其实就是土特产,它们同样是旅游资源中的重要组成部分,对于地方旅游业的发展,具有锦上添花的价值。诸暨是个文化古城,此处"名产",不仅反映了它的深厚文化渊源,同时也表现了在地方文化的坚实基础上,诸暨人民依靠他们的优越文化素养,不断提高名产的质量和知名度。从此书所列项目中可以清楚看到,诸暨名产不仅精益求精,而且推陈出新。

《诸暨揽胜》的出版,必然会促进诸暨旅游业的发展,所以在此序之末,我还想对慕名而来的游客们提出一个建议。假使你们有充裕的旅游时间,那就可以人手一套《诸暨揽胜》,然后按书索骥,从容游赏,饱览全邑名胜古迹,尽情享受秀丽山水风景,并且从中获得许多有益知识。对于时间并不宽裕的游客,除了择地而游以外,请不要忘记去看看博物馆。这是一座修造在原来是荒草蒿莱的山坡上的建筑,屋宇堂皇,内容丰富,它是县(市)级博物馆中的翘楚。我曾于去年对此馆作过一次考察,收获确实不小,它是诸暨历史文化的浓缩,也是现在出版的《诸暨揽胜》的实物版。游客们到诸暨,切勿失之交臂。

2003 年 1 月于浙江大学

原载《诸暨揽胜·斯宅民居》,方志出版社 2003 年版

《百年校志》序

　　人类社会的文明进步和文化发展，是一种渐进的积累过程。用地质学和古生物学的语言说，在哺乳动物的灵长目群类中，人的出现始于第四纪之初，距今 250 万年，已经经历了更新世和全新世的漫长地质年代。用考古学和历史学语言说，原始人类是经过了旧石器时代和新石器时代的蒙昧岁月，然后才跨入历史时代的。从茹毛饮血到现代，在这种绵远漫长的渐进积累过程中，人类的发展，除了天赋的特质以外，主要的成就来自教育。

　　远古的教育是一种口口相传的简单行为。上一代人通过身教言教的形式，把自己一代的知识和经验，传递给下一代人。比如择树营巢、钻木取火等等之类。这种形式的教育，持续了一个很长时期，而终于让人类从这种渐进的积累中走出蒙昧时代。由于文明进步和文化发展，人类开始按自己的语言创造了文字，原始的文字当然是粗糙和幼稚的，以后就不断地获得改进和提高。所有这些，其核心也是教育，教育让人类获得了创造文字的能力，而文字又推动了教育的进展。

　　从代代相传的教育过程中，人类终于从史前时代迈入了历史时代。教育，从此成为一个神圣的词汇，一门深邃的学问，一种崇高的事业。在全世界，各个不同地区的民族和国家，都出现了一些先知先觉的聪明人，他们洞察教育的重要性，从而诞生了不少伟大的教育家。在中国，众所周知的就是春秋时代的孔子，他毕生勤奋好学，知识渊博，并且精通教育的道理。他说："我非生而知之者，好古敏以求之者也。"（《论语·述而》)他深知人生在世,随时随地都具有和应该接受教育的机会,即所谓:"三人行,必有我师焉。择其善者而从之,其不善者而改之。"(《论语·述而》)择善而从,知过而改,这就是孔子对所有受教育者的训诲。他提出"有教无类"(《论语·卫灵公》)的伟大教育思想,主张对一切人都给以教育,实际上也就是一切人都需要接受教育。他毕生教书育人,有学生3000余人。在他的学生中,也出现了许多知识渊博的教育家,承前启后,建立了我国数千年来尊师重教的优秀传统。

后汉的郑玄也是一位值得景仰的教育家。他的教育思想可以用《后汉书》本传中所说:"述先圣之原意,整百家之不齐"一语概括。他所处的时代是儒家思想受到高度崇敬的时代,但他说此语的意思,除了尊儒以外,还具有通过教育手段,让受教育者在道德学问、处世为人等方面有一种公认的准则。作为人师,他严格要求自己"研赞勿替"(《本传》)原文作"研识勿替",宋刘攽注:案文义,赞当作钻)。他毕生教育了大量学生,《后汉书》记载,在其60高龄时,他的弟子"自远方至者数千"。他去世时,"自郡守以下尝受业者缞绖赴会千余人"。他的教育思想和实践,于此可见一斑。

除了上述两例以外,在中国历史上,著名教育家先后相继。由于这些先贤的倡导,历代以来,教育一直是我们国家民族的命脉所系。晚近以来,特别值得崇敬的伟大教育家就是我们家乡的蔡元培(1868—1940)。他出身光绪进士,翰林院编修,具有深厚的汉学渊源;以后又留学德国,游历考察,足迹殆遍东瀛和欧洲,积累了丰富的西学根底。所以论知识经验,他是一位古今皆精,中外兼通的文化巨人。他毕生为政为学,功勋卓著,而教育实为他全力倾注的事业。从家乡的中西学堂监督到北京大学校长,他以超群的中西学识功底和非凡的实践经验,提出了"思想自由,兼容并包"的教育思想。在中国教育的固有基础上,他吸取西方教育的先进成果,把当时的中国教育拓展到一个新的领域。既实现了与国际教育的接轨,也保存了华夏的优越国粹。对于传统的孔子"有教无类"思想,他是拳拳服膺的。他既重视提高,以紧跟世界科学的发展步伐;又大力普及,以增进全民的文化素质。他主持中央研究院,策划领导高层次的科学研究;同时也发动学制改革,推行义务教育,实行小学男女同校等措施。在这方面,我的深切体会,就是他对《幼学琼林》的增补。《幼学琼林》是一部从清代以来普遍流行的儿童启蒙读物,内容兼括自然、人文、历史、地理等等。我儿时诵读此书,即是经过他增补的本子。例如在第一卷"混沌初开,乾坤始奠"之末,就由他按原书的骈文体例,加入了不少近代的地球和地理的知识,全书4卷,每卷都经过他的这种悉心增补,至今我还能约略背诵,心领神会。

在中国教育史上,蔡元培的教育思想和实践,具有划时代的意义。作为他家乡的绍兴,我们既以这位出于桑梓的教育先贤而引以为荣,更应兢兢业业。学习并继承他的教育业绩。而其实,正是因为他当年对家乡的关怀和影响,绍兴近代的教育事业显然不同凡响,取得了优异的成绩。蕺山中心小学《百年校志》的编纂出版,就是这方面的生动例子。

对于这所经历不凡的学校,《百年校志》以前的年代,也很值得我们追溯。按《越绝书》记载,越王句践七年(前490)建立其首都山阴小城,今绍兴市区的龙山、蕺山、塔山,是大越古都位置恒定不变的地理坐标。而蕺山这座高不过50余米的孤立山丘,以后竟与越中的文化教育结下了不解之缘。公元12世纪后期,山阴学者韩度在此山讲学。及至明季,证人书院创建于此山,著名学者刘宗周讲学于此,他提倡"敬诚"、"慎独",成为"蕺山学派"的创始人。这位被《明史》写下8000余言长传的一代宗师,因此而被尊称为"蕺山先生"。清康熙后叶,终于以"蕺山先生"之名而创建了蕺山书院,而当时的一代名流如全祖望、蒋士铨等,都曾讲学于此。作为大越古都坐标的蕺山,从此又成为越中文化教育的标志。我当年就读于省立绍兴中学,在上世纪二三十年代,此校是绍兴的最高学府,而校歌的第一句就是"蕺山风高"。蕺山之幸,也就是越人之幸,人杰地灵,令人精神振奋。

前面已经介绍了几位中国历史上的著名教育家,为了联系近代教育,最后还拟介绍一位著名的西方教育家,即捷克的夸美纽斯(Johann Amos Comenius 1592—1670)。他的教育思想:"把一切事物教给一切人,"这当然是孔子早已提出的,但是他所创导的班级授课制度,无疑是世界教育史上的重大贡献,是现代学校诞生的基础。值得欣慰的是,夸美纽斯在欧洲创立他的先进教育制度以后,不过200多年,绍兴有史以来第一所"班级授课"的公立普通高等小学堂就于清光绪二十八年(1902)在蕺山开学。这是绍兴教育史上得风气之先的创举,溯昔抚今,令人踌躇满志。

现在,这所承蕺山先生刘宗周遗风,得家乡伟大教育家蔡元培关爱,而又培育出诸如陈建功、范文澜等著名现代学者的学校,欣逢百载大庆,出版《百年校志》。这当然是绍兴教育史上一件意义深远的大事,为特谨书数言,以表祝贺。

2003年11月于浙江大学

原载《百年校志》,少年儿童出版社2003年版

《山海经解》序

张步天教授多年耕耘的成果《山海经解》18 卷（附《山海经地理图解》2 卷、《山海经校勘》1 卷）①行将问世。原稿 6 大册，年初寄到我手上。这一年中，稍有空闲就读，终于在年底前读竣。我生平不治《山海经》，对于此书的点滴知识，是在研究《水经注》时获得的，所以其实是一知半解。步天教授的原稿，给予我毕生花最多时间学习此书的机会。

中国历史悠久，古籍浩瀚。根据韩长耕教授《中国编纂文集之始和现存最早的诗文集〈昭明文选〉的研究与流传》②一文中的统计，中国古代文献包括现存的和有目无书即散佚的，大概不下 15 万种，而其中尚存世流传可供披览检证的，也仍在 12 万种以上。而《山海经》这种先秦古籍，能够幸存流传，且不论此书的价值如何，毕竟总是我国历史文化上的一宗难得遗产。自从《汉书·艺文志》著录此书以来，我们看到不少前人对此书的研究成果。仅从注释来看，首先当然是晋郭璞注《山海经》，他不仅注释了此书，并且还为此书留下了一种后来广泛流传的版本。我往年曾经浏览过的版本，除了郭本以外，主要是清吴任臣的《山海经广注》、毕沅的《新校正山海经》和郝懿行的《山海经笺疏》。我所藏的所有古籍在"十年灾难"中被洗劫一空，但灾难以后我又设法搜求了郭、毕、郝 3 本，作为我手头的常用古籍。上述各种版本，当然都是历来学者的研究成果，但与步天教授的研究成果相比，《山海经解》显然已经远远地超过了他们。《山海经解》无疑是我所见到的《山海经》的最佳版本。

《山海经》并不是学术界研究的热门，但近代以来，研究此书的学者却也不少，其中应该提及的是郑德坤教授。他在其所著《中国历史地理论文集》③卷首《自序》中有一段话述及此书研究：

> 三十年代初期，作者在燕京大学开始参加学术研究工作，前后经许地山、顾颉刚、洪煨莲、张星烺诸老师的指导鼓励，对古代几种重要的舆地图书从事整理研究。第一课题是校读《山海经》，将历代关于这本古书的版本注疏搜集齐备，作整体的检讨。伏案两寒暑，成《山海经研究》一稿，长百三十余万言。时上海神州国光社创办伊始，主持人来北京征稿，经顾师介绍，把原稿交给他带回上海出版。不意排校未半，即逢日本军阀对我国发动军事侵略，一九三一年占领东北，次年进攻上海，炮轰闸北，神州国光社中弹被毁，《山海经研究》一稿遂陪同印刷工厂成为抗日战争中的牺牲品。

今郑氏论文集中尚有《山海经及其神话》和《山海经及邹衍》两文，此两文因为均在北京的刊物中发表，所以得到保存。不过因为《自序》不曾说明，两文是否也收入于沪战被毁时的《山海经研究》之中。又因被毁书稿长达130万言，其中除了如同收入论文集一类的研究成果以外，是否也有版本的疏证，由于《自序》亦未言及，所以也不得而知，这当然是《山海经》研究史上的一种很大损失。按郑氏《自序》："一九三一年秋，我研究院毕业，顾、洪二师约我留校，任哈佛燕京社研究生，并指导以《水经注》为研究对象。"郑氏的《水经注》研究成果非常丰硕，曾为我所经常参考。为此我推想，假使其《山海经研究》不毁于战火，步天教授一定可以从中获益。为了尊重前辈的辛勤研究，所以在此说明一下。

我在前面已经提及《山海经》一书的价值问题，说了"且不论此书的价值如何"的话，这是因为历来学者对此书颇有不同看法。《汉书·艺文志》最早著录此书，但提出此书之名实始于《史记》，司马迁在《大宛列传》文末说："故言九州山川，《尚书》近之矣。至《禹本纪》、《山海经》所有怪物，余不敢言之也。"司马迁对《山海经》除了"不敢言之也"以外没有举例挞伐，但对于后来亡佚的《禹本纪》，他提出了尖锐的批评："《禹本纪》言：河出昆仑，昆仑其高二千五百余里，日月所相避隐为光明也。其上有醴泉、瑶池。今自张骞使大夏之后也，穷河源，恶睹《本纪》之所谓昆仑者乎？"

司马迁的时代和今天不同，是一个神话和传说流行的时代，神话、传说只要不是太离谱，人们是能够接受的。《禹本纪》对这座无中生有的昆仑山的渲染，实在太神乎其神，而太史公手头恰恰有张骞的实践资料。于是他就对此书重拳出击。在全部130篇中，使用这样的语调是不多的，说明在他的眼中，《禹本纪》实在太胡说八道。而其实，《海内西经》所描绘的昆仑山，又何异于《禹本纪》。

太史公对《山海经》的批评,在后世有极大的影响,直到郭璞在晋代为此书作注时,他的《序》中开头就指出:"世之览《山海经》者,皆以其闳诞迂夸,多奇怪俶傥之言,莫不疑焉。"宋胡应麟在《少室山房笔丛》中说《山海经》是"古今怪语之祖"。胡应麟按他的社会和学术地位说这样的话,当然具有比较广泛的代表性,因为"子不语怪力乱神",④这是儒家们尊奉的信条,所以《山海经》在古代的上流社会中,一直有被贬低的倾向。

但是在历史上,《山海经》也有获得重视的一面。首先是刘向歆父子能够整理此书,而且上之朝廷,这是此书获得流传后世的重要关键。刘秀(歆)在《上山海经奏》中把此书的渊源说得十分崇高:"禹别九州,任土作贡,而益等类物善恶,作《山海经》接圣贤之遗事,古文之著明者也。"这篇奏文中并且列举了此书的实用价值:"孝武皇帝时,常有献异鸟者,食之百物,所不肯食。东方朔见之,言其鸟名,又言其所当食,如朔言。问朔何以知之,即《山海经》之所出也。孝宣皇帝时,击磻石于上郡,陷,得石室,其中有反缚盗贼械人。时臣秀父向为谏议大夫,言此贰负之臣也。诏问何以知之,亦以《山海经》对。"刘秀最后在奏文上把此书大大地吹嘘了一番:"朝士由是多奇《山海经》者,文学大儒皆读学以为奇,可以考祯祥变怪之物,见远国异人之谣俗。"刘秀的这番话对后世也发生了影响,后汉初的王充,他对不少远古的神话传说表示怀疑,常以雄辩的议论加以驳正,但对太史公"不敢言之"的《山海经》却情有独钟。《论衡·别通篇》附和了刘秀的奏文:"董仲舒睹重常之鸟,⑤刘子政晓贰负之尸,皆见《山海经》,故能主二事之说。使禹益行地不远,不能作《山海经》;董、刘不读《山海经》,不能定二疑。"

《山海经》能够流传后世的另一重要原因,是因为它进入了我国历史上的第一种正史著录《汉书·艺文志》。班固作此志,图书分类基本上把刘氏《七略》简化为《六略》。在全部著录的600余家、13000余卷古籍之中,《山海经》的身份还是不高的。既不能与四书五经和《太史公百三十篇》那样地录入《六艺略》,也不够与儒道墨法之流并列,录入《诸子略》,而是屈居《数术略》中,排在"蓍龟"、"杂占"之后的"形法"一类中。当然,能够挤入《汉志》著录,毕竟是此书得以传至其人的有利条件。

此书的流传后世,显然也有晋郭璞所作的贡献。此书的怪诞,传钞阅览都有困难,是流传的不利条件,郭氏整理而作注释,当然有利于流传。明杨慎在其《山海经后序》中说:"汉刘歆《七略》所上,其文古矣,晋郭璞注释所序,其说奇矣。此书之传,二子之功与。"这话是恰如其分的。

班固著录此书于《数术略》"形法类",在当时确实符合此书身份。因为刘秀上奏文中所称道此书两事,实在都是怪诞奇谈。刘所云东方朔通晓的"异鸟"与后来王充说的董仲舒所见"重常之鸟",据郭璞所注《山海经序》中,知此鸟乃是"毕方"。"毕方"是什么鸟? 此书《西次三经》、《海外南经》和《海内西经》中均有论及。《西次三经》说:"章峨之山……有鸟焉,其状如鹤,一足,赤文青质而白喙,名曰毕方,其鸣自叫也,见则其色有讹火。"就是这样一件怪物。至于"贰负之尸",《海内西经》说:"贰负之臣曰危危,与贰负杀窫窳,帝乃梏之疏属之山,桎其右足,反缚两手与发,系之山上木。"而为贰负臣所杀的窫窳,《海内西经》也有说法:"窫窳者,蛇身人面,贰负臣所杀也。"此事郝懿行在笺疏中也已议论其非。今天看来,当然荒唐不经。但汉人推崇此书的,正是这些离奇故事,所以班固的著录不讹。

到了后汉,人们开始发现,此书价值其实不在《海外》、《海内》、《大荒》诸篇,与刘氏和王充不同,人们终于看到了此书在记叙山川水利方面的价值,而《五藏山经》才是全书的主体。《后汉书·王景传》记及,因王景修治黄河水利有功,帝"乃赐景《山海经》、《河渠书》、《禹贡图》"。此3书并列,说明朝廷人士,对《山海经》的观念已经有所改变。人们对《山海经》的看法,晋郭璞注释此书,卷首《序》中,仍然炫耀"若乃东方朔晓毕方之名,刘子政辨盗械之尸"的荒谬故事。一直到唐初,于志宁、李淳风修《隋书》诸志,《山海经》在《经籍志》中才得与《水经》、《三辅黄图》等并列,作为"以备地理之记焉"的地理书著录。这就说明,《五藏山经》作为此书主体的观念已经得到了确认。从此以后,《山海经》其书性质,才得摆脱形法、志怪、小说之流,在主要的公私著录中,它都取得了地理书的身份。对于《山海经》来说,这种转变实在至关重要,因为它在学术上给予此书最长久的生命力,为此书以后的广泛流传和深入研究创造了有利条件。

前面说到,《山海经》不是学术界研究的热门,所以历史上的研究成果不多,刘氏父子包括在奏文中提及的东方朔、王充以及他提及的董仲舒,他们都可以算作古代的《山海经》研究者,当然是由于时代的原因,他们研究兴趣在"毕方"和"贰负之尸"之类。班固纂《汉书·艺文志》,著录此书于《数术略》,即是从前人"毕方"、"贰负"之类的研究中所作的图书分类。于志宁、李淳风纂《隋书·地理志》,着眼于《五藏山经》,因而著录此书入地理类。这些都是古人对《山海经》的研究。

入清以后,由于考据之学兴起,所以清人的《山海经》研究着重于版本的校勘和文字的疏证,但对此书在观念上也有所创新,例如毕沅于乾隆四十六年(1781)在其校本的《序》中说刘秀和郭璞"皆不可谓知《山海经》"。而郝懿行于嘉庆九年(1804)在其校本的《序》以具体事例证明《海外南经》和《海外西经》是"后人所羼"。孙星衍于乾隆四十八年(1783)为毕沅校本作《后序》,指出:"自汉以来,未有知《山海经》为地理书。"而称道毕沅:"考证地理则本《水经注》,而自九经笺注、史家地志、《元和郡县志》，无不征也。"说明清人在《山海经》研究中已经摒弃了"毕方"、"贰负"之类而着重于地理，对于《五藏山经》为此书祖本而其余诸篇是"后人所属"的观念也渐次明确。当然，在校勘、疏证工作中得出的吴任臣、毕沅、郝懿行 3 种传本，也是清人《山海经》研究的重要贡献。

清人的《山海经》研究，从观念到版本，都为近代的《山海经》研究奠定了基础。近代，或者说近百年以来，学术界对此书的研究，确实获得了前所未有的成就。在前代研究的基础上，近代学者的《山海经》研究，显然在几个首要的方面向前跨了很大的一步。

对于《山海经》的作者和成书年代，这是一个长期来以讹传讹的问题。禹益之说始于刘氏上奏，郭璞注释此书，《序》中仍尊刘氏奏文，郦道元多次引用此书，他在《庐江水》篇中也说："按《山海经》创之大禹，记录远矣。"从《隋书·经籍志》、《两唐志》到《通志·艺文略》，其著录都称郭璞注（或撰），其实就是承认此是禹益之书。前面提及清人《山海经》研究在观念和版本上的成绩，但对于作者，仍然因循旧说。

禹益作书的陈腐旧说，直到近百年的研究中才被否定。而在学者们否定这种旧说的过程中，也出现过若干与旧说同样离奇的说法，例如何观洲在《山海经在科学上之批判及作者之时代考》[6]文中，认为此书是战国人邹衍所作，而卫聚贤在《山海经的研究》[7]文中，坚信此书是印度人的作品。何、卫两氏的观点当然不能为学术界所接受，但是我认为在打破长期因循的旧说这一点上，他们的大胆假设，在学术讨论上仍然具有进步意义。因为要推翻一种长期僵化了的传统观念，其间总有一个过程，在开始活跃起来的学术界思想中，必然会出现一些与传统观念同样使人难以置信的东西，这些后起的不经之谈，在学术讨论中最后会被淘汰，但是他们在撼动僵化的旧观念的堕落和促进正确的新观念的形成方面，都曾经起过推动作用。

对于《山海经》的作者和著作年代，陆侃如的《论山海经的著作时代》[8]一文，是近代学者中发表的较早而可以作为讨论基础的论文。他的意见大致是，《山经》是战国时楚人所作，《海内外经》为西汉（《淮南》以后刘歆以前）时的作品，《大荒》、《海内》则是东汉、魏晋（刘歆以后郭璞以前）时的作品。陆氏的意见虽然与以后学者的议论存在不少分歧，但其中有两个基本论点与以后各家的议论一致，即是第一，《山海经》非一人一时之作，各篇究为何人所作，无法具体查明；第二，《五藏山经》是此书最早完成的部分，是战国时代的作品。

近代《山海经》研究的另一重要进展是彻底摒弃了"毕方"、"贰负"一类的奇谈怪论，而把注意力集中在《五藏山经》之中。不仅确立了它在全部《山海经》中的主体地位，并且把研究引向其中的山川地理。侯仁之教授在《中国古代地理学简史》第三节论述我国最古的地理著作时指出:"《山经》也叫《五藏山经》,是有名的《山海经》中成书最早的一部分,也是最重要的一部分。"其他如王成组教授也说:"《五藏山经》是西汉末年才通行于世的《山海经》一书中最古老的部分。"⑨谭其骧教授在其《论五藏山经的地域范围》⑩一文中有一段重要的议论:

> 《五藏山经》简称《山经》,是《山海经》全书中最平实雅正的一部分。它不像《山海经》的其他部分(《海外南西北东经》、《海内南西北东经》、《大荒东西南北经》、《海内经》)那样,形式上是地志,内容则以记载神话为主,而是从形式到内容都以叙述各地山川物产为主,尽管也杂有神话,比重不大。所以《山海经》其他部分可以说都是语怪之书,而《五藏山经》则无疑是一部地理书。

谭氏的这一段话,具有向学术界号召加强《五藏山经》研究的意义。而事实上,对于《五藏山经》记叙的山川地理的研究,特别是对于这些山川地名的具体地理位置的研究,近代学者确实作了很大的努力,获得不少有价值的成果。当然其中还存在分歧,并且也有若干一般学者不能接受的假设。例如上述谭氏论文中所提及的上世纪50年代吴承志的《山海经地理今释》,他把《西山经》的地域解释远达外蒙古、黑龙江和东西伯利亚,《东山经》远达奉天、吉林、黑龙江、朝鲜、日本和俄属远东地区与库页岛。谭文还引及一位名叫爱德华·维宁的外国学者,他把《东山经》的记叙,释作北美洲和中美洲的一些地区,他把《东次三经》的无皋之山,指为加利福尼亚州的圣巴巴拉的两座山头,在山上"南望"所见的"幼海",指实为圣巴巴拉海峡。像上述吴承志和爱德华·维宁的研究,许多人都会感到吃惊。不过我倒是认为,《山海经》是一部性质特殊的古代文献,在研究过程中,有些学者对它发生特殊的想法,这是不足为怪的。记得在好几年以前,云南省的扶永发先生与我通信,向我叙述他对此书的不同观点,并且寄给我大作。我已经不能详细回忆他的议论,但他对《五藏山经》记叙山川所作的解释,与我们一般设想的轮廓,显然有很大出入,是另外一种格局。但我仍然复信给他,鼓励他按自己的思路继续研究。

这里还拟穿插一件我所略悉的近代《山海经》研究的新闻。大约二三年以前,一位素不相识的马来西亚学者丁振宗先生写信给我,他是在欧洲学习物理学的,退休后回马来西亚,致力于《山海经》的研究。他认为此书中有许多现代科学甚至超现代科学的内涵。我由于并不研究《山海经》,更缺乏他所具有的理科素养。因为知道步天教授对此书造诣甚深,所以把这位丁先生介绍给步天教授,并欣知他们曾经相互通信。最近忽然看到在上海出版的《古籍书目》第145期(2001年9月28日出版),原来丁先生的大作《破解山海经——古中国的X档案》一书已在中州古籍出版社出版,其书有39万余字,500余页。中州出版社的介绍是:

　　几乎没有人怀疑这部原藏于皇宫档案里的典籍是一部神话作品,因为《山海
经》实在太离谱太离奇。因为它记录这长脚的鱼、会飞的猛兽、双头人……等等
荒诞故事。

　　但有人不这样认为,就像本书作者丁振宗先生,丁先生以丰厚的近代物理学、
化学知识,力求破解这本书的真实奥秘。于是作者笔下的那些怪兽奇鱼、西王母、
黄帝统统变幻成航天飞机、太空人、导弹……更让人不可思议的是,丁先生认为
《山海经》里记录的是 6700 万年前的一场太空人核子大战。

　　读了这一段介绍,学术界许多人一定不知所措。前面提到近代的《山海经》研究
已经彻底摒弃了"毕方"、"贰负"之类,但丁先生的研究却又远远超越了"毕方"、"贰
负",所以实在无法评价。据我所知,在国内研究《山海经》的学者,都没有对外层空间
研究经历,我们所知道的还是地球上的事。丁先生所说 6700 万年,在地球上正是中生
代的末期,是各种恐龙灭绝的时代。地球上的人类要到第四纪才出现。所以丁先生书
中的"太空人核子大战",当然是"外星人"的战争。这显然不是像我这样一个孤陋寡
闻的可以置评的。何况我还没有看到丁先生的原著,上面所说的只是中州古籍出版社
在《古籍新书目》中所写的介绍。因为在《山海经》研究中,这确实属于一种新闻,而且
我与丁先生曾经有过通信之谊,所以在这里写此一段。

　　前面已经指出,《山海经》研究在学术界不算一个热门。明杨慎在其《山海经后
序》中曾有"读者疑信相半"的话。实际上直到今天,至少在我接触的学术界圈子里,
还有些人对此书不屑一顾,所以我应该在此表示我对此书的看法。我个人如前所说并
不研究此书,对此书实无心得。但是我确实是看重此书的。这是因为第一,此书从历
代水火兵燹中幸存下来,历时如此之久,虽非一人一时之作,但至今仍是完帙。从学术
界来说,用得上此书的领域不大,但从历史文化来说,它无疑是我国的一宗宝贵财富。
第二,根据学术界的基本共识,此书最早的部分是成书于战国时代的《五藏山经》,是
我国历史上最早的地理书。它不仅是全书的主体,也是全书最有价值的部分。作为历
史地理学界的一员,我非常赞赏学术界对于《山海经》特别是《五藏山经》的研究。

　　我对《山海经》研究的另一种意见是,我们研究《山海经》特别是《五藏山经》,在
研究中复原其中的山山水水,这当然是重要的,而且也是近代研究中很有成就的。但
是我们在研究中也有必要考虑这是一本先秦古籍,其作者除了牵强附会的禹益以外,
近代学者也有不同的看法,例如顾颉刚的说法就比上述陆侃如所说更为可信。他说:
"《禹贡》作者的籍贯同《山海经》作者一样,可能是秦国人,因为他对于陕西、甘肃、四
川间的地理最明白,其次是山西、河北、河南。"[11]不管顾氏的假设是否能够肯定,但作
者是北方人而不是南方人,这是没有疑问的。一位北方人在那个时代,怎能确切地知

道南方的山川地理呢？谭其骧教授在其《山海经简介》[12]一文中说："《山海经》所载山川，大部分是历代巫师、方士、祠官的踏勘记录，经长期传写编纂，多少会有所夸饰，但仍具有较高的正确性。"这话当然确实，但《山经》成于战国，当时南方还是"南蛮缺舌"的天下，北方的巫师、方士、祠官是到不了这片土地上来的。不要说班固记载的南方山川知识根据一些书面材料和道听途说，到了郦道元的时代，他还只能老实承认："东南地卑，万流所凑，涛湖泛决，触地成川，枝津交渠，世家分歧，故川旧渎，难以取悉，虽粗依县地，缉综所缠，亦未必一得其实也。"[13]毕沅在其校本《序》中也说："《南山经》且山可考者为鹊山、句余、浮玉、会稽诸山，其地汉时为蛮中，故其他书传多失其迹。"所以对于近代学者在《五藏山经》记叙的山川地名位置、道里等的研究及相互间的争论，我一方面非常赞赏，另一方面也存在对此书不求甚解的心态。这种心态反映在我的一篇小文章《庐江水》[14]中，下面抄录拙文中的一段：

> 《水经》的《庐江水》和《渐江水》均钞自《山海经》。《海内东经》说："渐江出三天子都，在蛮（案郝懿行本作"其"）东，在闽西北，入海余暨南。庐江水出三天子都，入江彭泽西，一曰天子彰"。但《海内南经》则说："三天子彰山，在闽西北，一曰在海中。"中国古代有些地理书，如《山海经》，如《穆天子传》，当然不是说它们没有价值，但是对它们之中的每一个地名，都像现代地名一样地确信其存在就未免过分天真。上述三天子都就是这样的一个例子，因为首创这个地名的《山海经》，在《海内东经》和《海内南经》中就彼此径庭。三天子都在什么地方，《山海经》的作者显然也是根据当时的传说。因为直到《汉书·地理志》，对于南方的河流，还是相当模糊的。《汉志》丹阳郡云："渐江水出南蛮夷中，东入海。"班固没有用"三天子都"这个地名，说明他对这个地名就持怀疑态度。所有这些早期的地理书的作者都是北方人，他们对于南方的山川地理，所知实在很少。但后来有些学者，在渐江江源已经了解的情况下，反过来把渐江江源所出之地定为三天子都，这实在和汉武帝把于阗南山定为昆仑山一样地可笑。

拙文中对于"汉武帝把于阗南山定为昆仑山"一句，我在同书的《昆仑》一篇中已有解释，不再赘述。由于我对《五藏山经》的这种不求甚解的心态，所以我很钦佩俄罗斯学者维拉·德洛芙娃对《山海经》的研究。因为我认为，对于《五藏山经》中记载的山川地理的看法，我与她基本一致。她在《山海经的地域形制观念》[15]一文中说：

> 在《山海经》中，虽然有细致的地形描绘，也记载了后一个地名对于前一个地名的具体方位及相距里程，给人一种地理事实的印象。但笔者认为，这种记载仍是依据了一种空间组成观念。这种观念十分复杂并丝丝入扣，使《山海经》跳不出一个地形图的框框。东西方诸学者研究《山海经》大多致力于考证文本中的地

名及地望,并众说纷纭。但问题在于当时的实际地理事物并非按照文本中的方位、距离那样系统而精致地排列,这表明努力寻求文中地名的最精确的地望并不是一种全然有效的解决办法。

不妨用另一种方式来还原《山海经》中的地理空间的构成:毋需太多地关心某一地名的精确的地理位置,而是设法探索《山海经》中的地理世界是如何整体构成、组合起来的。这里,我认为有两种模式可以来概括《山海经》中地理事物的构成,一种是'栅格系统'(a grid system),另一种是'同轴方形结构'(a system of concentric squares)。

但是,不管用怎样的观点看待《山海经》,也不管把研究重点放在《五藏山经》或此书全部。学术界众所共见的是,对此书的研究近百年来发生了一种划时代的跃进。无论从此书的作者和著作年代,版本的演变历史,全书名篇的渊源来历,《五藏山经》在全书中的独特地位及其所记叙的山川地理和博物、掌故之类的解释,都在很大程度上摒弃了传统的旧观念,使《山海经》研究成为一门包罗自然和人文的综合性科学,并且还展示了任重道远的前景。

如上所述,近百年来的《山海经》研究,其成果称得上丰富多彩,但人所共见的缺陷是,我们还缺乏一种超越前人的版本。这种版本,不仅要汇集从晋郭璞以来的研究成果,更重要的是要把近百年来的研究成果吸收进来。

前面已经指出,郭璞是此书得以流传的重要功臣。由他所注释的版本,从公元3世纪到19世纪,几乎成为此书的范本。但郭注且不论其正确性如何,内容显然单薄粗略,如谭其骧教授所说:"郭璞注《山海经》,对各山所在,只有极少数几个注以今地,极远诸山一般都不注。"入清以后,考据之学兴起,现在通行的版本,如吴任臣、毕沅、郝懿行诸本,在注释的详尽方面,虽然一本胜于一本,但不必说因为时代所限,这些本子的注释缺乏新意,所以后人颇有批评。郝本阮元《序》说:"吴氏广注,征引虽广,而失之芜杂;毕沅校本,于山川考校甚精,但订正文字,尚多疏略。"郝本因其晚出,注释量确实超过吴、毕两本,但在后人看来,仍感不够精审。如上述谭文所说:"清代吴任臣的《山海经广注》、毕沅的《山海经新校正》、郝懿行的《山海经笺疏》,基本上都不超过《水经注》所提到的范围。"案郝书成于清嘉庆九年(1804),至今已近200年。《山海经》研究在近百年中已经走出清人考据的窠臼,有了不少耳目一新的成果。但从版本来说,我们仍不过是旧书重印,尽管如前所说,此书在学术界流通的领域不大,但版本的长期停滞,毕竟令人遗憾,当然不利于《山海经》研究的发展。

现在,步天教授终于以其《山海经解》开创了此书的版本上的崭新局面。此书不仅包罗了历代学者的成果,特别重要的是全面地吸收了近百年的研究进展。此书对

《山海经》的研究,从书名、篇名、山川名、各种事物名以及语句词汇、版本差异等等,都查核古今文献作了考证。以博物为例,《山海经》全书记及的动植物和矿物为数极多,前代的注释者有的不加注释,有的牵强附会。当然,书内记叙的博物并非都实有其物,《大荒》诸篇尤为荒诞。但其中有不少是可以按地理位置和记载的性状加以研摩考实的。步天教授在这方面就下了很大工夫。他博览近百年的研究成果,加上他自己的钻研,凡书内博物可以查究的,都尽可能按现代动植物分类学及矿物学加以核实。动物查明其纲、科,植物查明其属、种,并用拉丁文二名法表明。矿物则查明其化学成分。使这部流传几千年的古籍与现代接轨。

步天教授是一位成就卓著的历史地理学家,所以在《山海经》的地理学属性和《五藏山经》为全书主体这个问题上,他是十分坚定的。为此,在他对此书的大量注释之中,山川地理显然居于最重要的地位。而且其所释常能言简意赅,引征确凿,使这些山川的具体位置在现代地图上落实。例如《中次三经》"又东十里曰騛山……正回之水出焉,而北流注于河"。他的解释:"騛山与正回之水均见《水经·河水注》。郦道注称騛山为'疆山东阜也',疆山即青要山,此山为其东阜,与本经记'又东十里'正合。騛山地望在今河南新安县北。"又如《中次七经》"又东南十里曰太山……太水出于其阳,而东南流注于没水,承水出于其阴,而东北流注于没。"他的解释是:"经文'太山',吴任臣本作'泰山'。此太山并非《东次四经》太山,据所出之水考计,当在今河南省郑州东。"全书中像这样简明确切的考证很多,不胜枚举,好在其书就要问世,我也不再赘述了。

步天教授此书的另一重要特色是,在各篇比较关键或历来说法纷纭之处,他常用《张案》表达自己的意见。《张案》之中,常有通过他长期研究的精辟见解。例如《西次二经》记述的"女休山下":"有鸟焉,其状如翟而五采文,名曰鸾鸟,见则天下安宁。"《张案》"鸾、凤同为古人崇尚之鸟,并非实有之物种,本条所记之'鸾',当系'五采文'之翟,女休山在周人发祥地,鸾为瑞鸟,见则太平,也是古人善良愿望与祈求平安之反映。"又如他在《西次三经》对于此篇中反复出现的昆仑神话的案语:"昆仑山为《山海经》重要地名,地望多说,内涵丰富,大致可分确指与泛指二类。""地望多说,内涵丰富",实在是非常精练恰当的意见。前面已提及拙著《郦学札记》中的"昆仑"一篇,此外,我还在拙著《水经注地名汇编说明》[16]中《山岳》一篇详细说明昆仑山的渊源来历,正是步天教授解释的:"地望多说,内涵丰富。"

步天教授今年年初寄的全部原稿,信中又附有他正在从事的《山海经概论》总目。他既嘱校于我,又谅我年迈事多,给予我一年限期。我与步天教授结交已逾15年,深知他年轻时代蒙受的"五七"之灾以及在坎坷处境中的执著于做学问的经历。他的为学与为人，都足以作为这一代知识分子的表率。所以接稿以来，确实拳拳于怀。由于既有研究生的课务，又有早已约定的写作任务和许多学术活动，一年期限校阅这样一部皇皇巨构，实感难以完成。为了不让此书的出版受到影响，只好尽量利用时间，例如四月份去洛阳出席学术会议并访问郑州黄河水利委员会，7月份去天水参加学术活动等，我都随带此稿在宾馆挤时间阅读。8月份又摆脱其他工作，回绍兴老家寓次专心校读逾月，才算勉强读毕。所以我的校阅工作实在是很粗略的。

步天教授嘱我"全方位审校"。我虽然努力读完全稿，但在落笔写校语的问题上，却又颇感犹豫。前面已经提及我对这部成书迈远的古籍抱有一种不求甚解的心态，现在，步天教授对各本之间和其他文献引及的语句字汇，已经作详细的校核，我认为此稿在这方面足敷学术界使用的需要。其实，片字只语的异同，特别是在《海外》、《大荒》诸篇中，这种差异对于利用此书从事研究工作的学者并不重要。从历史地理学的观点来看，《五藏山经》记叙的山川地望，不仅各家颇有争议，而且在今后的研究工作仍然重要。步天教授或许因为我是研究《水经注》的，所以在其"全方位审校"下所提及的四项要求，第一项就是"与《水经注》互证处"。这里，我领会他的"互证"一词，此"互证"当非文字的校勘。郦道元可以说是历史上第一位利用《山海经》做学问的人，他在其所撰《水经注》中，引及《山海经》近130条。他所引文字与当时最流行的郭璞校本，若干处已有差异，但意义并无出入。所以各本间的文字校勘包括郦注引文与各本的差异，只要文意不悖，实在并不重要。

《山海经》与《水经注》都是古代地理文献，步天教授所嘱的"互证"，显然重在地望。谭其骧教授在其《论五藏山经的地域范围》一文中有一段话发人深省："郦道元《水经注》在叙次某山某水时往往引证《山海经》，远比郭注所及为多，其地域范围亦较广大。南抵今广西桂林西北洛清江发源处（《南次三经》祷过山），西北抵今新疆巴音郭楞州天山北（《北山首经》敦薨山），北抵今内蒙古察右前旗（《北次二经》梁渠山），其余各方略同郭注。自此以后直到清代吴任臣的《山海经广注》、毕沅的《山海经新校正》、郝懿行的《山海经笺疏》，基本上都不超出《水经注》所提到的范围。"

由此可知，《五藏山经》记叙的山川，在地望研究中，《水经注》所引，实在超过吴、毕、郝诸本，步天教授显然也看到这一点。所以我在校阅中，不仅无意于文字的咬嚼，在地望方面也撇开其他诸本而独钟郦注。按郦注所引的百余条《山海经》，其引用方式并非一律。有的全文引用，有的省略引用，有的只提一山一水之名，与《山海经》印证。上述3种，只需要两本对勘，便可一望而知。第四种引用的是提出《水经》与《山海经》的不同，其实并不引及《山海经》文字，如《水经》卷三十三《江水一》经"又东过江阴县南，洛水从三危山，东过广魏洛县南，东南注之"注："《山海经》不言洛水所导。"

即是其例。最后一种郦注所引《山海经》文字，为郭璞以来的各本所佚。如《中次八经》、《中次十一经》、《海内经》都记及的"衡山"，《水经》卷三十八《湘水经》"又东北过重安县东，又东北过酃县西，承水从东南来注之"注："湘水又北迳衡山县东，山在西南……《山经》谓之岣嵝，为南岳也。"此处《水经》所引"岣嵝"，今各本在上述三篇中都不见"岣嵝"之文。但《初学记》[17]却也有此文，说明郦氏所见之本，唐初犹在。郝本《海内经》"南海之内有衡山"下："郝行案：郭注《中次十一经》衡山云，今衡山在衡阳湘南县，南岳也，俗谓之岣嵝山。宜移注于此。"说明郝氏《笺疏》，既未核郦注，亦未校《初学记》。除了上述 5 种以外，《水经注》所引《山海经》，与现存各本对勘，有一字一词之异者也常有所见，但我认为这些都是无关紧要的。

我在校阅中曾经与各本作过对勘，步天教授引及的各种古今文献，凡我手头所有，也都一一查核；手头所无，曾嘱几位研究生查对。但最后决定所有这些都不出校。主要是因为我对此书如上所述的不求甚解的心态，而从地望研究的角度来说，上述俄国学者维拉·德洛芙娃的意见，也是很有见地的。鉴于我所崇敬的前辈谭其骧教授对郦注引征《山海经》的称赞，为此，我在步天教授稿中出校的，只是郦注所引的百余条文字，抄录郦氏引文，[18]分别插入我所认为适当的各篇相关文下，以供地望研究者参考。其实，对于南方各地的山山水水，郦注所引，我也不全盘同意。我之所以出校，是为了替研究者提供一点线索，便于他们的鉴别思考。

《山海经》是一部很有价值的古代地理文献，步天教授在此书研究中的成就值得称道。校读之余，拉杂写此一篇，既推赞此书的问世，也预祝步天教授《山海经》研究其他几个课题获得更大的成就。

2001 年 12 月于浙江大学

注释：

① 我校读的是《山海经解》18 卷，《山海经地理图解》、《山海经校勘》等，步天教授也已撰成，不久将在湖南大学出版社出版。

② 《韩长耕文集》，岳麓书社 1995 年。

③ 香港中文大学出版社出版。此书版权页上有国际统一书码，但无出版日期，因著者自序末署 1980 年 2 月 20 日，故估计出版于 1980 年。

④ 《论语·述而》。

⑤ 刘秀称"异鸟"，为东方朔所解；而王充称"重常之鸟"，为董仲舒所解。说明在汉代就说法纷纭，其传讹夸张，自不待言。

⑥　《燕京学报》第 7 期,民国十九年(1930)6 月。

⑦　《古史研究》第 2 集,述学社民国二十五年(1936)版。

⑧　《新月》第 1 卷第 5 期,民国十七年(1938)7 月。

⑨　《中国地理学史》上册,商务印书馆 1982 年版。

⑩　《长水集》续编,人民出版社 1994 年版。

⑪　《禹贡序言》,载《中国古代地理名著选读》,科学出版社 1959 年版。

⑫　《长水集》续编。

⑬　《水经》卷二九《沔水经》"又东至会稽余姚县,东入于海"注。

⑭　《郦学札记》,上海书店出版社 2000 年版。

⑮　《历史地理》第 17 辑,上海人民出版社 2001 年版,司佳节译。

⑯　《水经注研究二集》,山西人民出版社 1987 年版。

⑰　《初学记·衡山第四》:"《山海经》云:衡山一名岣嵝山。"

⑱　均按拙校《水经注校释》抄录,杭州大学出版社 1999 年版。

原载《中国历史地理论丛》2003 年第 1 期,

又载《山海经解》,(香港)天马图书有限公司 2004 年版

《杨守敬学术年谱》序

我往年思考《水经注》研究与地方的关系，曾撰有《苏州郦学家》、《徽州郦学家》和《湖北郦学家》3篇短文，后来收入于拙著《郦学札记》（上海书店出版社2000年版），其中《湖北郦学家》文内说：

> 在中国历史上，常常出现某一类学问家集中在某一个地方的现象。……除了苏州、徽州二府外，另外一个郦学家汇萃之地是湖北省。与上述苏、徽二地不同，湖北省的郦学家出现甚晚，始于清末民初，其中的关键人物是杨守敬，此后有熊会贞、徐恕、唐祖培、李子魁等，他们都与杨守敬有关。

这里需要说明一下，我把李子魁也列在其中，这既是一种宽厚待人的态度，也是一种就事论事的做法。尽管此人在《水经注疏》一书中的弄虚作假已经为从胡适到不少其他现代学人所揭发，特别是熊茂洽先生在《水经注疏·三峡注补》（杨世灿、熊茂洽注补，湖北人民出版社1992年版）的《后记》和杨世灿先生《杨守敬水经注疏稿本辨伪》（《宜昌师专学报》社会科学版1995年第4期）等文中，把他的作伪经过完全讲清，而此人早年在燕京大学时"学问平庸，为人华而不实"的种种表现，也在葛剑雄先生《往事和近事》（三联书店1996年版）一书中的《"开风气者"与"为师者"》篇内写得淋漓尽致。但考虑到与当今的学术腐败相对比，李子魁的作为实在还算轻微，而且尽管如葛先生文中引顾颉刚老师对此人"资质之低诚无庸讳"的话，但他毕竟还是在《水经注疏》一书上做了点滴工作。所以我在拙文中仍然把他列名其中。

拙文中最重要的一段是：

与苏州、徽州相比，湖北郦学家兴起最晚，但令人欣慰的是，这里的郦学家和郦学研究后继有人。1992 年，湖北人民出版社出版了杨世灿、熊茂洽合著的《水经注疏·三峡注补》，现在熊茂洽著的《水经注疏·江水校注补》也即将问世。著者熊茂洽，是熊会贞的嫡孙，真是家学渊源，而《三峡注补》的另一作者杨世灿，则是杨守敬的后人。湖北郦学家虽然后起，却大有希望。

事情的发展确实令人鼓舞，因为随着杨、熊《三峡注补》于 1992 年问世后，熊茂洽、曹诗图的《水经注疏·江水校注补》接着于 1999 年在武汉水利电力大学出版社出版。熊茂洽先生曾于 1993 年不远千里从宜昌到杭州，专门为补注《水经注疏》的工作和我面谈，此事，杨世灿先生在《三峡晚报》2000 年 11 月 6 日的《熊茂洽轶事》一文中曾作过记叙："不远千里至杭州大学拜访了当代郦学大家陈桥驿先生。陈给予了高度评价：湖北是杨、熊的家乡，《水经注疏》是此省郦学先贤的杰出成果，为此，当代湖北郦学家的工作值得作出更高的评价和更多的关注。"当年，我对熊先生的惠临舍下实在不胜感动，所以当他后来为其《江水校注补》一书求序于我时，我欣然命笔，说了一些发自内心的语言：

对于民国以来郦学研究中的良好学风，我在拙作《民国以来研究水经注之总成绩》（此文发表于 1994 年《中华文史论丛》第 53 辑，又作为拙校《水经注校释》的卷首《代序》，杭州大学出版社 1999 年版）等文中都以熊会贞为例，除了我对熊氏毕生为学为人的崇敬以外，也表达了我对杨、熊《水经注疏》在郦学领域中所取得高度成就的重视。……希望湖北在分省、分流域的郦学研究中成为大家学习的榜样，让当代郦学研究获得更大的发展。

现在，使我不胜欣慰的是，杨世灿先生的巨构《杨守敬传记》（更名《杨守敬学术年谱》）经过他的多年耕耘，行将付梓出版。记得贺昌群先生在北京本《水经注疏》卷首《影印水经注疏的说明》中有"长江后浪催前浪"的话。正是以杨守敬为前驱的湖北郦学家的执著努力，让这个长江流贯的省份中，继续不断地在郦学研究的领域中，出现"后浪催前浪"的壮观。

杨守敬是一位声名卓著众所周知的晚清学者，有关他的生平业绩，已经有了不少文字记载流传，其中最原始的资料当然是出于他自己的《邻苏老人年谱》。案《年谱》作于清宣统三年（1911）十一月，见于其自序。他说："前年苏州李文石劝余自为年谱，余谦让未遑。"而这一年始作，是由于日人水野疏梅之请。序中说到由于水野"又欲得余小传，归而告其国人。今年命将尽，乃徇其请，追述生平，记忆不审，年月错误，在所不免，然不敢虚浮妄作，其间拉杂琐碎，强半不文，意在示我后人，不足为外人道也"。

以古稀之年回忆毕生经历，"记忆不审，年月错误"，当然难免，但这毕竟是他自己亲手写作的文字，是后人为他撰写传记的基础。杨氏《年谱》终于辛亥（1911）十一月十一日，从民国元年起至四年（1915），则是熊会贞所续。民国三年（1914）杨守敬从上海去北京与陈衍相见，这大概是陈衍为他写作传记的因缘，陈所撰《杨守敬传》收入于《虞初近志》卷七，是后人为杨守敬写作的第一部传记。我所见到的杨氏第二部传记是汪辟疆于民国三十六年（1947）发表于《国史馆刊》创刊号的《杨守敬熊会贞合传》，内容与后来收入于《汪辟疆文集》（上海古籍出版社 1988 年版）的《杨守敬传》基本相同。刘禺生于 1962 年在中华书局出版的《世载堂杂忆》一书中，也有不少记及杨、熊的故事。特别是我的香港故友吴天任先生，曾付出大量时间精力，广搜博引，于 1974年在台北艺文印书馆出版了《杨惺吾先生年谱》一书，从杨氏出生之年（道光十九年，己亥，1839 年）起，一直写到他卒后 56 年（1971 年）台北中华书局影印出版《水经注疏》止，全书逾 15 万言，内容堪称详尽。我个人由于研究《水经注》的因缘，也对这个课题作过一点肤浅的涉猎，曾经写过《历史地理学家杨守敬及其水经注研究》（初发于《书林》1987 年第 4 期，收入于拙著《郦学新论——水经注研究之三》，山西人民出版社 1992 年版）一文。谭其骧先生于上世纪 90 年代初主编《中国历代地理学家评传》（上、中、下三卷，山东教育出版社 1993 年版），我曾应约写了《杨守敬》、《熊会贞》两篇，收入于此书第三卷。

在以上不少传述杨守敬生平经历的文章中，除了我所写的显然属于下里巴人外，其余各家的撰述都有传世价值，而其中特别是吴著《年谱》，尤为卓然可观。但另一方面，由于杨氏学问博大精深，毕生经历迂曲繁复，其自撰《年谱》称详，但多是就事直叙，而其间也难免"记忆不审"之处。以后各家据《年谱》撰写传记，成就固然可观，但不仅鲁鱼亥豕间有所见，而内容也大多偏简。所以我虽然确从这些传杨著述中获益多多，却也常有不足之感。

作为一位著名学者，有关杨氏的传记、年谱和其他文字，实在已不算少，我之所以对此犹感不足，主要大概有两种原因。第一，我个人研读《水经注》已逾 60 年，读杨、熊《注疏》也已 40 多年，在谭其骧先生主编的《中国历代地理学家评传》中，我为杨氏总结了他在郦学研究中的五大成就。当年段熙仲先生精心点校《注疏》，我又竭尽驽钝作了复校，并在卷首写了万余言的《说明》，提出了一些心得和问题。其实平心而论，我对《注疏》的研究还很肤浅。所以常常希望通过其传记探索他的郦学思想。第二，我在大学地理系执教已经 50 年，对高等学校地理教学实在情有独钟。而杨守敬实为我国高校的最早的地理教师。前年，台湾中国文化大学举行"中国史地关系学术讨论会——纪念张其昀先生百岁诞辰"。我在送交此会的论文《论史地关系》（载会议

《论文集》上册,中国文化大学史学研究所2000年刊印)中论及,地理学曾经长期依附于历史学,清同治十年(1871),李鸿章为李兆洛《历代地理志韵编今释》作序,序中提出:"舆地之学,为读史第一要义。"拙文由此联系到杨守敬:

> 在李鸿章的'第一要义'以后又二十多年,地理学终于成为一门独立课程在高等学府建立。光绪二十五年(1899),湖广总督张之洞聘请杨守敬和邹代钧到武昌,杨守敬治旧地理,邹代钧治新地理,分教两湖学院。……说明到了清代末年,地理学实际上已与历史学分家。

作为一位热衷于郦学并长期在大学地理系执教的人,对于杨守敬这位郦学泰斗和中国高等学府地理系的开山宗师,我当然希望能够更多地获悉他当年在两湖学院主讲旧地理(即历史地理,其中当然包括郦学)的细节。

现在,杨世灿先生的《杨守敬学术年谱》在很大程度上满足了我多年来的愿望,这确是一部全面记叙杨守敬的煌煌巨构。仅仅从卷首的目录中,就可以窥及全书的规模。此书的价值,我认为在郦学和传记两方面都不同凡响。在郦学方面,我是郦学界的后辈,而此书的传主乃是著名的郦学巨人,通过此书对杨守敬在中国历史地理特别是郦学研究领域中的详细而深入的记叙,当今的郦学界包括我在内,当然受益无穷。从传记的角度评价,我于1997年有幸被英国剑桥国际传记中心聘为荣誉委员,在此前后,曾对国内外古今著名传记稍有浏览,所以我认为杨世灿先生的这部书,可以列入优秀的传记之林。杨先生是杨守敬的族重孙,在当代湖北郦学家之中,具有承前启后的责任。据他今年5月20日来信所告,目前正在努力继续为《水经注疏》作"补"。他已经在三峡和江水的"补"中作出了不小的贡献,希望并祝贺再接再厉,继续"补"出优异篇章,为湖北郦学家作出"启后"的示范。由于在杨先生索序以前,我已先后接获台湾汉学研究中心和日本文化中心的讲学邀请,正在为两处的讲学内容竭尽思虑,所以此序实在是仓卒应命。行文芜杂,辞不达意,敬请此书读者指正。

最后还想在此表示歉意的是,熊茂洽先生在其《江水校注补》出版后不到一年,于2000年9月去世,我闻讯不胜震悼,很想为他写篇悼念文章,曾将此衷告诉与他合作《江水校注补》的曹诗图先生,感谢曹先生为我寄来有关这位湖北郦学家的不少材料。可惜这两年来我实在杂事冗繁,加上八旬之年精力衰退,所以一直无暇动笔,趁此作序机会表示我对熊茂洽先生的悼念之意。

2002年6月于浙江大学

原载《杨守敬学术年谱》,湖北人民出版社2004年版

《慈溪海堤集》序

　　慈溪市地方志编纂委员会编纂,以王清毅先生担任主编的《慈溪海堤集》编纂告成。行将出版,这不仅是慈溪一地值得存史的重要文献,对于我国沿海各地,凡涉及堤塘兴修的所有地区,也都有参考意义。

　　我与慈溪的渊源发轫甚早,上世纪 50 年代初期,我在浙江师范学院地理系担任经济地理教研室主任,按当时教学计划,高年级学生有为时一个多月的野外实习,这项工作由我主持。一年一度,带了教研室教师和高年级学生外出实习,而我选择的实习基地就是宁绍地区。慈溪由于其自然地理要素和人文地理要素的复杂性,成为我们理想的实习对象。所以从那时起,直到"十年灾难",我每年都要到慈溪,此中经过,我在拙著《中日两国地方志的比较研究——中国慈溪市与日本广岛市的地方志修纂》[①]一文中曾有说明:

　　　　50 年代中期,我当时是浙江师范学院经济地理教研室主任,曾经多次率领地理系师生到这个地区作野外考察实习。对于今慈溪市境,从浒山镇到观城镇,从庵东盐场到五洞闸棉区,都作过相当长期的考察研究,所以在《慈溪县志》的修纂中,我所概括的慈溪地理特色及其他一些意见,多为志书所采纳。对于慈溪这块土地,我或许称得上相当熟悉。

　　现在,由于《慈溪海堤集》的出版,使我顿时回忆到近半个世纪以前我带领地理系师生在这里的实习。当年我们的实习内容主要有 3 个方面,第一是浙江的最大海盐生产基地庵东盐场,第二是那个年代非常出名的五洞闸棉产区,第三就是三北半岛的形成和海塘的修建。其实,第一、二两者都是与海塘密切相关的。从我个人来说,最大的兴趣就在海塘,因为这属于历史地理,是我从事的主要专业。我曾经带领一部分师生,通过室内文献的查索、现场的访问和踏勘,从大古塘向北,在三北半岛寻觅二、三、四、五……各塘的遗迹。现在,面对这本记叙详尽的《慈溪海堤集》,溯昔抚今,令人不胜感慨。因为对于宁绍平原的研究,在曹娥江以西,我已经通过文献查索和实地踏勘,发表了一系列论文,受到国内学术界和国际汉学界的重视。[②]在曹娥江以东,特别是慈溪的三北半岛与海塘,当时我也已制订计划,进行比较深入的研究。但我的这种计划,结果被那场实际上是毁灭文化的“文化大革命”葬送了。

上世纪80年代以后,政治气氛趋于宽松,学术研究开始受到重视。本来,我仍可继续我的原来计划,对三北半岛进行若干历史地理学的探索研究,但由于那些年中受国外高等学校之聘连续出国讲学,不得不放弃了我的原有计划,实在不胜遗憾。

令人欣慰的是,我与慈溪的情缘在上世纪80年代后期又得到了恢复。由于两件事的机遇,在前后近10年时间中,让我频频重访这片山海秀美的旧游之地。虽然已经无暇再在此从事我长期向往的研究,但每次访问都仍然钟情于三北半岛及其海塘的修建,因为从历史地理学的角度来说,这个地区不仅值得研究,而且值得回忆。

第一件事是慈溪修纂地方志。或许正是因为在“文革”以前的多次造访,因而获得志书顾问的邀聘,让我有机会多次参与志稿的讨论和评审,并且在这些场合中说三道四。其实,我在慈溪修志过程中提出的所谓“海塘博物馆”和“二白优势”(指盐、棉),都与三北半岛的形成与海塘的修建有关,当年我的这种提法,不仅获得志书的采纳,而且还让《宁波市志》主编俞福海先生的撰文称赞,[③]实在不胜荣幸。上世纪90年代初,我主编《浙江古今地名词典》,[④]已把“三北半岛”、“三北平原”、“三北浅滩”等,收入于这部词典之中。90年代中期以后,应邀参与中日两国地方志的比较研究,对于中国志书,我毫不犹豫地即时选定出版不久的《慈溪县志》;对于日本志书,我在经过考虑以后选择了广岛,因为这两个地方,不仅在自然与人文之间存在可比性,而且我曾任广岛大学客座教授,几次在那里作过考察研究。最后撰成了前面已经提及的长篇论文。

第二件事也和三北平原及海塘有关。1983年,我第一次去日本,受聘担任关西大学大学院(即研究生院)的客座教授。日本地理学会邀请我作一次公开演讲,因此结识了大阪商业大学商经学院院长经济地理学家富冈仪八教授,他以研究日本的盐业著名,曾因《日本の盐道——その历史地理学的研究》[⑤]一书而获得国家奖状。从此以后,我们夫妇就成了他们夫妇的好友,每次去日本,都要受邀到他们家作客数天,因而发生了我在《慈溪盐政志序》[⑥]中记叙的事:

　　1985 年春季,我在国立大阪大学讲学,富冈教授再次热情地邀请我们夫妇到赤穗市御崎他的家中作客。这天晚餐以后,富冈夫妇和我们夫妇围坐在一起,富冈夫人向我夫人传授她精通的茶道之术,而富冈教授则取出他特地从赤穗市买来的高级纸张,濡墨润笔,请我为他题词,……我不得不班门弄斧,写上一些与盐事有关的词句。整篇题词当然是一个门外汉的即就章,我早已忘记。但开头两句,因为刚刚落笔,富冈教授就拍了照,所以现在还可以从照片中看到:"盐是国计民生的大事,所以中国早在汉代就有《盐铁论》的著作。"

　　正因为这一次的题词,使他萌动了到中国从事研究,撰写一部《中国の盐道》的希望。而且不久就向中国提出申请,通过全国科协和中国地理学会的帮助,开始到中国考察,足迹远达新疆和田。而由于我的关系,他决定把庵东盐场作为中国东南地区的研究重点。于是,我的夫人就义不容辞地担任了他的翻译,我们陪同他到了这个地区,受到慈溪有关领导的热情接待,对这里的盐业生产,从历史到现状,进行了详细的考察,他立刻发现,这里的盐场,在历史上存在着从古代的鸣鹤场沿线到现代的庵东沿线的移动过程,这其实就是三北半岛的形成和历代围堤筑塘的过程。富冈教授对日本盐道的研究着重于历史地理,同样,他对中国盐道的研究,也十分重视历史地理。而慈溪的历史地理,主要就是从翠屏山丘陵到三北半岛的开拓过程。这中间,自然地理因素是海岸的淤涨,而人文地理因素则是世世代代慈溪人的因势利导,人定胜天。《慈溪海堤集》所记叙的,就是这方面的重要见证,所以此书的价值,确实不言而喻。

　　顺便提及,我在拙著《陈桥驿方志论集》卷首《序》中曾经指出:"方志的可贵在于资料,方志的生命力也在于资料。"而我在《中日两国地方志的比较研究》文中,曾按慈溪市和广岛市的面积比较两部志书的字数,以判断志书的资料容量。结果是:慈溪市每 1 平方公里土地,在志书中有 0.13 万字的记叙;而广岛市每 1 平方公里土地,在志书中有 11.8 万字的记叙,后者超过前者甚巨。但是后来我发现,广岛市的记叙是集中在《广岛新史》一部志书中的,而慈溪市,除了《慈溪县志》以外,还有不少专志,现在出版的《慈溪海堤集》就是其中之一,此外还有诸如《慈溪市图志》、[⑦]《慈溪盐政志》、《慈溪市地名志》等等,不下七八种之多。所以借为《慈溪海堤集》作序的机会,修正我往年的比较方法。事实是,慈溪的地方文献丰富多彩,积累的地方资料为数浩瀚。与海堤兴修及三北半岛的开拓一样,这也是慈溪人的重要财富,是一宗价值连城的文化财富。值得慈溪人自豪,并且世世代代地流传和发扬。

2004 年 1 月于浙江大学

注释：

① 载《中日地方志比较研究》，南开大学出版社 1996 年版，又收入于《陈桥驿方志论集》，杭州大学出版社 1997 年版，慈溪市地方志编纂委员会印有单行本。

② 我国史学界前辈杨向奎为史念海所著《河山集三集》（人民出版社 1988 年版）作《序》（此序并发表于《史学史研究》），《序》中提及：“陈桥驿先生是从研究宁绍平原起家的。他六十年代在《地理学报》上发表的两篇关于宁绍平原鉴湖森林变迁的论文，立即引起注意、以后对宁绍平原的城市、聚落、水系变迁的研究，都被认为是宁绍平原研究的权威。其论文的特点之一是从全面看一斑，并能从一斑以窥全面者，因此在国内外都很著名。”

③ 《陈桥驿与地方志编纂》，《浙江方志》2000 年第 4、5 合期。

④ 浙江教育出版社 1991 年版。

⑤ 日本东京古今书院 1978 年版。

⑥ 《慈溪盐政志》，展望出版社 1990 年版，此序又收入于《陈桥驿方志论集》。

⑦ 西安地图出版社 1994 年版。此图集由我作序，序文并收入于《陈桥驿方志论集》。

原载《慈溪海堤集》，方志出版社 2004 年版

我 与 河 南

——《严州古城·梅城》序

在建德市政协《严州古城·梅城》(以下简称《梅城》)编纂委员会精心组织下,由朱睦卿先生执笔,陈若珏先生摄影的《梅城》一书,经过多年耕耘,已经完稿,行将公开问世。读竣此稿,感到心向往之,有许多话要说。

从科学体系来说,《梅城》是一种城市研究,或者说是历史城市研究。我曾经写过不少中外城市研究的论文,撰写和翻译过好几种中外城市研究的著作,编过几种有关城市研究的词典。当然,也读过为数更多中外学者的城市研究著述。现在,读了《梅城》一稿,感到很有启发,甚至可以说后来居上。

此书确实是一部潜心研究的专著,从其内容来看,这是一部城市历史地理,或者说城市志,总之,是一种城市研究的卓越成果。这是一个方面。但此书还有它的另一个方面,如作者在《梅城》中所说,他们是"生于斯,长于斯的'严州老伯'"。所以,"宣传家乡,研究家乡,是义不容辞的职责"。也就是说,除了学术内涵以外,此书还充满着感情。因此,《梅城》既是一部学术专著,也是一种感情结晶。

当然,从学术本身议论,《梅城》是城市研究,是眼下国内外学术界研究的热门。记得1985年,我在日本国立大阪大学担任客座教授1学期,回国以后,随即接前辈谭其骧先生的班,担任了中国地理学会历史地理专业委员会主任,因此就以在日本所见,为专业委员会的学术刊物《历史地理》写了一篇《日本学者的中国历史地理研究》

（《历史地理》第 6 辑，上海人民出版社 1988 年版），文中提到：历史城市地理研究或许是日本学者在中国历史地理研究中成果最多和最富于创造性的部门。从 50 年代以来，在这方面已经出版了许多专著，发表了大量论文。限于篇幅，我在这里只能举若干例子。

我在此文中举了山根幸夫的《中国中世纪的城市》，古贺登的《汉长安城及其阡陌、县乡亭里制度》等几部专著，和日比野丈夫的《宋代城市生活的一面》，曾我部静雄的《南宋的城市》，青木富太郎的《元之大都》等论文。其实当年我在大阪大学执教之时，与我的工作室毗邻的好友日本著名汉学家斯波义信教授，正在撰写一篇《宋都杭州的城市生态》的长文，文中插有多幅他精心绘制的地图。我的夫人胡德芬副教授，就在大阪大学专家楼汉译此文，并随时向他请教。我们回国以后，斯波的文章随即就在该校学报发表；而我夫人的译文也就在《历史地理》与我的拙文同期发表。中国的城市研究者，特别是杭州的学者，在读到此文以后，都为一位异国学者对南宋杭州能作出如此精湛的研究而赞叹不止。

以上说的是中国城市研究这个热门在日本的情况。以下再说一点西方学者对这个热门的研究情况，我只举美国的例子。据我的日本朋友秋山元秀教授于 1979 年日本《史林》杂志第 62 卷第 1 期发表的《施坚雅编〈中国王朝时代晚期的城市〉》一文，知道当时我国正在“十年灾难”的黑暗时代，美国和其他国际汉学家却正在热心地研究中国历史上的城市。1968 年 8 月—9 月，他们在美国新罕布什尔州的普茨斯举行了一次学术讨论会，接着，在同年 12 月到次年 1 月，又在维尔京群岛的圣克鲁瓦举行了性质相同的另一次会议。美国著名汉学家、科学院院士、斯坦福大学教授施坚雅（G. W. Skinner）把会上来自世界各地的中国城市研究专家的论文进行整理，选定了 16 篇，编成《中华帝国晚期的城市》（ *The City in Late Imperial China* ）一书，于 1977 年在斯坦福大学出版社出版。由于我在国际学术界的一点虚名，施坚雅教授于 1980 年就把这部近 900 页的巨著寄赠给我。16 篇论文主要是研究中国从唐到清的城市，施坚雅把它们分成 3 组，每组之首都有他的长篇而精湛的《导言》。他寄此书给我时，并附有世界各国城市研究专家为此书所写的书评约 10 篇，说明出版虽还不久，但已经引起了国际学术界的很大重视。而中国则由于“文革”和长期的闭关锁国，竟茫然无知。“文化大革命”对中国文化的摧残和扼杀，实在令人痛定思痛，不堪回首。

当然，一旦政治气氛开始松动，学术界的有识之士对城市研究这个热门是非常关注的。陈布雷先生的哲嗣陈砾先生，与我素相熟稔，当时正主持天津人民出版社，闻悉我手头已有此书，专程从天津赶到杭州，力求我组织力量翻译此书，由他在天津以重点书出版。于是，我就邀请了精通英语并擅长写作的叶光庭先生担任主译，由我担任校阅,再加上其他几位译者,开始翻译此书。这个消息传到日本,日本学术界也非常关心。1985 年我在大阪入学任教之时,施坚雅夫妇正在东京庆应大学任教,他们夫妇特从东京赶来大阪,与我们夫妇及此书作者之一斯波义信夫妇团聚。这年 2 月 16 日,我们 3 对夫妇在大阪欢宴,祝贺施坚雅的生日,席间讨论此书,兼及许多中国城市。当时我告诉他,此书已基本译竣,而我为此书所写的长篇书评,即将在中国发表,他为此深表感谢。大阪聚会以后,我的书评《评〈中华帝国晚期的城市〉》于这年 3 月在《杭州大学学报》哲学社会科学版当年第 1 期发表。而《新华文摘》紧接着于这年第 8 期转载了这篇书评,说明对于西方学者的中国城市研究,中国官方也是十分重视的。

不过对于此书中译本的出版,其间却遇到了一些波折。陈砾先生是我的好友,他专程到杭州约稿,都是相互间的口头承诺,但他返津后不久,即被调职到一个更重要的岗位,担任北京英文《中国日报》的总编,而我从上世纪 80 年代以后,经常应邀出国讲学,以为此书既已译成交稿,以后只是一个排版和校对的问题了,所以也不再过问。直到 1995 年我应邀到加拿大和美国访问讲学半年,施坚雅夫妇热情地邀请我们夫妇到他们家中作客,却因加州达维斯不在我访问讲学的顺道上,因而失去了聚会的机会。当然,这期间我们通过了多次电话。对于此书中译本,我只是想当然地告诉他:“差不多了。”但不料返国后询及此书时,才知译稿尚被搁置。当时,参译诸君对此颇感焦虑,而我由于深知城市研究是学术界热门,而此书又是国际名著,对此泰然处之。如我在《记一本好书的出版》(《中华读书报》2001 年 7 月 4 日)中所说:“约稿者和搁置者,无非是他们对此书的价值观的绝不相同的反映而已。这样的事既不必也不可能强求一致。而且由于我对此书的渊源和感情,要我来对这两种价值观作出评论也不会是客观的。所以最好的办法是让事态的发展来说明问题。”

事情的发展与我的估计一样,当我们从天津索回原稿以后,陈砾先生随即在北京获悉此事,不久就顺道到杭州舍下造访,慨然承诺,此稿还是由他在北京找一家出版社出版。而差不多与此同时,《光明日报》记者潘剑凯先生登门拜访。于是,这样一部名稿遭搁的事,就在几种著名媒体中披露出来,北京、上海、南京、杭州的十几家出版社,就纷纷来电或派人前来索取此稿,其中最令人感动的是河南省长垣县政府,他们在媒体见到报道后,由政府办公室签章写信给我,表示愿意负责此书的一切出版经费。我在经过一番商量和比较以后,此稿就交给著名的北京中华书局,于 2000 年出版。虽然因为书的篇幅较大,售价不菲,但首版 3000 册,很快就告售罄,于是又在 2002 年重版。

以上说了许多话,主要是以《梅城》为引子,向读者们交代一下城市研究这个热门在国际学术界的行情。因为国内读者不一定都是城市研究者,所以有必要在序言中加以阐明。其实,对于城市研究这个课题,国内学术界也是非常关注的。记得在上世

90年代之初,我曾为地理系各专业的研究生作过一次学术报告,题为《当前我国地理学四大热点》。报告的记录稿发表于《杭州大学学报》(自然科学版)1991年第4期,而《新华文摘》(1992年第4期)又随即加以转载。我在这个报告中所说的四个热点,第一个就是:城市地理研究急待深入开展。在这方面,我提出了"深入开展"的三项要求:(一)从静态研究向动态研究转变,从格局描述向过程分析转变;(二)城市发展预测性研究,注重研究成果的应用价值;(三)学科的计量化、系统化、现代化。

在我为《梅城》撰写这篇序言之际,发生了一件偶然巧合的事,其事与《梅城》实在也不无关系。当我正在阅读《梅城》之时,河南省安阳市电视台与我几次电话联系,说要到杭州采访我,因为当年我是全国五六个电视台联合摄制的《中国七大古都》系列片的顾问。特别是安阳,从一般的古都跃升到"大古都",我在其间起了很大作用。而当我正在撰写这篇序言时,该台专题部陈弘旻主任和主任编辑雷艳红女士带了一个拍摄组专车到杭州,于6月12日在舍下作了整半天的采访录像。采访中,他们首先是要了解安阳能列入"大古都"的过程。因为许多有关古都和"大古都"的资料都可以在我的书房中查到,他们看到1977年台湾出版的《中国五大古都》(台湾学生书局1977年),1983年由我主编的《中国六大古都》(中国青年出版社),接着是台湾紧跟着出版并由我作序的大型画册《中国六大古都》(台湾锦绣出版社1989年版),又有我主编的《中国七大古都》,并且还有河北美术出版社于1991年出版、由我作序的英文本大型画册《中国七大古都》(台湾锦绣出版社1989年版),最后是由我主编的《中国都城辞典》(江西教育出版社1999年版)。我不仅为这部辞典写了《前言》,而且开卷的几个重要条目:"古都"、"大古都"、"五大古都"、"六大古都"、"七大古都"等,都是由我执笔的。从安阳远道而来的这个电视拍摄组,当然非常满足于此行的收获,因为时隔十七八年,现在的安阳人除了对"大古都"的自豪以外,当年的历程已经并不了解,所以他们在舍下半天,乘兴而来,满载而去。

但我却因这次的偶然巧合事件而很有感慨。对于城市研究这个课题,不免要作一点反省。我是从事城市研究的学者之一,曾花许多时间研究古都和"大古都",我多次到国外讲学,往往也涉及这个课题。却忽视了像梅城一类确实有文化价值的古城,而这类古城在中国是大量存在的。这个庞大的古城群体,在中国历史城市文化中的代表性,或许要超过古都和"大古都"。

在那天的采访中,由于采访者显然以荣膺"大古都"而自豪,我在发言中却说一些与他们的来意并不合拍的话,估计他们不会把我的这些话录入他们的光盘上,所以需要在这里赘述几句。我的一段与他们采访格调不合的话大概是这样的:

安阳的甲骨文明和青铜文明是我国查有实据的最早的城市文明。希望以后在这方面多作些研究,不必再在"大"字上大做文章。中国人好"大",或许有些传统意识,但当前所表现的,主要是那些年头"大跃进"、"大炼钢铁"、"大办食堂"、"亩产几万斤"的影响。你们既然到了杭州,在我这里采访后,可以开车去看看,从火车站到西湖边上,有一条东西的直通街道,无非是条普通的道路,居然命名为"西湖大道"。充分说明了中国人的好"大"思想。在国外,我走过不少宽阔而繁华的街道,例如美国纽约,我曾经为了考察这个城市而用两条腿走了大半天。这座城市的街道很规则,南北向的称街(Ave.),东西向的称路(St.),但是有一条街道从西北向东南横穿了不少街和路,而且比所有街、路都要宽阔(约 70 米),当然也很繁华,但他们无非命名为"宽路"(Broad Way),并没有用我们必然会用的诸如 Grand 或 Great 等字眼。又如在日本,全国最宽的街道是名古屋街心电视塔下十字交错的两条,各宽 110 米,但是他们也并不称"大"。又如桥梁,在美国的太平洋与旧金山湾之间有一条跨海的金门桥(Golden Gate Br.),与中国的钱江大桥同年造成,是世界上最早的大型悬索桥,因为是悬索结构,所以 1280 米长的桥梁只有两座桥墩。但桥很宽,有 6 条车道。我们夫妇沿桥边行人道从南向北步行到第一个桥墩,左顾太平洋,右盼旧金山湾,心胸为之开旷,但他们的桥名中并无"大"字。安阳在考古学上已经名著世界远比"大古都"更为重要。

　　我在与安阳电视台的这几位朋友谈话的时候,顺手拿起身边的《梅城》稿本,向他们介绍了浙江的这个古城,它没有什么可以称"大"的内容,但它的价值其实很大。我告诉他们,我在河南省跑过不少地方,那里也有很多如同梅城一样的古城,在这些古城里,同样会有"生于斯,长于斯"的有心人。希望河南省,当然更希望全国,能够如梅城一样,写出如《梅城》一样的作品来,把我们在这方面的宝贵遗产发掘、研究并保护好,让我们的古城和城市研究都能够可持续发展。

2004 年 6 月于浙江大学

　　[**附记**]我与河南在学术与文化上的关系,不仅历时已久,而且相当密切。由于此文是我为一本城市研究著作所写的《序言》,其所涉及,还只是我和河南关系的一小部分,所以在此再略举数例,稍作补充。一例是 1978 年,为了编撰竺可桢先生于上世纪 50 年代倡议(后因局势关系而搁浅)并主编的大型学术文献《中国自然地理》中的《历史自然地理》分册,全国十几位专家教授在开封定稿,为时达两月之久,此书原由谭其骧教授主持,因当时他身罹脑血栓重病,所以开封定稿事由我负责。此次定稿曾获得开封师院和郑州黄委会的大力支持。《历史自然地理》于 1982 年在科学出版社出版,

先后获奖于中国科学院、上海社会科学院和德国莱比锡国际书展,得到国内外学术界的称赞。另一例是2001年,中国社科院地方志指导小组在洛阳召开"全国历史文化名城修志用志研讨会",我应邀出席,作了《在洛阳古都谈修志用志》的发言(载《河洛史志》2001年第2期),盛赞《洛阳市志》的成就,并简叙1997年北京举行的全国志书评奖中(我是评委之一)此书第13卷《文物志》荣获一等奖的经过。我在发言中朗诵此志中足以存史、资治、教化的一段"千古文章"。此后不久,《中国地方志》前主编诸葛计先生编撰70万字的巨构《中国方志五十年史事录》(方志出版社2002年版),索《序》于我,我在《序》中再次盛赞《洛阳市志》,并再次引录了这段"千古文章"。这年洛阳会议以后,返程中又应黄委会《黄河志》总编室(我是此志学术顾问之一)之邀访问了郑州黄委会,承他们陪同参观了花园口黄河大堤及抗日战争中扒堤故迹等处。今年,又应《洛阳市志》之约,撰写了《大古都之省》一文(载《河洛史志》2004年3月)。因为中国七大古都,河南一省独居其三,而且此3处,与我都有学术渊源和文化交往。以上两例,虽然仍只是我和河南关系的一个方面,但可以说明我与此省的关系不同寻常,值得纪念。

2004年11月

原载《严州古城:梅城》,中华书局2004年版

《萧山方言趣谈》序

　　刘宪康先生的语言学新著《萧山方言趣谈》编撰告成,行将问世。有幸得读全稿,不胜钦羡。刘先生对萧山方言研究有年,世纪之初,即已有《多彩的萧山方言》一书出版(西泠印社 2001 年版),对此已经老马识途。所以此书是他在这门学问上赓续并加深研究的成果。不仅意境隽永,而且趣味盎然,我作为一个越语乡人,实有故友重逢、抵足长谈之感。

　　广义的越语,与古代于越及其流散以后的百越语言不同。于越语言,我们称为古代越语,属于狭义的越语,即《孟子·滕文公上》所称的"南蛮𫘤舌"。博学如李慈铭,对于"姚、暨、虞、剡",也只能说"其义无得而详",[①]现在仅略存于《越绝书》和《方言》[②]之类的古籍之中。当然,这类越语,当今仍有学者从事研究,并且从于越流散的地区(包括境外)进行追索。广义的越语,其实应该称为越州话,或者称绍兴话。之所以如此说,必须上溯历史时期的行政区划。唐朝定鼎,武德年代(618—626)置越州,州境东起余姚县,西到萧山县。当时把这一片地区划入越州,语言显然是重要的因素,因区内通行的都是一种方言,尽管其间也有字音和词语的差别,但一个馀姚人到萧山,仍可相互攀谈。但从馀姚东至慈溪(今慈城镇),那里人所说的就是明州(今宁波)话。萧山人北过钱塘江,人们说的就是杭州话,语言和语词的差别,都比越州境内要大得多。南宋绍兴元年(1131),越州改为绍兴府,直到民国二十四年(1935)的第三行政督察区,大绍兴的境域和辖县都没有改变,仍在一个方言区之内,所以越州话到后来可以称为绍兴话。《萧山方言趣谈》，从总体来说，是一种语言学著作；但按语言的地域性来说，它是一种越州话或绍兴话的方言专著。而从这100篇的内容评价，著者不仅是在语言学，而且在文字学、历史学、地理学、民俗学等方面，功底都是相当深厚的。

记得我从年轻时代起，就着意于越中地方文献的搜罗和考证，于1983年在浙江人民出版社出版了《绍兴地方文献考录》一书，把1000余种地方文献按性质分成18类，其中第九类是语言类，一共只有文献7种。我在此书《前言》中说："语言类总共不到十种，按数量是各类中最少的。"说明历来学者，虽然也有如上述李慈铭等在语言研究中有所涉猎，但专门从事研究而撰写专书的却为数甚少。这一类的7种文献中，最早的是明祁彪佳所撰《里居越谚》，近代名家邓之诚在其《桑园读书记》中尚记及此书："未知年来荡为灰尘否？"③由于这是查有实据的最早越语研究著作，所以虽然我在《考录》中写明："此书未刊，原稿不见。"但以后好几年，我仍在国内各大图书馆查索其下落，并利用去国外讲学机会，在若干国际上著名的图书馆搜寻此稿，而结果徒然，说明已经亡佚。此7种之中，惟毛奇龄《越语肯綮录》1卷，茹敦和《越言释》2卷，范寅《越谚》3卷及平步青《玉雨淙释谚》4种尚存，但其中除范寅《越谚》篇幅较大外，其余多短小零碎。在上述拙编《考录》之中，方志类达140种，名胜、古迹、游记类达270种，水利类达140种，即为数不多的图说类也近60种，说明在越文化研究中，越语研究显然是个长期以来的缺门。

大约在10年以前，绍兴成立越文化研究所，此所开创人之一，香港绍兴同乡会永久名誉会长车越乔先生也察及于此，建议绍兴人加强对方言的研究。而杨葳和杨乃浚两先生，对此素有搜集，经过几年耕耘，终于在世纪之末，出版了《绍兴方言》(国际文化出版公司出版)专书，全书分语音、语法、词汇、谚语4篇，共35万言，篇幅为现存同类文献之最。而现在刘宪康先生的前后两种，合计其篇幅，实已过之。长期来学者鲜有问津的越语研究，近年来居然成果迭出，这无疑是越文化研究和语言学研究中的一种令人欣喜的现象。特别是对于萧山，上述毛奇龄所撰的《越语肯綮录》，全篇仅有方言词语及其考释笔记数十则，内容寥寥。毛氏在卷首自案亦云"略为笔记"而已，所以今天刘先生的一再赓续，西河先生后继有人，确是萧山在越文化研究和语言学研究中的一件盛事。

我在《绍兴方言》卷首拙序中，曾引《韦氏美国语新世界字典》解释"方言"这个词汇的意义，因为方言是语言学研究的一个部分。所以在此序中，我仍拟引用这本字典中的语言学条(Philology)加以阐述，因为现在看来，在唐初越州的这个方言区域之内，以绍兴和萧山为首，方言的研究已经次第兴起，而其他如馀姚、上虞、嵊州、诸暨、新昌各市县，在近年新修的方志中，也都有关于方言的卷篇，在这个卷篇的基础上，可能也会有学者对此进行专题研究,如同绍兴和萧山一样。所以我们很有希望看到这个方言区域的 8 个市县(包括今慈溪的原馀姚辖境)的学者,对区内方言语音、语源、词汇、谚语并包括民俗等的广泛研究成果。

现在我们看到的绍兴和萧山学者的专著都以"方言"为名,而内容其实都涉及语言学的广大领域。《韦氏美国语新世界字典》在"语言学"之下有 3 条解释,但其中第二条最切中我们当前的研究。这一条说:"语言学是研究书面(语言)记录,特别是文学文献(记录),旨在论证其真实性及其意义。"④我读过《绍兴方言》和《多彩的萧山方言》,现在又读了《萧山方言趣谈》稿本,尽管其间确实有《韦氏字典》中解释的"语言的地方特点的总和"的现象,而《字典》所释:"为一群人所使用的一种语言,它和另一群人使用的语言,在词汇、语法或语音特点上具有区别"⑤的现象,也确实存在。但是由于从馀姚到萧山之间的这片地区,属于同一方言区域,或者说,唐朝初年行政区域的划分,对于历史上长期形成的方言,确实作为一种重要的依据,所以在这个地区之内,馀姚人不至于听不懂萧山话,而诸暨人到嵊州也不会无法交谈。在近年出版的绍兴和萧山的方言著作之中,我立刻发现,萧绍二地的语言,在语音、语词、谚语等方面,恰恰可以用清杨希闵《水经注汇校》卷首周懋琦序中的一句话加以概括,这句话就是"十同九九"。⑥其实,在唐初以来越州所辖的这片地区,也就是明、清绍兴府的境域之内,我们从事这方面的研究,这种"十同九九"的现象,必然普遍地存在。现在,既然绍兴和萧山两地的学者不约而同地都在从事这方面的研究,这个地区的有关各市县,在经过最近 20 多年的地方志修纂以后,对地方语言也都有了一定的基础。所以我建议能否集中这个方言区域各市县的语言学爱好者,相互交流,共同合作,或者能建立一个学术组织,对越语(包括古代越语),进行深层次的研究。这种研究,对于地区文化,或者说越文化研究,无疑是一个十分重要的组成部分。这是因为如上所述,地区语言,其内涵触及地区文化的各个方面,它实在是地区文化研究的先驱,掌握了这把锁钥,有裨于开启越文化研究广大领域中的许多门户。

在今天的越语研究中,我提出还应包括古代越语的研究在内,这是因为,这个地区今天流行的方言中,仍然残留着古代越语的不少遗痕。其中特别是地名,这个地区长期沿用而至今仍然保留的于越地名,为数还有不少。萧山在三国以前向称馀暨,馀暨就是于越地名。自从公元前 3 世纪秦在此建会稽郡,郡下除极少数属县如山阴、海盐以外,于越地名几乎悉数保留,其中有不少长期沿用,以迄于今。此外,今省境之内还有除了古代越语以外的极少数其他外来语地名,都值得语言研究者的注意。我在拙作《徐霞客与普陀落迦》⑦一文中,曾经论及舟山群岛上的一个梵语地名普陀落迦(Potala 或作 Potalaka)。但遗憾的是在近年新修的《普陀县志》⑧和《普陀山志》⑨中,对这个地名都作了错误的解释,我们应引以为戒。古代越语不同于梵语,在浙江全境特别我们所在的地区仍然大量存在,是我们在地区语言学研究中面临的一个重要课题,显然不能等闲视之。

现在,这个语言区域在市县地名中至今仍然使用的古代越语地名尚有馀姚、上虞和诸暨,通常习用的古越重要地名尚有会稽、越、剡等,小地名当然为数更多。汉人迁入这个地区以后,从地名学上说,古代越语地名发生了汉化或半汉化的现象,问题就愈趋复杂。古代越人是一个只有语言没有文字的部族,现在留下的古代越词越语,都是越音汉译,例如作为部族称号的这个"越"字,《史记》中译作"越",以后多数文献都从《史记》,但《汉书》中就译作"粤"。例如越王"句践",现在从出土的青铜剑上也有译作"鸠浅"的。正是因为越语汉译,所以后来进入这个地区的汉人,往往望文生义,用汉义解释越语。例如以汉人传说中的尧释馀姚、舜释上虞之类。真正的学者当然知道这类解释的牵强附会,如李慈铭所说:"姚、暨、虞、剡,亦不过以方言名县,其义无得而详。"不过由于汉人陆续移入这个地区,为时已久,对于当地地名所作的各种解释,已有很长历史,其中也不无社会学和民俗学等方面的意义。所以在我主编的《浙江古今地名词典》(浙江教育出版社 1991 年版)中,除了指出这些地名是古代越语地名外,对于汉人以汉字字义对这些地名所作的解释包括神话故事之类,都仍予保留,以说明一个地区,从其原始时期开始直到以后的音义变迁。因为从地名学领域来说,这种研究是必要的。

当然,从语言学的角度来说就不是这样。这个地区的地名,其渊源来自古代越语,我们就得按古代越语的音训进行研究,不能如刘敬叔的《异苑》[10]那样,编造一套神话故事。这里就以萧山为例,萧山在于越名为馀暨,而这个地区现存的市县级地名中还有馀姚,隔钱塘江还有馀杭。《越绝书》卷八说:"朱馀者,越盐官也,越人谓盐曰馀。"上述 3 地位置均在海边,情况与朱馀一样,所以必与当时的制盐有关。但问题是,对于地名中的"暨"、"姚"、"杭"三字,如李慈铭所说:"其义无得而详。"我在拙作《中国古代的方言地理学——〈方言〉与〈水经注〉在方言地理学上的成就》[11]一文中,曾经列举在古代越语地名中的常用汉字:无(毋)、句(gou)、乌、朱、姑、馀 6 字。在本文所述的这个语言区域中,市县以下的小地名,涉及此 6 字的实在不计其数,都值得我们继续研究。

我在这篇序言中写入古代越语研究这样一段,并非节外生枝,也并非提倡当代越语研究者都去从事古代于越语研究,因为对于大多数当代越语研究者来说,这是并不现实和难以入手的。由于古代于越语早已流散消亡,从现在尚可查索的古籍古人之中,除了《越绝书》等载及若干外,曾经涉此门径的学者亦惟汉扬雄、唐颜师古、[12]清李慈铭等少数几位而已。而且在"南蛮缺舌"之中,百越部族分支甚多,语言各异,传为春秋时代的《越人歌》,[⑬]以之与《越绝书》、《吴越春秋》等比照,显然并非于越语言。我之所以提及于此,主要是为了如上所述的,古代于越语散入于后代越语之中的还有不少,我们在研究中对此必须谨慎。汉人初入越地之时,确有不少人以汉字释越义,制造了一些神话故事,上述刘敬叔释乌伤为"乌口皆伤"即是其例。但刘敬叔并非语言学者,他的鲁鱼亥豕,属于古人古事,而且流传已久,至今尚有地名学和民俗学等方面的价值。时至今天,语言学已经成为一门专业学科,古代于越语虽然留传甚少,但人们多已知道,如上虞、诸暨等地名,句践、夫差等人名,其词虽不可解,但都不是汉语。其中也有少数词义可解的,如《水经注》卷四〇《浙江水注》中记及的今诸暨五泄瀑布:"此是瀑布,土人号为溅也。"说明这个"溅"字即是越语瀑布的音译。至于"溅"字从水,这是因为越人既不知汉字,更不通六书,显然是汉译者的作品。所以现在我们在方言研究中偶遇这种情况,再不能像古人那样撇开语言学的道理而自作主张。而且时至今日,牵强附会的东西,再也不会如刘敬叔的《异苑》那样,被人们收入到什么词典中去了。

说到于越地名,萧山也有现成的例子。今坎山镇有航坞山,高海拔299米,当地人称为王步山,是附近地区的一座高山。此山在《越绝书》卷八就已见记载:"杭坞者,句践杭也。二百石长,买卒七士人,度之会夷。去县四十里。"所以"杭坞"原来是于越语言,与同句中的"会夷"(会稽的另一音译)一样。"会稽"由于是个重要的于越地名,所以太史公亲自动手予以汉化,这就是《史记·夏本纪》所说的:"或言禹会诸侯江南,计功而崩,因葬焉,命曰会稽。会稽者,会计也。"司马迁以为他的这种把越语"会稽"汉化为汉语"会计"的事可以让后人永无异议,但是不过100多年,卜居在会稽的汉人学者王充就断然揭穿了他的这种越语汉化的无稽:"夫言以(会稽)山名郡,可也;言禹巡狩会稽于此山,虚也。巡狩本不至会稽,安得会计于此山? ……禹时,吴为裸国,断发文身,考之无用,会计如何?"[⑭]但"杭坞"是个小地名,它后来被汉化为"航坞",是从东晋徐广以汉义"航"释越语"馀杭"而得的。他认为"馀杭"之名是因为秦始皇从此去会稽,"舍舟航于此"而得名。[⑮]《诗·卫风·河广》:"谁谓河广,一苇杭之。"按汉义,"杭"、"航"确实相通。我在拙作《杭州地名考》[⑯]一文中指出:"但《诗·卫风》是汉族民歌,而馀杭则是越音汉译的地名。《卫风》的'杭'与馀杭的'杭'绝无关系,正如今美国纽约的'约'与汉字条约的'约'绝无关系一样,所以这种地名解释的汉化,在开始时显然是一种附会。"

为了说明这个地区的古今地名,我又不厌其烦地在此序中说了这一番话,有的读者或许以为序言离题已远,但实际上是我对眼下在这个地区的语言学和方言学上做学问的为数不多的学者同仁们的一番苦心。如上所述,因为古代越语,尝在这一带的相当广大地区,特别是旧越州(绍兴府)的语言中或隐或现地存留着,所以我们在研究中务必随时虑及这个问题。

　　现在回到刘宪康先生这部专著的本题上来,此序开头就已经称道了此书的不同凡响,著者在萧山方言的研究中,确实是潜心思考,日积月累,经过长年的耕耘,因而获得可观的成绩。百篇之中,又按不同性质分成7类。在每一类中,著者对各种萧山方言,并非如以往的若干越谚著述一样,有的仅列条目,有的只作简单解释,而是细分缕析,讲清其中的道理。特别是对于像我这样生长于越地的人,对于前已述及的这种"十同九九"的方言,毕生长期使用,却并不深究其渊源来历。读此一帙,骤感豁然开朗。因为生平虽读过不少古今图书,也粗通几种外语,但极少在它们的渊源来历上加以探究。读此书百篇,让我感到,中国在文字上早有"六书"之义,而清朝人又特别讲究训诂之学,即所谓乾嘉学风。外国人则专门有语源学(Eytmology)的学科。但对于一种方言,在百篇之中,竟包涵了许多学问,真是学海无涯,令人感慨不已。

　　此书对方言的解释,有时采用同类归纳的方法,我也深以著者在这方面的缜密思考而有所启发。在中国,单字的重叠使用由来甚早。我个人由于家庭关系而自幼即读背了《诗经》。此书首篇《周南·关雎》的第一句"关关雎鸠"就是叠字,整部《诗经》中的叠字真是不计其数。而在其他许多古籍,包括后来的诗词歌赋直至近代著作之中,叠字的使用,成为措辞行文的常例。这种文字上的常例,同样也存在于各地的方言之中,而此书在"语法构词"类中,把这种方言上的叠字使用,归纳为"ABB式例话"、"BBA式例话"、"常用的AABB式"等,这几篇文字,对我这个乡音未改的越人来说,都是说长期来朗朗上口,却很少思考其涵义的语言,著者在这方面的成就,说明我们对方言的研究,必须在文字和语言之间,下一番艰辛的功夫。

　　要全面评论这100篇文字,当然不是一篇序言可以完成的。不过对于这类研究成果,有一个方面值得特别注意。各地方言,都是在一个较长历史时期中不断积累起来的。它不仅显示了历史时期地方语言的发展变化,同时也反映了每个时期各地在民俗等方面的发展变化。这些无疑都是各地值得保存的文化财富。但另一方面,各地有关这个领域的研究成果,也正和地方志的编纂一样,应该具有存史、资治、教化的意义。现在有些地方的方言研究成果,正如清范寅的《越谚》一样,搜罗详尽,条目丰富,存史的价值是不容怀疑的。不过由于时代的发展,科学的进步,人类对客观世界认识的提高,历史上的有些方言,假使和盘托出而不加解释,从今天来说就不免会产生一些负面影响。所以对于各地方言,搜罗当然应该详尽,解释却必须考虑时宜。我在《绍兴方言》序中,曾经举过一些例子。如该书经济类所录谚语:"朝天壁陡(读如笃),番薯六谷。"此谚必然出于明代,因为这两种作物都是在明代引入绍兴的。由于这两种对水土条件要求不高的作物引入会稽山区,在当时确实增产了不少粮食,起了颇大的赈饥救荒作用。但其结果是出现了全省性的山地滥垦,造成了水土流失的严重后果。我在拙作《历史上浙江省的山地垦殖与山林破坏》[17]一文中已述其详。所以对于这类方言,除了收录存史以外,还必须加以科学的解释,以避免其负面影响。为此,我很赞赏《趣谈》"乡谚俗语类"中的《萧山的反迷信谣谚》一篇,因为从这一篇中,让我们看到,方言民谣是随着时代的进步而发展的。著者以《趣谈》为名,实际上是寓解释于趣谈,所以值得称道。当然,对于方言的收录必须有一个尺度,即这些语言必须出于民间,不要把那些上头颁布的宣传资料中的口号之类混入其间。现在我们读到的绍兴和萧山的作品,都并不存这方面的缺陷,希望以后的研究者们加以注意。

此序既然因刘宪康先生的语言学大作而写,在此顺便提及另外一个在语言和方言研究中应该注意的问题。这就是,语言和方言都是随着时代发展而不断变化的,不论在什么地区,新的语言、方言、谚语、俚语总是随着时代而不断涌现的。而旧的语言和方言则不断地为新的语言和方言所取代。此书百篇如前所述,是萧山文化上的一宗财富,因为它所记录的不仅仅是方言,对于一个地区,这种记录在历史学、地理学、社会学、民俗学等许多方面都具有其价值。对于一个现代人来说,我们既需要研究和懂得过去的语言和方言,也要不断紧跟随着时代发展而继续出现的新的语言和方言。为此,有关语言和方言的著作,必须一代代地赓续下去。所以,有关这个课题的爱好者和研究者,也必须代代相传,后继有人。

对于语言和方言不断变化的事实,在我个人身上就有现成的例子。前面提及,我粗通一点外语,例如英语,我是在上世纪30年代到40年代自学的。上世纪80年代以后,在国内外为外国学生或进修学者用英语讲课,或者充当一下翻译,只要不是我不懂的专业,大概都可以勉强敷衍。记得我自学英语时,也读过几本会话(现在称为口语)读物,当时美国社会上口头流行的方言俚语不少,例如称小汽车为 pill box,称鸡蛋为 biddies,称大学校长为 Chance 等等,不胜枚举,我当然读得烂熟。但是在1980年我第一次为美国匹茨堡大学高年级学生讲课时,对于这类方言俚语,他们都已经不懂。以后,我在美国和加拿大,都曾因这类方言俚语而遇到交流上的困难。其实,我们自己的语言和方言,也是同样不断地发展变化的。我定居杭州已逾50年,初到这里时的地道杭州话,现在已经很难听到了。过去杭州人说某人精神不正常(或智商低)为"十三点"或"钟头不准",现在却常说"脑髓搭牢"。这类例子也是举不胜举。由于交通便利,人们的流动性增加,新的语言和方言在社会上不断产生、交流和普及,并且迅速地取代了旧的语言。例如过去赞美一位男士的"英俊",现在已为"帅"所取代,过去常用的"卖弄噱头"一类的俚语,现在称为"作秀"。过去请客吃饭、会账一类的事,现在称为"埋单"。在语言、方言发展变化如此疾速的潮流中,《萧山方言趣谈》一类的著作,即使仅仅从语言学的角度进行评价,其价值也已经不言而喻。

我在此序前面指出,语言和方言的研究成果,在我们这个方言区域中历来很少,属于一个缺门。但从全国来说,在上世纪 20 年代末期起,已故方言大师赵元任先生曾在前中央研究院组织领导了许多地区的方言调查。从 1928 年以后,曾经进行了两广、琼崖、河北深泽、束鹿、大名以及徽州、江西、路南倮倮语、寻甸倮倮语、黔桂台语、洞水语、莫家语许多地区的方言调查。[⑱]1999 年,我应邀去台北"中央研究院"讲学,欣悉当年赵元任先生的调查成果,仍然妥存于该院历史语言研究所,这些成果,当然是我国语言学上的一宗财富。现在,有感于《萧山方言趣谈》的行将出版,让我萌发了一种希望,以近年来在绍兴、萧山先后出版的方言著作和这些市县新修方志中的方言卷篇为基础,组织语言爱好者,在我们这个流行越州话的方言地区,进行一次深入细致的调查,写出详尽的调查报告,以便于在这个领域中的继续研究,获得更为出色的成果。

2004 年 10 月于浙江大学

注释:

① 《越缦堂日记》同治八年七月十三日。

② 汉扬雄撰,此书全称为《輶轩使者绝代语释别国方言》。

③ 《绍兴地方文献考录》第 253 页。

④ Second College Edition, Webster's New World Dictionary of American Language, P. 1069. The World Publishing Co. New York, 1968。

⑤ 《绍兴方言》序。

⑥ 光绪辛巳福州刊本。

⑦ 《徐霞客与浙江续集》,中国大地出版社 2002 年版。

⑧ 《开发海洋利用海洋——评〈普陀县志〉》,原载《中国地方志》1999 年第 4 期,收入于《陈桥驿方志论集》,杭州大学出版社 1997 年版。

⑨ 陈桥驿《名山佳志——读新修〈普陀山志〉有感》,《浙江方志》1996 年第 2 期。

⑩ 《水经注》卷四《浙江水注》引《异苑》曰:"东阳颜乌,以淳孝著闻,后有群乌助衔土块为坟,乌口皆伤。一境以为颜乌至孝,故致慈乌,欲令孝声远闻,又名其县曰乌伤矣。"按乌伤,王莽改名乌孝,则颜乌的故事,在西汉已经流行,所以此县名的汉化远此《异苑》为早。唐改乌伤为义乌,属于越地名的半汉化。

⑪ 陈桥驿《郦学新论——〈水经注〉研究之三》，山西人民出版社1992年版。

⑫ 《史记·吴世家》"句吴"颜师古注："《汉书》以吴言句吴者，夷之发声，犹言于越耳。""句"、"于"均为夷语"发声"，这是唐颜师古首先提出的。

⑬ 《越人歌》，据《说苑》卷一一《善说》：滥兮抃，草滥予，昌枑泽予，昌州州，锡州焉乎，秦胥胥，缦予乎，昭澶秦踰，渗惿随河湖。

⑭ 《论衡·书虚篇》

⑮ 《元和郡县志》卷二五《馀杭县》："《吴兴记》云：秦始皇三十七年，将上会稽，涂出此地，因立为县，舍舟航于此，仍以为县。"清人张驹贤据岱南阁本《元和郡县志》写了《考证》，在"舍舟航于此，仍以为名"下说："此说本徐广。"按徐广，东晋学者，撰《晋纪》46卷，已亡佚。

⑯ 原载《地名丛刊》1988年第4期，收入于《吴越文化论丛》，中华书局1999年版。

⑰ 《中国社会科学》1983年第2期。

⑱ 均据台北"中央研究院"历史语言研究所编《中央研究院历史语言研究所七十年大事记》，1998年出版。

原载《萧山方言趣谈》，方志出版社2004年版

《越语趣谈:鲁迅故乡的方言炼话》序

　　读完朱锡三、杨葳两先生合著的《越语趣谈》,既感心情愉快,又觉精神气爽。年来为他人著作撰序,每年都在 10 篇以上。因为自己不幸身陷学术界,求序者不论是友好同事,或是历来学生,多半情难推辞。著者当然是多年学术心血,序者也不得不勉为学术之难。这些年来,各类著述卷首的序言,有官序与学序之分,官序(当然是他们的秘书或是著者自己所写)居高临下,气势磅礴,所谓一句顶一万句,只消写几句表扬勉励的话就可成篇,著作就可随着当官者的级别而提高品位。学序则不然,序中必须讲究学术,难免要查索文献,引经据典,所以年来常常逢序畏却,视为负担。但这次为《趣谈》作序,心情确实不同寻常。绍兴是我的家乡,越语是我的母语,而朱杨两先生的著述,不仅一帙风趣,而且满卷学问,所谓雅俗共赏。读完全稿,心头实在有序了。

　　按照学术的一般分类,《趣谈》属于语言学研究;细分,则是语言学领域中的方言研究。越语是一种历史悠久,流行甚广,内涵丰富,腔调别致的方言。有史以来,越语见于文献的首推《越绝书》,如"越人谓船为须虑"、"越人谓盐曰余"等,早为学者所悉。扬雄的《輶轩使者绝代语释别国方言》(通称《方言》)所列语言、词汇达 661 条,由于当时越地尚属边陲,全书涉及越语的不过 11 条。我在拙作《绍兴地方文献考录》(浙江人民出版社 1983 年版)中,专设"语言类"一门,收录越语文献 6 种,包括明祁彪佳《里居越言》、清毛奇龄《越语肯綮录》1 卷、周徐彩《越谚》2 卷、茹敦和《越言释》2 卷、范寅《越谚》3 卷(附:《越谚剩语》2 卷)、平步青《玉雨淙释谚》。这中间,祁书和周书都已亡佚，毛、茹、平3书皆很短小，自来只有范书较获流行，但此书除越谚外，还附有《论堕贫》、《论潮汐》、《论涨沙》、《论古今山海变易》等文，实际上是一种以语言为主的综合性的乡土文献。

民国以还，越语研究相当沉寂，有关这个领域的专著实未尝见。而这些年中，绍兴学术界的研究工作，包括越文化研究，显得相当活跃，各种有关乡土研究的著作纷纷问世。相形之下，越语研究竟成为缺门，令人感到遗憾，所幸几年以前，由于香港绍兴同乡会永远名誉会长车越乔先生倡导和支持，杨葳、杨乃浚两位乡人得以编撰和出版《绍兴方言》（国际文化出版公司2000年版），搜罗绍兴方言包括词汇和谚语各达3000余条，洋洋大观，很受越人和方言研究者的欢迎。现在，《越语趣谈》又接踵而出，为沉寂颇久的越语研究再一次掀起波澜，让我们看到越文化研究在语言领域中的推陈出新，令人踌躇满志。

前面已经提及《趣谈》的趣味性和学术性。此书与《绍兴方言》不同，并非全面搜罗方言的词汇和语句，而是着眼于方言中所谓"炼话"，也可以称为"俚语"。他们往往包含在越地流传的故事、传说、诗歌、谜语以及人们的口头禅……之中，是大量越语中经过长期筛选和千锤百炼的语言。不妨举个譬喻。日本文学家小林一茶有一段传诵一时的著名俳句，是他通过对苍蝇的细致观察而写的杰作：

　　不要打哪！苍蝇在搓它的双手，搓它的双脚呢。

记得往年曾读到周作人的一篇文章，写及小林一茶的一段俳句。文章说，小林的精心观察和生动描写，绍兴人老早就做到了。文章中引出了一个以苍蝇为谜底的绍兴谜语：

　　像乌豇豆格乌，像乌豇豆格粗，堂前当中央，坐咚捋胡须。

谜语也是越语，却不是越谚，我以越谜譬喻越谚，只是为了说明在越地这个文化渊源深厚的地方，语言中包含了许多风趣和学问，不唯越谚而已。当然，越谚是经过人们提炼的语言，而收入于《趣谈》的越谚，又经过作者选择加工，所以不同凡响。也可随手举点例子：在《筷和箸》篇中，记叙了大多数中国人每天都要动用二三次的这两根小棍子，篇首描述这一对短棒的功能，写得兴趣盎然。接着提出"筷"和"箸"这两个字眼，其间就有许多学问。我倒是要谢谢初中一年级的那位国文老师，否则，这两个字眼，就可以难倒我这位教授。记得当年课堂上念朱自清的名作《背影》，文内有父亲信中的"举箸提笔"一语，那位教师解释："举箸提笔"就是吃饭写字，"箸"就是"筷"，但若写作"举筷提笔"，文章就俗不可言，因为这个"筷"字是从《说文解字》到《康熙字典》都查不到的"俗字"。现在读《趣谈》，回忆起当年那位老师的讲解，感到读书识字的至关重要。《趣谈》对此二字的解释，当然比我当年的那位老师更为详尽深刻，篇内引及《韩非子》和《汉书》，兼及明人笔记。这是实实在在地做学问。

又如卷内《曹话三千》一篇，勾起了我对一段往事的回忆。我原来一直以为这句越谚是"造话三千"。绍兴人称说谎为"讲造话"，我也认为此"造"字不讹。我懂得"造话"是"曹话"之讹，算起来还不到半个世纪。对此，实在应该谢谢已故的蒋礼鸿先生。记得上个世纪50年代，蒋先生与我在同一学校教书，虽不同系，却是邻居。当时正"反右"以后，知识分子人人自危，噤若寒蝉，相互间如不充分了解，连寒暄都有所顾忌，实在是个道路以目的恐怖时代。但蒋先生与我因为邻居，常常同行去校内上班，一路闲聊，间或互道心曲，发现彼此都是良心未泯，日子稍久，相互间的信任感增加，竟至说些"右派言论"而无所顾忌。当时正值人民公社、大跃进、大炼钢铁、大办食堂，吃饭不要钱等倒行逆施的时期，对于各种宣传机器大肆吹嘘的"亩产几万斤"之类的新闻，我们不仅绝无"粮食多了怎么办"的杞忧，而且彼此都确认其荒唐无稽。记得1958年秋季的某一天，当时一家大报以头版头条大字刊载："徐水县进入共产主义。"对于这种荒谬绝伦的报道，我实在按捺不住心头的气愤。我在路上与蒋先生谈及这条新闻，并且说这种新闻，在我们绍兴谚语中是十足的"造话三千"。他完全同意我对这个报道的愤怒发泄，但随即告诉我，绍兴人现在所说的"造话"其实是"曹话"之讹，当时就向我细述了"曹话"的典故，即是此篇中所引的《义府续貂》的话。虽然我尚未读过此书，但他在中文系以训诂著名，我当即全盘接受了他的解释。想不到这段往事，在经过了近半个世纪以后，竟又在《趣谈》中重逢，溯昔抚今，令人感慨系之。

《趣谈》如上所说，是一部兼有趣味和学问的地方文献，是越语研究的出色成果。在这3年之中，接连有两种越语研究的地方文献问世，确实令人高兴。同时也看到，由于越语的古老渊源和长期来的发展演化，这种方言的研究，还有很大的领域和许多课题，在《趣谈》各篇中，我们就可以窥及此种端倪。例如《小饭店中的谐趣》文中，写到诸如"三九廿"、"挂灯结"、"来夏倪"等绍兴人称为"缩脚语"的语言。这就涉及了越中流行的"行话"。在过去，绍兴的不少行业都有本行的"行话"。特别是较大的行业如南货业、绸布业、广货业、锡箔业以及蔬菜市场甚至行商、走贩，他们相互间常常使用行外人听不懂的话，这些语言，有的是行业语言的提炼概括，并不具有保密的作用；但有的则是行业的秘密。例如从一到十的数字，由于涉及到成本、利润、进价、售价等商业秘密，各行各业在交谈中都不愿让行外人（包括顾客）知道，而是使用自己的"行话"。这些"行话"的共同特点是，它们常常利用越语的谐音。如《趣谈》中的缩脚语"挂灯结"（以"彩"谐"菜"）、"见死勿"（以"救"谐"酒"）之类。

在一般社会中流行的这类语言如《小饭店中的谐趣》所叙的缩脚语，通常称为"切头"，流行很广，种类极多，其中有不少也不一定就是行话。以数字为例，比较流行的从一到十的"切头"，如旦底（一）、挖工（二）、眠川（三）、横目（四）、缺丑（五）、断大（六）、皂底（七）、分头（八）、丸空（九）、田心（十），不少人都知道。还有一种以出露的字头而排列的"切头"：由、中、人、工、大、王、主、井、羊、非，这十个字不仅表示从一到十的数字，而且利用越语谐音，加上相互间的交错组合，可以表达许多意思。例如以"五人"为"大衫"（绍兴人称长衫为大衫），以"工三"为"死人"，以"主羊"为"吃酒"，而"六非"则是骂人的话（"王八"）。有人或许会认为这类"缩脚语"、"切头"、"行话"之类的语言属于引车卖浆者流，是越语中的下九流。但对于这些曾经在近代绍兴出现过的语言，进行整理和研究，不仅是一种语言研究，同时也是一种民俗和社会的研究。何况，时至今日，懂得这种语言的人已经越来越少，且不管对这种整理、发掘、研究的褒贬臧否，越语研究者还是有责任把这种工作承担起来。

前面已经提及研究的方面很广，课题甚多，我在此所举的，无非是其中的一个例子。这3年之中，《绍兴方言》与《越语趣谈》相继出版，既是越语研究中异军突起，成就卓著，也为今后的越语研究做出了榜样。长江后浪催前浪，希望看到这个课题中的更多研究成果。

原载《越语趣谈：鲁迅故乡的方言炼话》，云南美术出版社2004年版

《中国历史地名大辞典》序

　　《中国历史地名大辞典》的编纂出版,在中国历史地理学和地名学学术领域以至整个学术界,都是影响深远的大事。这部历时 20 年,由许多专家学者倾注大量精力,特别是曾经获得历史地理学泰斗谭其骧先生生前指导设计的辞书,在学术水平和实用价值方面,无疑都是划时代的。

　　历史地名辞典的编纂是一件难度极大的工程。这是因为不论从历史地理学或地名学来说,历史地名中都有许多问题令人棘手。这中间的第一种困难是它的数量巨大。众所周知,历史地名的主要来源是历史文献,而我国的历史文献浩如瀚海。根据韩长耕先生《中国编纂文集之始和现存最早的诗文总集〈昭明文选〉的研究与流传》(《韩长耕文集》,岳麓书社 1995 年版)一文的记叙:"中国古代文献包括现存的和有目无书即散佚的,大概不下十五万种,而其中尚存世流传可供披览检证的,也仍在十二万种以上。"由于绝大部分文献都涉及地名,则在这 12 万种、数百万卷的古代文献中,历史地名的数量,实在难以估计。

　　我们也可以把涉及历史地名的古代文献缩小到地理书的范围。我曾在拙作《论地名学及其发展》(《中国历史地理论丛》第 1 辑,1981 年)一文中统计过南北朝以前的几种地理书中出现的地名,其中仅《水经注》一书,地名就达 2 万左右。若把时间再向后延伸,将宋代以来的地方志计算在内,我在拙文中提到:"宋代以来的地方志总数超过七千种、十万卷。从低估计,平均每一种涉及地名五十处,则单单地方志一项,涉及地名就达五百万处以上。"显然,我们不可能也不需要一部收词漫无限制的地名辞书,而是要从学术性和实用性的考虑,确定收词的原则和范围。这就是本辞典在《凡例》上所说明的。收词的原则和范围,决定了辞典的规模,实际上也决定了辞典在学术性和实用性方面所能达到的水平。这也就是《中国历史地名大辞典》能够获得如此高度成就的先决条件。在这方面,除了中国社会科学院领导的远见和支持以及专家学者们的渊博学问和卓越见识以外,也应该感谢谭其骧先生的精湛指导。例如,辞典收入全部《读史方舆纪要》地名,就是他的建议。

历史地名的第二种困难在于古籍记载的缺失。以都、邑、郡、县地名为例,这是中国历史地名的重要组成部分,也是这部辞典大量收录的地名。但这种工作是经历了许多困难的。大家知道,记载这类地名的权威文献主要是正史地理志。《汉书·地理志》:"本秦京师为内史,分天下作三十六郡。汉兴,以其郡太大,稍复开置,又立诸侯王国。武帝开广三边,故自高祖增二十六,文景各六,武帝二十八,昭帝一,讫于孝平,凡郡国一百三,县邑千三百一十四,道三十二,侯国二百四十一。"《汉志》是我国沿革地理的鼻祖,也是历代正史地理志记载这类地名的基础。但问题却在于正史地理志的记载常有缺失。即以《汉志》本身而言,汉初分封的侯国,清钱大昕在《潜研堂答问》卷九中指出:"汉初功臣侯者百四十余人,其封邑所在,班孟坚已不能言之。"

以《晋书》为例,《庾翼传》记及翼为"西阳太守",《陶侃传》记及侃"领枞阳令"。但《地理志》中却不见西阳郡名和枞阳县名。仅《水经注》一书中记及有建置年代的晋朝县名,不见于《晋书·地理志》的就达4处,即沌阳县(《江水注》)、灵道县(《沫水注》)、溧阳县(《澧水注》)、豫宁县(《赣水注》)。

对于《晋书·地理志》的这种缺失,清毕沅在《晋书·地理志新补正》序中探索其原因:"盖唐初诸儒于地理之学非所研究。"但问题是,正史地理志的这种缺失并不限于《晋书》,各史都有存在,常为后世学者的研究造成困难,包括辞书编纂在内。例如《水经·沔水》:"又东过牛渚县南,又东至石城县。"清代的郦学名流如赵一清和戴震,都认为这是《水经》之误。赵云:"牛渚圻名,汉未尝置县也。"(《水经注释》)戴云:"案牛渚乃山名,非县名。"(《武英殿》本《水经注》)赵、戴对《水经》的批评,是基于《两汉志》及晋、宋、齐诸志均无牛渚县名。但郦道元却并不否定牛渚县。他在注文中指出:"牛渚在姑熟、乌江两县界中。"这里郦氏用以说明牛渚县地理位置的姑熟县,恰恰也是《两汉志》和晋、宋、齐3志所不载的。赵、戴认为牛渚是山名,这是因为《通典·州郡十一》宣州当涂县有牛渚矶的记载,而《通典》是治史者必读的权威文献。但他们不曾注意到,《三国志·吴书·全琮传》:"得精兵万人,出屯牛渚。"《通鉴地理通释》卷十二:"孙皓时,以何植为牛渚督。"特别是《通鉴》卷一百《晋纪二十二》穆帝永和十一年"镇寿春"胡注:"永和元年,赵胤为豫州刺史,治牛渚。"牛渚曾经是一个侨州的治所,岂仅山名而已。此外,《水经·禹贡山水泽地》有金兰县,也不见于《两汉志》及晋、宋、齐诸志。但郦道元在《决水注》中指出:"其水导源庐江金兰县西北东陵乡大苏山。"把金兰县的隶属地名说得如此清楚,不由人不信。为此,如上所述的这些正史不载的郡县地名,如何处理,实使后世学者煞费揣摩。历来学者为了研究这一类地名,早已历尽艰辛。清吴增仅《三国郡县表附考证序》指出沈约《宋书·州郡志》对于三国郡县地名的疏缺:"已言三国置县不书,惟以《续汉·郡国》校《太康地志》,参伍异同,用相征验,补苴之难,何况今日。"现在,《中国历史地名大辞典》收录的都、邑、郡、县地名,远远超过了历来的一切典籍,这是辞书作者们辛勤耕耘的成就,也就是这部辞典的不同凡响之处。

历史地名的第三种困难是它们的地理位置不易确定。现代科学重视计量,现代地名都可以通过经纬坐标得出计量数值。但历史地名由于种种原因,很难每一处都具有确切的地理位置。毕沅在《晋书地理志新补正》序中提及:"颜师古注《前汉书》,以京兆南陵当今宁国府南陵县;章怀太子注《后汉书》,以九江当涂为今太平府当涂县。案之乐史《太平寰宇记》,汉南陵县故城,在万年县东南二十四里白鹿原上;当涂县故城,在钟离县西一百十七里。皆无缘至江左。二人盖误以东晋侨县为汉旧县也。此类尚多,非可详矣。"当然,如上述颜师古和章怀之误,尽管实际上也反映了历史地名的复杂性,而毕沅归咎:"唐初诸贤不究地理学之过也,"也不算责备过甚。但如前面提到的西阳郡、枞阳县以及沌阳、灵道、溧阳、豫宁、牛渚、姑熟、金兰等郡县,即深究地理学的当今学者,也难以逐一厘清。而要确定这些地名的地理位置,当然更有困难。

上面已经提及了颜师古与章怀误东晋侨县为汉县的事。在我国,侨州郡县之设,虽然早见之于后汉,但以晋永嘉之乱以后为最。谭其骧先生考证当时南渡人口占全国人口的1/6(《晋永嘉丧乱后之民族迁徙》,载《长水集》卷上),于是,侨州郡县在江南大量出现。这些临时性的政区建置,往往治所播迁,辖属无定,遑论查究其地理位置。是以历来文献,对此多付缺如。钱大昕认为:"涉猎之未周,良讨论之未易也。"(《东晋南北朝舆地表序》)钱氏是这方面的著名学者,所出此言,实是他多年研究的心得,则此中艰难,可以想见。

此外,还有不少古代地名,特别是位于平原上的地名,由于年代久远,故址湮废,河川改道,地物沦移,要辨明当年的地理位置,实在缺乏凭证。对于这个难度极大的问题,经过辞典作者们的长期努力,深入查索,计其所得,也已经远胜前人,成为这部辞典的又一特色。

历史地名的第四种困难是来源费解。自从《穀梁》僖公二十八年提出"水北为阳,山南为阳"的地方命名原则以来,地名来源的解释,已成为我国地理书的传统习惯。例如《汉书·地理志》解释京兆尹华阴:"太华山在南";解释敦煌县瓜州:"地生美瓜"等等。简明正确,为以后的地名来源解释树立了典范。如《水经注》一书,解释地名来源就达 2400 余处之多。但是由于我国幅员广袤,历史悠久,地名繁多,来源复杂,要对每一个历史地名都作出正确的来源解释,实在很难做到。记得曩年我主编《浙江古今地名词典》,请谭其骧先生为顾问。谭先生曾叮嘱我,浙江省境内有许多古代遗留的越语地名,来源费解,而历来有不少望文生义的曲解,今天的词典中必须避免。他并以《汉书·地理志》敦煌郡为例,应劭解释为:"敦,大也;煌,盛也。"谭先生对此大不为然,明明是一个少数民族遗留的非汉语地名,却以汉语牵强附会,不仅毫无价值,而且留为笑柄。的确,在我国的大量历史地名中,特别是非汉语地名,其来源在古代就已经费解。例如《水经·河水注》记载的薄骨律城,郦道元只是指出:"赫连果城也。"对于地名来源,虽然郦氏去赫连不过百年,但他已经无法查究:"语出戎方,不究城名。"对于赫连兴筑的首都统万城,郦注记载甚详,但对于地名来源,却也不置一辞。直到《晋书·赫连勃勃载记》,才对这个地名提出"统一天下,君临万邦"的解释。此后,从《元和郡县志》、《资治通鉴》直到现代的《辞海》,都采用这种《水经注》不措一辞而由初唐人作出的解释。当然,这种几乎已成定论的解释,学术界并非一致同意。缪钺先生《读史存稿》(三联书店 1963 年版)曾经指出:

> 今案赵万里先生集冢墓四之五四元彬墓志,四之五七元湛墓志,四之六十元举墓志,俱称"统万突镇都大将"。三之二三元保洛墓志又称"吐万突镇都大将"。吐、统一声之转,是本译胡语,故或统或吐(《古今姓氏书辨证》亦言统万亦作吐万),或省去突字。赫连氏当时自无《元和志》所言之义(驿案,此是缪氏偶失,统万城的解释始于《晋书》,不始于《元和志》)。《水经注》河水又北[迳]薄骨律镇城,子注云:赫连果城也,⋯⋯遂仍今称,所未详也。薄骨律与统万突皆是胡语,汉人不识其义,强为之说,则较白口骝韵传说尤为晚矣。

现在或许还不到立刻否定流传已久的《晋书》之说的时候,但是至少可以让我们警惕,望文生义地解释地名来源,或者是不加思考地附和古人的解释,都是很冒风险的事。《中国历史地名大辞典》在这方面的成就也令人深感满意。作者们对许多地名的渊源来历,不仅言必有据,而且采择从精,亦为以往各种典籍所望尘莫及。

　　历史地名的困难除了上述 4 种以外,当然还有不少。例如,古代文献由于辗转传抄,常常造成错误,而发生于地名中的错误,校改特别困难。以《水经·江水注》中记及的"金女、大文、桃班三治"为例。既然称"治",当然是个大地名,所以清李鸿章为李兆洛《历代地理志韵编今释》所作的序言中就为此惶惑不解:"金女、大文、桃班、阳口、历口之类,皆不见于诸志,……亦不能无疑焉。"直到杨守敬、熊会贞为《水经注》作疏,才通过对许多古代文献的比勘获得结论,原来"治"字是"冶"字之误。《御览》八百三十三引《武昌记》有"元嘉发水冶"之语。在这个地区,经过杨、熊的考证,称"冶"的地名甚多,它们在刘宋时代就已经存在。

　　我在这篇序言中提出了关于历史地名的这许多困难,主要是为了说明这部《中国历史地名大辞典》的来之不易。毫无疑问,编纂这部辞书的专家学者面临的困难,比我所扼要提出的还要多得多,他们的工作可以说是披荆斩棘的,他们的成就是值得赞赏的。自从晋京相璠撰《春秋土地名》、杜预撰《春秋释地》以来,历来地名典籍,历代多有编纂。地名研究和地名工具书的著作,在我国已有悠久的传统。现在,《中国历史地名大辞典》在规模之庞大、收词之广泛、考证之精深、释文之明确等方面,都已达到前所未有的水平。我们感谢辞典作者们对学术界所作的卓越贡献。

2001 年 4 月于杭州大学历史地理研究中心
原载《中国历史地名大辞典》,中国社会科学出版社 2005 年版

《绍兴龙横江·鹿湖园记》序

　　绍兴境域,南山北水,地形分明。会稽山丘陵绵亘于南,《兰亭集序》称"崇山峻岭,茂林修竹",亦《世说新语》所谓"千岩竞秀,万壑争流"之区。山会平原坦荡于郡北,《水经注》记叙"东南地卑,万流所凑",亦西人《纳盖尔百科全书》比为"中国威尼斯"之乡也。综观其地之山水渊源:大禹传说出于会稽之山,盖其时山北尚为茫茫大海,此第四纪海进所致,及海退轮回,越人纷纷北迁,越王句践乃建都平原,经营富中大塘,拒咸蓄淡,发展农垦。东汉郡守马臻创建镜湖,以会稽山三十六源之水,汇注而形成面积逾 200 平方公里之水库,借此垦殖湖北 9000 顷斥卤之地,使之咸成沃壤。至于明季,应宿闸建成于三江之口,合邑水系总归一统。镜湖创而南塘成,应宿闸建而北塘固。此越中水利之概要,亦前辈胼手胝足之业绩也。越中土地因水利修治而富庶沃衍,越中山川亦因而焕发绚丽。管仲谓"越之水浊重而洎",汉民为之裹足;王羲之称"山阴道上行,如在镜中游",北人竞相移寓矣。综观越境全貌,自南而北,各具体态,各有胜景。而其瑰奇特异者,在于山水接壤之处。其处山水融合,为越中佳景之最。山瞰水而山光愈显,水近山而水色益秀。六朝文士所谓"山阴道上",亦清乾隆命曰"山阴溪路"是也。此人间绝胜之区,六朝已有"应接不暇"之喻。迨唐人游咏,綦毋潜称"晚风吹舟行,花路入溪口",李白称"湖清霜镜晓,涛白雪山来"。清乾隆亲履其地,盛赞其处曰:"棹入烟花浦,山迎彩鹢舟。"今鹿湖园即坐落于此也。鹿湖园在今山阴常禧门外麓湖庄。民初《浙江全省舆图并水陆道里记》作鹿湖庄。盖越民远古以狩猎禽鹿为生,句践畜犬猎鹿南山,以"鹿"易"麓",实应古谊。其地居龙横江南,大叶池东,环城河西。清康熙、乾隆驾越祀禹,曾皆驻跸是处,盖择其山川形胜之所钟也。兹斯园新建,集自然之厚赋,聚文化之菁华,乃天时地利人和所必然。昔句践辟乐野,此邦自石以园林称胜,而今鹿湖崛起,越中园林无出其右矣。

2005 年冬于浙江大学

原载《绍兴龙横江·鹿湖园记》,学林出版社 2005 年版

《东浦古镇神韵》序

  《东浦古镇神韵》(以下简称《神韵》),从书名到内容,都令人心旷神怡,如入山阴道上,有千岩竞秀,万壑争流之感。东浦是一片古地,因为这个地名就来自远古。"浦"是越语汉译,所以东浦是个越语地名。越语地名称"浦"而至今保留于《越绝书》的,如卷二《吴地传》有"渔浦"、"棠浦",卷八《地传》有"浦阳"、"射浦"等等。"浦"在越语中是河川湖沼之意。《水经·沔水注》说:"东南地卑,万流所凑。"所以这一带称"浦"的地名,至今比比皆是。汉人进入越地以后。由于不谙越语之意。有时往往画蛇添足。例如"黄浦"原是越语河名,而汉人却又以汉意加上一个"江"字。这和维吾尔语称山为"塔格",而今新疆却有"慕士塔格山"一样。当然,慕士塔格山之名最早不过汉代,而黄浦江之名可能出于先秦。至于东浦,虽然作为越语的"浦"早已存在,但在这个原来是泥泞沮洳之区,何时出现聚落以至发展成镇,则尚待从聚落地理学这门学问加以考证。

  我往年曾撰有《绍兴地区聚落的形成和发展》(《地理学报》1980年第1期,收入于拙著《吴越文化论丛》,中华书局1999年版)一文,把历史上在绍兴境内的聚落按地域类型分成"山地聚落"、"山麓冲积扇聚落"、"孤丘聚落"、"沿(鉴)湖聚落"、"沿海聚落"、"平原聚落"6类。而其中建立时间最晚的是"平原聚落"。因为绍兴平原在第四纪卷转虫海退以后是一片潮汐出没的沼泽。一直要到南塘(指鉴湖湖塘)和北塘(指沿钱塘江口和杭州湾海塘)的建成,这种类型的聚落,才雨后春笋般地大量涌现。

按清抄本《山阴都图地名细号亩分南米科则》和《会稽都图地名细号亩分南米科则》
（上世纪50年代绍兴吴宅梵先生收藏）的统计，在上述6类聚落中，平原聚落要占山、
会两县聚落总数的73.5%，当时，东浦不仅名列其间，而且已是一个兴旺发达的集镇。

南塘成于汉代，北塘成于唐代，则东浦必然兴起于这段时期。《嘉泰会稽志》卷七
《寺院》"山阴法云寺"下有一段事关东浦的可贵资料：

> 在县西北八里，本名王舍城寺，久废。吴越王时。有大校巡警，见其地有光
> 景，乃复兴葺。开宝八年，改名宝城寺，中允陆公仁旺及弟大卿，舍园地以益之。
> 大中祥符改额法云。建中靖国元年，大卿之孙拜左丞，请为功德院。

这段文字为我们提供了有关东浦的两种依据：第一，法云寺的前身王舍城寺兴建
甚早。"久废"以后，到吴越王时才再度重建，则此寺之建，不会晚于唐代。第二，既然
陆氏"舍园地以益之"。既有"园地"，当然也有府第。而另一句"建中靖国元年，大卿
之孙拜左丞"，可见陆大卿即陆轸之号，因为陆氏族中官至"左丞"的只有陆佃（陆轸之
孙），即《宋史·陆佃传》所记载的，陆佃在徽宗之初"转左都御史"。说明陆氏这一支
望族，早已在这里定居，而这个地方就是东浦。因为王舍城寺、法云寺即是以后的王城
寺，这是查有实据的。这个地区的河川土地。据《嘉泰志》引《旧经》，曾在晋代由贺循
加以整治。所以东浦这个平原聚落很可能在晋代或南朝已经形成。称它为"古镇"，
当然名副其实。

现在，东浦古镇推出了《神韵》，用一句中国老话，这是锦上添花。100多篇记叙古
镇的文章分成9类，每一类都有鲜明特色，不仅寓意崇高，给后辈树立楷模；而且趣味
隽永，让读者爱不释手。最近20多年来，全国各地掀起修志热潮，通志与专志并举，事
极一时之盛。特别是通志，上起市县，下及乡镇，已经琳琅满目。修志是我国的优秀文
化传统，当今形势，确实令人踌躇满志。但当我读了《东浦古镇神韵》以后，却顿时产
生了一种新的想法。志书的功能虽然各家尚有不同看法，但"存史、教化、资治"三者，
实已包罗尽致。上起市县、下及乡镇，志书对后辈的主要功能，这6个字确属至要。我
虽不是方志学家，但因缘机会，于上世纪50年代就在高等学校开设过"方志学"课程，
所以在这20多年的志书修纂中，也常常参与其事。中国方志渊源甚早。而其卷篇格
局和记叙内容，在南宋就有公认的规范，至今历千余年，其间虽屡有变革，但大体上仍
遵循南宋以来的这种格局。在上轮修志过程中，我在志书内容必须反映现代科学成果
方面发表过不少意见，但对于志书的总体格局并无异议。因为我认为从"存史、教化、
资治"的功能着眼。这种格局仍然可取。历来父母官上任，入境问俗，首先必读当地
志书。所以在当前的第二轮修志中，虽然我已应约发表过若干拙见，而且撰写了《我
和地方志的情结——为二轮修志而作》（《二轮修志浙江论坛》，浙江人民出版社2005

年版)长文,但对于志书的传统格局。我绝无"推倒重来"之意。

　　我国志书从南宋以来,历来是一种官书。官书的修纂在人才的罗致和经费的筹集等方面,当然具有许多便利条件,这是它的显著优点。但我认为它无疑也存在缺点,其中最主要的是受传统的卷篇体例约束,格局既已因循沿袭,内容和记叙笔法也相应刻板少变。除了少数几部佳志以外,如已故名家谭其骧先生所说,有些地方的志书是"越修越差,越修越错"(谭氏《长水集》续编,人民出版社1994年版)。我在某些志书审稿会上也曾发言:一部志书,洋洋大观。但其实通读全书的只有两人。一人是志书的主编,另一人是出版社的责编。当然,谭先生和我都并不反对当前市县志修纂的传统,正如一位外国汉学家与我谈及的:中国的地方志,从清代以来,其实是一种地方的百科全书,作为一种百科全书,当然不可能要求大家通读。但有一点也是无可讳言的事实,当前的地方志,在可读性方面,确实存在较大缺陷。

　　在读了《神韵》以后,让我受到很大的启发。因为当前的修志热潮,已经从市县发展到乡镇,这当然是一件好事。但乡镇地方狭小,史事简单(指一般乡镇),而志书的卷编格局都一如市县,其间难免有拉扯拼凑的现象,在某种程度上实在属于浪费。现在,《神韵》为我开了眼界,让我看到了"存史、教化、资治"的功能在乡镇中畅通的新路子。这种形式,在追思乡贤业绩和熟悉地方掌故等方面,都能让后辈主动自觉地接受。所以我认为《神韵》是一种乡镇志的具有价值的新形式,是修志传统的跃进,应该受到方志学界、历史学界和民俗学界等方面的赞赏,并且加以推广。

　　今天的东浦古镇当然有了众所共见的极大发展,而它的前景又是绍兴其他许多古镇中的的佼佼者。在这方面,我愿意引用我的朋友、前绍兴市旅游局长、当前是省旅游行政和教育的主要领导成员之一傅建祥先生的话。他在今年出版的《人文旅游》(浙江大学出版社2005年版)一书中为东浦说了几句话:"首先是保护,吸取绍兴城被破坏的教训。学习借鉴西安、苏州的成功经验。尽量多保护一些古镇。……重点开发东浦,适度开发安昌,柯桥、斗门等以保护为主。东浦位于绍兴古镇和柯桥新城之间,区位优势明显,东浦保护最好,又有酒文化的主题,应把东浦作为'鲁镇'开发的重中之重,作为绍兴旅游建设的'亮点工程'。"

　　我非常赞赏傅先生的这种卓见,所以把他的这几句话作为我推崇《神韵》的结尾。

2005年10月于浙江大学

原载《东浦古镇神韵》,浙江大学出版社2005年版

《浙江文化简史》序

　　佘德余教授所著《浙江文化简史》的问世,在浙江向文化大省迈进的事业中,是一种重要的贡献。把一个省建成文化大省,这对全省人民既是激励,也是鞭策。文化大省和经济大省一样,实在兹事体大,它不仅需要在文化事业上进行全方位的建设和巨额的投入,而且更必须唤起省内文化界人士和全省民众的重视,对自己省的文化渊源和现状作更深入的研究和了解,从这方面来说,《浙江文化简史》的出版可谓正得其时。

　　我之所以在序言开头就用了兹事体大这个字汇,不仅因为文化建设是一种千头万绪的事业,而文化一词的概念就让人煞费揣摩。也正因为"文化大省"的号召,我曾承省委宣传部之邀,于今年6月上旬作了《浙江文化》的演讲。由于讲题针对文化,所以我首先必须对文化一词的概念略加说明。我毕生做学问的习惯,对于任何一种事物的研究,都从查索权威著作入手。现在我们所说的"文化",实际上是用汉字表达的外来概念,在《说文解字》和《康熙字典》之类的小学书中,都没有我们所需要的训诂。权威的《牛津字典》,[①]在 Culture 之下有16种解释,另一种权威的《韦勃斯脱字典》,[②]更有19种解释,令人为之目眩。20世纪80年代之初。由于政治气氛渐趋宽松,学术思想稍获自由,国内曾掀起一股"文化热"。上海复旦大学于1980年举行了两次"中国文化史研究学术讨论会",学者们对"文化"的定义,不仅意见纷纭,而且分歧不小。事后人们曾作过统计,全世界从各门学科、各个角度给"文化"下的定义,竟有260余种之多。③有关这些掌故，就是我那次在省委宣传部演讲的开场白。这是为了让大家了解，"文化"并不是一句逢场作戏、信口开河的话，是需要认真研究，严肃对待的。

对于浙江要建成文化大省的事，我们当然不必也无需纠缠在文化这个字汇上寻根究底，作茧自缚。但是作为一种科学常识，大家应该有一般的了解。在有关"文化"的种种不同的解释中，一般人比较容易认可的是：文化是人类长期来创造的物质财富与精神财富的总和。从我个人来说，生平接触有关文化的事物不少，曾为许多有关文化研究的著作写序，并参加过国内外不少与文化有关的学术会议。但对上述物质财富与精神财富总和的归纳，我是愿意接受的，这种解释，和我们盼望的文化大省的目标也并不抵触。也就是说，我们今后应该更努力地为浙江省在物质财富和精神财富的创造中，做出更大的贡献。

《浙江文化简史》当然是对浙江文化具有价值的精神财富。全书布局以浙江的历史渊源和地域背景为基础，然后分别从经济与科技、学术、文学、艺术、教育、宗教、民俗等方面，从文化上进行阐述和论证，最后并以浙江文化在海外的传播与影响作为总结，资料丰富，引证有据，作为一部介绍浙江文化的简史，我认为是值得称道和推荐的。至于对全书作出详细的评价臧否，这就留给读者去体会和议论了。

但是为此书写序，我个人实在很有一些想法和问题。前面已经提及，我生平与"文化"的接触确实较多，为他人所撰有关文化研究的专著作序，例如像《中国历史文化地理》④这部涉及全国历史文化的专著，就是我写的《序言》。而以文化为中心的学术会议为例，1994年在杭州举行的"国际酒文化学术讨论会"，仅日本酿造业家就来了30多位。1999年在宁波举行的"国际佛教佛学文化学术讨论会"，与会的世界各国高僧为数甚多，都是我担任执行主席，自始至终用英语主持会议。但唯独不曾参与过讨论浙江文化的事务。直到2003年，省新闻办公室才与我联系，要我主编一部规模较大、装潢精美的《文化浙江》，⑤而今年则又有上述省委宣传部特邀的《浙江文化》的演讲。让我意识到，我们的领导层中，对于使浙江成为一个文化大省是既有作为而又有决心的。作为一个在省内大学执教逾50年而至今仍然在职的浙籍老人，对此感到鼓舞和振奋，而且愿意为此而竭尽绵薄。同时也考虑到，要让这个在土地面积上的小省成为一个文化上的大省，这是为什么？我认为，所谓文化大省，就是要让这个省在有关文化的硬件和软件都攀登高峰，其中的重要目的之一是：提高全省人民的群体素质。

人民的群体素质，既是文化大省的重要基础，也是文化大省的具体表现。为此也让我想起今年发生的另一件事。开年之初，浙江省旅游科学与文化应用研究所和浙江大学中国思想文化研究所的潘立勇教授，约请我为他们编辑出版的《人文旅游》写一篇文章，我因为对此颇有感触，手头也有这方面的一点资料，所以为他们写了一篇2万字的长文,文章以《旅行、旅游、旅游业》为题,但其中有一段涉及"文化名城"和群体素质的内容,或许和今天提倡的文化大省对得上号,所以把这一段抄录如下:

上世纪末期,杭州市政协为了杭州创文化名城之事对我进行访问,因为他们知道我常常出国讲学,要我说说那边的情况,作为杭州的借鉴,并且约我写一篇文章,刊登在他们的《政协通讯》1999 年第 3 期上。这篇文章的前半部分是写日本,因为我曾经担任过那边 3 所大学的客座教授,并且在其他十几所大学讲过课,熟悉那边的情况。文章的后半部分是我 1995 年在北美加拿大、美国访问讲学的事。我写了我们夫妇从加拿大到美国的大半天旅行过程。为了说明那边的情况,对比我们之间的差距,我把文章的这一部分抄录如下:

1995 年,我在加拿大的几所大学讲学结束后,应邀去美国讲学。由于身边带了两件大行李,所以决定先到在路易斯安娜州立大学执教的小儿子家中落脚,放掉行李,然后轻装到各地讲学。因此,我们买了美国航空公司从渥太华到巴尔的摩尔的机票,再由此转到小儿子所在的巴登鲁日。那天早晨,执教于加拿大卡莱敦大学的大儿子送我们登机。在加拿大,对于老人是允许送行者进入国际候机室的。显示牌通知开始登机时,大儿子最后一次挂电话通知他弟弟,告诉他接机的准确时间。我们在巴尔的摩尔进海关后,一踏进候机室,一辆电瓶车立刻迎上来让我们两位老人登车,沿几百米的候机室长廊,送我们到机票上规定的候机室。却被告知,由于墨西哥湾的热带风暴,航班已被取消。电瓶车又送我们到一个小小的办公室,一位女士接待我们,说因为天气原因,美航的许多南方班机不得不取消。她说了许多抱歉的话,并且从没有取消的班机中,为我们安排了南行路线:乘下午 5 时的班机去夏洛特,转机新奥尔良。于是挂通我小儿子的电话,要他开车到新奥尔良接。我们当然很懊恼,原来午前就可以到巴登鲁日,现在要到晚上 7 点才到新奥尔良。我和这位女士说,天事是无可奈何的,但对于我们两位老人,实在太折腾了。她当然没有办法,无非再次说些抱歉的话。我们只好上咖啡厅喝咖啡吃点心,然后在沿廊坐下小憩。忽然又有一位女士匆匆地找到我们:"是陈先生夫妇吗?我们已经查到了今天唯一一班到巴登鲁日的班机,是台尔太公司从亚特兰大始发的。我们已经同台尔太联系好了。这里 12 点钟有班机到亚特兰大,现在就请你们登机吧。"这时离 12 点已经很近,两三位女士忙着给我们换机票,而我则担心很可能已经送进夏洛特班机的行李。我提醒了她们这件事,但她们说:"一切都办妥了,请放心吧。"当她们再次挂通我儿子的电话时,空姐已经走出甬道来接我们了。我们刚就座,飞机就滑入跑道起飞。我坐在机上想:美航与台航不是激烈竞争者吗?声势很大的泛美航空公司不是前几年就被他们竞垮了吗?

为什么为了两位中国老人,两个竞争对手可以合作为我们服务? 亚特兰大很快就到,当我们从机舱走出甬道,一位挂着美航胸章的女士正等着:是陈先生夫妇吗? 请在此稍等,台尔太会派人来接你们! 说着,一位挂着台尔太胸章的高个子就到了:我是台尔太的马登,特来接你们。他拿起我夫人的手提包就走,走了几百米又下地铁,开了两站才到台尔太地界,亚特兰大机场真大,要不是马登先生,我们确实是有困难的。到了台尔太候机室,我当然连声感谢他,但是他说:"这是我应该做的,祝你们旅途愉快。"我们终于在下午 3 时到巴登鲁日着陆,小儿子正等着我们。

在不到一天的旅程中,我们欣赏了一支效率和礼貌的交响曲。这就是那个社会的群体素质,难道不宜值得我们学习吗?

我的文章是以"效率和礼貌的交响曲"结尾的,所以整篇文章的题目就叫做《效率和礼貌》。文章虽然以希望我们向他们学习结尾,但是我心里明白,按照我们国家官民的群体素质"国情",我们要看到那天在北美的"效率"和"礼貌",恐怕还有很遥远的日子。别的不说,只说老人可以由亲人陪同进入国际候机室这一件事。那年在北美,我们夫妇刚刚才办年逾古稀。而我到 80 岁那年还应邀带夫人到日本开会讲学。作为一对平头百姓,亲人们当然只能送我们到国际候机室外面检查护照的地方为止。对此,我们已经"习惯"了。

"效率和礼貌"是那个社会的群体素质,实际上也是那个社会在文化上的一种表现。我在那篇文章中提到,我们人民的群体素质要达到那天在北美旅程中所见到的,"恐怕还有很遥远的日子"。的确,从偶然的翻阅到媒体披露的和电视广播的不少社会负面事件来看,我们人民的群体素质与发达国家还有颇大的差距。本文开头就讨论了"文化"这个字汇的概念。从历史渊源来说,那天在北美的这条旅程,都不过几百年,历史文化的底子是很浅薄的。但从人民的群体素质来看,他们在现代文化上都表现得相当优越。现在,既然浙江省已经把建成文化大省作为崇高的目标,而按这部《浙江文化简史》的记叙,我们的文化在历史渊源上是很深厚的。希望通过领导层的号召和作为,通过全省人民的共识和努力,我那年在北美看到的"效率和礼貌",不会需要"很遥远的日子",能够早早地到来。

2005 年 7 月于浙江大学

注释:

① *The Oxford English Dictionary*, Second Edition, Carendon Press, Oxford, 1089.

② *Webster's Third New International Dictionavy of the English Language*, Copyrighl 1961, By C. And C, Merrian Co.

③ 参见陈秋祥等主编《中国文化源》,百家出版社 1991 年版。

④ 张步天著,湖南教育出版社 1993 年版。

⑤ 1 函 6 册,由富阳华宝斋繁体字精印,浙江人民出版社 2004 年版。

原载《浙江文化简史》,人民出版社 2006 年版

《杭州运河历史研究》序

读了池田静夫所著《运河之都——杭州》,感到这无疑是一本杭州研究者值得关注的著作,一般学术界也不妨对它进行一番浏览。但受嘱写《序》,开始当然作为一负担,这是因为近年以来为朋友们著作写《序》的事实在相当频繁,常常感到招架不住。记得往年为一位自学成才的学者所撰《奚柳芳史地论丛》[①]写《序》,曾把眼下各种著作卷首的《序》分成"官序"和"学序"两类。我在该《序》中说:"假使我有一官半职,事情或许易于应付。我读过一些'官序',总是说几句勉励的话,最后提出几点希望,千把个字就可算作一篇。而我不幸是个学者,索《序》于我的人,总希望我在学术上作一番探讨或评价,这样,我就不得不遍查资料,引经据典。有时候一篇《序》写上好几天,有时候一篇《序》写上万把字。写《序》已经成为我的一件颇感苦恼的差使。"不过这次为此书写《序》,心情有些不同。因为全书以杭州为核心,各章各篇都有引人入胜的特色。作为一个在杭州生活了半个多世纪的人,显然有一种亲切感。执笔濡墨之际,思想上是比较愉快的。

记得 1985 年,我在国立大阪大学讲学半年,返国后曾写过一篇《日本学者的中国历史地理研究》,[②]其中说道:"城市地理研究或许是日本学者在中国历史地理研究中成果最多和最富于创造性的部门。"我在文内举出上世纪 50 年代以来研究中国历史城市的学者和他们的著作如山根幸夫、古贺登、斯波义信、梅原郁、秋山元秀、曾我部静雄、青木富太郎、佐藤武敏、平冈武夫、爱宕松男等,这中间如斯波义信和秋山元秀等,都曾多次见面,成了好友。

    1985 年以后,由于两次去广岛大学及广岛、九州等处的其他大学访问讲学,有幸结识了日本地理学界的元老广岛大学名誉教授米仓二郎先生。他是日本现代地理学的重要创始人京都帝国大学小川琢治教授的高足,和日本专治《水经注》学者森鹿三是同班同学,所以虽然他自己毕生以聚落地理学为专业,但对《水经注》也很感兴趣。和其他多数老一辈学者不同,他能说一口比较流利的英语。语言交流的方便(我的日语水平很低),让他与我这个后辈一见如故,而且相处甚得。聚落地理学是城市地理学的基础,所以我得于他的确实不少。由于在创建的盛年时代中日关系尚未修复,他虽然热衷于中国而未能如愿,因而选择了印度,曾多次到那里访问讲学。1987 年,他应邀到杭州大学讲学,前后讲出好几场,内容都涉及中国城市与印度城市的比较,让我受到很大启发,也是我能于 1989 年在广岛大学客座教授任上讲出《比较城市地理学》的重要原因。上述诸端都是为了说明日本学者对中国历史城市地理学的研究以及我与这些学者的关系。

    在日本学者的中国历史城市研究中,除了对中国历史城市进行全面性的和综合性的研究以外,还特别关注若干历史文化名城,像西安、开封等,都有较大的兴趣,而杭州也是其中之一。我在日本时曾经读到过好几篇研究历史时期杭州城市的论文,其中特别值得称道的是斯波义信的《宋都杭州的城市生态》。斯波所研究的中国历史城市很多,而特别钟情于浙江。除杭州外,还包括宁波、绍兴、萧山、湖州等等。1983 年我在关西大学大学院(研究生院)任客座教授,他在国立大阪大学任教,承他几次挤时间到关西大学,并陪同考察大阪这个大城市。当时他告诉我,很有兴趣对我所在的城市杭州作一点研究。1985 年,我应邀到国立大阪大学访问讲学。我们夫妇住在该校专家楼,而我的办公室则与他毗邻。斯波是我所交往的日本中年学者中英语最好的汉学家,由于语言和专业的关系,更促进了我们之间的友谊,整整一个学期,我们朝夕相处,相互切磋,确是难得的机会,他于 1983 年与我谈及的对杭州的研究,竟已于 1984 年在大阪大学文学部《共同研究论集》发表。他是一位谦虚谨慎的学者,深恐论文有不妥之处,几次和我这位"老杭州"商榷。当时我在杭州高校执教虽已有 30 多年,但对这个城市在南宋时代的不少问题实在还很幼稚。读了他的文章,让我很受启发。就与我夫人商量,请她在专家楼翻译此文,凡有疑难之处,可以随时向他请教。此文译成后也发表于《历史地理》。③斯波细致深刻地分析了南宋杭州的生态分区,用 6 幅考证精湛的示意图,把当时的官绅区、军营区、补给区、经济中心区清楚地划分出来,并在图上标志了全城主要的宫观寺院和娱乐设施(瓦子和官酒库等)。这里应该指出,斯波对中国历史城市特别是浙江历史城市的研究中,具有最高声誉的一篇是《宁波及其腹地》(Ningpo and Its Hinterland)。④美国著名汉学家施坚雅(G. W. Skinner)推崇此文:"斯波关于宁波城市的经济描述,在现有叙述传统中国城市的英语著作中,很可能是最完备的一种了。"我在他主编的这部研究中国历史城市巨著中译本《后记》中,还增加了一句:"我必须补充施坚雅的话,在我所见到的有关宁波城市的中文著作中,像斯波这样的论文也是凤毛麟角的。"但是这里也应该指出,南宋杭州是一个王朝的首都,是当时全世界的一座屈指可数的大城市,为这样一座大城市作出许多学者所不敢问津的生态分区,在杭州的历史城市研究中,不仅值得称赞,而且也为历史城市研究者,开创了一种有前途的研究方法。

现在呈现在中国城市学者特别是对杭州历史有兴趣的学者们面前的,是另一位日本汉学家的专著,内容和篇幅,都要超过其他日本汉学家发表的成果。此书是从池田静夫的一种著作《支那水利地理史研究》中节译出来有关杭州历史城市的部分。节译本一共6章,而第一章的名称是别开生面的:《运河之都——杭州》。节译本以这个章名作为书名,确实恰如其分。杭州,正如作者引《吴郡志》的谚语:"天上天堂,地下苏杭。"作为一个历史名城,它可以冠上许多风雅和形象的称谓,诸如"休闲之都"、"丝绸之都"等等之类,但作者却着眼于"运河"。这虽然与全书名称《支那水利地理史研究》有关,但作者显然认为,在杭州的水利地理史上,举足轻重的是运河。这个节译本的6章之中,有5章都直接与运河有关,而在最后一章《杭州与中国近世的文化》中,可以窥及作者把这个城市称为"运河之都"的本意:杭州是依靠运河而发展壮大的。

对于这个节译本,假使我们逐字逐句地评论作者对许多运河的记叙以及他对杭州的发展历程和评估,我认为这不仅是不必要的,而且也是不公道的。对于此书,我们应该从全书框架和作者的独特构思进行评价,不宜在他引用的文献资料和某些论点作细枝末节的议论。从另一方面说,此书出版于昭和十五年(1940),作者当时还只是东北帝国大学的一位东洋史助教。而且尽管我经过多番查索,已经获得了他不少研究中国的著述目录,但是如我以下要说的,在日本学术界,他是一位"名不见经传"的学者。所以在这个节译本前面,我有责任为这位在日本学术界不受重视的学者及其著作说几句话。

我从上世纪80年代初期起,先后担任过日本3所大学的客座教授,曾经多次到那边访问讲学,到过的大学和研究所超过20处。至于图书馆,例如东京,除了宫内省图书寮未曾进入外,[⑤]其他著名和藏书量巨大的,从国会图书馆到即以收藏汉籍著名的东洋文库等等,几乎无所不到。对于汉学家们的著作,当然常加留意,却确实不曾看到过池田静夫的著作。除了我自己的仓卒疏忽外,池田在日本学术界的不受重视,显然也是重要的原因。我在日本汉学界有许多朋友,但彼此交谈中从来没谁提及过他。直到最近看到这个节译稿本,特别是由于译者嘱我写《序》,才引起我对这位在大学里职位低下而在学术界也不受人重视的学者有所注意。所以在受嘱写《序》之始就调查池田静夫其人。由于我至今尚有不少日本学术界朋友,通过电子通信和电话,对他作了多次查证。我的朋友们曾经查阅了《日本现代人物事典》（东京旺文社 1986 年版）、《现代日本人名录》（日外ァニミェ——1987 年编辑出版）、《讲谈日本名人大辞典》（东京讲谈社 2001 年版）等辞书，但均未查得池田静夫其人。京都大学人间环境学系金坂清则教授的博士研究生（京都大学人文科学研究所兼职研究员）钟翀君，为我做了大量调查工作，虽然获得的结果仍然不多，但基本上了解了此人为学过程的梗概。池田静夫于上世纪 30 年代毕业于东北帝国大学（校址在仙台），获得东洋史学士学位，毕业后留校担任助教，以后又到日本东亚研究所从事研究工作，但此研究所在日本战败后即关闭，他以后的情况就不得而知了。

我自己则通过历次从日本带回的文献目录如《国际交流文献编目》、《中国水利史文献目录》、《地理学文献目录》等，查索他的著作。获得其发表有关汉学研究论文 20 余篇和专著 3 种的著录，现在简列如下：

一、论文

篇名	发表刊名	卷期	年份
①北宋に于る水运之发达（一）	①东亚经济研究	①20 卷 2 期	①1936
②同上（二）	②同上	②20 卷 3 期	②1936
③宋元时代の澂浦港	③同上	③21 卷 4 期	③1937
④熙宁之农政——特汇农田水利と二郏之水学	④文化	④5 卷 2 期	④1938
⑤宋代汴河水利史の研究	⑤同上	⑤5 卷 5 期	⑤1938
⑥江南クソ——ク文化史论	⑥东亚经济研究	⑥22 卷 1 期	⑥1938
⑦归有光の水学——明代の江南クソ——ク学	⑦同上	⑦22 卷 4 期	⑦1938
⑧码头埠头——支那の港にすれな南北の类型	⑧文化	⑧6 卷 6 期	⑧1939
⑨码头と埠头补遗一则	⑨同上	⑨6 卷 10 期	⑨1939
⑩杭州と支那近世之文化	⑩支那	⑩30 卷 1 期	⑩1939
⑪银林河考	⑪东洋学报	⑪26 卷 3 期	⑪1939
⑫宋代にる水运之研究（一）	⑫东亚经济研究	⑫23 卷 2 期	⑫1939
⑬同上（二）	⑬同上	⑬23 卷 5 期	⑬1939
⑭同上（三）	⑭同上	⑭23 卷 6 期	⑭1939
⑮同上（四）	⑮同上	⑮24 卷 1 期	⑮1940
⑯支那永小作制度に就いマリョ支那黄河の决定（一）	⑯东亚经济研究	⑯24 卷 3 期	⑯1940
⑰リョ支那	⑰同上	⑰24 卷 6 期	⑰1940
⑱同上（二）	⑱同上	⑱25 卷 1 期	⑱1941

二、专著

书名	出版社	出版年份	备考
支那水利地理史研究	生活社	1940	
江南文化开发史	弘文堂书房	1940	两人合著,第一著者署冈崎文夫
黄淮地带之农作物调查	东亚研究所	1940	两人合著,第一著者署木村增太郎

从上面表列的论文和专著分析,池田静夫在汉学研究中专攻中国水利史。地区范围相当宽广,北起黄河,南到浙江。从水利制度到具体的河湖水利设施以及与水利关系密切的农业等,都作过有相当深度的研究,查阅并引用了大量汉籍资料。在论文写作的基础上,他又加以组合成为专著。其中《支那水利地理史研究》是他个人的独著,此书有不少章节都是把他往年发表的论文加以修润而成的。他从1936年开始发表论文,1941年以后就不再有任何著述。⑥现在我们还查不到他的生卒年份,钟翀君曾在电话中向我申述了他的猜测:此人可能在日本战败前物故。我赞同他的意见。此序写成后,又收到钟翀君的电子邮件,他从龙国大学本点知生教授处获得一条消息:池田静夫是在1942年去世的。到底是死于战争、空袭,还是饥饿而死,不得而知。此人生年尚未查得,但只念死的年代已可肯定。

前面已经提到作者此书对杭州的"独特构思"。我不妨以全书开头和结尾作为例子。此书第一章开头就讨论运河出现前的杭州,他认为古代杭州有大片沼泽地,钱塘(按应作钱唐)古县治在北面的武林山麓一带。文章说:

> 然而,随着人类的进步,出现了筑塘防水的治水技术,所以城市的选址,也可以从自然的制约中解放出来,杭州城也由此离开了昔日的山麓,移到平陆地区。人类社会由"水的恐怖"逐渐发展到"水的利用"时代,而杭州城就是城市迁移中的这样一种类型。

在池田静夫的时代,人们对于第四纪东亚海进、海退的研究,显然不能和现在相比。正如顾颉刚先生认为禹的神话起源于会稽(越)一样。⑦顾先生的理论当然是划时代的,但对于这一带发生的洪水,他也说不清其真正的来源,其实是第四纪全新世的一次海进,而这个地区的大片沼泽地,正是海退以后所出现的。我曾于2002年岁末应日本学术界之邀,到京都出席"东アミ"ア都市形态と文明史国学术讨论会,宣读了《先秦与秦汉时期的杭州》⑧的论文。拙文当然吸取了现代第四纪研究的成果,但其基础还是顾先生在上世纪20年代的研究。与池田静夫此书中的开头一段则是不谋而合。

　　节译本的最后一章是《杭州与中国的近世文化》，文章一开头就说："现代的文化，即长江文化在历史上居于支配地位的现象，是什么时候开始的呢?"笔者认为，大概可以上溯到1000余年前。[⑨]在讨论其具体的核心地点，以及生成这种文化的母胎到底在什么地方时，笔者认为，"那就是杭州"。在这方面，作者说了一句学者们从来没有说过的话："杭州就是近世中国的文化——包括物质文化和精神文化两个方面——的摇篮。"

　　全章在末尾又一次强调杭州是长江之文化的核心的论点：

　　　　南宋之后，继承它的元是蒙古人所建立的，他们将大都即北京城定为都城。不过元统治者并不能真正受到汉人的敬服，在当时汉人的心目中，都城依旧是杭州。那些不满元朝政治的一群文化人集中在他们心中的都城杭州，以此地为中心展开了一场很大的文化运动，而这些起源于杭州的文化就逐渐向四方流传。后来，那些与杭州文化关系密切的文化人，逐渐分散到各地，成为地方文化的母胎。这些文化不断地相互排斥又相互影响，最终形成近世的中国文化。

　　对于他认为杭州是长江文化的核心地点以及这种文化"最终形成近世的中国文化"等论点，也就是我在前面提及的"独特构思"。我们当然不会随意肯定或轻率否定，但对于今后的杭州城市研究者，都是一种有益的启发，都可以作为我们的研究课题。

2005年9月于浙江大学

注释：

① 河南大学出版社1996年版。

②③ 《历史地理》第6辑，上海人民出版社1988年版。

④ 此文收入于施坚雅主编《中华帝国晚期的城市》(*The City in Late Imperial China*)一书中，斯坦福大学出版社1977年版。已有中译本，叶光庭等译，陈桥驿校，中华书局2000年版。

⑤ 今已改名为"宫内厅图书馆"，设在日本皇宫之内，但也对外开放。我曾从该馆复制引回孤本康熙《常山县志》。

⑥ 浙江人民出版社1997年出版《南宋京城杭州》卷末《南宋临安研究书刊要目》中，列有池田静夫所著《宋季杭州户籍之研究》一种。《东亚经济》1944年第22卷第2期。当是错列，《东亚经济》当是《东亚经济研究》之简称，此刊第22卷在1938年，非1944年。

⑦ 顾颉刚文发表于民国十五年(1926)《古史辨》，北平朴社出版，参见拙撰《越族的发展与流散》，收入于拙著《吴越文化论丛》，中华书局1999年版。

⑧ 此文收入于《东アシ"ア都市形态と文明史》，千田稔编，国际日本文化研究センタ2003

年版。

⑨　我曾于 1982 年在巴西里约热内卢国际地理学会上宣读了英文《一千年来杭州的建设与发展》一文（*The Construction and Development of Hangzhou during the Last Millennium*），后又汉译，易题《千年营建誉满神州》，发表于《隋唐名郡杭州》，浙江人民出版社 1990 年版，收入于拙著《吴越文化论丛》。我在拙文中的论述与池田的这种议论大致吻合。

原载《杭州运河历史研究》，杭州出版社 2006 年版

《浙东古运河——绍兴运河园》序言

　　《浙东古运河——绍兴运河园》的出版，不仅在越中水利事业的承前启后方面，让人们获得一种事半功倍的直观教育，而且对人类赖以长期生存发展的水环境整治和保护方面，更让后辈受到莫大的启发和鼓舞。

　　绍兴运河园，是在浙东古运河从西郭立交桥到市县界河的4.5公里河道的整治过程中建立起来的。现在，让我们把浙东古运河的概念放得宏观一些，就算浙东运河或杭甬运河吧，绍兴运河园囊括的里程，还不到全河的2%，但是在这段短短里程中建立的运河园，却包罗了这条中国古老运河的全部历史精华，实在是浙东古运河的一座完整而生动的博物馆。而呈现在我们面前的这本图文并茂的画册，正是这座博物馆的详尽说明书和精彩标本。绍兴运河园，现在已经不仅是许多沿运城镇称道和学习的榜样，而且声名波及整个水利界。许多沿运城镇和水利界人士，亲履瞻赏，赞不绝口。当然还有更多的仰慕者未睹其盛。为此，这本画册的出版，必将为作为浙东古运河博物馆的绍兴运河园传递完整的讯息和崇高的名声，让海内外关注水环境和水文化的人士，共享这座古老名城的光华。

　　公元前5世纪，越王句践开拓平原，整治水利，即所谓"以舟为车，以楫为马"。《越绝书》记及的"山阴古水道"，其时必然早已出现。当时，今绍兴境内的沼泽环境中由人工疏凿沟通的运河，为数必在不少。"山阴古水道"不过是其中之一而已。以后，东汉会稽郡守马臻创建镜湖，一个优美的水环境开始在城乡形成。山清水秀，吸引北方南迁的许多名门望族到此寓居。地利人和，东晋的兰亭修禊就在天柱山下的镜湖之口举行,42位一流名士聚集于此,吟唱咏和,极一时之盛。东汉永和是越中水环境优化之始,而时隔200余年,东晋永和就已令越中水环境名垂神州。"永和",真是个越中的吉祥词汇,而所有这些,在绍兴运河园都有踪迹可访。所以绍兴运河园,不仅是个古运河博物馆,也是个水环境博物馆。这里有运河的历史文化,平原的水乡风光,古朴的桥梁精品,樯橹风帆的舟舫,唐诗始路的绝唱,缘木古渡的史迹。有的是实事实物,稀世瑰宝;有的是刻意重塑,匠心独运。许多访问者,到此应接不暇,流连忘返。现在,画册问世,全园精华,尽在此中,可以人手一册,什袭珍藏。

必须指出的是,绍兴的这个河川纵横,湖沼棋布的优越水环境,既不是亘古存在的,也不是一旦形成的,而是历代前辈殚精竭虑,胼手胝足的成果。禹会诸侯于会稽的传说,就说明了"山阴道上行,如在镜中游",实在得来不易,今绍兴运河园所展示的全局,实在就是历代前人"缵禹之绪"的艰辛过程。当第四纪最后一次海退以后,山会平原成为一片泥泞而咸潮出没的沼泽。而当海水浸淹平原之时,越人在会稽山中"随陵陆而耕种",长期的刀耕火种,山区早已变得土薄地瘠。所以禹的传说,显然是海退逐渐出现之时,族中先贤的殷切希望和崇高理想。所以在海退发展到一定程度之时,许多越人就迫不及待地进入这片沼泽平原,他们以平原上的许多孤丘为立足点,围堤筑塘,拒咸蓄淡,从事垦殖。而从会稽山麓的北流诸水,成为他们的主要淡水来源。这些河川距海不远,禹传中的所谓疏导,实在就是早期越人垦殖这片沼泽平原的原始水利行为。此后,当越王句践率整个部族离开贫瘠的山地而到平原建都之时,平原上的局部堤塘,零星垦区,包括从事农业运输的河川如"山阴古水道"之类,已经格局初定。在句践"十年生聚,十年教训"的惨淡经营之下,诸如富中大塘、吴塘、练塘等益趋完善,而与"山阴古水道"沟通的其他运河如"炭渎"等等,也都陆续疏凿而成。此后经过东汉马臻、晋贺循、明戴琥、汤绍恩等群贤的擘划领导,越中人民终于改变了先秦时代的穷山恶水,塑造出一个魅力动人的水环境,让山会平原成为一片旱涝保收、稳产高产的鱼米之乡。也让西方旅行家到此而叹为观止,把这个水土沃衍之区喻为中国的威尼斯。[①]上文指出的这种复杂的水利整治过程,也都如实地记录在绍兴运河园中。

还必须指出,越中人民在水利事业上的几千年辛勤劳动,并不是一帆风顺的。首先,他们要面对各种自然灾害。早在于越时代,古代文献中就有"大风发狂,日夜不止","大船陵居,小船没水"[②]以及"越国湾下,水旱不调,越国大饥"[③]等重灾记载。而唐贞元二十一年至二十二年(805—806)的大旱,连续两年,不仅河湖干枯,连这个蓄水量巨大的水库,也出现了"镜湖竭"的严重灾情。[④]此外,历朝历代,人们还必须经常应付其他自然和人为的水环境破坏。例如晋贺循疏浚漕渠,这条运河其实必然早已存在,显然是由于长期的自然沉积特别是人为垦殖的扩展,不仅是舟楫不畅,据志书所载,连灌溉也有了困难,所以他才主持了大规模的疏凿工程。也就是这条运河,到了南宋时期,由于紧邻京畿,运输繁忙而淤浅日甚,所以疏浚的记载屡见于宋代方志。

绍兴水城,包括山阴和会稽,原来都是街市旁河的单面街城邑,城外各集镇如柯桥、安昌、东浦等等,同样也是这种格局。但是由于经济发展和生齿日增,城内最主要的山、会两县沿河单面街,即山阴大街和会稽大街,从清朝初期起就逐渐改观。⑤虽然城内的其他许多单面街依然存在,由于这两条主街不再单面旁河,使水城风光受到很大影响。

最近半个世纪来,绍兴水城的风貌,显得每况愈下。前绍兴市旅游局长、当今省旅游局行政和教育领导成员傅建祥先生,最近撰文提出要"吸取绍兴城被破坏的教训"。⑥确实,自从公元前490年这座古城建立以来,2500年中,水火兵燹,兴废频仍,但都未曾殃及水环境和破坏水城的格局。历来的良牧贤守和有识之士,也都对此逾格珍视。例如清初山、会单面街势将改观之时,绍兴知府曾几次告示禁止在府河上建造水阁。而为了使府河航行更趋通畅,当时主持戢山书院的江西铅山人蒋士铨就致书知府疏浚。书中指出:"越郡为泽国,城中河流纵横,界画若棋局。"⑦说明了这位来自山乡的乾隆进士对于这座水城的企慕和爱护。而事实上,作为山、会两县主街的单面街虽然终于消失,但作为两县界河的府河仍然舟楫来往,通航便利,成为城市中心水上交通的重要津渠。遗憾的是,傅先生文中提出的"绍兴城被破坏的教训",其"破坏"对象,竟史无前例地殃及了水环境和稳定了2000多年的水城格局。自从上世纪50年代开始,城内的许多河港先后遭到填废,单面街基本消失。而到了70年代,作为山、会两县界河的府河竟也被填废。海内外有识之士对这种无知的措施,既莫名究竟,更深表痛惜。加上这个时期,城市以外废河垦湖之风也接踵兴起,许多著名集镇的沿河单面街相继破坏,长期来闻名于世的绍兴水环境迅速湮没,这不仅是绍兴人民的不幸,也是人类历史遗产的重大损失。溯昔抚今,令人扼腕。

所幸的是,绍兴水环境否极泰来的机遇在新的世纪中已经降临,人们开始窥及水环境复苏的曙光。我最近为绍兴市城建档案馆馆长屠剑虹女士所撰《绍兴街巷》⑧一书的《绪论》中指出:

> 在最近十年之中,绍兴的水环境是颇有改善的。最令人鼓舞的是环城河的整治和运河园的建设。环城河其实是浙东古运河的一部分,现在已经成为这座古城的一种胜景。而运河园的建设、汇集浙东古运河的文化精华,博得了我国南北大运河沿线各地的高度赞赏和极大关注,成为当今沿运城镇规复运河文化的榜样。这些都是这座古城在水文化重建中值得推崇的成绩,也让我们看到了这座被破坏了的古城复兴的希望。

绍兴运河园,它不仅是南北大运河沿运城镇规复运河文化的榜样,而且特别重要的,它是绍兴古城水环境复兴的希望。西方人在 18 世纪见到这座水城而不胜诧异,称它为"威尼斯"。我们大可不必因他的这种比喻而感到自豪,因为威尼斯水城实在不能与绍兴水城相比。论历史,威尼斯要到公元 6 世纪才建立,到 10 世纪才一度成为一个城市共和国,但绍兴在公元前 5 世纪就已经建城,而且是一个春秋列国的首都。论地理,威尼斯确实是水城,但它的基础只是水:海湾、河浜、泻湖、小岛;绍兴这个水城却不同凡响,这座被先秦古籍《越绝书》记载的古城,建城之初,就兴筑了 3 座陆门和 3 座水门,它不仅满城有水,而且还屹立着许多山丘,是一座山水掩映,别具风格的水城。以年代的古老,文化的悠久,自然的优美,绍兴水城称得上举世无匹,是一座珍异逾常,值得永久保护的寰宇遗产。

水城在这半个世纪中受到破坏,这是事实,是我们的很大不幸和严重损失。令人振奋的是,人们现在懂得了可持续发展的道理,有了珍惜这座古老水城的认识和意愿。由于环城河和运河园的诞生,我们获得了绍兴水环境复兴的机遇。绍兴水城是当之无愧的世界遗产,现在规复有望,让我们拭目以待。

从以上的前叙中,谁都会意识到:《浙东古运河——绍兴运河园》这本图文并茂的画册的出版,它意味着什么? 它将给予我们什么? 答案应该是一致的,除了传承古运河文化以外,它还有更重要的价值,因为此书是一种有力的鞭策,它敦促我们,千万不要忘记我们身边的珍贵世界遗产,竭尽我们这一代人的努力,早日规复我们的水环境,发扬我们的水文化,让绍兴水城重显光芒!

　　　　　　　　　　　　　　　　　　　　　　　2005 年 12 月于浙江大学

注释:

① Grosier, Description de la Chine, Nagel's Encyclopedia Guide, Vol, z, p. 1090.

② 陈桥驿《浙江灾异简志》(浙江人民出版社 1991 年版),据《吴越春秋》句践十三年。

③ 同上,据《越绝书》句践十三年。

④ 《新唐书·五行志》。

⑤ 陈桥驿《让徐霞客时代的绍兴水城重现》,《徐霞客研究》第 11 辑,北京学苑出版社 2004 年版。

⑥ 《试论绍兴鲁迅文化旅游资源的研究与利用》,《文化旅游》,浙江大学出版社 2005 年版。

⑦ 《忠雅堂文集》卷八。

⑧ 西泠印社 2006 年版。

　　　　　　　　原载《浙东古运河——绍兴运河园》,西泠印社 2006 年版

"只有一个地球"

——《黄河文化论坛》代序

我的确钦佩寒声先生"耆年铎学"的精神。《黄河文化论坛》在"创建世界第一流大学"专辑以后，又要开辟一个"循环经济"专辑，而且同样是在一个午夜接到这位耄耋老人的电话，随即再收到他的信函，嘱我为这个专辑写一篇文章。惭愧的是，"文革"以前，我曾经在大学地理系担任过大约 10 年的经济地理教研室主任，地理系是一个理科系，但这个教研室冠以"经济"，按理应该读点经济学的书。但那个时代恰逢"一边倒"，即"苏联的今天就是我们的明天"的时代，亚当·斯密和凯恩斯之流都被打倒，他们的学说成为经济学的"禁区"，而从"老大哥"一方贩来的列昂节夫成为大学生的必修课和必读书。当时，大家都过着缩紧裤带的"计划经济"生活，也就是吃一根油条要付半两粮票和穿一双袜子要付 2 寸布票的时代。只是这种时代的"循环"实在迅速，如我在去年发表的《从商、入仕、做学问——读〈杨守敬学术年谱〉》①一文中所提到的："从公私合营企业中每年支取千把元定息因而不得不低着头走路的人到当前先富一族中腰缠万贯的民营企业大老板昂首阔步的气概。"短短 20 年，从"千万不要忘记阶级斗争"到"发展就是硬道理"，不要说像我这样不通经济学的人，即便是熟悉亚当·斯密和凯恩斯之流的老一辈经济学者，对于这个按自然生态物质循环方式运作的所谓"循环经济"，恐怕也是一个措手不及的课题。

我熟悉大学地理系和地球科学系已逾 50 年，一直与自然环境打交道。对"循环经济"是外行,但对"循环"这个词汇倒是素来留意的。因为在这半个多世纪的教学和科研中,我早已发现,自然界存在着一种"循环"现象。"循环",或者可以说是一种自然规律。在中国古籍中,"循环"这个词汇出现得较晚,直到公元前 1 世纪,太史公才在《高祖本纪赞》中说出"三王之道若循环,终而复始"的话。但在词义上与"循环"相近的其他词汇都出现得较早,那就是"来复"。《易·复》中有两句话,一句是"七日来复,利有攸往",另一句是"反复其道,七日来复"。"循环"和"来复",其实属于同义词,古人是从对自然环境的观察中获得这种概念的。因为他们看到自然界有季节的变化,草木的枯荣,河流的涨落,潮汐的应时等等,这类自然现象,都是循环来复的。整个自然界,从客观到微观,也都是循环来复的。这种现象,内容繁多,表现复杂,是自然地理学和地球科学的重要研究对象。现在我们把这现象总称为"生态"。在不受人为干扰的情况下,生态的循环来复,存在着一种自然平衡的情况,俗语所说的"天生一只鸟,地生一条虫;天生一条虫,地生一片叶",就是这种自然平衡的朴素写照。

往年我为何业恒教授所撰《中国珍稀鸟类的历史变迁》[②]一书作《序》,曾对生态问题作出过一点解释:

> 在一个重要问题上我们必须分辨清楚,古人在一段时期中烧毁或砍伐森林,垦殖草地,排干沼泽,杀灭许多包括鸟类在内的动物,这是他们改造自然的必要手段。因为不要忘记,所谓生态平衡,这是指的以自然环境适宜于人类的生存为中心的生态平衡。人类既不能让森林、草地、猛兽、毒蛇的存在威胁人类的存在,也不能让他们灭绝殆尽而威胁人类的存在。人类必须想方设法,让它们的存在与人类的存在之间保持一定的比例关系。这才是以人类的存在为中心的真正的生态平衡。

人类出现于第四纪,距今已有 250 万年。那是一个"天地玄黄,宇宙洪荒"的时代,人为活动对自然界的生态平衡不足以产生影响。人类有组织的生产活动始于全新世,距今也已有 15000 年。当时的自然环境如《禹贡·扬州》所述:"厥木唯乔,厥草唯夭。"早期的群体生产活动也不足以对生态平衡有所干扰。生态平衡的破坏,或者说人类在改造自然和利用自然方面从正值转化到负值,是在一个较长的时期中发生的。这里还必须指出,人类是存在于地球上的,今天我们议论循环经济也好,生态平衡也好,都不能离开我们居住的地球。

地球有 5.1 亿平方公里的面积,在整个银河系中,至今还没有发现有这类高级生物的球体。在这个庞然大物中,有 3.6 亿平方公里的海洋和近 1.5 亿平方公里的陆地,其间拥有大量的水资源、生物资源、矿物资源等等,为人类的繁衍生息提供了优裕的条件。但当代人必须清楚,地球的巨大面积和丰富资源是一个常数,而出现在这个球体上的生齿和对它的不断增长的需求则是一个变数。以中国为例,中国的人口统计,公认的古代可靠数字是西汉平帝元始二年(前2)的5959.4978万人,[③]但时隔2000年,我们的人口已超过了13亿。世界的情况如何呢?我们姑且采用今年2月24日美国科普杂志《生活与科学》网站所引美国人口普查局的预测:全球人口将于美国东部时间2006年2月26日上午8时16分达到65亿。这个网站统计出:全世界平均每秒钟有4.4人出生。由此可知,人类按人口平均的土地资源和其他资源,正在迅速减少。

其实,生态平衡的思想溯源甚早,孟子提出的"数罟不入洿池"[④]即属于此。而近代的有识之士为此呼吁并从事这个课题的科学研究,也已超过1个世纪。但是,我们的自然环境,也就是人类赖以生存的地球,过去曾经认为是硕大无朋的,而现在实际上正在变得愈来愈小。人类可以从它身上攫取的资源,过去曾经认为是取之不尽用之不竭的,而现在正在变得日益匮乏。这就是生态平衡所面临的困境。所以今天我们重视和研究这个课题,已经不是未雨绸缪而是亡羊补牢。这是一个难题,靠我们这一代人是解决不了的,但是我们有责任对这个课题的重要性和严肃性取得共识。

值得欣慰的是,我们还是看到了解决这个难题的途径。这就是从上世纪70年代酝酿探索而最终获得众所公认的"可持续发展"的理论。1972年6月,联合国在瑞典斯德哥尔摩召开人类环境会议,挪威的格罗·哈莱姆·布伦特兰夫人(Gro Harlem Brundtland)在这次会议上提出了"可持续发展"的概念,获得了与会者的重视,而这次会议通过的《人类环境宣言》,也已经包含了这种概念。

布伦特兰夫人随后于1987年向联合国环境委员会提交了一份《我们的共同未来》[⑤]的报告,从此,"可持续发展"(Sustainable Development)才正式确立,成为人类和自然关系的指导性理论。在这个报告中,布伦特兰科学地解释了"可持续发展"的定义:"既满足当代人的需要,又不对后代人满足其需要的能力构成危害。"1992年,世界环境会议在巴西举行,会议通过了世界共同拥戴的《里约宣言》,从此,"可持续发展"成为人类社会共同遵循的理论,也就是人类继续生存和发展的唯一的科学途径。

"可持续发展",我们别无选择。1972年斯德哥尔摩人类环境会议中的一个口号值得大家深思,那就是:"只有一个地球!"

注释:

① 《学术界》2005年第6期。

② 湖南科技出版社 1994 年版。

③ 《汉书·地理志》。

④ 《孟子·梁惠王上》。

⑤ World Commisson on Environment and Development, *Our Common Future*. Oxford University Press, 1987.

原载《黄河文化论坛》第 15 辑, 山西人民出版社 2006 年版

《上清宗坛重阳宫》发刊词

欣悉新昌重阳宫的落成。我曾于青年时代在此邑执教数年,其地对我有第二故乡之缘,所以倍感雀跃。新昌是浙东山青水秀之地,岗峦起伏,岩壑幽邃,洞天福地,殆遍全境,重阳宫之建,不仅循史落实,抑亦因地制宜。

重阳宫是道教宫观,所以先说宗教。宗教是人类社会的重要组成部分。曩年新昌籍吕洪年教授撰成《万物之灵——中国崇拜文化考源》(广西民族出版社 1996 年版),阐述了人类从原始的自然崇拜发展到宗教信仰的过程。我为此书作《序》,《序》中指出:

> 到了近现代,人类社会中也出现了一些绝顶聪明的人物。他们既是伟大的科学家,却又是虔诚的宗教徒。牛顿提出"第一推动力"已经整整两个世纪,在这两个世纪之中,科学发达可谓一日千里。现在,究微的工具已经发展到电子显微镜,察远的工具已经发展到射电望远镜。但令人惊骇和无法解释的是,从电子显微镜下看到的微小原子,和从射电望远镜中看到的庞大天体,其结构和形式出奇地酷似。也就是说,微观世界与宏观世界,竟是同一模式。

所以我在这篇《序》中最后说,正是由于自然界展现的许多问题,不是人类的聪明才智可以解释,为此,"人类的自然崇拜和信仰,或许要直到永远"。中国是个文明开创甚早的地区,人类从原始的自然崇拜升华到宗教信仰为时甚早。只是因为在我们的周边近邻中,也有文明开创甚早的地区,因此,我们崇奉的宗教,开始是从境外传入的。

这就是至今仍然流行全国的佛教。

记得在 1999 年,有一个国际佛教佛学研讨会在宁波举行,有许多中外高僧与会,其中来自日本、韩国、印度、斯里兰卡以及美国、欧洲的僧侣和佛学学者就达数十人。会议筹办者需要物色一位执行主席,条件是用英语主持会议并通晓梵语。我与佛教无涉,而且梵语水平甚低,但他们坚持要我承担这个任务。由于事关国际会议,我不得不勉为其难,在会上用英语宣讲了事前准备好的有关佛教与佛学的一点浅见。次年,我又去昆明出席一个国际学术会议,《云南大学学报》哲学社会科学版主编知道宁波举行的会议,一再要我把宁波会议上发表的有关佛教与佛学的意见,在该校学报发表。我只好仓卒地把英语原稿译成汉语,以《佛教与佛学》为专题,在该刊 2006 年第 6 期发表。按一般的说法,佛教是在东汉明帝(公元 1 世纪)时传入中国的(《魏书·释老志》记叙最详),我在宁波会议的发言中则提出《史记·秦始皇本论》所载的秦始皇三十三年"禁不得祠"一语,由于历来不少学者不谙梵语。此"不得"实为梵语 Buddha 的音译(亦译步他、复豆、勃陀、佛图、浮图、浮屠等等)。说明在东汉明帝以前两个多世纪,佛教已经传入中国,而是被秦始皇禁绝的。所以佛教是传入中国的第一种域外宗教。此后又传入如琐罗亚斯德教(祆教)、基督教(景教)、伊斯兰教(回教)等。我在为《绍兴佛教志》(浙江人民出版社 2003 年版)所写的《序》中指出:"宗教是人类的自然崇拜提炼升华的结果,而宗教出现以后,其本身仍在不断地发展和异变。"各种外来宗教之所以能够在中国这个有古老文明和璀璨文化的地方立足和传播,就是这些宗教在中国不断异变即所谓世俗化的结果。为此,虽然中国至今流行着好几种从域外传入的宗教。但是从形式到内容,都已经受中国文化的影响而随俗异变,与这些宗教发轫的本源之地,已有不小的差别。

现在转入重阳宫的本题。在中国流行的所有宗教之中,唯一渊源于我们自己本土的就是道教。当然,在道教本身的发展过程中,其间也必然发生过各种变异,正如我在《佛教与佛学》一文中阐述古代印度的佛教一样。释迦牟尼(一般的尊称是佛陀 Buddha)的佛教,在佛学上称为原始佛教。他确实创立了一套宗教哲学和道德实践的教义、教理及教规,即所谓"僧伽制度"。但他生前传教,都是通过口说,绝未留下任何文字,佛陀的佛教,是一种"人的宗教"。但佛陀涅槃(佛教称死为涅槃)以后,印度有过 4 次盛大的佛教结集,许多用梵文和巴利文书写的佛教经典陆续问世。佛陀时代的"人的宗教"结果异化为"神的宗教"。由于佛教是最早传入我国的影响最大的宗教,所以我以此作为宗教发展和异化的例子。

我的《佛教与佛学》一文,开宗明义就指出:"佛教是一种宗教。佛学是一门学问。"这句话同样可以用于道教,不管这种在我们自己本土上发生和发展起来的宗教,在其成熟壮大的历程中,发生过多少变异和出现过多少教派,在其从"人的宗教"到"神的宗教"的转化中,有过多少位"神"和多少种"神迹",但现在我们崇奉这种宗教和研究这门学问,决不能离开老子和《道德经》。因为这是这种宗教的基础,也是这门学问的基础。说起来道理也很简单,因为除了像吕洪年教授著作中的人类原始自然崇拜外,任何一种宗教,在其升华和形成之初,必有其人其学,即宗教的创始之人和宗教的教义内涵。在这方面,我很佩服安徽省皖北地区的作为。因为传说老子出生在那个地区,所以他们对道教的其人其学历来重视。不仅建有宏伟的老子庙宇,并且有专门机构从事这门学问的研究。由于《水经注》卷二十三《阴沟水》篇中,在《经》文"东南至沛,为涡水"下,有一段《注》文述及:

> 谷水自此东入涡水,涡水又北迳老子庙东,庙前有二碑,在南门外,汉桓帝遣中官管霸祠老子,命陈相边韶撰文,碑北有双石阙甚整顿,石阙南侧,魏文帝黄初三年经谯所勒,阙北东侧。……北则老君庙,庙东院中有九井焉。又北,涡水之侧有李母庙,庙在老子庙北,庙前有李母冢,冢东有碑,是永兴元年谯令长沙王阜所立。碑云:老子生于曲、涡间。涡水又屈东迳相县故城南,其城卑小实中,边韶《老子碑》文云:老子,楚相县人也。相县虚荒,今属苦,故城犹存,在赖乡之东,涡水处其阳,疑即此城也,自是无郭以应之。

安徽省的学术界人士知道我是研究《水经注》的,而且又出版过一本《淮河流域》(上海春明出版社1952年版)。为此,他们多次要求我为他们解决淮河支流谷水和老子出生地的问题。我当年因为经常出国讲学,在国内的教学和科研任务比较忙,几经洽商,终于同意他们到现场作一番田野考察。安徽省责成老子庙所在的涡阳县负责具体接待事务。他们于1998年初夏派专人接我们夫妇去皖。我即以涡阳为基地,在那里花一个多礼拜时间,进行室内文献研究和田野考察。我的研究目的主要是查明《水经注》的谷水是当前涡水许多支流中的哪一条? 最后写成《水经注记载的淮河》一文(《学术界》2000年第1期,又收入于拙著《水经注研究四集》,杭州出版社2003年版),全文最后对谷水作了论证:

> 《注》文没有记及谷水发源于何地,仅知其在襄邑县东接纳支流涣水,然后流经承匡城、已吾县故城、柘县故城、苦县故城,至赖乡城而注入涡水,说明谷水是一条流程相当长的涡水支流。因此,在历史变迁的过程中,此水的流路播迁当然是可能的,但肯定不会完全湮废,被其他河流袭夺的可能性不大。为此,我在涡阳、淮北、河南鹿邑等地做了几天考察,对这一带的涡水支流都做了查勘。通过自然地理(河流流向、河床、河谷阶地等)和人文地理(《水经注》和其他文献记载的老子故迹),得出了《水经注》谷水就是涡阳以北注入涡水的支流武家河的结论。

我的田野工作范围也包括河南鹿邑,因为此邑也在涡水沿岸,也有一座规模很大的老子庙,当地人也深信其地就是老子出生之处。虽然当时我的研究工作已有基本结论,但是我对鹿邑各界人士对我侃侃而谈的传统故事,并不稍作评论。因为我认为,对于历史上的一位名人,任何地方都可以建馆(或祠庙)纪念崇奉。这和佛教创始人释迦牟尼的祖居普陀或普陀洛迦(Potala or Potaraka)一样。我曾在《开发海洋,利用海洋——评〈普陀县志〉》(《中国地方志》1994 年第 4 期,又收入于拙著《陈桥驿方志论集》,杭州大学出版社 1997 年版)一文中批评过这部志书使用的“普陀洛迦”地名,但我批评的只是志书对这个地名的错误解释,并不反对这个印度地名在我国和世界各地的使用。此中道理,在艾德尔(Ernest. J. Eitel)所著的《中国佛教手册》(*Handbook of Chinese Buddhism being A Sanskrit*——Chinese Dictionary with Vocabularies of Buddhist Terms,Tokyo,Sansusha,1904)一书中已有明确解释。普陀或普陀洛迦当今是一个名为塔塔(Tata)的印度河港口,是个古老的商业中心,但它是释迦牟尼的祖居地。为了纪念佛陀,中国的普陀岛,东马来西亚的一条山脉,西藏拉萨的布达拉,还有其他许多崇奉佛教的地方,都以此为名。所以从今天来说,不管老子的出生地究竟何在,全国各地建立礼拜道教的宫观祠庙,对教内教外人士,都是值得赞赏的。教内人当然应为他们增加了一所礼拜崇敬的殿堂而感激,教外人也应为华夏文化的一个重要组成部分获得发扬而鼓舞。因为道教既是一种宗教,又是一门高深的学问。崇奉道教和研究老子的其人其学,都是炎黄子孙在宗教上和学术上的有益事业。当年我在安徽,除了从田野考察中论证《水经注》谷水是当今何水实际上是探究老子其人的课题以外,同时也和当地热衷于老子其学即《道德经》研究的学者们进行了学术交流。

现在,新昌重阳宫崛起于峰峦嵯峨、溪流清澈的胜境之中,既美轮美奂、又庄严肃穆,必将成为我国东南地区名闻遐迩的道教宫观,无疑能召引各方崇道信徒的聚会参拜。而《上清宗坛——重阳宫》刊物的问世,更为重阳宫的落成锦上添花。因为如前所述,道教是一种发生和发展于我国本土的宗教,而道教文化则一门渊源深厚的宗教文化。5000 言的《道德经》,其中蕴藏着宽广无涯,高深莫测的学文。我由于长期从事《水经注》的研究,所以一直服膺于此经第八章:“上善若水,水善利万物而不争,处众人之所恶,故几于道”的至理。在当今物欲炽盛的潮流中,《道德经》实在具有更重要的研究价值,因为它对世俗提出了许多发人深省的启示。此《经》第十一章:“三十辐,共一毂,当其无,有车之用;埏埴以为器,当其无,有器之用;凿户牖以为室,当其无,有室之用。故有之以为利,无之以为用。”这一章不到五十言,但对于物质占有和物质利用的道理,洞察之深,分析之透,古今无可逾越。我们当然拥戴物质生产的不断发展和提高,希望物质财富的愈益丰富和增加,但是对于物质占有和利用之间的奥妙关系,

《道德经》的话,既是一种解释,也是一种训诲,确实有精深研究,悉心领悟的必要。至于此书第九章之言:"金玉满堂,莫之能守;富贵而骄,自遣其咎。"寥寥十六言,真是天日昭昭!

祝贺新昌重阳宫的开光,祝贺《上清宗坛——重阳宫》的问世。

2006 年 9 月于浙江大学

原载《上清宗坛重阳宫》,新昌县道教文化研究会刊行本

《萧山水利史》序

　　陈志富先生的《萧山水利史》,经过多年的辛勤耕耘,终于完成了。如他在卷首《绪论》中所说,这个课题的确是我向他建议的,这是 15 年前的事。在这期间,他常常与我通电话,并且还曾见面过好几次,谈论他一直从事于这个课题的研究。几个月以前,他又挂电话告诉我,说书稿已经写成,先让萧山方面的有关人士看一下,然后交出版社审阅,最后再交给我,由我作一次修补,并且为此书作《序》。

　　我和他是在 1991 年结识的,那年,他写成了《浦阳江下游防汛与管理》的书稿,从萧山专程到杭州请我审阅。交谈以后,我知道他是大学水利专业出身的,而且在水利部门工作,翻阅了书稿几页以后,立刻看出这是一位内行人的作品。由于我和萧山水利有过一番渊源,特别是他的书稿。因我当年曾在十分艰苦的条件下,用两条腿跑遍这条河的下游,整整花了一年时间,对此河很有感情,所以当时就同意了他的要求,把书稿接下来了。

　　那几年,我与外国汉学家接触交流的机会很多,不是我出去讲学,就是他们前来访问。而其中恰恰有涉及萧山水利的,或许也是我对陈先生书稿发生兴趣的原因。就在这部书稿送来的前一年,日本东京大学东洋文化研究所所长斯波义信教授来到杭州,他在日本或许是当年首屈一指的汉学家。对于萧山,因为我夫人曾为他的《〈湘湖水利志〉和〈湘湖考略〉——浙江省萧山县湘湖水利始末》一文译成汉语(原载 1984 年东京国书刊行会出版的《中国水利史论丛》,汉译发表于 1988 年陕西人民出版社的《中国历史地理论丛》第3辑），所以我们知道他对萧山是很熟悉的。但他那一年来，虽然看了好些地方，而主要都是考察麻溪改坝为桥的历史。我们夫妇陪他到萧山，由我们的萧山朋友政协主席、《萧山县志》主编费黑先生和水利局的几位专家陪同考察。他对麻溪一带的水利形势和《麻溪改坝为桥始末记》（4卷，清王念祖编纂）一书，都已经作过研究，所以那一次到麻溪，只是为了他在研究过程中感到还有一些问题需要田野考察才能完全解决。而且由于他的这次萧山之行，在时间上比陈志富先生让我看书稿早半年，所以我把此事写在《浦阳下游防汛与管理》一书的《序》中。

比斯波教授早4年到萧山的是美国瓦尔巴莱索大学历史系主任萧邦齐（R. Keith Schoppa），他是通过我国教育部以进修教师的身份来到我的研究室的，并且事前通过斯波教授的介绍和推荐。这是在1985年，我在日本国立大阪大学执教，斯波教授当时也任教该校，他们两人过去熟悉，萧邦齐知道我当时在大阪大学，所以他给斯波写了一封信，希望他就近转达他要到我的研究室从事湘湖水利史研究的希望。因为萧邦齐是美国著名汉学家施坚雅（G. W. Skinner）的后辈，施坚雅二三年以前就在通信中提到过他的名氏。所以尽管那几年我确实较忙，而且对湘湖实在也并不熟悉，但是我还是同意了他的要求，让他向我国教育部办了手续，于1986年暑期后带了夫人和3个孩子来到杭州大学。我和研究室的其他几位教师并若干研究生陪他到萧山及绍兴作了几次考察。一方面为他指点了一些我所知道的有关湘湖的情况，同时也随时随地充当了他的翻译。他在这个地区作了半年的研究工作，回国后于1989年在耶鲁大学出版社出版了他的研究成果：《湘湖——九个世纪的中国世事》（*Xiang Lake ——Nine Centuries of Chinese Life*），随即寄赠了给我。关于此中经过，由于事情发生得早，我为陈先生的那本关于浦阳江的著作写《序》，也都写进去了。

这里需要补充一点的是，由于斯波教授考察麻溪为时较晚，离开我为《浦阳江下游防汛与管理》作《序》不过半年，在我作《序》时，斯波还没有把他这次考察的成果寄给我。后来想到，那年他到浙江考察，显然是因为他于1988年出版了一部名为《南宋江南经济史の研究》的巨著（东京大学东洋文化研究所研究报告，东京汲古书院印行），这是一部16K、650余页的大部头专著，篇目中有《绍兴府三江闸水利组织与麻溪坝》专章，章下有《刘宗周的改坝》、《清末民初的改坝》等节，该书第588页插有《山阴县天乐乡水利图》一幅，图内绘入了这个地区包括麻溪坝在内的许多闸坝。承他在卷首《序言》中提及"陈桥驿教授精致的地域史研究"的谬赞。而我对于这个地区，除了有关浦阳江下游和碛堰兴废下过一番功夫外，对于天乐乡一带，只是从《麻溪改坝为桥始末记》中获得一点肤浅的知识。那次他要我陪同考察麻溪坝，必然是对他1988年版的专著还想再作一番考订工作，他确是一位做学问很认真的学者。以后几年，他寄给我几篇论文,但没有关于麻溪坝的,说明他对此作了实地考察后,认为他的有关这个地区的论述,没有修改或补充的需要。

前面已经提及了我当年之所以欣然接受陈先生关于浦阳江的书稿,并且建议他进一步写作《萧山水利史》,与外国汉学家对这个地区的研究有关。斯波义信早年就研究了湘湖和麻溪坝,萧邦齐则花半年多时间专程到这里作考察研究,并且出版了有关湘湖的专著。外国汉学家的研究当然成绩斐然,但不管是斯波义信或萧邦齐,他们的研究从整个萧山来说,毕竟还是零敲碎打。既然日、美汉学家对这个地区的水利有浓厚兴趣和卓越研究成果,那么我们自己为什么不对这里的水利史作一番全面的研究呢? 陈志富先生要我审阅并作《序》的书稿,内容仅及浦阳江,浦阳江当然是萧山水利的一个重要部分,但和外国汉学家所作的一样,仍然只是全局的一个分支。从陈先生的学术素养和他身居萧山的优势,是撰写《萧山水利史》最合适的人选,所以我殷切地向他提出这个建议,他接受了,并且终于完成了,我对此感到非常欣慰。我向陈志富先生建议撰写《萧山水利史》,另外还有一个原因是有感于那年萧邦齐离开萧山前夕的一次座谈会。因为在与会的萧山人士发言中,出现了对于湘湖存废的不同意见。此事,我在《浦阳江下游防汛与管理》的《序》中已经作了记叙,由于不同意见在会上交锋,我这个当翻译的人必须随时把来言去语说清楚,显得相当吃力。所以我希望陈志富先生能把存在于萧山水利发展过程中的问题作一番梳理,特别是对于那次座谈会上尚有不同意见的问题作一番介绍和论证,以便人们的判断。所以我对此书是有一些要求和希望的。如陈先生在《绪论》中所说,我确实提出过,从书的体裁来说,应该是"史"而不是"史话"。因为我看到过眼下有某些称为"史话"的书,文章往往穿插一些公式化的、适应时令的语言,文章显出一种政治挂帅的宣传的味道,内容其实不符合事实,没有存史的价值。当然,我也并不要求把这个地区的水利发展过程写得高深莫测。在萧山,蔡东藩的作品就是很好的榜样。我素来坚持的是,写书就是做学问,其成果是一种学术作品。现在,陈志富先生确实做到了,而且比我要求的或许做得更多。我是从事历史地理研究的,水利史与历史地理关系密切,而现在此书所论述的,除了有关历史地理的过程以外,还包括了不少古地理(Palaeogeography,即地质时代的地理)的内容,这当然是必要的,也是值得称赞的。因为历史地理是古地理的延续,历史上的水利发展,与史前的水环境变迁有密切关系。而现代水利又是历史水利的延续。所以这部《萧山水利史》,比我当年要求的要完整和充实得多,作者在这个课题上是下了很大功夫的。

必须讨论的还有关于神话传说的问题。这个问题也涉及此书。神话传说与信史有明显的区别,古代学者对此就十分谨慎。《孟子·梁惠王下》有一个很好的例子:

"齐宣王问曰:女王之囿,方七十里,有诸? 孟子对曰:于传有之。"因为西周时代的许多史事,并无确凿的记载,并不算信史。所以孟子回答齐宣王的话是:在传说有这样的事。说明在公元前 4 世纪,权威的学者就明白,传说和信史不同,这类问题,必须谨慎处理。世界上各民族、各地区都有远古的神话和传说,而其中有关于洪水的特别多。这是因为人类在第四纪已经出现,这个时期中发生的海进和海退,都为原始人类所亲历,特别是晚更新世以后发生的这种自然现象,因为当时的人类已经相对进步,例如在今钱塘江以南的这片平原上,人类早期的种植业开始发轫,而结果是由于一次海进而最后把人们驱入山区。这种历时长久的巨大自然变化,在早期人类中口口相传,这就是洪水神话和传说的来源。上一代向下一代口述他们从前代听到的洪水故事,当然也希冀有神明终究能驱走洪水,让他们回到祖辈相传的平原沃壤中去。在中国,这类神话中最主要的就是禹治水的故事。顾颉刚在上世纪 20 年代就指出:"禹是南方神话中的人物。""这个神话的中心点在越(会稽)"。从科学的历史学观点评论,顾颉刚的论断是完全正确的。但是神话传说与信史不同,它在地域上可以扩大移植,在内容上可以添枝加叶,并且一代一代地在芸芸众生中传播。禹最终成为我国第一个王朝的开国之君,而其治水的业绩,如九年于外,三过家门而不入等大公无私的精神,成为世代中国人歌颂和学习的榜样,在我们民族中产生了一种重要的凝聚力。其实,凡是晚更新世以来海进和海退所及之处,都有关于洪水的神话传说流传。其中十分著名的如人们看到口含橄榄枝的鸽子的画面,都知道这是"和平鸽",是一种祥瑞。而奥林匹克运动会成为当今全世界都关注的大事。其实,"和平鸽"与"奥林匹克",都是同一个希腊神话中的故事,这个故事的背景,也是由于一次海进所造成的洪水。所以,神话传说虽然不同于信史,但是它们都来源于信史以前的自然变迁,特别是这些神话传说在一个地区、一个民族甚至全世界,都有感染和凝聚的力量。所以作为一种水利史,写入当地的一些神话传说是不无意义的。记得往年我主编《浙江古今地名词典》(浙江教育出版社 1992 年版),其中大量古代地名都是越语地名,后来汉人多以汉义添枝加叶,编造了不少神话故事。但我在条目的释义中,除了首先肯定这是越语地名外,对于汉人编造的神话故事也予以收入,因为这些故事流传已久,它们在民俗学和地名学等方面也不无意义。《萧山水利史》中也包含了远古水利的一些神话传说,这并不有损于这部专著的科学性。

由于《萧山水利史》的出版,又一次让我回忆我和萧山的关系,而且更进一步增加了我对这个地方的亲切感。许多往事,一时都涌现在我的脑海之中。在 1960 年这个全国大饥饿的年头,带了几个煮熟的番薯,爬上七贤山顶巅,观察浦阳江、碛堰、湘湖等眼力所及的自然环境。在闻堰镇的唯一一家每个床位 5 毛钱的小客栈宿夜并整理资料等情节，一幕幕地又浮现在眼前，我感到往事很堪回首。因为在物质上虽然艰苦，但当年并不计较。而且毕竟辨清了事实，写出了论文。一心专注于把浦阳江下游河道的变迁及碛堰的来源和启闭研究清楚，这不仅是一种工作上的兴趣，也是一种学术上的责任。既无那些职称、级别之类的考虑，也不必担心什么版面费、书号费之类的干扰。所以回忆那些日子，心里感到愉快，并且经常萦绕着对萧山的怀念。

前年，萧山文化界的好几位先生惠临舍下，与我讨论有关湘湖的事。他们对保护湘湖和发展湘湖旅游业都有很高明的见解。他们也知道我手上一定有当年到萧山考察湘湖的美国汉学家萧邦齐的著作，希望我能把此书翻译出版。我很赞赏他们保护湘湖的意见，于是就把萧邦齐的原著检出来。我自己现在当然没有时间再做这项工作，但是我的研究生们可以合作从事这项工作。此事在当前还有一个必须认真对付的所谓"知识产权"的问题，萧邦齐现在已经是美国罗纳尔学院的著名教授，其书又出版于美国著名的耶鲁大学出版社。但是凭我们之间的老关系，通过几次 E－mail 的往返，问题就顺利解决了。为了让他对中译本感到喜爱和值得珍藏，我特地要他寄来了他的近影和他全家的合影，而且把他在原著扉页上写的："卡拉、德莱克和海赛，此书为我们在杭州度过的那秋天留念。"置于其全家的合影之上，这也算是他慷慨同意我们翻译的一种答谢吧。中译本顺利地于 2005 年在杭州出版社出版。当然，在此书的翻译和校阅过程中，我毕竟还是花了不少时间，因而常常又勾起我对萧山的回忆，而这种回忆都是很美好的。

中译本《湘湖——九个世纪的中国世事》出版后不久，湘湖作为萧山的旅游点，受到各方的极大重视。今年 4 月 3 日的《萧山日报》在头版头条出版了一个标题："历史地理系泰斗将做客湘湖论道，陈桥驿出任首位文化使者。"这个标题不仅让我受宠若惊，而且更感到不胜惭愧。因为我担当不起"泰斗"的称号，而且也论不出湘湖之"道"。萧山人逾格看高我，或许因为我是一位年逾八旬却还在大学里执教的所谓"终身教授"，也或许因为萧邦齐的书已经翻译出来了，大家都看到，他在《序言》中大大地为我作了一番吹嘘，推崇我对湘湖地区的"渊博知识"。但是实际上我为陈志富先生以前出版的那本书的《序》中已经说明："我如其说作为他的指导者，还不如说作为他的翻译。"他是在美国研究了大量有关湘湖和这个地区的资料而来的。我确实发现，他掌握的湘湖资料，在不少方面都超过我。我收到他的原著时，只是匆匆地浏览了一遍，这次为中译本校阅，当然要按原著对照，发现他确实掌握了一些我们这边所亡佚的资料。自从那年陪同萧邦齐考察湘湖以后，已经整整 20 年，对于这个地区，我当然是怀念的。所以既然萧山朋友们盛情相邀，我欣然同意。他们于今年 4 月接我到离湖边不远的一个新辟的东方文化园内的一座高级宾馆里，地点就离闻堰不远。我立刻向他们打听,但遗憾的是闻堰老街包括我多次住过的那家5毛钱一晚的小客栈都已经拆掉了。这20多年中,我到过不少城市,情况大体类似,许多过去的老街都不再存在。"发展就是硬道理",我只好打消旧地重游的念头。但湘湖确实比20多年前好得多了,不仅围垦的事不会再发生,那种为了烧制砖瓦而到处挖泥的情况也不再存在。让人们感到慰藉,看到这个湖泊的美好前景。

这次应邀到此"论道"的客人不下20位,用一艘讲究的游船送到湖中的一个岛上。我被安排在居中的座位,并且受嘱第一个发言。记得这天我是从水资源的角度谈论湘湖的,首先说了全世界的水资源大势和我国的水资源紧缺情况。因为我明白在座的来宾中,这方面或许是我最内行。尽管东道主最关心的显然是旅游业。但是从"可持续发展"的这个与世世代代人类延续生存的观点来看,在湘湖之中,我必须讲水资源之"道"。郦道元在《水经注序》中说:"天下之多者水也。"但在地球上这个巨大水体之中,咸水占了98%,淡水只占2%。全世界按人口平均的淡水占有量是8800立方米,而中国按人口平均的淡水占有量只有2200立方米。水是当代中国人和我们的子孙后代最缺乏和最需要关注的自然资源。这天,面对这个历史上兴废无常而眼前又是一湖碧波的湘湖,我当然满腔喜悦,因为对于萧山来说,它又增加了一宗可观的水资源财富,而且以后不会再遭受围垦的干扰。对于萧山水利史,这显然是一件值得称赞的大事。

现在,陈志富先生的《萧山水利史》问世了。此书内容丰富,不仅是湘湖,整个萧山的水利发展过程,都已包罗尽致。这是一部很有价值的地方文献,因为它不仅总结了萧山在历史上的水利发展过程,而且对萧山今后的水利建设,具有重要的指导意义。以史为鉴是一句大家都常说的话,《萧山水利史》的主要价值就在于此。

2006年10月于浙江大学

原载《萧山水利史》,方志出版社2006年版

《越地遗珍》序

　　《越地遗珍》的编集、精印、出版，不仅是越地考古、文物史上值得额手称庆的大事，更是海内外越籍人士引颈企盼的巨构。绵绵越史，其中包含着多少传说与神话，这种现象是世界上各民族、各地区普遍存在的。而《遗珍》却不同凡响，是一部以实物为证的信史。特别是对于远古，真是价值连城。

　　"究天人之际，通古今之变"，①这是太史公对史学的不朽定义。他撰述《一百三十篇》，彪炳千秋，成为我国史学文献上的不朽成果。他的治学方法是行万里路，读万卷书。前者是实践，就是身体力行；后者是博览，就是言必有据。对于行万里路的做学问方法，他在青年时代就有所作为。《自序》中有一段话说：

　　　　二十而游江淮，上会稽，探禹穴，窥九疑，浮于湘沅，北涉汶泗，讲业齐鲁之都，观孔子之遗风，乡射邹峄，厄困鄱薛彭城，过梁楚以归。

　　从这段话中，按地图索骥，他 20 岁的这次出行，已经走遍了大半个中国。语言虽然简单，但是可以明显地看出，他的旅行，并不是赏山玩水，而是一种"游学"。他所到之处，都有其为学的目的。譬如"上会稽"，当时的会稽还是一片地广人稀的蛮貊之地，但是为了"探禹穴"，就不避道路艰难，因为对于九州山川，他崇信《尚书·禹贡》。他"讲业齐鲁之都，观孔子之遗风，乡射邹峄"，因为对于行事为人，他毕生尊孔崇儒。

　　《自序》中记叙的这段"游学"经过写得十分简括，只是表达了他青年出行的主要宗旨，但正是因为他的旅行实践，所以才能在《一百三十篇》中写下《货殖列传》这样一篇高瞻远瞩,闳中肆外的文章,全文记叙精辟,议论阔达,创人文地理之先河,是全国总志的鼻祖。他年轻时代的这一次"游学",除了上述《货殖列传》中对人文现象的观察以外,其实也考察了各地的自然景观。《河渠书》中有一段文章可以为证:

> 登庐山,观禹疏九江;遂至于会稽太湟;②上姑苏,望五湖;东窥洛汭大邳;迎河行淮泗济漯洛渠;西瞻岷山之离碓;北自龙门至于朔方。曰:甚哉,水之为利害也! 余从负薪塞宣房,悲《瓠子之诗》而作《河渠书》。

所以他的这次旅行,事前是作了周密计划的。从自然地理领域来说,他登名山,涉大川,不仅考察如离碓之类前人修建的水利工程,以后又参加了元封二年(前109)由汉武帝亲自领导的在瓠河口负薪堵决的实践,从而开创了正史《河渠志》的体例,写下了人与自然关系的千古名言:"甚哉,水之为利害也!"

以上都是他行万里路的治学成就,旅行的本身就是读书,所以他的旅行属于"游学"。除了通过旅行做学问以外,他读万卷书的功夫也确实弥深弥笃。《自序》中有"年十岁则诵古文"的话。有人附会此"古文"为"孔壁古文",但"孔壁"故事出于汉武帝末年,"年十岁"怎能读到? 此"古文"显然是先秦用古文书写的散体文,后来都已亡佚,但数量估计很大。《自序》中还记及他钻研几种重要典籍的经过:"学《天官》于唐都","受《易》于杨何","习《道论》于黄子"。他当然不可能将其所精读深研的文献都写出来,《天官》《易》《道论》之类,不过是可见一斑而已。当然,读万卷书也正和行万里路一样,他不仅博学笃行,而且慎思明辨。也就是说,行万里路与读万卷书两者是彼此对比,相互参照的。用现代的治学语言来说,就是田野考察与文献研读必须相辅相成。他的田野考察如上所述不仅幅员辽广,而且观窥精详。同样,他的文献研读,也是谨慎严密,细分缕析的。《大宛列传》中的一段结尾,充分体现了他读万卷书的认真不苟:

> 故言九州山川,《尚书》近之矣。至《禹本纪》、《山海经》所有怪物,余不敢言之也。

他凭什么对当时的这些著名文献提出"不敢言之也"的批评? 其依据就是田野考察。不是他自己的田野考察,而是张骞的田野考察,因为他确信张骞的目击纪录是可靠的。这就是他所指出的:

> 《禹本纪》言,河出昆仑,昆仑其高二千五百余里,日月所相避隐为光明也。其上有醴泉、瑶池。今自张骞使大夏以后也,穷河源,恶睹《本纪》所谓昆仑者乎?

太史公是我国史学研究的开创宗师,尽管由于时代的嬗递和科学技术的发展,《一百三十篇》之中,有不少现代人看来不是信史的作品。例如他所说的张骞"穷河源",其实不是黄河河源,而是塔里木河的一条支流的河源,这就是中国历史上长期传袭的"黄河重源"③的错误。尽管到唐朝已有学者指出此说的错误,但直到清代仍然有人深信不疑。④所以像这样一类的错误,属于瑕不掩瑜,实在毋需计较。但他提出的"究天人之际,通古今之变"的史学定义与他所遵循的行万里路读万卷书的史学研究方法,却是后世史学界并包括一切做学问的人应该切记和奉行的准则。

《一百三十篇》是公元前1世纪的作品,若从现代历史科学进行评价,"黄河重源"不过是件小事,其他更大的错误也是不少的。太史公把不少当时的传说甚至神话都写入其中,譬如《夏本纪》,他不仅记叙夏的世系和禹的传记,并把《禹贡》全篇录入,这正是他为什么要"上会稽,探禹穴"的原因。但顾颉刚却在上世纪20年代揭示了:"禹是南方民族神话中的人物。""这个神话的中心点在越(会稽)。"⑤而《禹贡》一篇,学术界也已基本论定是战国后期的作品。更有甚者,由于上世纪末,我国某些人玩了一个被邹承鲁院士称为"大钱不评"⑥的所谓"夏商周断代工程"的课题,招来了《远东经济评论》(2000年7月20日)和《纽约时报》(2000年11月10日)的议论,因而引发一场国际网上大讨论。由于网上讨论用英文进行,国内多数学者都不知情。《中国文物报》曾在2001年6月6日以《夏商周断代工程引起的海外学术讨论》为题,用一整幅版面介绍了这次网议的要点。这个版面的主持人刘星,在全文最后的一个小标题《这场争论引起的若干思考》中提出了他自己的意见:

> 关于是否有夏、二里头是否夏以及二里头文化是否步入国家社会等等问题,我们在上述的讨论中已经多少表明了我们的立场。运用"同代文字证明"的逻辑,我们只能对夏的存在打一个问号。因为目前还没有出土文字证明司马迁关于夏的记载是真实可靠的。

我在《绍兴史纲序》⑦中,对《中国文物报》的最后结语也作过一点评论:

> 我真佩服刘星先生的这段话,他确实说得既科学,又含蓄。"因为目前还没有出土文字证明司马迁关于夏的记载是真实可靠的",所以"我们只能对夏的存在打一个问号"。司马迁对夏说了些什么?《夏本纪》中抄录了《禹贡》全文,这里记录了大禹移山倒海的神功,竟把第四纪甚至第三纪的地质变迁都包罗在内。

我们当然不会把"夏商周断代工程"这个荒唐的游戏和《一百三十篇》中的《夏本纪》相提并论。汉武帝不是一位愚昧无知的领导,司马迁也没有从他手上捞到一个"红头文件"和大笔钱财,他是在身受腐刑以后的困厄处境中从事这种写作的。在那个时代,把传说和神话当作信史属于情有可原。这和在太史公以后过了20个世纪,对"年"的数值计算如此精确的时代,⑧竟然异想天开,创造"夏商周"的神话,当然不可同日而语。

任何一门科学,包括历史学在内,都是随着科学发展和技术进步而不断更新的。

司马迁崇奉的禹,过了 20 个世纪,顾颉刚认为是"南方民族神话中的人物",顾氏假设提出以后 10 年,赞同此说的冀朝鼎,认为产生禹和洪水传说的背景是"钱塘江的洪水灾害,以及由此而产生的对治水的迫切要求"。[⑨]顾颉刚提出的假设与冀朝鼎的附和及推论,都是值得称赞的。我在《大禹研究序》[⑩]中说:

> 我平生十分佩服科学家,特别是那些在相关学科还比较落后,利用相关学科的成果和资料都比较困难,却能依靠自己的优厚天赋和非凡勤奋,依靠自己观察、实验、思考,提出当时让人大吃一惊而事后逐渐获得证实的假设、学说、理论的科学家。

顾颉刚就是这样的科学家,冀朝鼎也是一样。他们假设禹的神话起因于洪水是正确的。但是他们把洪水来源发生于钱塘江却是附会的。钱塘江的"水波恶"即现在所称的涌潮是事实,但这不是构成禹的神话的原因。聪明人的错误,问题就出在我前面所说的"相关学科"。因为在上世纪二三十年代,有关这个课题的相关学科还相对落后,还不可能为顾颉刚的假设提供正确的证据。而像顾氏的这一类假设,必须依靠多学科的共同论证。

记得 1989 年我在日本广岛大学担任客座教授,广岛附近包括北九州的不少大学,都利用这段时期邀请我讲学。日本南部的最大媒体《中国新闻》(因广岛在日本的大区域中属于"中国地方"),不仅刊登了我们夫妇到达广岛的消息,并且披露了我在广岛大学以外的其他大学中的若干讲题,如《中日两国的史前文化交流》、《吴越文化是中日两国的共同文化》等。这些讲题让九州佐贺电视台台长内藤大典感到很大的兴趣,特地赶到广岛邀请我们夫妇去访问佐贺市内一处称为吉野里的弥生代遗址。这处遗址发现于 1986 年,当时正在进行恢复。我多次去日本讲课,一直是应他们的要求使用英语,但那一次对方显然是为了编制电视节目的需要,采用了由电视台记者用日语提问,由我夫人译成汉语;我用汉语答复,再由我夫人译成日语。所以一小时可以完成的事,却花了两个多小时。提问完毕,我们身边已聚集了 10 多位从各地赶来的记者。他们的兴趣并不在编制电视节目而是研究学问。时间已近薄暮,但他们还不断提出问题。总括他们的问题,主要是:"像吉野里这样的遗址,你作为一位历史地理学家,应该怎样进行研究?"虽然彼此都用英语交谈,不花很多时间,但是时间已经很晚,电视台长又催促我们前去进餐,所以我的回答显得匆忙简略。回国以后,我曾把这天与日本记者的谈话整理成一篇题为《多学科研究吴越文化》的文章,曾在中国和日本的几处刊物发表,最后收入于我的论文集《吴越文化论丛》[⑪]中。我在此文中指出:

> 这类课题,过去常由历史学和考古学等学科从事研究,现在看来,单靠这些学科恐怕也不足以获得全面和正确的研究结论。应该组织更多的学科,如地质学、

地史学、第四纪学、古地理学、古气候学、古生物学、人类学(包括体质人类学)、地名学、语言学等等学科,共同来从事这个课题的研究,在研究方法上,也要努力跳出一些旧的窠臼,而尽量利用新的科技成果,如放射性碳素测年、热释光测年、孢粉分析、沉积物分析、卫片判读、泥炭层的勘查测定,贝壳堤和古海岸的勘查测定等等。只有这样,才能避免主观臆测,获得客观的和有科学依据的结论。

我在文内所说的"应该组织更多学科",其实就是当年顾颉刚在提出他的假设时还无法凭借的"相关学科"。在顾氏以后不过三四十年,第四纪学就揭示了晚更新世以后中国东部沿海的几次海进和海退过程,并且利用贝壳堤进行科学测年,让我们获得了每个时代的海岸变迁和海面高程数据,我才能撰写《史前漂流太平洋的越人》[12]一文,并且通过考证绘制距今 2 万多年前的《假轮虫海退时期今浙江省境示意图》[13]和距今 7000 年前的《卷转虫海进时期今浙江省境示意图》。由于相关学科的发展,顾颉刚假设的不足之处得到了确证。

我在《越族的发展与流散》[14]一文中指出:

> 越族居民在会稽、四明山地的山麓冲积扇顶端,俯视这片茫茫大海,面对着这块他们的祖辈口口相传的,如今已为洪水所吞噬的美好故土,当然不胜感慨。他们幻想和期待着有这样一位伟大的神明,能够驱走这滔天洪水,让他们回到祖辈相传的这块广阔、平坦、富庶美丽的土地上去。

这位"伟大的神明",终于降临神迹,这就是距今 5000 多年前开始的卷转虫海退。"神禹"拯救了在会稽山区刀耕火种了几千年的越人,让他们从这片山荒土瘠的困境中出来,到一片"神禹"恩赐的泥泞沼泽上栖居生产。从《禹贡》和《夏本纪》以后,经过了漫长的 2000 多年,禹的神话才在历史学以外的许多相关学科的发展中获得了解读。想当年,太史公实在是孤军作战。但是,《禹贡》和《夏本纪》虽然是个传说和神话,而它们在团结中华民族的过程中,一直起了重大的作用,至今仍然在海内外华人中发挥了强大的凝聚力。《一百三十篇》中尽管记叙了不少先秦的神话故事,但它仍然而且永远是我们的民族财富,犬史公也永远是我国历史学的伟大先驱。

现在回到《越地遗珍》的本题。我在此《序》开头就给《遗珍》作了很高的评价,称它是"以实物为证的信史"。"以实物为证",这句话是至关重要的。因为"信史"一词有极重的分量。乾隆创修《四库全书》,诏定《二十四史》为"正史",[15]"正史"在我国是权威的史书。但我曾经批评过"正史":

> 但其实"正史"存在许多缺陷。例如"正史"从《汉书》立《酷吏》、《佞幸》二传以后,《后汉书》、《魏书》、《北齐书》、《北史》、《隋书》、《两唐书》、《金史》等均立《酷吏传》,[16]而《宋书》、《南齐书》、《北齐书》、《南史》、《北史》、《宋史》、《金史》、

《明史》等均立《佞幸传》。读"正史"和利用"正史"的人都习以为常,却并不追究,既立《酷史传》和《佞幸传》,为什么不立《暴君纪》和《昏君纪》? 在我国历史上,酷吏和佞幸当然很多,但暴君和昏君何尝会少? 而且暴君和昏君给人民造成的灾难,又岂是酷吏和佞幸可比。这实在是"正史"的极不公正之处。

《一百三十篇》中的先秦卷篇当然不是信史,而从此以后,"正史"中也都存在不是信史的内容。但《遗珍》显然与众不同。"珍"见于《说文》卷一:"宝也。"张衡《西京赋》说:"攒珍宝之玩好。"所以列于《遗珍》的都是珍宝,都是十目所视的实物,它比文献无疑具有更高的价值。我们当然无意贬低文献价值,包括"正史"在内的大量文献,它们的价值仍然是不容低估的。但文献的数量甚大,按韩长耕的计算,[17]中国古代文献,包括现存的和有目无书即散佚的,大概不下 15 万种,而其中尚存世流传可供披览检证的,也仍在 12 万种以上。这中间,当然存在不少牵强附会和信口开河即时下称为假冒伪劣的东西。即以绍兴为例,《越绝书》是一种众所公认的珍贵文献,但明末人钱馼(稚苗)即伪造过《续越绝书》2 卷。据清朱彝尊《经义考》卷二七五所云:"按《续越绝书》二卷,亡友钱稚苗避地白石樵林所撰也。其云书得自石匣,谓是汉吴平著,蜀谯岍注,盖诡托之辞。"[18]对于这类文献,《四库全书》的编修者就感到忧心忡忡。《四库总目提要》卷六十六说:"馼与尊友善,所言当实。今未见传本,其伪妄亦不待辨。以其续此书而作,又即托撰此书之人,恐其幸而盛传,久且乱正。又恐其或不能传,而好异者耳闻其说,且疑此书之真有续编,故附订其伪于此,释来者之惑也。"《提要》的这几句话,说明对于后人仿造的文献,不论传与不传,都会在学术界制造干扰。

实物当然也有赝品,即通常称为"假骨董"的东西。中国的假骨董,不仅骗了中国人,而且也骗过外国人。上世纪 70 年代之初,热释光测年的科学技术开始运用,这是一种对陶瓷器测年的非常可靠的手段。英国牛津大学考古研究所以其所藏的 9 件六朝陶俑,作了这种测年鉴定,结果其中有 6 件赝品,[19]1972 年,他们又以所藏的 22 件辉县陶作了这种释年鉴定,结果全是赝品。几年前,良渚博物馆一位领导在舍下谈起,眼下以玉琮为主的良渚假骨董充斥市场,有的几乎可以乱真。假冒伪劣之及于文献、骨董,由来已久,此事当然有伤文化,只不过是让不少不学无术而又心慕风雅的官员和富商们开了一扇方便之门而已。

《越地遗珍》所收录的都是实物,而且都是货真价实的人间瑰宝。此书分《绍兴县文物藏品鉴赏》和《绍兴县文物保护单位解读》两部分。前者包括"玉石器"、"青铜器"、"陶瓷器"3 大类,当然都是现场出土经过专家鉴定或科学测年的,并且还可以和有价值的文献相印证。以青铜器为例,这是继玉石器时代以后而见诸正式文献记载的珍宝。《越绝书》卷八记载的是越王句践时代的事:"采锡山为炭,称炭聚,载从炭渎至炼塘。"在这项记载中,诸凡冶铸工业的燃料基地,燃料的运输路线和冶铸工业的布局等,都非常详明。近代陆续出土的于越冶铸的青铜剑,如"越王剑"、"越王旨者于赐剑"、"越王之子剑"、"越王丌北古剑"[20]等,都已具有高度的冶铸技术术。而1965年在湖北省江陵县纪南城附近楚墓中出土的"越王句践剑",无论在冶铸技术和艺术加工等方面,都不愧为一件精湛的作品。[21]这种以武器冶铸为主的手工冶金业的继续发展,使这个地区成为从汉代到三国的全国铸镜中心。日本学者梅原末治曾对这里出土的建安二十五年(220)和黄武五年(226)的神兽镜作了精研和盎赞。[22]此后,这类铜镜,包括神兽镜和画像镜,在柯桥、南池、皋埠、东关、富皇、漓渚等地,都有不少出土。[23]

散布相当普遍,数量非常庞大,鉴赏很有价值的"越珍",还可以举陶瓷器的例子。越地的陶瓷业发轫极早,《水经·渐江水注》记及:"州郡馆宇,屋之大瓦,亦多是越时故物。"说明于越烧制的屋瓦,到汉时仍然存在并且利用。绍兴是我国生产瓷器最早的地方,在历来的考古发掘中,今会稽山丘陵以北,窑址比比皆是,这就是我国最早出名的越窑。[24]产品主要是青瓷器,日本著名陶瓷学家、东京大学教授三上次男曾在埃及开罗南郊的一座中世纪城堡福斯塔特从事瓷片发掘,从1964年起的几年中,发掘出中国瓷片12000片。他在其所著《陶瓷之路》[25]一书中说:"其中特别多的是越州窑瓷"。从唐代起,越窑青瓷成为全国瓷窑中的极品。茶圣陆羽在其所著《茶经》(卷中)中曾把越瓷与另一种著名的邢瓷(河北邢州所产)对比:"若邢瓷类银,越瓷类玉,邢不如越一也;若邢瓷类雪,则越瓷类冰,邢不如越二也;邢瓷白而茶色丹,越瓷青而茶色绿,邢不如越三也。"唐人诗中推赞越窑青瓷的作品甚多,如陆龟蒙诗:"九秋风露越窑开,夺得千峰翠色来。"[26]三上次男在《陶瓷之路》中描述越窑青瓷:"这种瓷器的青色,其清澈犹如秋高气爽的天空,也如宁静的深海。"[27]值得鉴赏的越珍实在太多,限于篇幅,就不再赘举了。

《遗珍》的另一部分是《文物保护单位解读》。包括"古遗址"、"古墓葬"、"石刻及造像"、"古建筑"、"近现代重要史迹及代表性建筑"5类,都是经过专家考证和政府明文规定的。其所以需要"解读",因为这些历史文化遗产,各有一番卓越不凡的来历,不是大家都懂得的。例如有"白玉长堤"美称、属于全国文保单位的"古纤道",以我个人的外事活动回忆,自从上世纪80年代初以来,陪同国际汉学家或其他学者参观的就不下20次。这些国际学者之中,包括当时继费正清(J. K. Fairbank)以后担任美国亚洲学会主席的斯坦福大学教授、著名汉学家施坚雅(G. W. Skinner),曾获皇家奖章的日本地理学界元老米仓二郎,日本东京大学东洋文化研究所所长、著名汉学家斯波义信等。其中米仓在当时已经年逾8旬,却不顾步履艰难,登上这条水中央的纤塘摄影留念。我陪同外国学者到这里参观,每次都用我自己的"解读"——"交通博物馆"。

这是因为在不过二三百米的跨度之间,并列着从萧山到绍兴之间的 4 个时代的 4 条交通路线:公元 4 世纪的漕渠(西兴运河),公元 9 世纪的运道塘(古纤道),上世纪 20 年代的公路,30 年代的铁路。这种现象世界罕见,在中国或许是唯一的。所以外国朋友们都很赞赏我提出的"交通博物馆"这个称谓。当然,让他们叹为观止,临别都感到依依不舍的,还是这条"白玉长堤"。

《越地遗珍》的篇幅已经不小,但它所收列的,其实还只是越地历史文化中的一小部分。至于我在这篇《序》中所论及的,更是浮光掠影而已。太史公的《一百三十篇》为我国的历史研究开创了一个世代遵循的凡例,而随着时代的嬗递和科学技术的进步,许多相关学科都介入了这门硕大无朋的学问之中,《遗珍》就是多学科研究的杰出成果。《汉书·司马迁传》说:"藏之名山,传之其人。"对于《越地遗珍》实在也是一样。所以海内外越籍人士,值得人手一编。"家有敝帚,享之千金"。㉓何况《遗珍》毕竟远胜"弊帚",是越地的历史光辉。

2006 年 12 月于浙江大学

注释:

① 《报任安书》,《文选》卷四一。

② "太湟","湟",《集解》:徐广曰:"一作湿。"案会稽从无"太湟"地名,或以"湿"为是。《水经·沔水注》:"东海地卑,万流所凑。""太湿"或是一片湿地的称谓。

③ 杜佑《通典》卷一七四《州郡四》:"《水经》所云河出昆仑者,宜出于《禹本纪》、《山海经》;所云南入葱岭及出于阗南山者出于《汉书·西域传》。而郦道元都不详正。"

④ 胡渭《禹贡锥指》卷一三上,董祐诚《水经注图说残稿》卷一,都仍持"黄河重源"之说。

⑤ 《古史辨》,北平朴社民国十五年(1926)版。

⑥ 参见拙作《论学术腐败》,《学术界》2004 年第 5 期。

⑦ 《绍兴史纲》,傅振照著,百家出版社 2002 年版。此《序》又载于《学术界》2002 年第 6 期。

⑧ 参见拙作《浙江的历史时期与历史纪年》,《杭州师范学院学报》1999 年第 2 期。

⑨ 《中国历史上的基本经济区与水利事业的发展》(英文),伦敦乔治·艾伦和昂温有限公司 1936 年版。中译本,朱诗鳌译,中国社会科学出版社 1981 年版。

⑩ 《大禹研究》,绍兴市社科院编,浙江人民出版社 1995 年版。

⑪ 中华书局 1999 年版。

⑫ Cultural Dialogue(《文化交流》)第 22 辑,1996 年 10 月。

⑬ 此两图又转载于《绍兴简史》,中华书局 2004 年版。

⑭　《东南文化》1989 年第 6 期,收入于《吴越文化论丛》,中华书局 1999 年版。

⑮　民国十年(1921),北洋政府总统徐世昌又将《新元史》列入"正史",故增为《二十五史》。

⑯　《一百三十篇》中也有《酷吏列传》。

⑰　《中国编纂文集之始和现存最早的诗文总集〈昭明文选〉的研究与流传》,《韩长耕文集》,
　　岳麓书社 1995 年版。

⑱　参见拙著《绍兴地方文献考录》,浙江人民出版社 1983 年版。

⑲　王维达《从欧美市场上的赝品谈起——热释光年代技术》,《科学画报》1978 年第 7 期。

⑳㉑　陈谦《越王句践の剑》,《人民中国》(日文版)1973 年 6 月号别册。

㉒　梅原末治《绍兴古镜聚英》,日本京都文星堂影印本。

㉓　张拯亢《续绍兴出土古物调查记》(手稿本),原藏绍兴鲁迅图书馆。

㉔　胡行之《越窑秘色器研究》,《绍兴史迹风土丛谈》(抄本)第八册,浙江图书馆藏。

㉕　日本东京岩波书店 1969 年初版。中译本,胡德芬洋,天津人民出版社 1983 年版。

㉖　《全唐诗》9 函 10 册:《秘色越器》,上海古籍出版社版,下册第 1585 页。

㉗　胡德芬译本第 27 页。

㉘　曹丕《典论·论文》。

原载《越地遗珍》,西泠印社 2006 年版

《旅游浪花》序

　　读了石裕堂先生《旅游浪花》全稿,8 组 80 余篇文章,把诸暨的山山水水,人地事物和盘托出,使我不胜感慨。

　　我与诸暨的密切关系始于 1939 年,由于省立绍兴中学仓桥校舍遭到日机轰炸,这年暑假以后,学校的主要部分迁到诸暨赵家花明泉。当时我读初中秋三,直到高中秋一第二学期,又因日军侵袭两迁到嵊县崇仁廿八都,在花明泉几乎两年。这是我一生读书初建基础的地方,是我值得纪念和怀念的地方。我在《重访花明泉》一文中,记及我于 1987 年重访此地的一点回忆:

　　　　在这里的两年中,除了正规的功课以外,我自己也完成几项课外学习,念完老《辞海》上下两册的每个单字和词条,又念完平海澜所编《标准英汉词典》的每一词汇。我用一个空的万金油盒子装上印泥,再用一根比冰棍杆儿更短的小竹棒,念过一词汇,就用竹棒在词汇上点上一个小红点。两年之中,利用一切零碎时间,居然把这三大本词典念完。后来我写文章,大量的词汇,都是我当年读《辞海》的收获。近年来几次到国外讲学,在国内为外国学者去翻译,都还能勉强应付,这又和我读《标准英汉词典》分不开的。当然,两年之中,更为重要的是这许多老师对我的谆谆教导,不仅灌输我各种知识,并且教育我怎样做人。这是我终身铭感,永志不忘的。(原载《诸暨史志》1987 年第 5 期,收入于拙著《吴越文化论丛》,中华书局 1999 年版)

拙文记及老师的谆谆教导,这中间包括不少诸暨籍恩师。以国文一科为例,除了大家崇敬的姚轩卿师以外,我曾经受业的还有全堂杨鉴吾、赵家赵邦彦、泉畈何植三诸师。此外如数学俞卓峙、蔡泽安诸师,生物潘锡九师,化学赵君健师,公民章鲁瞻师等,都是暨阳一代名师。受这些名师的教育栽培,对我毕生的为学为人,都有重要意义。

我与诸暨再次频繁接触,是在20世纪80年代全国普修方志之时。由于陈侃章先生的引介,我接受了担任新修《诸暨县志》顾问的聘请,因而几次到诸暨观光交流。和我在学生时代第一次来此不同,当年虽然入境即知这是一个文化悠远的耕读之邦,但却没有机会用文字表达我的崇敬心情。二次入境是县志办邀我对修志发表意见,于是我就通过书信、演讲和诗文,倾吐了我对这个地方的仰慕之情。其实可以归结于当年一首诗之中:

　　于越流风远,埠中在暨阳;

　　西子音容邈,典范照故乡。

陈侃章先生曾为此诗写过一篇文章:《古都名媛山高水长——读陈桥驿先生〈暨阳吟〉》,发表在《诸暨史志》1985年第4期,所以我不必再多作记叙了。

20世纪之末,我有幸三度入境。这是因为旅游业在这个地方迅速发展,诸暨市成立了旅游协会,聘请我作为顾问,我才有缘旧地重游。诸暨是于越古都,历史绵远,文化悠长,自然的人文的旅游资源非常丰富。由于20世纪80年代以前全国性的闭塞状态,所以起步较晚。实际上以五泄为例,公元6世纪初的《水经注》就有详细记载。1985年10月,诸暨县志办邀我们夫妇到此游览,一入景区,立刻为这种巧夺天工的自然环境所吸引,竟至无法控制自己。当晚应几位朋友之嘱,为这个景区赋诗数首,发表于1985年第4期《诸暨史志》,其中一首七绝后来又收入于拙著《郦学札记》(上海书店出版社2000年版)的《五泄》一篇之中。我认为此诗既全面概括五泄风景,也充分表达了我的心境。现抄录于下:

　　五级飞清千嶂翠,西龙幽壑东龙水;

　　老来到此绝胜处,脚力尽时山更美。

　　注:胡诌几句,用纪五泄之游。"飞清"即是瀑布,此词独郦注有之,亦以记生平学郦也。一九八五年十月十二日。

但是在那个时候,诸暨的旅游业实在还相当幼稚,像五泄这样的著名景区,尚无一个接待游客的宾馆,而是由县志办事前在五泄禅寺布置了两个房间住宿的。所以当1999年出席市旅游协会时,诸暨旅游业的长足发展,实在令人刮目相看。而2000年春,我们夫妇又蒙市风景旅游局之邀参加了观瀑节。时隔十余年,我们重访五泄,自然景观依旧,人文景观已显得五彩缤纷,气象万千。诸暨旅游业在这段时期中获得的显著成就,对我这个"也算半个暨阳人"来说,真是踌躇满志。

　　我曾到世界上许多城市访问讲学，其中不少是旅游城市，亲眼看到这种绿色产业在城市的经济和文化方面所发生的重要作用。现在，我年轻时培育我读书为人的地方，正在旅游业带动下欣欣向荣，蒸蒸日上。以历史而论，它比我访问过的任何一个外国城市都要古老，以发展旅游业的自然资源和人文资源而论，也称得上无限丰富。眼看这个于越古都，正在旅游业的发展中焕发青春，溯昔抚今，怎不令人鼓舞欢欣！

　　但是使我感慨的是，我们的旅游业发展绝非轻而易举。记得国务院曾于1973年发过一个文件，要全国有外语翻译能力的9个省市出版局组织一套外国地理书籍的翻译出版。理由是"文革"几年来，人民对国际知识已经显得缺乏，所以需要这一类书籍。我当时是以"牛鬼"的身份被安排承担这个任务的。在全国9个省市的协商分工中，浙江省负责南亚次大陆这一块，这或许是因为我懂得英语并略悉梵语有关。我们动手翻译的第一本书是东方朗曼公司于1969年出版的《尼泊尔地理》，中译本于1978年在浙江人民出版社出版。尼泊尔是喜马拉雅山区的一个闭塞小国，但书中专门有一章《尼泊尔的旅游业》。令人惭愧的是像我这样一个在大学地理系执教的教师，对于"旅游业"这个英文词汇，当时还得煞费揣摩，才勉强翻译出来。为什么？就是因为我们自己没有旅游业。我以后曾在《环境保护与生态平衡——徐学研究与可持续发展的关系》、《徐霞客在浙江》（浙江教育出版社1998年版）一文回忆了20世纪60年代之初到雁荡山的情景：

　　　　游客当然基本绝迹，因为游山玩水在当时被视为资产阶级腐化没落的行径，而且在那种大家都吃不饱的时代，即使有冒天下之大不韪的胆量，也不会有翻山越岭的能耐。

　　"资产阶级腐化没落的行径"，人们就是在这种"革命"观念禁锢之下对旅游谈虎色变，也就是直到1985年，著名的五泄景区还没有旅游设施的主要原因。

　　改革开放当然为旅游业的发展解开了枷锁，但是人们囿于长时期的禁锢，所以从各地来说，一定要有一些人首先挺出来，他具有勇气和见识，在各地推动这个很久受到歪曲的产业部门的发展。在诸暨我认为石裕堂先生就是其中之一。他辞去副镇长的城镇领导职务，到旅游部门充当一名开拓创业的前锋。《旅游浪花》中的几十篇作品，充分说明了他在这方面的远见。具体事实告诉我们，不应小看这些篇幅不大的文章，就是这些短小精悍的文章，让我们看到这个地方旅游业发展过程中的步履痕迹，看到古今的成就实在来之维艰，也可以借此预见这种绿色产业在这里的美好前景。

　　　　　　　　　2001年中秋后3日于临安青山湖银湖山庄
　　　　　　原载《旅游浪花》，国际炎黄文化出版社2007年版

《杭州古旧地图集》序

  《杭州古旧地图集》经过多年的搜集整理,已经编纂就绪,可以公开问世,这实在是我国地图学界的创举。此图的出版不仅对于广大的地理、地图学界意义不同寻常,对于整个学术界和文化界,也是一件不同凡响的大事。浙江省素以文化发达著称,而近年来又提出建设"文化大省"的号召。我曾应有关领导的嘱咐,于2003年主编了《文化浙江》一书(浙江人民出版社2004年版),由富阳华宝斋用繁体字宣纸精印,一函6册,装帧美观。作为礼品书,或许是相当体面的。但是按其内容,这样的文化书,每个省区都编得出来,也许已有编撰出版的。而《杭州古旧地图集》却与众不同,我作为一个与地图打了半个多世纪交道的人,确实还不曾看到过,所以我说这是一种创举,是一种当前学术界和文化界还未及关注而其实是非常重要的文化事业。

  我在大学地理系执教已经50多年,而且现在仍然在职。地理学界历来有一句常用语:"没有地图就没有地理学。"所以我和地图打了半个多世纪的交道,至今还是图不离手。自从上世纪70年代末开始从事研究生教学以来,至今仍然带着研究生。现在当然有不少教师襄助我的研究生教学,但其中有一门课程,即《历史地图学》,至今一直由我亲自讲授。《杭州古旧地图集》的200多幅地图之中,除了十几幅出版于上世纪30年代的近代地图以外,按照历史地理学这门学科的概念,基本上是一部历史地图集,因此,我为研究生们讲授的课程,从此又增加了一种教材,而且特别难得的,是本省本市的教材。垂老之年,能够欣逢这样一部地图的出版,怎不令人踌躇满志。

　　现在先说地图,地图是什么? 按地图学的经典定义:地图是按一定法则,将地表的自然现象和人文现象加以缩小,通过综合的手段,用地图符号表现在平面上,以反映地表现象的地理分布、相互联系和相互制约关系的图像。

　　地图有许多种类,这里只能作最概括的区分,主要是古旧地图和现代地图。所谓"古旧"和"现代",既指地图所表现的时代和形态,也指地图绘制的理论和方法。我毕生写过不少有关地图的文章,其中第一篇是写古代的。那是 1963 年,当时我们的国家还处于一种闭关锁国的状态,与国外的文化交流很少。有一种称为《中国建设》(China Reconstructs)的期刊,是那个时代对外文化交流的重要视窗,每期用英、法、西班牙、俄 4 种文字(隔期还加阿拉伯文)出版。英文版约我写一篇介绍中国古代地图绘制的文章,于是我就写了题为《中国古代的地图绘制》(Map-Making in Ancient China)的短文,在该刊 1965 年 4 月号发表。

　　我国很早就有经过某种测量或估算而绘制的地图,如《史记·三王世家》所载:"臣请令史官择吉日,具礼仪,上御史,奏舆地图。"从两汉甚至先秦,这种例子可以举出不少。但是当年我用英文撰写的这篇短文,却以晋朝的裴秀(224—271)作为重点。因为他身为朝廷执宰(司空),从大局着眼,组织绘制一幅全国地图。此图以《禹贡》记叙的全国境域为基础,在其门人京相璠的设计下,完成了《禹贡地域图》的绘制。特别重要的是,《晋书·裴秀传》中,全文记录了《禹贡地域图序》这样一篇在我国地图学史上彪炳千秋的文章。此文提出的地图绘制理论"制图六体",即"分率、准望、道里、高下、方邪、迂直",不仅在中国地图学史上属于首创,在世界地图学史上也是没有前例的。

　　当年我用英文撰写这篇短文,写了一个多月才完稿,而其中主要的时间是花在"制图六体"的苦思冥想上。按照《禹贡地域图序》原文:"一曰分率,所以辨广轮之度也;二曰准望,所以正彼此之体也;三曰道里,所以定所由之数也;四曰高下,五曰方邪,六曰迂直,各因地而制宜,所以校夷险之异也。"这是让许多古今地理学家都煞费揣摩的理论。

　　在中国,晋代之后,直到清康熙五十六年至五十七年(1717—1718)完成有经纬网格和比例尺的《皇舆全览图》以前,曾经绘制过大量地图,其中包括如唐《海内华夷图》和宋《平江图》等著名地图,所有这些古旧地图的作者,他们在设计绘制以前,想必研究过裴秀的"制图六体",不知他们是如何理解这种理论的。直到清初,著名地理学家胡渭在其名著《禹贡锥指·禹贡图后识》中指出:"此三代之绝学,裴氏继之于秦汉之后,著为图说,神解妙合,而志家终莫知其义。"胡渭的名著,虽然获得康熙"耆年笃学"的褒奖,但他毕竟尚无现代测量学和地图学的知识,所以他对"制图六体"提出"神解妙合""莫知其义"的话可以理解。我是涉猎过现代测量学和地图学的人,不仅曾把"制图六体"词不达意地译成英文,而且直到今天,为研究生讲授《历史地图学》课程,仍然需要解释"制图六体"这个在中国地图学史上划时代的理论。但是扪心自问,我实在还不曾彻底摸透这"六体"的奥秘。

现在《杭州古旧地图集》汇集大量杭州古旧地图为一帙,对于地理学界许多像我们这样至今尚未完全理解"六体"奥秘的人,从此不必再零星地去查考古旧地图,而是可以从这本集杭州古旧地图之大成的巨编中从事这方面的研究,实在让我们受惠不浅。当然,我绝不认为这部图集中的古旧地图都是符合"六体规范"的。但是应该承认,这些古旧地图的作者们,在他们绘制地图以前,多数是读过《晋书·裴秀传》和研究过"制图六体"的。只是他们对"六体"的理解程度很有差别,从图集罗列的许多地图进行比较,其中也有一些作者对"六体"是很不理解的。以第一项"分率"为例,对此,学者们多数理解为"比例尺"。尽管由于那个时代的技术水准,古旧地图绝不可能做到像现代一样地用比例尺计值;但是既然是地图,总得有一个大致的尺度,而图集中确有少数几幅,作者完全没有对"分率"作过考虑。对于其余5项,也有许多不符合的。不过无论如何,这些古旧地图,不管其优劣得失,都有裨于对"制图六体"的研究。因为前面已经指出,对于这种古老的制图理论,至今还没有彻底摸清它的奥秘。

或许会有人提出,我在序言中花许多篇幅议论"制图六体",是不是把这种18个世纪以前的地图学理论说得奥妙深僻、神乎其神呢? 今天绘制地图,还用得上这种理论吗? 所以我必须说明,在眼下测量科学和地图科学高度发展的时代,"制图六体"当然是一种古董。正因为这是中国地图学史上的古董,所以才值得我们重视,因为它是我们的文化遗产,而且是一种有学术价值的文化遗产。晋朝以后的许多地图绘制者,都曾尽力研究、理解和遵循这种理论,绘制出大量我们现在称为古旧地图的作品,《杭州古旧地图集》就是摆在我们面前的例子。对于这样的文化遗产,我们不仅需要保护,而且还应该继续研究。

裴秀的"制图六体"是从绘制《禹贡地域图》总结出来的,在西晋绘制的《禹贡》境域的地图,其性质属于历史地图。所以《禹贡地域图》还为我国开创了绘制历史地图的传统。例如清末的杨守敬,即是在历史地图绘制上获得重大成就的学者。由于篇幅所限,我在此介绍的,主要是谭其骧教授主编的《中国历史地图集》。从地图表示的时代说,这也是古旧地图,但全图是用现代的地图科学理论和方法绘制的。从先秦到清朝,一共8册,从1975年起,以内部发行的形式出版。学术界骤见这样一套从形式到内容都是空前未有的历史地图集,当然一致赞扬,在整个文化界都产生了巨大的影响。于是,国家领导于1982年决定让这套地图在进行修改后公开出版。全图仍分8册,于

1983 年起由地图出版社向国内外公开发行。1985 年年初,图集大概还仅出版了两三册,当时我在日本国立大阪大学讲课,谭先生写信并挂电话给我,要我立即为正在陆续公开出版的《中国历史地图集》撰写书评。于是我在讲课之余,在该校专家楼寓所撰写了近万字的《评中国历史地图集》一文(《中国社会科学》中文版 1985 年第 4 期,英文版 1986 年第 2 期)。我在此文中仍有不少篇幅议论了裴秀的"制图六体"。当然,我指出谭图是以现代地图科学绘制的历史地图。我认为此图的最大成功是:"如此巨大的篇幅,不要说千千万万的线条的注记符号,仅地名一项就达 7 万左右。要把偌大的内容,从各种历史文献,从古代的示意地图上,移植到有精确计量标准的现代地图上,接受计量的考验,其难度是很大的。"我又指出:"要评价规模如此庞大,内容如此丰富的一部历史地图集,真是千头万绪,但我所说的这一点,或许就是其中的关键。"后来我又几次去日本讲课,那边的汉学家朋友,他们都赞同我在论文中指出的对于谭图最大成功的"关键"之言,但是也多认为裴秀的"制图六体"和他编绘历史地图的传说,对中国的地图编绘作出了重要的贡献。

　　谭图的公开出版,对于历史地理学界既是一种启发,也是一种鞭策。学术界的另外两位元老侯仁之教授和史念海教授,就在谭图之后,相继主持编绘和出版了《北京历史地图集》(北京出版社 1988 年版)和《西安历史地图集》(西安地图出版社 1997 年版)。受他们两位前辈所嘱,我又分别写了《评北京历史地图集》(《历史研究》1989 年第 5 期)和《评西安历史地图集》(《历史研究》1997 年第 3 期)两篇评介文章。北京和西安,都是中国七大古都中名列前茅的巨邑,又各有学术泰斗长期执教于其处,编绘图集,当然得心应手。杭州也是我国的七大古都之一,但在七都中排名列后(参见陈桥驿主编《中国七大古都》卷首谭其骧序,中国青年出版社 1991 年版),所以我们虽然一直企求能够追随北京、西安编绘历史地图集,但是由于各种条件所限,我们还不能与七大古都中的魁首相比。兹事体大,尚有待于各有关方面的继续努力。现在。我们不胜惊喜地看到了《杭州古旧地图集》的问世。虽然这不是用现代地图科学的理论和方法编绘的,但是从另一方面进行评价,它不仅也是历史地图集的一种,而且格局独创,别开生面。这样一部皇皇巨构,除了汇集大量从裴秀"制图六体"以来的古旧地图以外,同时也为我们今后编绘如同北京、西安那样的历史地图集建立了基础。所以我们实在应该感谢杭州市档案局和所有在这部图集上辛勤耕耘的女士们和先生们。《杭州古旧地图集》的编纂出版,不仅保护了我们的历史文化遗产,而且为我们这座七大古都之一的历史文化名城锦上添花。

　　我在阅读图集稿本时,发现遗漏了少数当前尚存的,其中有一些是稀见的古旧地图,现在已经补上。因为历史悠久,地区广大,可能仍有我们尚未发现而现在还可获致的古旧地图,希望学术界和读者们不吝指示并慷慨提供,使图集益臻完美。此外,由于《杭州古旧地图集》是一部学术文献,按照学术文献的要求和规范,我们还必须查索已经亡佚属实的古旧地图,把它们的名称和其他资料附入集中。

表1　杭州亡佚的古旧地图

书　名	图　名	修纂者	说　明
唐《元和郡县图志》江南道一《杭州》(卷二十五)	杭州图、钱塘县图、余杭县图、临安县图、富阳县图、於潜县图、盐官县图、新城县图、唐山县图	李吉甫	宰相李吉甫主持编纂,成书于元和八年(813),原名《元和郡县图志》因每镇皆图在篇首,清《四库全书》收入此书,已称《元和郡县志》,《四库提要》说:"(宋)淳熙二年程大昌跋,称图今已亡,独志存焉。"故知宋代已经无图。今此书版本甚多,并有中华书局标点排印本。
《元和郡县图志》江南道一《睦州》(卷二十五)	睦州图、建德县图、桐庐县图、遂安县图、清溪县图、分水县图、寿昌县图		同上。
《元和郡县图志》江南道二《越州》(卷二十六)	萧山县图		同上。
《(杭州)古图经》(南北朝梁以后)	不知其中有图几幅		咸淳《临安志》巷六十三《人物》,梁盛绍远引《古图经》一条,故知此图经成于南北朝梁以后。
宋《祥符(杭州)图经》	《舆地纪胜》及乾道、淳祐、咸淳3种《临安志》,引及此图经超过百条。但不知此图经中有图几幅。	李宗谔	北宋大中祥符三年(1010)李宗谔受朝廷诏命主持修纂完成,计1566卷,遍及全国,今《经》尚存极少数,《图》已全部亡佚。
宋《(杭州)图经》	不知其中有图几幅	桑衍	据《永乐大典》所辑淳祐《临安志》祠庙下引及桑衍图经一条,桑衍查为宋人,事迹不详。
宋《(杭州)图经》	不知其中有图几幅		《舆地纪胜》引及4条,淳祐《临安志》引及2条,咸淳《临安志》引及4条,此《(杭州)图经》当非桑衍图经。
宋《仁和县图经》(南宋绍兴以前)	不知其中有图几幅		《西溪丛语》引及2条,《丛语》撰于绍兴年间,故知此图经在绍兴以前。
《盐官县图经》(北宋)	不知其中有图几幅		南宋绍兴八年,县令胡炜曾修纂《续盐官县图经》,则此图经当是北宋时修纂。

续表

书　名	图　名	修纂者	说　明
《续盐官县图经》一卷(南宋)	不知其中有图几幅	胡㲄	乾隆《宁志余闻》旧志目:《续盐官县图经》一卷,宋绍兴八年令胡㲄著。
《海昌图经》十卷(南宋)	不知其中有图几幅	潘景夔	此图经卷首序收入于嘉靖《海宁县志》。潘于开禧二年为知县。
《重修海昌图经》十卷(南宋)	不知其中有图几幅	吴由修、杨均纂	此图经修纂事记入康熙《海宁县志》。吴由,咸淳三年为知县。
《海昌图经考异》(南宋)	不知其中有图几幅	杨均	此书编撰事曾记入宣统《海宁州志稿》卷十二,杨均是《重修海昌图经》纂者。
《淳熙余杭图经》(南宋)	不知其中有图几幅		咸淳《临安志》卷六十二、卷六十八各引此图经一条。
《新城县旧图经》(南宋)	不知其中有图几幅		《永乐大典》所辑淳祐《临安志》引及此图经一条。
《新城续图经》(南宋)	不知其中有图几幅		咸淳《临安志》卷六十七引及此图经一条。
《(昌化)图经》(南宋)	不知其中有图几幅	卞圜	咸淳《临安志》卷五十一、卷八十六各引此图经一条。卞圜,乾道八年为昌化县令。
《严州图经》(南宋)	不知其中有图几幅	陈公亮修、刘文富纂	此图经至今尚存,但图已亡佚。陈公亮,淳熙十一年任严州知府。
《建德府节要图经》(元)	不知其中有图几幅	方回	方回,南宋咸淳八年为建德知府,入元为建德路总管,此图经修纂于元至元十四年。
《遂安县图经》(北宋)	不知其中有图几幅		据《永乐大典》卷九千七百六十六《二十二覃》引《遂安县图经》一条,此条在庆历八年,故此图经修纂于北宋。

　　我编制这份杭州亡佚的古旧地图表格,主要着眼于图经,这是因为图经中必然包含不少地图。一部图经的亡佚,必有不少古旧地图随之亡佚。而且地图往往比文字更易于亡佚。这是因为在雕版印刷盛行前,书籍的流传主要依靠传抄。抄录文字容易而描绘地图困难,所以传抄者常常录文而舍图。《元和郡县图志》的大量地图,大概就是这样亡佚的。即使在雕版印刷流行以后,因为此事需要财力,不是大书、名书,就难以动诸梨枣,所以传抄仍然是民间通行的手段。这就是一般图经中经存而图亡的原因。上表所列的《严州图经》,就是这类例了。

其实，除了图经以外，一般县邑的地方志中，也多插有少量地图。杭州及其辖县，历史上亡佚的志书为数不少，每一部志书的失传，往往有少量的地图随之亡佚。即以杭州辖县中的一个偏西小邑新城为例（三国吴建县，民国改称新登，新中国成立初期仍称新登，以后撤废并入富阳），像这样一个小县在宋代就修纂方志。明嘉靖《新城县志》卷首洪贯序说："新城县在乾道、淳祐、咸淳时皆有县志，至元而亡。"这类小县的志书上插图当然不多，但是由于各县都有亡佚的志书，所以因此而随之亡佚的古旧地图，总数还是可观的。

此外，我查索杭州亡佚的古旧地图，也是一种学术工作，必须严肃认真，一定要查获真凭实据，才能列入表格。所以对于每一部亡佚的图经，虽然估计随之失传的插图必然不少，但在表格中只能用"不知其中有图几幅"一语表达。在我国历史上，以朝廷诏命修纂图经的事盛于北宋，已经亡佚的《祥符杭州图经》就是其中之一。祥符以前，《玉海》卷十四有《开宝修图经》一条，记载从开宝四年到六年（971—973）朝廷诏命全国普修图经之事。据《玉海》此条所记："六年四月辛丑，（卢）多逊使江西，求江表诸州图经，以备修书，于是十九州形势尽得之。"开宝图经虽然没有取得以后祥符图经的成果，但杭州当时已是一个大州名州，当时想必修成图经，由于以后没有文献引及，我当然不能随意引入。所以总的说来，历史上杭州亡佚的古旧地图，必然远比我所查索列表的要多。

从杭州一市看来，古旧地图的搜集和整理，实在是一件对全国各地具有普遍意义的大事。因为这不仅是对历史文化遗产的保护，其实也是对历史文化遗产的抢救。正因为此，对于《杭州古旧地图集》，我们值得给予更高的评价。

2006 年 7 月于浙江大学

原载《杭州古旧地图集》，浙江古籍出版社 2007 年版

《嵊州市志》序

　　《嵊州市志》(1986—2002)问世,这是此邑文化史上的一件大事。地方志的修纂是我国的优秀文化传统,何况嵊州在这种传统上渊源古老,自宋代以来,已经跻身修志大邦,千余年积累的成果,是历史赋予的优势。

　　对于嵊州志,前代人往往以当今仍存的《剡录》为嚆矢,如至正《嵊县志》纂者许汝霖在该志《序》(按《至正志》已佚,许《序》收入于康熙《张志·旧序》之中)中所云"宋嘉泰初,绍兴守沈公作宾,与通判施君宿,本《图经》作《会稽志》,剡之梗概,附见其中。嘉定间剡令史安之,俾缙人高似孙复本《会稽志》作《剡录》,而剡始为有史"。其实,从文献学进行深究,嵊州历史上可考的志书,是《剡录》引及的《(剡)旧经》。《剡录》所引《旧经》达20条之多,而其中卷八《物外记》"道馆"目下引及南齐人褚伯玉,所以此《旧经》当是北宋纂辑之书。我国修纂图经溯源甚早,据《华阳国志·巴志》所载,东汉时已有《巴郡图经》之名。但历晋、南北朝以至隋唐,图经之见于著录者为数寥寥,至于北宋而骤然兴起。《玉海》卷十四"祥符修图经"条记及宋真宗诏命各地普修图经之事,即《宋史·艺文志》著录的《祥符州县图经》。《剡录》引《旧经》人物已及南朝,则此《旧经》当是《祥符图经》之一,这就是嵊州修志已逾千年的实证。

　　南宋是我国修纂志书的重要时期,直到今天,我国志书的体例格局甚至卷篇子目,即从这个时期嬗递而来,可惜南宋志书能保存(或残存)至今的已仅27种(也有作28种的,但《嘉泰吴兴志》系四库开馆时馆臣从《永乐大典》辑出,故有学者认为不宜列入），而此邑嘉定《剡录》亦在其中，硕果仅存，值得推崇。有元一代，为时短暂，各县邑修纂志书甚少（今浙境各邑有元代志书著录的不过 30 种，其中至今仍存的仅三四种），但嵊州有许汝霖所纂至正《嵊县志》18 卷，其书虽已亡佚，但钱大昕《元史艺文志》二，倪灿《补辽金元三史艺文志》及《千顷堂书目》八补均有著录，纂者所撰《序》亦仍收录于康熙《嵊县志》中，说明在这志书式微的短时期中，嵊州修志仍能绵延不绝。至于明代，嵊州修志甚多，英宗正统（1436—1449）以前，已有修志记载（据《文渊阁书目》卷二十新志类著录，但修纂者不详，书亦已亡佚）。此后，成化《嵊县志》（钱悌纂于成化十年即 1474 年）尚残存 5 卷，弘治《嵊县志》10 卷（周山、夏雷纂于弘治十四年即1501 年）亦尚残存 6 卷。此后，万历一代曾二度修志，其中初年所修者已经亡佚，而十六年（1588）周汝登所纂 13 卷，至今仍存。万历《嵊县志》以后，又有邑人王国桢纂《嵊县备考》20 卷，康熙十年修《嵊县志》记及此志："续丁亥（按指万历周志）以后事，亦补前志所遗，文物典故得考镜焉。"以 20 卷之数，补 13 卷之遗，此志内容之丰富自可想见，却竟亡佚不传，实在是此邑方志史上的莫大遗憾。

　　入清以后，特别是康、乾两代，全国修志趋盛，而嵊州显然领先。康熙一代中，修纂凡三度，十年（1671）袁尚衷等所纂者计 12 卷，订为 8 册，至今仍是完璧。二十年（1683）陈继平修纂者不知卷数，其书已经失传，唯修纂者陈《序》尚存载于民国《嵊县志》之中，借此略知其书梗概。二十三年（1684）姜君献所纂本，全书 10 卷，今唯日本内阁文库有藏。国内仅高克藩所撰《后序》收录于民国《嵊县志》中。此后，田实暹等所纂乾隆《嵊县志》18 卷（卷首卷末各 1 卷），乾隆七年（1742）刊本；朱渌等所纂道光《嵊县志》14 卷（卷首卷末各 1 卷），道光八年（1828）刊本；蔡以瑺等所纂同治《嵊县志》26 卷（卷首卷末各 1 卷），道光十年（1871）刊本。以上 3 志，许多图书馆有藏，流行较广。建国以前的最后一部嵊州方志是丁谦、余重耀所纂的民国《嵊县志》，民国七年（1918）创修，二十一年（1932）续修，今有民国二十四年（1935）铅印本，计 32 卷（卷首 1 卷），是新中国成立前篇幅最大的嵊州志书，国内外图书馆多有收藏，流行甚为普遍。

　　我在此序中记叙了上述嵊州的修志历史，因为新中国成立后修纂新志，于今已届两度，现在修纂、收藏、披阅甚或以新志做学问的人，很有必要了解这个修志大邦的旧志修纂经历。历史上多次修纂和至今仍存的许多志书，既是当今修志和用志者的一种可以遵循的资源，却也是一种必须分别的负担。因为旧志虽多，但优劣迥异，当今的修志和用志者，不仅需要熟悉此邑通史和方志史，而且在文献学、版本学等方面，也要具备一定的素养。以南宋志乘为例，现在各邑所存者虽数量甚稀，但质量多精湛可观。《剡录》也是其中的佼佼者。《四库全书总目提要》卷六八评论此书说："征引极为该洽,唐以前佚事遗文,颇赖以存。其先贤传,每事必注其所据之书,可为地志纪人物之法;其山水记,仿郦道元《水经注》例,脉络井然,而风景如睹,亦可为地志纪山水之法。统核全书,皆序述有法,简洁古雅,迥在后来《武功》诸志之上"。

但明代志书就不是这样,我在拙作《论学术腐败》(《学术界》2004 年第 5 期)一文中曾经指出:"明朝人做学问的风气不好,胡说八道的例子很多,所以明人的不少著述,也和明版书一样,常为后代学者所不齿。"前辈谭其骧先生在《地方史志不可偏废,旧志资料不可轻信》(《长水集续编》人民出版社 1994 年版)一文中曾经尖锐地批评了一些旧志:"往往夹杂着许多错误的记载,甚至是错误百出。有些方志每修一次就增加若干错误,越修越差,越修越错。"

谭先生批评的当然是旧志,而其实,上一轮所修的新志也不能完全排除他所指出的问题。当然,总的说来,我们的第一轮修志是很有成绩的,但其中亦难免有些"越修越差"的事例。我在拙作《方志续修浅议》(《河北地方志》2002 年第 2 期)文中曾经提及一点我在国外所见:在国内,由于我所接触的新志实在不多,所以说不上什么。倒是在国外,我的确看到了一些令人失望的新志。我是 1995 年在美国和加拿大的一些收藏汉籍很多的图书馆中看到的。我主要注意有关地理的卷篇,内容单薄,资料陈旧,使用许多过时的地理名词,用《本草纲目》的形式记叙动植物,当然不加注拉丁文二名法,全志没有《索引》,常常是洋人汉学家陪着我,我实在有点难为情。因为当年《萧山县志》的生物一篇不加注拉丁文二名法,就是一位在我的研究室从事研究工作的洋人汉学家说:"比半个世纪以前的《鄞县通志》倒退了。"

其实只要作一番大体浏览,浙江省的上一轮志书中,后期修成的一般都比前期的有更高的质量,而上面所引的这位外国汉学家提及的民国《鄞县通志》,确实是建国前志书中的一部特别优秀的佳志。我在拙作《我和地方志的情结》(《二轮修志·浙江论坛》浙江人民出版社 2005 年版)一文中曾回忆过我与外国汉学家讨论此志的片段:"1985 年,我执教于日本国立大阪大学,美国著名汉学家施坚雅(G. W. Skinner)正执教于东京庆应大学,日本著名汉学家斯波义信当时也执教于大阪大学,我们 3 位老友曾专门讨论了这部志书(见民国《鄞县通志与外国汉学家的研究》,载《鄞县史志》1993 年第 1 期)。遗憾的是,在前一轮修志中,还有不少志书,都达不到民国《鄞县通志》的学术水平,而且差距很大。"我在此文中说到我们在前一轮所修的志书中,还有不少达不到民国《鄞县通志》的学术水平的话,这是我那年在北美看到了一些质量低下的新修志书的感慨。对于浙江省来说,由于这个省的文化基础原来较高,加上省市(县)领导对修志的重视,主编得人,专家介入,种种原因,使我省的前一轮新修志书,多有较高的水平。但是这并不等于说全省各市(县)一轮志书都是那么完美无缺,参与二轮修志同仁,特别是主编,有必要对当地一轮志书作一番全面而仔细的研究,取其长而补其短,使二轮志书达到更高的学术品位和实用价值。

由于对方志史和若干旧志的议论,此序已经写得相当冗杂。现在言归正传,在嵊说嵊,把最近20余年的嵊州修志作一点评述。首先当然要提及创修于1983年而出版于1989年的《嵊县志》。在第一轮修志中,这部志书属于问世较早的一批。也就是我在前面指出的,在质量上要逊于上世纪90年代以后修成的一批,《嵊县志》当然也不例外。这显然是因为修志传统长期受各种干扰而中断所致。嵊州自民国《嵊县志》以来,已经半个世纪没有修志,文化界对此邑上千年沿袭的优秀文化传统已经生疏淡漠,思想上及学术上都难以承担骤然恢复的修志任务。所以在第二编《自然地理》中就发生了科学性的错误。中国地方志指导小组曾于1988年3月邀请国内方志界和学术界的10位教授专家在北京评议当时为数不多的新版方志,在《自然地理》篇目下的科学性错误大率类此,我为此即撰《地理学与地方志》一文,发表于《中国地方志》1989第2期(收入于《陈桥驿方志论集》),才在此后的志书中改正了这类科学性的错误。所以《嵊县志》虽然存在了若干错误和不足之处,但与同时期的其他志书相比,当然不算佳志,但仍能差强人意。

现在,第二轮《嵊州市志》行将公开问世,由于领导的重视关心,主编和编纂人员的遴选得人,加上对第一轮修志经验教训的总结和方志界信息交流的重视,所以在编纂人员几年来的辛勤耕耘之下,让我在志稿中就获得了深刻的印象,肯定了这部新志的不凡成就。我不拟细叙此志的各种优异,仅就志书的图文并茂方面,针对新修《嵊州市志》谈一点个人意见,因为当前各地修志多涉及这个问题。自从北宋倡修《图经》以来,图文并茂就成为我国志书中的一种共同遵循的传统。自宋至清,或许是出于技术上的原因,"图"其实仅限于地图(示意图),至于民国,少数志书上才出现铜版照片甚或插画之类。在新中国成立后的第一轮修志中,由于彩色照片技术的传入,新修志书随即应用。增加了图文并茂的效果,当然是件好事。但问题实际上也相继出现,不少志书单纯从装帧美化的要求出发,在卷首插入多幅彩照,并且出现了"照不着地"(指志书所在地)、"照不对事"(指志书所叙之事)的现象,在上述1988年我所参加的北京会议中,已经有专家对此提出批评。但此后却愈演愈烈,并且从志书流传到其他文献著述。是国际出版物中所罕见的事例,其效果徒然增加志书累赘,浪费出版费用,成为一种方志的误区。请方志界多看看国外的出版物,包括各种百科全书和大型工具书及资料书。他们也非常重视内容的直观性,但这种直观性并不是在卷首加上许多彩照表达(其实也不可能用这种形式表达),而是在与内容相关的部分插入各种黑白照,这才是有实际效果的图文并茂。卷内黑白照的广泛使用,这是我必须指出的新修《嵊州市志》的重要特色和优点,也是中国志书与国际同类出版物接轨的一种值得称赞的措施,有必要在二轮修志中推广。

　　我不是嵊州人,但与此邑的关系不同寻常。由于抗日战争爆发,我在绍兴就读的省立中学搬迁到嵊州崇仁镇的一个称为廿八都的乡村。在当局和群众的热烈欢迎并大力支持下,我的高中学习阶段,主要是在嵊州完成的。当时,学习和生活条件的艰苦,是现在人所无法想象的。假使没有嵊州人的竭诚鼎助,我们根本不可能在此完成繁重的学业。我当年在嵊州求学的主要经历,已在《我的中学生活》(《中学集》,《中学生丛书》编委会编,科普出版社 1987 年版)和为当年在此执教的先师姚轩卿(全省名师)先生遗著《鑫斋随笔》(北京燕山出版社 2001 年版)所写的《序言》中详述。溯昔抚今,感慨至深。此番阅读了《嵊州市志》全稿,更勾起了这个修志大邦在我青年时代对我的栽培,感激之情,溢于言表,谨为这部佳志写下一篇拉杂的序言。

2005 年 12 月于浙江大学

原载《嵊州市志》,方志出版社 2007 年版

《浙东古运河绍兴段二期（迎恩门水街）工程文化资源调查汇编》序

　　《浙东古运河绍兴段二期（迎恩门水街）工程文化资源调查汇编》编制问世，初读一遍，感到非常满意，所以首先应该予以赞赏，加以肯定。当然，对于绍兴历史悠久的水乡泽国的整治水环境，并不是以这个"工程"就可改变全貌，但这个工程为绍兴近几年来的水环境好转起了锦上添花的作用，对绍兴水环境的进步起了重要的推动意义。从整个历史悠久的绍兴水环境来说，我们还必须指出：任重道远。

　　我是一个土生土长的绍兴人，对家乡感情深厚。这或许是我对"水"特别有缘的原因。我毕生花许多时间从事《水经注》这部历史名著的研究，已经出版了此书的各种专著和校勘版本20余种（包括在台湾出版的）。在专著之一《水经注研究四集》（杭州出版社2003年版）中，就有《水经注记载的古代绍兴》专文，说明我读此书与家乡绍兴的关系。而特别巧合并使我感动的是，在绍兴的这种《汇编》收到后5天，我校勘的一种《水经注》版本《水经注校证》①出版了。在这以前，我已经校勘出版了4种《水经注》版本，其中1999年版的《水经注校释》曾获得国家教育部的一等奖。但是确实由于此书的渊深博大，对我的4种校本，包括受教育部褒奖的版本，我都并不满意。为此，著名的中华书局5年前就派负责人到杭州与我协商，希望我能够总结以前4本之优，再加上我多年研读的积累，校勘出我的第五部版本，定名为《水经注校证》，由中华书局出版。此后几年，该局负责人每年都到杭州看望我，商量我的校勘工作。现在，此书竟和浙东古运河《文化资源调查汇编》同时问世，实在是对我的莫大鼓舞，《水经注校证》当然是我在有生之年中校勘的最后一部《水经注》版本，此书就权充我对绍兴水利事业的复兴的献礼吧。

自从上世纪50年代以来，绍兴的水环境受到了严重的破坏，主要是水体的缩减和污染。以越州城内为例，从先秦的《越绝书》上就有"陆门"、"水门"的记载，可谓满城河港。但从1950年起就开始填塞，填到1979年，竟把作为历史上山阴、会稽两县的界河即府河也进行填废，此河原来沟通南门与昌安、西郭二门，船只往来不绝，既是交通要道，也是全城的重要水体。估计在不到30年时间中，城内河道被填废达20公里。另一方面是水体污染，以我家后园河港为例，此河东西流向，西与庞公池（又称王公池，是宋代西园的一景）及偏门沟通，向东则通过小郎、大郎、莲花诸桥，与全城河流沟通，可以通航六明瓦大船，而河水清澈，沿河阶（绍兴方言称"踏道"）可以捕捞小鱼、小虾，既有通航、洗濯、取水之便，又能调节沿河空气，此河直到1949年仍然完好如常。但此后即被全河填废。由于我们当时闭关锁国，不知国外情况，像我这样一位大学老师，也弄不懂如此大量填废城内河港的利害。这是指的城内，在那个时期，乡间河湖的填废、围垦、污染情况，同样十分严重。

1980年起，我受聘担任国外大学的客座教授，另一些国外大学则邀请我讲学，所以经常出国，有时整个学期都在国外执教，到过国外许多城市，考察了他们对城内河流的保护情况（城外当然也保护得很好），才恍悟绍兴城市自从1950年以来填废河港的错误。1996年，绍兴市城乡建设委员会、绍兴市交通局和市政协联合编撰《绍兴桥文化》（上海交通大学出版社1997年版），此书卷首请我写《序》。我在《序》中以人口超过200万的日本大城市京都为例。这个城市中有许多河流，但都保护得很好。不仅是大河，连小河也一视同仁。我在《序》中特意提及小河，我说："这些小河，河床不深，水清见底，让我恍悟环境保护的重要。"我的"恍悟"一语，实在是有感于绍兴河港的遭遇而说的，比比我见到过的那些外国城市的河流（包括乡村河流），我们实在感到既惭愧，又痛心。

令人欣慰的是，绍兴的河流水利终究进入了一个否极泰来的机遇，随着环保意识的普及加强，官民素质都有了较大的提高，特别是1972年提出的"可持续发展"真理的逐渐在国人之间的理解。绍兴的水环境开始受到关注，当然，绍兴水环境的否极泰来，开始受到关注，这是有一个转变过程的，是来之不易的。

正如前面提及的，与浙东古运河绍兴段二期工程同时问世，而我自己认为可以作为对家乡水利事业献礼的拙著《水经注校证》，此书在卷首代序《我校勘水经注的经历》中有几句我亲身经历的话："自从上世纪50年代以来，我们曾经有过一个'读书有罪'，'读书人有罪'的时代。在这个知识分子大家都负罪过日子的时代里，谁有心情或者是敢于指摘水环境的恶化呢?"如我在拙著《旅行、旅游、旅游业》一文中所说:"在长达20多年的时间中，精神上朝夕惴怀于'阶级斗争要年年讲，月月讲，天天讲'的恐惧，物质上要忍受'忙时吃干，闲时吃稀，杂以瓜菜代'的匮乏，谁能想得到外部世界的进步。"②

绍兴水环境是与改革开放同时步向否极泰来的，由于这个时代的到来，才有人敢于指出水环境的破坏和每况愈下，才有经济能力投入于水环境的逐步改善。其实，在我们自己不敢对家乡的水环境进行臧否的时候，国外和境外，对于绍兴水城还是非常关心的。上世纪80年代末，台湾出版的图文并茂的大型地理期刊《大地》，就特派专人到大陆向我约稿，请我写一篇《绍兴水城》③的专文，作为他们的封面文章。其实，在那篇拙文中，由于水环境的破坏，我写的内容已经多是旧时光景，显然是夸张的了。

我对绍兴水环境的改善，首先感觉到的是饮水质量的提高。我老家住在明隆兴状元张元忭的府第(张氏后人在清嘉庆年代卖给我家的)，我从小出生和在这里长大，府第的考究建筑，我在屠剑虹女士所著《绍兴老屋》④一书的《绪论》中有较详记叙。像这样的明朝大宅第，要在国外，是肯定受到保护的，但是我们这里由于有"破四旧"的遗训，所以在上世纪90年代之初，就被一纸"红头文件"，包括附近的另外几所古老宅第全部夷平，建成一条"金融街"了。在状元府第中，我从小到初中，一直依靠"天落水"作饮料，状元府第毁灭后，我们有了一处新的寓所，开始饮用绍兴的自来水。初期，我与夫人在假期中来绍兴休息几天，很不习惯的是绍兴的自来水，只能用"口味不正"4个字形容，绍兴的行政领导、水利领导和老百姓想必也注意及此，原因显然是因为水污染而起。但情况与改革开放以前不同了，汤浦水库的兴建，解决了广大人民的饮水问题，汤浦水库是一个开头，它改善了人民的饮水，但水库在山区，对城市和平原的水环境并不发生外观上的影响。在这方面，1999年开始的环城河建设是一项值得称道的大工程。绍兴原来当然是有环城河的，民国时代，绍兴城垣全长13566米，在先师姚卿轩先生的《鼷嵩随笔》⑤中有明确记载，这1万多米的城垣，原来是被护城河包围的，我们在孩童时也亲眼目睹，但以后也遭到破坏，情况非常杂乱，到处是民居和各种其他建筑，而市领导能下定决心，在全市人民的支持下，恢复并美化了这条环城河，使之成为绍兴的一个景点。

由于人们思想的开放，已经在"千万不要忘记阶段斗争"中被遗忘的绍兴水乡风光，又开始在有识之士中浮现出来。"山阴道上行，如在镜中游"，鉴湖不仅是绍兴，而且是我国南方的重要水利工程和胜景，由于改革开放的社会环境，才有了在1990年举行鉴湖建成1850周年学术研讨会的条件。全国水利史学者汇集绍兴,共同讨论鉴湖和水利史,会议开得很成功,并且出版了会议的论文集。[⑥]

绍兴市领导对这次以鉴湖为研讨中心的学术会议非常支持,而且对绍兴的水环境问题已经有十分清楚的认识。记得在这个学术讨论会以前的大约半月,我因参加另一个会议而住在绍兴饭店。市的主要领导王贤芳先生获悉,他也知道我担任日本几所大学的客座教授,多次到日本许多大学讲学,熟悉日本的情况。为此特地在附近的龙山宾馆宴请我,席上谈论的主题就是绍兴的水环境,他是全市的主要负责人,考虑的问题相当全面,他告诉我,绍兴的水环境,污染比较严重,需要在今后逐步地整治。另一方面,由于绍兴以酒产著名,而日本是绍兴酒外销的重要对象,假使日本学者看到当前绍兴的水环境现状,必然会影响绍兴酒在日本的声誉和销售。我们当然要加紧解决水污染的问题,但需要一段时间。为此,他请我不要向日本透露这次会议,也不要邀请他们参加会议。我即时把他的意见转达给会议的负责人,按他的意见,此会不与日本发生关系。但是对于我们绍兴的水污染问题,确实是值得我们引起重视的。

接着发生的事,与绍兴水环境的关系更为严峻。因为在国际上,确实有一种"酒文化学术讨论会",每隔几年在某个产酒的国家里轮流举行,绍兴市政协曾于1990年在上海大百科全书出版社出版过一种《绍兴酒文化》的专著,此书也由我写《序》,绍兴黄酒确实驰名世界,但历来的不少有关这类著作,往往夸大其辞,甚至把越王句践出师伐吴时用以激励士气的"有酒投江"的酒也算作绍兴黄酒,我当然不愿把这些长期来以讹传讹的浮夸传说再传下去,所以在《序》中引经据典,老老实实地说清了绍兴黄酒的来历。却不料确实有不少学者爱听真话,此《序》得到好几处转载和赞扬,并且传到日本,日本酿造界竟把我这个对酒完全不懂的人误作为酒的"行家",他们居然提议"'94国际酒文化学术讨论会"在中国杭州举行,并且请我担任中方的执行主席。此事于1993年发动,杭州方面受委托筹备会议的浙江工学院(今浙江工业大学)当然不胜荣幸,他们组成一套班子,并多次劝说我以"外行"赴会,而结果日方的执行主席野白喜久雄因年迈不曾与会。会议在西子宾馆举行,由我一人用英语主持论文宣读。会后并出版了由我作《序》的大型论文集。[⑦]

我为什么在此插入这一段,因为浙江工学院当时聘有一位日籍教授,他事前参加与我的联系工作,告诉我,日方前来与会的酿造企业家和专家,都是毕业于著名大学和获有博士学位的。他们都很希望在会后看看中国的酿造业。我立刻意识到,他们一定会要求到以产酒著名的绍兴参观,而绍兴的水体污染仍未有所改进。为此,我竭力要求管理会务的负责人,要求他在会议日程最后一天的参观中避开绍兴,而且和他如实说明,由于水体污染一时难以改善,绍兴市领导曾亲口叮嘱我要避免让绍兴酒的进口大户日本人看到绍兴水环境的现状。经过他的多方努力，余姚酒厂愿意让这些日本人参观，并由市长宴请，午后参观河姆渡。返程已是黄昏，由会议主持在咸亨酒店宴请，这样既不必通报绍兴领导，也不会让他们观察污染严重的绍兴水体。我对这位会务管理人确实非常感谢。

这天，两辆大轿车（日方代表就有30多人）从杭州出发，到余姚参观酒厂，中午由市长亲自主持宴请，因为余姚能宴请这许多日本友人并中国各著名酒厂（茅台、剑南春、杏花村等无一不到）代表，也是一件不胜荣幸之事。在河姆渡的参观中，因为我的夫人熟娴日语，我事前叮嘱她，要她翻译并讲解得仔细，以延长参观时间。这些参观者对河姆渡也很有兴趣，所以参观完毕时已经薄暮，驱车到咸亨酒店入宴，散席时已过晚上9时，我总算完成了二三年前王贤芳先生交给我的任务，作为一个绍兴人，这是我应该做的，尽管此时这位领导早已离开了绍兴。

咸亨酒店散宴以后，轿车就返回杭州，因为代表们在次日就离杭他行。但我却仍和夫人留下来，这又是不得不加入的题外话。因为当时绍兴大学正在筹建，绍兴市府邀请杭州大学的领导和几位教授到绍商谈一番这所大学的筹建事宜，我也是受邀者之一。所以当咸亨散席时，杭大已有人等候在酒店门口了。次日在市府开会，到了好几位市府领导和文化界人士。我是作为一位受邀的家乡人发言的。我不说什么客套话，主要谈了两点：第一，我这次在一个国际酒文化学术讨论会上担任执行主席，每位代表宣读论文以后，我都要讲评几句，当然主要是表扬。日本代表都用英语宣读，但中国代表都用汉语，所以我讲评时还得简单地作点翻译。当我在简单讲评中语涉诙谐时，日本代表都会欢笑鼓掌，但中国代表，虽然都来自著名酒厂，但都不知所措，因为都不通英语，所以单单凭语言这一点，绍兴创建一所大学完全必要。第二，我说到绍兴的"水"，谈了几年前王贤芳先生在龙山宾馆宴请我时对我的叮嘱，但事隔二三年，绍兴的水环境污染仍难改观，所以我们不得不到余姚参观，因为我是一个绍兴人，我必须尊重当年绍兴市领导的嘱咐。可惜这天与会者之中没有经管水利的人，我的话或许作用不大。

我当时留下来参加这次市府邀请的会议，实在是为了绍兴的水环境，因为对于办大学的事，事前已经与我有过商谈，在绍兴这样的历史名城，办一所大学是应毋庸议的事（后来因为某种原因被批准为文理学院），但绍兴这个自古著名的水乡，水环境的恶化，实在应该让全市官民头脑清醒了。

事态的发展是令人欣慰的，举个例子，绍兴原来是出产文章的地方，但在颇长一段时期中，绍兴人只写文物、考古、掌故之类，这当然也是重要的。但是随着禁锢的松解，水环境的写作，其间不免要涉及山水胜景的事，这样的作品出来了。《鉴水流长》⑧就是其中之一,全书记叙了许多越中名胜。与水环境有密切关系的《绍兴古桥》⑨也出来了。《浙东古运河——绍兴运河园》,⑩这是一部在这个时期精心营造的水环境建筑的大型画册,是特别值得赞赏的。有关水环境著作的不断出版,这对绍兴水环境的逐步优化,恢复"山阴道上行,如在镜中游"的水乡美景,是一种值得鼓舞的好兆头。

我一开始就称赞"迎恩门水街工程",因为这是为绍兴水环境增加光彩的实事工程。自从环城河工程完成以来,美化绍兴水环境各种实际工程先后相继,首先是运河园,这确实是一座精心设计,把绍兴水环境和历史上的水利业绩和盘托出,全面展示的园林工程。园林本身就建在运河之滨,是运河的组成部分,而又把绍兴各地检搜而得的各种古代水利、古建实物,都适当地布置在园林之中,加上各种说明的碑碣,整座园林,其实是越中数千年水利史运河风情的浓缩,而从运河园到柯桥一段,运河经过最近这几年的整治,河岸平整,并加绿化和各种修饰,水体的富营养化程度较低,在南北大运河中,已经成为可以与杭州段比美的河段。

绍兴水环境的建设和美化工程,最近又增加了龙横江的整治和鹿湖园的建成。龙横江是绍兴古运河的重要支流,清康熙、乾隆二帝到绍兴祭禹,御舟就停泊此江,其驻跸即在江边的鹿湖庄,也就是现在新建成鹿湖之处。六朝人赞美越中自然风景的隽语之一是:"山阴道上,应接不暇,"而龙横江和鹿湖园,就是六朝人所说的"山阴道上"的北端起点,从此向南经河山桥、亭山娄宫埠而兰亭,自然之美,的确让人"应接不暇",所以近年整治和兴建的龙横江及鹿湖园,不仅是续古谊的优美,而且是应当代的实需,这项工程,在便利航行、扩展水体、美化环境等方面,都具有重要的价值。

绍兴在先秦就存在运河,《越绝书》卷八有"山阴古水道"的记载,以绍兴为中枢,东起宁波,北连杭州,然后北上的这条南北大运河,是世界上最古老和漫长的运河。对此,中外古今的观点实在是相同的。宋朝的姚宽说:"浙江之口,起自纂风亭,北望嘉兴大山,水阔二百余里,故海商船舶,畏避沙淖,不由大江,唯泛余姚小江,易舟而浮运河,达于杭、越矣。"⑪这说明杭、越均在运河之滨。美国汉学家曼苏思在其所著《地方商人与中国的官僚政治》⑫一书中,在议论南北大运河沿岸的"关卡"时,附有整幅《大运河图》,⑬此图南起宁波,北到临清,都用运河标记,临清以北,以自然河流绘制(这已符合实际的)。所以绍兴自古就是南北大运河沿岸的一个重要城市。为此,"浙东古运河绍兴段二期(迎恩门水街)工程",对于这个历史悠久的水城来说,其重要性确实不言而喻。而"整治工程办公室"所作的这份《文化资源调查汇编》,内容丰富,资料完备,并且图文并茂,具有较高的水平。希望整治办公室能够在《汇编》的基础上,继续调研充实,使这项工程做得尽善尽美,为恢复和美化绍兴水环境作出重要的贡献。

2007 年 9 月浙江大学

注释:

① 中华书局 2007 年版。

② 《人文旅游》第 1 辑,浙江大学出版社 2005 年版。

③ 1992 年 9 月,台北《大地》地理杂志。

④ 西泠印社 1999 年版。

⑤ 燕山出版社 2001 年版。

⑥ 盛鸿郎主编《鉴湖与绍兴水利》,中国书店 1991 年版。

⑦ 《'94 国际酒文化学术研讨会论文集》,浙江大学出版社 1994 年版。

⑧ 邱志荣著,新华出版社 2002 年版。

⑨ 屠剑虹著,上下册,中国美院出版社 2002 年版。

⑩ 邱志荣主编,西泠印社 2006 年版。

⑪ 《西溪丛语》卷上。

⑫ Susam Mann, *Local Merchants and the Chinese Bureaucracy*, Standford University Press, 1987.

⑬ 此图在此书第 17 页整页。

原载《浙东古运河绍兴段二期(迎恩门水街)

工程文化资源调查汇编》,2007 年(内部刊行本)

《绍兴街巷》绪论

　　《绍兴街巷》是屠剑虹女士继《绍兴老屋》和《绍兴古桥》之后的第三部绍兴研究的著作。前面两部都是由我写的《绪论》，现在重作冯妇，也是义不容辞。使我受到鼓舞的是，尽管前面的两种对绍兴都具有重要的存史价值，为绍兴的地方文献平添了传人的积累，但这第三部，我认为不仅在科学属性上不同于《老屋》和《古桥》，而且其学术价值显然也超过以前两种。作者为此耕耘数年，确实为绍兴古城作出了很大的贡献。这些年来，绍兴在文化事业上有了一定的成就，除了在若干学风问题上还值得商榷以外，①成绩是众所共见的。在许多出版的著作之中，绍兴的文化人，都曾投入了辛勤的劳动，但是像《老屋》、《古桥》，特别是现在呈现在读者面前的《街巷》，是花费了巨大精力的研究成果，更是不同凡响的。

　　一部著作，卷首往往有《序》，有时也有《绪论》。我因为曾主持过一个外文翻译组，自己也译校出版过一些外文著作，并且多次到国外讲学，毕生与外文打交道的机会不少，所以在文字上往往要作中外对比的考虑。"序"，在英文中可以译作 preface，也可以译作 introduction，但是"绪论"同样也可以作这两种译法。其实，preface 和 introduction 这两个词汇，意义并不完全相同，而我的这篇《绪论》，可以认为既不是 preface，也不是 introduction，因为读者中必然有精通外语的，所以有必要作一点说明。我的这篇置于全书之首的拉杂文章，其实是一种 review，正是因为这种原因，所以事前先按眼下通例说明一句："文责自负。"

一

前面已经提及,本书著者往年出版的《老屋》和《古桥》两书都是由我写《绪论》,其实我对这两个主题都没有研究,无非因为我是一个绍兴人,又多活了几岁年纪,稍稍懂得一点家乡的掌故而已。但现在的这部著作却不同,也就是我开头就提到的"科学属性"。《绍兴街巷》是一种城市历史地理研究,而我恰恰也是一个历史地理学者,此书正是撞到我的专业上了。历史地理学的研究领域很宽广,凡是现代地理学研究的门类,也都有历史地理学的一份。从现代人文地理学来说,城市地理学是一个热门。历史地理学也正是如此。我在这个门类中写过不少文章,也出版过一些专著和译著,例如《中国六大古都》、[②]《中国七大古都》、[③]《中国历史名城》、[④]《中国都城辞典》[⑤]等。美国著名汉学家施坚雅[⑥]主编的一部中国城市历史地理名著——《中华帝国晚期的城市》,[⑦]也由我组织翻译,并担任校者和写了长篇《后记》。[⑧]当然,我对这门学科虽有兴趣却并不精深。记得在 1995 年,马正林教授以他在大学执教这门课程 20 余年的经验写成一部高等学校教材《中国城市历史地理》,[⑨]并且索《序》于我。当时正值我应美国和加拿大许多大学之邀准备出国的前夕,由于这次出国的时间估计在半年以上,所以只好在临行之际仓卒作《序》,文字虽长,但内容自感不足。却不料在其书出版时读到了他在《后记》中的谬赞:

> 杭州大学陈桥驿终身教授在百忙中为本书撰写了精彩的序言,阐明了中国城市历史地理学的发展和基本规律,不仅使本书大为增色,而且也使中国城市历史地理学的研究有了基本的方向,可以说是中国城市历史地理学研究的指导性论述。

"指导性论述"的话我当然是承受不起的,不过由于从上世纪 80 年代之初起,我经常出国讲学,懂得一些国际学术界研究的行情,另外,我自己的讲题中也常常涉及于此。例如我在日本广岛大学担任客座教授期间,曾经讲过"比较城市地理学研究"的课程,并且与这门学科的同行有过较多的交往。我在国立大阪大学担任客座教授一学期以后,曾经写过一篇《日本学者的中国历史地理研究》的拙文,[⑩]其中提到:"历史城市地理研究或许是日本学者在中国历史地理研究中成果最多和最富于创造性的部门。"我在该文中举的例子,都是日本学者对中国历史城市研究的成果。他们当然也研究自己本国的城市,记得那年在关西大学大学院(研究生院)担任客座教授,因为讲的课程是《水经注研究》,《水经注》记叙的城市很多,例如卷十六《穀水注》记叙的洛阳,内容确实相当详细,我因此也注意了一下日本学者笔下的他们本国的历史城市。让我感到印象至深的是,他们的研究已经详细到对历史上某些城市作逐街逐坊的研究,这实在是我们的城市历史地理所尚未到达的研究水平。此后,我又发现他们对中国城市历史地理的研究,也开始深入到城市内部的分区,这就是斯波义信的《宋都杭州的城市生态》。当时,我在大阪大学讲学,我们夫妇住在该校专家楼,但我的办公室恰与斯波教授比邻。斯波是我在学术上的好友,此文刚刚发表在大阪大学文学部的《共同研究论集》上,他是一位谦虚谨慎的学者,深恐文内有什么不妥之处,因为知道我是在杭州执教多年的所谓"老杭州",于是几次与我商榷此文是否存在问题。其时我在杭州高校执教确已 30 多年,但对于这座城市的历史研究其实还很肤浅。读了他的文章,让我很受启发,就与我夫人胡德芬商量,请她在专家楼翻译此文,凡有疑难之处,可以随时向他请教。此文译成后发表在《历史地理》第 6 辑。[⑪]全文的主要内容是把南宋杭州进行生态分区。他用 6 幅考证精详的示意图,把作为南宋首都的杭州,分成官绅区、军营区、补给区、经济中心区 4 区,清楚地勾画出各区的界线,并在图上标志了全城的主要宫观寺院和娱乐设施(瓦子、官酒库等)。当然,斯波对中国的城市历史研究,还有超过杭州的作品,[⑫]但从对杭州生态分区的这种精深研究来说,我这位"老杭州"实在感到惭愧。所以当我读到《绍兴街巷》这部书稿时,确实嘘了一口气,我们的城市历史研究,终于也深入到街巷了。

二

记得 1979 年春夏之交,绍兴市(当时还是辖境不大的小市)邀请我到市府作一次关于绍兴历史发展的报告,因为自从"文革"以来,这类活动已经多年绝迹了。当时,市府的不少领导也都出席听讲。十分讽刺的是,我一到绍兴,就看到府河正在填塞,山阴大街(解放路)和会稽大街(后街)行将合二为一。为此,我在报告中特地强调了山阴和会稽之间的这条府河,讲述了这条城内河流的渊源和重要性。那次我在绍兴多留了一天,向一些熟悉的人大声疾呼。回到杭州以后,又为在绍兴发生的这件咄咄怪事大声疾呼。这是因为教授头上没有乌纱帽,没有什么需要顾虑的事。记得后来有人与我谈起,我当时的呼吁可能得到一些效果。据说大云桥以南的沿河步行街,或许就是这样留下来的,因为按照计划,府河要全部填废,一直填到南门。这也很可能是与我说话者自己的猜测和对我的安慰。

时隔一年(1980),由于中国的闭关锁国缓解,国外的一些长期研究中国的汉学家,迫不及待地相继到中国访问考察。当时,美国斯坦福大学著名汉学家施坚雅教授,正继费正清(J·K·Fairbank)之后,成为国际汉学家之首,他在斯坦福大学建有一所"宁绍研究室",专门从事这个地区的研究。他率领十几位专家教授,从北京到杭州,省里指定我作为他们的陪同者前往绍兴和宁波。当时,绍兴还没有一家可以接待外宾的宾馆,代表团就住在市府交际处(今绍兴饭店)。由于当官的还没有"知识化",外办主任用一口地道的绍兴土话介绍这个城市。从北京跟来的一位担任翻译的女士即席拂袖离座,拒绝为她完全听不懂的话作翻译。于是,我就不得已兼了翻译的任务(从此到宁波一直如此)。一个上午,听了这位外办主任结结巴巴的诸如"打镴箔"、"做老酒"之类的介绍以后,这天下午,代表团就摊开随带而来的几种绍兴城市地图(有清代的,也有民国的),准备选择几条街道作一次踏勘。代表团中,除了施坚雅与我已经有过多次通信和著作互赠而一见如故以外(很重要的原因之一是没有语言隔阂),其余的我都不认识,但知道他们之中也有来自耶鲁和加州等大学的,其中还有一位唯一来自伦敦经济学院的英国人。起初,我以为他们都是研究宁绍地区的。但在摊开地图研究踏勘路线以前,代表团中独一无二的斯坦福大学女教授张富美,把我拉到墙角与我轻声说话,她祖籍宁波,但自幼生长在台湾,是早年从台湾去美国的,所以说的也是英语。她说:这些人中间有几位"宋史热",要我尽可能避免引导他们看宋代遗迹,否则他们会逗留不走,影响大家的考察。这事易办,因为当时沈园尚未开放,而我还可留意,不把《嘉泰志》和《宝庆续志》已经出现的街坊名称告诉他们。

当我在他们带来的城区衢路图上作简单说明时,让他们最感诧异的是府河的填废和山、会两条大街的合并工程。而且正因为此,他们宁愿把诸如鲁迅纪念馆和府山等放在后面,而第一站就去看清道桥。斯坦福大学宁绍研究室的几位,虽然谁都没有到过绍兴,但他们对于这张城市地图似乎比我更为熟悉,十几个洋人站在已经夷平的清道桥两边指手划脚。由于当时外国人来得很少,市民围观"洋鬼子"的圈子很快形成,我们的活动范围和视界变得很小。而正因为此,不仅是他们与我的谈话,他们彼此间的议论,我都能听得清楚。他们谈话总的倾向是对古城的这种变迁感到惋惜和不理解。施坚雅作为领队人,说话是稳重而有礼貌的。他告诉我,他对这种变化感到很可惜,但这毕竟是绍兴人自己的事,代表团不会公开对这类事发表任何意见。但其他几位就不同了,有一位问我:"你们的'文化革命'是不是全停了,包括绍兴?"开始我并不完全理解他的问题,后来才考虑到,他显然以为"文革"叫停,全国各地存在差异,绍兴古城的这种填河拆街工程,或许还是"文革"的一部分,是"破四旧"的延续。我还听到他们之间的相互交谈,有好几位都摇头摊臂,这是美国人对某一件事感到莫名其妙和无可奈何时的常用动作。

这就是我可以回忆的当年这个美国代表团对这项鲁莽工程的态度。当然,他们是从一个讲礼貌的国家里来的,讲话是克制的,尽管对此深为诧异,甚至认为是"文革"的延续,但如施坚雅所说,这是绍兴自己的事。尽管他心里充分明白,真正的绍兴老百姓,是既管不着府河,也管不着山、会这两条大街的。不过现在的情况已不同于当年了,中国人对这类事已经有了一些发言的自由,而且说话也变得很尖锐了。

三

绍兴及其附近被西方人称为"威尼斯",据我所查到的资料,最早出于法国旅行家格罗赛,他在 18 世纪末描述绍兴城:"它位于宽广和肥沃的平原之中,被水所环绕,仿佛就是威尼斯。"[13] 其实,绍兴古城不仅被水所环绕,城内也是河港纵横。明王守仁(阳明)所撰的《浚河记》[14]一文,曾经记叙了这条山、会两县间的府河:"越人以舟楫为舆马,滨河而廛者皆巨室也。"说明在 15 世纪—16 世纪,山阴大街和会稽大街都还是面临府河的单面街,如同上世纪 50 年代的柯桥、东浦、安昌等集镇的格局一样。清初蒋士铨也撰文记叙过这条府河:"越郡为泽国,城中河流纵横,界划若棋局,其阔处可并三艇,……自昌安门入,由斜桥至小江桥数十户为城河孔道,两岸列市肆,货船填集,载者卸者鳞鳞然,而舟往来如激箭。"[15] 蒋士铨是乾隆进士,以他所见,说明直到公元 18 世纪后期,山、会两县沿府河的单面街还局部存在。山阴大街和会稽大街这两条沿河单面街的消失,也就是山阴大街东缘,会稽大街西缘,沿河屋舍栉比的现象,是乾隆以后发生的。不过这种情况在当时仅出现于山、会这两条单面街,并不殃及这座古老水城的纵横河港。我在拙作《绍兴水环境的严峻现实必须改变》[16]一文中曾经作过调查:在 1949 年以前,城内有能够通行舟楫的大小河港 32 条,计长 35 公里;在这以后的 50 年中,共填废了其中的 17 条,计长 17.2 公里。所以在这 50 年中填废的城内河港,在数量和长度两方面,都已超过或接近 1949 年的一半。我在此文中曾经提出古城内废街还河的建议:

> 现在暂还不能想像把填废的 17 公里河港全部恢复,但是诸如 70 年代填废的这条贯穿前山阴和会稽二县县界的府河,实在是应该首先考虑的大事。假使让府河恢复,山阴大街和会稽大街都成为沿河的水城单面街,而府河经过渠化和沿河绿化,成为一条纵贯这两条单面街之间的城市绿带。这样,绍兴将成为一个特色鲜明的真正水城,这是何等诱人的前景。当然,城内的废街还河还需要通过商业区和住宅区的再规划、住宅区的适当高层化(包括对应该保留的老街、老屋的考虑)以及开发近、远郊区等措施而次第实现。

当然,在最近 10 年之中,绍兴的水环境是颇有改善的。最令人鼓舞的是环城河的整治和运河园的建设。环城河其实是浙东古运河的一部分,现在已经成为这座古城的一种胜景。而运河园的建设,汇集浙东古运河的文化精华,博得了我国南北大运河沿线各地的高度赞赏和极大关注,成为当今沿运城镇规复运河文化的榜样,这些都是这座古城在水文化重建中值得推崇的成绩。

四

从我的少年时代到青年时代,现今的广场原来是山阴大街的热闹区段。大门旁街,内有建于南朝梁天监年代(公元 6 世纪)的大善寺和大善塔。而大门内与寺、塔之间有一片广场,情况颇类似老北京的天桥和南京的夫子庙,里面有茶座、摊贩和玩杂耍的,特别是进门左侧卖一折七扣书的锦文堂书店,这是对我极有吸引力的地方。溯昔抚今,让我这个老顽固实在无法理解眼下的格局场面。大善寺没有了,15 个世纪以前的大善塔被一群形形色色不伦不类的现代建筑包围掩盖着,显然是这一大片现代化"广场"中的累赘。我没有花过国家一分钱的外汇到国外作过"考察",但是由于应邀讲学,也算是一个多次走出国境,稍稍见过一点世面的人,也见过外间世界的不少广场。例如纽约的"时报广场",名气很大而面积其实很小。我并不了解这个广场的形成过程,但从它的周围环境观察,当年恐怕没有什么"拆迁户",也不必在地图上抹去原来的地名。也有一些建有大广场的城市,我所到过的如巴西的首都巴西利亚。但这个城市里的广场是和城市同时在这个国家的几何中心的草原上新建的,上世纪 50 年代后期,地图上才有这个城市,在这以前,这里是一片荒无人烟的草原。但是按我的回忆,那里的几片广场,总统府面前的一片或许最大,与绍兴的这片在公元 6 世纪就有寺、塔建筑的"广场"相比,其面积也不过伯仲之间而已。

我还想把我今年发表的《旅行·旅游·旅游业》[17]一文中的几句话在此重录一段:

"文革"既是一场史无前例的大破坏,也是世乏前例的大破坏(在和平环境中)。破坏既已成为事实,也就不必费议了。问题是,对于我们的旅游资源来说,改革开放以后的这 20 年中,在古城保护方面也有值得我们反思和应当吸取教训的地方。在这方面,我自己的老家就是现成的例子。我的老家是明隆庆五年(1571)状元张元忭的府第,清嘉庆年代,张氏后代把整座府第卖给了我们。所以我从出生到念高中,一直住在这座明朝状元的府第之中。不说别的建筑,仅后园中的一棵樟树,在我十三四岁念初中时,要年龄相仿的 3 位堂兄弟才能合抱。而我祖父说,在他童年时,这棵樟树就有这样粗大了。说明在张元忭兴建府第以前,樟树可能已经存在,则在它被砍伐前,树龄当已超过 500 年。但这座古老宽敞的状元府第,以一纸"红头文件"于 1992 年被全部夷为平地。府第所在的这条街称为车水坊(改革开放以后称为人民路),街长大约 300 米,两端各有一座高大而雕刻精致的石牌坊。而府第大门口,作为旗杆的基盘、础石和石碑,在我离开老家到内地求学时都还完好存在。上世纪末,绍兴城建档案馆馆长屠剑虹女士编撰《绍兴老屋》巨著,嘱我写作此书的《绪论》,我已在其中把这座府第的宏伟外观和精致结构作了回忆记叙。在这短短20年中,全国范围内,不知有多少古老而有价值的民居宅第(当然也是旅游资源)化为乌有……

上列一段中的情况在这20多年中当然不只是发生在绍兴,所以我在上述拙文中也批评了其他地方的一些"杰作"。

五

经济发展和城市建设的进步,这是当前世界上都存在的事实,我们无非因为在"以阶段斗争为纲"的禁锢下,做了几十年诸如"大炼钢铁"、"大办食堂"、"上山下乡"以至"文化大革命"等的愚蠢游戏,而让我们的进步延误了许多年,现在确实应该快马加鞭,迎头赶上,争回我们在那个愚蠢时代中损失的时间。但我们也必须充分认识,发展经济和建设城市是不能在破坏城市传统文化的行为上进行的。绍兴不是巴西的巴西利亚,也不是澳洲的堪培拉,它是一座已有2500年历史的文化古城。我到过国外的不少著名城市,也到过国内的诸如香港和台湾的一些城市,那里也发展经济,也从事城市建设,却没有破坏已经存在的文化。尽管比比绍兴,那些城市的文化要浅薄得多。例如美国的旧金山,到过那里的人一定会知道市中心有一条称为 Lombard 的街道,是一条著名的"湾街",街道是不宽的单行线,在大约150米的街段中,有8处大湾,湾度从六七十度到近于九十度。但是他们从不想到要截湾取直,更不会把这条街道从地图上抹去。相反,Lombard 倒是成了旧金山的一景,凡是初到那个城市的人,都想到这条老街去看看。今年9月13日的《联谊报》上有一篇署《政协视线》栏目组的头版文章,文题作《老街之痛》。内容是写杭州的老街,写了不少老街风貌的丧失和保护的困难。全文的最后一句是:"我觉得很重要的一条,就是相关的职能部门要负起责任来,这是个历史责任。"此文中所说的"相关的职能部门",这类"职能部门"里面的成员,多半都是戴有不同名目的乌纱帽的,都是有权拿国家的外汇出去"考察"的,尽管这中间有许多人根本不懂外语,但是他们都有眼睛,Lombard 的这条"湾街"就是可以凭眼睛"考察"到的。范围不大的"时报广场"也是可以用眼睛"考察"到的。

我从小生长行走的这条称为"车水坊"的小街曾经有好几位熟人先后与我谈及:你们的那条小街已经建成"金融一条街"了,是绍兴的"华尔街"呢!在地图上抹掉车水坊这个地名我毫无意见,在市场经济的体制下,发展金融业是势所必然,我当然拥护,但把绍兴的"华尔街"放在这条街段上,我认为是一件咄咄怪事。"华尔街"是美国纽约的金融街,所以名闻天下。此街位于纽约闹市区曼哈顿一端,我曾经步行走过这条长不过600米的不宽街段。最初来到这里的是荷兰移民,他们曾于17世纪中期在这里建造过一条高不过3米稍多的墙垣,但到那个世纪之末,后来的英国移民,就推倒荷兰人的墙垣而成为一条街道,所以称为"华尔街","华尔"(wall)就是墙垣的意思。后来,随着曼哈顿地区的发展,许多金融机构在这条街上建立起来,"华尔街"就成为举世闻名的金融街。这是一条没有历史文化的街道,英国移民在此建街之时,这里唯一称得上"文化"的东西,就是比英国人早到50年的荷兰人所建的一条低矮的墙垣。而这条绍兴的"华尔街"是付出了多少历史文化的代价兴建起来的呢? 现在,国内有不少城市都在近郊或远郊建立所谓"经济开发区",绍兴的"华尔街"难道不能兴建到那些地方去吗?

对于一座历史文化名城,这里的官员和平头百姓,都比一般城市肩负重大的责任。所以最后还想举个例子,记得我80岁那年(2002),还应"日本国际文化研究中心"之邀,偕夫人到那里开会、访问、讲学,在京都市住了十多天。自从上世纪80年代之初起,先后在京都住过较长时间,后来由于年事渐高,已经10年没有去到这个城市了。但这次旧地重游,看不出它有什么变化。我30多年前初到那里的所有街巷都照样存在。特别是往年我为《绍兴桥文化》⑱一书所写的《序》中记叙的:"市内的许多小河,都以鸭川和桂川为水源。这些小河,河床不深,水清见底。"也都照样不变。而沿街仍是宫殿、寺院、神社和其他不少小型的祭祀设施。尽管那几年是日本经济不景气的年代,但市容也仍然是行人熙攘,车辆喧闹,由于社会保障系统的完善,街坊安谧,人际交往还是彬彬有礼。京都(平安京)到公元8世纪末才成为日本首都,历史比绍兴古城要晚得多。但他山之石,可以攻玉,从历史文化古迹的保护直到今天水环境的保护等方面,包括上面引及的《老街之痛》一文中所触及的不少问题,都有我们值得学习和借鉴的地方。

当然,这几年绍兴在古城保护方面已做了不少工作,特别是加强了对仓桥直街历史街区、西小河历史街区、书圣故里历史街区、八字桥历史街区等7个历史街区的历史文化遗存保护,使人们看到了古城的魅力得以逐步恢复的希望。

由于《绍兴街巷》这部书稿,引出了我的这许多拉杂的议论,最后总还得回到此书的本题上来。我在此文开头就指出了此书的重要价值,现在再归纳几句,从学术上说,这是我国城市历史地理研究引入到街巷考证的创举。作者把当今的150条街巷作了详细的记叙,并且还把已经在地图上消失的111条街巷作了《附录》。作者是用和盘托出的方法从事此书写作的,这是一种客观的态度,也是一种科学的态度。作者在这个课题的研究中历尽艰辛,但正是由于上述写作方法和治学态度,使此书除了在城市历史地理研究方面的卓越成就以外,还大大提高了它在存史、教化、资治方面的实用价值。这是因为绍兴是一座渊源古老的历史文化名城,它在这些年代中的经历,对全国许多经历相似的城市都具有重要意义。

2005 年 11 月于浙江大学

注释:

① 我曾在《学术界》2004 年第 5 期发表过一篇《论学术腐败》的长文,阐述了这 50 多年来的种种学术腐败现象及其原因。绍兴学术界尚少见这类事例。但也有值得商榷的,例如,我读到若干绍兴学者的文章引用顾颉刚的《古史辩》,而且写明出版社和出版年代。但有人告诉我,这些学者其实都没有此书,整个绍兴也很难找到此书,则他们怎能这样引用此书呢?这属于一种做学问的不老实现象,值得引起注意。

② 中国青年出版社 1983 年版。

③ 中国青年出版社 1991 年版。

④ 中国青年出版社 1986 年版。

⑤ 江西教育出版社 1999 年版。

⑥ G. W. Skinner,美国斯坦福大学教授,著名汉学家。

⑦ The City in Late lmperial China,美国斯坦福大学出版社 1977 年版。中译本,叶光庭等译,陈桥驿校,中华书局 2000 年版,2002 年再版。

⑧ 原为《评中华帝国晚期的城市》,发表于《杭州大学学报》(哲学社会科学版) 1985 年第 1 期,《新华文摘》于此年第 8 期转载,此书中译本出版时,移作《后记》。

⑨ 山东教育出版社 1998 年版。

⑩⑪ 《历史地理》第 6 辑,上海人民出版社 1988 年版。

⑫ 指《宁波及其腹地》(Ningpo and Its Hinterland),收入于《中华帝国晚期的城市》,施坚雅在《导言》中称赞此文:"斯波关于宁波城市的经济描述,在现有叙述中国城市的英语著作中,很可能是最完备的一种了。"我在中译本《后记》中也指出:"在我所见到的有关宁波城市研究的中文著作中,像斯波这样的论文也是凤毛麟角的。"

⑬ Grosier,Description de la chine,Nagel's Encyclopedia Guide,Vol,Z,pp. 1090.

⑭ 《王文成公全书》卷二四。

⑮ 《忠雅堂文集》卷八。

⑯ 李永鑫、张伟波主编《越文化研究文集》,中华书局 2001 年版。

⑰ 《文化旅游》,浙江大学出版社 2005 年版。

⑱ 交通大学出版社 1997 年版。

原载《绍兴街巷》,西泠印社 2008 年版

《淳安建县立郡肇始地——威坪》序

中国在秦始皇时代建立郡县制的行政区划,这是公元前 3 世纪后期的事。当时的今苏南和浙江北、中部地区属于会稽郡。浙江南部包括今福建北部,是一个尚有争议的闽中郡。在朝廷之下,把地方分成几级区划进行管理,这当然是一种进步。秦会稽郡在今浙江境内建置的县,至今沿用的县(市)名尚有不少,如余杭、海盐、诸暨、上虞、余姚等均是其例。也有县名虽经后代更改,但县址基本仍在原来地域的,如乌程(今湖州)、由拳(今嘉兴)、山阴(今绍兴)、乌伤(今义乌)等,为数也有不少。秦代所置的郡县,除了《史记·秦始皇本纪》记及在其二十六年(前221)分天下为 36 郡外,没有一种其他的权威史书对当时的郡县名称作出详细的记录。所以后世对此存在不少争论。如王国维就写过《秦郡考》(载《观堂集林》第 12 卷)的文章。但无论如何,对全国进行的这种行政区域划分,与《禹贡》中的"九州"不同,秦的郡县建制,是中国区域概念正式确立的开始,也就是区域研究的开始。不论从史学或地学的角度看,无疑是一种重要的进步。西汉之初曾一度在这方面发生过一次倒退,我在拙撰《关于"沿革"和浙江省新修志书沿革卷篇的讨论》(载《浙江方志》1994 年第 6 期,收入《陈桥驿方志论集》,杭州大学出版社 1997 年版)一文中已经作了说明。但不久还是循秦旧制,在全国范围内恢复了郡县区划。而且班固在西汉之末编纂《汉书》。设置了《地理志》专卷。《汉书·地理志》把汉平帝元始元年(公元 1 年)全国的郡县建制作了明确的记载,成为我国沿革地理的开端。从此以后,虽然郡县的分析合并,地址播迁改易,地名的更迭变化等,常常随时代而发生,但行政区划概念,从此在社会上深入人心。每人、每个氏族、每一批人群,都有一个所在的郡县地域。在做学问的行业上,开始有了一种地方研究或区域研究的内容。

这种研究第一次开始流行的时期是六朝,当时的地方研究成果往往以《记》为名,在今浙江省境内的就有《会稽记》、《吴兴记》、《东阳记》、《钱唐记》以及介于今浙、皖两省的《新安记》等等,都是以一郡或一县为地域单位,记叙这个地域的人、地、事、物之类。而由于时至六朝,这些郡、县往往与始置时在地名和辖属关系上已经有过改变,所以在记叙中,还要述及其间的这些变迁,这一部分就称为沿革。其中有的郡县建制甚早,从秦代初设郡县时就已经存在,到了六朝,其间经过几度更改,所以沿革记叙常常在这类文献中占了不少的篇幅。此外还有一些郡县,这一部分曾存在疑问,历来有不同说法。仍以今浙江省境为例:钱唐县是秦建会稽郡时就存在的县,西汉时(据《汉书·地理志》)也有此县,而且作为“西部都尉治”,地位较一般县要高出一等。但《续汉书·郡国志》中却不见此县。是此县在后汉撤销了呢,还是《后汉书》的遗漏?因为《后汉书》是范晔所编,其书只有《纪》、《传》而并无《志》,此书诸《志》是从司马彪的《续汉书》(今已亡佚)中移来凑合的。所以后世学者对钱唐县在后汉是否存在,有不少互不相同的议论。

六朝时代的这种以《记》为名的地方研究文献,如上所述,在今浙江省境为数不少。有的郡县,并曾多次编撰,例如《会稽记》,从晋贺循到南朝宋孔灵符,有过几种。可惜的是,至今除了在其他古籍如唐《初学记》、宋《太平御览》等类书,和《太平寰宇记》等地理书上引及几句外,已经全部亡佚。因为古书依靠传抄而流传,这些称《记》的地方文献,一般篇幅不大,内容单薄,年代稍久,就亡佚不见了。

这些在六朝称《记》的地方文献,后来很受朝廷的重视,因为把这类文献汇集起来,可以获悉天下大势。所以到了北宋,朝廷就下诏让全国各地修撰《图经》。据《玉海》卷十四“开宝修图经”条所载:“四年正月戊午,命知制诰卢多逊、扈蒙等重修天下《图经》,其书迄不克成。六年四月辛丑,多逊使江西,求江表诸州《图经》,以备修书,于是十九州形势尽得之。”说明这次全国范围的《图经》编修准备工作由卢多逊、扈蒙等于开宝四年到六年(971—973)之间进行。而把全国各州的《图经》汇总以后,又有宋准另纂《开宝诸道图经》。据《宋史·宋准传》说:“开宝八年,受诏修定诸道《图经》。”所以《开宝诸道图经》是从开宝八年(975)创修的。但这部《图经》最后是否完成,卷帙规模如何,《宋史》均无记载。而《玉海》在“开宝修图经”条下有“其书迄不克成”的话,而以后又从未见于公私书目,所以估计由于涉及州县很多,此书实未完成。但《玉海》卷十四又有“祥符修图经”条:“庚午,真宗因览《西京图经》有所未备,诏诸路州府军监以《图经》校勘,编入古迹,选文学之官纂修校正,补其缺略来上。及诸路以《图经》献,诏知制诰孙仅、待制戚纶、直集贤院王随、评事宋绶、邵焕校定。仅等以其体制不一,遂加例重修,命翰学李宗谔、知制诰王曾领其事。又增张知白、晏殊,又择选人李垂、韩羲等六人参其事。祥符六年四月戊子,龙图待制戚纶,请令修《图经》官先修东封所过州县《图经》进内,仍赐中书密院、崇文院各一本,以备检阅,从之。三年十二月丁巳,书成。凡一千五百六十六卷,目录二卷。宗谔等上之,诏嘉奖,赐器币,命宗谔为《序》。”

这就是由李宗谔等主修的《祥符州县图经》,是确实修纂完成的大部头地方文献,《宋史·艺文志》曾有著录。从此以后,各州县修纂志书,也常见引用。今浙江省境的许多州县都曾修纂这种《图经》。但可惜的是,花了这许多人力物力修成的《图经》,至今幸存的不过几种,而所存的也是有《经》(文字)而无《图》。《图经》的亡佚原因和上面所说的《记》不尽相同。因为这是朝廷下诏修纂的,卷帙一般不小,价值当然较高。但在文献的地位上,它不是《四书五经》和《史记》、《汉书》等所谓“圣贤书”,尽管当时雕版印刷已经出现,但《图经》还够不上雕版印刷的身份,所以其流传主要仍靠传抄。而原本收藏于官府,虽有人有传抄的意愿,而获得原本却非易事。其中或有少数获得传抄的,由于《图经》是图文并茂的文献,文字抄录容易而图幅描绘困难,这是至今少数留存的有《经》无《图》的原因。浙江省的《严州图经》(南宋淳熙年间陈公亮修,刘文富纂)即是其例。

时至南宋,除了《图经》仍在各地修纂外,地方研究中的另一种文献“地方志”开始流行。地方志虽然也有图,但主要的是文字,由于各地在修纂中彼此仿效,所以卷篇子目,有大致相似的体例格局。由于这种文献在其开始流行时并非朝廷诏命,所以既有官府出面由州县官主修的,也有地方人士集体编撰的,甚至还有个人的著作。因而流行比较普遍,保存也不如《图经》困难。以今浙江省境内为例,至今尚存的南宋地方志尚有 28 种之多。其中除了《嘉泰吴兴志》是从《永乐大典》辑出的以外,其余都是从原本传抄或刊印而得以流传的本子。甚至还存在一部价值连城的原本《宝庆四明志》。此书原为全祖望旧藏,以后辗转流散,其沧桑经历甚为复杂,但最后幸得完璧,今存故宫博物院。

南宋的地方志修纂,到明代及其以后仍然赓续,而且遍及各府各县。我至今尚未查得当时朝廷如同北宋开宝、祥符两代的诏命,但事实上各府县都把修志作为一种不可或缺的例行公事。每位知府、知县上任伊始,“入境问俗”,首先就看前任志书,接着总得请府县内有功名的人士修纂他任上的志书。这种修志的约定俗成,其优点是全国各府县的地方志能够代代相传,积久而成为全国一宗数量浩瀚的地方文化资源。其弊端是地方官把修志作为一种在任时必须履行的任务。为了完成任务,不少地方官就不再重视地方志的质量。陈正祥先生在其《中国方志的地理学价值》(香港中文大学1965年版)一书中说及,中国方志"有点像欧美国家的区域研究(regional study)"。我于1980年以后曾多次应邀出国担任客座教授或讲学,曾经研究过若干国外区域研究的文献。与中国的几部修纂精湛的佳志相比,两者确实是类似文献。不过国外的这类文献,多是某个学者个人长期研究的成果,或是某个学术团体或学会组织相关学者从事研究的论文集,所以多是精雕细琢的作品。而明代以来的地方志,却由于某些地方官的任务观点,其中多有抄录前志,凑合成篇的低劣作品。所以谭其骧先生在其《地方志不可偏废,旧志资料不可轻信》(《长水集续集》,人民出版社1994年版)一文中指出:

> 地方志除了少数几部出于名家手笔外,多数是地方官限于朝廷功令,招集地方上的举人、贡生、秀才等一些乡曲陋儒修成的。这些人大多只会做代圣立言的八股文,根本不懂得著述的体例,不懂得前朝的典章制度,更不会做学问,因此在他们的作品里往往夹杂着许多错误的记载,甚至是错误百出。有些地方志是每修一次便增加若干错误,越修越差,越修越错。

谭先生文中所说的"每修一次",就说明了知府、知县上任后的任务观点。以绍兴一府为例,清康熙一朝长达61年,知府多次更迭。为此,康熙《绍兴府志》曾于康熙十二年(1673)、十四年(1675)、二十二年(1683)、三十年(1691)、五十八年(1719)各年,随着知府的更迭而先后修了5次。其实一府之志,从区域研究的角度说,完全不必在如此短时期内一再进行,修志者实在为了"朝廷功令"。所以这样的志书,即使不是"越修越差,越修越错",显然不可能是区域研究中的佳作。

在中国历史上的志书修纂中,或者说区域研究中,六朝的《记》因为亡佚殆尽而无法评价。南宋诸志中,佳作不少,其中也有个人研究的成果,在浙江境内,如高似孙的《剡录》,张淏的《宝庆会稽续志》,虽然不是没有缺点,但总的说来,都是值得称赞的佳作。因为这些都是个人做学问,也就是个人从事区域研究的成果,属于谭先生所说的"名家手笔"。在历代志书中,这样的例子不少,不再一一列举。

近代以来,区域研究在我国各地很有发展,除了综合性的如一市一县的全面研究外,也有区域中某一专题的研究。但我在此仍以议论区域的全面研究为主,特别是从上世纪80年代以来,中断多年的地方志修纂得到了恢复和发展。这是一次全国性的大规模修志。在北京,中国社会科学院为此建立了中国地方志指导小组,并出版了《中国地方志》月刊。各省(市、自治区)、市、县也都建立了地方编纂委员会,编印了各种通讯和刊物,其中如江苏、广西等省区,都出版了公开发行的期刊。在我国的地方志修纂史中,可谓盛况空前。我于1997年应邀到北京评选全国方志,确实看到了不少佳志。此外,我也曾接受中国地方志指导小组嘱托,利用到国外讲学的机会了解国外学者对中国这一轮修志的意见,曾发表过《北美汉学家论中国方志》(载《中国地方志》1996年第3、4期合刊,收入《陈桥驿方志论集》)的专文。当然,全国范围内如此大规模的修志,由于各地的文化基础存在差异,佳志以外,也难免出现一些质量次等的作品。《慈溪县志》主编周乃复先生在其《中国地方志比较研究的肇始之作》(载《中国地方志》1993年第4期)一文中曾经指出:"我国这一届修志队伍的结构是不够理想的。至少在县(市)一级,专家主持或参与编志的极少,连应邀参加评议也凤毛麟角。"周先生的议论是不错的,特别让我有感的是"专家"的问题。事实是,在志书修纂事业中断了很久以后,熟悉修志的"专家"确实很难觅致。

　　第一轮修志如上所述是全国性的,是由政府领导的文化事业,也是一种集众人之力进行的区域研究。但在这样一次群策群力的区域研究中,也并不排除有少数学者,在这种集体从事的区域研究的影响下,以其个人对所在区域的热爱和责任感,以其个人对所在区域的长期观察和资料积累,进行个人的区域研究。虽然条件比较困难,但最后也获得了可喜的研究成果。这种研究,虽然在规模和成果的卷帙方面不能与集体修纂的志书相比,但也在区域研究的某些领域作出了贡献。尽管在当前的第二轮修志中,组织形式和修纂方法与第一轮基本相同,但是对于以个人的资料积累和学术兴趣从事区域研究者,我们不仅应该鼓励奖掖,并且也需要扶植帮助。因为对于积累区域资料,发展区域文化,这方面的个人研究也是功在地方的。泰山不让土壤,故能成其高;河海不择细流,故能成其大。就是这种道理。

　　我由于教学和科研任务一直都比较繁忙,与从事区域研究的学者接触不多,但在第一轮修志的年代中,还是看到了两种由于个人研究而获得出色成绩的著作。第一种是陈炳荣先生编著的《枫桥史志》(方志出版社1998年版)。陈先生是枫桥人,熟悉这个名镇的地方掌故,曾经长期地积累资料。受第一轮修志的启发和鼓舞,潜心整理他历年搜集的资料,进行分析归纳,耕耘多年,终于修成40余万字的志书,公众评论甚佳,为枫桥镇作出了卓越贡献。另一种是朱睦卿先生主编的《严州古城——梅城》(中华书局2004年版)。梅城原是严州府城,是浙江省境内的历史名城之一。最近半个多世纪中,由于行政区划的变迁,原来的城市中心迁移到新安江镇(原白沙镇)。但梅城依然屹立原地。朱先生是当地人,熟悉这座城市的历史和地理概况,也积累了大量资料,经过多年努力,终于也写成了值得赞赏的著作。由于上述二书都由我作《序》,让我有缘反复阅读了他们的稿本,受到许多教益,所以在此不再赘述了。

　　现在,令人欣慰的是,我手头又有了一部很有价值的书稿,也是一部以个人功力撰写的区域研究成果,书名称为《淳安建县立郡肇始地——威坪》,是淳安徐树林先生的研究作品。本书与上述《枫桥史志》和《严州古城——梅城》不同,因为枫桥是个古来名镇,南宋时曾一度建县,至今仍然存在,而且获得发展;梅城虽然从一座府治而递变成为一个行政上的一般城镇,但它也至今存在,而且历史文化和古城风貌依然。而威坪却不是这样,记得我曾于上世纪 80 年代之末,主编《浙江古今地名词典》(浙江教育出版社 1991 年版),其中有"威平镇"一条:

> 古镇名,一作威坪镇,又名永平镇。旧址在淳安千岛湖西北水域,威坪岛附近,为浙皖间重镇。东汉建安十三年(208),孙权遣贺齐平山越,分歙县置始新县,分丹阳郡置新都郡于始新。《清一统志》卷三○三:"始新古城在(淳安)县西六十里威平镇,"即此。寻移治贺城。北宋宣和二年(1120),附近爆发了方腊起义,因置威平巡司,明初改永平巡司,清裁。1959 年新安江水库建成,沦为水域。1982 年改附近虹桥头为威坪镇,保存旧镇名。

对于这个已经"沦为水域"的历史古地,在我们的《词典》中,且不论考证是否正确,文字也不过寥寥 160 余言。而徐树林先生经他多年的悉心研究,引及了大量资料,撰写成这样一部 5 章 30 节的皇皇书稿,无疑是一项杰出的区域研究成果。把一个已经在水库兴建中消失的古城古镇,作出生动翔实的历史复原,并发掘了威坪地区大量的历史文化资源,生动地描述了淳西人文风情,他为此付出的巨量劳动,确实令人钦佩;而他在著作中所表达的对于家乡故土的热爱,也使人深为感动。《威坪》,这是几年来见到的第三种个人从事的区域研究专著。但它确与《枫桥史志》和《严州古城——梅城》不同,由于他所研究的实体已经并不存在,所以这种区域研究不仅具有更大的难度,而研究成果显然更为珍贵。祝贺徐先生的辛勤耕耘得到丰硕的收获,为弘扬新威坪作出了可喜的贡献;也祝贺淳安地方增加了这样一宗具有存史价值的文化财富。相信此书的出版,对地方经济、文化可持续发展会起到积极的促进作用。

2007 年 4 月于浙江大学
原载《淳安建县立郡肇始地——威坪》,浙江人民出版社 2008 年版

《杭州老字号系列丛书》序言

  杭州是国内外著名的大古都。上世纪80年代以后,由于不少在历史文化上获有声名的城市,都有争取成为"古都"甚至"大古都"的愿望,因此,我主编《中国都城词典》(江西教育出版社1999年版),词条中把"古都"和"大古都"做了明确的解释:所谓"古都",第一是历史上曾经成为一个独立政权的首都;第二是可以称为古都的现代城市,在地理位置上是与当年的古都重合,或部分重合。所谓"大古都",就是历史上公认的传统王朝的首都,上起夏、商、周、秦、汉、晋,下至隋、唐、宋、元、明、清,都是中国历史上公认的传统王朝。这中间,晋室曾经东渡,但西晋、东晋原是一晋;宋朝虽然南迁,但北宋、南宋都是一宋。杭州从吴越宝正元年(926)成为吴越国的首都,从此就进入"古都"之列。从绍兴八年(1138)成为南宋的"行在所",实际上的首都,从此就成为"大古都"。

  关于杭州这座城市被列为"大古都"的事,是我亲身所经历的。1980年春天,"文革"结束之后不久,我们见到由王恢编著、台北学生书局1976年版的《中国五大古都》(西安、北京、洛阳、开封、南京),大陆也拟编一本,有关方面嘱我主事。当时我想杭州毕竟是南宋的"行在所",虽然半壁江山,但还算作是一个正统王朝。现在由我主编而仍称"五都",这使我有愧于杭州。所以1983年4月由中国青年出版社出版的《中国六大古都》便有了杭州。当年我还带了这本书100册赴日本讲学分赠东瀛友好。后来流入台湾。台湾锦绣出版社骤见《六都》,如获至宝,便筹划出版《雄都耀光华:中国六大古都》,内容当然参照我们大陆的《六都》,但它是大 16 开本,由溥杰题字,卷首请我做序,且照片全为彩色,装帧极为精美,其中《杭州》开首的小标题"从海湾、泻湖到西湖"就是我的原话。此书于 1989 年出版(1989 年大陆又有《中国七大古都》电视片,向国庆四十周年献礼,增加了河南安阳),获得很好的反响,一再重版。

我的老家是绍兴,但在杭州工作了 50 多年,而且至今虽届耄耋之年,离期颐之年也已不远,但仍在职(应国务院之聘为终身教授),所以对这个城市的热爱当然是不言而喻的。在这些年里,是我第一次把杭州作为大古都落实于正式出版的书中。

南宋定都杭州以后,都城随即繁荣,而首先就是人口剧增。据美国著名汉学家施坚雅(G. W. Skinner)在其名著《中华帝国晚期的城市》(中译本,叶光庭等译,陈桥驿校,中华书局 2000 年版)书中对几个"大古都"的人口统计:8 世纪的长安(今西安)人口达 100 万;北宋的东京(今开封),在其最后年代,人口为 85 万;南宋的临安(今杭州),在其最后年代,人口为 120 万。杭州是人口最早攀登高峰的"大古都"。与人口增加同时出现的,当然就是商业繁荣。当时的杭州,商铺林立,生意兴隆。据南宋当代人吴自牧所撰的《梦粱录》卷十六中所记,杭州的商铺,主要可分"茶肆、酒肆、分茶酒店、面食店、荤素从食店、米铺、肉铺、鲞铺"8 大类。有的商铺规模很大,象"分茶酒店"(相当于今酒菜馆)中有各类菜肴 300 多种;"荤素从食店"(相当于今糖果店)中有各种点心 120 多种;"鲞铺"(相当于今海味店)有各种鱼鲞海味 68 种。随着商业繁荣,必然出现商业竞争。许多商铺之中,兴衰交替,自属常事。而其中管理有方、经营得法的,就能在同行中独占鳌头,并且长期兴隆,这样的商铺,就是当时的老字号。以"酒肆"为例,在《梦粱录》中,象中瓦子前的武林园,南瓦子的熙春楼,都是著名的老字号。

"老字号"是商业领域中的一种重要事物。在各行各业中,"老字号"的数量众多和持续长久,这不仅是商业兴隆的标志,在某种意义上,也是经济繁荣和生意发展的标志。从《梦粱录》时代到今天,为时已近千年,杭州仍然是一个商业繁荣、"老字号"林立的城市,这确实是值得令人高兴的,同时,也让我们意识到对"老字号"宣传和保护的重要。

作为一个在杭州居住了半个多世纪的人,引以为豪的是,在 2006 年商务部重新认定的第一批 420 家"中华老字号"中,杭州占了相当的比例。50 年前的世界 500 强,现在 70% 已经被淘汰出局,但是世界 500 强排名在前的百年历史的公司却一直表现很优秀。从英国《金融时报》和普华会计事务所联合进行的世界最受尊重的公司排行榜,可以看出这种趋势。它们的宝贵经验是把继承创新看作是基业长青的保证。这套《杭州老字号系列丛书》的编纂出版,便是老字号创新发展的一种精彩展示。内容详实、记叙简洁、图照精美、版式新颖是它的显著特点。尤其可贵的是它的创业理念与理则方略、经营招数,至今仍可借鉴和采用。这是一宗巨大的文化遗产与精神财富,不仅具有保护、弘扬的价值,而且还具振兴、利用和在此基础上创新、发展的意义。谨以此小序聊表贺忱。

2007 年 11 月 29 日于浙江大学

原载《杭州老字号系列丛书·茶业篇》,浙江大学出版社 2008 年版

回忆我在承天中学的读书生活

——《百年华诞》序

我是 1936 年秋季进入这所学校的。这年,我从全县最出名和设备最好的小学——省立绍兴中学附属小学毕业,以我的成绩,如我祖父的学生、附小主任孙礼成所说:笃定泰山地考入绍中,却因在考期前夕发了高烧(绍兴人叫"发痧",其实是中暑),一病四五天,耽误了考期,所以进不了省立中学。当时,我的学习是由我祖父独揽的,他立刻决定,到其他中学过渡一年,然后再插班绍中。孙礼成几次到我家看望,除了不胜惋惜外,也完全赞同他老师即我的祖父的打算。

当时绍兴的中学很少,除了承天以外,规模最大并唯一设有高中(其实是高商)的是私立稽山中学。其原名叫绍兴中学。上世纪 30 年代初,省教育厅调整所属省立中学改名为省立绍兴初级中学。原来的私立绍兴中学随即易名为稽山中学。另一所越光中学,其前身是绍兴最早的唯一旧制(4 年制)中学越材中学,停办后由教会资助改为越光初级中学。此外,在柔遁弄口的一座小洋楼中还有一所教会办的浚德女中,全校不过三十几个学生,后来并入越光。

我祖父要我在其他中学过渡一年,唯一条件是此校离我家最近,让我在校中吃中饭(当时称为"午膳生"),早出晚归,晚上仍然在他的书房中由他督促自修。我家世居车水坊(今人民路)状元台门的一座宽敞宅第中,这是明朝状元张元忭的府第,清朝中叶卖给我们。离我家最近的是承天。当时绍兴的其他中学,考期都有意地比省立中学要晚,而且考试都不止一次。我就顺利地通过这年承天的第一次考试进入这所学校。开始认为不进绍中而入承天,这是无可奈何,是一种不幸。后来才明白,我在承天得到了在绍中肯定得不到东西,是我毕生的大幸。

这确实是一所规模较小的"袖珍学校"。校舍原是传教士爱尔兰人贝道生夫妇的住宅,后来因他在莲荷桥另建新宅而赠给学校。包括一个草地网球场和一所后来称为"中洋房"的他们夫妇的二层楼住宅,即现在仍保留的附中办公楼。四周种植了不少花草树木,环境很幽雅。

我进入这所学校的这个学年,恰逢此校发展的新阶段。两项措施标志着这个新阶段的开始。第一是扩招新生。这个学期,通过几次招生,招收了初一新生达70人。当时,初二还不到20人,初三则只有10余人,可见在这以前的学校规模。从这个学期起,这所"袖珍学校"的学生骤然超过百人。第二是开始招收女生,招入了女生8人(初三1人,初一7人)。"中洋房"教务处后间,特辟作她们的自修室。

当时,学校的布局是,校址在和畅堂西端与水沟营交汇处,稍南有承天桥。校舍坐北朝南,进大门就是礼拜堂。礼拜堂左侧一个墙门,内有三开间平屋,是校长冯俊(文元)的住宅,右侧一间小屋是门房。由于学校规定出入挂名牌制度,所以到校就到门房内取名牌。门房中挂着一张玻璃镜框的教师名录,写着全校教师的姓名和职务:计有冯俊(校长)、倪向辰(教务主任)、贝道生(署会计职务)、丁兆恒、俞宝山。还有张季笑(署训育主任,此人是县党部的,在此校兼公民课,每周仅来半天)、李寄僧(稽中图画教师,在校兼图画课,每周来一个下午)。贝道生以下,原来还有一个姓张的国文教师,是中山大学毕业的,学问不错,但我只听了他约一个月课,他即去福建崇安当官了,课由蒋屏风接替。

学生(通过学生实际上不到全校的1/4)拿了名牌,走进教堂东侧的一个圆洞门,就是草地网球场,进中洋房东间教务处挂名牌。教务主任倪向辰先生往往已经坐在那里,总是他开口说 Good moring,我们立刻恭敬地回答 Good moring sir。中洋房正中有一条小门通教学楼前的篮球场,但我们总是出中洋房从东侧石路进一道墙门走。先是一个篮球场,场北是后来建造的二层楼,比篮球场高四五个石阶。底楼的东侧两间是初二教室和理化仪器室,两侧两间是初三和初一教室,中间是没有间隔的大教室兼礼堂,上书"中山堂"3字。所以一般称这座全校最重要的建筑为"中山堂"。中山堂的楼上,有占4间教室的男学生宿舍,两边各有一条狭廊,是4间教师宿舍。此外,沿水沟营和能仁寺之间有一个大操场,并兼足球场之用。

前期的承天,也就是贝道生尚未赠与中洋房和中山堂未建之前。校舍仅仅是门房东侧的一座三开间两层楼木结构房子,教学和办公都在这里。在我们的时期,这座房子的底层成为一个统间,作膳厅之用。楼上则用作女生宿舍。这座房子以南是不大的厨房,伙食是由几个诸暨人承包的。在中山堂造成之后,估计贝氏尚未迁去莲荷桥,所以从中山堂到这幢老教学楼之间有一条长而曲折的泥地走廊。

一百零几个学生,教师实际上只有 5 人:冯、倪、蒋、丁、俞。冯和倪毕业于之江大学理学院和文学院。蒋是复旦大学肄业,丁是之江大学肄业,俞毕业于嘉兴秀州中学。此外是香根和土清两位工友,前者管门房和上下课打钟,后者管其他一切杂务。每位教师的工作量都称得上是"过饱和"的,以校长冯俊为例,他教初二、初三的数学、物理、化学,还教一年级的植物。因为学校小,全校师生之间都相互认识,叫得出名字。亲切感是这个学校的特色,至今我仍叫得出至少一半以上同学(包括二三年级和 8 位女同学)的名字。一个学校,好像一个大家庭。

前面提及由于生病耽误了省立中学的考期而入承天,开始以为是一种不幸,后来才知道是一种大幸。这种大幸包括 3 个方面:

第一,我从小是从线装书环境中长大的,祖父用唐诗为我启蒙,虚岁 6 岁就背熟了《唐诗三百首》。关于这方面,这 20 多年中已有不少报刊作过报道。去年岁尾的《光明日报》与《史学史研究》所作的长篇报道,也都提及了这类琐事。在高小毕业之前,从县立图书馆(古越藏书楼)借到的 4 册《胡适文存》和日本盐谷温的《中国文学史讲话》(孙朗工译)或许是当年对我最受益的新书。此外只看过《三国演义》、《红楼梦》、《水浒》等章回小说。绍中附小的藏书很多,但是除了《苦儿努力记》、《木偶奇遇记》和《鲁滨逊漂流记》3 部以外,其他都是我不屑一顾的。在新学方面,祖父只主张要我学英语。由我父亲请了一位在杭州青年会学过几年英语的人,从高小五年级开始,讲完林语堂的《开明英语》第一册和第二册的一部分。《开明英语读本》共 3 册,供初中 3 年之用,所以当我高小毕业时,我的英语已到了初中二年级的程度。我祖父教导的读书方法是背诵。所以英语课本也是背得滚瓜烂熟的。此外,高小毕业以前,一切时间都花在"子曰诗云"上面。进了承天以后,开始有一种进中学的新鲜感。国文(小学里叫国语)、英语、数学、动物、植物,都是新名称。但一个礼拜下来就厌烦了。感到都是些初浅的东西没有一门课值得听的,还不如家里的"子曰诗云"有意思,当时祖父正要我逐篇读《史记》并通读《资治通鉴》。但幸运的事随即到来,这是由我不能忘怀的初一级主任导师俞宝山先生赐给的。他担任的课已经够多了,每天 70 本用毛笔写的日记,就够他批一个下午。但却还担任了图书馆管理员,每天下午 4 时起就在馆内一个小窗口出纳图书。开学后不过两个多礼拜,这个下午我到中洋房的这个图书馆小窗口看看,当时没旁人。他忽然打开门把我拉进馆内,开口就说:你是一块读书的好料子,就让你在书库里看书吧。原来他是从每天批阅日记中批出这块他所谓的"好料子"

的。他这一拉，就把我从一个线装书的世界拉到平装书和精装书的世界。这是我一生中的一次重要幸遇。其实，和后来的省立绍中图书馆相比，承天的藏书实在太少，但是对我来说，每个下午有了溜进书库的特权，一个人静坐着尽性选读。俞先生也为我滞留在馆，每天都要听到同学们敲碗盏进饭厅时，他才悄悄地开门让我走，而且还可以顺手借两册晚上在家里读。当年我虚龄14，总算读到了茅盾、巴金、冰心、鲁迅等不少作家的作品，还有如《茶花女》、《出了象牙之塔》等翻译作品。梁启超的《饮冰室文集》也是我很感兴趣和大有收益的读物。感谢俞宝山先生的栽培成全，在承天1年多，我实在无心于课堂，每天都盼望着下午赶快到来。我每天在书库读书的秘密，除了他和我两人以外，全校师生都不知道。承天的藏书不多，但凡是我想读的，在这1年多时间里都读遍了。

第二是让我在道德领域上初入门径，建立了我毕生行事为人的准则。承天是教会学校，每周有一节称为"选课"的课程，是讲《圣经》的，由俞宝山先生担任，但不记分，可听可不听。一年级有70人，除英语和数学分两班上课外，其余都是在中山堂集中上课的。中山堂又兼男学生自修室，座位和抽斗都很宽大。我反正在大小课堂都不曾专心听课，因而常在中山堂看我从家里带去的如《资治通鉴》之类。所以俞先生第一次讲选修课，我也坐在中山堂。他讲《旧约·创世纪》："起初上帝创造天地，地是空虚混沌，渊而黑暗，上帝的灵运行在水面上，上帝说要光，就有了光。"他的这几句话我听到了。心血来潮，突然举手发言，用康德的"星云说"反驳他的《创世纪》。全班同学当然没有谁听到过康德其人，也没人知道什么"星云说"。而我自己其实也只懂得一点皮毛，都是小学五年级时的一次"远足"（附小每学期有一次以班级为单位的用乌篷船的野外名胜旅游，称为"远足"），自然教师王汤诰坐在我们船上与我们讲的。听了我的发言，全班同学愕然，俞先生却只是笑笑。他说：关于天地生成的事，有许多说法，他讲的只是《圣经》上的一家之言而已。至于他自己，他是虔诚的基督徒，当然相信《圣经》。此事以后个把礼拜，他就将我拉进书库。他心目中的这块"好料子"，除了批阅我的日记以外，康德的星云说恐怕也是一个原因。因为他曾在书库里和我说过一句话：你小小年纪，但知识实在多得超过成人。

他当然继续说"选课"。我虽然已经得到了他给我的在书库读书的特权，但是对他的"选课"却毫无兴趣，只是坐在中山堂看自己要看的书。这一节课他讲《旧约·出埃及记》，讲到了"摩西十诫"。其中之一是"不可作假见证"。俞先生对此作了一点解说。他说：对于你们学生来说，"不可作假见证"也就是"不可说谎"。他的这句话让我骤然吃惊。事隔二三天，这天朝会（每日课前都有半小时全校学生在中山堂的朝会，其实是一种道德教育），由教务主任倪向辰先生主持，他的讲题是"诚实"。他也联系到"摩西十诫"中"不可作假见证"的话,并且叮嘱学生"不可说谎"。俞、倪两先生"不可说谎"的话,让我受到很大震动。我在初小课本就读到过关于华盛顿幼年砍樱桃树和司马光幼年剥胡桃的故事,但我并不受到教育,从小常常说谎,虽然多数谎话都是在家中与堂兄弟姐妹和在学校和同学开玩笑时说的,但当时就记起,属于倪、俞两位叮嘱的"不可说谎"的谎话,在学校里和家里都有例子。事情都是在小学四五年级之时。一天中午上学,附小主任孙礼成在走廊上见面,他和我说:放晚学时一起到我家去看看你祖父(他的老师),好久没有去看他老人家了。我不假思索地随口撒谎:他到乡下"题主"(为死人写神主,当时是大户人家的重要仪式,必须请有功名的人担任)去了,要几天后才回家呢。其实是因为二三天前我在音乐课(附小有专用的音乐教室)与音乐教师邢爱鹤闹了一场,我自认"理由"充足,弄得未下课就不欢而散。事后级任教师杨芝轩还找我谈了话,但我绝不认错。我生怕孙礼成把此事告诉我祖父,好在谎话不必用钱买,就随口说了谎。另一件是在家里,由于我小学四五年级就有到大街(今解放路)大善寺内锦文堂书店买一折七扣书和到鹅行街(今解放路清道桥以南一段)旧书摊淘旧书的嗜好,祖父常常给我一些零用钱,其实是为了满足我的这种嗜好。但在一个大家庭里,这也是一种敏感问题,我的有些叔父和叔母,间或要向我问起:爷爷给了你零用钱没有?对此,我每次都撒谎:没有!这类例子或许还可以举出一些。是承天的这两位教师给了我忠告:"不可说谎"。从此我下定决心不说谎。开始,我经常反省:有没有撒谎?后来就养成了不说谎的习惯,确实能做到自觉地不说谎。假使这是一种行事为人的素养,我的这种素养一直保持到1957年。因为从那时起,我丧失了在公众场合保持缄默不说话的自由。被迫说话,也就是被迫说谎。到了1966年,聂元梓的大字报贴出之时,我就被戴上"反动学术权威"的帽子关进"牛棚",每天起码得说三次弥天大谎。我实在感到在光天化日之下的这种说谎,比在牛棚里的其他各种凌辱和折磨更为痛苦。另一方面也自我安慰:上帝一定要惩罚逼人说谎的元凶大恶的,也一定会原谅我们这些被迫说谎的芸芸众生的。从上世纪70年代末期起,由于我又获得了在公众场合保持缄默不说话的自由,从此,我在承天所受"不可说谎"的教育又得到恢复,并且决心坚持到底。

　　上世纪90年代后期,上海书店出版社在全国范围内组织一套《当代学人笔记丛书》,几次派专人到杭州向我约稿。最后我同意写了一本《郦学札记》(上海书店出版社2000年版),为了对我自己在那个必须说谎的年代中说了许多谎话作点交代,我在此书上写了如下一段:"那真是一个'假话世纪'!而且是由领导规划设计好这场假话的格局和规模的,事前而且公开宣布了'阳谋',即不说假话的结局——'算账派'、'观潮派'。在这样的情况下,普天之下,还有谁敢不说假话呢?"

　　上世纪 90 年代之初，上海和香港的出版社都约我写《自传》。我确实抽空写了《生长年代》和《流浪年代》两部分，约 30 万字，由香港给我打印了出来，但不准备出版。在《生长年代》中，就写了在承天所受的"不可说谎"的教育。忏悔了少年时代的说谎，记叙了在承天受教育以后坚持不说谎和后又被迫说谎的经过。我在《自传》中写到：毕生有 90% 以上的谎话，都是在那个荒唐透顶并且史无前例的"假话世纪"中说的。对"不可说谎"这个问题。我能够在母校百年校史中写下这点回忆和反省，应该深深地对当年给我以这种教育的老师致谢。

　　第三，前面谈到的"不可说谎"的教育，当然涉及道德领域。我在承天的又一项重要收获，是我读到开始毫不经意、后来才领悟这是毕生所读的一本最有价值的好书，这就是《圣经》，《新旧约全书》。这项收获，在知识领域和道德领域两方面，都是母校给我的永志不忘的恩赐。

　　我开始读书比一般儿童早，而且读的书不少。前面提及，虚龄 6 岁就背熟了《唐诗三百首》。记得 7 岁那年全家吃年夜饭时（从公历说，已是 1930 年年初，虚龄进入 8 岁了），祖父向全家宣布，说我已经读背了《四书》（《大学》、《中庸》、《论语》、《孟子》）。其实，这一年中除了《四书》以外，我还背熟了《幼学琼林》（是蔡元培增补的本子）、《神童诗》和《诗经》中的全部《国风》。因为祖父特别重视《四书》，所以年夜饭上只说了《四书》。我背诵这类线装书，从文字上说一字不讹，但从内容上说却只是生吞活剥，不解其意，即绍兴人所说的"小和尚念经"。年龄渐长，才逐渐领会。前面也已提及，进了小学以后，直到五年级开始到县立图书馆借书，这段时期中，我读的新书仍然是不多的。由于俞宝山先生的提携，我才从旧书世界跨入新书世界。在承天书库里，当然少不了《圣经》，但开始我并不注意。不过这个学校每天有半小时的朝会，由冯、倪、贝、蒋、丁、俞 6 位教师轮流主持。其中冯、倪、贝、蒋、俞 5 位是基督徒，他们在演讲中常常会涉及一段《圣经》，在校一个多月以后，我体会到经过他们选择引用的《圣经》，确实是一种很有意义的道德教育。书库藏有《圣经》多部，有《旧约》、《新约》各自分装的，有合二为一的，有大本的，也有袖珍本的。由于朝会的启发，我萌动了不妨读读的思想。在进入书库读书近两个月的一个傍晚，离开书库前，我向俞先生借《圣经》，拿了一本新旧约合订的袖珍本回家。决定晚上在床上读。因为从小就在祖父的书房，对面共用一张写字台。先作日记，再读他规定的"子曰诗云"。每天 9 点半父亲叫我上楼上床。但自从五年级在县立图书馆借到《胡适文存》以后，因为平装书和线装书不同，坐在被窝里读不会弄破，从此就养成了晚睡的习惯。尽管是一盏煤油灯，但对我的眼力毫无影响。袖珍本《圣经》字很小，同样可以仔细畅读。从此上床后就专读此书，我读书的速度原来较快，但《圣经》却不同他书，因为一面读，一面要思考。直到次年 4 月底,花了整整半年时间,才把全书读完。我不知道是灵感,还是我长期大量读书积累的经验,我深深领悟到,这是我生平背诵过的和阅读过的一切书卷之中最有价值的好书。在以后的日子里,哪怕是枪声惊耳、炸弹临头的抗战年代,我一直手不释卷地读书。但从来就没有再读到这样一本在知识领域和道德素养上都如此扣人心弦的书,就是这本宝书,它引导我毕生崇奉基督。

原来以为因生病耽误了省立中学考期是一种不幸。但事实上能进入承天也是一种大幸。第二个学期结束以前,绍中附小主任孙礼成来我家向祖父报告一个省立绍中不招插班生的不愉快消息。全家都很失望,我却毫不在意,能在这个学校里读到毕业,我也是心甘情愿的。

这年暑假刚开始,就传来了卢沟桥"七七"事变的消息。接着"八一三",敌人在上海也发动侵略战争了。不过全民抗战的开始,并不影响绍兴各学校的新学年开始。我又回到母校念初二,令人遗憾的是,原来占班上很大比例的诸暨同学,因为战争而不再到绍兴来了。70 个学生的大班级,现在可以绰绰有余地在初二小教室上课。新学年当然也招了一班初一新生,但主要都是绍兴本地人,不过三四十人,全校学生又缩减到百人以内。我还是按老例,每天下午悄悄地溜入书库读书。

学校似乎是安静的,但社会上的"应变"开始了。从民国二十六年(1937)9 月中开始,城里人一船一船地往乡下"逃难",城内的大小河港里,"逃难船"比清明节前后的"上坟船"更热闹。因为害怕空袭,有些人家把家里的家具(绍兴人叫"硬头木器")也由乡下亲戚用田庄船装出去,气氛顿时紧张起来。在校学生随家下乡的也多起来,九底十初,全校学生减少到只有三四十人。我家算是"落后"的,但祖父在 10 月初还是宣布了各房分散的"逃难"方案。我记得很清楚,因当时的国庆节是 10 月 10 日,那天适逢礼拜。次日(10 月 11 日)我照常上学,但自己心里有数,这是我最后一天在承天了。这天下午,实在是为了向俞先生告别,只是为了一进书库就告别不好,我想留下一点纪念,坐下来就取下(胡适文存)第一册,从容地读《吾我篇》。因为小学五年级第一次从县立图书馆借到此书,开首的《吾我篇》、《尔汝篇》两篇,我十分钦佩,拿去问祖父,他看了以后给我一句毕生铭记的话:这就是做学问。对于"做学问"这个词汇和我向往长大了要"做学问",都是从此开始的。所以这天下午,我又把《吾我篇》细读一遍,算作我向俞先生告别、向承天告别的纪念。

把《胡适文存》放回书橱以后,我随即告诉俞先生:我家几房都走了,我们是最后一房,两三天后也决定下乡"逃难",明天起我就不上学了。当时,俞先生的表现很安静。我还记得他的几句话:下乡"逃难"是不得已的,你们大家庭人口多,安排不易,已经算迟了。日本帝国主义是不会有好下场的,不久我们还可以见面。可惜我从此就不再回到承天,也不再和他们见面了。

　　我在承天时的这一代教师,大概都已不在人间,但当年他们勤勤恳恳办公的中洋房,至今仍然存在,而学校更获得了很大的发展。所有这些,他们一定会感到慰藉和高兴的。

　　　　　　　原载《承天中学百年华诞》,《绍兴文史资料》2008 年第 22 辑

《远去归来的昨天》序

一别 10 余载，侃章学棣又来到舍下，他是我常常怀念的人，所以其来也，让我不胜欣喜。大概 10 年以前，也正是这个季节，龙井新茶刚刚上市，他专程送茶给我品尝。我知道他从高校出去以后一直从事文化工作。不过当时正值"学而优则仕"，即所谓"干部知识化"的时期，领导赏识他这个人才，要他弃学入仕。但侃章按其志趣和性格，进入官场不太适宜。其后他毅然决定走一条入贾兼学的道路。现在证明，他的选择是不错的。他是一个胸怀坦荡、为人正直的读书人，专事蹲办公室的工作并不合适。我当然绝不是说当年入仕的知识分子走错了路，他们之中确实也有不少人在官场为社会作出贡献的。但侃章的选择有他自己的道理，现在看来，他走的路子不错，事业是成功的。

我们之所以一时失去联系，首先要怪我自己，因为那段时间我频频出国担任客座教授和讲学，而且每次都偕夫人同行，家里没人。[①]此外，美其名曰"著书立说"，其实是"爬格子"，其任务也十分繁重，所以虽然常常想起包括侃章在内的几位好学生，却没有主动找他们。对侃章来说，由于刚刚从事企业工作，对这个新行业还相当生疏，需要研究的事务很多，何况即使他来到舍下，也经常是"门虽设而常关"。其实当时他的基地在黄龙洞附近，离我家不远，但大家都忙忙碌碌，缺少聚首的机会。在此番的久别重逢中，彼此都感到欣慰的是，师生两人在这 10 多年中都做出了一点成绩。对我来说，除了国家文件规定不退休，耄耋而尚在职带研究生外，在"爬格子"方面，《光明日报》

曾为我作过统计，也小有收获。②侃章年富力强，当然大有建树。他辛勤策划，在黄龙洞地区建成了黄龙广场，发端了一个"黄龙商圈"，让上千人获得了就业的机会，而且他又苦心斡旋，从境外引进了"好又多"和"沃尔玛"这样规模大和分支多的超市，解决了不少人的就业问题。这个地方很快发展成为了一个高端的商业中心。我们两人多年各自忙碌，所以缺乏联系的机会。

想不到今年龙井茶开摘之时，忽然接到他的电话，简单地诉说了阔别怀念之情，随后他又带龙井新茶前来叙旧。他也完全记得，自从多年前他专程送龙井新茶到我家以后，我们就少有联系。而今春的一场大雪，龙井茶开摘推迟，倒是又让我们在这个茶节中久别重聚。我们沏上龙井新茶，半天的叙旧实在嫌短，而旧事如在眼前，件件都值得回忆。只是他还是一位刚刚年过50而神采焕发之人，而我虽仍然在职，却已是一个逾八近九的老朽了。

事情得从1977年岁杪说起。那年，我们结束了在世界教育史上可以永作笑柄的"工农兵学员"制度，宣布了大学招生要按世界常规："择优录取。"我在拙著《水经注校证》③一书卷首的序中曾经沉痛地指出："从上世纪50年代以来，我们曾经经历过一个'读书有罪'、'读书人有罪'的时代。"我在大学执教已经50多年，一切都是亲身经历。我们的大学，由于经过开始时的学习苏联、院系调整、历次运动等波折，直到1966年全部停课。这期间，从招生到教学，其实都经常不符合大学规格的。所以"择优录取"的变革，在我国这半个多世纪的高等教育史上，确是一件令人振奋的头等大事。而且这一年的招生，在时间上也破例地于并非学年开始的春季举行。说明对于我们的高等教育，当时的领导层不仅洞察其弊，而且忧心忡忡，焦急万状。

对于侃章，我不知道他此前的经历如何，如上山、下乡、支边、下放还是本就在农村，等等。反正这一代的年轻人，除了当时称为"红五类"的这个特殊阶层以外，其余的也就是统称为"老三届"的从初一至高三的千千万万学生，都是有过各种磨难的。杭州附近的乔司（今属余杭），也有这样一个"老三届劳动营"，由于有一家外地亲戚的子女在此，托我夫人前去探望并向领导说项，其实让我们去求情实在是"白搭"。去乔司之路颇难走，我陪夫人去过一次，别人早已告诉我"劳动营"外的一个大竹园中有可看的东西，我们于是来到竹园看看，竹上确实刻了许多字，大部分都是无聊的。但看来看去，毕竟看到了"生不逢辰"、"命中注定"两条，属于这些苦难人的自卑自叹。其实，当时能在乔司"劳动营"算是幸运的，因为它接近杭州，长三角地区的学生能分配到这里，有不少还是通过"走后门"的。被下放到远地、山区和边疆的，显然更是一种可怕的"悲惨世界"。不过，我在乔司这个大竹园里毕竟也看到了希望，竹竿上的大量无聊字句和极少数自悲泄愤的刻写，当然是为政者逼出来的，可置之不论。我所看到的希望是在竹园边上还有少数坐在地上执卷苦读的,他们当然是通过请病假或其他理由溜出来的。"哀莫大于心死",说明这批苦难人,其中还有不少人信心坚强!焚书坑儒之残暴而存伏胜,箪饭瓢饮之贫困而出颜回。上苍总是为众生施舍生机,我作为一个崇奉基督的凡人,当然是念念不忘天地之恩的。

在当时的大环境下这批年轻人当然也有不少结局悲惨的,其中有被捕杀、自杀、逮捕判刑的,有自感前途渺茫而堕落、潦倒、腐化的。也有许多在 1976 年年末以后获释放或还乡的,其中不少人因为在"劳动营"中虚度年华,不学无术,勉强找到一份工作,到最后又成为下岗的主要对象。此外,还有许多幼稚无知,因而迷信"神话"、崇拜"偶像"的所谓"造反派"、"红卫兵",这些人其实也是无辜的,但到了此时,他们的罪名却被挂在"四人帮"之下,同样得到悲惨的下场。

当年,我是以"反动学术权威"的罪名被关入一种称为"牛棚"的特殊监狱的,但我也是"老三届"的父辈,所以这批年轻人的深重灾难我都亲眼目睹。正是这一大群青年学生走投无路的时候,"择优录取"不啻是一声震动千万人的春雷。而且对于这件大事,领导层的行动和号召同样迅速,前面已经提及,号召发出以后,"择优录取"的第一届考试,其初试、复试时间是在 1977 年年底举行,其入学时间是在 1978 年春季。而且这一届入学考试确实是公正和公平的。参考的学生,多半是在一段颇长的时期受过精神上和肉体上的磨难。如同我在乔司竹园边看到的在劳作间隙倾心执卷,咬紧牙关挺过来的。所以这一届考生中被"择优录取"的,实在是优中之优。侃章就是其中之一。

我与侃章的结识,属于一种偶然的缘分。我是一个十分平凡的人。论学历,不过在抗日战争期间的一所国立大学念过三个月;[④]论经历,由于眼看日寇打通湘桂线,占领了贵州独山,国势垂危,才下定牺牲决心,报名加入了"青年远征军"。1948 年又谢绝了香港一所学院"史地教席"的"敦聘"而等待即将到来的光明。上世纪 50 年代初,省文教厅(后改称教育厅)为了抑制浙江人才的外流,出面阻止了原来已经约定的上海地图出版社的邀请,要浙江师范学院派专人携聘书到我的绍兴寓所。所以,我实在是身不由己地进入高校的。但执教伊始,各种运动就接踵而来,1955 年进入"肃反",我竟因参加远征军(抗日)的罪名而被隔离审查半年。从此运动不断,折磨连绵。学校能进行正规课堂教学的时间,实在非常有限。而最后发动了给中国文化带来深重灾难的"文化大革命",全国高校,从此名存实亡。身为高校教师,却长期处于"读书有罪","读书人有罪"的惴惴之中。"择优录取"的声音,在高校的领导和教师之间,同样是一种巨大的震动,因为这是我们大家长期渴求的希望,我们从此有了正规的高等教育了。

于是,领导和教职员们的办学积极性顿时迸发出来。一方面倾全力为即将入学的第一届"择优录取"的学生作好准备;另一方面又养精蓄锐,准备条件,争取招收研究生。地理系是个大系，教师很多，但从专业和学术考虑，当时就可以设置研究生点的仅我一人。所以除了偶尔的学术讲座外，系领导并不让我过多地参与这些"择优录取"而来的教学工作。而我的研究生随即应试入学，加上外国学生的文化班和外国教师的访问，学校为我设置了单独的办公室，配备了两位助手。我与本科生的教学事实上已经无关了。

但节外生枝的事还是发生了。与地理系相邻的历史系，规模不大，而系领导和若干教师与我的关系一直很好，经常过从。几位领导有一次来到舍下，求我为他们认为确实优秀的第一届"择优录取"生（当时已届高年级）开设一门"历史地理学"课程，并说明这是他们师生一致的殷切要求。对此，我不仅情面难却，也因为在高校几十年，其实不曾有过对本科生"畅所欲教"的年代，所以没有向系里汇报，就自作主张同意了他们的要求。当1980年新学年开始为他们开课时，我的研究生也随班听课，所以地理系虽然终于知道，也只好认可。而历史系领导和师生非常重视这门课程，第一次开讲，全系领导都在课堂就座。其中特别是系副主任杨福茂先生（后调任浙江省党史征集委员会副主任）整整一个学期，从未缺席一次。系里还为此课举行了一次全校性的观摩教学，我实在有些受宠若惊。但也因此而结识了侃章这位优秀学生。

由于我已经有了自己单独的办公室（至今仍然存在），侃章常常随着我的几位研究生到我处谈些课程上和其他学问上的事。从提问和谈话之间，我发现他是一位学术思想活跃、知识功底深厚、事业抱负很高的学生。对他的赏识，实在超过自己的研究生，这就是前面提及的"缘分"。

他毕业后返回家乡诸暨，我则因随即被日本聘为客座教授，并且经常到其他国家讲学，足迹远达南美巴西，所以有段时间联系不多。但不久就知道，由于全国恢复了中断已久的编修地方志的传统，以他的才华，诸暨请他主持承担《诸暨县志》的修纂工作。他立刻请我担任志书顾问。诸暨是我抗战时期求学之地，我的一点浅薄学问，得自此邑者甚多，⑤所以也就欣然地接受了他的聘请，在出国讲学的间隙顾问他的修志事务。当时，由于所谓"名人效应"的争论之风已经发生，对于传说中出生于苎萝村的美女西施，竟也有旁邑提出异议，诸暨人一时哗然。为了对这种异说表态，实际上也是为了志书中更为重要的问题，侃章邀我去诸暨作修志报告，游览五泄名胜，特别是陪我们夫妇访问了我们在战时求学的省立绍兴中学旧址（我们夫妇是校友）。其间，当然也受该邑人士之嘱，要我在西施的问题上发表一点意见。我最后为他们作了一首以《暨阳吟》为题的五绝："于越流风远，埤中在暨阳。西子音容邈，典范照故乡。"

此诗中，春秋时期于越建都于诸暨埤中，见于《水经注·浙江水》，可以认为是信史，所以特加强调。至于西施的"典范照故乡"，此"故乡"一词，我实在是一种泛指。

因为西施是否确有其人,史家尚有不同意见。但无论如何,她总是越人。所以"故乡"的含义是一个较大的地域。正如我后来为侃章主编的《苎萝西施志》⑥一书所写的序中所提出的:

> 西施故乡为西施修志,是弘扬古越文化的一种实际举动,对整个绍兴市的精神文明建设也是有力的推动。因为会稽八邑,在古代是于越中心,句践北迁以前,于越首都,由埠中而嶕岘大城,由嶕岘大城而平阳,由平阳而大越城(今绍兴城)。这些都城,则为八邑的中心。卧薪尝胆之志,生聚教训之义,是于越从小到大、由弱转强的关键。而这种训练教育,首先亦以八邑之地为基础,然后广施于越全境。海瑞说:"西子固不朽,暨与有荣焉。"诸暨是八邑之一,一邑有荣,八邑与共。今日为西施修志,推崇其高尚人格与无私精神,于是为大;而议论其故里山川与容貌姿色,于是为小。谨在序末略表愚见,以供争鸣各方的参考。⑦

我和侃章此后除了师生关系以外,也算成了莫逆之交。为了我的《暨阳吟》,他专门撰文解释表彰,因为他知道我从事《水经注》研究,又对此写了几篇文章,其中有的登在重要报刊上,产生了较大影响。当时我正忙于在海外讲学,都是事后才读到的。我当然赞赏他的文章,但是他自己并不研究《水经注》,为我而花费时间精力,实在让我过意不去。他的本职工作是修志,正是这件工作,给予他经常接触地方文献、研究地方人物的机会。而像他这样一位既有天赋又珍惜时间的人,就常常利用修志所得,在媒体或其他期刊上发表一些有关诸暨史事的文章。我因为对其人其地都有特殊感情,所以凡经寓目,都要品评一番。只是由于自己当时行踪飘忽,个人的教学和写作任务又重,所以他的作品,不能尽所罗致,引为遗憾。

想不到事隔10多年,在今年的龙井新茶上市时节,这位贾而兼学的故人又惠然而至。不仅带来了新茶,而且还带来其早年所写的一大包文稿,准备整理出版。在舟车觚筹的贾人行中,他仍然未脱书生本色,实在令人欣慰。这一大包文稿中,有些是我当年读过的,有些似乎经过我手,但由于出国或其他原因而只是稍作浏览的,也有一些是我完全陌生的。现在虽然老而又忙,但对侃章的文章,说实话,从他议论我随意涂成的《暨阳吟》一文开始,我就感到他思路敏捷,文风笃实,句读劲健,叙述流畅,是一位难得的文坛好手。在这些文章中,对于如《数江山经纬》一章中的《王冕隐居地九里山析》、《杨维桢辨析二题》等篇,过去我曾见而赞赏,如今又得再读。特别是《雍正、乾隆朝人口"突增"原因刍议》一文,由于我往年曾撰过《历史上浙江省的山地垦殖与山林破坏》⑧一文,虽然我是以明代高产粮食作物引入为主题而撰写的,日本汉学家读到此文后也表示同感,因为日本在这些作物从美洲引入后(较中国要早),也发生人口突增的现象,侃章是以其主修志书而引发这个问题的,对拙文实有补充意义,特别是对于

"旧志资料甄别"的论述,确实是个当今修志中的重要问题。谭其骧先生在其《地方史志不可偏废,旧志资料不可轻信》⑨一文中曾经指出:有些旧志的修纂者,"根本不懂得著述的体例,不懂得前朝的典章制度,更不会做学问。因此在他们的作品里,往往夹杂着许多错误的记载,甚至是错误百出。有些地方志是每修一次便增加若干错误,越修越差,越修越错"。侃章在这方面的议论中肯得体,说明在他主持修志的这段时期,是既有心得,又有成就的。

诸暨的几种旧志,我也稍有过目,总的来说,与他邑相比,还算差强人意,但也有不学无术、张冠李戴、信口开河的。我在拙作《吉贝与吉祥草》⑩一文中,即以日本学者森鹿三的《水经注(抄)》⑪与此邑旧志作了对比,指出旧志之误。森鹿三在《水经注》卷一《河水》中曾引《法显传》"吉祥草"。森氏在此作了一条简短的注释:"吉祥草,Ku'sa,按读音写作姑尸、短尸,译为上茅,茆草,是生长在湿地上的一种芳草,用作坐禅的敷物。"

拙作说:"日译本的这条注释,写出了吉祥草的梵语 Ku'sa,除了缺乏学名和其他植物学方面的说明外,总的说来,还算差强人意。"

拙作接着又说:"梵语植物名称,在慧琳、玄应的两种《一切经音义》和《翻译名义集》等之中,有时用意译,有时用音译,不通梵语的人,往往望文生义,造成错误。我在光绪《诸暨县志》卷十九《物产志》吉祥草条下偶然读到:'湖雅形似建兰而阔,劲如箭,解产妇血痕,故名血痕草'。《允都名教录》:'邑吉祥寺旧产吉祥草,故名。'按文字描述,这种'吉祥草'大概就是也可以译成'上茅'的植物,但却把梵语意译讹作吉祥寺所产而得名。这种错误,相当普遍。"

侃章议论的"旧志资料甄别"和他的实际成果,与谭先生的文章正合,说明他主持修志的时间虽然不长,但考证故实,钻研资料,确实已下了一番工夫。谭先生此文原载于《江海学刊》1982 年第 2 期,与侃章此文在时间上相隔不远。侃章撰写此文,未必已读过谭文,说明他在对于旧志的应用与甄别方面,与老一辈学者具有相同观点,所以仅此一端,说明他除了天赋甚厚以外,在钻研学问上所下的工夫也是不浅的。

诸暨在历史上是于越早期定都之地,以后成为一个耕读之邦。我在此邑乡间求学时,初中部的幼年学生,上学时由其父兄肩挑行李而来的甚多,而许多此邑学生在校时生活贫苦但学习勤奋,让我感慨至深。同班学友家境清贫而手不释卷的,至今我仍可指名道姓。以后披读当年初修志稿和侃章书稿,才知诸暨同时也是一个军人之邦,近百年中出了不少各级将领。侃章主持修纂志稿之前,原领衔者是曾任诸暨县委宣传部副部长的何德康先生。由于几度去到此邑,所以我也熟识何先生,他是一位为人正直、学识渊博并能写出一笔好书法的正人君子。而且年岁和资历均高,所以志书后来又聘他为顾问。从国民党将领书稿内容来看,当然多数出于侃章之手,但在该邑近百年所出军事将领之中,由于何先生年长,在资料搜集和事迹调查中必然为侃章提供了许多帮助。可惜何先生后来因中风去世,否则必然还可以对此作些贡献。

在当年诸暨志稿的人物传中,对于该邑的国民党将领部分,侃章一定投入了很大工夫。因为多数人物都有旧志及其他史书可循,而这方面人物资料内容独特,无例可循,他们不但收录,而且花了重墨,这在第一轮修志中实属罕见。此项内容,除了在诸暨一邑的存史中有重要价值外,对全国从事同类研究工作者也作出了较大贡献。中华工商联合出版社曾于1993年出版了刘国铭主编的《中国国民党九千将领》一书,这是一部字数逾200万的巨构,其中诸暨籍将领传略,就得之于陈侃章、何德康提供。由于这一部分内容也较他邑显得独特,而搜集记叙都有较大难度,所以侃章在搜集撰编过程中必然遇到过不少困难,然对此类问题的处理他很有心得。此后的《浙江文史资料选辑》第47辑,[12]曾以陈侃章、何德康署名,发表他们的《诸暨籍民国将领录》一文,共收录将领106人,而文中有两位将领,我还有过交往。一位是蒋志英,抗日战争期间,他出任浙江省保安第二纵队少将司令、浙东沿海台州守备指挥部少将指挥官。我曾听过他慷慨激昂的抗击日军的报告,使我们青年热血沸腾。想不到他后来血洒疆场,成为殉国的民族英雄。一位是姚典,上个世纪50年代,我在浙江师范学院教书,他是校医,医术、服务都很好,后来不知怎的,一个晚上就把他清洗回诸暨老家。事后才知道,他是早年留德的医学博士,是国民党军队中少将军阶的军医。而此番侃章送来的不少论文中,又有当时其所撰的《黄埔军校诸暨籍人士述论》一文,内容尤为详尽,文中对黄埔将领人数和分布概况,作了包括诸暨一邑在内的全国性比较。此文实可作为近代中国重要军官培训机构的基础资料。刘国铭主编的《中国国民党九千将领》卷首的前言中有几句话:

> 《中国国民党九千将领》基本囊括了近百年来中国国民党的军事领导人,"翔实记史,直言不讳"是我们的编撰原则,因此该书只是展示那些军事将领的历史轨迹和当今台湾军事强人的面貌,而无意去评述他们的历史功过是非。

此书前言中的这几句,亦印证了侃章他们书稿的可取。我此番读到的侃章《黄埔军校诸暨籍人士述论》一文的布局行文,也大体相似。中国在近一个世纪中,内战和外战交错发生。作为一个军官,不管是上级军官或中下级军官,对于战役的指挥调度直到在战场上拼搏,完全要按照上级的命令行事,实属身不由己。如对他们作出功过是非的评论,有的因为事实已经明确,史料都已完整,功过人所共见,完全可以盖棺定论。但有的则因事实不明,资料不全,情况或有可查可议之处,一时不宜作出定论。所以侃章对这方面的行文体例,显然作过反复的考虑。与篇幅甚大的《中国国民党九千将领》不谋而合,殊途同归,说明对于这类课题的研究,采用这样的体例格局是可取的。

还有一件实在是本不足道的小事,但也不妨在此顺便略提。自从侃章与何德康先生的诸暨国民党将领名录事迹刊登出来以后,不少研究这类课题的学者,如上述刘国铭先生,就获得了资料搜集上的方便。刘所编的是一部大书,大书必须集腋成裘,所以其中诸暨将领也为刘书录入,这是很正常的事,是著书立说的正派做法。但另外也有一些追求名利的人,竟全抄名录,改头换面,不作任何说明,就用同名同题发表出版,全然不顾人家的学术成果,实在令人骇然。侃章曾举例与我谈及此事,不过他说得也颇坦然,并为这类人的行径感到惋惜。我往年曾撰写过《论学术腐败》[13]一文,当时是因为一位名气不小的王姓学者的劣行而写的。此人是位大教授,他的这种行径在当时颇令学术界震动,许多媒体都作了传播,所以我有感而撰写此文。我在拙文中提到,王某的作为,无非是因他名气大,所以引起学术界的注意。其实,在剽窃一类的勾当中,小人物干的着实不少,有的甚至从版权页到全书,通盘照抄而冠以己名,也有的则断章断篇地抄录,总之是占他人的劳动(现在称为知识产权)为己有。由于这些人多是名不见经传的小人物,属于拙文中所称的"小偷小摸",其行径虽然可耻,但这些可怜虫也有他们的苦衷,当今潮流,也就不必议论了。

此番侃章带来的一大包文章,大多旧作,兼有新篇,书名定为《远去归来的昨天》,蕴含深意,非常恰当。我既欣赏他的为学,又赞许他的为人,所以此番读到他的作品,当然要回忆我们相识相知的一段缘分,兼及当时的时代背景,确实是溯昔抚今,百感交集。下笔不能自休,在卷首作序,其实是一篇拉杂的文章。

附:给侃章的信件

侃章同志:

信收悉,我因《中国地方志集成》会议在扬州举行,主办此事的上海书店、江苏古籍和巴蜀书社,坚邀我到扬州去和这些新华书店的人们谈一谈(因为每套售价15万元,是笔大生意),所以去了七八天,昨晚才回杭,读到你信,今天为你胡诌了几句寄上。

因为下月初,偕内人去日讲学(应广岛大学及九州大学之聘),所以近来相当忙,主要为了准备讲稿。

知你已看到《注疏》,出版社坚持要印精装本,75元的定价,实在拒人于书外。不过我单独点校的殿本,上海古籍也已让我看了校样,明年上半年当可出书,那一本或许实用得多了。

匆复恕草,并祝

近祺!

陈桥驿

1989.11.7

侃章君:

信收悉,大作读到,因我去岱山定《浙江古今地名词典》稿,返杭后又连续外事,迟复为歉。

你是有心人,功底又不错,所以每一个问题能够全面掌握而且作纵深研究,在现时学术界来说,确实难能可贵,好自为之,再接再厉,有厚望焉。

胡适是个了不起的人物,尽管在"郦学"为戴氏平反一事上没有成功,但他的整个学术是成功的,观其为学,胸襟磊落,是非分明,知错就改,毫不掩饰,这些都是他为学术界所树立的榜样。我有《评胡适手稿》一文,不久或将发表。

古越文化国际学术讨论会20日起在杭州花港饭店举行,有不少外国学者参加,我将出席此会。

匆此,并祝

夏祺!

陈桥驿

1990.8.13

侃章君:

昨日接到您电话后,虽然近来忙得不可开交,却甚为您的成就而高兴。刚才助手阙君到此,特地要他去借《文摘》。

昨晚睡在床上想到,您既以此文而入《文摘》,似乎还可再接再厉,写一续篇。因上篇既已点出,以胡适这样大文豪,居然后半生以此为专业,则此书想必十分重要,十分杰出。借此为由,您可再写《续访》,要我介绍海内外郦学研究情况,我想必可获得成功,我稍暇,当为您提供支援。

我今年除了自己的写作外,已为别人(包括日本、港、台)写序十二篇(另外还欠二篇),已出差十五次,马上就要去太原,真正寅吃卯粮,应付为难。

一笑!

匆此 祝好!

陈桥驿

1990.12.6

侃章君:

我曾去临安参加评志稿事,返杭后由魏桥先生转送来尊处赠物,谢谢。但不知是否是您到过了杭州。本来可以好好谈一谈,谈谈您的写作计划,失之交臂,甚为可惜也。

由于忙得应付不过来,也没有为您找些您需要的资料。关于国外及港、台郦学研究,《二集》中大概已写了,《三集》已发排,今年八九月间可以见到。

匆此,并祝

近好!

陈桥驿

1991.1.30

侃章君:

我因一直在外,去了桂林、衡阳、益阳、长沙、岳阳等地,返杭后,又知道舍下被"白闯"破门而入(据说共 4 人,2 人把守后门,2 人从前门破门而入),幸亏狼藉不堪的现场,已由我女婿女儿清理好。经过"文革"考验的人,任何灾难都是顶得住的,何足挂齿。

匆此 祝好!

陈桥驿

1991.11.9

侃章君:

昨日畅叙,言犹未尽。

今日果然收到《西施志》,浏览一过,确非凡品。

昨日说起酒文化序,绍兴市志办已复印此序,工作人员人手一份,据说要大家学习,写作必须如此踏实。其实我不过是举了几个长期传讹的例子而已。《青藤》文章因复制有多余,亦附上一份,据说此人是中央文化部的一位年轻人,是自己投稿的。

昨日送您的《评胡适手稿》,刊在《中华文史论丛》第 47 辑,1991 年 5 月出版(其实是 10 月见到的)。

匆匆写几笔,因为您嘱我书到写信。

祝好!

陈桥驿

1992.1.10

2008 年 4 月于浙江大学

注释:

① 《光明日报》2006 年 10 月 29 日对我的报道中曾总结我的"三不主义",其中之一是多次带

夫人出国,不花国家一分钱外汇。

② 《光明日报》在同上报道中,统计我已经出版了专著、译著、点校书、主编书等共67部。

③ 中华书局2007年版。

④ 颜越虎先生所撰《陈桥驿教授访谈录》(《史学史研究》2006年第4期)中说我念过3个月大学。我确实在这所国立大学住了3个月,因为当时大学生的食宿是政府供应的,但上课堂听课只有1个月。

⑤ 我在《重访花明泉》(《吴越文化论丛》,中华书局1999年版)中曾经回忆,从初中二年级到三年级之间,从来不听正课,全力背熟了平海澜编《标准英汉字典》和老《辞海》中的全部词汇。

⑥ 杭州大学出版社1991年版。

⑦ 据《陈桥驿方志论集》,杭州大学出版社1997年版。

⑧ 载《中国社会科学》1983年第4期。

⑨ 《长水集补编》,人民出版社1994年版。

⑩ 《郦学札记》,上海书店出版社2000年版。

⑪ 东京平凡社1974年版。

⑫ 浙江省政协文史资料委员会编,浙江人民出版社1992年版。

⑬ 《学术界》2004年第5期。

原载《远去归来的昨天》,浙江人民出版社2008年版

《新昌道教文化》序

欣悉新昌县于建县 1100 周年之际，要出一套丛书，其中有一本为《新昌道教文化》，请我作《序》。因我曾于青年时代在此邑执教数年，其地对我有第二故乡之缘，所以倍感雀跃。新昌是浙东山青水秀之地。岗峦起伏，岩壑幽邃，洞天福地，殆遍全境，这里重建的重阳宫，不仅是绍兴市唯一的对外开放的道教官观，也是浙江省最大的道教官观之一。2006 年 10 月，我又曾被邀参加重阳宫道观开放和神像开光的仪式和活动，现主编《新昌道教文化》的又是我的学生。这样，我只有在百忙之中，写下一点对道教的感受。

我首先要说的是宗教是人类社会的重要组成部分。曩年，我的学生新昌籍吕洪年教授撰成《万物之灵——中国崇拜文化考源》(广西民族出版社 1996 年版)，阐述了人类从原始的自然崇拜发展到宗教信仰的过程。我为此书作《序》，《序》中指出：

> 到了近现代，人类社会中也出现了一些绝顶聪明的人物，他们既是伟大的科学家，却又是虔诚的宗教徒。牛顿提出"第一推动力"已经整整两个世纪，在这两个世纪之中，科学发达可谓一日千里。现在，究微的工具已经发展到了电子显微镜，察远的工具已经发展到射电望远镜，但令人惊骇和无法解释的是，从电子显微镜下看到的微小原子，和从射电望远镜中看到的庞大天体，其结构和形式出奇地酷似。也就是说，微观世界与宏观世界，竟是同一模式。

所以我在这篇《序》中最后说，正是由于自然界展现的许多问题，不是人类的聪明才智可以解释,为此,"人类的自然崇拜和信仰,或许要直到永远"。中国是个文明开创甚早的地区,人类从原始的自然崇拜升华到宗教信仰为时甚早。

我在为《绍兴佛教志》(浙江人民出版社 2003 年版)所写的《序》中指出:"宗教是人类的自然崇拜提炼升华的结果,而宗教出现以后,其本身仍在不断地发展和异变。"各种外来宗教之所以能够在中国这个有古老文明和璀璨文化的地方立足和传播,就是这些宗教在中国不断异变即所谓世俗化的结果。为此,虽然中国至今流行着好几种从域外传入的宗教,但是从形式到内容,都已经受到中国文化的影响随俗异变,与这些宗教发轫的本源之地,已有不小的差别。

在中国流行的所有宗教之中,唯一渊源于我们自己本土的就是道教。当然,在道教本身的发展过程中,其间也必然发生过各种变异。

我的《佛教与佛学》(《云南大学学报》社会科学版 2000 年第 6 期)一文,开宗明义就指出:"佛教是一种宗教,佛学是一门学问。"这句话同样可以用于道教,不管这种在我们自己本土上发生和发展起来的宗教,在其成熟壮大的历程中,发生过多少变异和出现过多少教派,在其从"人的宗教"到"神的宗教"的转化中,有过多少位"神"和多少种"神迹",但现在我们崇奉这种宗教和研究这门学问,决不能离开老子和《道德经》。因为这是这种宗教的基础,也是这门学问的基础。说起来道理也是简单,因为除了像吕洪年教授著作中的人类原始自然崇拜外,任何一种宗教,在其升华和形成之初,必有其人其学,即宗教的创导之人和宗教的教义内涵。在这方面,我很佩服安徽省皖北地区的作为。因为传说老子出生在那个地区,所以他们对道教的其人其学历来重视。不仅建有宏伟的老子庙宇,并且有专门机构从事这门学问的研究。

安徽省的学术界人士知道我是研究《水经注》的,而且又出版过一本《淮河流域》(上海春明出版社 1952 年版)。为此,他们多次要求我为他们解决淮河支流谷水和老子出生地的问题。我当年因为经常出国讲学,在国内的教学和科研任务又比较忙,几经洽商,终于同意他们到现场作一番田野考察。安徽省责成老子庙所在涡阳县负责具体接待事务。他们于 1998 年初夏派专人接我们夫妇去皖。我即以涡阳为基地,在那里花一个多礼拜时间,进行室内文献研究和田野考察。

我的田野工作范围也包括河南鹿邑,因为此邑也在涡水沿岸,也有一座规模很大的老子庙,当地人也深信其地就是老子出生之处。虽然当时我的研究工作已有基本结论,但是我对鹿邑各界人士对我侃侃而谈的传统故事,并不稍作评论。因为我认为,对于历史上的一位名人,任何地方都可以建馆(或祠庙)纪念崇奉。所以从今天来说,不管老子的出生地究竟何在,全国各地建立礼拜道教的宫观祠庙,对教内人当然应为他们增加了一所礼拜崇敬的殿堂而感激,教外人也应为华夏文化的一个重要组成部分获得发扬而鼓舞。因为道教既是一种宗教,又是一门高深的学问。崇奉道教和研究老子的其人其学,都是炎黄子孙在宗教上的和学术上的有益事业。

因为如前所述,道教是一种发生和发展于我国本土的宗教,而道教文化则是一门渊源深厚的宗教文化。5000 言的《道德经》,其中蕴藏着宽广无涯,高深莫测的学问。我由于长期从事《水经注》的研究,所以一直服膺于此经第八章:"上善若水,水善利万物而不争,处众人之所恶,故几于道"的至理。在当今物欲炽盛的潮流中,《道德经》实在具有更重要的研究价值,因为它对世俗提出了许多发人深省的启示。此《经》第十一章:"三十辐,共一毂,当其无,有车之用,埏埴以为器。当其无,有器之用;凿户牖以为室,当其无,有室之用。故有之以为利,无之以为用。"这一章不到 50 言,但对于物质占有和物质利用的道理,洞察之深,分析之透,古今无可逾越。我们当然拥戴物质生产的不断发展和提高,希望物质财富的愈益丰富和增加,但是对于物质占有和利用之间的奥妙关系,《道德经》的话,既是一种解释,也是一种训诲,确实有精深研究,悉心领悟的必要。至于此书第九章之言:"金玉满堂,莫之能守;富贵而骄,自遗其咎。"寥寥 16 言,真是天日昭昭!

祝贺新昌建县 1100 周年纪念,祝贺新昌县首套文化丛书的出书。

原载《新昌道教文化》,(香港)中国文化艺术出版社 2008 年版

《台州海外交往史》序

　　《台州海外交往史》在周琦先生的精湛研究和悉心编纂下已经卓然成书,行将公开问世。对当前潮流下相对受到忽视的地域文化研究,实在是一件令人值得欣喜的成就,当然也是一本必将流传的佳作。至于我在卷首作序的事,实在颇感汗颜,只能随意杂凑而已。

　　我已是一个逾八近九的老朽,虽然因为国家人事部的文件规定而不退休,至今仍是一位在职教授,而且还有为研究生执教的任务。但毕竟头脑迟钝,举措维艰,执笔涂写几句,语无伦次,实在是杂凑而已。

　　浙江是个沿海省份,以浙东一隅为例,可以从事海上交往的港埠数在不少,而宁波、温州和台州,则是其中的荦荦大者。周琦先生的大著,把台州港在历史上的海外交往概况,记叙得细致深入,面面俱到。我在此把其余二港稍作勾划,并对此浙东沿海的三大港埠进行一点简略的比较。

　　台州以北的沿海大港是宁波,是个著名的城市和港埠。它北面是钱塘江口的杭州湾,但是由于长江口南下的泥沙长期壅塞,不能通航。宋代姚宽指出:"海商船舶畏避沙滩,不由大江(按:指钱塘江),惟泛余姚小江(按:指余姚江),易舟而浮运河(按:指从上虞经绍兴、到萧山与钱塘江沟通的浙东运河),达于杭越矣。"[①]因此缘故,宁波不仅是一个海外贸易的海港,而且还有一条内河水道,可以联系绍兴和杭州,所以处在自然与人文的优势,在浙东确是无与伦比。而且这条内河水道沿岸,是东南沿海十分富庶肥沃和文化发展甚早的宁绍平原。

美国著名汉学家施坚雅(G. W. Skinner)在其主编的汉学名著《中华帝国晚期的城市》的巨构中,[②]收有日本著名汉学家斯波义信所撰的《宁波及其腹地》一文。[③]施坚雅在此书《导言》中曾称赞此文:"斯波关于宁波城市的经济描述,在现有叙述传统的中国城市的英语著作中,很可能是最完备的一种了。"我在此书中译本的《后记》中又加了一句:"我必须补充施坚雅的话,在我所见到的有关宁波城市研究的中文著作中,像斯波这样的论文,也是凤毛麟角的。"[④]斯波义信能写出这样的佳作,当然依靠他对宁波这个港埠城市长期深入和广泛的研究,但宁绍平原这样一块在自然和人文上都具有优裕特色的"腹地",显然是他的这篇精湛论文的基础。

台州以南的浙江名城和名港是温州。温州是瓯江的出口,这是此地能出现这样一个城市和港埠的自然条件。瓯江是浙江省的第二大江,全长 388 公里,流域面积17958 平方公里。[⑤]所以温州也有一片广大的腹地,但它这片腹地,显然不能与宁绍平原相比。因为沿江都是崇山峻岭,缺乏平原,不仅河流本身在航行上相当困难,而其腹地的物产,主要是被称为"山货"一类的价值不高的产品。在历史文化等人文条件上,由于这是全省境内开拓最晚的地区,作为一个港埠,无疑要受到上述各种不利条件的制约,影响了它的发展。

宁波与温州之间的主要城市和港埠就是台州。它处于灵江下游出海口的地理位置。灵江干流长 198 公里,流域面积6613 平方公里。[⑥]按河流长度和腹地面积,台州都不及温州。但从自然景观上分析,台州南起温岭,北到天台,由永安溪、始丰溪、永宁江等汇流而形成灵江下游平原,是一片平敞而肥沃的海滨平原——温黄平原,是台州在产业发展上的地理基础。

而尤其是在人文景观上的特殊际遇,是台州作为一个沿海港埠,而能扬名海内外的得天独厚的优势,这就是由于著名的佛教圣地天台山屹立于此。东晋孙绰《游天台山赋》:"天台山者,盖山岳之神秀者也。"李白著名诗篇《天台晓望》"天台邻四明,华顶高百越";《梦游天姥吟留别》"势拔五岳掩赤城"等名句,说明天台山自古就是一座与五岳齐名的圣山。

1983 年秋季,我应邀去日本大阪吹田市担任客座教授 1 学期,在关西大学研究生院任课。该校的藤善真澄教授,是对佛教和佛学造诣很深的专家,由于他在文学院开设《水经·江水注》研究"课程,与我为研究生讲授的"《水经·江水注》研究"课程相关,所以一见如故,从此成为好友。当时他正在研究平安朝(相当中国北宋)高僧成寻和尚所撰的《参天台五台山记》,所以课余时间,常常与我讨论此书,我倒是从中得益不少。

此间,藤善真澄教授已在关西大学《东西学术研究所创立 30 周年纪念论文集》中发表了《成寻与杨文公谈苑》一文,内容精湛。我在任课结束后,将此文带回,当年就由我的研究生乐祖谋君汉译发表。⑦

成寻和尚是岩仓(今日本京都市左京区)大云寺的寺主。由于长期仰慕佛教名山天台山,竟不经上峰批准,于平安朝后三条天皇延久四年(北宋熙宁五年,1072 年)三月十五日,从肥前国(今日本九州佐贺县西部)松浦郡的壁岛秘密登船,偷渡来华。受到北宋官员的接待,先后参拜了天台山与五台山。由于他首先必须到杭州晋见中国的地方官员,所以他的航程是沿中国海岸,而从宁波港转道的。

成寻通识汉文,因而其书用汉文写作。我曾在《岱山县地名志·序》中抄录他在当年三月二十五日所记:"天晴,东北风吹,大悦,进船,巳时以后,四方大翳,不辨东西。午时天晴,顺风如故。未时始见苏州石帆山,大岩也,无人家,船人大悦。丑时见苏州大七山(按:今为戴山),宿。从日本国至大唐苏州三千里。"⑧

在他的记载中,对于参拜天台山写得非常详细和虔诚;对这座圣山的崇拜和仰慕,真是不可言表。藤善教授此后继续对此书从事深入研究,花了多年的时间精力,最后撰成《参天台五台山记研究》一书(日文),⑨全书包括索引长达 600 页,寄赠给我。他在此书中,对天台山的描述也有不少的篇幅。

从我个人来说,对佛教和天台山所知其实很少。但由于先后在日本几所大学担任客座教授,并在更多所大学讲学,为日本不少方面的人士所熟悉。所以在为《绍兴佛教志》卷首所撰的序中,也曾提及过天台山其事。⑩

事情的略况是上世纪 90 年代初,日本天台宗典编辑所所长野本觉成先生,特地到杭州访问我。与我商谈天台山、天台宗和峰山道场,后来又多次信函往复,而最后撰成《圣地天台山一书》,⑪签名后寄赠给我。书当然是用日语写的,但通过对此书的阅读,仍然让我对天台山及其佛教上的崇高地位有所了解。

天台山是佛教名山,而天台宗是日本、韩国等佛教界所尊奉的最高佛宗,所以日本、韩国的高僧,不远千里到天台山参拜,历来为数最多。其实,不仅是东瀛高僧尊奉天台山,而且在整个佛教世界,天台山也不同凡响。

记得在 1999 年夏季,宁波曾举行过一次"国际佛学学术研讨会"。由于是国际会议,事前曾发函邀请了不少国际高僧与会,所以会议必须物色能用英语主持的执行主席,并且要求兼通梵语。这年之初,会议主持方面就几次登门,请我担任会议的执行主席。我的梵语水平实在太低,只是由于事关国际会议,所以还是在他们的坚邀之下,同意充当了这个角色,实在是勉为其难。

与会的高僧中,除了来自东瀛的以外,还有不少来自印度、斯里兰卡等国。与来自

国内各大寺名刹的高僧不同,这些从东方或西方来的高僧,都听得懂我用英语所作的
开场。而会议结束后,据我所知:不少国外高僧,都从宁波南行,到天台山各寺院去顶
礼膜拜。而我在会上的这篇英语开场白,由于《云南大学学报》主编的坚索,会后又重
新译成汉语,以《佛教与佛学》为题,在该学报上发表。[12]

　　这次读了周琦先生的大作,让我考虑到在过去,由于长期沿袭的交通路线,从国外
入境参拜天台山的高僧,往往取道宁波。但今后,随着台州经济的发展,有可能让这些
参拜者改从台州港登陆,径往天台山参拜。当然,要让这种构想获得充分实现,除了对
台州港的港口设施进一步改善外,还必须兴修一条从台州港直达天台山的高速公路。
假使这种构想能够完全成为现实,那么,不仅仅是佛教界和旅游界的便利,台州港及其
腹地也必将获得更大的繁荣!

2008 年 7 月于浙江大学

注释:

①　《西溪丛语》卷上。

②　G. W. Skinner, *The City in Late Imperial China*, Staford University Press, 1977.

③　Yoshinobu SHIBA, *Ningpo and Its Hinterland*.

④　中译本作《中华帝国晚期的城市》,叶光庭等译,陈桥驿校,中华书局 2000 年初版,2002 年
　　再版。

⑤⑥　朱道清《中国水系大辞典》;青岛出版社 1993 年版。

⑦　《世界宗教研究》1985 年第 2 期。

⑧　岱山县地名委员会,1991 年印行(此序又收于《陈桥驿方志论集》,杭州大学出版社版)。

⑨　关西大学出版部,平成十八年(2006)版。

⑩　任桂全主编,浙江人民出版社 2003 年版。

⑪　东京佼成出版社 1996 年版。

⑫　《云南大学学报》(人文社会科学版)2000 年第 6 期。

原载《台州海外交往史》,中国文史出版社 2008 年版

《绍兴风景园林与水》序

　　《绍兴风景园林与水》是作者经过长期考察研究而完成的学术著作,是人们通常所说的做学问的成果。当前的社会潮流是,写书的人很多,做学问的却极少。这中间当然有许多原因,我不必议论,也不便议论,从总的现象来看,或许是这50多年来的一种流行病。按出版物的数量计算,这些年来,从一些出版机构发出去或"卖"出去的书号(ISBN),确实是个很大的数字,但其中有多少是做学问的成果呢? 绍兴自来是个学术之邦,做学问的人称多,仅仅对乡土研究一项,近年来就出过一批成果。譬如说,市、县的两部志书,在全国都显露了头角。《绍兴丛书》也已开始出版。此外,对乡土的其他事物,诸如老屋、桥梁、街巷、湖泊、运河、诗词以及对若干名人如徐渭、秋瑾等等的研究,也都出版和发表过一些称得上做学问的著述。

　　世界上任何一个国家,人民都有在行业上的分工:总要有一些人做官(我们称为干部),有一些人办企业,有一些人做生意,有一些人在工厂或农田从事直接的生产劳动等等。当然也不必排斥有一些人炒股票甚至泡茶馆之类。我们并不鼓吹有更多的人来做学问,写学术著作,因为这样也会让社会分工失调的。但这中间,做学问的人在全部行业中的比例,或许可以作为一个社会文明进步的重要指标。

　　同样是写书出书,我们也并不提倡都写学术著作。"跟着课本游绍兴",这样一类的"课本"也有它们的现实价值。但是总不能让绍兴人的书都写成"跟着游"的"课本"。外国尚且有一些专门研究绍兴,在绍兴的自然或人文方面做学问的汉学家。美国长春藤盟校①之一的名校斯坦福大学,20世纪曾建立过一个"宁绍研究所",出版过好些有关宁绍地区的学术著作。记得1980年,我们的闭关锁国刚刚开放,美国和英国的十几位汉学家教授,就组成一个代表团,前来访问宁绍地区。因为领头的施坚雅教授(G·W·Skinner)是我的朋友,省里就委托我陪同。到绍兴的第一天,恰逢府河填塞工程正在进行,前街和后街行将合并。代表团住在交际处(今绍兴饭店),他们听到这个消息,吃了中饭也不休息,大家跑到现场参观。当时填塞工程正进行到清道桥,他们站在桥畔议论。显然为了礼貌的缘故,他们并不询问我,但是我听得懂他们之间的议论:这样做有什么意义? 山阴县和会稽县的县界不就消失了吗? "文化大革命"不是停止了吗? 但地方上看来还在进行。另外还有不少话,我不必一一记叙,也不必议论这项工程是不是"文革"在绍兴的继续之类的意见了。但有一点或许可以估计,当时,绍兴的不少当官的和有些老百姓,他们并不知道府河是旧山阴和会稽两县的县界,但这些外国汉学家知道,而且重视。这也许是我认为我们应多写一些乡土学术专著的原因之一。

20世纪80年代前后,最上层的领导,也看到了让一大批"土包子"当官的现实不宜长此以往。所以提出了所谓"干部知识化"话题,并且逐步加以实施。这当然是为了"改革开放"的需要,而且也是符合中国古训的。孔子的学生子夏曾经说过这样的话:"仕而优则学,学而优则仕。"②这种政策施行以后,从我看到的是,大学里就有不少教师被选入了官场。不过子夏所说的话有两句,而我们的"知识化"往往只借重了他的下句。而且确实有许多入仕的人,认为他"学而优"的目的已经达到,以后的任务是摆弄"红头文件",不必"学",更不必著书立说了。

记得那年"台湾中央研究院"请我去讲学,前院长胡适墓正在研究院边小山上。我们夫妇特地到他墓前恭恭敬敬地三鞠躬。他是一位值得尊敬的近代学者,他的学术品质,也包括对子夏的话不断章取义。我在《我说胡适》③一文中曾经指出:

> 他从1938年4月到1942年8月,当了四年多驻美大传。抗战时期的驻美大使,公务肯定不轻。但在这期间,他仍出版了诸如《藏晖室日记》、《中国章回小说考证》、《当代哲学流派校注》、《国语文法研究法》、《知识的准备》等学术专著和论文。绝不像有些人把做学问作为做官的敲门砖,一旦戴上乌纱帽,从此就告别学问。

绍兴在现时当然没有像胡适这样的人,不过由于我的家乡是绍兴。我既不能为自己的家乡吹嘘。也不必为自己的家乡过谦。从眼下全国各地比较,绍兴在这方面还算得至少是差强人意的。因为我确实看到了有好些"入仕"者,他(她)们还没有放弃做学问的事,并且实实在在地发表和出版了不少做学问的成果。以前的不必说了,我手头的这部书稿《绍兴风景园林与水》，就是现成的例子。

上面是一些因为"做学问"这件事而引起的感想，不过是一点东拉西扯的杂凑。现在言归正传，从这本书的书名来看，虽然涉及风景和水，但园林毕竟是其中主体，所以我就先从园林这个主体说起。

园林是一件全世界共有的事物，也是全世界大家都喜爱的事物，而且这种事物出现得很早，历史悠久。我的知识面当然不广，就我所悉，世界上有记载的最早园林，是古代巴比伦王国的尼布甲尼撒（Nebuchadnezzar，？—前562）为他王妃所建的"空中花园"（Hanging Garden），后来被人们称为"世界七奇"。清康熙年间，比利时传教士南怀仁（Ferdinand Verbiest，1623—1688）在清廷任钦天监，撰有《坤舆图说》2卷，[④]此书卷下有《七奇图》，"空中花园"被列为"七奇"中的第一奇，标题作《亚细亚洲巴必鸾城》，全文不长，抄录如下：

> 瑟弥辣米德王后创造京都城池，形势矩方，每方长五十里，周围计二百里，城门通共一百，皆净铜作成，城高十九丈，阔厚四丈八尺，用美石砌成，城楼上有园围树木，景致接山水，涌流如小河然，造工者每日三十万。

文前附有一图，实际上是一座比较宽大的城墙上的一座花园。南怀仁的文字显然作了夸大。但总的情况并非虚构，公元前6世纪而建成这样的一座公园，不是掌握特大权力的帝皇，当然是做不到的。但从现在的建筑技术和世界上许多城市的实际情况来看，这种所谓"空中花园"，实在到处都有。美国《国家地理杂志》中，曾有人撰文，说现在美国纽约，就有许多如同当年尼布甲尼撒式的"空中花园"。[⑤]现在，我们国家的城市中，也崛起了不少高层建筑，它们的顶部，大都在绿化上下过一番功夫。所以我们也有了不少"空中花园"了。当然与巴比伦相比，在时间上相差了2500多年，所以"七奇"之名，在古代是当之无愧的。

巴比伦的"空中花园"，在当时是个了不起的园林，它的出现，大概到公元前4世纪就传到了中国，《山海经》中有昆仑山的神话，说此山是"帝之下都"，《水经·河水注》引及的此山各种建筑中有"县圃"之名（"县"同"悬"），"县圃"其实就是从巴比伦传来的"空中花园"。所以中国有学者在20世纪30年代，曾以"县圃"与"空中花园"对比，作为汉族西来说的证据。[⑥]当然，"空中花园"是一种园林实体，而"县圃"只是一种神话。但前者是帝王为其王妃所造，而后者也是"帝之下都"。说明有关园林的最早记载，都与帝王有关。这是因为帝王有园林享受的需要，更有建造园林的权力。

在中国，有关园林的比较可靠的历史记载，大概起自西周。《孟子·梁惠王下》："齐宣王问孟子：文王之囿，方七十里，有诸？孟子对曰：于传有之。"这虽然也是传说，孟子也只能回答"于传有之"。但西周的传说与夏、商相比，当然比较可靠。也说明周文王或许有可能拥有一个"方七十里"的园林。而这位开口问孟子的齐宣王(前320年—前302),自己建了一座方40里的园林,这当然是可靠的历史记载。当时帝王建造这样大的园林,除了游乐以外,主要还在于狩猎的需要,狩猎在当时也是一种游乐的内容。这种从帝王游乐、休憩、狩猎的园林。以后历代帝王都有设置。《宋史·礼志》:"太祖建隆二年,始校猎于近郊,先出禁军为围场。"这种供王室成员或其他够得上资格进入的园林,如《宋史》所说是"校猎于近郊"的"围场"。而"围场"这个名称上就一直沿用。最后一个王朝清朝,就在今河北省(旧热河省)接近今内蒙古自治区的滦河流域伊逊河上游山林茂密、飞禽走兽甚多之地设置了一个"围场厅",作用与"文王之囿"其实一样。民国以后才改为围场县,至今仍存。中国的早期园林史,大概是从"文王之囿"沿袭下来的,当时的"园林",与巴比伦的"空中花园"具有不同的性质。但是到了后世,不仅王家在作为狩猎的围场以外,另有专供游乐享受的园林,豪富之家,也可以营建自己游乐的园林,历史上记载甚多。毋需赘述。

　　此外,对于王家,由于他们的权力甚大,除了在王宫或都城建造他们的御花园之类的园林外,还可以在他们统治的一切其他地域,建造一种称为"行宫"的园林。在帝王行宫中,我生平只到过今河北承德的清王室避暑之地——离宫,当然是精雕细琢,豪华而又气派。不过对于一些近代行宫,我倒是因缘机会,见过一点世面。一次是在1979年,"做学问"的事刚刚开放,史念海先生就出面作东道主,在西安举行一次历史地理学术讨论会。会场选在西安西郊的丈八沟,是一座开放不久的近代"行宫"。款式与承德的当然完全不同,屋宇都是现代化的,并有一个游泳池,当然是为了行宫主人的需要。另一次是在我身边的杭州。罗以民先生通过详细的调查,写了一本《刘庄百年》[⑦]的专著,求我作《序》,我在拙《序》中已记叙了这一次入居这座近代行宫的略况。西湖刘庄原来是一位清末官僚刘学恂的别墅,当然是一座讲究的园林,在西湖的许多庄园中.无论从建筑的豪华,风景的秀丽,位置的安全方面,都是无与伦比的,所以在1950年以后不久,就被选为"行宫",从此虽然经常空着,却就成了警卫森严之地。但后来与上述西安丈八沟一样,从20世纪70年代后期起,不再需要"行宫"了。当局把它改成"国宾馆",仍要够得上"国宾"的人才能入住。不过这个时期,另外也有一些开放的事务跟了上来,高等学校教师的职称,这个时期同样进行公开评审。我不知为什么被选入省评委会成员,而且当了其中一个学科组(地质、地理、气象)的组长。当时,省内还缺乏专家,所以有一些学科组的成员,需要到沪宁等地聘请。我的学科组中,就有一位成员是从上海请来的。为了对这些远道而来的专家们表示尊重,1986年的省评审会,就在这所作为官僚别墅而又一度成为"行宫"的"国宾馆"中召开。我作为一个学科组的组长,需要提前一天进入馆内,检查被评审者的材料,因而入居到这个长期来凡人不得进入的地方,在那里住了几天,对此有了一点见识。刘学恂的别墅本来豪华考究,在改作行宫时,又按"行宫"的针对性作过一番改造。我在罗著《序》中曾对这个现代"行宫"有过两处记叙,一处是:"每天早上出去转一转,也不过是白鹭噪树,苍苔满径,无非显示出它在这个游客熙攘的西湖风景区中的特殊身份而已。"评审高级职称的最后一件工作是为每位受评者写评语。这也是学科组长的任务,所以我得比组内其他专家们晚走一天。这天晚上,当我写好了组内受评的几位教师的评语后,其时已近午夜,我到户外稍事活动以舒展一下身心。当时已值初夏,但夜风甚有寒意,我顿时记起在小学里就因喜爱而背熟的《永州八记》中的话,也把它写到《序》中:"其境过清,不可久居。"省评委会为了对不少外地请来的专家表示谢意,要请评委们在这个曾为现代"行宫"的园林中多住几天,我却以学校里有事为由,次日一早就让他们送我回家。像丈八沟和刘庄一类的园林,都称得上是特殊园林,我有缘在这样的特殊园林中住过几天,也算是很难得的了。

由于此书书名中,事物的主题是园林,所以不免在园林上多说了几句。在园林这个主题以外,还涉及风景和水,为此我还应在风景和水方面作点议论。中国有不少著名的古迹,但是它们并无园林风味,特别是缺乏水,这中间,敦煌莫高窟即是其例。论知名度,它是世界性的,但它永远算不上园林,因它缺乏风景的点缀,尤其是没有水。到莫高窟的人想看水,就得骑上骆驼跑好几公里,才能看到一个小小的月牙泉。洛阳的龙门石窟也是举世闻名的,而且它有水,伊水就在它面前滔滔流过。凡是到那里的人,对石窟确实连流赞叹,但是对伊水并无兴趣。石窟是石窟,伊水是伊水。河水滔滔奔流,并无水的风趣,它与石窟没有一种风景的结合。同样被联合国称许的两座古城,不少人的看法,山西平遥就不如云南丽江,因为前者少水而后者多水。所以水是园林风景中不可或缺的特色。

还得再回到本书的书名,因为书名冠以"绍兴",前面也已提及,此书是一种地方文献的学术专著。全书收录描述的园林。都是有绍兴这一特定的地域性的。也就是说,这种园林在风景上的特色是水。从园林发展史来看,南蛮缺舌和"于传有之"的周文王及确实存在的齐宣王并无多少差别。《越绝书》卷八有"乐野"一条:"乐野者,越之弋猎处。大乐,故谓之乐野。"说明在早期,身为国君者,在其园林中也主要是以"弋猎"为"大乐"。南北都是一样。从史书上查索,一直要到秦代,做皇帝的人,除了弋猎之乐外,也开始重视宫观楼台布局的园林了。《水经·渭水注》记秦阿房宫:"可坐万人,下可建五丈旗。""可坐万人",言其大;"下可建五丈旗",言其高。规模宏大,当然是重要的。但当时显然也注意这座宫殿园林的风景。杜牧在《阿房宫赋》中就提及:"骊山北构而西折","二川溶溶,流入宫墙"。说明当时已经在园林布局中需要山水风景的配合。杜牧是后代的文章。其中不免夸大。因为骊山不可能在阿房宫之内。宫内园林中有些低丘小阜，也就算它们是骊山吧。至于泾、渭两水，当然也不能在此宫内，它们的细流末枝流入宫内，也就算作泾水和渭水了。但对于阿房宫及其附属园林的出现，园林的概念已经有了改变，周文王和齐宣王的"囿"，也包括越王句践的"乐野"在内，其性质属于前述《宋史·礼志》中的"围场"。此后，围场是围场，园林是园林。为人上者，不仅要有走马弋猎之乐，也要求有风景园林的享受了。

越王句践的"乐野"当然是在会稽山中，当时山麓以北的海水刚刚才退。而且于越需要外而对付句吴，内而尽力整治水土，当然不会有什么风景园林的考虑。到后来虽然句吴为其所灭，但秦始皇的大军终于敉平了这个地区，越人遭到驱逐，从北方引入了一批汉人，所以直到太史公年轻时代来到这里时，所见还是"地广人稀"。[8]会稽山北麓是一片海退以后的沼泽平原，春秋时代的管仲，对这个地区自然环境的评价是："越之水重浊而洎。"[9]说明土地虽然广大，但不过是一片潮汐直薄的斥卤之地。越王句践出山以后，对这里的水土资源确曾作过一番整治，修堤筑塘，拒咸蓄淡，以获得可以垦殖的土地，《越绝书》记载的"富中大塘"即是其中较大的一处。此外，越人在这里分散整治的，可能也有不少。零星断续的堤塘当然在各处特别地形较高的孤丘附近都有存在。不过对这片广大的沼泽平原来说，显然只占了其中很小的一部分。这片平原后来统称"庆湖"，或许就是因为湖泽棋布的意思。当然，这些湖泽，除非是筑有堤塘的，都要承受一日两度的潮汐之水，也就是管仲早年所说的"重浊而洎"。

但是这种情况在后汉太守马臻的策划下有了极大的改变。这是一位有远见、有魄力而又富于水利知识的贤吏，他于东汉永和五年（140）把那些历来各自修建，断断续续而规格不一的堤塘加以利用，拆的拆，补的补，规格不一的加以培修统一，把这一大片沼泽平原用堤塘与潮汐隔离，实际上是在这个地区修建了一条海塘。从会稽山麓到这条海塘（后来称为南塘）之间。形成一个巨大的水库。据《水经·渐江水注》记载，这个水库称为"长湖"，"湖广五里，东西百三十里，沿湖开水门六十九所，下溉田万顷"。近代学者按湖的范围从地形图上求积，面积超过200平方公里。这就是唐代称"镜湖"，到宋代又称为"鉴湖"的这一大片水体。由于这个巨大水库的出现，这个地区的自然环境随即改观。会稽山是西北、东南走向，即从浦阳江以东到曹娥江边的一条长150公里，高数百米的丘陵，在这以前，山麓以北，即是一片"重浊而洎"的沼泽平原。虽然有山有水。但在自然风景上只能说是穷山恶水。现在，穷山恶水顿时成为青山绿水。"从山阴道上行，山川自相映发，使人应接不暇"。[10]这虽然是后来王子敬的话，但马臻的工程完成以后，青山挺拔，碧波涟滟，这种秀丽的自然风景当时已经出现。

《水经·沔水注》对东南地区的水土描述是："东南地卑，万流所凑。"是一片湖沼罗列的低洼之地。用现代学者的话来说,属于低劣的人居环境。所以尽管秦始皇驱走越人,但汉人移入的一直不多,所以长期处于地广人稀的状况。马臻的工程让这片低洼泥泞之地,出现了一个山青水秀的人居环境佳处。而历史的演变,让这片人居环境的佳处不久就名扬江南。

　　自从秦一统全国以来,中原汉人之所以不愿到这片地广人稀的东南从事垦殖,主要是因为这个地区的自然环境不适应他们的生产与生活。而中原的社会安定,更助长了他们安土重迁的传统。但在公元4世纪初期的西晋末叶,中原发生了称为"永嘉之乱"的历史事件,由于草原上的骑马民族纷纷侵入,即所谓"五胡乱华"。历史的演变,造成了大批北方汉人随朝廷而南迁。《晋书·王导传》所谓"洛京倾覆,中州士女,避居江左十六七"。据谭其骧先生《晋永嘉后之民族迁徙》[①]文中的估计,南渡人口约占当时全国人口约540万的1/6,达90万之多。这批移民之中,包括许多望族。他们来到江南,除了东吴已经建立了基础的建康(今南京)一带以外,当然要寻觅他们得以长居久安之地,也就是现代学者所谓人居环境美好之地。而江南除了建康一带以外,由于马臻在前代的经营,山阴就成为这些移民众望所归之处。《世说新语·言语》记及晋陵人"顾长康从会稽还,人问山川之美?顾云:千岩竞秀,万壑争流,草木蒙笼其上,若云兴霞蔚"。因此,南迁移民,特别是资产丰裕的望族和文化素质优秀的文人学士,都拥向这个美好的人居环境定居。《晋书·王羲之传》说:"会稽有佳山水,名士多居之,谢安未仕时亦居焉。孙绰、李充、许询、支遁等,皆以文义冠世,并筑室东土,与羲之同好。"此文中所说的"筑室东土",这个"室"当然不是土著人和一般农民的"室",王羲之所举的这些文人望族,他们有资产,有文化,并且从中原带来了洛京诸地的建筑风格。所以他们在这山阴道上所筑之"室",必然精美雅致,而附有大小不同的各式园林。"会稽有佳山水",从此,山水园林,相映成趣。所以可以设想,由于永嘉之乱而入迁会稽的中原望族,或许是这个地区风景园林的创始。当然,这些北来望族们的园林,估计多是附属于他们屋宇的点缀,史书中也不曾记及这些园林的地点、名称以及风景等等。所以稽山镜水之间在这个时期园林崛起的事实不容置疑,但做学问的事需要求详求实,不宜一概而论。所幸山阴在这方面有权威文献,即王羲之的《兰亭诗序》。从时间上说,此文开头就点明"永和九年(353),岁在癸丑,暮春之初"。按"暮春之初"即上巳日,亦即三月上旬之巳日。这个日子实在具有绍兴"园林节"的价值。就在这一天,以王羲之为首的当时全国第一流文人学士共42人,聚会于兰亭,亦即所谓"兰亭修禊"。当时的兰亭在今天的什么地方,历代颇有争议。但这些争议可置不论,《水经·浙江水注》说:"浙江又东与兰溪合,湖南有天柱山,湖口有亭,号曰兰亭,亦曰兰上里,太守王羲之、谢安兄弟,数往造也。"这说明,兰亭在鉴湖湖口。鉴湖甚大,湖口想必不少,但兰亭的位置濒鉴湖,按《水经注》是可以肯定的。至于兰亭的风景,即景而写的《兰亭诗序》当然是最现实和最权威的:"此地有崇山峻岭,茂林修竹,又有清流激湍,映带左右,引以为流觞曲水。"兰亭是位于鉴湖湖口的这样风景秀丽的地方。所以我们可以认为,这是山阴历史记载非常明确的园林。把永和九年三月上巳这个日子作为绍兴的"园林节",说句现代话,是"过得硬"的。

东晋以后就是南朝,主要当然是因为"山阴道上行,如在镜中游"的自然风景。王羲之等这批著名文人学士的"兰亭修禊"聚会和《兰亭诗序》显然也起了很大作用。因此,入迁到这里定居的人络绎不绝,而园林营建也就随之获得很大的发展。如此书所说,六朝时代,成为这个地区园林营建的高峰。而"会稽有佳山水",这是园林营建的基础。

由于作者的长期考察研究,本书确实集绍兴园林之大成,从越王句践的狩猎园林起,到六朝及其以后的观赏园林,此书都作了详细和全面的剖析。在绍兴这个水乡泽国,作者特别重视了园林与水的关系。"无水不成园",这是对绍兴园林的切中要害的概括。太史公在《河渠志》中说:"甚哉,水之为利害也。"园林的营建,从广义上说,其实也是一种水利。

由于作者对绍兴园林记叙议论的详细,我对此已无插言的余地。但是有一个方面必须指出,此书除了记叙了历代以来的各种类型的园林以外,对当代营建的"主题园林",是值得充分重视的。什么是"主题园林"?这个名称是我在这篇拉杂的文字中提出来的,所以必须由我来作一点解释。绍兴园林如此书作者所说从六朝的高峰时期起,数量很多,类型也颇复杂。但总的说来,内容都是综合性的:亭台楼阁,水榭回廊,竹树花草,溪涧舟桥,如此而已。自从1980年以后,我曾多次到国外讲学,也玩赏过那边的不少园林,大概也都是如此。园林总不外乎私家所有和公园两类,其宗旨都是为了让入园游览者赏心悦目,舒畅性情,所以综合性的园林实在是大势所趋,符合社会需要的。

但是绍兴在近年来也营建了几处我所说的"主题园林"。运河园和鹿湖园就是这类园林的例子。运河园修建于运河之旁,虽然园中也有作为园林的各种点缀,但它的主题是运河。突出了从山阴古水道到浙东运河的自然条件和人文要素。入园参观者,除了一般的园林欣赏外,对于作为主题的运河,可以获得许多有关的知识。鹿湖园位于龙横江之滨的原鹿湖庄,它以清初康熙、乾隆到绍祭禹时在此驻跸为主题。入园游览,除了龙横江和园林的欣赏外,还有追溯祭禹大典和清初帝皇在此驻跸的历史,与运河园一样,参观者同样可以获得与这个主题有关的知识。"主题园林"是我提出的名称,在园林发展史上,这类园林或许可以作为今后园林营建的方向之一,值得在条件具备的情况下加以推广。

2008 年 9 月于浙江大学

注释：

① 长春藤盟校（IVY League），美国的名牌大学，一共 8 所：哈佛、耶鲁、普林斯顿、斯坦福、哥伦比亚、麻省理工、布朗、达特茅斯。

② 《论语·子张》。

③ 《辞海新知》1999 年第 4 期，上海辞书出版社出版。

④ 引文据《指海》第十二集，今已有《四库全书》本。

⑤ W·H·Camp, The World in New York Garden, *National Geographic*, July, 1947, P. 9.

⑥ 徐球《黄帝之囿与巴比伦之悬园》，《地学杂志》1931 年第 1 期。

⑦ 山西人民出版社 1998 年版。

⑧ 《史记·货殖列传》。

⑨ 《管子·水地》。

⑩ 《世说新语》言语第二。

⑪ 《长水集》，人民出版社 1987 年版。

原载《绍兴风景园林与水》，学林出版社 2008 年版

《湖州古旧地图集》序

　　刘宏伟编纂的《湖州古旧地图集》已经安排就绪，行将公开问世，使我感到十分欣慰。宏伟是我的研究生，他曾经听过我讲授的《历史地图学》课程。听过我这门课程的学棣不少，大家都在听课后写过课程心得报告，这是我讲课的规定。但能够编纂出一部一个地区的古旧地图集的，在听过我这门课程的研究生中，宏伟属于空前。这中间，除了他自己的扎实功底和不懈精神以外，当然还需要其他一些条件的配合。像这样一部七类加"附编"共400多幅的图集，从卷帙的巨大，就可以看出这不是一朝一夕能够获得的成就。宏伟自己以其长期的悉心积累，加上其他几位对此有兴趣和造诣的人士如赵大川那样的襄助，才能完成这一工程。不过要从事这样一部巨构的编著，总得首先有一种设想和策划，特别是日积月累，完成这部巨构的信心和毅力，所有这些，显然都出于宏伟本人为人为学的素质。任何一种著作的完成，其实都有这个过程。《光明日报》曾于2006年10月29日以大幅版面总结我的著述和出版，以专著、译著、点校、主编四类总计，共达67部。这个数字，据我现在的研究生们的核计，除了报道发表以后，中华书局随即又出版了一部，而浙江大学出版社和台北三民书局尚各有一部正在排印即将出版外，数字是正确的。但回忆每一部著述的完成，都获得过其他学者（包括参读引用古籍）的帮助。学问之事，是历史上学者长期积累的和举世公有的，每个做学问的人，都是根据自己的某一种心得和构想，在这个长期积累起来的学问世界中索取、整理、归纳、提高，然后按自己的意旨完成一种创作。这种创作在其问世之日，也就成为人类学问大海洋的一个涓滴,提供需要者吸取使用。而这种创作的完成者,就是对人类文化作出了一种贡献。宏伟的《湖州古旧地图集》就是这样。

我个人是以地理和地图为主要专业的。宏伟是我的研究生,听过我讲授的包括《历史地图学》在内的所有历史地理学专业的课程,并且获得了优秀的成绩。所以在他从事这门学问,为人类提供这一部在学术界使用的文化工程的过程中,如上述所述,他所获得的外间帮助,必然包括我所讲授的课程在内。为此,在非常欣慰地为此图集作序之时,先得交代一番,我是怎样对地理和地图感到兴趣和跨入这门学问领域的。

我的家乡在绍兴,与湖州一样,是个历史悠久和文化发达的地区。几年以前,绍兴县的学术界在热心于文化发展的领导层的支持下,以大量投入,编辑一部规模甚巨的《绍兴丛书》。而且事前就与我商定,要我为这部巨大的地方丛书在卷首写一篇长序。《中华读书报》和《越风》不约而同地都以《会稽天下本无俦》这句在长序中屡见的唐诗为题,转载了这篇长序。我在序中曾经记叙了我的第一位地理老师,其实就是我从未谋面的知名学术泰斗蔡元培。因为我在幼年时读背过他增订的《幼学琼林》。我在序文中说:

> 此书实在是当时让儿童阅读的常识课本。记得开篇是:"浑沌初开,乾坤始奠,气之轻清上浮者为天,气之重浊下沉者为地"。……在每一篇末尾,都有蔡元培的增订,文字按《幼学》体例,但内容是当时的新知识。例如在"浑沌初开"这一篇篇末的增订,其实就是世界地理:"世界五大洲,曰亚细亚洲,曰欧罗巴洲;……世界五大洋,曰太平洋,曰大西洋,……"所以他实在是我的第一位地理老师。

为此,"地理"的概念,在上述我背诵《幼学琼林》的幼儿时期就已经接触了。现在面对《刘图》(《湖州古旧地图集》的简称),我还想回忆一番我与地图的渊源。我幼年所上的小学,是绍兴全县设备最佳、师资最佳的省立绍兴中学附属小学(上世纪 30 年代初以前,省立绍兴中学为省立第五中学,当时湖州是省立第三中学)。在这类规格完备的小学里,从三年级起,就有社会、自然两门课程。到了高小五年级,社会课的教师就发给《中国地图》和《世界地图》各一册,是教科书的形式,虽然是正式出版的,但内容非常简单。而我却很欢喜,常常翻阅,因为在《世界地图》上,我看到了蔡元培在《幼学》中增订的太平洋、大西洋、印度洋等。《中国地图》除卷首全国图外,其余是分省的。我常常翻阅浙江省这一页,图上除了明清以来的 11 府(当时已称为专区)地名外,县一级地名能够上图的实在很少。当时的社会课教师是嵊县(今嵊州)人应惠济,正规的师范毕业生(省立中学附属小学的教师都必须有师范学历),学识相当丰富。他在课堂上讲过,浙江省有 72 县。但我在图上能找到的却很少,这当然是因为地图的使用对象是小学生的缘故。我因为从五六岁时就由祖父用唐诗启蒙读古书,而"子曰诗云"都是必须用当代受到批判的"死记硬背"的方法读熟的。所以对于这本简单的《中国地图》,特别是其中的浙江省,凡是绘在图上的,包括山脉和河流,无非是三四十个地名,我立刻就背熟了。

不过在不久以后,我就获得了一次对地图知识扩大和加深的机会。事情是这样,我刚刚读完初中一年级,这年(1937年)暑期,日军侵略我国的七·七事变就在卢沟桥爆发了。而日军随即在上海发动了八·一三事变,绍兴附近有我们的几处飞机场,立刻看到了敌我双方的空战,并且遭到了敌机的空袭轰炸。政府立刻装置了预报敌机空袭的警报器。于是敌机过境,空袭频繁,空袭警报经常呜呜呜叫,全城人心惶惶,纷纷往乡间避难。我家是个有30余人的大家庭,加上屋宇高在,恐慌感当然不小,也要作出下乡避难的准备。祖父因为在清末中举以后一直在几所著名的学堂执教,学生很多,就请他的一位当时任绍兴县地政处长的学生到我家商量。这位处长特地带来了一幅很大的《绍兴全县图》相赠,后来才知道这类地形地图是1950年以后我们继续使用的地形图,比例尺是1:50000。后来因为有了新测绘的一套,所以称为"老五万分一"。但当时我还是一个初一学生,当然对此毫无知识。他在我家大厅上用两张绍兴人称为"八仙桌"的大方桌拼起来,摊开地图与祖父商量。我家共有五房,女方都来自乡间,可以分房下乡。他在图上逐一指出,除了我们一房因为母亲娘家位于与萧山瓜沥接近的南沙附近地区,不宜于避难,必须另择他处,其余各房都以到女方所在乡间暂避为妥。当时,我随祖父一起听这位地政处长在地图上指划讲解。由于他知道我已经是个初中学生,所以为我讲解了好些有关地图知识,如比例尺、等高线和经纬网格等等,并且指导我阅读和使用这类地图的方法。我向他提出了好些有关地图的问题,他都认真细致地向我作了解答。祖父当场告诉我,他是"大陆高级测量学校"毕业的高材生,后来知道,浙江省的第一批地图测绘人员,都是"大陆高测"出身的,可惜忘记了他的姓名,他实在是我的地图学启蒙老师。

因为他当时是应老师之召而来到我家的,所以在讲解了地图以后,还坐在大厅里和我祖父谈谈上海的战争形势。回忆当时正值大场失守而日军已在江浙交界的金山卫一带登陆,我军在战场已经处于明显的败局,情况相当紧张。因为他知道我祖父学生很多,而且分布各处,他提出一个县名:"仙居",问祖父是否有学生在这个县份。他认为日军这次全面侵略,不仅是空袭,而且还要预防侵略军的长驱直入,所以避难必须有长远的打算。他说"仙居"这个县份,不仅远离绍兴,位于浙江省境中部,而且是个山区,敌军不仅打不到,而且炸不着。听了他的话,我立刻取出在高小用过的那本《中国地图》,他为我指出了仙居的位置,但图上并无这个县名,仅有临海和黄岩,还有一条不标注名称的河流(当然是灵江)。他告诉我这本地图太简单,要我去找一本更为详细的地图。

　　这其实是那天的一件偶然事件。从谈话之中，他认为"仙居"是个战争中避难的好去处，还包括他欣赏"仙居"这个地名的意思在内。他认为从这个地名来说，就注定是敌人打不到、炸不着的。所以有关这方面的谈论，实在是在他老师面前的一种闲谈。当然，从当时战局吃紧的情况下，也促成了这位地政处长的这种想法。但是对我来说，触动倒是很大。初中一年级有地理课，而且我还记得用的是中华书局出版、葛绥成编的教科书，但是并没有发一本较详的地图。我从小学五年级起，已经有了跑旧书摊淘旧书的习惯，并且得到祖父的支持。可惜当时购买的旧书都与文史一类有关，没有想到地图。听了这位处长的话，第二天我就上城南一条旧书摊集中的街道上，很快选中了一册由童世亨编的《中国地图集》。版本似乎比现在的十六开略小，但很厚实，不仅有好几幅总图，而且分省图完整，在每一幅省图后的空页中，还有文字说明。这是让我第一次开了眼界的中国地图。我特别先查浙江省，除了不少没有听到过的山脉和河流名称外，小学老师所说全省共有72县，居然全部绘在图上。诸如北境的长兴，西境的孝丰，南境的泰顺，东境的南田等，不仅是我的那本简图上所不见，而且也是我一直闻所未闻的。我祖父是个读"子曰诗云"出身的清末举人，也没有读过地图，但是我向他提出这些县名，他却都知道，而且还告诉我：南田是全省最小的县份。让我领悟，一位读《四书》、《五经》出身的老人，也能兼容舆地之学。而在此以前，我已经背熟了《唐诗三百首》、《四书》和《五经》中的《诗经》等不少古籍，一直都是用的"死记硬背"功夫。对于童世亨的这本地图，山脉、河流等暂且不管了，但全国各省的县一级地名，总是应该熟悉的。而且事实上按我以前背诵"子曰诗云"的功夫来说，此事也并不困难。

　　但是我又考虑到，地图并不像《四书》一类的古籍，分省背诵县名，因为县名在图上分散，容易发生遗漏。当时，年幼无知却又大胆，就自己想出了一种背诵的方法。这种方法后来也用于我背诵《标准英汉字典》和《辞海》等工具书上。虽然笨拙，倒是取得了一些方便和收获，有关这方面的种种，由于已有一些访问学者写了报道，在此不必再叙。我用的方法是以一个当时流行的涂抹皮肤创伤所谓"万金油"的很小空铁盒，装入红色印泥，另外用一个又短又细的竹竿，在分省县名上逐一点上红点，每记忆一处，就点上一处，最后在图幅上查阅一遍，有无遗漏的县名。在童氏的地图上，由于幅员较现在要大，有些地名文字较长，如北方的乌里雅苏台、唐努乌梁海；有些地名比较疏远，如新疆的蒲黎县之类，虽然都是以往闻所未闻，但此地名毕竟不是以后用同样方法背诵的英文和中文辞书，数量到底有限，以我当年的记忆力，前后不过半月，在我们离城下乡避难以前，童世亨的这本地图，县一级的地名，加上若干我认为重要的其他地名，都都被我点上了一个个小红点，也就是说，当时的全国各省县名，已都在我的记忆之中了。

　　上面已经说及,熟悉全国县名与背诵辞书不同,并不是一项花时费力的大工程,而且也没有多少实用价值。但事情往往有一种偶然的机遇,由于我平时在言谈中熟悉地名,人们往往以为我熟谙地理(其实两者并不等同)。当时在一般规模不大的中学里,多半没有专职的地理教师,而是由其他若干教师凑合分任的。抗战胜利以后,我应聘去一所县立中学担任教务主任。这所学校虽然高、初中班级完整,但地理课也是采用由几位国文(今称语文)、历史等教师分摊的办法。我是教务主任,若干同事知道我背诵过地图,这样,高中部的地理课就理应正当地由我承担。于是又迫使我反过来加强对地理学的研读,而且间或在某些媒体或期刊上发表一些有关于当时流行的地图的评论文章。1950 年以后,《大公报》仍是一种传统的重要媒体,其副刊《读书与出版》在学术界具有较大的影响。我也常在此发表这类文章。当时,上海的大小地图出版社实行联合,成立上海地图出版社,多次发函邀我到该社任职,并派遣负责人员前来面商,我也考虑同意赴任。但结果是浙江省文教厅(今称教育厅)不同意省内人才的外流,恰逢当时浙江师范学院成立。学校受文教厅的指示,派专人携聘书到当时我绍兴家中,请我应聘担任浙江师范学院地理系讲师。我只好同意不去上海而到杭州任职,在地理系主讲世界地理和其他一些课程,而随即又被任命为经济地理教研室主任。当时,我已经出版了好几种有关地理的著作,多数都是上海地图出版社的约稿。而且在这个出版社北迁改组以前,仍在教学之余为他们做一些审稿工作。在大学讲授地理课程本来就离不开地图,而从我的经历来说,对地图当然特别热衷。

　　这里还必然追述另一件有关学术研究的事。在“十年灾难”以前,我们实际上是个闭关锁国的国家,在学术上的对外交流,限制非常严格。当时获得允许出国交流的学术期刊,主要就是科学出版社出版的各种专业学报,如《数学学报》、《物理学报》、《地质学报》、《地理学报》等等,这些学报在学术上是高水平的,学术论文能够在这类学报发表非常困难。以地理系为例,到 1962 年,才有我的一篇论文获得发表。但学报以外,国家还有一种专门为了与国际学术界进行交流的特种期刊,刊名称为《中国建设》(*China Reconstructs*),介绍我国的历史文化一类,有英、俄、日、西班牙等文字的版本。此刊稿件,都采用特约撰写的途径,撰写人都在首页边角上写明工作职称和通信地址,以便外国同行读者的联系。我记得是 1963 年,英文版发函(这个刊物的约稿函件是通过所在单位党委转达的),要我写一篇介绍中国古代地图绘制的文章。在当时那种闭关锁国的情况下,上头给予这样一项工作,既是一种让人刮目相看的殊荣,也是一种必须小心谨慎的任务。我的英语水平不高,但写作这样一类期刊上的文章,当然不会有多大困难。中国在秦代就有地图,但这些地图都早已亡佚。当时,马王堆三号汉墓中的西汉地图尚未出土,展览于西安博物馆(碑林)的宋代石刻地图《华夷图》和《禹迹图》是年代最早而不涉及保密的地图,可以作为我的写作内容。但文章还必须介绍中国古代的制图理论,主要是《晋书·裴秀传》中记叙的所谓"制图六体",即"分率"、"准望"、"道里"、"高下"、"方邪"、"迂直"。《裴秀传》中对这"六体"有230余字的解释,这是中国古代对于地图的最完整和具有科学价值的制图理论。以后的不少地图,都是依据这种"六体"理论而绘制的。但许多后代的绘图者,并不完全理解"六体"的意义,特别是宋代以来地方志上的地图,大多数实在是一种简单的示意图,并不符合"六体"的规范。对我来说,"制图六体"和《裴秀传》的解释,一直也处于"不求甚解"的状态。所以要把这些内容用英文表达,确实相当困难。为此而花了许多文字上的斟酌时间,最后总算写成了 *Map Making in Ancient China* 一文在该刊发表。虽然是一篇用英文撰写的文章,但在我有关地图学的发表记录中,这是第一篇文章。也就是说,我的第一篇地图学文章,是议论历史地图学的,这或许就是以后学术界某些同仁认为我是研究历史地图学的原因。

其实,我对历史地图学虽有涉足,但绝非精深。在历史地理学界的几位前辈学者之中,特别是谭其骧先生,不仅对此有长期的研究,而且早年就从事绘制。只是由于那个时代,如我在拙撰《水经注校证》卷首序中所说,是一个"读书有罪","读书人有罪"的时代,在"阶级斗争为纲"的恐怖中,"资产阶级知识分子"是重要的斗争对象。所以这些前辈们,虽然有的已经从事绘制,有的已有绘制的准备,但既不敢也没有机会将他们的成果公之于世。从上世纪60年代后期起,由于众所周知的原因,学术上的禁锢开始放松,谭其骧先生主编的《中国历史地图集》按朝代区分共8册,不久即以内部发行的形式出版。而时隔不久,又在国家领导的支持下,稍作修改而公开出版。记得是1985年,我在日本国立大阪大学担任客座教授,当时,公开发行本已经出版了3册,谭先生从国内挂电话给我,要我对这部历史地图集撰写评论文章,而且嘱咐我加紧写作,以期早日发表。我当然奉命从事,在大阪大学专家楼动笔,写成了《评中国历史地图集》长文,用中、英文分别在当时最高级的《中国社会科学》发表。其实,历史地理学界的另外两位前辈侯仁之先生和史念海先生,继谭先生之后,也都开始整理他们多年积累的研究成果,在他们长期任教的地区编绘这类历史地图,这就是侯先生主编的《北京历史地图集》和史先生主编的《西安历史地图集》。承蒙他们两位前辈的信任,都要求我如同评论谭图那样地为他们的图集撰写评论文章。我奉命写作,先后在著名期刊发表。我为3位前辈的著作撰写评论文章,实际上是对3位前辈的精湛图集进行一番认真研究的机会,让我在历史地图学这门学问上也获得长进。历史地理学界认为这3位泰斗的作品都由我评论,我必然对历史地理学和历史地图学都有造诣。而其实这是

3位前辈对我的一种栽培。现在回忆起来,3位前辈的确对我寄予一番期望。中国地理学会的历史地理专业委员会,自从建立之初,一直是由谭其骧先生担任主任的。但1985年我从日本任教回国后,甫抵国门,谭先生在上海就告诉我,专业委员会主任的职务,经他与侯、史两位商量,已通知中国地理学会由我继任,而学会的聘函随即寄到。由于我经常在国外讲学,熟悉一些国际上的同行学者,我接任这个任务后,也只能是每隔二三年举行一次历史地理学的国际学术讨论会,邀请一些与我有往来的国际学者与会。由于国际学术讨论会的举行,我不久又被国际地理学会(IGU)的历史地理专业委员会聘为咨询委员。直到上世纪90年代后期,在我担任了3届这项任务以后,向学会提出多次要求,并且物色和推荐合适的接班人,才算交卸了这个学术职务。溯昔抚今,不胜感慨。而整个过程的始末,实在是3位学术前辈对我的栽培。

为宏伟主编的这部巨构作序,写上这样一大篇,主要是为了说明两个方面:第一,我略谙历史地图学,并为自己的研究生开设这门课程多年,其实是谭、侯、史3位前辈对我的栽培,没有他们3位的榜样,特别是谭先生的《中国历史地图集》,我对这一门在历史地理学领域中具有重要价值的学科,不可能获得深入钻研的机会,或许也不能为研究生开设《历史地图学》这门课程。第二,自从1980年以来,听过我讲授这门课程的研究生(包括旁听的其他专业的研究生)为数实在不少,但像宏伟这样能够为他自己的家乡编纂如此一部内容丰硕的古旧地图集者,实在绝无仅有。这说明了宏伟为学的认真努力和从事做学问的事业心。同样的听课,而唯有他能够获得如此的成果。我虽不敢自诩我的课程有什么高明,但由于宏伟的成果,使我感到不胜欣慰和振奋。

说了如此一大篇以后,现在转入《湖州古旧地图集》这部巨型图集的本题。这些年来,我为研究生开设《历史地图学》这门课程,内容其实是"历史地理学"和"地图学"两者的组合。课程中涉及的理论和实际,除了杨守敬、熊会贞的《历史舆地图》外,主要是谭、侯、史3位前辈的图集,特别是谭先生的《中国历史地图集》。杨守敬应该是这方面的一位先驱者,所以在1954年谭其骧先生开始筹组他的编绘机构时,这个机构的名称曾作"重编改绘杨守敬《历代舆地图》委员会"(简称"杨图委员会")。杨守敬当年绘制这部历史地图集,是以他长期对中国历史的沿革变迁研究为基础的,所以实际上是一部"中国历代沿革地图"。谭图初创时,其目的也只是为了让杨图现代化。后来才意识到,以这样的要求和目标绘制历史地图是不够也是不合时宜的。因为前面已经提及《晋书·裴秀传》中记叙的"制图六体",对这个所谓"六体",后人有各种不同的解释,做起来有许多困难。杨图的绘制,是以胡林翼主持绘制的《大清一统舆图》为底图,采用方格计值(并有经线)的方法,虽然具有一定的计量价值,但毕竟仍然是一种旧式地图。所以最后还是放弃了原来的打算,取消了"杨图委员会"的名称,采用当代的新式地图为底图。正如我在《评中国历史地图集》中所说：

> 如此巨大的篇幅，不要说千千万万的线条和其他注记符号，仅地名一项就达
> 七万左右，要把偌大的内容，从各种历史文献，从古代的示意图，统统移植到现代
> 的计量地图上，这也是极不容易的。从全局来说，这是此图编绘中的最大工作量，
> 也是此图的最大成功。

以后的侯图和史图，都是按谭图的体例方法绘制，虽然内容也都是历史时期的，但
是由于谭图开创的先例，因此，各图都是具有很高计量价值的新式地图。当然，我对此
3 图的评论文章中，也指出其中存在的一些有待改进的问题。这个问题，其实是杨守
敬的《历代舆地图》中就已经存在的。这是因为地图编绘中，从现在的条件来看，郡县
沿革的变迁是最容易罗致的资料，而有关自然景观的变迁方面，确实是个难题。尽管
谭、侯、史 3 图，在这方面不同于杨图，而是作了很大的努力，但是由于历史资料的缺乏
和搜集困难，在全国和各地区历史地图的编绘中，要让自然景观的变迁和郡县沿革变
迁那样的完整入图，看来是相当困难的。顺便指出，现在，我国《国家地图集》中的《历
史地图》卷，启动已经逾 20 年，当时谭其骧先生还健在，是在他的指导下进行的，我个
人不仅是这个图卷的编委，而且是图卷中"历史植被图组"的负责人，正是由于在资料
上和其他方面的困难，所以一直牵延至今。今年年底起，或许可以分册陆续出版。但
有关人文内容的各卷与自然内容的各卷相比，后者显然是存在不少缺陷的。

现在，另一种形式的《历史地图集》出现了，这种《历史地图集》，其实是属于地方
志类型的。我国历史上的地方志修纂，素来重视"图文并茂"，而且还有过称为"图经"
的这种地方文献。"图经"的起源甚早，到宋朝更为盛行。早在天宝四年，朝廷就诏命
普修天下州县"图经"。到了大中祥符（1008—1012）年间，宋真宗又一次诏命重修"图
经"。结果由李宗谔主持，修成《祥符州县图经》共达 98 卷。其中也包括《祥符湖州图
经》在内。今所存《嘉泰吴兴志辑本》中，曾引及此《图经》达 12 条。可惜李宗谔主持
修纂的这一大部《祥符州县图经》，至今已亡佚殆尽，许多州县的古旧地图，我们已经
无法重见。在张国淦《中国古方志考》一书中著录的湖州一地的《图经》，除了上述《祥
符图经》以外，尚有《湖州旧图经》、《吴兴图经》、《吴兴郡图经》、《吴兴续图经》4 种，
也都亡佚无遗。这无疑是我国文化遗产中的一种不小损失。由于在雕板印刷盛行以
前，古籍的流传，主要依靠传抄，但抄手易觅而摹图困难，所以古旧地图的大量亡佚，是
势所必然。著名的唐《元和郡县图志》，至今存文而无图，就是这种原因所造成的
结果。

中国历史悠久，文献浩瀚。据韩长根教授的统计："中国古代文献包括现存的和
有目无书的即散侠的，大概不下十五万种。而其中尚存世流传可供披览检证的，也仍

在十二万种以上。"上述韩氏的统计，是以历来的公私书目为依据的，古人著书立说而不曾收入公私书目的，为数当然更为庞大。仅从韩氏按公私书目的统计之中，历来亡佚的文献就已达2万种之多，这中间，既有文，也有图。对于文字的亡佚，以后的学者曾采用辑佚的方法，从其他引及这类亡籍的文献中，片言只字地加以辑录。但对亡佚的地图，就无法采用辑佚的办法加以弥补。在上述张国淦的《中国古方志考》的著录中，从秦到元之间，全国性的舆图（包括图经）即达50余种，但已经完全亡佚，不可弥补。

秦始皇焚书坑儒当然众所周知，但这毕竟是2000多年前的事，而被他焚毁的书，数量其实不大。但令人担心的是，时至今日，我们的古籍和古图，仍在不断遭劫。我在拙作《佛教与佛学》一文中，记录了洛阳一地在"十年灾难"中的损失。据新修《洛阳市志》第十三卷《文化艺术志》卷首《概述》所叙：

> 1966年6月，洛阳出现"造反"组织；8月，毛泽东的《我的一张大字报——炮打司令部》出现在洛阳街头，从而把洛阳的"文化大革命"推向高潮。各种名目的"造反"组织，以"破四旧"为名，捣毁文物，破坏古建筑，烧毁古籍。他们在白马寺烧毁历代经书55884卷，砸毁佛像91尊。……这种疯狂的大破坏后，洛阳市古代泥塑无一幸存。

时至20世纪，全世界已经都懂得了古代文物和文献的珍贵和保护，但我国竟仍然发生这种有领导、有组织的大规模破坏，既令人不解，也令人痛心。在这种全国性的大破坏之中，被烧毁的古旧地图，肯定也有一个很大的数字。所以，《湖州古旧地图集》的编纂，仅仅从保护文献、抢救文献这种意义上说，就是一件值得高度赞赏的大事。而且如前面所说，古旧地图的损失与一般古籍的损失，两者还存在区别。因为后者通过辑佚等手段，尚可获得部分的复原，而前者一旦损坏就无法弥补。所以《湖州古旧地图集》从前面所引的《洛阳市志》的教训来评价，在某种意义上说，或许称得上价值连城。

中国从秦始皇建立郡县制度以来，行政区划和地名，总的说来是相当稳定的。而从元代开始的行省这种地方行政区划制度以后，省、府、县三级也相对稳定。当然，西汉末期的王莽时代，曾发生过一次地名（包括专名和通名）的大量改变，但以后随即恢复。在最近半个多世纪中，行政区划和地名也曾经频繁变迁。我们且不论为政者对这种变迁的用意和目的，但变迁毕竟属于现实。这种现实在地图上当然应该作出正确的反映。在杭嘉湖平原，明清以来的湖州和嘉兴二府，在上世纪50年代以后曾经有一段时期合二为一。由于这一次行政区划的变迁，《湖州古旧地图集》就必须扩大范围，增加篇幅，当然也就增加了搜集和编纂工作的难度。不过编纂这样一本图集，为此付出更多的工作量,并不属于徒劳。因为对于这个当前简称为"长三角"的重要地域,这本图集显然空前地增加了它的实用价值。

此图图名称为《湖州古旧地图集》,由于如上所述上世纪曾经发生过的行政区划变迁,所以嘉兴府属地区也列入图中。

这部图集的另外一个重要特色也值得重视。正图以后又增加了一个《附编》,收入了建国以后湖州、嘉兴两个地区的新式地图。当然,两个地区的合并正也是这个时期,是图集名为《湖州古旧地图集》的缘由。但全图主要是搜集了这两府的明清古旧地图。《附编》中的这许多新式地图,按图的性质都是有计量价值的新式地图,为此,《附编》的意义在于增加图集的实用性,使这部工程浩瀚的图集,在搜集和抢救"古旧"以外,也为使用者提供一些现代研究的作用。此外,《附编》中除了当前的湖州和嘉兴两地区以外,还收入了若干超乎这两个地区甚至全省性的专业性的图幅;但这些图幅,在使用上都与湖州和嘉兴这两个地区有关,在收入图集之时,都是经过精心考虑的,对于研究这个地区的各方面问题,都能提供参考。可以各取所需,让这个《附编》也能发挥它的实用价值。编纂这一部图集,真是千头万绪,而最后又考虑增加这样一个《附编》,显然是有裨于图集的。

浙北沿太湖地区,在自然地理上是杭嘉湖平原的重要部分,在人文地理上是春秋时代吴越接触频繁的早期开发地区,历史文化古老。美国著名汉学家施坚雅(G. W. Skinner)在其主编的汉学名著《中华帝国晚期的城市》中称为"金三角",也就是当前大家都关注的所谓"长三角"的重要部分。这是一片从全国来说最富庶繁荣和具有远大发展潜力的地区,是各门各类的科学家研究的重点地区。而对这个地区的各个方面的研究之中,必然要涉及许多有关历史地理学和现代地理学的问题。在这方面,《湖州古旧地图集》必然能作出有益的贡献。

2008 年 5 月于浙江大学

原载《湖州古旧地图集》,中华书局 2009 年版

《水之孕》序

为此书作序,首先让我钦佩的是,作者能用这样一个引人入胜的书名,用以描述水乡的不同凡响。我毕生依靠水,也花很多的时间研究水,想不到今天能看到这样一本以《水之孕》为名的书,确实不胜荣幸。

"孕"字已见于《说文》。郦道元说:"天下之多者,水也。"①现在,此书用这个"孕"字说水,作为一个水乡人,顷刻之间就心领神会。大地间世世代代的千万生灵,都由此而来。研究地质史的学者知道,人世间最早出现的生物要数三叶虫(Trilobito),寒武纪初期,时在距今 5.7 亿年。从此以后,生灵万物,从必须用现代高倍显微镜才能在化石中看到的直到硕大无朋的恐龙,不论是有性生殖和无性生殖,都可以包容有"孕育"这个词汇之中。而到了新生代第四纪,距今 250 万年,万物之灵的人类,终于"孕育"而出现在地球之上。经过茹毛饮血、钻木取火等多少长期而曲折复杂的过程,最后发展成为文明人,形成了现在这个光怪陆离、喧嚣繁华的大千世界。而古生物学家告诉我们,最早期的生物,是在水中孕育而成的,很久以后,才从水中登上陆地。水是一切生物和人类的生命之源。《水之孕》这本书名,是多么的动人心弦,让人向往。

现在,宁绍平原是我们神州大地上"水之孕"的杰出典范。我因为家乡所在,专业所关,曾经在这个地区作过一番文献研究和田野实勘。不过前辈名家杨向奎先生对我的溢美之言,却是愧不敢当的。杨先生说:"陈桥驿先生是研究宁绍平原起家的。他六十年代在《地理学报》上发表两篇关于宁绍平原鉴湖、森林变迁的论文,立即引起注意。以后在宁绍平原的城市、聚落、水系变迁的研究都被认为是宁绍平原研究的权威。其论文的特点之一是能从全面看一斑,并能从一斑以窥全面者,因此在国内外都很著名"。[②]前辈的这番褒赞,除了他对后辈的鼓励以外,其他偶然巧合的是,当时我们国家所允许出口的就是科学出版社的这套理科学报,因为这是代表我们当年的学术水平而又无虑泄密的。当然,学者能在这套学报上发表一篇文章谈何容易。

另外还有一种巧合是,正当我们自己对这类文化大加批判之时,国际汉学家却对此甚感兴趣。就在这些年头,美国著名汉学家施坚雅(G. William Skinner)在其执教的"长春藤盟校"[③]之一斯坦福大学创办了一所"宁绍研究所",他的日本好友斯波义信教授也正在致力于宁绍平原的研究。为此,早在我们闭关锁国的年代,国际汉学家已经知道,研究宁绍平原的中国学者有陈某其人。所以一到改革开放,他们随即主动来信,我们立刻成了学术上的好友。

不过这些热衷于宁绍平原的国际汉学家,尽管他们是秉承乾嘉学风的,是一丝不苟地用科学方法从事研究的,但是他们除了对历史地理学的钻研以外,还缺乏古地理学(Palaeogeography)[④]的素养。而研究这个地区,特别是涉及"水之孕"的过程,还必须从历史地理学上溯到古地理学。在这方面,我曾应日本同行的要求,在国际交流刊物《文化交流》[⑤]上描述过按今浙江省境的《假轮虫海退时期今浙江省境示意图》和《卷转虫海进时期今浙江省境示意图》[⑥]两幅属于古地理学领域的示意图,得到日、美两国汉学家的称赞。前者,据同行学者的考证,当时在 14780 ± 700 年,[⑦]后者约在距今 12000 年以后,前者时期,陆域甚广,宁绍平原与舟山群岛等许多岛屿连成一片,古代越[⑧]人已在这个地区从事生产活动。但由于卷转虫海进在全新世初期的发生,随着海水的内侵,越人分批流散。除了早期的竹木伐向海外(包括越南、日本及太平洋等地)漂流的以外,越人中的主要部分,随着海水的不断南进而逐渐向南转移,河姆渡就是他们向南转移过程在平原地区的最后一站(在与河姆渡地形上相当的四明、会稽诸丘陵以北,必然还有这类遗址)。此后,他们就进入山区,而以会稽山区为部族中心。一个已经从狩猎生产发展到农耕生产的部族,在会稽山区"随陵陆而耕种,或逐禽鹿以给食",[⑨]生活当然艰苦。他们在会稽山遥望背面的一片茫茫海洋,前辈向后辈口口相传:这片大海,早前曾是我们祖辈耕种的沃壤,以后总会有一位神明驱走海水,让我们回到这片沃壤去。神明终于到来,眼看海水逐渐退却,于是就出现了"神禹"[⑩]的故事。而文化发达的汉族,随即把禹移植北上,成为汉家第一个王朝的开国之君。此事我早有几篇拙文发表。[⑪]后来又发生了一批有的愚蠢、有的贪财的人,合作拼凑的荒唐无稽的所谓《夏商周断代工程》,招致了 2000 年 7 月 20 日《远东经济评论》和同年 11 月 20 日《纽约时报》的挞伐,从而引起了一场国际网议。而我们的《中国文物报》则坚持正义,在 2001 年 6 月 6 日发表了对这场荒唐游戏的正确观点:"运用'同代文字证明'的逻辑,我们只能对夏的存在打一个问号。"离本题或已稍远,此事就不再赘述。

这次海退估计在距今 5000 年前后开始,于是,困居在会稽山等山区几千年的越人,随着海水的逐渐退却,开始到会稽山北麓从事垦殖,越王句践则于公元前 490 年在今府山南麓的一片孤丘平原上建立了他的首都大越城。⑫不过这一大批在山区熬了多少代的越人,出山以后,却发现他们祖辈相传的这片沃壤,现在已成为一片泥泞的沼泽地,而且从不远的海上还有潮水、一日两度,在沼泽地上兴风作浪。为此,越人出山和句践建都以后,"水之孕"的工程成为首先面临的大事,这中间,筑堤修塘,拒咸蓄淡,显然就是越人能在这片土地上活下去的首要。多少代越人胼手胝足的辛勤,会稽山以北,相继建成了练塘、吴塘等断断续续的堤塘,而富中大塘⑬尤为其中的荦荦大者。

"水之孕"发展中的一项巨大工程出现于后汉。在前人对山会平原多年惨淡经营的基础上,会稽郡守马臻于永和五年(140),于山会平原南部,从西北到东南,把历来断续修建的堤塘加以连接加固,使整片当时称为庆湖的湖沼地区形成一座巨大水库。最初称为长湖或大湖(据《水经注》),唐代称为镜湖,宋代称为鉴湖。我曾以当时的湖泊所在,在 1:5 万地形图上求积,初创之时,全湖面积达 206 平方公里。对于工程的大概情况,最早的记载是今已亡佚的南朝宋孔灵符的《会稽记》:"筑塘蓄水高丈余,田又高海丈余,若水少,则泄湖灌田;如水多,则开湖泄田中水入海。"⑭于是,东起曹娥江,西到浦阳江,原来是一片堤塘断续,潮汐干扰的低洼之地,成为一座封闭的淡水水库。山会平原南部的自然面貌顿时改观。而且"水之孕"不仅孕育了自然,同时也孕育了人文。立竿见影的是东晋永和九年(353)的兰亭修禊。集全国第一流文人学士 42 人于天柱山下的鉴湖湖口,饮酒赋诗,在中国以前的历史上无此先例。这一次空前的文化活动,不仅让一个小小兰亭扬名后世,⑮而且更获得了《兰亭》这种在中国书法史的极品。⑯"千岩竞秀,万壑争流,草木蒙笼其上,若云兴霞蔚"。⑰"水之孕"孕育了这个江南的第一胜境。

当然,"水之孕"是遵循着自然规律和人文规律而孕育成这个水乡泽国的。从唐代开始,由于"三十六源"⑱不断输送的泥沙,使水库逐渐淤淀。历五代至宋而加剧。宋代的地方官如王十朋、⑲徐次铎⑳等,都认为鉴湖不可废。也有认为鉴湖可废的,但是由于水利科学在当时还相当幼稚,所以认为鉴湖可废的一方,也说不清其中的道理,以致从宋代以后,长期来流传着鉴湖湮废是越中灾害的舆论。我在这方面的研究始于1956 年。由于地理系高年级学生按教学计划有一次为时一个半月的经济地理和城市地理的田野实习,我是教研室主任,此事就由我负责。我把此系的实习基地选定在宁绍平原和舟山群岛,1956 年底就邀集教研室教师进行此区的考察,从此,我就在历史文献和田野考察中重视鉴湖兴废的过程和观状。从1957年起,一年一度,让我积累了对于这个问题的不少心得。当时的实际情况是,鉴湖就其整体来说虽已不复存在,但其地仍是一片村镇相望、河湖交错的水乡。而东部边缘的如康家湖、射憩湖,虽然已经缩小,但地名与湖泊仍然存在;而西部边缘的湖泊,如屃石、容山等诸湖,不仅仍然存在,面积还颇不小。"水之孕"在这个地区孕育了另一番水环境风光。由于沿陡亹老闸的堤塘涵闸已经完成,"三千顷"[21]土地已经无虑潮汐,亟需淡水扩大垦殖,所以所谓鉴湖"湮废",其实是鉴湖水体的向北转移,使山会平原垦殖面积空前扩大,是"水之孕"的锦上添花。

为了扭转历史上长期流传的人们对于鉴湖湮废的遗憾,我就写出了一篇《古代鉴湖兴废与山会平原农田水利》[22]的论文。恰逢当时的学校领导焦梦晓先生是一位非常重视学问、重视人才的人物,他几次与我谈及,为什么全校不少理科系科,都见不到在科学出版社的这套《学报》上发表论文。在他的鼓励下,我把这篇论文在1962年初寄到《地理学报》。是有凑巧,这一年正是"反右"和"文革"之间"阶段斗争"最缓和的一年,学术界在这一年中可以有一些各校间的学术交流活动。暑假后开学,历史系从复旦大学请来了谭其骧先生讲学,地理系不少人也去聆听,我当然在内。中场休息时,谭先生在讲台上说了一句:"地理系的陈桥驿先生今天是否在座?"我当然久闻他的大名,并且读过他的不少文章,但是却并不认识他。骤然听到他的召唤,立刻应声而起。他随即与我亲切握手,而且开口就说"佩服"。让我不知所措,原来我的《鉴湖兴废》论文,《地理学报》是请他审稿的。他说对于鉴湖兴废之事,众说纷纭,他也不甚了了。此番读了大作,说理精辟,可以一锤定音了。此文对他也甚有教益,所以已交回《学报》,不久就可发表。果然,在他走后不久,此文就在《学报》当年第3期发表。这是地理系建系以来第一篇上《学报》的论文,不仅全系鼓舞,学校领导也立刻来要去抽印本。其实,事情最重要的还是绍兴水乡,论文实际上就是"水之孕"的成果。此后,我又为《学报》写了两篇论文,但其中与"水之孕"关系非常密切的《历史时期绍兴地区聚落的形成与发展》[23]一文,由于"十年灾难"的发生,搁到灾难以后才得以发表。该文统计了绍兴(包括曹娥江以西改辖上虞的地区)的聚落。"平原聚落"要占全部聚落的73.5%,加上其他也可以归入此类的"沿湖聚落"和"沿海聚落",因"水之孕"而形成的聚落,一共要占全县聚落的79%。聚落依水,这就是这个水乡泽国在聚落地理上的特色。一句话:"水之孕。"

1959年,这或许是我生平做研究工作非常幸运的一年。尽管物资缺乏的现象已经随着"大跃进"而到来,而我意外地获得整整两个月的时间,浸沉在"水之孕"之中。这是中央水利部的大来头任务,为了所谓"钱塘江潮汐发电站"的也是属"大跃进"的差使,中央发文到杭州和绍兴等处,要对宁绍平原作一次技术经济和河川水利的全面调查。校、系两级都要我负责这项任务。其实我早已看过一些外国资料,知道潮汐发电与"小高炉"、"大食堂"虽然有别,但也不是什么先进的东西。无非是那些权力大知识少的人,以为钱塘江大潮举世闻名,必然可以办一座举世闻名的潮汐发电站。我当然心里有数,反正我承担的事与潮汐发电站没有直接的关系,而技经调查和河川水利调查的资料以后倒是有用的,何况我自己早有把整个绍兴进行一次全境踏勘的夙愿。地理系的三四两个年级学生和十几位教师由我调配。我安排了几位教师和一个年级的学生承担曹娥江以东的任务,本部设在绍兴,我自己坐镇于此。绍兴县由于也收到了这个文件,所以对此也很积极。我第一次去到县委书记那里时,他立刻把一位已经安排好的李松龄副县长请来,当面嘱咐他全力配合,言语中有一句对我们这个工作队很有分量的话:"有求必应。"我请1位教师和10位学生分驻萧山,自己和4位教师及20多位学生在县水利局提供的一间大办公室工作。局里专派一位王秘书受命随叫随到,为我们传送所有资料。我早已下定决心,要走遍曹娥江与浦阳江之间的山山水水。由于供应困难,县府食堂虽然受命要对杭大师生照顾,但却也很少能够看到荤菜。李副县长和好几位"长"字辈的人物也在这里吃饭,说明他们府上比这里更为艰难。我是为了这个难得的机会而自愿承此重担的,当然不会计较食堂里的事,何况这个食堂确实比外头要高出一等。

办公室的工作稍有头绪以后,我随即筹划从事绍兴人所谓的"里山"和"水村埭"的踏勘。"里山"是辛苦差使,我不让其他教师参加。承李副县长的关心,要我多带几个学生,让他们背米。他说按照我的计划,要走遍"里山"的角角落落,这些地方现在已经吃不到米饭,不少山村的杂粮,我们肯定无法下咽。不过我还是只带两位同学背米入山。夏季不必带卧具,是个有利条件。我们从陶宴岭入山,尽管其中好些地方,例如从黄坛西到驻日岙,南到孙岙,我在省立绍中读书时都已经走过。但是这一次是作为地理学的田野作业,所以照样旧地重走。李副县长的话不错,我们走遍整个"里山",除了黄坛、汤浦、宋家店等极少数几个集镇,饭店里有定时排长队供应的(当然要粮票)少量米饭外,就没有见到"大米"这种稀物。有的地方的杂粮,我们也吃,但不少山村的所谓"杂粮",是村民从山上弄来的。确实是无法下咽的,事实就是已经断粮。但是这还是飘着"三面红旗"的1959年呢,我们当然顾不了这些,整日跑路考察,花了9天时间,终于跑遍整个山区,最后又走了一段回头路。从日铸岭出山。这中间,虽然群山连绵。但"水之孕",仍然值得回忆。不要说流水滔滔的小舜江了,"千岩竞秀,万壑争流",也不是平原人想象得到的。山区虽然少水,但到处的小溪细流,同样是"水之孕"恩赐,仍然是山民不可或离赖以生活的源泉。

休整和总结了几天以后，接着是"水村埭"之行了。李副县长为我们准备了 3 艘脚划船。这一次安排了 3 位教师和 6 位同学。除了有的教师和同学起初不习惯绍兴的这种交通工具外，座位实在是很宽敞的。我们花 7 天时间考察了这个"水之孕"的百桥千水和大量集镇聚落。最后我让他们从钱清回城，而我则一人步行，经夏履桥循浦阳江考察了"碛堰"。最后到萧山城内看了设置在那里一个据点。

我有幸通过这次实在是意外获得的田野考察，踏遍了曹娥江与浦阳江之间的绍兴全境，或许是地理学者之中很少得到这种机会的人。也因此受到前辈名流杨向奎、谭其骧诸先生的褒赞。现在，更有幸的是，垂老之年，竟能读到《水之孕》这样一部煌煌巨构。我花了多少年岁月，不过是写了几篇并不高明的论文。而《水之孕》却把这个地方的自然环境和人文环境都孕育其中，绘声绘影，惟妙惟肖，海内外越人必将竞相争睹。能在这样一部必传其人的大著之前，写几句我对"水之孕"的回忆，溯昔抚今，百感交集。谢谢此书作者给我的这个机会。

2009 年 12 月于浙江大学

注释：

① 《水经注》原序。

② 史念海《河山集》三集杨向奎《序》，人民出版社 1988 年版。

③ IVY League，包括哈佛、耶鲁、哥伦比亚、普林斯顿、布朗、达特茅斯、麻省理工、斯坦福，共 8 校，是美国的名牌大学。

④ 与"历史地理学"不同，这是研究地质时期海陆变迁的科学。

⑤ 《文化交流》1996 年第 22 辑，拙文原题为《史前漂流太平洋的越人》。

⑥ 假轮虫、卷转虫，都是当时在化石上存留最多的原生动物门肉足纲的有孔虫（Foraminifera）的名称，用来作为第四纪各期海进、海退的名称。

⑦ 王靖泰、汪品先《中国东部晚更新世以来海面升降与气候变化的关系》，《地理学报》1980年第 4 期。

⑧ 《史记》等文献译"越"，《汉书》译"粤"。

⑨ 《吴越春秋》卷六。

⑩ 顾颉刚《古史辩》，民国十五年（1926）北平朴社版。

⑪ 如《大禹研究》序，浙江人民出版社 1995 年版；《关于禹的传说及历来的争论》，《浙江学刊》1996 年第 4 期；《水经注记载的禹迹再论禹的传说》，《浙江学刊》1996 年第 5 期。以上各文均收入于《吴越文化论丛》，中华书局 1999 年版。

⑫⑬　《越绝书》卷八。

⑭　（唐）杜佑《通典》卷一八二。引此文者甚多,文字小有出入。

⑮　《水经·渐江水注》:"湖口有亭,号曰兰亭,亦曰兰上里。"故（清）于敏中《浙程备览》绍兴府下说:"旧有兰亭,即亭堠之亭,与邮铺相似。"所以兰亭原来无非是县以下的一级乡里单位,并不出名。

⑯　原本久佚,今有唐人临摹本流传,以欧阳询的《定武本》著名。参阅拙撰《兰亭及其历史文献》,收入于《吴越文化论丛》。

⑰　《世说新语》语言第二。

⑱　"三十六源"是历来有关鉴湖诸文及方志中的笼统说法,当指其主要源流。若把小支流计入,必不止此数。

⑲　《鉴湖说》上、下,《王忠文公全集》。

⑳　《复鉴湖议》,《嘉泰会稽志》卷一三。

㉑　"三千顷"如上述"三十六源"一样,也是历来有关鉴湖诸文及方志中的笼统说法。

㉒　《地理学报》1962 年第 3 期。

㉓　《地理学报》1980 年第 1 期。

原载《水之孕》,西泠印社 2009 年版

《慈溪旧闻》序

　　慈溪的著名文化人童银舫君寄给我一叠《慈溪旧闻》校样,并且嘱《序》于我。银舫君是熟友,他致力于慈溪的文化事业,已经看到好些成果。而我年岁逾八近九,由于政府规定不退休,实在是又老又忙。这十多年来,除了有些熟友或早年学生著书立说,我不得不提笔写几句外,还要应付一些"老关系户"的约稿,所以实在早已力不从心。不过慈溪和我的关系非同一般,在《十里长街读坎墩》①上,有我的一篇《我和慈溪》的拙文,已经和盘托出了此中内情,同时也佩服银舫君对家乡文化的热忱,所以就拉杂地写几句吧。我在拙著《陈桥驿方志论集》②卷首《序》中提及:"按眼下时尚,序言有官序与学序之分,官序居高临下,气势磅礴,而且语言高亢,一句可抵千言,显然不同凡响。而我所撰者当然属于学序,自然免不了学究气。"所以要请《慈溪旧闻》作者见谅,我又只好在这里"学究"一番了。

　　《慈溪旧闻》共分7辑,收入各类有意义掌故文字180余篇,都是风味隽永,具有存史价值的。我也只能是浏览而已。但是从"慈溪旧闻"这个名称看得出,这是慈溪的一种地方文献。对于每个地方来说,地方文献实在是地方文化的表征。地方文献越多,也就说明了这个地方的文化渊源越深厚,慈溪正是如此。由于我在上世纪80年代之初就出版了《绍兴地方文献考录》③一书,所以对这方面是深有体会的。

　　现在,浏览了《慈溪旧闻》以后,深感我心的,显然是其中有一种慈溪"优势"。为了说明这种"优势",还得牵扯到另外一件枝节琐事。事情发生在前年(2007),我早年毕业的一位研究生给我打电话，正题谈完以后，也顺便谈及一件杂事。他问我现在是否空闲一点了，因为他在《中国地方志》上读到我的被刊在首页的一篇文章。[④]他素知我是从来不写文章投稿的人，现在居然写稿了。他把我的这篇文稿提得很高，他说：像这样的文章，在国内是任何一位号称"方志学家"的人都写不出来的，《中国地方志》也从来要不到这样的文章。这实在是个误会，我只好在电话中向他解释：南京有一位与我素不相识的学者吴小铁先生，忽然寄赠给我一套由他主编而刚刚出版的《南京莫愁湖志》，装帧非常讲究，并且不知怎样获悉了我的电话号码，挂电话求我为他写篇书评。我不得不直率地告诉他，谢谢他的赠书，但写书评的事做不到。我在某些期刊上发表的文章，都是一些熟友约请的，我根本没有时间写稿投稿，这一点只好抱歉了。但时隔一个多星期，我忽然收到《中国地方志》主编于伟平女士的来信，向我推荐这部志书。其实，我和于女士也没有见过面，大概是那年她曾经到日本访问，托人请我写了会见日本某些著名学者的介绍信，我是日本几所大学的客座教授，熟悉那边的学者，所以就为她写了。于女士的专函推荐显然是吴小铁先生请求的。但既然是《中国地方志》主编的专函推荐，所以我就写了那一篇。不过由于我并未读过其他新出版的中国湖泊志，所以我在文中写的，都是有关国际汉学家研究中国湖泊的事，对《南京莫愁湖志》只是应景提及而已。

不过我的这位研究生所说的国内任何一位"方志学家"都写不出的话或许有些道理。我不是方志学家，但据我约略所知，国内的这些称得上"方志学家"的人，都不会用英语作演讲，也轮不到国外有什么大学请他们去讲学。而我的情况则不同，1980年以后，几乎每年都出国讲学，甚至一年两度。2006年10月29日的《光明日报》曾作过整版报道，最后归纳出我在学术活动中的"三不主义"，"三不"中的一"不"，就是多次出国，并且带了夫人（她也熟娴一种外语），却不花国家一分钱外汇。确实，在那20年中，我到处奔波，足迹远到南美巴西。不过我的出行并不是当官的以旅游为目的的所谓"考察"。我的邀请方都支付交通费和讲学报酬，在那个商品世界中，到处都是这样。

《中国地方志》发表了此文以后，随即收到了吴小铁先生一封用毛笔在八行笺上写了好几页的感谢信，一手很好的书法，说明我认为推荐信是他向于女士要求的估计不错。我当然不是方志学家，但完成了《中国地方志》的推荐，满足了吴先生辛勤修志的希望，而实际上也利用这种期刊表达了我"研究湖泊，保护湖泊"的夙愿。

这里必须说明，为什么此《序》一开头就写上这样一件看来与《慈溪旧闻》无涉的事。但是请注意，我在前面提出慈溪的"优势"一语。而这种"慈溪优势"，实在来头不小。是什么？当代的人们，或许有很多不会在意：只是一个湖泊而已。不过做学问的人,尽管这个行业,在眼下潮流里是许多人不屑一顾的,不过在国外,国际汉学家研究中国湖泊的,人数不少,兴趣不小。日本汉学家研究萧山湘湖,并到这个地区实地考察,所撰的著作由我夫人在大阪大学我的办公室在作者的指导下译成中文,⑤美国汉学家为了研究湘湖,携带了夫人儿女到杭州寓居半年多,回国后写出了专著。⑥当时已身为国际汉学家之首的伊懋可(Mark Elivin),居然长期在云贵高原研究深山中的洱海。⑦比起这些国际汉学家的研究和成果,所以我说,区区一个莫愁湖,又何足道也。

　　中国是个贫湖国,这当然是我们自然环境方面的劣势。我在拙著《郧学札记》⑧中有一篇《湖泊湮废》的小文章,以美国和加拿大这两个国土面积与我们相似的国家拥有的湖泊(淡水湖)进行比较。在美国,每1万平方公里国土面积,有淡水湖面积260余平方公里:加拿大则有130余平方公里。而中国,每1万平方公里国土中,只有淡水湖面积17平方公里。水资源是人类可持续发展中至关重要的自然资源,这个问题现在大家都看到了。美国和加拿大之间的所谓"五大湖"确实大,由于沿湖两边的加、美两国都有大学请我讲过学,所以我基本上沿湖绕行过一圈,5个大湖,总面积等于我国的一个江苏省,而且保护得很好,绝无水污染或其他不利于水体的事。不错,这也是他们的一种"优势",包括水资源的优势和水体保护的优势。不过,对于人类的前景来说,特别是淡水资源的问题,是必须和必然在科技发展的过程中要得到解决的,手段即海水淡化。现在当然花费很高,许多国家特别是贫水国,都还可以用别的手段,例如"节水"和"循环用水"等方法解决,但若干波斯湾沿岸石油丰富的有钱国家,已经使用了"海水淡化"的方法。所以像"五大湖"这种自然环境的"优势",现在确实是"优势",而这种"优势"随着时代的发展必然是会让没有者也获得的。但自然环境的"优势"以外,还有一种"人文环境"的"优势",这种"优势"一旦存在,可以万古不朽。这是什么?简言之,就是人类文化。举个例子,譬如我们常常引以为豪的"良渚文化",不要说许多精致的玉雕作品,单是黑陶的出现,也就可以大做一番研究了。但若把眼光再放远一些,在良渚人雕作他们玉石的时代,尼罗河边上已经矗立了大大小小的许多金字塔,其中至今巍然于开罗近郊吉萨的"胡夫金字塔",每边长230余米,高146米,是用230余万块巨石筑成的,其时在公元前27世纪。现在,我们完全有能力建造一座比"胡夫金字塔"更为高大壮观的金字塔,但能够创造出公元前27世纪的这种文化"优势"吗?

　　此《序》一开始就提出慈溪的"优势",而且话题转到南京莫愁湖,尽管为它写了书评,但又说莫愁湖"何足道也"。这正是因为我所说的慈溪"优势"也是一个湖泊,是一个举世无双的湖泊——上林湖。这也是一个面积不大的湖泊,但它的"优势"是无可取代的,那就是名著寰宇的越窑青瓷。"九秋风露越窑开,夺得千峰翠色来"。《慈溪旧闻》中的《上林湖》一篇，开头就提出"青瓷露天博物馆"的名称。我曾经几次到过湖边，所以很赞赏这个称谓。

当年我主编的《浙江古今地名词典》，⑨曾把"三北平原"、"三北半岛"、"三北浅滩"都作为地名收入词典。我在为《慈溪海堤集》⑩所写的《序》中，又老调重弹，把大古塘以北这个由围堤筑塘而成的半岛称为"海塘博物馆"。这个名称，曾在第一轮修志中得到《宁波市志》主编俞福海先生的赞赏。⑪但《旧闻》中提出的"青瓷露天博物馆"和"海塘博物馆"不同。因为三北半岛的形成，是一种天工和人力合作的产物，这种"博物馆"，三北半岛虽然具有典型性，但其实在它以西，即萧山和绍兴以北的南沙半岛以及杭嘉湖平原、温黄平原等地，都有这类沿海平原不断扩展，而海塘不断修筑的现象。所以由于海岸扩展而修堤筑塘的事，其实在第四纪最近一次海退以后，中国沿海多处都存在。但是这个"青瓷露天博物馆"却是举世无双的，就是我在《序》文开始时所说的慈溪的"优势"，称得上是我们的"国宝"。

国际著名陶瓷学家、东京大学教授三上次男，曾经走遍世界上收藏著名陶瓷器的城市，于1969年撰成《陶瓷之路——东西文明接触点的探索》⑫一书，由于内容的精湛而享誉全球。1980年以后，我应日本学术界之聘，先后在关西大学、国立大阪大学、广岛大学做客座教授，每校讲课一学期，又在其他不少大学讲学。我是应各校事前的约请用英语讲课的（他们的目的是为了提高学生的英语水平），但三上教授知道我夫人熟娴日语，因此面请她把他的这本著作译成汉语在中国出版。1985年，我们在国立大阪大学，三上教授为了答谢我夫人的翻译，特邀我们到他陈列陶瓷收藏品的一座五层大厦——东京出光美术馆做客并参观。五层之中，有一层是青瓷馆，主要都是上林湖的产品，都是他在世界各地考察所得。青瓷收藏到哪里，他就跑到哪里。所以从上林湖经宁波出口的这条青瓷航道，他就称为"陶瓷之路"。他曾在埃及开罗南郊的福斯塔特废墟亲手触摸过12000片中国瓷片，其中最多的就是上林湖青瓷。收藏在出光美术馆这一层中的青瓷，显然都是越窑精品，我没有陆龟蒙那样的诗才，只能用"胎薄如纸，色明如镜"来形容他的这些收藏。他在《陶瓷之路》中对这些青瓷的赞美是："其清澈犹如秋高气爽的天空，也如宁静的深海。"上林湖当然是慈溪的"优势"，也是慈溪的骄傲！

中国是个大国，在古代生产瓷器的当然不只上林湖，河北邢州的"邢瓷"也算是一种名品，三上教授的馆中也有不少收藏。对于这两种著名的瓷器，唐朝的茶圣陆羽曾有评论："若邢瓷类银，越瓷类玉，邢不如越一也；若邢瓷类锡，则越瓷类冰，邢不如越二也；邢瓷白而茶色丹，越瓷青而茶色绿，邢不如越三也。"⑬陆羽在他对这两者的评比中，最后以他毕生研究的茶作了总结，真是为上林湖锦上添花。

　　《慈溪旧闻》是一部内容丰富的地方文献,若要对各辑各篇都作点评论,显然是我力所不及的。所以我只以上林湖的越窑青瓷作为我这篇《序》的重点。

　　三北是个文化渊源深厚的地方,又有不少热心于此的文化人,我不仅对此书作了应得的评价,而且更希望这方面的续编,能够不断问世。

2009 年 6 月于浙江大学

注释:

① 杭州出版社 2008 年版。

② 杭州大学出版社 1997 年版。

③ 浙江人民出版社 1983 年版。

④ 《研究湖泊,保护湖泊——〈南京莫愁湖志〉对我的启发》,《中国地方志》2007 年第 6 期。

⑤ 《〈湘湖水利志〉和〈湘湖考略〉——浙江省湘湖水利始末》(日)斯波义信著,胡德芬译,《中国历史地理论丛》第 3 辑,陕西人民出版社 1988 年版。

⑥ R. K. Schoppa, *Xiang Lake-Nine Centuries of Chinese Life*, Yale University Press, 1989. 中译本,叶光庭等译,陈桥驿校《湘湖——九个世纪的中国世事》,杭州出版社 2005 年版。

⑦ 参见陈桥驿《学问与学风》,《杭州师范大学学报》(哲学社会科学版)2008 年第 6 期。

⑧ 《郦学札记》(当代学人笔记丛书),上海书店出版社 2000 年版。

⑨ 浙江教育出版社 1991 年版。

⑩ 王清毅主编,方志出版社 2004 年版。

⑪ 《陈桥驿与浙江地方志编纂》,《浙江方志》2000 年 4、5 合期。

⑫ 日文本,东京岩波书店 1969 年版。中译本,胡德芬译,天津人民出版社 1983 年版。

⑬ 《茶经》卷中。

原载《慈溪旧闻》,浙江古籍出版社 2009 年版

《越国古都诸暨》序

　　《越国古都诸暨》编纂就绪，行将付梓，索序于我。我对诸暨，可谓情有独钟。虽然籍非此邑，但我与它的关系，确实不同寻常。我曾经写过一首有关诸暨的诗，首句即是"也算半个暨阳人"，这完全出自我的内心，包含了我写这个地方的两种关系。第一，因为我的家族在历史上是从诸暨枫桥迁到绍兴的，尽管时隔数百年，但追本溯源，诸暨仍是我的寻根祖地。第二，也是特别重要的，我生平求学，从小学到中学，曾经获得许多诸暨籍老师的教育栽培。尤其是抗日战争时期，省立绍兴中学迁移到枫桥花明泉。此校名师毕集，其中有不少是诸暨籍的。我在那里度过了一段一生难忘的时光。我和诸暨存在这样的情结，如今溯昔抚今，遐想连绵，不胜快慰。

　　诸暨是越国古都。春秋时期，宁绍平原虽然拥有丰富的水土资源，但卷转虫海退尚未完成，平原虽已出露，而潮汐直薄，土地斥卤，饮水和燃料等也都难以解决，长期来对部族居民是一片可望而不可及的地方。于越部族活动于会稽山区（当然也包括四明山区），见诸记载的部族酋长驻地，如埤中和嶕岘大城等，都在山地内部，部族居民过的是"随陵陆而耕种，或逐禽鹿而给食"的迁徙农业和狩猎业生活。埤中作为春秋时越国的早期都城，故址约在今诸暨市北隅店口镇与阮市镇一带。《水经注·浙江水》即有"越王都埤中，在诸暨北界"的记载。

　　早在20多年前我曾写有："于越流风远，埤中在暨阳。西子音容邈，典范照故乡。"这首诗前两句是讲诸暨是越国古都，后两句讲诸暨是西施故里。此后诸暨宣传西施，编纂有关西施的书籍很多，但编纂越国古都的书依然没有。直到 2007 年朱再康先生登门拜访，研讨编纂越国古都诸暨的相关事宜。我为诸暨民间的这种力量所感动，欣然命笔，题写了书名，并同意出任该书的总顾问。如今此书完全依靠民间的力量，在近 3 年的时间内能够编竣，而且对越国在诸暨的埠中、大部、句乘的 3 次建都编写得很详实。特别是《四库全书》中宋《路史·国名记》载："封云西瓯处于埠中，削发文身以负俗，曰无余。"又曰："越，一曰于越，处埠中，号无余。"这就说明越都埠中为无余所创建，解开了过去埠中是谁建都模糊不清、说法不一的谜团。

　　此书很好地传承了古越文脉，展示了西施风情。越王句践卧薪尝胆，生聚教训，使于越从小到大，由弱转强；越女西施忍辱负重，以身许国，不负使命，兴越沼吴。这种能屈能伸的大丈夫行径，这种公而忘我的无私奉献，不正是当今建设和谐社会的重要精神力量吗？

2009 年 9 月 27 日于浙江大学

原载《越国古都诸暨》，西泠印社 2009 年版

《建德市志(1978—2005)》序

这个世纪开始后不久,中华书局就约请我把历年积累的资料,合成一部《水经注校证》。我同意了,但这是一部80万字的大书,到2007年下半年,才得以出版。[①]我在整理此书时,颇为我们的学术界感伤。因为这几十年来,我们的学术不仅停滞,而且倒退,与我多次到国外讲学时结识的国际汉学家的精勤作业,真是无法相比。[②]我在此书卷首序中追溯了原因:

> 原来从上世纪50年代以来,我们曾经经历过一个"读书有罪"、"读书人有罪"的时代,我在拙撰《记一本好书的出版》[③]文中提及:像我这一辈年纪的知识分子,绝大多数都是无端被剥夺了20多年工作时间的。

地方志也是书,在那段时间里,如果读了,也是属于"有罪"的,不要说从事修纂了。但这个"读书有罪"的时代到上世纪70年代末期有幸过去了,于是"读书"和"读书人"开始活跃起来,而禁锢多年的地方志修纂也随即恢复,并且掀起了一个高潮。在浙江省,建德有幸在这方面立了"头功"。因为现在我们所称的第一轮修志中,《建德县志》是1986年在全省第一部问世的。尽管此后到90年代,省内所修的志书,在质量上有不少要高于《建德县志》,但这是方志界共同努力取得的进步和提高。而《建德县志》的这个"头功"是永远写在上世纪80年代的第一轮修志史中的,这是建德方志史上的一种重要荣誉。

我和建德的地方志修纂,也曾经结下了一点缘分。记得在上世纪80年代之末,立

"头功"的修志主编周金奎先生，特地亲自把我们夫妇接到建德访问参观。当时，建德的我省第一座"浙江方志馆"建成不久，正在从事征集和收藏各类志书。正是由于修志已经发展了一段时期，我已经收到了省内外寄赠的不少志书。我不是方志学家，这许多志书存在家里实在是一种浪费，于是我就顺便把这些志书随车带到建德，赠给成立不久的"浙江方志馆"，并且在赠献时摄影留念。想不到这帧照片，后来居然留存在一本有关于我的大型照片集中。④照片上除了我们夫妇以外，还有方志馆的另外几位先生，而拍摄地就在方志馆门前，所以"浙江方志馆"的牌子，在照片中特别显眼。这次由于阅读建德第二轮修的志稿，我又翻阅了这本照片集。"浙江方志馆"的这帧照片，勾起了我的不少回忆。

当第一轮修志在省内开始之时，由于其事禁锢已久，骤然开放，浙江省也和全国其他地方一样，承担这件事务的文化人，都面临着一件新事，因为大家都没有这方面的经验，尽管各县都尽力而为，而困难显然不少。我在这段时间里，也是因为国门开放而频频应邀出国讲学，所以对各地寄赠的志书，实在无暇翻阅。事后想想，真是对不起向我寄赠新志书的单位，包括在这方面为全省立了"头功"的建德在内。

上世纪90年代之初，杭州大学党委书记郑造桓先生，因为他来校前曾是省民政厅的领导，所以亲自把《浙江省民政志》稿送到舍下请我审阅。说起来很惭愧，这或许是我认真阅读的第一部志稿。作为《民政志》，历史上的行政区划，即所谓"沿革"，应该是很重要的部分，但我却发现了这个部分的重大错误。当时，在我向建德"浙江方志馆"赠书以后，手头又积存了以后各地寄赠的志书20多部。受《民政志》稿错误的启发，我只好把二十几部志书都取出来，读一读它们对"沿革"的记叙。使我吃惊的是，在省内的二十几部新志中，对"沿革"记叙完全无讹的竟只有1部。于是，我除了为《民政志》稿修改错误外，不得不挤出时间，写了《关于"沿革"和"浙江省新修志书沿革卷篇"的讨论》⑤一文，全文开头就说：

> 我在骇异之余，就把我手头的省内新修志书，包括市县和少数镇志，一共26部，略读了其中有关沿革的卷篇，除了1部……其余25部，在这方面都存在欠妥的字句，有的甚至是明显的错误。

错误当然是各式各样的，其中最常见的是秦汉之际。许多部新志书都写及秦废封建置郡县的事，这当然是不错的，但接着联系自己的县市，说"西汉因之"。修纂此篇的作者并不知道，对于浙江来说，"西汉因之"一语是全盘错误。由于当时的撰写者多非历史学者，所以这种错误实属难怪。但是这样的志书让它们一部又一部地公开出版，修志的领导部门就责不容辞了。其实，"西汉因之"一语，对于浙江省境来说，某种程度应该是："西汉反之"（当然不必把这样的话写入志书）。因为汉高祖在接受了秦的版图后,随即分封了不少同姓和异姓王国,撤废了许多郡县。当时的今浙江省境(秦会稽郡),按《汉书·地理志》(也并不完全无讹),会稽郡,"秦置,高帝六年为荆国,十二年更名吴,景帝四年属江都,属扬州"。所以,郡县制的基本恢复,是西汉文、景二帝以后的事。而这许多部志书中,"西汉因之"的话竟能让人熟视无睹。这除了说明撰写者缺乏历史知识外,也说明了学术界其实很少翻阅志书。所以谭其骧先生后来提出不少市县一代一代地修纂志书,其中有的是"越修越差,越修越错"。⑥这话确实有些道理。从当前已经出版的第二轮志书来看,其中也有少数或个别的,不能说它"越修越差",但至少是"没有进步"。当然,对于建德来说,第一轮是在时间上立了"头功",而第二轮,从我阅读的志稿评价,质量显然有了很大的提高,是一部佳志。

回过头来再说第一轮志书中出错普遍的历代行政区划,即所谓沿革的事。中国由于历史悠久和幅员广大,在这方面确是相当复杂和比较困难的。每一次改朝换代,这方面当然会有不少改变。以浙江为例,明朝定鼎以后,元朝的"庆元路"就改成"宁波府"。按现代地名学,这种改易,不仅改了专名("庆元"改"宁波"),而且改了通名("路"改"府")。不过由于改朝换代而改易地名,这是可以理解的,而且改易的数量一般都不很大,何况历史记载都很清楚,核查、考证和记叙都并不困难。在这方面,历史上曾经受许多人鞭挞的(但主要是在于他的为政和为人)是王莽,他曾经大改全国地名,也是专名和通名兼改,如今浙江境内的钱唐县,就被他改为"泉亭"("钱唐"改"泉","县"改"亭"),当然也为后世所咒骂。不过好在时间短促,他死了,"新莽"完蛋了,被他胡乱篡改的地名都获得恢复。而且,他所改易的大量地名,《汉书·地理志》都以"莽曰"一语记入,也可以查得清楚。所以在我省第一轮修志中所出的许多沿革错误,确实是令人遗憾的。

志书中沿革记载错误的另外一个原因是地方辖属关系的变迁,这也是在全国包括浙江在内常常发生的事,而且史书在这方面的记载与上述的情况不同,有时各书记载互有出入,也有后世学者有不同议论的。有关这方面,新修志书颇会发生一些困难,并且也易于致讹。就以建德为例,这个地方在历史上曾有多次辖属关系包括地名的变迁。而随着这种变迁,行政中心(即所谓"治所")的地点也常常同时变迁。所以志书修纂者在这方面要查阅许多资料,花费不少精力,这当然是修志必须做到的事,但其间会遇到一些困难。也有些志书,虽然在这方面考核定局并作了记叙,但史家仍会有人提出不同意见,这实在是不得已的事。现在且说此志记叙的建德。历史上与这个地方发生过辖属关系因而出现若干不同地名的有建德县、建德府、睦州、严州等处,当然还有当今的建德市。这中间,建德县是三国吴黄武四年(225)分富春(今富阳)所置,是这个地区中有关建德最早出现的地名。但到了隋仁寿三年(603),这个地区又出现了在行政区划中比县高一级的睦州,治所在新安县(今千岛湖的威坪附近)。到唐万岁通天二年(697),睦州治所移到建德县(今梅城)。到北宋宣和三年(1121),睦州又改名严州。而南宋咸淳元年(1265),行政区划的通名改"州"为"府",严州就成为建德府。所以"严州"是一个使用时间很久而至今仍为许多人所知道的地名。由于严州(包括路、府时代)治所多在今梅城,使梅城成为一座中古以来州府一级的大型城邑,因而这座城邑是具有保护价值的,所以朱睦卿先生能写成《梅城》⑦一书,在历史城市地理研究中具有重要意义。而此次志稿的写作,能把建德市在历史上的这种相当复杂的辖属关系记叙清楚,也是值得称赞的。

我是从学术的角度也可以说是以学究式的习气为这部志书作序的,所以最后还想提一下与志书有关地区的地方文献。隋代的睦州范围很大,而且其中许多地方已经沦入千岛湖,为此我在此只略论一点与严州有关的文献。又因文献也是涉及面很广的古籍,我因曾撰作过《绍兴地方文献考录》⑧一书,深知其中的困难,所以这里其实只是议论一点有关严州的地方志书。这次我读到的志稿目录中有《严州历代文献辑录》一项,这种"辑录"假使涉及古代文献,规模可以很大,甚至能够成为一部单独的巨构。所以有不少志书,卷内设置《前志》一篇,把这个地区历史上的志书作一些简单的介绍。而我要在此说几句的正是这方面的一点意见,或许是小题大作,但我认为是应该提出来讨论的。因为历来议论严州志书,一般多以《祥符严州图经》为首,认为这是此州的第一部志书。此《图经》虽然早已亡佚,但以后各书,引及很多,说明在一段时期中,此书确实存在。北宋朝廷在太祖开宝年代和真宗大中祥符年代,曾两度下诏要全国各州县普修《图经》。⑨开宝图经没有完全修成,但祥符图经共1500多卷是确实修成并见于《宋史·艺文志》的,其中也包括《严州图经》在内,这是事实,⑩但由于这部《祥符严州图经》不久就告亡佚,所以后来有些地方文献引用时常常称为旧经,历来已经习以为常,认为旧经即是《祥符严州图经》。所以我必须在此指出,在严州的志书中,确实存在比《祥符严州图经》更早的旧经。此旧经是否开宝图经当然无法论定,但南宋孝宗淳熙年间知州陈公亮主持修纂的《淳熙严州图经》中,曾引旧经十余条,其中"风俗"项下有"大中祥符图经载旧经"之语,既然此旧经为《祥符图经》所载,说明严州确实有过比《祥符图经》更早的图经,所以张国淦的《中国古方志考》⑪中,专列"严州旧经"一条,位于"祥符严州图经"之前,这是正确的。严州的古志较多,但以后残缺和亡佚的不少,实在可惜。其中如张国淦《中国古方志考》中所列南宋绍兴年代知州董弅所修的《严州图经》8卷,除了董序尚为《淳熙图经》收录外,全书也已亡佚不存。我国古籍亡佚甚多,非独严州而已,当然是我国这个文明古国在历史文化上的重大损失。

　　《建德县志》是第一轮修志中在浙江省获得"头功"殊荣的志书,现在第二轮《建德市志》行将问世,这是一部内容完整、资料丰富的佳志,受嘱为这样一部志书作序,感到不胜荣幸。

2009 年 3 月于浙江大学

注释:

①　《水经注校证》,2007 年 7 月初版,印数 4000 册;2008 年重印,印数 3000 册。

②　参阅拙撰《学问与学风》,载《杭州师范大学学报》(社会科学版)2008 年第 6 期,文中举了若干外国汉学家严谨治学的例子。

③　《中华读书报》2001 年 7 月 4 日,"好书"指 *The City in Late Imperial China* 中译本《中华帝国晚期的城市》,此书于此年在中华书局出版。

④　这本照相集命名为《陈桥驿先生八十华诞》,由香港的科技界人士编集印行。

⑤　载《浙江方志》1984 年第 6 期,又收入《陈桥驿方志论集》,杭州大学出版社 1997 年版。

⑥　《地方史志不可偏废,旧志资料不可轻信》,《长水集续编》,人民出版社 1994 年版。

⑦　中华书局 2004 年版。

⑧　浙江人民出版社 1983 年版。

⑨　《玉海》卷一四,收有"开宝修图经"和"祥符修图经"各一条。

⑩　拙撰《图经在我国方志史中的重要地位》一文中对此有较详论证,此文原载《中国地方志》1992 年第 2 期,又收入《陈桥驿方志论集》,杭州大学出版社 1997 年版。

⑪　中华书局 1962 年版。

原载《建德市志(1978—2005)》,浙江人民出版社 2009 年版

《苕溪运河志》序

　　《苕溪运河志》修纂完成。经过专家们的审议和修纂者的修改增补,作为一部记叙江河水利的专志,不仅内容完备,而且文字精致,图文并茂,称得上是一部成就卓著的佳志。

　　修纂志书是中国的一种文化传统,肇始甚早,有许多不同的说法,姑置不论。但其中绝大多数是以州、郡、府、县为对象的所谓通志。与上述以江河水利等为对象的专志不同。通志与专志,是我国志书中两大类。各府、县普遍修纂通志,大体上始于南宋,以后历代相传,直到20世纪在全国性中断了30年以后,80年代起又通盘恢复。通志的体例格局,大致也是从南宋沿袭而来。一个府、县城邑,直到20世纪80年代恢复这种传统以来,修纂一部通志,历来有一定的规范和要求。而正是因为有这些规范和要求可循,导致各县邑通志在质量上的很大差距。近代著名学者谭其骧曾经批评某些县邑历修通志"越修越差,越修越错"[①]的现象,这种观象显然也包括自20世纪80年代恢复通志修纂以来的所谓"一轮"、"二轮"志书在内。

　　既然为一部新修完成的志书写序,我不得不说上这几句,为的是让有些不大了解志书性质的读者心中有数。志书有通志和专志之别,而我一开头就赞扬的《苕溪运河志》是一部专志。我并不否定修纂通志需要学问,但专志的性质比通志要特殊得多。专志是一种专门的学问,要邀集一些具有这种专门学问的人合力修纂才能完成。我在拙作《学问与学风》[②]一文中指出:"按出版物的数量计算,这些年来,从出版机构发出去的或'卖'出去的书号(ISBN),确实是个很大的数字,但其中有多少是做学问的成果呢?"在此,我当然也得声明,我并不认为修纂通志不是做学问。但专志因为其特殊的性质,所以应该说,绝大多数专志,都是一种做学问的成果。

现在言归正传,回到《苕溪运河志》的本题上来。在中国古代文献中,"苕溪古称'苕水'","苕水"一名,首见于《山海经·南山经》:"又东五百里曰浮玉之山,北望具区……苕水出于其阴,北流注于具区。"近代学者已经论定,《山海经》其书成于战国前期,书内多怪诞离奇之说,曾经受到史学权威司马迁的不齿。[3]但其中仍有一些可以与以后的山川地理相凑合的,所以在历史地理学界仍然受到重视。[4]上述关于苕水的一段,其全文中仍有不少怪物臆语,但"具区"即今太湖,这在可信的古籍都有记载。[5]所以苕水注入太湖,对《山海经》的作者来说,虽然绝非亲见,但事实是不错的。为此,苕水是个很早出现的先秦地名,以后人们把这个地区的许多河川,都以"苕水"为名,这是事出有因的。

这部专志名为《苕溪运河志》,即在"苕溪"河名以外,又加上"运河"这个词汇。所以有必要对"运河"作一点说明。我在拙作《中国运河开发史》[6]卷首的《概论》中,曾经引用《哥伦比亚简明百科全书》[7]对"运河"的解释:"灌溉运河或许是与农业同时开始的,比作为航运运河的发展要早得多。"这个解释就涉及到地质科学上的古地理学(palaeogeography)问题。今浙江省境在第四纪有过几次海进和海退的过程,因为其事与这部志书记叙的今杭嘉湖地区有关,所以需要加以说明。在晚更新世的假轮虫(pseudorotalia)海退时期,今省境的陆域范围甚大,海岸接近今东海大陆架边缘。据黄海零点下155米处取得的贝壳堤所作的C^{14}测年结果,其年代为14780±700年。[8]说明大体上在距今15000年以前,海面比现在要低150多米。所以今杭嘉湖平原与东部今海域中的岛屿当然连成一片,地域广阔必然成倍地超过当今。

这个海退时期过去以后,在全新世之初,距今约12000年,第四纪最近的一次[9]称为卷转虫(ammonia)海进开始掀起,海面逐渐抬高,海水进入内陆,今浙江省境内的所有平原均沦为海域。这次海进大概在距今7000年时到达顶峰,今杭嘉湖平原当然成为一片浅海,当地的先民,有的依靠简单的漂浮工具如木筏之类漂洋出海,[10]有的则攀登入海水所不及的山丘地区,这就是后来越王句践所说的:"人民山居"。[11]以后海退开始,到了距今约5000年以后,海面才退缩到现代海面的高程。[12]当时,在今杭嘉湖平原,由于其西翼有海拔超过千米的天目山和今皖南诸山,原来在平原上的先民,当然大批入山避水。而在平原的东翼,如我在拙作《论良渚文化的基础研究》[13]一文中所指出,其北侧有"火山喷出岩构成的大遮山丘陵,绵亘于今德清与余杭之间。主峰大遮山,海拔483米。丘陵西与莫干山南翼诸丘陵相连。从梯子山、中和山等东迤,在主峰以东又有百亩山、上和山诸峰,从今余杭南山林场直抵西塘河西缘。丘陵中的不少峰峦如中和山、王家山、青龙岗、东明山等,均超过海拔 300 米,200 米以上的峰峦则连绵不断。大遮山丘陵以南,分布着一片山体和高度都较小的大雄山丘陵,也是一片火山岩丘陵,主峰大雄山,海拔 178 米,此外还有朱家山、大观山、崇福山等。在这两列丘陵间的沼泽平原上,则分布着许多孤丘,最高的如马山海拔超过 300 米,獐山超过 200 米,超过 100 米的就更多。这类孤丘,在海进时期原来就是孤岛。山体较大的孤丘,海进时期也可能有良渚人居住"。

　　卷转虫海退开始以后,海面逐渐低落,原来被海水淹没的陆地渐渐出露。但在初期,尽管海面已经低落,而当前的杭嘉湖平原,仍然是一片潮汐出没的沼泽斥卤之地。从山上下来的先民,他们为了垦殖耕种,就必须从事围堤筑塘、拒咸蓄淡的工程。今天我们在这片平原上看到的以苕溪水系为主干的水乡泽国,正是卷转虫海退以后的几千年中,多少先民胼手胝足的劳动戎果。既然在《山海经》中已经提及了"苕水"之名,说明到了战国时期,即公元前 4 世纪,以苕溪为脉络的水利网,在这个地区已经粗具规模。而此后又经过了 20 多个世纪的整治,这就是我们今天能在《苕溪运河志》这部煌煌巨构中所见到的这片美好的水乡场景。长三角是全国的精华之区,而这部志书所记叙的这片地区,无论从历史、文化、经济等各方面进行论证,在整个长三角中都称得上是精华中的精华。能在这样一个人杰地灵的地区修纂如此一部佳构,确实具有存史、资治、教化的价值,是一种难得的机遇。所以这一部江河水利专志的修纂出版,既值得赞赏,更值得重视。

　　最后需要指出的是,这部专志以苕溪为记叙对象,但书名不称《苕溪志》而作《苕溪运河志》,显然就是修纂者精通江河水利在这个地区的发展历史,这也正是这部专志的不同凡响之处。前面已经引及《哥伦比亚简明百科全书》有关灌溉运河的议论,这就说明,当卷转虫海退以后,这个地区的山居先民进入平原,在各地纷纷从事拒咸蓄淡工程,由小规模的筑堤蓄淡而逐渐发展到灌溉运河的疏凿。随着水上运输的需要和运输手段的进步,许多灌溉运河经过拓宽和疏凿,最后成为航行运河。从零星分散的小规模堤塘发展到以后坚固漫长的海塘,从参错纷歧的灌溉运河发展到以苕溪水系为纲的庞大运河水网,当然有一段相当长久的过程,不可能由史书逐一记载下来。但是我们其实也可以找得到早期的权威记载。秦始皇统一这个地区以后,曾经亲自到过这里,并且留下了运河疏凿的记载:"秦始皇造道陵南,可通陵道,到由拳塞,同起马塘,湛以为陂,治陵水道到钱塘越地,通浙江(按指今钱塘江)。"[14] 此文中提及的"由拳塞",位于今嘉兴附近,即秦所置会稽郡下的由拳县。[15] 所有这些,不管是见于历史记载的或现实存在的,《苕溪运河志》不仅详细地记叙了过程和现状,并且还为我们提供了继续研究和改造的依据。作为一部江河水利的专志,是成功的和值得推荐的。

2009 年 1 月于浙江大学

注释:

① 《地方史志不可偏废,旧志资料不可轻信》,《长水集续编》,人民出版社 1994 年版。

② 《杭州师范大学学报》(社会科学版)2008 年第 6 期。

③ 《史记·大宛列传》:"故言九州山川,《尚书》(按指《禹贡》)近之矣。至《禹本纪》、《山海经》所有怪物,余不敢言之也。"

④ 张步天《山海经解》上册(香港天马图书有限公司 2004 年版)卷首陈桥驿《序》:"中国历史悠久,古籍浩瀚,《山海经》是我国历史文化上的一宗难得的遗产。"

⑤ 《周礼·职方》扬州:"其泽薮曰具区";《尔雅·释地》:"吴越之间有具区。"

⑥ 中华书局 2008 年版。

⑦ Levey Judiths, Agnes Greenhall, *The Concise Columbia Encyclopedia*. Columbia University Press,1983。

⑧ 王靖泰、汪品先《中国东部晚更新世以来海面升降与气候变化的关系》,《地理学报》1980 年第 4 期。

⑨ 有不少论文中作"最后"而不作"最近"。但第四纪的海面升降与气候轮回其实尚在继续进行。所以本文作"最近",不作"最后"。

⑩ 陈桥驿《越族的发展与流散》,原载《东南文化》1989 年第 6 期,收入于《吴越文化论丛》,中华书局 1999 年版。

⑪ 《吴越春秋》卷六。

⑫ 曹家欣《第四纪地质》,商务印书馆 1983 年版。

⑬ 《文明的曙光——良渚文化》,浙江人民出版社 1996 年版。

⑭ 《越绝书》卷二。

⑮ 《汉书·地理志》。

原载《苕溪运河志》,中国水利水电出版社 2009 年版

《绍兴运河园:运河纪事文化景观》序

　　中国运河史发轫甚早,先秦古运河至今见诸记载者有三:《水经·济水注》称:"偃王治国,仁义著闻,欲舟行上国,乃通沟陈蔡之间。"徐偃王系传说中人物,时当西周穆王之世,约在公元前10世纪之初。陈蔡间运河,古称鸿沟,《汉书·地理志》称狼汤渠,隋唐时称汴渠,以后湮废不存。另一先秦运河见《左传》哀公九年(前486):"吴城邗,沟通江淮。"《汉书·地理志》作渠水,《水经·淮水注》作邗冥沟,隋重开,成为大运河即京杭运河之一段。越中古运河见于《越绝书·地传》:"山阴故水道,出东郭,从郡阳春亭,去县五十里。"《越绝书》为先秦古籍,经东汉初人整理辑缀,增入汉事而删节越史,其所记古运河显有缺佚。山阴为秦所建县,既称"山阴故水道",则此水道必流贯山阴全境;"水道"而称"故",足证此古运河为先秦所存在,越王句践所谓"以船为车,以楫为马"是也。历代以来,山阴古运河多有整治疏浚,尤以晋贺循所从事者为著名,因而载入《旧经》,自此航运灌溉之功益臻完善。又因沿河堰坝之修筑,使流域扩展以至于取代钱塘江河口段,如宋姚宽《西溪丛语》所云:"海商船舶畏避沙淖,不由大江,惟泛余姚小江,易舟而浮运河,达于杭越矣。"故此河虽因北端始自西兴,曾称西兴运河;而其航运功能,早已及于宁绍平原全境,称为浙东运河,更属名实相符。浙东运河不仅与沟通长江及钱塘江之江南运河同享盛名,而此河为南北大运河之东南发端,实乃中国运河史之至要。浙东运河历史悠久,尤以于越中枢之大越城段为最。历代整治,史不绝书;文化积淀,更为深厚。绍兴素有水城之称,古运河与环城河,实为水城骨干。而今河清海晏，百业俱兴，绍兴市于环城河整治完竣，又复古运河修缮成功，实乃百世之盛举，浙东之伟业。铭曰：

> 越州晔晔，禹迹绵绵；文化璀璨，水利昌明。
>
> 河川映带，碧流蓝天；业绩留惠，万世有光。

2003 年 2 月于浙江大学

原载《绍兴运河园——运河纪事文化景观》，《绍兴水利》2010 年增刊本

《绍兴图书馆馆藏古籍地方文献书目提要》序

中国是世界著名的文明古国,历史悠久,渊源深厚,幅员广大,文化昌明。数千年来,特别是从春秋战国时期诸子百家在学术上的竞相发明倡道以来,各家纷纷著书立说,中华文化的优秀传统,不断巩固发展。书卷浩瀚,实为寰宇所无可比拟。据这方面的专家韩长耕教授在上世纪80年代的统计,[①]当今见于公私书目的古籍,总数仍达15万种,其中超过千卷者逾百种。而至今尚完整或部分残缺但仍可披检的还有12万种之多。韩先生是我的好友,他生前为学勤奋,对于这个课题,确实花了极大精力。但实际上,这个骤看令人叹为观止的庞大数字,却不过是我国历代藏书的劫后余烬而已。在漫长的历史时期中,水火兵燹,因而被焚毁者,显然要超过此数。

在我国的书卷焚毁史中,第一次浩劫发生于公元前213年,即暴君嬴政在位的三十四年,事见《史记·秦始皇本纪》和《李斯传》,即所谓"焚书坑儒"。第二次发生于上世纪60年代,在所谓"破四旧"的号令下,焚毁之举亦令人惋惜。

值得庆幸的是,在我们中华民族的文化史上,从公元前8世纪到公元前3世纪(即春秋战国时期)的确存在过一个真实不虚的百家争鸣、百花齐放的时代。也就是我在《绍兴丛书·序》[②]所着重指出的,我们绍兴的近代第一先贤蔡元培先生所主张的"兼容并包,思想自由"的时代。史籍上所载的儒、道、墨、法、名等,这是当时的荦荦大者,其实,此外还有各种思想和学说,只是没有流传下来而已。这个时期,确实是我们文化昌明的时期,而把这种文化扩散和流传的,主要依靠书卷。儒家文化依靠《四书五经》

等,道家文化依靠《道德经》和《庄子》等,墨家文化依靠《墨子》等。此外还有《荀子》、《管子》、《孙子》、《吴子》、《晏子》等等,真是不胜枚举。虽然其中有些文献是汉代人的作品,但所传播的的内容,仍是那个时代的思想。我们民族的深厚优越文化,是依靠书卷传播下来的,书卷的重要性于此可见。也正因为此,除了嬴政之类,我们历来都是重视书卷的。在绍兴著名的《嘉泰会稽志》③中就有《求遗书》一篇,其中有一段说:

> 本朝《崇文总目》为书三万六百六十九卷,嘉祐中从左正言秘阁校理吴及之请下诏购遗书,每一卷支绢一匹,五百卷与文资,自是献书者甚众,及高丽来朝,亦数献书。至宣和中,册府所藏充仞栋宇,而禁中藏书尤盛。设官校勘,谓之御前书籍……

《嘉泰志》同卷中又有《藏书》一篇,记叙"越藏书有三家,曰左丞陆氏,尚书石氏,进士诸葛氏……"《嘉泰志》所载,无非是宋代故事,而其实宋代以来,越中的藏书家和藏书,代代传递,真是不计其数。而其最重要的莫若徐树兰(1837—1902)兴建古越藏书楼。清朝的最后一位状元南通张謇特为此撰写了《古越藏书楼记》专文:"其事集议于庚子,告成于癸卯。"说明此藏书楼实落成于清光绪二十六年(1900)。古越藏书楼在中国历史藏书楼中的特殊重要性,在于这是中国第一所公共图书馆。④按中国藏书史,这是旧式藏书楼到新式图书馆之间的纽带,是中国图书馆事业的开端,绍兴人值得引以为荣。民国以后,藏书楼正式改名成为绍兴县立图书馆。我在小学五年级时就到这个图书馆读书,并且还为此写过文章。⑤

"文革"浩劫结束后,学术界人士开始有了与国际学术界交往的自由,学者们可以获准应邀出国讲学。我算是其中的侥幸者,随即应邀出国讲学。而且不久就在美国国会图书馆引回了家乡流失在海外的手抄孤本《越中杂识》。⑥此后借每次出国讲学机会,又陆续引回若干国内无存的孤本,不过多是方志,是修志市县知道我经常出国而委托我的。因为国外的图书馆与国内不同,非常开放,不管是什么珍稀本子,随时可以在馆内拍片或复印,费用与一般相同,绝无额外索取,所以我为委托者引回这些珍稀版本或抄本,花费很少,而在国外讲学的报酬不低,因此我也从未向委托者收取过任何费用。《中国方志五十年史事录》⑦曾开列我所引回的志书目录,并称赞我是最早从国外引书并且是引回珍稀版本最多的。并引当时负责古籍整理领导工作的李一氓语:"对古籍整理是很大的贡献。"其实,我每次出国,都有与我同样熟谙外语的夫人同行,许多事由她帮我做,对我不算什么负担。

不过这些年中,也有一次遭遇,让我在这方面发生了思想上的变化。那是上世纪80年代之末吧,我带了夫人在东京大学讲学,这是日本规模最大的学府,图书馆内当然收藏着许多汉籍,我们去参观了。在一间很大的书库中,看到了整库收藏的都是中国的"鱼鳞册",⑧多数是明清两代的。我随意抽阅了一下,其中也有我的家乡山阴县和会稽县的。反正是各省各县都有,这是一大间专门收藏中国"鱼鳞册"的书库,数量让人叹为观止。一所大学的图书馆,居然收藏中国的这样大量的"鱼鳞册",既令人佩服,也让人不解,这些东西对他们有什么用处呢?答案其实很简单,尽管中国的"鱼鳞册"对他们实在没有用处,但这是人类历史上的文化,文化是值得珍贵的,所以他们还是收藏在恒温设计的书库里妥善地保护着。那些年中,邀我讲学的地区不少,除了日本以外,美国、加拿大,远至南美巴西。巴西的圣保罗华侨图书馆(Bibliteea da Cultura Chinese),就藏有汉籍 35000 册之多。⑨书卷就是文化,文化是属于全人类的,我何必在讲学之余东搜西索地寻寻觅觅呢。自从那年东京大学的"鱼鳞册"见闻以后,我在国外搜索汉籍的积极性就显然减少了。

现在回过头来说说家乡绍兴的事。由于我们家庭是所谓"书香门第",我从小就从念"子曰诗云"长大的。所以对于乡土文献特别感兴趣。早在念初中时代(1940 年前后),我已经开始用卡片摘录绍兴的地方文献,逐年积累起来。在当时,大部分文献都是我自己亲见的。这是我的一种业余爱好,是一种我对家乡的感情,所以都是利用业余时间断断续续地拼凑的。到后来也摘录成为一本篇幅不大的笔记。

"十年灾难"爆发,我随即被戴上"反动学术权威"的帽子,作为一个"牛鬼蛇神"关入"牛棚"。家里经过"红卫兵"的多次查抄,我的藏书被劫掠殆尽。所幸的是当时我的长女已经成年,她知道我的一包读书笔记是我平日经常翻阅查检的,对我必是治学要件,所以特意加以秘密保藏,幸免于难。使我在这场重灾以后,仍能用这一包笔记继续我的学术工作。这中间,我才发现当年积累的那些绍兴地方文献的资料也收藏在内。于是,受出版社的邀约,我挤时间对这些资料加以删节精简,合编成《绍兴地方文献考录》⑩一书,把多种不同性质的文献分成 18 类,总共为 1000 余种。再加上当时正值我连续出国讲学,在国内又开始收研究生、进修生和接待外国学者的十分忙碌的时期,所以在编纂此书时,为我删简的内容颇多。由于当时出版社也殷切希望能搜罗一些书稿,所以此书实在是一本匆匆赶写的急就章,无非是为家乡提供一点资料,向家乡表达一点感情而已。而且以后不久几次返回家乡探亲访友或参加会议,发现当年我曾亲自过目的家乡文献,有不少已经亡佚不存。如当年在越中藏书家吴宅梵先生处获见的《山阴都图地名细号亩分额南米科则》和《会稽都图地名细号亩分额南米科则》两种抄本,从我的地理学专业来说,在聚落地理的研究中,这两种抄本,实在远胜于东京大学图书馆所藏的山阴、会稽两县的"鱼鳞册"。可惜这两种抄本,除了当年我所摘录的部分外,都不获再见。此外,在拙编《考录》中,我所亲眼目睹而以后就亡佚的,为数还有不少。由此可见,"文革"中,绍兴虽然算不上"革命"的重灾户,但其实也是遭受了很大损伤的。言念及此,能不痛心!

"野火烧不尽,春风吹又生"。在中国图书馆事业中具有"古越藏书楼"光荣传统的绍兴,毕竟是个不同凡响的文物之邦。在经受了这些摧折以后,绍兴图书馆挺起来了。特别值得重视和祝贺的是《绍兴图书馆馆藏古籍地方文献书目提要》的编纂和公开问世。

自从1980年以来,我到过国内外许多知名的图书馆,也读过许多这类图书馆的藏书目录。与这些图书馆的藏书目录比较,《绍兴图书馆馆藏古籍地方文献书目提要》不过是一本小书,但是从价值和意义衡量,应该称得上是一本大书。世界上自从出现了图书以后,图书的品种多得千千万万,"地方文献"只不过是巨大书海中的一个小小类目。但绍兴不愧是一个文化渊源深厚的历史名邑。以"地方文献"这样一个类目,竟能独立成册,编成一本《书目》,公开问世。这样的《书目》实属罕见,是绍兴也是海内外所有绍籍人士的光荣。

这本包罗了经、史、子、集、丛书5个项目的地方文献目录,其中有不少名人名著,包括在别处难得见到的珍稀文献,展现这个人杰地灵的文物名邦确实不同凡响。此外,为这样一种性质特殊的目录编写提要,其事也绝非轻而易举。读竟各篇,感到都能紧扣主旨,简明扼要,具有让读者窥一斑而睹全豹的功能,大家手笔,令人赞赏。

泰山不让土壤,故能得其高;河海不择细流,故能成其大。前面已经指出,作为"地方文献"这个类目的目录,此书称得上是一部大书。但是绍兴不同于他邑,流散在中外各地的文献必然还可查索。我于上世纪从美国引回《越中杂识》之事可以为例。为此,我们还应本着不让土壤、不择细流的精神和毅力,继续搜索积累,使绍兴地方文献不断增加和扩展。希望在这本《书目》再版之时,让我们看到这种锦上添花。

我为《绍兴丛书》所作的《序》中,曾着重地引用唐元稹"会稽天下本无俦"的名句,对于绍兴地方文献,这句名诗具有同样的意义,我称之为"大书"的这部《书目》就是明证。希望越中文化界和学术界人士重视这部《书目》,研究并利用这部《书目》,让这个地区的文化事业获得更高的发展。

2009年3月于浙江大学

注释:

① 《中国编纂文集之始和现存最早的诗文总集〈昭明文选〉的研究》,《韩长耕文集》,岳麓书社1995年版。

② 《绍兴丛书》共 10 辑,第 1 辑已于 2008 年由中华书局出版,列入《国家古籍整理出版"十一五"重点规划》,第一辑出版后,《光明日报》于 2008 年 3 月 5 日以整版篇幅作了报道:《承传文明的旷古伟业——〈绍兴丛书〉编撰出版纪实》。

③ 《嘉泰会稽志》卷一六。

④ 绍兴图书馆百年馆庆丛书(浙江人民出版社 2002 年版)之一《开放的藏书楼,开放的图书馆》中,有好几篇专文论及此事。

⑤ 我写过好几篇有关古越藏书楼的文章,最近的一篇题为《学问与学风》(《杭州师范大学学报》(哲学社会科学版)2008 年第 6 期),论及我在念高小时即在古越藏书楼(当时已称为绍兴图书馆)懂得"做学问"的意义。

⑥ 此书由我点校并作《前言》,浙江人民出版社于 1983 年铅排出版。浙江古籍出版社于上世纪 90 年代又以引入时原式影印线装出版,卷首也有我的序言。

⑦ 诸葛计(《中国地方志》主编)著,方志出版社 2002 年版。

⑧ "鱼鳞册"实为"鱼鳞图册"的简称,始于宋代,明、清两代甚盛,全国各县均有,是政府为了征派赋役而编制的土地簿籍。

⑨ 陈桥驿《中国方志资源国际普查刍议》,《中国地方志》1996 年第 2 期,收入《陈桥驿方志论集》,杭州大学出版社 1997 年版。

⑩ 浙江人民出版社 1983 年版。

原载《绍兴图书馆馆藏古籍地方文献书目提要》,广陵书社 2010 年版

《城市规划研究》序

　　这是一部城市学研究的专著,而研究的中心是古都绍兴。如我在《聚落、集镇、城市、古都》①拙文中所叙,绍兴从会稽山北的一片丘陵地上发展起来,按聚落、集镇到城市的过程中,可以说一帆风顺,古都则是城市史中的一种额外。此书原是按现代城市学研究城市的许多论文,现在汇集成为一部专著。研究的中心虽然是绍兴,但我国这一类城市不少,所以具有普遍的意义。当时是一篇篇有普遍意义的论文,现在则是一部有普遍意义的专著,既有城市科学的理论,又有一座名城的实际。因此,这是城市学领域中的一部值得赞赏的佳作。

　　我从 1980 年起曾经编过几种有关城市的书,如《中国六大古都》、②《中国文化名城》、③《中国七大古都》,④后来因为"古都"的事,引起不少市县的关注,又组织力量,主编了规模较大的《中国都城辞典》。⑤在此时期,因中外学校邀请讲学,访问了许多城市。国内不说,在西半球,由于英语一路畅通,我从加拿大南下,无非七八个课题,一路"游讲",一直讲到南美巴西,访问了许多城市。而实际上,对于许多现代城市学的理论,当时我还是一知半解。一直要到 1989 年,我在日本广岛大学担任客座教授,讲授"比较城市学"课程,才涉猎了一些现代城市学理论。所以在编著的有关城市诸书中,只有《中国都城辞典》里有些现代城市地理学条目。因此,为这样一本专著作序,实在颇感自愧。

　　一切有关研究城市的著作,我指的当然是做学问的著作,首先应该把"城市"这个词汇作一番考究："城"和"市"这两个字在古老的典籍中就早已存在,但"城市"这个词汇就出现得甚晚。我可能孤陋寡闻,是在宋诗中读到的。吕祖谦《宋诗纪事》曰:"昨日入城市,归来泪满巾。"⑥而张俞《蚕归》亦有此句。不管诗句究出何人,但"城市"出于宋时总不致讹。至于这个词汇的概念,由于从《康熙字典》直到近代流行的《辞海》,都没有收录"城市"这个条目,所以没有简明标准的解释。

英文中称城市为"City",当前流行的权威字典如 Oxford 或 Webster 太复杂,就以流行广而声名稍次的如《韦勃斯特新世界字典》⑦和《张氏 20 世纪字典》⑧的解释吧。前者列举了世界重要国家的 6 条解释,后者较多,有 17 条解释。解释中有不少内容是涉及宗教的,但两种字典的解释中,都有"一座大镇"。这与中国宋诗中的"城市",看来最为接近。至于字源,《韦勃斯特新世界字典》指出 City 来自 Citizen(公民)。因为这个大镇之中,必须居住着许多公民。中国古代没有"公民"的概念。或可以"老百姓"当之,则宋诗中的"城市",亦必是百姓聚居之处。所以在字源上,中外当是相同的。

中国城市多,记叙城市的文献也多。例如地方志,它的起源可能很早,至今尚无定论。但绍兴在晋代就有《会稽记》,尽管书已亡佚,而刘宋孔令符的《会稽记》,可能由于存在时期较长,引及此书的后来人不少。宋朝的地方志从"记"改称"志",而各地广泛普及。拙著《绍兴地方文献考录》著录,宋、元、明、清及民国 5 代,以"府"为名的全府性文献近 20 种,以山阴、会稽县名称"志"者亦近 20 种。绍兴是文化之邦,府县志书,不仅记叙府县城邑,并有大量篇幅记载县下乡村。在浙江,至今仍为外国汉学家所参用并称道的是民国《鄞县通志》,以一个县邑境域,记叙竟达 550 万字,⑨并附有为修志而实地测绘的大比例新式地图一套(共 16 幅)。自从县邑有志以来,绝无有如此庞大篇幅和如此新颖内容的;除了上述因修志而实测绘制邑境的大比例尺地图外,杂书卷篇中设置地质、海洋、气候、生物篇目,如生物篇下,动植物都写明科属,并据注拉丁文二名法。与后来的所谓"第一轮修志"(1980 年以后)中的早期志书的初修市县相比,地质学范畴的内容,都与气候、水文相混,编入所谓"自然地理"卷下,对动植物既不加科属,更不懂"二名法"是什么东西(后期出版的有改进)。有内行人与半个多世纪(1980 年前)以前的《鄞县通志》相比,称为"前来居上",这是科学的倒退,也包括城市学在内。

其实,地方志按其属性是方志学学科下的文献,只因内容必然涉及记叙城邑,在城市学研究并不发展的中国,所以在此不妨也把属于方志学科的地方志议论一番。我们当然也有一些地方志以外,可以认为是城市学科的文献,如《东京梦华录》(北宋东京,今开封)、《都城纪胜》、《梦粱录》(均南宋临安,今杭州),是专门记叙一个城市的。可惜数量不多,当然,其中也有一些是在水、火、兵燹或其他原因中亡佚了。

　　城市学包括历史城市与现代城市，研究的范围很广，内容丰富，实用性很强，而且是门饶有趣味的学科，但是对学者们的吸引力似乎不大。上世纪 80 年代以后，我应聘走出国门，却发现外国汉学家非常热衷于中国城市的研究，像当时荣膺国际首席汉学家的斯坦福大学施坚雅（G. William Skinner）教授，就在该校主持一个"宁绍研究所"，从事长三角（他称为江南金三角）特别是宁、绍两地的城市研究。由于我们有相当一段时间闭关锁国，这些城市学家们不能身履其境，他们就倾全力于中国历史城市的研究，并且获得了卓越的成果，最现成的事例是：从 1968 年到 1969 年初，施坚雅曾邀集英、日、美等国的城市学家和其他与城市学、历史学等有关的科学家数十人，多数都是学术界名流。也包括华人，有一位是在我们绍兴阮社成长的（当时是夏威夷大学教授）章生道先生。在美国新罕布尔什州的朴次茅斯和维尔京群岛的圣克鲁瓦举行了两次专论中国历史城市的学术讨论会，各位汉学家都就中国古代特别是中古以后的城市进行了研究，并宣读了各自的论文。最后由施坚雅担任主编，整理、分类，出版了至今已有四五种不同文字译本的巨构《中华帝国晚期的城市》，[⑩]一部 60 余万言，用现代城市学观点方法，研究中国古代城市的专著。此书一经问世，就立刻获得国际城市学者和其他有关学者的称赞。日本汉学家秋山元秀教授的书评，[⑪]特别赞赏施坚雅本人在此书中的 5 篇论文，认为这是研究中国历史城市的正确方法，称之为"施坚雅式"。美国城市学家芝加哥大学诺顿·金斯伯格教授（Norron Ginsburg）的书评[⑫]推赞："对这样一部雄心勃勃的巨著，甚至连一个冷漠的评论者也会引起兴趣。"当时，国际学术界的这一类评论很多，不胜枚举。

　　斯坦福大学的"宁绍研究所"倒是成了施坚雅与我交谊的诱因。因为在 1950 年以后，科学出版社的几种理科学报如《数学学报》、《气象学报》、《地理学报》等是中外在学术交流的重要渠道。《学报》的要求很高，但我有幸在《地理学报》上发表过几篇有关宁绍地区的文章，那个研究所当然有收藏，施坚雅因此而早就知道了我。《中华帝国晚期的城市》恰巧出版于学术界可以通信交流之时，他立刻把此书邮寄给我，所以我或许是最早得此书原版本的中国学者之一。

　　随即，他又通过比现在要复杂得多的手续。组织了一个宁绍访问团，包括"宁绍研究所"的几位主要成员和美国其他名校教授共十几人，于 1980 年到达北京，然后从北京来到杭州。省里已经知道了我和他们的关系，就要我接待他们。来者当然都是汉学家，其中有不少人非常熟悉宁绍地区。这里可以举个例子，在我为邱志荣先生所写的学术著作《绍兴风景园林与水》[⑬]卷首《序》中，曾经有几笔提及那年施坚雅访问团在清道桥上的几句话：

　　　　到绍兴的第一天，恰逢府河填塞工程正在进行，前街和后街将合并。代表团住在交际处(今绍兴饭店),他们听到这个消息,吃了中饭也不休息,大家跑到现场参观。当时填塞工程正进行到清道桥,他们站在桥上议论。显然是为了礼貌的缘故,他们并不询问我,但是我听得懂他们之间的议论:这样做有什么意义? 山阴县和会稽县的县界不就消失了吗?"文化大革命"不是停止了吗? 但地方上看来还在进行。另外还有不少话,我不必一一记叙。也不必议论这项工程是不是"文革"在绍兴的继续之类的意见了。但有一点或许可以估计,当时,绍兴的不少当官的和有些老百姓,他们并不知道,府河是旧山阴和会稽两县的县界。但这些外国汉学家知道。这也许是我认为我们应多写一些乡土学术专著的原因之一。

正是由于他们对宁绍地区的熟悉,虽然都是从文献上和照片上获得的,但一路都能说得头头是道,除了在绍兴和宁波各举行一次座谈会需要找翻译外,沿途实在很少要我讲解之处。倒是给了我与施坚雅讨论《中华帝国晚期的城市》,这部研究我国历史城市的机会。通过一路几天的谈论,让我了解了每篇文章作者在汉学方面的造诣和思想倾向,是他告诉我,据他所知,已有几种不同文字的译本正在进行。并且提出,说与我交往几天以后,以为中译本应该由我组织进行。他当时给我的承诺是:一切外文译本,他都不另添译序或后记之类。但当中文本译成以后,他一定写一篇《中译本序》。这个承诺,最终兑现,但想不到在《中文版序》的末尾,他写上了:"陈桥驿教授为本书中文版的出版及译文的明白忠实,作了各种努力,在此我表示特别的感谢。"我实在是受之有愧的。

由于此书篇幅大,需要物色一位英语功底高的译者翻译其间的重要篇章与其他几位译者配合。而随着"改革开放",我又连年出国担任客座教授或讲学。而媒体一经报道,要求出版此书的出版社又很多,中间有过不少周折,所以正式出版实在拖了很久。虽然第一版以后,次年又即再版,但流行还是不广,不少读者,特别大学研究生,写信向我求购。确实,此书对于中国的城市学者,意义果真不小。因为它不仅针对中国的历史城市,而且由于汇集了 1968 年—1969 年的两次专题讨论会,其中不少有关中国历史城市的观点,是经过反复讨论,集国际著名汉学家之共识的。但一般的中国城市学者却都不曾考虑,或者说没有把这种众目共见的现象进行研究和归纳。举个"中世纪城市革命"⑭的例子。

所谓"中世纪城市革命",是指从唐末到宋初在中国发生的一种市场与城市化的革命。这种革命兼及大都城和中小城镇。其主要现象为:(一)放松了每县一市,市须设立在县城的规定;(二)官市组织衰落,终至瓦解;(三)坊市制度消灭,而代之以自由得多的街道规划,可以在城内或四郊各处进行交易买卖;(四)某些城市迅速扩大,城郊商业区蓬勃发展;五、出现了具有重要经济意义的大批中小城镇。

再举个对于历史人口计算的例子。对此,中国通行的方法是按史书中的户丁记载,但是"施坚雅式"除此以外,还采用其他校核手段,因而与我们获得的数字不完全相同。即上述秋山元秀教授所称赞的"定量的表现"。按照他的统计,8世纪的长安,人口是100万。北宋的东京(开封),人口为85万。南宋的临安(杭州),在其最后年代,人口达120万。这些城市都是当时世界上最大的城市。南宋以后,不妨直接引用他的话说:"与中世纪的长安、开封与杭州先前曾是世界最大的城市一样。南京曾经在明改建以后的10年左右时间内赶上开罗,成为世界最大的城市。至15世纪某一时期为北京所取代。除了在17世纪短时期内,亚格拉、君士坦丁堡和德里。曾向其居首位地位挑战外,北京一直是世界上最大城市,直到1800年前后,伦敦才超过它。"⑮现在我们还没有完全摸透他的历史人口计算方法,但是他的数字毕竟可以供我们研究、参考和引用。何况我们也深知,完全按史志提供的户丁数字硬算,实在也并不是好方法。

对于研究中国历史城市。北京的确拥有不少有价值的文章。在浙江省境内的专题论文就有日本汉学家斯波义信的《宁波及其腹地》(*Ningpo and its Hinterland*)。施坚雅曾在《导言》中称赞:"斯波关于宁波城市的经济描述,在现有叙述传统中国的英语著作中很可能是最完备的一种了。"我则认为,绍兴阮社人章生道的《城治的形态与结构研究》(*The Morphology & Walled Capitals*)是一篇把中国历史城市和盘托出的佳作。中国在历史上是以城墙为城市标志的。他以这种地道的中国传统写成这样一篇让当年参加专题讨论会国际汉学家们(与会华人仅他1人)一座皆惊的文章,实在是在中国历史城市的讨论中宣扬了中国历史城市的传统和特色,这是他在夏威夷大学教授任上的著作。但他在绍兴阮社长大,毕业于阮社小学。我恰恰因为抗日战争时代到这所历史悠久、声望甚著的完全小学当过一年校长,所以1980年以后在国内和美国与他几次见面,都因这种"校友"关系而备感亲切。他总是开口闭口地谈阮社小学。从一位长期在美国的美籍华人身上。可以体会到,一个人对于祖国和母校的永志心怀。

以上议论的是历史城市。在历史上,一个聚落,甚至是大聚落,要怎样称得上是历史城市,今日的城市学家仍有不同的意见,而日本学者狩野春秋,综合历来西欧考古学家和历史学家的意见,在其所著《玛雅的神殿城市》中综合了一种历史上的聚落可以称为历史城市的7个条件。这7个条件是:(一)最原始的国家组织与王权的确立:(二)稠密的人口:(三)社会阶级分化与职业的专业化:(四)巨大的纪念性建筑物的建造:(五)文字、金属器的发明与科学技术的发达;(六)由于剩余物质的生产而出现了有余暇从事知识性的活动:(七)工商业与贸易组织的发达。

狩野春秋的确是花了一番工夫的:这7个条件对于欧洲和世界其他地区的不少国

家,在历史城市的确定上很有参考价值。但对于像中国这个幅员广大,历史悠久,聚落众多而又变迁频繁的国家,用这"狩野七条"去一条条地核实历史城市,是一种很难完成的工程。因此,在中国,县城就是城市,这是势所必行的办法。章生道教授当然最清楚,所以他的论文一开始就说:"对中国人的城市观念来说,城墙一直极为重要。以致城市和城的传统用词是合一的。"而这部名著的主编施坚雅,干脆以"衙门与城隍"作为中国历史城市的标志,专著内容的主体是绍兴,绍兴城墙在 1938 年 12 月拆毁以前,其长度是 13566 米。[16]其实。当时城市以外的街衢市场,也有很大的发展,一股称为"附廓"。所以,总的估计,到了"中世纪城市革命"的末端,城墙实际上已经拦不住传统的城市了。"汉高帝六年冬十月,令天下县邑城",[17]这是正史上朝廷命令县邑建城的记录。事实上,当时必已有不少县邑修了城(传说上的城当然更早)。就按汉高帝六年(前 201)算起,施坚雅以"衙门与城隍"作为中国历史城市的概念大概延续了三千七八百年。这以后(当然在地域上有先后性),尽管学术界没有引进新的城市学,没有人重视明明加速的城市化现象,但城市发展的实际,城市学发展的实际,即使是一个最古老的国家,也是不得不跟随这种大势的,无非是有的先进、有的落后而已。

我虽然编过几本有关城市的书,但实际上是逢场作戏。如上所述,一直要到在广岛大学开设"比较城市学"课程以后,才对现代城市学的几个方面稍有了解。但是由于个人研究的专业并不在此,所以也不过是一知半解而已。现在,读了《城市规划研究》的原稿,实在让我开了心窍。由于作者是长期从事这种职业的,面对不断发展的城市现状,需要按新的城市科学原理解决,而其中显然有许多困难:让我恍然想到,假使当 1980 年施坚雅访问团在清道桥议论之时,我们的干部就有这样的素养和见识,我们的古城,一定会建设得比今天更完美。

前面已经说明,我实在没资格为这一本皇皇巨构作序,所以在此书正式出版以后,我还要再读三读。因为从幼年成长的家乡学习新的城市科学和城市现实,必能收到更好的效果。

2009 年 9 月于浙江大学

注释:

① 《河洛史志》1993 年第 4 期。

② 中国青年出版社 1983 年版。

③ 中国青年出版社 1986 年版。

④　中国青年出版社 1991 年版。

⑤　江西教育出版社 1999 年版。

⑥　但此诗在《宋文鉴》中又作："昨日入城廓"，而宋张愈《蚕归》作："昨日入城市"。

⑦　Webster's New World Dictionary and the American Language. Bavid B. Guralnik, Editor in Chief the World Publishing Co. New York and Clvelend. 1972, P. 260.

⑧　Chambers Twentieth Century Dictionary, Edited by A MacDonald BA（Xond）, W and R Chamers ltd. 1972 Great Britain 1972. P. 238.

⑨　陈训正、马瀛纂，创修于民国二十二年（1933）。民国二十六年（1937）完成。

⑩　The City in Late Imperial China, Stanford Univevsity Press, 1977. 中译本《中华帝国晚期的城市》，叶光庭等译，陈桥驿校，中华书局 2000 年初版，2002 年再版。

⑪　附译于陈桥驿《中国王朝时代晚期的城市的两篇书评》之中，《杭州大学学报》（哲学社会科学版）1980 年第 4 期。秋山原文载《史林》1979 年第 62 卷，胡德芬译。

⑫　书评题即作《中国王朝时代晚期的城市》（出版时我们把它改成《中华帝国晚期的城市》），原文载《美国人类文学者》1979 年第 6 卷第 1 期，叶光庭译。

⑬　学林出版社 2000 年版。

⑭　《中华帝国晚期的城市》中有专节，中译本第 23—36 页。

⑮　施坚雅卷首导言《中华帝国的城市发展》。

⑯　姚轩卿《蠡斋随笔》二七，燕山出版社 2001 年版。

⑰　《汉书·高帝纪》。

原载《城市规划研究》，西泠印社 2010 年版

《绍兴鉴湖》序

张校军先生主编的《鉴湖》公开问世,时值越州古城建城 2500 年,此书可谓应时而出,其意义显然不言而喻。越州古城(指句践小城)之建,在年代上确然可考,而地理上又有迹可循。《禹贡》九州的境域中,这个"南蛮缺舌"之地,除此绝无他例。而鉴湖的创建,其间存在大量值得研究和记叙的史事,在江南水利史上,也是独占鳌头。所以这不仅是一本适逢其时之书,也是一本难能可贵之书,受嘱为此书作序,实在不胜荣幸,而且感慨万端。

鉴湖是一种历史悠久的地理实体。此书以提纲挈领的《概述》为首,全书分成 7 章,对鉴湖的记叙论证,确已包罗尽致。从此湖的地理环境,历史沿革,兴衰过程等等,都已阐述无遗,并兼及全湖的山水风景,人物事故,名胜古迹,也都细溯渊源。而最后一章《鉴湖整治》从当前和未来评估,实在更为重要。鉴湖的精详过程,此书已述其始末,大体概括,是从一片潮汐直薄的沼泽湿地而成为一座巨型水库,而这座巨大水库中的丰富淡水资源,随着"九千顷"地区的堤塘不断修缮加固,特别是山会萧沿钱塘江的江堤的完成而渐次北移,在"九千顷"地区也作出了改造土地、扩大繁殖的贡献,终至让"三十六源"汇成一个"鉴湖水系",使山会平原成为当今长三角地区的一个重要的水乡泽国,是我们国家中最富庶的地区之一。而今后随着水利科学的发展,地方财力的充裕和经济的发展,"整治规划"的前景,更让我们踌躇满志,前景无限。读此一书,这个水乡泽国的长远而复杂的发展过程,可了如指掌。有此一书,读者们既可全读,也可择读。而国际汉学家也必然欢迎这部巨构。

我是一个普通的地理工作者,而鉴湖如上所述是一个历史悠久而当今仍然存在的地理实体。全书的最后一章《鉴湖整治》,就是对于一个现存的地理实体的继续深入研究。正是因为我是一个地理工作者,所以有机会在上世纪物质条件最困难的 50 年代末和 60 年代初,用两条腿踏遍了鉴湖全境。当时,古代鉴湖遗存的早期湖名和残余湖体,如西侧的康家湖、谢憩湖,东侧的屃石湖、容山湖等,都还存在,我都作过比较仔细的田野考察。同时,我又读遍了有关此湖的许多或短或长的历史文献,特别是宋代若干名家的论证文献,再就现代水利科学和钱塘江江岸的变迁过程,写成了《古代鉴湖兴废与山会平原农田水利》[①]一文。讵不知,我国的历史地理学泰斗谭其骧教授(当时我们尚未见过面),也正在为宋人对此湖兴废的议论而从事若干研究。我的拙稿寄给了《地理学报》,《学报》是当时的最严格制度下允许出口的最高级科学期刊,所以审稿是非常慎重的,而此稿就以谭先生为审稿人,他在审读了全稿以后,利用一次到杭州讲学的机会,与我讨论了这个问题。他总的意见是,拙稿对于鉴湖兴废的解释,完全符合山会平原水利的历史发展规律,我们是第一次见面,我十分感谢他对我这个后辈说出一句让他也"豁然开朗"的褒赞。他立刻向《学报》寄回此稿,并加了许多褒语。《学报》随即发表此文,于是国际汉学界也随即读到。

此文受到国际汉学界的赞扬和重视,其中的一个重要原因是,随即接替费正清(J. Fairbank)的美国首席汉学家施坚雅(G. Skinner),[②]在其长期执教的常春藤盟校[③](L. V. Y.)之一斯坦福大学,早就建立了一个"宁绍研究所"。当我们正在全力从事"文化革命"之时,这个研究所却正在进行中国历史城市的研究。最后并邀集国际上对这个问题有研究的汉学家,于 1968 年—1969 年,在美国新罕布尔州的朴次茅斯和维尔京群岛的圣克鲁瓦两地,举行了两次为时不短的有关这个课题的学术会议,由多位学者宣读论文,进行讨论。这些汉学家们,都很重视和熟悉中国的大好河山,所以他们在讨论中,是以水系区域划分,进行中国历史城市地理的论文宣读和讨论。由于学术讨论会是斯坦福大学"宁绍研究所"发起和组织的,所以宁绍平原无疑是讨论中的重点,而鉴湖水系正在这个区域之中。

会议结束以后,会上宣读讨论的论文,由施坚雅作了仔细的整理编排,于 1977 年在斯坦福大学出版社出版,书名 The City in Late Imperial China。[④]而且在我们"改革开放"之初,他立刻把这部巨构邮寄赠给我。我们是陌生人,但是因为他早从《地理学报》看到,陈某人也是宁绍平原的研究者,事情可以说是"迫不及待",当然也说明了国际学者对研究某一种学问的深入和认真。1980 年初,他就组织了"宁绍研究所"的几位教授,包括美国其他名校的若干教授,到我们的宁绍地区进行访问考察。"开放"还是初期,我们的规矩还是很严格的,必须要代表团先到北京,按签证验明正身,然后搭机到杭州。

我们省方对此也是很审慎的。我和施坚雅是陌生人,无非他寄给我一本巨著,但省里已经知道了我们之间的这种关系,在他们来到以前,就预请我作为这个十几位教授组成的代表团的接待人(当然他们也知道我能说英语)。代表团是下午到杭州的,次日一早就用一辆当时最讲究的日本面包车起程到绍兴。我们都是初次见面,而他们之中也没有人到过宁绍平原,但是在言谈之中,我发现他们每人对这个地区的地理、历史、风俗、掌故等等都相当熟悉。外国汉学家有不少人比中国人做自己的学问认真,加上他们的资料丰富,这是我早有所闻的,所以也并不感到意外。车到绍兴,当时绍兴还没有一所涉外宾馆,只能住在交际处(今绍兴饭店)。第一个节目是由外办主任介绍情况,由于当时"干部知识化"的事还未曾排上日程,这位主任以一口地道的方言说话。北京随来的一位女翻译(是北外的),立刻提出抗议:"陈先生,我不能翻。"于是,作为接待人的我,又兼了全程的翻译任务。

午餐之中,不知怎样让他们知道了绍兴的主街上正在填塞府河。午餐结束,他们十几位立刻步行上大街(今解放路),到清道桥,我当然只好奉陪。当时,填河工程正进行到清道桥,他们都站在桥边观看。他们都知道,这条府河是山阴、会稽两县的界河。但我们的父母官之中,却有很多人还不知道。为了礼貌,他们没有对我提出什么问题,但他们之间的议论,我是听得清清楚楚的:

把府河填掉有什么意义?绍兴城内不就二县合并了吗?

城内二县,不就少了一个吗?无论从交通、水源方面,府河都是鉴湖水系的重要部分,为什么要填掉它?

"文革"不是已经宣布停止了吗?否则,我们这些人怎样得到签证?

中国地方大,派别多,不是北京的一个命令,全国各地都能立刻执行的,填府河,当然也是"文革"的事,北京当然管不了这类事,在这个国家里还多着呢。

大概就是这些,还有更难听的话,我就不说了。

在绍兴三宿,开了一次文化人座谈会,作为"译员"的我,感到遗憾的事是,不少所谓"文化人"(都经过领导审核的),对绍兴的历史地理研究其实还不如他们。也谈及了鉴湖的情况,这些人也说得不够到位。但这里有禹陵、兰亭、柯岩和柯桥,毕竟是个历史文化名城,所以他们还是满意的。

离开绍兴去宁波,施坚雅由于是代表团的带头人,又是这支队伍中最知名的教授,而且由于他特别喜欢与我讨论宁绍平原上的一些历史地理问题,所以我们两人一直坐在同席上。当时,虽然他主编的名著已经到了我手上,但是由于我为学校承担的外事工作很多,所以还不曾好好细读。不过已在他卷首的一篇《导言》中读到他表扬日本汉学家斯波义信所撰《宁波及其腹地》⑤的话:"斯波关于宁波城市的经济描述,在现有叙述传统的中国城市的英语著作中,很可能是最完备的一种了。"其实,施坚雅说这话,正是说明了他并不了解自从1950年以来我们国家的科学研究和学术导向。⑥因为科学的城市学,在我们国家里的很长一段时间中,实在无人问津,所以并没建立起来。因而我也告诉他:不要说英语著作,在我看到有关宁波城市的中文著作中,像斯波这样的论文也是非常难得的(此语后来我写入中译本的《后记》中)。

由于施坚雅一直与我同座,他又不断地称赞我的美国英语说得流利(我当然不必告诉他我说这种语言的缘由)。他阐明斯坦福"宁绍研究所"研究的地域范围是从钱塘江以南直到宁波海边。他非常重视这条路线上每一座城市的发展与水的关系。他认为宁波是三江口与东海的产物,绍兴则是鉴湖的产物。他说曾经详细地阅读了我关于鉴湖的文章,但其中还有一些不甚理解之处,沿路要我作了详细的解释。

我们在宁波是住在华侨饭店,也是三宿,并一次文化人的座谈会。宁波之行看来比绍兴满意,主要是天一阁对他们的完全敞开。那年绍兴图书馆的婉拒,我既无法,也感到不解。这批人都是学者,他们是来追求学问的,不可能在图书馆中做不正规的事。或许是经过历次运动特别是"十年灾难"以后的心有余悸吧。

施坚雅一路上还向我抱歉,那是为了1968年—1969年两次会议的事,他说会上确实有好几位学者提及我,可惜我当时还不"自由"。那两次会议,假使有我参加,他们一定要以鉴湖水系及其城镇请我作一次主题发言,这些话中当然也包括谦逊的意思在内。不过以后我在国外会议上的发言,特别是1982年在巴西里约热内卢介绍杭州的发言,发言以后,学者们提问热烈,并且还因此引来了不少旅游者。所以举行国际学术讨论会当然是一种有益的国际文化交流,闭关锁国毕竟是愚蠢的。

现在回到鉴湖的本题上来。长三角是个水环境,如《水经注·渐江水》篇所说:"东南地卑,万流所凑"。这片"万流"滋润的地区,按照现代水科学作出地域的区划,可以分解成许多不同的水系。这中间,曹娥江以西,浦阳江以东,稽北丘陵并包括萧山平原在内的一大片,属于鉴湖水系流域。我在《水之孕》⑦巨型画册卷首序中,曾经记叙了我的田野工作曾经踏遍这整个流域的全过程。鉴湖水系是长三角富庶的重要表征,为了让这种富庶的现实,随着时代而继续发展,不断提高,还是一句"靠山吃山,靠水吃水"的老话。我们要让水系中的全民(不仅是水利行政和科研部门),都能提高保护、利用这片水环境的素质,所以这是一个现实的包括自然地理学和人文地理学的地理问题。但是这个富庶优美而让千万人民受惠的水环境,并不是一朝一夕出现的,它涉及大量的历史地理学(historical geography)问题,而从事此湖的历史地理学研究,又会让追求科学知识的人们发现,这种研究还有上溯的必要,这就涉及到古地理学(palaeogeography)的问题。要提高人民对鉴湖水系的保护利用的素质,对这个水系形成过程中的古地理学问题,也有必要作一般的了解。

现在越中人士对鉴湖水系的了解,从现状到历史,都有相当的造诣,这当然有助对我们自己的这个息息相关的水环境的保护利用很有裨益,但对这个著名水系在古地理学的方面,或许尚有进一步了解的必要,所以我想利用为此书作序的机会,对这方面的情况也稍作阐述,或许会让人们对这个著名的水系有更多的关注,并且有裨于我们对它今后的发展利用。

前面提到,当前的地理,不管是现代的或历史的,都包括了自然地理学和人文地理学,这种学问,对于鉴湖水系的保护利用和以后的规划发展,当然具有重要的价值。但是现在我在此提的古地理学,它的研究对象,总的说来是地质时期的水陆变迁,不存在人文科学的因素在内。但我所阐述的,由于事涉宁绍平原的形成和鉴湖水系的孕育,把这种古地理学的时代主要落实于第四纪(Quaternary)。第四纪开端于距今 250 万年,人类在这个时期出现,所以又称灵生纪(Authropozoic)。第四纪的自然环境,具有一种暖季、冷季;间冰期、冰期;海进、海退的轮回。由于人类的集体生产活动亦即历史地理时期的开端,学术界的多数意见认为始于第四纪全新世。[8]为此,在鉴湖水系的讨论中,我们特别值得重视的是全新世以前的晚更新世。往年,我在日本担任客座教授,由于此国与我们毗邻,他们有不少汉学家对于这个问题很感兴趣,我曾与他们共同研究,并利用他们的丰富资料,试绘过一幅《假轮虫海退时期今浙江省境示意图》。[9]这次海退,为时在距今 2.5 万年到 2.3 万年前。东海海岸已经退缩到今舟山群岛以东 360 公里的海域中。浙江省境的陆域,估计比当今要大一倍多。现在科学进步,许多资料都可在现场取获实物。对假轮虫海退,我们取得的实物,是海退外缘的贝壳堤,(Shell Monol),用 C^{14} 测年的结果是 14780 ±700 年。[10]而这种贝壳堤是在今黄海高程零位 150 米以下取得的,足见当时的海面要比当前低 150 多米,则宁绍平原的宽广辽阔可以想见。也说明古代越人[11]在这片平原上的各种生产活动,地域非常广泛。特别是从以后河姆渡遗址上发现的稻谷壳粒,可以证明在距今 1 万年前后的时代,越人的生产活动已经从采集、捕捞、狩猎发展到粗放的农耕种植。

但在这次因冷季而引起的大面积海退以后,暖季又在距今约 12000 年的全新世引起了另一次也是第四纪距今最近的一次卷转虫海进。在此后的六七千年时期中,海面逐渐高升,最后吞噬了整个宁绍平原和省境内的一切平原盆地。我在上述同文中的一幅《卷转虫海进时期今浙江省境示意图》,[12]粗略地勾画出了当时的海域扩大和陆域缩小的大致概况。在此后的几千年时期中,宁绍平原成为一片百米上下的浅海。在这次海陆变迁的过程中,由于陆域沉沦,海面扩大,而潮汐的逼近,又使未曾沉沦的陆域土壤盐质化而收成锐减。于是,越人们一部分就依靠原始的航行工具漂洋出海(称为外越),一部分则随着海水的南进而逐年向南迁移(称为内越)。到了距今大概七千年前后,海水最终侵入到今会稽、四明等丘陵的北麓。河姆渡遗址,就是越人们在平原上的最后聚落。如果我们进行全面的发掘,在这一线上,从东部四明山麓到西部会稽山麓,必然还可以发现与河姆渡相似的不少越人在平原上的遗址。

海进最后不得不让越人们进入山区,如《吴越春秋》[13]所述:"随陵陆而耕种,或逐禽鹿以给食",生产方法和生活资料,都比在平原上落后和困难。当时越人尚没有文字,只有"南蛮缺舌"的语言。但这种语言可以口口相传地从先辈们一直流传下去,并且在长期的流传过程中附加更多的神话传说。当时,越人的部族酋长驻扎播迁于会稽山区,在稽北丘陵的山脊上,大家都知道,山北的一片茫茫大海,曾是他们祖辈生存耕作的平原沃土。他们祈祷,总会有一位神明能为他们驱走这片海水,让他们回到祖辈的老土地去。所以,有见识的聪明史学家顾颉刚就能提出他的著名论断:"禹是南方民族神话中的人物"。"这个神话的中心点在越(会稽)"。[14]

越人到最后终于发现,他们所祈祷的神明终于降临。因为在稽北丘陵和附近不少孤丘中,人们发现,海水不断地退缩了。这些因海水退缩而出露的山坡土地,都是他们可以耕种和居住的神明恩施。于是在山区几千年的刀耕火种后,已经让这片林荫木茂、禽鹿充斥的山区成为一片穷山恶水,生计十分困难的越人,就纷纷出山,回到他们祖辈原来的这片沃地上"安居乐业"。但他们未曾料到的是,"神明"给他们的土地,与前辈的传说完全不同,土地确实广大,但却是一片到处积水的泥泞沼泽,而且一日二度的潮汐,让他们既无法耕种,也无处安身。而从已经在孤丘上安身的外越人和最早出山在稽北丘陵垦殖的先辈们的经历中,让大批出山的越人明白,这片土地当然比穷山恶水的山区有发展前途,但是要在这里择高燥的地区定居垦殖,必要的工作是"拒咸蓄淡",而"拒咸蓄淡"首先就得筑塘。于是,稽北丘陵北麓,孤丘四周和其他比较高燥的土地上,大大小小,或高或低,或短或长的堤塘,就在各处纷纷出现。这中间除了《越绝书》所记以越王句践集部族力量兴建的"富中大塘"以外,其余的都是地区分散和规模狭小的。但是由于人民必须生活,建立一处即使是规模很小的聚落,首先需要考虑的就是当地有否兴建"拒咸蓄淡"水利工程的条件。可以设想,在那个越人纷纷出山的时代,我们可以统称为山塘水库的小型而粗陋的水利工程,从南到北,先后建立,至于到处都有存在。

越王句践在位的第七年(前490),部族酋长在选定了距山麓不远的这片孤丘起伏的高燥平原以后,到这里建城立都,这既是一种山会平原稳定的标志,也是一种鼓励山民出山的号召。当时,大大小小的山塘水库在这片泥泞沼泽上必然比比皆是了。

拒咸蓄淡是垦殖的必要条件。"拒咸"依靠大大小小,或长或短的堤塘。"蓄淡"依靠什么? 长期流传的"鉴湖三十六源"的老话,或许就是从这时开始的。当时虽无"鉴湖"之名,但"三十六源"是一个表示多数的词汇。也就是说,从稽北丘陵流出来的淡水,成为人们"蓄淡"的来源。几千年前,会稽山是越人民在海进时的避难所;而几千年后,会稽山又成为改造这片沼泽平原的淡水库。就靠这"三十六源"的充分供应,让山会平原洗净了盐渍的土壤,获得了有效的灌溉。

越人们在这个地区到处筑塘垦殖,他们当然想不到以后的历史发展。而我们则可以议论,山会平原主要是其南部稽北丘陵以下的这许多一时兴修的大量山塘水库,规格以简陋者为多,蓄水以少量者为多,但实际上都是原始的"小鉴湖"。它们就是后汉永和五年(140)后汉郡守马臻创建"大鉴湖"的基础。从"小鉴湖"到"大鉴湖",这显然是一个非常复杂的过程。这中间,除了长期以来多少越、汉人民胼手胝足的劳动以外,十分关键的还要有这样一位有远见,有魄力,为了人民而不顾个人得失的英明太守。至少在大江以南,这样的水利工程,既无前例,也无后继。太史公说:"甚哉,水之为利害也。"[15]这句话,马臻是吃透了,他不仅是一个巨大水库的创造者,也是一个复杂水系的培育者,是一位水利巨人。在这座古城建城 2500 年的重要年头。《鉴湖》正是对这位水利巨人最有价值的纪念。

2010 年 6 月于浙江大学

注释:

① 《地理学报》1962 年第 3 期。

② 美国通例,凡当选为"亚洲学会主席"者为首席汉学家,费正清于上世纪 70 代末卸任,接替为施坚雅。

③ 常春藤盟校(LVY League)包括美国的 8 所名校:哈佛、耶鲁、普林斯顿、哥伦比亚、布朗、达特茅斯、麻州理工、斯坦福。

④ 中译本名:《中华帝国晚期的城市》,叶光庭等泽,陈桥驿校,中华书局 2000 年版。

⑤ *Ningpo and Its Hinterland*。原文本 391—440 页,中译本 409—526 页。

⑥ 拙著《水经注校证》(中华出局 2007 年版)卷首《序》曾提及这种"导向":原来从上世纪五十年代以来,我们曾经经历过一个"'读书有罪,读书人有罪'的时代"。

⑦ 《绍兴县水文化遗址撷英》,季承人主编,西泠印社 2010 年版。

⑧ 谭其骧、史念海、陈桥驿主编《中国自然地理·历史自然地理》,科学出版社 1983 年版。

⑨　《史前漂流太平洋的越人》插图,《文化交流》1996 年第 22 辑。

⑩　陈桥驿《越族的发展与流散》,《东南文化》1939 年第 6 期,收入于《吴越文化论丛》,中华书局 1999 年版。

⑪　《史记》诸书译"越",《汉书》译"粤"。

⑫　《史前漂流太平洋的越人》插图。

⑬　《吴越春秋》卷六。

⑭　不计这半个多世纪以来的新式水利工程。

⑮　《史记·河渠书》。

原载《绍兴鉴湖》,西泠印社 2010 年版

《文明的记忆》序

对于绍兴古城，2010 年是个划时代的年份。因为越王句践是在公元前 490 年，也就是 2500 年前，从会稽山区出来，在离山麓不远的这片孤丘平原上建立这座都城的。今年正是这座古城建立的 2500 周年。当时，在以汉人为主的中原地区，都城当然早已出现，但在被先进的汉人称为"南蛮缺舌"①的落后地区，建城立都的事是相当罕见的。所以在以后的整个华夏境域中，越人建立的这座城邑，无疑也算得上是座历史上的古城，是越人和汉人都可以自豪的。绍兴是我的家乡，我当然亦与有荣。受嘱作序，虽然勉为其难，却也不胜荣幸。

对于建都立邑之事从事研究，不仅是一种历史，同时也是一门学问。世界上许多国家都有专门从事这方面研究的学者，我与他们之间常有联系，其中也有几位热衷于研究绍兴的。②这就说明，对于这座名城，其城邑的建立，就是一个值得研究的课题。现在我们国境内的古城，多数都由早期的汉人建立，但绍兴却始建于越人。《汉书·高帝纪》："冬十月，令天下县邑城。"说明由朝廷颁令建城的事，要在绍兴建城以后很久才见于正史，足见在郡县制成为行政区划的基础以后，还有不少县邑是没有城垣建筑的。所以，汉高祖在其建朝的元年（前 201），颁布了这条命令。但绍兴这个远离中原的地方，却与当时中原的其他许多地区一样，已经出现了这座古城。即此一端，就值得我们从事研究。

这座在《越绝书》上称为"句践小城"和"山阴大城"③的古城，其所以能够在 2500

年前诞生,当然有值得研究的原因和过程。《越绝书》是一部可信的、经过东汉初学者整理加工的先秦越地古籍,对此我已另有文字考证④,这里不作阐述。公元前490年之时,山会平原还在第四纪最近的一次称为卷转虫海退的过程中,山会平原的范围还不大,建城不可能远离山麓,选择这样一处孤丘罗列的比较高坦地区,或许就是范蠡的设计:"今大王欲国树都,并敌国之境,不处平易之都,据四达之地,将焉立霸王之业。"⑤句践在今龙山南麓建都之时,这个地区的孤丘还有不少,其中有的在我们童年时还存在。初建时的越城当然简陋,城垣是以后随着时代而不断拓展的,这个过程中就夷平了不少较小的丘阜,但其中最大的3处,即龙山(76米)、蕺山(52米)和塔山(32米),却能长期挺拔苍秀,成为2500年来的见证和坐标。

我国的不少古代名城,特别是黄土高原上建城最早,声名特大的名城,我在上世纪80年代都作过一些文献研究和现场考察,并撰写过一些文章,主编过几本文献,所以稍有了解。虽然在这些文献上我们都以古都相称,有的并且使用同一的地名,但实际上它们多是在一个地域上不断播迁的。例如西周的丰镐,秦的咸阳,汉的长安,我们现在都把它们作为一个古都,但其实并不建立在同一地域之上。东周的王城和汉的洛阳,情况也正相同。但绍兴古城则与众不同,尽管城市不断拓展,地域不断扩大,但3山屹立,抬头可见,成为城市的稳定标志。这在我们的许多古城中是一个不多的例子。是古今都值得自豪的。

前面已经提及,在中国的许多历史名城之中,绍兴是为数不多的由汉人以外的越人创建而年代确实可考的。所以这里有必要把兴建这座古城的越人部族作一点介绍。中国是个由许多民族融合而成的大国,在远古时代,这些民族的情况多是前代人的传说,并不属于信史。这中间,以黄土高原及黄河中游为聚居地的汉族是发展最早和文化最高的,他们在殷代(公元前11世纪)就有了文字(甲骨文),显然是国境内所有民族之首,也是以后中华民族融合过程中的核心。

越族从其分布的地域来说也是一个大族,但是在政治、经济、文化等诸方面都不能与汉族相比,所以被汉人称为"南蛮缺舌之人",越人的语言与汉人不同,这就是"缺舌"的来由。越人没有文字,与汉人交往以后,越人中的上层人士才学习汉字。汉人则按越语迻译,所以后来作为族名和国名的这个"越",《史记》诸书作"越",而《汉书》诸书则作"粤",其实是一音二译而已。对此,我在为《绍兴方言》⑥卷首所作的序中已有说明。

汉族是中原大族,众望所归,越人当然早已有使者北上交往。今本《竹书纪年》在周成王二十四年条下所载的"于越来宾"就是"于越"这个名称最早见于记载的汉人史籍。往年王国维曾作《今本竹书纪年疏证》2卷,经过他的逐条考证,论定《今本》多

"后人搜辑,其迹甚著"。又指出:"始知今本所载,殆无一不袭他书。"王国维是个著名学者,所言当是事实,《今本竹书》显然不能与已经散佚的《古本竹书》相比。不过王氏也据其考证说明:"其不见他书者,不过百分之一。"而周成王二十四年下的此条"于越来宾",即在此"百分之一"之中。所以《今本》此条,显然价值不凡。而且作为对历史传说的研究,还应和其他有关文献核实。我往年曾撰有《论衡与吴越史地》拙文,[7]指出《论衡》在《超奇》、《异虚》两篇中,都曾记及于越向西周献雉的事。《超奇篇》说:"白雉贡于越。"《异虚篇》记得更为详明:"周时,天下太平,越尝献雉于周公。"这项资料的特别可贵之处,是它和《竹书纪年》的不谋而合。我在该文中加意说明,《论衡》的这两篇,当然都是王充在吴、越地区耳闻的记叙而绝非来自《竹书》。因为在王充撰写《论衡》的时代,《竹书》尚深埋于汲冢之中,所以我们把王充在越地耳闻的"白雉贡于越"与《竹书》的"于越来宾"加以对比,二者或许就是同一历史事件。说明早在公元前11世纪之末,于越作为一个边疆民族,已经对中原大族有所朝聘。也就是说,已经开始吸收中原汉族的先进文化。这个过程当然是在一段相当长期的时代中渐进的,不可能像兴建一座都城地有一个确实的年份。

现在再回过头来议论绍兴建城的事。在远古分布于我们国境的各族之中,越族是一个濒海民族,为此,在议论这个问题时,就需要涉及一个称为古地理学[8]的学问。前面记及远古越人把自己的国族以汉字译成"越"(或"粤")。我曾于上世纪80年代起多次应邀到日本担任客座教授,发现日本也有很多称"越"的地名,而且我在上述为《绍兴方言》所作的序中提及,在日语之中,有好些语音显然与古代越语相牵连。此外,在中南半岛有"越南"国名,他们国内与"越"(或"粤")发音近似的也有不少。这个语音,而且远到南洋,说明在国境东部和南部,曾经有很长一段时期有"越"(或"粤")人的流散和分布。这种事实,就涉及到古地理学的问题。因为在整个第四纪,南方沿海曾经发生过几次海进和海退的自然环境的变化。现在,由于地质科学和古生物科学等的发展,这些过程都不必用传说和神话进行虚构,而是可以用现代技术测定年代。日本有不少对这个过程很有研究和兴趣的学者,他们很希望我在这个问题上作一番研究。由于国际学术界同行的要求,所以我在文献查阅和田野考察的基础上,写了若干文字,于国际交流期刊《文化交流》[9]发表了一篇《越人横渡太平洋》的论文,文内按学术界对第四纪古地理的研究,附入《假轮虫海退时期今浙江省境示意图》和《卷转虫海进时期今浙江省境示意图》两幅插图,因为按照现代第四纪科学的研究,第四纪是始于距今250万年的一个很短的地质时期,在这期间,地球上间隔性地发生暖季、冷季以及与此相应的间冰期和冰期的交替,因此同时出现地球上水体的变化。与冷季及冰期相应的是海陆冰川的发展和水体的下降,在地质学上称"海退"。而与暖季和间冰期相应的是海陆冰川的消融和水体的上升,地质学上称为"海进"。我在拙文中插附的这两幅"海退"、"海进"示意图,因为利用了学术界古地理的研究成果,所以获得了日本同行学者的赞赏。按此文的《假轮虫图》,其时在距今约 15000 年的冷季,即所谓冰期,海陆冰川积贮深厚,海面下降,今省境陆域甚广,海岸线基本上在大陆架上,今宁绍平原与舟山等许多外岛互相连接,宁绍平原上的越人部族,已经从采集、狩猎发展到农业耕作。但到了距今 12000 年的全新世,第四纪的另一个暖季开始,海面又逐渐抬高,大陆与岛屿次第分离,许多岛屿淹入海域而陆域面积也因海水的入侵而不断缩小。这就是前面已经提到的"卷转虫海进"。[⑩]在这次海进的几千年中,越人因避水而分散,这个过程,我已撰有《越族的发展与流散》[⑪]一文议论,此处不再赘述。对于越人来说,在经济、文化等各方面,当然是一种挫折。漂洋出海的一大群姑且不论,原来的宁绍平原上的越人主要部分,随着海水的不断内侵而自北向南迁移,经过多少年代,最后退缩到山麓边缘(即河姆渡一线)。而海面仍然继续上涨,越人的主体最后进入浙东山区,而以会稽山区为部族中心。"随陵陆而耕种,或逐禽鹿而给食"。[⑫]在生产和生活方面,显然都比在平原时代有了倒退。其中最早一代进入山区的越人,当然从他们前辈口中知道海水吞噬平原的故事。而这种故事,在后代越人中口口相传。著名历史学家顾颉刚所说:"禹是南方民族神话中的人物,这个神话的中心点在越(会稽)。"[⑬]这显然就是在山区艰难度日的越人,按他们前辈的传说,希望有一位神明,替他们驱走海水,把平原交还给他们。

我之所以在序中记叙这一段海进的故事,一方面是因地质科学不是神话传说,是有年可考的事实。另一方面也是为了说明,越人的经济和文化,原来比汉人落后。而这一次海进使他们丧失了一片以往从事耕作的平原,显然更拉大了与汉人之间在各方面的差距。但人们盼望的这位后来被整个华夏族群所传颂的神明终于到来,海退开始,平原逐渐显露并扩展。越王句践随即于 2500 年前跨出山区到平原建城立都,此事与越人部族中流传的其他故事不同,是后代人们完全可以信赖的历史事实。所以我说对于绍兴,2010 年是个划时代的年份。不仅海内外绍兴人士值得重视,在我国的城市史上,也是一件必须记叙的信史和大事。因为这座古城的兴建,在时间上确凿无讹,而在城垣位置上,如上所述,由于龙山、戢山、塔山的三足鼎立,在我国的许多古城中,也有独特的风格。句践兴建此城时,城垣与范围当然狭小,在以后的年代中不断扩展。但作为城市坐标这 3 座丘阜,今后必然万世长存,让后人永远铭记。随着经济、文化等的发展和科学技术的进步,绍兴在今后当然还要长足跃进。但后代人开卷有史(《越绝书》),这座古城和公元前 490 年这个建城年份都将永垂不朽。

城市学这门学问是在一个较长的时期中发展起来的。在每个城市的诞生和发展历史中,都包含了不少传说,其中有的更具有神话的性质。但是由于它们流传已久,意义深远,所以即使在科学测年的技术发展到了可以把一粒砖屑、一片粗陶、一段碎木都能测定其年代的今天,对每个城市中流传的各式与现代城市科学毫无关系的掌故,我们仍然不必排斥,因为它们在历史、人文、道德、宗教、习俗等其他许多方面,都存在各自的价值,这是一个方面。但另一方面是,凡是符合于科学的城市学内容的,我们尤其值得重视和研究。对于绍兴来说,2500 年来,从建城的时间和城市的分布,都是科学的城市学内涵,我们既要纪念这个划时代的建城年份,也更要研究绍兴这部价值不凡的城市史。

我是从上世纪 80 年代初才从事历史城市研究的。开始涉足于此时,对上述两个方面都并不明确,所以虽然应出版社之邀,主编了几本有关文献,但思想上对不少问题实在多没有解决。直到 1989 年,应日本国立广岛大学之聘作客座教授,开设《比较城市学》课程,这半年的教学工作,让我在城市学的领域中有了不少新的认识,所以在后来主编的《中国都城辞典》[①]中,对这两方面的概念都作了若干阐述。现在,为了纪念绍兴建城 2500 周年,绍兴市文物管理局编撰了这部"绍兴历史图说"的煌煌巨构《文明的记忆》,确实深得我心。因为除了 2500 周年是个信而有证的建城年代以外,"图说"中展示的事迹,也都是有凭有据的历史实物,不仅在今年是一种应时的纪念,并且可以供后辈学者们继续钻研和考证,其价值实在不同凡响。对于绍兴古城,这确实是一部值得藏之名山传至后人的要籍。绍兴本来就是个文物之邦,而如今使人不胜振奋的是,由于欣逢这个划时代的年份,我们的文献目录中,必然要添加包括《文明的记忆》在内的不少杰作。

2010 年 1 月于浙江大学

注释:

① 《孟子·滕文公上。》

② 例如美国首席汉学家施坚雅(G. William Skinner),就在其执教的名校斯坦福大学建立了一个"宁绍研究所",出版了中国历史城市名著 *The City in Late Imperial China*,我国改革开放之初的 1980 年,就率团访问绍兴和宁波,省里由我作陪。他主编的这部名著,已由我组织一批擅长英语的学者(叶光庭主译)译成,中译本名《中华帝国晚期的城市》,由中华书局于 2000 年版。全书 60 余万字,施坚雅为中译本写了序,我除了作为全书校者外,还写了长篇《后记》。

③ "句践小城"是其在位第七年(前 490 年)年未所建,确实无讹。但"山阴大城"在《越绝书》

中未曾记叙是当年所建,且其规模较大,恐系次年完成。

④　我的研究生乐祖谋点校的《越绝书》(上海古籍出版社 1985 年版),卷首有我的长篇序言,考证此书来历。我并另有《关于〈越绝书〉及其作者》一文,发表于《杭州大学学报》(哲学社会科学版)1979 年第 2 期,以上二文均收入于《吴越文化论丛》,中华书局 2000 年版。

⑤　《吴越春秋》卷五。

⑥　国际文化出版公司 2000 年版。

⑦　《浙江学刊》1986 年第 1 期,收入《吴越文化论丛》。

⑧　"古地理学"(Palaeogeogry)是一门研究地质时期海陆变迁的科学,不同于"历史地理学"。

⑨　《文化交流》1996 年第 22 辑。

⑩　第四纪的"海进"、"海退",地质学界均按当时地层中大量存在的原生动物有孔虫(Foraminifera)命名,"假轮虫"、"卷转虫"等名,都由此而得。

⑪　《东南文化》1989 年第 6 期,收入《吴越文化论丛》。

⑫　《吴越春秋》卷六。

⑬　《古史辩》,北平朴社民国十五年(1926)版。

⑭　江西教育出版社 1999 年版。

原载《文明的记忆》,中华书局 2010 年版

《河兮·斯水》序

　　环宙君把她所著的书稿交给我作序,我实在又惊又喜。研究生毕业不过 9 年,在职称上已经升到教授,并且又承担了科研处的领导职务,却还一直挤时间从事写作,写出了这样的大书。之所以喜,自己的研究生出书,这是势所必然;之所以惊,研究生出书求序确已不少,但环宙的这一部,可能是历来最大的了。包括她搜罗和加工精制的大量图片在内,全书篇幅恐怕已经超过了 50 万字。特别书名:《河兮·斯水》虽然甚中我怀,但一位上世纪 90 年代的研究生竟以这样的名称著书立说,不仅会受到眼下时新文化人的抵触,甚至一般学者也不会欣赏。所以环宙的这个书名,虽然是受我之惠,但是由于读者不知作者出于一个老顽固门下,所以更多的或许是受我之累。为此。我这个届九老人,提笔作序之前,还得赘述几句有关自己的事。

　　我是一个个人主义者,也是一个自由主义者。抗日战争年代,考入了一所当时录取很困难的国立大学。[①]入学还不到一个月,知道了"大学"原来是怎么一回事,当即宣布退学,而且发誓一辈子不进大学。只是由于食宿都靠政府,所以仍在校内住了 3 个月。但至今竟已在大学里执教了 50 多年,仍不退休。要说清这个过程很花笔墨。好在 5 年以前,我还应邀发表了至今仍然反对大学本科制的文章,[②]所以此事不必再叙了。

　　在中学时当然念过化学,化学中有一个称为"分子"(molecule)的专业词汇,意思是物质中能独立存在并保持物质的一切化学特性的最小微粒。但 1950 年以后,文化人也成了"分子"，所谓"知识分子"。此词既非褒词，也非贬词，开始出现时大家并不注意。不过随即在"知识分子"上出现了一个"旧"字。我当时虽然年未"而立"，但也在冠"旧"之列。有"旧"就有"新"，确实有一批冠以"新"的来到，他们懂得许多"旧"字号所不懂的东西，能说许多我们既说不出，也不甚解的话。所以心甘情愿地自认比他们低了一截。因此就努力向他们学，也就是努力思想改造。所以做了"分子"而又冠以"旧"，也就心服口服了。不过接着就来了一次又一次的所谓"运动"，每一次都要揪出许多冠以"旧"的"分子"，从此，我不免因为这个"旧"字忧心忡忡。"运动"来时更因这个"旧"字而惶惶终日。因为凡是揪出来的，都冠以各种名称的"分子"，从此开始害怕"分子"这个称谓了。而从 1955 年—1957 年之间，曾经一次已入"分子"，另一次几入"分子"。以后才知道，这两次都是蒙人救助，才免于"分子"之灾的。

今天看到毕业不久而在学术上发展迅速的学生，竟以如此书名出版巨著，实在感慨不已。溯昔抚今，不免要多说几句。因为当"分子"之名出台，"分子"之灾流行之时，我竟还崇拜这个"分子工场"，从经理到雇员，我认为他们都是很了不起的。自己心里明白，毕生在读书的内容上，是个"历史四旧分子"，[③] 在读书的方法上，是个"死记硬背分子"，[④] 都是与 1966 年的"五一六通知"[⑤] 对得上号的。

我从小是由清末举人的祖父包揽家教，虚龄 7 岁（其实按当时所称的"国历"，已经是虚龄 8 岁之初），大家庭在吃年夜饭，祖父向大厅上就座的近 30 位家族成员宣布，说我今年读熟了《四书》（确实读得很熟，但内容基本不懂），这在我们全城也是罕见的。要一个孩子读熟这一大堆"子曰诗云"，所以读书的方法，必然就是上世纪 50 年代之初受到严厉批评的"死记硬背"。

由于我当时确实是翘首仰坐，衷心拥护的。何况"分子"之名虽已挂上，而"分子之灾"尚未殃及。所以凡遇到拂逆，必先自责其"旧"。而在 1951 年批判《武训传》和次年批判《红楼梦研究》之时，我知道这些都是来自我顶礼膜拜的最高旨意。我一直与我自幼熟读的"子曰诗云"相对照，感到自己实在是生错了年代。

在读书的方法上，当年唯一的就是"背诵"，我周围的所有人都是这样。从我祖父起，我的叔伯一辈，后来有当银行行长的，也有当公司或钱庄经理的，他们都从当年祖父执教的绍兴著名的敬敷学堂出来，还有许多当校长的，在外地当官的，人人都是"背诵"出来的。但我在上世纪 50 年代读了当时的《整风文献》诸书以后，我确实心服口服地承认了"死记硬背"这个革命的贬义词。当时当然没有预见到，那些记忆力较差的老教授，被红卫兵揪着耳朵背《老三篇》的后事，而背《老三篇》比当年背《四书》实在容易得多。

祖父对我的家教是独揽的，从不听信他人的意见，包括秀才功名的二叔祖在内。

可是一次偶然的学生访师,让我受惠不浅。这位学生也是出于敬敷学堂的,叫做孙福元(与兄弟美术家孙福熙同班,当时已改名伏园)。当时我刚刚从省立中学附小的初小毕业,正是暑假其中。孙福园在听了祖父介绍我的情况之后提出,进高小后找一位英语教师读英语。祖父竟欣然同意。从此,我从附小五年级起,每晚有一位英语家教,念林语堂的《开明英语课本》。全书3册,供初中三年之用,但当我跨进初一时,基本上已经读完了3册,而方法仍是"死记硬背"。结果是,用背书的方法读书,又用背书的方法教书,一个虚龄24的小伙子,在一所特殊学校的课堂里,滚瓜烂熟地背诵莎士比亚长篇,让一大批学生⑥一致赞赏,就这样成了一个"名教师"。甚至受到上海文化界的关注,派人与浙江教育厅(当时称文教厅)商量,把我调到上海去,而且上海方面已经向我支薪。但是由于决定权在省文教厅,1953年底,成立不久的浙江师范学院,专门派了一位毕业不久的助教王先生(他也一直执教,现为浙大退休教授),送上浙师院的讲师聘书,并且叮嘱,这是省厅的指示,敦促我寒假结束就去报到。一个1944年发誓一辈子不进大学的人,到1954年初就即进大学(到上海不是进大学),而且毕生从事,这是命运。

　　与绝大部分高校中老年讲师一样,在1966年的这场"分子"大灾中进了"牛棚",所受凌辱,不必细述。不过我比其他的"牛鬼"稍为幸运,1973年由于国务院发了一个由9个省市翻译外国地理的文件。而负责此事的省出版局,竟指我负责这项任务,我因而有幸以"牛鬼"之身而提前摆脱了的"牛棚之灾"。1979年起,由于"开放"开始,国外的进修人员频来,学校为我个人设了一间在当时颇为讲究的接待室兼办公室,而且多次应邀带夫人到国外讲学(《光明日报》有专文报道,这些过程中我绝未花过国家一分钱外汇),应该说是时来运转了。但是感到既然从1954年起奉命执教高校,既然以教师为终身职业,最重要的慰藉,应该是看到学生的事业有成。所以环宙的《河兮·斯水》,的确是我从教以来的很大喜见乐闻,为此而在本题以外多说几句。

　　现在回到《河兮·斯水》上来。此书内容丰富,议论的方面很多,但是因为我自己与"河"和"水"打了多年交道,所以承嘱作序,还是将议论放在这正中下怀的书名上。首先是"河兮","河"是黄河的专名,因为汉族人是在黄土高原和这条河流上繁衍起来的,黄河是我们的母亲河。所以历来对此河特别重视。虽然以长度论,"江"(即长江)比"河"更长,《水经注》卷一也引《风俗通》称"四渎"为"江、河、淮、济",以江列首位。但同篇中仍引《新论》(后汉桓谭撰)说:"四渎之源,河最高而长。"又引《孝经援神契》:"河者,水之伯,上应天汉。"说明汉族人对黄河的重视。《水经注》自来被学者认为是古人研究河流的重要成果,而此书开首就是《河水》,而且分列5卷,比《江水》、《济水》、《淮水》都有长得多的篇幅。直到今天,我们仍对黄河予以极大的重视。在近年来的志书修纂中,《黄河志》是一部 6 巨册、11 卷的巨志。[⑦]承蒙黄委会对我的信任,此书的最后一卷(第十一卷)为《人文志》,内容丰富,叙事复杂,却请我作序。我在序上如实指出:"黄河是我们民族的摇篮,但同时也是我们民族的忧患。"这是长期来存在的事实,我当然无法在序中回避。

在史书记载中第一位提出黄河是我们灾难的大人物是汉武帝,他在元封二年(前109)亲临黄河瓠子决口现场指挥堵决,面对这场灾难而作了《瓠子之歌》:"我谓河伯兮何不仁,泛滥不止兮愁吾人。"[⑧]说明他早已知道此河是"泛滥不止"。上世纪 70 年代末,竺可桢先生主编的大型《中国自然地理》,其中有《历史自然地理》[⑨]分册,由谭其骧先生主持,但不幸在最后一次定稿会前中风住院,所以一次在开封进行的长达两月的定稿会,中国地理学会委托我代为主持。开封距黄委会所在地郑州很近。由于黄河在历史自然地理上的重要性,我们特邀请了他们的好几位著名工程师参与讨论。《黄河》这一篇由复旦大学邹逸麟教授执笔。但我在为全书卷首所写的《总论》中,黄河仍然作为重点议论的对象:

> 在我国历史时期的地理环境变迁中,河湖的变迁十分强烈,并且具有深刻的影响,黄河就是最突出的例子。据记载,黄河在历史时期决溢达 1500 多次,重大的改道即有 6 次。洪水波及的范围,北通冀鲁,南及苏皖,纵横 25 万平方公里。由于黄河的频繁改道和决溢,今黄河平原许多流量充沛、航道畅通的河流和星罗棋布的湖泊,大多因之淤浅,或者涨为平陆,甚至成为沙丘和沙岗,其影响的深刻和广泛不言而喻。

在自然地理学中,河流的定义是:一种天然的河流,由于一定范围内的地面雨水(包括雨水、冰雪融水)及地下水补给,并经常(或周期性)沿狭长的凹地流动。这其实就是孟子所说的:"水由地中行。"[⑩]但现在的情况是,这条母亲河的下游,老早不是"水由地中行"的自然地理学上的河流,而是完全依靠堤防,是一条多少年来人工治筑起来的"渡漕"。现在,在我们还没有办法让这条河流回归自然状态以前,我们只好花很大的力量,冒极高的风险,稳住这条不断升高的"渡漕"。

所以有不少学者提出,让这条河涨堤高的"渡漕"延续下去的危险后果,例如瞿无希所说:"黄河总有一天要溃堤的,这是自然平衡的必然。"[⑪]出生于黄土高原并长期在这个地区工作的史念海教授,对黄河的考察研究,在我国历史地理学界中是负有盛名的。而且他又以发言慎重著称。但在这件大事上,他显然不能缄默了。他指出:"现在的下游河床已经高到历来所未有的程度,由于河中泥沙堆积迄未停止,河床时时仍在抬高,堤岸加高何时才是已时? 万一高到不能再高,一旦决溢,后患何堪设想。"[⑫]

不仅是国内学术界,海外华人,凡是对此河稍有了解的,也都为它的前途而忧心忡忡,从各人的专业想方设法为它考虑根治或缓解的方法。1995 年,我应北美诸大学的邀请,携夫人到那边访问讲学。因为我用自己的洋径浜讲学,邀请者不必另找专业翻译(在国外,交际翻译有的是,但专业翻译却非常难找),所以从加到美,由于东邀西请,时间拖了半年多。不过反正总是这几个课题,所以空闲的时间很多,我们夫妇都可趁机阅读那些在国内见不到的书刊。其间就经常读到《华夏文摘》224 期(1995 年 7 月 14 日)上梁思佐教授(估计是水利专家)的《让黄河水流清》,不久又在该刊 231 期(1995 年 9 月 1 日)上读到了肖昕先生(估计是化学家)的《使黄河水更混——读梁思佐〈让黄河水流清〉有感》。一"清"一"混",目的都是用不同的方法,让黄河这条祖国的母亲河得到根治,至少是不要闯大祸。[13]

　　我自己也是这样,当 1953 年在绍兴等待省文教厅同意去沪时,天津益知书店邀我从速撰写一本《黄河》的一般介绍文献,让许多至今还对此河不明究竟的人获得一些有关此河的知识。当时,我自己还没看到过黄河,但由于出版社的急需,我全凭文献资料,拼凑出一本不过 10 万字而名为《黄河》的通俗读物,于当年出版。据说初版 3000 册,短期内就告售罄。要不是这类出版社随即合并,此书正准备继续再版呢。

　　既然出版了以《黄河》为名的单行本,何尝没有到黄河去看看的心愿呢。但是由于上海教育局和省文教厅的交涉还没有结果,而上海方面早已向我支薪(比浙江当教师的工资高 1 倍),我得按月给他们完成任务,而且说不定哪一天省里点了头,我可以成行赴沪呢。1954 年进了大学,工资比上海低一半不要说,教学不正常,据说当时的学校都是如此,主要是干了教师的行业而没有假期,每个暑假都有"运动",还得担心"运动"到自己头上呢。虽然自己一直翻弄《水经注》,也很想利用那一个暑假到郑州甚至风陵渡看看,可是每次都是暑假还没到,假期干什么都事前布置好了,福兮,祸兮,都在未知之天,"不到黄河非好汉",当时的形势,我只要不遭"分子"之灾就够了,还想当什么"好汉"呢。1973 年莫名其妙地从杭大牛棚去了省出版局,而且随即到北京取翻译的版本,总算第一次在火车上看到了黄河。当时也想在回程中到济南下车住一二天,但是考虑一下又不敢,事情多变,自己的身份还是"牛鬼",说不定再让我回"牛棚"去呢。

　　我是从 1978 年开始"自由"起来的。多年来藏藏匿匿并被定罪为"对抗"《毛选》的《水经注》论文,这一年也大胆地在《杭大学报》亮相了。随着外国大学文化班的前来开办,国际访问学者特别是著名学者如美国首席汉学家施坚雅(G. Skinner)的专访,洋泾浜立刻大起作用,遥远的亚马逊都去看了,还怕得不到对黄河作一番全面考察的机会吗?

　　于是我从鲁、豫、晋、陕各地,特别是甘肃和青海(因为有内行人指导),仔细考察了黄河及其重要支流。其间几次由黄委的工程师陪同考察了花园口及其附近一带的大堤。我上了西安的周原,登了天水的卦台山,这是为了考察黄土高原。黄土高原养育了我们的祖辈,但黄河的善淤、善决、善徙的这种特殊河性,即前面说到的"我们民族的灾难",其根源也出于这片高原。在每次从事的这种考察中,我都随带着那本破烂不堪的《水经注》,[⑭]此书卷一就指出:"河水浊,清澄一石水,六斗泥。"按当代观测,河水每立方米中,平均含泥沙 37.6 克,每年平均的输沙量达 16 亿吨(1933 年曾达 40 多亿吨)。多年考察黄河,多处考察黄河,当然得到许多知识,但心里最耿耿于怀的是:这条河流怎么办?

这条河流怎么办,山西省的学术界耆宿寒声先生,显然是因为他长期身居黄土高原,对黄河的感情特别深厚的缘故,不管年事已高,而于上世纪末起,创办了一种名为《黄河文化论坛》的高级期刊,每辑都用书号出版。对于黄河,此刊的作者是高层次的,文章对黄河的探讨是广泛的。但大概由于在他的书库中看到了我早年出版的《黄河》小册子(此书已稀见),又知道我是从历史地理学考察黄河的,所以多次请托我在晋的一位好友,他自己也发了急切的信,务必要我写一篇与我的专业相结合的黄河文章。有感于寒先生的诚挚,我只好勉为其难;而对于曾经做过多次考察的黄土高原和这条母亲河,也是义不容辞。他把拙文编入此刊第 5 辑(2000 年 11 月出版),同辑中名家甚多,如季羡林、汤一介、厉以宁、沈国舫、任继周诸先生都有宏文,但他们可以各按所长,写黄河的各个方面,我则只能按专业所及,从地质、地貌、灾难、堵决、堤坝等方面,胡扯了 2 万多字的文章。由于长期来对这条河流的积愫,全文倒是一气呵成的,所以文章虽已完成,都还想不出用一个什么题目,没有题目,又怎样交稿? 或许是感情所驱,我把此长文塞入信封时,随手写上一个题目:《黄河哟,黄河!》。今天才让我恍悟,当年的这个题目,与环宙今天的命题"河兮"异曲同工,只是环宙此书写的"河",特指大运河而已。

说了许多"河兮",就得说"斯水"了。"河兮"是只在中国存在的事,"斯水"可就大了。郦道元撰写《水经注》,此书开篇的序中就说:"天下之多者。水也。厚天载地,高下无所不至,万物无所不润。"水当然是人类所必需,"一石水,六斗泥"的水也能养育出这样一个伟大的民族,何况我们也有许多"漏石分沙"的佳水呢。上有各人称赞水,或许可以老子为代表:"上善若水。水善利万物而不争"。在地球上,水体比陆体要大得多,一个太平洋就可以把地球上的全部陆域都吞下去。在地球历史上,水是生命起源的重要条件。海洋很可能就是地史上生命发展的物质基础。周廷儒先生曾经提出 3 个原因,说明生命为什么可能起源于海洋。[⑮]西汉韩婴在其《韩诗外传》中曾概括了水的"浮天载地"、"天地以成,辟物以生,国家以宁,万事以平"。空气、日光、水,这是上苍对地球上生灵万物存在的重要布局。古人"日中为市",说明从物物交换开始的商品经济在地球上已经出现了多年,但是直到我成为"分子"并冠以"旧"的时候,长三角包括我家乡在内的许多城市,"水"如同空气和日光一样,都是免费供应的。要到那一个城市办起了自来水厂,而城市中有些人家有能力用自来水,让水厂装上水表以后,在这户人家中,水才区别于空气和日光,成为要付钱的商品。不过在浙东山区,例如我老家的会稽山中,不少山林,由于水源不曾污染,"千岩竞秀,万壑争流"的景观依然存在,"水"仍和空气、日光相同,还是一律免费供应。

"斯水"中有一个重要概念必须明确。郦道元所说"天下之多者水也",这是不错的,地球上的水体总量有 13.8 亿立方千米,假使全部平均分布,整个地球表面,水的厚度可 2650 米,东岳泰山的玉皇顶,还在水面下 1000 米呢。不过总水量是个宏观概念,其中 98% 是咸水,淡水只占 2%,也就是约 3000 万立方千米。而在这仅占总水量 2% 的淡水中,南极洲和格陵兰等地占了 88%,各洲陆地上的淡水资源,也就是自然地理学上所称的陆地水,只占 12%,其中绝大部分是地下水。地表水,也就是我们可以方便获致的河湖水和泉水等,只占全部淡水资源的 0.04%。看看这样的数字,就可以让人们感到,今天,大部分地方需要按月付费的和少数仍在免费取用的"斯水",从人类发展的远景来说。实在是一种非常宝贵的自然资源。所以早在 1998 年 3 月 13 日,《光明日报》就已经报道了八届全国人大资源与环境委员会主任曲格平的意见。他认为在中国实现可持续发展,必须解决三大难题,而其中"第一位是水资源短缺"。曲格平提出的对于水资源的意见,实在是一件头等重要的大事情,遗憾的是,在一个水资源比世界上许多国家都匮乏得多的国家里,[⑯]从媒体的宣传力度到社会对此的重视程度,都仍然是不够令人满意的。特别是对于"节水"的意识。《水经·浙江水注》篇说:"东南地卑,万流所凑。"在长三角,到处都是水,许多人的"节水"意识只是对于自己家里按月付费的水表,而且目的也只是为少付一点钱,从来没有和水资源联系。所以环宙以"斯水"作为书名,确实让我和其他一些有心人感到满意。

最后还要说几句的是,以大运河作为切入视角和重要的例子,此书有非常丰富精湛的内容,并对其及的事物有深刻精详的议论,我由于缺乏时间和精力,对这些优异之处就不再锦上添花了,因为只要从《河兮·斯水》评论,这不仅是个好题目,而且也是篇好文章。环宙把"河兮"、"斯水"这两种其实同而又异的地理实体合为一题,可谓别开生面,让人佩服她思虑的精辟、眼界的宽广。再接再厉,必然可以做出一番大学问。

"河兮·斯水",这个前已指出或许是"受我之累"的"老古董"题目(我当然是高度欣赏的),"河兮"与"斯水",虽然文章的主体都是"水",但其实是很不相同的。"河兮"是我们一家的事,尽管这件一家的事,是个长期存在而难以解决的大事。举个例子,1964 年在北京举行的治黄会议,主题不过是对三门峡水库如何处理,但却必须由国家总理周恩来亲自主持,而结果仍然得不到一致的意见。⑰难!但受难的只是我们一家。但"斯水"则不同,因为这是涉及世界上每个人的事,每个国家都得为其人民管好这种随时随地不可或缺的重要生活资源。所以这是一个国际的问题。如果要把这个问题,从历史到现在,都一件件地说清楚,真是千头万绪,要集中许多专家才能从事,若编辑成功,也将是一部了不得的大书。

自从 1954 年进入高校地理系以后,或许是因为他们看中了我洋泾浜要我教外国地理。从名义上说,一直教到进"牛棚"为止,但实际上这段时间中,教学一直不正常,而且在学生方面,他们服膺于"苏联的今天,就是我们的明天"这句座右铭,所以只对苏联地理感到重要而有兴趣。对于其他国家,例如美国。领导上提出的是"仇视、鄙视、蔑视"。这样的国家我们学它干吗?反正都是"纸老虎",所以教课的和听课的,大家都提不起兴趣。等到苏联变"修"以后,虽然从《一评》到《九评》,对象都是苏联,但这是政治教师的事。"分子"出身的外国地理教师,还得担心国内也来一次"反修"的运动呢。东欧原来和我们是同样的体制,也是外国地理教学的重点。但是到头来只留下了一盏"社会主义的明灯",一个不到 3 万平方公里的阿尔巴尼亚。不要一节课就讲完了。1950 年以后作为大学第一外语的俄语,从此不再吃香了(事实上真能学好俄语的人也很少)。所以后来我才想到,这或许就是 1973 年因国务院翻译外国地理书的文件,把我这个"洋泾浜牛鬼"从"牛棚"里放出来的原因。

"开放"以后,情况似乎变得很快,洋泾浜可以抬起头来了。还有一件让我困难的事是,外国大学的口头邀请和书面邀请已经先后来到,但是国务院文件并未取消,我是孤军作战的负责人,全系根本没有承担这种任务的教师。有倒是有一位原来是中文系的,但后来莫名其妙地当了右派,已在教材科刻了十多年蜡纸。而当时右派改正的号令还没有下来。我不顾一切,向学校最高领导提出:"我要调用右派。"结果是,同意了。于是系里办了一点手续以后,右派就顺利地调来了,这是一位有才能的教师,胜任愉快地接替我的任务。我可以专心地管当时骤然增加的外事,指导外国进修教师,特别是可以带着夫人到外国到处跑了。右派不久就获得"改正",而他所做的,实在比我更多更好,我们从此就成了好友。

问题还得回到环宙的这个让我向往的题目"斯水"上来。我算是和水打交道的,在日本先后在关西大学、国立大阪大学、广岛大学这 3 所名牌大学的大学院(研究生院)各执教一学期,讲课的内容都涉及水(以《水经注》研究为主)。我看过世界最长的密西西比河,并对河口三角洲地区作过一点踏勘,我也看过世界上流域最广的亚马逊河,并且穿上救生衣到河中漂荡。但正是因为"斯水"不像"河兮"那样是我们一家的事。所以当我在观察 T. V. A 工程[18]和亚马逊河口如同钱塘江的涌潮时,我都不曾与"斯水"联系。所以对于国际上的"斯水"问题,我实在懂得很少,谈不上几句话来。

所幸的是,就在不久以前,我在瑞典念"环境学"博士的外孙给了我一大册加拿大莱克海德大学(Lakehead University)地理学教授的肯普(David D. Kemp)所撰的《以整合的方法探究环境问题》(*Exploring Environmental Class: An Integrated Approach*),[19]此书的 167 页,附了一篇《国际涉水争端》(*International Conflicts Involving Water*)地图。图中绘上的涉水争端是从 1951 年—2001 年半个世纪的事。我把此图作了放大,可以看得很清楚。在这半个世纪中,除了北美和澳大利亚大陆外,世界上其他地区都有涉及争端。图上的注记符号还明确表示,有一些争端是通过政治与外交途径进行的,另外有一些争端的各方则动用了武力。

由于我自己确实不很注意也相当不关心"斯水"问题在国际上的争端。其实,"河兮"虽然也是"斯水"中的一部分,问题虽然重大而难以解决,但毕竟只是我们一个国家的问题。而"斯水"则涉及世界上许多国家。看到肯普教授的这幅地图,对我这在这方面缺乏研究的人,实在如获至宝,所以就用这幅图作我这篇序的结尾了。

2010 年 7 月于浙江大学

注释:

① 其实是一所品味不高的国立大学,因为大量江浙学生都等在赣州预备到内地投靠名牌大学,但衡阳陷落,不能再去内地,大家都只好投靠此校,因而使它成为那年录取最难的国立大学。

② 《关于"创建世界第一流大学"——附录〈奚柳芳史地论丛序〉》,《黄河文化论坛》第 13 辑,山西人民出版社 2000 年版。此文实际上是我向寒声先生谢绝撰写这类文章的信,所以附了《奚序》。但他把拙信改成此文。

③ 我在"文革"曾被封为"历史反革命分子",按此例,故也可作为"历史四旧分子"。

④ 与革命的"活学活用"相比,"死记硬背"当然是反革命的,所以也可列入"分子"。

⑤ "文化大革命"的动员令,也是这场"大革命"的纲领。

⑥ 抗战胜利。签名参加远征军在印缅这条唯一的外援生命线上作战的大学生(多是一二年级)中的江浙人返回浙江大学,但由于当时名校不便接受他(她)们。所以办了这个班作为过渡,只开英、国、算 3 课(听课自由),我竟被指定教英语。这批学生后来由暨南大学接收。

⑦ 黄河水利委员会编,河南人民出版社 1994 年版。

⑧ 《史记·河渠书》。

⑨ 科学出版社1982年版。

⑩ 《孟子·滕文公下》。

⑪ 《黄河之水何处来》,《动向》1999年9月号,香港百家出版社。

⑫ 《黄河流域诸河流的演变和治理》,陕西人民出版社1999年版。

⑬ 此两文均已录入拙著《郦学札记》,上海书店出版社1999年版。

⑭ 是从旧书摊上购到的殿本转排本,因携带方便,又不在乎破损,所以凡出门都带此本。现已为绍兴市"陈桥驿史料陈列馆"收藏。

⑮ 《古地理学》,北京师范大学出版社1989年版。

⑯ 我国人均水资源拥有量,仅为世界平均水平的1/4,在世界银行连续统计的153个国家中居于88位(据《光明日报》2000年4月16日)。

⑰ 陈桥驿《黄河需要可持续发展》,《科技治黄大家谈》,黄河水利出版社2004年版。

⑱ 田纳西河水利工程(Tennessee Valley Authority)是上世纪30年代美国总统罗斯福主持兴建的一项水利工程。因田纳西河在田纳西州,是密西西比河的支流。

⑲ 鲁德齐出版社,塔罗和弗兰希斯集团,伦敦与纽约2004年版,2008年再版。Routlege,Taylor and Francis Group,London and New York,2004,2008。

原载《河兮·斯水》,中华书局2010年版

《冢斜古村》序

    绍兴县文物保护工作是值得称赞的。去年秋季,县里就以妥帖的安排,严密的保护,两次请我到我幼年时称为"笃底里山"的双港溪去(现在称为两溪)。其实,我是在原浙江省立绍兴中学念书的,抗战时期,学校迁在嵊县(今嵊州市)崇仁镇廿八都村。我从学校返绍城,已经经过双港溪几次了。现在,他们正在修葺那里著名的舜王庙,庙下又新建了一座碑亭,他们要我顾问此事。

    我的早年研究生乐祖谋君(现在已定居美国),由于在我的课上听到史学界权威顾颉刚先生的卓见:"禹是南方民族神话中的人物。""这个神话的中心点在越(会稽)。"①他就以此作为一个研究课题,在余姚、上虞、绍兴等地考察了几乎一年,写出了《历史时期宁绍平原城市的起源》②一文,查证了这 3 县中的舜禹传说故迹,共有 18处。而双港溪的舜王庙,是现存舜迹中最著名的,庙在舜江边的一座石山上,风景特缀、建筑宏伟,是绍兴山区的难得胜迹。重新修葺一番确实是很有必要的。

    但是要撰叙一篇《大舜庙记》,总得用文言文,而书写碑文也总得有至少不让人见笑的书法。我年事已高,他们知道。但是由于石碑是要长期流传的,而我则因曾为独一无二的《绍兴丛书》撰序之事,前任冯建荣县长已在柯桥(今县址)招待我而与县里文化界有过交往。所以他们经过研究,认为此事还必须请我出手。好在现在已经不要再翻陶宴岭或日铸岭了,只要保护得好,让我出行还是可以的。所以去秋二三个月中,请我去了两次。一次是请我看看重新修葺的舜王庙,主要当然是新修的碑亭和石碑的大小,因为我的碑文和书法必须与石碑配合。第二次是一切完成,举行揭碑典礼,到了不少县里领导,但典礼要我讲话,并让我观赏这块由我撰文和书写的《大舜庙记》。与会者当然都很赞赏,但我自己对这近300言的文章和花了大半天时间在研究生们的帮助下写起来的正楷碑文,只能自认差强人意而已。

耄耋之年,在乡贤们逾格保护下,作了这两次会稽山之行,庙宇美奂美轮,碑亭相得益彰。一路看了很多,谈了很多。但是同行诸君都并不知道,也是我绝不言及的,如李后主词中之句:"别是一般滋味在心头。"因为此两度旅行中,我曾经4次见到冢斜古村。我不便叙述故事,也不愿让车缓行,只是举首遥观,低头深思,因为当年曾经带了两个学生,在这个古村中前后3宿。北攀大龙山麓,南探舜江水域,两位同行的大学高年级学生,主要是为了替我背米,也不知道我究竟研究什么?时隔半个世纪,却成为我这次双港溪之行中想得最多的事。今天看到了《冢斜古村》手稿,确实让我喜出望外,为此题写书名和作《序》,让我证实了我当年研究的若干结论,不禁脱口而出:事实果然如此。现在有了学术研究的自由,所以可以把50年前的事,通过此《序》,作点简要的说明。溯昔抚今,真是不胜感慨。

中华人民共和国建立之时,我还是一个年未"而立"的文化人,当时的心境是高度愉快和兴奋的。因为一切是学习苏联,高等学校就按苏联的体制进行了所谓"院系调整"。原来的浙江大学拆散,不少院系分到上海和南京去,杭州只留下理工部分。新建了一所浙江师范学院(杭州大学的前身)。我原来是已由上海的文化界决定延聘去沪的。因为当时上海是高薪地区,一般文化界的工资比浙江要高一倍多。所以我自己也是愿意的,不过文化界的人事来往,建国后立刻需要文化界领导的同意。虽然上海延聘单位从1953年起就按月向我支付高薪,而由于离浙去沪必须取得浙江教育厅(当时称为文教厅)的同意,所以我只好在绍兴老家为他们工作。上海方面当然也很着急,不仅是延聘单位,上海市教育局也几次到杭州与省方洽商。我当时因为已经出版了好几本书,又常常发表文章,容易受人注意,所以省文教厅一直以浙江流失的人才太多而需要考虑。我就在家一面工作,一面等候省方的同意。好在上海寄来的工资很高,在绍兴由于时间有余,还可以继续写书出版,所以也不感到焦急。

1953年底,一位浙师院刚毕业的姓王的助教,忽然专程从杭州来到绍兴我家,交给我一封用毛笔端写的聘函,函内也是一张毛笔端写的聘书,聘我为浙江师范学院地理系讲师,聘期从1954年2月份开始。王先生并且嘱咐:这是省文教厅的指示,要我不必再存去沪的念头,务必按时到浙师院报到。他比我年轻懂事(后来我们一直是同系好友,但他如今已经退休),告诉我:现在我们每个工作人员都有一份"档案",你的档案现在已由省文教厅转移到浙师院了。于是我立刻发信通知上海的延聘单位,请他们停止支薪。而其实,上海的消息比我灵通,在王先生专程送浙师院聘书以前,上海市教育局已经收到浙江省文教厅的公函了。

我是这样作为一位高校老师的,虽然工资只及上海的一半,但是家庭负担较轻,加上经常有版税和稿费的收入,所以仍然是全系收入最多的教师。系里开课的事当然没有问题,但不久又被任命为经济地理教研室主任。整个教研室约有10位成员,因为是新办学校,除了我是讲师,此外都是助教,这些助教,有的是浙师院毕业择优留用的(如送聘书到绍兴的王先生),有的是北京中国人民大学毕业后分配来校的。从此,除了自己教课以外,还负有分配教研室各位教师开课和工作(还不到开课资格的)的任务,这中间就涉及一些人事关系,增加了工作的复杂性和难度。

当时,高校的课程和各种活动都是高教部制定的。由于"运动"频繁,大家都怕犯错误,成为各种"运动"的对象。所以都小心谨慎地吃透高教部的精神。"部颁"成为一个可以顶得住一切硬话。直到很晚,才知道"部"也并不是上头都信任的,所以出现了诸如"帝王将相部"、"才子佳人部"等斥责,但这已经是后来的事了。在我上台当教研室主任之时,给我的一种最大困难是,按"部颁"教学计划。地理系学生到四年级有为时五六周的经济地理和城市地理野外实习,此事由我负责。由于学校新办,最高班学生要到1957年才有,但实习之事,我得在1956年就从事准备,因为带了40几位学生和七八位教师,虽然有教辅人员和工友跟随,但责任显然是不小的。但是一个做学问的人,应该从另外方面着想,我是个绍兴人,不是很想研究绍兴的历史地理吗?我早认为如《禹贡》、《山海经》、《史记·越世家》这类北方人写的南方作品都不可靠,为此很早就阅读了诸如《越绝书》、《吴越春秋》、《论衡》这类南方人的著作,不是可以利用实习的机会,继续我在这个领域中的研究吗?因为有了"部颁"这块王牌的实习,这就是课程的一部分,不仅经费充裕,只要我开口,要人有人,要书有书。其中非常重要的一件是,实习时地区由我决定。

我当然也与系主任讨论过一下,我提出的实习地区的原则是:离杭州不远,交通方便,地区安全,实习的对象多,内容丰富等等,以这些条件为基础,我就把我老早决定了的地区宣布出来:宁绍平原。系主任当然满口同意,学校领导是一位很想办好学校,出成绩,出成果的姓焦的书记,他因为全校老师没有人出书,而我已经出版了好几本书,原来就很看重我,所以不仅同意,而且还嘱咐我:你是绍兴人,已经发表过不少有关的作品(都是通俗的),此番通过实习,作点高级研究,到高级刊物发表出来,以扬我们学校的名气。所以虽然是一项责任不轻的任务,但是一开始,尚在准备阶段,就受到校系的期望和鼓励,事情应该说是很顺利的。

不过我也有我的遗憾,因为我当时已经读过一些地质学包括第四纪方面的书。因为科学是不断发展进步的。顾颉刚先生写《古史辨》的时代，他的思想当然精辟，但当时第四纪的这门科学尚不发展，他还不曾懂得第四纪"海进"、"海退"的道理。《吴越春秋》所说，当时古代越人，在会稽山区，"随陵陆而耕种，或逐禽鹿以给食"。[③]为什么不到山外宁绍平原上去呢？说明一定是遇上一次海进，平原被海水淹没了。因为每一次海进，海面是在几千年中逐渐升高的（现在又遇到这种现象了），古代越人是在一个较长时期分批流散的，[④]最后的一大批进入浙东山区，而以会稽山区为部族酋长的驻地。在以后的文献中所出现的所谓越王的都城，实际上就是越部族酋长在不断搬迁中的驻地。

在第四纪的这次海进（卷转虫海进）中，越人除了冒死用简单的木筏与独木船之类漂洋出海的以外，其余的就是按海水的不断侵入而向南转移，距今 7000 年的河姆渡，是越人退缩中的最后一处，在沿河姆渡一线的山麓带，从东到西，将来必然还可以发掘出像河姆渡一类的遗址。从河姆渡遗址中，我们已经可以发现当时的古代越人，在生产上已从采集、渔猎发展到比较粗放的种植业。后来因为海面继续升高，越人只好最后放弃山麓平原而进入浙东山区。《吴越春秋》说他们"随陵陆而耕种"，说明越人当时已经掌握耕种的生产技术。耕地需要土地、水和肥料。在会稽山区，这个行业当然比平原上困难得多，即所谓刀耕火种，他们焚烧一片森林，从而得到土地和肥料，可以从事种植。但依靠烧山而让土地增加的肥力，必然逐年流失减少，到最后出现播种而没有收成的后果。怎么办？山上土地广大，他们就抛弃这片土地，到别处再选择一片土地，再来一次刀耕火种。这也就是部族酋长驻地在过了多少年以后要进行迁移的道理，所以几种越人自己撰写的文献中，在会稽山区写下了一处又一处的越王都城。但不管后代的夸大称为"越都"，或当时的实际部族酋长驻地，这些遗留下来的聚落格局，必然比一般的越人要讲究。如孔令符《会稽记》[⑤]所记述的一处"越都"，种植了许多豫章树，"行伍相当，耸森可爱"。作为一位部族领导，在他的驻地，作这样一点布置，即使在那时，也并不是出格的事。所以当年我很想借实习之便，对会稽山区作一番研究，去考察一下古籍中记载的"越都"，现在是否存在。当然是一个大型聚落，或许在这些聚落中，研究出一点古代越人的生产和生活。

但这样做存在困难。首先我得把实习地区从"宁绍平原"改成"宁绍地区"，范围大了一倍以上，明显地不是在"部颁"的时间内做得成功。而且若改成"宁绍地区"，但我们的实习只到会稽山区而不到四明山区，也与事实不符，无法向校系交代。而且这么多师生拥入会稽山区，不仅实习的目的不清楚，而食宿等问题也很难解决。所以我还是放弃了这种打算，好在从此以后，一年一度地要来到这里，总会设法得到我心中所希的机会。所以我警戒自己，稍安毋躁，等待时机，有这么个把月时间在外，避免了实际上是老生常谈的政治学习,已经很不错了。当时,作为一个想正常读书做学问的人,处境当然是困难的,各种倒行逆施的事,层出不穷,这是直到今天我们全民的素质还相当低落原因。如我在2007年出版的《水经注校证》⑥卷首《序》中所指出的:"原来从上世纪五十年代以来,我们曾经经历过一个读书有罪,读书人有罪的时代。"不过真真想做学问的人,还是可以见缝插针地利用时间,譬如,在开始时期,晚上多不开会,我可以开夜车,继续钻研有关会稽山和其他文献。在地理系还有一种特殊的条件,就是我们当作绝密处理(其实以后我在国外看到在街上书店也可以买到)的1:5万地形图,因为野外实习之事,有关宁绍地区的多幅都在我手中,我可以用这种大比例尺地形图,对会稽山区进行细读。这是在其他文献上所读不到的,我算是得天独厚了。

当时,我们的上层领导,他们唯一的依靠和学习榜样是苏联,所谓"苏联"的今天,就是我们的明天。美帝算什么?貌似富强,实际上不过是只"纸老虎"。因而,这些领导层也"策划"我们能够一旦富强起来,"超英赶美"在我们的优越制度下不是难事。于是,"三面红旗"的运动干起来了。他们的作法如粮食翻番,小高炉,大食堂,吃饭不要钱等等,实际上是很荒唐的。但是由于以可怕的"反右"和其他"运动"开路,有知识的高级知识分子专家,都已口若寒蝉,不敢讲话。何况这一次运动与反右派的使用"阴谋"的方法不同,是事前宣布了惩罚的后果的:"秋后算账派。"

于是,在全国范围内,所有单位的高级领导,有的是无知盲从而相信的,有的其实是不相信的,但都得树起这"三面红旗",摇旗呐喊。都想在自己所属的领域中,作出一番"大跃进"的事业来。真是上苍不负有心人,正是因为这场荒唐的运动,我蓄心已久的考察会稽山的研究计划获得实现了。

因为国家水利部同样有挥舞"三面红旗"和"大跃进"的任务。他们的那些空中楼阁的任务中,有一项是"钱塘江潮汐发电"。当然,部里必然有专家知道"潮汐发电"是怎么一回事,但是他们想必不敢说话。而那些有权无知的人,已经听到了"潮汐发电"的事,他们以为钱塘江大潮天下第一,也必能建造出天下第一的发电站来。其实,我早已看过国外资料,"潮汐发电"确实在法国等某些不大的河口建成了,但在电力工业中,这不过是件小事情,当时,在美国和日本已经建成核电站了。但是这些人根本不懂,而水利部也以此发了正式文件:兴建钱塘江潮汐发电站,与此发电站最有关的是杭嘉平原和宁绍平原,必须事前进行仔细的技术经济调查,前者由华东师范大学负责,后者由杭州大学(师院此时已改为杭大)负责。

这是一件"三面红旗"中的大事,学校领导与地理系商量了一番,决定由我主持这项工作。给我十几位教师和两个班级的高年级学生(80余人),利用1959年暑假和假前假后的一些日子(当时讲课在大学里是很次要的事),完成这项任务。我随即由一位教辅人员陪同,携文件和介绍信去到绍兴找县委书记和县长。谁知他们也收到了水利部的这个文件,正在集思如何应付,见我到来,自然喜出望外,立刻招来李松龄副县长,向他交待,他从此不管其他事务,全力配合我的工作。一句对他最重要的嘱咐是:凡我所提出的需要,他必须"有求必应"。于是我就请教辅人员返杭,把全部参与人员召来,事前作了分配:宁波一个点,萧山一个点,各有负责教师和参加学生。我则驻绍兴,有四五位教师和20多位学生。县水利局给了我们一间很大的办公室,水利局一位秘书,也是脱产为我们工作。当时,正是供应困难的"三年自然灾难"开始之时,县里尽很大努力为我们办好食堂,但实际上吃到荤菜的次数还是不多。这些我都不在乎。而所谓"技经调查",工作也很方便,因为各单位除了公安局等都奉命公开,我们的工作,无非是事前由我拟好了提纲,向各单位抄抄数字而已。特别重要的是,我完全知道潮汐发电站是怎么一回事,而且一定建不起来。结果必然是和去年的小高炉和大食堂一样。听李副县长说,绍兴北部尚有若干公社坚持着大食堂,但吃的已经是稀饭汤,不久必定"倒灶"。

　　我终于和李副县长谈出了我要进一步做的事:考察会稽山区,当然也属于技经调查的一部分,没有说出我的真意:考查古越旧都和越人的其他遗址。他开始说由他自己陪我去,又说派人与我同去,但都被我谢绝。我说,山区事情简单,我只要有几个学生同行就可,不过由于要在几个点进行考察,恐怕要多花一点时间。好在夏天不必带卧具,行动比较方便。于是他只好同意,但要我派的同学都背一些米,因为山区人的杂粮,有一些是我们吃不惯的。我随即派了两位同学,从陶宴岭入山,花了9天时间,从日铸岭出山。去年,绍兴县文化发展中心编著大型画册《水之孕》[⑦]——绍兴县水文化遗存撷英(季承人主编,写《序》我),我已把所谓"潮汐发电站"和我花9天时到"里山"的事全部写那篇长《序》上了,但是当然没有写清我到"里山"是为了什么,去过哪些地方,做了哪些事?

　　我当年入山当然是为考察古代的越都(部族)酋长驻地和越人的其他一些遗迹,与技经调查完全无关。古籍上曾经出现过的越都不少。早在上世纪80年代,诸暨县修纂地方志,其中有几位学者,就与我讨论越都埤中的事。埤中一名出于《水经注》所引《吴越春秋》:[⑧]"《吴越春秋》所谓越王都埤中,在诸暨北界。"此外,《水经注》也记及:"(秦望)山南有嶕岘,岘里有大城,越王无余之旧都也。"此外,《越绝书》等越人古籍中,还记有句践小城,山阴大城,会稽山上城、会稽山北城等不少古代越人都城名称。此次进入会稽山区,目的就为了考察这些越人所建的古都。年代已经久远,所以我并不抱有很大的希望。

　　由于入山是为查勘越都,所以这里还得穿插关于上述埤中的事。当年诸暨修志同仁向我提出这个问题之时,我也很难论证埠中的地理位置,加上当时还有人询及西施的问题,因为当年同时发生苎萝山(传说中的西施故里)在诸暨抑在萧山的两县间的争论。我既不能作答,也不能不答。所以,当他们在五泄寺内递上宣纸要我写几句之时,我信手写了一首拙诗五绝:于越流风远,埠中在暨阳;西子音容邈,典范照故乡。随意写的这几句,却很受他们重视。不久前我看到从诸暨访问开会回来的人,装礼物或纪念品的口袋上,还是以我的这首拙诗作点缀,实在不胜惭愧。

这个世纪之初,诸暨的一位过去并不相识的学者朱再康先生,不顾年事已高(已近8旬),由于研究埠中所在,正在搜索资料,撰写一部《越国古都诸暨》的专著,几次到杭州舍下与我商讨此事。此书稿内容丰富,他们搜罗的实物很多。当时我的意见是,由于建立都城,水是必需之物,为此,埠中当必要利用浦阳江的支流。他也同意我的这个意见。并请我题写书名和作《序》。他年迈而多次造访,我不得已勉为其难。现在此一巨构已于今年4月在西泠印社正式出版,16开精装,花了30印张。书首插图,埠中落于枫桥附近。我想应该是虽不中不远矣。

现在回到那年我从陶宴岭入山的本题上来,我与随行的两位学生,首先从兰亭方向往谢坞到苦竹,因此名见于《越绝书》,虽非越都,是句践为了记范蠡之功而建的。失望的是,为了含铁量不高铁矿,此处一带修了轻便铁路。一切旧貌都破坏,我们不得要领,只好怏怏离开。

于是我们就到同康,这也是由于《水经注》的记载,我很倾向于此处或许是嶕岘大城。到此观察一番以后,虽然聚落的规模确实较大,但问题在于《水经注》所说的地理位置是:"山南有嶕岘,岘里有大城,越王无余之旧都也。"同康的位置并不在秦望山之正南。而且水源也并不充裕,不足以在此建立一座"大城"。不过是因为时间关系,我们在此一宿。夜中我也想到,此村的声名与聚落规模,可能与秦始皇在这一带山有关。嶕岘之说,肯定是不足为凭的。

次日一早,我们就去会稽山区大镇王坛。这是因为我从省立绍中的初中到高中,有一位同班同学陶士沂君,他家居王坛,在那里开设了一家或许是全镇最大的"万罗商场"。我往年在双港溪时,因两处隔五华里,曾几次去他们的"万罗商场",也吃过几顿饭。王坛其镇,是建立在一块人工开辟的山间盆地上的,来此开店经商的,都是外来户,陶家就是从陶堰迁来的,此中情况,我都早已知道。但由于几次到过那里,加上万罗商场的好几位老职工我都熟悉,可以与他们谈山区大聚落的情况。而确实在这晚上从一位在商场养老的老职工的口上听说了冢斜的情况,在我们入山之前,城内也有老一辈人与我谈起此村。当时我尚不在意,但是由苦竹和同康之行都不得要领。所以次日即回头到冢斜古村。一到村前,见到这样一处规模颇大的聚落,不仅气派可观,而且建筑古朴。南边是舜江流水，北边是一片山林。于是我先登山下瞰全村，又下到舜江水边考察，晚上在一所祠堂（或许是余氏祠堂）边的住户家住宿。由于我能够背诵经书中的不少段落，知道《穀梁传》僖公二十八年有"水北为阳，山南为阳"之句。而《水经注》引《吴越春秋》：⑨"句践召范蠡曰，兄君无余，国在南山之阳。"从而联系到上午爬山下水，这个古村在地理位置上，与《穀梁传》及《水经注》所引《吴越春秋》可以对得上号。所以早晨从住户出来，我就在聚落外围行走，希望能看到"行伍相当，森耸可爱"的豫章树。植物分类学上没有"豫章树"，此事我当时已经知道，而且年代如此长久，"行伍相当"的情况当然不会存在。但《史记·司马相如列传》："其北侧有阴林巨树，木便南豫章"条下，《正义》："豫，今之枕木也；章，今之樟木也。"樟是樟科落叶乔木，学名 Cinnamonum Camphora，这我也早已知道，那天在村外观察，单独存在的樟树，有的树龄已经不小，确实发现不少，这一天我们一面在村内向年老者访问，一面在村外各地走动，但只到车头村为止，由于时间不早，晚上仍在原户住宿。

由于在此以东，我尚有若干未到之处，冢斜的重要性已可肯定，但犹恐东边还有遗漏，于是次日就从双港溪到汤浦，一路观察，最后直到蒿坝。这是东汉建湖时的最东一处斗门，但当时已成了一个公路和航运的水陆码头。从蒿坝返回，回程中因为时间已晚，在汤浦一宿。次日再由汤浦至冢斜，为了确定这个古村在古代越人中的地位，我们仍然北登山麓，南下舜江，可惜当时条件欠佳，没有现时的数码相机，虽然曾用旧式相机和爱克发胶卷拍摄过不少照片，但时日已久，并且都在回校后作为"技经调查"资料上交，但恐怕早已不存了。由于入山以来，唯此村最具对我个人研究的吸引力，所以这晚上又宿原住户。次日告回，由双港溪、王化、宋家店，然后翻日铸岭出山。此次入山9日，在冢斜住了3宿，而且当时我的论断是："此古村必是古代越人活动之地，越代聚落虽已无存，但后来的聚落必在越人聚落的基础上不断更新扩大。"我当时曾论断它是长期越都，但必然在某一时期成为部族酋长驻地。因为北山（燃料、肥料）南水（灌溉），具有刀耕火种的有利条件。这次看了《冢斜古村》书稿，长期来无法论定的蛼岘大城，也可能就在这里，豫章树"行伍相当，森耸可爱"，可能也是当年这里的景观。当然，所有这一切都是凭古籍研读和现场考察，现在我们尚无能力作物探、考古发掘和科学测量等工作，会稽山区的古代越人研究工作，还后继乏人。但以后随着国家经济发展和财政宽裕，各项研究工作，必将普及深入，会稽山区的研究当然包括在内。希望冢斜村在成为中国历史名村以后，能够促进这方面的深入研究。

最后附带谈一点余煌的史事。过去我仅知他是我们绍兴在明代的最后一位状元。由于我的祖辈在清嘉庆年代从隆庆五年（1571）状元张元忭的子孙辈中，收购了张氏建于城内车水坊的状元府第，这座豪华的状元府第，从此一直为陈氏所有，我自己不但出生于此,以后直到在省立绍兴中学求学时代,还一直以此府第为家。直到 1950 年以后我到杭州高校执教,府第中属于我们这一房的仍为我家贮藏家具什物之用,而其余各房,仍有留住府第中者。直到 1992 年,几位头戴权力至高的乌纱帽,而乌纱帽下却是蓄着几个无知无识的可憎脑瓜的蠢官腐吏,批下了一个"红头文件",把这条近 500米的车水坊街道全部夷平,街上的以状元府第为首的好几幢具有极高保存价值的古建筑(一般人民的住宅当然更不在话下)统统毁灭,把这条街道改建成一条新式的所谓"金融街",是向纽约的华尔街学习的。这样的人间败类,如果也按纽约那边的法律,实在都可以判处"终身监禁"。对于张元忭状元府第的兴废及其内部的豪华结构,我在屠剑虹教授所撰《绍兴老屋》[⑩]一书《绪论》中已有所述,这里只是由于余煌史事而稍作赘叙。

　　我们陈氏是清嘉庆年代收买这座豪宅的。但从上辈下来,一直流传着一句话。我是从祖母口中听到的,祖母当然是从曾祖母处听到的。反正是直到我母亲这一辈,特别是偶遇拂逆或心境不畅之时,都会脱口而说这句话:"风水到里山去了。"这话,男辈说的少,女辈说的多。我曾问过我二叔祖,他也不解其故,但曾加上一句:"大概是张家衰落,府第出售的牢骚。"当时,我也有这样想法。因为一般绍兴人,多指城内为富有,里山为穷困。而事实上,城里女人确有嫁到里山而逃回来的。所以这话意思,具有贬责陈氏的意思:你们有钱,买了我们张家的状元府第,但你们算什么? 不过是"里山"罢了。"风水到里山去了",意在没有功名的陈氏,竟因有钱而购了张氏状元府第的心理不平和牢骚(但后来我祖父也中了举人)。现在,当我读了《冢斜古村》书稿以后,才豁然开朗,原来明朝的最后一位状元是冢斜人,状元出在里山,这才是"风水到里山去了"。余煌是天启五年(1625)乙丑科状元。所以"风水到里山去了"的话,当是天启五年以后张家人说出来的,城里的许多书香门第,因为一直瞧不起里山,也会附和传播,当时,车水坊的状元府第尚在张家人手中,所以这句话流行甚早,与陈氏购买张氏状元府第无关。但在经济和文化相对落后的里山,能在冢斜出一位状元,除了余煌本人的勤奋寒窗以外,对作为古越名区的优秀传统,也是一种旁证。让我对会稽山区的那次考查特别是冢斜古村的推断,也增加更大的信心。这句"风水"的话,传播多年,大家都莫解其源,直到今天而真相大白。也说明了《冢斜古村》这部书稿的价值。

　　"风水到里山去了"。其实,越王句践就是 2500 年前从里山出来的。里山在经济和文化上的相对落后,是以后的长时期中形成的,而从冢斜古村出了余煌来看,里山也并不是到处落后。我认为,绍兴在历史上出过好几位状元,但像余煌这样的状元,是应该着重纪念的。这并不是他自己的以身殉朝,[⑪]以身殉朝的高官多得很,假使没有像文天祥、陈秀夫等的特殊事绩,并不值得过分推崇。但余煌却以他以民为本的宗旨,作出了适应事宜的特殊贡献。按照我国传统的历史观,我们当然也表彰史可法一流的忠臣义士。但是诸如扬州、嘉定等的遭到屠城之祸,千家万户遭到杀戮,死的都是老百姓。而当时明朝腐败已久,清军势如破竹,形势已成定局。所以他自己按理殉朝,但对于越城,他大开九门,让清兵从容进入,对城内人民不动干戈,保全了越城内的千家万户,我认为这值是得表彰的举措。是冢斜值得自豪的。

因为事隔多年,我们师生 3 人在此古村 3 宿,好像住在余氏宗祠附近的一户农家中,余氏宗祠在当时看来仍然存在,但外观已经比较破旧(我们没有进入屋内)。所以我认为余氏宗祠应该加意修葺布置,而对状元余煌应特设专座,隆重表彰。

我考察会稽山区特别是对冢斜的推崇,是利用当年“大跃进”而达到我自己专题研究的小插曲,时隔 50 年,许多过程都已遗忘,由于当年是国家水利部任务,不多的成果,也都已上交。所以承绍兴市之情,为我特设的“陈桥驿史料陈列馆”中,也无这方面的片纸只字,而当今读到了《冢斜古村》图片专集书稿,使我回忆起我当年思考的或许是“嶕岘大城”的这个古村,确实不同凡响。9 天的会稽山区考察中,曾在此村 3 宿。现在年已届九,在毕生的科研过程中,50 年前的这段经历,值得怀念,也值得自豪。

希望冢斜古村早日成为中国历史名村,从我的回忆和体会中,确信这是当之无愧的。

2010 年 7 月于浙江大学

原载《冢斜古村》,西泠印社 2010 年版

《沧桑淳安》序

　　继《威坪》①之后，古稀老人徐树林先生的《沧桑淳安》又将问世了。威坪，是淳安县的始建县治、郡治，后来成为浙皖间重镇，最后沦入新安江水库。徐先生是威坪人，他以30万言的文字，加上许多沉沦前的照片，把这个50多年前的名镇和盘托出。老一辈的读者对此书有很高的评价，这中间显然包含了这些老人们的怀旧。年轻一辈的威坪人，特别是当水没父母脚胫时，骑在父老颈上或伏在母亲背上仓猝离开的现时年届半百的人，他们对当时仓皇场景，当然有毕生难忘的回忆。他们随父老亲人迁到异乡远地，语言不通，习俗不同，用灯草油盏过夜的荒野冷坞，后来又历尽艰辛，想方设法回迁祖居地，在崎岖的山坡搭起草棚过日子。对于能逃过这一劫的许多中年人，尽管他们的老家并非威坪，或是在比威坪大的淳安、遂安县城，或是在比威坪小的许多村落，遭遇相同，苦难与共，能读到《威坪》其书，必然旧事重忆，百感交集，甚至落泪的。而《威坪》作者，在这场水陆巨变中被就地后靠安置在高处山坡上，既目睹这场巨变，又算是"安土重迁"。故能以其亲身所见加上历史文献所载，写出威坪全貌，遗惠后人。

　　不过，事情还得从正面议论。《威坪》当然是一本有价值的地方文献，但威坪本身不过是个古集镇，比它大的还有淳、遂两座县城，以两座县城、3座古镇、5个农村集镇、1377个村庄、30万亩良田平地，近30万移民的奉献，获得了一个巨大的新安江水电站，空前地发展了长三角和附近广大地区的电力工业。又获得了在旅游业上前途无量的千岛湖。用韩愈在《柳子厚墓志铭》上的一句话："以彼易此,孰得孰失,必有能辨之者。"[②]这就是半个多世纪来,我们常常听到的"大方向是正确的"。当然,《威坪》其书,也让我们看到了在这个正确的"大方向"以外的其实也不容忽略的问题。这类问题,我在此《序》中还要提及;这里就不赘述了。

《沧桑淳安》除了卷首《概述》以外,全书是从史前开笔的。第一篇《新安远古先民》提出的最早人文景观是建德乌龟洞发现的人类牙齿。今浙江从第四纪晚更新世以来,经历了星轮虫(asterorotalia)、假轮虫(pseudorotalia)、卷转虫(ammonia)[③]3 次海进、海退的海陆变迁过程。我曾经公开发表过文章,提出假使这枚人类犬齿的情况除了科学测年的数据以外还能获得更多的资料,则始于距今 10 万年的星轮虫海进情况,主要是当时海陆变迁的范围,或许还可继续研究。我的文章发表以后(遗憾的是忘记了是何时何刊发表的),没有看到任何回应。因为这是属于古地理学(palaeo－geography)研究的时代,比历史地理学更早。历史地理学一般是以人类有组织的生产活动开始即全新世为起点的。而我们国家的科研导向,如我在拙著《恐诺症兼论科研机构和高校的体制问题》[④]一文中所说,从各级领导到绝大部分(不能说全部)学人的注意力都集中在掠取"项目"和追求经费的斗争之中,巧立名目,急功近利,从事垃圾制作。[⑤]那会有领导和学者想到这种劳而无功的古地理学研究呢? 所以当上世纪 80 年代,我受聘在日本几所大学的大学院(研究生院)作客座教授时,曾有好几位从事这方面研究的汉学家向我提出,要我注意一下晚更新世以来东亚的海陆变迁问题。我因此发表了《史前漂流太平洋的越人》,[⑥]由于事前曾和日本同行作过研讨,所以发表在对外交流刊物上。

我撰写此文时,当然也考虑到乌龟洞的人类犬齿,但是由于毕竟还不着边际,所以我在此文中只插附了《假轮虫海退时期今浙江省境示意图》和《卷轮虫海进时期今浙江省境示意图》两幅插图,但已经颇受日本同行的赞许。所以《沧桑淳安》把此列为第一篇,我是相当赞赏的。因为我相信我们的科研导向有朝一日总会在"垃圾堆"中跳出来,总会有哪一位领导,放胆从口中说出"诺贝尔"这个词汇。研究"建德人"当然不会研究出"诺贝尔"来,但这是一种科研导向的转变,可以扭转科研领导和科学家的作风,可以让"项目"和经费的投入更为合理。也会有领导层的先生提出:我们不是也有获得成功的大项目吗? 其实所谓的大项目不过是别人在几十年前已经做到的事,我们花大钱依样画葫芦而已。于是,所有媒体和一切宣传手段就集中引爆,声势之大,震耳欲聋。也有人因此提出不胜遗憾的往事,说当年我们的第一所"安全火柴"厂落成之日(我不知是什么年代,但童年时确曾见到人们用含磷火柴在墙上擦火之事),为什么不大造一番声势,火在人类文明史上的重要性不必再说,而在人类用火的过程中,"安全火柴"是划时代的,远比那些在一般人不能行走的地方去"走几步"更为重要。讲这些只不过想学人能脚踏实地研究有益于人类的实事。所以尽管"建德人"的研究上不了"项目",很少引人关注,我也绝非这方面的专家,但《沧桑淳安》能以此开篇,确实难能可贵。

全书共有130多篇文章,从史前时代写到历史时代,从先秦写到历朝历代,最后写到现代。而以《淳安三百多个姓,共建和谐大家庭》一篇作为结尾,既表达了作者的良好愿望,也指出了一个县邑应该追求的目标和可以达成的结果。所以该书确是很好的地方文献。

说起地方文献,在省内可以提出的还有慈溪。慈溪市最近也出版了一本《慈溪旧闻》的书,⑦因为也邀我作《序》,所以我略知概况。全书30多万字,是由当地几十位学者分篇写成的,性质与淳安这本书相似。都是有裨于地方历史人文的弘扬。而且可以补充地方志的不足。地方志当然是我国优秀的文化传统,但它有一定的体例格局,不可能包罗万象。所以,修地方志外,像淳安、慈溪学者们的这类作品,是值得在各市县甚至各乡镇推广的。浙江是文化渊源深厚的省份,我认为我们应该带个头,在编写地方文献方面先走一步,让全国各地都做起来,使我们的地方文献更丰富多彩。

现在回到《沧桑淳安》的本题上来,除了属于古地理学的第一篇外,以下自第二篇《中原氏族南迁》起,就从《禹贡》九州、春秋、战国、到秦三十六郡以后,按时代,一篇篇地撰述,每篇显然都是作者经过研究和有心得的人物掌故及各类事物,议论褒贬,都有一定的根据。这样的作品,即使不是对一种学问的专职研究,但能凭自己涉猎的文史知识和当地的阅历见识,作出恰如其分的议论而阐明观点,其实就是著书立说。这种著述成果,就是地方文献。我不是淳安人,对此书的许多章篇,可以说闻所未闻。看了书更了解淳安。但对第一二二篇《为国家淳安大移民》早有亲耳所闻。当时我家有位姓方的保姆,她自己幸逢某种机缘,辗转在杭落户,⑧但老家亲戚都在淳安各处,从她口中得知当时移民的悲惨情况。女人说话偏激,竟说出移民动迁时"人不算人"的话,与此篇记叙的近似:"当时移民,靠的是'阶级斗争,一抓就灵'的政治运动,移民前脚出门,清库队马上拆房!"后来我们对此事也略加调查;实在不堪笔录。但现在平心静气地思考一番,感到还不如采取"过去的就过去了"的态度为好,当时各地发生的性质不同的类似事情实在很多。我在日本和美国讲学也看到许多这类资料,其中有原始资料,真是触目惊心。但是,社会毕竟总是进步的,现在执政的指导思想已与当年绝不相同,"以阶级斗争为纲"已被"改革开放"所取代;"造反有理"、"打砸抢"等,已被"和谐社会"所取代;"与人斗其乐无穷"已被"以人为本"所取代。当年的所谓的"形势大好",我却碰到一批安徽饥民,拿着"人民公社"的路条来杭州等地要饭,我家门口每天都听到颤抖悲泣之声："饿死了,讨点吃啊!"至今似乎还响在耳畔。其实,被称之为"天堂"的杭州当时也并不好过,我亲眼看到吃口重的邻居教授家用菩荠代食的实况。而高校校园里的学人中,由于缺食而患"浮肿病"的也颇有其人。比比今天,高校中家家富足,整个社会都向"小康"迈进,社会上一些贫困户也有社区实行低保。《沧桑淳安》对历史的记述,很有价值,可以让后代人看到,新安江水电站和千岛湖功传千秋,是由前辈淳安人民无畏牺牲家园、吃苦受难而得来的。所以此书的这些记述,显然具有存史、资治、教化的重大意义。

为这样的一种地方文献作《序》,我个人也有一种因缘巧合的事情。新安江水电站是我国自行设计修建的大型水电站,总工程师徐洽时先生我久闻其名,却并不识荆。但事有巧合,改革开放之初,我们两人都"当选"为第六届全国人大代表,浙江代表团约20人,在北京第一次开会,对每人作了介绍,我们才相识,我心怀尊敬,见面彼此总是点头微笑。

不过对于新安江水电站高坝,当时我并不在意。因为我在1982年就应邀去美洲讲学,凭我在上世纪30年代自学的英语和40年代因机缘和美国盟军相处学到的口语,以《杭州与西湖》、《古城绍兴》、《宁波港埠》等几个初浅的与后来多次出国的专题完全不能相比的"小玩意"(但有宣传价值),在那边的大学讲学,从加拿大、美国一直讲到南美巴西,当时,能够到那边直接用英语讲学的人极少,所以很受重视。因而有机会登上哥伦比亚河上高达168米的大坝(Grand Coulee Dam),又登上科罗拉多河上世界最高的221米的胡佛坝(Hoover Dam),并且从管理人员中了解到,建坝要移民,而移民赔偿费是建坝成本中的最大支出,迁移的每户都得到高额赔偿,引起不移民的民众羡慕。对于这类事,我一直认为是国情不同,体制有异,在中国是属于"不必解释",也"不必传播"的见闻,所以我们夫妇对此都噤口不言,连在子女面前也绝不提及。何况我们4个子女后来都先后到了那边,其中两个男孩成了洋博士后,都在那边成家立业,虽然常回国探亲,但也都充分懂得"不必解释"和"不必传播"[①]的道理。

所以当我初见徐洽时先生时,虽然已亲登过那边的高坝,想必徐先生也去考察过,但也正因为国情不同,对徐先生仍非常尊敬。却不料在这届人大的后期,国家又要兴建一项巨大的水电工程,要人大代表讨论,浙江组的代表绝大多数都表示了对这项伟大工程的鼓舞和拥戴。唯独徐先生和我两人表示反对。当时,组内不少工农劳模和戏剧名角竟把我们两人视为"异类",而我和徐先生却因此从点头微笑发展到促膝谈心。

这次从北京返回杭州,才知道我们两家的住处不过相距500米,于是我对他作了拜访,他也到舍下回访,倾谈的时间都很长。当时由于改革开放未久,知识分子对历次运动都心有余悸,所以说话还是比较谨慎的。我向他倾诉的是高校长期没有上课,后来又演了"工农兵学员"这出戏。造成了我们全民素质的低落。徐先生和我谈的涉及淳、遂两县的移民，他知道的实况，却没有挺出来大胆说话，似乎也有责任。不过当时他毕竟是工程师，还得听"太上皇"却并不高明的苏联专家的旨意，他只能小心地侍候，又担心，又受气，苦不堪言。

当年我们的这种交谈，到后来知识分子说话的顾忌少了，我就和盘托出，写在以后的著作里。对于大学不讲课和全民素质的低落，我在《水经注校证》⑩卷首的《序》中，说出了造成这种情况的原因："原来从上世纪五十年代以来，我们曾经历过一个'读书有罪'，'读书人有罪'的时代。"对于徐先生的"又担心，又受气"，尽管他已经读不到我的文章，但由于这是当年的最高旨意，所以我也在我主编的《中国运河开发史》⑪中的卷首，由我执笔几万字的《概论》中说了话，反思了上世纪苏联的所谓"无私援助"而造成的严重后果。我在这个世纪的著作中写上个世纪和徐先生促膝长谈时还不便畅所欲言的话，用意实在和这本《沧桑淳安》中的有关几篇一样，让后代人知道我们是怎样过来的。

为《沧桑淳安》作《序》，因为事涉新安江水电站，又结识了徐洽时先生这位老专家，溯昔抚今，有些话不吐不快，但这都是由《沧桑淳安》引起的，所以最后还得谢谢这本佳作及其作者。

2010 年 2 月于浙江大学

注释：

① 浙江人民出版社 2008 年版。

② 此篇出自《昌黎先生集》，其中此句引者甚多，现据《古文观止》卷八。

③ 第四纪历次海进，均据当时地层中的原生动物门肉足纲的有孔虫（Foraminifera）名称命名。此处所提的星轮虫、假轮虫、卷转虫，都是不同的有孔虫。

④ 拙文发表于《学术界》2008 年第 5 期，文据当年 3 月 1 日《南方日报》披露的若干全国政协委员意见，认为中国科学院及中国工程院均应撤销。

⑤ 按拙文《恐诺症》引同日《南方日报》所披露的若干全国政协委员意见，认为眼下争项目、争经费，而做出来的科研成果，有 95% 都是垃圾。

⑥ 《文化交流》1996 年第 22 期。

⑦ 童银舫、王孙荣主编，浙江古籍出版社 2009 年版。

⑧ 她名叫亚珍，很能干，浙师院（杭大前身）在六和塔前之江大学校舍时，就自租农民小屋在校中几户做"钟点工"。1957 年随校迁入城内，仍操"钟点工"。当时各校都聘有几位教俄

语的洋教师,与我家毗邻的一对东德人夫妇(也能说英语),带了个大家叫她"梅兰"的四五岁小女孩,竟看中了亚珍,请她作长期保姆照顾梅兰,而且凭洋人之力,让她落实了杭州户口,有了粮票。我们夫妇常与他们聊几句,亚珍也常常带梅兰到我家坐坐。后来东德教师看不惯当时情况(男的曾与我说了"胡闹"贬语),1958 年即回国,亚珍就作了我家保姆。

⑨ 举个例子:我的加拿大籍孙子(父母是美国名校的华人洋博士),1987 年出生,在加拿大读毕初中刚进高中时,即收到美国哈佛大学(随后又有普林斯顿和耶鲁)的信,要他不必再蹲高中,直接到哈佛免试入学。此事在加拿大传开,总理这位全国最高领导 Stephen Harper 随即与他会见,对他祝贺勉励,并合影留念。我儿子回国探亲时把这些报刊与照片带回(我都保存起来)。但叮嘱不必传播。因为他们知道,我们这边在每届高考以后,媒体也多有"文科状元"、"理科状元"的报导,但这些"状元公",恐怕连与当地教育局长见面机会也没有。所以诸如此类的外国花絮,都是"不必传播"的,现在孙子已在哈佛毕业了,我对这类事仍然"不必解释",毕竟国情不同。

⑩ 中华书局 2007 年版,2008 年再版。

⑪ 中华书局 2008 年版。

原载《沧桑淳安》,作家出版社 2010 年版

《宋六陵遗物萃编》序

　　《宋六陵遗物萃编》已经纂集完成，行将公开问世。读竟书稿，包括许多遗物图片，令人踌躇满志，雀跃奚似。对于我的家乡绍兴，这是一部值得藏之名山，传至其人的珍贵文献，而对于历史学界，特别是在宋史研究方面，也是一部很有价值的佳作。

　　宋六陵是江南最大的也是唯一的帝王陵墓园，如广东的赵佗和江苏的朱元璋之类，都是孤家寡人，无法与之相比的。此外，在当前的学术风气下，要编辑出版《宋六陵遗物萃编》这样一部书，实在并非易事。我自己曾经在公众场面上碰到过几位自己署名出书而却不懂得书名的人物，所以对于宋六陵，先得把这个"陵"字解释一番。越人称葬身之地为"冢"，《越绝书》卷八不是有"独山大冢"和"木客大冢"等名称吗？《说文》（卷十四下）称"陵"为"大阜"，是一种自然实体。早期的小学书如《广韵》、《玉篇》、《尔雅》等，也都和《说文》一样。"陵"原是一种丘阜形状的自然实体。称帝王墓葬为"陵"始于汉代。《水经·渭水注》（十九）《经》："又东过霸陵县北，霸水从县西北流注之，"《注》："秦名天子冢曰山，汉曰陵，故通曰山陵矣。《风俗通》曰：'陵者，天生自然者也，今王公坟垄称陵。'"此处所引的《风俗通》又称《风俗通义》，为汉应劭所撰，《隋书·经籍志》始见著录："应劭《风俗通义》三十一卷，附录一卷。"《新唐书·艺文志》著录作应劭《风俗通义》30卷。到宋《崇文总目》著录仍作《风俗通义》，却已仅10卷，足见亡佚甚多。应劭字仲远，东汉灵帝时曾举孝廉，著述甚多，所以《风俗通》称"王公坟垄称陵"不致有讹。至于南宋对这座陵园又称"攒宫"之事，则是有望于北方土地的收复,诸陵可以归葬的意思。当然,南宋在经济上确实有所发展,但是从军事力量相比,要恢复中原,显然是无能为力的,"攒宫"之名,只是不得已称之而已。

正因为大家都看到宋六陵是江南最大的帝王陵园,所以自来写作这座陵园的著作甚多,在拙编《绍兴地方文献考录》[①]中,有关这方面的著述,就达32种之多。其中有的是具有一定价值的,例如宋周必大的《思陵录》[②]2卷,此书下卷记宋高宗梓宫从杭州发至攒宫事,撰者由于承担护送之责,文字记及沿途概况,具有当时沿途水运资料。例如钱清,当时尚因水位差异而设有堰坝,船舶通过堰坝,周文记及了当时的困难,而我们则可作为一种水利资料。又如清丁业纂辑的《六陵劫余志》,[③]对此陵的诸种掌故,搜罗甚详,读此一书,可省下许多零星杂文的阅读时间。

我是在小学四年级就读到作为绍兴名胜之一的宋六陵的。当时我念的小学是省立第五中学的附属小学(第五中学后改名绍兴中学)。当时,省立中学附属小学的教师,都是水平颇高的。他们在校内由若干教师合作,编印了一套《绍兴乡土丛书》,包括《绍兴风俗》、《绍兴生活》、《绍兴名胜》[④]等七八种,都是铅印的32开本,收藏在学校图书馆,供中段(学校分低、中、高3段,从三上级到四下级为中段)以上的学生借阅。《绍兴名胜》记得是由校中社会课教师吴文钦领衔与其他二三位教师合写的。全书采用旅行体裁,囊括了当时县内的各处名胜。而对于宋六陵,篇名称为《荒草凄迷的宋六陵》,附有一二帧实摄的照片。全篇记叙了宋六陵从建陵到他们亲自考察的过程。篇名作"荒草凄迷",确是实情,从插附的照片所见,也只是一个灌木丛覆盖的丘阜而已。虽然列入此书,但对于小学生来说,实际上已经没有旅游的兴趣了。

当然,省立中学附小,由于经费充裕,教学认真,从中段三上级起,每学期都有一次为时一天的坐乌篷船的旅游(当时称为"远足")。全校规定统一的某一时间(通常是星期六),以班级为单位,由级任教师(即今班主任)领导,到府横街府桥附近的观前下船。我从三上级到六下级,曾经有过8次这样的机会。当时的绍兴名胜,包括现在已经不大有人注意的孙端上亭公园(秋季的菊花有名)。但全校的任何班级,都没有去过宋六陵。说明宋六陵在当时已经徒有其名,尽管学校自己编印的《绍兴名胜》中,仍留着这一篇,但实际上已经是一个灌木荆棘的丘阜,对小学生来说,已经没有游览的价值了。上世纪五六十年代,我在浙江师院(后改杭州大学)担任教研室主任,曾经带了两位同学进入会稽山区,目的是为了查索古代越人的都城。我们没有去富盛宝山这座陵园所在之地,除了此地不是我考查的目的以外,因为事前绍兴县的人告诉我,满丘遍野的灌木,也早已被附近村中的农民砍作柴火。一个丘阜之上,除了几棵很高的松树以外,已经完全童秃了。

上世纪后期,这座原早已童秃的丘阜,又经过几次反复的折腾。其经过在本书卷首《概述》中已有详细记叙,读者一阅就知。一座江南最大的帝王陵园,竟因元代初期的一次盗发而落得如此下场,实在令人痛心。而且也暴露我们对古代王陵的保护极不一致的地域差异。北方诸陵,如明十三陵以及西安周边的许多王陵,至今仍受到文物保护方面的高度重视,而且也保护得相当妥帖,不仅为后人瞻观,而且都成了旅游界关心的旅游资源。我都曾去考查过。相比之下,宋六陵的遭遇确实令人感叹。早年我曾经提出过恢复这座陵园的建议,但有关方面的意见,认为由于元初西僧杨琏真伽勾结朝中要员并当地泰宁寺僧的盗发,墓内陪葬物和诸帝遗骨都已不存,此陵早已徒存虚名,没有恢复的价值。这种意见,其实是既不正确而也失之公允的。

徐珂在其《清稗类钞》中记及:"三十六行者,各种职业也,"后来甚有人扩充到三百六十行。但其实,不管多少行,历代都还存在"盗墓"这一不列入行数的营生。我在北方考察汉唐以及更晚的帝王陵墓群,包括一些其他达官贵宦的考究墓葬,不曾被盗发过的,恐怕找不出例子。即使是近代帝王陵墓,在世时威震一时的清慈禧太后东陵,在民国初期,就被驻军孙殿英所盗发。直到盗发所得的珠宝已在市场上出售,才为世人所知。于是亡清后仍在世的几个遗老,只好前去收拾残余。据他们所见,尸骨也狼藉离散,抛弃在外。孙殿英这个军阀,当然知道慈禧、慈安两位太后的遗骨是卖不出钱的,所以尽管有遗老们的掇拾,所剩到底还有多少呢?

没有遗物。这也是宋六陵不必恢复的理由。确实,在拙编《绍兴地方文献考录》中列名的 32 篇中,并无论及陵园遗物的章篇。这实际上因为遗物已经不是后人论述的重点。难道杨琏真伽真的把珠宝珍物以外的废铜破铁、碎陶散瓷都带走了吗?现在,《宋六陵遗物萃编》,除了卷首一篇简明扼要的《概述》以外,全书所列,都是遗物,包括《石刻》、《建筑构件》、《陶瓷器》等 9 类,为数近百种,都是经过编纂者精心排制的《遗物萃编》。而且全书图文并茂,每一件遗物,都有具体的明确的文字说明。当然,由于年代久远,盗发以后又缺乏妥善保护,遗物难免破损。但其中如(宁宗)"皇帝永茂陵",(度宗)"皇帝永绍陵"以及陶瓷中的两个"韩瓶",都还保存得相当完整,具有很高的观瞻和研究价值。

《宋六陵遗物萃编》是一本货真价实,值得引起许多历史学家、考古学家及社会各界重视的佳作。此书的出版,说明了元初的异族匪类,也与军阀土匪孙殿英一样,并没有也无此需要把所有的陪葬物全部掳走,但实际上是丢弃了一般人并不经意而实际上是价值连城的遗物。现在,此书编者们不遗余力地查访余烬,编纂成册,让人们看到,大江以南唯一的帝王陵园,不仅陵基墓址都具体存在,而当年随陵陪葬的遗物也仍有留存。所以此书的公开问世,更坚定了我们恢复这座陵园的信心和决心。

我是一个年已届九的老朽,因为国家人事部对我的重视,于 1994 年(全国仅此一次)给我以终身在职的文件,所以至今仍然是在职教授;又承绍兴市政府和父老乡亲的盛情关爱,为我在市内建立了"陈桥驿史料陈列馆"。⑤而浙江大学又经过严格评审,授我以此校教职员最高荣誉的"竺可桢奖"。⑥国家社会家乡,给我的荣誉至高至多,我当然受之有愧,感激不尽。但从另一方面说,我毕竟是个人轻言微的文化人,多少年来对宋六陵的恢复修建耿耿于怀,而且几次提出我的这种建议,但都没有得到很好的回应。现在此书之出,实在正得其时。此书正是一种触媒,也是一种号召。希望我能因此而看到这座江南最大的、也是唯一的古代帝王陵园能早日恢复。这是一处不容废弃的古迹,从当前来说,也必将成为一处引人入胜的游览景点。

2010 年于浙江大学

注释:

①　浙江人民出版社 1983 年版。

②　此书收入于《周文忠公全集》及《庐陵周益国文忠公集》,撰者字洪道,庐陵人。《宋史》卷三九一有传。

③　此书,《八千卷楼书目》卷八《史部·地理类》著录,已无刊本,宁波天一阁藏有清嘉庆间抄本一部。全书共 4 册。

④　此书,"文革"以前,省图书馆孤山古籍部尚存 1 册,并编入书目。

⑤　馆舍新建,五楼五底,并有庭院,2008 年 12 月 10 日开馆,由绍兴市政府及浙江大学领导主持,并有韩国及香港贵宾参加。现每日均开馆,无双休日,参观者甚多。

⑥　"竺可桢奖"发端于 1987 年,每 4 年评审一次,至今已有 25 人获奖。每次均由一位校长主持颁奖仪式。包括奖状一份,竺可桢水晶立像一尊,及奖金 10 万元。我在接受此奖时,声明不收奖金,此 10 万元由学校补助学习较好而家境贫寒的学生。

原载《宋六陵遗物萃编》,西泠印社 2011 年版

《鉴湖史》序

　　《鉴湖史》编撰完成,行将公开问世。对于文物之邦的绍兴,把鉴湖这个地理实体查清说透,显然事关重要。读了此书全稿,我感到满意,因为全稿把鉴湖作了完整的记叙议论,是一部有关这个著名的文物之邦的重要专著,海内外越人都会有兴趣诵读,也都会同声称道。作为一个越州子民,为此书写序,不仅是我应尽的义务,而且感到不胜愉快。

　　必须说明的是,在历史时期,我国南方的开发,较之中原即以后称为"中国"①的地区要晚得多。为此,南方在水利工程的兴修方面也比北方后进得多,只有芍陂②和鉴湖两处。芍陂早已湮废,鉴湖虽变迁频繁,但水体一直存在于山会平原③之间。而自从郡守汤绍恩于明嘉靖十六年(1537)在玉山斗门以北修建了二十八孔的三江闸以后,不仅是山会平原面积的扩大(与杭州湾及钱塘江口的北移有关),而且让钱清江与浦阳江切断关系,使萧山平原东部诸水也汇流于三江口出海。从此,号称"三十六源"④的古代鉴湖径流,包括萧山平原东部诸水在内,形成一个我国东南地区的平原水系。这个水系,全借古代鉴湖的水体分合转移而形成,为此,我们应名其为鉴湖水系。

　　既然受嘱为《鉴湖史》作序,鉴湖这个名称,也有必要作一点追溯和说明。马臻围堤成湖时有没有名称,或者叫什么名称,由于古籍亡佚,现在都已无法查考。现存古籍中最早提及此湖名称的是《水经·浙江水注》:"浙江又东北得长湖口,湖广五里,东西百三十里。沿湖开水门六十九所,下溉田万顷,北泻长江。""东西百三十里",此湖确实很长。"长湖"之名是否围堤之初就已使用,抑或以后因湖形而得名?郦道元未曾到过此处,《水经注》是从当时尚存的此处地方文献中录得,也不必追究了。不过除"长湖"以外,后来还有许多别名。诸如《中国历史地名大辞典》[5]及《中国水系大辞典》[6]等,都有例证,不必细述。其中长期以来以"镜湖"和"鉴湖"这两种称谓最为流行。通常颇有人认为唐朝及其以前称为"镜湖",到宋朝才称"鉴湖",这种说法有一定道理。因为此湖建成以后,这个"浊重而洎"、[7]潮汐出没的地区,成为山光水色、风景秀丽的优境。前面引用过的《水经·浙江水注》就有王逸少(羲之)的赞美:"从山阴道上,犹如镜中行也。"[8]湖水清澈如镜,"镜湖"之名或许就是因此而来。"镜"和"鉴"是同义词,所以后来又称"鉴湖"。从事实上说,唐代的文献上,确以称"镜湖"的为多,如李白名诗《梦游天姥吟留别》:[9]"我欲因之梦吴越,一夜飞渡镜湖月。"此外还可以举出唐人称"镜湖"的许多例子。但其实,"鉴湖"之名,唐代也是有人使用的,例如杜甫在其《壮游》[10]诗中就说:"越女天下白,鉴湖五月凉。"大体是,唐代多称"镜湖",宋代多称"鉴湖",宋代以后,"鉴湖"的名称就相对固定下来,直到今天。现在,原来湖区的水体早已转移,但实际上都是古代鉴湖的分枝和派生,所以我们把这片平原上的所有河流、湖泊及其他溪泉泽薮,统称为鉴湖水系,这是符合事实的。

山会平原是我国东南地区的一片沃壤,自然景观和人文景观都有高度的发展,所以鉴湖的历史过程,从其围堤成湖到以后的水体转移亦即鉴湖水系的形成,都是很有价值的研究课题。鉴湖成湖于后汉,其变迁过程是一个历史地理学课题。但湖泊水体的分散从而出现了当今的鉴湖水系,这是现存的地理实体,所以也是一个现代地理学的问题。近年以来,用科学的方法和观点从事研究的学者,也颇有其人。以"纪念鉴湖建成1850周年"的论文集《鉴湖与绍兴水利》[11]一书为例,全书就收有这方面的近代学者的论文逾20篇。虽然没有如《鉴湖史》的集其大成和学术水平,但多位学者议论的主要也都是鉴湖史和鉴湖水系的问题。说明对于我国东南地区的这片沃壤,这是一个学者们很感兴趣的热门课题。

正因为此,我才有意把鉴湖形成的过程,包括历史基础和地理基础记叙得更远,或者说更开放一些。前面已经提出,对鉴湖史和鉴湖水系的研究,既是一个历史地理学问题,也是一个现代地理学问题。而其实,从更深一层的科学研究来看,这方面还必须再向前推溯,进行古地理学[12](Palaeogeography)的研究。这中间包括:宁绍平原为什么成为一片斥卤的沼泽平原?为什么需要围堤筑塘才能从事垦殖?为什么有必要花大力量兴修鉴湖这样一个大型水库,这个地区才能出现农业的快速发展,而最终成为一片沃壤?在这些问题上,一般缺乏地质学基础特别是对第四纪少有研究的学者,往往会不加重视,何况我们没有在这方面从事研究的设备,研究经费又十分困难,所以长期以来,很少有谁从事这类课题的研究。

从上世纪 70 年代末期起,由于政治气氛的稍有改变,由于在语言上的方便,80 年代之初,我应邀开始到国外讲学。1982 年,我从加拿大、美国,一直讲到南美的巴西,那边也结识了不少研究历史地理的汉学家。但他们的研究方向多半是中国的历史经济和城市,对我们的历史自然地理并无兴趣,例如美国的首席汉学家施坚雅(G. W. Skinner)在著名的斯坦福大学建立"宁绍研究所",专门从事我国宁波和绍兴一带的历史经济和城市研究,他自己就以其主编的 *The City in Late Imperial China*[⑬] 而负有盛名。所以我虽然颇有在古地理学领域中与他们商讨有关古代鉴湖的兴修问题,但是都不得要领。1983 年起,我开始应邀担任日本若干著名大学的"客座教授",到这些学校的大学院(即研究生院)讲课。客座教授在国内人看来也是出国讲学,但其实与一般讲学的性质不同,受聘为某个学校研究生院的客座教授,必须开设一二门课程,而且讲满一个学期。日本大学考虑周到,为了学生将来在语言上的使用方便,所以各校校长在事前都要求我对研究生们用英语讲课。我先后在关西大学、国立大阪大学、[⑭]广岛大学的研究生院都任过一个学期(年份是不同的)的讲课,因而也结识了不少日本的汉学家。日本与我国一衣带水,第四纪时期的经历与我国是相同的,所以虽然古地理学与历史地理学是两门并不相同的科学,但他们与西半球的汉学家们不同,不少学者虽然对此缺乏资料,但都很感兴趣。特别是 1989 年我在广岛大学的这个学期,由于该校的地理系设备非常完善,我就与他们的汉学家商讨并研究这方面的问题,其间并利用了他们的先进设备,参考了他们已经从事的研究成果。回国以后,发现国内学者由于科研禁区的减少,也有学者从事这个领域的研究,于是我就撰写了《史前漂流太平洋的越人》一文,由于在研究过程中多次受到日本汉学界的帮助,因此就把此文发表在对外交流的期刊上。[⑮]以后知道,此文颇得到日本同行们的好评。

我写此文着眼于自己所在的浙江省,附了两幅示意图:一幅是《假轮虫海退时期今浙江省境示意图》,另一幅是《卷转虫海进时期今浙江省境示意图》。文、图并照片,都利用了他们的资料。前图,我是利用了贝壳堤(Shell mound)的测年数据,因为在海岸上,经过长时期的拍岸浪进退,可以形成一条贝壳堤,用这种贝壳堤的碎片作 C^{14} 测年,所得数据为 14780 ± 700 年,大体上就是距今 15000 年。这里需要指出两点:第一是按这个科学测年数据,其时已在假轮虫海退的后期;第二是这些贝壳堤碎片是在黄海零点以下 155 米取得的。说明在距今约 15000 年以前,海面比当今要低 150 多米,沿海的许多岛屿,或许也包括今舟山诸岛,都和陆域相连。这幅示意图以今浙江省境为基础,而图上所显示的陆域,比今浙江省境大概要大一倍。越人先民,在这片地面平坦、河海交错、森林蔽野的环境中,从事狩猎、捕捞或采集,都是比较方便的,有利于这支部族的繁衍生息。这个时期是第四纪的晚更新世,属于古地理学的研究领域,虽然我在设备完善的广岛大学,但研究仍然相当困难,结论也是比较模糊的。但 15000 年以前的海岸线,既不可能也无需像现代这样可以用比例尺测算,有个大体的模式也就可以了。

第四纪的自然轮回是不会间歇的。假轮虫海退的尽头,在距今约 12000 年的全新世之初,海面开始上升,另一次卷转虫海进开始了。由于学术界公认早期人类有组织的生产劳动是从全新世开始的,生产劳动的内容当然仍是采集、捕捞、狩猎之类,但是在族群中有能人组织带头,效率显然提高。而科学的历史地理学也因此而从全新世开始的。历史地理学者当然还很难想象这种集体劳动的过程,但从近代在诸如河姆渡、水田坂、钱山漾等处发现的稻谷残余,人们或许可以推测,当时在这片平坦而多雨的土地上,已经有了粗放的水稻种植。海进的过程是非常缓慢和漫长的。在早期海面升高的时候,这个地区的越族先民,既无察觉的能力而也不会蒙受影响,所有这种海进的可怕现象,都在他们的后代中显现出来。这种过程,我在拙著《越族的发展与流散》[16]以及上述《史前漂流太平洋的越人》等好几篇论文中都作过研讨,这里不再赘述。

从以后出现的"内越"、"外越"两种称谓中,可以估计,这个部族在其流散过程中,漂洋出海或留在原地的山丘上的属于少数,族群中的大部分,还是随着海水的着陆和土地盐渍化而无法耕作,逐渐向平原南部转移,而河姆渡一线显然是他们南移过程中的最终基地。接着,由于海水的继续升高内侵,这些越人不得不从平原进入浙东山区,而以会稽山区作为他们的部族聚居的中心。他们称自己这一群为"内越",当然已经有了领导层的部族酋长。今本《竹书纪年》周成王二十四年(公元前 11 世纪末)有"于越来宾"的记录,说明在会稽山区的这个部族的领导层,仰慕北方文化昌明的大国,早已有了交往朝觐,而这种交往也就促使越族的上层人士从中原大国引入汉字,以后慢慢地普及起来,当然只限于部族的上层。部落中的一些能人,用引入的汉字,记录部落中的若干大事。这些记录当然杂乱无章,而且在秦始皇大军入侵之时散乱丢弃。应该指出的是,初期移入的汉人,多是素质不高的。[17]直到后汉之初,才有一些北方移民中的文化人袁康和吴平,发现和收集这些被驱散的越人所遗弃的散乱资料,加以识别和整理。这些资料当然是杂乱无章并散佚的,他们在整理时又作了补充,把古代越人的神话传说与整理的时代连接起来,这就是我们至今仍可读到的《越绝书》。由于袁、吴在发现和整理时,就是一堆散乱缺佚的资料,加上他们又加以增补,使此书成为一部难读、难懂的文献。此后,又有另一位后汉移民赵晔,他根据传抄的《越绝书》,又加上他所收集的句吴资料,编成了《吴越春秋》一书,在某些方面,特别是在海进时代流散到今苏浙皖交界山区,以后又建成句吴(其实也是越人的一支)的,比《越绝书》增加了更多的内容。以此二书加以对比，后者比前者或许易读、易懂。[18]但无论怎样，两书都是越地的地方文献，是已经入迁越地的文化人，根据当地的各种资料编辑而成的。虽然由于时代久远和其间仍有亡佚，比较难读、难懂，但资料的可靠性（包括其间流传于越地的神话、传说）是很有价值的，远比那些由北方汉儒所作的所谓正统文献可靠。《越绝书》和《吴越春秋》，是越地古代文献的重要留存，在吴越文化和其他方面研究中具有重要价值。这个地区的当代学术界，对这两种古代文献，有必要加以更高的重视。

前面已经提及，鉴湖史的研究，其本身是个历史地理学问题，但在更为精深的研究中，也涉及到古地理学领域，所以我的这篇序又得回到这个方面来。由于卷转虫海进在全新世的掀起，海进的高潮则在距今约7000年的时期，早期越人活动的平原地区成为一片浅海。越人内迁到浙东山区，而以会稽山区为部族中心。部族酋长的驻地由于刀耕火种的原因而经常迁移，这就是《越绝书》上记载的称为"城"的大型聚落。越族入山以后的生活和生产，《吴越春秋》就简洁地写出："随陵陆而耕种，或逐禽鹿而给食。"[19]在平原上已经发展到粗放的水稻种植的越族先民，入山以后，又只能以刀耕火种和狩猎野兽过活。当时越人尚无文字，但祖辈在会稽山上对后辈口口相传：山北的这片茫茫海水，原来就是我们祖宗耕作的沃壤。这是事实，不是神话和传说。所以他们当然希望有这样一位神明，驱走海水，让他们又回到这片沃壤上去。为此，顾颉刚所说的"禹是南方民族神话中的人物"，"这个神话的中心点在越（会稽）"。[20]所以在这个地区进行多方面研究的乐祖谋君，在其《历史时期宁绍平原城市的起源》[21]一文中指出："顾先生关于禹的见解是建立在严密的历史资料分析基础上的，因而是可以令人信服的。"海退终于发生，而这个驱走海水的神明就是"禹"，为此，把"禹"移到中原的汉人，也不得不虚拟一次禹在会稽的全国诸侯大会，而且把他的归葬之处也落在会稽。

到了距今约5000多年前后，会稽山区的越人看到了山北海水的逐渐退缩，神明已经降临。他们迫不及待，先先后后地走出山区，利用山北坡地和不少在平原上的孤立丘阜从事垦殖，满怀希望地重新过他们老祖宗在平原沃壤上的生活，从事水稻种植。越王句践带头于其在位的第七年（前490），按名相范蠡的选址设计，在距会稽山不远一片丘陵平原上，紧依丘陵中一处最高的（曾称种山、府山，即今龙山）建立了一座小城，作为这个部属的政治中心。不过外迁的越人立刻发现，神明驱海还民的这片老祖宗耕耘的沃壤，并不像他们祖辈在会稽山区传颂的沃壤，而是每日有两次潮汐出没的、土地斥卤的沼泽平原，平原虽然宽广，但是却无法垦殖。他们也立刻发现，要在这里耕种而获得收成，必须首先要拒咸蓄淡。于是，出山的越人，从一个家族到一个村落，在山北选择地形较高之处，用就地取材的途径，筑起泥堤土坝，围出一片片大小不等的垦区，积蓄从会稽山外流的淡水，从事耕耘种植。于是从会稽山北逐年北移，这类筑堤建坝的小片垦区纷纷出现,《越绝书》入载的"富中大塘",就是当年这个地区的最大垦区。除了为这些垦区所拦蓄的会稽山外流淡水以外,所有会稽山北麓之水,一经出山,都化淡为咸,这当然是一种对淡水资源的很大浪费。10 多年以前,曾有家乡人士,到杭州请我用楷书写"鉴湖第一源"5 个大字。[22]家乡的事,我当然照办,后来听说他们把此 5 字刻成石碑,建亭榭,置于柯岩附近的一个称为"大香林"的风景区中。我并不计较,从大香林流出的这条是鉴湖的第几源? 前面已经提过"鉴湖三十六源"的话,其实,从会稽山北麓和东麓外流的大渠小溪,决不止 36 处。会稽山"千岩竞秀,万壑争流",[23]只要不是十分干旱的年头,"三十六源"的淡水,是充沛而足够洗刷山北的这片斥卤平原的,但必须有一位领导人,既有高知卓见,又能集中大量人力和物力,让会稽山外流淡水资源得到充分利用而不致浪费。这就是以后兴建鉴湖的自然和人文基础。

越族是个落后的部族。尽管越王句践是个有才能的领袖,但面对平原地区的这种自然环境,他除了要越民围堤建坝,开辟拒咸蓄淡的垦区以外,是不可能对整片斥卤平原进行改造和利用的。秦始皇驱走越人以后,前已提及,早期移入这个地区的汉人,素质也是不高的,所以当司马迁时代,这里还是一个"地广人稀"(《史记,货殖列传》)的地区。历史上的事,我们必须考虑时代和当时的技术水平,过分地求全责备,这是不符合实际的。我们并不排斥神话和传说,因为在其间有不少思想和精神是高尚的,是我们至今仍值得学习和传播的,也是值得写在我们今天的著作中的。但是如果把这类离谱甚远的神话传说,照单全收,那就不仅是荒诞不经,而且反致损毁了这些神话传说的价值。

不妨举个例子。我国儒家所视为至圣的,像我这一辈所谓"书香门第"的人也是从小熟读的《尚书·禹贡》,其中有不少,在当前的历史地理研究中仍然引用。但如果全盘照搬,那就显得荒诞不经,成为笑话。记得 1979 年,由于对学术研究的禁令缓解,由学术界元老竺可桢担任主编的大型《中国自然地理》的各个分册,开始重新邀集专家编撰。其中的《历史自然地理》[24]分册,由于主持人谭其骧教授在 1978 年上海定稿两月以后,身体即因病而无法支撑,所以次年在河南开封的定稿事务,中科院要我主持。此书在河流篇章中,对我国的这条河性特殊的黄河特别关注。当时国务院直属的黄河水利委员会在郑州,和我们相距很近,我们特地也邀请了他们的四五位高级工程师参加我们的讨论,因为他们熟悉黄河,我们很希望得到他们的研究成果,特别是这条河流从古到今的决溢和改道情况。他们都学工程和水利出身,没有人读过《禹贡》,在我们处才见到此书,"禹敷土,随山刊木,奠高山大川",确实让他们大吃一惊!"奠高山大川"的内容中,竟把第四纪甚至第三纪地质运动中出现的山水,都记入这位法术无边的"夏禹王"的账上。《禹贡》的这类古籍中,这些神话确实比一般神话更"神",

但直到今天,读我们这门科学的人,都照样读《禹贡》,用《禹贡》。《禹贡》确实是神话,但同时也是我们的文化遗产。读得好,用得好的,可以让你增长许多知识,使你的作品锦上添花。但反其道者,可以使你的大作也成为神话,而且是糟糕的神话,荒诞不经,成为垃圾桶里的东西。《绍兴水利文化丛书》是一套现代的科学丛书。主要的目的,既要发扬绍兴这个历史古城的水利文化渊源,也要给读者提供水利文化的科学知识。并不是去玩一趟禹王庙,到窆石亭抛石头,顺便攀登香炉峰,而其实,他连禹庙和禹穴的沧桑经历都不知道;大殿背后的"地平天成"匾额,也不知此4字的出处,更不晓得作怎样的科学解释;至于香炉峰,不知道是什么岩性和什么时代褶皱生成的山体,甚至连正确的海拔高度也说不上来。但提笔撰文,这些东西都会在他们的大作中读到。不幸的是,在我们这古老悠久的文物大邦中,如此一类的所谓文化人,恐怕为数不少。《绍兴水利文化丛书》的编撰出版,显然可以让我在前面提出的这类"文化人"增长现代科学知识,但也懂得如"禹"之类的精神文化的崇高。为此,这套丛书的作者,责任着实不小,有必要广泛选阅历代文献,认真鉴别各类资料,千方百计地把《丛书》编好,为这个文物大邦作出贡献。

　　说清神话传说与水利文化的关系和如何在作品上使用的问题以后,让我又回到会稽山北这片泥泞斥卤、遍地沼泽的山会平原的开发过程。必须拒咸蓄淡,才能从事垦殖。这个道理,当年从会稽山区外出的越人就随即知道。但是围堤筑坝在当时并非易事,而越人的人口也不多,[25]所以他们多是选择山坡地和其他比较高燥的地块进行,数量当然不多。这批越人被秦始皇驱走以后,西汉随即取代了秦,南迁的北人开始仍然不多,这就是亲自到这个地区考察过的司马迁笔下的"地广人稀"。但是随着时代的延续,除了当地居民的自然增殖以外,北人南迁的数量也必然逐年有所增加。北人原来是在高燥的小麦杂粮区从事耕作,初到南边这个低洼湿热的水稻区,来到这里移民,开始当然适应困难,要到他们的后代才能对当地的生活和生产习惯和熟娴。不过这些北方移民,在北方显然都是没有土地的贫困户,或者是地理环境不好的穷村落居民,所以才离乡抛井地迁来,因此,从前汉到后汉,山、会两县的户口,都有较大的增加。"有土此有财",[26]在农业社会里,户口的增加与耕地的扩展是同步出现的必然因果,所以时至后汉,一户一村的围堤建坝,建造小片垦区,而让"三十六源"的淡水仍然向斥卤的土地上不断流失,有识之士当然感到不能长此以往。当时,海退的自然轮回已经发展到让平原的北部也露出一片斥卤之地。由于土地扩大,一日两度的潮汐,对平原南部的影响也有所减小,因而会稽山以北和以东的平原上,由各种不同规格的堤塘兴建而成的大小垦区,一时就不断增加,这或许就是马臻在后汉顺帝永和五年(140)兴修鉴湖这个大型水库的基础。

马臻确实是一位有远见,有魄力,敢于承担风险和责任的郡守,是越地水利事业中第一位作出重大贡献的功臣。《后汉书》没有为他立传。我在拙著《郦道元评传》[27]中早已提出,这是"正史"修纂者的普遍错误。

鉴湖当然是个巨大复杂的水利工程,因为除了如此长度的堤塘以外,还必须配合一整套诸如涵闸、斗门等贮水和泄水工程。其中全湖启闭的总枢纽即玉山斗门,更是需要精心设计的复杂工程。所有这些,我在拙作《古代鉴湖兴废与山会平原农田水利》[28]一文中已经配合地图,作了记叙,这里不再赘述。鉴湖修成以后,"三十六源"之水,从此全部注入这个水库,点滴不漏,由鉴湖包涵了北部会稽山的全部淡水资源。

鉴湖修成以后,鉴湖以北的所谓"九千顷"土地,与成湖以前一样,仍然是潮汐直薄的斥卤之地。当然也有在此区垦殖的,和鉴湖成湖以前一样,也必须选择地形,围堤建坝,形成不少零星散布的垦区,情况与鉴湖成湖以前的这片地区相似。鉴湖修成以后,则通过湖塘上的多处堰、闸、斗门,让这些湖北的垦区获得灌溉。隋唐以后,由于北部杭州湾和钱塘江口的岸线已经基本稳定,于是,北岸濒临河海的堤塘也逐年建成加固,这样,南部湖中的蓄水北流灌溉已成整片山会平原的定局。开始,鉴湖湖堤仍然保留,但因北岸海塘的兴建而称为"南塘"。此后,北岸的江海堤塘(旧时称北海塘、后海塘、东江塘3段)固定,而鉴湖蓄水也已大量北移,在原"九千顷"土地上形成一个新的河湖网。"南塘"已不再需要,也就陆续撤废。至今,虽然"南塘"的若干地名如练塘、陶堰、清水闸、湖塘之类仍然存在,但已经不再如鉴湖盛时的作为塘堰之用了。而会稽山以北、以东,曹娥江以西,包括萧山平原东部,均为原鉴湖水体所滋润,形成我国东南的这一片水乡泽国,城镇繁荣,乡里富庶,而整个水体,仍以马臻时代的三江口为出海枢纽。这就是以古城绍兴为中心的、闻名海内外的鉴湖水系。

所以《鉴湖史》的研究,从宏观概念来说,上起晚更新世、全新世、后汉,而至于当前,无疑是个东南地区水文化研究的大课题。科学研究并不是拼凑资料,也绝非奢谈神话传说(虽然我们绝不排斥有价值的神话),但一切都要有根有据,并且尽可能地应用现代科学的测年数据。这样的鉴湖史,作为绍兴水利文化,是海内外越人所交口荐誉,长期流传的。

为此书作序,最后还想多说几句的是,第四纪的自然轮回并没有中止。科学界一致公认的现实是,地球的又一个暖季已经来到了,海面开始上升,太平洋上的许多小岛不见了。有的国家如印度洋上的马尔代夫共和国,由于海拔高程极低(可参阅陈桥驿等编译的《马尔代夫共和国》,浙江人民出版社1979年版),已经举行全国会议商讨应变对策。当然,第四纪的自然轮回是不可抗拒的,但是对于鉴湖水系,议论这个问题为时尚早。不过由于我写此序在时间上是从晚更新世开始的,所以作为一种科学知识,现在已经显著发生的自然轮回,我们应该知道。

对越地来说,鉴湖兴修的地质地史基础和这个历史水利工程的兴修成功,以及由这个水体发展而成的鉴湖水系,从自然到人文,都是我国东南地区这个富庶的水乡泽国的头等大事,所以《鉴湖史》的编纂和出版,既是必要的,也是成功的。

2011 年 7 月 1 日于浙江大学

注释:

① 这里的"中国"不是我国的国名。《诗·大雅·民劳》:"民亦劳止,汔可小康,惠此中国,以绥四方。"这是提出"中国"的最早古籍之一,但此"中国"并非国名,指的是王朝首都一带的地区。古老国家都有这种情况,例如古代印度也将其恒河中游地区称为"中国"(梵语作 Madyadesa)。我国在王朝时代,都以朝名作国名,例如明朝称"大明国",清朝称"大清国"等。用"中国"作国名始于辛亥革命,当时建立了"中华民国","中国"成为"中华民国"的简称,自此"中国"才成国名。我国因为使用单音字的关系,所以常把国名以单音字简称,例如称美利坚为"美国","法兰西"为"法国"等。

② 芍陂相传为春秋楚相孙叔敖所建,其名已见于《汉书·地理志》,在今安徽寿县以南,相传陂周有二三百里,可溉田万余顷。但以后湮废,今为淮河支流淠河上游的一个池沼,称安丰塘。

③ 秦统一全国后,在此建会稽郡(郡治当时在吴,即今苏州),把越国首都大越城改置郡下的山阴县。至东汉,会稽郡治移至山阴。至隋朝,山阴县改称会稽县,仍为郡治。到唐朝至德初(756)起,山阴、会稽成为同地的两县。原县境东部为会稽县,西部为山阴县,县城以内也以一条南北流向的河流(以后常称府河,是鉴湖水系的一部分,1950 年以后才遭部分填废)分为山阴与会稽,所以县城以外的这片广大平原,才有"山会平原"之称。

④ "三十六源"之说,或许早有古籍提出。但在现存古籍中,此说最早见于宋王十朋《鉴湖说》上篇(《王忠文公全集》第七卷)。

⑤ 《中国历史地名大辞典》,中国社会科学出版社 2005 年版(有上下 2 册)。

⑥ 《中国水系大辞典》,青岛出版社 1993 年版。

⑦ 《管子·水地》:"越之水,浊重而洎,故其民愚疾而垢。"(据中华书局 2009 年版《中华经典藏书》)

⑧ 《世说新语校笺》上册《言语第二》,中华书局 1984 年版。

⑨ 《全唐诗》3 函《李白一四》,上海古籍出版社 1985 年版(上册)。

⑩ 《全唐诗》4 函《杜甫七》,上海古籍出版社 1985 年版(上册)。

⑪ 盛鸿郎主编,中国书店 1991 年版。

⑫　古地理学是一门纯自然科学,研究地质时期(包括第四纪前期)的水陆变迁。

⑬　已有中译本,书名作《中华帝国晚期的城市》,叶光庭等译,陈桥驿校并《后记》,中华书局2001年版,2002年再版。

⑭　因大阪市有3所大阪大学:国立大阪大学、府立大阪大学、市立大阪大学,故此处按实际加"国立"2字,此校即二战前的"大阪帝国大学"。

⑮　《文化交流》1996年第22辑。

⑯　原载《东南文化》1989年第6期,收入于《吴越文化论丛》,中华书局1999年版。

⑰　《越绝书》卷八:"徙大越民,……因徙天下有罪适(通谪)吏民,置海南故大越处。"所以秦代的移民素质是不高的。

⑱　陈桥驿《〈吴越春秋〉及其记载的吴越史料》,原载《杭州大学学报》(哲学社会科学版)1984年第1期,收入于《吴越文化论丛》。

⑲　《吴越春秋》卷六。

⑳　《古史辨》,北平朴社民国十五年(1926)版。

㉑　《中国历史地理论丛》第3辑,陕西人民出版社1988年版。

㉒　《中华老字号》2007年第6期第35页刊有此题字的全页彩照。

㉓　《世说新语校笺》语言第二·顾长康语。

㉔　《中国自然地理》由竺可桢主编,其中《历史自然地理》分册由谭其骧、史念海、陈桥驿主编,科学出版社1983年版。

㉕　据拙作《古代于越研究》(原载《民族研究》1982年第1期,收入于《吴越文化论丛》)一文中的估算。当时越人,包括分布在今浙东、浙西及皖南、赣东等地的,约为30万人。

㉖　语出《大学》,此"财"不宜理解为钱财,整句应作"有了耕地才能生活"解。

㉗　南京大学出版社1994年版。我在此书中批评"正史"的"极不公正",在此书第66页,因文字很长,此处不录。

㉘　原载《地理学报》1962年第3期,收入于《吴越文化论丛》。

原载《鉴湖史》,中华书局2011年版

《鲁迅泉志稿图释》序

　　前不久,南宋钱币博物馆馆长屠燕治先生驾临,携来了一部据"名家手稿"辑成的《鲁迅泉志稿图释》,令人不胜欣喜。

　　屠先生与我是 1997 年在山东公祭陶朱公时相认的。那是一个春暖花开的时节,肥城以桃花著名,市郊满地盛开的桃林,我们在此初见,真是一种难得因缘。

　　范蠡当时为越(今绍兴)大夫,效忠于越王句践,所谓"十年生聚,十年教训",使战败于吴(今苏州)的这个濒危小国转弱为强,终于兴师北伐,直捣吴国,俘戮吴王夫差,使越国成为春秋末期的强大邦国,厥功甚伟,越人至今仍然尊敬不忘。但他本人则功成身退,入陶(今肥城)为贾,易名朱公。但他的从贾也是与众不同,虽然以他的才能,获利甚巨,而却不事个人聚敛,多次积财散财,施利于民。所以从政的范蠡与从贾的朱公,高功大德,都是后世官民的榜样,在我国历史上长期受到尊敬。

　　山东省各界在这一年,对位于肥城之郊的朱公墓精心修葺,决定在春季举行规模较大的公祭。我因被列入公祭主席团之中,所以肥城市政协的主席,在公祭前 2 日,即派专车专人,到杭州迎接我们夫妇去到肥城,并在公祭之前让我们去参拜了已经修葺完成的朱公墓。那次撰文题诗,也作了一番准备。

　　屠先生当然比我们晚几天到此,但当年参祭者多是北人,南人不多,屠先生与我们夫妇都是南人,而且均系从杭州北去。屠先生祖上也在绍兴。据《暨阳锁金屠氏宗谱·文天祥序》记载:屠氏迁祖屠堂(南宋)绍兴年间随高宗南下,最早落户即是在绍兴。为此,相聚时间虽短,但感情极易相投。所以这确是一种难得的机缘。

不过当年我们未曾同程返杭。由于市政协主席的热忱,留我们夫妇在山东多住了几天,由专人导游,让我们夫妇藉索道登上了东岳泰山的顶峰。又陪我们整日,遍访了曲阜儒宗孔子的全部遗迹。然后去省会济南,观赏趵突泉和大明湖等胜景。最后从济南以民航返杭。这年秋后,主席还以肥城罐装桃汁等特产,亲自到杭州舍下慰赠。范蠡相越,朱公贾陶,我们实在是受他的余荫。特别是通过这年公祭,我们结识了屠燕治先生,而且让我这个对历史钱币一窍不通的人,知道在杭竟存在一个富有特色的南宋钱币博物馆。屠先生主持这个博物馆。对杭州这个举世闻名的城市来说,一般博物馆当然必要,丝绸、茶叶等特产博物馆也已久闻,但屠先生主持的这个博物馆,是一种专业性很强的博物馆,体现了省城的博大精深。

值得感谢的是,自从那次在肥城结识以后,屠先生就不时到舍下相访,而且常常以他收藏钱币的精印本相赠,让我这个从未从事历史钱币研究的历史地理学者,也能稍涉此中门径。此番,他携来了由国家图书馆特别赠与的鲁迅《泉志》手稿(真迹属一级文物)辑成的《鲁迅泉志稿图释》求序于我,即拟将此珍藏文献公之于世。我当然十分赞赏,并且欣然命笔。

鲁迅是我的同乡名人,往年我在整编拙著《绍兴地方文献考录》(浙江人民出版社1983年版)时,即知他很关心家乡文献和文物。他在这方面的成果收录于拙编《考录》中的共有两项,第一项是《会稽郡故书杂集》。原书为民国四年(1915)写成,计手稿本3册(今藏绍兴图书馆),主要是从各种古籍与类书中辑录会稽郡六朝时代的志书,如《会稽典录》、《会稽先贤传》等之中的遗文佚句,使这类古代的地方文献趋于完整。这当然是对家乡在六朝志书上的重要贡献。由于此书后来收入于《全集》第八卷,而又有几种单行本(如香港新月出版社1962年所出)发行,所以已不属稀见。鲁迅在此书卷首所云:“会稽故籍零落,至今未闻后贤为之纲纪,乃创就所见书传,刺取遗篇,累为一帙。”这几句话虽然是对会稽一郡而言,其实在全国都具有普遍意义。拙编《考录》中收入他在这方面的另一项成果是《俟堂专文杂集》。此书我仅见北京文物出版社于1960年3月出版的线装影印本,全书计有古专拓本173种。卷首鲁迅序云:“曩尝欲著《越中专录》,颇锐意搜集乡邦专甓及拓本,而资力薄劣,俱不易致,以十余年之勤,仅得古专二十余及打本少许而已……”。“资力薄劣,俱不易致”,这是一般文化人从事这类工作都会遇到的困难。但从我所考录的这两项,早已知道了他对家乡的文献和文物,是早有整理收录的意愿而且作出了值得留传的成果的。我也是越人,在这方面曾深受他的启发。

现在,屠馆长幸获的这部文献,让我顿时领悟到,他不仅有意于对家乡文献和文物的整理,而且曾经放眼于中华全国。这是一项很少文化人敢于涉足的大工程:历史钱币的搜集和整理。鲁迅《泉志》手稿,虽然从钱币种类上说,仅仅是我国历史钱币的一小部分;从我国使用钱币的时间上说,也仅仅是其中的一个片段。但事实说明,我以往认为他有意于从事家乡的事业,实际上曾经行之于全国,而且其对象比家乡的地方文献和专甓拓本要困难和重要得多。他从事文化事业的这种不懈精神和广阔胸襟,确实值得钦佩和尊敬。

钱币之事,说来话长。人类从第四纪开始的整个历史过程中,由茹毛饮血到狩猎农耕,生产力的提高有一个十分漫长的过程。而从生产力的逐渐提高到生产品的稍有多余,交换的需要也就随着发生,这就是《易·系辞下》所记载的"日中为市"。当然,开始从事的这种交易不过是物物交换,中间并无什么媒介。此后,随着生产力的进一步提高,生产品的内容有所增加,参加这种"日中为市"的交换,在地域上也有所扩大。因此,作为初期物物交换的形式也有所发展,初期的交换媒介如贝壳之类开始出现。这个发展的过程,当然也是非常漫长的。以钱币作为交换媒介始于何时,现在学术界尚无定论。但从秦始皇铸"半两"钱到西汉武帝元狩五年(前118)初铸"五铢钱",显然具有划时代的意义。因为从此开始,虽然历朝都有钱币的铸造,但"秦半两"和"五铢钱"这种圆形的形式和中间留有一个方孔的传统,从此固定下来。人们长期称钱币为"孔方"(谑称为"孔方兄"),也就是从"秦半两"和"五铢钱"传袭而来的。西晋的鲁褒,曾撰有《钱神论》:"亲之如兄,字曰孔方,失之则贫弱,得之则富昌。"以往不少人把《钱神论》作为一篇具有讽刺性的游戏文字。但如作仔细推敲,其实不是这样,因为它把钱币的形状和它在物资交换中的价值都概括写明,对钱币研究者实在具有重要的意义。

"秦半两"和西汉的"五铢钱"形式,以后历代沿袭,尽管各朝所铸造的,都有各种朝代年号的标志,但"孔方"的传统一直保持不变。直到清光绪二十六年(1900),以广东省为首,开始铸造另一种形状的钱币,中间没有"孔方",而面值一般较市上流行的"孔方"大10倍,称为"当十铜元"(或称"铜板")。也就是一枚"铜元",可以交换10枚"孔方"。以后各省也纷纷效仿,"当十铜元"代替了通行2000多年的以"秦半两"和"五铢钱"为滥觞的市场流通钱币。不过在整个清代,"当十铜元"虽然出现,但"孔方"仍继续流通,铸有"光绪通宝"的"孔方"直到民国时代,仍然并不稀罕。

现在回到属于国家图书馆"一级文物"的鲁迅《泉志》手稿这件珍贵的文献上来。"孔方"初铸于秦始皇和西汉武帝时代,直到清末仍然流行,为时超过2000余年。鲁迅的手稿始于唐开元而终于明永历。不仅是对钱币的流行属于无头无尾,而在其搜集的各代中,也零星不全。可以设想,在中国漫长钱币流行历史,鲁迅所从事的是一件任何藏家都难以求全的巨大工程。以他一人之力，以琉璃厂等几个地方的搜罗，在中国历史钱币中数以千万计的巨大数类，他的工作，总其所得，也不过是九牛一毛。这是众所共知的实际，决不会受后人的求全责备。对鲁迅自己来说，他当时必然也无把历代钱币搜罗尽致囊为一帙的心愿。在往年裒集越州一地的专甓拓本时，他已自知"资力薄劣，俱不易致"，何况钱币这种庞然大物呢。但他毕竟以其业余的勤奋所得，留下这一帙虽非完整而意义深远的《泉志》手稿，虽然是雪泥鸿爪，但我们绝不能等闲视之，因为它对以后有志于此的学者作出了一种很有价值的示范，是我国历史钱币研究中的重要成果。国家图书馆以此为"一级文物"，也确是很有见地的，而杭州南宋钱币博物馆能够幸获这部珍本，当然值得庆贺。

我忝为一个历史地理学者，稍谙各行各业的历史研究，而其中历史钱币研究是一种这方面的冷门。我对此就是一窍不通的。屠馆长以其所得的此书见示嘱序，我不得不在这方面稍作涉猎，确实使我受益不浅，眼界大开。为此，我认为这部珍本的公开问世，至少具有两方面的重要意义。

首先，由于历史钱币研究，长期来在历史研究中属于冷门，从事这方面研究和熟谙这方面学识的人，在整个历史学界实在不多。所以鲁迅此稿本的问世，对学术界特别是历史学界是一种重要的启发。鲁迅并不是历史学家，但他却能挤出其业余时间从事这方面的工作，从稿本所附列的他的《日记》来看，对此，他当年也是辛苦奔走的。他是个大忙人，而尚且能从事钱币的搜集整理，留下这样一部虽然并不完整但也楚楚可观的稿本。不仅应该受到学术界的赞赏，特别是应该为历史学界所效法，对于这个历史研究中的冷门，如何加以研究上的加强和内容上的充实。

其次，我们当然应该承认，自从 1950 年以后，学术界在历史文化的研究中是遭遇到不少困难和挫折的。不仅是从事这方面研究的学者受到各种批判打击，到了后期，渊源悠久、内涵丰富的历史文化，竟至于受到"破四旧"、"大革命"等深重、残酷的人为灾殃，研究学术、文化的学者，许多惨遭杀戮，大批加以禁锢。优秀的华夏文化，面临了毁灭之灾。所幸 1976 年后期，上苍仁慈，否极泰来，学术文化开始有了研究的相对自由。于是，从 1980 年伊始，以上海复旦大学为基地，连续举行了两次"中国文化史研究学术座谈会"。其过程和随即陆续不断的进展，都收录于 1991 年百家出版社出版的《中国文化源》一书中。此书卷首《序》中就指出："人们曾经作过统计，全世界从各种学科、各种角度给'文化'下的定义，竟有二百六十种之多。"禁锢多年的中国文化人由此豁然开朗，恍悟"文化"原来是如此广大的一个领域。

当前，我国的文化研究相当发达，文化团体也很多。各类文化，如地方乡土文化、旅游文化、茶文化、酒文化等等，从事研究者和这类研究组织，显得相当繁荣。但是对于钱币文化的研究却相对冷落。许多人倾其全力投入聚钱、敛钱的经营，但是这类人对文化的意识却非常浅薄甚至懵然无知。他们根本不懂得钱币是一种重要的历史文化。从"秦半两"和西汉"五铢钱"到今天，钱币在形式上已经有了很大的发展变迁。但从其实质议论，这是涉及千家万户的大事，所以钱币文化应该是各历史文化中的荦荦大者。像鲁迅这样的著名人士，尚且能留下这样一部为国家图书馆定为"一级文物"而内容其实很不完整的钱币文化珍本《泉志》手稿。我们现在拥有很大一批的文化人，其中无疑不乏对钱币文化懂行而有兴趣的学者。鲁迅在这方面的搜集研究，对我们既是一种有益的启发，也是我们应该继承的责任。当然，要把"秦半两"和西汉"五铢钱"以来 2000 多年中历代的各种钱币都搜集起来，兹事体大，依靠少数学者的力量是难以完成的。所以我建议，这个重大课题的研究，在现有钱币学科两部带"国"字头《大系》和《大辞典》成果的基础上，进一步完善《泉志》专著。需要强调的是，这必须得力于一个全国性的组织，在国家的领导和支持下，集中这方面的专家，群策群力，编纂成一部完整的中国历史钱币大成。让长期来不受重视的钱币文化能够因鲁迅留下的这部珍贵文献感悟而获得继承和发展，让渊源悠久、内涵丰富的我国历史钱币文化，在各类文化研究中大放光彩。我虽然从事历史地理研究多年，但对于历史钱币研究，是一个实足的门外汉。不过由于观看了鲁迅这部珍贵的稿本，才情不自禁地提出了上述建议。相信我的这个建议，对于如同屠馆长和其他不少对钱币文化内行的专家学者，必然是赞赏和乐观其成的。

2011 年 8 月于浙江大学
原载《鲁迅泉志稿图释》，西泠印社 2011 年版

《绍兴文化遗产·石桥卷》序

　　我曾先后承邀为绍兴市文物管理局编纂出版的《绍兴文物志》和《文明的记忆——绍兴历史图说》作序。两部都是正8开本300页左右的巨构,前者虽然也有许多插图,但全书以文字为主,属于地方志中的专志。后者全为彩色照片,图文并茂,是一种巨型图志。为如此内容精萃、搜罗广泛的巨构作序,我确是执笔而畏。但我是一个喝鉴湖水、吃越地粮、受绍兴传统教育长大的地道越人,于事虽有举鼎绝膑之虞,但也不得不勉为其难。

　　特别是此二书出版以后,即时大获佳评。前年迁居以后,由于我女儿为我设计的书架完全敞开,今年,我的早期研究生及其他学者朋友,竟称此二书为绍兴的"双绝"。因为我也认为此二书绝佳,所以也不为家乡文化事业自谦,常以唐元稹诗"会稽天下本无俦"相告。有些早期研究生对唐诗缺乏研究,我还得告诉他(她)们,元稹(微之)是唐代名人,出身大都会洛阳,曾任"同中书门下平章事"(即宰相),任官四方,到过不少名城大邑,而任浙东观察兼越州刺史,居会稽多年。他与当时任杭州刺史的唐诗名家白居易交谊甚密,越杭地近,常常以诗代信,往复频繁。上述诗句,是其《重夸州宅景色》中的名句,其下一句是"任取苏杭作辈流"。这显然对白居易所寄他诗中"知君暗数江南郡,除却余杭尽不如"的答复。元稹的意思是:苏杭吗,只不过是越州的配角罢了。

　　1989年,我曾应聘第三次到东瀛担任"客座教授"。"客座教授"与一般的讲学不同。讲学,不过是在若干大学中每校讲那么一二次,口袋里有十数个题目,就可以各校轮流换题。应付裕如了。但"客座教授"不同,必须在聘请的学校里开没一二门课程,并且讲满一个学期。这一年是广岛大学的大学院(即研究生院)聘请的,我的课程是"比较城市学"。虽然每次到日本都由熟娴日语的夫人陪同,但邀聘学校的校长,事前都请我对这些听课的研究生(包括博士生与硕士生)用英语讲课,目的显然是为了提高研究生们的英语水平。这个学期的这门课程,元、白往复的诗篇,在城市的比较中,真是难得的教材。我当然没有林语堂先生的才华,他不仅在中国学者中英语无人能及,特别是对于古代诗词的汉译更为超群。不过因元、白诗都较通俗,我虽译得拙劣(我的在课堂上旁听的夫人还用日语补述),但研究生们都能理解,而且兴趣盎然。日本有什么? 京都、奈良而已。课后,也有研究生们在闲谈中提及于此的。在日本,与我国的情况迥异,教师的地位是至高无上的,何况我是特聘的"客座教授"。我就不客气地用韩愈诗作答:"蚍蜉撼大树,可笑不自量。"

其实,应广岛大学之聘,讲授"比较城市学"这门课程,是我于 1985 年在国立大阪大学研究生院讲授《水经注》和"历史地图学"课程时就已经预约了的。那年,曾应广岛大学名誉教授、年逾 8 旬的日本地理学界元老米仓二郎先生之邀,我们夫妇去广岛市访问 3 天,并讲学 1 次。当时,由于我的《中国六大古都》早已出版,并应出版社的要求,在 1983 年去关西大学作"客座教授"时随身带去 100 册,所以在彼邦已经流行。而任教于关西大学的日本地理学会会长河野通博教授,认为中国的古城名邑甚多,日本学者希望能获得这方面的更多知识,要求我再写一本包罗更广的叫中国名城文献。我与日本首席汉学家斯波义信教授(当时执教于国立大阪大学)等不少学者接触以后,确认了河野先生的意见是日本史地学界所企盼的。于是在当时就向日本的学者们征求意见,回国后就动手主编《中国历史名城》一书。把 1982 年我国公布的第一批 24个历史文化名城和其他名城共 50 处合成一书。1985 年我去大阪时,出版社已给了我此书校样,所以在次年正式出版前,已有不少日本学者从校样中获悉此书内容。而其中我自撰数篇,在"绍兴"篇中已把元稹"会稽天下本无俦"的诗句写入。他们由于看到我多次出版和发表这类书籍和论文,误以为我对城市学和城市地理有精深研究。米仓先生是以聚落地理研究著名的日本第一代现代地理学家,他已经考虑定当,让他的高足,当时在广岛女子大学任教的堤正信副教授到我的研究室进修城市地理。所以1985 年我们夫妇访问广岛,在该校的接风宴会中,除了米仓先生和几位名教授以外,广岛女大的今堀城二校长也参与在座。米仓本人因中国闭关锁国多年,另选印度作为他的研究基地,曾在该国旅居多时,英语说得相当流利,在座的不谙英语诸君,则由我夫人以日语交谈。关于堤正信副教授的进修事,首先由米仓用英语提出,而广大和女

大的两校长随即附和,由我夫人传译。聘请我担任该校研究生院"客座教授"并讲授
"比较城市学"事,也在这次宴席上提出,由于他们的话都说得非常诚恳,使我不得不
一一首肯。而这学期当我在大阪讲完课程回国时,堤正信已经带了夫人和两个孩子住
入杭州大学专家楼等候了。

此后,由于我又去境外讲学,而且当时我已经接了谭其骧先生的班,担任了中国地
理学会历史地理专业委员会主任。中国地理学会把我当作一位地理学界中的"洋务
派",所以在每两年举行一次的国际历史地理学研讨会,总是要求我多请一些外国学
者参加。我因多次出国讲学。在这方面确实有较好条件,回国后次年又在山西太原举
行了一次,从筹备到开会,事务纷繁,所以践广岛大学讲授"比较城市学"之约,直到
1989 年才得以实现。由于我是被他误认精通"城市学"的,所以才请我讲授这门课程。
米仓先生当然是聚落地理学名家,但是我对这类课程,实在根底浅薄。尽管我因多次
出国讲学,到过不少国际名城,有一点"比较"的实践,但要把这门课程在研究生院讲
满一个学期,实在心中无底。在 1985 年接受这个任务后,堤正信君的事容易解决,因
为学校在 1978 年就给了我个人专用的办公室,可以让他单独在此"进修"。无非语言
按日方规定必须使用英语,对他有些困难。主要是到那边讲授的课程,我虽然也想在
事前作些进修,但毕竟是杂务缠身,真正读书的时间不多。所以这年暑期以后去广岛
以前,我实在尚无充分把握。好在国内外都知道,我从事高等学校教学数十年,从来不
曾编印讲过讲义:都是用几张小卡片讲课,卡片可以随时积累、更换、改写,不必像讲义那
样一气呵成。先进国家的大学图书馆是学校的重要学术核心,而且由于经费充裕,所
以总是按随时收到的新书广告购书。他们要我用英语讲课,所以经常送来有关城市的
英语文献,我夫人则帮我查阅少数日语文献,所以这半年,名义上是作为一位研究生院
的客座教授讲授"比较城市学",实际上我自己也在那边对这门学科从事进修,让我增
加了有关城市学的不少知识。

既然课程是"比较城市学",我当然应该重视"比较"而且大多数是以我亲眼目睹
过的地方进行比较。例如以纽约比东京,以华尔街比银座大街,以旧金山的"中国城"
比神户的"南京町"等等。当然,我必须讲得清这些地方的渊源来历。课题中还有"首
都比较"这个能对付一星期(3 次讲课,6 节课时)讲授的内容。为了对研究生们一点
安慰,我在对比中举了南美巴西首都巴西利亚(Brasilia)和东京的比较,因为我曾于
1982 年在巴西利亚住过一个多星期。我首先讲了东京的发展历史,然后讲巴西利亚。
我说:我考察那个首都时,在整个已经具有首都规格的城市里,让我看到唯一可以回忆
的,就是总统府中的一幅大照片,那位 1956 年任上原来是捷克移民的总统,手持斯的
克,在空旷无际的巴西高原灌木丛中,斯的克点在土地上:"在这里建立我国的首都。"

（原都在大西洋边的港口城市里约热内卢 Rio de Janeiro）巴西是个国土面积超过 800
万平方公里的大国，巴西利亚在地理位置上近于全国的几何中心，将来的发展规模，或
许不会小于东京。但与东京相比，巴西利亚毕竟是个没有历史文化的首都。

　　我到广岛大学上任时，第一次亮相的是个欢迎会。除了我施教的文科研究生（包
括硕士、博士生，其中还有韩国留学生，总数不过 30 余人），历史系和地理系的全体师
生都到。文学院长主持会议，作了简短的讲话（日语），地理系主任森川洋教授用英语
（不流利，但难怪，他是德国留学的）对我的"身价"作了较详的介绍，而首先指出的是
"陈先生和夫人都是中国名城绍兴人"。讲课以后，常有一些研究生到我们居住的专
家楼（日本人称"会馆"）拜访（多半是为了笔记本上漏记而向我学习英语），谈谈杭州
和绍兴的事。我告诉他（她）们，我虽然执教杭州大学，我夫人执教浙江农业大学，都
在杭州工作，但我们在家乡绍兴还有考究的住宅，原来是明朝隆庆五年（1571）状元张
元忭的府第，到清朝嘉庆年间张氏后人卖给我们，是一座豪华的宅第，我们夫妇每年都
还会去休闲二三个星期（当时想不到说过这番话以后还不到 3 年，就被一些当权的残
余"文革"分子整条街拆毁，全街除我家居住的状元府第外，还有另外几座豪宅）。我
也告诉这些研究生，对于家乡绍兴在 1982 年被公布为第一批历史文化名城之事，我并
不感到高兴，因为绍兴事实上应该是国际名城，它的声名，早已不限于在中国国内了。

　　在课堂上，我有意地把绍兴在城市比较的课题上拖着，直到 1989 年圣诞节前的几
周课程中才说到这个城市（包括明、清绍兴府全境）在"比较城市学"上的价值。因为
按日本的学期制度，到了这年圣诞节，一个学期就算结束了。不过绍兴与众不同，在开
讲这一部分时，我得先对这些文科研究生，讲一点属于理科的"古地理学"（Palaeogeog-
raphy）。因为现在学术界公认的人类有组织的生产活动始于第四纪全新世（Holocene
epoch），距今约 12000 年。所以当前的历史地理学是从人类的生产活动对自然环境有
了干扰也就是从全新世起开始。但第四纪长达 250 万年，在全新世以前，即更新世
（Pleistocene Epoch），虽然已经有了原始人类，但人类活动对自然环境还没有多大干
扰。所以从这以前的海陆变迁等问题，都属于古地理学的研究对象。而整个第四纪，
在自然现象上有"冷期、暖期"，"间冰期、冰期"，"海退、海进（侵）"3 种过程的轮回。
要以绍兴列入"比较城市学"课程，必须具备一点古地理学知识。

　　我发现研究生们对我的这种讲授很感兴趣，而在这以前，米仓先生和其他几位教
授，知道我略读地质学和地史学，曾几次怂恿我能否讲一点近代（指第四纪全新世以
前的更新世）东亚海岸的变迁。而我由于能利用他们系的各种远远超过我们的先进
实验设备，初步绘成了假轮虫（Pseudorotalia）海退时期（属晚更世）和卷转虫（ammo-
nia）海进时期（属全新世）东亚（包括日本）的岛屿和海岸变迁的示意图，工作是在系

里的几位实验员和助手(日本大学称"助教"为"助手")帮助下完成的。只给米仓先生看过,他表示满意。所以最后的四五周课程,是从古地理学开始的。我首先告诉研究生们,我在自己的学校主持经济地理和城市地理的田野实习,我的实习基地一直是当今浙江省宁波到绍兴一线的宁绍平原。贵系实验室的几位先生帮助我通过贝壳堤(shell mould)的科学测年,大约在距今 15000 年时(实际数据是 14780±700 年)的假轮虫海退时期,海面比当今至少要低 150 米,东亚出现大片陆地。中国东部的海岸,大致偏东在现在的大陆架上。作为我现在的实习基地宁绍平原,陆域至少比当前要大 1 倍。今钱塘江江口在当前江口以东 500 余公里,所以平原内部不致受潮汐影响。当时这个地区的土著居民是"越族","越"(Yue),显系部族中的上层人士用先进的汉族文字所作的音译。所以在中国古籍中,《史记》系统诸书译"越",而《汉书》系统诸书译"粤",这个远古时期,越人已经在此地区从事初级的生产活动,采集、狩猎、捕捞,而从后来在今余姚以南的河姆渡遗址所发现的稻谷估计,到了后期,他们已经发展了粗放的水稻种植。但第四纪的自然轮回又发展到暖期的持续,冰川的消融和所谓"卷转虫"海进的开始。海面升高的过程当然是很缓慢的,而最后总会让人们感受到因土地盐渍而收成减小,终至潮汐出没到海水侵入陆地。于是越族开始流散,寻求可以安居之地。有的利用当时已有的竹木筏和独木舟漂海,南航北泛,南有"越南",北到日本。日本不就有以往作为行政区划的"国"名"越前"、"越中"、"越后"吗?而由此派生的自然地名如越后山脉、越后平原以及其他许多含"越"的聚落地名,至今多仍存在。京都大学教授(京都大学人文科学研究所所长)福永光司先生前几年访华时告诉我,当年越族大批在日本登陆(日本的陆域也大量缩小)的地方在今岛根和能登两个半岛一带。所以这一带至今称"越"的地名很多。也有一批越族漂过浙江("浙"是越语用汉字音译,今称钱塘江)到今苏、皖两省毗连处的丘陵地区,即是以后的句吴。也有安土重迁的,他们随着海水的上升而就近向当地的孤丘如今绍兴的马鞍山、慈溪的翠屏山等高处攀登而居。但越族中的大部分则随着海水的南进而逐年后撤,近年发现的河姆渡遗址,即是后撤过程中在平原上的最后一批定居点之一。越族中的最有权威的酋长,带领大部分族人,进入今绍兴南部的会稽山丘陵,从事"随陵陆而耕种,或逐禽鹿而给食"的营生。定居在会稽山区的越族,是部族中人数最多势力最大的一支,所以自称为"内越"。而未入会稽山区的所有越人包括句吴和因海进而定居于一片浅海中的孤丘如马鞍山、翠屏山等地的,统称为"外越"。"内越"在会稽山区从事生产,这片山区是浙东诸丘陵也是古代绍兴最早开发的地区。由于"随陵陆而耕种"的迁徙农业,所以部族酋长的驻地也必须随着迁移,因而在这个地区出现了作为酋长驻地的大型聚落。据《越绝书》、古本《吴越春秋》、《水经注》等的记载,有"会稽山上城"、"苦竹"、"埤中"、"嶕岘大城"等等。这是古代绍兴首先获得发展的地区。

"外越"之一的句吴,由于以后海退而迁都于吴(今苏州)。因为在地理上与汉族接近,成为越族中最早汉化的一支。《吴越春秋》所谓:"吴与越,同音共律,上合星宿,下共一理。"近代学者谭其骧先生也认为吴、越是"一族二国",却因及早汉化,势力强大,因而常在与"内越"毗邻地区发生争战,而吴王夫差居然命其兵众,长驱越境,把当时的越王句践作为战俘,让他在吴过了 3 年的俘虏生活。幸有随行为俘的范蠡大夫,利用洞察夫差有北上称霸的野心以及权臣伍子胥与太宰嚭的政见不同,从中斡旋,使句践得被释返越,其时为句践在位的第七年(前 490),当时,由于海退,会稽山北也已成为一片沼泽平原,他在返越的当年,就跨出会稽山区,选择离山不远的比较高燥而又有 8 座大小孤丘的地区建都。首先是在其中最高的 1 座孤丘南麓建城:即《越绝书》所称的"句践小城"。随即又加以扩展,把其余的 7 座孤丘都包罗在内,即所谓"山阴大城"。

越王句践是一位胸怀大志的人物。在会稽山区获得开发以后,从此他着手于开发这片海退以后的沼泽平原(因后来这片平原上建立山阴、会稽两县,所以现代流行的历史地理著作中统称"山会平原")。即所谓"十年生聚,十年教训"。他开采矿山的铜、锡等金属,制作兵器,训练士兵。但也抓紧鼓励生育,兴修水利,发展农业生产。最后终于覆没句吴,北上称霸,迁都琅琊(今山东省诸城一带)。所以远古的绍兴,从会稽山区的开发,平原的建城立都,以及对这片沼泽平原的整治,都始于先秦时代,是越族经营的成果,而越王句践应居首功。

世界上当然也包括中国,有许多古城、名城,都在历史上因各种原因夷毁。有的则名存实亡,因为当今的城市与始建时已经移动了地理位置。这些研究生都读过我的《中国六大古都》,他们知道,现在的著名古都西安,实际上既非周丰镐,也不是秦咸阳,而是唐长安的延续。而今绍兴建在当年沼泽平原上比较高燥的 8 座孤丘地区,以后 8 座中的 5 座已经夷平。但我在拙作《论绍兴古都》中指出,其余 3 座却永远屹立,城市当然不断扩大,但作为建城标志的 3 山:"自从春秋于越以来,一直在平原上屹然未动,因此,它的历史悠久,实为其他古城所无法比拟。"

我为研究生讲了一点古地理学知识和越族播迁的过程,而特别强调了越王句践的功绩,实在是为了最后对绍兴城市的"比较"埋下伏笔。讲了越族对这个地区的经营以后,才提到东汉的修建镜湖(宋代起多称鉴湖),以及对这片平原的继续整治,使全境成为山青水秀,沃野连绵的富庶之区。到西晋后期,由于中原地区发生了所谓"五胡乱华"之变,汉人中的许多名门望族被迫南迁,而今绍兴地区就成为他们定居的首选。

在最后一次讲课中,我终于表达了自己的观点。因为前已提及,白居易与元稹的诗中,对杭州与绍兴的城市比较,是有不同意见的。白氏说:"知君暗数江南郡,除却余杭尽不如。"元氏则答以"会稽天下本无俦,任取苏杭作辈流"。按照"比较城市学的观点",元稹是正确的。秦始皇在其在位的二十五年(前 221)攻平江南,建会稽郡,郡下置 20 余县。越国故都大越城改称山阴县,位置没有变化。在今杭州的群山之区建钱唐(唐代起改"唐"为"塘")县。白居易任刺史时的杭州,已在今市区的江干一带,而秦时的钱唐县早已湮废,至今争论很多,但还不知它到底在何处? 所以杭州当然与巴西利亚不同,但至少可以说是一个历史文化并不悠久的城市。为什么元稹的"会稽天下本无俦"是正确的? 关键在于这座建于先秦而三山鼎峙的城市,在历史文化上无与伦比。

我在广岛大学研究生院的最后一课离这年圣诞节已不到几天,我们是过了圣诞节就回国的。在这几天中,不少研究生到我们的住处访问道别。他(她)们对我的最后一课都很赞赏。并提出以后一定要到绍兴旅游,看看这个地方的历史文化(以后确实有到绍兴,并也到杭州看望我的)。美中不足的是,今年被我的不少研究生称为绍兴"双绝"的两部巨构当时尚未问世。不然的话,我们夫妇东渡时行装简单,是可以带上在我的讲课中展示,然后以之赠送给日本收藏中国典籍最丰富的"东洋文库",必然能获他们的感激和珍藏的。

绍兴(包括明、清绍兴府)确实是个不同于一般历史文化名城的出类拔萃的地域,不过当年我在广岛大学研究生院的讲课中,最后也只能以历史文化作为元氏"会稽天下本无俦"的解释。实际上,同是历史文化,绍兴实在不同凡响。"双绝"刚刚出版,而《绍兴文化遗产》丛书,即将以更大的规模和更丰富的内涵,让"双绝"也成为"文化遗产"了。"文化遗产"其实就是宏观意义上的历史文化。而这部丛书,把这个地域的历史文化,细分缕析,成为一套 8 卷的大部头巨构,按卷次包罗:石桥卷,遗址、墓葬卷,玉石、青铜器卷,陶瓷卷,建筑卷,书画卷,近代(革命)文物卷,非物质卷等 8 大类文化遗产,向全国和全世界展示绍兴地区的辉煌历史文化业绩。中国民间长期来有"八仙过海,各显神通"的传说,这不过是个神话。而我们现在的这 8 卷煌煌巨构,实在是儒学名言中的"八佾舞大夏"。为这样一套藏之名山,传至其人的丛书作序,对于自己的故乡,我既自愧无所建树,却又感到无比自豪。还是以"会稽天下本无俦"作为总结吧。

2011 年 12 月于浙江大学

原载《绍兴文化遗产·石桥卷》,中华书局 2011 年版

《舆地纪胜》序

　　老友赵一生先生以其所点校整理的《舆地纪胜》命序于我。我和赵先生的交谊已逾60载,当然应该承命。赵先生是东阳人,一位现代东阳学者点校另一位古代东阳学者的著作。何况赵先生长期供职于出版界,老马识途,当然得心应手。所以我受命作序,实在是既愧愚钝却又不胜荣幸。东阳长期来号称"教授之乡",我曾数度经涉此邑,目击其民风淳朴而学术鼎盛,曾与此邑有密切关系。现在虽年已9旬,但回首往事,历历如在眼前。既已受命,首先有必要把我当年与此邑的关系作点交代。

　　抗日战争爆发于1937年,我求学的省立绍兴中学,直到1939年初,仍在绍兴城内原校址上课。无非是空袭警报响时躲一两厢防空壕而已。但这年4月,从敌占区的杭州传来情报。日寇飞机行将轰炸浙东城市。我们就早出晚归,到郊区上课。这年5月,敌机果然轰炸绍兴城市,学校中心受炸而毁了部分屋舍。于是学校被迫搬迁,绍中是浙东名校,省方非常重视,校本部迁至诸暨枫桥镇的花明泉村,并在嵊县(今嵊州)崇仁镇的廿八都村设立分部。此两村不仅都有许多祠堂庙宇可作校舍,而且都是书香洋溢的名村。我省著名学者先师姚轩卿先生在其遗著《蠡斋随笔》①中,多有对此两村著名人物掌故的议论。1941年春,敌寇突然侵占绍兴至宁波一线,枫桥因距浙赣铁路较近,校本部随即撤销而全校集中到崇仁廿八都。虽然学生多来自沦陷区,一切依靠政府。生活困难而弦歌不辍,学风称优。

　　1941年的除夕之夜,其时正值同学们解衣就寝。学校派人到村内各宿舍紧急通知,转达崇仁镇的急示:宁、绍二城敌寇,已经开始向南流窜,似有侵占诸暨、嵊县之意。要学校即作应变措施。时在夜间,学校无法召集学生,经校长与教务、训导、总务几位主任急议,订出几条措施,立刻笔录多份,派人到各宿舍宣读:第一,嵊县、诸暨及这些地区附近学生,立刻回家;第二,浙赣铁路今夜从安华镇(诸暨以南)仍通车,要去金华等地的,立刻夜行,明日就可到义乌搭车;第三,崇仁廿八都目标太大,绝非安全之地,学校已和附近几个小村联系,无路可走者,明晨搬迁到学校指定的几个小村暂避。

当时我们高中二年级有5位同学家均在已经沦陷的绍兴城内(因为敌寇只占城市,不少家在绍兴乡间的同学,不得已时可以设法回家),可谓走投无路。因知常山绣乡适由省方办起省立第三临时中学,也专收沦陷学生。所以决定夜行,赶往常山续学,好在时逢冬令,衣服都穿在身上,背包并不沉重。于是稍作打点,背起被包,摸黑到崇仁上公路,其时已入1942年元旦。我们都是饥肠辘辘,预备到嵊县的最西大镇长乐吃点东西,然后进入东阳。

天色放明,即听到敌机之声,日寇每次进军,都依靠它的空军优势。在我们快到长乐镇时,约有3架敌机在镇上投弹轰炸,并且机枪扫射。我们当然惊慌失措,幸镇外有一座公路桥梁。我们急速背着背包躲入桥下。桥边溪水虽然不深,但也已没到膝部。而且由于当时天气寒冷,溪边结冰颇厚,我们是踩冰入水的。因为炸弹与机枪之声仍然不绝,我们已经顾不到污浊的泥浆和寒冷的冰块。但大家其实都在桥下瑟瑟发抖。在这个元旦佳节,班级里原来已经准备了一些苦中作乐的活动。却想不到竟遇上这样一个恐怖狼狈的场面。

我们当然都没有表,但估计约有1个小时,才听不到敌机声音,我们从桥下爬上岸来。长乐镇已经屋舍残破,一片哭声。我们则满腿泥泞、湿淋淋地饿着肚子在黄沙公路上前进。午后到达了东阳胡村,这是进入东阳后第一个稍具规模的农村。村边的一所二楼小木屋门上贴有一张"宿夜"二字的纸条,必然是个简陋的宿店。我们到了门口,立刻有一位年逾50的老奶奶出来,看到我们这样5个肮脏的年轻人,马上接我们进店。我们的满腿污泥,当然让她的店面弄得一塌糊涂。但是她毫不在乎,而且在略知我们这天上午的遭遇以后,非常同情和怜悯我们。她的儿子和媳妇带着孙女儿在歌山开小饭店,这里是他们的老家,她带着一个10岁左右的孙子经管这所据她说平时很少生意的小客店。她立刻关上店门,要她孙子在炉子里加火烧热水。口中念念有词地说:罪过啊,罪过啊,你们的爹娘看到都要哭呢。并随即拿出她仅有的三四支木面盆和土布毛巾让我们洗面,把这些洗面水倒入一支大的木脚盆,要我们脱了泥泞的鞋袜,一起在这脚盆里洗脚。在我们洗脚之时,她很快地上楼而且立刻下来,原来她是到楼上为我们安顿睡处。她要我们各人都脱掉污泥沾染到膝部的长裤,仅以贴身短裤亦脚上楼。原来所谓"宿夜"，只是个地板上的统铺，她要我们钻入已经为我们换好的较为干净的被窝，以使仅着短裤的下身温暖，但要我们靠墙而坐，不要脱掉上衣。她随即下楼，没有多久，她的小孙子就费力地端上一木面盆的烧熟了的番薯（显然是原来就已烧熟而当时再加热的），因为她已知道我们在这元旦之日，还没有吃过东西。农村的孩子真懂事，也能说：你们饿透了，把这吃光。并告诉我们木尿桶就在楼梯边过道上。我们的确又饥又倦，立刻一面剥外皮，一面狼吞虎咽，确实把这一大盆吃得所剩无几。老奶奶上来，要我们脱掉上衣就寝。把我们脱下的上衣添盖在被上，又把每人肩上的被揿紧，多么的慈祥、关爱。而我们立刻就呼呼入睡。

当我们先后醒来之时，抬头看这卧室顶上的一块天窗，为时估计已在这个元旦的傍晚。因为我们开房门用尿桶，所以她知道我们已经睡醒了。就在小孙子帮助下，捧上已为我们烘干的裤子和袜子，并告诉我们，鞋子面（我们是清一色的低帮"力士鞋"）尚未全燥，但也可以穿着了。她要我们披起上衣仍然坐在被窝里，不久就会送上晚餐。小孙子则提上一把土茶壶和几支碗，让我们喝水。

我们坐在被窝中闲聊：竟遇上这样一个元旦，要不是这位慈母般的东阳老奶奶，我们的这种狼狈处境，将怎样解决呢？胡村，这是我们进入东阳后的第一个大村，实在也是这个元旦我们化险为夷之处。除了一致对这位老奶奶感恩之外，大家都认为，让我们否极泰来，东阳是个毕生难忘的好地方。

老奶奶上楼来为我们点上挂在壁上的桐油灯，并且仍然口口声声地怜悯我们。告诉我们，虽然没有菜，但晚上让我们吃米饭。在下午这不长的时间里，她为我们洗刷裤子的脏污，洗净鞋袜，都加以烘干，实在是很辛苦和紧张的。但是在后来结账时，除了按例的宿费和食费以外，她坚决不收我们的劳务费，当时称为"小账"。她说：你们家里都被日本佬占了，到常山路程还长着，要我们一路小心，节约花钱。真像慈母对自己的孩子一样。

孙子在楼下叫饭热了（这里流行蒸饭，饭早已蒸熟，食用时加热）。于是她下楼，提上来一桶热饭，孙子帮她拿碗筷。她又下楼，端上一木盆的炒青菜。口口声声地以没有好菜而道歉。其实，我们这些沦陷区学生，从初三起就吃政府的救济。每顿也只是一钵素菜，老奶奶的这盆炒青菜，油水多而又鲜热，算得上是我们这年元旦的加餐呢。次日一早，她用去了皮而烧得很热的番薯汤为我们进餐上路。向我们叮咛嘱咐了许多话。我们从巍山到歌山，在她的儿、媳和孙女的小饭店用中餐，同样也和善客气。在沿路休息或询问路程等过程中，当地人都和我们善问详叙，同时也常常吐露对我们的同情。这是1942年的1月2日，我们自东而西横越整个东阳县境。我们的一致议论，东阳真是个民风淳朴的地方。

　　还是继续对东阳的回忆。但与那年元旦在时间上已经过了约 40 年。我们早已建成了一个新中国。我不知当年同去东阳的其他 4 位同学的下落,而自己在开国不久就执教于高校,而且随即荣膺"资产阶级知识分子"的头衔。经历了恐怖残酷的所谓"历次运动"和当年到东阳胡村以前那样地忍饥挨饿的所谓"三年自然灾难"。特别是饿殍遍地的这几年,我确实常常回忆东阳,想念东阳,当年的那些善良人,现在怎样了?经过了这大约 40 年,国家走向了改革开放。于是,"资产阶级知识分子"顿时如同松开了身上的捆绑。特别是像我这个"历次运动"的边缘人物。在国际上,由于语言的方便,不断受到国外大学的邀请,频频出国讲学、足迹远达南美巴西。在国内,正如当年的文学家韦君宜在其晚年悔悟以后出版的《思痛录》[2]中所说:"只念一本书"的时代也一去不复返了。到处都举行各种学术讨论会。而我有幸在北京的一次学术会议中拜见了东阳的学术大师严济慈先生。我立刻向他禀报了 1942 年元旦我们几个狼狈的穷学生所受到东阳人的救助。或许是因为我出书较多,严老竟也知道我的名氏。他告诉我:东阳虽然是个山区县邑,但长期来有耕读传家的传统。我开始所称道的诸如"民风淳朴","教授之乡"等话,他作为东阳人虽说愧不敢当,但认为"耕读传家"的传统,确实在这方面很有作用。

　　我已经忘记了这是哪一年,正时值冬令,北京的天气特别寒冷。宾馆内当然温暖,但偶然上街,就感到"风头如刀"。因为我从小都是用现下所谓的"死记硬背"读书的。一时就想起"天大寒,砚冰坚,手指不可屈伸"之句,随即向他求教:《送东阳马生序》中的"马生",后来未曾见到其他记载。此"马生"是何许人,后来干了什么?严老于是就告诉我:"马生"以后确无他书记及。历史上东阳有"大东阳"与"小东阳"之分。所以宋濂的文章是一个可以研究的课题。"小东阳"在唐朝就已经出现,所以按照他的意见(其间有些话我记不清了),"马生"应该是"小东阳"人。40 年前,狼狈潦倒,受东阳人的救助;40 年后,又能聆听东阳这位学术大师的教诲。对我来说,真是三生有幸。

　　我和民风淳朴的教授之乡的缘分,有幸逢这位学术大师以后,居然更趋密切,这是因为在"读书有罪"、"读书人有罪"[3]的时代结束以后,中国历史上修纂地方志的优秀传统也开始恢复了。我已记不起是怎样地参与"东阳市志"评审的任务。但我踏入这个领域,或许是一种误会。[4]我至今已出版了两部地方志论文集,[5]都是这种误会的产品。《东阳市志》是当地一位饱学之士王庸华先生主修的,当然不同凡响。对于"东阳市志"评审,我大概只到过二三次。但让我印象非常深刻的是,领导此事的副市长李蕙兰女士每次都到会,而且很认真仔细地过问。当时,由于"十年灾难"结束不久,打倒全部文化,只要一种"思想"的残余影响还是余音袅袅。修志之事虽然开始,而地方政府有的是不重视,有的是不敢认真干预这项工作,以致社会上还流行"得志的不修志,修志的不得志"之类的揶揄言语。但李副市长对此却十分认真。她特别重视我的参与,与我说了不少真心实意的话,使我深受感动。我的第一部方志论文集中,有一篇《东阳的地方志修纂史与新修〈东阳市志〉》的小文章。我是不受诚意嘱托绝不写方志文章的人。撰写论文,是李副市长或王主编的嘱托,已经无法查究。但中国社科院1997年在北京召开了一次全国已出的新修志书评奖会。我是以浙江学者的身份被邀与会的。当年,除了我经管并作序的地级市志,是绍兴和宁波两处。受邀参与其他市县则较多,但感到领导真正重视而主编确实尽心的以东阳和桐乡为最,所以在那次评奖大会上,这4部志书,都是由我介绍发言的。最后的评奖结果,省内的地方志书中,获奖的就是这4部。回忆1942年元旦,在如此恐怖和狼狈的处境获得东阳人的救助,让我牢记东阳的民风淳朴。而幸遇严老先生所受的教诲和参与修志之事,使我深为敬服这个耕读传家的教授之乡。现在,赵一生先生点校的是《东阳丛书》中的一部,亦是列入《浙江文丛》的一种。当年,在家乡《绍兴丛书》编纂并属序于我时,我亦曾与赵先生谈论过《东阳丛书》之事。为此,在这篇序言之中,我必须首先说明我与东阳的深厚渊源。

现在再回头议论赵先生点校的、作为《东阳丛书》与《浙江文丛》中一种的《舆地纪胜》。首先,我必须指出,《舆地纪胜》是我国历史上"旅游文献"的嚆矢。

当前,世界各国都把旅游业作为一个重要的物质生产部门而加以大力发展。记得在"苏联的今天就是我们的明天"那个时代,当时我在高校地理系讲授的是"经济地理学导论"及"外国经济地理"课程。那时的高校教科书,其实就是俄文课本的汉文版。按当时课本中的物质生产部门,依次就是农业、工业、运输业。只是在运输业下作一点说明:运输业不生产物品,但它改变了物品的地理位置。

事实上,中国历古代就早有旅游的事出现,所谓"行万里路,读万卷书"。不过当时的旅游与眼下并不完全相同。孔夫子的"周游列国",其实是为了宣传他的政治观点。司马迁的早年旅游,足迹甚广,但是他当时或许就有通过旅游,实现著书立说的意愿,《史记·货殖传》就是这种成果。不过这种成果,可供后来旅游者的参考,为此又有"旅游文献"这种事关旅游业的文字形式的事物出现。近代有些人把《汲冢书》中的一篇《穆天子传》作为我国最早的"旅游文献"。此书在晋代出土时,原是一堆蝌蚪文的竹简,经过迻录,并由郭璞作了注释。虽然,从地名上查究,自河西走廊到今新疆,可以得到部分复原。但周穆王并未西行,而西王母又是一个神话人物。所以《四库总目提要》[⑥]著录此书于"小说家类"之中,并指出此书的"夸言寡实","志怪之谈"。所以把此书作为我国最早的"旅游文献",显然不符合事实。

正如赵一生先生在《前言》中所指出,为"旅游文献"开路的是"地理总志"。因为以后真正以全国风景名胜为撰述目的的作者，都不可能有在全国旅游的实践。他们的许多资料，不少是依靠"地理总志"提供的。《隋书·经籍志》著录郎茂所撰的《隋诸州图经集》100卷，据清姚际恒的考证，郎茂是炀帝时的尚书左丞："撰州郡图经一百卷奏之，赐锦三百段，以书付秘府。"⑦郎茂撰全国州郡图经，显然出于御命。一位全国的统治者，他当然希望知道他所统治的这个国家的各种概况。《宋史·宋准传》说得很清楚："开宝八年(975)，受诏修定诸州图经。"这就说明《图经》是皇上的需要。并且宋真宗还规定了《图经》内容的规范：⑧"庚辰，真宗因览《西京图经》有所未备，诏诸路州府军监以《图经》校勘，编入古迹，选文学之官纂修校正，补其阙略来上。"由此可见，唐宋以来的全国总志，其实都是受御命而修纂的。宋太宗或许是位很好学的君王，《御览》是他的常识课本，而《寰宇记》则是他的地理课本。所以从现存的几种思考，这类书的特点有三：第一是御命，第二是内容刻板，第三是流传不易。加上述郎茂所撰，隋炀帝是个好游厌学的皇帝，所以此书的下场是"以书付秘府"，实际上就是宣告这样一种大部头的手稿从此亡佚。本书《点校说明》提到唐宋的4部全国地理总志，在那个雕板印刷尚未成熟的时期，能够传抄流传，实在已经十分难得。据故友目录学家韩长耕教授的研究统计："中国古代文献包括现存的和有目无书即散佚的，大概不下十五万种，而其中尚存世流传可供披览检证的，也仍在十二万种以上。"⑨赵一生先生所举的4种，即在韩先生统计的12万种以内。韩先生是目录学家，他所得出的15万种，都是上了各种书目的。古人写书，能够上公众书目如正史、通志、崇文、四库之类的，谈何容易，自编书目而能幸存流传的，也不过其中少数，所以不上书目而散佚的，恐怕为数更巨。⑩

正因如此，《舆地纪胜》之能够幸存流传，而且和我在前面首先提出的，这是中国历史上"旅游文献"的嚆矢，是今后日益昌盛的旅游业这个物质生产部门的传世之宝，实在是我国文化史上的一种难得的机遇。《纪胜》其书，按照此前传统和记叙内容，显然不出御意。我十分赞成赵一生先生在《前言》中指出的："《纪胜》有一个鲜明的特色，在于突出了'胜'字。"《纪胜》不仅是王象之按己意撰作的"旅游文献"，而且开创了这种文献的风气。此书问世后不过10多年，另一种由祝穆编撰的《方舆胜览》70卷，随即问世。此二书的《自序》中都有"不为考证而设"的话，这句话，也是此书与"总志"不同，非出御意的证明。谭其骧先生指出："《方舆胜览》的体裁迥然不同于《元和郡县志》、《太平寰宇记》、《元丰九域志》、《舆地广记》等早期总志，而极为接近于差相同时的王象之《舆地纪胜》。"⑪谭先生在此文中又指出："两书编者的纂辑旨趣本来就相去不远。""《纪胜》成书于嘉定、宝庆间，早于《胜览》10余年，《胜览》在制定体裁时，又受到了《纪胜》的影响"。这就说明，王象之的作品实在是开创了学者从事这类文献的写作圭臬。至于《纪胜》和《胜览》二书孰优孰次,则清钱大昕在评论《舆地纪胜》时明确指出:"此书体裁,胜于祝氏《方舆胜览》。"⑫

在上述韩长耕先生考证的"十二万种",《舆地纪胜》,应该具有独特的重要性。因为在这"十二万种"之中,它开创了一种特殊的体裁。尽管地方性的游记特别是诗词歌赋,很早就已经出现。但要在一部书里汇集全国之"胜",而又提出他的编撰"不为考证而设"。这就是此书是王氏开创的我国"旅游文献"的实证。而此后不过10多年,即有学者仿效这种体裁,即上面已经提及的祝穆的《方舆胜览》。从此以后,历元明清各代,虽然按御意纂修的全国性"总志"(元以后多称"一统志")依然赓续,但学者撰写游记之风和编纂"旅游文献"的事显然多起来了。简单举个例子,清王锡礼花就收集他当代的游记文章加以汇辑,编成《小方壶斋舆地丛钞》一书,全书分正编、补编、再补编3部,每部12帙,共1700余种,多是清人出游的目击记载,其中并有记及欧美等外国的。这是自从《舆地纪胜》开创这种"旅游文献"体裁以来,我国皇朝时代的最后一部有价值的"旅游文献"。

为人上者需要刻板而规格完整的"总志"以了解举国大势,但人民有外出旅游见世面的欲望。如《舆地纪胜》之类的记叙,正是为了民间的旅游所需。"旅游文献"为民间旅游者提供赵先生在此书《点校说明》所指出的"胜"处,这是此类文献的极大作用,同时也促进了有条件外出游山玩水见世面的实践。有了这类文献,外出旅游者必然增加。举个特殊的例子是明代的徐霞客,他毕生以旅游为专业,自22岁这年就弃置了当时一般文化人的举子之业,而从事游山玩水,足迹遍及江、浙、滇、川、燕、晋等17省,并且写下了可以传至后世的《徐霞客游记》。我们当然不能论断《游记》与《纪胜》的直接关系,但近世旅游活动的增加,《纪胜》这部"不为考证而设"而以"胜"为主题的文献,显然是个重要的开端,而且有一点或许可以断言,徐霞客必然读过《纪胜》。

当前开始发展的旅游业,前已叙及,是国家的一个重要的物质生产部门。同时也是一门学问,需要一批有学问的人研究和议论。这中间,对历史上"旅游文献"的阐述发挥,就是其中的重要一端。为此,对于创始这种体裁的《舆地纪胜》的点校,确实是一件很有价值的工作。

作为《东阳丛书》中的一种,《舆地纪胜》是其中的要籍。希望既爱旅游而又做学问的朋友们,能够读读这个点校本,"推而行之存乎通",⑬它必将为当前的旅游业锦上添花,更富于学术和文化上的意义。

2012年6月于浙江大学

注释：

① 此书由作者婿许孔时、女姚越秀整理注释，我则奉命作序，于 2001 年在燕山出版社出版。"蠡啇"，按许孔时注，诸暨方言发音即"轩卿"。

② 韦君宜，曾任人民文学出版社社长。《思痛录》写于 1993 年，北京十月文艺出版社 1998 年版。

③ 我因 1980 年以后多次出国讲学，颇感国人素质较低，因而在拙校《水经注校证》（中华书局 2007 年初版，2011 年第 3 次印刷）卷首序中查究素质较低的原因，写了"原来从上世纪 50 年代以来，我们曾经经历过一个'读书有罪'，'读书人有罪'的时代"。

④ 我因负责地理系高年级学生以宁绍平原为基地的、为期 5 周的经济地理与城市地理野外实习任务，于 1956 年为学生开设"宁绍平原地方志"选修课，但教务处却把课程名称改为"方志学"。使我成为省内高校最早开设"方志学"课程的教师，所以实在是个误会。

⑤ 第一部是《陈桥驿方志论集》，杭州大学出版社 1997 年版；第二部是《陈桥驿方志论文续集》，中华书局 2011 年版。

⑥ 《四库全书·总目》卷一四二《子部·小说家类》。

⑦ 《隋书经籍志考证》卷二六。

⑧ 《玉海》卷一四，"祥符修图经"条。

⑨ 《中国编纂文集之始和现存最早的诗文集〈昭明文选〉的研究与流传》，《韩长耕文集》，岳麓书社 1995 年版。

⑩ 《舆地纪胜》即是《四库》未曾著录之书，而附于《四库总目提要》的"四库未收书目提要"之中。

⑪ 谭其骧《论〈方舆胜览〉的流传与评价问题》，《长水集续编》，人民出版社 1994 年版。以下引谭氏语均据此文。

⑫ 钱大昕《十驾斋养心录》卷一四"《舆地纪胜》"条。

⑬ 《周易·系辞上》。

原载《舆地纪胜》，浙江古籍出版社 2012 年版

《上善之水》序

　　《上善之水》经过作者的多年辛勤耕耘，终于撰写完成，行将公之于世。水乡人说水，显然具有其生存环境，生活经历，亲眼目击的有利条件，但是能以这种条件而梳理汇总，成此一部可以藏之名山、传至后世的煌煌巨构，当然也显示了作者的惨淡经营和深厚功力。

　　《上善之水》是一部以越地为中心的书，所以让我先说书。书是一种记叙人类文化和流传人类文化的重要工具。根据故友韩长耕教授的统计：[①]"中国古代文献包括现存的和有目无书，即散佚的，大概不下十五万种。而其中尚存世流传可供披览检证的，也仍在十二万种以上。"按韩先生的估计，足以说明我们祖宗为后人留下的文化财富，是何等庞大的一个数字。而在我国历史上，为人上者，大部分都提倡和鼓励老百姓读书。记得童蒙时，祖父就要我背读过好几篇。这当然是那个时代一般的启蒙教育。诸如："天子重英豪，文章教尔曹，万般皆下品，唯有读书高。"又如："书中自有千钟粟，书中自有黄金屋，书中自有颜如玉"等等之类。为人上者提倡读书，有的是自己本人就爱读书，有的是深悉治国之道，为了让人民读书明理，从而使得社会和谐，天下太平。正因为为人上者的提倡鼓励，所以《荀子》就有《劝学篇》，翁森得写《四时读书乐》，而身任大员的张之洞，得以编撰《劝学篇》的专著。有关在上者劝学不息，士子们专心读书，这类文字，实在浩如瀚海，不胜枚举。

　　韩长耕先生的估计数字中，为什么从 15 万种缩减到 12 万种？其间当然有各种原因，而比较重要的是，历来的为人上者，并不都提倡读书，鼓励老百姓读书。其间也有痛恨书、仇视并杀戮读书人的。例如秦始皇的"焚书坑儒"即是举世皆知的大事。这类事，古今都有例子。例如，1966 年 6 月，洛阳街上的一张"大字报"，就可以让"白马驮经"的我国第一座寺院中历藏经书 55884 卷顷刻间付之一炬。②也可以使湖南南岳祝圣寺、南台寺的全部藏经化为灰尘，使《南岳志》的 3000 块雕板变作焦炭。③但对于古今历史上的这些痛恨书和杀戮读书人的，后人的评议也并不一致。有人痛斥之为"昏君"、"暴君"，但也有人顶礼膜拜，认为这些都是了不起的大人物。人詈我赞，人赞我詈，众议纷纭，莫衷一是。这就是历史。往事已矣，不必说了。

我为《上善之水》作序，当然按我的拙见说话。《上善之水》是一部书，其书所议论的是水。在韩先生所统计我国披览检证的 12 万种之中，论水的书或还存在不少。而我所偏爱的是郦道元《水经注》。虽然当年抄家时被抄出了北京科学出版社出版的这部函装巨构——杨、熊《水经注疏》影印本④而获致大罪，因而在"牛棚"中为此受了许多折磨。但因人各有所好，也就是上面所说的"人詈我赞"。所以即使在受折磨凌辱的当时，我也并不后悔。何况，如我在拙校《水经注校证》⑤卷首序中明白写出："原来在上世纪五十年代以来，我们曾经经历过一个'读书有罪'，'读书人有罪'的时代。"这也是历史，同样不必再说了。

今亚洲东部的古代部族分布，即当前内、外蒙及其以北地区的族群，这些族群在植被稀疏、给水困难的大批荒漠原野，以畜牧业为生。由于水草是他们生存和生活所必需，而水草的分布并不恒定，所以他们必须成年累月地驱赶他们的畜群，寻觅他们赖以为生的水草所在。这个地区的降水量极小，这些不同的族群，即后来所称的游牧民族，他们需要视水草而不断地移动他们的生存和生活环境，"游牧"，这是一种非常艰苦的生存和生活方式。

在这些游牧民族活动的后来称漠南北地区的南边，是汉族发展和从事生产的黄河中游。汉族当然也是古代在这个地区生存和生产的若干族群聚居形成的，他们的聚居和生产以及后来不断发展的超过周边其他族群的先进文化，黄河在这方面起了十分重要的作用。从晚第三纪就形成的东亚季风气候，让这条滔滔大水，有按时按节的水量和水位。加上地形高燥而平坦，经过人们长期的垦殖，使这片广大地域，成为适宜于人民生存和生活的小麦杂粮区。可以让许多居民，进入"五亩之宅，树之以桑"⑥的安居生活。由于人民长期来对于黄河的依靠，形成了汉族及附近的其他族群对黄河的崇拜。"黄河之水天上来"，虽然是一句唐诗，但实际上是汉族人民由来已久的切身体验。

不过，历史总是发展的，漠南北的游牧民族，也早就听闻到了他们南边有这样一片水土资源丰富的地方,人民可以建造屋舍或凿山而居(指黄土高原),从事定居的种植业生活。这当然比他们在漠南北驱赶畜群寻水觅草的游牧生活安稳而可靠,显然是这批常年与驼峰马背为伍的游牧人所企望的。开始,他们一小批、一小批地潜入。到了西晋后期,由于朝廷内部的一场战乱,他们便大批地入侵,这就是史称"五胡乱华"的时代。漠南北的许多族群,放弃了他们先前的游牧生活,而大群地进入这个为黄河所流贯的小麦杂粮区从事定居的农垦生活,建立了所谓五胡十六国的另外一类族群的政权,当然,他们在生产上摹仿和学习当地汉人的作业,在文化上也同时很快地全盘汉化。整个过程,不免兵戎扰攘,当地汉人,除了一部分安土重迁的以外,另一部分就纷纷移居往南,入居到称为江南稻作区的原来在秦始皇牧平江南而被驱散的越人经营的地区。所以在中国历史上,公元四五世纪时期,在神州大地上,既是一个干戈扰攘、族群流徙的时期,却也是一个民族融合的时期。"山阴道上行,如在镜中游",大批北来的汉人,包括不少名门望族,都来到这片水乡沃壤定居安身。而从漠南北进入中原的游牧民族,在生产和生活上当然优裕安逸,而在文化上也很快地与当地汉人融为一体,不仅改变原来的胡人姓氏,而且随即尊孔崇儒,禁止胡服胡语。[⑦]华夏文化传播全境,中华民族从此形成。由于人口流动频繁,许多写实的地理著作也就纷纷产生,即是后来文化界统称的"六朝地志"。而《水经注》即是"六朝地志"中难得留存的翘楚。

由于《上善之水》是一部论水的专著,所以我经过推敲,在此书序言中写上这一段或许是节外生枝的文章。

《水经注》作者北魏郦道元,其家族是在这段扰攘时期安土重迁的汉人,并且继承他父辈,入仕为宦于北魏。郦氏本人足迹未南,当时他引用的南朝文献都依靠传抄。由于原来的这些南朝文献亡佚,却依靠郦氏此书而幸存。郦书让越中的不少掌故,成为现存古籍中的最早甚至是仅存的记叙。如《吴越春秋》所谓"越王都埤中,在诸暨北界"。[⑧]又如著名的"五泄"风景,此书也是今存古籍中的最早记叙。郦注虽然广录南朝文献,使南朝亡佚史料,得以幸存。但《水经注》本身毕竟如《上善之水》类同,是一部以叙水为纲的地志。尽管此书确实使不少南朝掌故得以幸存,但在记叙南方水道方面,他实在无以为能,书内仅能笼统而言:"但东南地卑,万流所凑,涛湖泛决,触地成川,枝津交渠,世家分脉,故川归渎,难以取悉,虽粗依县地,缉综所缠,亦未必一得其实也。"[⑨]往年,我为朱道清先生所编《中国水系大辞典》[⑩]作序,序中曾据竺可桢先生主编《中国自然地理》中的《地表水》[⑪]分册指出:"我国河流流域面积在一百平方公里以上的约有五万多条,而面积一平方公里以上的天然湖泊,也有二千八百余个。"而且河湖不同于山岳,变迁频繁,消长无常。所以郦氏虽能录入为今早已亡佚的越中古籍中的诸多掌故,却无法在其专叙河渠水道的专书中,记清江南河川。其实,即使郦氏当年能到越地进行实勘,其所记叙,比之今日,也早已面目全非了。

现在,《上善之水》告成,此书记叙议论越中之水,具有两大优异特色。首先,此书内容,从古到今,自卷转虫海进以至当前,细叙详述,可谓纤介无遗。当年郦氏无奈,仅言"亦未必一得其实也"。而此书所叙的越地水系古今变迁,实可谓全得其实也。第二,这是十分重要的,由于人类与水的关系密切,人类不可一日无水,所以凡是论水之作,必然要并论水文化。越地历史悠久,特别是在远古,人类与水的关系中,充满了各种神话传说,这些与水相关的神话传说,都是后人记叙水文化的宝贵资源,为此,《上善之水》记叙越中水文化,妥善地运用了这个地区的许多神话传说,使此书更为锦上添花。

水乡学者用功于斯,遍索故旧,印证当前,得读此稿,我实为之踌躇满志。所以可以断然论定,这是一本优秀而成功的越中文献。能为此书作序,实在不胜荣幸。

壬辰之初于浙江大学

注释:

① 韩长耕(1925—1993)《中国编纂文集之始和现存最早的诗文总集〈昭明文选〉的研究与流传》,《韩长耕文集》,岳麓书社1995年版。

② 《洛阳市志》第13卷《文化艺术志》卷首《概述》,中州古籍出版社1998年版。

③ 旷光辉《"文革"浩劫中的南岳文物》,《湖南文史》,1992年第1期(总第45辑)。

④ 此书是汉口书商徐行可从熊会贞的早期稿本中抄录,未经熊氏校核,后由中科院图书馆收购,错讹千出,毫无价值,实为一堆废纸。欲读杨、熊书者,可用台湾中华书局1971年出版《杨熊合撰水经注疏》影印本,全书计18册。

⑤ 中华书局2007年版。

⑥ 《孟子·梁惠王上》。

⑦ 北魏孝文帝拓跋宏于太和十八年(494)改胡姓"拓跋"为汉姓"元"。其他如禁胡服、胡语及尊孔重儒均记入拙著《郦道元评传》中。南京大学出版社1994年版。

⑧ 今本《吴越春秋》不见此语,因今本数经传抄而佚。郦氏所据当是古本《吴越春秋》。此两句均在《水经注》卷四〇《浙江水》。

⑨ 《水经注》卷二九《沔水》。

⑩ 青岛出版社1993年版。

⑪ 科学出版社1981年版。

原载《上善之水》,学林出版社2012年版

《客星集韵》序

　　王清毅先生主编的《客星集韵》已经纂集就绪，行将公开问世。宁绍平原上又将诞生一部出色的地方文献，让这个地区再增添一项丰硕的文化成果。我在拙作《我和慈溪——读〈十里长街——坎墩〉有感》①一文中，已经较详细地叙述了我和慈溪的关系，而此书经由慈溪市横河镇人民政府和慈溪市地方志办公室出版，所以特别感到欣慰。

　　此书在体例内容上是一种人物志的拓展，主题人物则是后汉初期的严光，是一位可敬可佩的历史名人。《客星集韵》汇聚了历代文人学士们用韵体语句表达对严光其人其事或隐或显的评议，所以此书从功能上说，具有存史、资治、教化等众多价值，必能获得许多同好者的赞赏，这部文献必将传至后世。主编者编写此书实在贡献突出。而对于评论人物所采用的这种体例格局，也必将为后来人所效仿。

　　严光是宁绍平原上的余姚人，而余姚是这片平原上的名城古邑。我尊敬的前辈、著名的史学家杨向奎先生曾经因这个地区对我作了过誉："陈桥驿先生是研究宁绍平原起家的。"②他的过誉我当然承担不起，但宁绍平原是我学习的基地，这倒是事实。所以对这个地区的人、地、事物，我都很感兴趣，又很愿悉心查究。为此，《客星集韵》的编辑出版，对我来说，真是正中下怀，因此此序就从严光的籍贯地域写起。

　　自从春秋以来，这个地区便是越国的东隅领地。秦始皇一统中原后，在今曹娥江以东，建置了会稽郡下的上虞、余姚、句章、鄞、鄮5县。这些地名都是自越国时代起就存在的越语汉译,所以现今的地名学都无法解释它们的渊源和意义。清代学者李慈铭曾作探索。他说:"盖余姚如同余暨、余杭之比,皆越之方言,犹称于越、句吴也。姚、暨、虞、剡,亦不过以方言名县,其义无得其详。"[③]不过在地名以外,作为一般的越语汉译,《越绝书》对少数几个汉译词汇有所解释,例如"越人谓盐曰余"。[④]说明汉语中的"盐",在越语称"余"。由此可知李慈铭所指出的余姚、余暨(今萧山)、余杭(今杭州),其地理位置均濒海,都与古代国计民生至关重要的盐业生产有着重要关联。至于3处地名中的"姚"、"暨"、"杭",则如李氏所云,我们已经"无得其详"了。以后汉人进入,越人流散,这些地名曾经由入居的汉人作过一些臆解,但都是牵强附会。因为越语已随着越人的流散而消亡,何况在早期的汉译中,也并不一致。即以作为族名和国名的"越"为例,《史记》系统诸书译"越",但《汉书》系统诸书译"粤"。所以对于省境内包括宁绍平原的不少越语地名,后来的汉人所臆解的一些附会,虽然流传也已很久,作为一种民间传说和谈资尚可,但在历史学和地名学等的研究中是不足为据的。同时还要指出,自从秦建立郡县制行政区划以来,区划和地名并不是稳定不变的,其中有几个时期变迁巨大。余姚和慈溪两县自中华人民共和国成立以来,辖境就有很大的变迁。今慈溪市西境,包括慈溪市中心城区的白沙路、浒山、古塘等街道,横河等十余个镇,原来都属余姚县辖境,因严子陵而得名的客星山,也因区划变更,由原属余姚,改为分辖姚、慈。虽然严子陵高风亮节、具有民生思想的人物籍属余姚,但本书由横河镇人民政府和慈溪市地方志办公室编成出版,也是顺理成章的。

　　我和慈溪的关系前已提及,现在再说明一下我和整个宁绍平原的关系。新中国成立之初,由于学习苏联的榜样,高等院校作了一次规模很大的所谓"院系调整",从竺可桢先生经营多年的浙江大学调出了不少院系到上海,只留下了理工部分,校舍建于理应撤废的教会学校之江大学旧址,而我从20世纪50年代初就进入浙师院新建的地理系,并且不久就担任了经济地理教研室主任。按照当年部分教学计划,地理系本科生到高年级有一次为时一个多月的经济地理和城市地理的野外实习。我是教研室主任,这项任务由我负责。因为学校创办得晚,最初几届还招过专科生,一直要到1957年才有本科四年级学生需要从事实习,预先选定实习基地。由于我的家乡是绍兴,曹娥江以西的地区我已经相当熟悉,所以我决定宁绍平原为我们系的永久实习基地。但我对平原的东部并不熟悉,为此实习以前必须进行一次预习。因而于1957年之初,利用寒假,我带领了教研室寒假留校的五六位教师,重点对曹娥江以东地区进行考察,余姚和慈溪当然包括在内。当时的慈溪是个刚建立不久的小县,城内只是一直一横的两条可能是原浒山镇的街道,除了两幢作为党政机关驻地的新建洋楼以外,其余都是旧式平房,市面也不兴旺。好在我们到这里的实习对象是庵东盐场,对小城陋巷并不计较。余姚是秦代已经建县的古城名邑,也是我们列入实习的城市。确实,刚刚入境就看到了龙泉山摩崖上的四大历史名人:严子陵、王阳明、朱舜水、黄梨洲。

这4位余姚历史名人我当然早已熟知,但是4位之中,我原来最熟悉和推崇的是王阳明。王守仁之被尊称为"阳明先生",就得名于家乡绍兴的"阳明洞天",他在那里创办书院设教创业。他的声名远播海外。我从20世纪80年代起,曾应日本文部省之聘,作为其大学院(研究生院)的客座教授,多次东渡,在关西大学、大阪大学、广岛大学3所名校,先后对它们的研究生授课各1学期。各校事前均请托,要我用英语讲课,目的当然是为了提高研究生们的英语水平。我的日语水平甚低劣,此事对我而言倒是增加了方便。课余常有研究生到寓居的专家楼提些问题,随行的夫人熟娴日语,他们有时也常向她提一些有关中国的问题,并且常常谈及王阳明。因为他们都知道我们夫妇是绍兴人,必然熟悉"阳明先生"其人其事。后来我发现,这3校的图书馆中,都藏有《王文成公全书》,以及后来在美国的国会图书馆、哈佛燕京图书馆等也都见到图书目录中藏有此书,说明"阳明先生"在国际汉语学界也是很受重视的。这大概就是我在一个很长时期对余姚四大文化名人,独尊王阳明的原因。

忽然获得了一个机会,让我对四大历史名人之一的严光从内心深处迸发了崇敬。当然是有一种契机和过程。而这中间应该感谢浙江省第一轮修志中首修成功的《建德县志》主编周金奎先生。大概在20世纪90年代初,他几次邀请我们夫妇到建德访问参观,并且亲自随车到杭州接我们到建德,在建德住了四五天。当时正值建德的"浙江方志馆"(在省内属于第一所)建立,我就随车带了省内外寄赠的各类志书数十种赠送给这座方志馆,还做了一个简单的赠送仪式,并且摄影留念。⑤此外就是访问参观,其中一天是顺新安江东下,游览了山清水秀的富春江。其间当然少不了对严子陵钓台的瞻仰。因为这是一个难得的机会,我们一直攀登到钓台的顶巅。我在此极目眺览富春江景色全貌,随即想到严光当年在如此难得的机缘中,却避宦谢爵,到此隐居垂钓,不免溯昔抚今。当时我已年届古稀,身旁是与我患难与共的妻子,因而不免由严光这位在优裕境遇中避世隐居的历史名人联系到自己的身世,突然对这位曾在此垂钓隐居的名人,迸发了极深至高的崇敬。

我从小生长于书香门第,居住在明代状元的府邸也就是当今可称豪宅的寓所中,⑥长期接受的是"子曰诗云"和唐诗、宋词、汉文章的文化教育。在那个时代,处境应该是十分优裕的。但不幸的是,我刚刚升入初中二年级,爆发了日本帝国主义对中国的大规模侵略,从此就陷入了战火的灾难。其实,在日本帝国主义侵吞东北以后,我在就读的浙江省立第五中学附属小学就一直接受家乡名人罗家伦先生的"中华男儿血,应当洒在边疆上"⑦的抗日教育。抗日战争是我们所企盼的,但日寇的炮火杀戮,真是残酷至极。省立中学的校舍被炸毁以后，我们迁校到诸暨和嵊县（今嵊州）的乡间复校，在艰苦的环境中，师生团结一致，弦歌不辍。而日本侵略军继续进占，从宁波、绍兴一线，最后到金华，诸、嵊各邑也遭沦陷。我当时就读于省立绍兴中学高中部，当然有志于继续求学，冒着极大的危险，通过日寇占领的金华前哨，进入江西，其间多次濒于生死之间。穷困、疲劳和饥饿，这些都已经不在话下了。所幸当年各地对来自沦陷区的青年学生，都有一定接待和救济，所以在江西仍能在困难的条件下继续求学。当然，日寇的侵略野心和残暴行径到战争后期更甚。江西各地也是警报频传，炸弹临头，历尽艰危而进入该省的浙江和江苏学生也有在日寇空袭中不幸牺牲的。其中有的是相处多年的同学，如今回忆起来，当时的悲惨场景，还历历在目，自是感慨万端。

　　历尽千万苦难，迎来了日本帝国主义的无条件投降，抗日战争终于胜利。于是，流浪在各省的江、浙青年纷纷返乡，都以为从此可以如同抗战以前那样，工作的工作，读书的读书，过上安逸的生活了。我受聘成为一所历史悠久的完全中学的教务主任。教书是我家庭和我个人喜爱的工作，以为度过 8 年战火中的煎熬流离，从此可以安心从事自己满意的职业，为国为民作出一点贡献了，但事实却令人失望。开始时是从内地耀武扬威来到前敌区"劫收"的丑行，接着是官僚腐化，通货膨胀，社会不宁，让我忧心忡忡。唯独庆幸学校还是比较稳定正规的，我在《怀念新昌中学》[8]一文中也作了回忆。其间特别感到希望满怀的是，中国共产党领导的革命正在节节胜利。1948 年暑期，我曾经收到香港一所学院的聘函，聘请我到该院担任"史地教席"。我丝毫不考虑应聘前去任教，随即把这封聘函付之一炬。因为革命胜利在望，我们的幸福生活即将到来，怎能到那个英占小岛上去呢？而事实确实顺乎预料，此后不到一年，革命就获得全面胜利，伟大的中华人民共和国随即诞生，中国人民终于看到了前途光明。

　　但是从一个旧社会进入新社会，百废俱兴，大量旧事物要更新，确实也不是一个简单的过程。我虽然从 20 世纪 50 年代之初就进入了高校，但其间仍然经历了许多曲折，学校教学并不像预期的那样顺利进行。旧知识分子的思想改造当然是必须的，然而此后一次又一次，各种运动接踵而来，知识分子多有惴惴不安之感，其中特别是1957 年，以"助党整风"始而以"反右"终的运动使得不少人因为几句实际上是"助党整风"的话而被打成右派，不仅一人受罪，还殃及全家。虽然后来多获得"纠正"，但因此遭受各种折磨苦难 20 多年，这绝非许多善良正派的知识分子初料所及的。起初，我虽然在历次运动中都幸未波及，但在 1966 年还是成了"阶级敌人"被关入"牛棚"。地理系历来很少有人出版书籍和发表文章，而我在当时已经出版了各种专著和其他文献十多种，并且发表了不少文章。这些专著和文章，当时都被认为是"大毒草"，为此，在地理系的"牛棚"之中，我就成了第一号最罪大恶极的"牛鬼"。10 年中，受尽了从精神到肉体的各种折磨和凌辱,一直支撑到改革开放前夕,才解脱了这种厄运。

我曾在严陵山(桐庐富春山的别名)极目四眺而遐思连绵。严子陵是两汉间人,在《后汉书》中被列入《逸民传》,不过寥寥400言,不能以此尽了解他的生平。他经历过王莽篡位以后的离乱以及刘氏复汉的战争。年轻时,他曾是光武帝的同窗,但在王莽篡夺到后汉定鼎,时局混乱,战祸不断,其间有许多风风雨雨的变化,《后汉书》所录的400言全无表述。我从抗日战争开始到"改革开放"之间所经历的遭遇,是我自己所亲历,是我所了解的,但严光在后汉定鼎以前的遭际,我实在毫不知情。读了《客星集韵》中许多前贤对他的推崇,让我增加了对此人伟大人格的认识。尽管他的毕生事迹,除了与光武同窗可以肯定外,此外的传言仍比较含糊,但是在后汉定鼎时,他身处顺境,却能够隐居谢尊,垂钓富春江上,其逸事广为传颂。因此当我站在严子陵钓台,面江而立时,触景生情,对他愈感尊敬。

其实,我对龙泉山摩崖上为首的严光,本没有更多的重视,主要是除《后汉书》以外未曾对他作过其他了解。而对于较有了解的历史上的此类人物,我是素来重视和尊敬的。我在2012年出版的《水经注撷英解读》⑨一书中,曾经"解读"了春秋的介子推,不妨录下这一段:

> 春秋时代,介子推曾随晋公子重耳(后为晋文公)长期流亡。但在回国渡河时,见到拍马屁的狐偃向重耳请功,他实在看不惯这种无耻小人,就不告而别,逃入绵山之中,不再与文公相见。文公遍觅不得,就环山设限,作为介子推的封邑。所以后人称此山为"介山"。晋文公能说出"以志吾过,且旌善人"的话,说明晋文公毕竟是一位明君。

介子推的时代比严光要早得多,但此事在《史记·晋世家》中有较详细的记叙,他是厌恶狐偃这类无耻小人才离开晋文公的,所以引起我的重视,并把此事写入我的著作中。时至今日,像狐偃这类人物难免存在,所以写此一段,仍有现实意义。而《客星集韵》编者花费多年心血汇集前代名人对严光的推崇,当然具有更大的价值。所以我在前面就已指出,此书必将传至后世。

2012年3月定稿于浙江大学

注释:

① 《十里长街读坎墩》,杭州出版社2008年版。

② 史念海《河山集三集》卷首"杨向奎序",人民出版社1988年版。

③ 《越缦堂日记·息荼庵日记》，同治八年七月十三日，第 2 函第 11 册。

④ 《越绝书》卷八。

⑤ 此照片收入《陈桥驿先生八十寿辰影集》第 72 页。

⑥ 明隆庆五年状元张元忭的府第，被称为"状元台门"，清嘉庆时张氏后人出售给陈氏。对此
"状元台门"内的豪华实况，我在绍兴市城建档案馆馆长屠剑虹研究员所著巨构《绍兴老
屋》(西泠印社 1999 年版)中已述其详。此豪宅包括这条街上的其他几处古宅，均于 1992
年拆毁，绍兴市政府把此街改建成一条云集众多洋楼的金融街，开设如银行、保险公司等。

原载《客星集韵》，浙江人民出版社 2012 年版

《临安市地名志》序

  2012 年 4 月 17 日,临安城内一座高达 73 米、总建筑面积 1.52 万平方米的 18 层大厦轰然坍塌。这是这个城市的原电力大厦,建成于 1994 年,楼龄不过 18 年。尽管这是一座被列入城市规划而拆除的大厦,但当年的建筑过程显然是相当漫长而复杂的。而在当天,不过 6 秒钟时间,就成为一堆废墟。由于我们的软爆炸技术成熟,大楼虽然塌毁,却并未殃及附近的所有建筑。

  这座大楼巍然屹立于临安城内主街道钱王街。一座 18 层大楼,在临安这样一个县级市里,绝不是一座小建筑。但不管这座大楼在这个城市里的地位如何,这座庞然大物的消失,不会让它所在的钱王街受到任何影响。而且可以断言,钱王街一定会得到更合理的布局,不出几年,我们一定可以见到一条更为现代化的、富丽堂皇的钱王街。

  钱王街当然是为吴越国君钱镠命名的。在中国漫长的历史中,为人上者,昏庸暴虐的实在不少。吴越国在地域上是个小国,但开国元勋钱镠却是位明君。后梁开平二年(908),他以西府杭州为国都,东府越州为大都督府。他在杭州沿钱塘江建筑海塘,在越州疏浚南湖(即鉴湖),都是史书有载的实绩。所以钱王街这个地名,按地名学分类属于史绩地名,是为了纪念钱王功绩的,具有教育后代的重要意义。

  以上所述,是从地名学的科学原理说明:地名是稳固的。历史上确有少数昏暴之君,如西汉末年的王莽那样,对稳固的地名胡乱篡改,不仅受到后世唾骂,而其所胡乱篡改的地名,也随即恢复原名。

地名是稳固的,不要说像临安钱王街这样有价值的地名,即使是一般地名,也是如此。地名学是一门国际性的科学,所以地名稳固这个原理,中国是这样,外国也是这样。我不妨再举个外国的例子。

从20世纪80年代开始,我们国家结束了近30年的闭关锁国,实行改革开放。国策上的巨大改变,吸引大量外国人士蜂拥而至。不仅是外国的进修学者随即获得我国当局批准到我的研究室进修,我自己也于1982年接受北美和南美若干大学的邀请前往讲学,足迹远达南美巴西。当我到达纽约时,早我一年到纽约哥伦比亚大学攻读数学博士学位的儿子(在我的子女中排行第三),陪同我登上当时世界最高的世贸大楼。该大楼是对称的两幢,结构和外形完全相同,每幢各有110层,高400余米,在那里可以俯视大西洋和纽约全景。我儿子学成以后,全家定居在加拿大。我们父子在大楼顶层的合影,经过他的放大,还一直悬挂在舍下。而这两幢全世界最高大的建筑,却不料毁于2001年"911"事件中。但从地名学上说,世贸大楼如同临安的电力大厦一样,只不过是个大楼的名称。这两幢大楼坐落的地址,则在纽约市南部的曼哈顿(Manhattan)。曼哈顿是个当地土著印第安人的地名,按印第安语,意为"多丘陵的岛"。现在这个地区的两幢最高大的建筑已经不复存在,"多丘陵的岛"这个印第安语的原意,也已经过欧洲人两个世纪的经营改造而面目全非。时至今日,这里仍然是纽约市最繁华的地区,地面原貌和街市建筑历经变迁,但曼哈顿这个地名却一直未变。

以临安的电力大厦与纽约的世贸大楼作比,这两者之间,历史、地理、语言等等方面的差距何等巨大。现在,这些巨大的建筑都已不复存在,但钱王街和曼哈顿却都依然存在。钱王街的电力大厦是按城市规划而自行爆破的,世贸大楼是基地恐怖分子策划破坏的。但它们所在地区的地名,钱王街必然要按规划建设得更为富丽壮观,而曼哈顿至今仍是纽约市最繁华的地方。所以,不管这个地区的地面建筑有多大变化,但地名是稳固的,这就是地名学中的一条重要的原理。

《地名志》是我国传统文化中的一种志书。既然为志书作序,我还得对志书这种文化事物作点阐述。我接触志书的时间较早,但却是在一种被动的形势下进行的。我于上世纪50年代之初执教于浙江师范学院(杭州大学与今浙大的前身)地理系,并任系经济地理教研室主任。按照当时教育部的部颁教学计划,地理系本科生在四年级时有五六周的经济地理和城市地理野外实习(专修科无此内容),这项任务当然由我负责,而且我早就选完了宁绍平原和舟山群岛为实习基地。浙师院地理系在1958年就有了本科毕业班。为此,野外实习的准备工作于该班三年级时(1957年)就得从事准备。这是一次人员多、规模大、地区广的野外实习,也是本科生在毕业以前的一门重要课程,我为此曾到当时全国仅有这项野外实习经验的北京师范大学作了为期一个月的取经学习。在室内准备工作中,除了大比例尺地形图外,学校图书馆还检出了这个地区的所有地方志。对于这些青年学生来说,地方志是一种陌生事物。而且一部县志包罗了全县的大量事物,卷帙颇多,一部《余姚县志》就有几十册,要他们如何使用? 为此,我向教务处提出,由我给他们开设一门《方志使用法》的选修课,目的是对志书中学生用得上的部分,需要在事前熟悉一下。但教务处竟把我的这门选修课改为"方志学",而且特地向我说明:大学里的课程,总是以加上一个"学"字为好。为此,我不得不再借了几本关于《方志学》的专著,在讲述宁绍平原方志使用以前,先花时间讲了一个《方志学》的"概论"。修志是中国长期以来持续的优秀文化传统。按照志书的分类,有"通志"和"专志"的区别,但显然以前者为主。"通志"即一般所称的"地方志",按区域范围,有省、府、县以及县以下的乡镇志等等。多年以前,我的老友、著名地理学家陈正祥先生在其所著《中国方志的地理价值》(香港中文大学出版社 1974 年版)一书中指出:中国的地方志,"有点像欧美国家的区域研究(Regional Study)"。上世纪90年代,陈先生因到大陆查阅资料而专程到杭州访问了我,畅谈甚久。当时,我对他的"区域研究"的说法基本同意。因为自从上世纪 80 年代以后,我也已经多次出国讲学,既从国外引回好几件我国流失在国外的志书孤本,也读过不少国外学者撰写的有关"区域研究"一类的著作。其中有不少作品,在内容上和我国的志书(指"通志")非常近似。

不过我们也谈及中国的地方志(指"通志")与西方的区域研究,其间也存在差别。这是因为西方的区域研究,往往是某一位(或几位)学者对这个区域有研究和有兴趣的专著,其中也有对区域中的某些方面特别精湛的研究,近乎我国的"专志"。为此,在普遍性方面就与我们不同。我国的方志,以宋代为例,在开宝(968—976)和大中祥符(1008—1016)两朝,是由朝廷下诏要各州修纂,属于朝廷的诏令而各州必须奉行的。而从明代起,则已达到府府有志、县县有志的普遍程度。在普遍程度上,当然远远超过西方的区域研究。所以对陈先生的譬喻,我虽然颇有同感,但作为一种历史的优秀文化传统,中国的志书修纂,还是世界上别无他例的。对于这一点,当时我们两人也都一致同意。当然,一般所说的志书,指的无疑就是"通志",即府、县志(现在又出现了乡镇志甚至村志等地域更小的"通志")。不过在志书领域中,历代也曾修纂了不少"专志",诸如"学校志"、"寺院志"、"祠庙志"之类。以一个专题修纂一部志书,虽然没有像"通志"那样的普及,《中国地方志联合目录》(中华书局 1985 年版)也未曾著录,但实际上总数也不少,其中"地名志"即是近年发展起来的"专志"。由于这种"专志"出于国家的指示,所以可谓后来居上,其普及性可与"通志"相当,属于一种性质特殊的"专志"。

不过修志的事,也并不是一帆风顺的。我在拙著《水经注校证》(中华书局 2007
年版)卷首序言中曾经特别指出:"从上世纪五十年代以来,我们曾经经历过一个'读
书有罪'、'读书人有罪'的时代。"这个被扭曲了的时代,一直延续到上世纪 70 年代末
期,长达近 30 年之久。在那个运动频仍,大学形同虚设的时代,不仅是"读书人有
罪",读的书也有罪。大量价值连城的书,在最上意志的"破四旧"暴行中,都被付之一
炬。而且,"破四旧"是一次波及面极大的运动,其中也包括地名。在首都,东交民巷
和西交民巷被篡改为"反帝路"和"反修路"。于是,全国各地都秉承上意,各省市县下
至乡镇,原来的既有文化意义又有传统价值的地名,都被篡改得庸俗粗鄙,不可收拾。
在这样的情况下,中央才决定于 1977 年建立中国地名委员会,要各省市县也相应建立
这种机构,整理在"十年灾难"中胡乱篡改的地名。并且规定,在各地地名整理工作完
成以后,要编纂《地名志》和《地名录》各一种,同时建立各市县管理地名的常设机构即
地名办公室。这中间,《地名录》是一种用以存档的资料书,只需录入整理完竣的所有
地名。但《地名志》的情况就必须以当地的地名为纲,分编分章,详加记叙,所以按其
性质,这其实就是一种前所未见的特殊"专志",是我国地方志修纂历史中的新生事
物。当时,政局形势改变不久,传统的地方志修纂任务尚未发动。中央建立地名委员
会旨在立即整理"文化大革命"中的混乱地名,这属于急务。所以《地名志》的编纂工
作,始于 20 世纪 80 年代之初,而从事传统文化的地方志修纂,直到 80 年代中期中国
地方志指导小组建立以后才开始进行,前者比后者至少早了 5 年。举个例子,《湖州
市地名志》(湖州市地名委员会编纂)在 1982 年就已经问世,而浙江省最早的地方志
《建德县志》要到 1986 年才正式出版。正是由于《地名志》与传统的地方志的主管机
构建立的时间差距,所以这里有两方面需要注意:第一,地名志在中国的志书分类中属
于"专志",一般的"专志"其编纂与出版和"通志"不同,它没有规定的名称和出版的
时间。但地名志却不同,由于它有专设的主管机构,所以它也可以与"通志"一样,一
轮又一轮地出版下去。第二,由于地名志是"文化大革命"后的一种急务,当这种"专
志"筹划编纂之时,传统的地方志修纂尚未启动,所以地名志在内容上与传统的"通
志"之间有一定的重复,比如,地名志中也要记叙地方的河川山岳等地理实体。这些
其实是我国历来的地方志("通志")的职能。但这种重复并非坏事,它可以把地名的
线索,从这方面补充"通志"的不足之处。今后编纂的地名志,仍可保留这种内容,并
因势利导,加以必要的发展。

在 20 世纪 80 年代之初,当中央建立地名委员会时,浙江省当时也按中央指示,建
立了由 12 位委员组成的地名委员会,均由省内各厅局长担任。在这 12 位之中,我是

唯一以学者身份列入的委员。担任厅局长的 11 位委员每次都按时与会讨论,认真负责。在这个过程中,对于中央指示的讨论理解,以及《地名录》和《地名志》的编纂过程,我也都参与其事。所以这篇序言,在说明了地名学上的一些原理以外,现在言归正传,对新编《临安市地名志》这部志书作些评论。

这次编纂的《临安市地名志》,作为中国方志史中的一种特殊"专志",如上所述,已经是第二轮编纂了。这不仅是因为这种"专志"与其他的"专志"不同,现在已有了专管机构。而且临安市地域范围内的政区变化,与第一轮《临安县地名志》相比也有较大变动,内容当然必须增加,所以已经是一部相当大型的志书了。

总的来说,我很赞赏临安市地名办领导和此志的编纂人员。志书内容丰富多彩,全志拥有 11 编、53 章、200 节、7600 余目,字数共达 170 万,称得上是一部精湛的佳志。按这样规模的"专志",实在已经超过了第一轮修志中的不少"通志",为临安市和广大读者提供了大量有价值的资料。在中国历史上,"开卷有益"一语出于北宋太宗,足见历代的为人上者,大多是赞赏读书的。而《临安市地名志》的贡献,首先就是"开卷有益"。

在 20 世纪 80 年代前期,各市县开始修纂《地名志》时,修纂这种特殊的"专志"曾是一个热门。以我个人来说,我除了主编《杭州市地名志》(浙江人民出版社 1989 年版)外,省内外还有 10 种以上的《地名志》要我作序,大多收入拙著《陈桥驿方志论集》(杭州大学出版社 1997 年版)。说明当时各地修纂《地名志》的普遍情况。但在我的《陈桥驿方志论文续集》(中华书局 2011 年版)中,就再也不见一篇我写的《地名志》的序言,说明虽然各市县都有专设的地名机构,但对修纂这种"专志"的热情却已远不如前了。为此,《临安市地名志》应该是一个有益的榜样,各市县应该向临安市学习。因为时间已经过去了 20 年左右,各市县在地域变动、政区布局等方面,都已有了不少发展,第二轮《地名志》的修纂,显然是十分必要的。

前面我已经称道《临安市地名志》是一部佳志。这部志书内容丰富,众目共见,所以我不想作全面的评论,而是择要对其中的一些特色作点赞扬。

例如第五编的"名胜古迹"。各地的名胜古迹都有地名的标志。在这方面,它不仅在地名上阐明了这种名胜古迹的渊源来历,而且描述了它们的外观与内涵。所以这一编虽在《地名志》应叙的内容之中,而其实也包罗了眼下日趋兴旺的旅游业的职能。旅游爱好者读此一编,人们不仅获悉地名知识,而且兼得名胜古迹的旅游享受。第八编的"地名特产",具有志书别开生面的意义。其实,在我们的常用词汇中,早就有了"土特产"这个称谓,而其中的这个"土"字,其实就是指的地名。但此志把"临安"这个地名(包括市属的其他地名),作为当地著名物产的品牌,确实发挥了地名与物产相得益彰的特殊效果。其实,省内的某些地区也曾经使用过这种有效的方法。记得在10多年以前,我曾应邀为诸暨题写"赵家香榧"一词,并且通过邮局发行了邮票。这实在是一种能立竿见影的广告。这种以地名和当地特产的结合,不仅可以增加地名和特产的知名度,而且也具有商业上的重要意义。以"山核桃"为例,此物产地现在已经颇有扩大,但"临安山核桃",显然是这种特产中的佼佼者,山核桃而冠以"临安"地名,采购者和食用者当然以此为首选。我们省内有关这类例子实在很多:金华火腿、绍兴黄酒、平湖西瓜、奉化水蜜桃、东阳木雕、龙泉青瓷等等,无非是其中的荦荦大者,按照《临安市地名志》的这种记叙,各地均有不少可以用地名作为品牌的特产。所以《临安市地名志》在这方面的体例,是值得仿效的。

我特别欣赏此志第九编的"地名艺文"。这一编可以称得上为全志锦上添花。全编包括地名诗歌、地名散文、地名故事等等,为数不少,编纂者必然为此花了很大工夫。限于篇幅,我不想在地名与艺文之间的关系上多作议论。但是可以在历史上的著名文章中举个例子。中国在骈体文流行的时代,众所公认的这种文体的杰作是初唐四杰王勃的《滕王阁序》。不妨以这篇名作精华分析,全文之中,从"南昌故郡,洪都新府"这两个地名开端,文中涉及的地名,实在遍及一大片地区,没有这许多地名的烘托,也就没有《滕王阁序》这篇千古流传的名文。所以我确认,此志的最后一编,是全志的一个优美结尾,也就是锦上添花。

2012年4月于浙江大学

原载《临安市地名志》,方志出版社2012年版

《杭州市地名志》(第二部)序

　　9卷本(265万字)的《杭州市地名志》已经成稿,行将公开问世。我年已9旬,体力虽衰而杂务冗繁,所以对于不少文字上的事务,现在已经很少经手。不过《杭州市地名志》却与众不同,因为此志的第一部是由我于20多年前主编的,所以对这第二部志书,当然感情弥深,还是从头到尾地读了一遍。由于各卷的执笔者不同,学术水平互有差异,所以各卷之间显然有所轩轾。但主编者能够把这些卷篇着意加工,合成一体,虽然必经辛劳,但也差强人意。而特别是由于我是曾经主编过第一部同名志书的人,更感到成书之不易,所以不胜钦佩。

　　眼下,凡是上了一定年纪的人,都能回忆到自从1966年我国最高领导亲自发动和主持的这场"无产阶级文化大革命"。按照以后《人民日报》两位主任编辑马立诚、凌志军所著的《交锋》(今日中国出版社1998年版)一书中引用叶剑英的话:"文化大革命,死了两千万人,整了一亿人,浪费了八千亿人民币。"这个数字当然是在动乱刚刚缓解,统计还不完整全面时的显然偏低的估算。但事实是,死的已经死了,整的也已经整了,浪费的也已经浪费了,这些都是无法弥补的。但在这场史无前例的"大革命"中,有一件事,却是必须在"大革命"缓解以后,立即进行处理的。这是什么? 就是在"大革命"中胡乱篡改的地名。"无产阶级文化大革命"是最高领导于1966年在所谓"五一六"号令中开始发动的。当时,在全国大呼大叫的口号就是"以阶级斗争为纲"的所谓"破四旧"。而我国地图上的地名,竟也被列入"四旧"之中,也属于"十年灾难"中的受害对象。

　　中国是个有 5000 年历史文化的文明古国,各地的地名,都是在这漫长的时代中形成的,许多地名,都是既有历史渊源,又有文化意义的。由于长期来的沿袭运用,地名的精神和人民对地名的感情已经融为一体。所以从地名学的原理来说,地名是应该保持稳定,不容随意篡改的。当然,历史的教训我们也值得切记。我国历史上曾经有过昏暴人物,以己意胡乱篡改地名的,此人就是西汉末年的王莽(前 45—23)。他不仅随心所欲,胡乱篡改地名,而且在全国范围内,把自从秦代建立的郡县制度中,历来地名中的最重要一级"县",也以自己的迷信狂想作了篡改。全国竟有 360 个"县",都被取消了"县"这个通名,而篡改为"亭"。例如今浙江省境内秦代所建的钱唐县(从唐代起因县名与国号相同,"唐"改为"塘"),就被废弃"县"字,而改为"泉亭"。此外,在今杭州市辖区内,"余暨"(今萧山)改为"余衍","余杭"改为"进睦","富春"改为"诛岁"。当然,除了胡乱篡改地名外,他还有许多乖戾人性的、只能名之曰"王莽思想"的暴行。他的这种背离人性又背离习惯的行为,必然不能为人民所接受。无非因为他大权在握,大家是敢怒而不敢言而已。而结果他在篡改地名又篡夺帝位后的更始元年(23)为起义的人民所杀。而被这种不得人心的"王莽思想"所篡改的许多地名,也就随即拨乱反正。

　　由于论及地名,所以我在此序中,首先从地名学理论中议论地名的稳定性。自从王莽以后,我国地名在"专名"上是基本稳定的,至于"通名"(每个地名由"专名"和"通名"组成:例如"杭州","杭"是"专名","州"是"通名";如"富阳县","富阳"是"专名","县"是"通名")。由于改朝换代或其他原因,历来曾经有过一些改动,如"州"、"郡"、"路"、"府"之类。但作为专名之一的"县",却是基本稳定的。

　　自从王莽以后,我国地名的又一次大肆篡改,就在 20 世纪的 1966 年所谓"五一六"号令以后的"破四旧"期间。而且胡乱篡改的程度,较之王莽时代尤甚。因为当年王莽篡改的地名,在文字上并不涉及庸俗粗鄙,而"十年灾难"时期篡改的地名,其中有不少庸俗粗鄙不堪入目的(例如杭州的"羊坝头"改成"硬骨头"之类)。所以在灾难缓解以后,中央首先必须立刻解决的,就是这许多遍地狼藉的地名,因此随即于 1977 年 7 月成立了中国地名委员会,各省、自治区、直辖市,下至各地县(市区),也相应建立了地名工作的领导机构和办事机构。国务院接着于 1979 年发布了《关于地名命名更名的暂行规定》和《全国地名普查若干规定》等文件。这些文件的目的,无疑就要把这许多在大乱年代胡乱篡改、遍地污浊的地名改变过来。地名是地理的标志,一个国家到处都是这样让人望而掩目的地名,当然不成体统,所以中央接二连三地发布文件,因为这确是一件"十年灾难"以后不容稍缓的急务。

　　浙江省当然按中央指示，由十几位委员建立了浙江省地名委员会。委员们基本上都由厅局长兼任。但领导层中有一位丁世祥先生，他认为地名既是一种现实的存在，但也是一种学问，所以省地名委员会中必须有一位学者参加其间。他们遴选的结果，我这个教师竟以学者身份成为省地名委员。为此，我也与这些厅局长委员经常开会讨论。他们都是有职在身，本单位的业务工作是相当繁忙的，但是由于事关中央的指示，每次开会，都是全体参与，并且认真讨论。当时，国家地名委员会责成我们的工作，首先是进行全面的地名普查。所谓"普查"，究其实际，就是要把各地在"文化大革命"中篡改得不成体统的地名更改过来。从当时的情况评估，这个任务是相当繁重的。何况省地名委员会还得指导省内各市、县都遵照中央精神进行这项迫不及待的工作。

　　杭州是省会，我们在这里建立的办事机构即杭州市地名办公室是得力和称职的。对于中央规定的普查工作以及《地名录》和《地名志》的编纂，都可以得心应手。为了照顾全局，省地名委员会就选定绍兴作为试点市、县，我们在那里从事了要省内各市、县都派员参加的试点工作，省地名委员会委员中也有好几位常驻在那里进行指导。我国由于当时政治局势的改变，从多年来的"闭关锁国"，一旦转变为"改革开放"。为此，学校鉴于我在语言上的方便，要我管理许多外事工作，并且为我设置了一间接待外宾的专用办公室。到我这间办公室来的多是外国学术界人士，并且还有不少熟谙中国地理的汉学家，谈论中常常涉及地名。这让我更体会到地名的重要。为此，我也尽可能挤出时间，到作为试点的绍兴去了两次，以我当时与外国学术界人士接触的实际情况，要参与试点的市、县从速做好地名普查工作，千万不要把那些胡乱篡改的地名与来访的外国学者见面。前面已经提及，按国家规定，每个市、县在地名普查工作完成以后，必须编制《地名录》和修纂《地名志》。前者是一种经过普查的地名资料，内容主要就是这个市、县及其辖属全部境域的所有地名。如普查不够全面细致，还有一些必须重新斟酌的地名，则只要查阅《地名录》，就可以再作修订。至于《地名志》，实在是一部以地名为纲的大型志书。它不仅要包罗整个市县的地名，并且还要结合地名，记叙市、县的自然和人文概况，所以必然需要较大的篇幅。情况和我国传统的地方志类似。

　　当时，以浙江省而言（全国其实都是如此），经过"十年灾难"，地名的颠倒混乱，情况确实是相当严重的。省地名委员会初步搜罗各市、县地名在"破四旧"中受到的损害稍作涉猎，立刻感到中央在这场大难缓解以后，随即就着手整理地名是完全正确和必要的。按照我们初步的了解，省内各市、县，兼及市、县下辖地区，在这10年之中胡乱篡改的地名，其中有两类必须立即加以处理：第一类是篡改的地名庸俗粗鄙，不堪入目。前面已经略举其例，这里不必赘述。第二类是各市、县及其下辖地区，出现大量的地名同名现象。这显然是篡改者在"大革命"的形势下的有意炒作。当时，各市、县街区与下辖地区,地名称为"东方红"的,真是不计其数。

本来,在中国这个历史悠久、幅员广大的国家里,以文雅的词汇作为地名是众所共愿的事,所以历史上不同地区的地名同名现象并不足怪。譬如,浙江省有仙居县,而历史上在今河南省也有仙居县;浙江省有湖州,而历史上在今云南省也有湖州;浙江省有平阳县,而历史上在今山西、陕西两省也都有平阳县。这种地名的相同,出于各地人民对历史文化的崇奉,例子还有不少,绝非特殊现象。但在"十年灾难"中,由于个人迷信的思想,全国各地包括许多市、县及其辖区,一夜之间,把大量原来既有历史渊源又有文化意义的地名,统统改成"东方红"。就近举个例子,如原来属于绍兴地区萧山县而现已划归杭州市的萧山区西兴镇,这个历史悠久而地理位置重要(在钱江大桥造成以前,长期是钱江南北的重要渡口)的集镇,镇名居然也改成了"东方红"。有一位驾驶员向地名委员反映,他驾车整日,途经3个县境,却一直在"东方红"的境界之内。这是因为虽县境不同,但各县的公社也好,大队也好,原名都被撤废,于是到处都是"东方红公社"、"东方红大队"。当然,这些情况,省地名委员会在绍兴试点时就已经发现,我们在经过仔细的核查和认真的讨论以后,原则上就是恢复"破四旧"以前的原来地名,"东方红"当然一律作废。

现在言归正传,回到《杭州市地名志》的本题上来。我虽然主编了第一部《杭州市地名志》,但与当前的这一部相比,实在感到相当惭愧。在整个地名工作的后期,我没有如同前期一样地潜心于这项工作。我不想牵涉客观原因,因为当时我在杭州大学的外事工作确实大量增加。经过我们国家批准的外籍进修教师,又陆续来到我的研究室。特别是从1982年起,北美和南美的不少大学,都专函邀请我到那边讲学,足迹远到南美巴西。所以对那部《地名志》的编纂,我虽然领名主编,并且在卷首写了《前言》,但实际上是依靠了杭州市地名办公室中很有才华的几位朋友的鼎助才得以完成的。而且也正是由于我当年频频出国的关系,使此书的出版时间一直拖到1989年,在省内各市、县的地名志中,已经算是很晚的了。

现在,新编的第二部《杭州市地名志》即将问世。与拙编的前志相比,篇幅当然大有扩展,而在卷帙编排的合理、内容记叙的丰富等方面,都比前志有了很大的提高。这显然是一部地名志中的佳志,是各市、县值得仿效的。

浙江大学终身教授　陈桥驿

2012年5月

原载《杭州市地名志》,杭州出版社2013年版

《流域历史地理研究的理论与实践》序

  王尚义先生所著的《流域历史地理研究的理论与实践》，为历史地理学开创了一个新的领域，是值得历史地理学者重视的方面。通过作者在这方面的实践，提出了有关这个领域的理论，并非一般的泛泛之谈。所以此书是一本有价值的作品，是值得向历史地理学界推荐的。

  作者在全书开始就提出了关于创建"历史流域学"的构想，并且统计了近20年以来有关流域问题的论著，指出从上世纪80年代开始的29年中，公开发表的这类论文达13000余篇，又归纳和分析了历史流域的研究和分类，共达20类之多，说明作者在这方面的研究有素，已经积累了大量资料和数据。此书是作者多年做学问的成果，所以不仅是此书本身值得推荐，对作者的孜孜为学，也是值得称道的。

  此书内容丰富，议论广泛，我为此书作《序》，着重于作者关于创建一门新的学科的议论，因为愚意认为这是此书最重要的论点，也是学术界值得重视和讨论的问题。

  作者在此书卷首，就立了一个《关于创建"历史流域学"的构想》的标题，既然提出"历史流域学"这个名称，这就涉及学科分类的问题。因为此书书名是《流域历史地理研究的理论与实践》，所以"历史流域学"，显然与"流域历史地理"有密切关系。从宏观概念的学科分类而论，"流域历史地理"属于区域历史地理的范畴。整个地球是一个大区域，其中陆域面积接近150百万平方公里，除了大沙漠如非洲撒哈拉和中国新疆塔克拉玛干等内部的"无流区"和南极洲及格陵兰等极少数"永冻区"以外，都是由河流(包括地下水)网络的大小流域。我往年为《中国水系大辞典》(朱道清编,青岛出版社 1993 年版)作《序》,《序》中提到:"我国河流,流域面积在一百平方公里以上的有 5 万多条。"这是一个庞大的数字,说明在我国境内,除几处较大沙漠中的无流区以外,没有一个区域不属于某一条河流的流域,所以流域历史地理是历史地理学领域中的一门大学问。

这里就要议论此书卷首提出的"关于创建历史流域学的构想"问题了。既然提出了"历史流域学"这个学科名称,那么就必然应该存在"流域学"这门学科。但查索中外古今的学科名称,"流域学"(当然也包括历史流域学)却并不存在,所以这是一个值得讨论的问题。作者本人显然也知道这种现实,因而在标题上写明了"研究与创新",同时也写明了"历史流域学"的"创建"与"构想",说明作者的慎重和认真,所以我也不揣浅陋,以我的若干经历,议论这个问题。

众所共见,上世纪 70 年代后期,我国在最高人事上发生了震动国情的巨变,学术界开始有了与国际交流的相对自由,我们不再是"闭关锁国",而是"改革开放"了。于是我从 1980 年起,就不断得到国际学术界的邀请出国讲学。仅 1982 年一年,我的讲学从加拿大开始,从此南下,一直讲到南美洲的巴西。虽然从美国向南,全是流行拉丁语(西班牙语和葡萄牙语)的地区,但那边人的语言素质确实比我们高,英语也仍能一路畅通,所以沿途都没有语言上的障碍。1983 年起,又受到日本文部省的聘请,每隔二三年,先后担任日本几所大学的大学院(即研究生院)的"客座教授"。"客座教授"与讲学是不同的国际学术交流活动。讲学的事比较简单,只要口袋里有 10 个左右的讲题,就可以周游列校,因为在每校讲学不过一二次,就可以用这些讲题,轮换讲出,对各校听众来说,都是新鲜的。但"客座教授"却不是这样,除了教课对象是研究生(包括博士生和硕士生)外,受聘后,必须在该校开设一门课程,并讲满一个学期。倒是应该感谢聘请我的这几所名牌大学校长,事前都诚恳地要求我:对研究生们请用英语讲课。目的当然是为了提高他们学校研究生的英语水平。我的日语水平很低,所以实在是正中下怀。既然用英语讲课,因此我使用的参考书和个人阅读的其他资料,也多是英文书。先进国家的大学,图书馆都是全校的重要学术核心,他们经费充裕,常常按外地寄来的新书广告购书,而且对这位"客座教授"服务周到。我需要哪一类书,只要挂个电话,馆方就会派人送来让我挑选,而且有求必应。在这方面,我们一般大学的图书馆就显然无法和他们相比。

我因为如郦道元在《水经·河水注》所说:"东南地卑,万流所凑,"是一个生长在这个水乡泽国中的人,所以生平经常与水打交道,到国外讲课,主要也都是涉及水的问题。某些日本大学的图书馆,有时竟把进口不久的如"水力学"和"水声学"(都是物理学的分支学科)等书送来。其实,我所需要的只是水文学(hydrology)以及与此有关的资料,他们当然送来很多,所以在这个领域里,我读过的英文书(包括少量日文书)确实不少,但从来没有读过以"流域学"为名的,甚至连这个词汇也未曾从这类文献中寓目过。当然,在有关水的研究中,"流域"(drainage basin)这个词汇和与它相关的其他词汇是经常接触的,我自己也是常常使用的。以我点校的几种《水经注》为例,如2001年由浙江古籍出版社出版的一种,出版社在事前与我商量,在我的点校和注释中,能否多注意一些"普及性",让那些素慕此书之名但对古代河川懂得不多的读者,能够获得一些古今对比的知识。我同意了出版社的要求,所以凡是能够确定在《水经注》中列为卷篇名称的河川为当今什么河流的,我都在注释上加以说明。例如卷十三《㶟水》,现在已无此名,我就注明:此水在山西省发源后,上游今称桑干河,经官厅水库而进入河北省,今称永定河,是海河的5大支流之一。又如卷六《汾水》等篇中的"涑水",我也作注:"今称涑水河,是一条单独注入黄河的小支流,全长约260公里,流域面积约5500平方公里,在今永济以西注入黄河。"因为涑水与㶟水不同,它是一条小河,所以不仅注明其今名、长度,并及于流域面积。其中"流域面积"(catchment area),即是水文学中的一个专门词汇,是有严格的科学解释的:流域分水线所包围的面积,降落于流域面积的降水,都汇流入此区河道,最后经流域出口断面流出,流域面积和形状的差异,直接影响河流径流的形成过程。以"流域面积"这个词汇为例,虽然我在国外读过的不少文献中,并无"流域学"这门学科,但有关"流域"的许多词汇,都有严格的科学解释。何况在一个流域之中,除了有关水文学方面的现象以外,还存在许多自然地理和人文地理的特征。为此,我认为尽管当前在国内外还不曾以"流域学"作为一种专门的学科,但我们要建立这一门以水文学和地理学密切结合、相互交错渗透的"流域学"是完全符合科学原理的。既然"流域学"作为一门学科可以存在,则"历史流域学"也相应存在。当然,把"流域学"和"历史流域学"作为一门独立的学科,这是科学发展中的一种创新,有待学术界对此从事深入的探索,使这门学科能够获得充实和发展,也就是此书作者在第一篇中作为标题提出的:"研究与创新。"

此书全书分成5篇,论文超过30,议论的内容多数都是山西省的河流水文与其他学术问题。山西学者论山西,得天时、地利、人和的优势,都是千锤百炼的文章,值得阅读和研究,也值得其他省域学者的仿效,就地取材,当然得心应手。事有凑巧的是,我往年曾经因学术事务而几次入晋,因而撰写过《水经注记载的三晋河流》(收入于《郦学新论——水经研究之三》,山西人民出版社1992年版)一文。文内把《水经注》所记的山西省河流排列成表,也把各河流域中的湖泊排列成表,并且加了若干肤浅的议论。其实我对山西省素无研究,拙文不过是一篇叙述性的文字,不能与当前此书的专题论文相比。不过从拙文排比的《水经注》记载来看,今山西省确是一个富于河川的地方。拙表中收入了郦注记及的二级和三级支流。以省境内最大的汾水为例,二三级支流就多达 26 条。前文举例的涑水,不过是条小河,但它就有洮水、景水、沙渠水、盐水 4 条支流。每条支流尽管长度不大,但都拥有一个流域,所以即以山西一省为例,"流域学"与"历史流域学"不仅值得创建,而且是研究内容丰富和很有发展前途的学科。

前面已经提及,在整个地球的陆域上,除了极小片无流区和永冻区以外,河川流域是无所不在的网络。当然,范围的大小很有差距,流域面积最大的是南美的亚马逊河,我有幸在这河流域中作过一点考察。此河的流域面积达 700 余万平方公里,那年,我为了考察此河上游的原始森林和土著印第安人的聚落,从此河中上游的港埠玛瑙斯(Manaus)搭乘当地的营业游船,上溯数十公里,勉强地完成了我的踏勘计划。但按面积,我所踏勘的只占这个流域的极小一角。以我们汉民族发祥的黄河流域为例,我在拙著《黄河需要可持续发展》(王明海主编《科技治黄》,黄河水利出版社 2004 年版)一文中,曾经记叙了我在 1953 年出版了普及性的《黄河》(天津益智书店)一书,以后又于 1994 年为大型水利志书《黄河志》第十一卷《黄河人文志》撰《序》之事,并且述及我对黄河各段历年来的考察等事。但黄河按其流域面积近 75 万平方公里,我所考察的河段,其实也只占此河流域的很小部分。而我在前文提及的山西省涑水河,流域面积就不过 5500 平方公里。所以网络于地球陆域的许多河流,在流域面积上具有极大的差距,在地理景观上当然更有不同。为此,在流域学和历史流域学的研究中,在研究方法和步骤方面,都是很有讲究的。

我在此《序》中已经表达了赞同创建"流域学"和"历史流域学"这些以水文学和地理学密切结合的学科的意见。不过由于河流和流域面积的差距很大,所以在研究中,必须讲究由近及远和由小到大的步骤。山西学者先从山西本省做起,如作者撰写此书一样,这是符合实际研究步骤的。此外,这门学科的研究,除了细致的资料搜集以外,还有大量田野工作,必须组织许多人力,筹措大量物力,才能开展研究工作。这在当前"重商主义"的社会潮流中,显然相当困难。对此,学术界需要恒心和耐心。任重道远,学科的前景必然是大有发展潜力的。

2011 年 11 月于浙江大学

原载《中国历史地理论丛》,2013 年第 1 期

《宁波市北仑区志》序

　　9卷51篇的皇皇巨构《宁波市北仑区志》已经修纂就绪,行将公开问世。在一般不深究内情者看来,无非是当前纷纷出版的地方志中,又多了一部新志,不会引起特别的重视。但对我国行政区划的变迁有所留意,对我国各地特别是长三角地区产业结构的发展有所探索的学者,就会引起重视。因为"北仑区"(与县或县级市同级)是一个新的区(县级)地名。对于冠以这样一个新的地名的一部新的志书,必然会加以探索,甚或作一番研究。

　　地方志修纂是我国流传已久的文化传统,六朝时已经盛行,当时多称为"记",在今浙江省境如《会稽记》、《钱唐记》等,为数不少。估计篇幅都较短小,而且除谢灵运《山居记》[①](一般多作《山居赋》)至今尚存外,都已亡佚不存,仅见于以后其他文献引及的片言只语而已。从宋代(特别是南宋)起,这种传统进一步发展,篇幅趋于增大,体例趋于统一,而名称也由六朝流行的《记》改《志》,并且分卷设篇。凡修成一部,均冠以修纂时的年号,我省如《咸淳临安志》、《嘉泰会稽志》、《延祐四明志》等均是其例。但宋代诸志因年久,也多亡佚,而流传至今的20余种中,出于宋代刊印的,仅《宝庆四明志》(21卷)一部。这也是宁波在方志文献中值得自豪的。

　　宋代以后,历元、明、清以至民国,我国各地的地方志修纂未曾中辍。以宁波府下县邑为例,如慈溪一县,从宋至清,共修志8种(今尚存5种)。又如奉化,从元至民国,共修志12种(今尚存10种)。明、清两朝,在同一年号下,往往有修志数次的。例如象山,在清康熙一代中,就 3 次修志(今均存)。所以宋代以后各地所修纂的地方志,虽然亡佚也颇不少,但至今存在的总数仍很可观,是我国的一宗重要文化财富。

1950 年以后,这种地方志修纂的传统,曾经有过大约 30 年的中断,到 1980 年前后而又在全国范围内恢复,而且声势很大,从全国到省、县都建立了修志的机构,投入经费,罗致人才,开始了新的地方志修纂。收集资料,分设卷篇,由有关的专人进行写作,然后通过各种形式的审稿,最后定稿,公开出版。若干年中,全国各地陆续修纂和出版了不少志书,初期质量较逊,以后不断改进,有了较大的提高,并且出现了不少内容比较完备、篇幅相当宏大的佳作。在这 20 年左右的时间中,用方志学的语言说,不仅修成大量"通志",而且也修成了不少"专志"。[②]特别是属于通志领域的县志(包括与县同级而异名的市、区志),各地都已修纂出版。在我国地方志修纂史上,可以说是成就空前的。

由于这一次全国性的地方志修纂成就空前,如上所述,从全国到省、县,都有专门机构主持,其中特别是属于通志的县志,面广量大,而且都公开出版,不仅在国内,在国外也很有影响。所以方志界把这 20 年的志书修纂称为"第一轮"修志。"第一轮"这个称谓,一方面是对这次大规模的修志工程的概括,另一方面是按照我们的修志规范,在"第一轮"出版以后 20 年,可以再次续修,那当然属于"第二轮"了。以浙江省为例,眼下已有不少县市正在从事第二轮志书的修纂,而有些县市如浦江、嵊州、岱山、天台等,第二轮县市志已经出版了。在这第二轮志书已经纷纷问世之时,忽然又来了这首部《宁波市北仑区志》(以下简称《北仑区志》),所以我开始就提及,这种不会引起一般人留意的事,对于做学问的人,就会加以"探索","甚或作一番研究"了。

修志较晚当然是因为建县较晚的缘故。"北仑区"这个区(县)邑名称也是到 1987 年才确定的。北仑区因北仑港得名,而北仑港则因近海岛礁中的北仑山得名,在历史地理学和地名学上,"北仑"没有什么需要考据的价值。但既然国家批准了这个新的县邑的建置,按照我国的文化传统,县志自在必修,所以有这部晚出的第一轮志书的问世。这区(县)的境域是从原镇海县和鄞县(今称鄞州)等划分出来的,《镇海县志》[③]和《鄞县志》[④]等第一轮志书都已经出版。当年,我还被《鄞县志》聘做顾问,参与过志稿的讨论。这两部志书,资料相当完备,北仑区修志当然可以利用,但看来简单的事其实并不如此。因为上述两部志书,修纂出版都已超过 10 年,许多资料都已过时。而且县境经过分割凑合,断章取义地利用此两县的第一轮志书资料,显然相当困难。所以《北仑区志》的各个卷篇,大部分都需要和其他第一轮志书那样地从头做起。而且由于区(县)的全部地域,原来都属他县,"从头做起"也有不少难以处理之处。现在,新的志书修成了,而且全志结构严谨,体例规范,内容完备,史料详实,格局得体,地方特色明显,是一部后起的佳志。虽有不足,也属瑕不掩瑜。这当然要归功于修志领导和各位执笔同仁。

以上所叙是北仑区建区(县)修志的事,顺便也把我国修志的传统简述一番。这些都是容易说清楚的事。我所提出"作一番研究"的话,主要还在于也是在前面提出的"长三角地区产业结构的发展"问题,这才是这部志书最值得研究的重点。为什么有"北仑区"这个县的建置? 显然是因为这里有一个重要的海港——北仑港。县(区)名实因港名而得。《北仑区志》的第二卷就是《北仑港》,成为这部志书的显著特色。第一轮志书为数甚巨,但其中恐怕还找不出一种以"港"单独设卷的例子。所以,做学问的人,面对这部新志,"研究一番"的问题,主要在于"港"。为此,拙序就有必要说一些有关于"港"的学问。

首先需要议论一下这个地区的古地理⑤和历史地理。在秦始皇一统江南之时,这个地区的第四纪最近一次海退(卷转虫海退)⑥早已完成,这一带的陆域已经基本稳定。所以在会稽郡,才有鄞、鄮两县的建置。这中间出现的一种特殊自然现象是,这个地区的最大河流浙(或"淛"、或作"渐",均是越音汉译)江(今钱塘江)河口段的涌潮。汉代王充在《论衡·出虚篇》中指出:"丹徒大江无涛,""浙江、山阴江、上虞江⑦皆有涛"。《水经·浙江水注》记叙了这种"涛"的现象:"涛水昼夜再来,来应时刻,常以月晦及望尤大,至二月、八月最高,峨峨二丈有余。"上述《论衡》并且指出"丹徒大江"(即今长江)没有这种现象,这种现象只出现于浙江和山阴江、上虞江。《水经注》所记叙的这种"涛"发生的时间和现象,也都非常真切。不过王充和郦道元所记的,都是涌潮的自然现象,而以后姚宽却记叙了涌潮的人文影响:"海商船舶,畏避沙潬,不由大江,唯泛余姚小江,易舟而浮运河,达于杭越矣。"⑧这里的"大江"即指今钱塘江,而"余姚小江"指今甬江和姚江。姚宽是宋朝人,他所说的事,其实在宋代以前早就发生,这就是我前面说过的,地区产业结构的发展。鄞、鄮两县是濒海之县,人民依海为生有一个逐渐发展的过程,从海涂拾掇到近海捕捞,最后发展到利用木筏或竹筏的近海航行。航行之事也有一个发展的过程,开始只能是利用简陋工具的近海短航,随着生产的发展,交换范围的扩大,航行工具的改进,近海短航逐渐延伸到北苏南闽的沿海航行,而终至发展到更远的外洋来往。宁波在宋代就设置属于政府机构的市舶司,说明这种内河外海沟通的航行和贸易事务,已经发展到必须由朝廷设置专门机构从事管理的程度。宁波城市在当时已经迁移到三江口,这种城市位置对发展航运有明显的有利条件,所以宁波无疑已经成为东南沿海的一个繁荣的港埠。这种优势是在五代吴越国建都而以后曾为南宋首都的杭州所无法匹敌的。因为杭州可以进行与钱塘江中上游地区的内河航运,但前面所引宋代姚宽就已经指出,它不能发展外洋海运。

　　航运是运输业中最便利和廉价的运输手段,但它必须依靠河流建立港埠。宁波城市的最后落实在三江口,显然与航运有重要的关系。早期的航运都是内河航运,后来才发展了海运。但是在海运发展以后,人们也不敢把港埠建立在海岸上,这是因为海岸有淤涨、崩塌的自然变迁现象,而且濒海地区易于遭受风暴的袭击,而海浪澎湃和由于潮汐(不是涌潮)而产生的海面升降现象,也都不是早期的技术力量可以克制的。所以经营海运的港埠也都远离海岸,多是利用一条沟通海洋而能够航行大吨位船舶的内河。英国的第一大港伦敦距泰晤士河口 88 公里,德国的第一大港汉堡距易北河口更逾百公里,都是这方面的例子。宁波也正是具有这样的有利条件,从甬江口到宁波城市所在的三江口,全长 25.6 公里,可以航行高吨位船舶,所以如宋姚宽所说:"海商船舶"不由钱塘江而由甬江到达这里。宁波与伦敦和汉堡等一样,也是一个依靠内河,远离海岸,而可以与外洋发展航运的海港。所以长期以来,宁波及其附近地区的产业结构中,航运成为一个重要的组成部分。

　　对于宁波及其附近地区的产业结构和航运,中国学者的研究成果不多。倒是国际汉学界,对此作了相当深入的探讨。美国著名汉学家施坚雅(G. W. Skinner)曾于 1968 年—1969 年邀集不少国际汉学家,在美国新罕布尔会州的朴次茅斯和维尔京群岛的圣克鲁瓦,举行了两次中国历史城市的学术讨论会,其中就有对宁波及其航运业的研讨。会议以后,由施坚雅整理各家论文,主编了一部巨著《中华帝国晚期的城市》,[9]书内收有日本著名汉学家斯波义信的论文《宁波及其腹地》(*Ningpo and Its Hinterland*)。施坚雅在此书第二编《导言》中称赞这篇论文:"斯波关于宁波城市的经济描述,在现有叙述传统的中国城市的英语著作中,很可能是最完备的一种了。"我在此书中译本的《后记》中也指出:"我必须补充施坚雅的话,在我所见到的关于宁波城市研究的中文著作中,像斯波这样的论文,也是凤毛麟角的。"

　　我对斯波的议论绝不是奉承。我多次在日本名牌大学担任客座教授,斯波能说一口流利的英语,从语言方便到学术交流,最终成为好友。所以我知道他对于宁波及其附近地区的研究方法确实不同凡响。而航运是其中的关键。因为他知道,明、清时代,就有日本渔船在舟山及其他宁波外海作业,这些渔船为食物和淡水的补给,也或许是为了船舶的修理和风浪的躲避等原因,常有进入宁波或甬江沿岸其他小港的。渔船向来都有《日记》,这些《日记》有不少保藏在北海道函馆的博物馆中。为了研究这个课题,他曾几次专程从他执教的大阪(当时他是国立大阪大学教授)专程到北海道,从这些残存的早年渔船《日记》中搜索到不少有关宁波及其附近地区的资料。这中间,航运当然是重要的资料。所以在他的论文中,对于宁波及其附近地区,从内河航运到海运,描述得特别真实翔尽,因而获得国际汉学界的赞赏。

　　前面曾经叙述了宁波和其他一些著名的港口都远离海岸及其原因。但这种情况在近一个世纪来有所变化。由于国际上货运量的剧增,船舶吨位的迅速提升,集装箱运输的普遍发展,大型海港接近海岸成为必然的趋势。以我所目击的若干国外海港,如日本的大阪,美国的新奥尔良,巴西的里约热内卢等,城市扩展,实际上已与港口相接,原来的内地城市,现在已经发展成为海港城市。在这方面,我们显然是比较后进的,除了台湾的高雄以外,在大陆上,大型海港还很少有在海岸上兴建的。现在,让我们感到振奋的是,我们终于看到了屹立在海岸上的北仑港。

　　在历史上,宁波的产业结构以航运居很大份额,而如今北仑港的诞生,实际上就是古老的宁波航运事业的发展。承前启后,北仑港继承了宁波航运的传统。但是它屹立在东海岸边,没有数十公里的甬江辗转之劳,不受吨位的限制。斯波在20世纪70年代的名著《宁波及其腹地》中描述的"腹地",按历史时期的事实,实在只是小小一片区域。现在,四通八达的快速交通网,让这片"腹地"扩展到整个长三角以及更为广大的外围。北仑港,它本身就在宁波市境,溯昔抚今,从悠远的历史传统,到已经展现在眼前的"东方大港"壮观。宁波自从定位在三江口以来,航运事业很早就成为它产业结构中的重要部分,以内河和海洋的区位优势,牵引了如斯波论文中所描述一片"腹地"。这种传统,现在由北仑港接受了下来,其前景不可限量。

　　正因如此,所以从行政区划上有这个"北仑区"建置的必要,而相应地按我国文化传统,要修纂一部《北仑区志》。现在,北仑区的行政中心已经近靠北仑港港区,它无疑要发展成为一座规模宏大的海港城市。为此,我为北仑区首部志书作序,确实感慨无比。这部新志,必将起到"存史、资治、教化"的作用。承蒙方志界的青睐,从第一轮修志至今,我为全国各地修纂的通志和专志作序,总数已经超过百起。[10]现在为《北仑区志》作序,心情很有不同。北仑区是宁波市后来建置的新区(县),我亲自对这个区域作过一点考察,当时,街区还是一个不大的聚落,虽然市面繁荣,毕竟还不过如同一座集镇;但距街区不远的港区,已是一个运作正常的庞然大物,如前所述,它必然要成为我们的"东方大港"。今天,一个现代化国际港口新城已崛起于东海之滨。所以,我为《北仑区志》这部北仑的首部志书作序,心中十分振奋,眼前一片光明。

2011 年夏于浙江大学

注释:

　　① 　参阅拙著《绍兴地方文献考录》,浙江人民出版社1983年版。

② 按照方志学的理论,方志有"通志"与"专志"之分。前者指以地区为对象的志书,即通常所说的地方志,如省、府、县志,以及县以下的乡、镇、村志等。后者指以一种单一人文或自然实体为对象的志书,如寺庙志、学校志、河湖志、礁岛志等。

③ 中国大百科出版社 1994 年版。

④ 中华书局 1996 年版。

⑤ 古地理(Palaeogeography),与历史地理不同,是一门研究地质时期海陆变迁的科学。

⑥ 地质学把地球生成以后(说法很多),按"代"、"纪"、"世"进行记录。我们现在所处的地质年代是新生代、第四纪、全新世。第四纪开始于距今 250 万年,因为人类已经出现,这个"纪"是与历史时期衔接的地质年代,所以非常重要。第四纪中有暖期、冷期,间冰期、冰期,海进、海退的轮回,距今最近的一次海退称为"卷转虫海退"。我在对外交流刊物《文化交流》第 22 期(1996)发表的《史前漂流太平洋的越人》一文中,绘有《卷转虫海进时期今浙江省境示意图》及《假轮虫海退时期今浙江省境示意图》各 1 幅(该刊第 41 页),可以参阅。

⑦ "山阴江",当是古代绍兴境内的若耶溪,今称"平水江"。"上虞江",即今曹娥江。此两江有涌潮现象,都与钱塘江涌潮有关。

⑧ 《两溪丛语》卷上。

⑨ *The City in Late Imperial China*,Stanford University Press,1977。中译本《中华帝国晚期的城市》,叶光庭等译,陈桥驿校,中华书局 2000 年版,2002 年再版。

⑩ 其中一部分已收入《陈桥驿方志论集》,杭州大学出版社 1997 年版。

原载《宁波市北仑区志》,浙江人民出版社 2013 年版

《新编慈溪市图志》序

　　《新编慈溪市图志》编纂完成,行将公开问世。对于方志学界和地图学界来说,这都是一件空前盛事。因为我看了原稿,已经领略了这部《图志》的不同凡响,是一部前所未有的特殊文献,也是一部值得藏之名山,传至其人的煌煌巨构。

　　说起地图,我应该说是个半途出家的人。中国地理学会曾于1963年假杭州当时最高级的华侨饭店,举行了一次学术讨论会,竺可桢先生亲临会场,许多著名的地理学者都赶来参加这次盛会,并且还到了不少记者和出版社的编辑。我是参加历史地理学组的,事前奉前辈谭其骧先生之命,要我在会上讲些中国古代地图绘制的情况,我遵命在会上谈了有关这方面的问题。

　　但会后不久,我就接到《中国建设》英文版的来信,他们不知怎样知道我"精通"英语,要我按会上发言写一篇关于中国古代地图绘制的文章,所以随即为他们写了篇《中国古代的地图绘制》[①]的文章。我的确懂得一点英语,但对于这一篇,因为我是按《晋书·裴秀传》讲的,中国古代地图绘制中的所谓"制图六体",即"分率、准望、道里、高下、方邪、迂直",为了译成英语,我实在多次推敲,煞费苦心。虽然全文发表,但我还不知道翻译得是否贴切。此文发表以后,"十年灾难"随即开始,我用英文在英语刊物中写文章,这当然属于严重"罪行",但是这些都是"牛棚"中的事,用不着说了,我只是为了说明,这是我在地图学上写的第一篇文章。

　　作为世界教育史上千古笑柄的"工农兵学员",是前领导的临去秋波。但是"人亡政息"，后来者当然宣布"工农兵学员作废"，而实行择优录取的传统制度。校内有些系居然开始招研究生，地理系不得不也跟着做。但当时能招的仅我一人，他们要我招了"历史地理学"研究生，指导教师也仅我一人。我只好拼拼凑凑，开了几门课，其中一门就是"历史地图学"。这门课实在很枯燥，而其中的所谓"制图六体"，我自己也是在不断地研究之中。现代的科学地图学，我虽然懂得一点，但因作为研究生导师的，全系仅我一人，我当然不能不在"历史地图学"课程中，穿插新的科学地图学的内容。

与此同时，国内不少市县修纂的地方志也陆续出版。正是因为各地修纂方志的人员中，缺乏在测量学校或高校地理系读过"地图学"课程的人，所以在新修方志中，地图的错误很多。1988 年，北京地方志指导小组要各地派人去座谈新修志书问题。浙江请我去应卯，我就在会上特别指出了许多部新志中所附地图的错误，有的甚至错误百出。回来以后，省方志办特地专门召集各地修志人员，听我作了一次传达，我在传达中大略说了有关地图之事。因这件事实在并不简单——"地图学"这门课程，在大学地理系要开两个学期，每周 3 学时，所以要各市县方志办专门聘用一位在测绘学校或大学地理系学过"地图学"的人，这是不现实的。唯一的办法，是志书中的地图部分请这类学者编绘或向这类学者求教。所以当我接到慈溪市要专门编纂一部《图志》并索序于我的来信以后，我实在不胜兴奋。因为当时还不曾想到，一个市县，在修了志书以外，还有专修一部《图志》的举措。而当年在看了他们的图稿以后，又使我相当放心。所以我在那篇短小的序中特别指出，这部《图志》的地图，"是以现代地图科学和测绘技术为基础的计量地图。通过比例尺，图面上的一切注记符号之间的关系，都可以求得可靠的数值"。

当时我想到，既然 1988 年北京座谈会以后，省里要我转达，我又把新志地图的错误作为一个重点，而现在慈溪市又专门编绘了符合地图科学的《图志》，必然会有不少市县以慈溪市为榜样，从事《图志》的编纂工作。但后来据我所知，能够仿效慈溪模式的却并不多。在 1997 年中国社科院主持全国方志评选时，由于我又是浙江的代表之一。眼看许多从内容说可以评得上奖的志书，却又因为地图的错误而落选。为此我又在会上作了一次专述地图的发言。修一部志书，可以由一些能动笔墨的人动手，也可以把有关的篇章请有关的单位写作。但地图却没有对口的单位，所以常常出错。实际上，修志领导人中，也有看到这种现象的。曾任中国地方志指导小组办公室主任和《中国地方志》主编的诸葛计先生，在他退休以后，曾写了一本《中国方志五十年史事录》[②]的较大著作。在此书 1994 年下，他比较详细地介绍了《慈溪市图志》。文中除了把我为此《图志》的写序中主要几句照录外，他还另外加了一条按语："如果说，1989 年12 月出版的《建德古今图记》单以照片为主，看不出与古代《图经》有多少联系的话，这部《慈溪市图志》则表现了较多的继承性。"

令人遗憾的是,曾经长期参与全国修志事业的诸葛计先生在其《史事录》特别重视的《图志》,在此书的以后篇章中,就很少再有继承《慈溪市图志》的精品。诸葛计先生在其"按语"中所说的"继承性"是什么? 显然就是宋朝由朝廷颁诏命各地修纂的《图经》。《图经》和《图志》,其实是相同的词汇。当年,朝廷尚且如此重视的事,但到了今天,却成为一个冷门。正如我在拙作《〈图经〉在我国方志史中的重要地位》③一文中所说的:"历来修纂的大量《图经》,如今已经亡佚殆尽。"当前的不少修志人员,根本既不懂得《图经》,也没有接触过《图经》,痛心的是外国学者却很重视《图经》。我在《我和慈溪》④一文中读到,1992 年,日本大阪商经大学教授富冈仪八先生,曾由我夫人陪同到慈溪考察盐业。当时,我曾将我手头尚有的首版《慈溪市图志》送他。他在考察后应邀在杭州大学地理系"经济地理研究法"的学术报告,就手执我送他的这本《慈溪市图志》,他说,看了这本《图志》,我对慈溪的考察就更为方便,更有心得。所以在国际学者的心目中,《图志》确实是很重要的地方工具书。1995 年,由于美国几所大学的邀请,我曾在我夫人的陪同下,到从路易斯安那州向东直达佛罗里达州的十几个州旅行过,一入每个州境,就有一个接待站,那里陈列了旅客可以免费携取的该州各种资料,其中也包括该州的"图志",只是内容比较简单罢了。

但是在我国,地方志的事搞得这样热闹,而《图志》却响应者寥寥。这是为什么?实在是因为许多修志者都不懂地图学。与美国各州的接待站中的那些附了许多地图介绍州情的小册子相比,一句话,就是我们人民的文化素质低。为什么低? 我在拙著《水经注校证》⑤(此书获教育部奖)首卷序言中坦率指出的:"原来从上世纪五十年代年代以来,我们曾经经历过一个'读书有罪,读书人有罪'的时代。"现在,"有罪"的时代已经"人亡政息",但文化素质的提高,不是短时期补得上去的。这种从 1950 年以后持续 30 多年的严重错误,在我们的文化事业中波及面积大,而在地方志这个部门中,就是不少方志办的人员,不懂我国的方志史中有《图经》之事,既不懂《图经》,自然也就不懂《图志》。何况《图志》涉及许多现代科学的内容,他们实在是一窍不通。所以当我第一次看到《慈溪市图志》之时,实在让我惊喜交加:冰冻三尺造成的恶果,已初显逆转的端倪。为此我曾经说过,我国竟也有那么一个修志先进的市,单独出版《图志》,虽然后继寥寥,但此事由于根源复杂,不能要求过高,也不能急于求成。

现在,使我感到逾格兴奋的是,继上世纪 90 年代全国首创的《图志》以后,还是由慈溪市的方志学者重振旗鼓,《新编慈溪市图志》,不仅传统和风采依旧,而在许多方面已经跳出了初编的模式而创立一种全新的《图志》格局,这种 16K200 余页的大型《图志》,从传统来说,它是《图经》的继承,是中华民族自古以来的创造。从内容来说,这部 5 篇 40 章的巨构，完全是现代科学的组合。在当前的修志队伍中，我们还有许多不懂地图学，不懂统计学，甚至连二名法也搞不清楚的工作者，这部《图志》的问世，不啻是个响彻华夏的晴天霹雳。我不想介绍它的内容，因为公开问世以后，大家都能看到。我只想以我这个人轻言微的 9 旬老头大声疾呼：各市县凡是有真心实意修好自己志书的，都有必要再修一部如同《新编慈溪市图志》的文献，已经修过志书，甚或又出版了第二轮志书的市县，也应该在自己市县的文化事业上从善如流，补修这样一部《图志》。

2012 年 9 月于浙江大学

注释：

① *Map-making in Ancient China*, *China Reconstuccts*, April, 1966.

② 方志出版社 2002 年版。

③ 《陈桥驿方志论集》，杭州大学出版社 1997 年版。

④ 《陈桥驿方志论文续集》，中华书局 2011 年版。

⑤ 中华书局 2011 年版。

原载《新编慈溪市图志》，西安地图出版社 2013 年版

《山西古战场野外考察与研究》序

　　谭曙方先生在他的大作《时代的肖像——地图背后的故事》[①]第九章中专立了一个"陈桥驿先生五次到山西"的标题。我记得初次到太原大概是上世纪80年代中期，是为了主持中国地理学会历史地理专业委员会的国际学术讨论会才有这次太原之行的。因为当时我担任了这个专业委员会的主任，按规定每两年要主持这样一次例会。由于70年代后期，由"以阶级斗争为纲"转变为改革开放，学术界的国内、国际往还交流，应运渐趋，活跃开来。我从80年代起就不断接待来访的国际学者，并频频出国讲学，结识了不少国际学者，所以有条件在这类"国际学术讨论会"中邀请到几位外国学者。

　　但是要请到几位国际学者与会，我必须首先选择一个会址，条件是这个地方必须是个名城大邑，附近有值得观光的名胜古迹，其次是必须获得当地官方的认可和支持。当年之所以首选太原，其中又另有一番缘由。历史地理学会议是件小事，但另外有一件大事，就是中国长期以来修纂地方志的优秀传统，由于前有连绵不断的战乱而中断，继有各种"运动"冲击而遭封杀。是改革开放让这种传统得到恢复，1980年起，全国各市县纷纷开始修志。而问题是，各地有修志经历或懂得志书的老一代文化人，已在前代的战乱和历次"运动"中伤戮殆尽，后一代文化人多不知道方志是何物。尽管中国社科院为此设置了一个"中国地方志指导小组"的专门机构，各省市也建立了"地方志办公室"，但主持这些机构的成员，多半都是年纪较轻的后起干部，也缺乏领导这些机构的经验和修志的知识。因而各地的修志,有的是不成体例,有的则是无从下手。所以记得是 1983 年,中国地方志指导小组,推出了当时已经出版的陕西渭南、浙江萧山、江西玉山的 3 部志书,并从全国遴选了 9 位当时认为对修志稍有心得的文化人和相关专家到北京参加评议。我是有幸参会的 9 人之一,并在那次会上结识了山西派来的刘海清先生。刘先生曾经是解放军的随军记者,见识面广,而且为人坦率、语言爽直。特别是山西省的修志比其他各省早走了一步,所以在这方面,经验显然比他省丰富,他在会上的发言,比其余各位确实高明,大家都很受启发。我在会上曾称他"老马识途",而他竟以"学富五车"还敬。为此,9 位之中,我们两人"臭味相投"而相当莫逆。记得当时的会议在京西郊外的一个宾馆举行,刘先生和我常在外面山坡上促膝谈心,因而也就成了熟友。所以,这次会议我就有了请他支持在太原举行的设想。

此外,在太原举行这次会议,还有我自己的一点私事。当时,我正在搜罗《水经注》的佚文,早就发现《方舆纪要》卷四○《太原府·太原县·台验泽》下,引《注》文:"晋祠南有难老、善利二泉"共 44 字,而《古文尚书考证》卷六下第九○也说:"晋祠之泉,郦注已详。"我知道晋祠距太原市区甚近,所以也想借此在我的治郦工作中得点收益。

刘先生的确大力支持了我在太原举行这次会议的要求,为我布置了讲究的会场。不过列次会议都不见他到场,主要当然是他的工作很忙,此外也可能是对于历史地理学讨论的课题,他根本没有兴趣。但晋祠之行,记得是他抽时间单独陪我去的,让我目睹,此两泉早已干涸了。

这次在太原举行的会议开得很成功,与会代表还游览了五台山胜景,大家都很满意。但我感到最有收获的是结识了好几位山西的著名学者,而现在此书的著者靳、谢两位,大概也是当时识荆的。谭曙方先生记叙我"五次到山西",后来,我的一位香港朋友为我编印了一本《八十华诞照相集》[2](2003 年问世),其中有一幅"1999 年参加在山西省太原市召开的历史地图学术讨论会"的照片。这或许是我最后一次入晋。至此,我在太原已经结识了不少良师益友,从通讯和他们的著作中,让我增长了许多知识,确实获益良深,是我此生中的重要机遇。今年深秋,靳生禾、石凌虚两位先生,不远千里惠临舍下,实在让我不胜荣幸。靳先生是我长期结识和景仰的太原人士;石先生虽然初遇,但也一见如故。他们转达了李广洁先生的问候,颇引起我对晋中旧友的眷念。广洁先生现已任山西人民出版社社长,这也是当年他两度为拙著承担责编时我所预料的。石先生现在是他的副手。该社业务的蒸蒸日上、声名远扬,是可以举目以待的。两位先生的驾临,特别是老友靳生禾先生带来了他和谢鸿喜先生合作的《山西古战场野外考察与研究》巨作稿本,确实使我一见倾心,精神气爽。我个人研究的课题虽然不少,但我明白,在各种课题的研究中,古战场的研究,不仅是体力上的消耗,承担不易;而精神上的刺激,尤能令人神伤。唐李华在其《吊古战场文》中所谓"黯兮惨悴,风悲日醺。蓬断草枯,凛若霜晨。鸟飞不下,兽铤亡群"。③在他笔下,古战场是何等凄凉的情景。而两位的研究,要在晋中 800 余次历史兵燹中的 280 余处古战场上考察,不仅攀涉冒险,而且纠正了不少古人研究的错误。古战场到处都有,但如拙作《郦道元评传》④中提及的"今山西省一带是古代许多少数民族角逐之地",战争频繁而战场罗列。所以两位的这种研究,在体力和精神上都曾付出了高昂的代价。我与两位交往已久,素知两位在山西都是有身份、有声名的学者,而却不辞辈分,毅然从事这样一种艰苦的科学研究。或许会有人说:"何苦呢!"我往年曾经即兴写过《论学术腐败》和《学问与学风》两篇拙作。前者,确是当时学术界一件丑闻,一位身为教授的人物,而竟抄录他书以为己作。学术界揭露了这种"腐败",而此人自己却仍恬不知耻。后者,我在拙文中提及:"当前的潮流,人们对做学问这个行业,既缺乏兴趣,也不受重视。"后来我又为邱志荣先生所著《绍兴的风景园林与水》⑤作序:"当前的社会潮流是,写书的人很多,做学问的人却极少。这中间有许多原因,我不必议论,也不便议论。"其实,我所说的"不必"与"不便",是为了让此书作者、我的好友邱先生免受不必要的干扰。而像我这样一个不愿再受干扰的老朽,在自己著作卷首的序中已经和盘托出:"原来从上世纪 50 年代以来,我们曾经经历过一个'读书有罪,读书人有罪'的时代。"⑥学术腐败和对做学问这个行业缺乏兴趣,其实都可说是时代的后遗症。

此书的两位作者都是著名的文化人,在对做学问这种行业缺乏兴趣的潮流中,他们却毕生坚定地做学问,这对不少喜爱做学问而又裹足不前的文化人是一种有力的鼓励和鞭策。靳、谢两位这种长期以来坚持不懈的勇气和持恒精神,确实是值得崇敬的。

言归正传,回到靳、谢两位坚持做学问的事。两位做的研究,是一个历史地理学的难题。他们不辞辛劳,甘冒风险而毕生从事于山西省古战场野外考察与研究。联系到我自己,我在 1980 年以后也做过与靳、谢两位相似的研究,但是远不能与两位那样跋山涉水、精查细考相比。我是在读《水经注》过程中,依靠郦道元的记叙,坐在室内拼凑成一篇《水经注军事年表》和为这份《年表》所写的较长序言。⑦郦注成书于公元 6 世纪,故书内所记的战争,始于公元前约 27 世纪而终于梁武帝天监四年(505)。我为了让可信度较大而不记早期,仅从秦庄公元年到梁武帝天监四年,在这 1300 余年之中,郦注记叙的战争共达 341 年。在《年表》中,没有战争的安定年代只有 6 次,其中从汉昭帝元凤五年到汉成帝鸿嘉二年,是当时最长的安定时代,也不过 58 年。郦氏记叙中,有多次杀戮逾万、血流成河的战争,战场就在山西省境内。如两位详叙的秦、赵之间的长平之战,郦氏在《清水注》和《沁水注》中都有记入。我的工作多半是书籍资料的考证,而且当时在公元6世纪以前,与靳、谢的皇皇巨构实在无法相比,但从研究课题来说都是以古代战争和战场的历史地理为研究对象。我感到有关这方面的历史地理研究主要是成就卓著的两位山西专家的研究,除了对山西这个地区完成了一个艰难而完美的课题、对历史地理学在学术上作出重大的贡献以外,还有一种值得称赞的功绩,是他们的研究成果,为有关这方面的另外一种研究提供了有益的启发和奠立了具体的基础。

我在这里提出的"另外一种研究",是对人类和平的研究。按科学属性与靳、谢两位的研究并不相同,它绝非历史地理学的研究范畴。但如上所述,两位的研究为这种更为重要的研究提供了启发,也在一定程度上奠立了基础。我在拙著《水经注军事年表》序中最后指出:"从人类的前途来说,战争总有一天要全面停止,永久的和平必然会出现。尽管现在说这句话,看来为时还早,但人类社会的这种远景是不容怀疑的。"我写此文在文末所署的时间是"一九八八年六月",距今已有20多年。现在,或许是我年事稍长、阅历稍增,所以对"看来为时还早"这句话,现在已经有了一种新的体会和说这句话时的不同希望。

我行年9旬,一生中的许多时间是在战争恐怖中度过的。我在四五岁的幼儿时代就接触到了战争的恐怖。因为我们是大家庭,男人们白天都不在家,家里的女人们在一个隐蔽的阁楼上自己动手设置了一处避难所。爬上木梯,随即又拉上木梯,掩上阁门,可以容得了全家20多位女眷、孩子和女佣。我们曾经为此演习过几次,大家心里都很紧张。为什么?因为是"南兵"和"北兵"的战争。后来才知道,令人恐惧的"北兵",指的是孙传芳的部队。以后又来了八年抗战。一个初中生,由于敌机的轰炸而随着学校到他乡异县辗转播迁。而在无路可走、学校解散时,又只得逃回沦陷区,出出入入都要提心吊胆。最后又潜入日军未到的内地,在前线的枪战中血染衣衫。所有这些,在《八十逆旅》中都稍有记叙。

许多学者也记叙了各类战争,如国与国之战、族与族之战,这些在靳、谢两位的著作中已叙其详。古今中外所发生的不同类型的战争,是什么原因?人类要避免这些各种类型的战争,过永久和平的日子,是否"为时还早"?我一直在思考。

在历史车轮的前进下,世界总是不断进步的。我坚信,中国人民乃至世界人民中的绝大多数是善良的。他们既经历了战争的摧残与折磨,对战争自是深恶痛绝的,是以毕竟他们会有决心、有智慧、有能力找到各类战争的祸源,并从根本上彻底铲除之,从而赢得永久的国家和谐乃至世界和平。

靳、谢两位先生，是我几次到太原结识的良朋益友。他们尽毕生精力的研究精神令人敬佩奚似，而其研究成果，必将藏之名山、传至其人，也是势所必然。

2012 年 11 月于浙江大学

注释：

① 作家出版社 2012 年版。

② 印数不少，但未公开发行。

③ 《古文观止》下册，长城出版社 1999 年版。

④ 南京大学出版社 1994 年版。

⑤ 学林出版社 2008 年版。

⑥ 《水经注校证》卷首序言，中华书局 2007 年版。

⑦ 《水经注军事年表》、《〈水经注军事年表〉序》，收入《郦学新论——水经注研究之三》，山西人民出版社 1992 年版。

原载《山西古战场野外考察与研究》，山西人民出版社 2013 年版

《绍兴历史地图考释》绪论

屠剑虹研究员的又一大部头著作《绍兴历史地图考释》即将公开问世,令人为这座文化古城感到异常鼓舞。

中国是个有 5000 年传统文化的国家,在"文化大革命"这场灾难以后,我们的文化人之中,也有少数先知先觉者,他(她)们都是一些有思想、有抱负的人。这中间,屠剑虹研究员就是一位佼佼者。在整个文化人群体还都被史无前例也是史无前例的这场浩劫搞得心有余悸的上世纪末期,她就以《绍兴老屋》①这部巨构震动这个"后遗症"缠绵的文化界。"老屋"是什么东西? 是"破四旧"的重要对象。却在这个时候拖起身来,真是石破天惊!

我受嘱为此书写绪论,当然有很多话要说,但为求行文平和,只好借用归有光的《项脊轩志》来缓和一下对当年"破四旧"的恼恨。例如我说:"世界上大部分国家都有他们保护'老屋'的机制和具体措施。"对于自己的国家,我只说:"我们对于'老屋'的保护,确实存在着一些机制上的缺陷,造成了许多城市'老屋'过早地和过度地破坏。"其实当时心里想的是,"老屋"被毁,于今为甚! 应该引起深刻反思。对于我自己,我在绍兴的"老屋"也遭遇"破四旧"的结局,不能不说是古城保护中的悲哀。据此书作者在《旧子城图》中所示:"子城建于宋代,""作为城中的子城长期存在"。而宋代子城的街衢为"一纵三横一折"。"三横"之一有"大郎桥向东至车水坊"。在此图上,也可以看到从大郎桥到车水坊是一条宋代就存在的大路。我自幼就在这条大路中的一座著名"老屋"即明隆庆五年状元张元忭的府第(清嘉庆年代张氏后人出售于陈氏)中成长。这条古老的车水坊中,著名的"老屋"还有王氏"人瑞",我曾进去过,台门显赫,屋宇高敞宏大,后园亦大而且濒河。此外还有吴氏"大夫第"。但竟于"十年灾难"以后的1992年,在城市建设中,将整条宋代大路车水坊及全坊的一切建筑整个夷毁。

我有幸利用为《绍兴老屋》写绪论的机会,把我从小生长的这座状元府第作了简单的记叙。但当时没有记及后园,后园甚大而多树木,其中一棵最大的樟树,当时我们念小学四五年级的堂兄弟要3人才能合抱,而我祖父则说在清同治年代他识事之时,此樟树已和我们当时的一样粗大,说明当是张氏建府时已经存在的古木,或许已近千年。它也和全园树木一起遭砍尽无遗,令人不胜怀念和悲愤。1992年宋代古道车水坊的被彻底夷毁,即是"文革"的延续,而由此也更显示如《绍兴老屋》这类著作的值得重视。

屠剑虹研究员在《绍兴老屋》以后,又先后成就了《绍兴古桥》、[②]《绍兴街巷》、[③]《绍兴古城》,[④]一部又一部的煌煌巨构,相继问世。所有这些,都是她艰辛考察采撷的难得成果,而且在内容上都是绍兴这座历史文化古城的历史文物。接二连三的出版这样性质的大部头著作,不仅要有深厚的功力,而且要有锐利的远见。

孔子的学生子夏说过:"仕而优则学,学而优则仕。"[⑤]现今很多人正在做或者只想做的仅是子夏所说的后一半"学而优则仕",他们把做学问作为一个新时代当官的敲门砖,一旦戴上乌纱帽,为人、为官的责任均在脑后。相本就不再想到"仕而优则学"的事了。

我在这方面非常佩服胡适,他已然"学而优则仕",曾于1938年4月到1942年8月担任了4年多的中国驻美大使,抗日战争时代的驻美大使必然是很忙的,但是他绝不忘记子夏名言的上半句:"仕而优则学。"这4年多之中,他仍然出版了诸如《藏晖室札记》、《中国章回小说考证》、《国语文法研究法》、《知识的准备》等学术著作和论文。[⑥]当年,他戴的乌纱帽不算小,任务也相当繁重(绝不是每天开许多无聊的会议,念秘书为他写好的"报告"或"指示"),但仍能奉行"仕而优则学"这种我国传统的文化准则。

我同时也很佩服我的同乡前贤蔡元培先生。他担的政务很多,但著作也确实不少。正因为此,所以我也非常佩服屠剑虹研究员,在当时后一代的文化人也因这10年的文化灾难而犹豫、彷徨之时,是她第一个以其魄力和远见,出版了《绍兴老屋》这部专著。毅然冲破了缠绵已久的"文革"后遗症。从地区来说,她所记叙的只是绍兴这个历史文化古城,以后陆续出版的3部也都是如此。但她的功绩,不仅在于揭示了这座古城的历史文物,抢救了不少古城的历史文物。特别是对当时其他各地的观望犹豫者作出了榜样和鼓励。让全国各地许多心力有余而胆识不足的文化人也动笔著作。从此,书店里就出现了一部又一部的学术著作,再不是一片"宣传世界"和"小说世界"了(我绝无贬低文学小说之意,只是那个档口中的"小说",有不少确实粗制滥造,内容庸俗,花几个礼拜就可以写出来的)。

从《绍兴老屋》到《绍兴古城》,各书记叙论述的多是这座古城的文物。依此可见自从 1950 年以来,对这座古城的文物破坏,实在不可低估。他们除了对文物疾恶如仇的盲目意识外,实在极端缺乏现代科学知识。诸如填塞河湖(包括城内作为前山阴和会稽分界的府河)、破坏桥梁、拆毁古建筑等等。由于这类人往往有权,所以可以为所欲为。例如市内河湖中的淡水资源,现在已经是世界上最重要的自然资源了,关于这方面,我在《越文化与水环境》[⑦]一文中,已经解释清楚。全世界都已经重视的事关民生的大事,这批人却茫然无知。既可恨,也可悲。

作者以往的 4 部巨构,都是与文物关系密切的。现在,作者的又一部巨著《绍兴历史地图考释》将公开问世。真想不到,我们的研究领域,竟凑到一起了。所以对此赘述一番其中的过程。当我们在闭关锁国的年代中,当时也曾开了一个涉外的小小窗口,那就是以几种外文出版的期刊《中国建设》(*China Reconstructs*),1963 年底,此刊英文版曾向我约稿,要我用英文写一篇《中国古代的地图绘制》(*Map Making in Ancient China*)。[⑧]因为写这篇文章必须参考《晋书·裴秀传》,此传中是首先提出我国古代的所谓"制图六体"的。这"六体"是:"分率、准望、道里、高下、方邪、迂直。"为了把这 6 个词汇译成英语,我确实花了一番功夫。这其实是我生平所写的第一篇历史地图学的文章。"改革开放"以后,几位名流如谭其骧先生、侯仁之先生、史念海先生主编的各类历史地图先后出版了,他们都嘱我撰写书评,而且都发表在著名的刊物上。以后,地理系招收研究生,也请我为研究生开设"历史地图学"课程。因为开设这门课程的教师不易找到,所以我在虚龄 89 岁那年仍勉强开出过一次。现在读了屠剑虹研究员关于这一门的专著,对比之下,我作了一点反省。发现我为研究生开设的"历史地图学"课程,其实就是地理系本科生"地图学"课程的后续。在理论上有价值,也有必要,但是并无立竿见影的实用意义。高校地学研究生教师中,能开设此课的虽然不多,但研究生们获得了这种知识,是否有实用的机会和能力,我事后并无调查研究。总的说来,这类理论性的课程,要付诸实用,还需要有一定的机会。所以修读过研究生的"历史地图学"课程,又能付诸实用的,估计恐怕不多。

而今,屠剑虹研究员把这种地方志上的材料,在一个地区派上用场,为这个地区说明了许多问题,并为这个地区今后的改造提供了有效的依据。尽管她所利用的方志地图,既不是新式地图,也不是《裴秀传》中所谓"制图六体"的古典地图,而是一种我们通常所称的"示意图"。但作用还是相当广泛的。不说别的,只以水利为例。宋代有些学者认为当年鉴湖的湖田连片,是鉴湖的湮废,是对绍兴不利的一种自然变迁。我曾为此作了几年的现场考察,并参阅历史文献,肯定宋人的"湮废"之说不足信,而是鉴湖的水体北移,是山会平原水利的发展。[⑨]直到今天,山会平原仍是由会稽山为水源的鉴湖水系。我当年花许多文字说明的问题,在《绍兴历史地图考释》中,就表现得非常清楚。屠剑虹研究员在这一领域,应该是专家了。

各市县都有历代修纂的地方志,这些方志中也都有这类"示意图"。希望屠剑虹研究员从事的这种研究成果,能够为其他各地作出一个良好的榜样。

最后我要补述一下,由于《绍兴历史地图考释》的问世,令人为这座文化古城感到异常鼓舞的原因:教育部前发言人、语文出版社社长王旭明先生说威尼斯市长在卸任时告知他的市民,他在任30年,对威尼斯人民最大的贡献是,30年里他没有新建过一栋楼,因而古城得以保护。今天我们面对已无法恢复的占城,感觉虽然凄恻,但由于屠剑虹研究员等一些有识之士的毕生努力,终于使我们古城的历史得以补救,这实在是一大善举!

2012 年 11 月于浙江大学

注释:

① 西泠印社 1999 年版。

② 中国美术学院出版社,上下二册,2001 年版。

③ 上下二册,西泠印社 2006 年版。

④ 西泠印社 2008 年版。

⑤ 《论语·子张》。

⑥ 拙著《我说胡适》,《辞海新知》1999 年第 4 期,上海辞书出版社版。

⑦ 王建华主编《越环境与水环境研究》,人民出版社 2008 年版。

⑧ 《中国建设》(英文版),1966 年第 4 期。

⑨ 拙著《古代鉴湖兴废与山会平原农田水利》,《地理学报》1962 年第 3 期。又收入于《吴越文化论丛》,中华书局 1999 年版。

原载《绍兴历史地图考释》,中华书局 2013 年版

《水经注地图集》序

　　张步天教授的《水经注地图集》即将付梓问世。这当然是一部值得高度称道的历史地图集。必将为郦学研究藉地图的配合而更上一层楼。这是国内外郦学界众所企盼的学术大事,它为《水经注》这部著名古籍锦上添花。

　　步天教授曾于上世纪80年代在我的研究室勤奋耕耘,我们之间在学术上的关系确实非常密切。在这方面,我想还是引用旁观者的语言说明为妥。我的另一位学术界好友叶光庭先生,曾经撰写过《与陈桥驿教授交往二十五年》[①]一文,文中有段述及步天教授与我的关系,兹录出如下:"我还知道他曾花费极大的精力,帮助过一位历尽坎坷,自学成才的历史地理学者——张步天教授。"此人"被划为右派,在当时全国的右派中,他要算最年轻的一位了"。平反后执教,"慕名到陈桥驿教授处进修,接受指导,修改著作《中国历史地理》上下二册"。"对于这位在残酷的磨难和极端艰苦的条件下作出辉煌成绩的后学,陈桥驿教授格外垂青,特地敦请历史地理学前辈权威谭其骧教授题写书名。终于在一九八七年问世"。"张步天还有另一部重要著作——《山海经解》,也请陈桥驿教授审阅。陈桥驿教授研究工作紧张,学术活动频繁。但他不辞辛劳,欣然接受了这个重任,于百忙中抽出时间,甚至去外地开会也带了一大包原稿,彻夜审阅"。

　　我在拙著《水经注研究二集》[②]中,曾经收录一篇《编绘出版〈水经注图〉刍议》的文章,此文还有一个副标题:"为庆祝地图出版社成立三十周年而作。"我与地图出版社关系一直密切,该社设在上海时,曾几次通过上海市教育局邀我到该社担任重要职务,但几次都为浙江省文教厅(今教育厅)挡驾。虽然我对地图确实感兴趣,但省文教厅一定要让我安顿在杭州大学前身浙江师范学院地理系。他们的唯一理由是:浙江省不能流失人才。这其实也是后来我和步天教授可以相处的机缘。

我在上述拙文中介绍历代各种《水经注图》,但除了杨守敬、熊会贞师生合作,于清光绪三十年(1904)完成的《水经注图》③比较差强人意外,其余都比杨、熊图存在更多的缺点。

上世纪末,山东画报出版社在旧津浦铁路的一所仓库里,发现了清汪士铎编绘的《水经注图》破损刊本。该社领导立刻亲自从济南赶到杭州,请我对此图整理校释,以便该社出版。我应嘱作了整理,并尽量作了较详的逐篇校释。但由于此图本身存在许多问题,我只能校释,不能篡改。所以虽然出版,④但对郦学界的作用实在甚微。

上世纪80年代之初,当时地图出版社也已经从上海移地北京。两位编辑专程到杭州请我为该社成立写一篇纪念性文字,而我仍以《水经注图》为题,说明我为此图的一直念念不忘。我生平虽然颇喜郦学,为研究生也长期开设"历史地图学"课程,但对于《水经注》地图能在以往学者的基础上,编绘一套更为现代化且符合郦注记叙的地图,却由于工作量浩大,头绪纷繁,我虽常常思念及此,而始终一筹莫展。

步天教授昔年研究《山海经》已甚精深,在其所著《山海经解》⑤可窥全貌。但《山海经》其书毕竟有许多渺茫传说,而《水经注》则是真实记叙。步天教授在往年《山海经》研究的基础上,继续对《水经注》从事更为深入的研究,最终撰著编绘成远胜以往学者的《水经注地图集·水系图集并附文论三种》,对我这个九旬老人,毕生期望,终于获得满足。特此卷首略序数言,用以表达我鼓舞和祝贺之意。

2013 年 10 月于浙江大学

注释:

① 此文收入于叶著《沙滩上的足印》,香港华夏文化艺术出版社 2008 年版。

② 山西人民出版社 1987 年版。

③ 此图今有中华书局 2009 年出版、杨守敬等编绘《水经注图》(外二种)。此集中的"外二种",其一为汪士铎的《水经注图》,其二为董祐诚的《水经注图说残稿》。

④ 山东画报出版社 2003 年出版,计《文本》和《图本》2 册,署陈桥驿校释。

⑤ 上下二册,香港天马图书有限公司 2004 年版。

原载《水经注地图集·水系图集并附文论三种》,天佳斋 2013 年内部刊行本

《浙东运河史》序

　　《浙东运河史》撰写既竟,行将公开问世。我实在为此感到不胜欣慰。作为绍兴籍文化人中的一员,看到了故乡又一部做学问的文献,首先的感觉是:亦与有荣焉。从地区范围来说,我国土地广袤,"浙东"只是我们巨大幅员中的一角,何况此书议论的"浙东",还仅仅是浙东的宁绍地区。至于此书议论的实体,则不过是这个包罗万象的大千世界中的一种事物——运河。但从另一种角度观察,从地区上说,这里是眼下我们称为"长三角"全国精华地区的一部分。按土地资源评价,早在公元 5 世纪,这个地区的西翼,就已经出现了"亩直一金"①的地价。按地区的历史文化,这里的城市最早建于公元前 490 年,而其他许多城市如诸暨、上虞、余姚、句章、鄞、鄮等,在秦代也都已建县,②说明它们都有先秦文化的渊源。所以历代名人辈出,人杰地灵的优势众所共见。在生产和经济方面,这里是一片鱼米之乡。我国历史上两晋和两宋之间的几次大规模北人南迁,这里都是移民的主要对象。

　　这部著作的地域范围已如上述,而文章探讨的主题则名为"运河"。在这片历史悠久的地域上议论"运河","运河"其词的概念留待以下再说,但首先必须提出的是,全书在自然地理实体上记叙的主要是这个地域上的淡水水体,《浙东运河史》全书包罗两个方面的大块文章,在自然界领域中,其实是追本溯源地探索和记叙了这个地区的淡水水源形成和积聚的全过程。整个地区中的淡水水体是个庞大的数字,也是全区最珍贵的自然资源。按照当前绍兴市水利部门提供的资料,在正常水位下,旧山(阴)

会(稽)县境内的淡水就达 2.56 亿立方米,而萧绍平原上则有 3.1 亿立方米。上述地域中的水资源总量(包括地下水),径流量达 11.4 亿立方米。现在人们已经基本有了这样的共识,从可持续发展的观点展望,水是人类最宝贵的自然资源。这部专著中有一半篇幅议论这个问题,真是一个值得重视的大工程。

至于书名所称的"浙东运河",其实是个约定俗成的地名。我也写过以此命名的文章,[③]这是当年历史地理学界前辈史念海先生的嘱咐。而且因为我在省内高校担任地理系的经济地理教研室主任,自从 1956 年以后,每年都要带领一个班级的高年级学生和教研室教师,在这个地区(包括若干丘陵区和舟山群岛)作为时近两月的田野实习。我曾用两条腿步行整个地区,从萧山的西兴码头到镇海的招宝山下。当年,这不过是教育部颁布的教学计划中的项目,行走在运河沿岸时,师生们都称此为"浙东运河"。那些年头,运动频繁,田野实习虽属"部颁",但其间仍有政治学习任务,根本不是一个做学问的时代,所以从来不曾考虑"运河"和"浙东运河"的名称问题。在各地奔波之时,心里还得悬着一件事:回校后又是搞什么运动呢? 终于,新中国成立后一直担任文学出版社领导的韦君宜在其晚年所写的《思痛录》[④]中引及她幼小的女儿的那段话(此书 104 页)的时代到了,旨在摧毁一切文化的"文革"运动来到了。我们与"浙东运河"的关系,也就是与这个地区的关系断绝了。

我终于受命主编一部较大型的《中国运河开发史》,[⑤]是一部学术著作,为此,我必须首先把汉语"运河"和西语"Canal"这两个词汇的来源弄清楚。在中国,"运河"一词首见于《新唐书·五行志》记及的:唐开成二年(837),"夏旱,扬州运河竭"。《新唐书》修于北宋,则此名当在北宋以后才见流行。此文中的所谓"扬州运河",由于"运河"一词,此前尚无作为地名通名的例子,所以显然是指扬州这个地域内的一切河流。后来人们常常以隋炀帝开运河相传,但其实在《隋书·炀帝纪》中,所记只是"诏发河北诸郡男女百余万开永济渠",绝无"运河"之名。直到清初朱彝尊撰《鸳鸯湖棹歌》,[⑥]仍称今北京近郊的北运河为"潞河"。所以"运河"这个词汇,以我们当前的概念作为地名的通名,其普遍使用的时间不会很长。

英文中的"Canal"一词,我在拙编《中国运河开发史》卷首由我撰写的几万字《概论》[⑦]中作过比较严格的考证。我不仅在国内遍查著名的原版英语字典,而且与在国外当教授的儿子和作为哈佛高材生的孙子通过几次电话,才厘清了此词是从古代的阿卡廷(Akkadian)语和希伯来(Sebrew)语演化而来,比《新唐书》始见的"运河"还要晚好几百年,而且在意义上似乎与《新唐书》相类,是对于各类陆上水体的泛指。所以《哥伦比亚简明百科全书》中说:"灌溉运河或许与农业同时开始"。[⑧]在我主编的《中国运河开发史》中,《浙东运河史》的作者都参与其写作,所以此书作者对"运河"的概念都是早已明白的。现在,他们用"浙东运河"这个约定俗成的名称撰写这部皇皇巨构,显然是寻根究底地研究这个地区的水体。以这片水体的形成、发展、变迁过程的这种自然景观为基础,然后论证随着这种自然景观而发展的人文景观。这就要牵涉到历史、文化、城市、经济、人物等等,把自然景观和人文景观纠合在一起,进行一个区域的全盘的和综合的研究。所以虽然书名为《浙东运河史》,但其内容却包罗了整个区域的自然和人文。情况如郦道元的《水经注》有些类似。所不同的是,作者需要一页又一页地查索古今文献,一步一个脚印地从事田野考察。一切问题都要尽可能作出正确的答案,不能像郦道元那样可以说:"其所不知,盖缺如也。"[9]所以这是一部内容复杂,难度很大的专著,其价值当然也就在此。

全书 15 章并加附录,对这个区域确实是面面俱到。特别是这项研究是从史前开端的,这就是地理科学按时代分类的所谓"古地理学"(palaeo-geography)。[10]人类至少是直到今天,都还是依靠地球生存和生活,地球存在的年代属于地质学研究的对象,而且有各种不同的说法,姑置不论。但人类在地球上出现的时间,当前地球科学界基本统一的意见是新生代第四纪(Quaternary period)之始,距今 250 万年,所以第四纪又称灵生纪(Anthropozoic period)。第四纪地理学是地理科学中的一部分,但由于这是以人类起源为界限的一个"纪",所以"第四纪地理学"原来只是地史学的一个分支,但现在已经成为一门独立的学科。在古地理学中,特别是对于本书,从第四纪的晚更新世(Epipleistocene)开始,具有最重要的意义。这正是此书作者所关注的。

整个第四纪,直到当前和今后,一直存在着气候的暖期、寒期,水体的冰冻、融化,海面的降低(海退)、抬高(海进)这样 3 个方面互相依存的自然轮回。在中国东部,当然包括今浙江省境在内,这种自然轮回,特别是海退和海进,从先民们口中对后辈子孙代代相传,所以许多地方都有古代洪水的故事。而本书在这方面一开始就作了论证。对于"史前古代越人"来说,这种自然轮回中最早值得关注的是假轮虫(Pseudorotalia)海退时期。当时海面下降甚剧,今省境海岸几乎到达东海大陆架。在距今海岸以东约 600 公里的最外缘取得的贝壳堤,C^{14} 表达了 14780±700 年的数据。[11]而这道贝壳堤,位于今黄海零点以下 155 米处,说明在 15000 年前后海面下降的程度。当时今浙江不仅与外缘岛屿连成一片,而诸如宁绍、杭嘉湖、温黄等平原的范围,都比当前成倍宽广。后来被称为越人的先民,尽管他们的生产技术尚难论断,在体质人类学方面也缺乏研究数据,但他们在这样广大的平原上生产和生活,这是无可置疑的事实。不过自然轮回到距今约 12000 年的全新世(Holocene)又发生了一种转折,海面逐渐升高,即我们所称的卷转虫(Ammonia)海进的开始。从时间上说,比前一次假轮虫海进、海退短促,但海水毕竟吞噬省境,主要当然是平原。这次海进的鼎盛时期约距当今 7000 年时代。

在这个过程中,越人们的出路看来就是两条,一批人用当时已经出现的原始漂流工具,如竹、木筏甚至独木舟之类漂流出海,另一批人则随着平原的缩小而向南播迁,即至今尚可见于《越绝书》、《林邑记》⑫所记载的"外越"和"内越"。我由于常去日本讲课,日本以"越"为称的地名很多,所以这也是彼邦汉学家们感兴趣的课题,我在与他们讨论并敦促下,曾就"外越"问题,写过《越人横渡太平洋》一文,并随文绘了"假轮虫海"和"卷转虫海"两幅示意图。由于是国际汉学家的要求,所以把此文发表在对外交流的《文化交流》⑬上,还获得了一些日本汉学家的赞许。

没有下海的越人当然不断地向高处转移。这或许是越人中的主要部分,即上述"内越"人。乐祖谋在《历史时期宁绍平原城市的起源》⑭一文中论证,河姆渡即是向南退缩的"内越"人的最后一批屯居地之一。而事实上,在河姆渡一带,丘陵已经不少。所以在这一线上,从今四明山到会稽山,像河姆渡一类的文化遗址,必然还可陆续发现。"内越"人最后都进入今浙东丘陵,这就是后来越王句践所说的:"人民山居。"⑮"山居"的"内越"人依靠什么生活?《吴越春秋》中另外一句:"随陵陆而耕种,或逐禽鹿而给食。"⑯这句话,对于"浙东运河"这部专著,实在事关重大。"逐禽鹿"是狩猎,这是进入山区后必然要从事的生产活动。在平原时代,也未必不作这种营生,当然,那时的狩猎,包括水上捕捞在内,可置不论。但"随陵陆而耕种"一语却大可推敲。既然在缺乏平坦土地的丘陵中仍有"耕种"活动,而河姆渡遗址中也已经证明了种植业的存在,则越人的原始农业在假轮虫海退时期已经包括了粗放的种植业,这就是无可置疑的事实了。前面提及了《哥伦比亚简明百科全书》中的话:"灌溉运河或许与农业同时开始。"这里所说的"农业"当然是种植业。这句话就涉及"浙东运河"的本题。因为卷转虫海退在距今约 5000 年时开始发生。海面下降和平原出露当然是很缓慢的。从宁绍平原来说,首先必然是会稽、四明等丘陵以北山麓坡地的延展,平原上许多孤丘周围的坡地也渐次扩大。长期聚居在浙东丘陵的"内越"人,按父辈们的口口相传,早已知道山北原来是一片肥沃广大的平原,所以当他们一旦发现山北坡地扩大和潮汐的影响减少等现象以后,就相继出山在山麓坡地和不断扩展的平原上从事垦殖。当然,在潮汐出没的沼泽地上的这种营生并非容易,他们首先必然选择有利的地形,围堤筑塘,拒咸蓄淡。这些其实就是灌溉运河的滥觞。至于水源,人们素称鉴湖三十六源,其中特别是南北流向的不少大河如浦阳江、若耶溪、上虞江、奉化江等,在这个季风气候区域,只要堤塘的修筑得法,蓄淡之事是并无匮乏之虞的。所以等到越王句践出山修建当时规模最大的富中大塘时,山麓坡地,许多孤丘周围和附近在地形上比较有利的平原上,灌溉运河其实已经到处出现了。这些灌溉运河当然短促、分散、简陋,但随着垦殖的扩大和技术的相对提高,其结果是拓宽、凿深和相互连接,终于因为农事的需要而出现了通航运河。《越绝书》记载的"山阴故水道",⑰即是这些通航运河中最著名的和利用率最高的一条。《越绝书》所未曾记入或以后被东汉初整理者所删略的这类先秦通航运河,肯定还有不少。

在"山阴故水道"以后的几千年中,由于多少地方循吏、乡土前贤的惨淡策划经营和千千万万劳动大众的胼手胝足,终于形成了宁绍地区这个河湖交错、富饶丰硕的水利环境。所有这些,历来已多有记载,而最近半个多世纪中,由于水利科学的进步和水利观念的刷新,"浙东运河"从理论到实践,都有了长足的发展。所有这些,我在前几年中所写的有关鉴湖和《论宁绍平原湖泊的变迁》⑱等拙文中都已有所阐述。稍后又有了盛鸿郎主编的《鉴湖与绍兴水利》论文集⑲和邱志荣撰写的《鉴水流长》⑳等专著。加上地方水利部门的重视,这个地区的水环境,从其历史到现状,包括存在的问题等等,已经让人们博古通今,眼界大开。而如今《浙东运河史》对此更细分缕析,蔚为大观。有此一编,确实要为对这个地区做学问的文化人喜不自胜,爱不释手。

前面已经指出,此书名为《浙东运河史》,而实际上除了议论这个地区的自然景观外,另外还有大块文章是细叙了这个地区的人文景观。诸如历史、文化、生产、经济、人物以及各种古今掌故,都与这个水环境密切结合,记叙并议论得细致深刻,详尽无遗。所以"浙东运河"实际上只是一种区域背景,而其书称"史",此"史"既是自然史,也是人文史。《浙东运河史》,明眼人一读便知,这是一部以这个水环境为基础的区域百科全书。

绍兴市水利局曾由邱志荣先生策划主编了一部大型画册《浙东运河——绍兴运河园》。㉑我为之作《序》,并且撰写了《运河记事序》碑记,竖立在园内正中。记得当年我还利用此碑碑阴,亲笔题诗,全诗的最后一句是"缵禹之绪㉒一部书"。前已提及,由于第四纪的海进、海退轮回,许多波及这种轮回的地区,都流传着先民对后代口口相传的洪水故事。全世界华人都知道的"禹"的故事,其出处就在绍兴,前贤已有考证。神禹治水的故事,尽管是个传说,但其意义深远,是对后世有重大价值的。特别是对于这个故事的源地,几千年来的自然改造和人文发展,都是"缵禹之绪"的实绩。而今后,这个地区的各种建设,都仍然要秉承"缵禹之绪"的精神。"缵禹之绪一部书",对于这个"一部书",《浙东运河史》是可以当之无愧的。

2009 年 2 月于浙江大学

注释:

① 《宋书·孔季恭传》。

② 据陈桥驿主编《浙江地理简志》（浙江人民出版社 1985 年版）中的《建置沿革篇》，此篇由吕以春据《汉书·地理志》考证撰写。

③ 《浙东运河的变迁》，原载《运河访古》，上海人民出版社 1986 年版，收录于《吴越文化论丛》，中华书局 1999 年版。

④ 北京十月文艺出版社 1998 年版。

⑤ 中华书局 2008 年版。

⑥ 此为朱彝尊在此书《自序》中语。朱彝尊所撰《鸳鸯湖棹歌》，现已有排印本，蔡明笺注，宁波出版社 1999 年版。

⑦ 中华书局 2008 年版。

⑧ Levey Judiths, Agnes Greenhall. *The Concise Columbia Encyclopedia*, Columbia University Press, 1983.

⑨ 此为郦道元《水经注》卷首《原序》中语；郦氏足迹未到江南，故作此语。

⑩ 地理学按时代划分，计有古地理学、历史地理学、（现代）地理学 3 个分支。

⑪ 王靖泰、汪品先《中国东部晚更新世以来海面升降与气候变化的关系》，《地理学报》1980 年第 4 期。

⑫ 《林邑记》已经亡佚，但其书对"内越"、"外越"等的记叙，《水经·温水注》等篇引及。

⑬ 《文化交流》1996 年第 22 辑。

⑭ 载陈桥驿主编《中国历史地理论丛》第 3 辑，陕西人民出版社 1988 年版。

⑮⑯ 《吴越春秋》卷六。

⑰ 《越绝书》卷八。

⑱ 《地理研究》1984 年第 4 期。

⑲ 中国书店 1991 年版。

⑳ 新华出版社 2002 年版。

㉑ 西泠印社 2006 年版。

㉒ 此为明隆庆状元张元忭为郡守汤绍恩主持修建三江闸所题联语："凿山振河海，千年遗泽在三江，缵禹之绪；炼石补星辰，两月新功当万历，于汤有光。"但有说此为徐渭代笔。因不涉主题，不作议论。

原载《浙江教育学院学报》2009 年第 2 期，
又载《浙东运河史》，中国文史出版社 2014 年版

《杭州市萧山区地名志》序

　　《萧山区地名志》修纂就绪，行将公开问世。这是一部 15 章 89 节 172 万字的巨构。对古往今来的此邑地名，都纤芥不遗地修入志内。这是一部巨志，又是一部佳志；既有存史意义，又有实用价值。我有幸首读此志稿本，确实感到踌躇满志，叹为观止。

　　修志是中国长期来的优秀文化传统。历史上修纂的大量志书，按其内容可以区分为通志和专志两类。通志占我国志书中的绝大部分，范围包括历来的州、郡、省、府、县甚至乡、镇等，是对一个行政区域的全盘记叙。寓居香港的故友陈正祥先生曾在其所著《中国方志的地理价值》一书中指出，中国的地方志"有点像欧美国家的区域研究（Regional Study）"。①这句话是比较符合实际的，我从 1980 年以后，曾多次应聘出国讲学，足迹远到南美巴西，确实看到各国都有这类"区域研究"的著作。我也多作一般地浏览，发现这类书籍，多半都是学者个人的著作，并不像我国志书那样地项目规范，条例清楚，易于查索。其中也有些这类著作，只是探讨一二个专题，内容精详深刻，相当接近我国志书中的专志。

　　所以这里就要说点我国地方志领域中的专志。专志在我国的全部地方志中虽然只占少数，但门类却颇不少，诸如江河志、经籍志、寺庙志、人物志等等，不胜枚举。但自从修纂伊始直到民国年间，却从不见以地名为修志对象的专志。地名志实在是我国长期修志传统中的一种新生事物。说穿了，也就是无产阶级"文化大革命"亦即所谓"十年灾难"以后所必须立刻拯灾的产物。

　　地名,简而言之,就是一处地方的名称。每一处地方都有名称,好像我们每个人都有名氏一样。一个人的名氏由姓和名组成,这是大家都知道的常识,不必说明。一个地方的名称则由专名和通名组成,例如杭州市萧山区,"杭州"和"萧山"是专名,"市"和"区"则是通名。中国自从秦建郡县制以来,各地的地名总体上是比较稳定的。地名当然以稳定为好,我在拙著《水经注撷英解读》②一书曾论及于此:"从当前世界各国的情况观察,凡是民主自由、繁荣富强的国家,如英国的郡县镇,美国的州县镇,日本的县市町,都是长期稳定的。"萧山在以往的历史时期中,专名是很稳定的,只是通名有点变化。例如在宋、元、明、清4朝,萧山县的专名和通名一直稳定。这4朝中,萧山都是绍兴的辖县。但绍兴在宋、明、清3朝,通名都作"府",而元朝则改"府"为"路"。为此,在这四朝中,宋、明、清都作绍兴府萧山县,而元则作绍兴路萧山县。在辖属关系中,只有元朝一代,在通名上有过改动。至于最近的几十年中,由"县"而"市",又由"市"而"区",只是当代的既成事实,也就不必计较了。

　　中国历史上曾有两次地名大混乱的时代,第一次就是西汉末年的王莽,此人是个昏庸暴虐的乱臣贼子,不仅篡位称帝,而且胡乱地篡改地名;不仅篡改专名,而且篡改通名。把全国360个"县"改为"亭"。例如萧山隔江的钱唐县(今杭州),他就把专名和通名一起改,改作"泉亭"。不过由于他当权的时间甚短,篡位以后的更始元年(公元23)就被起义者所杀,而且由于他篡改的地名都是郡县一级的大地名。光武帝即位,就一笔勾销,造成的后果也随即消弭。

　　但"十年灾难"时期对地名的篡改就比王莽时代严重得多了。我在为最近出版的《杭州市地名志》③所写的《序》中曾提及于此:

　　　　自从王莽以后,我国地名的又一次大肆篡改就在20世纪的1966年,所谓"五一六"号令以后的"破四旧"期间,而且胡乱篡改的程度较之王莽时代尤甚。因为当年王莽篡改的地名,在文字上并不涉及庸俗粗鄙,而"十年灾难"时期篡改的地名,其中有不少庸俗粗鄙不堪入目的。所以在灾难缓解以后,中央首先必须立刻解决的,就是这遍地狼藉的地名,因此随即于1977年7月成立了中国地名委员会。各省、自治区、直辖市,下至地县(市区),也相应建立了地名工作的领导机构和办事机构。

　　在当年中国地名委员会的各项要务中,除了立刻从事地名普查,更改这许多不堪入目的"文革地名"以外,就是《地名录》和《地名志》的修纂。所以《地名志》这种在我国志书中从来不曾著录的专志,其实就是"十年灾难"的产物。我是浙江省地名委员会的十几位委员中唯一以学者身份出任的委员,以后随即又成为浙江省地名学会的理事长,所以此中过程我完全清楚,可在以下再叙。

中国在 20 世纪 60 年代的后期,由于政治上出现了巨变,文化上也从当年文学出版社领导韦君宜在其晚年恍悟以后所著《思痛录》④中倾诉的,国人在读书方面也从当年"只念一本,……别的都是反动"的时代,发展到在相对宽容的领域中阅读、写作甚至发表的时代。修志传统在当年显然也是"破四旧"的对象,从此也获得了开放。而其中第一批问世的则是历来在专志中未曾出现过的《地名志》。如上所述,这种异军突起的专志源于中央。

在杭州大学出版社 1997 为我出版的《陈桥驿方志论集》中,除了我主编的《杭州市地名志》前言以外,还收入了省内其他市县如丽水、龙泉等《地名志》的《序》8 篇,说明当年全省各市县都按中央规定修纂了这种专志,而在中华书局于 2011 年为我出版的《陈桥驿方志论文续集》中,已不再见到有关《地名志》的章篇。这正是说明,省内各市县的《地名志》修纂任务都已完成。

中央在当年规定这项修纂任务,目的是为了肃清"十年灾难"留下的后患,是各市县必须执行的硬任务。但这种专志一旦出现,方志界和学术界随即领悟,这种前无古例的专志,并不因为"文革地名"的扫除而随之结束,它其实是很有生命力的,可以成为在专志中值得继续修纂的重要地方文献。这是因为在"以阶级斗争为纲"的日子里,一个有户口的城市居民,过的也不过是一个月二十几斤粮票和买一双袜子也得付二寸布票的艰苦生活。而到了"十年灾难"时期,国家的生产力和经济形势都已接近崩溃。"改革开放"挽救了这种危局。自从 20 世纪 70 年代开始,国家的生产力和经济情况有所好转,其中特别是"城市化"的发展。什么是"城市化",我后来在日本国立广岛大学研究生院担任客座教授的这个学期,讲授的课程就是"比较城市学",所以对此稍有一点心得。但这里就不说大道理,还是根据《地理学词典》⑤的简明解释吧。"城市化"是:"指由于社会生产力的发展而引起的农业人口向城镇人口、农村居民点形式向城镇居民点形式转化的全过程。"这种"全过程"现在大家都亲眼目睹,这就是《地名志》这种专志的生命力所在,也就是这种专志必须继续修纂的基础。

我是为《萧山区地名志》作《序》,所以还必须交代我与萧山的关系。萧山曾于 2008 年 3 月举行过"地方文献国际学术研讨会",与会专家除了大陆外,有来自港、澳、日本和韩国等学者,会后出有《地方文献论文集》。⑥承蒙会务组在卷首《综述》中加意指出:"这次会议中令人特别感动的是四位八旬老人陈桥驿、来新夏、王汝丰、陈伯良先生始终坚持听会,……值得我们大家学习。"

对于我来说,这番表扬,除了会议论文确实精湛以外,此外就是我与萧山的关系。我家世居绍兴府城之内。绍兴府自唐朝之初就辖 7 邑,五代吴越又加新昌县建置,所辖增为 8 邑。山阴、会稽均在府城之中可以勿论,而其余 6 邑之中,我首先入境的就是萧山。

我的外婆家在后盛陵村,当年,南沙虽已存在,但老塘(北海塘)尚未拆除,成为一条人行通道。从后盛陵村登上老塘,就是一座颇高的当地人称为"琉璃阁"的建筑,其实就是早年的灯塔。从此在塘上西行 3 华里,就到萧山县的瓜沥镇(当时都称"塘头")。我还是一个孩提,依靠大人的抱持,或者是一种称为"羊头车"的独轮车,几次进入瓜沥镇,看到这是一个商店林立,市场繁荣的地方。我比较早熟,当年就有这样的意识,这是我第一次进入绍兴府属县的县境。无非是个四五岁的孩子,在绍兴也从未到过府城以外的任何集镇,而塘头(瓜沥镇)给我的印象很深,所以我想萧山一定是个好地方。

我是 1943 年夏季从日寇占领的绍兴乘当时的"轮船"到达同样为日寇占领的萧山。目的是在萧山搭乘日寇修复的原浙赣铁路火车到金华。然后通过日寇的前线哨所,到内地继续求学的。当时凡是日寇占领的地方都称"沦陷区",未被日寇占领的地方统称"内地"。所以当时的萧山是"沦陷萧山"。由于夏至季节中的几天暴雨,日寇的铁路停驶了几天。我寓居在街道东端绍兴人开设的大昌酱园,并因此而多住了几天。所以在街上走走。"沦陷萧山"是个"一条街"的县邑,从东端我寓居的大昌酱园到西端的日寇火车站,无非是一条街上的十几分钟路径。与童年时代的瓜沥镇一个模式,不过是街道长一些,商店多一些而已。当时府属各县都已成为"沦陷区",景况必然相似,但萧山毕竟是我所到的府属第一个县邑。对这个"一条街"的"沦陷萧山",我仍然感情至深。

抗日战争胜利了,但接着来到的是"以阶级斗争为纲"的萧山,包括我自己在内的许多文化人,都成了"阶级斗争"的对象。虽然有所属单位领导的保护,让我一次又一次地在所谓"历次运动"中幸免于难(但保护我过关的领导,自己却成了"右派"分子和右倾机会主义分子,真对不起他们)。而最后终于发动所谓"无产阶级文化大革命"把这些希望中国的优秀文化能够传承下去的文化人统统关进"牛棚"。在"牛棚"之中过的是受折磨、受凌辱的日子。当时哪里还有情绪想到萧山。

上面已经记及,自从 20 世纪 70 年代以后,情况开始好转,中国的优秀文化传统,不会在"破四旧"中消灭了。记得是 1985 年,我受聘在日本国立大阪大学研究生院担任客座教授。与我的办公室毗邻的是日本著名汉学家斯波义信教授,常常相互交谈。有一天斯波先生忽然到我室中出示一封从美国来的信函,发信人是美国瓦尔巴莱索大学历史系教授 R. K. Schoppa(汉名萧邦齐,外国汉学家都有一个汉名)。他探悉我们夫妇当时都在大阪,而且与他的朋友斯波先生相处甚得,因此,信的内容是请斯波先生向我推荐他到杭州大学我的研究室作进修学者,而他来华的研究对象就是萧山湘湖。

由于他的姓名在1980年美国首席汉学家(美国以被选任为亚洲学会主席的学者为首席汉学家)施坚雅(G. W. Skinner)来华专访时已经向我提及过,所以我就请斯波先生复信,我同意他的要求,要他向中国教育部办好手续。我虽然已经接纳过两位日本学者,但由于当时"开放"伊始,手续还相当严格,所以萧邦齐先生直到1986年才获准到我的研究室。他是携眷来华的,住在杭大专家楼的一套房间。他在我的专用办公室里研读有关湘湖和萧山的文献。他夫人则在专家楼为他们的几个孩子作家庭教师。由于他有一定的阅读汉字能力,所以我也为他办好省图书馆的阅读手续,他有时可在省图书馆泡上半天。

我们当然也和萧山方面联系,萧山的领导对于当地第一次有国际学者前去研究,也感到很受鼓舞,表示竭诚欢迎。但由于"十年灾难"的影响,如同全国各地一样,萧山的发展才刚刚起步,城市虽稍有扩大,但还没有一所涉外宾馆。只好为我们安顿在一座高大的农垦大楼中,最高的第五层就整理清洁归了我们。萧与我人各一室,其余的助手和研究生则数人合室。从这座大楼后窗下眺,萧山饭店已在兴建,还只建到第一层。在县领导和水利部门的热情招待下,我们在湘湖及其外围地区考察了十几天,在他所举的湘湖和萧山文献中,我发现有好些是我们所没有的。又陪他去了南沙,到处开座谈会。应邀与会的各阶层人士,多表达了对眼下萧山开始发展的赞赏,但也诉说了在"以阶级斗争为纲"特别是"文革"时代的怨气。其中有不少话,我在翻译中就有意省略了。

当时的萧山,比"以阶级斗争为纲"的时代当然平安得多了,比"十年灾难"的贫穷饥饿时代当然富裕得多了。但是让我感到自豪的倒是在南沙。那天,我们一伙在南阳开了座谈会后,萧在美国时就知道,南沙居民都是居住在形式相同的草房里的。但是离开南阳以后,我们的面包车到处行驶,却找不到一座草房。他由于想拍照,最后终于找到一所,但已经是作为仓库而不是民居了。当时的民居虽然还是简陋的瓦房,而且和当年的草房一样,还是疏落的(当然是拆掉草房在原地新建的)。可以设想,随着生产的发展,这类瓦房一定会多起来,形成一个又一个的村落。

他在我的研究室长达8个月,返回美国以后,随即在耶鲁大学出版社出版了关于湘湖的专著:*Xiang Lake——Nine Centuries of Chinese Life*,[⑦]并且立刻签名寄赠给我。外国学者不远千里来到中国专门研究湘湖,而且出版了专著。这当然是萧山值得骄傲的事。

事情还有后续,推荐萧邦齐到我处作进修学者的日本著名汉学家斯波义信,1989年底也写信和我联系,他自己也要到萧山从事考察。他是已经出版了好些中国东南地区著作的,他的考察研究,当然比萧邦齐更要深入和扩大。除了湘湖以外,他要考察整个萧山及其附近地区,兼及萧绍平原的农田水利。经过几次通信商量以后,他办妥手续于1990年暑假以后来到杭州大学,当然也是住在专家楼。

在日本时,他和我们夫妇已经很熟悉。为了到萧山后与群众交谈的方便,我夫人熟娴日语,所以一同陪他出行。他比萧邦齐到萧山晚了4年,萧山可是已经大变样了。我的故友政协主席费黑先生出面陪同,当然还有几位水利局的专家。我们住进了可以体面接待外宾的萧山饭店。

这一次我没有带助手和研究生,我们的小轿车上,除了他和费黑先生外,就是我们夫妇。但水利局专家们的车却紧紧地跟住我们。我们仔细地考察了湘湖,常常停下车来由水利局的专家们为他解释问题。除了萧山附近的许多地区,还考察了诸如闻堰、临浦等集镇。斯波先生这一次到萧山考察当然是满载而归,非常满意。而由于生产力的发展和经济的繁荣,萧山的城市化程度也有了很大的提高。我们夫妇能在这样一座城市里接待日本朋友,也感到非常体面。我和国际汉学家4年之间两次在萧山的考察,都有照片留在一本巨型的彩色照片集,即我的《八十华诞照片集》⑧之中。这些照片,不仅对我们几个人有留念意义,更为重要的是萧山城市化进程不断提高,城市范围不断扩大的见证。

萧山的发展确实相当快速。以后又是修纂《市志》,又是修纂别开生面的《围垦志》,又是为了美化湘湖而从事规划的各种会议。我都是逢会必到,这是我在孩提时代最早入境的府属县境,是除了老家府城以外所辖6邑之中最受我关心和重视的城市。2011年年底,此县所辖的航民村开始修纂村志,嘱我为该志写《序》。但修纂工作正在进行,我尚未看到志稿。而主持此事的陈先信先生原是市志办公室主任,已经相熟。为了我写《序》的方便,他就接我到该村观察一番。由于从杭州到此村已有宽敞的柏油马路,小轿车很快到村,村中的不少领导和企业界首脑就前来欢迎。我确实一下子看傻了眼睛,一个称"村"的聚落,竟有如此壮观的气派!其街市范围与两边商店,当然与"沦陷萧山"的"一条街"惨况无法比拟;而"村"民的物质富裕,与"大跃进萧山"及"文革萧山"更有天渊之别。我孩提时代就已见到的市面繁荣的瓜沥镇,恰恰就在此"村"边,已经沦为一条冷落破旧的小街。所以我在为此《村志》预写的《序》中,就以我亲身经历的美国大都市纽约和巴西首都巴西利亚的发展作比。今日萧山,只要向人们推出航民村这样一个称"村"的聚落来,就足以让这部专志石破天惊!

为《萧山区地名志》作《序》,写了许多文字,却还没有说出《地名志》的本题。其实,明眼人一读便知,我所写的,就是这部与众不同的《地名志》的雄厚基础。第一轮《地名志》是为了洗净那些庸俗不堪的和个人迷信的地名,而由国家规定修纂的。以萧山为例,历史悠久的古镇"西兴",竟被篡改为宣扬个人迷信的"东方红"。删掉"东方红"，改回"西兴"，修志的任务就完成了。但现在的情况与第一轮大不相同，不仅是由于城市化的进展，使地名大量地增加，而每个地名的内涵，也有极大的改变。"沦陷萧山"的地名很少，每个地名只有恐怖、羞耻和屈辱。"文革萧山"的地名比"沦陷萧山"增加得有限，每个地名也只有"造反有理"、"破四旧"、"贫穷饥饿"等等而已。而时至今日，情况已经有了翻天覆地的改变。不仅因为城市化的进展，地名的数量成倍增加，而且由于生产发展和经济繁荣，每个地名都包涵了丰富的内容。有它们的渊源来历，自然特征，人文掌故等等。并且卷首配置县境的历史地图和现代测绘的新式地图，卷内又插附了镇、街道和其他地图，都是有计量价值的新式地图，地图的大量利用，这是《地名志》的很有意义的创新。

在中国方志史上，从未有过《地名志》这样一种专志。第一轮《地名志》是国家为挽救"文革"灾难的应急措施。当年，我作为省地名委员会的成员，脑袋里终日缠绕的就是如何处理这许多粗鄙不堪入耳的和宣扬个人迷信的地名，而没有料到，就是这一种诱因，促使了地名研究的发展。学者们开始把地名学作为一门正规的科学从事研究，许多有关地名学的书刊文献相继问世，高等学校中特别是在研究生院也增设了地名学课程。而长期来在我国志书传统中不曾列名的这种专志，从此固定了它的地位，《地名志》作为一种专志，以后就要一轮又一轮地流传下去了。

《萧山区地名志》在第二轮这种专志中是比较领先的，以我个人的经历，年来已经为临安、^⑨杭州两市的第二轮《地名志》写了《序》，萧山是第三位了。当然，现在并不会像第一轮那样，许多市县都因限期的关系而纷纷求《序》于我。但据我所知，省内有不少市县的地名办多已动手，由于当今的《地名志》与第一轮迥然不同，它已经成为志书中的一种正规专志，必须记叙全市县的多数地名，从修纂到出版，需要历经一段较长时间。所以萧山区的这部专志，在省内还是位列在先的。

前面已经说明了我和萧山的关系，所以为这部志书作《序》，心中感到非常愉快。不仅因为摆在我面前的是一部洋洋万言、巨细无遗的地名专志，更重要的是这部志书所反映的萧山的城市化进程。我经历过"一条街"的"沦陷萧山"，也知道贫困穷乏、民不聊生的"文革萧山"。但现在这部志书记叙的确是一个生产发展、经济繁荣的萧山。萧山的城市化进程这些年来确是日新月异，所有这些就是这部《萧山区地名志》能够取得如此成就的基础。

祝贺这部志书的非凡成就。我能为此书作《序》，不胜荣幸。

2013 年 9 月于浙江大学

原载《杭州市萧山区地名志》，方志出版社 2014 年版

《东瓯丛考》序

　　周琦先生的《东瓯丛考》已经完稿,即将公开问世。读完此稿,让我豁然开朗。全书7卷分"史脉"、"分治"、"儒学"、"宗教"、"风物"、"文物"等6大领域,60万余言;基本上把这个地区的历史文化考证殆遍。这"六考"问世,说句不很得当的话,这个地区这些年来新修的地方志,在某种程度上,恐怕就要"退居二线"了。这是一部全面记叙和论证的专著。记叙之详,论证之深,或许是我这个对东瓯并不广泛了解的人,生平读到过有关这个地区的最完整、最全面的著作,是可以列入"藏之名山,传至后人"的卷篇。

　　以往,我只知道焦竑有言:"此即所谓东越、闽越、南越也。东越一名东瓯,今温州;南越,始皇所灭,今广州;闽越今福州。皆句践之裔。"①

　　我老家绍兴,是越地中的所谓"于越",离温州不远,其实都是焦竑所说的"皆句践之裔"的地区。我从上世纪50年代初在高等学校地理系执教,主要从事区域地理的教学和研究。所以在读到焦竑的此语以前,早已知道了这个统称"百越"的地区,包括了于越、瓯越、闽越、南越这互相毗连的4大片。是当时都是被文化发达的中原汉人称为"南蛮"的一个大型部族。这些蛮子,他们与中原汉人相比,当然文化落后,只有"南蛮缺舌"的语言,而没有文字。不过在自然地理环境上,这个地区气候暖和,物产丰富,土地肥沃,且有海洋之利。海,这是中原汉人所没有见到过的。

　　在第四纪晚更新世距今最近的一次卷转虫(ammonia)海退以后,这批在海进鼎盛时期纷纷上山的越人部族,在距今约 5000 年以前,又陆续下山,用他们的落后工具,把这片被海水浸泡了二三千年而又出露的泥泞沼泽上从事垦殖。整个百越地区的越人都是这样。垦殖的效率当然很低,在中原特别是身居高位的人,仍然看不起这批蛮子和他们所处的地域。管仲在公元前 7 世纪曾说:"越之水浊重而洎,故其民愚疾而垢。"[②]在当时,这也是事实。这一大片刚刚从海退后出露的沼泽上,到处都是潮汐直薄的水,越人垦殖的艰辛可以想见。但他们在山区已经过了几千年"随陵陆而耕种,或逐禽鹿而给食"[③]的生活,靠山吃山,已经到了山穷水尽的处境了,眼看山下的海水逐渐退去,他们为什么不按部族前辈口口相传的回到这片海水进入以前的平原上去呢。对于这些"祝发文身"的蛮子,在这片泥泞沼泽,潮汐直薄地区的苦干,中原汉人中如上述管仲之流,当然嗤之以鼻。不过,时日推移,随着百越之地被这批蛮子逐渐开发成为稍有成就的垦地以后,中原汉人中,也有心向往之的。商贾们想到这个据说已具一定规模的地方做生意。在中原的无地农民听说这里土地宽广,谁围垦出来就算谁的,也想到这里来"耕者有其田"。当然,开始也有失败的,做生意的由于不懂得蛮子们需要什么? 如《庄子·逍遥游》所记:"宋人资章甫(按,一种帽子)而循诸越,越人断发文身,无所用之。"《淮南子·说山训》所记:"鲁人善制冠,妻善织履,往徙于越南大困穷,以其所修而游于不用之乡。"种田人也是一样,他们在中原,虽然也是受人雇佣而并无土地的,但世代都在那个干燥的小麦杂粮区劳作,骤然来到这个到处都是水的江南稻作区,区域环境是他们不适应的,作物的耕耘操作过程也是他们毫无经验的。当然不好再回中原去,只好既来之,则安之了。

越人当然也有仰望中原汉人文化的,越人中的领导层很希望能够与中原汉人交往。《竹书·纪年》在周成王二十四年下(前 10 世纪)让我们第一次看到"于越来宾"的记载。这显然是越人与汉人的毗邻地区,民间的来往当然比领导层之间的朝贡要早得多,汉人的高尚文化也是早就为越人所仰视的。他们显然羡慕汉人的服饰礼教,尤其是除了语言以外还有文字。越人的领导层开始按越语的发音借用汉字表达。于是越人语言称自己部族为 yue 的发音,就用汉字"越"代替了。不过由于百越的地区大,语言也并不全同,所以同是以汉字表达的越语也并不完全相同,以部族名称的这个"越"字为例,以后汉人著作《史记》系统诸书作"越",但《汉书》系统诸书都作"粤"。[④]百越地广人稀,汉人渗入的越来越多,所以越人向汉人学习的机会就不断增加,这也就是越人的汉化过程。随着时代的推移,祝发文身的越人,也开始模仿汉人的服饰,懂得一些汉人行为举止了。当然,首先是从越人的领导层之间进行的,以后才逐渐地普及到一般越人。

此外,在汉人的领导层中,像管仲那样,置蛮夷戎狄于不屑一顾的当然一直有人。

但是也有从地理环境角度观察,希望驱走这些南蛮缺舌而占有他们土地的。所谓"控襄荆而引瓯越"。⑤这样的人,以后的秦始皇就是典型的代表。他不仅吞并了中原同族的其他六国,而且又驱军南下,占据了江南,从最北的句吴,⑥并于越、瓯越、闽越、南越的全部百越之地。秦始皇的野心是想建立一个万世一系的大帝国,所以在中原,他主要消灭燕、赵、韩、魏、齐、楚等国名,对于人民,他除了"焚书坑儒"等推除与他不同政见的异端外,其他广大汉人,他仍然让他们"安居乐业"。但对于江南百越之地的被他视为蛮子的人民,策略就完全不同了。他施行了镇压的手段,这就是《越绝书》卷二⑦和卷八⑧等所记载的强迫移民的措施。他把要居在百越之间最发达的大越城(今绍兴附近)的越族居民,当然也包括东越和闽越的,用强制手段驱赶到今浙西和皖南地区,然后从中原移入汉人,以改变这个地区的民族结构。被秦始皇迁徙的,当然只是越人中的一部分,此外还有更多的越人,包括于越、瓯越和闽越,他们群起反抗秦始皇的暴政,结果最后遭到杀戮而流散,其中有不少逃到浙东和福建的高山地区,即后来所称的"山越",并且仍然以山下平原地区的汉人为敌。《后汉书·灵帝纪》:"丹阳山越贼围太守陈夤。"《通鉴》在此条下胡三省注云:"山越本亦越人,依阻山险,不纳王租,故曰山越。"这些山越人,到晋代才渐次下山,与汉人沟通交往,与汉人杂处。为此,在浙闽一带的汉人之中,必然具有越人的血统。不仅语言和地名多有越语汉译,而且在风俗习惯方面,也仍保留着越人的传统,与中原迥异。

我生长于越北,又是以区域地理和历史地理研究为专业的文化人,当然很想对百越之地的渊源作一番研究。只是在高校里,我的任务一直不轻,所以我的研究工作只能从我自己所在的"于越"做起。"于越"的中心地区是宁绍平原。所以我每年带领高年级学生,就在这个地区从事经济地理和城市地理的田野实习。由于担任了教研室主任的职务,这当然是我义不容辞的事。对于这个地区,我确实较有心得。而且由于在地理学界最高级的期刊《地理学报》发表了几篇论文,得到了前辈学者,如著名的史学家杨向奎先生的称赞。杨先生说:"陈桥驿先生是从研究宁绍平原起家的……其论文的特点之一是从全面看一斑,并能从一斑以窥全面者,因此在国内外都很著名。"⑨其实,我研究宁绍平原,重点仍在对"于越"的寻根考察,所以在拙撰《越族的发展与流散》一文中有较详的阐述。我很想研究与于越毗邻的瓯越,但是由于没有实勘的机会,只能在零星的文献上做点功夫。

从上世纪50年代起,高校的上课虽然极不正常,也并无一个较长的暑假,校系都要在暑期中承担一种表面极其重要而其实是劳而无功的任务。所以原来希望利用暑假到东越实勘的打算,始终只是泡影。不过,到了50年代末期,机会终于来了。当时,有些省已经在早些年就出版了全省乡县地图集,但浙江省并未做过。省民政厅里的领导觉得我们省也应出版一本分县袖珍地图集,绘上各县人民公社的界线,这是最能称功的举措。于是他们就和杭州大学联系,要我们为他们完成这项任务。绘地图,这是地理系的本行,而且我们省实在早就应该出版一本分县地图集,撇开赶潮流的"政治"意义,这本来就是我们应当做的事。现在能按"最高指示"的精神,把县内界线绘到人民公社,也是一种符合时代的好事。于是省民政厅要求时间必须抓紧,要快,经费当然由他们提供。

校系经过研究,这个任务由我负责。把本科三四年级两个班级的50多位学生让我调配使用,工作要做得快,争取早日让省民政厅出版,当然也会署上杭州大学的校名。我考虑了一番,感到这个课题难度不大。我们系里原有旧时代留下来的1:5万和1:25万整套地形图,是属于"绝密"级的,但现在不必再计较"绝密"了。1959年暑假以前,我曾到附近几个县与领导层商量过,他们一致赞成。这些人常常要出差,有这样一本袖珍地图放在皮包里,对他们是"正中下怀",所以都表示愿意全力配合,让图集早日出版。

这个暑假里,我就取出这两套原来是"绝密"的地形图,调配学生到全省各县,有的是一人管一县,有的是一人管二县。与县里的测绘人员,先从我们的地形图上勾划出县境,然后在县境图上工作,把基层单位画到"人民公社"。此外是改正地名,因为当时各县地名多已更改,与我们的地形图差别很多,新地名以"东方红"、"卫星"、"跃进"等为最多,我们都应照改不误。又把全省分成八九片,每片都配一个能力强的学生担任。因为我们的地形图毕竟还是"绝密"级的,必须妥为保管。暑假后他们纷纷起程,我则定了全省的几条路线,循路线到各地检查指导。

1958年,为了贯彻"农业大学要办到农村去"的指示,全国农大和农学院立刻遵旨奉行。我妻子是浙江农学院的外语教师。他们一迁再迁,全校最后迁到属于瓯越地区的瑞安,教师和学生分头在那里插队落户。反正在城里也很少上课,所以这样做,对教学的影响等并不大。只是生活太苦,我妻子分配在瑞安东部山区的陶山,过着一天三餐番薯丝的生活。一个学校的各系师生全部分散,过的都是这种生活。只是这个指示只维持了一年多,到1960年暑期,又都迁回城内了。

我穿插这一段,是为我走了全省的好几条路线,但这里只记我走这条我向往已久的东越路线,并且顺便与我们在瑞安陶山的妻子在温州见个面。

在宁波花3天时间完成了这一片的检查和指导以后,我让几位同学各归各县。这天上午就坐班车到百官镇(上虞的新县城),走过刚刚在这年修成的两边有人行道的原曹娥江大桥,然后在曹娥上班车,目的地是天台。因为我认为这是东越境域的开端,我想在这里召集这一片的同学检查讨论。为此,我特意在车上询问一位操台州口音的旅客:天台有没较好的旅馆?"桃源春! 这是我们天台最好的旅馆,设备考究,而且就在车站边上。"从这位旅客的回答中,很以"桃源春"这家旅馆为天台得意,我也因此而放心了。班车在上灯时节才到天台,一下车,果然在店面的闪闪灯光下看到了"桃源春"的招牌,我立刻奔过去,但迎面就看到一块"客满"的牌子,旁边还有一张"三级干部大会"的纸条。我知道天台县只有一条街,就问掌门的:你们街上哪一家旅馆较好?全让干部大会包了,我们不是要搞"大跃进"吗? 这时,有两位比较年轻的也走过来,我立刻告诉了他们旅馆被"大跃进"全包的事,我们3人就在"桃源春"门前攀谈起来。我着急的是,时间已晚,找天台绘图的同学已经找不到了,这个晚上怎么办呢? 他们俩原来是从余姚来的便衣公安,到天台来查案的,我给他们看了介绍信,他们知道我只是个绘地图的教师,也就放心了。他们毕竟地头熟,知道街上有两家旅馆,但现在不必再去吃闭门羹了。但他们也知道街梢头有一家统铺小客栈,那里是不会搞"大跃进"的。于是一同往街上走,果然找到这家统铺小客栈,而且老板与他们两位是熟的。于是我们才要到一个三个铺位的统间,墙角上挂了一盏桐油灯。棉被上一股臭味,我只好和衣而睡,而在这里开这一片的碰头会的念头也就打消了。

次晨恍恍惚惚地醒来,到桐油灯看手表,已经四点半了。天台的这条街很长,我就在他俩还睡得正香的时候离开这个小客栈,走完这条长街到了车站,买好车票,上第一班车很快地到了临海。确实有比较清洁的旅馆,住下以后,又找到临海的这位同学,要他随即返回天台,通知这一片的会在临海开。这位同学的任务不轻,因从天台回来后,还要再到仙居、黄岩和温岭,花了两天时间。我则在临海访问调查,因为这还是我第一次进入东越境内。当时正是橘子丰收的时节,满街都是红橘,每斤只要9分钱。宁波和杭州,凡见橘子就排长队,所以我们都没吃到过橘子,我那时有力气,用一个大口袋买了十多斤。并且也访问了正在橘园边上铲土的橘农。知道这里出产红橘、早橘、蔓橘、本地早4个品种,以红橘采摘最早,而本地早品质最好。临海人的方言我基本能懂,所以在语言和风俗习惯等方面,也作了不少访问,并且写在一本专用的本子上。

临海片的会开了两天,他们感到县里都很支持,一切比较顺利。我要他们各归各县,自己则背上橘子,坐班车到乐清。目的是为了告诉这里的同学,要他们到温州开会。乐清的方言我已经不懂,虽然也住了一天,但只能和几位小学老师(他们都是本地人)聊天,同样记在本子上,但收获不大。从乐清坐班车到温州是要在瓯江边乘轮渡的。到温州的当天,妻子也从瑞安来到了。但同片内的青田、平阳等县还有待温州的同学去通知。这里已经是东越中心了,可惜语言实在难懂。妻子了解我东访西问的意思,她在陶山吃番薯丝也已经四五个月了,但也是只能在农学院的师生间谈谈,一直不懂得当地的方言。我当然理解这种语言上的问题。假使有一位北京人到我家乡绍兴,我们用纯粹的绍兴方言与他谈话,他也会有像我这样到温州的感受的。

我们系绘图室的周丙潮先生知道我此番要到温州,特地设计了为这套地图浸泡底片的特殊盆子,要我到西山陶瓷厂定制。我和妻子步行到厂,虽然制盆的事为他们一口拒绝,但是妻子在门口卖品部中购盆碟之类时,接应我们的是一位能说我们较懂的"普通话"的平阳人。我与他攀谈了颇久,都记入我的本子中。或许是我在温州考察东越的最大收获了。

3天以后,温州片的同学都已到齐。我看了他们随带的草图,大概都可以通过,因为各县对这本袖珍地图都感兴趣,所以工作都能得到他们的支持,我随带的许多橘子,原来是想妻子带些回陶山去的,但是她只惦记家里的4个孩子,她只吃了几只,与会的同学每人也都只吃一只。他们也这样说,杭州人除了有时间排队的,恐怕都还没有吃到过橘子呢。为此,我从公路到金华换火车到家。我家的保姆确实照料得很好,但孩子们吃橘子时欢乐光景,我立即写信告诉在陶山吃番薯丝的妻子。

这是我第一次访问和实地考察东越的过程,虽然因为有绘图的任务,特别是时间不长,语言不通,收获并不很多,但我还是感到满意,点点滴滴,都记入我的专用本子。

为了地图的事,我们忙碌了七八个月,包括绘图室的两位资历不浅的绘图员,都花了很大力气,图稿确实绘成了,倒是省民政厅自己刹了车。因为上级不同意,一个省的民政厅,怎么能出版以"绝密"级地图套绘出来的地图。一场忙碌,只好不了了之。

1961年,我又得到了一次考察瓯越,或者说整个东越地区的机会。那是1961年中央发的文件,要沿海各省调查海岸线的情况,不仅要画图,还要填制不少表册。校系又把这个任务交给了我。但这一次只要本科四年级学生同去,而教研室的全部教师十余人一律参加。我由于长期带学生在宁绍一带和舟山群岛搞田野实习,图既顺手可绘,表册也填得出来;所以宁海以北的这一段海岸线无须调查。主要是海岸线的南段,还需下一番功夫。对于我来说,正是一个考察东越及瓯越的好机会。

在暑期中作了一些室内的文献工作,暑假结束,我们就乘火车到金华,然后分搭几次班车到温州。由于这一次是中央文件,打前站的人已经为我们联系好住入温州大学,只要在那里再分析一点文献,就可以上路考察了。我看了具体要求以后,知道没有什么大不了的事,所以只派遣了两位教师和十几位同学走北线,从临海直到三门,以临海为驻地。我们则专事南线,常驻温州。我把绘图和填表册的工作交给教研室的副主任。我自己则经常外出,师生们不知道我作什么,其实我还是倾注于这个古代越地的访问和调查。

我们在考察了海上的洞头县以后,就制定了一条向南考察的路线。当时,物资的缺乏已是严重短缺,但相比来说,温州市内的供应,至少比杭州好得多。五马街上的郑德大汤圆店,还有可以随到随吃的高价汤圆。当然,我们必须考虑到向南考察的这条路线上的情况,所以同学们都背了一点米,教师则多带了一些干粮。

我们先到瑞安看了沿海的不少地方,在平阳则把重点放在鳌江。因为《山海经》说"瓯居海中",所以我对这一带沿海相当注意,而且这和海岸带调查的任务是吻合的。此行在同学中有二三位温州及附近地区人,让我的访问调查工作相当顺利,记入我那个专用本子的事,比前一次所记的更多并更为翔实。

我们从平阳向南到马站,从马站直下镇霞关,那里有营业的小舢板,从镇霞关所在的南关湾渡到福建沙埕,又溯水上达福鼎。在福鼎过了一宿,次日才坐班车返回温州。在沿山公路上,我们看到了1960年8月9日发生的平阳桥墩水库(今属苍南)塌坝的遗迹。当时我们看到的是,坍掉的坝尚存在,而坝下的几个聚落,已经只剩一片范围很大的瓦砾。我们一面俯瞰,一面为当年的受难者哀悼。

我在这前后两次的东越考察中,特别是第二次,因为时间长,有翻译,而且深入瓯越全境,所以收获较多,这一切,都记入我的专用本子上。由于本子封面上写了"东越札记"4字,我是这个"十年灾难"中的重灾户,灾难开始之日,就被服膺于上头"破四旧"的红卫兵,在翻箱倒柜的抄家中抄走了。

2008年5月应邀参加了温岭大溪的"东瓯古城学术研讨会",终于有了第三次考察东越的机会。起因是周琦先生给我寄来了他参加2007年11月温州东瓯文化学术研讨会长达5.3万字的论文《东瓯文化源流考》。我看后很同意他的若干观点,给他写了回信。并在温岭大溪"东瓯古城学术研讨会"与会论文《再论多学科研究吴越文化》开篇就提及此事:

> 周琦先生的《东瓯文化源流考》一文(载《台州文化学刊》2007年第3期),我早已拜读……这是篇好文章。因为周先生花了很大精力,把历史上大量论述东瓯的文章都搜集起来了。我是一个对东瓯毫无研究的人,读了此文,得益甚多。其中最佩服的是周琦先生做学问的功夫,让我获益不浅。在过去我其实只在《史记·东越列传》中读到过"东瓯"。而在周先生的文中,才知道历史上有这么多学者对东瓯作过研究,实在让我大开眼界,自惭自己的孤陋寡闻。

我在论文中建议要多学科研究吴越文化。这次会议考察了温岭大溪东瓯古城遗址和东瓯贵族大墓,并听取了省文物考古所挖掘情况的介绍,收获颇丰。

目睹现场的一切。本来可以与前两次考察加以联系,但由于在"十年灾难"中,我是一个几濒死难的重点对象,对过去的调查,由于本子被抄,所以恍如隔世。所以那年这一次现场会议,实在是对我这个生长于越地之人,再一次研究东越,并且是很有收获的开端。

　　1980 年以后，由于闭关锁国搞历次运动的时代已经过去，我随即收到国外的邀请多次出国讲学。其中特别有感的一次是 1989 年在日本广岛大学研究生院作为客座教授的一个学期。他们以一个地理系的设备，就可以完成诸如 C^{14} 和热释光之类的科学测年操作。而且能从黄海零点以下 50 多米处取得贝壳堤的标本，让我能写出具有现代科学测年数据的《越人横渡太平洋》的论文。政府重视学校教育，大学能有这样好的设备，而且我所到的各国都是如此，令人不胜感慨。

　　此外，我作为一个生长于越地的文化人。百越的境域甚大，其中主要的是于越、瓯越、闽越、南越 4 大区。据我所知，于越、闽越、南越这 3 区，不仅都有历史文献（当然以于越为最多），而且都有近代人从事研究，这些近代专家学者，多有论文甚至专著的发表和出版。相比之下，东越在这方面显得相对薄弱，我身居东越近旁，深感不胜遗憾。

　　现在，周琦先生在这个课题作了重大的努力，以他孜孜不倦的精力，写出了如此卓越的成果，让我至感满意。希望周先生在现有成果的基础上再接再厉，并应用当前的科学测年手段，再进一步地把东越地域的其他方面，进行角角落落的深入研究，让浙江这个文化大省锦上添花，有厚望焉。

2013 年 4 月于浙江大学

注释：

① 明焦竑《焦氏笔乘续集》卷三。
② 《管子·水地》第三九。

原载《东瓯丛考》，中国文史出版社 2014 年版

《绍兴水利文献丛集·闸务全书》序

　　《闸务全书》与《闸务全书·续刻》合并点校出版,这是绍兴文物事业上的一件大事。因为两者都是稀籍,而后者更是稀中之稀。假使仍由少数几处馆室作为善本收藏,年代稍久,则水火虫蠹,或即亡佚不传。何况潮流多变,一时举国大"破四旧",洛阳白马寺的收藏可为殷鉴。[①]一时大兴重商,人们只知证券、股票一类之可贵,对此等珍稀古籍视同芥蒂。其实,社会世态多变,但文化文物属于永恒。经籍文献,是我国优秀文化的主要载体。华夏文明,就是这样传承下来的。所以能看到此两种稀籍的合并整理出版,心中雀跃,不可言表。

　　"闸务"的"闸",指的是明太守汤绍恩主持兴建的"三江闸",故此书按《振绮堂书目》卷三著录作《三江闸务全书》。"三江",当然是 3 条河流,即曹娥江(西汇咀),钱清江和若耶溪(后称直落江)。在明代兴建三江闸之时,此三江流贯的平原地区,已经是一片富庶的水乡泽国。但成书于战国的《禹贡》记及这个地区是"厥田惟下之",[②]被视为当时的最低等级。所以要议论此两书的重要性和与之相关的这片平原,还得从较早的时代说起。这个地区,从地质年代第四纪晚更新世以来,我们已经掌握了自然环境变迁的确实证据,即气候有暖季与冷季的交替,水体有间冰期与冰期的交替,海陆关系有海进与海退的交替。这 3 种交替都是彼此呼应的,而气候是其中的主导。我在拙撰《史前漂流太平洋的越人》[③]一文中,曾绘有《假轮虫海退时期今浙江省境示意图》。当时的省境面积,几乎超过当前的 1 倍。按 C^{14} 测定的时期[④]是在距今 14780 ±

700 年的古地理学（Palaeogeography）研究的时代，所以可置勿论。但拙文也绘有《卷转虫海进时期今浙江省境示意图》，图示今省境之内的所有平原、盆地都沦为海域，其时在全新世之始，距今约 12000 年，当时，人类有组织的生产劳动已经开始，在学科上已属历史地理学（Historical Geography）的研究领域。当年东南和华南所谓百越部族，都进入附近山区。海进并不是突发的洪水，它是随着海面的升高而逐渐进入陆域的。越人因海水的进入，自北而南逐年后撤，今河姆渡一线，是当年越人在平原的最后定居点，则为时可确定为距今 7000 年。这次海进，到距今约 5000 年以后从其鼎盛而趋向退缩。所以上述这座三江闸所汇聚的三江，是在卷转虫海退以后，随着平原的出现而形成的。

与海进一样，海退也是一种多年持续的过程。越人从会稽山区进入平原，也有一番复杂的历程。因为海水是逐渐北退的，平原也是逐渐扩展的。而且随着海退而出现的平原，当然是一片泥泞沼泽，一日两度的咸潮，土地斥卤，垦殖维艰，越人是依靠会稽山外流的河川溪涧（即所谓"三十六源"）和天然降水，筑堤建塘，拒咸蓄淡，一小片一小片地从事垦殖的。所以越大夫计倪曾说过"或水或塘"的话，而《越绝书》中就已有诸如吴塘、练塘等的记载，⑤其中有些堤塘名称，至今仍然存在。

前人对这片沼泽地的改造是历尽辛劳的，而在这个过程之中，第一项改天换地的伟大创造，则是后汉顺帝永和五年（140），会稽郡太守马臻在会稽山南麓以北这片沼泽棋布、堤塘参差的地区，利用前时陆续建的堤塘，加以培固、增补，并连结封闭，从而形成了一个后来称为镜湖（以后又称鉴湖）的巨大水库。对于这个水库的重要价值，我在拙撰《古代鉴湖兴废与山会平原农田水利》⑥一文中已经详叙。按今 1∶5 万地形图测估，这个水库的面积超过 200 平方公里，其所积蓄的淡水，当然可观。马臻创湖的目的，当然是为了对这片广大平原的进一步垦殖，所以在沿湖堤塘上修建了一系列排灌设施。按其大小及在排灌上的重要性，分别以堰、闸、斗门等称谓命名。曹娥江下游当时尚不涉此，浦阳江则与此无关。在会稽山外流诸水中，以从今平水镇一带北流的若耶溪为"三十六源"的巨流，为此，马臻在对此巨流以北约 30 里的濒海（钱塘江下游，当时称为后海）之处，由于在地形上有金鸡山和玉山两座孤立丘阜之便，在此两山之间，修建了水库泄水入海的枢纽，即平原上众多堰、闸、斗门之中的玉山斗门。后因陆域扩展，此斗门处所形成的聚落就称为斗门（陡亹）镇，至今犹存。

有几句题外之言需要穿插。我当年曾担任过浙江师范学院地理系的经济地理教研室主任，按照部颁教学计划，地理系高年级学生，需要有一次经济地理和城市地理的田野实习，而此事是由我主持的。我当时已经选定了宁绍平原和舟山群岛作为我们的实习基地。由于很想探索平原西部，即当时已由我称为"山会平原"（因原属山阴、会稽两县）在镜湖落成及其水体北移以后的变迁。因为这种变迁可以窥及平原的开拓和垦殖情况，而这种情况,往往可以从各时期修建的闸坝等水利设施中反映出来。我在《天下郡国利病书》及绍兴的几种志书上,都看到过戴琥在明成化年代所立的《水则碑》,各书记载的碑文略同。从碑文揣摩,玉山斗门到明成化年代,仍是越地的重要水利枢纽。所以很想找到原碑核实此事,因此几次在佑圣观前寻觅,却始终未得见到。记得是1962年,当时年轻能走,我在久索不得以后,忽然想到了几年前见面过的尹幼莲先生。他一直在越城,而且留意当地山川地理,或许能通过他获知此碑线索。经过多方查询,始知他已经改业行医。结果得在上大路"七星救火会"对面的屋舍中,找到了挂牌行医的尹先生,即就此事与他谈论甚久。承他所告,他年轻时确曾在佑圣观前见过此碑,以后虽不留意,但此碑确已不存。最后他又提出一种设想,这一带后来夯筑了不少"泥墙"(用夹板泥土夯筑,不同于砖砌,绍兴人称"泥墙"),是否可能将此碑夯入泥墙以省工料。尹先生的设想或许颇有可能,于是我又再次前往察访。在此处往复多次,见到宝珠桥下的一堵泥墙,从墙的根基上细察,似有以碑入墙的可能。由于此墙不属民居,可能是当年因护桥而筑。于是我即在附近觅得几块碎瓦片,按此墙基底略露痕迹处用劲刮擦,发现确是碑石。不过因为所夯泥层甚厚,我的刮擦很难得力。但毕竟碑石渐显,而隐约可见"水"、"田"等字。虽然已感筋疲力尽,但仍奔往都昌坊口附近的"文管所",造访我已熟识的方杰先生,告以我在宝珠桥下之所发现。方杰先生即于稍后,雇工将石碑取出,并修补泥墙。事后告我,碑文与各志所载符合。至此,我始确识,从马臻成湖,到南宋水体北移,以至明成化年代(1468—1487),玉山斗门在越地水利中的枢纽地位,依然未变。

但事实上变化是渐进的,自从《宋史·五行志》:"(嘉定)十二年,盐官县海失故道,潮汐冲平野三十余里,至是侵县治"的现象以来,虽然屡有反复,但钱塘江总的变化趋势是南淤北坍。玉山斗门当年濒海,以后必有涨沙,只是没有确切的资料而已。三江口的"三江",原来只是"二江",即曹娥江(西汇咀)和若耶溪。但我在拙撰《论历史时期浦阳江下游的河道变迁》[⑦]一文中曾经提及,由于浦阳江下游碛堰的开凿与浦阳江改道之事,陈吉余先生曾把这种改道称为"浦阳江的人工袭夺"。[⑧]改道的结果是浦阳江和钱清江的关系从此中断,钱清江从此也注入三江口。则明成化以后,斗门(陡壨)老闸以北的沙地,必然大有淤涨,促使了在老闸以北修建新闸的必要。不过在当时,曹娥江、钱清江以及斗门老闸废弃后的若耶溪,都是直通后海的潮汐河流。三江汇聚一处,汹涌澎湃,要在这个地区兴建新闸又岂是易事。在这种事在难为却又事在必为的情况下,汤绍恩太守当然是经过详勘细察才选定这处建闸地址的。此处位于马鞍山之东,山基绵亘,火成岩横越基底,显然是新闸兴修的有利位置。工程开始于嘉靖十五年(1536)七月,历半年而于次年完成。其闸原设计为36孔,施工过程中,因地制宜,因工所需,最终改为28孔,全长103.15米。由于闸座全依天然岩基而建,所以各闸孔之间的深浅并不一致,最深者 5.14 米,最浅的仅 3.4 米。闸身全部用块石叠成,石体巨大,每块多在 500 公斤以上,牝牡相衔,胶以灰秫,灌以生铁,当然可称坚固。此闸建成以后,由于钱清江和若耶溪均成为内河,山会平原向北延伸,面积当然有所扩大。不仅是垦殖事业获得发展,对平原的旱涝灾害也有所缓解。正是由于此闸的重要性,拙编《绍兴地方文献考录》⑨中,才得以收入有关此闸的文献达 30 余种。而《闸务全书》及《续刻》是其中的荦荦大者。此书整理出版以后,稀籍获致流传普及,所以这当然是绍兴文物事业上的一件大事。

事物当然继续有所发展。由于钱塘江下游在清初完全北移,原来作为江道的南大门成为大片称为南沙的沙地。三江闸以北也有大片沙地淤涨,为此在汤公所建的三江闸以北 3 里,又于 1983 年修建了新三江闸。汤绍恩主持兴建之闸,在经历了 400 余年以后才完成了它的任务。此闸在越中水利史上所作的贡献,当然是永垂不朽的,《闸务全书》及《续刻》的所以成为越中水利要籍,也正是为此。"于汤有光",绝非泛泛之言。现在,由于此两书的普及问世,越人都可以了解此中全过程了。

2013 年 6 月于浙江大学

注释:

① 录《洛阳市志》第 13 卷《文化艺术志》《概述》:"1966 年 6 月,洛阳出现造反组织;8 月,毛泽东的《我的一张大字报——炮打司令部》出现在洛阳街头,从而把洛阳市的'文化大革命'推向高潮。各种名目的'造反'组织,以破'四旧'为名,捣毁文物,破坏古建筑,烧毁古籍。他们在白马寺烧毁历代经书 55884 卷,砸毁佛像 91 尊。……这种疯狂的大破坏后,洛阳市古代泥塑和近代泥塑无一幸存。"(《洛阳市志》,中州古籍出版社 1998 年版)。

② 《禹贡·扬州》。

③ 浙江省对外文化交流协会编《文化交流》1996 年第 22 辑。

④ 以从黄海零点以下 50 余米取得的贝壳堤测年的数据。

⑤ 均见《越绝书》,计倪言见此书卷四,堤塘名称见此书卷八。

⑥ 《地理学报》1962 年第 3 期,又收入于《吴越文化论丛》,中华书局 1999 年版。

⑦ 《历史地理》创刊号,上海人民出版社 1981 年版,又收入于《吴越文化论丛》。

⑧ 《杭州湾地形述要》,《浙江学报》1947 年第 1 卷第 2 期。

⑨ 浙江人民出版社 1983 年版。

原载《绍兴水利文献丛集·闸务全书》,广陵书社 2014 年版

《中国古今地名对照表(第二版)》序

　　《中国古今地名对照表》(第一版)出版已经4年。据我所知,此书出版时间虽然不久,却受社会各界的普遍欢迎,并且荣获三项图书大奖。因为这是地名学领域中一本非常实用的工具书,研究历史、地理以及其他许多人文科学的研究者都有人手一册的需要。由于地名之事牵涉广泛,而且也常常掺入自然科学和技术科学之中,所以对于这些学者,此书也具有参考价值。

　　中国是一个历史文化悠久的国家,作为传承历史文化主要载体的图书浩如瀚海。据故友韩长根教授统计:"中国古代文献包括现存的和有目无书(即散佚)的,大概不下十五万种,而其中尚存世流传可供披览检证的,也仍在十二万种以上。"[①]在这所存的12万余种书之中,当然包括我们习称的"四书五经"在内。对于"四书五经",古今都有一些人对之十分痛恨。但结果是,秦火烧不了,"破四旧"也破不了。这是为什么? 就是因为它的实用性。中国是一个以儒学传统文化为基础的国家。对于大量受儒学文化熏陶的芸芸众生,"四书五经"一直是最实用的书。

　　现在言归正传,回到地名学这个课题上来。中国历史悠久,对地名研究发轫甚早,《榖梁传》僖公二十八年(前632)就证及了"山南为阳,水北为阳"的地方命名原则之一,之后的成果实在无法一一列举。《中国地名学史》[②]曾推崇郦道元的《水经注》:"作为一部地名研究文献而言,它的可读性也是罕觅其匹的。"所以刘盛佳教授干脆把这些书称为"我国古代地名学的杰作"。[③]不错,这些话都有道理。因为我曾经花几年时间整理《水经注》的 2 万余地名,编成《水经注地名汇编》④一书,所以不无体会。但问题在于,历代学者对历史上的地名研究,重点多放在地名渊源解释上,而此事实非易事,郦氏虽用功之深,但在其所记的 2 万余地名中,作出渊源解释的不过 2400 余处。另一方面,此书对地名的演变递续过程,倒是记叙甚详,每个区划地名多能从其初见记叙到王莽时期,即书中常见的"莽曰"为止。

地名学研究地名的渊源解释当然顺理成章,古人做了,今人仍可再做。其间虽有失误,但于事无可厚非。例如我的老家绍兴,历来志书及其他文献都以"绍祚中兴"作解。直到 20 世纪 80 年代,因为当地纂修新志,聘我作为顾问,我终于在《三朝北盟会编》⑤中找到了宋高宗为改元而所发的"红头文件":"(绍兴元年正月)一日己亥朔大赦改元,赐敕曰:……绍万世之宏休,兴百年之丕绪,爰因正岁,肇易嘉名,发涣号于治朝,霈鸿恩于寰宇。其建炎五年,可改为绍兴元年。"历来诸志俱错,直到新修《绍兴市志》才正其渊源,这当然不是坏事。但说到底,还不过是让人们,特别是绍兴人知道这个地名是怎样来的,让人们增加了一种地名知识。事实上,中国境域那么大,古代的民族和语言那么多,要完全弄清现在通行的地名渊源几乎是不可能的。仍以绍兴这个地区为例:古代中国南方,从东南到华南大片地区都是所谓百越之地。单说这个"越"字,《史记》系统诸书作"越",《汉书》系统诸书作"粤",都是"越"音的不同汉译而已。犹如把剑桥(Cambridge)译作"康桥",把意大利(Italy)译作"义大利"一样,不足为异。越语地名当然很多,但对其解释我们至今仅能从《越绝书》获知点滴而已。该书卷八说:"越人谓盐曰余",因此而知余姚、余暨(今浙江杭州萧山区)、余杭(今浙江杭州市余杭区)都是古代越人濒海制盐之地。而对这 3 个地名中的"姚"、"暨"、"杭"3 字,却仍不得其解。清代越地学者李慈铭在《越缦堂日记》同治八年(1869)七月十三日下就说:"盖余姚如余暨、余杭之比,皆越之方言,犹称于越、句吴也。姚、暨、虞、剡,亦不过以方言名县,其义不得而详。"其实,这种情况在中国北部也同样存在。仍以《水经注》为例,此书卷三《河水注》记赫连勃勃龙升七年(413)所建统万城,其时距郦氏不到百年,所以郦注记叙甚详。但因赫连部族当时已经流散,语言不存,为此郦氏对其地名渊源不得其解。唐修《晋书·赫连勃勃载记》中,却以汉意把统万城释作"统一天下,君临万邦"。此释一出,于是如《元和郡县志》、《资治通鉴》等到当代《辞海》(1979 年版)均以讹传讹,长期沿袭。对此,我在为《中国历史地名大辞典》所作序中已经指出其误,而该辞典也不再因循。必须声明,我并不以上述诸例贬低地名研究中解释地名渊源的价值。不过以《水经注》其书作例表明,郦氏对地名变迁方面的记叙确实是前所未有的,远远超过此书对地名渊源的解释。

《水经注》记载地名的变迁过程,常以"莽曰"为终结。"莽曰"就是指王莽对地名的篡改，⑥这是中国历史上的第一次地名大混乱时期。王莽篡改地名的特点，第一是反复更改，有的郡、县地名，先后反复改易竟达 5 次之多；第二是不仅改变地名的专名，而且还改变地名的通名。例如他把长期以来作为通名的"县"改成"亭"，全国以"亭"作"县"的达 360 处。不过王莽篡改的地名，还只是郡、县大区划，不及郡、县以下的小地名，所以当时地名虽然混乱，但事后理清比较容易。东汉光武帝登基，就以一笔勾销而了结。

中国历史上第二次地名大混乱时期是众所周知的"文革"时期。而且这一次的地名改易，在城市涉及街坊里巷，在乡间涉及山河村舍，数量巨大，实在无法估计。如福建省福州市，全市改易的地名竟达 98.7%，而河南省开封市改易的地名，也在全市的90% 以上。⑦所以"文革"结束以后，中央很快公布了《国务院关于地名命名、更名的暂行规定》，并同时在全国进行地名普查。全国各市、县相关部门均着手编纂《地名录》和《地名志》，用以清理这场地名改易造成的混乱。

这场地名大混乱，当然造成了各方面的许多困难：大到政府办公、企业经营，小到人民通信、探亲访友。我当时由于担任浙江省地名委员会委员及浙江省地名学会理事长，经常需要到省内各市、县调研。我的驾驶员曾诙谐地告诉我：有时驱车整日，还是在"东方红"境内。这是因为，原来的"乡"都改称"人民公社"，而绝大多数人民公社兼及集镇街道，都以"东方红"为名。此种地异名同，让人无从区分。地名混乱，至此而极。

不过，事物总有其另外一面的。正是由于这场地名大混乱，让人们看到了地名的重要性。除中央立即采取的各种善后措施外，学术界也对地名研究开始重视起来。以我个人为例，除由于职责所在而主编《杭州市地名志》⑧外，各地修纂《地名志》而求我作序的就超过十处。⑨此外，有关地名研究的论文和专著也都纷纷发表和出版。在各市、县，由于地名普查以及《地名录》、《地名志》的编纂，因而举办短期"地名培训班"的也不在少数。我作为一名研究生指导老师，从 1980 年开始就在我的研究生课程中增设"地名学"课程。我虽然从事中国历史地理与《水经注》的研究，但对地名并不是特别重视，也正是因为这场地名混乱，为研究生讲授"地名学"课程却一直坚持下来，所以对于地名学研究或许称得上稍有心得。我的意见是，在地名学研究领域中对地名渊源解释的研究着重于理论性，可以由此获得许多地名知识。而对地名变迁的研究则着重于功能性，可以由此而惠及许多实用需要。

我曾于 20 世纪后期受浙江省地名学会的敦促，主编了《浙江古今地名词典》⑩一书。

在当年我们使用的许多参考资料中，我感到很有价值的一本是清代李兆洛所编《历代地理志韵编今释》（我们用的是《万有文库》本）。薛国屏先生编著《中国古今地名对照表》其实也属于这一类地名研究的成果。而两者相比,《中国古今地名对照表》当然大大地超过前者。且不论两书的年代差异,在资料上由于李书在其编纂时已经出现的"二十三史"中,有《地理志》(或其他名称而实为《地理志》者)不过 14 种,所以其资料受到不小的限制;在编纂方法上,李书以韵目为纲,不懂音韵者检索毕竟不便。当然,作为一部清代的地名工具书,我们不能作这样的求全责备。

《中国古今地名对照表》是一种新型的地名工具书,我完全同意本书前言中所说的"实用性"和"多功能性"特点。这是使用本书的各界学者、大家共同的体会,是毋庸讳言的事实。由于地名触及许多学科,学术界需要殷切,所以修订再版实属必然。此外,中国是一个地名变化较多的国家,特别是通名的变化,近年来相当频繁。在第二版中加以修补,这也是使此书随时间而益臻完善的必要措施。此书是地名学研究中的一大新范,编者既以第二版序相嘱,有感于此书的既得成就,就写这一点吧!

2014 年 5 月于浙江大学

注释:

① 《中国编纂文集之始和现存最早的诗文总集〈昭明文选〉的流传》,《韩长根文集》岳麓书社 1995 年版。

② 孙冬虎、李汝雯《中国地名学史》,中国环境科学出版社 1997 年版。

③ 刘盛佳《我国古代地名学的杰作——〈水经注〉》,《华中师院学报》1983 年第 1 期。

④ 《水经注地名汇编》,中华书局 2012 年版。此书 16 开,分上中下 3 册,将《水经注》分为 65 类,各类之首均有说明一篇。全书共计 1100 余万字。

⑤ (宋)徐梦莘《三朝北盟会编》卷一四四,上海古籍出版社 2008 年版。

⑥ 高金山《王莽新朝地名管理得失谈》,载杨小法、虞惠生主编《中国当代地名管理学研究》,西安地图出版社 2000 年版。

⑦ 边邦达、何小平《城市地名管理的发展与历史现状》,载《中国当代地名管理学研究》,西安地图出版社 2000 年版。

⑧ 《杭州市地名志》,浙江人民出版社 1989 年版。

⑨ 这些序收录于《陈桥驿方志论集》,杭州大学出版社 1997 年版。

⑩ 《浙江古今地名词典》,浙江教育出版社 1991 年版。

原载《中国古今地名对照表(第二版)》,上海辞书出版社 2014 年版

《温州地理》序

　　9 旬之年，读到我早年学生姜竺卿君的《温州地理》，真是不胜惊喜，无限欢欣。

　　竺卿君的生平与我颇有相似之处：毕生从事教学，是同行。同时也专心埋头治学、写作，也都取得了一些成绩，获得了不少奖项。在社会文化工作上都担当过一些职务，领受过为民间学术团体服务的滋味。但也有较大差异，例如在学历方面，我不要说大学，连一张高中文凭也没有。竺卿君是高中毕业生，并且还有一张"工农兵大学生"的毕业文凭。"工农兵大学生"是我国负面历史时期产生的怪物，几近摧毁中华文化，对民族造成了极大的伤害。令人庆幸的是：在我教过的当年地理系的工农兵学生中也有有抱负、要读书的，凭借着他们自己的努力，竟从中脱颖而出，不但学业有成还对社会作出了贡献，本书的作者便是其中之一。

　　我们民族长期来的文化传统是尊师重道，记得 1948 年初我虚龄 26 岁时，一所建校历史悠久的新昌县立中学派专人坚邀我到该校担任教务主任兼高中部的地理课程。我到新昌县在校长办公室与校长坐谈不到半小时，该县教育局长张图先生即赶到学校专访，并且说了许多客套的恭维话。在那个时代，一般社会人士包括学生家长，对教师都是相当尊敬的。绝对不会想到教师会对学生"放毒"。现在，竺卿君和我虽然都作了文化人，并且都从事教学工作，但是他年轻，没有赶得上封建传统的"尊师重道"。

　　上世纪 50 年代之初，我们是以批判"武训"开端的。当时，文化人之间的说话还比较自由，有些毕生从事粉笔生涯的人就在老同事之间公开说，从此以后，教书匠的行业大概就要吃不开了。但是这些人又无法改行,大家都不懂马列主义,更不会"革命",从小受的是"温良恭俭让"的教育。那里想得到,这一套都是新时代革命的对象。所以只好跌跌撞撞地干下去。现在留下的年事较高的文化人,都是逃过诸如"胡风分子"、"右派分子"、"右倾机会主义分子"等各种"阳谋"而幸存下来的。"阳谋"这个词汇是不见于《十三经》的。"阴谋"易避,"阳谋"难防。这种许多文化人惶惶终日,所谓"闭门家中坐,祸从天上来"的恐惧日子,竺卿君也因生得较晚而没有受到过。

事情的经过,年事较高而幸存下来的文化人,如能深思熟虑,大概都还可以清理出其中的脉络:向"武训"开刀,这是摧毁中国传统教育的宣言。但问题是,5000年的长期传统,不是一刀就砍得断的。并且还有引进已久的洋货夸美纽斯(Johann Amos Comenius)的班级授课制度。赶走的只是国民党。眼前还有国民党留下的这许多号称大学的机构。而且要跨进大学这根门槛,还得经过小学、初中、高中。大学里又还存在这么多系科和课程。这些实在都是新来的头人所最看不入眼的。

我最近(2012.10.2)谬获"吴玉章人文社会科学奖"的拙作《水经注校证》[①]一书卷首《序》中曾经提及:"从上世纪五十年代以来,我们曾经经历过一个'读书有罪','读书人有罪'的时代。"虽然在这个"时代",头上者也动了不少手术,例如勒令国内28所教会大学(包括其他各级教会学校)停办,取消若干系科,压缩教材内容,不要考试,表扬交白卷的"英雄"(如张铁生)等等。当年,杭州大学党委宣传部长辛航先生在传达有关不要考试的文件时,读到考试可以"交头接耳,冒名顶替"这8字时,他只好自称对这8字的深刻寓意,他当时尚未吃透,让他仔细领会了以后再向大家解释。我则有幸在1957年秋季全国开展的"教育大革命"中,在杭州大学运动场上,就聆省委宣传部长盛先生的报告。在有关取消若干学科的问题中,最让全校师生震动的是在平面几何学中关于两点之间的最短距离是直线的事。他说,平面几何学花了这么多文字才能证明的事,其实连狗都知道。一只狗从我这里跑到你们那里,它总是一直走,不会弯来弯去走的。时至1979年底,"读书人有罪"的时代已经过去,由于在上海复旦大学讨论历史地理学的学科发展问题。校长苏步青教授,由谭其骧先生作陪,设宴招待参与讨论的侯仁之、史念海、郭敬辉(中科院地理研究所常务副所长)等几人,也包括我在内。当时,这位当年浙江省委宣传部长盛先生,正担任复旦的校党委书记,也作为主人在座。我感到这是一个难得的机会,就当着数学大师苏先生的面,向这位当年浙江省委的部长请教,我还是很恭敬地说:1957年"教育大革命"时,我作为杭州大学教师,曾在杭大运动场聆听过你的报告,为了批判平面几何学,你举了两点之间最短距离是直线的例子,你说这是狗也知道的事。当时确让我校师生很受震动。于是,在座的几位都笑了,而盛书记却涨红了脸,连声说:胡诌,胡诌,不堪回首。又说他那里想得出这样的例子,当年他是按着上头文件直念的。既然是"上头文件",则数学大师苏先生当年也必然听过这个"精彩"的譬喻,但苏先生在座也笑个不止。那天晚上,我在复旦招待所与地理所的郭副所长同室。他因为长期都在地理所,可能没有听过"连狗也知道"的话。但是他却很兴奋,他说:上头人的思想真是高人一等,而我今天面对数学大师旧事重提,真是太痛快了,他甚至在房内鼓掌称快。

其实,我在上面说的这些例子,在当年实在不可计数。只是中国的文化人,由于5000年的传统而显得十分"顽固"。尽管最后摊出底牌,宣传"文化"也要革命,让5000年来的民族文化诸如"温良恭俭让"等等之类统统打倒。并且把在各种"阳谋"中幸存下来的文化人,一起关进各式各样称为"牛棚"的监狱。但5000年的民族文化毕竟根底深厚。老一代的文化人可以禁锢消灭,而新一代的文化人却又不断地诞生。例如此书作者竺卿君,就是其中的佼佼者。社会上的一般人士,包括从来缺乏文化的群众,仍然希望把他们的下一代送入小学,循次而初中、高中,甚至在当时其实已经名存实亡的大学。这实在是说明了我国民族文化的渊源悠久,根基扎实,决不是一次什么"革命"可以摧毁的,更不是一种什么"思想"可以取代的。上头人显然也看到了这一点,于是就抛出了最后的绝招:"工农兵大学"。这就是1950以后国家的主要文学领导人韦君宜女士,在其晚年恍悟以后所写的《思痛录》②中提出的:"然后大学'恢复'了,要高小毕业生去上大学。"其实,韦君宜在当时尚位于文学界的最高领导之一,她并无到"工农兵大学"教课的经历,所以她在这方面的"思痛"是颇有不足的。"工农兵大学"尽管现在已经成了世界教育史上的笑柄,但在当时,设计者确实竭尽狠毒的用心。通过"工农兵大学"这种魔鬼般的怪物,其目的在于既毁灭我们民族的5000年文化,也取消从国外引进的而为世界多国所共同遵循的夸美纽斯的班级授课制度。而如韦君宜女士在其《思痛录》中所说的:"以后我们什么书也不念了。只念一本书——《毛泽东选集》,别的书都是反动。"③说到底,这实在是一种最愚蠢的梦想,梦想在中国近千万平方公里的土地上,被覆的只是一种虚无飘渺,荒诞不经的称为"思想"的东西。可惜的是,多少年处心积虑的狠毒杰作,结果是谋事在人,成事在天。

这里我就开始交代我和竺卿君的机缘,这种机缘在当时确实是十分难得的。因为当竺卿君有幸进入这种"大学"时,我按理还被禁锢在"牛棚"之中,是见不到他,更是无缘为他讲课的。但是恰恰由于国务院发了一个文件,事情比较复杂,商务印书馆的陈江先生有专文详述。④由于革命者是背着"苏联的今天就是我们的明天"这块招牌进城的,所以代表帝国主义的英语统统改为代表社会主义的俄语。但俄语根本无缘于国务院文件规定的任务。浙江是文件中落实的有翻译力量的9个省市之一,这是浙江的光荣,但要物色一位能够承担这个任务的负责人,却也就成了浙江的难题。当时杭州只有4所大学,主持此事的省出版局革委会,在这4所大学中经过反复而仔细的挑选,结果却把这个任务落在牛鬼蛇神的我身上。而且因为有人知道我念过梵文,在全国9个省市分配任务的时候,领导者就把原版书上可能夹有梵文的南亚国家分配给我。尽管我自知我的梵文水平很低,但作为一个"牛棚"人物,也只好勉为其难。而在省出版局方面,却又大大地抬举我。除了提供一切经费和各种介绍信外,手上又持有一张国务院文件。我的身份从牛鬼蛇神一下子提高到执行国务院文件的主持人。为此,我才有到这种特殊"大学"讲课的资格,并且参与各种会议,知道了这种特殊"大学"的内幕。

事后经过我的反复思考,才知道办这种"大学"的目的,旨在永远消灭传统的大学。不过韦君宜女士所"思痛"的:"要高小毕业生去上大学",正是因为她没有到这种"大学"去讲过课,所以把这种"大学"生源的底线提高了。"高小毕业生"当然有,但还有更多的是连高小也不曾进过的。有初小毕业的,初小在学的,甚至可名之为"半文盲"的。因为生源来自基层,又不需要考试,由基层保送入学。当时的基层是什么?因为"人民公社好",所以人民公社里的干部掌握了保送大权。他们保送的首先是自己的子女和亲戚。其中也会有可以称之为"半文盲"式的人物。

但是我还是在前面说了"谋事在人,成事在天"的话。也就是说,"下帝"的谋算毕竟敌不过上帝的意旨(我是宗奉基督的)。"下帝"拉紧了这种"大学"的生源网,要让进入这种"大学"的人,程度越低越好。而且公开在事前赋予他们以极大的权力。即所谓"上、管、改"。⑤但上帝却不怕人的网拉得多紧,他有能力要在这中间创造出一些"漏网之鱼"。这些"漏网之鱼"就是"成事在天"的产物。他们是受过传统的教育,从高中毕业而进入这种"大学"的。他们有胆识和勇气,并不在乎旧文化人的可悲遭遇,仍然甘冒风险,入学苦研精读,向有学问的教师求教,下定决心,既拒绝洗脑筋,也不惧搞汇报,即使再苦,也要承担传承我们民族的正统文化。在我执教的这批学生中,这样的"漏网之鱼",至少就有两条,竺卿君就是其中之一。这就是我和他的难得机缘。在那个恐怖和残酷笼罩的时代,实在也是一种幸遇。

其实,妄想以这种"大学"消灭传统大学的"阳谋",虽然是设计者多少年处心积虑的毒品,但这种毒品,结果只能毒死设计者自己。后继者迫不及待地宣传了"择优录取",恢复了大学招生的老规矩。我之所以说"迫不及待",因为世界各国的学期制度多是以秋季开学为第一学期,中国也是一样。但是1978年的传统大学招生是在春季开学就举行的,这种迫不及待的措施,实际上正是表达了全国人民的意志。人民拥护正规的传统大学的恢复,拥护"择优录取"的考试制度,让以"大学"消灭大学的"阳谋"见鬼去吧。

前面也提及,"下帝"的胡作非为是通不过上帝意旨的。"下帝"搜罗的废铜烂铁中,上帝会安置黄金。所以在这种旨在消灭大学的"大学"之中,从全国来说,也出了不少精英。而在我执教的这个班级里,至少也有两位佼佼者。现在,这两位之中,一位已在早年出版了书,由我写了序言。而现在欣知另一位竺卿君,在离开这种"大学"以后,就进了他自己的大学,尽心竭力,从事一部在这个地区前无古人的著作。在我读了他著作的第一部分以后,就毫不犹豫地断言,这是一部区域地理和城市地理的煌煌巨构和佼佼杰作。

我是在 1952 年出版第一部著作《淮河流域》的,⑥以后一直与区域地理和城市地理打交道。无独有偶,和竺卿君一样,我也十分重视自己的家乡,所以也出版过《绍兴史话》⑦和《绍兴历史地理》,⑧并利用出国讲学的机会,从美国国会图书馆引回了家乡流落在外的手钞孤本《越中杂识》,⑨此外也发表过不少有关家乡的论文。但这次读了竺卿君巨著《温州地理》的第一部分自然地理以后,立刻感觉到,作者是位有功力且很努力的学者,像竺卿君的这部著作,可称得上是精品了。

字数绝不是评价一部书的标准。《道德经》81 章,不过 5000 言,但可以流传百世。而我写的书,都是既短小而绝不精悍。虽然眼下印数不少,实在都是不久以后造纸厂回炉的材料。上述于最近得"吴玉章奖"的拙著《水经注校证》,算是我的一部大书,但是也不过 80 万字。与现在读到的竺卿君的《温州地理》第一部分稿本相比,一个城市的自然地理,再加上我尚未读到的第二部分人文地理,竟要精雕细琢,写到一百数十万言。在自愧勿如的同时我要说:真真做学问的人,必然是青出于蓝而胜于蓝。否则,文化就不会发展进步。除了上述"读书有罪","读书人有罪"这个荒唐、恐怖的年代以外,中华民族的 5000 年文化,就是这样一代胜过一代地绵延下来的。

自从 1980 年以来,我为亲朋、学生作序已逾 200 篇,拙著大概都是这个模式,因为著作是要公开问世的,学术界都能看到,都会有所评论,所以我历来为人作序,也都不烦叙原著内容。为此,对于竺卿君《温州地理》的第一部分我虽已通读,但最后仍以"精品"一语作为这部巨构的总评。

2012 年 10 月于浙江大学

注释:

① 中华书局 2007 年初版,2011 年第 3 次印刷。

② 北京十月文艺出版社 1998 年版,第 114 页。

③　《思痛录》第 104 页。

④　陈江《"文革"中的地理书籍出版情况》。此文收入于吴传钧、施雅风主编的《中国地理学
　　90 年发展回忆录》,学苑出版社 1999 年版。

⑤　原意是要工农兵学员"上大学、管大学、改大学"。

⑥　上海春明出版社 1952 年版。

⑦　上海人民出版社 1984 年版。

⑧　上海书店出版社 2001 年版。

⑨　此书,浙江人民出版社有点校的铅排本,浙江古籍出版社有原书复制本的影印本,卷首都
　　有我的序言。

原载《温州地理·自然地理分册》,上海三联书店、浙江人民出版社 2015 年版

《中国方志两千年通鉴》序

　　继《中国方志五十年史事录》(以下简称《事录》)以后,诸葛计先生再接再厉,《中国方志两千年通鉴》(以下简称《通鉴》)又已编纂就绪,可以公开问世了。《事录》录50年,如数家珍;《通鉴》鉴两千年,气势磅礴。煌煌两部巨构,对方志学、方志学界甚至整个学术界,都是一件令人振奋的大事。其书当然可以藏之名山,传之后世。对于作者来说,名牌大学历史系的功底,还只是他能够从事这种耕耘的基础。主要是在于他在前一轮修志之始不久,就投身全国修志的指导机构,既主持中国地方志指导小组办公室工作,又主编《中国地方志》,具有视野广阔的优势,下了精耕细作的苦功。这种甘苦辛勤的历程,或许只有他自己能够体会。

　　地方志修纂是中国的优秀文化传统。这已经是一句众所周知的老话。但是自20世纪50年代以后,"阶级斗争"挤走了文化事业,地方志无疑属于"四旧",当然在被排斥之列。而80年代之初,修志事业骤然复兴,各省、市、县仓促建立修志机构,当时,各地既缺乏这方面的人才,也缺乏这方面的信心。1986年,全国修成出版的志书还不过数十部,中国地方志指导小组邀请来自各地的10位学者到北京议论这些志书(通常称为"十教授评志")。10位之中对修志机构的组织经营最熟悉的,要算从山西省来的刘海清先生,他以其亲身经历道出了此中的艰难。在各市、县筹组修志机构时,谁都不愿意踏进这道门槛去。因而出现了一句发人深省的流行话:"修志者不得志,得志者不修志。"事实也确实如此。由于这一门其实事关重要的地方文化事业,已被摒弃很久,各地都缺乏熟悉修志之人,至于称得上方志学家的学者,在全国更是寥寥无几。记得在1990年,浙江省海盐县举行志稿评审会,该县领导相当重视这项工作,邀请了省内外修志主编数十人与会,特别是全国学术泰斗谭其骧先生,由于幼年时曾在此邑居住数年,也被邀请而来。我则因与该县毗邻有幸敬陪末座。会议开始,当然请谭先生第一位发言。由于修志在当时确实是件新事,他开头就说:"我不是方志学家,在座的陈桥驿先生也不是方志学家。"当时,我的一位卒业未久的研究生,现任职于浙江省地方志编纂委员会的王永太研究员也在会中,所以至今还记得谭先生的发言。我当然不是方志学家,在诸葛先生《事录》卷首的拙序中,我已经作了较详细的说明。而学术泰斗如谭先生,虽然语出谦逊,但显然也是因为对志事疏远已久,在某种程度上,他的话实在也是一位硕学前辈的由衷之言。

正是在这个"得志不修志"和像谭先生这样的著名学者都不敢承当"方志学家"称号的时代,诸葛计先生却勇敢地坐上了指导全国修志的那个办公室的交椅,主编这份指导全国修志的期刊。上一轮修志前期的那种举步维艰的境况,他当然比我这个仅仅在几次会上沾边听到的要全面清楚得多。我是一个"修志不得志"的旁观者,而他却甘冒"不得志"的风险,而投身接受困难的考验。在那段时期,他的处境和心境,他在指导小组办公室中的工作辛勤,他处理《中国地方志》的那些众说纷纭而其中可能是很幼稚的稿件,让期刊能够按时出版。那几年的惨淡经营过程,也许只有他能够回忆和体会。

当时的修志情况,确实很让人惶惑。以素称文化昌明的浙江省为例,我们学校的一位主要领导,因为受人之托,亲自把《浙江民政志》稿送到我家中请我审阅。《民政志》首重沿革,但我发现志稿在沿革记叙上错误不少。因此让我想到省内各市县的志书,这一卷篇是否也有错误。当时,我手头已有省内市县志26部,我逐一翻阅,发现除了其中一部因为建县较晚,而其沿革从建县写起,因而幸免出错。其余25部,在沿革卷篇中,可以说无一不错。开始我还是作为一个旁观者的想法,因为我既非修志领导,又非方志学家,志书已经出版,错误既成事实,何必事后说话,弄得从上到下都没有面子。学校领导还是亲自来取经过我审改的《浙江民政志》稿,我与他谈了志稿中对浙江沿革记述错误的情况,也谈及省内已经出版的市县志在这个卷篇中的类似错误。我还记得这位学校的主要领导与我说的一席话,大意是:你陈先生是我校学识渊博、声望甚高的著名教授。而在各种会议,特别是在教师职称评审中,你又以敢于直言出名。修志虽非你的本行,但事关全省,你怎能缄口不言。由于他的敦促,我才写了《关于"沿革"和浙江省新修志书沿革卷篇的讨论》一文。仍然是考虑到不要让这个事件"扩大"影响,此文只在省内发表。其实,在那个时期,各地修志都存在着各种不同的问题,我无非是偶然一遇。而诸葛先生却要"日理万机",对他无疑是一种考验和磨炼,也是他日后能够编撰这两部巨构的基础。

上一轮修志的后期,各地志书的质量有了较大的提高。1995年,我花了半年多时间在北美讲学,见到那边的不少图书馆和大学都收藏了许多我们的新志书。与我接触的外国汉学家们,也对其中的不少志书给以好评。1997年,我应邀到北京参与全国志书评奖,确实看到了相当数量的佳志。我当然不会把这种成就完全归功于中国地方志指导小组或其中的重要成员如诸葛先生等人。因为经过这一段时期锻炼琢磨,仍以浙江省为例,若干市县的志书主编和某些编纂人员,以他们原来的文化功底,加上对修志事业的热爱,从实践中造就了一批方志学家,并且修出了佳志。但是对于指导小组和诸葛先生等人士,也应该获得公正的推赞:亦与有荣,亦与有功。

诸葛先生的《事录》出版以后,我从头到尾略读了一遍。承蒙他的错爱,竟把我那几年与修志沾边的点点滴滴,也都郑重其事地记入了他的巨构之中,实在使我不胜汗颜。这里不得不节外生枝,提及一位曾经主持指导小组工作、对修志事业也建立了功劳的我的好友高德先生。和诸葛先生一样,他也是一所名牌大学历史系出身,并且担任中国社会科学院的科研领导工作,是一位兢兢业业为科研事业尽心竭力的学者。我对他实在常感内疚,当年大家都在谭其骧先生的领导下,从事《国家地图集》中《历史地图集》的工作。这是一项千头万绪的工程。谭老谢世以后,主要工作都由他承担下来。这是需要投入大量精力的工作,我确实惭愧当年曾经是谭老麾下的一位比较重要的成员,现在却成为一个旁观者,而把最重的担子让他一人去挑,实在对不起他。而他却绝无怨言,勇敢地一往直前,排除大量困难而胜任愉快地把谭老未竟的事业继承下去。由于我们之间在往年共事中建立的深厚友谊,每逢年节,他都打电话向我问好并通报地图工作的进展情况。在今年春节的电话中,他竟又提出了我对方志工作的"贡献"。他说:第一,开始时各志多不适当地使用《自然地理》作为卷篇名称,因为我的纠正而从此改用《自然环境》;第二,生物卷篇是因为我的倡导才摒除《本草纲目》的形式而改以动植物分类学的形式编写,并用拉丁文二名法加注;第三,对于方志必须附加索引,也是因我的呼吁而落实的。和诸葛先生一样,一位对上一轮修志作出许多贡献的人,却对我的这些微不足道的事"斤斤计较",实在让我承当不起,所以趁此机会提一笔。曹丕《典论·论文》说:"文人相轻,自古而然。"当今,这种风气已经愈演愈烈,我在此提出高、诸葛二位,也具有让已经沾有"相轻"习气的女士和先生们,从内心作点反省,以上面这两位的风格,重温一下韩愈在《柳子厚墓志铭》上的话:"闻子厚之风,亦可以少愧矣。"

现在回到《通鉴》这部巨构上来。与《事录》不同,用句现代语言作比喻,《事录》

是微观作品,而《通鉴》是部宏观作品。两千年前,耶稣基督还是一个幼儿。对于一种具有一定体裁和内容格局的文献来说,这是一段不短的年代。何况作者还在《例言》中说明一句:"二千者,举其概数而已,非确数也。"从这句话中,就不难看出作者著书立说的谨慎态度。对于方志的起源,我当然无法相信《周礼》所谓外史"掌四方之志"的话。但中外学者中,确实也有把这种文献的发源提得很早的。例如我的日本朋友、著名汉学家秋山元秀教授,他于1981年在《东方学报》第52期发表了一篇《中国方志论序说——一吴 方志 通 说》的论文,把《禹贡》作为中国现存的最早方志。作为志书中的全国总志,其说也不无道理。所以作者在本书中开宗明义的"概数而已"一语,实在至关重要。展读《通鉴》,像我这样对历代志书其实见闻不多的人,实在好像进入了从古到今的志书海洋,真是应接不暇。由于半个多世纪来,我一直执教于大学地理系,对地图有特殊的亲切感,《通鉴》在这方面也让我扩大了眼界。最近杭州市档案局编纂出版了《杭州古旧地图集》(浙江古籍出版社2007年版),我曾经应邀为这部拥有200多幅古地图的大型图集作序(此序又载于《杭州师范学院学报》哲社版2006年第5期及《中国测绘》2007年第1期)。为了作《序》,我按《图集》内容遍查今杭州市(包括旧杭州府、严州府及萧山县)的古今志书及其他文献,把这个地区已亡佚的古旧地图,列表附入序中,付出了颇大的工作量。今观《通鉴》,仅地图一项,就历历如数家珍。特别是对那些名垂后世的重要地图,如"贞元十七年(801),贾耽又绘成《海内华夷图》一轴,撰成《古今郡国县道四夷述》40卷上奏"这一篇,实在是对我国历史上的名图《海内华夷图》的详尽记录。又如"明太祖洪武三年(1370),朱元璋诏令中书省:将天下城池山川地理形胜,皆图以成书,藏之内库,以垂永久"这一篇。说明我往年所撰《〈图经〉在我国方志史中的重要地位》(《中国地方志》1992年第2期)文中述及的"开宝修图经"和"祥符修图经"的传统,到明朝仍然赓续,而规模或许更大。《通鉴》的这一篇,把明朝修图经故事,博采详解,和盘托出,对我来说,实在是茅塞顿开。我在此无非举了地图的例子,其实这只是《通鉴》浩瀚篇幅中的一角,但从这一斑即可窥及此书全豹。所以《通鉴》无疑可以为自然科学、人文科学以及其他各行各业的学者提供各种有用的资料。学术界可以各取所需,满足他们研究工作的需要。

　　"方志学是一种专门之学问,在当今社会科学丛林中,已经成为独树一帜之方志学"。《通鉴》中这句话出自诸葛先生之口,我不仅赞同,而且佩服。因为从作者的学历、经历,特别是两部巨著的撰述中,可以充分证实作者是一位造诣很深的方志学家。方志学家论方志学,其言当然不虚。记得20世纪80年代中,前辈史念海先生以其与曹尔琴教授合著的《方志刍议》(浙江人民出版社1986年版)一书嘱序于我。史先生知道我常常出国讲学,有不少外国汉学家朋友,事前特别要我在序中写一点"方志"在国外的称谓,所以应命在该序中写了几句。"方志"一名在国外称谓纷纭,但颇让我赞赏的是在美国国会图书馆遇到的一位先生,他向我说出,中国地方志是"地方百科全书"。这位先生是图书馆的工作人员,对汉籍比较熟悉。因此,"地方百科全书"一名绝非信口开河,而是他多年在图书馆工作中接触汉籍的心得。当时我就认为,从一个外国人口中说出这个称谓,实在颇得"方志"一名的要领,是恰如其分的英译。从清代以至民国的方志,"地方百科全书"之名可以当之无愧,而清代以前的方志虽然多数篇幅较小,则可相应被称为"地方百科全书简编"。按这个名称而言,则《通鉴》实在是攫取了两千年"地方百科全书"的精华。所以我在前面所说的,此书可以为各行各业的学者提供各种有用的资料的话,是实话实说。以后在此书中获得实惠的学者,必将心领神会,同意我对此书的这种评价。

最后我对《通鉴》感到关注的是,《例言》开头就指出:"史之义,在乎鉴。"这话是一句宏观的话。中国从秦始皇一统天下,焚书坑儒起直到今天,两千多年中,可"鉴"的事实在太多,并不是我辈都能"鉴"能说的。所幸此书写的是两千年的方志学,在志言志,当然是在这个特定领域中求"鉴"为好。而《例言》其实也注意及此:"与志事有关之轶闻雅事,丑闻秽行等。"在这个领域中,我们不仅可以"鉴"古,而且也应当"鉴"今,这是属于当今言论自由所允许的。"鉴"古的事,例如谭其骧先生在《地方史志不可偏废,旧志资料不可轻信》(《长水集续编》,人民出版社 1994 年版)一文中就有如下说法:

> 地方志除了少数几部出于名家手笔外,多数是地方官限于朝廷功令,招集地方上的举人、贡生、秀才等一些乡曲陋儒修成的。这些人员大多只会做代圣立言的八股文,根本不懂得著述的体例,不懂得前朝的典章制度,更不会做学问,因此在他们的作品里往往夹杂着许多错误的记载,甚至错误百出。有些地方志是每修一次便增加若干错误,越修越差,越修越错。

"鉴"古的议论不少,谭先生所说,还只是其中一家之言。"鉴"今的议论或许也很多,由于我实在是又忙又累,很少有时间读这方面的文章,所以见闻很少。但我的研究生们中,也有对方志和某些方志文章以及若干专写方志文章的人非常反感的,说过一些连我也认为过于尖刻的话。我常告诫他们:做人要宽宏大量,做学问也要宽宏大量。并引前燕京大学著名教授后来居美国执教的洪业(煨莲)先生在美致胡适先生信中的一句话:"是以凡事涉嫌疑,文无确证,则考古论人,与其失入,宁无失出。"(《胡适手稿》六集上)也以外国汉学家作示范,他们著书立说中并不厌弃中国方志而常加引用。但事实是,他们写论文,包括最后的学位论文,总是千方百计地避开方志,或者是用方志作跳板从方志追溯他书。我曾经在其他人文科学的研究生指导教师中了解到,确实有不少研究生,对古今方志都抱有成见。而且这种对志书抱有成见的,在学术界也颇有其人。

说到对志书抱有成见的事,情况或许是确实存在的。我认为,要让这些人消除成见,必须依靠方志界自己的努力,用志书的质量来提高这种文献的身价。前面提及,前一轮修志的后期,我们的志书质量已经有了较大的提高,如我在1997年参加北京评奖中看到的,可以称得上佳志如林。这些年中各地寄给我的通志和专志,也都是较好的。但实际上的确还有不少质量不佳的志书。在国内,我无缘看到,倒是在国外,因为志书公开发行,有些书香人家,着眼于当前中国志书的装帧讲究,买来在家中插架当装饰品。我在北美讲学时,有些外国朋友,请我们夫妇到他们家中吃饭,我才有机会看到一些锦绣其外,败絮其实(我只看有关地理的卷篇)的货色,令人不胜遗憾。

希望在我们二轮修志中,不要出现谭先生所说的"越修越差,越修越错"的现象。在前一轮修志中,质量称优的浙江《慈溪县志》主编周乃复先生曾在其《中外地方志比较研究的肇始之作——评陈桥驿先生〈中日两国地方志的比较研究〉》(《中国地方志》1993年第4期)一文中,作了"我国这一届修志队伍的结构是不够理想"的抱怨。为此,要避免谭先生所说的现象,各地都应该重视修志队伍的结构,重点在于提高修志队伍的素质。提高修志队伍的素质,当然有许多事情要做。我认为,《事录》和《通鉴》,是提高志书修纂者的重要教材。

2007年4月于浙江大学

原载《中国方志两千年通鉴》,广西师范大学出版社2016年版

《水经注疏补(卷一至卷十)》序

　　杨甦宏、杨世灿、杨未冬的《水经注疏补》卷一至卷十,计40万字,将由中华书局出版。该书循《水经注疏》体例,补中国西部、一级九大水系与黄河流域及其详细支流,对《水经注疏》所记黄河水系大部分水道的源头、流向和河渠、湖泽的形成、变迁,流域所经主要城邑兴衰及治所沿革予以校勘,对所据引的古地理著作、摘选的史料、古词语予以注释,并注补了现代治水的大量科技成果,提出了水经注研究经济发展方向的科学发展观点。该书出版是郦学界的一件大事。

　　为什么是郦学界的一件大事? 因为他们所"补"的是杨氏先人的《水经注疏》。所以有必要对《水经注疏》在《水经注》许多版本中的价值和地位作出说明。《水经注》或许算得上是我国著名古籍版本(包括刊本、拓印本、影印本、抄本等)最多的文献之一。胡适在其北京大学校长任上,为了庆祝北大建立50周年纪念,曾于民国三十七年(1948)十二月在北大举行了一次《水经注》版本展览,展出了此书的各种刊本、抄本等共9类,达41种之多。按拙撰《水经注校证》(中华书局2007年初版,2008年再版)卷首所列的参校诸本也达37种。胡适的41种,由于是分类陈列的,同类之中,有的其实是不同年代刊刻的同一版本,而拙书参校的是不同年代刊刻的不同版本,都是名家专校的,所以绝无相同的本子。我校注此本,在参校诸本中,当然有不少对一字一句具有重要价值的珍稀善本,但我的体会是,在我过目的诸本中,注释量最大的当然是《水经注疏》,而让我获益最多的,或许也是此本。

　　另外还必须指出的是,郦学从清朝以来,已经成为一门国际性的学问,欧洲汉学家和日本汉学家常常在他们的研究工作中用《水经注》为参考文献,亦有从事专门研究者。森鹿三教授即是其中的佼佼者,他毕生曾三度出掌京都大学人文科学研究所这个日本最著名的汉学研究中心,是日本郦学研究的带头人,撰写过不少郦学文章。特别是在1964—1970年的6年之中,他在研究所举办了一个"《水经注疏》订补研究班",网罗了全国郦学家和他的所内研究生从事研究。每周由他亲自主持一次会读,以《水经注疏》为基础,对《河水》《汝水》《泗水》《沂水》《洙水》《沔水》《淮水》《江水》等篇,逐字逐句地进行评读精研、讨论分析。经过这样深入细致的数年集体钻研,森麓三开始了以《水经注疏》为基础的郦注翻译工作。翻译的过程是非常认真慎重的。以《河水注》五卷为例,首先由森鹿三和其他译者对原文进行集体琢磨和反复讨论,然后由大阪大学的日原利国教授译成日语古文,最后由藤善真澄和胜村哲也两教授译成现代日语。《河水注》以外的其他卷篇,主要由另一位著名郦学家京都大学名誉教授(日本公立大学教授退休后均称该大学的"名誉教授")日比野丈夫所译。森鹿三本人还在译文卷末写了详细的《水经注解释》一文,介绍郦学这门宏大学问的渊源。最后终于在1974年出版了日译节本《水经注(抄)》。[①]尽管这不是一部全译本,内容只有《水经注》全书的四分之一,但已经可算是此书历来第一部比较完整的外文译本了。而且译文信达,注释详尽,受到学术界的好评。我国科学史专家胡道静先生曾在他的《谈古籍普查和情报》[1]一文中称道这个译本的完善。我也为这个译本撰写了《评森鹿三主译〈水经注〉》。[②]1983年我受聘在日本关西大学大学院(研究生院)担任客座教授1学期,课程就是《水经注研究》,此前韩国籍博士生金秀雄君(当时中韩尚无外交关系),把此文翻译成日语,在关西大学《史泉》第57期发表(1982年12月),备受日本学术界的关注。所以我甫抵该校,就有几位研究者与我讨论这个日译本的问题。《水经注(抄)》当然是一部日译佳本,但是这种成果得自"《水经注疏》订补研究班",《水经注疏》在《水经注》的外文译本中是作出了重要贡献的。

　　前面已经述及,《水经注》是我国古籍中版本最多的文献之一。自从1980年以后,我频频出国讲学,除日本外,足迹颇广,远及南美洲的巴西。而讲学的内容也常有《水经注》的课题,涉及此书不少版本。但是我确实是重视并崇拜《水经注疏》的,也因此而专题撰写过《关于〈水经注疏〉不同版本和来历的探讨》[③]一文。后来又在出国讲学事务十分繁忙的情况下,为段熙仲教授的校本作了复校。对于《水经注疏》这部功力甚大而版本却很不完整的郦学巨构,我之所以能颇有见闻,实在要归功于1983年关西大学的客座教授课程。客座教授与一般外国邀请的所谓"讲学"不同。因为"讲学"当然不是官员们美其名曰"考察"的公费旅游。受邀讲学者当然多是饱学之士,其中不少学者并用外语宣讲。但讲学的事,在一所大学中不过几次,讲几个课题。然后去别所大学,也可以讲同样的课题,我在南北美洲的讲学就是这样。但客座教授则不同,事前邀聘时就商定承担固定的课程,与此校的其他教师是按上下课时间同时作业的。我在关西大学为文学院研究生讲授"《水经注》研究"时,该校文学院的另一位森鹿三的高足藤善真澄教授,也正为本科生开设《水经·江水注》课程,我们成了同行,从此相识,而且成为莫逆。他立刻到外面书店购买了台北中华书局出版的《杨熊合撰水经注疏》全集共18册(含卷首汪辟疆序共5000余页)相赠。当时在国内根本无法获得台湾出的书刊,在日本,出售这类专业性很强的台湾版书刊也不多。这其实是当年李子魁口上招摇撞骗而汪辟疆竟信以为真的"誊清正本"。所以在大陆学术界,我是第一位获得此本的学者。没有此本,我也无法为段熙仲教授按北京本校勘而错讹甚多的本子进行复校的。

藤善教授此后一直与我交往。后来我又几度去日本,担任过国立大阪大学和广岛大学的客座教授,每次都见面畅叙。虽然他英语较逊,但因以后每次东渡都有我娴熟日语的夫人随同,所以畅谈甚洽。直到2002年我年届八旬,这年12月,我仍受京都大学之邀,由夫人陪同前去,他仍然到我们寓处畅叙,而谈论的主要还是《水经注》问题,我又当面旧事重提,感谢那年他赠我台北本的重要价值,此书当年对我国的郦学研究确实具有重要意义。

那年在关西大学为研究生讲学,不仅获得了当时内地所无的台北本《水经注疏》,而且还因此沟通了与香港郦学家的关系。当时,香港尚未回归,两地的学术交流很少,在郦学研究方面实在完全没有互通声气。因为日本与香港在学术上的联系较多,香港著名郦学家吴天任先生就知道了我在日本讲授郦学之事,而主动与我通信。吴先生当时已有不少郦学专著,但都为内地所不见。他不久就邮寄相赠,而其中《杨惺吾先生年谱》(台北艺文印书馆1974年版)确实是他毕生治郦的力作,令人钦佩奚似。而寄赠几种他个人的郦学专著以后,竟又慷慨地将全套原版《胡适手稿》30册相赠。胡适是近代学术界重要名流,而他在世的最后20年,竟倾全力于郦学研究,《手稿》30册(分为十集)中,一至六集共18册全为他的郦学汇萃。对于杨守敬,他在潘存《叙语》(潘对杨的赞扬)上曾经发表了驳斥的意见(《手稿》第五集中册)。但他在《手稿》同集中,还是全录了《邻苏老人年谱》,说明从总的方面,他对杨氏治郦还是钦佩的。所以在学术界特别是郦学界,对杨熊《水经注疏》这部巨构,确是一致给以极高评价的。

值得赞赏的是杨熊后人,他们秉承先人治郦业绩,对《水经注疏》从事增补,写出了几种补篇,特别是杨氏后人杨甦宏、杨世灿、杨未冬3位最近完成的《水经注疏补》卷一至卷十共10卷,广征博引,为《水经注疏》平添了无限风采。而且在如此浩瀚的

《补》篇以后,作者们竟仍有继续再补的意图,实在令人振奋和赞叹。《中庸》说:"夫孝者,善继人之志,善述人之事者也。"杨氏后人这几位学者的举措,为人为学,都是不同凡响。"郦学界的一件大事"之语,恐怕还不足概括呢!

我往年思考《水经注》研究与地方的关系,曾撰有《苏州郦学家》《徽州郦学家》和《湖北郦学家》3篇短文,后来收入于拙著《郦学札记》,[2]其中《湖北郦学家》文内说:"在中国历史上,常常出现某一类学问家集中在某一个地方的现象。……除了苏州、徽州二府外,另外一个郦学家汇萃之地是湖北省。与上述苏、徽二地不同,湖北省的郦学家出现甚晚,始于清末民初,其中的关键人物是杨守敬,此后有熊会贞、徐恕、唐祖培、李子魁等,他们都与杨守敬有关。"这里需要说明一下,我把李子魁也列在其中,这既是一种宽厚待人的态度,也是一种就事论事的做法。尽管他在《水经注疏》一书中的弄虚作假已经为胡适及不少其他现代学人所揭发,特别是熊茂洽先生在《水经注疏·三峡注补》[3]的《后记》和杨世灿先生《杨守敬水经注疏稿本辨伪》[4]等文中,把他的作伪经过完全讲清,而此人早年在燕京大学时"学问平庸,为人华而不实"的种种表现,也在葛剑雄先生《往事和近事》[5]一书中的"开风气者"与"为师者"篇内写得淋漓尽致。但考虑到与当今的学术腐败相对比,李子魁的作伪实在还算轻微,而且尽管如葛先生文中引顾颉刚老师对此人"资质之低诚无庸讳"的话,但他毕竟还是在《水经注疏》一书上做了点滴工作。所以我在拙文中仍然把他列名其中。拙文中最重要的一段是:"与苏州、徽州相比,湖北郦学家兴起最晚,但令人欣慰的是,这里的郦学家和郦学研究后继有人。1992年,湖北人民出版社出版了杨世灿、熊茂洽合著的《水经注疏·三峡注补》、熊茂洽著的《水经注疏·江水校注补》。著者熊茂洽,是熊会贞的嫡孙,真是家学渊源,而《三峡注补》的另一作者杨世灿,则是杨守敬的后人。湖北郦学家虽然后起,却大有希望。"

事情的发展确实令人鼓舞,因为随着杨、熊《三峡注补》于1992年问世后,熊茂洽、曹诗图的《水经注疏·江水校注补》接着于1999年由武汉水利电力大学出版社出版。熊茂洽先生曾于1993年不远千里从宜昌到杭州,专门为补注《水经注疏》的工作和我面谈,此事,杨世灿先生在《三峡晚报》2000年11月6日的《熊茂洽轶事》一文中曾作过记叙:"不远千里至杭州大学拜访了当代郦学大家陈桥驿先生。陈给予了高度评价:湖北是杨、熊的家乡,《水经注疏》是此省郦学先贤的杰出成果,为此,当代湖北郦学家的工作值得作出更高的评价和更多的关注。"当年,我对熊先生的惠临舍下实在不胜感动,所以当他后来为其《江水校注补》一书求序于我时,我欣然命笔,说了一些发自内心的语言。而供职于宜昌《三峡晚报》的熊茂洽先生侄女熊琼女士又专程于2005年8月从鄂地到杭州舍下相见,并合影留念,以后还几次通信,让我非常感动。

我和杨、熊仿佛有"郦学一家人"的夙缘。

对于民国以来郦学研究中的良好学风，我在拙作《民国以来研究水经注之总成绩》④等文中都以熊会贞为例，除了我对熊氏毕生为学为人的崇敬以外，也表达了我对杨、熊《水经注疏》在郦学领域中所取得的高度成就的重视。希望湖北在分省、分流域的郦学研究中成为大家学习的榜样，让当代郦学研究获得更大的发展。

使我不胜欣慰的是，杨世灿先生的巨构《杨守敬传记》更名《杨守敬学术年谱》经过他的多年耕耘，2004 年由湖北人民出版社出版。记得贺昌群先生在北京本《水经注疏》卷首《影印水经注疏的说明》中有"长江后浪催前浪"的话。正是以杨守敬为前驱的湖北郦学家的执著努力，让这个长江流贯的省份，继续不断地在郦学研究的领域中，出现"后浪催前浪"的壮观。

杨守敬是一位声名卓著众所周知的晚清学者，有关他的生平业绩，已经有了不少文字记载流传，其中最原始的资料当然是出于他自己的《邻苏老人年谱》，作于清宣统三年(1911)十一月，见于其自序。他说："前年苏州李文石劝余自为年谱，余谦让未遑。"而这一年始作，是由于日人水野疏梅之请。序中说到由于水野"又欲得余小传，归而告其国人。今年命将尽，乃徇其请，追述生平，记忆不审，年月错误，在所不免，然不敢虚浮妄作，其间拉杂琐碎，强半不文，意在示我后人，不足为外人道也"。以古稀之年回忆毕生经历，"记忆不审，年月错误"，当然难免，但这毕竟是他自己亲手写作的文字，是后人为他撰写传记的基础。杨氏《年谱》终于辛亥(1911)十一月十一日，从民国元年起至四年(1915)，则是熊会贞所续。民国三年(1914)杨守敬从上海去北京与陈衍相见，这大概是陈衍为他写作传记的因缘，陈所撰《杨守敬传》收入于《虞初近志》卷七，是后人为杨守敬写作的第一部传记。我所见到的杨氏第二部传记是汪辟疆于民国三十六年(1947)发表于《国史馆刊》创刊号的《杨守敬熊会贞合传》，内容与后来收入《汪辟疆文集》[6]的《杨守敬传》基本相同。1962 年中华书局出版的刘禺生《世载堂杂忆》一书中，也有不少记及杨、熊的故事。特别是我的香港故友吴天任先生，曾付出大量时间精力，广搜博引，于 1974 年在台北艺文印书馆出版了《杨惺吾先生年谱》一书，从杨氏出生之年(道光十九年己亥 1839 年)起，一直写到他卒后 56 年(1971)台北中华书局影印出版《水经注疏》止，全书逾 15 万言，内容堪称详尽。我个人由于研究《水经注》的因缘，也对这个课题作过一点肤浅的涉猎，曾经写过《历史地理学家杨守敬及其水经注研究》⑤一文。谭其骧先生于上世纪 90 年代初主编《中国历代地理学家评传》(上、中、下 3 卷，山东教育出版社 1993 年版)，我曾应约写了《杨守敬》《熊会贞》两篇，收入于此书第三卷。

前已述及的已故香港郦学界吴天任先生，他的治郦专著甚多，晚年又撰成《郦学研究史》一书，[7] 卷首有拙序，卷末附有折叠的《郑德坤重编水经注图（总图）部分》，吴氏在此《研究史》中对杨熊为学和《水经注疏》作了很高的评价。并称江苏古籍出版社 1989 年出版（后又重版一次）的排印本，"在今日而言，实为《水经注疏》最完善之版本"。至于此处提及的郑德坤先生，是顾颉刚先生的早年高足，毕生治郦，有著名的郦学工具书《水经注引得》。⑥他上世纪 50 年代曾执教于新加坡等处高校，晚年因病居香港而终。在北平时曾倾注于《水经注图》，均在战乱中遗失。拙撰《郑德坤与水经注》⑦长文，可供参阅。

在以上不少传述杨守敬生平经历的文章中，除了我所写的显然属于下里巴人外，其余各家的撰述都有传世价值，而其中特别是吴著《年谱》，尤为卓然可观。但另一方面，由于杨氏学问博大精深，毕生经历迂曲繁复，其自撰《年谱》称详，但多是就事直叙，而其间也难免"记忆不审"之处。以后各家据《年谱》撰写传记，成就固然可观，但不仅鲁鱼亥豕，间有所见，而内容也大多偏简。所以我虽然确从这些传杨著述中获益良多，却也常有不足之感。作为一位著名学者，有关杨氏的传记、年谱和其他文字，实在已不算少，我之所以对此犹感不足，主要大概有两种原因。第一，我个人研读《水经注》已逾 60 年，读杨、熊《注疏》也已 40 多年，在谭其骧先生主编的《中国历代地理学家评传》中，我为杨氏总结了他在郦学研究中的 5 大成就。当年段熙仲先生精心点校《注疏》，我又竭尽驽钝作了复校，并在卷首写了万余言的《说明》，提出了一些心得和问题。其实平心而论，我对《注疏》的研究还很肤浅。所以常常希望通过其传记探索他的郦学思想。第二，我在大学地理系及地球科学系执教已经 50 余年，对高等学校地理教学实在情有独钟。而杨守敬实为我国高校最早的地理教师。2000 年，台湾中国文化大学举行"中国史地关系学术讨论会———纪念张其昀先生百岁诞辰"。我在送交此会的论文《论史地关系》⑧中论及，地理学曾经长期依附于历史学，清同治十年（1871），李鸿章为李兆洛《历代地理志韵编今释》作序，序中提出"舆地之学，为读史第一要义"。拙文由此联系到杨守敬在李鸿章的"第一要义"以后又 20 多年，地理学终于成为一门独立课程在高等学府建立。光绪二十五年（1899），湖广总督张之洞聘请杨守敬和邹代钧到武昌，杨守敬治旧地理，邹代钧治新地理，分教两湖学院。说明到了清代末年，地理学实际上已与历史学分家。作为一位热衷于郦学并长期在大学地理系执教的人，对于杨守敬这位郦学泰斗和中国高等学府地理系的开山宗师，我当然希望能够更多地获悉他当年在两湖学院主讲旧地理（即历史地理，其中当然包括郦学）的细节。

杨世灿先生的《杨守敬学术年谱》在很大程度上满足了我多年来的愿望，这确是一部全面记叙杨守敬的煌煌巨构。此书的价值，我认为在郦学和传记两方面都不同凡响。在郦学方面，我是郦学界的后辈，而此书的传主乃是著名的郦学巨人，通过此书对杨守敬在中国历史地理特别是郦学研究领域中的详细而深入的记叙，当今的郦学界包括我在内，当然受益无穷。从传记的角度评价，我于 1997 年有幸被英国剑桥国际传记中心聘为荣誉委员，在此前后，曾对国内外古今著名传记稍有浏览，所以我认为杨世灿先生的这部书，可以列入优秀传记之林。杨先生是杨守敬的族重孙，在当代湖北郦学家之中，具有承前启后的责任。据近几年杨世灿先生来信所告，正在努力继续为《水经注疏》作《补》。他已经在三峡和江水的《补》中作出了不小的贡献，为湖北郦学家作出了"启后"的示范。近年，他将《水经注疏补》的世学，又传给他的两个儿子。长子杨甦宏以经济管理思想治《水经注疏补》产生新发展，论证了建设"城市社区沼气系统"治理现代水资源污染的可行性。杨甦宏 1999—2005 年在乌克兰国家矿业大学追随巴拿马联科院士获得哲学经济学博士学位，归国后在杭州电子科技大学任教，因近在比邻时来我处研讨《补》著，我实在高兴杨家世学后继有人。我认为，《水经注疏补》有如下意义：

一、一部研究黄河水文化的开山著作。

《水经》是中国第一部古水志，共记录水道 137 条的源流经历，约 1 万字。写作背景大约在公元 223 年大水灾之后，成书于公元 226 年左右。据戴震考证，作者不是桑钦、郭璞，而是三国魏初无名氏。近以为是东汉魏公幕僚王粲等撰，是一部官书。到了北魏，郦道元（字善长，公元 465 年或 472—527）为东荆州刺史时，因为为官刻峻，得罪皇亲贵族而遭免官，还京闲居 9 年（515—524），这其间当为郦道元作《水经注》的时间。记录 1252 条水道，穷源竟委，30 余万字。该书首先是一部水利著作。其次，它因水证地，兼及历史沿革、文化现象，是一部不朽的历史地理著作。其三，其优美的山水散文，有较高的文学价值，为历代文人所爱赏。1974 年日本平凡社将《水经注疏抄》列在《中国古典文学大系》（全 60 卷）第 21 卷中。自宋代以后，研究郦道元《水经注》的约有 70 家。到了清季，杨守敬尽采诸家之长，和熊会贞一道，前后因袭用力 48 年，编撰成《水经注疏》，共 40 卷，计 150 万字。该书繁征博引，且兼体例严谨，考订精详，使《水经注》再一次放出异彩，成为一部"集前人之大成""后来居上"的郦学巨著（《中国水利史稿》语）。总之，围绕《水经》这部著作，从三国无名氏至北魏郦道元，再从郦道元至清代诸儒，到杨守敬熊会贞，1000 多年来，前人给我们留下了宝贵的历史地理学方面的遗产。这些遗产在今天仍有很高的价值。如何继承这些遗产，并为其注入现代治水的科技经济成果，是摆在我们面前的一大课题。《水经注疏补》卷一至卷十以《水经注疏》为纲，以黄河主干为内容，校勘、注释、今补，为当今研究开发黄河流域经济发展和水文化，奉献出了一部开山著作。由郦学世家赓续郦学先贤的事业，实在令人不胜感慨。郦学经历了《水经》《水经注》《水经注疏》的过程,后经湖北人民出版社《杨守敬集》编委王永瑞先生点津,研究重点放在"补"入现代科学治水成果上,形成"经、注、疏、补"4个阶段,使"补"更加有助于社会、经济和生活,实为政府近年倡导的科学发展观思想之体现。

二、一部完整的《黄河补》,它补充了黄河源出至河口河道的变迁情况,以及现代的开发情况。

《水经注疏补》以段仲熙校陈桥驿复校《水经注疏》(江苏古籍出版社 1989 年版)为底本,按 1 至 10 卷分卷作补。如学界颇有争议的卷一,解译了中国西部九大水系的水源,分析了西部佛国文化,确定了昆仑释氏所指,科学地确定了神仙居地与现代旅游景点的关系。历史上的源出地名,以现代县地图为基础,补到村级地望,一了过去的争论。

三、《水经注疏补》吸取了黄河流域治理的新成果。其中最大量的工作是补入新中国成立后 60 年的治黄成果。简单地说,黄河上游要补入开发水电基地的资料,新资料的补入,使治《水经注》地理学派步入综合水利、水电、防洪、灌溉、航运、环保、管理等新兴学派阶段,但仍不失历史地理学本色,这是郦学事业新生命的开始,亦是郦学开拓性的贡献。

四、《水经注疏补》为郦学研究事业正本清源。郦学事业是中国传统文化的名山事业。《水经注疏补》大体对郦学研究中的"知识产权"等问题作了一些交代。这些问题主要是:一是郦道元拯救了中国的无数流失珍籍,郦道元在《水经注》中,引书共 176种,如《河水注》所引,曹操邺城,现在只能从《水经注》中读到邺城繁华的文章记述。杨守敬、熊会贞一一注明出处,现在《补》又详加注释。二是《中国历史地图集》出自《水经注图》。《补》充分利用谭其骧主编的《中国历史地图集》,此《图集》是在 1954年开编之初,编辑机构曾称为"杨图委员会"。所以尽管由于技术原因重新绘制,但其基础如谭其骧先生所述,出自《杨图》。熊会贞为《杨图》尽功其事,却未留姓名。三是读懂熊会贞最后修订的凡例,"此全稿复视,知有大错",指的是北京本。熊会贞在台北本上,继承和发展了杨守敬的郦学思想。北京本当然是杨熊二人的成果。在杨去世后的 22 年中,熊会贞修订的北京本,重新拟定 39 条凡例。"此全稿复视",复视的是北京本而非台北本。这一点尤其重要。"知有大错",指的是"底本""全、赵、戴"和"残宋本、《大典》本、明抄本"3 项主要内容。他在凡例中明确指出:原以王氏合校本为底本,今以朱是者作正文;原"全、赵、戴并举,今以戴名过于赵,作戴、赵改。"并在台北本中大量补充了"残宋本、《大典》本、明抄本"的内容,而这些内容先生未见,有的且与先生定论相悖,但熊会贞为了郦学思想的发展,科学地作了处理,尊师两全。四是熊会贞为了学术高风亮节,不计名利。《水经注疏》:"先生初说,此书二人同撰,文各一半","每篇首标题作:宜都杨守敬纂疏门人枝江熊会贞参疏,"熊会贞在凡例中改为"文先生三分之二,会贞三分之一"。在处理先生未见之书时,熊会贞安排"尽改为先梅(杨守敬之孙)按残宋本作某句、《大典》本作某句、明抄本作某句"。五是进一步对近现代郦学研究中的"誊清正本"的疑案进行了澄清,使"李子魁补疏"伪事真相大白,论证了所谓"誊清正本"即台北本。六是阐释了熊会贞对杨守敬学术思想的发展,论证了台北本比北京本更具科学性。但北京本也独具所长。当然,作为一本开拓性的郦学研究著作,《水经注疏补》也有一些尚可商榷之处,但毕竟瑕不掩瑜,而且深信作者们必然还要继续从事研究。

参考文献

[1]胡道静《谈古籍普查和情报》,载《历史研究》1983 年第 4 期。

[2]陈桥驿《郦学札记》,上海书店出版社 2000 年版。

[3]杨世灿、熊茂洽《水经注疏·三峡注补》,湖北人民出版社 1992 年版。

[4]杨世灿《杨守敬水经注疏稿本辨伪》,载《宜昌师专学报》(社会科学版)1995
年第 4 期。

[5]葛剑雄《往事和近事》,上海三联书店 1996 年版。

[6]汪辟疆《汪辟疆文集》,上海古籍出版社 1988 年版。

[7]吴天任《郦学研究史》,台北艺文印书馆 1991 年版。

注释:

① 《中国古典文学大系》之一,东京平凡社出版。

② 原载《杭州大学学报》(哲学社会科学版)1981 年第 4 期,收入拙著《水经注研究》,天津古
籍出版社 1985 年版。

③ 原载《中华文史论丛》1984 年第 4 辑,收入拙著《水经注研究二集》,山西人民出版社 1987
年版。

④ 此文发表于 1994 年《中华文史论丛》第 53 辑,又作为拙校《水经注校释》的卷首代序,杭州
大学出版社 1999 年版。

⑤ 初发于《书林》1987 年第 4 期,收入于拙著《郦学新论———水经注研究之三》,山西人民
出版社 1992 年版。

⑥ 20 世纪 30 年代哈佛燕京社所出多种古籍《引得》之一,此书上海古籍出版社 1982 年又重

印出版。

⑦　初刊于《中国历史地理论丛》，收入于拙著《郦学新论———水经注研究之三》，山西人民出版社 1992 年版。

⑧　载会议《论文集》上册，中国文化大学史学研究所 2000 年刊印。

原载《水经注疏补（卷一至卷十）》，中华书局 2016 年版

书评　回忆　散记

粗制滥造的《地图的绘画和应用》

《地图的绘画和应用》(天津益智书店 1953 年 6 月出版,杜道周著)是本粗制滥造的坏书,全书有很多错误的内容。

首先在内容上,充满了不科学的、错误陈旧的和东拼西凑的东西。例如在第 3 页谈到地球仪的优点时,说地球仪"能够知道两地间的距离和面积",在地球仪上,两地之间,除了能够知道它的距离以外,是决不可能计算面积的。同页上,作者又说"地球最低处,是菲律宾群岛东南的洋海(?)深达 9780 公尺,约合 19 多市里",这分明是一个非常陈旧的数字。根据现有的资料,世界最深的海沟在马利亚纳与加罗林群岛之间,深达 10899 公尺。

在"简易测绘"一节里,作者竟非常荒谬地介绍了一种完全反科学的所谓"指幅测"。莫名其妙地规定了指幅的宽度;中指为 40 公尺,无名指为 35 公尺,小指为 25 公尺,自小指到中指为 100 公尺,大姆指和小指之间为 300 公尺。这样,只要"伸直右臂,对准目标,闭着左眼"(第 20 页),则事物不论远近,都可以用作者规定的指幅宽度测量出来。作者还根据他自己的这种测量方法,附制了一幅"指幅测"的插图(第 21 页,图 14)。当然,大部分读者都可以毫不费力地戳穿这个"指幅测"的荒唐把戏;但是假使也有人不察究竟,错误地使用了这种方法去进行测量,那将会造成如何的结果呢?

内容的东拼西凑,毫无重点,这也是非常明显的。例如在第三章第四节"土地高低表示的方法"（第17页）中，作者就单凭自己的意愿，谈了一种"水平曲线"（？），而对于目前一般地图上所常见的分层设色法，晕渲法和山脉的立体绘法等，却都只字不提。但是另外，作者偏却花了很多篇幅，拼凑一些毫不重要和俯拾即是的资料。例如在"比例尺的重要"（第14页）一节中，把那些在一般算术书上都可以翻到的公里、英里、市里和公尺、英尺、俄尺等材料，翻来复去地折算了一大堆。在"怎样涂颜色"（第44页）一节中，除了把普通图书上那些甲色加乙色和成丙色的一大套，整篇的照抄以外，甚至连上海马利工艺厂的马头牌颜料也作为写作的资料。这样，浪费了很多的笔墨，而读者都得不到真正需要的东西。

其次，本书名为《地图的绘画和应用》，但书中附列的几幅地图，都是错误百出，使人不堪卒读的。例如在第3图"寒潮来临中国后的情况"（第5页）图中，竟把台湾和海南岛这两块属于中国的领土遗漏掉，而把苏联的滨海省和朝鲜当作中国的领土，画在中国范围之内，真是不可容忍的错误！作者另外又采用了"1953年度治淮主要工程示意图"作为地图绘画的示范（第4图）。但是这幅内容很好的地图，在作者毫不负责的改绘之下，又变成错误百出的东西了。除了没有比例尺以外（虽然作者在比例尺一节中曾经强调了比例尺的重要）把苏北灌溉总渠和总渠以北的排水渠工程并成一种符号；"里运河"写作"运河"，而"高宝湖"却变成"里高宝湖"；洪河口写了地名而漏了符号；"汾河整理"变成了"沿河整理""淠右灌溉工程"变成了"淠石灌溉工程"等等，真是不一而足。另外，作者选来作为绘画示范的一幅"台湾省图"（第17图）更是陈旧错误的东西。全图没有图例（虽然作者也曾在"谈谈图例"一节中强调了图例的重要），用顶陈旧的、早已被人摒弃不用的方法描绘了山脉的分布；基隆被丢到铁路线以外，而"兰屿"又变成了"兰与"，最荒谬的是作者竟还把"新高山"、"次高山"等日本帝国主义者侵略台湾的名称，公然地写在地图上。谁都知道"玉山"和"碧山"是台湾两大高峰的真正名称，日本帝国主义者并吞了台湾以后，因为发现这两座山峰的高度都超过日本本国的富士山，因此才用"新高山"和"次高山"这样的名称来称谓这两座属于我国的山峰，但作者却对这些事实盲然无知。还有，在作者"简易描绘法"中所绘的那幅据说只要5分钟就能绘好的台湾简图上（第25页），又把"花莲"写成了"莲花"；而台湾的全部铁路，更都变成了作者在第17页"最常用的图例"中所说的"简单铁路"（大概是指轻便铁路，"简单铁路"不消说又是作者杜撰的名词）。

当然，本书并不是完全没有好处，例如全书的内容，在次序的安排上，一般还算妥当；所列举的几种地图绘法，也比较简单扼要；而文字也通俗易懂；但是和本书的缺点一对比，这些就显得微不足道了。

地图的绘画和应用的通俗叙述是一种重要的工作，作者和出版者从事于这一类通俗书籍的编著和出版,是一件值得欢迎的事。但是照本书目前的情况来看,对读书显然是害多益少的。因此,我们希望作者和出版者,能够抱着对人民负责的态度,对本书作一次全面的、彻底的修改。

原载《地理知识》1954 年第 2 期

读《中国王朝时代晚期的城市》的两篇书评

由斯坦福大学人类学系教授施坚雅（G. William Skinner）主编的一部有关中国城市地理的专著《中国王朝时代晚期的城市》于1977年在美国斯坦福大学出版社出版了。尽管这部长达820页的巨著，所探讨的是中国历史时期的城市，也就是说，是一部历史城市地理的著作，但是它无疑会引起世界各国城市科学界特别是城市地理学界的极大关注。正如芝加哥大学的诺顿·金斯伯格在书评中所说的："这样一部雄心勃勃的巨著，甚至连一个冷淡的评论者也会引起兴趣。"事实正是如此，去年我在北京看到了加拿大学者对此书的评论，而最近施坚雅教授寄给我的许多有关此书的评论中，就包括了美国、英国、日本等国的学者。中国由于"十年动乱"时期中城市科学研究的停滞和对国际学术界交流的中断，以我个人来说，直到去年在北京读到了从国外复制的本书书评，才第一次知道国际上已经有这样一部历史城市地理的巨著出版。更为遗憾的是，据我所知，直到最近，国内的任何一个图书馆中，都还不曾有此书的收藏。对于这样一部直接论述我国历史时期城市地理的巨著，暂且不管其论证是否确当，也不管其方法和内容有多少值得我们学习，首先我们应该把它引进，加以研究和消化，然后再发表我们的意见，这看来是比较正确的态度。

城市地理学和一切城市科学无疑是随着城市建设的发展而发展起来的。我国历史悠久，具有很早的建城记载。《尚书·洛诰》说：

召公既相宅，周公往营成周，使来告卜，作洛诰。……周公拜手稽首曰：……

予惟乙卯,朝至于洛师。我卜河朔黎水。我乃卜涧水东、瀍水西,惟洛食。我又卜瀍水东,亦惟洛食。伻来以图及献卜。

这是有关我国建城最早的文字记载之一。[①]《水经·洛水注》说:

　　洛阳,周公所营洛邑也。故洛诰曰:我卜瀍水东,亦惟洛食。其城方七百二十丈,南系于洛水,北因于郏山,以为天下之凑。

如上述,把都城建立在这样一个地理位置上,在地形上背山面水,在交通运输上处于天下(当时的统治范围)的枢纽,事前曾经绘制地图。这样的建城,与其说是占卜所得,毋宁说是勘测的结果,占卜无非是一种礼仪上的形式而已。因此,上述《洛诰》和《洛水注》的记载,乃是从勘测设计直到建城的一个完整的记录。从西周洛邑城的营建中,我们可以看到,当时不仅已经有了城市地理的理论,而且这种理论还直接指导了建城的实践。

西周以后,从东周、春秋、战国以至于秦,建城的记载史不绝书。仅从《水经注》来看,也是充篇累牍。如《浍水注》的"城绛",《济水注》的"城阳向",《浊漳水注》的"筑五鹿、中牟、邺",《颍水注》的"城上棘",《潍水注》的"城诸及郓"等。当然,在这一时期所建的城郭,往往都是当时的重要都会或与军事有关之处。对广大的一般县邑,恐怕尚未普遍建立城郭。全国县邑的普遍建城,为时当在汉初。《河水》经"又东过陇西河关县北,洮水从东南来流注之"注云:

　　汉高帝六年,令天下县邑城。张晏曰:令各自筑其城也。

自此,全国各地普遍建城,成为我国古代城市的重要特色。在施坚雅主编的书中收入了章生道所写的《有城墙的城市形态》一文,这就说明了这种特色的引人注意。

西汉初年,随着生产的发展,很大的城市已在我国出现。除了长安、洛阳等全国性中心城市以外,地方城市有时也具有很大的规模。《水经·滱水注》描述的曲逆城即是其例:

　　汉高帝击韩王信,自代过曲逆,上其城,望室宇甚多,曰:壮哉! 吾行天下,惟洛阳与是耳。

另外,《睢水注》记载的汉初扩建的睢阳城,也是一个规模很大的城市。

　　广睢阳城七十里,大治宫室,为复道,自宫连属于平台三十余里,复道自宫东出杨之门左阳门,即睢阳东门也。

随着城市建筑的发达和城市的大量出现,我国古代的城市地理研究有了进一步发展,城市地理著作也陆续问世。成书于战国而后汉时又加补充整理的《越绝书》,十分详尽地描述了于越的首都山阴大城、句践小城(今绍兴)和句吴的首都吴大城、吴小城(今苏州)的城市地理概况。另一种后汉的著作《三辅黄图》则更为细致地记载了秦汉时代的首都长安城的城市地理。此外,记载我国历朝首都的重要古代城市地理著作还有西晋陆机的《洛阳记》,[②]南宋孟元老的《东京梦华录》,南宋吴自牧的《梦粱录》,元熊自得的《析津志典》[③]等,记载一般城市的著作,那就更无法一一列举了。

在所有记载古代城市地理的著作中,记载的城市最多而描述最为详尽的莫过于《水经注》。全注记载的历代、列国故都约有 180 处,大小城市约有 2800 处,总计近 3000 处。对于周秦以后的我国重要都会,由于其时距郦氏渐近,因此记载特详。例如《渭水》经"又东过长安县北"注中记载的秦汉故都长安城,举凡城门、城郭、街衢、宫殿、园苑等等,无不细致描述。《穀水》经"又东过河南县北,东南入于洛"注中记载的洛阳城,长达 7400 余言,成为全书的第一长注,描述之详,可以想见。此外如《灅水注》中记载的北魏旧都平城,尽管平城只不过是个小小都城,描述却也不嫌其详。《水经注》所描述的我国古代城市,都是我国历史城市地理的珍贵资料。

所有我国古籍中记载的城市,当然都是古代概念的城市。按照两篇书评中所论述的施坚雅的理论,唐朝以前的城市,实际上是各级政治中心。在唐代末年发生的所谓"城市革命"以后,城市的性质有了改变,但各级城市充其量也不过是大大小小的商业中心而已。

从本世纪初开始,由于工业化和商品经济的飞速发展,在世界上的某些地区特别是西欧和北美,城市化有了迅速的发展,大大小小的工业发达、商业繁荣、人口集中、交通便捷的新式城市,顿时雨后春笋般地出现,这就是现代概念的城市。现代城市在其职能上与古代城市有极大的不同,在城市类型与结构的复杂性方面,与古代城市也不可同日而语。因此,传统的城市地理研究方法,即秋山元秀书评中所称的"人文性的历史记述"的方法,实际上就是定性描述的方法,面对着这一大堆复杂多变的城市现象,就显得不知所措了。在这种新的情况下,德国地理学家瓦尔特·克里斯塔勒(Walter Christaller)对德国南部的城市进行了详细的考察研究。于 1933 年发表了他的城市地理名著《南部德国中心地》一书,这就是著名的"中心地理论"(Central Place Theory)。这个理论的中心内容是关于一定区域内(国家)城市和城镇职能、大小及空间结构分布的学说,即城市的"等级—规模"学说,城市的区位理论,并用六边形形象地概括区内城市等级与规模的关系。[④]中心地理论是城市地理研究从传统的定性描述到科学的定量分析的转变过程上的一次跃进。尽管它本身并不是那样完美无缺,而且这个 30 年代初期从德国南部的一些城市中(这个地区并不是当时资本主义最发达的地区)推导出来的模式,要在世界其他资本主义发达地区的城市地理研究中应用,实践证明还存在许多问题。但是,这个理论对于现代城市地理研究,应该承认是具有一定影响的。

现在,通过下列两篇书评中所看到的施坚雅的论著,使我们在城市地理的研究中又有了一种新的启发。这就是,30年代的中心地理论,不仅促进了现代城市地理的研究,而同时又为历史城市地理的研究开辟了新的途径。当然,施坚雅对于中国王朝时代晚期城市的研究,并不是简单地套用了中心地理论的模式,而是有他自己深思熟虑的创造,即诺顿·金斯伯格在他的书评中所说的"施坚雅概念"。但是两篇书评中显然也表达了,在他的整个概念之中,中心地理论是具有极大影响的。

施坚雅在他的论著中曾说,在1800年前后,北京是当时世界最大的城市。我在前面也已经指出,我国古代拥有许多世界闻名的大城市。这个庞大的古代城市网,推动了我国古代的城市地理研究,如前所列,我们在这方面的成果是异常丰硕的。由于资本主义发展的迟缓,我国在现代城市的发展上远远落后于世界其他许多地区,这无疑影响了我国现代城市地理和其他许多城市科学的发展。作为一个这方面的后进国家,熟悉一下世界其他地区有关方面的动态是十分有益的。为此,对于施坚雅在历史城市地理的研究中所运用的富有独创性的方法,我们极有兴趣;对于他主编的这部历史城市地理巨著,以我国城市为研究对象,我们深感亲切。至于对这部巨著的本身,我们当在详细阅读之后再来作出实事求是的评价。[5]

这里,我们选译了芝加哥大学诺顿·金斯伯格和日本爱知县立大学秋山元秀的两篇书评,由于两文的篇幅都较长,也限于我们的翻译水平(因为我们没有看到原书),[6]因此我们在刊出时都作了较多的删节,还请作者和读者们谅解。

注释:

① 金文中有城字;《世本·作篇》及《作篇补遗》有"鲧作城郭",这些都是我国有关建城的最早文字记载。

② 此书已佚,目前所知系据《水经注》、《艺文类聚》、《太平御览》、《太平寰宇记》所引。

③ 此书又作《燕京志》,已佚,目前所知系《永乐大典》所辑。

④ 陆大道《中心地学说及其在联邦德国拜恩州区域规划中的应用》,见南京大学经济地理教研室《研究城镇合理规模》参考资料。

⑤ 这里要特别感谢施坚雅教授,他在来信中提到即将把他的这部巨著寄赠给我。

⑥ 在全书的16篇论文中,我只读到《宁波及其腹地》一篇,这是此文作者、大阪大学斯波义信教授最近寄给我的抽印本。

原载《杭州大学学报》(哲学社会科学版)1980年第4期

继续深入黄河历史地理的研究

——史念海教授新著《河山集》二集读后

　　我国著名历史地理学家史念海教授继《河山集》后又一部历史地理著作《河山集》二集,已由三联书店出版。全书收入了作者从 1972 年以后陆续写成的 13 篇论文,除了最后 4 篇论述《禹贡》著作年代和探讨古代长城遗迹外,共余 9 篇都是关于黄河历史地理的论文,几占全书篇幅的 80%。这 9 篇论文,虽然论题互不相同,内容各有所主,但各篇之间却紧密联系,互相发挥,把黄河历史地理上的主要问题,剖析无遗。诵读之后,获益良深。正如白寿彝教授为本书所作的序言中所说的:"这是近年出版物中难得的一本好书。"

　　全书第一二两篇是《历史时期黄河流域的侵蚀与堆积》一文的上下篇,其中上篇是"黄河中游的侵蚀与原的变迁",下篇是"黄河下游的堆积"。众所周知,洪水和泥沙之间矛盾发展变化的历史,基本上也就是黄河变迁的历史,而在水沙这一对矛盾之中,泥沙又是矛盾的主要方面。而本篇探讨黄河泥沙的来源和它们的转移,正是黄河发展变迁中的根本问题。在上篇中,作者以"原"的变化为论证核心。"原"或作"塬",是四周为沟谷切割的黄土高原面,是我国黄土地区的一种特殊地貌类型。原的陵夷侵蚀,正是黄河下游堆积的主要物质基础。在下篇中,作者列举了河床的淤塞、湖泊的淤平、城池的湮没、丘陵的沉沦、平原地形的增高、土壤的变化等资料,雄辩地证明了黄河下游在历史时期中堆积的速度和程度。

　　第三四两篇是《历史时期黄河在中游的侧蚀》和《历史时期黄河在中游的下切》。这同样是黄河历史地理中两个至关重要的问题。侧蚀和下切，不仅也是下游堆积的重要物质来源，而同时还强烈影响中游河道的变迁。它造成中游的山丘崩塌和城市沉沦。由于作者对这两个专题有深入的研究，所以论证周密，具有很大的说服力。例如，在侧蚀方面，作者根据野外实地考察和大量历史文献的分析，证明夏阳和城村所在地的阶地本是与其背后的原连在一起的。由于黄河的侧蚀，至迟在战国以前，已从其背后的原上塌陷了下来(第12页)。这个论证，对于陕西省黄河沿岸许多阶地的崩塌过程都具有意义。在下切方面，壶口瀑布位置推移的例证尤其引人入胜。作者根据《水经注》、《元和郡县志》等历史文献的记载和现场考察，通过周密的计算，得出从北魏到元和的286年中，瀑布溯源背进达1475米，平均每年背进5.1米。从唐元和迄今的1500年中，瀑布又溯源背进了5000米，平均每年背进3.3米(第175页)。史念海教授利用壶口瀑布在历史时期背进的距离和速度以推算黄河这一河段历史时期溯源侵蚀的速度，确是历史水文地理研究的典范。我有幸于去年10月也到达现场考察了这个瀑布，以当时所见与本书这一段论述相印证，更感到作者的研究具有重要价值。

　　第五六两篇《论泾清渭浊的变迁》和《周原的变迁》是作者黄河历史地理研究的另外一类专题。两篇论文从题目看来迥然不同，前者论证黄河的两条重要支流泾、渭二水的孰清孰浊，而后者则是探索西周发祥地周原在历史时期的演变。其实，两文有密切的内在联系。这是作者在论述黄河侵蚀与堆积的基础上，进一步探讨这种侵蚀与堆积现象的规律性。泾渭清浊，流传已久，但历来却言人人殊。通过作者细致深入的分析，始知两河清浊，自来并非固定，而是历代有所差异。究其原因，"泾渭清浊的历史变迁，与当地植被的存毁与水土流失的缓急有着密切的关系。各个历史时期的具体情况不同，两河清浊也就有了显著的差异，不能一概而论"。(第213页)

　　在《周原的变迁》中，作者以"锦绣的周原"为小标题，描述此原的原始面貌。作者指出："周人迁居周原时，岐山森林参天蔽日，郁郁葱葱，到处是一片绿色的海洋。"(第227页)但是在历史时期中，周原变化甚大。这种变化据作者概括："周原变迁的主要特征就是原面的缩小和破碎"(第225页)。作者描述周原的地理面貌十分真切，我曾有机会于1976年驱车于这片原上，目击岐山童秃、沟壑纵横的情况。我曾在扶风县旧城隍庙高处向南远眺，见魏晋以前原是周原一部分的积石原，如今已被深邃的沣河河谷所分隔，两者相距已达2000米左右。以昔日所见印证此文，真是清晰如画，不胜感慨。作者最后总结了周原变迁的原因："主要是由于河流的下切与侧蚀，增加了河流的深度与宽度，以及沟壑的密度，使周原不断破碎，切割成若干小原，促成这种情况的发展，则是由于岐山上森林的消失和侵蚀基准面的降低。"(第231页)

通过这两篇论文,让我们清楚地看到植被与黄河侵蚀之间的密切关系。尽管黄河流域的植被在影响黄河侵蚀的程度上,各方面还有不同的看法。去年10月,在西安举行的历史地理专题学术讨论会上,从事森林土壤工作的同志与从事水利工程的同志之间,就在这个问题上进行过不同意见的讨论。不过对于植被和侵蚀之间必然存在关系这一点,大家的看法仍然一致。作者在这两篇论文中所揭示的事实,更将有助于我们对这个问题进行深入的研讨。

其实,在作者来说,这两篇论文还只是研究这个问题的一种契机。作者接着写了一篇长达7万言的洋洋宏文,即本书的第七篇《历史时期黄河中游的森林》。在历史上,中外都有一些学者,认为黄土地区根本不适宜于森林的存在。对此,作者通过大量文献资料的考证,特别是新近获致的放射性碳素测定年代的数据,雄辩地证实,黄河中游在古代是存在大片森林的。作者分先秦、秦汉魏晋南北朝、唐宋、明清等4个时期,分别论证了当时这个地区的森林分布以至树种类别,复原了各个时期的森林面貌。由于垦殖的扩大和其他人为活动的增加,森林就随着不断缩减,这在作者按上述四个时期绘制的4幅森林分布图中,显示得一目了然。在全文末尾,作者以黄河若干支流的清浊变迁为例,论证了森林破坏与水土流失的关系,用信而有证的事例和严密的科学分析,为全文作了一个画龙点睛的总结。

本书的第八篇是《论两周时期黄河流域的地理特征》,这是一篇先秦时代黄河流域历史自然地理的通论性文章,内容涉及黄河流域古代地貌、湖泊、地下水、气候、土壤、植被等等,内容丰富,描述细致,生动地复原了古代黄河流域的地理环境。

本书的第九篇《由历史时期黄河的变迁探讨今后治河的方略》,是1979年10月中国水利学会在郑州召开的黄河中下游治理规划学术讨论会中作者的发言稿。作者在深入分析古代黄河流域自然环境变迁和评述历代治河方略得失以后,提出了自己的治河建议。由于作者对黄河历史地理的精湛研究,所以他所提出的这个治河建议,具有全面考虑、综合治理的特点。他强调"一切都要按自然规律办事"的治河原则,方法至为详尽,而要旨在于中游的阻遏泥沙和下游的排除泥沙。作者在最后满怀信心地指出:"长期安流的局面并不是可望而不可及的事情。"凡是与黄河打过交道的人,不论是理论上的研讨或是实践上的治理,都会从各个不同角度看到这条河流所面临的许多难题。但是读了作者这样的论文以后,的确使人充满了希望和勇气。

作者之所以在本书中取得如此成就,总的说来,当然是由于他在历史地理学上的深厚造诣。但是,我觉得在这里应该特别指出的,是作者在这个地区的大量野外实践。正如作者在本书自序中所说:"二集的几篇论文和初集有些不同。初集主要利用历史文献,二集则兼结合野外考察的成果。"作者在野外考察工作方面不辞劳苦和十分认真的精神,是历史地理学工作者值得学习的。

对于黄河历史地理的研究,《河山集》二集所反映的成果是具有时代意义的。虽然,有关这条河流在历史时期发展变迁的规律,还有许多问题需要探索,但是,作者的辛勤劳动和精辟研究,确实为我们今后在这方面的工作奠定了十分重要的基础。黄河在历史时期已经决溢了1500多次,重大改道就有6次,洪水波及的范围,北遍冀鲁,南及苏皖,纵横达25万平方公里。我们民族长期来曾为这条河付出了巨大的代价。现在,黄河安流已有35年,在党的领导下,河防牢固,前所未有,前景当然是美好的。但是我们却也不能不看到,不仅是它的输沙量依然如故,并且还仍然是一条不断抬高的悬河。对于这样的一条河流,我们绝不能由于它的30几年安流而过于乐观。从长远看,面对着这样一条高悬地上的滔滔大河,我们必须继续对它进行全面的研究,以彻底摸清这条河流发展变迁的规律,为对它进行妥善的根治提供更多的数据。现在,《河山集》二集已经为我们在这方面作出了榜样,希望历史地理学界继续深入对黄河历史地理的研究,为进一步探索黄河发展变迁的规律贡献我们的力量。

原载《河南大学学报》1983年第1期

评《中华帝国晚期的城市》

从 1968 年到 1969 年,美国和其他国家的一批研究中国的学者,连续在美国新罕布什尔州的朴次茅斯和大西洋英国属地维尔京群岛的圣克鲁瓦,举行了几次以中国城市为研究对象的学术讨论会。斯坦福大学人类学系施坚雅教授以这次讨论会上提出的论文为主,再加上其他的几篇论文,编成《中华帝国晚期的城市》[①]这样一部中国历史城市研究的巨著,于 1977 年在斯坦福大学出版社出版。此书出版以后,在国际上引起了很大的反响,各国学者都纷纷发表评论。在中国,由于"十年动乱"所造成的与国际学术界的往来断绝,信息隔膜,所以一直到此书出版后的好几年,才第一次由《杭州大学学报》(哲学社会科学版)于 1980 年第 4 期译载了国外学者的两篇书评,即美国芝加哥大学教授诺顿·金斯伯格(Norton Ginsburg)的《中国王朝时代晚期的城市》与日本爱知大学副教授秋山元秀的《施坚雅编〈中国王朝时代晚期的城市〉》。并冠以我的一篇拙作《读〈中国王朝时代晚期的城市〉的两篇书评》。接着,《历史地理》创刊号于 1981 年又译载了加拿大不列颠哥伦比亚大学教授赛明思(Marwyn S. Samuels)的《评〈中国王朝时代晚期的城市〉》。从此,中国学术界才开始知道,国际上已经出版了这样一部以中国历史城市为研究对象的巨著。我在拙作的最后说:"对于施坚雅在历史城市地理的研究中所运用的富有独创性的方法,我们极有兴趣;对于他主编的这部历史城市地理巨著,以我国城市为研究对象,我们深感亲切。至于对这部巨著的本身,我们当在详细阅读之后,再来作出实事求是的评价。"我说这话,于今 4 年,由于杂务纷繁,几次执笔,都因故中辍。另一方面,若干中国学者,他们深感这部以中国历史城市为研究对象的巨著,在理论上的重要性和资料上的丰富性,于是,在出版单位的支持下,从1982年起开始翻译此书。经过两年多的努力,终于完成了这部70万字的巨著的翻译工作。而我又接受出版社的委托成为这部译稿的校者。因此,在中国学者之中,我不仅是此书原版本的最早读者之一,而且更是此中译稿的第一个读者。4年以前,当《杭州大学学报》在国内第一次发表有关此书的文章时,此书原版本在国内真是凤毛麟角,而今天,许多图书馆都已经有了收藏,而本书中译本不久也要问世。我在4年以前所说的要对此书提出评价的话,现在看来已不能再拖。一部以中国历史城市为研究对象的巨著,已有这许多外国学者为它写了书评,但中国学术界却沉默了近10年。现在,就让我第一个来发表一点刍荛之见吧。

本书共分3编,也就是3个不同的主题。第一编题为《历史上的城市》,第二编题为《空间的城市》,第三编题为《作为社会体系的城市》。每一编各收入论文五六篇,并且都冠以编者施坚雅所撰的专题导言。除了3篇导言以外,全书共收入论文16篇。加上不少图表和地图,内容确实相当丰富。所以金斯伯格在他的书评中说:"这样一部雄心勃勃的巨著,甚至连一个冷淡的评论者也会引起兴趣。"[②]只要对此书稍作浏览,多数读者恐怕都会同意这番话的。

对于本书3编的内容安排和编辑意图,施坚雅在他的中译本序言[③]和第一编的导言《中华帝国的城市发展》中已经详细阐明。本书不是一般的研究中国城市发展的著作,而是研究中国历史时期城市的著作。我觉得施坚雅和本书其他作者的成功之处,首先是他们在中国历史城市的研究中开创了一种新的方向。让我再引用一句金斯伯格的评语:"此书标志着对中国城市的研究,已经跳出了晦涩难懂的传统汉学的窠臼,开始进入了历史社会科学的比较城市研究的轨道。"[④]我认为金斯伯格的这段评语是深中此书要领的。

在本书的15位作者之中,和我有较多学术交流而一再面叙的只有施坚雅教授和斯波义信教授两人。但从他们两位身上,我却看到了本书多数作者所具备的深厚汉学基础。在他们各位的研究和撰述工作中,可以清楚地说明他们的汉学素养对他们工作的影响。这中间,十分可贵的正是金斯伯格所指出的,他们几乎很少受到传统汉学的束缚。现在看来,像施坚雅、斯波义信等美国和日本汉学家,与前一代著名的西欧汉学家如伯希和(P. Pelliet)、费琅(G. Ferrand)、马司帛洛(H. Maspero)、鄂声梭(L. Anuouseau)等相比,其进步恰恰就在这里。

说到这里,我还没有指出,到底历史城市研究中的旧汉学窠臼是什么?对于这个问题,我还想再引用日本学者秋山元秀的话,他在评论本书时指出:"施坚雅的最大特色之一是他的研究具有很强的社会科学性,他一直运用社会学、经济学特别是地理学等所发展的理论,来进行中国城市的研究。……而与之相反,日本的许多研究,是所谓中国学,或者更一般地说,是人文学性的历史记述。"⑤秋山教授把中国历史城市研究中的旧汉学窠臼用"中国学"这个词汇表达,不管这个词汇的本身是否恰当,但总是说明这种影响,在日本学者的中国历史城市研究中也是存在的。也就是他所说的"人文学性的历史记述"。在中国,历史城市研究中的这种倾向实在由来已久。一篇历史城市研究的论文,从叙述城市的历史沿革,考证城市的地名由来,探究城市的掌故人物,追溯城市的名胜古迹,甚至坊巷俚语、市井逸闻,面面俱到,无所不有。我并不一般地反对这种研究,但是我认为这样的研究总不能成为历史城市研究的主流。历史城市研究毕竟不同于地方志的编纂。现象罗列,不能代替深入的分析。考证当然是必要的,但考证不是研究的目的,它不过是一种研究的手段,目的是为了通过考证,揭示城市发展中的一些规律性的东西。而这些规律性的东西,在很大程度上必须通过城市的社会经济的研究才能获得。《历史地理》创刊号在译载赛明思评论本书的文章前所加的按语说:"该书中把中国明清时代城市发展与社会经济联系起来,无疑是一个正确的方向。"⑥我想要说的,也正是这个意思。

在这方面,本书所收入的不少论文,特别是施坚雅本人作为全书 3 个主题的导言的论文,对我们是很有启发的。姑且不论这些论文在内容上的成败得失,仅仅从文风上看,就具有他们几乎是共同的特色。每篇论文虽然都运用作者的丰富汉学知识广征博引,但是看不出有哪一篇文章闯入了旧汉学繁琐考证的圈子。所有考证都是有目的的,都是为了达到每个作者所要追求的那种关于历史上中国城市形成和发展过程中的某种规律性的东西。当然,我不必恭维每一篇论文都是那么完美无缺,其中有些论文还存在明显的缺陷,正如我在下面将要指出的。但是每个作者显然都尽了很大的努力,使他们的研究循着金斯伯格所指出的"社会历史科学的比较城市研究的轨道"。历史城市研究中的这种方向,无疑是十分可取的。

其中某些论文写得特别出色。我愿意举斯波义信的《宁波及其腹地》一文为例。早在施坚雅教授寄赠我本书以前,斯波教授已经把他的论文的抽印本寄给了我,使我有机会对此文多作了一点研究;另外,宁波离开我工作的地方很近,自从50年代以来,我曾多次带领一个教研室的教师和地理系的几个班级的学生,到那里进行经济地理和城市地理的考察实习。使我相当诧异的是,我在斯波的论文中发现,我所掌握的有关这个城市的历史知识,在许多方面都比不上这位外国学者。斯波从占有大量资料的基础上,把这个城市历史上的农业和农田水利、手工业、商业和对外贸易等进行细致的讨论和分析,再联系到与宁波发生经济联系的整个腹地,从而阐明这个城市在历史上的发展规律。施坚雅称赞这篇论文：“斯波关于宁波城市的经济描述，在现有叙述传统中国城市的英语著作中，很可能是最完备的一种了。”⑦我应该补充施坚雅的话，在我所读到的有关宁波城市研究的中文著作中，像斯波这样的论文实在也是凤毛麟角。

施坚雅作为一个称职的编者，凭他扎实的汉学基础和在历史城市研究中的丰富经验，把这些论文各得其所地组织到他所精心设计的 3 个主题之中，并且在每个主题之前加上他自己具有卓越见解的导言，把这些原来各自独立的论文糅合在一起，使每个主题获得更多的数据和更大的说服力。对于他所写的这些导言，当然不必再由我来作什么赞扬，单从金斯伯格所说的“比较城市研究”这一点，在下面我所引的一段文字中，就可以看出他在这方面所下的工夫。

> 与中世纪的长安、开封与杭州，先前曾是世界最大的城市一样，南京在明改造以后的十年左右时间内赶上开罗，成为世界最大城市，至十五世纪某一时候为北京所代替，除了十七世纪短时期内，亚格拉、君士坦丁和德里曾向其居首位的地位挑战外，北京一直是世界最大的城市，直到 1801 年伦敦才超过它。⑧

金斯伯格在评论本书的时候，说到由于本书的问世，使我们“第一次有了可能，把中国城市与世界城市及城市化过程联系起来进行观察”。⑨赛明思在他的书评中也指出：“这本书对于从比较的角度进行城市的历史研究，也具有广泛的意义。”⑩上面这段文章，提供了这方面的极好例证。

除了上述在历史城市研究中开拓新的方向以外，本书的另一成功之处在于作者们在历史城市研究中所采用的方法。施坚雅本人把德国学者瓦尔特·克里斯塔勒（Walter Christaller）“中心地理论”（Central Place Theory）的方法运用到中国历史城市研究上，当然应该承认这是一种富有兴趣的创造。尽管在我所接触过的中外学者中间，其中有一部分人对施坚雅的这种方法持有保留态度。中国的读者可以从不久即将出版的本书中译本之《城市与地方体系层级》一文中仔细研究和评论他所使用的这种方法。此外，我还可以向大家介绍一些没有收在本书内的施坚雅著作，在那些著作中，施坚雅使用的这种方法或许更为活跃。这就是他连续发表于《亚洲研究》1964 年—1965 年，第 24 卷，第 1、2、3 各期中的论文《中国农村的市场和社会结构》。⑪要说这种方法已经臻于十全十美，我个人就不是这样看法。但是我认为，对于在学术研究中涌现出来的新方法，总有一个逐渐完善的过程。对于这样的新方法，在经过仔细研究以后再加以评论，总比单凭印象的即席发言要好。

计量方法的应用，是本书在历史城市研究中的另外一项突破。尽管各作者在这方面的表现显得很不平衡。施坚雅本人对此也有所抱怨，他说：“本书的撰稿人，大部分是历史学家，按其爱好和素养，他们中没有一个是历史统计学家。……除了我本人的文章以外，那为数不多的几篇人类学家和社会学家的论文，大部分避开了量的处理。"[12]施坚雅的这种抱怨，正是说明了他对计量方法的重视。在历史城市研究中的计量工作具有很大的难度，但本书中毕竟也有好几位作者在这方面作出了努力。当然，施坚雅本人在这种方法的应用上最有成绩。特别是他为本书第一编《历史上的城市》所写的论文《十九世纪中国的地区城市化》中，对于1843年、1893年等各个年代中中国城市人口与全国总人口之间的比例推算等方法，在历史城市研究中都是值得称道的。秋山元秀推崇这种方法，认为这"反映了施坚雅精神的活跃部分"。[13]这话或许并不过分。

　　本书中还可以发现一些历史城市研究中的其他巧妙方法。施坚雅对于苏州城市的历史变迁的研究就是很好的例子。他在作为第一编《历史上的城市》的导言《中华帝国的城市发展》中说："把苏州城1229年的石刻全图与1945年的航空摄影图并列对照，两图相印证，足见城市形式异常稳定，城墙、城壕、街道和运河，都极其接近一致。"把一幅古老的宋朝方志插图[14]与现代的航测地图结合起来，通过对比进行历史城市发展的研究，这确实是别出心裁的好方法，在历史城市研究中，恐怕还找不到其他相同的例子。

　　顺便也提一下本书作者们在资料搜集和运用上的成就，此中也颇有可以供人借鉴之处。秋山教授曾在这方面举过一个例子，他说："施坚雅的精神值得学习之处，当然不仅是上述这些方法论方面的东西，他对大量历史资料的运用，有时也寓于启发性。例如，民国以后的邮政局的所在地资料，这是俯拾即是而不被我们重视的资料，但他在城市研究中却运用这项资料作为求得中心地所在的依据。"[15]这个例子的发人深省主要在于资料的巧妙运用。必须指出，在本书作者们所运用的许多资料中，并不完全像上述那样是俯拾即是的东西。其中不少资料是通过作者们殚精竭虑的思考，奔走往返，百计搜求而获得的。斯波教授曾在通信中告诉我关于他搜集资料所作的努力。为了深入研究历史时期宁波城市和港口的发展，他曾计划到渔港函馆去搜集资料，因为他考虑到，早在清代，函馆的渔船就在中国舟山群岛一带捕鱼。为了淡水和食品的补给，躲避风浪，船舶修理和其他种种原因，这些日本渔船中一定会有进入宁波港或附近的其他港口的。则这些早期渔船中的诸如航海日记一类的资料中，必然会有关于当时宁波城市和港口情况的记录，而这些历史上的航海资料，或许可以从作为渔船基地的函馆找到。我不知道斯波教授后来有没有到遥远的北海道去，但是这种百计搜求资料的精神，正是本书许多作者在资料问题上能够得心应手、左右逢源的重要原因。

　　在列举了本书在研究方向和方法上的许多成功之处以后，下面再谈谈本书的主要缺陷。首先要指出的，是本书所讨论的关于历史上意识形态给予中国城市发展的影响的问题。施坚雅在本书第三编的导言《清代中国城市的社会结构》一文中指出:"第一编的几篇论文,除拙作外,都以不同方式论述了意识形态对城市形式的影响。规划帝都时,宇宙论的观念与思想规范的表现,是芮沃寿与牟复礼所讨论的中心主旨。"这里,芮沃寿(Arthur F. Wright)和牟复礼(F. W. Mote)的文章,指的是芮氏的《中国城市的宇宙论》和牟氏的《元末明初时期南京的变迁》。这中间,直接提出"宇宙论"(Cosmology)这个词汇的是芮沃寿的文章。为了说明这种"宇宙论"对历史上中国城市的影响,芮沃寿一开始就引用了《诗经》的传说,他说:"《诗·绵》追述了周代开始城市建设的传说,诗中叙述了文王祖亶父,率领原来住在窑洞里的人民,到渭水北岸的岐山脚下,他就在该处(传说是公元前 1352 年)进行龟卜,卜定周民应在此建居。"后来他又指出:"关于择址祭神与建城等情节,可据《召诰》、《洛诰》两章作简要说明。"

芮沃寿教授所说的"宇宙论"对中国城市的影响是贯彻始终的,而在建城的时期,这个"宇宙论"的核心就是占卜。不错,《诗·大雅·绵》和作为官方文件的《召诰》和《洛诰》确实都是那样记载的。但是,假使中国古代的城市出现,真的都和《绵》、《召诰》、《洛诰》那样是几片乌龟壳的产物,那末,这许多中国古代城市的诞生,岂不是一种儿戏,是一种偶然的巧合。它们会有什么生命力,像洛阳那样,延续到 3000 多年以后的今天呢?显然,对于这些文献的字面上的话,芮沃寿教授不免看得过于认真。对于洛阳的建城,尽管《洛诰》确实记载了周公拜手稽首,念念有词那一套出色表现:"予惟乙卯,朝至于洛师,我卜河朔黎水,我乃卜涧水东、瀍水西,惟洛食。我又卜瀍水东,亦惟洛食。"对待中国古书上的这一类记载,假使过于认真,就往往会掩盖事实的真相。不过,这种不可言传只可意表的事,对于一位外国学者,确实是颇难领会的。其实,当北魏郦道元记载这件事情的时候,他显然是心中有数的。尽管他也引用了《洛诰》的一句话作个样子,但他最后老实指出:"南系于洛水,北因于郏山,以为天下之凑。"⑯谁都不会相信,把城市建在这样一种优越的地理位置和自然条件上,不通过精心的勘测,而是依靠几片乌龟壳获得的。我在过去已经指出:"把都城建在这样一个地理位置上,在地形上背山面水,在交通上处于天下的枢纽,事前曾经绘制地图,这样的建城,与其说是占卜所得,毋宁说是勘测的结果,占卜无非是一种礼仪上的形式而已。"⑰

芮沃寿按照《诗·大雅·绵》的字面,说古公亶父在周原进行占卜,"卜定周民应在此建居"。但同样这篇《诗·大雅·绵》,由一位中国学者来解释,内容就完全不同了。史念海教授在其《周原的变迁》一文中解释这篇《诗经》说:

　　现在已经发现周人当时居住的中心地区,就在岐山县京当公社与扶风县黄堆公社和法门公社之间。周人选择这里作为居住的中心,一方面是因为这里自然条件优越,便于继续经营他们久已娴习的农业,另一方面是凭倚岐山,防御来自北方的侵扰。古公亶父所以迁到周原,是由于受到了混夷的压迫,如何防御混夷,便成了当务之急。当时的漆水河畔,诚然有居住的便利条件,广漠的平原却难于抵抗外来的骚扰。现在的京当公社近在岐山之麓,是可以限制混夷铁骑的。周人迁居周原之后,混夷不是没有再侵扰过,但周人修筑了城池,作好了准备,混夷的侵凌就难于得逞了(《诗·大雅·绵》)。⑱

由此可见,同样一篇《诗·大雅·绵》,在中国学者眼下,对于"爰契我龟"之类的话,就根本视而不见。因为有经验的中国学者知道,这是没有多大意思的。史念海教授在那篇文章上还说:"周原山川秀丽,自然条件优越,自古就是劳动人民生产和繁衍生息的地方。"又说:"周原的山川轮廓大致和现在相仿。"我曾于1976年冬季到周原考察,驱车直抵岐山之麓,目击周原平旷,岐山耸拔,正与史念海教授所说的相同。只要亲自到过这个地方,大概也就不会再注意"爰契我龟"之类的话了。

其实,中国古代的领袖人物,凡是比较务实的人,都并不重视这一套形式,越王句践在公元前490年选择他的都城地址时就是这样。民间淫祠滥祭如越国这样的地方,但句践却完全撇开这套形式,而只是根据范蠡大夫的建议和勘测:"今大王欲国树都,并敌国之境,不处平易之都,四达之地,将焉立霸王之业?"⑲就决定以今绍兴城所在之处为他的都城基址。北魏的年轻皇帝,28岁的拓跋宏,在这方面是具有代表性的。当他于太和十八年(494)决定把国都从偏僻的平城迁到中原洛阳去时,曾受到满朝保守派的反对。平阳公丕对他说:"迁都大事,当讯之卜筮。"但拓跋宏反驳说:"昔周召圣贤,乃能卜宅,今无其人,卜之何益?且卜以决疑,不疑何卜?"接着他索性揭开古代帝王占卜的真相:"黄帝卜而龟焦,天老曰吉,黄帝从之,然则至人之知未然,审于龟矣。"⑳这一番话,把乌龟壳的玩意全说穿了。

我并不笼统地反对芮沃寿所使用的"宇宙论"这个词汇,也并不否认"宇宙论"在中国历史城市发展中的影响,但在芮沃寿的"宇宙论"所包含的内容中,显然夸大了宗教、典礼、祭祀等等活动在古代中国城市建设和城市发展中的影响。斯蒂芬·福伊希特旺(Stephan Feuchtwang)在其《学宫与城隍神》一文中曾经说道:"有些人认为中国信仰有三种:儒教、道教和佛教。"在历史上,汉族人民的宗教信仰及其参加典礼、举行祭祀之类的活动,外国学者确实是颇难理解的。我本人算是一个出身于所谓书香门第的知识分子,祖父是个在清朝有功名的学者,所以我从小受着儒教的熏陶,家庭里的各种祭祀活动,形式上自然是非常严格的。等到成年进入社会,并且还赶上了参加县城里的祭孔仪式。在这类气氛肃穆的场合里,说实话,我的内心从来就没有认真对待过,而且据我所知,像我这样的人是相当多的。这其实不是什么秘密,孔夫子早已在这方面做出了榜样。季路去问他关于事奉鬼神的事,孔子说:"未能事人,焉能事鬼?""敢问死。曰:未知生,焉知死?"[21]也就是这位孔夫子告诉我们:"祭如在,祭神如神在。"[22]这就是说,仪式当然应该端庄肃穆,事情则不过如此而已。在一部分士大夫阶级和知识分子中间,这类事有时甚至是他们的一种消遣。《儒林外史》中描写的祭泰伯祠的这个场面,[23]真是典礼肃穆,气派非凡。其实在很大程度上是一帮赋闲士大夫和帮闲文人消磨光阴的方法。对一般老百姓当然是有笼络作用的,所以出现了"挟老携幼,挨挤着出来看,欢声雷动"的场面。当一个最典型的帮闲文人马二先生去问他们:"你们这是为什么事?"老百姓们就说:"我们生长在南京,也有活了七八十岁的,从不曾看见过这样的礼体,听见这样的吹打,老年人都说这位主祭的老爷是一位神圣临凡,所以都争着去看。"这一番回答使这帮士大夫和帮闲们当然十分满意,这就已经达到了他们消遣的目的,于是"众人都欢喜,一齐进城去了"。当然,对做官的人来说,这种场合,还有另外的重要价值。关于这方面,斯蒂芬·福伊希特旺倒是看出来了,他说:"管理有方的官员利用神来集合民众,利用民众的集合来说明章程,这可能是改善习惯和传统的一个好办法。"[24]

对于历史上汉民族的宗教观念,情况十分复杂,不是几句话说得清楚的。而且区域差异十分显著,北方和南方有极大的不同。中国南方,因受古代越族的影响,淫祠滥祭,情况和席佩尔(Kristofer M. Shipper)在《旧台南的街坊祀神社》中所说的一样。关于这方面,我在拙作《古代于越研究》[25]一文中也已经提到。宗教信仰与城市发展当然有密切关系,但是本书中所举的几个南方城市的情况,并不足以概括整个中国。城隍神从理论上说是每个县级城市都存在的,但本书所描述的城隍神在县城中的影响显然夸大了。中国人历来有"只怕管,不怕官"的谚语,这话也同样适用于芸芸众生对鬼神的关系。特别是在南方的城市中,一般老百姓和城隍神的距离委实还远,人们所畏惧的首先是"管"。厨房里有灶神,厅堂上有财神(这是大小店铺所必有的),进出大门有门神,人的生死则由东岳大帝掌管,因此,东岳庙的香火也往往不是城隍庙可比的。在士大夫缙绅阶层中,则儒教的影响显然高于一切,所以城隍庙又无法与学宫相比。清朝初年,在广东恩平这种城周仅 640 步而只有两个城门的小县城中,满城劫后荒凉,蓬蒿茅舍,但在全城仅有的两栋瓦房中,一栋是县衙门,另一栋就是学宫。[26]情况可见一斑。

总之,在书中所谓"宇宙论",概念以及涉及这种概念对中国古代城市形成和发展的影响方面的种种论点,看来都还有继续商榷的余地。

我想对本书提出的另外一个问题,是地理环境在城市形成和发展中的作用问题。前面已经引用了施坚雅在本书第一编导言《中华帝国的城市发展》中所说的,即关于本书作者大部分都是历史学家的话。我不知道是不是因为这个原因，正像施坚雅所说的，他们"大部分避开了量的处理"一样，作者似乎还有一种避开谈论地理环境的作用的倾向。我当然不是说全部作者，在全书中，高度估计地理环境在城市形成和发展中的作用的例子还是可以举得出来的。施坚雅本人在《中华帝国的城市发展》一文中，按分水岭把中国划分为8个大地区，就是一个突出的例子。施坚雅在这篇论文中还说道："杭州地处运河南端，在江南金三角与浙江东北那些富庶的州、府之间，地位要比南京有利得多。"这也是从地理环境的基础上进行的比较城市研究。此外，第二编收入的论文如马克·埃尔文（Mark Elvin）的《市镇与水道，1480年—1910年的上海县》，这篇论文详细论证了作为地理环境的河渠水道与城市发展的关系，资料丰富，说理充分，使人很受启发。斯波义信的《宁波及其腹地》一文中，甚至还注意了由于钱塘江河口航道的恶化对于宁波港所起的影响。他说："由于杭州湾和长江的浅滩和潮汐的影响，来自中国东南的远洋大帆船被迫在宁波卸货，转驳给能通航运河和其他内陆河道的轮船或小帆船，由这些小帆船转运到杭州、长江沿岸港口以及中国北方沿海地区。"钱塘江河口航道的恶化在宋朝已有学者指出，[27]这是在地理环境上宁波港和城市能够获得发展的关键性条件，而斯波毫不含糊地指出了这个问题，说明了作者对地理环境的充分理解和卓越见识。在这方面，施坚雅本人的《城市与地方体系层级》一文也值得在此一提。他在此文中提出了关于中国历史上由于森林破坏、土壤侵蚀而造成直接的"肥力转移"和间接的"肥力迁移"的论断。尽管土壤侵蚀的问题，在中国不仅是个历史地理学的问题，同时也是个古地理学（Palaeogeography）的问题。但施坚雅指出的现象，在说明由于生态破坏而造成自然环境变迁方面是具有很大说服力的。

在对于地理环境的探讨和评价方面，除了上面所说的以外，本书中当然还可以举出其他一些例子。但是，本书作为一本历史城市研究的专著，而施坚雅在第一编的导言《中华帝国的城市发展》一文中，提出全书3个主题的中心是："论述城市的建立与发展，以及影响其形式与发展的诸种因素"；"突出城市在其各自的腹地和区域中扎根，论述城市与城市以及城市与乡村的联系"；"论述城乡内部的社会结构"。在这3个主题之中，第一、二两个主题都和地理环境有最直接和最密切的关系，而第三个主题也不能撇开地理环境的影响。

按照本书的上述3个主题与地理环境的关系来说，则本书中的不少论文对地理环境的研究和分析就显得薄弱了。这里，我可以举《元末明初时期南京的变迁》和《修筑台湾三城的发轫与动力》这两篇论文作为例子。应该指出，牟复礼对于南京这个城市的历史时期发展过程的研究是非常认真的。这篇长达4万言的论文，对于南京城市的发展，特别是元末明初的重大变迁，从社会、经济、宗教、文化等方面所作的细致分析确实引人入胜。但令人遗憾的是,作者基本上忽视了南京在历史上获得发展的自然地理基础。甚至把这种基础也归入所谓"宇宙论"的范畴之中。文章说:"当明太祖寻求建立军事政治行动基地时,一些熟谙历史的谋士就利用'天子气'的论点及其他瑞气来支持南京。"当然,作者也明白,"天子气"是一种虚无缥缈的东西,在战争的年代里,敌我交锋,山险水深的地理形势才是重要的,于是他就随手引用了几句历来文人作为诗赋材料的话:"金陵古帝王之都,龙蟠虎踞,限以长江之险。"除此以外,作者对这座城市在地理环境上的描写还有几句:"这座城市地形起伏,有几座小山,还有几条河道穿城而过。"在如此规模的一篇论文之中,对于南京形成和发展过程中,从古到今一直起着十分重要作用的地理位置和自然环境,竟是如此地轻描淡写,不仅令人失望,而且也影响了把作者探讨的问题引向深入。例如,作者在谈到明代建城时说:"但在筑城过程中,却制订了一个新计划,决定再把城向西北扩展三英里,把近江的战略高地狮子山围进来,这使这座拟建的新城区在西北角又添了一个不规则的大突出部分,该处主要用于安置军队,结果就造成了中国所有大城市中可能最不规则的城形。"对于一个不熟悉南京的地理环境的读者,读了上面这一段文字,很可能认为南京城西北角的这个"不规则的大突出部分"是一种偶然现象。假使事前对南京的地理位置和自然环境作过比较深入的分析,让读者了解宁镇山脉楔入城内和城郊的三个分支的形势和其中北支的象山、老虎山、狮子山、八字山、清凉山等丘陵和南京江防的关系,则上面的一段叙述就变得非常容易理解了。

作者在如此大块文章中却不愿分析地理环境,或许是受了 30 年代的加藤繁模式的影响。因为作者曾在本文中提到:"加藤繁对宋代城市生活的研究,在我们对旧中国这座城市的认识中建立了一个高点。"作者指的是加藤繁在 1931 年发表的《宋代都市的发展》的论文。不错,作为一篇城市史的论文,从 30 年代的要求来看,加藤繁的确达到了很高的水平。但是作为综合性的城市研究著作来看,加藤繁模式的缺陷恰恰就是忽视了作为城市发展的地理基础的分析。前面提及的秋山元秀所说的关于日本学者在中国历史城市研究中的所谓"中国学",亦即"人文学性的历史记述"的倾向,可能正是包括这种加藤繁模式在内。时至今日,正如施坚雅为本书中译本所写的序言中所说的:"对维持学科的独立性已比较不那么注意了。""学术讨论已设法跨过了学科的界线"。在城市研究中,历史学家必须重视地理环境的作用,也正如地理学家必须重视历史沿革的意义一样。否则,城市研究总是带有片面性的。

哈雷·拉姆利(Harry. J. Lamley)的《修筑台湾三城的发轫与动力》是一篇 35000 言的长文。应该承认,作者对台湾省的新竹、宜兰、台北这 3 个城市在历史上形成和发展的研究是下了很大工夫的。对于这 3 个城市的发轫与动力,在社会经济和宗教文化等方面,作者的论述称得上细致深入。但是和牟复礼的文章一样,其缺陷同样是忽视了对于这些城市形成和发展过程中起着重要作用的地理环境的分析。对于这 3 个城市的地理环境,作者采用中国人所说的蜻蜓点水的办法,每个城市各说一句了事。新竹是"位于岛上西北海岸边缘冲积平原上"。宜兰是"三面环绕着嵯峨的山岭,一边濒临海洋的一片青葱的噶玛兰平原"。台北则是"在肥沃的台北平原"。对于像台湾这样一个缺乏平原的岛屿(平原面积只占全岛的 19.8%),作者在如此长篇大论中,只用这样寥寥数字描述作为城市建立的地理基础的这 3 片平原,实在令人失望。新竹平原、宜兰平原和台北盆地是台湾北部的三片最大的平原,而 3 个城市恰恰就建立在这3 片平原上,从地理环境说,这是它们的共性。但是,新竹平原是最富于平原的台湾西部平原的北翼,是北部 3 片平原中距离福建移民最近便的平原。而宜兰平原是最缺乏平原的台湾东部沿海的最大平原,在 3 片平原中它距离福建沿海最远。至于台北盆地则是一片被大屯火山群等所包围的山间盆地。因此,在这样 3 片不同的平原上建立起来的这 3 个上城市,在地理环境上还有它们各自的个性。在城市研究中,离开地理环境而去探索实际上与地理环境息息相关的问题,其研究结论很可能就是不够全面的。

　　以上是我所发现的本书的成功和缺陷。中国有句成语叫做瑕不掩瑜,这就算我对本书的总的评价吧。前面已经提到我在《杭州大学学报》1980 年第 4 期中所说过的话,对本书要在"详细阅读之后,再来作出实事求是的评价"。4 年以来,我对本书的阅读,虽然谈不上详细,但也不能说是很粗略的。因为我不仅读完了本书的原版本,而且作为中译本的校者,免不了逐字逐句地花过一番工夫。但是因为限于水平,我的评价是否实事求是,恰如其分,那就非常难说了。因此,我希望以后有机会和本书的编者及所有作者,继续就中国历史城市问题,进行有益的讨论。至于中国的读者,尽管本书原版本至今已为不少图书馆所收藏,但能够读到它的和读通它的毕竟还是少数。好在中译本不久就要出版,读者面顿时就会扩大,因此,我期待着广大的中国读者对本书提出更为中肯的意见,而我的这些意见,就算是一种抛砖引玉吧。

注释:

①　*The City in Late Imperial China*,施坚雅(G. William Skinner)编,我国旧译《中国王朝时代晚期的城市》,美国斯坦福大学出版社 1977 年版。全书 820 页,又 17 页附页,并图表、地图、索引。编者生平见《中国史研究动态》1980 年第 9 期。

②④⑨　金斯伯格《中国王朝时代晚期的城市》。

③　施坚雅教授为行将出版的本书中译本写了序言,中译本遵照他的意见,以这篇序言代替

1976 年 8 月施坚雅所写的本书原序。

⑤⑬⑮　秋山元秀《施坚雅编〈中国王朝时代晚期的城市〉》。

⑥⑩　赛明思《评〈中国王朝时代晚期的城市〉》。

⑦　本书第二编导言:《中国社会的城乡》。

⑧⑫　本书第一编导言:《中华帝国的城市发展》。

⑪　*Marketing and Social Structure in Rural China*, The Journal of Asian Studies, Vol. 24, No. 1, 2, 3·又有日译本,由今井清一等将上列 3 篇连载的论文合成一书,书名《中国农村の市场·社会构造》,于 1979 年在日本法律文化社出版。

⑭　施坚雅所说的"石刻全图",或许是指范成大《吴郡志》的插图。该志成于绍熙年代,但稿成未刊,至绍定二年(1229)才由汪泰亨补刊,年代与施坚雅吻合,但此图不是石刻图。也或许是藏在苏州文庙内的石刻《平江图》,但此图石刻于淳祐七年(1247),与施坚雅所说的年份不合。

⑯　《水经·洛水注》。

⑰　《读〈中国王朝时代晚期的城市〉的两篇书评》,载《杭州大学学报》(哲学社会科学版)1980年第 4 期。

⑱　史念海《周原的变迁》,载《陕西师大学报》(哲学社会科学版)1976 年第 3 期。

⑲　《吴越春秋》卷五。

⑳　《通鉴》卷一三九《齐纪五》。

㉑　《论语·先进》。

㉒　《论语·八佾》。

㉓　《儒林外史》第三十七回。

㉔　福伊希特旺《学宫与城隍神》。

㉕　载《民族研究》1982 年第 1 期。

㉖　(清)佟世恩《鲊话》,载《仰视千七百二十九鹤斋丛书》。

㉗　(宋)姚宽《西溪丛语》卷上:"海商船舶畏避沙滩。不由大江(指钱塘江),惟泛余姚小江,易舟而浮运河,达于杭越矣。"

原载《杭州大学学报》(哲学社会科学版)1985 年第 1 期

评《中国历史地图集》

　　《中国历史地图集》公开出版,是我国历史地理学界的一件划时代的大事,是值得我们欢欣鼓舞的。从主编谭其骧教授为此地图集所写的《前言》中,我们知道,该地图集从开始编绘到公开出版,历时将近 30 年之久,而参加编绘的学者超过百人。集中这么多人力,经历如此长久的时间,编绘成这样一部规模宏大的地图集,在我国历史上是空前未有的。

　　我开头就说是"一件划时代的大事",这是有实实在在的内容的。从此地图集的篇幅来说,全图 8 册,20 个图组,共有图 304 幅,收地名达 7 万个左右。到目前为止,在我国公开出版的地图集中,不论是普通地图集或专业地图集,论篇幅之巨大,还没有可以与它相比的,它是我国公开出版的篇幅最大的地图集。

　　从历史地图集来说,我所说的"划时代"的话就具有更为重要的意义。因为它是我国有史以来第一部用新式方法绘制的历史地图集。我国历史悠久,幅员广袤,而朝代兴替、沿革变迁、地名更易,则又相当频繁。为此,历代以来,常有这类地图的编绘。从西晋裴秀的《禹贡地域图》直到杨守敬的《历代舆地图》,有名著录或至今尚存的不下数十种,暂且不论这些地图的科学属性(以下将要述及),从绘制的方法来说,都属于我国传统的旧式地图,也就是裴秀的"制图六体"体系的地图。从现代地图学的要求来说,这些地图都属于示意地图一类。《中国历史地图集》则完全不同,它是按投影原理有经纬网格和比例尺的用现代制图方法绘制的历史地图集。

从历史地理学来说,此地图集的编绘,无疑也是划时代的。在我国,长期以来,历史地理学在很大程度上就是沿革地理学,而历来绘制的这一类地图,实际上也只是沿革地图。尽管这类地图看起来也有山有水,但这些山水往往是郡县地名中的一点点缀,不仅线条、位置都不准确,数量也十分有限。《中国历史地图集》除了仍然保持详细描绘政区沿革的特色外,它已经包括了大量自然地理学和人文地理学的内容,具备了现代历史地理学所研究的主要要素。在我国,这显然也是空前的。

其实,对此地图集的这种总的评价,也并非我一人之见,在国内外学术界中,抱有与我相同看法的学者是相当普遍的。前不久,我在日本国立大阪大学讲学,在该校的国际交流宾馆中,居住着包括几十个国籍的学者,其中不乏汉学家。在我和他们接触的过程中,凡是看到过或者使用过这本地图集的学者,他们的看法也大致如此。日本是一个汉学研究相当发达的国家。我发现,在日本汉学家中间,收藏此地图集1975年内部发行本的相当普遍,这说明他们早已在研究工作中使用这本地图集了。我曾经同著名的中国历史地理学家、国立大阪大学教授斯波义信和国际上知名的汉学家、美国亚洲学会主席、斯坦福大学教授施坚雅(G. William Skinner,他与我同时在日本讲学)讨论了此地图集。之后,施坚雅又从东京庆应大学发信给我,说:"编绘历史地图集是一件不朽盛事。编绘这套地图集的同仁们,将使全世界汉学学术界受惠非浅。"

从谭其骧教授的《前言》中,我们知道,此图在1954年始创之时,建立的机构称为"重编改绘杨守敬《历代舆地图》委员会",即所谓"杨图委员会"。其目的只是为了让杨图现代化。现在看来,正和这个委员会在以后的历次会议上所发现的一样,这样的要求,不仅是不现实的,而且在颇大程度上也是故步自封的。当然,杨守敬不仅是著名的地理学家,并且还是我国郦学研究史中地理学派的代表人物。[①]他主持编绘的《历代舆地图》和《水经注图》,具有重要的价值和深远的影响,这些都是不庸置疑的。但是我们推崇杨守敬的地图,也正和我们推崇裴秀的"制图六体"以及他的《禹贡地域图》一样,因为它们都代表一定时期中我国地图绘制的高度成就。他们绘制的这些地图,在一定时期中,都有很大的实用价值。到了现在,这些以往的著名地图,也都是我国地图学史中的重要文献。它们的主要作用,是让我们看到,我们在地图学上的发展和在历史地图的编绘中所走过的脚步。因为按照现代地图科学绘制的地图,即根据投影原理绘制的有经纬网格和比例尺的地图,它不仅具有完整的地理意义,并且还具有精确的计量意义。它和用"制图六体"指导下绘制的古典式地图是不可同日而语的。

裴秀在我国地图学史上的伟大贡献,我早年就已经撰文论述。[②]他在国家三分的长期扰攘以后,在晋朝重归统一的形势下,主持了编绘《禹贡地域图》和《地形方丈图》等地图集。这些地图集,在当时都是具有高度实用价值的。通过这些地图集的绘制,他又总结出了一套地图绘制的理论,即著名的"制图六体"。在以后的很长时期中,"制图六体"一直成为我国地图绘制中的理论依据。此后,直到清代,我国绘制的许多地图,包括地方志中的大量插图,都是属于这个体系的。按照《晋书·裴秀传》的记载,这"六体"首先就是"分率",即所谓"所以辨广轮之度也"。略与今日的比例尺相类。则裴秀的地图,原来也是具有一定的计量意义的。但是由于当时的记载并不详细,因此,后世绘制的许多地图,虽然继承了这种体系,但能够遵循"分率"的却绝不多见,何况这种"分率"并无大地测量的基础,从计量意义上说,作用实在很小,很大程度上仍然不过是一种示意地图。杨守敬所绘制的《历代舆地图》,尽管已经采用了同一的比例尺,但是他仍然在"制图六体"的影响下,把全国划成方块。此图的各种注记符号和地形、地物的表示等等,也仍属于传统的中国古典地图。

事物的发展总是一分为二的。"制图六体"为我国历史上的地图绘制作出了卓越的贡献,这是毫无疑问的。但是到了后期,我愿意坦率地指出,它却在颇大程度上,成为我国地图科学发展和新式地图绘制的一种阻力。因此,自从明末清初以来,科学的地图学知识和新式的地图绘制在我国的发展都显得比较缓慢。实际上,新式地图在我国的出现,为时并不算晚。利玛窦在明万历十二年(1584),已在广东肇庆绘制了《山海舆地图》。此图于万历三十年(1602)在北京刊行,称为《坤舆万国全图》。我虽然没有看过原图,但我在日本却看到了日本内阁文库和宫城县立图书馆所藏的此图复本和日本北村芳郎氏所藏的此图朝鲜写本(朝鲜李朝肃宗三十四年)的复制本。这是一幅按投影原理绘制的有经纬网格的新式世界地图。其中宫城县图书馆藏本和朝鲜写本,在图角上还附有以北极中心和南极中心投影的两个半球图,称为《赤道北地半球之图》和《赤道南地半球之图》。到了清朝初期,法国传教士杜德美(Petrus Jartoux)等又为朝廷于康熙四十七年(1708)用新法测绘全国地图,费时10年,于康熙五十七年(1818)完成。这就是我国历史上第一幅用新法测绘的中国地图,即《皇舆全图》。此图用1/1400000的比例,以梯形投影绘制,有经纬网格。到了乾隆年代,又在此图的基础上,经过对新疆和西藏地区的重加详正,完成了比前图更为精密的《乾隆内府舆图》。不幸的是这些新法测绘的中国地图,都被深藏大内,对我国的地图科学发展和地图绘制没有起到应有的作用。一直到乾隆图完成以后的100多年,才在以上两图的基础上,由胡林翼在湖北绘制刊行了流传较广的《大清一统舆图》。本来胡氏应该进一步提高,绘制出一种当时的新式地图,但由于"制图六体"和在这种理论指导下的中国传统地图的影响,使他又回过头来把新式地图按老法分成方块,仅保留了经线。杨守敬的《历代舆地图》以《大清一统舆图》为底图,因而也采用了这种方块和经线结合的制图法。我完全无意贬低《历代舆地图》的价值,但是,从我国地图学史的角度来看,从康乾年代的地图到《大清一统舆图》和《历代舆地图》,在绘制的指导思想和方法上,或许不是一种前进,而是一种倒退。当然,直到今天,还有人希望把《历代舆地图》和《水经注图》重新再版。而且,我的确在日本看到了他们再版的 8 册《水经注图》。用现代印刷技术代替古老的木板,印刷得当然十分精美。因为原图已经十分稀见,作为一种历史文物,也作为一种地图学史中的重要教材,把它复制出来以广流传,这当然是好事。但是,假使在我们的历史地理或《水经注》的研究中,继续使用这些地图,那就只能说明我们的历史地图编绘工作的相当落后。例如,对于《水经注》的研究,我早已撰文呼吁编绘一套新的《水经注图》。③我说:"《水经注》新版本当然应该有一套与之配合的《水经注图》,正如杨守敬的《水经注图》配合其《水经注疏要删》那样。当然,有经纬网格及比例尺的新式地图与杨守敬的方格地图是不能同日而语的。"我在拙文中特别指出:"谭其骧教授主持编绘的《中国历史地图集》是新版本《水经注图》的样板。"我趁此机会,在这里对这套地图的编绘再作一次呼吁。

现在再回过头来说《中国历史地图集》。当年,幸亏"杨图委员会"的委员们终于发现了"重编改绘杨图不能适应时代的要求",而毅然放弃杨图,重创新业。正是由于这个英明的决策,今天我们才能看到这样一部辉煌的成果,为什么重编改绘杨图不能适应时代的要求? 我认为这中间最重要的是因为杨守敬的《历代舆地图》与今天的《中国历史地图集》在科学属性上就是完全不同的。简单地说,前者是一部读史地图集,而后者则是一部历史地图集。在杨守敬编绘地图的晚清时代,尽管杨自己是一位地理学家,但在当时,科学的地理学还没有在我国出现。不要说历史地理学,就是地理学本身,也不过是历史学中的一个组成部分。按照当时地理学界的概念,正像《四库总目·史部地理类》的序言中所说:"夫舆地之学,乃读史第一要义。"在这样的指导思想之下,杨图当然毫无疑问的是一部读史地图集。而时至今日,地理学早已脱离了历史学的范畴而成为一门独立的科学。至于历史地理学,正如谭其骧教授于 1982 年在上海历史地理学术讨论会开幕式的讲话中指出:"历史地理学就其科学性质而言,它是一门地理科学,是地理学的一个组成部分,这是很明显的。旧时代把历史地理学看成是历史学的一门辅助学科,前一个时期有人把历史地理学看成是历史与地理之间的边缘学科,这些看法,至少在我国国内,已基本上销声匿迹了。"④在这样的情况下编绘这样一部地图集,当然应该是以地理学为指导的历史地图集,而不是以历史学为指导的读史地图集。

而且,同样在科学的地理学指导之下,历史地图集又不同于现代地图集。因为后者只反映现代的地理面貌,而前者却必须反映各个不同历史时代的地理面貌。历史地图集和现代地图集相比,它的困难之处首先是它存在古今两种不同的自然地理和人文地理现象,需要两套不同的地名和其他注记符号。而这两套不同的地名和注记符号之间,有时重合,有时分开,犬牙交错,情况复杂。为了克服这种困难,古今制图者都想过许多办法。例如唐代的贾耽,他用古墨今朱的表示方法,绘制了著名的《海内华夷图》。杨守敬在这一点上是学习贾耽经验的,他的《历代舆地图》与《水经注图》都采用了朱墨套印的方法。《海内华夷图》早已亡佚,我们无法置评。但作为它的缩本即西安碑林所存的《华夷图》和《禹迹图》,内容不多,注记符号也较少,古墨今朱的方法是可以取得较好效果的。杨守敬的地图,地名和注记符号已经较多,特别是由于木板雕刻,线条粗拙,在有些方块之中,内容已经显得臃肿。但由于如上所述,这套地图基本上仍然是中国的传统形式,尽管内容包括了自然地名和人文地名,但地名的类别不多,而且特别是自然地名的线条,都是示意式的。虽然全图有相同的比例尺,而他分割的每个方块,按理说都有计量基础,但事实上在绘画这些线条、符号时,都没有作过计量方面的考虑,也没有真正的计量意义。在这样的情况下,朱墨套印并不受什么拘束,所以在外观上仍能差强人意。

　　以上说的都是中国的传统地图,这些地图实际上都是示意地图,用朱墨套印以区别古今,增加了图的示意效果,不必过于考虑古今之间的差讹,所以问题比较简单。但是,当人们要求在新式地图上区别古今的时候,情况就显得复杂了。这里,我可以选择日本制图家森三藏绘制的两幅这类地图作为例子。日本凸版印刷株式会社印刷的《资治通鉴胡注地名索引》附图中的《宋代疆域图》,是森三藏1967年的作品,这幅有经纬网格和比例尺的地图,绘制者只设计了一套图例,所以正图上没有现代的自然和人文内容。但为了达到古今对照的效果,他在正图以外设计了一幅插图,这幅插图以我国现行地图为底图。为了在单色印刷条件下尽量减少图面的负荷,除了国都以外,森三藏在图例中只设计了四种注记符号以区别古今。即1.转运使驻在地,( )内为今名;2.今主要城市;3.路界;4.省界。由于地图的内容只及于宋代的路和现代的省这两种行政区划和若干城市,而森三藏又是一位经验丰富的制图家,所以总的说来,地图还算是成功的。但显然存在着一些错误和缺点。第一,路界在沿海部分存在着许多错误,这是因为宋朝的路界,在沿海当然应以宋朝的海岸为界,而今河北、山东、江苏、浙江等省,宋代的海岸与今日相比都有较大的变化。但森图以今日的海岸为宋朝的海岸,所以错误是显而易见的。第二,图例1:"转运使驻地,( )内为今名。"但在图中,扬州、福州、广州,江陵、成都、潼川、太原等转运使驻地,宋名即是今名,则不加( )的地名中也有今名,这是图例说明的不当。这条图例应改为:"转运使驻地,古今地名不同者,( )内为今名"。第三,图例2:"今主要都市",在图上用这种符号绘上了今各省省会如昆明、贵阳、南宁、郑州、兰州等等(但缺河北省的石家庄,当是漏误),绝无例外。既然如此,则图例说明"今主要都市"还不如改为"今省会"为妥。因为"今主要都市"

除了图中已列入的北京外,上海和天津显然是十分重要的。上海与天津既未绘入,则"今主要都市"这一说明就无法成立。第四,图例3、4;即路界和省界,存在着我在前面所说过的缺点,由于不少地方路界与省界重合,在单色印刷的条件下就不免模糊。

　　现在再来看看森三藏的另外一种历史地图作品,即森鹿三主译的日文节译本《水经注(抄)》⑤中的插图。这里,正如我在拙作《编纂〈水经注〉新版本的刍议》一文中所呼吁的一样,因为直到今天,我们还没有一种新法编绘和古今对照的《水经注图》,因此,尽管这个节译本出版于70年代,但仍然不得不用杨守敬在光绪三十一年(1905)刊行的《水经注图》。但此图与杨的《历代舆地图》不同,它主要是按《水经注》所见的地名编绘,古今对照的内容不多。要把这样一种实际上没有计量意义的旧图,移植到一幅现行中国地图上去,当然是十分困难的;但假使没有一幅现行的中国地图作为底图,则古今对照就成为一句空话。这是一个难题。森三藏首先把选入此书的杨图重新作了清绘,清绘只是把粗拙的木刻线条改成用现代绘图仪器和制版技术共同表达出来的精细线条,此外没有其他作用。然后,他想出了一个不得已的办法,他在正文中按杨图收入《河水注》图4幅,《洛水注》1幅,《渭水注》2幅,计7幅。在正文末尾,他用了一幅小比例尺的现行中国地图,然后把正文中的上述7幅杨图,按四至界线画成7个矩形,移植到这幅现代中国地图上,制成一幅检视图,让读者按每个矩形的位置、范围,自己另找一幅大比例尺的中国地图去对比今古。这是一种把困难交给读者的办法,当然也是一种极不得已的办法。

　　我之所以举上面的例子,主要是为了说明,历史地图不同于其他一切地图的特点和难处,就在于这种地图存在着自然地理内容和人文地理内容的古今对照。编绘者从古代文献中整理出来的,一般都只有性状描述的大量自然和人文内容,最后必须落实在一幅现代地图上。即使像我们这样一个拥有大量古代地图文献的国家,这些地图的内容,基本上也都是性状描述,是示意地图。现在,编绘者要把这些示意地图上的注记符号,移植到有精确计量标准的现代地图上,接受计量的考验,其难度是很大的。从《中国历史地图集》来说,如此巨大的篇幅,不要说千千万万的线条和其他注记符号,仅地名一项就达7万左右,要把偌大的内容,从各种历史文献,从古代的示意地图,统统移植到现代的计量地图上,这也是极不容易的。从全局来说,这是此图编绘过程中的最大工作量,也是此图的最大成功。要评价规模如此庞大,内容如此丰富的一部历史地图集,真是千头万绪,但我所说的这一点,或许就是其中的关键。

　　现在让我再来评论一下《中国历史地图集》的内容。作为一部现代地理科学范畴的历史地图集。它和现代地图集所不同的,就是它必须反映各个历史时期的地理面貌。这中间,既有历史自然地理的,也有历史人文地理的。在历史自然地理方面,我在前面评价森三藏的《资治通鉴胡注地名索引》附图中的《宋代疆域图》时所提到的海岸，即是其中的一个重要组成部分。海岸的伸张和退缩，是一种历史上的自然地理现象，也是历史地图集必须反映的自然地理内容。在我国历史上，今河北、山东、江苏和浙江北部，海岸变迁的幅度不小。拿东汉与现代相比，今渤海海岸外涨在今唐山市以南已达 50 公里左右。当时，今宁河、塘沽、天津市区的一部分以及今山东省的垦利、沾化等县，都还在海中。从江苏省的海岸来看，直到宋朝，海岸线尚在今串场河一线，而今阜宁、盐城、东台等，当时都是沿海城市；今滨海、射阳、大丰等县，当时都还在海中。但是浙江北部杭州湾以北的海岸，在该历史时期却有很大的内缩。从东晋到现在，今海盐一带的王盘洋沿岸，退缩最大的已达 20 公里。另一方面，在杭州湾以南，海岸却向外伸张。余姚、慈溪、鄞县以北的三北半岛，是宋朝以后逐渐形成的；而绍兴以北的南沙半岛，则是明朝以后形成的。所有这些沧海桑田的海岸变迁，《中国历史地图集》都有详细的反映。

其他自然地理要素如河流、湖泊、沼泽等等，《中国历史地图集》也都有所反映。例如《尔雅》十薮，除了海隅实际上是齐国沿海一带的滩涂地以外，其余九薮在春秋、战国图上均有绘入。但以后历代图上，除了云梦、具区等少数以外，都次第消失。河流在历史时期的变迁，特别是黄河、济水等的变迁，地图集中也都表示得相当详细。

不过，并不是所有自然地理要素都有了反映，例如，在历史生态变迁中十分重要的内容，即各个时代的植被概况就没有得到反映。在已经反映的自然地理要素中，也并不是所有时代、所有地区都表示得非常完整。从海岸来说，历史上变化不小的珠江三角洲，地图集中反映得并不很多。在主要的河流之中，黄河中、下游的变迁描绘得最为完整，但长江和淮河的变迁就显得不够。在这样一类问题上，当然不能对编绘者作过多的求全责备。因为历史地图的编绘，主要就是反映历史地理研究的成果，而我国历史地理的研究，长期以来最薄弱的环节就是历史自然地理。在本图内部试行本出版后两年，我国有史以来的第一部《历史自然地理》的编写工作才在中国科学院的领导下积极进行；8 年以后，《历史自然地理》一书才正式出版。[⑥]因此，《中国历史地图集》没有来得及利用《历史自然地理》的研究成果，这对此图集在历史自然地理要素的编绘中无疑是一种损失。

有关历史人文地理方面的内容，《中国历史地图集》显然比历史自然地理的内容更为丰富而完整。这中间，传统的沿革地理和历史城市地理的内容最为丰富，可以说是本图集编绘中的两项最突出的特色。沿革地理是我国从《汉书·地理志》以来历史地理研究中的长期传统。但是能够像本图集这样，从春秋列国、战国群雄、秦汉郡国，直到元、明、清的行省，分别移植到现代行政区划的图上，而注记符号清晰，古今界线分明,不是经过许多学者的长期努力和现代绘制、印刷技术的配合,这是绝对做不到的。而公开发行本又对前后变化较大的若干时期,增加了几幅全图,内容就更为完整。因此,从历史地图来说,我们今后当然还有大量的工作要做;但从沿革地图来说,本图的成果应该说已经相当成熟。这就告诉我们,今后,我国历史地图编绘工作的重点,应该转向历史自然地理和历史人文地理的其他分支上面。

城市地理是《中国历史地图集》在人文地理领域中除了沿革地理以外的最大成就。我没有统计过全集 8 册中到底绘入了多少古代城市。因为,历史上的聚落,要具有怎样的条件才算城市,历来学术界是很有争论的。日本学者狩野千秋在其所著《玛雅的神殿城市》⑦一文中,综合过去西欧考古学家和历史学家的意见,把古代城市形成的条件归纳为下列 7 个方面:即 1、最原始的国家组织与王权的确立;2、稠密的人口;3、社会阶级的分化与职业的专业化;4、巨大的纪念性建筑物的建造;5、文字、金属器的发明与科学技术的发达;6、由于剩余物质的生产而出现了有余暇从事知识性和艺术性的活动;7、工商业与贸易组织的发达。根据上述 7 条,狩野千秋把公元 6 世纪前后在今墨西哥尤卡坦半岛、危地马拉和洪都拉斯等地的大型玛雅人聚落都列为城市。由于这 7 条都只有性状的描述却没有计量的标准。因此,从实际情况来看,除了第四条以外,这些马雅城市的发展水平都是很低的,其中有一些与大型聚落就很难加以区别。按照狩野千秋的标准,则《中国历史地图集》之中,除了卷首的几幅石器时代遗址以外,从《夏时期全图》起,图内所反映的,大部分都排得上古代城市之列。到了秦建立郡县制度以后,历史城市的概念由于行政标准的出现而进一步明确。总的说来,县城或相当于县城一级的城邑,都应该计入历史城市之列。美国学者施坚雅在其所编《中华帝国晚期的城市》(*The City in Late Imperial China*)⑧一书的导言中指出:"县一级区划,在中国社会中始终极为稳定。帝国晚期县级政治区划虽具有次大陆的规模,但情况与秦代基本相似。"说明把县级城邑作为历史上的城市,外国学者的意见也大致相似。施坚雅所谓"极为稳定"的说法,是因为根据他的计算,中国的县,从汉到清,基本上摆动在 1300 个上下。而这 1300 个历史上的城市,再加上另外一些更大的城市如历朝首都、州治、郡治等等,绝大部分都收入在《中国历史地图集》之中。因此,从历史城市的分布来说,本图集已经集其大成了。

此外,在历史人文地理的其他分支方面,本图集还有不少内容,例如民族地理范畴的少数民族分布,军事地理范畴的历代长城和关隘,农业地理范畴的农田水利工程,交通运输地理范畴的运河、桥梁、津渡等等。关于这些方面,不能说内容十分丰富,特别是有关重要的历史经济地理的内容还很嫌不足。但是,作为完整的历史人文地理学来说,本国所涉及的分支,确实已经不少了。

我对全图集内容的总的看法是,与人文地理相比,自然地理各要素的反映相对不足,人文地理的内容当然非常丰富,但各分支之间不够平衡。沿革地理和城市地理不仅是人文地理中的重点,也是全部图集的重点。重点突出当然是好的,但重点以外的部分,也应力求取得相对的平衡。当然,《中国历史地图集》内容中出现的这种不够平衡的情况,很大程度上并不决定于地图编绘者的意志,而是反映了过去一段时期中我国历史地理研究在部门和地区上的不平衡状态。现在,《中国历史地图集》又反过来成为我国历史地理学研究的一面镜子,它告诉我们,今后,我们在历史地理学的研究中,哪些部门和哪些地区有必要加强。

我国人民常以自己的祖国有这样悠久的历史和广大的土地而自豪。对于历史地理工作者,由于我们所研究的对象,正是这片广大土地上的历史时期的地理面貌,因此,这种自豪感是和研究工作的责任感紧密地交织在一起的。我们常以我们的研究对象如此丰富多彩而欢欣鼓舞,而却又常因在这片广大的土地上没有一种科学的历史地图而感到苦恼。《中国历史地图集》的出版,为我们提供了这片广大土地上的漫长历史时期的自然地理和人文地理的基本情况,对于促进我国的历史地理研究工作,这是不言而喻的。为此,在评介这本图集的同时,作为历史地理工作者的一员,谨向本图集的主编和参加编绘工作的所有专家和学者,表示我衷心的谢意。

　　　　　　　　　　　　　　　　　　1985 年 2 月于日本国立大阪大学

注释:

① 参阅拙著《论郦学研究及其学派的形成与发展》,《历史研究》1983 年第 6 期。

② 参阅拙著 *"Map-Making in Ancient China"*,*China Reconstructs* April,1966.

③ 参阅拙著《编纂〈水经注〉新版本刍议》,《古籍论丛》,福建人民出版社 1982 年版。

④ 《中国历史地理学术讨论会会刊》,1982 年版。

⑤ 日本平凡社 1974 年版。

⑥ 《历史自然地理》是中国科学院组织编著的《中国自然地理》中的一个分册,此分册由若干高等院校和研究所的 20 几位专家、学者共同编写;由谭其骧、史念海、陈桥驿 3 人汇总、修改、定稿;科学出版社 1982 年版。

⑦ 日本每日新闻社 1976 年版《巨大遗迹》,第 149—150 页。

⑧ 美国斯坦福大学出版社 1977 年版。

　　　　　　　　　　　　　　　　　原载《中国社会科学》1985 年第 4 期

评《北京历史地图集》

  《北京历史地图集》出版了，这是我国历史地理学界和地图学界的一件大事。正如主编侯仁之教授在卷首《前言》中指出："《北京历史地图集》的编辑工作，前后历时七年，""直接参加工作的共有六个单位的二十一位同志"，在编绘过程中，除了利用大量文献资料、考古资料外，还做了许多野外考察工作，"数年之间进行野外考察五十余次，行程共计约五千余公里，考察地点涉及北京市、天津市以及河北省的三十五县区"。

  全集之中，除了卷首《中华人民共和国政区图》是按过去出版的地图复绘以外，其余 47 幅，每一幅都是编绘者呕心沥血的成果，每一幅都经过精心设计，在千千万万文献资料和野外考察数据中，加以精选、综合，使每一幅图不仅表达了与每幅图名相称的总貌，而且突出了图幅所表达的北京地区在当时的特色。

  图集开首的 3 幅：《北京市地势图》、《北京市政区图》、《北京市城区图》，当然是整个图集中费力最少的图幅，因为它们都有现成的资料可以利用。而且第一幅是自然地图，其余两幅是现状图（均据 1984 年资料），都不是历史地图。不过对于全集来说，这 3 幅图都具有重要意义，是这部历史地图集不可或缺的图幅。因为这 3 幅地图，都是注记符号和地名最多的现代地图。对于图集中的许多幅历史地图，它们的一切注记符号，都可以借此 3 图得到对照。另外，这 3 幅地图都是计量精确的现代地图，通过它们，还可以检查图集中的各幅历史地图在计量上有无差错。

这 3 幅地图的本身,也都具有特色。以《北京市地势图》为例,这当然不是历史地图,但它却清楚地表达了比历史时期更为久远的自从第四纪以来的自然环境变迁的结果。在这幅晕渲和分层设色相结合的地图上,十分清楚地显示了群山环绕了这个 200 万年以来几经沧桑的北京小平原,大小河川通过这片小平原向东南流去。地图的直观性,的确不是文字所可比拟的。这幅地图之所以重要,因为它是图集中一切图幅的自然地理基础。全集中的任何一幅历史地图,在应用时和这幅地图相对照,才能充分理解北京在每一时代中历史演变的地理背景。

全部历史地图是按照时代编排的。第一二两幅是《原始社会图》和《商、西周时期图》,两图其实均以《北京市地势图》为底图,不过是缩小了比例尺(1:120 万),并把彩色晕渲改成分墨晕渲而已。这两幅远古的地图,注记符号当然很少,前者只有一些根据考古发掘所获得的旧石器、新石器、细石器文化遗址。另外是根据文献资料,例如据《史记·五帝本纪》:"黄帝乃征师诸侯,与蚩尤战于涿鹿之野,⋯⋯邑于涿鹿之野。"及《正义》:"黄帝有熊国君"等资料,在今涿鹿附近写上"有熊氏(黄帝部)"字样。这当然是文献资料中对远古的传说,但是在远古资料奇缺的情况下,以传统的、历来多数历史学家所公认的传说作为绘图依据,不会有损于地图的科学性。后者除了考古发掘资料以外,图上已经出现了两个大型聚落的地名"蓟"和"燕"。《礼记·乐记》:"武王克殷返商,⋯⋯封黄帝之后于蓟,"《史记·燕召公世家》:"周武王之灭纣,封召公于北燕。"这些当然都是古代文献,但甲骨文中已有"妟"字,与这一带发掘的殷商晚期墓葬相联系,"妟"无疑即是"燕"。因此,它比一般的古代文献资料,具有更高的价值。

远古的历史地图,因为资料缺乏,说法纷纭,是历史地图编绘中的最大难题。本图在这方面运用了一种独创的体例,即在两幅主图以外,各加一幅大比例尺的附图:前者附的是 1:1.2 万的《周口店古人类遗址图》,后者附的是 1:9000 的《琉璃河商、西周遗址图》。这种在小比例尺的大区域图以外,附加大比例尺的小区域图的方法,是宏观和微观的巧妙结合,在编绘远古的历史地图工作中,确是一种创造性的方法。

《春秋》和《战国》两图,由于文献资料开始增加,图面就显得充实起来。特别是在《战国图》中,城邑地名不仅大为增多,而且出现了蓟和武阳(下都)这样的大型城邑。另外,自然地名也开始绘入图内,如蓟丘、梁山、摩笄山、黍谷山等山名和湖灌水、治水、绳水、伦水、易水、督亢陂等河湖名。其中,蓟丘这个地名的出现具有重要的意义。虽然在图上,编绘者并不以"山"的符号表示这个地名,但蓟丘其实确是一座不高的丘阜。《史记·周本纪》:"封召公奭于燕,"《正义》:"蓟、燕二国,俱武王立,因燕山、蓟丘为名。"《水经·灅水注》说得更为明确:"昔周武王封尧后于蓟,今城内西北隅有蓟丘,因丘以名邑,犹鲁之曲阜、齐之营丘矣。"我在《水经注地名汇编说明》中,曾解释过

"丘"在古代的重要意义："在平原地区,古代的聚落往往依附于若干零星分布的孤丘,这是因为对饮水的来源,薪炭的取得,在冬季的避风御寒以及制敌自卫等方面,丘阜都能替依附于它的聚落带来好处。这些依附于丘阜而建的聚落,大率以丘为名,以后甚至取而代之,即丘阜的名称逐渐为人们所遗忘,而以丘阜为名的大小聚落,却一直存在,为人们所熟知。"①在华北平原上,这样的地名很多,如商丘、顿丘、斥丘等等,不胜枚举,后来有的发展成为大城市,但它们的前身都是依附于丘阜的小聚落。因此,蓟丘这个城邑,其初期当是依附于蓟丘这座丘阜的小聚落。所以在《战国图》上标出"蓟丘"这个地名,是十分重要的。按照地图所标明的地理位置,蓟丘大概在今北京市区的西南隅,但现在在这个范围内找不到与蓟丘相当的丘阜。这是容易解释的。因为这类丘阜一般很小,在漫长的历史时期中,由于风化侵蚀加上人为活动,历史上记载的不少丘阜,后来就夷平不见了。《水经·渠水注》："故《诗》所谓坎其击鼓,宛丘之下。宛丘在陈城南道东,王隐云:渐欲平。今不知所在矣。"蓟丘和宛丘一样,都是这一类例子。

尽管《春秋》和《战国》两图的内容已经比较丰富,但编绘者仍然运用宏观和微观结合的方法,在这两幅1∶120万的主图以外,附上一幅1∶25万的《宣武门一带春秋—汉遗址图》,用一个小区域中的考古发掘实绩,与以文献资料为主的两幅主图相印证。

《秦》、《西汉》、《东汉》、《三国魏》4图,各以1∶100万到1∶160万的比例尺,拼合在一个全幅之中。秦始建郡县制,汉又增设王国和郡国等,所以图面上的行政区划益趋详细,而各级政权所在的城邑也相应增加。特别是像"护鲜卑校尉"、"护乌丸校尉"等驻地在地图上的出现(《三国魏图》),说明了这个地区民族关系的发展变迁。自然地名不仅增加,而且出现了不少至今沿用的地名,如太行山、军都山、桑乾水、涞水、巨马水等。随着河川地名的增加,北京历史上的水利工程,第一次出现在《三国魏图》上,这就是灅水沿岸的戾陵堰以及灅水与温余水之间的车箱渠。这个水利工程系嘉平三年(250),曹魏镇北将军刘靖所主持兴修。地图编绘者把水利工程明确地落实在地图上,使这幅以政区沿革为主的地图增加了其他人文地理的内容而显得丰富多彩。

以后是《西晋》和《十六国》(后赵、前燕、前秦、后燕)各图,接着是《北朝》(北魏、东魏、北齐)各图,由于侨治州郡开始在这个地区建立,到唐朝而更趋普遍,地图上一时出现的侨置治所,成为这些时期北京地区聚落变迁、人口流动等历史人文地理研究的重要数据。《隋》、《唐》两图都用1∶80万的较大比例尺,说明随着生产的发展和人口的增加,这个地区的地图内容益趋丰富。永济渠从《隋图》开始绘入图内,这是继《三国魏图》中的戾陵堰和车箱渠以后,在北京地区出现的又一水利工程。《隋》、《唐》两图的另一特色是佛教寺院的涌现。《隋图》的佛教寺院尚仅嘉福寺一处,《唐图》中则有龙泉寺(即隋嘉福寺)、慧聚寺、云居寺、净业院等 10 余处。其实,佛教寺院在北朝时代已经出现于这个地区,到唐代而盛极一时。

继五代的《燕图》和《后唐图》以后,是比例尺较大(1:80 万)的《辽图》。辽在后晋天福三年(契丹会同元年,938 年)获得石氏奉献的燕云十六州以后,置其首都上京为临潢府,此外是中京大定府,东京辽阳府,西京大同府,南京析津府。北京成为辽的南京,这是北京历史发展过程中的一个重要转折点,使它从一个普通城市,一跃而成为一个都城。在辽的所谓"五京"之中,南京析津府无疑是最大的城市。据《辽史·地理志四·南京道》所载:"城方三十六里,崇三丈,衡广一丈五尺,敌楼战橹具,八门,……坊市、廨舍,寺观,盖不胜书。"与现代考古发掘的实绩相比,《辽史·地理志》的记载或许稍偏夸大,但它无疑是辽的第一大都会。辽南京的建设,奠定了北京在历史上第一次建都——金中都的基础。如今从《辽图》图面上所见的注记符号的密集和地名的繁多,是以前各代所没有的。而且还首次出现了以南京为中心的 3 条陆上大道:一条从东北通向辽上京,一条从西北通往辽西京,一条经涿州南下通华北其他地区。此外,从《辽图》开始,图集的编绘者在每一代这一类主图的边角,附加一幅小比例尺的(1:250万—1:200 万)首都大行政区范围图。如《辽图》中的《析津府图》,《金图》、《元图》中的《大兴府图》,《明图》和《清图》中的《顺天府图》,以及《民国图》中的《京兆地方图》,这一类附图可以了解与首都密切相关的地区情况,是图集的优异设计之一。

金中都是北京历史上的第一次正式建都,图集从此进入了一种气象万千的局面。大比例尺图开始出现,《金中都图》采用了 1:2.5 万的大比例尺,图中除了宫殿、官廨、街坊、寺观、城内河湖、城垣、城门等俱全外,还把上代辽南京的城墙和城门也绘在图内。此外,此图在编绘上还有两个特色:第一是图中加入若干用浅色表示的今地名,如东缘的北柳巷、黑窑厂,南缘的东庄、万泉寺,西缘的马连道、羊坊店路,北缘的宣武门、白云观等,使读者易于古今对照,了解金中都每个地名的正确位置。例如金皇宫北门拱辰门以北的十字路口,恰恰就是今广安门,即此一端,金皇宫的地理位置就了如指掌。第二是主图角上有一附图,把金中都城与明、清北京城加以重合,可以使读者从宏观上了解北京城垣的变迁过程。在《元大都图》中,也同样应用了这种方法。

元、明、清 3 图,由于内容更趋丰富,所以采用了比这以前的隋、唐、辽、金诸图更大的比例尺(1:60 万)。诸如《元图》中的南北大运河,《明图》中的长城,《清图》中的铁路,都是前代图幅中所不可能见到的。《元大都图》虽然与《金中都图》都是用的1:25000 的比例尺,但后者仅是 8 开本中的半幅,前者则是全幅,实际上大了 1 倍。而《明皇城图》与《清皇城图》都用 1:9000 的比例尺,《清圆明园、长春园、绮春园图》用的是 1:6000 的比例尺,《明紫禁城图》和《清紫禁城图》则都是 1:3000 的比例尺。在如此大的比例尺图上，从图例中就可看到，像假山石、台阶、旗杆、牌坊、日晷、围墙、金石雕刻、鼎、金缸等事物，均被绘入图内。用这样的大比例尺复原从 100 多年到 600 多年前的事物，[②]在目前可以看到的国内外出版的各种历史地图集（单幅历史地图不计）中，除《北京历史地图集》以外，还很难找到。

　　总的说来，这是一部非常成功的图集。在《中国历史地图集》陆续公开出版以后不过五六年，就看到此图集的出版，确实是令人兴奋的。因为这不仅表现了历史地图编绘工作在我国的迅速发展，特别重要的是说明了历史地理学这门学科在我国的迅速发展。对于《中国历史地图集》，我曾经指出这是历史地理学界的一部"划时代"的作品，而对于这部《北京历史地图集》，我认为同样具有"划时代"的意义。这是因为，虽然两者都是历史地图集，但是它们的成就以及它们所赖以获得成就所采用的方法，是有所不同的。《中国历史地图集》是一部小比例尺的大区域历史地图集，而《北京历史地图集》则是一部大比例尺的小区域历史地图集。前者的成功，主要在于从浩瀚的文献资料中，整理出大量的地名和各种地理要素，而把它们编制成许多注记符号，然后再把它们绘入地图之中而各安其位，经得住计量的考验。而《北京历史地图集》却不同，一部小区域的大比例尺地图集，假使单单从文献资料上下工夫，图面上势必在许多地方出现空白。而且如前所述，比例尺愈大，符合计量标准的困难也就愈大。因此，从文献资料上所获得的许多地名和其他地理要素，其中有不少必须经过野外考察的核对，才能正确无误地绘入地图。因此，《北京历史地图集》的成功，除了文献资料工作以外，野外考察工作所起的作用，尤其值得注意。图集《前言》曾举 4 例，阐明了野外考察工作所解决的疑难问题，野外考察工作对于一部大比例尺的小区域历史地图集的重要性，于此可见一斑。

　　下面提出两个可以商榷的问题。

　　第一，侯仁之教授在《前言》中有一段话："本图集虽定名为《北京历史地图集》，但其内容是以北京历代政区为主，从金朝起，北京开始成为全国性的政治中心，因之在政区图外又增历代的北京城区图及重要园林、陵寝诸图，所以实际上这还只是一部北京市政区与城市的沿革图。"这一段话说得十分重要和中肯。在《北京历史地图集》的政区与城市沿革图幅中，如我在前面所评述的，确实也包含了不少历史自然地理和历史人文地理的内容，但从其全局来说，它毕竟只是一部北京历史沿革地图集。记得我在《评中国历史地图集》中曾经提到："我对全图集内容的总的看法是，与人文地理相比，自然地理各要素的反映相对不足，人文地理的内容当然非常丰富，但各分支之间不够平衡。沿革地理和城市地理不仅是人文地理中的重点，也是全部图集中的重点。重点突出当然是好的，但重点以外的部分，也应力求取得相对的平衡。"[③]这几句话，对于

《北京历史地图集》来说,也同样适用。

值得高兴的是,为了弥补图集的这种缺陷,侯仁之教授提出了他以后的计划。他在《前言》中接着说:"如果说目前这部图集只能看作《北京历史地图集》初编的话,那么就应该期待着还有二编、三编相继问世。"我认为这样的计划是令人兴奋的。将内容庞大的历史沿革地理从历史人文地理中分割出去,把历史地图集分成沿革地理、人文地理和自然地理三编。作为我们这样一个土地广阔,历史悠久的伟大国家的首都,能够有这样一部把历史沿革、人文和自然分别成编的历史地图集,这样的图集,确实可以达到本图集《前言》中所说的:"必将有助于首都物质文明和精神文明的建设。"但是我愿意指出,北京的这种分编出图的计划,对北京来说,当然是完全可以实现的;对于其他省区,这样的计划似乎不宜推广。因为其他省区按目前情况,编绘出版一部历史地图集,实在已非易事,假使分编出图,时日迁延,杀青无日,难免要陷入有始无终的局面。

第二,野外考察的成果对于本图集的重要意义已见前述。但侯仁之教授在图集《后记》中仍然提出了8个野外考察尚未解决的问题。在这样一部巨型图集之中,遗留这样一些问题,应该说是为数极少的。这些问题当然需要在今后的研究中解决,但从现状来看,也绝对无损于图集的成就。不过在这里,我觉得还有一个问题需要提出来商讨,这就是,各种地理要素绘入地图的时代问题。人文地理要素绘入地图的时代问题是容易解决的,要素在何代出现,就绘入何代的地图中。就本图集来说,这个问题处理得很好,其中某些部分而且值得赞赏。例如北京外围的关隘,在《战国图》上就出现了"居庸塞",但对于所谓"万里长城",却要到《明图》上才正式绘入,这种重确凿记载而不因循传说的做法,当然有裨于图集的科学性。但自然地理要素绘入地图,看来还有不少困难。道理很简单,因为任何自然地理要素在文献资料上始见之时,并不就是这种要素出现之时。要素的出现时间,一般总要大大早于文献的记载。例如在北朝《北魏图》中,今北京市区以东,第一次绘上夏泽和谦泽两个湖泊。这或许是根据《水经·鲍丘水注》的记载:"鲍丘水又东南入夏泽,泽南纡曲渚十余里,北佩谦泽,眇望无垠也。"夏泽和谦泽的记载始于北魏文献,并不等于二泽形成于北魏。而且根据"眇望无垠"的话,湖泊的范围甚大,更不可能在北魏一旦形成。则两个湖泊在《北魏图》上第一次出现,虽然属于无奈,但于事未免牵强。诸如此类的问题,对于历史地图的编绘具有共同性,究竟应该如何解决,尚可进一步研究。

另外还有一些零星的小节:本图集从图幅内容到文字说明全用简化字,这本是理所当然的,但各幅图名却用隶书。地图的设计当然应该兼及美观和一定的艺术性,但其本身毕竟不是一件艺术品,隶书的图名与简化字的图幅看来并不相称,或许是多此一举。比例尺数字的书写,各图也有待统一,例如《金中都图》作"1:2.5 万",但《元大都图》却作"1:25000"。还有一些注记符号,既不见于卷首总图例,也不见于各幅分图例,《战国图》中的"蓟丘"和"宁台"两个符号即是其例。

注释:

① 《水经注研究二集》,山西人民出版社 1987 年版,第 310 页。

② 《清紫禁城图》据咸丰元年(1856)资料;《元大都图》据至正年间(1341—1368)资料。

③ 载《中国社会科学》1985 年第 4 期。

原载《历史研究》1989 年第 5 期

从《禹贡》到《中国历史地理论丛》

　　1934 年初,顾颉刚、谭其骧诸先生在北平发起成立"禹贡学会",随即出版《禹贡》半月刊。第 1 期出版于 1934 年 3 月 1 日,除了不署名的《发刊词》和顾颉刚先生的《编后》外,刊有杨向奎、王树民、高去寻等作者的 11 篇论文。刊物之所以名为《禹贡》,《发刊词》上说:"《禹贡》是中国地理沿革史的第一篇,用来表现我们工作的意义,最简单而清楚,所以就借了这个题目来称呼我们的学会和这个刊物。"顾先生在《编后》中也指出:"为了简单而明了,这个刊物采用了'禹贡'二字,因为《禹贡》是研究中国地理沿革史的学问的出发点。"《发刊词》和《编后》中,都提到"中国地理沿革史",因为当时,顾先生在燕京大学主讲"中国地理沿革史"这门课程,并在北京大学兼课,也讲这门课程。谭先生则在辅仁大学讲授这门课程。"中国地理沿革史",实际上就是中国历史地理。由于中国从《汉书·地理志》以来,历史上的地理变迁,往往专重建制沿革的变迁,所以顾、谭等先生当年所开设的课程,都尚未用"中国历史地理"这个名称。《禹贡》初创时,这个刊物的英文名称为 *The Evolution of Chinese Geography*,仍然具有"地理沿革"的意思。但从第三卷(1935 年)起,英文名改用 *The Chinese Historical Geography*,所以这个刊物,实际上就是《中国历史地理》。

　　"禹贡学会"经过筹备,到 1936 年 5 月才举行成立大会,而《禹贡》半月刊,当时已出第五卷,直到 1937 年 7 月抗日战争开始,才不得已停刊。其间共出版了刊物 7 卷,共 82 期,其中包括东北、后套水利调查、南洋研究、康藏、回教、古代地理、察绥 7 个专号,网罗作者 376 人,共发表论文 696 篇。

《禹贡》半月刊在这短短 3 年多时间中,在国内外学术界发生了广泛而深远的影响。这个刊物的重大收获之一,还在于培养了一批知名学者。在上述 300 多位作者中,到后来在学术界有较大知名度的,竟接近 1/3。这中间只有少数是当时已经知名的中年学者。刊物创刊之时,顾颉刚先生本人也不过 41 岁。作者之中除了熊会贞 1 人当时已年逾古稀外,其余如钱穆、洪煨莲、谢国桢、孟森、张含英、张国淦等,都是与顾颉刚同辈的中年学者。此外有一大批当今的知名学者,在当时都是顾颉刚先生的学生或学生一辈的青年人。例如,和顾先生共同主编《禹贡》的谭其骧先生,当时还只有 24 岁。

《禹贡》半月刊虽然出版的时间不长,它在中国学术界所起的作用却是不小的。因此,虽然这个刊物停刊已经半个多世纪,但是学术界特别是历史地理学界,对它仍然十分怀念。对于流传至今的为数不多的《禹贡》刊物,大家也多视为稀籍,弥感珍贵。不仅在国内,国际上对此刊也十分重视。日本学术界在 60 年代特别成立了"《禹贡》目录编辑会",对 7 卷 82 期刊物作了全面的整理编目,计分"总目次"、"著者名索引"、"项目别索引"3 类,编成详细的《禹贡半月刊总目次索引》1 册,于 1971 年由京都市同朋舍出版。即此一例,可以说明《禹贡》半月刊在国内外学术界的影响。

《禹贡》半月刊于 1937 年 7 月停刊以后,我国一直没有一种历史地理学的期刊以继承当年的《禹贡》。这是一种令人遗憾的事情。中国地理学会历史地理专业委员会与复旦大学联合编辑的《历史地理》,于 1981 年出版了创刊号,到今年已出版了 6 辑。《历史地理》是一种具有"书号"的书籍,它是不定期的,出版的周期甚长,虽然每一辑的容量较大,但它缺乏期刊的定期性,作者和读者都无法捉摸它何时出版,是否继续出版。

另外一种《中国历史地理论丛》(以下简称《论丛》)也于 1981 年在西安编辑出版。从 1981 年到 1988 年,此书出了 3 辑,都是史念海先生主编的。在此书编辑出版的过程中,我们发现了与上述《历史地理》同样的问题,即此书不是期刊。每出一辑,需要很长的周期,不仅使编辑工作感到困难,有时间性的论文处理不易,而且作者和读者也都难以满足。为此,史念海先生下决心,力求将《论丛》改成期刊,继续出版。在他的擘划经营下,克服了种种困难,终于在 1987 年让《论丛》以期刊形式正式出版。当时,以书籍形式出版的《论丛》第 3 辑尚在排印之中,但以期刊形式出版的第 4 辑(前 3 辑仍然计算在《论丛》的总辑数之内)却提前 1 年问世,这确实是我国历史地理学界的一件令人兴奋的大事。在《禹贡》半月刊停刊整整半个世纪以后,我国的又一种历史地理学期刊正式诞生了。记得《论丛》开始筹备之时,顾颉刚先生还健在,给以大力支持,他不仅为《论丛》题写了刊名,并且还为《论丛》送了稿子,即第一辑的《"夏"和"中国"——祖国古代的称号》(与王树民先生合撰),第二辑的《伪东方朔书的昆仑说》。可惜当这些论文发表之时,他已经不在人世;而《论丛》作为期刊正式出版之日,他已经去世7年。

从1987年开始,《论丛》已经出版了3年,包括以书籍形式出版的3辑在内,一共出了13辑,网罗的作者达90余人,发表论文计百余篇。作者之中,除了顾颉刚先生和主编史念海先生以外,历史地理学界的不少老一辈知名学者如谭其骧、侯仁之、杨向奎、徐近之、王树民、王毓瑚、吴壮达、曾昭璇、石泉等先生都发表了论文,此外,近年来在历史地理学界显露了头角的一批中年学者也都为《论丛》写稿。一些国外知名学者如日本冈山大学名誉教授、关西大学教授、前日本地理学会会长河野通博先生,日本东京大学教授、东洋文化研究所所长斯波义信先生,美国加州大学教授、诺斯里季分校地理系主任王益寿先生等,也都专门为《论丛》撰写了文章。

几年以来,《论丛》已经刊载了不少很有价值的论文,诸如史念海先生的《中国历史地理学的渊源和发展》、《祖国锦绣河山的历史变迁》,谭其骧先生为《河山集》第四集和《中国七大古都》两书所写的序言,侯仁之先生的《我国西北风沙区的历史地理管窥》,徐近之先生的遗稿《我国历史气候学概述》,王毓瑚先生的遗稿《我国历史上农耕区的向北扩展》等论文,这些都是当年"禹贡学会"时代的老一辈学者的著作,都是他们长时期从事学术研究的宝贵心得。而后一辈历史地理学家发表的作品如鲜肖威对于敦煌和丝绸之路的历史地理研究,王守春对于历史时期沙漠变迁的研究,朱士光对于全新世时代我国天然植被的研究,钮钟勋对于黄河河源考察的认识和研究,辛德勇对于古代长安附近水陆交通的研究,景爱对于历史时期东北地区农业发展的研究,曹尔琴对于三国屯田和唐代关中农业的研究,吴宏岐对于元代农业历史地理的研究,胡阿祥对于六朝侨州侨县和双头州郡的研究等等,都是优秀的成果。

国外知名学者为《论丛》所写的专稿,不仅令人感谢,而且值得重视。前日本地理学会会长河野通博教授的论文《日本历史地理学家略论——以京都历史地理学的发展为中心》一文,对日本历史地理学的发展过程作了高瞻远瞩的叙述和细致的分析。不是像河野先生这样上了年纪的老一辈学者,而且又长期担任地理学会会长,洞悉日本地理学界的全盘掌故的人,是写不出这样的文章来的。

为《论丛》撰写专稿《〈湘湖水利志〉和〈湘湖考略〉——浙江省萧山县湘湖水利始末》一文的斯波义信教授,是一位历史地理,特别是江南历史地理专家。他关于萧山湘湖的专稿,后来发生了较大的影响。

另外一位为《论丛》撰写专稿的美籍人文地理学家王益寿先生多年来在美国加州

大学任教授,现在是诺斯里季分校的地理系主任。他的专稿《华北与东北之间的劳工流动》一文,无疑会引起国内历史人口地理研究者的浓厚兴趣。

在《禹贡》半月刊中所发表的外国学者的论文,有日本学者如小川琢治,桑原隲藏,青山定雄,白鸟库吉,森鹿三等,西方学者如 Hedin. S. , Bretscheider E. , Demonbynes G. , Thomsen V. 等,为数不少,但都是一般的译稿,而《论丛》除了一般的译稿如辛德勇对日本菊地利夫历史地理学著作的系统译稿外,还刊载了外国学者的专稿,从国际学术交流的角度说,确实已前进了一步。

现在在国内,《论丛》已经得到历史地理学界和其他有关学术界的充分重视。由于中国国际图书贸易总公司承担了国外发行的任务,《论丛》在国外现在也受到了学术界的欢迎。去年冬季我应聘到日本广岛大学等校讲学,已在几所大学图书馆和同行学者的书斋中看到了《论丛》,并且听到了他们对它的卓越评价和殷切希望。日本的老一辈学者还津津乐道当年的《禹贡》半月刊,而且把它与《论丛》加以联系对比。我撰此文向学术界推介《论丛》,却先从《禹贡》半月刊谈起,这正是受到日本朋友的启发。现在看来,把这两种时隔半个世纪的历史地理学期刊联系对比,是很有意义的。

附注: 关于《禹贡》刊登论文数和作者人数,包括译稿中的原作者和译者,如《黑城探险记》,斯文赫定(Hedins. S)著,侯仁之译,作 2 人统计。多次出现的同一作者,只作 1 人统计。短篇的"消息"不计,同题连载,一次作一篇统计,如张国淦《中国地方志考》,连载 6 次,作 6 篇统计。

1990 年 2 月于杭州大学历史地理研究室

原载《史学史研究》1990 年第 3 期

评《西汉人口地理》

　　历史人口地理是历史人文地理学的分支之一。这是一个既重要又困难的分支,它的重要性在于,地理学研究人地关系,因此,不论是系统地理学或是区域地理学,人口的分布和流动概况,总是各种人地关系研究的基础。从现代人口地理学的角度来说,通过精密的实测地图和人口统计学所提供资料,要掌握各地区的人口分布和流动状态是相当容易的。但是在缺乏历史时期人口统计学的可靠资料和仅有一些绘制粗糙的示意地图的条件下,历史人口地理的研究显然面临着极大的困难。这就是我国历史地理学界为什么在这个分支上长期停滞的主要原因。因此,葛剑雄副教授的专著《西汉人口地理》的出版,无疑是在这个领域中的一个突破。

　　全书共分3篇11章。为了把全书的主旨作一个概括的交代,卷首特别加上了一个短小精悍的绪论。我十分赞赏这个绪论,因为对全书来说,它确实起了开宗明义的作用。绪论的第一部分阐述了研究历史人口地理学的意义。这里除了引用马、恩经典著作中的精辟理论外,著者的小结是特别应该受到重视的。他说:"总之,古代的人口及其分布是自然环境、社会生产力和人类本身的能动作用的复杂产物。因此,研究古代的人口及其分布规律对于解释自然、社会和人类活动的相互作用,复原其中某一方面,无疑具有重大的意义,由于自然界的沧桑、社会的变更、文献资料的湮没,有些方面已经无法通过其他途径复原了,而人口的分布却能起到一把钥匙的作用。"(第3页)这段话正和我在前面指出的一样,历史人口地理的研究,是历史时期一切人地关系研究的基础,其意义不言而喻。

本书绪论中说明的第二部分是使我非常感动的。因为我也和历来不少历史地理学家一样,一直认为历史人口地理的研究是具有很大难度的。而本书的著者看来对此无所畏惧。尽管他实际上也遇到了许多困难,但是却并不计较,而专门论述了研究中国历史人口地理的有利因素。在许多有利因素中,特别重要的是自从公元初开始迄于近代的、基本上没有中断的人口统计资料,这些由正史地理志和全国总志等文献所提供的人口统计资料,不仅有全国人口的总数,并且有各个时代的按行政区划统计的人口数。这些资料的重要价值,正如著者所说,是"我们祖先给我们留下了其他国家所没有的财富"(第6页)。此外,在有利因素中还应该包括著者在绪论中虽未提及,但在正文第二篇中作了重点说明的《中国历史地图集》。这是一部新式的计量地图,我在拙作《评中国历史地图集》一文中已经作了详细评介,[①]由于此图的问世,我国的历史地理学研究获得了极大的方便。它同样是著者进行历史人口地理研究的重要工具。

绪论的第三部分阐述了著者选择西汉时期作为研究阶段的原因。尽管这是著者个人的事,但对于本书读者及其他历史人口地理学研究者,仍然可以从中得到启发。著者认为:第一,"西汉是我国第一个长期稳定的封建帝国"。"因此,我们可以把西汉的人口及其地理分布看成是我国有史以来的经济、政治、文化等各方面发展的综合结果;看成是在我国特定的地理条件下,封建制度的功能得到发挥的情况下的自然、社会和人类本身的复杂产物"(第8页)。第二,"因为《汉书·地理志》记载的西汉末年的人口数以及分地区的人口数,是我国现有的、比较准确的人口统计"(第8页)。第三则是因为著者看到这个课题的研究现状的薄弱和落后,有必要使之改变和提高。长期以来,由于资料的不足和研究方法上的种种缺陷,对这个领域的研究,确实存在着不少问题,但著者对此满怀信心。他在绪论的末尾说:只要"通过认真的研究和严肃的论证,问题是可以大致解决的"(第8页)。著者的这番言论并无虚夸之处,因为在以下即将论及的本书正文之中,对历来在这个课题研究中的比较困难的问题,如记载疏缺的西汉初期和中期的人口数,人口的地理分布以及人口的迁移等方面,著者基本上都作出了令人满意的解决。

现在来评述一下本书的主要内容。

第一篇是《各阶段的人口数量与人口增长率》。从这个标题来看,讨论的内容当然是一个人口学和人口统计学的问题,但这却正是人口地理学研究最基本和必要的资料。前面已经指出,《汉书·地理志》的人口资料是相当准确的,但问题是这项资料是元始二年(公元2年)的统计数字,它不可能说明西汉一代200年的情况。所以必须以这项资料为基础,进行推算,以获得西汉初期和中期的人口数字。这种推算工作,当然是相当困难的。为此，就必须把西汉一代，适当地划分成为几个阶段，这对推算成果的准确性至关重要。著者经过审慎的考虑，把西汉划分成 3 个阶段：第一阶段是从汉初到武帝初（前 202—前 134）。因为汉初，“天下初定，故大城名都散亡，户口可得而数者十二三”（第 18 页引《史纪・高祖功臣侯表》）。这是西汉人口数的最低点。以后经过文景之治等休养生息的年代，到武帝之初，经济发展，户口激增，出现了汉初人口的高峰。第二阶段是武帝在位的中、后期（前 133—前 87）。由于武帝的大兴武功，到处征伐，以致元气大伤，户口锐减，即所谓“师旅之后，海内虚耗，户口减半”（第 18 页引《汉书・昭帝纪》）。出现了西汉中期人口数大量下降的情况。第三阶段从昭帝初至平帝元始二年（前 86—2）。这一时期，由于军事行动的停止，农业生产恢复，户口再次上升，即所谓“百姓訾富虽不及文景，然天下户口最盛矣”（第 18—19 页引《汉书・食货志》）。出现了西汉一代人口数的顶峰。上述 3 个阶段的划分是科学的，当然有裨于著者的推算工作。

在推算西汉各阶段的人口数量与人口增长率的具体过程中，著者采用了抽样推算与全面推算相结合的方法。抽样推算当然是选择若干历史记载比较翔实的地区，例如利用《史记》、《汉书・高祖功臣侯表》等有户数记载的侯国如平阳、曲逆、酂、曲周、颍阴等，其他如三辅地区、原长沙国地区、原吴国地区以及真定国、泗水国、齐郡、临淄郡、山阳郡等。抽样推算所获得的数据，经过仔细地分析比较，以探索西汉人口变化的规律，然后再进一步考察这个时代的人口增长率。因为影响人口增长率的因素是错综复杂的，所以著者在广泛占有资料的基础上，分别从当时的人口政策、婚姻状况、生育状况、净繁殖率、家庭规模等 5 个方面进行细致的分析比较，最后获得初步的论据：“从人口增长的规律分析，西汉期间人口年平均增长率绝对不会超过 9‰。总增长不超过五倍。”（第 47 页）根据这样的论据，按照《汉书・地理志》统计元始二年全国人口总数 6,000 万的数字进行推算，所以著者充满信心地断言：“汉初人口肯定在 1,200 万以上。”（第 47 页）

必须指出，对于西汉初期的人口数量，自从西晋皇甫谧在其所著《帝王世纪》中用“平城战卒，不过 30 万”的概念进行推算以来，我国有关这个问题的一切著作，如《续汉书・郡国志》刘昭补注，唐杜佑《通典》，元马端临《文献通考》，直到近代历史学家梁启超，都采用汉高祖与匈奴的平城战役中的兵力这单一要素作为推算汉初人口的依据。如梁氏在其《中国史上人口之统计》（《饮冰室文集》卷十）一文中所说：“无逾五六百万。”现在看来，这个流行了 15 个世纪以上的、用单一要素推算出来的汉初人口数字，比本书著者用综合要素推算出来的、基本上符合实际的数字要少 2/3 左右。对于著者所提出的这个崭新的论断，当然会引起学术界的深刻关注和高度重视。

　　著者不仅从如上所述的人口政策、婚姻状况等人口学本身的要素考察西汉人口的增长,并且还从人口学以外的农业生产及粮食产量考察这一时期的人口的增长。在这方面,著者首先阐述了粮食产量与人口的关系:"人口的生存和增殖离不开农牧业的发展,在古代尤其如此,因此人口的规模必然要与农牧业所能提供人类赖以生存的食物数量相适应。"(第48页)根据二者之间的这种关系,著者仔细地研究了当时的主要农业区与垦田面积,农具、耕作制度和水利设施,对粮食的亩产量作出了估计。然后再以记载比较完整的三辅地区的粮食增长率,推测全国的产量水平。在获得所有这些数据以后,著者对西汉的人口及其增长率作出了最后的结论:"西汉期间全国年平均增长率约6‰—7‰,西汉末期(元始二年,公元2年)全国总人口约6,000万,西汉初(前202)全国(包括东越、南越)人口的下限约1,500万,上限约1,800万"(第62页)。由于这个结论是通过大量资料的深入考察和综合分析而获得的,著者所采用的推算方法是合乎逻辑的,所以具有很大的说服力。我们不能不承认,在历来学者对西汉人口和人口增长率的研究中,本书著者的研究工作,在方法上是新颖的,其结论是比较符合实际情况的。

　　本书第二篇题为《人口的地理分布及其形成原因》。作为一种历史人口地理的专著,这一部分内容是至关重要的。历来学者对于汉代人口及其增长率的研究,现在唯一能举得出例子的是劳干在1935年发表的《两汉户籍与地理之关系》及《两汉面积之估计及口数增减之推测》两文。[②]劳氏在这个课题上的研究虽然具有开创性,但在这类研究工作中至关重要的工具即地图的选择方面,存在着严重的弱点。因为在历史地理的研究中,不论是哪一个分支,凡是涉及地理分布的论证,其精确性最后取决于地图。由于在30年代,我国还没有一种科学的历史地图,劳氏的研究中所采用的杨守敬《历代舆地图》,虽然在绘制上是以吸取了若干新式地图绘制方法的《大清一统舆图》为底图,但是正如我在拙作《评中国历史地图集》一文中所指出的,杨图实际上并无计量价值。这就使得劳氏的研究具有很大的局限性。而现在,正如前面已经提及的,本书著者所推算出来的大量人口数字资料,是利用计量相当精确的《中国历史地图集》来显示人口分布和测定人口密度的。这实际上是一种技术优势,是前代学者所不可强求的。利用这种技术优势,著者不仅编制了元始二年各郡国面积、人口密度表,并且绘制了元始二年的人口分布图和人口密度图。这两幅前无古人的历史人口地图,是著者在历史人口地理研究领域中的重要贡献。不过在这里也必须指出,著者的这种成就,是和在谭其骧教授领导下的许多绘制《中国历史地图集》的历史地理学家的多年辛勤劳动分不开的。

　　当然,任何一幅绘制精确的历史人口地图,图面上的注记符号所能表示的,只不过是人口的分布及其疏密现象。而历史人口地理的研究,还必须揭示图面上所表示的这种现象的原因,才能把现象提高到理论,进一步探索人口分布的规律性。本书著者在这方面的工作,也是卓著成效的。根据自然条件、经济条件、政治条件、历史条件、社会条件以及上述诸因素的相互关系与影响,著者深入细致地分析了西汉一代人口分布形成的原因。这是一种工作量极大的研究,正是由于这种研究,上述两幅历史人口地图,就不再仅仅是历史人口统计学和历史地图学的成果,同时也成为历史人口地理学的成果。

本书的第三篇题为《人口迁移》。在人口地理学的研究中,这是十分重要的课题。因为人口迁移,也就是人口的机械变化,对于人口分布的影响,可以在一个短时期内,大大超过人口的自然增殖,也就是人口的自然变化。中国在两晋和两宋之间的两次大规模北人南迁,就是这方面的最生动的例子。西汉一代的人口迁移,当然不能与两晋、两宋时期相比,但是由于著者在资料工作中的非凡努力,使得许多前人已经发现的资料,得到了追索和补充;不少前人尚未注意的资料,得到了发掘和利用。因而大大地丰富了这一时期人口迁移的内容,让人们获得这样的印象:西汉一代的人口迁移,其规模也相当可观。它不仅对西汉一代的人口分布图产生了强烈的影响,而且这种影响还留传到很远的后代。著者首先探索了历史资料最丰富、影响最深远的关中地区的人口迁移,在考察了这个地区人口迁移的大量事实以后,归纳出关中在西汉一代中人口迁移的 3 个显著特点:即移民主要来自关东;迁入大大超过迁出;迁移的原因主要是强制性的行政命令。这样的归纳,不仅在内容上浓缩了浩瀚的资料,使读者易于掌握要领;从历史人口地理的研究方法来说,也给人以有益的启发。

关中地区的人口迁移当然是西汉人口迁移的重点,但是就地区范围来说,这毕竟只是一个很小的区域。在对这个小区域作了重点论证以后,著者接着对西汉王朝的广袤疆域作了全面的阐述,包括西北、东南、西南、南部、东北各地区。由于这些地区的文献资料存在着很大的不平衡性,著者把资料丰富的西北地区和东南地区列成两章,作了专题讨论,而资料疏缺的西南、南部与东北地区,则合并成一章讨论。尽管这种讨论是比较粗线条的,各地区在详略程度上也很不一致,但对于西汉这样一个邈远的朝代,在这样广阔的疆域范围中,民族关系又是如此地复杂,能够对当时发生的人口迁移现象,进行历史地理的描述,在历来所有历史人口地理的研究成果中,确实是并不多见的。

值得指出的是,著者在全面阐明人口迁移的同时,还对有关这方面的一些历来传讹的问题作了考证。在本书第十章《东南地区的人口迁移》中,有关武帝时徙民会稽的辨正即是其例。根据《汉书·武帝纪》的记载,元狩四年(前 119)冬:"有司言关东贫民徙陇西、北地、西河、上郡、会稽凡七十二万五千口。"这条记载,以后一直被作为是西汉移民会稽的证据。清王鸣盛甚至考证这一次移民到会稽"约增十四万五千口"。实际上,这次移民的记载中兼及会稽是极不可靠的。由于秦一统以后对会稽地区的土著越族采用了强迫迁移的高压政策,以致人民流散,生产萎缩,使这个地区经历了一段相当长的衰落时期,绝不可能接受外来移民,除了秦始皇时代强制性地从外地移入若干所谓"天下有罪适吏民"以填补越族的流散外,[③]以后实际上并未有移民进入。司马迁曾经到达过这个地区,"地广人稀",[④]为他所亲见。对此,著者在进行了大量资料的分析研究以后作出了结论:"无论从史料角度分析,还是从当时实际情势研究,或从会稽地区人口分布的变化观察,都可以证明汉武帝时根本没有向会稽移民,《武帝纪》中的'会稽'二字显系衍文。"(第193页)著者的这个论断,我认为是有见地的,是可信的。

为了说明人口迁移的实况,著者还在浩瀚的资料中整理出一系列统计图表。例如对于关中地区的人口迁移,随文附列了《元康四年有后裔注籍关中的功臣侯》、《元康四年后裔不在关中注籍的功臣侯》、《徙关中实例表》、《自关中迁出实例表》、《西汉徙陵县人口及其后裔统计表》、《关中内部迁徙实例表》等。这类统计表格,十分有裨于说明关中地区的历史人口动态。此外如西北地区的《匈奴降人封侯内徙实例表》,东南地区的《东越降人封侯内徙实例表》,南部地区的《南越降人封侯内徙实例表》,东北地区的《朝鲜降人封侯内徙实例表》等等,对于反映各地区的人口迁移情况,也都具有简明扼要、一目了然的作用。美中不足的是地图不多,仅有《西汉陵县图》及《人口迁入关中示意图》两幅。而且这两幅地图,在人口迁移这个主题上,都不具有计量意义。这当然是受资料的限制所致,假使能够绘制出诸如西北、东南等地区甚至全国范围的人口迁移示意图,则著者在这个课题中的许多论证,必将相得益彰,具有更大的说服力。

总之,《西汉人口地理》是近年来我国历史地理学界的一部难得的著作。正如谭其骧教授在此书序言中所说的:"作者做了前人没有做过的工作,在研究方法上作了新的尝试,填补了一项空白,这对中国历史地理学的学科建设是很有意义的。"希望本书著者能够在西汉一代的研究基础上继续努力,把我国历代的人口地理都撰写出来,让历史人口地理这门长期来停滞不前的学科,获得空前的发展。

注释:

① 《中国社会科学》1985年第4期。

② 《国立中央研究院历史语言研究所集刊》1935 年 12 月第 5 本第 2 分册。

③ 《越绝书》卷八。

④ 《史记·货殖列传》。

原载《历史地理》1990 年第 7 辑

评《中国历史地震图集(明时期)》

  《中国历史地震图集(明时期)》的出版,是我国地震学界、历史地理学界和地图学界的一件大事。全图包括了有明一代 216 次地震的分幅图 214 幅,汇集明代地震地点分布、震中分布的全国总图 3 幅,又明代和现代的全国行政区划图各 1 幅,总共有图 219 幅。各分幅图上附有每次地震的简短震情,震中烈度和震级等数据,并注明资料来源的各种文献名称。如此规模的历史地震图集,在国内无疑属于首创,是值得学术界所重视的。

  我之所以说这是地震学界、历史地理学界和地图学界的一件大事,因为这样一种图集的编绘,不仅需要解决地震学上的许多问题,同时也需要解决历史地理学和地图学上的许多问题。而且,不论是地震科学领域和地图科学领域,在编绘这种图集的过程中需要解决的问题,都不是现代的问题,而是一段具体的历史时期,即从明洪武元年(1368)到崇祯十七年(1644)之间共 256 年的问题。在这段时期,既没有地震台和新式地震仪器所观测的地震记录,也没有用投影方法绘制的具有经纬网格和比例尺的新式地图。把许许多多距今从 3 个多世纪到 6 个多世纪的原始资料,经过复杂的处理,编绘出一套既具有地震计量价值又具有地理计量价值的新式地图,这当然是一件了不起的大事。

  中国历史悠久,幅员广袤,从地震学的角度说,几千年来,已经积累了为数可观的资料。这当然是编绘此图的一种有利条件。《竹书纪年》夏帝发七年:"泰山震。"按夏帝发是夏的末代帝履癸（桀）以前的一帝，其在位约当公元前 19 世纪，这是我国最早的地震记载。当然，夏代末叶，我国尚处于传说时代，而《竹书纪年》也并不是十分可靠的史籍。所以这项记载，只具有参考意义。《吕氏春秋·制乐》所载："周文王立国八年，岁六月，文王寝疾，五日而地动。"这条记载，从内容上说，已经相当详细和明确。在时间上，周文王八年，相当于商帝乙十五年，即公元前 1177 年，当时使用的据传说是以建丑之月为岁首的商历，则地震时间应为商历六月五日。在地区上，周文王时，其基地还在周原及渭水流域，即今陕西省扶风、岐山、咸阳等县地区，则记载中的震区当在这一带。我国正史记载地震，始于《史记·周纪》："幽王二年，西州三川皆震，……是岁也，三川竭，岐山崩。"按"三川"据《集解》："泾、渭、洛也。"韦昭云："西州镐京震动，故三川亦动。"所以这次地震，在时间和震区范围等方面，记载都是比较明确的。《史记》以后，《汉书》在卷二十七下《五行志》中，记载了自从西周、春秋、战国直到西汉的地震，从此开创了正史《五行志》记载地震的先例，于是，地震资料就益趋完备。宋元以后，地方志的修纂遍及全国，地震又成为地方志的《灾异志》中所必备的内容。从此，历史地震资料就大量地积累起来。

本图集是明朝一代的历史地震图集，明朝一代中，历史地震资料的丰富又远胜前代。除了和以前历代一样，《明史·五行志》中对该代地震有许多记载外，明朝另外还有一种前朝多佚而明朝独全的称为《明实录》的史书。这是明朝官修的编年体史料长编，从太祖到熹宗 15 朝，共有这种《实录》13 部，加上后人补辑的《崇祯长编》，总数达2928 卷之巨。《实录》记载的地震资料，远比《明史·五行志》丰富。此外，前面提到的地方志的修纂，明朝也远远超过前代。根据《中国地方志联合目录》所载的现存地方志统计，现存地方志修纂于宋代的 33 种，修纂于元代的 11 种，而修纂于明代的达992 种。这 992 种之中，修纂于万历一代的达 358 种，占 36%。万历（1573—1620）已属明朝后期，这一时期的大量地方志，包罗了明朝中叶以前的多数地震记载。还有，明朝以后，清朝一代中修纂的现存地方志达 5701 种，超过明朝。而其中修纂于康熙（1662—1722）和乾隆（1736—1795）两代的有 2551 种，占清代现存地方志总数的45%。则明万历地方志所未及记载的明代地震资料，在清康、乾二代的大量地方志中，必能补记无遗。因此，从历史地震资料来说，《中国历史地震图集（明时期）》的条件是非常有利的。

对于旧地方志资料的可靠性，特别是那种明、清地方志中所记载的唐、宋甚至更早的故事，至少在历史地理学界，有许多人是不屑一顾的。我个人历来也持这种态度。地方志记载的地震资料，同样也有抄录正史，或者是县志抄府志，府志抄省志，而其实县境内并未发生地震的情况。所以对于那种轻微的地震，利用地方志的资料，仍然需要谨慎。但是对于那种较大的地震,情况就不是这样。这是因为:第一,地震波及的地区甚大,所以有记载的县志甚多,据李善邦教授在《中国地震》(地震出版社 1981 年版)一书中的统计,明嘉靖三十四年(1556)的关中大地震,有 211 个县的县志作了记载;而清康熙七年(1668)的山东郯城地震,记载的县志更多达 410 种。所以尽管某些县志的记载,仍有可能是互相抄录的,但大部分记载应该是可靠的。第二,由于震中地区的严重破坏,使人们感到骇异万状,就会促成某些人对震灾撰写详细的文字,这中间,康熙《咸宁县志》卷八《艺文志》中收录的明秦可大《地震记》。即是一篇记述嘉靖三十四年关中震灾的详尽文字。这篇长达 1400 字的记事,把这次地震发生的时间,波及的地区,震动的强度和灾情的惨重等,记载得十分详细,兹摘录两段如下:

> 详其震之发也,盖自潼关、蒲坂,奋暴突撞,如波浪愤沸,四面溃散,故各以方向漫缓,而故受祸亦差异焉。他远不可知,自吾省之西也,则渐轻;自吾省之东也,则渐重;至潼关、蒲坂,极焉。

这一段记载对于这次地震的震中位置和等震线的推算,都极有价值。另一段云:

> 受祸大数:潼蒲之死者什七,同华之死者什六,渭南之死者什五,临潼之死者什四,省城之死者什三,其他州县则以其地之所剥别近远分深浅矣。

这一段记载,对于这次地震的破坏程度和震中烈度、震级等的推算,也都很有价值。

以上说的都是本图集从地震学角度搜集和处理资料的有利条件。但是也应该看到,历史资料毕竟是古人的记录,在古代,由于受到科学知识和技术条件的限制,除了上面所举的少数例子以外,大部分记载是相当简单的,内容属于性状描述的居多,而具有计量价值的极少。绘制在本图集中的 216 次地震,记载比较详细的较大地震,除了上述嘉靖三十四年的关中地震外,只有成化二十年(1484)北京、成化二十三年(1487)临潼、弘治十四年(1501)朝邑、弘治十五年(1502)濮城、正德十年(1515)永胜、嘉靖十五年(1536)西昌等 15 次左右。其余的 200 次左右,都是记载疏缺,资料不多的。即使在上述 15 次左右的较大地震中,发生于某些边区的,尽管震中烈度很大,但记载的资料仍然并不很多。例如嘉靖十五年(1536)的四川建昌卫(今西昌市)地震,除了从收入于嘉靖《四川总志》中的几篇灾情奏疏和祭祷文字外,对于这样一次死亡近万人的重大震灾,实录、正史和地方志,竟均不作记载。现在,本图集把如此大量的地震,从历史资料的简单定性描述中,通过细致复杂的分析计算,对每一次地震都作出计量精确的震中位置、震中烈度、震级的确定,并且绘出若干等震线。其工作难度和工作量的巨大,是可以想象的。

本图集所处理的历史地震资料和引用的历史文献,数量是十分庞大的。我稍稍作了一点统计,在记载地震的最重要的历史文献中,本图集各图幅共引用了《明实录》以及性质和《实录》相似的《长编》共85种次,除了《永乐实录》外,所有13部《实录》均被引用。共引用《明史》(包括五行志和帝纪)30种次。引用明、清地方志330种次。此外还引用了许多碑刻、笔记、奏疏等文献。这还是指的在图集的每个图幅下列名的主要参考文献,在对每一次地震的分析研究过程中,曾经参阅过的文献,数字必然也很可观。则本图集在历史地震资料的处理工作中,所曾经搜集和参考的文献,恐怕是一个十分巨大的数字。图集的编绘,建立在如此浩瀚的文献资料基础之上,图集获得这样卓越的成就,是绝非偶然的。

如上所述,大量历史地震资料的妥善处理,当然是本图集成功的基础。但是由于整理历史地震资料的目的,并不是编写一种地震目录或地震年表,而是编绘一部历史地震图集。大量的地震资料,并不是用统计图表的方式表示,而是要把它们转化为地图使用的注记符号,落实在一幅有经纬网格可以用比例尺精确计量的地图之上,成为一部专业历史地图集。因此,对于全部工作来说,地震学领域中的工作,只是其中的一半,全部工作的另一半是属于地图学领域中的工作。凡是编绘一种专业地图,首先必须选择一种可靠的底图。现在,这种专业地图集是历史地震图集,因此,图集选择的底图,必须是一种历史地图。

在中国地图学史上,虽然早在先秦就出现《九鼎图》和《山海图》等原始地图,但是记载确凿的古代地图,最著名当然是晋裴秀主持绘制的《禹贡地域图》和《地形方丈图》。前者大概就是一种历史地图。因为从图名来看,它是按照《禹贡》九州的区划所绘制的地图。裴秀不仅主持了这些地图的绘制,而且还提出了"分率"、"准望"、"道里"、"高下"、"方邪"、"迂直"的制图理论,即所谓"制图六体"。一直到清初西方的新式地图绘制方法传入以前,我国的一切地图,都是属于这种"裴秀体系"的地图。尽管在"六体"之中的每一"体",其中特别是"分率"(具有比例尺的意义),都含有计量的性质。但由于"六体"并无详细的解释,按照"六体"绘制的《禹贡地域图》和《地形方丈图》也早已亡佚,无可核实,而后世绘制的大量属于"裴秀体系"的地图,并不严格地按照"六体"行事,因此,我国的传统旧式地图,计量价值不大,在很大程度上都是示意地图。可以举一种现在尚存的古代历史地图集为例,宋程大昌编绘的《禹贡山川地理图》两卷,或许是现存的我国最早的历史地图集,包括地图28幅和图说53篇,今有《指海》和《丛书集成初编》两种本子,一望而知,各图都是示意图,绝无计量价值。

我国近代的一位著名的历史地图编绘者是清末民初的杨守敬,他从清同治二年(1863)起,就先后与邓铁香、饶敦秩等人编绘《历代舆地沿革险要图》,到光绪三十二年(1906),终于在他的门人熊会贞的襄助下,刊行了包括69种地图的《历代舆地沿革险要图》，又称《历代地理沿革总图》。成为我国地图学史上第一部规模浩大的历史地图。在此图刊行前一年,杨守敬已和熊会贞刊行了《水经注图》8 册,采用古今对照、朱墨套印的方法。这两种地图,都是我国近代著名的历史地图。

杨守敬编绘的历史地图,虽然已经开始摆脱了我国传统的"裴秀体系"的地图模式,但仍然存在很大的缺陷。杨图以同治二年胡林翼主持编绘的《大清一统舆图》为底图,这种地图虽然已经绘有经线,却没有纬线,而是用老式方法把地图分成方块,使地图成为一种新旧方法的混合物,严重损害了地图的计量价值。杨守敬的这种历史地图流行了几十年,一直要到 70 年代初期,由谭其骧教授主持编绘的《中国历史地图集》的问世,在我国地图学史上才第一次出现了用投影方法的、有经纬网格和比例尺的新式历史地图。

对于谭其骧教授主编的《中国历史地图集》,我在拙作《评中国历史地图集》(《中国社会科学》1985 年第 4 期)一文中已经作了详细的评述。我在拙作中指出:"从《中国历史地图集》来说,如此巨大的篇幅,不要说千千万万的线条和其他注记符号,仅地名一项就达 7 万左右,要把偌大的内容,从各种历史文献,从古代的示意地图,统统移植到现代的计量地图上,这也是极不容易的。从全局来说,这是此图编绘工作中的最大工作量,也是此图的最大成功。要评价规模如此庞大,内容如此丰富的一部历史地图集,真是千头万绪,但我所说的这一点,或许就是其中的关键。"

谭图的问世,同时也为一切专业历史地图的编绘创造了条件,因为一切专业地图,尽管内容各不相同,但是都必须有一种能够精确计量的地图作为底图,计量是现代科学的共同要求。从历史地震图来说,它有许多计量要求,例如震中烈度、震级、震中位置、等震线分布、各级等震线的范围等。谭图的计量价值,在我的书评中,被认为是图集的"最大成功"。现在,有明一代的 216 次地震,由地震学家们通过细致复杂的分析和计算,确定了它们的震中位置,震中烈度,震级,等震线等;而历史地理学家则以谭图为基础,根据明时期 216 次地震发生的不同时间,编制出每次发震时的历史地图,最后把每次地震的诸要素落实在相应时间的历史地图上,经由地图学家们精心绘制,这就成为我国有史以来第一部科学的历史地震图集。尽管地图所表达的内容,在时间上距今已有 3 到 6 个世纪,但它们不论在地震学和地理学方面,都具有相当精确的计量价值。所以我在本文开头就指出,这是我国地震学界、历史地理学界和地图学界的一件大事。

本图集另外还具有不少优点,每一分幅图中,除了图内可以计量的内容外,还附列了许多重要的数据和物证。例如在前已提及的嘉靖三十四年的关中地震,这是明代的最大地震,所以本图集编绘了《嘉靖三十四年十二月十二日陕西华州地震》和《嘉靖三十四年十二月十二日陕西华州地震震中地区图》两种分幅图,另外又附载了前已提及的秦可大《地震记》全文和此文在康熙《咸宁县志》卷八《艺文志》中刊载的影印片断。又如在《成化二十年正月初二京师居庸关古北口一带地震》这一分幅图外,附列了《宪宗实录》所载这次地震震情的影印片断。这些原始的文字数据,对于分幅图来说,具有画龙点睛的意义。此外,在分幅图的附件中,还选载了不少直观性很好的现场照片。例如在《成化二十三年七月二十二日陕西临潼、咸阳地震》分幅图后,附列了陕西西安荐福寺塔(小雁塔)的照片,因为这次地震的文献中有"长安荐福寺塔自顶至足中裂尺许"的记载,而附列的照片,自塔顶至塔足,裂痕宛然。又如在《万历三十七年六月十二日陕西红崖、清水堡南地震》分幅图后,附列了在这次地震中倾毁的甘肃红崖堡地震遗址照片,断垣残壁,荒草蔓生。所有这些,也都是地图设计者的成功之处。

　　特别值得指出的是卷首的序图。这中间,尤其是《中华人民共和国地势与明时期地震震中分布图》和《中华人民共和国活动构造与明时期地震震中分布图》两幅。这是参加图集编绘的许多地震学家、历史地理学家和地图学家辛勤劳动的最终结晶。按照科学研究的程序,图集的编绘,当然是分幅图在前,序图在后,序图是在分幅图的基础上绘制出来的。但分幅图所表述的,只是有明一代200多年的地震现象,而上述两幅序图,却揭示了今后千万年的地震规律。从这两幅序图中可以说明,《中国历史地震图集(明时期)》所应该获得的评价,不仅是地图编绘上的成功,也是科学研究的成功。

　　图集当然也存在一些不足之处。首先,对于有些相当严重的地震,例如正德六年(1511)云南北胜州(今云南永胜县)地震,正德九年(1514)云南太和(今云南大理市)地震,隆庆六年(1573)陕西岷州(今甘肃岷县)地震,万历二十四年(1606)云南建水州(今云南建水县)地震等,震中烈度均超过8度,震级均超过6级,但地图所表示的,不过是在震中位置上所画的只有示意作用、没有计量价值的大小两个正圆,边上用罗马数码标出烈度,却没有任何等震线。这种不足。当然是由于历史资料缺乏的缘故。此外,某些在地震学上尚未解决的问题,图集也同样无法表示。本图集是明时期的地震图集,而明代的地震记录中,是"地生白毛"现象最多的时代。而这种记录涉及本图集分幅图的有弘治十二年(1499)云南蒙化府地震,弘治十八年(1505)东海地震,正德元年(1506)云南寻甸南地震,正德四年(1509)湖广益阳、宁乡、沅江地震,万历二十八年(1600)广东南澳地震,天启三年(1624)南京、扬州地震等。在上述各次地震中,震区内各县,多有"地生白毛"的记载。其中弘治十八年的东海地震,据李善邦教授在《中国地震》一书中的统计,地震波及地区县志中有"地生白毛"记载的,多达13个县。按我国于地震后发生"地生白毛"现象,在公元4世纪已有记载,而15、16、17三个世纪的记载为数最多。出现这种现象的地点,北及北京,南到云南,西达甘肃,而以东部江、浙二省特别是长江三角洲各县为最多。因此,这种现象在当时必属事实,绝非子虚。但是在现代地震中却没有观察到这种现象,因而无可核实,成为地震学上至今未曾解决的问题。而本图集对这种现象也相应不作反映。作为明代普遍记载的这种地震现象,却不见于这个时期的地震图集,当然令人遗憾。但是这绝不是本图集编绘者的责任,而是有待于地震学界的继续努力研究解决这难题。

原载《历史地理》1990 年第 8 辑

评《西安市地图集》[*]

  《西安市地图集》正式出版了,正如此图编辑部在卷末《编辑说明》中所说:"编制城市地图集是一项专业性很强的系统工程。"正因为此,长期以来,我们还没有看到一部综合性的大型城市地图集在我国的出版。因此,《西安市地图集》的编制出版,不仅在西安历史上尚属首次,而且也开了我国编制大型城市地图集的先河,对如何编制城市地图集进行了有益的实践,取得了优秀的成果,积累了丰富的经验。所以,这部地图集的出版,是我国地理学界和地图学界值得欢欣鼓舞的一件大事。

  从此图卷首《前言》中可知,编制这部图集的目的在于,运用地图特有的形式,全面、系统地反映西安市的自然条件、生态环境、旅游资源、社会经济、科学文化、行政区划、历史沿革、城建规划和环境保护等情况,阐明各要素、现象的分布规律及其内在联系,显示地域差异和古城风貌,指出发展优势和不利因素,为全市的建设和发展提供一套直观、科学的图件。

  《西安市地图集》是一部综合性的大型城市地图集,内容十分丰富。其基本结构由序图、市区图、属县图和专题图4部分组成,其中,专题图又由地质地貌、气候、水土生物、古都演变、旅游、社会经济、环境保护、城建规划等8个图组构成。这样的结构是严谨的、科学的、全面的,是与编制这部地图集的目的任务完全适应的。

---

  * 与王世华合著,署名陈桥驿、王世华。

《西安市地图集》以我国新出版的大、中比例尺地形图为基本资料,并用有关现实资料加以补充;专题地图使用的资料,系西安市专业部门最新科研、统计成果。这种科学的态度,严谨、审慎的作用,保证了地图的科学性和实用性。

《西安市地图集》除地图 167 幅外,尚有说明 10 余万字。彩色照片 225 张,并附有插图、附表及 5000 余条地名索引。如此丰富的内容和多样的表现方式,却安排得那么和谐协调,生动活泼,充分体现了编者的卓越设计水平。

《西安市地图集》还运用了一些现代地图的表现形式和制图方法,例如,遥感图像、网格统计地图、三维立体地图、金字塔图表、三角形图表及立方柱图表等的成功运用,这些方法,在我国地图制图作品中都是领先的,体现出这部地图集所达到的我国现代地图制图学的科学技术先进水平。

整本图集成败得失的关键,主要当然在于各图组的内容,这是图集的核心,也是我们评论图集最必要的根据。

首先是序图组,包括《地理位置》、《卫星影像》、《市中心区彩红外影像》、《政区》4幅。虽然是开宗明义,但很有特色。《地理位置》图不仅标明西安在中国和陕西的位置,而且也标明西安在世界的位置,这就是放眼世界。像西安这样一个千年以上的古都,本来早已名闻寰宇,标明这个城市在世界上的位置,令人开卷就有一种自豪感。接着两幅《卫星影像》和《市中心区彩红外影像》是最新的科技成果在制图上的运用,令人开卷就有一种新的感受。这个图组按其性质不过是图集的一个引言,由于编者的匠心独运,使人一开头就看到图集的不同凡响。

市区图组和属县图组属于一般的区域地图性质。对于大部读者来说,这两个图组是他们主要的实用地图,所以编者为此作了很大的努力。譬如,市区图组开头的《城区接幅图》,这是索引图的一种,它十分有利于对以下各幅地名繁多、注记符号复杂的街道地图的检索利用。特别应该指出的是,在 15 幅大比例尺的城区图中,不仅绘入了各种遗址,如"汉长安城遗址"、"唐含元殿遗址"等以外,而且还用晕渲法表示了地貌,这就大大提高了作为一个旅城市的城区地图的实用价值。属县图组的特色是每县除了具有等高线分层设色的全县图外,还附了大比例尺、县城所在的镇图,包括韦曲、甘亭、二曲、鹿苑、骊山、蓝关 6 镇,即 6 个属县的县治所在,从而增加了地图的实用性。

地质地貌图组和气候图组是专业性极强的两个图组,也是图集中对工、农、运输业和人民生活具有直接关系的图组。但是编者在这两个图组中,很重视专业性和普及性的结合。在高深的专业基础上,尽可能地扩大读者面,使地图既符合专业人员的需要而又能为一般读者所接受。例如在地质地貌图组中,如《地质》、《地质构造》、《水文地质》、《工程地质》、《城区地面沉降与地裂缝分布》、《地貌类型》、《切面切割程度》、《地面坡度》诸图,当然都是专业性很强的图幅,它们只能供专业人员和有关高等学校的教学和研究之用。但其中如《金属矿产分布》、《非金属矿产分布》、《关中地震》、《地势》诸图,则是知识性丰富而阅读面很广的图幅。气候图组的情况也是一样,特别值得指出的是这个图组中的《主要作物生育期及农业气候特点》表,在图集之中它并非地图而是一种统计图表,但它在图集之中,形式上是和谐的,内容上是相得益彰的。这种方法以后在图集的《商业》、《外贸》诸图中也均有运用,获得良好的效果。此外,气候图组的最后一幅《单站气候要素综合》,是地图与统计图表两者的结合,也具有极好的直观性和实用价值。

在《西安市地图集》中,地图和统计图表的运用,或许称得上是一种成功的经验。这种经验告诉我们,在各种地图集的编制中,适当地运用和结合统计图表是必要的,它有助于说明某些用地图难以说明的问题,增加地图的使用价值,对图集起了画龙点睛的作用。当然也应该注意,在图集中过多地插入统计图表,那就是喧宾夺主,成为图集的累赘,对图集发生不良的影响。

水土生物图组的内容包括自然地理学概念中的水系、土壤、生物以及农业地理学概念中的土地类型和利用、土地评价和水土保持等。从地理学的正统观念来说,这个图组混杂了自然地理学与人文地理学的概念。但地图集毕竟不是地理学,每个图组的内容有它自己的内在联系,不必拘泥于地理学的概念。例如水系土壤之间的关系,特别是像黄土高原这个特殊地区,水土保持是一个十分突出的问题。在这个问题中,流域的植被又起了重要的作用。而水土保持土地类型、土地评价、土地利用等之间,其关系的密切,更不待言。因此,这个图组的图幅综合,作为一种区域地图集,其处理是适合的,从某种程度上说,称得上是一种创造性的设计。

古都演变图组包括 19 幅地图,是图集中仅次于社会经济图组的最大图组。西安是世界闻名的古都,因此,这个图组在图集中的地位显然特别重要。图组开头 3 幅即《关中主要文物古迹分布》、《关中原始社会主要遗址分布》、《西安地区周秦汉唐都城变迁》,在整个图组中具有提纲挈领的意义。《关中原始社会主要遗址分布》图显示了这个地区的史前文化遗迹,图幅给人的深刻印象是,西安成为一个著名的古都,在史前就有深远的渊源,绝非偶然现象。而文物古迹与周秦汉唐两图,其内容主要都是西安历史上盛世气象,令人精神为之振奋。西安是中华帝国早期盛世的都城,而北京则是中华帝国晚期盛世的都城。两者之间,无论就建都时间、国势、国际影响等方面,中华帝国的早期盛世都超过晚期盛世。西安古都在中国七大古都中的特殊地位就在于此。这个图组中的其余部分是西安古都沿革图。但编者在每一个在此建都的王朝的图幅中,都突出了一些重点。例如,周王朝图中突出了它的活动中心,秦王朝图中,除了城市、交通、宫殿、王陵等以外,出现了人工引水渠和长城等重要建筑。《汉都长安城》和《唐都长安城》,不仅是中国都城史也是世界都城史上的杰出代表,其重要性不言而喻。而《张骞通西域路线图》、《"丝绸之路"路线示意图》、《唐代中外交通路线图》这3幅小比例尺的插图,在西安的都城发展史上,也都具有重要意义。总之,从整部图集来说,由于西安在中国都城史上的出类拔萃的经历,使这个图组成为图集中十分显著的特色。不过在图幅次序的安排上,第100页的《关中主要文物古迹分布》图应该考虑与第101页的《关中原始社会主要遗址分布》图调换位置,而文物古迹图中可以减少原始社会遗址的内容以减少重复。编者原来的意图,显然有把古迹作为整个图组的序图的设计。但是历史发展总有一个顺序,头戴冕旒的轩辕黄帝像放在蓝田猿人复原头像的前面,看起来总不免别扭。

旅游图组对于西安来说,在某种意义上就是古都演变图组的延续和深化。其中《文物旅游资源》和《城区旅游资源》两图,和古都演变图组中开头3幅加以对照,就清楚地说明了这个问题。这个地区的旅游资源当然是十分丰富的,特别是编者把旅游点扩大到诸如华山风景名胜和太白山自然保护区等西安外围,就更增加了这个图组的实用价值,但美中不足的是,全部旅游点的平面图,如129页的城区旅游点以及137页、140页,并包括骊山、太白山、华山诸图在内,仍和市上流行的一般导游图一样,都没有比例尺。特别是两幅城区旅游点图,因为必须考虑到,对于一位有文化素养的旅游者,他在某一个城市里的短期停留中,必须有选择地进行观光,而这些平面图的比例尺,是这类旅游者计算时间和体力的重要根据,所以是不可省略的。

社会经济图组是图集中最大的图组,因为它包括人口、工、农、商业、公用事业、文化教育和科技卫生等等,内容庞杂。但是作为一个地区和城市,这些内容反映了当地经济和文化发展水平的现状,所以非常重要。虽然这个图组中的不少图幅在各种地图集中都是常见的,但其中也有一些具有创造性,或者是国内出版的其他地图集中所罕见的,这中间,《市区居民住房水平》图即是其中之一。城市居民的住房水平,是近代城市居民生活水平最主要的指标之一,故此图在城市人口图中的意义可以想见。在人口地图中,最常见和绘制最方便的是人口数量、人口密度等图幅。这些图幅当然重要,但是从人口学和人口地理学的角度来说,我们现在更需要了解人口的素质及其分布状况。因此,这个图组中的《城区居民文化程度结构》图是具有创造性的。此图用4个层次,9个级别,表示了城区居民在文化上的大、中、小学程度及其分布,确是一幅设计周详的好图。另一幅《人口就业、教育立体图》,按其性质,此图不是地图而是一种统计图表,但是由于别出心裁地利用了立体地图的表示形式,使人仍感到强烈的地域概念,而且由于设计的精密,使能在一幅面积不大的图表上,表示出人口密度、学生总数及学校级别构成、居民职业构成及就业率。此图与另外两种统计图表《各行业文化程度情况》、《各职业职工文化程度》相结合,提供了这个地区人口素质的大量资料,确实值得赞赏。

环境保护图组和城建规划图组,在城市地图集中也都是专业性很强的图组。对于环境保护这个课题,污染状况的分析当然是重要的,但更为重要的是环境质量的评价。所以这个图组的最后一幅《城区社会环境质量》图,对于整个图组具有重要意义。这幅地图的绘制,不仅有很大的计算工作量,而且涉及复杂的制图技术,也是图集成功的一个例子。

城建规划当然是每一个城市都面临的问题。但是对于西安这个古都来说,它的城规内容,既要扩建和发展新城市,又要保护和复原旧城市。而两者之间,后者显得更为艰巨和重要。因为前者有较大的机动性,而后者却很少有变通的余地。这或许是古都城建规划中的共同问题,而像西安这样一个充满了文物古迹的城市,问题当然更为突出。我们只要看看《城区文物保护规划》和《明城保护规划》这两幅性质特殊的城建地图,就可以明白此二图密切相关。所以这个图组对其他古都的城建规划和城建规划图的绘制,都有重要的参考价值。

当然,像这样一部篇幅浩大的地图集,自然也难免出现一些不能尽如人意的缺陷。除了在上面评论中已经提及的以外,某些图幅中还有不少注记符号的遗漏,例如在《外贸》图上。苏联的欧亚界线画得很明确,亚洲与北美及澳洲之间的洲界也无遗漏,但小亚细亚的欧亚界线,苏伊士地峡的亚非界线,巴拿马地峡的南北美界线,都未曾绘上。特别是南、北美洲之间,实际上不过是一条运河之隔,图面上却成为互相分离的两块大陆。又如《政区》图上,遗漏了岐山县名,《径流及产流分区》图上,遗漏了洛南县名,在《关中原始社会主要遗址分布》图中,遗漏了汉中地区、安康地区、商洛地区等地名。在《关中主要文物古迹分布》图上,漏掉了甘肃省的"省"字,而《水土保持》图的图例上,侵蚀模数遗漏了单位吨/平方公里。

图集能做到图文并茂,这当然是一个优点。而地图以外,还能插入许多内容丰富而又和图幅密切配合的照片和画片,从而增加了图集的直观性和知识性,这就更应该受到赞赏。不过,对于照片和画片的选择,必须十分谨慎,尽量做到以有限的版面,收到更大的效果。例如在《农业区划》图中,假使能插入5个不同农业区划的农业特色的照片,这就能使两者相得益彰。但现在这里插入的却是30种众所习见的农产品的画片,形同少儿识字课本,不仅使图面显得颇不和谐,而且也无裨于这部专业性很强的地图集的读者。此外,旅游图组中的不少照片,如名菜席面,宾馆摆饰之类,在这样一部比一般导游图高出好几个层次的专业地图中,看来也有待提高。

总的说来,《西安市地图集》是一部相当成功的城市地图集。

原载《人文地理》1992 年第 4 期

评《浙江文化史》
——兼论古代越史中的几个问题

《浙江文化史》的出版，应该被认为是浙江文化史上的一件大事，一块里程碑。值得我们从浙江文化发展的历史长河中对此书加以重视，加以赞赏。我是在医院里读完此书的，由于整年地忙碌，我已经两年没有参加例行的体格检查，加上几个月来颈椎病的发作，才被住进了医院。入院之始，医生就对我身体的各个部分进行了详细的检查。现在早已不是用一个听诊器到处扪听的时代，因为科学的、现代化的检测手段，已经远远地超过了在很大程度上凭经验的听诊器。而研究文化史也是这样，现在也早已不是单靠在室内查阅文献就能解决问题的时代。从医院里说，诊病的手段已经到达了使用"CT"、"ECT"和"核磁共振"等精密仪器的时代，而文化史的研究，特别是早期文化史的研究，我们也有了诸如"放射性碳素测年"，"热释光测年"、"卫片判读"、"孢粉分析"等新式手段。医院里用上了新的检测仪器和手段，过去不易发现或诊断错误的疾病，都能得到发现和纠正错误的诊断；文化史研究使用了现代科学技术和新式检测手段，许多过去无法考证或考证错误的问题，都能获得正确的结果。例如，仅以热释光测年这种手段为例，早在20多年以前，当这种手段刚刚为人们所掌握之初，它就使牛津大学考古所收藏的数十件中国"辉县陶"暴露了它们的假骨董原形。而这些假骨董，在收藏以前都是经过自以为经验丰富的行家们的鉴定的。

《浙江文化史》对我的第一种印象，就是作者采用了新的科学检测手段所提供的成果。因此,此书所提出的不少结论都是客观的和符合实际的,而不是臆测的和牵强附会的。在问题的论证方面,本书使用了大量的计量数据以代替以往的定性描述。以本书第一编《形成期的浙江文化》为例。这个时期是旧的文化史研究者感到难以捉摸的时期,他们有的信口开河,有的设法回避。总之是一个文化史研究中的棘手时期。从地理者范畴说,这个时期尚在古地理学(Palaeogeography)的时代以内,它不是单靠历史学、旧式考古学、社会学等学科可以对付的,必须对诸如地质学、地史学、第四纪学和古生物学等学科有过一番钻研和了解,才能正确地运用新的检测手段所提供的资料,才能从容地论证其中的奥秘。此中道理,我过去已在《多学科研究吴越文化》一文中说明清楚,这里不再赘述。

文化发展的背景是自然景观和人文景观,脱离人文景观的自然景观论证,那纯粹是古地理学或地史学的研究任务;但脱离自然景观的人文景观论证,这种论证由于缺乏落脚点,往往不着实际。在浙江文化的形成期,自然景观中的一个重要问题是晚更新世以来的海进和海退。这是现代第四纪学研究的成果,也是古海岸和贝壳堤研究以及放射性碳素测年的成果。浙江(包括全国许多地区)的原始文化恰恰就在这个时期发轫。为此,这一时期的海陆变迁的研究,就是原始文化的地理基础,所以具有很大的重要性。今浙江省境陆地面积最大的时期,正当假轮虫(Pseudorotalia)海退已到尾声而卷转虫(ammonia)海进尚未开始的间隙时期,在距现代海岸600公里的黄海零点以下155米的贝壳堤,放射性碳素测年为14780±700年。这个数据把时间、陆地面积、海面高程都作出了精确的计量,这是旧的文化史描述所万万做不到的。

另一个问题是原始文化发展时期的大气状态,也就是气候条件问题,这也是文化史研究中的一个十分重要的问题。因为人文景观并不具有像水杉和银杏那样的抗御能力,在哀斯基摩式的气候环境中是很难发展和延续人类文化的。过去的学者曾经把现代冰川丰富的阿尔卑斯的冰川研究机械地搬进中国。于是,一时掀起的"冰川热",竟让第四纪冰川一直"流"到六和塔以西的海拔不到30米的山麓来。假使这段时期,特别是大陆冰川大量积贮的海退时期,今浙江省境的确是这样一种冰天雪地的气候环境,那末,浙江省的史前文化发展或许又是另外一种类型。而本书的作者在这方面果断地采用了古地理学研究的新的成果,指出这个时期浙江的古雪线位于3350米的高度,也就是从根本上否定了省境内的冰川存在。这个重要的论断,可以说彻底地解放了浙江省原始文化研究中的长期枷锁,让文化史的研究,从其开始的时刻就站在令人信服的理论基础上。

以上这些论点,其实也都是我过去提出过的,在我的有关这类问题的一系列论文发表以后,从中国到日本,都获得了一些支持者,当然也有人从各种不同的角度提出相反的意见。例如,我所提出的宁绍平原在卷转虫海进时沦为浅海,越人从几个方向流散的说法,就有人以河姆渡遗址的文化层的排列为依据提出不同的意见。由于这一次海进持续达五六千年,它比浙江省的历史年代(从《竹书》"于越来宾"算起)要长得多。用人类历史的尺码去度量地质年代,有许多事情确实很难像推导一个数学公式那样地交代清楚。在海进这个宏观概念中,宁绍平原沦为一片浅海是不必怀疑的,因为70 年代的所谓人防工程中,宁绍平原和杭嘉湖平原的许多地方,在大约 − 12 米高程之处,出现了大片蛎壳层,这就雄辩地证实了这个过程。不过要具体地说明哪些地方陷入海底,陷了多久,要像对现代海洋一样地画出一幅精确度很高的海图来,这显然是有困难的。何况宁绍平原在地貌和微地貌方面相当复杂,像河姆渡这样一个已经接近四明山地的平原边缘地区,海水的进退过程可能是比较复杂的,在这个漫长的海进历程中,有些地区的淹没和涸出,或许有一个反复的过程。海陆变迁的这种复杂过程,在文献记载非常丰富的历史时期,也同样找得出例子。例如,自从有历史记载以来,钱塘江河口都是通过宁绍平原北岸的南大门入海的。根据《宋史·五行志》的记载,南宋嘉定十二年,"盐官县海失故道"。这一次海陆巨变,海水冲入盐官县以南的平原(即今北大门)达 30 里,这显然是江道北移的征兆。这种河口变迁的动向,也可以从元朝改盐官县为海宁州的地名变迁中看出来。但是尽管北大门已经出现了很大的变化,但南大门在很长一段时期中仍然是河口的主要所在。按明祁彪佳的《祁忠敏公日记》,直到 17 世纪 20 年代,南大门岸边的绍兴大和山,仍是当时观看海潮的极好处所。直到清朝初期,河口在一般时期通过中小门入海以后,才逐渐转入北大门。钱塘江河口在六七个世纪之中就有这样复杂的变化,何况卷转虫海进的过程长达五六千年。

另外,由于几年以前在绍兴北境的马鞍一带发现了史前文化。于是就有人对我的平原沦为浅海和越人流散的说法提出异议:这个时期不是一片浅海吗,这种史前文化是从哪里来的? 其实,对于这个问题,我在拙作《历史时期绍兴地区聚落的形成与发展》(《地理学报》1980 年第 1 期)一文中已经作出了解释。卷转虫海进使宁绍平原成为一片大约 100 米的浅海,这片浅海上排列着两群岛屿,一群是略成北南向的,即今舟山群岛。另一群是略成西东向的,即西起萧山航坞山、绍兴马鞍山,到姚、慈境上的栲栳、踏脑、五磊诸山的翠屏山群岛(以姚、慈境上诸山称为翠屏山丘陵而命名)。这两群岛屿,当时都是最接近"内越人"的"外越人"居地。所以,在这个地带发现史前文化,不仅不值得奇怪,而且实在是理所当然。

在浙江文化史研究中,另外一个重要的问题是越人和越文化的来源问题。对于这个众说纷纭的问题,《浙江文化史》的作者们表现了他们清晰的科学头脑和坚定的判断能力。本书在《于越民族的形成》这一节中,罗列了历来对越族来源的 5 种说法,最后提出了作者的总结:"我们有充分的理由认为,于越民族的来源及其构成主要是本地区的土著居民,于越民族的文化是在这块土地上独立生长起来的文化。"

这个论断不仅符合客观实际,而且十分重要。因为直到今天,"越为禹后"说仍然有着它的公开的和潜在的市场。《孟子》早已说过"南蛮缺舌"的话,赵武灵王曾经"胡服骑射以教百姓"。北魏国君拓跋宏也下诏"禁士民胡服"。这些古人,不论是汉人还是胡人,都非常明白汉族与其他民族的区别。在科学发展到今天的这种局面下,我们竟还要来讨论这样的问题,在某种程度上实在使人感到惭愧。不过既然学术界仍然有这样的看法,我们自然无法讳疾忌医。对于这个问题,我曾在一篇《越为禹后说溯源》的拙文中作了较详的说明。我认为这种说法开始流行于越王句践去世前夕。后来,蒋炳钊先生曾撰文指出这种说法的渊源比拙文所论证的还要早。我不想和蒋先生进行辩论,因为从根本上说,我们的看法是一致的。这就是:"越绝非禹后。"而且,对于这种说法的渊源,我和蒋先生的看法大概也是一致的。既然《孟子》明确指出"南蛮缺舌",说明汉族绝无和这些祝发文身的野人攀亲戚的意思。所以事情的开始,主动者显然是越族和其他少数民族,例如句吴,他们也自称是周泰伯之后。但到了后来,诸如"越为禹后","吴为周后"等说法,却成为汉族领袖们"化夷为夏"的手段。历来有不少汉族领袖,他们从心底里希望禹的"支庶"多多益善。除了把"无余"送到越地以外,还应把"有余"送到匈奴,把"不余"送到羯,把"多余"送到氐,把"剩余"送到羌,把"结余"送到鲜卑。此外还有"茶余"、"饭余"、"酒余"等等,分别送到别的胡人那边。让他们都成为汉族的"支庶"。请读者不要以为我在写论文时插科打诨,因为事情正是如此,40年代之初,蒋介石先生出版了他的《中国之命运》一书,我当年曾仔细地读过此书,开宗明义就谈中华民族,他认为汉、满、蒙、回、藏,都是中华民族的不同"宗支"。好一个"宗支",其实并不是他的发明,"越为禹后"、"吴为周后",都是"宗支"的底本。

我在这里说这样一段,绝对不是想混淆从学术上赞同"越为禹后"说和在政治上利用和鼓吹这种说法的界线。研究浙江文化和吴越文化的学者,赞同"越为禹后"说,这属于他们的学术观点,也是我们可以讨论的观点。我认为,上古的历史记载常常是史实和神话夹杂在一起的。《越绝书》和《吴越春秋》都是于越和句吴的历史,有许多宝贵的史实记载,但却也夹杂了不少神话,正像《旧约全书》是希伯来人的历史一样,其中也夹杂着种种神话。可不是吗,《旧约》记载了诺亚方舟的故事,现在这个世界上的芸芸众生,都是借方舟幸存下来的挪亚的子孙,但不幸的却是这批"子孙们"之中兼有黄,有白,有黑。所以,在同一本上古史书里,史实是需要认真对待的,但假使以对待史实的态度对待神话,那就必然会闹出笑话。《浙江文化史》也大量地利用了《越绝书》和《吴越春秋》等古代越史的资料,正是由于作者们能够严格地区别古代越史中史实与神话的界线,才能使他们的文化史研究一直没有背离科学,也是他们能够出色地写出这样一部区域文化史专著的重要原因之一。

我想论证的最后一个问题是"于越"这个名称的释义问题。中国社会上有一种占卜行业叫做"测字"。在过去,几乎每个城镇,特别是车站、码头等行人集中的地方,一定有测字摊的存在。这并不奇怪,因为中国的方块字有它的来源,即是所谓"六书","六书"大概就是测字行业必修的基础课程。不幸的是,对于于越、句吴这类国族名称,竟也有一些测字先生用文字学的"六书"或是用小学中的训诂之类的方法进行解释。我认为用这种方法,不仅得不到正确的结果,而且还会流毒后学,引人误入歧途。有人认为"越"字中有"戉"字,"戉"音同越而其训为"斧"。斧是武器,所以"于越"也者,就是一个好勇尚武的民族。的确,像《吕氏春秋》、《墨子》、《淮南子》等书中都曾有越王句践使用残酷方法训练士兵怎样好勇尚武的故事,但这些故事与"越"字都无联系。我在以前的论文中曾经几次提出这种测字方法的弊端,例如释"丹麦"是一个出产红色麦子的国家,释"柏林"是一个柏树成林的城市,"大食"就是饕餮之乡,"安息"即为死人之国。而且按照这样的逻辑推理,则大陆出版的地图作"意大利"肯定有讹,台湾出版的地图作"义大利"才符合《孟子·梁惠王》:"王何必曰利,亦有仁义而已矣"这个典故。于越也和许多"南蛮"一样,是一个只有语言没有文字的民族,他们借用汉字,只不过是译音。记得我在日本广岛的几所大学讲学时,因为内容涉及中日两国史前的文化交流,曾把日本的大量称"越"的地名中"越"字的 3 种发音,和越南人的"越"字发音以及闽南人、客家人的"越"字发音作过比较,他们之间的发音相当近似,而和我们汉语官话中的"越"(Yue)字发音则相去甚远。由此可以基本论定,古代于越族的"越"字发音,肯定不会作"Yue"。

用测字方法释"越"所暴露出来的另外一只马脚属于外来语的一音多译,正和大陆的"意大利"与台湾的"义大利"一样,越语汉译中出现的这类情况也很多,例如由拳、囚卷、乌程、菰城、御儿、语儿、姑蔑、姑妹等不胜枚举。现在,测字先生们把"戉"这把斧头从"越"字中取出来,太史公或许不会说闲话,因为《史记》中用的正是这个"越"字,但班固却立刻要提出抗议,因为《汉书》不译"越"而译"粤","粤"字中从哪里去找这把斧头呢?

对于这个问题,《浙江文化史》也少不得广征博引,把古往今来释"越"的话作了大量转录,其中也包括用"六书"方法或训诂方法进行解释的。但是它最后却撇开这些老套,提出了他们自己的观点:"因此,从根本上说,于越族名的意义是于越人的图腾符号和他们所特有的稻作文化生产工具的融合,是于越人稻作文化丛一个具有标志性的文化特质。"这样的解释"于越"是不是完全符合客观实际,当然还可以继续讨论,但显然已经跳出了老式的测字先生的窠臼,而运用了一种既有深度、又有广度的综合性思想方法,这是值得提倡和赞赏的。

《浙江文化史》全书共有 4 篇,我虽然阅读了全部内容,并且自始至终为书内的许多精辟论证所吸引,不过我在此评论的,主要在第一编。以后有机会,再就其余各编另撰专文。

最后还必须声明,我是在医院的病房里阅读此书和撰写这篇书评的,除了此书以外,手头任何参考书都没有;在论及此书以外的问题时,一切均依靠我这个本来就不很好的记忆力,何况年已古稀,记忆力已经日益衰退。所以行文措辞有失记和不当之处,还请各方多加指正。

1992 年 9 月于洪春桥浙江医院

原载《浙江学刊》1993 年第 2 期

"丝路学"研究的深入和扩大

——评《洛阳——丝绸之路的起点》

　　《洛阳——丝绸之路的起点》(以下简称《起点》)一书的出版,标志着近年来兴起的这门"丝路学"的继续发展,这是学术界对丝绸之路研究的又一丰硕成果,它说明"丝路学"的发展历程,不仅在广度上,而且在深度上都已获得可喜的成绩。

　　丝绸之路是什么? 王云度先生在《也谈丝绸之路的起点问题》一文中有详细的论述,文前提要中把它归纳为"丝路"是"我国古代以丝绸贸易为主要特征,包括政治、经济、文化交往的,联系中亚、西亚进而连接欧洲及北非的东西方交通路线的总称"。作为李学勤先生在卷首《序》中指出的"狭义的丝绸之路",这样的解释应该是相当全面的。当年李希霍芬提出"丝绸之路"这个名称,如王先生上述论文中指出的:"在时间和性质上具有很大的局限性。"这话从理论上说或许是不错的。但是由于这个名称已经深入人心,所以已经不必计较。记得有一年在日本大阪讲学,偶然到郊区"千里中央"吃饭,那家饭店的名称就叫"丝绸之路",说明其流行与普及的程度。

　　我对丝绸之路其实是门外汉。80年代之初,天津人民出版社当时的社长陈力先生惠顾杭州敝舍,以这个名称的著述和翻译相嘱。由于我缺乏时间,对此道又无知识,实在不敢轻易造次。但接着去日本讲学,在京都那家规模宏大的纪伊国屋书店,看到有关"丝绸之路"的著述,包括词典和地图,大小不下20余种,于是就匆匆地买回数种,由我的夫人翻译了前岛信次的《丝绸之路的九十九个谜》交付出版。接着,已故的日本朋友东京大学名誉教授、著名的陶瓷专家三上次男先生以他的名著《陶瓷之路》一书见赠。"陶瓷之路",其实也就是海上的丝绸之路,此书,随即也由我夫人译成,并由三上先生亲自作序后出版。在她翻译此二书的过程中,我因为阅读译稿,才涉猎到这两条陆、海丝绸之路。1983年在东京参加国际人文科学学术讨论会,邂逅我国老一辈知名学者全汉昇教授,他寓居香港,潜心学术研究。与我谈及在西班牙统治拉丁美洲及菲律宾时代,为时在15世纪—17世纪,中国与西班牙美洲曾经进行了大量的丝绸贸易,为此事,他专程到菲律宾查阅当时的档案材料。他后来寄给我他用英文发表的这篇大作,收入于《纪念陈学义教授七十五寿辰论文集》中,由旧金山中国资料中心于1975年发表。当时我正值事忙,遂嘱我的研究生鲁奇君全文译出,以《从晚明到清代中期中国与西班牙美洲的丝绸贸易》为题,发表于《历史地理》第六辑(1988年)。这是一条横越太平洋的丝绸之路,而且其贸易额尚有数据可查(详阅全氏全文),在全汉昇先生以前,恐怕还没有学者留意过这条丝绸之路。1990年,我接受日本文部省的研究课题,论证我国西南的丝绸之路是否存在。我在搜集了不少资料以后,于1991年偕夫人到四川考察逾月,证实了古代从成都平原南下经云南入缅甸的这条丝绸之路的存在。我的考证全文将在《郑州大学学报》发表。所有这些,也就是李学勤先生所说的"广义的丝绸之路"。

不过,狭义的丝绸之路是这个名称的滥觞,所以我虽然完全赞同李学勤先生《序》中所说:"观察学术界近年研究的趋势:多数似已倾向广义。"但是作为"丝路学"这门新兴学问的内涵,这条狭义的丝绸之路,应该居有重要地位。因此,研究这条丝绸之路的起点问题,仍然是一个不仅具有学术价值而且饶有兴趣的课题。所以《起点》一书的编辑出版,确是值得称道的。

全书收入了34篇论文(其中一篇即上述李学勤先生的《序》),从各个方面论证了洛阳是丝绸之路的起点。当然,每一位论证者对这个问题的看法并不是完全相同的。有的认为,洛阳自古以来一直就是丝绸之路的起点。例如苏健先生在《洛阳——丝绸之路的起点之物证》一文中所说:"洛阳作为丝绸之路东端的起点和东西南北四条丝路的汇聚中心,以及同海上丝绸之路的密切联系,是有充分依据的。"林梅村先生在《汉唐丝绸之路上的洛阳》一文中所说:"古代西方人称中国的'赛里斯'实际就是洛阳的称谓。大量史实表明,作为古代中国政治、经济、文化中心,洛阳在数百年间一直为丝绸之路的起点。"袁祖亮先生在《略述丝路沿线的人口分布与人口迁移》一文中指出:"西汉时期洛阳经济比长安更为发达繁荣。可以说,它是中原地区向四周辐射的一个经济中心,是商品的集散地,丝绸作为手工业的大宗交易,毫无疑问会在这里进行,纵然洛阳在西汉时期并不是国都所在地,但它作为丝绸之路东端的起点是不成疑问的。"也有的认为丝绸之路的起点有长安和洛阳两处,例如徐连达先生在《隋唐时期的洛阳与丝绸之路的关系》一文中说:"他们或从内陆,或从海外,沿着丝绸之路,跋涉高山大海而来。他们的会聚点,除了长安之外,就是洛阳。"朱绍侯先生在《洛阳也是丝路的起点》一文中还把两个起点在时间上的关系作了说明:"在西汉时,长安确实是丝绸之路的起点;到了东汉时期;丝绸之路的起点,就由长安转移至洛阳。"当然,这个问题属于中国古代交通史和历史地理学的问题,研究方法不可能像现代一样,交通部门有精确的流量和流向统计,这些统计资料能够具体地告诉你"吨公里"和"人公里"的数值,可以立刻决定"起点"之所在。而依靠缺乏计量数据的古代文献,这种讨论是很难获得结论的。倒是李学勤先生的《序》中的论点最容易让人接受:"从狭义的丝绸之路观念去看,自然应该强调长安的历史作用。"而"从广义的丝绸之路观念加以思考,就可以看到洛阳也具有很高的重要性,我们研究丝绸之路,必须还洛阳以应有的地位。"

《起点》的成就,其实还远不止于对"起点"的讨论。因为围绕着"起点"的讨论,同时也揭示和阐明了许多别的问题,如洛阳为"天下之中"的问题,历史时期洛阳对东西两方的交流接触问题以及作为丝绸之路的起点的原料基础和技术基础的问题等等。这些都是与丝绸之路有密切关系的问题。对于这些问题的讨论,大大地丰富了"丝路学"的内容。

对于"洛阳处天下之中"的问题,因为许多人都从著名的李格非的《洛阳名园记》中读到过这句话,所以常常发生这种"居中"的形势出自北宋的错觉。李学勤先生在《序》中引《周礼·大司徒》中关于"日景(影)"的记载,证明"洛阳附近一带为天下之中的观念起源很古"。而《起点》中的许多论文都从不同角度阐述了这个问题,例如丁毅华先生在《丝绸之路——古代欧亚大陆桥的东端是洛阳》一文中指出:"西周之初,周公就认为洛邑'此天下之中',四方入贡道里均。"又引《史记》、《汉书》,说明"洛阳街居在齐秦楚赵之中"。并且从水利上进行考虑,认为"隋开大运河,便把洛阳纳入运河水系,并使之居于中枢地位"。朱绍侯先生在其另一篇《曹魏至北魏时期洛阳在丝绸之路上的地位》一文中,从《洛阳伽蓝记》引南朝大将陈庆之的话:"帝京翼翼,四方之则。"其实也说明了"天下之中"的意思。王文楚先生在《唐代洛阳至襄州驿路》一文中,记述在唐朝时代,"洛阳已地处全国之中,为水陆交通中心。"《起点》中有关这方面的内容不胜枚举。

"天下之中"从字面上说是一种地理位置的现象。但是洛阳处"天下之中"的这种地理位置现象,绝不是自然地理中心或几何中心,而是一种人文地理中心。洛阳成为这种中心,自然地理条件当然有它的作用,但主要的是它在政治、经济、文化上的地位。

在这方面,《起点》的许多论文,都以大量篇幅作了论证。高敏先生在《略论古代洛阳对外经济交往的历史演变》一文中指出:"洛阳作为东汉政治、经济、文化的中心长达一百六十多年,洛阳的对外经济交往获得了前所未有的发展。"杨爱国先生在《汉代洛阳的手工业——兼论汉代洛阳作为丝绸之路起点的经济基础》一文中说:"尤其是作了都城以后,……促进了洛阳的经济,特别是工商业的发展。"梁满仓先生在《北魏洛阳地区纺织品的生产、使用及西传》一文中述及:"特别是公元 494 年北魏迁都洛阳,使这座城市迅速发展起来,成为北方政治、经济、文化的中心。"薛瑞泽、来学斋先生在《汉唐间以洛阳为中心的中外贸易》一文中,强调洛阳是"当时唯一的大市场,商业之发达,乃其他城市难与相埒。"

洛阳在经济上的繁荣昌盛,当然与它的处"天下之中"的人文地理位置有重要关系。由于它雄踞中央,便于与四方特别是东、西方的交流接触,因而成为戴庞海先生在《北宋时期的洛阳与中西交往》一文中所说的:"通过它,西方许多国家和地区的使者甚至统治者本人频频东来,北宋的使者也不断西去;通过它,西方的贸易使团和牲畜、玉器、香料、皮革等物资源源流入中原,中原的丝帛、茶叶、金银器、药品等也大量涌向西方。"这里我举北宋的例子,因为这个时期,洛阳的对外交往已经大为衰落,频繁尚且如此,更何况从东汉到隋唐的鼎盛时期。这中间,官方的使节往返也具有重要的地位,因为官方既要利用这条通道,他们有力量为这条道路清除各种自然的和人文的障碍,使商旅受到实惠。中国是个名震西方的大国,所以特别能够吸引西方使节的来朝。仅北魏一代,自从魏孝文帝迁都洛阳以后,从宣武帝景明三年(502)到孝庄帝永安三年(530)的 28 年中,西域有使节到洛阳的共 18 年,包括数十国之多。对此,孔毅先生在《北魏洛阳与西域的经济文化交流》一文中排有年表,堪称详尽。高敏先生在《略论古代洛阳对外经济交往的历史演变》一文中提到:"在这种密切的经济交往下,商品生产和商品交换获得了巨大的发展,洛阳成为全国商品生产的中心城市,其产品销售全国各地和世界上许多国家。"刘汉东先生在《汉隋间的洛阳与西域——兼谈丝绸之路及相关问题》一文中,详细地阐述了中西双方交往贸易的商品,洛阳外销的当然以丝绸为主,而西方则运来许多金银珍宝。所以丝绸之路又可以称为"珍宝之路"。

在东西方之间,除了商品交流以外,当然还有文化交流。这中间除了各种著述、文学、艺术、建筑等以外,西方的宗教输入是交流中的重要内容,主要当然是佛教。李玉昆先生的《丝绸之路与洛阳佛教》一文,对此有详细的论述。佛教沿丝绸之路传入中国,最早即是传入洛阳,名闻遐迩的白马寺就是最具体的物证。此外还有波斯的琐罗斯德教和东罗马的景教。林梅村先生在前述论文中也有所考证。所以丁毅华先生在他的论文中称丝绸之路为"宗教之路"。

以上论述的都是以洛阳为中心的与西方的交流。而另一个方向,即洛阳与东方,主要是与日本的交流也具有重要的意义。在这方面,《起点》除了散见于许多论文中的记述外,还有两篇专题论文,即夏应元先生的《洛阳史迹与中日交流》及陈炎先生的《隋唐时期洛阳与日本的海上交通》。当然,我们也不能忽视中日两国交流之间的重要桥梁朝鲜。《起点》在这方面没有专文,散见的记述也较少。但事实上,以洛阳为起点的中朝交流也是不少的。例如,在《水经注》卷十四的《浿水》(浿水究是何水,尚无定论,很可能是今朝鲜大同江)一篇中,郦道元为了考证临浿县的地理位置,曾在注文上说:"余访蕃使,言城在浿水之阳。"这里的所谓"蕃使",显然就是从朝鲜到北魏首都洛阳来的使节。

上述几个问题的探讨,显然都是围绕着洛阳作为丝绸之路的起点这个中心课题的。此外,《起点》的编者也绝未忽视丝绸这种特殊的商品,在历史上能够从洛阳这个城市源源供应的原料基础和技术基础。在这方面,《起点》组织了两篇很有说服力的专题论文,即朱和平先生的《汉唐间洛阳及其周围地区的蚕桑业与丝织业》和前面已经提及的梁满仓先生的论文。此外,不少其他论文中也都述及有关这方面的内容。例如丁毅华先生的论文中,以《禹贡》所记兖、青、徐、扬、豫各州均有蚕桑丝织,唯独雍、梁二州未曾记及为理由,说明长安为丝绸之路起点在原料基础上不及洛阳。薛瑞泽、来学斋先生的论文则从正面指出:"以洛阳为中心的河洛地区作为蚕桑业和丝织业的重要基地,奠定了洛阳作为丝绸之路起点的物质基础。"在丝绸工业的技术基础方面,孟世凯先生在《商人对河洛经济发展的作用》一文中,论证了周灭商后,迁殷遗民于成周,其中有大批百工,这批人在洛阳的丝绸制造中起了很大作用。杨爱国先生则在论文中指出,时至汉代,洛阳的手工业较之两周有了更齐全的门类和完备的管理,为洛阳奠定了坚实的经济基础。

以上是我所领会的《起点》的丰富内容和卓越成就。此书对学术界确实是有所启发的,李学勤先生在卷首《序》中指出:"丝绸之路的研究,显然正在日趋深入和扩大。"希望由于此书的问世,我们的"丝路学"研究,能继续获得跃进。

原载《史学月刊》1993 年第 2 期

评《黄淮海平原历史地理》*

　　区域地理研究的重要性为国内外许多地理学家一再强调,在历史地理学研究中开展区域研究,应当是历史地理学发展的一个方向。《黄淮海平原历史地理》(邹逸麟主编,安徽教育出版社 1993 年出版,以下简称本书)为在历史地理研究中开展区域研究提供了范例。

　　黄淮海平原是我国最大最重要的平原。但是,这片平原长期以来自然灾害频仍,农业生产发展迟缓而不稳定,人民生活水平相对低落;平原拥有的各种自然资源得不到有效的开发和利用;而平原的繁荣发展,又事关国家大局。因而,1982 年"黄淮海平原治理和开发"被列为国家重点科研项目。在对这个课题合力攻关的许多学科中,地理学由于以地理环境为研究对象及其在研究过程中的综合性特点,显然起重要作用,且已有不少成果问世。但从历史地理学角度将黄淮海平原地理环境的历史变迁写成专著的迄今未见,本书填补了这方面的空白。

　　本书作为我国区域历史地理第一部著作,又是第一部系统阐述黄淮海平原历史地理专著,有许多新的进展和优点。

　　本书的优点,首先在于内容的基本完整性。全书论证了作为区域地理应该包罗的几个主要方面。在历史自然地理和历史人文地理两篇中,前者共有 6 章,分别是气候、

　　* 与王守春合著,署名陈桥驿、王守春。

植被土壤、灾害、水系、湖沼、海岸，后者包括人口、农业、城市（含交通）3 章。从更高的要求来说，本书各章节在篇幅和资料上还没有做到相对的平衡，另外还缺手工业一门。不过从已取得的成果，特别是从搜索资料十分困难的章节来说，作者确实已经尽了很大的努力。我们可以相信，对于这片平原，本书为我们提供的是今天可以获得的最详尽的区域历史地理资料。

第二，本书基本上吸收了已有的前人研究成果。从作者引用的资料看来，宋元以前的文献基本都有浏览。明清以后的主要典籍也都经查考，经过分析、考辨后得出的许多结论，表明其在研究的深度和广度都有明显的进展，有些结论弥补前人的不足或纠正其错误。以下分述：

1. 气候和灾害两章是本书最为着力的部分。气候一章将历史时期气候变迁分为仰韶温暖期、西周至西汉降温期、魏晋至五代寒冷期、北宋至元中叶温暖期、元后期至清末寒冷期，每期除了论证其基本特征外，还阐述这一时期内气候波动、极端事件、重要气候带北界的考证等，较以往的研究更为深入，其中有些部分，如唐代寒冷期、南宋温暖期的论证纠正了以往似已成定论的唐代温暖期和宋代寒冷期看法，并建立了自己新的模式，可以说是对历史气候研究的一大贡献。灾害一章主要论述旱涝蝗 3 灾。由于资料的原因，探索灾害发展规律取历史上较后的时段比较合适。因此本章的重点放在明清两代。作者根据明清实录和档案资料，编制出 1470 年—1900 年 10 年尺度的旱涝灾害序列年表、旱涝灾范围指数和旱涝灾类型年表以及 50 年尺度的旱涝灾出现的次数和频率表等，这一系列图表对研究历史时期黄淮海平原及其周围地区的旱涝灾发生和发展变化的规律，有很重要的参考意义和实用价值。本书对历史上特大旱涝灾害研究的详尽是以往所未见的。蝗灾是黄淮海平原另一个主要灾害，历史时期更是蝗灾的主要分布区。作者根据大量资料绘制了历史时期蝗灾密度分布图，反映了渤海湾西岸地区、苏北低洼及沿海地区、南四湖地区、豫北冀南鲁北地区和豫中地区为历史上蝗灾的高发地区，显示了蝗灾与自然地形之间的密切关系。同时还分析了气温和降水与蝗灾的关系，为今天蝗灾的防治提供了十分重要的历史根据。

2. 自然地理篇中功力较深的部分是水系变迁。本论述黄、淮、海、运四大水系和湖泊沼泽的历史变迁方面的新发展有：(1) 对海河水系形成、发展阶段的划分提出了新观点。作者认为《汉志》河形成最早，由于年久淤塞、流水不畅，于是有传说中大禹自大伾以下"乃厮二渠以引其河"的措施，才产生了《禹贡》河，而《山经》河实际上与《禹贡》河是一条河流，深县以上两者为一，深县以下《山经》河记载的是干流，而《禹贡》河只说"北播为九河"，干流不明确。《山经》河干流已经接纳了许多支流，因此可以说《山经》河尾闾段就是海河水系形成的雏型。作者认为战国中叶以前就是海河水系形成的雏形阶段。当战国中叶河水下游全面筑堤以后,《禹贡》《山经》河断流,海河脱离了黄河成为独立水系,即可视为海河水系的形成,其时当在战国中期至西汉前期。西汉前期至隋为海河水系的发展阶段,自唐至今则又为海河水系的稳定和改造阶段。同时又根据古地貌的文献资料考证认为《禹贡》在"导河"、"兖州"两处提到的"九河",是两派不同的"九河",前者指《禹贡》河下游的扇形分流,其北界当以白洋淀—文安洼这条东西走向的构造凹陷带为限,南界以徒骇河为限。后者指《汉志》河下游的扇形分流,干流为其北界,大致以今黄河河口段为其南界。这个看法不仅发展了以往关于海河水系形成演变的论述,同时对研究古代白洋淀洼地的消失具有很重要的启发意义。(2)本书对唐宋以后黄淮海平原上湖沼的演变形式归纳为淤填消亡型、移动消亡型、潴水新生型3类,并总结了历史时期本平原湖沼演变的总趋势,比前人研究更为深入和系统化。

3. 人口是改造自然发展经济的最终力量。黄淮海平原是我国历史上人口最密集的地区之一,也是我国人口流动性最大的地区。因此研究历史时期人口的变迁对了解本平原自然、人文环境的变化具有十分重要的意义。研究历史人口变迁首先遇到的困难是资料不全。研究本平原人口的特殊困难是历史文献记载都是按政区划分的。而本平原政区中有相当一部分包括了丘陵山地,对此作者花了不少工夫作技术处理取得了比较可靠的数字。本章着重研究两个问题,一是平原人口在历史上的起伏和在全国的比重,这是纵横两个方面考察平原人口在历史上的地位。作者得出:每次改朝换代或大分裂大战乱时期往往也是本区人口的谷底,而每个王朝新的大战乱来临前夕也是本区人口峰值阶段。这正说明本区人口在历史上的地位。另一个是分区研究,作者将本平原分为8个分区,根据大量史料制作了一系列有关人口数量、比重、密度的表格,使读者一目了然,再以详尽的文字论证其前后变化的过程和规律,并总结出几点影响人口分布的基本因素,都是很有见地的。

4. 黄河流域的农业一直是很多学科的热门课题。本书作者在已有的基础上着重解决两个问题:一是平原农业的开发过程,耕地发展的地域特点。从中看出农业开发与政局、人口、生产技术、水利设施、作物种类等等的内在联系。指出宋代以后尤其是明清时期平原农业一蹶不振、生产力低下的根本原因在于环境的恶化和水资源的缺乏,虽经政府大力经营,还是不得其偿。这对我们今天开发和治理黄淮海平原的农业有着很重要的参考意义。另一个是平原主要粮食作物的种类变迁。论证了春秋以前以黍、稷为主,战国至两宋时期以粟、菽、麦、稻为主,其中也有变化,粟始终占主要地位,菽至魏晋以后逐渐为麦所替代,水稻在汉唐时期曾一度兴旺,终因环境条件,始终未能达到主要地位。元明清时期则以粟、麦为主。最后论述了元明以后高粱、玉蜀黍、番薯、落花生以及棉花在平原的广泛播种,对本平原农业发展的影响,为我们了解近六、七百年来黄淮海平原农业环境提供了背景资料。

5. 黄淮海平原地势平坦、河流密布,人口众多,很早就出现聚落和城市。战国以后形成许多著名中心城市,如蓟、邯郸、临淄、大梁、商丘等,前人做过专题研究。但作为平原整体对城市作宏观的研究,却没有人做过。本章的贡献在于:首先,对先秦时期城市形成的地理条件和水陆交通的关系,作了详尽的剖析,使读者对平原早期中心城市形成、分布的特点有了基本的了解。其次,对秦汉时期城市连续性、兴衰、布局以及职能的变化作了论证,反映封建社会前期城市的特点。其三,论述了中古分裂时期平原大城市的衰落和军事城镇的兴起。第四,详细考察了唐宋以后贯通南北大运河的开通与城市分布发展变化的关系,同时也注意到黄河变迁对城市发展的影响。最后强调了古代城市与现代城市的继承关系。以上研究都充分显示了历史地理学研究城市的特色,是其他学科无法替代的。

第三,本书的论述重视各地理要素之间的联系。例如在第二章《黄淮海平原植被和土壤的历史变迁》下,用“盐碱土的生产的改造”一节来论述平原的土壤变迁过程,从地表水、地下水和排水等水文和地形条件,论证了平原历史中上盐碱土的生成和分布。第三章论蝗灾时,科学地阐明了地形、气候,其中特别是温度和降水这两种要素对蝗灾发生的重要影响。虽然本书在体例上仍然按区域要素,分篇、章论述,但在阐明一种要素时,常常涉及其他诸要素的关系,使全书形成一种区域地理的整体。

第四,本书取得了大量计量分析的成果,使长期以来定性描述为主要方法的老式区域地理研究有了很大的改观。本书每一章都有计量成果,特别是在气候变迁,旱涝频率、人口增损、农业发展等方面,计量分析的成果最为丰硕。计量分析的本身具有极高的科学性和很强的说服力,当然能收到更好的效果。在全书之中,诸如《960年—1109年间黄淮海平原中部10年温度距平变化》、各时期《黄淮海平原涝灾类型表》、《蝗灾有效积温与年内发生代数》、黄淮海平原《各分区人口变迁示意图》等以计量成果为基础的统计图表,都具有创造性,是本书在研究方法和表现形式上的可喜成就。

本书的不足之处,除了上述指出的尚有缺门之外,就是最后没有一篇综合分析黄淮海平原自然、人文地理各要素之间相互作用而引起平原人地关系历史变化的总结性论述,不能不说是一个遗憾。

本书吸收了历史地理界前辈谭其骧先生的一系列成果,表明这是复旦大学中国历史地理研究所长期研究的结晶。

　　综上所述,我们认为本书在为数不多的区域历史地理研究中取得了很大的成功,成为我国历史地理学界最近出版的一部重要著作。

原载《地理学报》1994 年第 4 期

区域历史经济地理研究的卓越成果

——评《山西历史经济地理述要》

　　读杨纯渊先生《山西历史经济地理述要》（山西人民出版社1993年版,以下简称《述要》）一书,我深感满意,因为我是一个历史地理学者,又在高等学校地理系担任过10年以上的经济地理教研室主任。因此,历史经济地理特别是区域历史经济地理的理论、方法和其他问题,一直是我萦萦于怀的。读《述要》后,不仅让我对山西省的历史经济地理有了一个系统和完整的概念,而且在区域历史经济地理的理论和方法等问题上也受到启发,故略述一点心得。

　　从理论上说,《述要》之所以获得成就,主要是因为全书从两个方面奠定了作为一本区域历史经济地理著作的正确位置,这中间,首先是作者坚定地认识历史地理学是地理科学。他在第一章《引论》中开宗明义指出:"历史经济地理又是历史人文地理中的一门重要分支学科,……现在学术界比较趋于一致的看法是它属于地理学范畴,是地理学的分支学科。"这一点在理论上至关重要,因为作者知道,他的研究是一种地理学研究。

　　历史地理学长期以来被视为历史科学,这是因为中国的历史地理学滥觞于《汉书·地理志》的沿革地理。古代学者研究沿革地理,主要是为了读史。正如李鸿章为《历代地理志韵编今释》所撰序言云:"夫舆地之学,为读史第一要义。"在我国图书的四库分类中,地理也附属于史部。所以在一个很长时期中,不仅是历史地理学,即地理学也被视为读史的工具。在科学的地理学没有传入以前,地理学和历史地理学从属于史学的事实,不仅可以理解,而且也无妨于学科的发展。但是当科学的地理学在我国获得发展以后,人们开始用这门新科学的理论和方法研究自然地理和人文地理。为了探索人地关系的发展规律,这种研究在时间上肯定要向上推溯,也就是说,现代地理学的研究必然要向历史地理学延伸。只要明白了这种道理,历史地理学属于什么科学的争论实在属于多余。当然,在历史地理学的诸分支中,沿革地理仍然存在,而且仍然不妨于借助它以有裨读史。但这不过是科学的应用问题,并不影响科学的属性。这其实是人所共见的事实。所以我国历史地理学的元老和权威,已故的谭其骧先生于1982年在上海历史地理国际学术讨论会上就指出:"历史地理学就其科学性质而言,它是一门地理科学,是地理学的一个组成部分。"

我在此说这一段话,绝不想在这个曾经争论过的问题上重启战端,也绝不想在至今仍然抱有历史学或边缘科学见解的学者中"统一思想"。而只是为了证实,《述要》作者在这个基本理论上的正确认识和坚定立场,是他的研究工作获得成就的基础。否则,研究方向或许会偏于经济发展史,从而淡化了研究的主题,即历史时期的生产力配置。

《述要》在地理学理论上的第二项重要成就,是作者自始至终重视他研究工作的区域性。这就是作者在《引论》中指出的"区域性的特性",并且说明:"每一类区域都有层次,有一级区、二级区、三级区等层次的区别。"众所周知,地理学从科学的体系方面进行区分,它包括系统地理学和区域地理学两大类,前者如地貌学、植物地理学、经济地理学、人口地理学等,是一种单要素的地理研究,旨在探索单一要素在地理上的分布状态和发展规律;后者则是在一个特定的区域所进行的单要素或多要素的综合研究,例如一乡、一县、一省甚至更大范围的区域地理研究。由于这些年来,地理学界出现了重视系统地理学和看轻区域地理学的倾向,使区域地理研究受到冷落,因此引起了不少地理学者的忧虑。正如已故的英国地理学家费舍尔(C. A. Fisher)所说:"现在,系统地理学正像《圣经》上的月桂树那样繁荣,而区域地理看来却正在衰落,甚至消亡。"[①]日本广岛大学地理系教授石田宽在他被提名担任1980年国际第二十四届地理学会区域地理组的召集人以后,曾向世界上许多国家的区域地理学家寄发了有关区域地理的意见表,在他所收到的回信中,有不少关于这门学科"不景气"的答复。石田教授在总结这些信件时说:"年轻的地理学者对它(指区域地理)已普遍减了兴趣。"为此,他提出"复兴区域地理"的口号。

现在,《述要》作者毅然选择了这样一个区域地理的课题,且不说"复兴区域地理"的话,至少表现了他在课题选择中的见识和勇气。他不仅不把这门"不景气"的区域性学科视为畏途,而且通过研究,提出了他在区域地理中的理论:"中国历史上形成的每一个自然地理区是区内各自然要素的有机结合,每一个经济地理区是区内各经济部门的有机结合。"(第一章《引论》)接着,他用《史记·货殖列传》中的经济区为例,从容而完整地解释了他的理论。这是《述要》这本区域历史地理著作在区域问题上的理论基础。也是《述要》取得成就的重要原因。

除了上述两个方面的理论以外,《述要》在方法上也有两项可喜的成绩。首先就是作者在区域研究中重视的计量方法。在《引论》中,作者提出了区域的"可度量性"。由于《述要》是以历史时期的区域为研究对象的,这种"可度量性"的运用就有很大的难度。我曾撰文评论过谭其骧先生主编的《中国历史地图集》,[2]指出此图集"如此巨大的篇幅,不要说千千万万的线条和其他注记符号,仅地名一项就达七万左右。要它偌大的内容,从各种历史文献、从古代的示意地图,统统移植到现代的计量地图上,这是极不容易的。从全局来说。这是此图编绘工作中的最大工作量,也是此图最大的成功"。我把计量的成功作为《中国历史地图集》的最大成功,正是说明了在历史时期的区域研究工作中,计量的重要和艰难。《述要》不仅在《引论》中指出了这种重要性,而且在其全部研究过程中,都重视了这个问题。例如在第一章第三节《人口的升降与山西经济的发展》中所表列的《前汉至元代山西地区户数、人数及平均数统计》,就是计量工作的成果。此外,作者在诸如明清人口分布和密度、明清人均田地、清初垦荒、元代高税、明代冶铁等问题的研究中,都运用计量方法,编制各种统计表。其中如《明代诸镇马额》、《道光年间山西农业收成》等统计,都是计量方法成功的例子。我们当然不能说《述要》在计量方法的运用上已经达到了很高的水平,但是考虑到历史地理这个特殊的领域,不能不承认作者在这方面的确花了很大的力量。

《述要》在方法上的另一特色,是作者不拘泥于传统的区域经济地理格局,能别出心裁,另创一径,使研究得以引向深入,而生产力配置的内在联系得到更客观的阐明。传统的经济地理学研究生产力的地理配置,自然环境只能作为一种生产力配置的条件加以评价,而诸如人口、城市等不属于生产力本身的事物,也不过是生产力研究中的配角。但《述要》把人口地理和城市地理都提高到有时甚至与经济地理并列的地位。在第一章《引论》中,专门用了一节《人口升降与山西经济的发展》,此后如对于农业经济的兴衰,耕地面积的增减等问题的探讨,实际上都结合了人口地理的研究。城市地理的重要性在《述要》中更为突出,从三代时期起,到东周秦汉以至隋唐宋元明清,都有记述城市发展的内容,对诸如晋阳、蒲州、绛州等城市,则专题作了论述。当然,这些都是与生产力的配置的前提结合论证的。对于传统的经济地理学的突破,特别表现在对商业的重视。传统的经济地理除了工业、农业和运输业外,由于商业不属于生产力,所以没有专门叙述的章节,但《述要》在农业与工业之后,专门设置了一章,详细地论述了商业的发展与商业区域的扩展,甚至涉及市场、货币、外贸、金融等等。《述要》的处理显然是正确的。商业当然不是生产力,商业的配置也并非生产力配置,但是商业的配置和发展,直接关联着生产力的配置和发展。特别像山西这样一个省,在历史时期的商业经营,东达京津沿海,西连丝绸之路,南及中原华中,北到外蒙西伯利亚,商业不仅与作为生产力的农业和工业息息相关,而且与另一个生产力部门运输业紧密地结为一体。为此,在这个省区的历史经济地理研究中,商业的重要性确实不言而喻。《述要》把这个非生产力部门,置于生产力配置中的重要地位,这是省区历史经济地理研究中值得称赞的方法。

以上是我所见到的《述要》在理论上和方法上的成就,此书当然还有其他不少优点,如资料的丰富、体例的创新等等,也就不再赘述了。现在正当老一辈地理学家为区域地理的式微而操心,提出"复兴区域地理"号召的时候,而《述要》却在比现代区域地理更为棘手的历史区域地理领域中独树一帜,这当然是一切关心区域地理前途的地理学家引为慰藉的。当年,为了响应石田宽先生"复兴区域地理"的号召,我曾于1983年在日本关西大学研究生院为我举办的一次公开演讲中专门论述了这个问题:

> 我完全同意石田宽先生"复兴区域地理"的倡议。我认为复兴区域的前提是区域地理的内容改革,因为科学发展一日千里,各学科之间相互渗透的关系变得十分复杂。而目前,除了地理以外,以区域为基础而进行研究的学科又如此之多。在一个区域里,各种学科的研究成果,比二、三十年前不知增加了多少倍,在这样的形势下,区域地理的研究内容不进行改革是不堪设想的。……要在区域地理研究中打破地理学与其他相关学科的界线,尽可能地把其他的区域为基础进行研究的各学科的成果吸收进来,进行对区域的自然环境和人文环境的更为广泛和综合性的研究。当然,在这种研究中,区域的自然地理和人文地理环境仍是十分重要的基础。它和区域内所发生的一切自然和人文现象都有直接间接的关系。所以这种"区域研究"的立足点仍然没有离开地理。

《述要》作为一本区域历史经济地理著作,它突破了许多传统经济地理学的框子,是对传统的区域地理的一种创新,与我在多年前提出的"区域研究"很有相似之处。所以我认为《述要》除了对山西历史经济地理研究中的卓越成就外,在"复兴区域地理"方面,也有重要的意义。③

注释：

① 《区域地理学往何处去》，见英国《地理学》1970 年第 4 卷第 55 期。

② 见《中国社会科学》1985 年第 4 期。

③ 张步天《中国历史地理》序，湖南大学出版社 1987 版。

原载《文物季刊》1994 年第 4 期

评《黄河河政志》

　　《黄河志》卷十《黄河河政志》的出版，在中国方志史中，不仅是一件大事，而且是一件新事。中国地方志有通志与专志之别，通志按行政区划，以地方为基础，在此姑置不论。专志则门类众多，举凡河川、水利，俱可纂成志书。但以"河政"而独立成志，则历来所未见。我在拙撰《黄河志》卷十一《黄河人文志》序中指出："黄河是我们民族的摇篮，但同时也是我们民族的忧患。"历代以来，主黄河河政者，身膺"民族摇篮"之令名，肩负"民族忧患"的重寄，职位称高而责任实巨。河道安流之年，如谭其骧先生论证的从东汉明帝十二年到隋代凡五百几十年（《何以黄河在东汉以后会出现一个长期安流的局面》，《长水集》下，人民出版社 1987 年出版），河务尚可悠闲，但汛期仍得夙兴夜寐。至于水情多变之年，则河务紧急，人命关天。几千年以来，王朝嬗递，制度更迭，河防大事，纵有修明与凋敝之别，但黄河巨川的河型与河性迄未有变，淤、决、徙三者交替发生，所以世代以来，有关黄河河政的资料，实在车载斗量。其中既具有许多值得流传的经验，也包含大量必须吸取的教训。为此，我认为《河政志》的编纂，是我国方志史中的一件大事。在长期以来的志书修纂中，有关河川水利的专志实已汗牛充栋，但河政大事往往依附他志而记述从简，以致后世查索为难。如今《河政志》在《黄河志》中独立成卷，因而我认为这是我国方志史的一件新事，所以这部志书的重要性不言而喻。

　　全志除卷首《概述》外分为 7 篇，每一篇都能详今明古（第四、五篇不涉及古代），条理井然。《概述》实际上是整部志书的提要,以一万字的简洁语言把全书 60 余万言的浩瀚内容和盘托出。使一时无暇全阅此志者,读此一篇得以窥一斑而见全貌。而全阅此志者,首读此篇,可以增加对以后各篇的深入了解。所以读此《概述》一篇,就足以说明全部志书的不同凡响。

　　全志第一篇《治河管理机构》,从传说中的公元前 21 世纪的舜命大禹治水起,直到新中国成立后成立黄河水利委员会以迄于今。其中,上起三代,下至中华民国,篇幅仅占全篇的 20%,但不论三代传说和以后各朝并主于明、清、民国的具体治河管理机构,都已叙述清楚,使读者一目了然,绝无数典忘祖之感。而新中国成立后的篇幅占80%,记载可称详尽无遗,具有重要的存史价值。治河管理机构是河政的直接执行者,以此一篇置于全志之首,总起全志,提纲挈领,深得志书之要旨。第二篇《治河法规》,从《穀梁》"毋壅泉"、《公羊》"毋障谷",直到《中华人民共和国水法》,对历代防洪、农田水利、航运等法规,作了完整的记载和明确的解释。最后并有《主要治河法规选辑》一章,上起《秦律十八种》之中的《田律》,下至新中国成立后的各种有关法规,总共达40 余种(新中国成立以后占 15 种),全文录入。河政的推行依靠立法,所以对于《河政志》来说,这一篇是很重要的。第三篇《治河经费》,从两汉以至民国,均有具体经费数字的记载,堪称详尽。而新中国成立以后的治河经费,都编列详细的统计表加以表述。从新中国成立之初到 20 世纪 90 年代初期,国家对治河的总投资达 200 余亿元,从而产生了巨大的效益。第四篇《水资源保护》和第五篇《用水管理》,都是随着时代发展而出现的黄河河政中的新问题。由于新中国成立以来,特别是改革开放政策实施以来,流域中的工农业突飞猛进,不仅治河需水量剧增,而且水污染的问题较之以往也显得十分突出。《河政志》有此两篇,充分说明了这部志书的时代性,显示了作为一部现代志书的科学特色。第六篇《水事纠纷》,全篇选入了四个影响较大的纠纷案例加以记述。黄河的水事纠纷自古存在,而且历代不断。原因错综复杂,调处素称困难,但要解决这问题,无疑是河政的职责。新中国成立以后,在处理水事纠纷,协调各地区、各河段、各部门的关系方面,取得了许多成绩,对维护社会的安定团结局面,作出了不少贡献。最后一篇是《黄河档案》,这是十分重要的一篇。因为从某种程度上说,黄河的档案就是黄河的历史,特别是决溢改道和修治的历史。黄河档案对于黄河来说,是历代千千万万人民灾难的记录和多少治河精英的奋斗实绩和经验总结。1985 年黄河水利委员会建立了黄河档案馆,至 90 年代初,档案馆已收藏档案 16 万余卷,资料 7.7 万余本,各种图纸近 30 万张。对于黄河来说,这是一宗价值连城的财富。它为黄河的研究、治理提供重要的资料,对于黄河的科研机构和工程部门来说,如是同人才、经费等一样,档案是一种必须依靠的物质力量。

　　《河政志》确实是一部值得称道的佳志，它内容完备，资料丰富，体例严谨，文字畅达。这部志书的修纂是成功的。它承前启后，将为今后的黄河修治提供重要的根据。在中国，治黄不仅是黄河的大事，也是我们整个民族国家的大事。但这是一件非常艰难的事业，正如本书《前言》所说："治理和开发黄河，是一件光荣而伟大的事业，也是一个实践、认识、再实践、再认识的过程。治黄事业已经取得了重大胜利，但今后的任务还很艰巨，黄河本身未被认识的领域很多，有待我们继续实践和认识。"这话是确实的，去年我去北美讲学，看到了海外华人学者对黄河的关心，令人感动。但他们提出的治黄建议，却有很不相同的内容。为了根治黄河，有的提出"使黄河水变清"，有的却提出要"使黄河水更浑"。对此，由于我已发表了《炎黄子孙，心系黄河》一文，这里不再赘述。但由此可以说明，"黄河本身未被认识的领域很多"。要根治黄河，的确还有一个"实践、认识、再实践、再认识的过程"。现在，《河政志》的编纂，为我们对黄河的再实践和再认识的过程，提供了许多重要的数据。河政事务虽然不是治河的具体技术措施，但是它不仅是治河的后勤，而且更是治河的前驱。对于这部总结了几千年来黄河河政的志书，我们应该给予极高的评价，寄以很大的希望，它一定能在今后的治河工作中发挥作用。

原载《黄河史志资料》1996 年第 4 期

炎黄子孙，情系黄河

——读《让黄河水流清》及《使黄河水更浑》两文有感

    此番出访北美半年，最大的收获是读到了许多在国内难得读到的与我的专业有关的文献。这中间特别引起我注意的是有关黄河的两篇短文：第一篇是梁恩佐教授的《让黄河水流清》，第二篇是肖昕先生的《使黄河水更浑——读梁恩佐〈让黄河水流清〉有感》。两文都发表于《华夏文摘》，这是一种有国际标准刊号的中文电脑刊物，每周一期。梁文发表于该刊第224期（1995年7月14日），肖文发表于该刊第231期（1995年9月1日）。我是在加拿大先后读到这两篇文章的，由于读后深受感动，所以把它们带到美国。两文从不同的思想方法，提出了治理黄河的意见。虽然作者都身居海外，但文中洋溢了对黄河这条特殊河流的焦虑和关心。炎黄子孙，情系黄河，令人不胜感慨。由于两文都短小精悍，所以特作为拙文的附录列于文末，供国内关心黄河水利的学者们参考。

    黄河是中华民族的摇篮，但同时也是中华民族的忧患，是一条性质特殊的河流。这正是海内外许多学者关心这条河流的原因。我个人也是由于这种原因，长期以来对黄河有所关注。早在1953年，我已撰写出版了一本介绍黄河历史和地理的小册子《黄河》，[①]这不过是一本约10万字的读物，但是由于当时还没有这类简短的介绍黄河的书籍，所以第一版3000册在一二个月内就销售一空。只是由于出版社随即改组，所以没有再版。此后我又出版了《祖国的河流》[②]一书，黄河是其中的重要一篇。我把10

万字的《黄河》浓缩到 2/10，编入此书。此书从 1954 年初版起到 1957 年，竟重印了 9 次。说明对于河流水利的事，社会上是非常重视的。这不仅是现在，历史上也是一样。在北魏郦道元的《水经注》中，黄河列为第一篇，而且是全书的最长一篇。我曾经撰有《水经注记载的黄河》[③]与《水经注记载的三晋河流》[④]等文，说明古人对黄河干支流的研究和重视。

我对黄河的实地考察始于 1961 年，由于全国高校地理教材当年先后两次在开封和郑州讨论，我乘便考察了黄河开封和郑州的大堤和险工等等。但对于这条河流收获最大的考察是 1978 年。这一年，由著名学者竺可桢主编的《中国自然地理》中的《历史自然地理》分册[⑤]在开封定稿，为时长达两月，我是此书的 3 位主编之一，定稿会由我主持。由于其中黄河一篇是全书中的大篇，[⑥]因此，定稿过程中，黄委会的好几位高级工程师也参与定稿。历史地理学者在这些行家们的启发之下，当然得益不浅。而特别是由他们陪同的实地考察，使我茅塞顿开。在此后的若干年中，我先后考察了山陕之间的韩城到壶口段，内蒙古包头一带的河套段，甘肃兰州段以及青海省上源的某些河段。通过这些实地考察，使我增长了有关黄河的许多实际知识。

这次出访北美前夕，恰逢黄委会主编的巨构《黄河志》第十一卷《黄河人文志》出版，[⑦]承此志总编室的错爱，一年前就约请我为此志撰序文。我曾为这篇序言煞费揣摩，从现代黄河一直到黄河的历史时期，并且还追溯到地质年代中的全新世和更新世。序中仍然提出了这条河流对于我们民族的"摇篮"和"灾难"的双重性。确实，黄河的前程，一直是我多年来萦萦于怀的问题，而到北美不久，就先后读到上述梁、肖两位先生的文章。炎黄子孙在遥远的异乡仍以黄河为念，当然使我感慨不已。

黄河的确是一条十分特殊的河流，按其长度和流域面积，在自然景观上足以列为世界大河。而流域内耕地近 2 亿亩，人口达 1 亿，在人文景观上也具有极大的重要性。黄河虽然源远流长，但水量却很小，平均年径流量 470 亿立方米，仅及长江的 1/20。因此，在洪水季节，黄河显得浊流滚滚，波澜壮阔。但在枯水季节，却只是一条涓涓细流，甚至断流。黄河最突出的特点是其含沙量和输沙量的举世无匹。每 1 立方米河水的含沙量平均为 40 公斤，最高达 900 公斤。输沙量每年平均达 16 亿吨。在其全部输沙量中，约有四分之一堆积在下游河床，二分之一堆积在河口三角洲，四分之一随水入海。

由于每年平均有 4 亿吨泥沙堆积在下游河床，这就决定了黄河是一条极易淤积的河流。河床淤高，洪水季节就易致泛滥，古人在下游河段两岸筑堤障水。但堤防漫长，洪水季节往往在许多险工地段发生决口，所以历史上决口频繁。当然，一般河流也有决口的，但到洪水过去，河流自然回归原道。而黄河却不然，由于河床淤高，下游河段的河床早已高过两岸地面，河流夹在堤防之间成为一条"悬河"。这样的河流一旦决口，就很难再让它复归原道，往往借用附近的其他河流或洼地，另闯一条新河道，东流在海岸另成一个河口入海。所以黄河在历史上经常发生迁徙现象。这就是黄河的特殊河性，我们把它概括一下，称为"善淤、善决、善徙"。这就是这条河流之所以为历代人民招致灾难的原因。

我在《中国自然地理·历史自然地理》一书中曾经对黄河的这种特点作简要的说明[8]"黄河虽然不是我国最长的河流，但从历史地理的角度进行评价，它在我国河流中却具有首要的地位。它一方面是我们民族文化的摇篮，而另一方面，几千年来我们已经为它付出了难以估计的代价。黄河以善淤、善决、善徙闻名，它无疑是全世界变迁最大的河流。"

世界上许多古老文明都发源于河流沿岸，古代埃及文明发源于尼罗河下游沿岸，尼罗河虽然泛滥，但它给古代埃及以肥沃的可耕土地。古代巴比伦文明发源于两河（幼发拉底河、底格里斯河）流域，它给古代巴比伦人以一块称为美索不达米亚（意为两河间地）的肥沃平原。古代的华夏文明发源于黄河中下游及其干支流沿岸，即今河南、山西、陕西等地。黄河及其支流如汾河和泾、渭河等，当然给予我们的先民以沃土和灌溉的优裕条件。但是与尼罗河及两河不同，它同时为我们的先民带来严重的灾害。现在，古埃及人和古巴比伦人早已在人类舞台上销声匿迹，而中华民族却巍然独存，这或许就是黄河给了我们多难兴邦的机会。

《黄河人文志》专门有一章记载历代治河先贤的业绩，一共收列了58人。我在此书的序言中，也重点地列举了禹、王尊、张戎、王景、潘季驯等对黄河有研究、有贡献的先进人物及其事例。黄河的灾难，的确为我们在历史上磨炼出了许多坚强刚毅而又聪明多智的治河人物，同时也磨炼了我们的人民，增强了我们人民在灾难中忍耐刻苦的精神。所以从这一方面看，尽管黄河在自然条件上比不上尼罗河及两河等，但是它并不是我们民族的不幸。但从另一方面看，黄河在历史上的多次决溢改道，为我们民族招致的灾难毕竟十分深重。而且，历代以来的黄河修治，在某种程度上都是消极的防灾措施。这种修治，丝毫没有改变黄河的"善淤"特性，而相反地倒是在一定程度上增加了它的"善决"、"善徙"的概率。也就是说，我们的人民永远得承担黄河的这种特殊河性的后果。

黄河的特性首先当然是"善淤"，"善决"和"善徙"都是"善淤"这个前提下接着出现的，而"善淤"的原因则是此河的异乎寻常的含沙量和输沙量。在近代研究中，也有学者认为黄河的含沙量和输沙量是因流域植被破坏而加剧的。[9]黄河流域的原始植被情况，现在学术界还存在争论，[10]可以继续研究。但流域中草地的开垦则是证据确凿的。总的说来,流域水土破坏对河流含沙量和输沙量具有程度上的影响,这是可以肯定的。我曾经考察过流域中的若干地区,例如陕西省西安以西的周原,即西周的发祥地。坐落于岐山之下的这片广阔而平坦的黄土高原,现在已经成为一片农田。[⑪]其间沟壑纵横,不少沟壑狭窄而渊深,人们在沟壑两边可以谈论家常,但要握手言欢,却是"溯洄从之,道阻且长"。这些沟壑大部分是历史时期的产物而非地质时期的产物。由此可知原始植被的破坏和土地的耕耘,在加速土壤侵蚀方面,确实具有作用。问题是这种作用在黄河的全部含沙量和输沙量中能占多少比例?

《易·纬乾凿度》下说:"天之将降嘉瑞应,河水清三日。"《左传》襄公八年引逸《诗》:"俟河之清,人寿几何?"从这些古书的记载中,说明黄河自古是不清的。古书中也有记及黄河水清的事。如《水经·河水注》五:"《续汉书》曰:延熹九年,济阴、东郡、济北、平原,河水清"等等之类,这些其实都是援《易经》的"嘉瑞应"之说而作为地方官奉承皇上的谎言。因为早在西汉,大司马史张戎就说过:"河水重浊,号为一石水而六斗泥。"[⑫]这是历史上有关黄河含沙量的第一次数量记载。从先秦至西汉,黄河流域的植被破坏应该尚属轻微,所以黄河的"善淤"特性,实在早已存在。而有历史记载的第一次改道见于周定王五年(前602)[⑬]说明此河的"善决"和"善徙"也是由来已久,也说明后世的水土破坏,虽然对黄河河性有程度上的影响,但其作用显然并不重要。

如果我们跨越历史时期,考察一下黄河在地质时期的情况,黄河的特性就显得更为清楚。今黄河中游以下,南起淮河,北达海河,现在称为黄淮海平原,面积达30余万平方公里,这是黄河在地质年代中的冲积记录。但长江在其地质年代中的冲积成果,只不过是一片5万平方公里的长江三角洲。这就是黄河河性与长江的绝大差异,也是黄河与世界其他大河的绝大差异。也就是说,历史地理学研究的黄河,与古地理学研究的黄河,在其含沙量与输沙量方面,没有很大的出入。

黄河与长江在其发源地不过一山之隔,之所以具有这样特殊的河性,主要就是因为它的流程中有很大一段通过黄土高原。黄土高原面积达40万平方公里,它是黄河泥沙的主要供给者。因此,历代治河措施,不管是采用"筑堤束水,以水攻沙"的办法,或是采用"蓄清刷黄"的办法等等,都无法改变黄河的这种特殊河性。在我们看到的黄河历史时期,无论是决溢频仍的时期,也无论是如谭其骧教授所指出的"相对安流"[⑭]的时期,其河性也都没有实质性的变化。

历代多少治河先贤,他们呕心沥血,殚精竭虑,为黄河而毕生奋斗。1949年以后,中华人民共和国政府也非常重视黄河的治理,专门成立了黄河水利委员会,在黄河流域做了大量的工作,投入了巨额资金,如修建水库和滞洪区、增固堤防、加强水土保持等等,取得了不小的效果。但对于黄河的含沙量和输沙量,也就是黄河的特殊河性,却并未有所改变。现在,下游河道每年淤高达 10 厘米,这种速度还在继续加剧。眼下,大堤之内的河滩地高出堤外地面一般已有 4 米—5 米,高者超过 10 米。例如在柳园口附近,滩面高出开封市地面 7 米,封丘县曹岗附近滩面,高出堤外地面竟达 10 米。[⑮]像这样一条高高在上的悬河,名为河流,其实已成为南北的分水岭,而且仍在与日俱高,所以时至今日,大堤的重要性已经比历史上任何时期都显得突出。这是因为现在流域内人口的增加,生产的发展,城市的众多,较之古代已经无法比拟,而河水的含沙量和输沙量却依然如故,也就是"淤"的自然特性未曾改变,但"决"的后果已经无法承担,至于迁徙改道,当然更不可想象。在没有解决这条河流的根治方法以前,黄河必须让它稳定在这条高高在上并且与日俱高的河床上,这是一种困难的、具有风险的、但必须维持的局面。其所以困难,因为这条"悬河",还必须让它继续"悬"多少年,现在大家心中无底;其所以有风险,因为自然界各种特殊变异的发生,如暴雨、地震等等,都非人们可以逆料。例如 1963 年海河流域的一场暴雨,降水量超过这个地区的平均年降水量。而时隔 12 年,淮河上游于 1975 年又出现了一场降水量超过全年的暴雨,造成了广大地区的严重水灾。这样的暴雨历史上在黄河流域也曾经发生过。[⑯]具有严重破坏性的地震,在历史上也发生过。[⑰]诸如此类的自然变异,今后仍有可能在这里发生。一旦发生这样的情况,其风险当然不言而喻。所以黄河的前程,是摆在我们民族面前的一个严重课题,为海内外有识之士所耿耿于怀。而梁恩佐先生和肖昕先生的文章,除了提出他们的卓越建议以外,字里行间,还充满了对祖国黄河的赤子之心,令人钦佩,也令人感动。这也充分说明了对于黄河这条河性特殊的河流,它的前程如何,实为海内外炎黄子孙所共同关心。

梁先生的文章是经过他实地考察的成果。梁先生十分重视水土保持工作,所以他很关心黄土区的治理问题。他说:"郑州黄委会对改造黄土区的意见抱温和的忽视态度。"在整个治黄工作中,中上游的水土保持和下游的水利工程建设,孰得孰失,确实存在一些不同意见。记得 1983 年冬季,著名历史地理学家史念海教授作东道主,在西安召开了一次黄、淮、江、珠四条大河的水利学术讨论会。因为那年夏季长江在四川发了洪水,损失很大,所以这样的学术讨论会很受学术界和水利界的重视。史先生当时尚任陕西师大副校长,会期中临时因外事任务而缺席,所以有几天的会议是由我主持的。当时,与会的水土保持工作者如从沈阳森林土壤所来的老专家们与重视工程建设的几位黄委会高级工程师,发言颇相径庭,不时出现争论。我常常在其间调和折衷。其实,我确实认为两派的意见是可以统一的。水土保持和工程建设的目的都是为了黄河的长治久安。主要的分歧可能是为了经费的投放问题,在经费有限的情况下,容易出现孰前孰后的不同意见。

　　梁先生的建议不仅着重水土保持，而且关心经济效益。在当前的情况下，这显然十分重要，也是他的建议可以付诸实施的重要条件。假使离泾川 2 公里的这条小毛沟的模式能够进一步改进和推广，并且因此获得外资，这样，不仅是黄河的水土保持得到了有效的保证，而且中上游的大片贫困地区将获得脱贫，这就有裨于治黄工作更为积极地发展。梁先生的文章最后说："你们以后有机会去西安，也请到黄土区去参观一下，并帮助把外地信息带去，让当地了解外地的经济考虑，是很重要的。"梁先生的确为黄河考虑得很周到，我虽然没有考察过梁先生去过的一些地方，但是凭我对黄河及其流域的初浅知识，我认为这种建议是积极的和有益的，是可以试行的。

　　梁先生在文章中谈及他所见到的陕西长武和甘肃泾川等水土保持点，已经做到"水土不出沟"。这是水土保持部门常说的话，我在南方也听到过。但在大多数场合下，这样的话往往是水土保持工作者提出的一种希望，断言已经达到这种成就的，至少是我还没有听到过。由于这样的话没有数值概念，不是计量语言，所以科学工作者还宜谨慎对待为好。其实我们不必做什么科学实验和定位观测，用先秦文献《易乾》中的一句话"天行健"，就可以断言"不出沟"是不可能的。黄土区的水土流失，从宏观的角度看，这是自然界地质循环的必然过程，人力可以延缓这种循环的过程，但绝不能扭转这种循环的必然性。所以，"让黄河水流清"，这实在也是相对而言的概念。我曾经在巴西考察过亚马逊河，这条奔流在赤道雨林中的大河，尽管流域植被与黄土高原不可同日而语，但它的水流也是浑浊不清的。因为那里同样存在着地质循环。何况在西汉记载中已经是"一石水六斗泥"的黄河，要达到真正的"水流清"，确实是不可想象的。

　　梁先生后来看到的离泾川 2 公里的"一片新开发的地区"，在一条小毛沟里，"花 9 万人民币建了一座小土坝，形成一个小水库"。这里有一个问题还值得注意。在黄土高原修建水库，存在着一个水库的寿命问题。我原来有一些山西省和陕西省黄土高原中、小型水库淤积速度的资料，现在虽然不在手头，但总的说来这些地区的水库淤积速度很快，建成后没有几年，有的水库就淤成平陆。建库前同时进行一些防淤工程，水库的寿命可以延长，但要增加许多投资。所有这些，都还值得我们包括梁先生继续考虑。当然，考虑的目的是为了这种对黄土区的水土保持和开发相结合的措施能够更行之有效。梁先生所提倡的"绿洲农业"，能够更完美的发展并具有吸引外资的魅力。最重要的是这些措施有裨于黄河的根治。

　　现在再来看看肖先生的大作。《使黄河水更浑》这个题目，与梁先生的题目恰恰相反，乍看令人吃惊，但目的却是一样的，也是为了根治黄河。肖先生指出："对上游的初步治理，波及整个黄河流域，至少需要几百亿的资金，二三十年的时间，效果尚难以直接预测,河床高于地面的现实也无法改变。"这里我还想补充肖先生的是,由于如我前面指出的,黄土流失是自然界地质循环的一种过程,因此,不管上游做多少工作,对黄土流失只能起数量上的影响。因此,河床高于地面的现实,不仅无法改变,而且仍然不断增高,这是不可抗拒的自然规律。

肖先生是化学家,而我对化学则是门外汉,所以对肖先生提出的治黄方法无法置评。但他"使黄河水更浑"的总的设想我仍能理解,即是用化学方法,使河水含沙不在河床中沉淀,而是随水一起东流入海。本来,黄河全部输沙量中,随水入海的约占四分之一,其余的四分之三则沉积在中下游河床及河口。所以这种方法要使10亿吨以上的泥沙在河水中悬浮到入海。年轻时在中学念化学,当年教师曾提到过"胶体化学"这个名称,并且还记得以蓝墨水为例,制造蓝墨水要加入阿拉伯树胶,就可使墨水粒子悬浮,免于沉淀。我或许比得不伦不类,肖先生的方法,可能就与此相似。但黄河每年有470亿立方米的径流量,在如此巨量的流水中使用这类化学方法,当然是一种大胆的、但是前景诱人的设想。肖先生说:"黄河就像一条大动脉,源源不断地把黄土高原上的土壤搬运到大海中造良田"。这话说得对,现在的黄淮海平原正是地质年代中黄河(也包括淮河与海河)搬运泥沙所造成的。

所以我虽然不懂得肖先生提出的方法,但却很赞同他的设想。治黄已经几千年,但黄河的含沙和输沙依然如故。黄河的含沙和输沙是自然规律,前面已经指出,人类不可能扭转地质循环的必然性,但设法让泥沙全部(或者说绝大部分)入海,这或许说得上是因势利导。因此我很同意肖先生文末指出的:"现有的技术不能满足上述要求,如果国家能投入一些力量,进行可行性的研究,潜在的效益将是不可估量的。"

我们不能讳言黄河为我们民族招致的严重灾难,但从另一方面看,正如我在前面指出的,它或许也给我们民族一种多难兴邦的力量,历来多少治河先贤,他们抱着人定胜天的坚强意志,没有为滔滔洪水所吓倒。早在1400多年以前,精通河川水利的郦道元就已经指出:"水德含和,变通在我。"[18]这一句至理名言,应该作为我们根治黄河的指导思想。

黄河也是我们民族的凝聚力,由于这样一个摆在我们民族面前的大难题,海内外多少炎黄子孙的精英,都正在为它而操心。根治黄河,让这条河性特殊的巨川长治久安,当然绝非轻而易举,或许还要经过几代人的努力。但是对于它的前程,我们满怀信心。

1995 年 12 月于美国 Baton Rouge

附记：

我于去年 10 月初携梁、肖两先生文章从加拿大到美国，虽然心有所感，但由于杂务纷繁，直到 12 月才在美国写成此稿。回国后不久，在大量积压的邮件中，拆及《黄河史志资料》1995 年第 3 期，读到治黄老专家张含英先生为黄委会组织编写的《黄河下游河防词典》的题词："黄河的治理与开发是劳动人民智慧的结晶，应该认真总结继承。"张先生毕生治河，为黄河水利作出了巨大贡献，现在已经 95 高龄，却仍然念念不忘黄河的治理与开发。他的题词，让我们又一次看到了黄河的前程。我想，远在海外的梁先生和肖先生，看到了张先生的题词，也一定会感到高兴。为特附记。

1996 年 2 月于杭州大学历史地理研究中心

注释：

① 天津益智书店 1953 年版。

② 上海新知识出版社 1954 年版。

③ 《黄河史志资料》1990 年第 1 期，又收入于《郦学新论——水经注研究之三》，山西人民出版社 1992 年版。

④ 《中国历史地理论丛》1988 年第 4 期，又收入于《郦学新论——水经注研究之三》。

⑤ 科学出版社 1982 年版。

⑥ 此篇由邹逸麟教授撰写。

⑦ 河南人民出版社 1995 年版。

⑧ 《中国自然地理·历史自然地理》第四章《历史时期的水系变迁》第一节《概述》。

⑨ 史念海等《黄土高原森林与草原的变迁》，陕西人民出版社 1985 年版。

⑩ 例如《黄土高原森林与草原的变迁》指出："历史时期黄土高原的平原、丘陵、山地，曾经到处都生长着森林。"(P. 175) 邹逸麟《千古黄河》(香港中华书局 1990 年版) 认为："远古时代黄河中下游地区天然森林草原覆盖的程度，目前学术界尚未取得一致的看法。"(P. 44)

⑪ 参见拙著《水经注地名汇编说明·平川原野》，《水经注研究二集》，山西人民出版社 1987 年版。

⑫ 《汉书·沟洫志》。

⑬ 《汉书·沟洫志》引《周谱》。但这显然不是它的第一次改道，因为在这以前，流域中地广人稀，改道并不造成灾害，所以史籍没有记载。

⑭ 《何以黄河在东汉以后会出现一个长期安流的局面》，《长水集》下册，人民出版社 1987 年版。

⑮ 邹逸麟《千古黄河》。

⑯　王涌泉《康熙元年(1662年)黄河特大洪水的气候与水情分析》,《历史地理》第2辑,1982年。

⑰　《史记·魏世家》:"(魏文侯)二十六年,虢山崩,雍河。"

⑱　《水经·巨马水注》。

原载《黄河史志资料》1996年第12期

评《西安历史地图集》

《西安历史地图集》（西安地图出版社 1996 年版）的出版，是历史地理学和地图学两门学科合作的重要成就。1995 年 6 月，曾邀集全国有关专家在西安对《图集》的图稿进行评审，最后由我草拟了《评审意见》，获得与会专家的一致通过。《评审意见》说："专家们首先从《图稿》的总体方面进行评审，认为地图集的《总体设计书》所提出的编绘目的意义明确，要求具体周到，对整部图集的编绘具有重要指导作用。而地图集的《图幅设计表》编制周详，设计精密，是图集获得成功的重要基础。"现在，规模宏大、内容浩瀚的《图集》已经问世，再回过头来看《评审意见》，证明了当时参与评审的专家们的意见完全正确。

在短短十几年时间中，中国已经出版了 3 部大型历史地图集，即谭其骧先生主编的《中国历史地图集》、侯仁之先生主编的《北京历史地图集》和史念海先生主编的《西安历史地图集》。谭编是全国历史地图集，侯编和史编是城市历史地图集，而且都是古都历史地图集。在中国的七大古都之中，北京和西安无疑都是其中翘楚，现在，这两大古都均有了巨型历史地图集，的确令人欣慰不已。正如我在《评审意见》中所提出的："《西安历史地图集》必可继《中国历史地图集》及《北京历史地图集》之后，进入国内外优秀历史地图集之列，成为一部世界名著。"

对于《中国历史地图集》和《北京历史地图集》，当年我都写了书评。[①]现在又要对《西安历史地图集》作一点评论。必须说明的是，我对每一部巨型历史地图集都发表意见,绝非我对此有所专长,主要是因为我是历史地图集的用户。从近年来历史地理学、古都学、地图学等学科发展的情况来看,各种性质的历史地图集必然还要陆续出版,作为一个用户,我的意见可以譬喻作顾客对商品的评价和要求。我在评论中首先肯定《中国历史地图集》和《北京历史地图集》的成功,但同时也都提出我对这些《图集》的意见。例如在《评〈北京历史地图集〉》一文中曾指出:"记得我在《评〈中国历史地图集〉》中曾经提到,'我对图集的内容的总的看法是,与人文地理相比,自然地理各要素的反映相对不足。人文地理的内容当然相当丰富,但各分支之间不够平衡。'……这几句话,对于《北京历史地图集》来说,也同样适用。"我对两本图集提了相同的意见,显然是希望以后的历史地图编制者能够考虑这一要求。

对于历史地图集的评论,有一点必须说明,《西安历史地图集》是历史地理学和地图学两门学科合作的成就。因此,图集的卓越声誉,应由为此图工作的历史地理学者和地图学者所分享;图集或有不足和失误,则也应视其性质(资料性或技术性)而由两类学者分别承担。过去评论历史地图集或其他专业地图,往往侧重专业一面而忽视地图一面,这种倾向或许值得注意。不过,对于历史地图集,我愿意坦率地指出,由于许多历史地理学者都没有念过地图学课程,更极少有用经纬仪或大、小平板仪从事野外作业(或实习)的经历,但他们实际上却是这种地图集的主要用户。地图绘制工作者确实为此付出大量劳动,但他们的劳动具有为历史地理学者或其他专业学者服务的性质。因此,这类书评偏重专业也属难免,这一点需要地图绘制工作者谅解。

现在回过头来对《西安历史地图集》作一点评论。《图集》卷首《目录》页中,用不同颜色把全集分成 16 个图组,包括各种不同比例尺的地图 89 幅。除了第 1 图组中的现代图 8 幅(包括《西安地区历史地理环境卫星影射图》)以及最后一个图组中的民国时代图 5 幅都有现成资料可按外,从石器时代到清,包括史前地图和历史地图一共 76幅,这是《图集》的主要内容,也是《图集》编者积年累月的劳动成果。按照卷末的《地名索引》推算,收入《图集》的地名,包括少量现代地名(但不包括各历史地图的地理底图的地名),总数约在 6500 处之谱。而全图的注记符号,则数倍甚或十数倍于此。我在《评中国历史地图集》一文中曾经指出该图的主要成就,是把从历史文献查得的许多地名,包括大量注记符号,纳入一种现代新式地图经受计量的考验:"要把偌大的内容,从各种历史文献,从古代的示意地图,统统移植到现代的计量地图上,这也是极不容易的。从全局来说,这是此图集编绘工作中的最大工作量,也是此图最大的成功。要评价规模如此庞大,内容如此丰富的一部历史地图集,真是千头万绪,但我所说的这一点,或许就是其中的关键。"对于《西安历史地图集》,其成功的关键显然也在于此。

与《中国历史地图集》相比,在图幅的数量上,《西安历史地图集》当然要少得多。

但是就编绘技术的难度来说,某种程度上,后者实有过之。这是因为《中国历史地图集》是一种小比例尺的大区域地图,而《西安历史地图集》则是一种大比例尺的小区域地图。在全部图幅中,比例尺大于 1∶50000 的达 27 幅之多。其中《唐庆兴宫图》和《唐九成宫图》两幅,比例尺都是 1∶11000,而《唐骊山华清宫图》竟用了 1∶7000 的大比例尺。特别是用缩尺计值的两幅:《姜寨遗址图》用 2.5cm＝25m 的缩尺,则比例为 1∶1000;《半坡遗址图》(北部主要遗迹Ⅱ区)用 3cm＝2m 的缩尺,则比例为 1∶66.7。我的确佩服编者的胸有成竹,竟有这样的胆识,把远古的历史资料置于如此大比例尺的现代地图而经得起计量的考验。如果不是以史念海先生为首的这些历史地理学家们在这个地区的长期耕耘和丰富积累,是不可能获得如此成就的。

前面已经指出,《图集》由 16 个图组组成。其中汉代图共 11 幅,占总图数的 12.3%,唐代图共 18 幅,占总图数的 20.2%。这两朝的历史地图,图幅几占《图集》的 1/3。这是因为历史地图的编绘,决定于历史地理能够提供的资料。两朝图幅所占的巨大份额,说明了这座汉唐名都的实况。与地图相配合,《图集》选用了各种照片 88 帧,其中有的照片如《周原凤雏甲组建筑基址》、《史墙盘及铭文》等,都是十分珍贵的。每幅地图都有简要的文字说明,继承了图文并茂的传统。整部《图集》的内容丰富多彩,但要把每个图组都加以评论显然没有可能。作为《图集》与众不同的特色,在我看来,是第二个图组,即西安市在几个不同时期的自然环境图,包括新石器时期、西周、西汉和唐的 4 幅地图。前面已经提及了《中国历史地图集》"与人文地理相比,自然地理要素的反映相对不足"。如今《西安历史地图集》在卷首就编列这个图组,使整部《图集》在学术性上显得不同凡响。

《西安市新石器时期自然环境图》是这个图组中的首幅,从另一种角度说,此图所表示的是西安市的远古原始自然环境。因为全图除了"半坡氏族部落"和"姜寨氏族部落"两种人文景观的注记符号以外,其他涉及人文的符号很少。在图例上,这种注记符号被称作"主要文化遗址及其附近粟作农业栽培植被"。能够绘入地图的这类符号,当然都是考古学的成果。当时,人类对自然的干预微乎其微,所以这实在是一幅西安市的原始自然环境图。在此图的基础上,与以后的另外 3 幅进行比较,对于研究这个地区自然环境的发展变迁和人类对于这个地区的开拓过程具有重要意义。

第二幅《西安市西周时期自然环境图》显示了人类对自然环境的初期利用和改造。地图上出现了西周的都城丰京和镐京,这是历史上在这个地区建都的发端。黄土台塬的利用已经开始。在周原之上,出现了黍稷为主的旱作农业栽培植被。人们已经懂得了河流的利用,图面上有了泾水、渭水、丰水、滴水、漆沮水等河流名称,在这些河流可以灌溉的冲积平原上,出现了黍稷与局部稻作农业栽培植被。在滴水流贯镐京处,出现了我国的最早人工湖之一——滈池。此外,人们对山岳的崇拜也已开始,所以在图面上出现了骊山和梁山的地名。总之,这个地区在我国历史上风风雨雨的过程和轰轰烈烈的场景,是从这一幅地图上开始的。

第三幅《西安市西汉时期自然环境图》清楚地说明了由于人为活动的加剧而促使这个地区自然环境迅速变迁的过程。除了首都长安以外,其他城市或者说大型聚落,在图面上已多达20多处。河流的利用扩大,八水绕长安的形势初步形成,特别是人工河渠已出现,这中间,郑国渠(泾渭渠的前身)当然是秦时遗物,但汉代开凿的白渠和成国渠也已完成。漕渠的出现是关中平原水利发展史上的重要纪录。因为人工河渠在这个地区开始从农业灌溉进入交通运输领域。农业和土地利用有了很大发展,不仅麦粟旱作农业和麦粟(局部水稻)灌溉农业有显著的扩大,并且出现了人工园林。此外,黄土台塬的利用也显著增加,西周发祥地的周原已经成为远离首都的西鄙,而与首都接近的短阴原和白鹿原绘入了图面。白鹿原上并且建立了杜陵、南陵和蓝田3座城市。这个地区自然环境的发展变迁到了西汉,已经不难在图面上看出,尽管中心聚落即首都的位置,自西周以来一直迁移不定,从西周丰镐到秦咸阳,从秦咸阳到西汉长安,从西汉长安到以后的隋唐长安,并不都在同一地点;但从自然环境综合变迁的情况观察,这幅地图所显示的迹象是,这个地区必然要成为中国历史上最早的高度发展地区,这个地区的中心城市必将成为中国最古老和稳定的古都。

第四幅《西安市唐时期自然环境图》是这个图组中最重要的一幅,因为它显示了这个地区的大规模开发和自然环境的全面变迁。第一个重要标志是中心城市在经过了1000多年的迁移以后,终于在最有利的地理位置上稳定下来,八水绕长安的形势完全形成。于是,河流冲积平原进一步得到垦殖利用。人工河渠增加(太白渠、中白渠、南白渠、升原渠等),农业获得更大的发展。第二个重要的标志是黄土台塬利用的迅速发展。在西汉图上,被开发利用的黄土台塬只有3处,但在此图上有地名的黄土台塬已多达29处,而一座崭新的、从此稳定的首都就建立在这一块被称为龙首原的高地上,它的东边紧靠着乐游原。李白词《忆秦娥》:"乐游原上清秋节,咸阳古道音尘绝。"这片都城东郊的高地,不仅是市民憩息游乐的胜地,而且是著名的交通要道。此外如凤栖原、少陵原、高阳原、细柳原等,也都是见诸唐人诗篇的著名地方。随着黄土台塬的开发带来了首都外围的繁荣发展,但是比较细心的读者也同时可以在这幅地图上看到,在诸如白鹿原、御宿川西原以及不少洪积平原和冲积平原上,自然植被开始遭到破坏。当然,这是任何一个地区在开发过程中必然要发生的现象。

在《图集》的16个图组中,当然还有不少内容精湛和表达生动的图组和图幅。但是应该指出,这一组历代自然环境图在全部《图集》中不仅别开生面,而且是画龙点睛,值得以后城市历史地图集编制者学习。而且,正由于这个图组给我的深刻印象,促使我还想提出一点或许是脱离实际的奢求,希望能看到魏晋南北朝时期和明清时期的自然环境图。因为前者是人文环境剧烈变化的时期,而后者是自然环境(自然植被)剧烈变化的时期。这个图组假使能增加这样两幅就会更臻完美。当然,这两幅图在资料搜集方面具有极大的难度。另外,在自然要素和人文要素的内容方面,也希望能适当增加,在正图边角附加一些插图的办法不知是否可以尝试。例如,利用历史气候学和物候学的研究成果,增加一些气候变迁的数值图表之类。当然,资料的搜集和整理也都存在许多困难,这无非也是我个人并不成熟的想法。

在全部《图集》中,我觉得唯一尚可商榷的问题是两幅《明西安府城图》和两幅《清西安府城图》。因为这4幅图都没有比例尺。在一部以现代技术绘制的图集中,出现了这样4幅不能计量的"彩色示意图",看来并不适合。前面曾经指出,历史地理学者大多没有使用经纬仪和大、小平板仪作业的经验,但地图绘制者应该都是这方面的行家。从这4幅示意图来看,在明清府城之内,诸如鼓楼、钟楼、碑林、大小莲花池(今莲湖公园)等许多地理实体的位置至今不变,明清两代距今不远,要测定城壕与城门的位置,估计并不困难。这座矩形府城的长、宽、面积,都是可以测出来的。这样,为这4幅图测算一种比例尺或许不是难事。假使能够如此,则全部图集的每一幅图都可以计量,不必再保留例外了。

最后提一提《图集》卷末的《地名索引》。这一份28页、1102个字头、约计有地名6500余处的《地名索引》,其编制是一件相当浩繁的工程。但是作为一部巨型地图集,这项工程是完全必需的。因为只有这样才能保证《图集》的实用性。假使没有这个《索引》,要在这样一部规模庞大的地图集中检索一个地名甚为困难。《索引》编制不易,难免有一些小的错失。例如在第169页(从13画的"福"字起,到16画的"豫"字止),天头上漏列了这一页的全部字头,而这一页的字头又特别多(83个)。另外,与此同页,"察院"(114C2)这个地名,在14画的"端履门街"下排列一次,而在15画的"颜师古宅"下又排列一次。"察"字是14画,所以在15画下的重排是错误的。但总的说来,这个《索引》是好的,我曾经作过30次的抽查,每个地名都能据《索引》在图面上查实不误。我之所以特别提及《索引》,是为了顺便在此提醒当前全国修纂地方志高潮中的方志界同仁。因为直到最近,还有许多新修方志,部头很大,但没有索引。其实,方志的索引如果同地图集的索引相比,前者要简便得多。因为方志的索引只要查出页码,而地图集的索引不仅要记录页码,并且必须记录这个地名在不同页码中的具体地理位置,实在要困难得多。

在结束这篇书评以前,我想对《西安历史地图集》写几句总结性的话。记得1995

年我在此图稿评审会议上起草的、经过会议通过的《评审意见》中的最后一段："专家们在评审过程中,对《图稿》已经取得的成就给予高度的赞赏;对《图稿》今后的清绘、印刷等环节表示极大的关注;对《西安历史地图集》的最后成功及其在国内外地图学界和其他学术界将会赢得的荣誉充满希望。"现在看来,这一段话都已经落实。面对着这样一部成就非凡、令人鼓舞的历史地图集,应该感谢和祝贺以史念海先生为首的许多西安的历史地理学家们的杰出贡献。这段话中提及对《图稿》的清绘和印刷表示极大的关注,这是当时与会专家们都感到焦虑的事。现在,《图集》终于在不长的时间中清绘和印刷完成,联系到本文前面提到的在评论专业地图时往往偏重专业工作者而忽视地图绘制工作者的倾向,最后我必须对西安地图出版社的专家和工作人员们表示由衷的感谢。

注释:

① 《评〈中国历史地图集〉》,《中国社会科学》1985 年第 4 期;《评〈北京历史地图集〉》,《历史研究》1989 年第 5 期。

原载《历史研究》1997 年第 3 期

北京地区历史早期人地关系研究的重大成果[*]
——《北京历史地图集二集》评介

　　一部反映北京地区历史早期人类活动与自然环境的地图集《北京历史地图集二集》于1997年2月由北京出版社出版。该图集由我国著名历史地理学家侯仁之教授主编。无论从北京地区历史地理研究还是从历史地理学的学科角度看,该图集都有许多特点、贡献和作出了有益的探索。

　　《二集》是《北京历史地图集一集》的姊妹篇。《一集》是表示北京地区政区沿革,以北京城自金朝建都以至民国时期的城区演变为主,主要反映北京地区有文字记载以来政区的变化和北京城发展历史的最辉煌时期的历史地理,首创了我国历史城市地理和历史区域地理图集编制。而《二集》则主要表示的是有文字直接记载以前的人类历史早期,即从距今10000年前到距今约4000年前。距今10000年前左右是北京地区新石器发现的最早时期。大约距今7500年—4000年期间,是新石器时代中期。《二集》把距今10000年—4000年期间作为表示的主要时段,这一时段的选择有着非常重要的意义。

　　从人类社会发展角度而言,距今10000年—4000年前是非常重要的历史时期。正如侯仁之教授在该《图集》前言中所阐述的编制该图集的创意:"现在这部续集的编

＊　与王守春合著。

绘,立意有所不同。目的在于上溯到有文字直接记载以前、北京地区原始农业的萌芽和最初居民点在平原上出现的时期。从整个人类生活发展史上来看,农业的萌芽乃是划时代的重大事件,是人类文明史上从旧石器时代进入新石器时代的转折点。这一客观事实,就为人地关系的研究,提出了前所未有的新课题,实际上也就是现代历史地理学研究的新起点。"应当指出,我国历史地理学传统上是以研究有文字记载以来的时段为主,而对有直接文字记载以前时段虽然也有研究,但相对来说,还显得很薄弱。而《北京历史地图集二集》用一部图集这一形式来专门地集中地表示有直接文字记载以前的历史阶段,不仅探讨和展示了这一时段的人文现象,也探讨和表现了这一时期自然环境的变化。从自然环境变迁的角度而言,距今10000年前,正是最末一次冰期之后,是全新世开始时期。气候开始转暖,雨量最丰沛时期。这一时期自然环境和人文现象以及二者的相互关系的研究,有着丰富的内容。《二集》把这一时段的研究提到作为历史地理研究的新起点这样的高度来认识,这对于我国历史地理学的发展来说,有着重大的创新,有着极为重要的意义。

新石器时期的一组图构成《图集》的主要部分。这组图除了一幅北京地区新石器时期遗址分布的总图外,另外有32个图页表示了4个新石器时代遗址的丰富内容。这4个遗址是房山县的镇江营遗址、平谷盆地的上宅遗址和北埝头遗址、昌平县的雪山遗址。其中每个遗址都有多幅图,分别表示其文化遗存、古代环境和现代环境。文化遗存是以图片和素描图表示各遗址出土的石器和陶器,分别用一页或多页表示。有关古环境的内容是用多种形式的平面图、立体图、剖面图、坐标图、表格、照片等形式表现,包括地层剖面图、矿物颗粒显微结构图、孢粉分析图、反映气候变化的曲线图、地貌平面图和地貌素描图、遥感图、实地照片和有关考古和地层年代数据等多种内容,通过不同手段和不同角度力图全面揭示各个遗址所在地方的古环境。4个遗址所在的周围地区的现代环境也予以充分的表示,而且也是用平面图、立体图、照片等多种不同形式来表示,包括遗址所在位置图、遗址所在的大范围地貌平面图和立体地貌图、地质图、周围大范围的遥感图像。这些图幅,充分、全面而又系统地反映了近年来北京地区新石器时代考古研究取得的许多重要发现和研究成果以及对新石器时期古环境研究的成果。《图集》把考古研究成果、古代地理环境和现代地理环境用不同图幅集中展示,为进行古代人文现象与地理环境关系的综合研究以及为古今地理环境的对比研究提供了很好的基础。

《图集》还专门有一组新石器时代以前时期的图。这一组图包括有北京地区石器时代年表、石器时代文化、第四纪地质图、30000年来环境演变植物证据、30000年来环境演变序列、北京地区古沼泽分布诸图页。这一组图放在新石器时代图组的前面,是新石器时期人类活动与地理环境发展演变的背景和前提。显然,这一组图将北京地区第四纪以来,特别是晚更新世以来考古研究和环境变迁研究进行了高度概括和总结。如"石器时代年表"将旧石器时代和新石器时代分别划分为早、中、晚共6个时期,以表格形式简要列出各个时期的年代、遗址和文化遗存等内容。"三万年来环境演变植物证据"图页,则绘出了北京地区晚更新世和全新世时期3个地点地层花粉图式,为进行这一时期植物与气候环境变化的综合分析和对比研究提供了方便。在"三万年来环境演变序列"图中,则是将3万年来按每千年为一时间间隔,将地层时代序列、地层剖面、孢粉组合代表类型、古动物、气候期和气温变化曲线、人类文化等诸多内容用一个大的综合图表来表示。这种将多种内容按时间顺序表示在一起的高度综合的方式,为各要素之间的相互对比,为人类文化的发展与自然环境变化的对比提供了方便、直观的图式。

另外还有一组图表示更早时期的旧石器时期人类的遗存和古环境。已有的发现表明,北京地区人类活动最早的历史可上溯到约65万年前的周口店的"北京人"。《图集》中有两幅图表示了这方面内容。这一部分内容也是作为新石器时代人类活动与环境背景的一部分,放在新石器时代图组的更前面。

上面的3组图构成了《图集》中的一个有机整体,展示了从北京地区最早有人类活动到新石器时期人类在北京地区繁衍和发展。这3组图被称为"总图(一)"。

《图集》中的另一部分,即"总图(二)",共有3幅图,即"北京地区农业萌芽"、"环境考古图"和"北京地区和周围地区文化关系示意图"。其中的第一幅图,展示了北京地区新石器时代早期农业存在的各种证据。在"环境考古图"中,表示了第四纪和全新世时期环境的主要特征和旧石器时代遗址、新石器的早、中、晚3个时期的遗址、商代与西周的遗址以及西汉时期郡县的位置。这样一幅图反映了随着环境的变迁人类遗址分布部位的变化,即在全新世的温暖湿润的早、中期,人类生活在山谷和平原的二级阶地上,而到了全新世晚期,人类向一级阶地发展的过程。"北京地区和周围地区文化关系示意图"则用图解示意的方法表示了北京地区早期人类历史的发展不是孤立的,而是和周边地区有着密切联系:在南面,和中原地区;在西北面,与河北北部、山西及内蒙古西部;在东北面,与河北东部、辽宁及内蒙古东部都有着密切联系。

在整个图集中,还有一组表示现实地理内容的图,包括中国卫星影像图、北京地区行政区划图、北京地区卫星影像图、北京地区地貌、气候、水系、土壤、植被诸图幅。这些图幅是有关现代北京地区的人文和自然的内容。这一组图放在整个图集的前面,作为序图。对于一部历史地图集来说,这一组图也是不可缺少的内容。

显然,无论从《图集》的总体来看,还是从其中的某一图幅来看,《图集》的内容都是非常丰富的。从总体看,《图集》既表示了丰富的人文内容,也表示了丰富的有关古环境的内容。其时间跨度,以距今 10000 年前至 4000 年前为主要时段,同时也适当地向更早的时期上延。从《图集》中的每一页图来看,也都包括形式和内容多种多样的图以及图表和照片,摆脱了以往地图集皆为单调的平面图的编制模式,使每一图页容纳的内容和信息量大大增加,使内容显得丰富,而且整个图页也显得生动。因此,可以说《图集》为历史地图集的编制创造了很好的经验。

在每一图页中,除了有各种形式的图和图表照片等以外,还有简短的文字,对该图页的内容作简要的说明或阐述,可谓图文并茂。

《图集》中的图件绘制精美,其中还有许多文物图片,使图集又具有很高的文物价值和艺术价值。

参加《图集》编绘的有从事历史地理、环境变迁、考古、地貌和第四纪、制图等许多专业的研究人员,因此,使该图集既有高度的综合性,又有高度的科学性。

还值得提及的是,《图集》的编制者们正在筹划编制《北京历史地图集三集》。《图集二集》所表示的历史早期的人地关系,是自然环境为主导,人类的活动还不足以引起自然环境的大规模的变化。在进入有直接文字记载的历史时期,人与自然环境的关系逐渐由被动地位转向主动地位,人类的活动对自然环境在影响的范围和强度上都逐渐加强。对于这一时段北京地区的人地关系,正是《三集》所要表现的内容。这样,一集、二集和三集构成《北京历史地图集》的完整系列,将全面系统反映北京地区从远古到近代自然环境和人类活动的发展历史,全面系统反映自远古至近代北京地区人地关系发展的过程。三集的全部完成,将会作为我国历史地理研究的一个辉煌成果和发展的里程碑,对我国历史地理学的发展起着极大的促进作用。期待《图集》第三集早日问世。

原载《地理研究》1998 年第 1 期

评介英文本《徐霞客游记》[*]

我在出席有关徐学研究的学术讨论会或发表徐学文章时,常常用郦学与徐学相比。这是希望让后进的徐学研究得到较快的发展,使之与先进的郦学相颉颃,以促进徐学与郦学的共同发展。徐学比较郦学相对后进,当然有许多方面可说明,其中很重要的一方面是郦学作为一门学问,它早已国际化。法国、印度和日本等国的学者都翻译过它,许多外国汉学家都用《水经注》一书,作为他们汉学研究的依据。每年都可以读到几篇外国学者写的郦学论文。而且值得注意的是,国际上的郦学家,如第一个翻译《水经注》的法国学者沙畹(Edouard Chavannes),以《永乐大典》进行移译的印度学者师觉月(Dr. Prabodbha Chandra Bagchi) 以及国际知名的日本郦学家,即《水经注(抄)》的主译者森鹿三,此外还有不少用《水经注》做学问的外国汉学家如伯希和(P. Pelliot)、费琅(G. Ferrand)、卜弼德(P. A. Boodberg)、李约瑟(J. Needham)、佩特奇(L. Petech)^①等等,他们全是没有中国血统的地道外国人。另一方面,至少是在我涉足郦学这门学问以后,除了胡适在他的北京大学校长任上,为了庆祝北京大学建立 50 周年纪念,于 1948 年 12 月,在北大举办了一次《水经注》版本展览,展出了各种版本的《水经注》9 类 41 种以外,^②我还没有听到和参加过任何国际、国内的郦学会议或其他集体活动。

---

    * 按此书原名:*The Travel Diaries of Hsü Hsia–k'o*,应译作《徐霞客旅行日记》。

当前的徐学研究在这方面显然还不能与郦学同日而语。尽管这些年来,国内学者对此确实作了很大努力,也获得了比以往多得多的成果,并且举行过不少次有国际学者参加的学术讨论会。但或许和我的孤陋寡闻有关,我还很少看到外国学者在这方面发表文章。例如日本,我曾几次到过那里,经常在各大城市上书店,汉学研究的书籍很多,但尚未看到过有关徐学的书籍。我只知道,1991 年在桂林举行了徐霞客国际学术讨论会以后,美国匹兹堡大学地理系教授谢觉民(现已退休)在美国的一个什么刊物发表过一篇文章,由于我没有看到也没有向他索求,所以还不知道是什么内容。这说明,一门学问要为国际上的学者(主要当然是汉学家)所了解和接受,使之国际化,这中间是有一个过程的,而首先需要国内学者的努力,拿出为国际学术界赞赏的研究成果来。

正因如此,所以当我读到美国密西根大学教授李祁(Li Chi)的英文本《徐霞客游记》一书,尽管其书出于一位华人学者,我还是感到非常高兴的。对于李祁教授,我所知很少,只知道她是一位女教授,而且几年前已经去世。我在此书中获得的第一个重要的信息是,通过本书卷末的注释,让我知道,的确有一位外国学者亨利·G. 施瓦茨(Henry. G. Schwarz)编写过一本徐学文献《自然之爱:徐霞客和他的早期旅行》(*The Love of Nature: Hsü Hsia - k' o and His Early Travel*)。这是美国西北部贝灵哈姆(Bellingham)的西华盛顿州立学院的一个东亚研究课题所出版的不定期刊物 1971 年第 3 号中发表的。可惜我不曾看到,如前所说,这属于我的孤陋寡闻。

现在简单地评介一下这本英文的《徐霞客游记》。此书除卷首有一篇李祁的《序言》以外,正文以前,还有两篇专题文章,第一篇是《中国人的自然之爱》,第二篇是《徐霞客》。接着是正文,共分 14 章,包括(1)天台山、(2)雁荡山、(3)白岳、(4)黄山、(5)武夷山、(6)庐山、(7)九鲤湖、(8)嵩山、(9)华山、(10)太和山、(11)五台山、(12)恒山(山西)、(13)衡山(湖南)、(14)楚游。正文以后有一个《附录》,实际上是密西根大学教授张春树(Zhang Chun - shu)所写的一篇文章《徐霞客(1586—1641)》。李祁在序言中曾经感谢张春树慷慨地让她在此书中复印这篇文章,却未曾说明这篇文章是否发表过,发表在何处,或是未曾发表过的手稿?《附录》以后是《注释》,最后是《地图索引》,因为全书每一章都有一幅地图,图面上只有英文,这个《索引》是英、中对照的。

《序言》有几项说明是读者必须了解的。首先,正文 14 章,是根据 1928 年商务印书馆出版的、丁文江编的《徐霞客游记》翻译的。对于这个英译本的工作,是编译者 1953 年—1954 年在柏克莱的时候做成的,其中一部分曾在西华盛顿州立学院东亚研究课题所出版的不定期刊物第 3 期发表过。在《序言》中,李祁感谢了亨利·G. 施瓦茨慷慨地接受了此书,并且准备付诸出版。

《序言》有几点似乎让人不够了解。第一,说到此书有一部分曾在西华盛顿州立学院东亚研究课题所出版的不定期刊物第 3 期发表过,但没有说明是哪一年的第 3 期。因《中国人的自然之爱》一文的注释(第 233 页),亨利·G. 施瓦茨编的《自然之爱:徐霞客和他的早期旅行》曾在上述相同的不定期刊物 1971 年第 3 期发表,不知施瓦茨的文章和李祁的文章是否发表于同年同期。第二,《序言》说到这项工作是 1953 年—1954 年作成的,但此书《序言》却写于 1973 年 4 月,而版权页上写明的出版时间是 1974 年,不知为什么要拖到 20 年之久。由于《序言》提到她的这项工作计划由清华基金会和加拿大委员会提供经费,而施瓦茨又予以接受并准备出版,看来研究经费与出版都没有问题,为什么从研究工作完成以后,要这么多年才获得出版。第三,既然施瓦茨接受此书并准备出版,而《序言》又提及她的研究工作曾与不列颠哥伦比亚大学的亚洲研究系合作(按这所大学属于加拿大),则此书为什么不在美国或加拿大出版,而经过 20 年以后到香港中文大学出版。让比较仔细的读者有一种感觉,此书从完成到出版的过程中,是不是发生过什么意外的事情,而作者不愿意在《序言》中说明。

全书正文以前的第一篇是《中国人的自然之爱》。这是一篇值得推荐的、有较高学术水平的论文。由于前面已经提及,亨利·G. 施瓦茨在那种不定期刊物中发表过《自然之爱:徐霞客和他的早期旅行》。则此文内容与施瓦茨的文章是否有关,是否有可能节录该文的一部分。由于我没有读到过施瓦茨的文章,所以无法论定。这篇文章相当长,从徐霞客的旅行说起,论及中国人的自然之爱,议论的范围十分广泛,把中国人的自然之爱,从哲学和宗教诸方面进行推本溯源。诸如谢灵运在始宁③(按六朝时曾在今绍兴、上虞、嵊州 3 地间设置过一个县),柳宗元在零陵④等,实际上都是中国人在自然之爱方面的例子。引及的这类充满了自然之爱的人物还有陶潜、李白等等。引及的古代文献也很多,包括《易经》、《书经》、《诗经》、《仪礼》、《左传》、《文心雕龙》等等。为了说明中国人的自然之爱,《序言》还举出了一首"一位 3000 年前的无名作者"的诗:

　　当时我们离去,

　　垂柳清幽夹路;

　　如今我们归来,

　　雪花满天飞舞。

我不是文学家,也不是文学翻译家,只是扣住字句,把这首从中文译过去的诗又从英文译过来。有两个原因让我没有考虑到《诗经》,因为作者说此诗是"3000 年前"的作品,但《诗经》已经远不止 3000 年。另一个原因是,此篇的注释(第 234 页)提及,在美国,此诗还有另一种译本,由作家威利(Weley)译载于其《歌集》,1960 年在纽约格罗夫出版社出版。我把威利的书译作《歌集》,因为其原名是"*The Book of Songs*",而

《诗经》在《中国人的自然之爱》中译作"*The Book of Poems*"。为此,当我翻译此诗时,根本没有虑及《诗经》。这倒是应该感谢我的祖父,是这位清末的举人,在我幼年时就要我把全部《诗经》读得能背,所以我在译完此诗以后,静下来时偶然想起,此诗可能就是《诗·小雅·采薇》:

> 昔我往矣,
>
> 杨柳依依;
>
> 今我来思,
>
> 雨雪霏霏。

不过我还是把从英文译过来的这4句保留下来,这是因为第一,让没有念过《诗经》的中国读者容易理解。第二,假使李祁和威利所译的确是《诗·小雅·采薇》,那末我不妨坦率地说,二位大概都没有经过严格的中国古典文学的训练。假使把《序言》中的这4句(李祁译)和《注释》中的这4句(威利译),复原为《采薇》的这4句,我觉得这不是很公道的做法。所以还是把我紧扣李祁用英文所译的这4句保留下来为妥。

回过头来说说这首诗,内容其实很简单,从事物来说,只有杨柳、雪花;从时间来说,不过春去冬来。但对于自然景观及其变化,四句诗所表达的感情,确实是十分纯朴和深厚的,这就是中国人的自然之爱。

应该说,这开卷一篇是引人入胜的。此文之中,有自然,有人物,有文献,有哲理。以徐霞客的旅行开始,最终归结到中国人的自然之爱。所以这是一篇好文章。但是,对于一般美国人来说,读起来未免艰深了一些。我在中国和美国,都为美国的大学生讲过课;在中国,并且还带他们出去旅行参观。听我讲课的美国学生尽管我说的也是英语,但他们大都对中国和东方文化感兴趣,并有一般的了解。按我的估计,要他们读这一篇,恐怕还是一知半解的。《序言》中指出,她编译此书,主要是为了引起一般读者对中国自然风景的兴趣。对于正文《游记》部分,编译者的这种愿望是可以达到的。但对于这十分重要的第一篇,或许还应该写得更通俗一些。

全书第二篇题为《徐霞客》,这是对徐霞客的家世、出身、经历的介绍。文章开始就指出,让徐霞客其人为外国人知晓的是丁文江,因为他早在1921年就用英文发表过一篇《探险家和地理学家徐霞客》的文章,所以李祁的这篇文章显然是参考了丁文江的该文与其他如《年谱》之类的著作的。全文的大部分篇幅是介绍徐霞客毕生的旅行过程以及他作出的贡献。这篇文章对全书来说实际上是开宗明义。对于让一般外国读者了解徐霞客其人,显然具有重要作用。全文最后附了一幅《徐霞客旅游路线图》,这是前述配合正文各章的14幅地图以外的一幅。图下注明此图"采自谢觉民"。按谢觉民曾于 1958 年在台北中华文化出版事业委员会出版的《中国科学史论集》中发表过一篇《中国近代地理学开山泰斗徐霞客》一文。此图不知是否该文插图？是一幅小比例尺地图，相当粗糙，不过当时在大陆也没有出版过比较精确的这类地图，所以编译者在全书正文之首插入此图，也算差强人意。

　　在此两篇以后，全书的第一章才正式开始。也就是李祁按丁文江所编《徐霞客游记》的英文译本。我所以常常称她为编译者而不称译者，因为她除了翻译以外，还做了其他不少研究工作。从第一章到第十四章是此书的主体，在体例上都是同一格局。每章开头的第一页是一幅与该章配合的中国画，如《天台山图》、《雁荡山图》等等，画中尽可能写入《游记》提及的山水、寺观等名称，都用中文书写。文章的最后一页是一幅大比例尺的旅游线路地图，全用英文标注，图名就作《天台山》、《雁荡山》等等。在图的比例尺以上，注明其旅游这个地区的时间，例如在《天台山》图中，标明"1613 年春及 1632 年春"。图上除标明各种名胜古迹和山水地名外，还使用连续断线标出徐霞客的行进路线。除了首尾这两幅画插图以外，就是正文。正文开头有一段颇为详细的引言，如《天台山》这一章，引言篇幅要超过《游记》（包括第一次与第二次旅行）的四分之一。引言的目的当然是为了让读者对徐霞客游历的这一处名胜的自然景观和人文景观有所了解。例如《天台山》这一章的引言，开头就介绍：

　　　　东部中国的四大名山，包括本章所记的（天台山）在内，中国人较晚才有所了解。直到公元四世纪东晋王朝在建邺（南京）建都以后，这个地区的美丽自然风景，才逐渐为人们所知晓。

　　此后，导言比较详细地介绍了这个地区的自然和人文，包括曾经到过这里的名人如王羲之、支遁、孙绰等等，有关这个地区的游记文献如《游天台赋》、《昭明文选》等等，以及高僧道士如智顗、一行、葛洪，甚至刘晨、阮肇等神话人物和神话。对于一般美国读者来说，这一篇导言是容易理解和引起兴趣的。至于《游记》本文，读者在《序言》中说明是根据丁文江的本子，并且用黑体字分成两节："初访日记"、"再访日记"。又把每日开头的中国夏历折算为公历。如游天台山的第一天原文为"癸丑三月晦"，译文为"1613 年 5 月 19 日"。日期以后又有一项括注作为对读者的提示："（徐、莲舟和尚及仆从）。"这虽然为原书所无，但对外国读者也是有益的。

　　正文第十四章以后，前面已说过有一个《附录》，而实际上是张春树的一篇《徐霞客（1586—1641）》的文章。此文首先也是介绍徐霞客的出身、家庭和主要行历，接着是一篇幅颇大的《重要游历年表》，最后是罗列传抄、刊印以及与《游记》流传有关的其他人物和《游记》版本。

　　《附录》以后是《注释》，这个《注释》作得非常详细。全书 280 页，《注释》占了 38

页,是全书的 13.6% 。并且是按卷首两篇和正文十四章分别作注的。例如第二篇《徐霞客》,一共注了 61 条。外国人著书在这方面比国内讲究,这是提高书籍实用性的重要途径之一,值得我们学习。

最后是《地图索引》,把 14 幅插图的地名,按每幅地图以英文字母排列,并附列中文。这个所谓《索引》,对读者当然有一定帮助,但恕我直言,编译者想必在大学里没有念过"地图学"这门课程。因为正规的地图索引,绝非把地图上的地名按字母排列汇编,地图索引必须把每幅地图按经、纬两种方面编成方格,然后在每个地名下标注它们的方格位置,让读者可以随手找出这个地名在地图上的位置。现在,此书的所谓《地图索引》,显然是误解了英文词汇中"索引"(index)的意思。从规范的要求来说,这一部分其实是《地图地名词汇》。"词汇"(glossary)这种形式,在外文书上也是常见的。按照这种所谓"索引",读者是不可能凭它在地图上找到要找的地名的。

总的说来,把徐霞客及其《游记》作为美籍华人学者的一个研究课题。编译者不仅翻译了《游记》,并且还附加了她的许多研究成果,这样的书,对于让美国读者了解徐霞客其人、其事、其书,对于交流东西文化,都是很有价值的。书中虽然也存在某些缺点,但都属于瑕不掩瑜。对于这一种英文本《徐霞客游记》的出版和流传,显然有裨于徐学发展的国际影响,是值得赞赏的。

现在,国内已经出版了几种比丁文江本完整得多的《游记》版本,并且编绘和出版了徐霞客旅行路程的详细和精确的地图。最近又出版了《徐霞客游记全译》,这些对徐学研究的国际化都是有利条件。希望与郦学一样,徐学这门新兴的学问,也能更快地扩展它在国际学术界的影响。

注释:

① 佩奇应该列为国际郦学家,因为他在著作中大量依靠《水经注》,例如他曾在意大利出版的《罗马东方丛书》(*Serie Orientale Roma*)中出版过(1950 年)《以水经注为根据的北印度研究》一书,即是其例。

② 参阅拙著《民国以来研究水经注之总成绩》,载《中华文史论丛》第 53 辑,1994 年。

③ 指谢灵运所撰的《山居赋》。

④ 指柳宗元所撰的《永州八记》。

原载《徐霞客研究》第 3 辑,学苑出版社 1998 年版

读《河山集》七集

　　读了史念海先生的《河山集》七集,当然有许多感想和收获,不过要为此书写一篇书评,实在相当困难。因为此书和眼下在学术圈子以外风行的各档名流的诸如"随思随想","手迹足印"等,绝不相类,这是作者在这门学问上60多年辛勤耕耘的积累。仅仅从书名来看,以《河山集》为名的论文集就已经是第七集,而在这七集以外,作者还有其他不少专著和大量论文。所以收入于《七集》的这20篇论文,都是作者毕生研究的各科课题的一项小结。对于这样一位著作等身的我国历史地理学开创人之一的前辈学者的论文集,每一篇论文都有它来历不凡的渊源,确实是不能轻易置评的。例如全书的第一篇《发挥中国历史地理学有用于世的作用》,这实际上是作者长期治学经验的浓缩。

　　史先生在今年2月21日给我的信中说:"曾记去年承嘱作一学术总结,早已铭之心怀,未敢或忘。其时北京张世林先生编集《学林春秋》,纠集80岁以上老人为之撰文,海亦在被催促之中。回忆兄台指示,因略述生平治学经历,并以之先刊登于《中国历史地理论丛》1998年第2、3两辑之中,谅已蒙过目,未知能当尊意否,如尚有差距,盼予示知,当另行写作,以期无负盛情。"这番话实在使我难以承当。我确实于去年史先生所赠《河山集》六集后写过此信,希望他能把多年治学经验写成专文,以贻惠后学。《论丛》中发表的《我与中国历史地理学的不解之缘》,即是史先生应我要求之作。而历史地理学界对此文有极高评价,《七集》首篇,即从《论丛》连载的《不解之缘》精炼而成。

　　《七集》中的第二三两文,其一是论述黄土高原主要河流的流量变迁,其二是论述西安周围诸河的流量变化。从文题来看,不过是讨论若干河流的流量问题。但懂得作者研究经历的人就能领略,因为黄河曾是史先生长期来为之呕心沥血的研究课题。尽管直到今天,我们对黄河的研究仍然需要继续深入。我在为《黄河志》第 11 卷《人文志》所写的序言中指出:"黄河是我们民族的摇篮,但同时也是我们民族的忧患。"历代以来,曾经有多少人潜心于这条河流的研究,但直到今天,我们除了看到了它"善淤、善决、善徙"的现象以外,确实还没有真正理解它的奥秘。现在,不仅是国内学者,不少海外华人学者,也都为着这条祖国的母亲河而殚精竭虑。全美华人协会会长梁恩佐教授特地前来考察了这条河流,写出了他的根治建议《让黄河水流清》的论文:但另一位华人化学家肖昕先生却针对梁恩佐的建议,写出了他的根治建议,《使黄河水更浑》。从这两篇论文中,可以说明,我们确实还没有真正掌握黄河的自然规律。我于1995 年从北美讲学回国时带回了这两篇论文加以转载,[1][2]并加上了我的一段意见:

　　　　一条高高在上的悬河,名为河流,其实已经成为南北的分水岭,而且仍在与日俱高。所以时至今日,大堤的重要性已经比历史上任何时期都显得突出。这是因为现在流域内人口的增加,生产的发展,城市的众多,较之古代已经无法比拟,而河水的含沙量和输沙量却依然如故,也就是"淤"的自然特性未曾改变,但"决"的后果已经无法承担,至于迁徙改道,当然更不可想象。在没有解决这条河流的根治方法以前,黄河必须让它稳定在这条高高在上并且与日俱高的河床上。这是一种困难的、具有风险的、但必须维持的局面。其所以困难,因为这条"悬河"还必须让它"悬"多少年,现在大家心中无底;其所以有风险,因为自然界各种特殊变异的发生,如暴雨、地震等,都非人们可以逆料。

　　应该承认,史念海先生是从历史地理学对黄河进行研究的先驱者之一,确实已经作出了重要的贡献。举个例子,如对黄河中游的切割和溯源侵蚀,我曾经在多种拙作中引及过史先生的杰出研究成果,即壶口瀑布在历史时期的后退速度。①作者对于黄河研究的许多论文,无疑是我国黄河研究史中的重要财富。

　　《七集》中篇幅最大的论文《西北地区诸长城的分布及其历史军事地理》,这是收入《七集》的核心论著之一,集内的其他若干论文如《唐代原州的木峡关和石门关》、《郦道元及其〈水经注〉中所记的高阙》以及另外几篇有关历代交通道路的论文,都属于作者历史军事地理的研究成果。历史军事地理是历史地理的重要分支学科,也是难度较大的学科。而正是史念海先生,他为这门学科建立了研究方法,并作出了重要的研究成果。在我国历史上,军事地理研究的文献实在很多,如我在拙作《前无古人的历史军事地理研究成果》一文中所说:

古往今来,不知有多少文献曾经记载和描述。诸如邸报奏折,正史地志,稗官野史,小说故事,诗词歌赋等等,可谓不一而足。其中有的描述得非常生动逼真,犹如我们今天在戏台上看到的京剧中全武行一样。其实,这些都和《三国演义》中描述的那场赤壁之战一样,实际上是一大堆道听途说,以讹传讹,加油添醋,荒诞不经的大杂烩。可博常人的一乐,但对于存史和学术研究,却实在是一种不幸的干扰。

我在该文中分析了这类历史军事地理文献之所以缺乏价值的原因,其中最主要的,就是"纸上谈兵"。而史念海先生在这门学科中建立的重要研究方法,即是与"纸上谈兵"针锋相对的,古战场实地考察。所以我在该文中指出:

如上所述,由于历史文献对于古代战争实际过程的记载和描述,基本上都是纸上谈兵,为此,在当今历史地理各分支学科中,历史军事地理的研究显得非常困难。因为文献记载没有留下当年战场实绩的第一手材料,历史军事地理研究者,纵然查遍古代文献,其结果仍然免不了纸上谈兵。我曾经撰写过《水经注与野外考察》[3]一文,推崇史念海先生在历史地理研究中,由于重视野外考察而获得卓越的成果。现在看来,用这种方法研究历史军事地理,史先生也是开创者。他在此《报告》②的《序》中记及的北宋与西夏的永乐城之战,曾于80年代的某一次聚会中告诉过我,我当时确实茅塞顿开。而现在,史先生开创的历史军事地理研究方法,已经由靳生禾、谢鸿喜二位先生在中国古代最大战役长平之战的研究中结出了前无古人的成果。

《七集》中的最后一篇《顾颉刚先生与禹贡学会》,读之令人感慨不已。史先生是顾先生的高足,是禹贡学会的元老会员,又是《禹贡半月刊》的重要作者之一。史先生撰写此文,既是义不容辞,也是非他莫属。禹贡学会和《禹贡半月刊》于近代中国历史地理的成长和发展,其作用当然是极端重要的。可惜由于抗日战争的爆发,《禹贡半月刊》仅出版了7卷82期。而时至今日,《禹贡半月刊》的传统,正由史先生主编的《中国历史地理论丛》继承和发扬光大。我曾于1990年撰写过一篇《从〈禹贡〉到〈中国历史地理论丛〉》[4]的文章。文章最后指出:

现在在国内,《论丛》已经得到历史地理学界和其他有关学术界的重视。由于中国国际图书贸易总公司承担了国外发行的任务,《论丛》在国外现在也受到了学术界的欢迎。去年冬季我应聘到日本广岛大学等校讲学,在几所大学图书馆和同行学者的家斋中看到了《论丛》,并且听到了他们对它的卓越评价和殷切希望。日本的老一辈学者还津津乐道当年的《禹贡半月刊》,而且把它与《论丛》加以联系对比。我撰此文向学术界推介《论丛》,却先从《禹贡半月刊》读起,这正是受到日本朋友的启发。现在看来,把这两种时隔半个世纪的历史地理期刊联系对比,是很有意义的。

现在,距我撰写此文已经过了 9 个年头,而《中国历史地理论丛》在这 9 年之中,在史先生的惨淡经营之下,蒸蒸日上,办得更为丰富多彩。回忆 9 年前我撰写的文章,事情更有值得感慨者,我在该文中有一段提及:

> 刊物(指《禹贡半月刊》)创刊之时,顾颉刚先生本人也不过 41 岁。作者之中,除了熊会贞一人当时已年逾古稀外,其余如钱穆、洪煨莲、谢国桢、孟森、张舍英、张国淦等,都是与顾颉刚同辈的中年学者。此外有一大批当今的知名学者,在当时都是顾颉刚先生的学生或学生一辈的青年人。例如,和顾先生共同主编《禹贡》的谭其骧先生,当时还只有 24 岁。

现在,近 9 旬之年的史先生,仍然主持着这种载誉海内外的刊物。从 1987 年创刊至今,已经出版了 12 年共 49 辑。作者从谭其骧、侯仁之、杨向奎、徐近之诸先辈开始,12 年中,已经出现了一批又一批学术界新秀。也就是说,刊物在培养中国历史地理的人才方面,也已经作出了重大的贡献。

读《河山集》七集,获益匪浅,感慨无穷。愿河山长秀,学术绵延。祝历史地理学一代宗师史念海先生健康长寿,继续带领后辈学者,为繁荣和发展这门学科做出贡献。

参考文献

[1]梁恩佐《让黄河水流清》,《黄河史志资料》1996 年第 4 期。

[2]肖昕《使黄河水更浑》,《黄河史志资料》1996 年第 4 期。

[3]陈桥驿《水经注与野外考察》,《中国历史地理论丛》1995 年第 4 期。

[4]陈桥驿《从〈禹贡〉到〈中国历史地理论丛〉》,《史学史研究》1990 年第 3 期。

注释:

① 我曾在拙著《论郦学研究及其学派的形成与发展》(《历史研究》1983 年第 6 期,又收入于《水经注研究》二集,山西人民出版社 1987 年版)、《水经注记载的瀑布》(《水经注研究》,天津古籍出版社 1985 年版)、《郦道元评传》(南京大学出版社 1994 年版)等论文和专著中,引及史念海先生有关这方面的论点。

② 指靳生禾、谢鸿喜合著《长平之战与长平古战场考察报告》,山西人民出版社 1998 年版,又收入于《黄河文化论丛》第 1 辑,此书序言为史念海先生所撰。

原载《陕西师范大学学报》1999 年第 4 期

前无古人的历史军事地理研究成果

——评《长平之战》

　　《长平之战》是历史军事地理研究中的一本前无古人的杰作。中国几千年的历史,可以说是由战争连缀起来的,我在拙作《水经注军事年表序》[①]中曾经作过统计,东周以前的不说,从周平王东迁(前770)到南朝齐武帝永明十一年(493)的1260余年中,没有战争记载超过20年的只有6次。这中间,无数场大大小小的战役,古往今来,不知有多少文献曾经记载和描述。诸如邸报奏折,正史地志,稗官野史,小说故事,诗词歌赋等等,可谓不一而足。其中有的描述得非常生动逼真,犹如我们今天在戏台上看到的京剧中的全武行一样。其实,这些都和《三国演义》中描述的那场赤壁之战一样。实际上是一大堆道听途说,以讹传讹,加油添醋,荒诞不经的大杂烩。可博常人的一粲,但对于历史和学术研究,都实在是一种不幸的干扰。

　　古代文献对战争记载和描述的失实,最主要的原因是作者没有亲历征战。历史上不曾见到哪一些将军或战士写过战争实录或回忆录,当时也没有今天的所谓随军记者之类。为此,历史上的战争,除了战争结果即最终的胜负记载属于可信外,对于战争的具体过程,从来就没有留下过第一手材料,实际上都是纸上谈兵。所以史念海先生在此书《序》上说:"纸上谈兵,如何能得到符合实际的效果?"当然,我们也不排斥历史上也曾有过少许战地的第一手材料,南朝宋戴延之的《从刘武王西征记》即是其例。[②]可惜此书历来仅有《水经注》引及,虽然引及的卷篇不少,[③]但所记均是行军见闻,并无战场实录。

古代文献对战争记载失实的另一原因，是时代和作者对交战双方好恶，即眼下常常称为"倾向性"的这种东西。因为除了战争的最终胜负这一事实不能改变以外，对于每个战役的得失和战争过程中的细节，这是可以随着时代和作者的倾向性而随意编排的。例如诸葛亮和司马懿，对于这两个多次在战场上交锋的对手，长期以来，作者和读者的倾向性都在诸葛亮这一边。因此，在这两人的交战之中，司马懿总是被描述为战败的一方。其实，如我在拙作《诸葛亮与司马懿》④一文中所议论的，对历史涉及此两人的战役进行分析，诸葛亮确实没有打过一次胜仗。而在传统京剧《失空斩》⑤中，作者对这位在街亭之战中吃了大败仗的最高指挥者竭力粉饰吹嘘。但我在该文中指出："街亭之败的主要责任在诸葛亮，斩马谡又是他把责任转嫁他所信任的大将的一种不公平的手段，两者都是令这位丞相有失颜面的事。"但是由于长期以来，人们的倾向性偏在这位刘家正统而鞠躬尽瘁的大丞相身上，所以多数人全就不知底细，极少数读史仔细的人也不想追究这类问题。这种倾向性虽然改变不了战争的结局，但是对于历史军事地理的研究却能制造许多麻烦。对古代战争记载和描述的失实，另外还有一个原因是作者投读者和观众之所好。前面已经提及过《三国演义》之类小说中对战争信口开河的胡编乱造和传统京剧中的全武行模拟战争。现在更有用特技拍摄的电影和电视片，除了伏尸遍野，血流成河的大规模厮杀以外，还可以在屏幕上表演出跨山越海，飞檐走壁的场景。曾经有一位学术界的朋友告诉我，这些东西连消遣的价值也没有。这话或许偏激，因为下里巴人毕竟有广大的市场。当然，对于学术研究来说，这些都是儿戏。

在上述 3 种对古代战争记载和描述失实的原因中，最重要的无疑是第一种，即纸上谈兵。我往年曾撰写过一篇《水经注记载的兵要地理》。⑥郦道元是一位亲自指挥过战争的人，有战场作业的切身体会，加上他的文笔生动，所以如我在该文中引述的，注文都能把历史上的战争写得栩栩如生，但其实，在《水经注》有关战争的全部记载中，他亲自考察了战争实迹的，只是卷五《河水注》中"魏攻北司州刺史毛祖德于虎牢"这一段。对此，我在拙作《井的故事》⑦中作过议论。虎牢城之战发生于北魏泰常八年（424），距郦道元之时不及百年，郦氏在注文中说："余顷因公至彼，故往寻之。"说明他并非专程考察。但即使如此，《水经注》的记载比《宋书·索虏传》中有关这次战役的记载显然翔实可靠，说明实地考察的重要。

不仅是对于古代战争，就是近代战争，没有实地考察的报道也往往背离事实。关于这方面，山西省就有现成的例子。抗日战争距今不过半个多世纪，而名噪一时的平型关之战，当年的报道就显然与实绩不符。对此，曾任解放军随军记者的刘海清先生作了实地考察,并于抗日战争50周年之际发表文章,⑧澄清了多年来以讹传讹的事实。

如上所述,由于历史文献对于古代战争实际过程的记载和描述,基本上都是纸上谈兵,为此,在当今历史地理的各分支学科中,历史军事地理的研究显得非常困难。因为文献记载没有留下当年战场实绩的第一手材料,历史军事地理研究者,纵然查遍古代文献,其结果也仍然免不了纸上谈兵,我曾经撰写过《水经注与野外考察》一文,推崇史念海先生在历史地理研究中,由于重视野外考察而获得卓越的成果。现在看来,用这种方法研究历史军事地理,史先生也是开创者。他在此书《序》中记及的北宋与西夏的永乐城之战,曾于80年代的某一次聚会中告诉过我,我当时确实茅塞顿开。而现在,史先生开创的历史军事地理研究方法,已经由靳生禾、谢鸿喜两位先生在中国古代最大战役长平之战的研究中结出了前无古人的成果。

《长平之战——中国古代最大战役研究》确实是历史军事地理研究中的一块值得称道的里程碑。此书成功的关键,无疑就是作者打破了纸上谈兵的研究传统,面对这个范围广大的古战场进行了野外实地考察,基本上掌握了这个古战场的地理形势。在这样的基础上,进一步从战争现场研究和分析交战双方的部队驻扎、后勤供应、攻守路线以及进军、战斗等种种实绩,从而对这个古战场上的全部战争过程,进行了有科学依据的复原。此书的第五、六、七、八4章,论述赵、秦两军的进军路线及其布防,廉颇、王齕的3年对峙以及赵括、白起的决战,这些都是作者在研究历史文献的基础上,到野外作了反复的分析,把纸面上的记述搬到战争现场。在这种研究过程中,当然排除过若干如史念海先生在《序》中举例的几十万人在今天只有3户人家的沟壑内作战的无稽之谈。此中种切,作者虽然没有在此书中细述,但是作过历史地理野外考察的学者,都是深有体会的。

必须着重指出的是,此书的重要成果,都已经绘入卷首的《长平之战地图》上。对此,没有修过"地图学"课程的人或许容易疏忽,这不是一幅示意图,而是有经纬坐标和比例尺的正规地图,图面上有注记符号所表达各种地理事物的位置、面积、距离等等,都是可以计算数值的。即此一端,就说明了作者在文献研究中的细致程度,更说明了反复深入的野外考察的巨大工作量。就在这一幅地图之中,让我看到作者对他们的研究成果充满信心。所以我对此书所作的"前无古人"的讲话,决不是一般书评者的信口捧场。

本书作者的学术研究,在学风上也值得表彰。他们虽然对自己的研究成果充满信心,但是也没有忽视前人的研究成果。这就是第二、三两章所收录的古代文献记载长平之战和晚近学者对这个课题发表的论文。这中间值得议论的是第三章,有些文章是研究这场战役当时列国兴衰的影响的,这属于一般的史学研究,可置勿论;也有一些是研究这场战役中的交战过程的。作者收录这些文章或许是君子不掠人之美,但我对这些文章就不敢恭维,因为它们无非是把雕板印刷上的纸上谈兵,改制成为现代人爬格子的纸上谈兵而已。当然,这些文章的作用也不宜完全抹杀,因为它们告诉历史地理学者,历史军事地理的研究,再也不能采用纸上谈兵的老一套了。

顺便说明,在历史军事地理研究以外,作为这场中国古代最大的战役,此书并且在卷末编入了对这个战役的4种《附录》有裨于开阔读者的眼界,增加读者的知识,当然是很有价值的。

全书最后编列了一个《索引》,包括人名、地名、文献3部分。《索引》是中国近代多数出版物与国际出版物脱轨的重要环节,此书能在这个我们的薄弱环节上与国际接轨,这也是值得称道的。关于《索引》的重要意义,我在拙作《地方志与索引》[10]一文中已有详细说明,这里不再赘述。

读完此书,感慨无穷,对于一种研究成果,这是前无古人;对于一场战役,却是惨绝人寰。但是这是历史上确实发生过的事实,我们不得不、而且有责任对它进行深入的研究。我在拙作《水经注军事年表序》中,最后曾说过一段话:

> 在《年表》记载的公元六世纪初以前的五百八十余条军事行动和战争资料中,除了火并、残杀、死亡和毁灭以外,也存在着扩充、建设、融合和发展的一面。当然,我们决不因为后面的这些事实而去美化和歌颂古代的战争;同样,这些事实也决不可能作为现代战争鼓吹者的理论依据。从人类的前途来说,战争总有一天要全面停止,永久的和平必然会出现:尽管现在说这句话,看来为时还早,但人类社会的这种远景是不容怀疑的。在另一方面,对于历史上的许多战争,因为它是一种历史的既成事实,我们在谴责和诅咒的同时,也该对它作出实事求是的评论。在这方面,《水经注军事年表》对我们或许是有所启发的。

从《年表》来看,长平之战(《沁水注》)以前,已经记载了有军事行动的年份达276年;在长平之战以后,《年表》记载的军事行动还有300余年。其中著名的战役有袁绍和曹操的官渡之战(《河水注》),曹操和孙权的赤壁之战(《江水注》),曹操和孙权的逍遥津之战(《施水注》),东晋与苻秦的淝水之战(《淝水注》)等。现在,《长平之战》为我们作出了一个历史军事地理研究的典范,我们当然不会奢望对中国古代的战争都能进行这样的研究,但是对于一些如《年表》所列的著名战役,我们期待着看到不同于纸上谈兵的研究成果。

注释:

①　《杭州大学学报》(哲学社会科学版)1988年第4期,又收入于《郦学新论——水经注研究

之三》,山西人民出版社 1992 年版。

② 参阅拙作(《一书多名》)(《郦学札记(七)》,《中国历史地理论丛》1995 年第 2 期),书名常作《从征记》或《西征记》,仅在《洛水注》中写及全名《从刘武王西征记》。

③ 引及此书的有《河水四》、《河水五》、《济水二》、《洛水》、《穀水》《渭水三》、《汶水》《洙水》《淄水》等卷篇。

④ 《读水经注札记(之四)》,香港《明报月刊》1990 年 11 月号。

⑤ 指《失街亭》《空城计》《斩马谡》。

⑥ 《杭州大学学报》(哲学社会科学版)1980 年第 2 期,又收入于《水经注研究》,天津古籍出版社 1985 年版。

⑦ 《读水经注札记(之七)》,香港《明报月刊》1991 年 2 月号。

⑧ 《日军入侵山西的战略与中国军队抗战》,《山西日报》1987 年 7 月 7 日。

⑨ 《郦学札记(七)》,《中国历史地理论丛》1995 年第 4 期。

⑩ 《中国地方志》1995 年第 2 期,又收入于《陈桥驿方志论集》,杭州大学出版社 1997 年版。

原载《中国图书评论》2000 年第 6 期

记一本好书的出版

我为《中华帝国晚期的城市》中译本写《后记》，迄今已有 14 年，而此书才得落实出版。译稿之所以搁置很久，我应该负很大的责任。所以必须向此书的主编和各位作者，主译和各位译者以及广大读者表示歉意。

事实的经过是这样的，我组织这部学术名著的翻译，事前是取得出版者的支持的。他们告诉我，此书将作为重点书出版。我物色了一位娴熟语言的主译和其他几位译者，经过两年多的辛勤耕耘，我又对译稿作了一次校阅，于 1984 年交稿。从此，我以为一切都是出版者的事了。加上那几年我连续出国讲课，来去匆匆，所以不再想到此书的事。还有一个原因是，在中国，像我这一辈年纪的知识分子，绝大多数都是无端被剥夺了 20 多年工作时间的，大家都有一种骤临顺境，拼搏余生的心愿。既然此书翻译已经完成，出版已经落实，我的精力需要应付其他许多工作，就没再过问此事。

记得 1985 年春新学期开始以后，我在国立大阪大学讲课，施坚雅夫妇在东京庆应大学从事研究工作，他们为了要和我们夫妇及此书中一个名篇《宁波及其腹地》的作者斯波义信夫妇团聚一次，特此从东京来到大阪过施坚雅的生日。这年 2 月 16 日，我们 3 对夫妇在大阪梅田的一家和餐馆作了一次令人难忘的叙会。知识分子见面谈论的无非就是学问，当然也谈及《中华帝国晚期的城市》中译本的事。当时我告诉他们，中译本正在排印（其实是我自己的想当然之言），而我所写的长篇书评不久也将发表。他们都为此感到高兴。

1万多字的书评《评〈中华帝国晚期的城市〉》发表于《杭州大学学报》(哲学社会科学版)1985年第1期,《新华文摘》随即在当年第8期作了转载,说明学术界对此书是重视的。我把书评寄给了施坚雅,这当然不是一篇捧场的应酬文章,议论中对这部名著的若干论点和思想方法提出了批评。但施坚雅复信对书评表示满意。书评中最后有几句话:"至于中国的读者,尽管此书原版本至今已为不少图书馆所收藏,但能够读到它和读通它的毕竟是少数。好在中译本不久就要出版,读者面顿时就会扩大……"从此以后,我自己其实也和这篇书评的读者们一样,等待着此书的出版。在漫长的时间中,有时偶然想到它,但总认为这是编排过程中的低效率问题,绝不虑及其他。

1995年我出访北美,在加拿大时就和施坚雅通了电话,并且有信件往来。承蒙他们夫妇热情地邀请我们夫妇在抵达美国后到他们家中作客。由于他们所在的达维斯城在我们的访美行程中不是顺道,而且原定的3个月出访时间已经延长到几乎半年,国内的冗杂事务催促着无法继续稽留。以致在美国的两个多月中竟挤不出聚会一次的时间,实在不胜遗憾。对于《中华帝国晚期的城市》中译本,由于我确实长期没有过问,所以还是想当然地告诉他:"差不多了。"

1995年年底我从北美返国,终于知道了书稿原来早就遭到搁置。我当然非常诧异和失望,但是应该说明,对于出版者的这样举措,我并无多少埋怨情绪。因为原来的约稿者被调往更为重要的岗位,我们是长期结交的朋友,当时,一方负责翻译,一方承担出版,都是口头上的约定,双方都没有想到有签订合同的必要。在这样的情况下,后来者不承认前人的口头承诺,这是没有什么依据可以指责的。

后来发生的事情证明了我对于书稿被长期搁置所采取的平心静气的态度是正确的。因为我完全清楚,约稿者和搁置者,无非是他们对此书的价值观的绝不相同的反映而已。这样的事既不必也不可能强求一致。而且由于我对此书的渊源和感情,要我来对这两种价值观作出评论也不会是客观的。所以最好的办法是让事态的发展来说明问题。

随着《光明日报》记者对我的访问,《中华读书报》和《联谊报》等媒体接着把此事公之于众。于是,北京、上海、南京、杭州等地的10多家出版社向我挂电话和写信,表示希望接受此书的出版。更令人感动的是河南省长垣县,这个县的县政府办公室写信给我,表示愿意承担此书的出版费用。事态的发展确实令人鼓舞,不过对于我来说,等到此书正式与学术界见面以后,这个问题或许可以明朗。对于各方面对此书的热情支持,我在此表示由衷的感谢。我还要感谢英文《中国日报》前总编陈砾先生,他自始至终,一直关心此书的出版。我当然也感谢《光明日报》记者潘剑凯先生和《联谊报》的记者杨帆先生,是他们作为记者的职业敏感和责任感,对此书作了连续采访和追踪报道,促成了这部被搁置了十多年的名著译稿的出版。

最后,我必须感谢中华书局,因为如上所述在许多出版社的热情支持之下,此书结果由中华书局出版。对此,我只能引用今年2月6日《联谊报》头条新闻的大字标题:"中华书局当仁不让。"因为这句话恰如其分地表达了这个历史悠久、成就辉煌、在国内外声誉卓著的出版社的形象,也表达了此书译者们对这个出版社的信任和崇敬。

原载《中华读书报》2001年7月4日

评《中国人口史》第三卷《宋辽金元时期》

　　复旦大学中国历史地理研究中心在历史人口地理的研究方面,已经成果累累。早在上个世纪 90 年代之初,以葛剑雄教授为首,出版了《简明中国移民史》。①从此书卷末《后记》中获悉,对中国历史人口地理的研究,在复旦大学从事已久,是在我国历史地理学泰斗、已故谭其骧先生指导下进行的。接着在上世纪 90 年代后期,6 卷本的《中国移民史》相继出版,②中国历史人口地理的研究从此进入高峰。

　　历史人口地理的研究在历史地理领域中原来是个薄弱部门。这显然是受到现代人口地理研究的影响。人口地理学是人文地理学的一个分支,但如严重敏教授在《人口居民点地理小组成立前后纪略》③一文中提及:"新中国成立后,各行各业向苏联学习,地理研究工作也大体按照苏联的模式开展。除了'经济地理学'一枝独秀外,整个人文地理学被认为资产阶级伪科学,受到批判和否定。"

　　在人文地理学被整个批判否定的情况下,人口地理学的厄运或许特别严酷。由于人口地理学与人口学的密切关系,所以在上世纪 50 年代末期马寅初被戴上"新马尔萨斯"的帽子后,地理学界对人口地理学真是谈虎色变,大家噤若寒蝉。所以严重敏教授的文章中提到 1961 年吴传钧先生在上海提出"建立人口居民点地理的观点","在当时的政治气候条件下,提出这样的看法,需要何等的勇气"!人口地理学曾经被一棍子打死的经历,当然对历史人口地理的研究发生影响。

　　在 20 年前,政治气候开始趋于宽松以后,人口地理学的研究逐渐复苏,而历史人口地理的研究,是葛剑雄教授1986年在人民出版社出版的《西汉人口地理》开端的。我在评论该书时最后说:"希望本书著者能够在西汉一代的研究基础上继续努力,把我国历代的人口地理都撰写出来,让历史人口地理这门长期停滞不前的学科获得空前的发展。"④现在,由于葛剑雄教授的擘划组织,复旦大学的学者们继续在这门学科上进行扩大和加深研究。这门在拙文中称为"长期停滞不前的学科",终于复苏,而且获得了重要的研究成果。

最近我读到的是吴松弟教授所著《中国人口史·辽金宋元时期》,⑤也就是葛剑雄教授主编的这套巨帙的第三卷。虽然仅仅是粗略地通读,但已经感到收益良多,并且为历史人口地理研究的继续发展而无比高兴。首先要说明几句的是,本书之名是《中国人口史》,但我是把它作为历史人口地理的研究成果看待的。从学科的概念来说,人口史是历史学,属于史学研究中的专史一类。而人口地理学是地理学,属于地理学研究中的系统地理一类。但由于本书内容除了辽宋金元4个历史朝代以外,还包含大量的地域概念。全书当然重视各时代的户口统计,但是统计工作有大量是按区域运作的。全书不仅让读者获悉这个时期中国人口自然变化和机械变化的总的过程,同时也鲜明地看到每个朝代的人口分布。所有这些,都是历史人口地理的研究对象。本书当然参考了大量资料,而其中也包括了诸如正史地理志、《太平寰宇记》、《元丰九域志》等许多地理书。特别值得提出的是本书撰述的思想方法,作者在其《卷后记》中提及:"本卷打破王朝的界线,主要依据自然地理和王朝疆域、政区情况,将研究的主要范围划为16个区域,比较详尽地讨论了各区域在辽宋金元时期的人口发展过程、人口分布状况,以及影响区域人口发展的自然因素和人文因素,便于学术界认识当时各区域的历史。"作者的这种研究方法是非常成功的,但这种研究方法实际上就是历史地理学的研究方法。当然,仁者见仁,智者见智,由于本书所包含的大量研究成果,对许多学术领域都有价值,必将受到学术界的普遍重视,在这样的情况下,本书的学科属性或许倒是次要的了。

本书当然是中国历史人口地理研究中的一部成功之作,这有赖于作者在这个领域中的深厚学术素养和执著努力。3年以前,作者出版了《中国移民史》第四卷《辽宋金元时期》,说明了作者对历史人口地理的研究,特别是从公元10世纪初到14世纪后期的这段时期,从移民这个课题上,已经有了充分的研究。当然移民只是全部人口地理上的一种机械变化现象,正如作者在《卷后记》所说:"我深深地体会到研究人口史的难度比研究移民史要大得多。"而且,从辽宋金元这段时期和地域来说,在时间和空间两方面,也就是人口的历史演变和地理分布,都有其特殊性,确实存在很大的研究难度。这400多年,在中国历史上是一个政权一再变化的动荡时期,既是人口的机械变化特别剧烈的时期,也是民族播迁特别频繁的时期。而在地域上说,既有边疆的人口地理,也有内地的人口地理。难怪作者在《卷后记》说了"辽宋金元人口史尤其是一块难啃的'骨头'"的话。令人鼓舞的是,作者毕竟出色地啃掉了这块"难啃的骨头"。

　　本书在断代历史人口地理的研究方法上,的确有不少突出的特色,这是值得这个领域的学者们重视的。例如对宋代人口的研究,由于作者在闰年图上花了很大的功夫,作了细致的分析比较,发现了闰年图和全国总志的关系,因此断定在宋代户口的调查统计系统之外,还存在着闰年图——地理总志这一宋代户口的汇总发布系统。作者的这一发现,为有宋一代的人口地理研究开辟了一条事半功倍的途径。经过作者查清,《元丰九域志》等总志是《宋史·地理志》文字资料和户口数字的重要来源之一,而许多"地方志的户口资料,绝大部分来自地理总志"。

　　作者的这一发现之所以重要,因为除了宋代的人口地理研究以外,对于从许多领域研究宋代的学者都是一种启发:必须重视全国总志。在大量地方志中埋头工作,要注意避免重复劳动。而且要注意来自地方志的资料,都应该与诸如《寰宇记》、《九域志》以及《舆地广记》、《舆地纪胜》、《方舆胜览》(后三者无关人口地理)等核对。从地方志中获得的若干与上述全国总志有出入的资料,当然不必放弃,因为还应考虑到已经亡佚的图经。在宋代,图经也是朝廷公开颁布修纂的。《开宝图经》虽然在《宋史·宋准传》中言之凿凿,但以后并无流传。但《祥符图经》是一部1500多卷的大书,陆游在《嘉泰会稽志序》中说:"书虽本之图经。"《嘉泰会稽志》是南宋的著名地方志,它就是据《祥符图经》修纂的,所以本书作者的论断信而有征。

　　此外,作者从元人文集中搜索南宋户口资料。对于边疆历史人口地理的研究,作者以其独特的思考和数据,对辽代的人口进行了新的估测。对于元代的人口地理,作者把历来民户、军户、匠户、站户等进行深入研究,从而对《元史·地理志》记载的户口总数和区域户口,作出了较前人更为详尽的考证。

　　对于《元史·地理志》记载的区域户口,作者在本书中特别设置《〈元史·地理志〉区域户口考》一章,用两节篇幅对各行省进行了以"路"为基础的考证,这实际上就是元代人口地理的研究。对于辽宋金元这一历史时期的人口发展过程,本书用两章讨论《北方各区域人口的发展过程》,又用两章讨论《南方各区域人口的发展过程》。这四章,从研究方法到表达形式,除了缺乏地图以外,都是完整的历史人口地理研究。

　　对于历史地理学者来说,本书第十三章《城市人口》具有很大吸引力。因为这不仅是历史人口地理学者所关注的问题,同时也是历史城市地理学者所关注的问题。这一章讨论《北宋东京人口》、《南宋临安人口》、《辽宋金元今北京人口》各节,是中外许多学者长期以来的研究热门。作者在对各家说法广征博引以后,然后发表自己的意见。譬如对北宋东京,作者最后说:"总之,北宋东京最盛时有 13.7 万户,150 万人左右。"又如南宋临安,作者最后说:"临安城外约有人口四十余万,城内人口八九十万。"这里,对于广泛介绍中外学者的研究成果方面,我认为美国著名汉学家施坚雅的说法,最好能加以补充。施坚雅曾经提出一种关于北宋开封、南宋杭州的城市人口的"稳健的保守数字":"宋人入侵前夕的开封为 85 万;蒙古人入侵前夕的杭州为 120 万。"此外,施坚雅也曾估计过全国人口数字,其中公元 1190 年的数字为 11000 万,属于本书论述的年代之中,或许也值得在相应的章节中介绍。不管上述数字的真实价值如何,由于它们都出于一本为不少学者所推崇的国际汉学名著[6],所以有必要向读者介绍。

在评论了全书以后,还想对本书在文风和文德方面的表现说几句话。对于文风,前面的议论中实已述及。本书对各种资料的谨慎筛选,扎实考证,而全书中任何一种分析论断,都做到言必有据,这样的文风,在当前确实值得提倡。《卷后记》中有几段话,不仅在文风,特别是在作者的文德方面,实在深深地感动了我。

本卷广泛吸收了国内外学术界的研究成果。我对所有在这个领域发表过论著的作者,无论观点如何,都怀着深深的敬意。即使某些论著错误的研究结论,对我的研究同样也有启发作用。

本卷尊重他人的研究成果,将他人和本人的研究予以明确的区别,既不把别人的成果改头换面成自己的,也不采用那种文中不加说明,仅于全书最后的"参考文献"列出的形式。只要引用或参考他人的成果,我必于文中或注释条中予以说明。

本卷试图在他人研究基础上有所进步,必然要分析和讨论别人的成果,或表示同意,或持不同意见,甚至加以批评。与我看法不同的学者,有的是我尊敬的师长,有的是我学术界的朋友,有的是我仰慕已久但尚未见面的学界中人。本卷对他们成果的分析和批评,完全出于学术的目的,绝不掺杂任何个人成见,并努力持就事论事、心平气和的态度。

我之所以最后引录作者的这些话,是由于看到学术界这些年来在文风和文德方面所出现的种种令人叹息的问题。仅仅从历史地理学领域来说,当年谭其骧先生在《长水集·自序》中所指出的"无视科学道德"、"宁不可叹"的现象,不仅继续发生,而且情节恶劣。有鉴于此,所以对本书评价,除了在学术上的成就以外,其所表现的文风和文德,也值得大家重视。

注释:

① 福建人民出版社 1993 年版。

② 福建人民出版社 1997 年版。

③ 吴传钧、施雅风主编《中国地理学 90 年发展回忆录》，学苑出版社 1999 年版。

④ 《历史地理》第 7 辑，上海人民出版社 1990 年版。

⑤ 复旦大学出版社 2000 年版。

⑥ *The City in Late Imperial China*，Edited by G. William Skinner，Stanford University Press，1977. 中译本，《中华帝国晚期的城市》，叶光庭等译，陈桥驿校，中华书局 2000 年版。

原载《中国图书评论》2002 年第 7 期

以史为鉴　以志明今

——写在《浙江省林业志》出版之际

　　浙江并不是林业大省，却能修纂出这样一部内容充实、资料丰富、记叙详细、图文并茂的林业志书，不论从方志的角度和林业的角度进行评价，都是不同凡响的。

　　记得1997年，中国社会科学院和中国地方志指导小组在北京举办全国地方志评比，我忝为评委，不仅事前有不少参评志书寄到我处，到北京又阅读了许多方志精品，我不知道当时有没有林业志的修纂，但在申报参评的大量志书中，却不曾看到一部林业志，因为我与林业稍有渊源，所以颇感失望。为此，对于《浙江省林业志》的修纂，我确曾寄予很大的希望，现在能够获睹这部志书的出版，实在感到欣慰。

　　我之所以对林业志(包括浙江和其他各省区的)寄予希望，因为我虽非森林学家，但对森林，曾经略见世面，并且作过点滴研究。我曾在南美巴西的赤道雨林中，花整整两天时间，跋涉于深入膝盖的落叶和腐植层中作过一次考察，目击了赤道雨林在林相学中的所谓"三层楼"现象——地下攀缘植物、树木本身以及由于树冠密集而在顶层繁殖的寄生植物群落。我曾经在北美加拿大魁北克省的大片枫树林中考察这个地区寒温带森林的生态。枫叶是加拿大的国徽和国旗，在那里，不论城乡部普遍栽种，但以魁北克最为著名。按植物分类学，其学名应该称为槭，由于槭科植物的族、科很多，所以在魁北克森林中，各种形式和颜色的枫叶都有，成为加拿大的旅游资源。我也有机会进入了美国加利福尼亚的茂林，这是由巨杉即所谓"世界爷"构成的原始密林，树身高的可达百米,到处都生长着四五个人才能合抱的巨木,树龄高达上千年,确实是森林奇观。

我当然没有关于林业的实践经验,但是在文献与地图方面,这三四十年中也做了一定的工作。历时 20 年的《国家地图集·历史地图卷》,今年起就可以以四开本的大型图集形式分册出版。我是这部图集中历史植被图组的主编,我们是从第四纪的更新世开始,一直编绘到清朝,其中最主要的就是森林变迁。为了编绘这个图组,我曾经阅读了大量历史文献,并且反复地观察了资源卫星照片和航测照片以及各地的孢粉分析和放射性碳素测年资料。我是浙江人,当然很注意浙江的森林变迁。记得前年在宁海参加一个有关徐霞客研究的学术讨论会,我在发言中曾经提及:"我曾经仔细观察过资源卫星相片、航测图和大比例尺地形图,知道在浙江东部地区,从新昌、宁海两县之界直到天台,植被保持得完整良好,按卫星相片所显示的,这是浙东沿海地带一片难得的森林。"(《撇开〈游记〉——再论徐学研究》,《徐霞客研究》第 7 辑,北京学苑出版社2001 年版)

对于古代浙江省境内的森林分布及其破坏过程,我往年曾经发表过若干论文,现在举两篇在一级刊物上发表的文稿为例,对于古代省内森林的密集程度,我在《古代绍兴地区天然森林的破坏及其对农业的影响》(《地理学报》1965 年第 2 期)一文中指出:"当时,绍兴以南的丘陵地常被称为南山(《吴越春秋》卷六),而这片森林相应被称为南林(《吴越春秋》卷九),南林的范围很大,其南部由于山地绵亘,很可能和当时浙江中南部及闽、赣等地的原始森林连成一片,"这种论断,后来在河姆渡遗址的孢粉分析中获得证实。

然而,古代浙江的原始森林,在长期的人为活动影响下,逐渐遭到破坏。这种破坏的过程,我在《历史上浙江省的山地垦殖与山林破坏》(《中国社会科学》1983 年第 4期)一文中作了论述。浙江省境内的山地丘陵要占全省面积的 70.4%,由于在山区进行垦殖相当困难,所以森林虽然遭到砍伐,但在相当长的时期中仍能保持较好的状态。从明朝后期起,由于玉米和甘薯两种粮食作物引入省境,导致了省内山地丘陵的大规模垦殖和森林的砍伐殆尽。这项研究与美籍华人学者何炳棣的《1368 年—1953 年中国人口问题研究》(哈佛大学出版社 1959 年版)的结论基本一致。

我在这三四十年中,通过文献、地图和其他有关手段,对浙江省的森林变迁作了较长时期的摸索,现在,《浙江省林业志》这部煌煌巨构,它不仅包罗了我的点滴研究,而且对全省林业作了全方位的详尽记叙。因此,它不仅是浙江省林业的一部严谨的、科学的资料书,而且在学术性方面,也有很高的价值,是一部既有广泛的实用意义,又有很高的理论水平的林业杂志。前面提及,我在 1997 年的全国地方志评比中,以没有见到一部林业志为憾。现在,假使再有一次全国性的志书评比活动,我认为《浙江省林业志》是应该受到称赞和获得荣誉的。

　　浙江省境内的森林在历史时期遭受了很大的破坏,自从玉米和甘薯引入以后,这种破坏达到了前所未有的程度。而上世纪五十年代末期,又蒙受了"大炼钢铁"、"大办食堂"等的严重损害。现在,《浙江省林业志》在有关全省林业的所有领域,作了动态的和发展的系统记叙,让我们看到,自从改革开放以来,省境以内在造林育林等方面部有了很大的发展进步。我在上述《历史上浙江省的山地垦殖与山林破坏》一文中,曾经提出人类生态学的现代科学。现在,大家都懂得,森林与耕地保持适当的比例关系,是自然环境可持续发展的重要条件。在这方面,我们显然可以从《浙江省林业志》中获得教训和收益。

原载《浙江林业》2003 年第 3 期

《秦早期发展史》对我的启发

读徐日辉教授《秦早期发展史》，思想很受启发，心情为之一畅。此书不仅是一本有创新意义的著作，特别使人感慰的是，在当今做学问的风气令人担忧的潮流中，读到这样一种笃实为学的成果，宛如让人逃离弥漫的沙尘暴，进入天朗气清的大自然，享受和畅的惠风，可以暂时忘却充斥在当今学术界从上到下的种种腐败：剽袭偷盗，假冒伪劣，以及研究基金的流弊①和某些学术领导的自以为是，随心所欲，等等。②当然，像徐著这样严肃认真，下过一番苦功的学术著作，我们也还可以举出其他若干例子，希望这样一类的研究课题和成果，能够不断增加，扩展声势，庶几以正制邪，为学术界扭转歪风，树立正气。

对于秦的早期发展史，我实在所知甚疏，徐著正是让我获得一个学习的机会，不免在此信口开河，说几句外行话。我从此书所得的启发，也就是我认为此书的优异特色，主要有下列四个方面。

第一，是这个研究课题的重要性。徐日辉教授在其《前言》中提及，他研究这个课题已有20年之久，此书是他多年在这个地区走访、踏勘、积累大量资料的力作。而我则认为，著者从事的这个研究课题，不论从历史学、地理学、民族学等等方面来说，都有特殊的重要性。因为此书论证的内容虽然是秦的早期，但历史是有连续性的，这个部族在其早期以后的发展，对于中国历史，具有石破天惊的意义。这个部族最后建立的王朝，徐著称为"大秦帝国"，而事实是，它是"中华帝国"的开端。"中华帝国"延续达

2100 余年之久,这个历史悠久、王朝嬗递的伟大帝国是由秦这个部族创建的。

　　这里需要说明几句,我是在 1985 年提出"中华帝国"这个名称的,由于我读书不多,孤陋寡闻,所以不知道在我以前,是否有学者提出过这个名称。事情是这样,上世纪 80 年代之初,由于政治气氛的稍有宽松,我与国际学术界开始有所联系,美国著名汉学家、斯坦福大学教授施坚雅(G. W. Skinner)主编的汉学名著 *The City in Late Imperial China*(斯坦福大学出版社 1977 年版)的书评,在《历史地理》创刊号发表,此书之名被译作《中国王朝时代晚期的城市》,[1]其时,施坚雅已经把此书寄赠给我,而当时我正在主持一个翻译组的工作,决定翻译这一部汉学巨著。1985 年,我应邀在日本国立大阪大学作客座教授,而施坚雅也正讲学于东京庆应大学,我们两人包括此书的作者之一日本的斯波义信教授,有机会在大阪聚会,其间也讨论了此书汉译中的一些问题,我告诉他们此书汉译书名作《中华帝国晚期的城市》,并解释从秦一统到清终结的这个长达 2000 余年的"中华帝国"的含义。他们两位都表示了对这个名称的理解和赞赏。而我为此书所写的书评随即在《杭州大学学报》当年第 1 期发表,《新华文摘》紧接着于这年第 4 期转载。这篇书评的题目就作《评〈中华帝国晚期的城市〉》。"中华帝国"之名从此正式问世。迨此书译成出版并再版,[2]"中华帝国"这个名称流遍海内外,秦是"中华帝国"的肇始,所以徐著的重要性实在不言而喻。

　　第二,此书开首几篇,都涉及秦部族的来源,提出了历史上流行的"东来说"、"西来说"等说法,并且都引前人文献,作了详细说明。对于这些有关秦人来源的说法,由于我个人并无研究,所以无法评论,但是对于著者做学问的态度和方法,我确实十分赞赏,这或许是眼下有些舞文弄墨的人值得惭愧的。因为书中对每一种说法,著者不仅详录细述,并且言必有据,而且所有引述,多是权威的。绝不像眼下流行于学术界若干人之中的,稍有心得,即沾沾自喜,而其实这种所谓"心得",前人早已提出。更有甚者,明知前人论点而故意回避不谈,以为己有。这里我不妨让大家一起重温一句王国维在《聚珍本水经注跋》(《观堂集林》卷十二)一文中所说的话:"当知学问之事,无往而不当用其忠实也。"

　　特别值得指出的是著者引及了傅斯年的《夷夏东西说》。[3]傅斯年是我生平最佩服的学者之一。他在史学及其他方面提出的不少论点,至今都仍然掷地有声。记得前几年应邀去台北"中央研究院"讲学,暇时经常去"傅斯年图书馆"(台北中研院的图书馆以傅氏命名)饱览大陆所难见的学术著作,实在应接不暇,但仍然挤时间旧书重温,读了好些傅氏著作。著者在此书中尚有一段未曾引及的,我认为也很有价值:"自东汉末以来的中国史,常常分南北,或者是政治的分裂,或者是由于北方为外族所统制。但这个现象不能倒安在古代史上。到东汉,长江流域才大发达,到孙吴时,长江流域才有独立的大政治组织。在三国时代及三国以前,政治演进,由部落到帝国,是以河、济、淮流域为地盘的,在这片大地中,地理的形势只有东西之分,并无南北之限,历史凭借地理而生,这两千年的对峙,是东西而不是南北,现在以考察古地理而为研究古史的一个道路,仍足以证明三代及近于三代之前期,大体上有东西不同的两个系统。"徐著不引此文,因为此文与其书关系不大,我则借撰此文机会录入此文,因为现在有些人研究历史地理,往往只重南北而不问东西,以供后一辈研究者的参考。

　　第三,徐著对秦人在地理上的迁移有颇详论证,而对于秦人的族源,除了对犬戎多有阐述外,并不执著于儒家所严格宗奉的诸如《礼王制》所定的汉、胡规范,实在深得我心。事实是,族群的区别当然是存在的,但也并不是稳定的。其所以不稳定,地理交流是重要的因素之一,不要说华夏、神州或中华民族,即自奉至高的汉族,也是不同族类的融合。我在拙撰《郦道元生平考》一文中曾经提出"地理大交流"这个观点,[4]并且在拙著《郦道元评传》中,[5]以赵武灵王十九年(前307)和北魏孝文帝太和十八年(494)这两个确然可考的年份,叙述地理交流和族类融合的过程:"一位汉族的著名国君赵武灵王,他甘愿冒天下之大不韪,放弃祖宗历代的传统服式,自己带头,并且要他的子民一起穿上人们所不齿的奇形怪状的夷狄服装。但事隔八个世纪,来自塞北草原的骑马民族的一支,鲜卑族的著名国君拓跋宏,于北魏太和十八年(494)正式下诏:'禁士民胡服。'……一位汉族领袖要汉人穿上胡服,而另一位胡人领袖要胡人穿上汉服,这真是一出历史喜剧,或许也可以说是历史对人们的揶揄。"我在此文中接着说:"在这一段戏剧性的时代中,中国境内的许多民族发生了接触、交流和融合的过程。这个过程是错综复杂的,这中间有战争,有和亲,有商品贸易,有文化交流,有一族对另一族的统治,有另一族对一族的反抗,等等。然后终于出现了民族的融合,伟大的中华民族终于形成。"

　　我所说的"地理大交流"和民族融合等,是指的晋永嘉之乱以后,即历史上所谓"五胡乱华"的时期。而其实,在南北朝以后,族类之间的交流和融合,仍然不断地进行,所以不久以前我在《我对清史编纂的管见》[6]一文中提及了这个问题:"我并不研究民族史,对中国漫长的历史上民族与王朝的关系实在是不甚了了。但是那年曾谈到加拿大籍华人学者陈三平在英国《皇家学会会刊》(创刊于1834年)发表的长文《继统斗争与李唐皇室的族属》,[7]后来又获悉此文获得皇家亚洲学会的 Brawis - Holliday 研究奖,说明国际汉学界对此文的重视。清王朝是满族人建立的,当然众所周知。但按照陈三平的论文,李唐也并非汉族血统。从政治文化和家庭文化看,李唐皇室实际上代表塞北草原民族传统;从政治结构和许多内外政策而言,唐朝的前半期与清朝又极相似。对于汉族来说,唐王朝和清王朝都是'非我族类'。"我之所以在这里引及拙文,主要是为了说明,徐著对嬴秦族类的议论是科学的,也是符合族群的发展实际的。

第四,徐著中有《秦早期军事力量之考察》一篇,我也深感赞赏。除了考察翔实和论证深刻外,我特别赞同全篇最后一段的总结。读了这段文字,让我回忆起往年我所撰《水经注军事年表序》[8]的最后一段结语:"如上所述,在《年表》中记载的公元六世纪以前的五百八十余条军事行动和战争资料中,除了火并、残杀、死亡和毁灭以外,也存在着扩充、建设、融合和发展的一面,当然,我们决不因为后面的这些事实而去美化和歌颂古代的战争;同样,这些事实也绝不可能作为现代战争鼓吹者的理论依据。从人类的前途来说战争总有一天要全面停止,永久的和平必然会出现。尽管现在说这句话,看来为时还早,但人类社会的这种远景是不容怀疑的。在另一方面,对于历史上的许多战争,因为它是一种历史的既成事实,我们在谴责和诅咒的同时,也应该对它作出实事求是的评价。在这方面,《水经注军事年表》对我们或许是有所启发的。"

在拙编《年表》中,涉及秦的军事行动和战争达 40 次之多,也就是徐日辉教授在这篇结论上所说的"秦人好战"。但如我所说"这是历史上的既成事实"。如《年表》所列:秦昭公二十八年,白起攻楚,"百姓随水流,死于城东者数十万,城东皆臭"(《水经·沔水注》)。又周报王五十七年的长平之战,"秦密使武安君白起攻之,括四十万众降起,起坑之于此"(《沁水注》)。这些例子,当然已在徐著所说的"多暴"以外。但是如本文开头指出的"中华帝国",即是通过这些残酷的战争而建立起来的。所以徐著此篇的结论和拙著《年表序》,实在具有同样的观点。承徐日辉教授以大作相赠,让我这个对秦早期发展史的陌生人获得一次学习的机会,从而受到启发,写出以上这样一些肤浅的随感。

参考文献

[1]《历史地理》创刊号,上海人民出版社 1981 年版。此书评系加拿大不列颠哥伦比亚大学赛明思(M. S. Samuels)所作。

[2]中华书局 2000 年版,2002 年再版.

[3]《历史语言研究所集刊》,中央研究院外编第一种《庆祝蔡元培六十五岁论文集》,民国二十二年(1933);又收入《傅孟真先生论文集》,香港龙门书店 1964 年版。

[4]《地理学报》1988 年第 3 期,收入于拙著《郦学新论——水经注研究之三》,山西人民出版社 1992 年版。

[5]《杭州大学学报》(哲学社会科学版)1988 年第 4 期。收入于拙著《郦学新

论——水经注研究之三》。

[6]《学术界》2003 年第 3 期。

[7] Sanping Chen. *Succession Struggle and the Ethnic Identity of the Tang Imperial House*, Journal of the Royal Asiatic Society, Vol. 6 No. 3, Nov. 1996.

[8]《郦学新论——水经注研究之三》，山西人民出版社 1992 年版。

注释：

① 我个人从不申请科学基金，亦不知此中内幕，却见 2001 年 1 月 14 日《中华读书报》所披露的邹承鲁院士的一席话，才算开了眼界："因为有些人不是通过科学基金的方式拿到经费，而是直接向领异要钱。现在有句流行的话叫做'小钱大评、中钱小评、大钱不评'，所谓'大评'要经过好几道手续，即使申请成功，一年也只能拿到三、五万的经费，即'小钱'；'小评'手续少一些，而经费数一年为十万左右，即'中钱'；最多'大钱'可能是上亿的，无须大家评议，由领导直接决定发放，不合理不正确的有很多。"

② 在我国，确实有些学术领导颟顸无知，不学无术，凭借官势，随心所欲。我个人从事的历史地理学所受的遭遇即是其例。这门学科的泰斗谭其骧、侯仁之两位院士和史念海教授都确认历史地理属于地理科学，中国地理学会下设有历史地理专业，我曾于 1985 年起继谭其骧院士之后担任这个专业委员会的主任达十余年之久。但从上世纪 90 年代后期起，历史地理学竟被定为历史学科的二级学科。对此，我曾撰《学论与官论——关于历史地理学的学科属性》一文，发表于《学术界》2002 年第 2 期。

原载《宁夏社会科学》2004 年第 4 期

读《亘古男儿——陆游传》有感

——兼论学术界的"伪作"

浙江人民出版社出版了一套《浙江文化名人传记丛书》，几位朋友先后送给我好几册，让我在有时间时有书可读，而且已经浏览了其中的好几册，感觉得很有启发，很受教益。所以浙江省社会科学院组织编写出版这样一套传记，确实是个好主意，这是一套很有价值的书。

说起传记，我也曾经沾过一点"虚荣"，那已是20年前的事了。当时，英国的一种传记刊物，不知怎样知道我爱好《水经注》，主编弗里曼（T. W. Freeman）写信要我为他们写一篇郦道元的传记。当时我是国际地理学会（IGU）的咨询委员，又是中国地理学会历史地理专业委员会的主任，所以就用英语写了一篇颇长的文章，他们随即发表。①弗里曼先生不久又来了信，赞扬此文很受国际地理学界的欢迎，因而随信寄赠给我一张印制精美的聘书，聘我为"国际剑桥传记中心"的"荣誉委员"。对此，当时国内的一些同行们都感到是一种光彩。

做学问的事在高层学术界是容易沟通的，弗里曼先生请我写《郦传》的事，我国地理科学界级别最高的刊物《地理学报》也知道此事，他们认为我既然用英语为外刊写稿，为什么不也为《地理学报》写一篇？这就是在此刊中当年也有我的长篇《郦道元生平考》②的缘由。而且也正因为此，上世纪90年代，南京大学匡亚明先生主编一套《中国思想家评传丛书》，他通过我的师辈谭其骧先生，要我务必写一本《郦道元评传》。③

《评传》与一般传记不同,总得有 20 多万字才能成书,而且按事前规定的体例需要编制《索引》。因为是通过我景仰的谭其骧先生转达的,我不得不勉为其难。当时正值我频频出国讲学的忙碌时期,我在国外也挤时间动笔,请与我随行的夫人帮助校核和编制《索引》,才得以按时交稿,并在两种场合获奖。④ 所以写传记的难处我是经历过的。此番读到了万斌先生主编的这样一套人物众多、卷帙浩瀚的《浙江文化名人丛书》,不仅让我溯昔抚今,不胜感慨,同时也为我们浙江省这个文化大省而感到自豪。想当年,像匡亚明先生这样著名的人物,他主编这套大书,每种都在传主之下加上《评传》,而现在,从朋友们送给我的这些浙江文化名人传记来看,其实都含有"评传"的性质,写的篇幅也不比当年的《评传》小,这或许是我们和匡老英雄所见略同吧。

有感于这套丛书的问世,所以开头说几句题外话。不过我确实已经浏览过其他的几本,但这里我想首先以我的同乡先贤陆游作为我议论的引子。因为对于陆游,不仅是我景仰的一位乡贤,在他的经历上,我也有过一点体会。《陆游传》为高利华教授所著,我与高教授熟悉,并且承她为我的研究生作过一次学位论文答辩的主席,我至今还很感谢她。她是这方面的专家,而我是外行,所以此文实在是由她的专著而引发我的一点遐思漫笔,其实并不是对《陆游传》的评论。

我自己也有一点对古代诗词的经历,因为我从小是由一位清末举人的祖父以"子曰诗云"启蒙教育的。当时那一代老年文化人开口必称"唐诗宋词汉文章",我在那个时代受教育,所以不仅读过很多,背熟不少,至今还能朗朗上口。1999 年,我应邀参加"唐诗之路国际学术讨论会",因为李白的《梦游天姥吟留别》是这次国际会议的重点,而天姥山在新昌县,所以新昌居然获得了这次国际会议的良机。我因为抗日战争胜利以后曾应聘到新昌中学(是一所高初中共 12 个班级的完全中学)当过几年教务主任,所以必然成为邀请的对象,而且我的论文《我与唐诗》⑤ 竟成为《新昌报》(当然通过我的同意)在几十篇论文中唯一刊载的一篇,让与会的中外学者人手一份。对中国唐诗爱好和有研究的国际汉学家,其中有来自美国和澳大利亚的,居然也有十几位。令人遗憾的是,几位来自南京和北京承担主持会议的唐诗专家,竟没有那一位能说英语,连国际学术会议的规范和程式也不懂。在这种情况下,由于我和这个小县的老关系,不得不出面担任翻译的任务。这实在是一次很不体面的国际会议,幸亏浙东的秀丽风景颇让这些外国学者感到满意,事情已经过去多年,也就不必再提了。不过由于我的论文被收在正式出版的文集中,所以有必要在此说明几句。我在论文中说,我从小谈诗背诗,偶或也作诗。但是由于后来的专业不在此,所以唐诗对我并非完全无用,而是常常作为我写专业论文的依据。例如我研究越州鉴湖,过去人们都认为鉴湖是在宋代被围垦湮废的,但秦系的《题镜野老所居》"树喧巢鸟出,路细荠田移",⑥ 说明鉴湖(唐朝称为镜湖）的围垦在唐朝已经出现。

现在因为读《陆游传》，所以从唐诗说到宋诗。我虽然也能背得出《剑南诗稿》中的不少篇，但是没有和唐诗那样熟悉。不过与唐诗一样，我写作专业论文，也把包括陆游在内的宋诗作为我议论事物的依据。譬如我曾经在聚落地理领域中研究过历史时期的绍兴聚落，[⑦]在论文中引用过陆游诗，例如《山行》（《剑南诗稿》卷七六）："山鸟啼孤戍，……草市少行旅。"又《游西山村》（《剑南诗稿》卷一）："山重水复疑无路，柳暗花明又一村。"这些都以陆游亲身目击为据，说明绍兴（山阴、会稽）的居民聚落，都集中在可以从事水稻和其他禾本科作物能够种植的平原地区，而占山阴、会稽两县面积47%的会稽山区，是居民很少和聚落稀疏的。

这种情况在古代浙江省全境也是一样，我在拙著《历史上浙江省的山地垦殖与山林破坏》[⑧]一文中，曾作过粗略的统计，清代以前，全省人口主要集中在杭嘉湖平原、宁绍平原、温黄平原以及内地的一些盆地如金衢盆地之中。这些平原和盆地，只占今省境面积的23.2%，而省内的山地和丘陵，面积要占今省境的70.4%。前者地狭人多，后者生齿稀少。陆游在一首自己作注的诗上说："山客已随新雁到，晚禾尚待薄霜收。"他自注此诗中的"山客"指的是山区居民。山区人口已经不多，但是由于缺乏劳动对象，以致劳动力仍然剩余，而需要在平原晚稻成熟后，下山为平原农民收获，情况可见一斑。

这种人口和聚落集中在平原的情况，到清初开始有了改变。按照清代权威志书的统计，[⑨]康熙三十二年（1713），全省人口为2710649人；但到了乾隆五十六年（1791），在不到80年的时间里，省境内人口竟跃升到22809000人，几乎增加了近7倍。这是什么原因？志书的人口统计并不错误，人口的突增，是因为居民大量拥入广大的山地丘陵。平原地少人多，庄稼人原来也很困难，只是由于山地丘陵中找不到可以种植在平原上生长的作物。明朝后期，两种对水土要求不高的粮食作物——玉米和甘薯（番薯）从美洲传入中国。[⑩]到清初已广为人知，大量传播，于是在平原上生计维艰的农民，就带了这两种可以在山区种植的作物入山，在那里安家落户，山区地域广大，于是人口就在一个不长的时期中迅速增加。这种现象，被一位定居海外的华人学者何炳棣称为"土地利用的革命"。[⑪]

引起我在本文开始就拉杂地说了我自己从事的专业，所以我对高教授和《陆游传》实在感到抱歉。不过对于陆游诗词，由于他是我崇敬的家乡先贤，还为我们留下了这样一部重量级的《剑南诗稿》，并且也是我幼年喜读和背诵的。陆游的一生，不仅入仕和作诗，而且是一位乡情深厚的长者。我记得曾在《山阴梅湖陆氏宗谱》卷一[⑫]中读到《宋渭南伯放翁公游略》记及："有《鉴湖图》、《鉴湖歌》，至今多诵之。"他对鉴湖的情操在他的诗中真是令人向往："千重不须买画图,听我长歌歌鉴湖;""柳姑庙前鱼作市,道士庄畔菱为租"。他为鉴湖绘图作诗,宋代的鉴湖情景跃然如生,他对家乡的热爱,为后代多多少少生活在海内外的越人勾起乡情。所以我虽以他的诗词作为我从事专业的依据,而其实我是深深地爱上他的诗词,并且也常常吟诵的。

现在言归正传,回到陆游这位传主上来。我很赞赏这部传记对陆游的称谓——"亘古男儿"。这实在是我们做学问和写历史的真正的陆游。他热爱家乡,写诗作词,这是他的一个方面。而其实,他毕生的满腔热忱,是倾注在恢复中原、重建完整的大宋王朝上面。"三更抚枕忽大叫,梦中夺得松亭关!"何等的真切,何等的令人激动。日有所思,夜有所梦。"三更抚枕忽大叫",说明他朝夕萦萦于怀的,其实就是这一件大事。《剑南诗稿》中收入了他的许多慷慨激昂的爱国诗词。"王师北定中原日,家祭毋忘告乃翁"。自知在有生之年已经看不到他的想望,所以在这一句诗中最后表达了他的沉重心情,对于这样的一位爱国诗人,实在让人又敬又感。

陆游是"亘古男儿"、爱国诗人,是我衷心景仰的乡贤。前面已经都说了,接下去应该转入本文议论的另外一个课题,事情说起来也有关于这位传主的,即沈园和《钗头凤》的问题。

这是像我这样一个逾八近九的老人才能亲身遇上的经历,因为事关本题,必须简单交代几句。日寇是1937年在卢沟桥发动侵略战争的,时隔一月,侵略者又在上海发动了战争。绍兴城里人害怕战争和空袭,"八一三"战争开始以后,许多人家都纷纷下乡避难,以致出现了十家九空的情状。日寇于这年11月占领了杭州,与绍兴更近了。但侵略军并不渡江,与国军形成隔江对峙的局面,绍兴城内的市面又安定并繁荣起来,这许多下乡避难的城里人,毕竟过不惯乡下生活,第二年(1938)春天又陆续回城了。但学校(指中学,当时绍兴只有4所中学)由于集中了许多学生,为了空袭之虞,先后迁出城区。我的母校——省立绍兴中学于1939年迁到诸暨枫桥附近一个叫花明泉的乡村。

敌我隔江而峙的局面延续到1939年底、1940年初(1月21日),[13]时值各校寒假,敌军忽然利用一个雪夜渡过钱塘江,随即攻占了萧山,于是绍兴城中又一时大乱(后来因为敌军只占据萧山而安定下来),而且殃及了迁在诸暨乡间的省立绍中。绍中本来以名教师众多而著于省内,但诸暨此时也已接近前线,不少名教师因此离校,或去浙南,甚至到更远的他省去了。弄得当校长的一筹莫展。当时我是初三,初中毕业班,是学校中必须配备名师的重点班级。或许是一种幸运,当时,离校址不远的一个名为全堂的村中,有一位因年老而从大学退下来的老教授杨鉴吾先生,由于他以往的一位学生当时执教于绍中,校长请他出面,硬是把杨老先生拖来,为我们这个初中毕业班讲国文(今称语文)课。所以我在初中的最后一个学期,就有幸听教授讲课了。

我是从小学高年级起就一直自学的,身在课堂,却从来都不听课,作自己安排的"作业"。但这位老迈的杨教授,因为听我说话时满口"诗曰子云",倒是非常欣赏我,常常邀我到他卧室坐坐,谈谈古文古诗。由于他知道我是绍兴人,所以谈话中不免涉及陆游。对于《钗头凤》,这是我在小学时就已经背熟而且喜爱的词篇,他告诉我,沈园和《钗头凤》不是真事。这是我第一次听到一位饱学之士对此事的意见。当时我们谈话的方面很广,涉及的诗文人物很多,所以对他在这个问题上的意见,我并不在意,或者可以说,不久就淡忘了。

在杨老先生与我读及此事以后30年,我终于听到词学界权威人士的议论,我才回忆起30年前杨老的话:沈园和《钗头凤》不是真事。其言果然不虚。不过我的另外一种想法是,沈园的故事在绍兴文化界流传已久,作为一个做学问课题,权威们的论断当然是可靠的,但是作为一个长期流传的生动故事,也不妨让它至少是在民间留存下去,不必像做学问地那样认真。说实话,以这类故事作为一种谈助,类似的事还多着呢。我的这种想法,或许杂有对家乡的情结在内,当然从做学问的角度说,这也算得上是一种等闲视之,是对做学问的失责。

有一个例子就出在我自己身上。绍兴文化界有一个民间组织"绍兴名人文化研究会"。自从改革开放以来,各地对搞点文化有了相对的自由,这类民间组织是各地多有的。绍兴是我的家乡,我虽不在那里工作,但他们要我为这类组织任个顾问或写几句什么文字之类,我一般都是承担的。2004年,这个研究会的主持人,要我为他们写几句,并希望内容能包罗"绍兴名人"这个主题。我不作较多的推敲,就随意写了一首七律:

> 绍兴之名天下知,半城河港半城诗,会稽山上传禹迹,投醪河边犒越师;兰亭修禊书集序,沈园邂逅题壁词,应接不暇山阴道,纷纷人物入青史。

这个组织有一种内部期刊,一年出几期,刊名称为《绍兴人》,是彩印的。我因为收到这类东西很多,一般都只是随便翻几页就搁置了。但想不到今年第4期,彩色封面上竟是我的半身照片,而特别是封底用了我当年题笔的这首七律。

虽然不过是一种内部期刊,但我实颇为当年随意写的这首七律感到懊悔。当年我是因为这个称为"名人文化"的民间组织要求我在内容上能够和"名人文化"相关而写下这几句的。其中"禹会会稽"(《史记》)和句践"投醪"(《水经注》引《吴越春秋》)虽然都见于典籍,但其实大家都知道无非是神话传说一类。"兰亭修禊"实有其事(但不在今兰亭),而"沈园邂逅"其实是为了律诗必须对偶而凑合的。说实话,我知道这个民间组织的成员都是当地的一般文化人,所以我的这首七律并不是按做学问的态度经过深思熟虑的,因为与初中三年级时不同,当时我已经确信沈园之事显系虚构了。

所以在此还得把沈园和《钗头凤》说明一下。我是在上世纪 50 年初期进入浙江师范学院的。当时我就发现,大学并不是一种教书和读书的场所。所以直到 2007 年我在中华书局出版的《水经注校证》卷首序中,我毫不讳言地说:"从上世纪五十年代以来,我们曾经经历过一个'读书有罪,读书人有罪'的时代。"⑭自从所谓知识分子的"思想改造"以后,各种名目的"运动"相继而来,直到 1966 年,大批知识分子关入"牛棚"。所以我们的大学在 1980 年以前,实际上没有进行过正规的教学。对于知识分子来说,"牛棚"或许是比一般监狱更可怕的地方,到了这里边的都称为"牛鬼","牛鬼"们在"牛棚"中除了苦役和各种折磨以外,能读的书只有一本——"红宝书"。建国后长期领导文学工作的韦君宜,在她晚年所著并正式出版的《思痛录》⑮说:"以后我们什么书也不念了,只念一本——《毛泽东选集》,别的书都是反动。""我从小接受的一切教育,自己推行的一切文化工作,全是百分之百的'封资修'"。韦君宜是早年从清华大学投奔延安的所谓"老延安",她尚且如此,所以不必再说我们这一批地道的"牛鬼"了。

"牛鬼"们在"牛棚"中关了五六年后,大概从 1971 年前后,分别"释放"出来,但这种"释放"绝不意味有了自由。各系"牛鬼"多是上午关在一间小房间内读"红宝书",下午服各种劳役,与"牛棚"不同的,就是晚上可以回家。对于这批有时又称"臭老九"(比"牛鬼"好听一点)的人来说,这已是上天赐予的很大恩典了。

我是地理系的,但和中文系的姜亮夫、夏承焘、王驾吾诸老住在同一个宿舍区,彼此都是毗邻。由于我实在是"子曰诗云"出身的,所以早在 1957 年住入这宿舍区时,承他们这几位前辈看得起我,臭味相投,已经经常谈学问之事了。现在,"牛鬼"们晚上可以回家,一天里有两三个小时的自由时间。所以晚餐以后,常常在姜亮夫先生家中闲聊,当然,每人口袋里都不敢忘带一本"红宝书"。谈什么?这里不必呼"万寿无疆",也不必学习"最高指示"。"臭老九"们只懂得古人古书,读韦君宜在《思痛录》中称为"封"的东西。夏承焘先生知道我是绍兴人,所以也读及《剑南诗稿》和陆游。那一次我恍然记起在初中三年级时曾经听一位老教授的国文课,并且经常和这位杨老先生闲谈。我和夏老说了那位杨教授认为沈园和《钗头凤》的故事是后来虚构的。夏老对我的这个问题回答得非常快捷干脆:"一点不错,沈园是个虚构的故事,博人一笑而已。"至于《钗头凤》,夏老的意见没有像当年杨老那样肯定,他认为可能是陆游在蜀中回忆旧事的偶作,也可能是他人的"伪作"。他说,在历史上,文学界的"伪作"是常见的。但以后夏老移居北京,他的几位嫡传高足都作了教授,他们都认为《钗头凤》是好事者的"伪作"。

　　不过为了律诗的对仗,那年为这个研究会信手写上"沈园题壁"的话,面对今年寄来的这本《绍兴人》内刊,我仍然感到有点后悔。因为在我为他们题诗的这一年,学术界揭露了一位名教授从外文书中抄袭而占为己有的丑陋事件,我应约写了《论学术腐败》[16]一文,那当然不是应酬文章。但尽管为学术期刊写论文和一个民间研究会题诗是不同性质的两码事,但事情发生在同一年,我还是感到我的这首七律不够慎重。

　　政治形势发生了很大变化,"阶级斗争为纲"被"改革开放"所取代,"牛鬼"和"臭老九"的名称没有人再提了。我或许是特别幸运的,由于语言上的方便,又由于在闭关锁国时代当局允许出口的少数高级理科刊物上发表过几篇论文,不少外国汉学家知道我,所以1980年以后,国外的讲学邀请纷至沓来。2006年10月29日的《光明日报》曾经为我作过长篇报道,最后把我的学术活动归纳为"三不主义",其中之一是,多次出国讲学,并随带夫人,但不花国家一分钱外汇。的确,一直到2002年我80岁,还偕夫人到日本京都大学等校讲学。这些年中,我确实跑了不少地方,足迹远达南美巴西。这中间,我结识了不少外国汉学家。从而发现,他们还是秉承乾嘉学风,进行各自的汉学研究,既不牵强附会,更不急功近利,不得不令人钦佩。举个例子,从上世纪60年代到70年代,当我们如韦君宜所说,只读一本书,"别的书都是反动"之时,在美国,以斯坦福大学教授施坚雅(G. W. Skinner)为首的不少国际汉学家,正在一次又一次地开会,研究历史时期的中国城市。最后终于由这些与会讨论的国际汉学家,各自撰写论文,由施坚雅整理,并写了序言和几篇他自己的研究成果,于1977年在斯坦福大学出版了 The City in Late Imperial China 一部巨构。由于我曾在《地理学报》(科学出版社出版的这类《学报》在"阶级斗争"时代是极少数允许出口的刊物)发表过几篇有关宁绍地区研究的论文,而斯坦福大学在施坚雅主持下建有一个"宁绍研究所"(纯学术性的),所以他其实很早就知道我,而当这部名闻寰宇的汉学巨构出版之时,恰逢我们国家的"开放",他就把此书寄赠给我。当年,国际汉学界的传统,都以美国亚洲学会主席为汉学界之首,这几年,他刚刚接了费正清(J. K. Fairbank)的班担任了这个职位,所以成为国际汉学界的著名人物。此书出版以后,好几个英语系统以外的国家就随即进行翻译。我们的翻译工作当然应该由我主持,由于当年出国讲学的任务正忙,但也因此有机会在国外与施坚雅本人几次见面,并且就此书的中译本问题作了一些讨论。由于此书是国际名著,当媒体发表了此书准备翻译的消息以后,不少出版社都想承担出版任务,有的甚至派人赶到杭州来与我面商。不过我最后还是选择了中华书局。因为书的内容多,必须邀集几位译者,所以拖了一些日子。我把此书的中译本定名为《中华帝国晚期的城市》,[17]初版以后随即再版,获得学术界的好评。施坚雅特意为中译本写了序言,我则为此书写了长篇《后记》。此书中收有日本汉学家斯波义信的

Ningpo and Its Hinterland(《宁波及其腹地》一文），施坚雅在《导言》中称赞这篇论文：
"斯波关于宁波的城市经济描述，在现有叙述传统的中国城市的英语著作中，很可能
是最完备的一种了。"我在《后记》中不得不指出："我必须补充施坚雅的话，在我所见
到的有关宁波城市研究的中文著作中，像斯波这样的论文，也是凤毛麟角的。"我表扬
斯波的话绝非奉承。我多次去日本，斯波研究长三角（施坚雅称为"江南金三角"），并
且能够说一口流利英语，我们成了学术好友。所以我知道他在汉学研究中所下的工
夫。为了对历史上宁波城市的研究，我知道他曾经从大阪（当时他执教国立大阪大
学）几次到北海道函馆的一个有关渔业的博物馆查阅早年渔船留下的日记和其他资
料。因为历史上主要是明清时代，日本渔船在中国近海作业，他们有到宁波补充物资
和修理船舶的，这些资料对他的研究都是很有价值的。说明外国汉学家对中国研究的
认真和精密，值得我们学习，特别是一些急功近利者应该感到惭愧。

    我用不少篇幅写这一段，记叙外国汉学家的汉学研究，这是因为也有外国汉学家，
就在沈园之中，向我提出了关于沈园和《钗头凤》的问题。那是 1986 年，一位美国普
通大学的历史系主任，却是位对浙江有兴趣并且已经出版了研究成果的，他向中国教
育部办了正式手续，带了夫人和子女来到杭州，住在我们学校的专家楼。因为有专用
的经费，学校特意备了一辆小型面包车供我们使用。那一天，我的几位助手和研究生
一起陪他到绍兴考察，在沈园门口的一块《钗头凤》石刻边上，他站下来向我提出要
求。大致是：对于这阕名词，他早已背熟，能够用汉语读得出，感到很有韵味，也很有情
感，所以他很喜欢。但毕竟是个外国人，还不完全理解它的全意，请我用英语为他译解
一番，这个要求对我实在是一种突然袭击，我的几位助手和研究生（现在有的已作了
北大教授）也都为我担心。我应该说是结结巴巴地勉强作了他要求的译解。但他频
频点首，感到很满意。于是大家进了沈园，助手和研究生们就四散去参观了，他却拉我
坐在一个亭子里，开始是感谢我的译解，接着就提出问题。大致是：中国女人"从一而
终"的习俗，据他所知是明朝才严格起来的，宋朝并不这样。离了婚，或是死了丈夫，
再嫁是普遍的。一般人不说，名人中也有例子，著名女词人李清照不就在丈夫死后再
嫁吗？陆游是个知书懂礼的士大夫，既然已经离了婚，唐婉与赵士程作了夫妻，他是个
第三者，怎么会闯进沈园来与这对夫妻喝酒？甚至在壁上题写这样的词句。而且词句
的内容也不对，婚约早已解除了，怎能说"山盟虽在"？所以他认为沈园的故事和这阕
《钗头凤》都还可以研究。

    对于一位外国汉学家，我当然把词学大师夏承焘先生的意见和盘托出。而且我也
告诉他，我完全赞同夏老的论断。

    哟！夏瞿禅教授。外国汉学家还知道夏老的大号，而且他们懂得，按中国礼俗，直

呼其名是不礼貌的。"这才不错了",他也久仰夏老的词学造诣,完全赞同夏老的论断。但是他仍然指出,中国古代有才华的人真不少,因为听了我对此词的译解,他虽然完全承认此词是后人的"伪作",但写得确实很好。

这里还要赘述几句的是,沈园的故事和《钗头凤》其词,当然是与陆游无涉的事,我在拙作《论学问与学风》⑱和另一篇《"恐诺症"——兼论科研机构与高校的体制问题》⑲中,都已经表达了我对做学问这个行业的一贯态度。但学问是学问,乡情是乡情,作为一个绍兴人,说说沈园和《钗头凤》的事,事虽虚构,却也无伤大雅。我说这话,并不是因为替"绍兴名人人文化研究会"写了那首七律解嘲,更不是对高利华教授的大作存有看法。夏瞿老的话虽然中西学者都尊重。但高教授的书,也有宋人的《老旧续闻》和《齐东野语》潜可以印证,只能说,观点不同而已。

最后我还想对历史上的不少"伪作"谈点看法,我当然是以学术界的议论为对象,不涉及官场,官场中的那些"首长"文章,洋洋洒洒的训话报告,无懈可击的精彩议论,所谓"一句顶一万句",能有几篇不是秘书和所谓"写作班子"的手笔呢? 以后也收在这批衮衮诸公的文集里,古往今来,这类"伪作"实在太多,但这些不是我所议论的,也不是我有兴趣和资格议论的,我只谈学术界的事。《钗头凤》的故事(还可以包括唐婉的应和)已经在前面说了,连西方汉学家明知其假却也认为写得哀婉动人,而一代词宗夏承焘先生则明确表态,这是一个虚构的故事。

古今"伪作"确实很多,有些"伪作"写得非常粗鄙,这类作者属于无聊文人,不是我议论的对象。但有些"伪作"却是写得很工巧的,不加研究,就可能信以为真。事情又要回到我初中三年级时有幸遇上一位老教授讲国文课的事。那两年其实是我倾全力自学英语的时期,但由于素来不习惯在课堂上听正课,所以总感到时间还有闲裕,而且整日埋头在英语中,也需要有一些调剂,由于自幼即知道的词中绝手是"二李"(李后主和李清照),犹如唐诗中的李、杜。而且幼时已经背诵过他(她)们的一些词作。当时,省立中学图书馆的藏书丰富,我就把《李后主词》(附录中包括几篇中主李璟词,记得是戴景素所编注)和《漱玉词》借出来,找一个本子,用毛笔抄录,尽管像李后主词,我已有许多早年就已背熟,但也照抄。杨老先生看到我在国文课上不听他讲课而做这类事,他已经从别的教师中听到:此人素来如此,所以也毫不介意。而且在一次到他卧室中谈话时就专谈词,实际上是他看得起我,为我讲了一课。我当时只是从兴趣出发评论"二李",例如,我认为后主词,同是《相见欢》,"林花谢了春江"这一阕,并不逊于众所传诵的"无言独上西楼"。对于李清照词,我认为大家赞赏《醉花阴》中的"莫道不消魂,帘卷西风,人比黄花瘦"。但我认为《凤凰台上忆吹箫》阕中:"惟有楼前流水,应念我终日凝眸",应该胜于前者。他对我的这类议论不置可否,只以词句各有所胜，读者各有所好一语表达他的意见。但很重要的话是，二李词在今本中也有"伪作"，读书要有辨伪能力。他举了李后主的《破阵子》："数（原本注："数"一作"四"）十年来家国，三千里地山河，凤阁龙楼连霄汉，玉树琼枝作烟萝，几曾识（原本注："识"一作"惯"）干戈。一旦归为臣虏，沈腰潘鬓消磨。最是仓皇辞庙日，教坊犹奏别离歌，挥（原本注："挥"一作"垂"）对宫娥。"[20]

我因为是个自学出身的不学无术之辈，所以毕生幸遇的恩师很少，这实是因为战争局势的突变，杨老是在情不可却情况下被硬请来应付一个学期的老人，但对我来说，确实是一位值得纪念的恩师。他看得起我，经常主动邀我到他卧室谈话，其实就是对我在学术上加以指导。沈园和《钗头凤》的事，我实在是因为乡情而不加重视的。但对李煜此词，经他一指点，我就立刻相信这是好事者的"伪作"无疑了。其实，对于这南唐后主的生平，当时我已基本清楚，金陵从六朝隋唐以来，是江南最繁华之地，他继承先人遗业，一直生活在歌舞升平的宫廷里，但作为一位人君，他虽奢靡，却能继承李璟的诗词功夫，为我国在文学上留下一宗财富。当年他被北宋羁虏，后来又被封上一个难堪的"违命侯"。他骤离金陵时，宫廷早已遭占，哪里还有"教坊"，哪里还有"宫娥"。所以此词的"伪作"实无可疑。但因收在《李后主词》集中，而且文字不错，显然是一位后来的"好事者"的作品。

顺便再举个例子。我是从幼年就自己选读《古文观止》中的若干文章的，因为祖父认为此书是杂凑，没有列入他要我必读的书目之中，不过因为常常听那时文化人说"唐诗宋词汉文章"的话，所以我选读过几篇"汉文章"，其中包括《李陵答苏武书》。那个时代的读书方法，现在称为"死记硬背"，所以篇幅不算小，也背得滚瓜烂熟。当时年幼，思想单纯，除了认为文章很好以外，也很替李陵叫屈。我读的是祖父收藏的一种木刻本，没有什么批注，而且祖父是看不起此书的。年齿稍长，开始有跑旧书摊淘旧书的嗜好，看到一本铅排本，售价便宜，随手买上了。翻读一下，知道此册是有若干名人作过批注的，而李陵篇卷末的批注是："苏子瞻谓梁齐小儿为之。"苏东坡是"八大家"之一，他的见解当然是有道理的，当时年齿稍长，读的书也较多了，细细忖度一番，此文确实是篇"伪作"。但文字写得不错，是后来的"好事者"所为，东坡称其为"小儿"，未免用词过分了。

本文从有关陆游的沈园故事和《钗头凤》开篇，几位权威人士都肯定，沈园故事是虚构的，而《钗头凤》是"伪作"。我想把有关陆游的事搁起，而议论一些"伪作"的问题。但事前也必须声明一下，半个多世纪以来，"伪作"的事很多，最权威的媒体上也常常可以见到"伪作"，有的是为了政治目的，有的是为了商业利益。我在这里议论"伪作"，只是从学术的角度，既不问政治，也不关商业。而且仅仅在学术上，自从2004

年应约写《论学术腐败》起，不过几年，比当年这位著名的王教授地位更高、声名更大的所谓"学者"们，都纷纷进入这个"伪作"的圈子中来，而这个"伪作"与填上一阕词和写一篇文章的那些好事者的"伪作"不同。那类"伪作"如我前面所说的，或许是无伤大雅。但当前这些著名"学者"的"伪作"，是一种可耻的腐败，而且眼下的情况是，这种"伪作"已经迅速发展扩散，已到了不可收拾的地步。

哈佛大学的邱成桐先生早已提出了在中国取消院士制度的建议。而我在前面提及的拙著《"恐诺症"——兼论科研机构与高校的体制问题》中，曾引及媒体中刊载的某些全国政协委员的意见：建议解散中国科学院和工程院。也有委员们提出，当前高校正尽全力从事于争取项目，求得经费，而做出来的科研成果，有95%是垃圾。不管这些委员们的意见是否完全确实，但"伪作"泛滥，这是正派的学术界人士众所共见的，实在令人痛心。我曾于2000年出版了《当代学人笔记丛书》中的一册《郦学札记》㉑曾在书内说到"那真是一个'假话世纪'"的话。当时还没有想到当前有许多学术界的名人投入这个"假话世纪"的现实。所以对于"伪作"这件事，我不想再联系现实了。

由于本文是从越地的虚构故事和越人的"伪作"谈起的，所以还是以有关越地越人的"伪作"结尾吧，越州是一个文物之邦，《钗头凤》只是一阕词篇，是否"伪作"，还有不同意见。此事也可暂时搁置。越中文献，最古老和权威的当然是《越绝书》，对于此书，我以往曾经写过几篇拙文，㉒所以不必议论。我要说的是，对于这样著名而重要的越中古籍，居然出现《续越绝书》的"伪作"，而且曾经让人莫辨真伪。

大概在10年以前，我的一位朋友蔡明先生曾笺注过一部《鸳鸯湖棹歌》，㉓请我作序。鸳鸯湖是嘉兴南湖和附近其他一些河湖的雅称，而此书就是嘉兴的清代文豪朱彝尊的作品。利用作序的机会，把《续越绝书》的真伪写入序内，因为朱彝尊完全知道此书的来历。我在序中特意指出朱彝尊著作等身，其中最主要的之一是《经义考》300卷。接着就转入所谓《续越绝书》之事：

> 清初曾经出现过一种《续越绝书》，当时人莫辨真伪，而是由朱彝尊辨明此事的。《经义考》卷二七五拟经八著录云：按《续越绝书》二卷，亡友钱稚茝避地白石樵林时所撰也。其云书得自石匣，谓是汉吴平著，蜀谯岍注，盖诡托之辞。上卷曰内传本事，吴内传德序记，子游内传外经，越绝后语，西施、郑旦外传；下卷曰越外传杂事，别传变越上，别传变越下，经内雅琴考叙传，后记。序略曰，赐记越绝成一家言，袁康接之，章句其篇，文属辞定，又何续焉。惟上纪春秋之获麟，下逮更始之元。是亦可谓好事矣。

钱稚茝（名熙）是朱彝尊的朋友，但是对于制作伪书的事，朱氏却凭其对历史负责的态度,用"是亦可谓好事矣"语加以揭露。所以《四库全书总目提要》卷六六《史部二十二》对朱彝尊的此举加以肯定和重视。《提要》说:

> 觐与尊友善,所言当实,今未见传本,其伪妄亦不待辨。以其续此书(按指《越绝书》)而作,又即托于撰书之人,恐其幸而盛传,久且乱正;又恐其或不能传,而好异者耳闻其说,且疑此书之真有续编,故附订伪于此,释来者之惑也。

《四库全书总目提要》的议论是严肃而公正的,而朱彝尊作为一位正派的学术权威,更令人崇敬。《越绝书》是一部越中的重要史书,方志学界曾称此书为我国最早的地方志,钱觐竟以此书从事"伪作"。朱彝尊是"是亦可谓好事矣"一语批评,或许是照顾了他们之间的友情的。《续越绝书》的事,不仅是对于越州,许多至今仍在从事"伪作"者的,都值得引为鉴戒。

注释:

① Chen Qiaoyi *Li Daoyuan*, Geographers: Bibliographical Studies, Malsell, London, Vol. 12, 1998.

② 《地理学报》1988 年第 3 期。

③ 南京大学出版社 1994 年版。

④ 国家教委第二届全国高校出版社优秀学术著作优秀奖,华东地区大学出版社研究会第二届优秀学术专著一等奖。

⑤ 《中国李白研究》,安徽文艺出版社 2000 年版。

⑥ 《全唐诗》四函八册。

⑦ 《历史时期绍兴地区聚落的形成与发展》,《地理学报》1980 年第 1 期,收入于《吴越文化论丛》,中华书局 1999 年版。

⑧ 《中国社会科学》1993 年第 4 期。

⑨ 《嘉庆重修一统志》卷二八一。

⑩ 玉米始见于正德《颍州志》,甘蔗始见于万历《普陀山志》。

⑪ Ho Ping-ti *Studies on the Popnlution of China*, 1368—1953, Cambridge, Harvard University Press, 1959.

⑫ 陈桥驿《绍兴地方文献考录》,浙江人民出版社 1981 年版。

⑬ 参阅姚轩卿《蠡奇随笔》卷五四,燕山出版社 2001 年版。

⑭ 《水经注校证》,中华书局,2007 年初版,2008 年再版。

⑮ 《百年人生丛书》的一种,书名《思痛录》,十月文艺出版社 1998 年版,引语在此书第 104 页。

⑯ 《学术界》2004 年第 5 期。

⑰ 叶光庭译,陈桥驿校,中华书局,2000 年初版,2002 年再版。

⑱　《杭州师范大学学报》(社会科学版)2008 年第 6 期。

⑲　《学术界》2008 年第 5 期。

⑳　拙文中所引诗词,因核对困难,多凭我的记忆,其中或有错漏之字请读者原谅并校正。

㉑　上海书店出版社 2000 年版。

㉒　如《关于(越绝书)及其作者》、《点校本越绝书序》等,均收入于《陈桥驿方志论集》,杭州大学出版社 1997 年版。

㉓　宁波出版社 1999 年版。

原载《浙江学刊》2009 年第 5 期

读《南宋都城临安》有感

　　杭州,事实上是从南宋定为"行在所"以后发展起来的,所以南宋临安确实有必要从学术上进行高层次和深度的研究,显然更有价值。由于多次、多时在日本讲课,笔者结识了彼方的不少东洋史学者,其中有好几位是专门研究南宋临安史的。我很佩服他们,因为我感到他们的研究比我们深刻,不仅成果不少,而且学术性很强。首先,他们很重视研究这座城市的基础工程,花时间编制出《宋会要辑稿》、《宋史·食货志》等书的大部头《索引》。曾任京都大学人文科学研究所教授的梅原郁,花多年时间钻研《梦梁录》,最后把此书翻译成日语,加上大量的注释,装成3巨册出版。曾任东京大学东洋研究所所长的斯波义信教授,为了研究宋都临安曾多次来到杭州考察。他在日本发表了《宋都临安的生态分区》长篇论文,附有多幅地图。其中文版在《历史地理》第1辑发表。此外,日本汉学家对南宋杭州研究的论文很多,无法一一列举。当时,我有一种不正确的想法:宋都临安在历史和地理上当然都是我们的,但在学术研究上却让他们领先了。

　　在看了徐吉军的《南宋都城临安》以后,我的想法顿时变了。最简单的表达是:宋都临安,在学术上我们也已经领先了。这部50余万言的著作,确实把这座历史名都从政治、经济、文化,直到西湖风景,一切的一切,用我的本行话来说,"历史地理",都写深了,写透了。

　　随意用"人口"作例子,历史城市人口的研究,是历史地理学中既重要又困难的课题,对于宋都临安的人口,过去在许多文献(包括国外文献)都有各种不同的说法。1980年代前后的国际首席汉学家施坚雅(G. W. Skinner)也是我的好友,其代表作《中华帝国晚期的城市》,是用多种方法推算中国中世纪不少城市的人口的,据他们推算,临安在其晚期,人口超过百万,是当时全世界人口最多的城市。施坚雅的这个论断,在国际上是颇负盛名的。但他并没有详细地列举其推算的依据,在这方面,《南宋都城临安》尽管在结论上与施坚雅没有多少差距,但在资料的丰富和分析的审慎精密等方面,都远远地超过了施坚雅。

载《中国社会科学报》2009年7月1日

关于《海侵对浙东江河文明
发展影响初探》一文的评语

    邱志荣《海侵对浙东江河文明发展影响初探》,[①]是现代人论证第四纪晚更新世以后一个区域中海陆变迁,涉及地区江河文明发展影响的值得推荐的论文。此文不仅没有偏离晚更新世以来的地学史,而且以浙东这一个地区为论证对象,充实了这个地区的地学史。论文既有内容,又有与内容符合的事实。全文把假轮虫海退(假轮虫海进的过程目前还不清楚)及至卷转虫海侵到海退的全过程和盘托出,今浙东诸平原从耕地(当然粗放)平陆,发展到浅海,又从浅海发展为沼泽地,及至现时的富庶平原,论证周详,堪称眼下古地理学的一篇好文章。而且,东南亚和日本等不少地区,卷转虫海进、海退的过程基本相仿,所以论文其实包括了更大的地域范围。至于文中列举的几个"古点"(指文中所论及小黄山、跨湖桥、河姆渡、良渚等文化遗址),虽然资料尚未完整,但这属于实际情况,以后必然还会不断增加。

    文末把舜禹传说加入,实非节外生枝,倒是增加了论文的真实性和可论性。大禹治水传说,原是南方海侵时期南人的一种幻想,但北方的汉人势力强大,他们认为这种传说可取,意占而作为"历史"。现在历史学进步,毕竟考证了这类在南方海侵时代的越人幻想,事实是,当年被汉人要去的一套(大禹治水以外还有好多),现在南人都要回来了。李仪祉《会稽大禹庙碑》对这个问题已经说得非常清楚,毋庸赘述了。

    从事这类研究,还有几点在当前是值得留心的:首先就是水资源。郦道元说"江南地卑,万流所凑",长三角地区当然就是这样。直到最近,除了城市装了自来水的"水表"外,在全国,水不作为商品的地区还很广大。已经有不少学者提出过这个问题。水(当然指淡水)虽然一滴之微,但它的价值会得以超过一切现代视为最值钱的如钻石、黄金、白银之类,虽然为时尚早,但必然终究会来到。

第二是淡水资源在地理上的分布问题。郦道元在《水经注》中引《玄中记》:"天下之多者,水也。"这是不错的,但全球的水有98%是咸水,淡水只占2%。而这全球水体2%的淡水中有88%分布在南极洲和格陵兰,在各洲陆地上的只占12%,我们称它为"陆地水"。陆地水却大部分是地下水,曾经有过不少作各种统计,一个比较普通的统计数字,是我们平常取用最方便的陆地水,即河湖水,只占这不多的12%的淡水中的0.04%(其他当然还有另外一些统计,但其中都可以察觉"陆地水"中河湖水的宝贵),这在"东南地卑,万流所凑"的水乡泽国地区,尤需引起人民的注意。

第三是第四纪的气候,是以暖期、冷期,间冰期、冰期,海侵、海退的模式轮回的。当几千年前卷转虫海退开始时,在会稽、四明山等的越人,就认为是"大禹"降临了,迫不及待地从山穷水竭地区,跨入泥泞沼泽的宁绍平原,垦殖的过程无疑是千辛万苦的。

现在要和大家招呼的是,第四纪的轮回已有明显的迹象发展到进入暖季,各地气温的普遍提高自不待言,我曾抽暇记得前年的美国报告:海面已一般提高了"6毫米"。这种变迁当然"来日方长",但由论文涉及这个课题,我们也应加以留意。

2014 年 12 月 16 日

注释:

① 邱志荣先生附注:论文已在《浙江水利水电学院学报》2016 年第 1 期发表。

本文手稿由邱志荣先生提供,据手稿整理

关于汪士铎《水经注图》

　　汪士铎《水经注图》在郦注诸图中原来是名图，但以后杨、熊师生的《水经注图》出来后就显然落后（杨熊图我原有，"文革"中被抄走），但也因此而成了稀物。此图底本是原津浦铁路的一个仓库中捡得，辗转落到山东画报出版社手中，该社专事这类出版，又知道此图珍稀，由总编亲自送到杭州请我校释。并告诉我他社有一位山东大学历史系毕业的女士，可以担任责编。我感到此图已属稀有，就接受了这个任务。顺手用这两本杭大科研处给我的本子写草稿，最后誊清寄交。

　　该图卷首有一篇丁取忠的短序。此人名不见经传，我即函往年在我处进修近一年（右派改正后）、并由我推荐出书的张步天君（后来顺利，一直升任到湖南益阳师院教授而退休），他立刻为我查明此人经历，供我注释之用。

　　校释完成后寄鲁，这位山大历史系毕业的女士，应该说校阅也颇仔细。不过却不幸出了一点她自以为不关重要的失误。卷首丁取忠序，我也作了标点，不过200字，她认为无须在寄校样时随附，竟因此造成了错误。因为《序》中提及湘抚张伟夫及"宫保"（按指胡林翼），古人作文，在此等人名上均要空出一格，通称"捺抬"。若遇圣上或更大官员，则要另起一格，即所谓"抬头"。记得我因省立绍中受敌轰炸随校下乡后，写信给我父亲。当时信首称谓，尚书"父亲大人膝下"。信内每遇提及祖父处，均另起一格"抬头"。我为此序标点时，当然知道其中空一格是"捺抬"，并非句文之断。而这位责编女士，竟以为是我偶误，改动了我的标点，把标点移到文字的"捺抬"之处。等到此书正式出版以后,我发现她竟改动了我的标点,在全书卷首就出现了错误,实在不胜遗憾。我立刻写信给她。她倒是很抱歉地于2003年5月12日给我写了复信,信上说:"(我)也知道这种表示尊敬的旧例,但当时考虑的是空格处怎样转换处理为现代标点以致有此失误。至于'益阳'误为'盆阳'(按此亦为其不把此短序寄我之误),皆因自己学识浅陋所致。先生的教训极是,自当潜心读书,增长知识。……待再版时一并改过"。从这封复信中,可以认为这位大学历史系毕业的责编,读书确实不多,但态度还是谦虚的。而对于这样本已可称为稀见的古图,毕竟是个重要的缺陷。不过此书的装帧相当特致。装帧设计者蔡立国先生是应该得到赞赏的。

从这件"捃拾"的事,让我引出一个也因此而发生的故事。不过目的是为了说明去年一位有学问,有声望的学者的责任感,溯昔抚今,值得当前特别是当官的一族知道,尽管这一族中很少有人效法的。

我从沦陷区冒了许多危险甚至是鲜血沾衣的(是另一位中枪的旅客的血,我已写入《自传》)大险进入内地,为了是想望进入大学,一个年轻人,尽管有过长时期在我祖父指导下的自学经历,但思想上总认为大学是个了不起的学府。1943年赶到江西赣州,恰逢日军为了要打通粤汉线的衡阳会战,许多从江浙预备进入川滇投考大学的青年人都滞留在赣州,而衡阳终于沦陷。于是当地的国立中正大学成为唯一可以报考的国立大学,使这所建校不久的二流大学成为这一年录取最困难的大学。我录取入校以后,填了选课表,才发现大学与中学只有坐椅的不同,也是一堂又一堂地有一位先生(当时尚无"老师"的称谓)讲课。而且向比我早入此校的绍兴中学校友打听,才知我原来希望去川滇投考的如西南联大和中央大学等,除了教授有名以外,其他情况也是这样的。于是入学后的第一个月,我这个长期来习惯于自学的人,就决定一辈子不念大学。2005年,我应约在《黄河文化论坛》第13辑(山西人民出版社)发表《关于创建世界第一流大学》一文,说明我至今仍然反对大学本科的这种教学方式。二三年前颜越虎先生应《史学史研究》所发表的《陈桥驿教授访谈录》说我念过3个月大学,这是因为当时大学生的吃和住都是政府包下来的,所以我确实在"大学"住了3个月,但不久就接到赣东一所中学的聘书,准备寒假开始即赴上饶教英语,仍然过自学生活。

当时,中正大学校长是著名经济学家萧遽,前任是更有名的生物学家胡先骕。在那里听到了一个校长胡先骕的故事,也和"捃拾"有关,因此把我的听闻写下来。国立中正大学是抗战开始后办的,因为各省都有大学,唯江西省无,本来应称江西大学,据说因省长熊式辉媚上,所以称为中正大学。也有认为用这个名称有号召力,招生容易。这些就不管他了。校部本在战时省会泰和郊区杏林,赣州的是分校。

省会照例有国民党党报《江西民国日报》,大学生中当然也有一些进步学生,其中有一些为首人物,他们经常搞一些"义演"(演出所得捐助抗敌战士),演出中必然有一些反国民党的进步戏,《民国日报》曾有一类针对这些"义演"的反调文章,与这些进步学生为难(可惜在10年前左右的杭州此校校友会中,知道这些学生有很多在1957年成了"右派")。双方都有怨气。而最终让这些进步学生获得了一个机会。

报纸在某一天要发表一篇声讨汪精卫的社论,当时称汪为"汪逆"。但那时排印用铅字,文章中"逆"字很多,需要铸字间铸出来,在正式印刷前把铸出来的这个"逆"字补进空格中去。夜班编辑认为校对已经完毕,就嘱咐一下排字工人,要他把铸字间拿来的"逆"字插进空格,然后开印。自己就回家了。但在当时,这类文章上,免不了有几处"总理"(指孙中山)和"总裁"(指蒋介石)的话,也都是用的空一格即"捺抬"的形式,夜班编辑忘记了这一点。于是,次日出版的《民国日报》社论中,就出现了几处"逆总理"和"逆总裁"。大学生随时发现,于是由这些进步学生组织,许多人呼啸进城,并且一路张贴标语:"汉奸"!《民国日报》馆闻到风声,人员立刻逃空。学生们就进入报馆,把整个报馆的一切都砸得粉碎,然后大呼口号,扬长回校。由于标语和口号中有一句话是:"省政府里有人指使"(当时省党部是无权的,并非学生们的重要对象),所以省政府及公安局等的人都不敢出面干涉。最后倒是有几位有社会声望的所谓"社会贤达"出面说了话,实在是因为夜班编辑不当心而引起的事。事情反正大家心里有数,《民国日报》在停刊好几天后就又复刊。风波实在已经过去了。但胡先骕则认为既然是中正大学学生干的事,他身为校长,责无旁贷,宣布引咎辞职。

新中国成立以后,近20年以前,由于报刊上的一篇什么报道中提及我曾在中正大学念过书,于是杭州校友会的负责人聂亨龙先生立刻亲莅舍下,在台湾和南昌的校友会随即都来信约稿,我只好为两地都写了一点,好在当时一个寝室的10位同学,我还都记得他们的姓名、籍贯和系科。从此就不断收到各地有刊物的校友会寄来的《校友通讯》。从中又知道了胡先骕的一件事。这是因为新中国成立以后,领导和人民(当然是领导的号召)都拜倒在苏联之下,高呼"苏联的今天就是我们的明天"。批判资产阶级的一切科学之说,凡事都要听苏联。但胡先骕却不然,他看出有斯大林这个大暴君撑腰的"生物学家"李森科,实在是个生物学界的骗子和流氓,因而没有屈从我们领导的高级指示。为此,在当年学部委员的名单上,早已是建国前中央研究院院士的他,竟因此而落榜。从40年代到50年代的这两件事中,可以铁证胡先骕是一位既有学问又有责任感的贤达。我们国家中,就是缺乏这样的人。

据手稿整理

我的中学生活

中学是一个人一生中的重要阶段，因为小学在孩提时度过，到高小时才稍稍懂一点事，却就毕业了。中学阶段，从初中到高中有 6 年，这 6 年，在身体上是发育成长的时候，在性格上是逐渐定型的时候，在知识上则是扩展和积累的时候。刚进初中，还是一个少年，但到了高中毕业时，已经成为一个青年，对个人、家庭和社会上的许多事情，已经有了自己的看法。尽管还不是很成熟，但在思想和抱负等方面，都已经有了一个基本轮廓了。

对我来说，中学生活就更显得重要。因为我的大学生活过分短促，中学实际上是我一生中有老师指导的最后学习阶段。直到现在，我经常使用的许多知识，特别是基础知识，多半是中学时代学到的。譬如写论文、写专著，我的语文知识和写作技巧，很多是从中学时代的国文老师那里学来的；又譬如到国外讲学，不仅讲课要用英语，指导学生讨论和一切日常生活，也都得用英语，外国学者到我的研究室进修，我还得兼任翻译，我在英语方面的写作、翻译、口语能力，很多也都是从中学时代的英语老师那里学得的。所以我的中学生活，对我实在太至关重要了。

但是，我的中学生活却是在兵荒马乱、东奔西逃中度过的。

我是 12 岁进的初中，过了我在中学阶段中唯一一年安逸生活。第二学年刚开始，抗日战争就爆发了。我的家乡在浙江绍兴。八一三上海战端开启后，日本飞机立刻就来轰炸，人心惶恐，学校停课，城里人多半逃难下乡，我就这样辍学一年。一年以后，敌我隔钱塘江对峙,局势稍稍稳定,学校复课,总算又得继续学业。但是由于敌机轰炸,学校无法在城里安身,只好搬到乡下去,生活从此就每况愈下。接着,家乡沦陷,学校迁到浙东山区,敌军经常流窜掳掠,学校就常常迁移。许多像我这样的无家可归的学生,就跟着学校到处逃难。

　　生活的艰苦是可以想见的。我念的是省立中学。浙江的省立中学,原来有5%—7%的公费生。我算是在入学考试时录取的公费生,开始时,待遇还算优厚,以后随着币值的下跌,生活就越来越苦了。城市沦陷以后,我们这些无家可归的学生,就只靠很少的一点救济金过日子。8个人一桌的伙食,经常就是一小钵没有油水的老菜叶或咸菜,人人都面有菜色,体质明显下降,有的视力锐减,有的记忆力衰退,有的疾病缠身。流行病很多,特别是疟疾、痢疾、疥疮等等,夺去了许多同学的生命。

　　学习条件当然也是极端困难的。校舍主要依靠祠堂庙宇,往往是教室缺乏窗户,寝室不蔽风雨。由于课程多,作业重,学习紧张,对于一个中学生来说,晚自修是十分重要的。但照明却是一个严重的问题。我在中学阶段的绝大部分时间,晚自修是用的两根灯草的桐油灯。不仅灯光如豆,有损目力,而且烟气极重,损害身体。每天早晨洗脸时,鼻孔中要揩出许多烟灰。此外如教科书、练习本甚至连铅笔、墨水等文具都很缺乏。只好采用其他办法,课本用油印或手抄,练习簿用粗糙的土纸自订。至于像衣服、鞋袜、毛巾、肥皂之类的日常生活用品也无不短缺。流浪的时间愈久,这方面的困难就愈加严重。衣服当然是补了又补,连几双破袜子,也得到寒冬才舍得穿着以御寒。浙东流行的一种用破布条编结的草鞋,成为足下良伴。记得有一次冬季遇到敌人流窜,我因为没有御寒的绒裤,只有两条单裤逃难,偏偏遇上大雪,山区雪深过膝,这样冻了几天,冻坏了膝盖,直到今天,每遇寒冬,双膝就要作痛,也算是中学时代留下的一个额外的纪念。

　　敌人的轰炸和流窜,是当时的最大威胁。记得我在城内读书的最后一个学期,当时是初中二年级,由于空袭频繁,我们已经采用了一清早背了小黑板到郊外上课的办法。有一天傍晚从郊外回城,看到城内已被炸得满目疮痍,校舍中也挨了好几枚炸弹,而我们班级的教室已经炸得荡然无存。有一次在浙东山区遇着敌军流窜,学生分头逃难,到指定地点集中,我们一组10几个同学正在一个集镇休息,敌机突来轰炸,镇上顿时血肉横飞,我们急忙躲到一座公路桥梁下,在腊月的刺骨冷水中浸泡了一个小时,总算幸免于难。在1942年日军打通浙赣线的大规模进攻中,浙东大部分地区为敌所占,我走投无路,最后逃回绍兴老家,但因沦陷的城内无法安身,只好在乡下游击区当了一年小学教师,待局势稍稍安定,才离开游击区继续学业。我就是这样在日本侵略军的轰炸和追逼之下,历尽各种困难,念完了高中。

　　1944年,我从高中毕业后,预备到内地投考大学,但赶到江西赣州时,日本侵略军已经攻占了衡阳,打通了粤汉线。大批从浙、闽各地和沦陷区到内地的青年学生,都被阻在赣州一带,进退为难。我总算考上了一个不必缴学费的国立大学,做了3个月大学生。因为敌军的又一次进攻,学校被迫解散,我的大学生活就昙花一现似地结束了。所以,大学生活对我实在毫无影响,而中学生活虽然在战火弥漫、颠沛流浪中度过,它对我的一生却起了十分重要的作用,虽然距今已近半个世纪,我却一直念念不忘。

　　我至今常常怀念我在中学时代的许多老师。今天,我在学术上能有点滴成就,可以为国家在培养高级人才的工作中贡献一点微薄的力量,我觉得首先要归功于我的许多中学老师。他们不仅给了我许多知识,同时还给了我作为一个人类灵魂工程师的教师以良好的榜样。我一直在省立中学念书。应该说,在战争发生以前和战争初期币值没有下跌时,省立中学教师的收入是相当高的,生活是相当优裕的。但币值的下跌和学校下乡,加上随之而来的东奔西逃的生活,许多教师,特别是家乡沦陷拖了家属的教师,他们的处境,顿时变得非常困难。有的甚至因不堪生活的折磨而自杀。记得学校在浙东诸暨山区时,理化教师徐侠君先生,因为家乡在浙西早已沦陷,他拖了一家,人口多,收入少,加上子女的疾病,使他走投无路,最后服了化学实验室的砒霜自杀。至今回忆,令人不胜感伤。

　　在这样艰难的处境下,大部分教师对他们从事的职业都并不动摇。记得初中毕业的时候,学校已经下乡,但照例还有个简单的茶话会,许多老师都到会说几句勉励和惜别的话。当时的教务主任寿棣绩先生(他是鲁迅的老师寿镜吾的嫡孙),他有肺结核病,身体十分不好,他讲话的大意是:一个当教师的人,每次参加这样的茶话会,总是既高兴又担忧,担忧的是自己的生命又减去了一年,高兴的则是我们又培养了一批人才。但后者是我们消耗了一年生命的丰硕收获,所以他甘心情愿地要把生命一年一年地贡献于他所从事的高尚事业。当然,在那个时代里,当官的人荣华富贵,做生意的人发国难财。当教师工作辛苦,生活动荡,而经济上又因物价的上涨而相当拮据。有的老师有时不免也要流露出一些内心的痛苦。但是他们很注意克制,尽量不让学生察觉他们的痛苦。记得在初中二年级,数学教师徐缓甫先生讲小代数中函数这一章时,许多学生对“$f(x)$”这个符号不理解,他为了讲清楚这个概念,打了一个通俗的比方。他说:有人说女人是男人的函数。男人当官,女人就叫太太;男人开店,女人就叫老板娘;男人当个穷教员,女人就叫师母。当时,大家一笑了之。但第二天上课时,他郑重地更正了他昨天的话。他说,昨天他关于穷教员和师母的比方完全错了。教师是高尚的职业,生活清苦点没关系,他不应打这样的比方。我当时思想上认为他作这样的更正没有必要。现在想想,这正是他教书育人、难能可贵之处。

从当时省立中学的教师队伍来看,阵容是很强的。我初中三年级时,学校已迁到诸暨乡下的一个山村里,但我记得至少有5位教师是拿着他们自己编著、正式出版的教科书给学生上课的。那就是编《高中物理学》的寿望斗先生,合编《初中新几何》的石超(雪岑)和俞鹏(卓峙)先生,编《初中算术》的蔡泽安先生。另外还有一位潘锡九先生,他虽然没有编教科书,但商务印书馆的《万有文库》中的一本《生物学》是他著作的,他就拿了此书给学生上课。有些教师虽然没有编书出书,但是他们的教学也十分精湛,是我毕生难忘的。

例如国文教师姚轩卿先生,他是全校的名教师之一,当时年纪已很高,是个老派人物,但却能紧跟时代。因为当时的课本编著于战前,而国文又不同于数理,其内容已不适合时代的要求了,于是他就自己油印了一套教材,内容主要如张苍水的书信,文天祥的《正气歌》,王炎午的几篇《祭文天祥文》等等,读了这些文章,使我们在困难中鼓起勇气,振作精神。而这些文章在文字深度和写作技巧上也都是第一流的,经过他的剖析注释,使我不仅在语言文字和写作技巧上大有长进,在考据和注释方法上也学到了不少东西。凡是他选的文章,他都是能够背诵的,上课时全神贯注地讲解,根本不看讲义,所以讲解更为生动。他讲《汉书·苏武传》,讲到“会论虞常”一段,当单于在匈奴帐幕中“剑斩虞常”以后,举刀直指苏武,苏武在这样的血腥威胁之下,大义凛然,无所畏惧。他讲得声泪俱下,满座皆惊。虽然事隔40多年,现在回忆起来,仿佛还像昨天一样。他不提倡要学生背诵课文,但经过他讲解的文章,直到今天,我都还能背得出来。

英语教师周有之先生也是全校的名教师。他上课时,绝大部分时间是做练习,要学生用英语回答他的问题和英译他口述的词句。到最后10分钟才教课文。凡是他所教的班级,学生的进步都很大。记得我在高中一年级时,敌人突然流窜到了学校附近,全校学生连夜逃难,从诸暨走100多里崎岖的山路到嵊县的分校去。我因帮助一位跛脚同学到农民家住下来,次日天亮后才走,一共四五十人,算是最后一批了。我们走后不过一个多小时,就有几十个敌军进入学校所在的村子。周先生因为不善走山路,和我两人拖在这一批人的最后,整整走了两天才到目的地。当时,虽然敌人离我们不远,枪炮声清晰可闻,但我们师生两人一路用英语谈天,有时我讲错了,或是词汇用得不得当,他都立刻指正。到分校后,我当然留下来了,他因学校不能立即复课,便继续上路回缙云壶镇去,因为他是杭州著名私立中学安定中学老校长孙信的女婿,当时,安定中学迁在壶镇,他一家都在那里。在这以前,由于他和这个省立中学的历史渊源(他已在此执教近10年了),居然辞谢了他岳父的聘书而只身跑到地临前线的诸暨来,就凭这一点,也是令人钦佩的。他在分校休息两三天后就走了,临行前把我叫去,谆谆嘱咐。他说我的词汇量大得使他吃惊,并说他在中央大学外语系的同班同学中,有些人的词汇量恐怕还不及我,叮嘱我继续努力,好自为之,将来一定能够成为一个出色的英语专家。现在回忆起来,我实在惭愧,当时,我竟没有把我偷偷念词典的事告诉他;以后,我更没有遵照他的嘱咐,努力学习英语,不仅有负他的殷切期望,没有当上一个英语专家,而且,由于记忆力的衰退,现在的词汇量,倒比高中一年级时少得多了。近年来每当在国外讲学或在国内为外国进修学者翻译,遇着内容别扭,自己觉得词不达意的时候,总要想起他当年的谆谆教导,并且从内心深处感到对他的歉疚。

此外还有不少给予我深刻印象的老师,不能一一列举了。虽然事隔多年,但他们的姓名籍贯,举止言行,音容笑貌,直到今天,我都可以清楚地回忆起来,而且由衷地感激他们。他们直到老死,都坚守在中学教学的岗位上。抗战胜利以后,我自己也当了中学教师,而且当了一个完全中学的教务主任,和他们作了同行。有时假期回乡遇着他们,我当然执礼甚恭,他们对我仍很亲切。新中国成立以后,我当了大学教师,他们仍然在杭州、绍兴各地执教。我确实怀念他们,但是由于工作忙,运动又是一个接一个,再没有机会去看望过他们,现在当然永远不可能再见到他们了。尽管他们的事迹很平凡,但他们教书育人的可贵精神,却一直铭记在我的心中。

最后谈谈我自己的学习情况。我在中学时代,学习兴趣是很广的。那时,中学课程的门类很多,我除了图画、劳作两门,因为技术实在太差,每次只能得到比及格分数好不了多少的成绩外,其余各科成绩都是不错的。我也喜欢课外活动,我爱好唱歌,还能玩弄好几种乐器,吹得一口好洞箫,又是班级的排球队员。但是我的学习方法并不好,实在不足为训。我从初中三年级起,开始偷偷地念词典,念了两年多,到高中二年级初,念完了两部词典。一部是大家熟知的《辞海》,另一部是《标准英汉词典》,在当时都算是较大的辞书。这或许是一种很笨拙的方法,但凭着年轻时代自认为记忆力不错,居然就这样做了。我在一个空的万金油盒子里装上红色印泥,还有一根二三寸长,好像现在的冰棍棒儿的小竹竿,一直带在身上,每念一个词汇,就用竹竿点上一个红点。因为词汇太多,尽管当时的记忆力确实较好,但读了后面,总不免要忘了前面,所以每次还得复习,点上第二个红点。到了高二上学期,两部词典的每个词汇,基本上都点上了两个红点。为了读这两部词典,两年多时间中,除了应付日常功课外,把所有零碎时间全都用进去了。逃难时,我把它们放在一只当时称为"警报袋"(逃空袭警报时带随身物件所用)的土布口袋中,背在肩上,以便沿途休息时可随时拿出来读。尽管这种学习方法不好,不过由于两年多时间里和它们朝夕相随,患难与共,不免发生了深厚的感情,总想千方百计地把它们保存下来。但是在那个兵荒马乱的年代里,就连这一点也很难做到。《辞海》因为有上下两册,实在太笨重,在高中二年级的一次逃难中就忍痛放弃了。英汉词典一直带到江西，在一次涉水过溪的时候，由于河底卵石极滑，我不慎跌倒水中，词典全部浸透，以后无法修复，也只好丢弃了。

岁月悠悠，韶华虚度，现在我早已是过了花甲的老人了。看看今天的中学生，能够在这样优裕安定的环境里学习，想想自己当年的中学生活，溯昔抚今，不胜感慨。今天，凡是年龄和我相似的知识分子，许多人都曾遭遇过和我相似的中学生活，所以我在那时吃一些苦头，并不算什么了不起的事情，但是对于现在的中学生来说，我把这些回忆写出来，或许会有一点教育意义。

原载《中学生丛书·中学集》，科学普及出版社 1987 年版

为学的教训

　　我是一个普通知识分子,毕生从事的,除教书以外,就是做一点研究工作和写作。教书的事容易说得清楚,我当过1年小学教师,7年中学教师,36年大学教师。研究和写作的事,由于我自己没有认真记录,日子长了,要弄清楚就比较困难。倒是别人为我做过一些整理工作。1983我应聘在日本关西大学研究生院任客座教授,偶然在大阪大学我的一位朋友的案头上看到关西大学为我铅印的著作目录(日本请客座教授一般都是经过详细的"学术调查"),目录上列载的专著(包括主编书、点校书和译书)27种和论文约150篇,1989年我第3次去日本讲学,在广岛大学开讲第一课时,首席教授森川洋先生为我作介绍,讲台上叠着我的专著(同样包括主编书等)共32种。广岛大学其实也为我编著目录,因为在广岛市长荒木武先生会见我们夫妇时,我看他手上拿着的就是一份打印的我的著作目录,显然是广岛大学向他提供的,我相信日本人编的目录,或许比我自己记录的完整,但是由于这些都属于他们对聘请外籍客座教授所作的"学术调查"的材料,不是公开的,我当然不好意思向他们要,不过他们的目录,让我这个记载自己的写作很不认真的人心中有了一个约略概念,我的写作成果,迄今专著、主编书、点校书、译书约为30余种,论文近200篇。活了将近70年,按日子算已有两万几千天,这一点成果,实在微不足道。

　　作为一个普通的知识分子,一生中的主要时间已经过去,现在来初步总结一下,谈谈自己为学的教训,或许有点点滴滴的东西可供后学参考。

　　应该承认,在我一生为学中,确实有些有利条件,当然也有许多不利条件。我的最大教训是,我没有很好的利用我的有利条件,在某种程度上,这种有利条件就转化为不利条件,因而使我走了弯路,蒙受了学业上的损失。对我自己来说,现在检查起来或许为时已晚,但对于年轻人,是值得吸取这种教训的。

　　我的主要有利条件,或许是我年轻时的较好记忆力。记得小学二年级时,祖父教我《学》、《庸》两篇。祖父喜欢用一种特制的线香计时,他花了一根线香(约1小时)工夫,很快地讲完这两篇。《大学》约有1700余字,《中庸》约有3600余字,讲完以后我就念,居然在另一根线香尚未点完时,就一字不误地背了出来。在进小学以前,祖父已经用诗词作为我的启蒙教育。在读完《学庸》以前,我已经背熟了《千家诗》、《唐诗三百首》中的绝大部分和《诗经》中的绝大部分,另外还背熟了诸如《神童诗》和《幼学琼林》一类的启蒙读物。

　　从小学到初中,这个阶段所学的,大概都是凭记忆力的东西,我是班级里的"好记性",当然占了极大的光,加上一些家学的基础,在班级里,往往与其他许多同学存在颇大的差距,尽管祖父常常以"满招损,谦受益"的话教导,但我的高傲性格,大概就是此时养成的。

　　到了高中,这种性格或许更有所发展,在班级里睥睨一切,暗地里把许多同学看得幼稚可笑。当时,省立中学的师资确实很好,我们学校就有5位教师是拿着自己编著、正式出版的教科书到教室上课的,功课也很紧张,但我总觉得与大家一起听这样的课没有意思。这样,就开始悄悄地进行自己的课外学习,现在回忆起来,当时读过的书数量不少,这当然还是好的,但是有两件事,或许是得不偿失,第一件是译书,我从初中三年级起就开始翻译当时流行的《纳氏文法》(*Nesfiled's English Grammar Series*),这部书按程度分成4册,每册都是一个循环,我翻译的是程度最高的第四册,花了大量的时间,到高中一年级时已译成了一半多,但就在这年寒假,在绍兴的一家旧书店中,看到了出版已经10年作为旧书出卖的此书译本。当然,在翻译过程中并非没有收获,例如,此书例句多来自《旧约》圣经,我因而读熟了许多《旧约》中的名句,至今不忘。但这两年时间,假使移作别用,一定会有更多的长进。

　　第二件是读字典,也是从初三开始的,读的是平海澜编的《标准英汉字典》和《辞海》(现在通称老《辞海》),当时都算大型辞书。用一个万金油盒装了印泥,用一根小竹棒蘸了印泥在每个字汇上点,读过一个,点上一个小红点,经过多少日子要回生,再复习一遍,点上第二个小红点,读了两年,每个字汇上都有了两个小红点。这两年之中,因为同时又译书,什么功课都丢在一旁,读字典成为正课,不管确实在这两部辞书中得到了许多东西,但现在总的评价一番,正如我在《我的中学生活》(《中学生文库》,

科普出版社出版)一文中所说的"不足为训"。

以上所说的,原来都是我的有利条件,因为假使没有较好的记忆力,是不大可能在中学时代采用这样的读书方法的。但现在平心静气地反省一下,我的这种读书方法,都有性格高傲,自恃记忆力过人,逞强欲速的因素在内。假使当时能够虚心地去请教一些教师,合理安排时间,有计划地读一些应该读的书,其收获一定会比这种一意孤行的方法好得多。

我在为学方面的有利条件没有很好地发挥利用,从而扩大了不利条件,自己为自己增加了许多为学的障碍。我的最大不利条件是,我的为学过程基本上都是自己摸索的,没有机会获得名师的指导。我在少年时代的唯一实质性的导师就是我的祖父,他是一位癸卯科的举人,此科以后,科举即废,他在家乡办地方教育,特别擅长于经学和小学,我的旧学基础完全得自他。直到年近花甲,才有机会和历史地理学界的名流如谭其骧、侯仁之、史念海诸先生请益,白头从师,已恨相见太晚了。

抗战时期,著名大学均已内迁,我在高中毕业后,曾一心希望到内地考上一个名大学求师。1944年暑期,当我从江西上饶赶到赣州,正值衡阳会战结束,日军打通了粤汉线,当时,大量从东南地区奔赴内地的知识青年困居赣州,进退维谷。在赣州,唯一可以投考的大学是历史不久的国立中正大学,许多想奔赴内地的青年学生只好暂时报考此校,我由于经济困难,报考了全部公费的教育学系,无非为了获得一个栖身之所而已。

由于我把这个学校作为临时栖息地打算,先入之见,使我看低了这个学校。这是我生平第一次也是唯一一次上大学,但是我却认为,假使这样就算在大学求学,还不如干脆到家里自学。现在在自己当了30多年大学教师以后,回过头来想想,这个大学的师资实在是相当不错的。我念一年级,接触的教师不多,但其实是有不少好教师的,由于我的先入之见,当然也和我的性格高傲有关,把他们视作"不在话下"。譬如周维新(宪明)教授,他讲伦理学,讲到"孝",他批判了许多中国传统的"孝"的观点,认为《中庸》的"善继人之志,善述人之事",才是"孝"的唯一准则。这实在是很有见地的。又如基本国文讲师温聚民先生,功底也颇不浅,而且认真。他命了个作文题目:《诗歌与人生》。我不查文献,全凭记忆,写了3万字文章,举了《诗经》、《楚辞》以至唐诗、宋词的大量例子,他非常欣赏,用眉批和插页表达他的意见,竟达四五千字,而且语多中肯,但是由于在接触中知道他没有出版过著作,就引不起我的重视。基本英文讲师于宝榘先生,是朱光潜先生的学生,英语很好。他在选的一篇丘吉尔写的"*Should Men Suicide*"的文章中,为了对其中一个长句的理解不同,我在课堂中用英语与他辩论,他沉吟片刻,当场认错。次日他热情邀我去他的住所,以赣州土产茶点招待,长谈两小时。他发现我的词汇量甚大，而口语（当时称为会话）也不错，大加称赞。并且希望由他找朋友介绍，让我转学到中山大学（在粤北坪石）外语系去，他很诚恳，我却暗笑他"燕雀岂知鸿鹄志"，因为我认为外语只要业余念念就可以，何必专门学它，以后他几次邀请我，我都婉谢不去了，所以我在大学时间短促，而且由于这样的原因，失去了许多从师学习的机会。

我 22 岁就到一所职业学校教英语，年轻气盛，不免又做了傻事，浪费了许多原来可以好好读书的时间。当时我教的是高中班，用的是林汉达编的高中英语课本，内容并不艰难，但有的课文如莎士比亚和雨果的文章，以及如 Oscar Wilde 的 *The Devoted Friend* 之类，篇幅相当长，我竟又以记忆力逞强，上课不带课本，每一课文都是在课堂里随口背诵讲解、近年有一篇《剑锋磨砺出，梅香苦寒来》（《科技通报》第 52 期）的介绍我的文章中，曾经说到我的这样教学方法："学生们大为惊异，很快就名扬全校。"这话或许是确实的，但现在看来，这种逞强立异的教学方法实在完全没有必要。无非是使自己多花许多无谓的备课时间，而博得学生的"大为惊异而已"。一位教高中班国文的朋友因事要请假半月，请我代课，刚讲《淮阴侯列传》，全文约有 5000 字，我一个晚上读熟，次日在课堂上照背不误，弄得他回来接课时十分困难。尽管在一年多的讲课中，确实没有背错过课文，但是假使能把背课文的时间放在分析句型、培养学生造句和写作能力方面，效果一定会好得多，对自己来说，也可以省下不少时间来读书。

我 24 岁时受聘担任一个完全中学的教务主任。或许是因为担任了这种必须与教师打交道的工作，因此开始注意了一些人际关系。而且由于工作忙起来，也必须讲究一些工作方法，那种逞强称能的性格逐渐有所改变，因而增加了不少读书和整理资料的时间。譬如，我从小就读《水经注》，但到这时才开始整理此书资料。我在初中时就读了鲁迅的《会稽郡故书杂集》，而且颇受影响，到此时才开始整理越地文献。这两者，后来都成了我毕生从事的重要课题，都出过一些成果。现在反躬自省，假使当年不意气用事，不在诸如背诵课文之类的事上浪费无谓的时间，我的这些研究，都还可以提早几年。

杨向奎先生在其为史念海先生的《河山集三集》所写的序言中有一段涉及我的话："陈桥驿先生是从研究宁绍平原起家的，他六十年代在《地理学报》上发表的两篇关于宁绍平原鉴湖和森林变迁的论文，立即引起注意。以后对宁绍平原的城市、聚落、水系变迁的研究都认为是宁绍平原研究的权威，其论文的特点之一是能从全面看一斑，并能从一斑以窥全面者，因此在国内外都很著名。"杨先生对我的奖掖当然过高，而我所引为惭愧和后悔的，假使为学之初不走一段弯路，我对宁绍平原的研究成果或许在 50 年代就可以拿出来。

　　我从孩提之时就读《水经注》，但直到 1988 年才在《地理学报》发表了《郦道元生平考》的文章。还是这位杨先生，他在当年 12 月为他自己的专著《大一统与儒家思想》(中国友谊出版公司出版) 所写的序言中，几乎以一半篇幅介绍了我的这篇拙文，最后说："陈桥驿教授称赞郦道元是一位值得崇敬的爱国主义者，因为他是一位祖国统一的向往者，我们钦佩桥驿教授的卓识。"杨先生的错赞，实在是因为他不知我的底细。我孩提就开始入门的书，到白头才写出此书著者的生平，岁月蹉跎，竟至于此。这样，除了众所周知的、不可抗拒的光阴浪费外，我自己的性格和由此而导致的时间利用不当，实在是重要的原因。

　　我当然希望在有生之年，把以往由于各种原因而失去的时间弥补起来，而且主观上也正在努力这样做。但毕竟年龄不饶人，精力锐减，记忆力衰退，事倍功半，举措维艰。而且由于社会关系的增加，用于专业的时间不断缩减。例如，近年以来，为别人著作写序的任务骤增，今年 1 至 8 月，我已经应命为别人著作，包括日本，台湾、香港等地区友人的著作写序 10 篇。别人远道来求，不忍相拒。眼下为人作序，不外乎官序、学序两类，我是后者，仍必须遍查资料，引经据典，花费许多时间。

　　我的体会是，青年是为学建立基础的时代，中年是为学开花结果的时代。一个人的学术成就，主要取决于这两个时代。我在这两个时代中，实在走了许多弯路，溯昔抚今，倍感自愧。希望中、青年学子把握为学的重要时机，戒骄戒躁，埋头努力，作出辉煌的成绩。

1990 年 9 月于历史地理研究室

原载《高教学刊》1990 年总第 10 期

回忆谭季龙老师

　　我是一个学无所长的人。从孩提到初中,逐渐接受了一些家学,包括小学、史学、经学甚至文学,都是在我祖父陈质夫府君的启蒙和辅导下进行的。其他的自然科学和社会科学,特别是地理学和外语,是在初中、高中学习的基础上,自己摸索积累,或者用一个美化的名称叫做自学。成年后进入社会,从中等学校到高等学校,其间当然也遇到过不少知名学者。但由于我自己秉性高傲,又不善交际,而相遇的学者,虽然知识丰富,却又不是我所感兴趣的专业。浮沉学海,岁月蹉跎,直到不惑之年,才遇了我生平第一位梦寐以求的老师谭季龙教授。中国人常常用"胜读十年书"的话来比喻邂逅一位鸿儒硕学的感受。但我遇见季龙老师以后的感受,恐怕还不是这句话可以概括的。

　　事情还得稍溯原委。1959 年,当时水利部领导有兴建钱塘江河口潮汐发电站的设想,因此要进行一次杭嘉湖平原和宁绍平原的技术经济调查,前者委托华东师大地理系,由严重敏教授领导;后者委托杭州大学地理系,当时我是该系的经济地理教研室主任,义不容辞地在这年暑期带领师生 100 多人到宁绍平原工作。整整两个月中,师生们分别驻在各个指定地点,为了让各个地点互通声气和作些必要的指导,我在整个平原上往复奔走。因而发现了不少历史地理学上的问题,历史时期的湖泊湮废即是其中之一。我考察过许多这类湖泊的遗迹,如宁波广德湖、上虞夏盖湖,绍兴鉴湖,萧山湘湖等等。各地方志和其他地方文献,几乎是同声一气,认为这些湖泊的湮废是当时水利上的莫大损失。历史上为了这类湖泊的兴废之争,真是连篇累牍。虽然主张兴湖者在社会舆论中必居上风,而湖泊却不断湮废。经过我在这些地区的往复考察和查核历史上的农业发展资料并与现状相比较,发现这些湖泊的湮废绝大部分在实际上并不损及当地的农业生产,而相反地促进了农业水利的发展。因而在野外考察结束以后,继续查阅文献资料,撰成《古代鉴湖兴废与山会平原农田水利》一文,提出了与历来传统说法完全不同的意见,于 1961 年底投寄《地理学报》。

1962 年初夏,杭州大学历史系邀请谭季龙老师讲学。我是地理系的教师,因久慕谭师大名,也去参加听讲。这一次季龙老师讲的是有关杭州的历史地理问题,内容非常精彩。在中途休息之时,东道主沈炼之教授忽然走到我座位告诉我:"谭先生要找你谈谈。"当时使我颇为惊愕,因为我与谭师并未认识。而正在说着时,季龙老师也已走到我身边,不待沈先生介绍,和颜悦色地说:"这位就是陈先生。"当时我真是受宠若惊,态度很不自然。于是他告诉我,我的关于古代鉴湖湮废的论文,已由《地理学报》寄他审阅,他称赞这篇文章是一篇历史地理佳作,因为它推翻了多年来陈陈相因的错误说法。他又说《辞海》(指当时刚出版的《辞海》试行本)的鉴湖条是他定稿的,但由于受旧说的影响,释文很不妥当,以后必须修改。至于我的这篇论文,他已寄回《地理学报》,大概即可发表。季龙老师的这一席话,或许就是他对我的启蒙。除了表现了他丰富的学识以外,更洋溢着他待人处世的坦率和真诚,确使我久久难忘,也庆幸自己从此获得了这样一位老师。

我的论文连同我制作的一整套古代鉴湖变迁图随即在这年秋季发表。尽管我在撰写此文时尚未得到季龙老师的指导,但当此文发表时,我的心情已经不同,因为已经有过名师的指点,自己明白了努力的方向。古代鉴湖这个课题,从构思到成稿,几乎花了我两年时间,开始颇有费力大而收效小之感,但是经过季龙老师的鼓励和指导,使我有了决心,继续把这类研究坚持下去。

时隔一年,中国地理学会第三次代表大会于 1963 年冬在杭州举行,我作为代表,拿了我的论文《古代绍兴地区天然森林的破坏及其对农业的影响》出席这次会议。历史地理组在季龙老师的主持下讨论了好几天,我仔细地阅读了所有在这个组宣读的论文,为的是聆听季龙老师对这些论文的评议分析,从中向他学得许多做学问的方法。而且承蒙他的允诺,曾经有机会与他长谈数次,实在获益匪浅。季龙老师非常欣赏我的论文,鼓励我再投寄《地理学报》。特别是他向我建议:"既然你对宁绍平原的研究已经取得了成果,今后应该继续在这个地区坚持和深入下去。"这一嘱咐,我至今铭记在心,而且或许确实是我继续以这个地区作为我的区域历史地理研究基地的重要原因。这一次杭州会议,是"文革"前我与季龙老师接触时间最长,受他教益最多的一次。我对他的扶植后进,毫无保留地把自己的知识和学术观点传授给后辈的真挚感情，一直铭记在心。这一次见面以后，我们就开始通信。每一次信件来往，照例总是我提出问题或对某件事情的看法，而由他作出解答。使我常常感到惭愧的是，他的复信往往比我的去信长，有时长得很多。这种情况一直持续到他1991年10月重病以前。

"文革"开始，在那张北京大学大字报出台后的第三天，我就被打成"反动学术权威"，从此失去了与人接触和通信的自由。但一个十分偶然的机会让我得悉，季龙老师在这场横祸开始之时就遭到了很大的打击。在"牛棚"之中，我时常以他的安危为念。1972年，这可能是"十年灾难"中政治压迫比较放宽的一年，我已经可以为"工农兵学员"讲课。这年秋季，"工宣队"控制下的系领导找我谈话，说我的教学任务可能还要加重，但我已六七年没有与外间接触了，教材必然已很陈旧，特别是由于我教的是外国地理，资料更新尤为重要。领导主动告诉我可以到上海去看看，接触一些新资料。当然，他们并不放心让我单独出门，是派一位年青教师"陪"我同行的。当时，我迫不及待地提出："到上海能不能去看看谭先生？"回答是肯定的："可以，我们已经去了解过，你可以去看谭先生。"说明事情安排得十分周密。直到1977年底谭先生才告诉我，杭大确实去了解过。那一次到上海后，谭先生与我是以一种座谈会的形式会见的。杭大当然是我们两人，复旦除谭先生外还有三四人。"乍见反疑梦，相悲各问年"。但我们只有前半句的感受，在"众目睽睽"之下，我们没有心底话可说，既相悲，也相庆而已。当然，当我握住季龙老师的手，中心喜悦确是难以言宣的。座谈会中复旦谈的是《中国历史地图集》，而我们谈的是浙江当时正在进行的农业地理研究。其实，季龙老师和我都明白，在这样的处境下谈学术，无非是一种见面的手段而已。谈了个把小时，我们言别。经过这样一场大灾难，我所景仰的季龙老师活下来了，而且气色不错，我自己也活下来了，而且我们又见面了。季龙老师送我到办公楼下，又紧紧地握一次手。

1973年底，国务院发布了一个《国发134号文件》，受文单位是9个省市的出版局。内容是要这9个有外文翻译力量的省市分工翻译一套外国地理书，因为经过七八年的与世隔绝，国人对国外情况变得十分陌生了。浙江省出版局找杭大组织翻译班子，杭大至此不得不起用当时还是"牛鬼"身份的我。经过9个省市协商分工，我们承担的是南亚国家，原版以英文为主，因为我念过一点梵文，对翻译原版中常常出现的梵文词汇比较方便。从此，我实际上成为浙江省主持这一套译稿的人。为了避免在系里受"工宣队"的窝囊气，现在手头有了一张国务院文件，又是出版局出的旅费。我就长期在外面跑图书馆，上海、南京、北京、天津、武汉，还有宁波天一阁等等。在上海图书馆看书，一住就是一二个月，每天奔走于南京路、长乐路和徐家汇之间，利用这个机会，常常与季龙老师见面。当时他住复旦九舍，礼拜天不上班，我可和他畅谈半天。说话当然彼此都得小心，许多话其实大家心照不宣。为了让我在上海图书馆看书方便，季龙老师为我介绍了顾廷龙先生。顾先生当时已被"结合"到领导班子里,别的权没有,但是让我读几部善本书,或者那些毫无道理而被封存的如《琅嬛文集》、《小柴桑喃喃录》之类的书,他是能给方便的,这样一直到1976年秋后政治形势的好转。

从1976年冬在西安举行《中国自然地理·历史自然地理》的第一次审稿会议开始,从此,我经常与季龙老师参加各种学术会议。特别是从1977年11月起,《历史自然地理》的稿子大部分已经完成,主要的七八位执笔人,在季龙老师的领导下,假华东师大进行审稿和定稿。整整两个月,我与季龙老师邻室而居,朝夕相处。这是我和他相处时间最长的一次,也是我们之间谈话最多的一次。在这期间,我观察和学习了他的许多治学方法。他白天整日工作,除了不长的午睡时间外。晚上更是埋头工作,直到深夜二时。我算是长期来保持深夜工作习惯的人,就寝总在凌晨一时左右,但是当我每晚准备就寝,到户外作几分钟活动之时,我走过他寝室外的走廊,没有一天看到他比我早熄灯就寝的。两个月中,我每晚都感到惭愧,但每晚都比他早睡,现在回想起来,真是不胜懊悔。凡是有深夜工作习惯的人,都有吃一点夜宵的需要,体力才能支持。季龙老师的"夜宵",就是晚饭后随手带回的一个实心馒头,到了午夜,就用开水啃下它充饥。社会只为知识分子提供草料,而向他们挤取牛奶,从季龙老师身上可以说是最典型的了。

我们在华东师大日夜奋战,一直到1978年元旦前两天才暂时结束。却不料季龙老师回家仅两天,就得了脑血栓病,而且病情十分严重。我于1978年初到华东医院看他,医生告诉我他属于病危。他僵卧在病床上,鼻上插着氧气,手上吊着大瓶,双目紧闭不开。我是忍住了眼泪站在他身边的,勉强地说几句安慰话。当他知道我在他身边时,居然用微弱的声音开口说话。他说:"桥驿,请你转告杭州的老朋友们,我不会死,我还要好起来继续工作的。"听了他在病床上的这几句话,真使我悲不能抑。继之以对他在这种情况下对事业的高度责任感而无限景仰,最后对他的病体也发生了信心,我认为他在这样的重病之中尚充满复元的信心,说明他的意志力是何等坚强。就凭他这意志力,他是能够驱走病魔的。而事情的发展恰巧就是这样,这年初夏我再次探望时,他已移住龙华医院针灸,而且已能起床,靠别人扶持而尝试步行。真是一个奇迹。

由于季龙老师的病,《历史自然地理》的审稿定稿工作,只好暂时由我负责。我们选择了开封(因为稿中黄河的篇幅甚大,而此地接近黄河),在开封宾馆继续工作了四五十天。这期间,我几次写信向他汇报定稿工作中的问题,他常常复我长信,说明他不仅思维敏锐如故,而右手也已完全恢复正常。

他的确恢复很快,不久就出院全力投入工作,历史地理方面的许多重大工作,都在他的领导下赓续进行,如《中国历史大辞典·历史地理分册》的筹划和撰写,《历史地

理》的筹划和创刊,《中国历史地图集》的公开发行,特别是工程浩大的《中华人民共和
国地图集》(即《国家大地图集》)中《历史地图集》的筹划和编纂,常常让他煞费考虑。
这中间,许多次会议,如1979年—1980年在广州举行的中国地理学会第四次代表大
会以及历次《国家大地图集》的《历史地图集》编委会等,他都要付出很大的劳动。复
旦大学建立了我国第一个中国历史地理研究所,培养了不少硕士和博士研究生。他同
时还担任中国地理学会历史地理专业委员会主任,筹划和主持了1982年在上海举行
的中国历史地理学界有史以来第一次国际学术讨论会。在这段时期,他不仅在复旦而
且也为整个历史地理学界培养了一大批人才。

　　1985年春,我应日本学术振兴会的邀请在国立大阪大学讲学并做些研究工作。
日本学术振兴会很愿意邀请中国学术界的名流前去讲学,当我与我的好友斯波义信教
授谈及谭先生身体良好可以访日时,他十分高兴,欣然向日本学术振兴会建议邀请,而
邀请书在我返国后不到半月就接踵而到。季龙老师于1986年访日,并出席了在京都
举行的日本历史学会年会,受到日本学术界的高度赞扬,为中国学术界赢得了荣誉。

　　这段期间,我曾两次邀请季龙老师到杭州。第一次是1983年我的第一位研究生
乐祖谋君毕业之时,季龙老师为他主持答辩。这是"文革"以后他第一次到杭州,所以
非常高兴,会见了多年不见的老友朱福炘、江希明、沈炼之、黎子耀、蒋炳贤等先生。答
辩以后,我又陪他到了绍兴。因为他告诉我,他的原籍也是绍兴,祖辈逾浙水北迁到嘉
兴。他在绍兴游览了兰亭和禹陵,兴致极高,又对绍兴学术界讲了话。对于绍兴来说,
到来这样一位学术界名人,真是为地方增添了许多光彩。另一次是1987年,浙江省编
纂《浙江古今地名词典》,这在全国各省也是首倡,词典由我主编,我请他当顾问,他到
杭州是向词典编委会作学术报告的。他讲了浙江省的沿革变化和开拓过程,并且也讲
了编纂地名词典应注意的问题,编委们受到极大的启发。这一次让他游了一些西湖名
胜,虽然是旧地重游,但是兴致还是很高,他的身体除了左手左腿不便外,还是相当健
康,观察力也很敏锐。记得有一天杭州市政协请他吃宋菜,是他发现了这家堂堂的宋
菜馆,但招牌实在写了错字。"梦粱楼"应从吴自牧《梦粱录》,但店门口却把"粱"写
作"梁"。大家都不注意,他一眼就看出了这个重大的错误。

　　1985年,中国地理学会各专业委员会换届,他坚持要把历史地理专业委员会的这
副担子卸给我,我无法说服他,只好接了这副担子。按照他创立的传统,两年一度的历
史地理国际学术讨论会赓续进行。由于我把会议地点安排在兰州和太原,显得太远,
与会学者特别是一些近年来后起之秀的中青年学者,都以季龙老师没有出席,未能一
睹这位学术界元老为憾。1990年是他的八旬大寿,这一年的历史地理国际学术讨论
会由复旦大学主办以示庆祝。为了向季龙老师热烈祝贺,我们夫妇赶到上海赴会。不

少历史地理学界已经崭露头角但尚未见到过季龙老师的中青年学者纷纷来到上海。我国又一部通论性《中国历史地理》（上、下册）的作者张步天副教授即是其中之一。虽然他的书名还是通过我请季龙老师题写的，他希望拜见这位学术泰斗的心情真是如饥似渴。当我为他引见季龙老师时，我发现他已经激动得热泪盈眶。许多人当季龙老师第一次在休息室出现时都起来包围住他，久久不散。此情此景，实在令人难忘。

　　学术讨论会中专门有一个下午是祝寿会。会议由我主持，除了我的开幕词以外，还有七八位中外学者（其中多数是他的学生）就季龙老师在各个学术领域的成就作专题发言。季龙老师当然感到慰藉和高兴，所以精神特别好。会议进行了一个多小时，我问他是不是休会一刻钟休息一下，他表示不必，让大家继续发言，祝寿会进行了两个多小时，气氛热烈而融洽。这天晚上会餐，我特意坐在季龙老师边上，目的为了控制他喝酒，因为大家都要向他敬酒，他不免要多喝，我从旁观察，随时提醒他和陆续而来的敬酒者，敬了就算，不必一定让主人也喝。这天晚上，他确实特别愉快，我真是由衷的高兴。可惜，这一次团叙以后，我和季龙老师的下一次见面，竟在华东医院他的病榻之旁，而且他已经不能再和我谈话了。

　　去年10月，我去桂林参加徐霞客诞生350周年国际学术讨论会，会后，湖南的几所大学邀我顺道讲学，而特别重要的是，我要到长沙去安排两年一度的历史地理国际学术讨论会。我们选择在长沙举行，其中的原因之一是长沙与上海有直达的民航及铁路交通，便于季龙老师出席会议。10月25日晚上，我们假湖南师范大学宾馆举行第一次筹备会议，会中还提及一定要请谭先生光临的话，却不料他在此前一周已经病倒，因为我旅行在外消息隔膜所致。回到杭州以后，由于接二连三的外出开会，直到12月24日，因为主持王振忠博士的答辩会才去上海。这天下午，在邹逸麟、葛剑雄两位教授的陪同下去华东医院看望季龙老师。他僵卧床上，赖鼻饲维生，病情当然十分严重。我报了名，他竟立刻微睁眼睛。我说："谭先生，1978年在这里，你信心坚强，那年我看望了您以后，病情就好转了；这一次我又来了，您的病也会和上次一样地好起来。"他在枕上摇头作苦笑状。我知道他的意思是："这一次可不行了。"邹逸麟教授拉开一点被头，让我握住他的手，他的手还颇有力，一直握住我不放。我只好再说一些安慰的话，他都听得懂，三四十分钟以后，为了不让他过分疲劳，我向他告辞，说下次再去看他。他立刻加紧握住我的手，面部显出欲哭之状，而且频频摇首。我实在痛苦万分，几至不能自已。只好再过了十多分钟，看他渐渐入睡，就轻轻放开他的手，忍悲离开病房。这是一次与我最尊敬的老师的诀别，当时的心绪如麻，真是不堪回首，但却又永远难忘。

　　从去冬开始，由于我的颈椎病频发，身体一直不佳。今年8月，不得不住进医院。

这是一所与华东医院性质相似的医院，在这样的医院里，病床上常常萦绕着季龙老师卧病的情景。9月2日上午，我正躺着挂大瓶，阙维民君照例来送信件报刊，但这天他神情有些反常，匆匆地先拿出一份电报，竟是季龙老师的噩耗。我全身颤动，几乎拉倒了挂大瓶的铁架。我就这样失去了我尊敬的老师。

中国人对于一位志行高洁的鸿儒硕学，常以"道德文章"四字相尊，对于季龙老师来说，这四个字当然受之无愧。而他的未竟事业，自有后来人继续完成。"人生自古谁无死"，这是一条自然规律，谁都抗拒不了。当然，身后场面有轰轰烈烈与冷冷清清之分，但能够做到"而今而后，庶几无愧"者却实不多见。作为季龙老师生前的一个学生，我为我的这位尊敬的老师在这八个字上也能受之无愧而感到骄傲！

1992 年 9 月于杭州浙江医院

原载《历史地理》第 12 辑，上海人民出版社 1995 年版

学者、师长、朋友

女士们,先生们:

我不胜荣幸和十分愉快地来参加庆祝史念海教授 80 寿辰暨从事学术活动 60 周年报告会。

首先我需要说明,我今天参加这个祝寿报告会,不仅是以中国地理学会历史地理专业委员会主任的身份,同时也是以念海老师学生的身份。这里我还必须指出,我虽然是个学无所长的人,但毕生也有过两次幸遇。这就是我在不惑之年以后有谭其骧先生和侯仁之先生为老师,而在知命之年以后,又有史念海先生为老师。

我第一次获得念海老师的教益是在 1976 年"四人帮"粉碎以后,当时,《中国自然地理·历史自然地理》在西安举行第一次审稿会。我确实有相见恨晚的感觉。从此以后我一直以史先生为老师。承蒙他的不弃,对我厚爱有加,转瞬 15 年。在这 15 年之中,我从念海老师处学习所得甚多,真是由衷地感激。

念海老师在学术上的成就是众所周知的,今天还有其他先生作这方面的专题报告,我不过是就个人体会,简述其荦荦大者。

首先,念海老师在黄河历史地理方面的研究,应该说已经获得了前无古人的成果。念海老师对历史时期的黄河研究,不仅是全面的、系统的和根本性的,而且是结合整个黄河流域环境变迁的过程进行研究。这中间有许多创造性的突破。例如,念海老师对黄河中游下切的研究,运用《水经注》和《元和郡县志》的记载,结合现场考察,从壶口瀑布的位置移动,精确地计算了黄河溯源侵蚀的速度。我已经多次在几种拙作中介绍了这一杰出的范例。香港郦学家吴天任教授在其《郦学研究史》(台湾艺文印书馆1991年版)中,专门立了一个《史念海河山集二集论壶口位置》的标题,重点地评论了念海老师的这项重要成就。由于念海老师的黄河历史地理研究早已从一般现象提高到规律性,因此,他所提出的今后治河方略是实际可行的,应该受到我国治黄领导的重视。我曾经对收入于《河山集二集》的黄河论文作过逐篇的评论(《河南大学学报》1983年第1期),我最后指出:"作者的辛勤劳动和精辟研究,确实为我们今后在这方面的工作奠定了十分重要的基础。"《黄河志》总编辑室于去年年底寄给我该志《人物篇》的打印稿,我已复信建议将念海老师列入人物传(因为该志也为生人立传),并介绍其有关黄河研究的重要著作。按照念海老师在黄河历史地理研究中的卓越贡献,我认为是完全有条件列入《黄河志·人物篇》的。

念海老师在学术上的另一项重大成就是他对于历史时期森林植被变迁的研究。这项研究不仅有极高的理论价值,而且有重要的现实意义。所以这项研究成为念海老师近年的重点研究课题之一,而且获得了辉煌的成绩。他在这方面的研究,从黄河中游到黄土高原,从黄土高原到全国。一系列的论文和专著,科学地阐明了森林植被在历史时期的变迁过程,实际上也是生态环境在历史时期的变迁过程。这是关系到我们子孙后代的重要事业。我想借用马文瑞先生为念海老师主编的《黄土高原森林与草原的变迁》一书所写的序言中的几句话,来说明念海老师在这方面的贡献:

> 读史念海教授主编的这本书,是有很大裨益的。学习历史,更好地认识历史,我们就可以借鉴历史经验,正确地指导农业生产,自觉地开展种草种树活动,绿化祖国河山,建树社会主义现代化建设的千秋功业。

在历史地理领域中,念海老师殚精竭力,正在把一门"中国古都学"的学问建立起来,这是一件值得引起国内外学术界重视的大事。10年以前,念海老师亲自发起和组织中国古都学会,领导国内一大批古都研究者,其中包括大量中青年学者,从事古都研究。念海老师的这一倡导,不仅在国内掀起了古都研究的热潮,而且推动了港、台和国外学者对中国古都研究的兴趣。我在拙编《中国七大古都》一书的《后记》中指出:"中国古都学会的成立,的确对学术界的古都研究起了颇大的推动作用。西安会议以后,中国古都学会又先后在南京、洛阳、杭州、开封等古都举行了一年一度的学术年会,每次年会都有数十篇以至上百篇的古都研究学术论文进行交流,古都研究从此出现了欣欣向荣的局面。"在这里我们必须看到,古都研究的这种"欣欣向荣的局面",实际上是在念海老师的擘划经营之下获得的。每一次学术年会,从筹备到举行,从举行以后到论文集的整理出版,念海老师都付出大量的精力。现在,古都研究在国内当然已经硕果累累,例如以念海老师为顾问的、由国内5个电视台联合拍摄的电视系列片《中国七大古都》已经拍摄成功并且在国内外放映,获得好评。由念海老师为顾问的中、英文本巨型画册《中国七大古都》(河北美术出版社版)已经出版。在念海老师的支持和指导之下,我所主编的《中国七大古都》也已经问世。而大陆以外,台湾地区也出版了精美大型画册《雄都耀光华——中国六大古都》(台北锦绣出版企业1988年版)。在日本,许多学者一时间竞相投入对中国古都的研究,已经发表了不少有价值的论文。我在拙作《日本学者的中国历史地理研究》(《历史地理》1988年第6辑)一文中曾经指出:"历史城市地理研究或许是日本学者在中国历史地理研究中成果最多和最富于创造性的部门。"这在很大程度上是受到中国国内古都研究的热潮的影响。所以这也要归功于念海老师。现在,在国内外的中国古都研究热潮和大量研究成果的基础上,念海老师着手建立"中国古都学"这门学问,这不仅在中国历史地理学研究史上是一件划时代的大事,而且对宏扬华夏文化,增强中华民族的凝聚力方面,也都将发挥重要的作用。

此外,念海老师在学术上还有许多其他的贡献,例如对历史农业地理的研究,对长城和运河的研究,对古代交通运输的研究以及对许多重要的历史地理文献的研究等等,都达到了极高的造诣,论述宏富,著作等身,我就不再一一列举了。

我必须要在这里再说几句的是,我向念海老师学习的过程中所看到的他的治学精神和我所受到的教益。

首先,我感到念海老师是一位具有远大目光和强烈事业心的学者。他在学术上的许多成就和对学术界的巨大贡献,都是和他的这种品质分不开的。记得1976年《中国自然地理·历史自然地理》的第一次审稿会在西安举行。当时,距"四人帮"粉碎才一个多月,"四人帮"的残渣余孽还到处存在,"左"的空气还充斥社会。在今天与会的先生们面前不必再解释这部竺可桢先生倡导和担任主编的著作的重要性。当时,中国地理学会的热心人士和历史地理学界都十分焦急,因为北京和上海的气候都还无法举行这样的审稿会。西安的情况其实也一样,但念海老师挺身而出,毅然承担了这个艰巨的任务。今天在座的先生们中也有参加那次会议的,当时,工宣队尚未撤出大学,会上还不得不让这类彻底外行的人说东道西,并且也有自始至终一言不发的所谓贫下中农代表出席。在这样的气氛和艰难处境中,念海老师泰然处之,引导会议集中于书稿的评审。由于这个重要的开端,《中国自然地理·历史自然地理》的编审工作,以后能够顺利进行,成为这套大型著作出版较早的分册。所以念海老师为我国历史地理学发展过程中的这一部具有重要影响的文献的编著和出版,是作出了重要贡献的。

第二,念海老师的治学态度十分严谨,这方面的事例实在太多,我就只说一下他对于野外考察的刻苦踏实的态度。这些年来,为了学术研究,念海老师不顾他年事已高,踏遍了万水千山。甚至海外学者对此也极为赞叹。香港学者吴天任教授在他所著《郦学研究史》中,专门引述了念海老师野外考察的一段文章:

> 近年来,我出外考察时,辄随身携带郦著,每至一地,皆以之与实际情况相对勘,经常感到仿佛郦氏刚刚离此,为时尚非甚久。因为所描述的山川景色,和目前所见的宛然相似。此情此景,我在祁山之上,壶口侧畔,都有同样的感受。

事情确实如此,记得1981年深秋,念海老师在西安举办了一次历史河流水文地理的学术讨论会。会后考察壶口瀑布。出发前,他嘱咐我到现场后讲述一下瀑布形成和发展的自然地理学原理,这就是他的考虑周密之处,因为与会诸君不一定都学过自然地理学。这天,在壶口以南的黄河桥边,我简单地说明了瀑布形成和退缩等自然地理学概念以后,念海老师立刻取出一本《水经注》,高声朗诵了《河水注》中的孟门瀑布一段,大家莫不聚精会神,然后北行到瀑布现场考察。这一次野外考察是非常成功的。此后,我又有幸于1985年随同念海老师以及他的研究生到陕北作了为时一周的古长城等的野外考察,在他的指导下,获得了许多新知识和见闻,也使我更为充分地了解了念海老师在野外考察中所表现的一丝不苟的严谨踏实的治学精神。

第三是念海老师长期来教书育人和对后辈的爱护和培养。关于这方面,由于念海老师毕生为人之师,在他门下正式受业的学生,当然是一个巨大的数字,这是大家都想得到的。但除此以外,据我所知,还有不少人因为慕念海老师之名,从各地寄信向他请求质疑解难的。念海先生也是无信不复,无问不答。其中有不少人,保持了长期的通信关系,也可以说是他长期的函授生,但一直未曾谋面,这样的人在我们杭州就有。

不过我在这里特别想说的事,是念海老师花了极大的精力所策划、主编和出版的《中国历史地理论丛》。对于这种学术刊物的出版,它在历史地理学术上的意义和在国内外学术界的影响,我在拙作《从〈禹贡〉到〈中国历史地理论丛〉》(《史学史研究》1990年第3期)一文中已述其详。今天更值得提出的是这种刊物在培养后辈学者方面的重要作用。当年顾颉刚先生办《禹贡》,办了3年多,共出了7卷82期。我曾经作过一点统计,前后共发表论文696篇(通讯和消息之类不计),作者计376人。《禹贡》在学术上的影响当然极大,但现在回过头来看看,它在培养中青年学者方面的意义,在为学术界接班传代、后来居上的事业中所奠定的基础或许比前者更为重要。顾先生办《禹贡》的时候,他自己还只有41岁,作者之中,除了熊会贞1人当时已年逾古稀以外,其余如钱穆、洪煨莲、谢国桢、孟森、张含英、张国淦等,都是与顾先生同辈的中年学者。帮助顾先生主编的谭其骧先生,当年还只有24岁。现在回顾一下,当年《禹贡》的300多位作者之中,到后来在学术界有较大知名度的竟接近1/3。而谭、侯、史3位老师,不仅是大家公认的学术接班人,而且把历史地理学推展到一个新的时代和一种新的水平。现在,《中国历史地理论丛》的作者之中,除了一部分老年作者以外,已经涌现出大量的中青年作者。只要回顾一下《禹贡》的成就,任何人都会看得清楚,《中国历史地理论丛》在培养后辈学者,在为我们的学科造就一大批优秀的接班人方面,将要作出多大的贡献。这当然要归功于我们的念海老师。

在祝贺念海老师的这个盛会中,我在上面所说的一些,实在还远远不能包括我对念海老师的钦佩和崇敬。由于还有许多先生要就念海老师的各种成就作更为深入的报告,我不能在此多占时间。最后,让我代表中国地理学会历史地理专业委员会以及我个人,恭祝念海老师身体健康,继续带领我们学科的广大学者向前迈进。

谢谢大家。

原载《史念海先生八十寿辰学术文集》,陕西师范大学出版社 1996 年版

周立三先生对我的教导

　　周立三先生是我钦敬的著名的老一辈地理学家。我在年轻时代就已经闻知他大名,但第一次引起我注意的是在 1954 年。当时,我在浙江师范学院(杭州大学的前身)地理系担任讲师,同时又兼任了上海地图出版社(地图出版社的前身)的特约审校,常常到上海去,与屠思聪、葛绥成诸前辈过从较密,通过他们,又和上海的出版界有些来往。其时刚刚建立了一个从华东人民出版社分出来的新知识出版社,由尚丁先生负责,专门出版知识性的图书,包括一套世界地理丛书。他们知道我在地理系开设世界地理课程,就约请我撰写《英国》、《日本》两种,其中特别是《日本》。他们告诉我,日本是我们近邻,长期来侵略我们。但我国人民对日本的了解,一般仅限于它的侵略成性,对于这个国家的地理知识和其他方面,所知实在很少。因此,为广大读者提供一种以日本的自然地理和人文地理为主的十几万字的知识性读物,看来很有必要。我接受了这项任务以后,第一步工作当然是搜集资料,包括中文的、日文的和英文的。日文资料不少,在地质和自然地理方面颇有价值。但人文地理特别是经济地理资料都已过于陈旧。英文资料虽然不多,但美国的东亚问题专家特里撒(Trewartha)的巨著《日本地理》(*The Geography of Japan*)拥有丰富的人文地理资料。中文书籍很多,可惜内容绝大部分都是关于日本的政治、军事一类,和我的写作任务并不一致。当时,假使没有周立三先生所著的《日本地理大纲》一书,那么我的写作一定会陷于困境。现在虽然事隔 40 多年,但我还能回忆起周先生此书在方法上对我的启发和资料上对我的帮助。

这是周先生在抗战以前写的一本数10万字的日本地理专著,除了总论以外,又按日本的八大地方,相当详细地描述了日本的区域地理,可以说包罗了日本全国自然地理和人文地理的最重要的基础资料。过去,我曾经拜读过周先生的不少著作,诸如有关新疆、蒙古的地理论证之类,此时我才知道他在外国地理方面也有精湛的造诣。让我看到了老一辈地理学家的基础雄厚和知识宽广。这是我以后一直向我的学生们讲述的。

我第一次与周先生见面是在60年代初期。记得有一天系主任严德一先生告诉我,周先生夫妇到了杭州,他们是老朋友,理应去看望他,并且邀我同去。周先生住在延龄路(今延安路)附近的一家很普通的旅馆里,严先生为我作了介绍以后,开头就说:"你是全国人大代表,怎么住在这个地方,与省上联系一下,换个住的地方。"周先生不假思索地回答:"知识分子不兴这一套。何况我们到浙江是为了私事。"周先生接着就和我攀谈起来。当时,我的一篇历史地理论文《古代鉴湖兴废与山会平原农田水利》在《地理学报》发表不久,我发现他已经很仔细地读过这篇文章,对我备加奖励,勉励我继续在历史地理方面努力。他说,历史地理学是一门很有前途的学问,但过去在这方面发表的多是沿革考证的文章,在他看来,对古代农田水利的研究,直接有裨于当前的农田水利建设,这是非常实际的古为今用,应该作为历史地理学的重要研究方向。他过去曾经研究过成都平原的农田水利,与都江堰这个古代水利建设有过接触,所以他早就认为历史上的农田水利很有研究价值。后来他又对我说:"你的老家是绍兴,所以有责任把鉴湖的历史变迁弄清楚;现在,西湖就在你的身边,你也应该把它的历史变迁研究一番。"这其实是周先生对我的嘱咐。不过当时由于手头工作较多,而接着又进入了一个知识分子都受折磨的年代,一直待到1985年,我才发表了《历史时期西湖的发展和变迁》一文,实在愧对周先生的教导。

我和周先生的第二次见面在1965年暑期以后。从现在回过头去看,知识分子的一场大灾已经快要来临。高等学校特别是其中的"资产阶级知识分子"实际上已经不再为上头所信任,基础学科更显得动辄得咎,走投无路。对于地理学如何为政治及生产服务的问题,高层次的地理学家仍然煞费苦心,希望走出一条为上头满意的路子来(不久就明白,上头已经否定了17年的高等教育,非独地理学而已,下边的这些努力是徒劳的)。一些高级地理学者组织了一次考察访问,其中包括周立三先生在内,而访问的对象中也有杭大地理系。一个下午,在地理系举行了与一些负责教师的座谈会。晚上,少数教师到他们住宿的湖滨华侨饭店讨论另一件事情。由于地理系有一些教师已有半年多时间在嘉兴蹲点,与嘉兴农科所合作,探索地理学为农业服务的途径。写成了一篇工作报告,寄到《地理学报》。但《学报》虽希望这类课题却不满意这篇文章。这次《学报》也来了编委,这天晚上与我们商量如何修改的问题,并且指定要我和王嗣均先生执笔重写这篇文章。我其实与嘉兴的工作毫无关系,而且据说农村的阶级斗争非常尖锐,地理系师生不久就要下乡参加所谓"四清"运动,所以重写工作必须在出发前完成。因此我实在是很不情愿地接受这项任务的。当时,新闻界领导范长江先生和农学界权威人士丁颖先生已经倡导了农业区划的工作,周先生是这个领域中的重要学者,所以那晚上各位先生所提的意见,我感到周先生所说的不仅有新意,而且很务实。提完意见以后,王嗣均先生在房内整理笔录的意见,我到房外阳台上看看夜西湖,却不料周先生也到阳台上和我说话。因为他知道我不久就要下乡参加"四清"运动。他谈的就是农村问题。他说话的大意是,在他看来,当前的农村问题,除了干部"四不清"以外,还有值得担忧的两个问题:一是普遍的贫穷,农民当然不必说,10个工分只值几毛钱的生产队比比皆是,干部其实也差不多,"清"的当然和群众一样穷,不"清"的其实也好不了多少;二是农民的劳动积极性很低,即所谓出工不出力(他说话时有许多数字和百分比,但我都记不得了)。最后他说,知识分子下去主要是改造世界观,嘱咐我,多观察,多思考,少说话。我不久就下乡参加了这场运动,体验了《半篮花生》(当时的一个描写农村阶级斗争的著名越剧剧目)的"阶级斗争"。我亲眼看到了我所在的生产队长一家4口的晚餐:每人一大碗青菜,再加一点奢侈品,即在进食时用筷子沾一沾放在另一只碗中的熬熟了的猪油(许多农民告诉我,以青菜代饭,不沾点猪油是要刮痛肠胃的)。共和国已建立16年了,而农民过的还是这样的生活。周先生教导我"少说话"。而我看到了这样的场景,实在已经无话可说。其实,这个浙江山区的农村,当时,许多人家能用青菜果腹,已经算是进入了一个时运好转的年代。早几年,各村都饿死人。死在家里的人家看不到,有些人由于实在熬不住饥饿,而是到附近镇上的一条很高的石拱桥上跳桥自杀的。我曾经多次到这条桥边默默地奠祭他们,同时就想到周先生那晚在华侨饭店阳台上对我的教导。那一席话,一方面当然是他出于对晚辈的爱护和关心;但另一方面我也揣摩,作为一位学识丰富的农业地理专家,他当时也一定感到惶惑,中国农村所患的是他那晚指出的两种重症,用这样一场运动去医治这种毛病,实在是乱投药石。"四清"返回后不久,"横扫一切牛鬼蛇神"的"革命"随即开始,我立刻就被打倒。但是我一直回忆周先生那天晚上的话,他确实是一位学识渊博而又十分爱护后辈的长者。中国人对于这样一位人物的传统称颂语言就是"道德学问"。

从70年代末期起,我们这些受苦受难的知识分子,总算从一场恶梦中苏醒过来,从此,我和周先生见面的机会多起来了。每次见面,他仍然给我各种教导。而80年代初期在北京的一次,对我印象最深。这天清早,我到宾馆院子里散步,但他已在那里了。于是就坐在石凳上谈起来。他因为知道我比较忙,一开始就问我的社会工作情况。我回答他，一般的社会工作对我不算负担，因为用不着动脑筋。当时我感到最沉重的是老师职称评审工作。由于长时期没评定老师职称，一旦开放，不少实际上已经符合高级职称的老师，都希望自己能获得相应的职称，可是每次都限定名额，使我很感困难。当时，系里的这项工作由我负责，系以上一级是学科组，也由我负责，学校评委会有 20 多位成员，我是其中之一，最后的结果送到省里，我却又是省地质、地理、气象学科组的负责人。所以虽然一年一度，但我其实是整年都承受着这项工作的压力。周先生听了我的诉说以后，首先指出的是："这不是社会工作，而是严肃的本职工作，是你应当承担的。"接着他和我谈了两点。第一点是，"文革"之中有一些批斗过你的人，现在也面临到职称的问题，对于这些人，你必须一视同仁。对于这一点，我即时回答了他，因为我早已看透了"文革"是什么一回事，批斗我的人，其实也是受骗者和受害者，事实可以证明，他们有的已经得到了高级职称，都是经过我签字的。周先生谈的第二点是，由于长期积压，粥少僧多的情况各地一样，职称工作是相当困难的。他要我在工作中同时加强对中青年的教育，他说，现在领导上提出"能上能下"的话，这当然是对做官的人说的，但知识分子实在也要有这种风格和胸境。接着他说了一段他自己的经历：抗战开始后，地理所在重庆建立，他那时在该所当助理研究员。有一年广西大学一位教中国地理的老先生离校，学校到地理所借聘一位教师，结果由他前去，广西大学以副教授聘用了他。一年以后这位老先生回校，周先生的聘期就此结束，返回地理所，又从副教授成为助理研究员。当时，他自己心里绝无芥蒂，而周围的同事们也毫不以此事为异常。周先生的现身说法，的确使我受到很大教育。按照常规，每年教师职称评定以后，我都要和全系教师讲一次话。这一年，我就把周先生的这番话作了传达。此后，凡是因为职称问题而找我的本系、外系和外校的人，谈话之中，我也常常用周先生的这一番话对他们进行开导。

我将永远铭感和牢记周立三先生对我的教导。

陈桥驿于杭州大学历史地理研究中心

1998 年 8 月

原载《周立三院士纪念文集》(内部印行)，1999 年

回忆《中国自然地理·历史自然地理》的编写

  《中国自然地理·历史自然地理》出版至今已有 16 年,由于我常常在研究工作中使用此书,所以也常常回忆此书从撰写、定稿到出版的过程。

  关于《中国自然地理》的缘由来历,每个分册卷首均有一篇中国科学院《中国自然地理》编辑委员会的《序》详细阐明。至于此书能够列入《历史自然地理》这样一个分册,这当然是此书的总设计者的卓识,同时也是以谭其骧先生为首的中国历史地理学界老一辈学者对学科惨淡经营的结果。

  回忆我和《历史自然地理》的关系,或许要多说几句。我是 1966 年北大聂元梓的大字报贴出以后第三天就被封为"反动学术权威"的,一直关在牛棚里,全国闻名的杭州大学地理系活人展览,我就是展品之一。但放出牛棚不久,由于国务院在 1973 年的一个文件,让我获得了当时其他许多"牛鬼"所没有得到的侥幸。这个文件规定全国 9 个省市的出版局组织翻译一套外国地理丛书,我被浙江省出版局指定为这个省的翻译负责人。从此,我手上有了一张国务院文件,出版局管费用,我就跑全国的图书馆找版本。常常到上海看望谭先生。当时他也已从牛棚出来,住在一幢普通的教师宿舍里,但这里可以不谈政治,专说学问,他也很希望我常去。记得在 1976 年政治情况好转以后不久,我去看望他,他很兴奋地告诉我,现在情况好转,竺可桢先生倡导和主编《中国自然地理》中的《历史自然地理》分册,有了进行的条件,届时如能开会讨论,你务必参加。事情发展得很快,此后不过 1 个月,我就收到了在西安开会的通知,这年 11 月初我就到西安开会。到西安后才知道,举行这样一次会议在当时实非易事。北京和上海,都还没有这样的气氛和条件,赖史念海先生在西安的处境较优,所以才能让这些还没有摆脱"牛鬼"身份的人在此聚会。史先生是东道主,中国地理学会瞿宁淑秘书长是实际的组织者。但是驻陕西师范大学的工宣队仍然出面"领导",还从宝鸡请来了一位贫下中农代表。谭、侯、史3位前辈都到了,此外还有陈吉余、曾昭璇、文焕然、黄盛璋、俞伟超等中年学者以及邹逸麟、张丕远、王守春、朱士光、马正林等青年学者共约三四十人。会议开得很好,全书各章的撰写任务基本落实,我承担了历史植被变迁(与文焕然先生合作)等几项任务。但在当时,我能否接受这种任务,还得回学校汇报。

为了落实我的任务,1977年年初的一个大雪天气,瞿宁淑秘书长从北京赶到杭州,找地理系领导商量。在一个简陋的招待所里,两位系领导和我前去看她。或许是她的冒雪旅行和诚恳起了作用,系领导同意让我承担一部分任务。当时的艰难情景,直到1996年在复旦大学举行的"谭其骧禹贡基金"首届青年论著奖评奖会上,这位前秘书长在大会报告中还提起20年前此事,以当时她和我的处境,勉励当今在相对优裕的条件下从事研究工作的青年学者。这次冒雪旅行的结果,使文焕然先生得以在这年暑期从北京赶到杭州与我共同完成"历史时期的植被变迁"这一章的初稿。当时,由于我经管的外国地理翻译组工作尚未结束,找我讨论译稿的人较多,我们只好把撰稿地点从杭州搬到绍兴,凭我在那里的一点关系,住进了绍兴当时最好的交际处宾馆。后来,我在文先生遗作《中国历史时期植物与动物变迁研究》一书的序言中曾经回忆了这段过程:"在这一个半月之中,我们同室而居,朝夕切磋,并且到著名的会稽山作了野外考察,不仅基本上完成了初稿,而且也从此结下了深厚的学术友谊。"

分头撰写的初稿,在这年10月以前多数完成。于是从10月底起在上海定稿,工作了整整两个月,这段时期对于此书是关键性的。当时,条件还不是很好,依靠陈吉余先生的斡旋,我们在华东师范大学借到了一个楼面的好几间学生宿舍。谭先生和我人各一间,其余的先生两三人合间。室内都是硬板双人铺,但有这样的环境已经差强人意了。学会派王守春先生照顾日常事务。我在《回忆季龙老师》一文中曾有这样一段记述:

　　　　整整两个月,我与季龙老师邻室而居,朝夕相处。这是我和他相处时间最长的一次,也是我们之间谈话最多的一次。在这期间,我观察和学习了他的许多治学方法。他白天整日工作,除了不长的午睡时间外。晚上更是埋头工作,直到深夜二时。我算是长期来保持深夜工作习惯的人,就寝总在凌晨一时左右,但是当我每晚准备就寝,到户外作几分钟活动之时,我走过他寝室外的走廊,没有一天看到他比我早熄灯就寝的。两个月中，我每晚都感到惭愧，但每晚都比他早睡。现在回想起来，真是不胜懊悔。凡是有深夜工作习惯的人，都有吃一点夜宵的需要，体力才能支持。季龙老师的"夜宵"，就是晚饭后随手带回的一个实心馒头，到了午夜，就用开水啃下它充饥。社会只为知识分子提供草料，而向他们挤取牛奶，从季龙老师身上可以说是最典型的了。

由于谭先生和我白天都得处理稿子中的一些问题，有时要去图书馆查资料，在晚上看稿时为了节约时间，两人都采用写条子的办法。一个晚上积下来的条子，次日早餐后互相交换，需要讨论的就在上午讨论。下面我举他的一张条子为例：

你看什么好？还是提了意见请作者改，还是定稿组想办法？要达到拿得出去的程度，看来还得花不少力气，比预料差距相当大。十四日。

这张条子是他对"河西走廊河流变迁"稿提的意见。次日上午我到他房中谈了颇久。结果两人同意放弃这篇稿子。原因是作者不是研究历史地理的，估计无法修改好，而我们也写不出河西走廊的稿子，所以宁可在书中缺这一篇。

这次定稿两个月，有的作者曾经来住一个短时期，除了谭先生和我外，自始至终的还有邹逸麟、张修桂、张丕远、王守春4位先生，他们分别是黄河、长江、历史气候诸章的撰稿者。我们就这样工作到1978年元旦前两天暂告结束，不料谭先生在回家后两天就得了脑血栓重病，华东医院发出了病危通知单。

我在杭州听到这个消息，真是五内俱焚。由于我还得处理积压了两个月的翻译组工作，所以一直到春节后，世界地理工作会议在上海举行，我赴沪与会，立刻到华东医院探望谭先生。如我在上述《回忆季龙老师》文中所记的：

他僵卧在病床上，鼻上插着氧气，手上吊着大瓶，双目紧闭不开。我是忍住了眼泪站在他身边的，勉强地说几句安慰话。当他知道我在他身边时，居然用微弱的声音开口说话。他说："桥驿，请你转告杭州的老朋友们，我不会死，我还要好起来继续工作的。"听了他在病床上的这几句话，真使我悲不能抑。

由于谭先生的身体变化，世界地理工作会议结束以后，郭敬辉副理事长和我一起到杭州，他向杭大领导提出：由于谭先生重病，《历史自然地理》定稿工作由我负责。我诚惶诚恐地接受了这个任务，而瞿宁淑秘书长不久就通知我，最后一次定稿会议于6月在开封举行，嘱我做好一切准备。幸亏谭先生转危为安，逐渐恢复，转移到龙华医院针灸治疗。其间我曾两次前去探望。他除了提出不少开封定稿时应注意的事情外，还勉励我挑起担子，他认为由我承担这个责任，他引为快慰，非常放心。

当我到开封时，瞿秘书长在车站接我，她把定稿地点放在当时开封最好的开封宾馆，一切都安排得妥妥当当，并且随带学会的李秀云女士，由她负责定稿工作中的日常事务。一切停当以后，秘书长才离汴北返。史念海先生不久从西安赶来，使我感到有了靠山，增加了工作信心。开封师院（今河南大学）地理系也来了几位教师参加，并且给予我们许多日常事务上的帮助。地理研究所黄盛璋先生和陕西师大马正林先生也参加定稿。此外，郑州黄河水利委员会来了几位工程师，帮助我们"黄河"这一章的定稿工作。一个半月中始终在开封的，除了李秀云女士外，就是我和复旦大学的邹逸麟、张修桂两位先生。

我几次发信到上海龙华医院向谭先生汇报工作，他有信必复。在他当时还处于半边瘫痪的情况下，他的复信写得很长。1978年6月22日的复信写了3000多字，他首先鼓励我："历史地理篇定稿工作请我兄顶下去，此乃目前情况下最合理的措施，我兄亦义不容辞。"由于我开列了此书主编和各章节作者的名单给他，他在此信上指示："你开的那个名单，我有一点意见，你说得好，这个名单的原则是如实填写。因此，我的意见是主编项增列陈桥驿（杭州大学）一名。"这是此书定稿后我唯一没有遵照他的事，但后来由于郭敬辉副理事长和瞿宁淑秘书长的坚持，我只好以拙名附于骥尾。

开封定稿工作非常紧张，我和复旦大学邹、张两位，都和在上海定稿时一样，要到午夜才得就寝。但大家都很和谐团结，李秀云女士的服务工作也很妥帖周到。其间也发生过一件特殊事件。一位从北京来参加后期定稿的先生向我提出：这份稿子领导是请他"把关"的，最后务必把全稿交给他。我由于主持定稿，感到责任重大，他的要求正中下怀，即时满口答应。但事后不过一二天，晚餐后大家在我房中闲谈（这位先生也在坐），服务员送来一份电报，我当众拆开，原来是黄秉维理事长发给我的，内容约为：历史地理定稿结束后全稿由你负责妥寄北京中国地理学会。我当时颇觉突然，但这是理事长的命令，当然照办。这年8月在北京西苑饭店举行《中国自然地理》编委会。我进入房间后不久，郭敬辉先生随即进来，说要向我表示歉意。他说："《历史自然地理》的事，我们是经过讨论决定请你负责的，为此事我还特地到杭州取得杭大领导的同意。除了请你负责到底外，我们绝未叫谁'把关'。我们已对此人进行了批评，请你不要介意。"稍后，瞿秘书长也和我说了相似的话。我立刻发信把郭、瞿二位的话向谭先生作了汇报，因为他关心此事。开封定稿结束后，他曾在7月29日从医院写信到杭州："逸麟、修桂返沪后亦曾来医院面谈，各方情况，各人表演，大致已备悉无遗。固多可叹可笑者，亦有令人快意者。开封定稿得有今日成果，实由编委会委托得人。"

谭先生信上的"各人表演"，指的是另一事件。定稿结束前，也是这位先生提出，说复旦负责撰写的长江和洞庭湖章节，武汉长办极不满意，意见很大。这当然是值得重视的，好在武汉是我们去得了的地方，而此篇撰写人之一，复旦的张修桂先生也在开封。定稿结束这一天，我请张修桂先生和我一同去到当时正值酷热的武汉。长办的科研负责人唐日长先生热情地接待了我们,为我们举行了一个有七八位科研人员出席的座谈会。每人都发了言,对复旦学者发表的有关文章一致赞赏,认为有裨于他们的科研工作和实际工作,还希望以后多发表这类成果。我请张先生作了详细记录,寄给了瞿秘书长。虽然武汉之行,把我搞得很狼狈,浑身红肿,但我觉得收获不小。因为此书的部分章节在尚未出版之前,就得到了有关权威科研机构的首肯。至于那位先生提出此事的动机如何,也就不必计较了。

由于我是从杭州搭民航去北京参加编委会的,事前来不及去上海,只是向谭先生写了信,却不料会议伊始,即收到他 8 月 17 日从龙华医院寄到西苑饭店的信,全信长达 3000 言。我把此信给学会的史念海先生看了,又向郭、瞿二位作了汇报,然后把他信中指出的重要问题在编委会上作了发言。会后,我又留京一个星期,把开封定稿中尚未解决的若干问题,在北京查了资料。全稿不久以后交给了科学出版社,由该社三编室处理。三编室陈宾寅主任也是中国地理学会理事,她在这部稿子上费了很大工夫。1980 年初,全稿即将发排,我于 2 月底为此稿最后一次前去北京,感谢复旦邹逸麟先生慨然同意与我同行,我们两人大约花了 10 天时间把稿中的遗留问题处理完毕。经过三编室一年多的努力,《中国自然地理·历史自然地理》终于在 1982 年 1 月正式出版。出版以后,立刻获得学术界的好评,先后在中国科学院和上海市社会科学院获奖。

在一个世纪的中国地理学发展史中,一本书的事或许微不足道。但是由于此书是 10 所高等学校和科研机构的 23 位学者的集体著作,而且也是中国和国际历史地理学界第一种、至今仍是唯一的一种以区域自然地理为研究对象的通论性著作,所以回忆此书的全过程,可能也有存史的意义。我写此文,除了纪念此书的擘画者、领导者、已故的历史地理学泰斗谭其骧先生外,同时也为了感谢在我参与此书工作时期给予合作和支持的许多学者,特别要感谢自始至终为此书约稿、定稿、出版而任劳任怨,尽心竭力的中国地理学会瞿宁淑秘书长。

原载《中国地理学 90 年发展回忆录》,学苑出版社 1999 年版

我与唐诗

——兼述李白《梦游天姥吟留别》

（一）

唐诗之路研究开发社邀请我参加"李白与天姥"国际学术研讨会，我实在感到惭愧。由于我曾经在新昌执教数年，和这个地方有相当密切的关系，只好汗颜接受邀请。假使我与包括唐诗在内的中国古代诗词歌赋毫无关系，那倒是不会有惭愧之感，因为眼下的不少这类会议中与会者与会议主题毫无关系的有的是。但事实是，我与中国的诗词歌赋特别是唐诗确实有过密切关系。我是在四五岁时由一位清末举人即我的祖父用唐诗为我启蒙的。所以到七八岁就背熟了《唐诗三百首》，同时背熟的还有《神童诗》、《千家诗》等。后来又读熟《诗经》中的全部国风（雅、颂因为乏味，所以没有背熟）。中学以后念英文，也读过荷马的《伊里亚特》、《奥特赛》，并且涉猎过一点十四行诗。但是所有这些，由于以后从事的专业性质，一切都早已淡忘，现在回忆起来，实在恍如隔世。

在唐诗之路研究开发社邀请我与会的过程中，又读到了竺岳兵先生的几篇大作，里面有许多唐诗的理论。关于这方面，即使在我当年读诗的时候也绝无心得。我的祖父是位小学家，他读熟了《康熙字典》中 4 万多个字的音训，对《说文解字》和《佩文韵府》之类也滚瓜烂熟。对于诗词,他除了背熟以外,恐怕也不曾有什么钻研。在我的回忆中,他教我读唐诗的过程中,可以拉扯到理论的,或许就是他对李白和杜甫的评价,即所谓"诗仙"和"诗圣",前者豪放自然,后者雕琢精深。他是一位不苟言笑的学者,平时从不说一句俏皮话,但对于李、杜,他居然以俏皮话作了比喻,(这当然也是从别处听到的)。他说假使他们二位上茅坑(厕所)。李白就吟:"大风吹屁股,寒气入膀胱";而杜甫吟:"塔斜尿流急,坑深粪落迟。"不过后来我还是读到了相似的评价,那就高雅得多了。那是在我念高小之时,当时我已是绍兴图书馆(古越藏书楼)的长期借书户,我在一本日本汉学家盐谷温所撰的《中国文学概论》中(孙朗工译)看到他对李、杜的评价:前者是"神鹰瞥汉",后者是"骏马绝尘"。或许恰如其分。

我的祖父倒是教过我一点做诗的方法,除了要我背诵韵目以外,还有诸如"一三五不论,二四不同二六对"(指七言诗)之类。但是我后来发现,名家名诗是不受这种拘束的。例如按照我祖父的说法,七言诗中大忌"下三连"。但选入《三百首》的崔颢名诗《黄鹤楼》:"黄鹤一去不复返,白云千载空悠悠。"两句都正是"下三连"。

以上所回忆是我和唐诗的一点因缘。这是因为接到邀请才想起的。但事实是,我既不懂唐诗的理论,过去背熟的,现在又忘了大半。所以实在有愧于会议对我的邀请。

(二)

由于读过一点诗,后来的专业虽然与诗无涉,但是与我的同行学者们相比,我在专著和论文中,也颇有引及诗特别是唐诗的情况。我的专业除了以地理为基础外,与史学也有密切关系。但是"诗"不是"史",似乎与我无涉。在我们的专业同行中,精于专业但没有像我这样有过"背诗"经历的人,当然也不会想到在论文中以诗为证。但我的想法却不同,"史"当然重要,像《春秋》经传、"正史"[①]等等,而且都是权威的。但是"史"与"诗"相比,也有它的某些缺陷。第一,在中国,权威的史书,多半都是官方意志的产物,做学问的人利用时必须小心谨慎,因为其中有不少并不反映真实的材料,古今都是一样。特别是所谓"正史",我在拙著《郦道元评传》[②]中就批评过"正史"。许多部"正史"都立有《酷吏传》和《佞幸传》。我说:"为什么不立《暴君纪》和《昏君纪》?在我国历史上,酷吏和佞幸当然很多,但暴君和昏君何尝会少?而且暴君和昏君给人民造成的灾难,又岂是酷吏和佞幸可比。这实在是'正史'极不公正之处。"但诗却不是这样,诗是个人的作品,没有受过干扰,尽管对任何一种事物,诗人也难免有他的片面看法,但与史相比,可信度较大。第二,史书所记述的都是重大事件,但在我们专业所研究的课题中,有不少问题都是不见经传的事,而诗的涉及面广,许多地方可以补史书的不足。

例如 70 年代末,我应约撰写《绍兴史话》③一书。此书当然要涉及越王句践七年(前490)建成的绍兴城(当时称为小城),这是一座著名的古都。历史上确实有不少文献作过记载。但是此城在全国的地位如何,却未曾有人作过比较。而元稹在他的《重夸州宅景色》④中却明确说出:"会稽天下本无俦。"我引用此诗,当然不会生硬理解,把绍兴城作为唐代的全国第一。但至少可以说明,它已跻入唐代的全国著名城市之林。在城市地理学研究中,有一门"比较城市地理学"的学问。1989 年我在日本广岛大学任客座教授时,曾讲授过这个课题。元稹的这句诗,在比较城市地理学中也很有价值。所以我在广岛大学的讲课中引及此诗。不久以前,我为《绍兴的中国之最》⑤一书撰写序言,也提及此诗。我提出了一段我在国外的经历。我在诸如南美亚马逊河原始森林、北美墨西哥湾浩渺海岸等荒僻之处,或是在纽约百老汇路、东京银座大街等繁华地区,都会想到"会稽天下本无俦"的诗句。因为我在这个大千世界中无非跑过几个码头,见识当然不广。但"元稹出生于中原大都会洛阳,官至同中书门下平章事,也就是唐朝的宰相"。"他口中说出'会稽天下本无俦'的话,足证见过世面的人物,也为绍兴的人杰地灵而倾倒"。

《绍兴史话》当然要述及名擅天下的越窑瓷器。史书和若干笔记确实记及越窑,但大都文字枯燥,不能表达出越窑的光彩。而陆龟蒙诗:"九秋风露越窑开,夺得千峰翠色来。"显然是对于这种名窑的最精湛的目击写生。也有人认为越窑不过是一种青瓷器,现在我们看到的青瓷器很多,不过如此,诗人的描写夸张过甚。这是因为现在我们所见的青瓷器,都是一般窑品,陆龟蒙所见无疑是青瓷精品,即后来吴越所称的"秘色器"。记得《绍兴日报》曾约我写篇有关于此的小文章,我写了《越瓷与陶瓷之路》⑥一文,再次引用陆龟蒙诗句,并且说明,我已在西安法门寺看到了那里收藏的 13 件咸通年代(860—874)贡入的越窑青瓷,确实出类拔萃。我当然没有陆龟蒙的诗才,只能以"胎薄如纸,色明如镜"表达了我的观感。陆龟蒙的诗句确实使我茅塞顿开,我不仅在国内,而且在国外也多次引及这句唐诗。这是因为在 80 年代之初,我的一位日本朋友,国际著名的陶瓷学家三上次男教授,在日本委托我的夫人把他的杰作《陶瓷之路》翻译成中文。此书中译本出版后,⑦1985 年我又去日本讲学,他为了答谢我夫人的翻译,邀请我们到东京出光美术馆作客,那里收藏了大量越窑青瓷精品。真是美不胜收。最后,在他们的精致留言簿上,我也写上了这句唐诗。

《绍兴史话》中我还引用了杜甫《后出塞曲》中的诗句:"越罗与楚练,照耀舆台躯"。这是为了说明,绍兴的丝绸,在唐初已经出名。用唐诗说明一种地方事物,在我看来是事半功倍。但是也会有人认为,在我们的专业中,不是人人都有过对我国旧诗

"死记硬背"的经历，在其他古代文献中，也可以找到同类的资料。这话不错。但是我也需要指出，在我的研究工作中，也曾经遇到在其他文献中找不到答案而依靠唐诗迎刃而解的例子。我的关于古代鉴湖研究就是这样。鉴湖（初创时不知何名，六朝称大湖或长湖、唐朝称镜湖、宋朝起才称鉴湖）是后汉永和五年（140）创建的一个大型水利工程，曾在山会平原的农业发展中起过重要作用，直到南宋而基本湮废。由于文献记载明确，使我得以在 1∶50000 地形图上测出初创时的面积达 206 平方公里。像这样一个大型水库，其湮废总有一个较长的过程。但所有文献资料都记载鉴湖围垦始于北宋。北宋无非 160 余年，要在这样短的时期中，把偌大一个湖泊基本垦废，实在很难相信。因以，我在撰写我的论文《古代鉴湖兴废与山会平原农田水利》⑧一文中，正是由于引用了唐诗，才获得中外学术界信服的论据。秦系《题镜湖野老所居》说："树喧巢鸟出，路细莳田移。"⑨说明唐代前期，湖中已经出现了莳田。而元稹《和乐天十八韵》⑩也说："柳条黄大带，茭莳绿文茵。"由此可以证实，有唐一代，鉴湖的围垦已经相当普遍。秦系和元稹都是这种围垦的目击者。在当时，他们只是把这种现象作为他们的诗材，客观地写入了诗句。为此从后代学者来说，他们的诗是完全可靠的，可以作为唐代围垦鉴湖的确凿证据。但是除了唐诗以外，我们也没有在其他古代文献中找到过这种具有说服力的材料。

（三）

最后说一说李白的《梦游天姥吟留别》。这是一首选入于《三百首》的唐诗，属于我童年的背诵之例。当年，我只是觉得此诗豪放自然。它和七言乐府中的《蜀道难》、《将进酒》等一样，都是我喜爱的李白诗。所以我在为新修《新昌县志》所写的序言中，特地引及了其中的几句，并且加了一点我的看法：

> 李白《梦游天姥吟留别》诗中有许多令人百读不厌的描写，如"天姥连天向天横，势拔五岳掩赤城"；"千岩万壑路不定，迷花倚石忽已暝，熊咆龙吟殷岩泉，慄森林兮惊层巅"；"列缺霹雳，山峦崩摧，洞天石扉，訇然中开"。李白对这座道家第十六福地的神奇景色的描写，反映了唐人对这座名山的向往和推崇。

我在《县志》序言中写入此诗，与上述我利用唐诗研究我的专业课题不同。我只是为了说明新昌自然风景的优美，因为在引此诗以前，我开头就说："新昌位于浙东，浙东原是山青水秀之地，而新昌特为出众。"引此诗之后又说："当然，新昌的风光胜迹，远不止上述天姥、沃洲、南明等处，其他还有南岩山的山海遗迹，穿岩十九峰的嵯峨突兀，东岇山水帘洞的悬泉幽邃。新昌的景点之多，不胜枚举，新昌的自然之美，美不胜收。从今天的观点来说,这是新昌得天独厚的旅游资源,它们必然能为新昌的发展作出重要的贡献。"所以我实在是借用名人名诗,以赞扬新昌的名胜。

但是我确实也利用此诗作过专业研究。那是 1959 年,当时我在浙江师范学院地理系担任经济地理教研室主任,浙江省交通厅委托地理系从事一项全省交通规划的研究,系里要我负责完成这项任务。于是我组织教研室教师和两班高年级学生,在作了几个月室内资料工作以后,再化两个月时间进行野外调查考察。这项研究是把省内铁路、公路、航运通盘考虑的。当时我们发现,特别是浙东,河道的航行里程不断缩减,也就是说,河流状况不断恶化。我们以曹娥江作为典型对象,进行古今对比和分析研究。这就要涉及这条河流历史上的通航情况。我们查索古代文献,经过比较,最后认为对于这个问题,具有价值的古代文献有两种,一种是《世说新语·任诞》记载的王子猷雪夜访戴逵的故事。王子猷在雪夜,"忽忆戴安道,时戴在剡,即便夜乘小船就之,经宿方至"。说明在东晋,从山阴上溯曹娥江到今嵊州,不过一夜航程,江道畅通可见。当时认为有价值的另一种文献。就是李白的《梦游天姥吟留别》,因为诗中说:"我欲因之梦吴越,一夜飞渡镜湖月,湖月照我影,送我至剡溪。"用这两项资料对比,说明曹娥江航道从 5 世纪到 7 世纪没有变化。当年我主持写的课题报告,其中就有李白此诗。现在回忆起来倒是很令人感慨,因为我童年爱读的此诗,不仅由我写入新修《新昌县志》,而且也在我的研究工作中起过作用。

注释:

① 指二十四史。清乾隆修纂《四库全书》,诏定二十四史为"正史"。
② 南京大学出版社 1994 年版。
③ 上海人民出版社 1982 年版。
④ 《元氏长庆集》卷二二。
⑤ 裘士雄等编著,浙江摄影出版社 1998 年版。
⑥ 《绍兴日报》1992 年 6 月 28 日。
⑦ 胡德芬译,天津人民出版社 1983 年版。
⑧ 《地理学报》1962 年第 3 期。
⑨ 《全唐诗》4 函 8 册。
⑩ 《全唐诗》6 函 9 册。

原载《中国李白研究——李白与天姥国际会议专辑》,安徽文艺出版社 2000 年版

我与图书馆

古越藏书楼是我国历史上的第一所公共图书馆。这座藏书楼建在绍兴,现在它还像一本亡佚的书籍一样,可以让我们去凭吊这本佚书的封面——一座古色古香的台门。虽然全书只留下了一个封面,但这毕竟是绍兴历史上的一种骄傲。作为一个绍兴人,我也与这一骄傲沾了边,因为这里是我生平读书的第一所公共图书馆,那时已经称为"绍兴县立图书馆"。如果仍用一本古籍比喻,在我踏进这座台门的时候,招牌虽改,但书的封面和内容都完好无损。进入台门后隔一个天井,就是一间窗明几净的藏书室兼阅览室,书籍都用玻璃书柜开架陈列,阅览的座位也颇宽敞,至今回忆宛如昨日。

我是民国二十三年(1934)秋季进入这所图书馆的。当时,我从省立绍兴中学附属小学四年级升到五年级。我祖父由于曾长期在袍渎敬敷学堂和城内第二县校执教,学生不少,是他写了一纸八行信笺给图书馆中的一位负责人(可惜忘了姓名),介绍我去的。我进去后把信交给了一位管理先生,或许并非祖父信上的收信人,但他看了后很客气。到这里借阅图书,本来要有一位担保人,并需经过核实。祖父的信就代替了这一切。从此我就经常在这里借书,一礼拜要去两三次。

在高小的两年之中,我在县立图书馆读的书不少,尽管与以后我所到过的图书馆相比,这家图书馆的藏书实在极少的,但对于一个高小学生,在家里一直读"子曰诗云",生活在一个线装书的天地里,到这里已经是很开眼界了。

我读了嘉泰《会稽志》、宝庆《会稽续志》和杜春生《越中金石记》等，这些书为我后来爱好搜罗乡土文献奠定了基础。又读到一册会稽周氏刊本《会稽郡故书杂集》，我很感兴趣，却不懂此书体例及其所引的许多书名如《初学记》、《艺文类聚》、《太平御览》等等，我问了祖父，才知道此书各篇，都是从其他古书上抄录下来的。因为如《会稽典录》、《会稽录》等，原书都早已亡佚，这种工作称为辑佚。祖父取出了我家所藏的《类聚》、《御览》等让我对照，果然找出了《杂集》抄录的文字。此书确实使我获益匪浅，不仅进一步提高了我对乡土文献的兴趣，并且也是我后来花大量时间为《水经注》辑佚的动力。

在县立图书馆读的许多书中，对我毕生影响最大的大概是《胡适文存》。胡适这个名氏，当时已经听到过几次，只知道他是一位提倡白话文的大学教授，却不知道他的《文存》已经印出了四大册。借回家中，开始就读到了《吾我篇》、《尔汝篇》，虽然一知半解，却实在是开了心窍。我立即拿去让祖父看，他看了不久就脱口而出："这就是做学问。"这是我生平第一次听到"做学问"这个词汇，现在还可回忆起当时那种心灵受震动的体会。

我在拙著《郦学札记》的《宋本》一文中，曾有一段述及我从小读线装书的事：

> 我生长在一个读平装书和精装书的时代，不要说宋本，我翻过的线装书，要是与平装、精装书相比，实在是很少的。但是由于家庭的关系，与和我年龄相似的一辈比较，我翻阅的线装书或许比一般人要多得多，而且也算看过几本宋本的。

记得《光明日报》著名记者叶辉先生为我写过长篇报道《敢为（水经）作新注——记著名郦学家陈桥驿教授》，文中记及我幼年时在祖父指导下花半天时间读背《大学》、《中庸》两篇的事。后来我回忆这年是我虚龄7岁的初夏。接着读《四书》中的其他两篇《论语》和《孟子》，由于篇幅大，又插入《千家诗》和经过蔡元培增订的《幼学琼林》等，这年下半年读背的进度就慢了。但在农历年底以前，还是读背了《论语》和《孟子》。所以到了高小，我早已满肚子"吾、我、尔、汝"，却想不到胡适可以在这四个字上大做文章，而且还是躺在床上边背诵边思考的。我几次通过《四书》考订他在这两篇中所举的例子，确实让人信服。一位努力提倡白话文的人，原来对文言文有如此深厚的功底，这使我深深感到，我虽然读背了不少古书，但其实还是绍兴人所说的："小和尚念经"。我必须多思考，像他那样"做学问"。所以在高小的两年中，《胡适文存》我连续借过几次。进了初中以后，学校图书馆也有此书，我又继续借阅。

1999年，台湾一所研究院邀请我去讲学，由于长期来对胡适的钦佩，我们夫妇特地到他墓前参拜。回来后，上海辞书出版社的《新知》约我写稿，我写了《我说胡适》一文，其中说道："我是踏进初中门槛就读到《胡适文存》的，开始欣赏他的《吾我篇》、

《尔汝篇》之类。"我之所以在《新知》的文章中把读《文存》的时间推迟到"踏进初中门槛",倒并不是再怕有人说:"难怪中毒如此之深!"而是为了眼下潮流,小学生读《文存》恐怕不易让人理解。现在为了回忆古越藏书楼,我当然应该实话实说。我在初中一年级时确实还读《文存》,那是最后一次了。初中的第一年,我仍然经常出入绍兴县立图书馆,直到初中二年级时抗日战争爆发。

现在回忆起来,古越藏书楼确实让人怀念。尽管当时我已经读背了不少古书,但从年龄来说毕竟还是个孩子,骤然进入这样一座房子,一架架黄漆的玻璃柜里,排列着各种书籍,让你挑选借阅,从中获得许多知识和乐趣。当年,在我的这颗童稚的心灵里,把古越藏书楼这座房子,看作是全绍兴最好的地方。确实,绍兴县立图书馆是我毕生喜爱图书馆的嚆矢。此后我每到一处图书馆,每在一处图书馆获睹一册好书,都会想到十二三岁时经常奔走古越藏书楼的情景。我以后能在许多图书馆看到各种孤本和善本,实在也都是从古越藏书楼开始的。

原载《浙江九三》2004 年第 6 期

湖州二记

——为湖州徐学盛会作

今年,徐学盛会在湖州举行,对于这个旅游资源丰富,旅游事业欣欣向荣的文化名城来说,徐学盛会在这里举行,真是锦上添花。徐霞客的家乡距湖州很近,但《游记》中却不见湖州。只有钱谦益的《徐霞客传》提及"吴兴",吴尧民先生往年考证徐霞客的浙江游屐,对钱谦益序,他指出这不是第一手资料,所以"不可不信,也不可全信"。这是做学问的科学态度。我往年也说过类似的话:

> 明朝人做学问的风气不好,胡说八道的例子甚多,所以明人的不少著述,也和明版书一样,常为后代学者所不齿。

不过对于湖州,我认为这属于吴尧民先生所说的"不可不信",更绝非我所说的"胡说八道"。这不仅是因为湖州离他家乡很近,而太湖又是他常游之地。太湖沿岸的今苏浙两省城镇,他必然到过。我们现在从全部《游记》进行研究,他钟情山水,用现在的话来说,《游记》倾注于自然地理,对人文地理关注较少,特别少见现在称为城市地理的记载。例如他到过五泄、兰亭、禹陵,却并不记及绍兴;他到过普陀落迦,却并不记及宁波。所以,《游记》不载湖州,按他的兴趣爱好和《游记》体例,这是可以理解的。

我也多次到过湖州,走遍了这里的山山水水,考察了这里的历史人文。值得回忆的事实在太多,利用徐学盛会的机会,就我在湖州最值得记叙的,写下两件事,作为这次徐学盛会的纪念。

一、王部院劳改

　　这是 1969 年,是我一生中在湖州境内居住时间最长的一次。地点在妙西镇附近的一个山村王部院,当时称为"井冈山大队"。这年四月,杭州大学师生下乡接受贫下中农"再教育",而我这个"牛鬼蛇神",当然是下乡"劳动改造"。地理系安排在这个村子里。

　　我是"文革"的重灾户,当北大聂元梓的那张钦定大字报出笼后第三天,地理系就贴满像乱箭般射向我的大字报。随即被关进"牛棚",[①]遭受各种折磨。挂了大牌子坐"喷气式"[②]批斗,这是最通常的"革命"玩意。不过在这方面我特别惨。因为当时我已经出版了 13 本书,用红卫兵的话说就是 13 颗大毒草,每棵大毒草都要开一次批斗会,所以我坐"喷气式"的机会比别的"牛鬼"要多得多。此外还有示众、游街、跪斗以及后来震动全国的"杭州大学地理系活人展览"[③]等等。在牛棚中,我就眼看到或听到不少"牛鬼"因受不住身体折磨和人格侮辱而相继自杀的惨剧。每遇到这样的事,"革命"领导就到"牛棚"里训话:"某个'牛鬼',已经自绝于人民!"

　　这年 4 月,"牛棚"里的"牛鬼"已有不少放回家中(当然仍是"牛鬼"身份)。"牛棚"里最后只剩下很少数十恶不赦的了。4 月 18 日早上,一个来自勾庄汽车大修厂的杨姓工宣队长跑进牛棚,点了我的名:"全系革命师生二十日以后去湖州接受贫下中农再教育,'牛鬼'也跟着去劳动改造,你今晚可以回家准备行李,以后到湖州劳改。"于是给我一张通行证,让我晚上可以走出校门回家。当这天傍晚我背了被服从"牛棚"回家时,家里人真是喜出望外。虽然"释放"的时间极短,但一家人毕竟又团聚了。

　　我从"牛棚"暂时"释放"的另一收获就是带回了从 1966 年起的全部"牛鬼"《日记》。自从那年荣膺"反动学术权威"开始,每天都要写《日记》,每天挂在"牛鬼"《日记》栏上让"革命师生"查阅。我离开"牛棚"时,大家为了都要下乡,全系乱纷纷,管"牛鬼"的人也不见了。我就把这些《日记》席卷而归,至今仍存。尽管《日记》中写的内容实在不多,每天除开头三呼一个人的"万寿无疆"和他的亲密战友的"永远健康"以外,其余的多是谎话、神话、鬼话、无聊话之类,不过对于整个"文革"过程,例如哪一天我被示众或批斗,为什么示众、批斗;哪一天出了什么"最高指示"和这条指示的"伟大"意义等等之类,从这些《日记》中还是可以查得清楚的。我是以"牛鬼"身份到湖州去劳改的,所以仍须每天作《日记》。现在翻开这年 4 月 20 日的《日记》:"早晨约八时开车到湖州,……车过鹿山,折入支路,到汤村下车,然后挑行李步行。"

全系师生这次下乡是为了接受贫下中农的"再教育",自从 1966 年"文革"开始以来,学校没有再上课,已经经历了大字报、大串联、批斗反动学术权威,批斗走资派,革命兵团之间的武斗等等阶段,这次来了个"再教育",以后还不知是什么名堂呢? 我是"牛鬼",到湖州是劳改,并无"再教育"资格。但后来回忆,在这恐怖残酷的"十年灾难"中,我在湖州王部院所得的贫下中农的关怀和温暖,倒是毕生难忘的。

我被安排住在一个两户合居的院子里。我的女东家姓吴,这年刚满 50。男东家姓林,是浙东文成人,比女东家大好几岁,是入赘来的。他们有 4 个子女,长子已经成人,是全劳动力,二三两子都不到 15 岁,小女儿还不满 10 岁。合居的另一户姓周,是个做木匠的东阳人,女东家是前夫去世再嫁的,前夫有一子,已成人。此外是与后夫所生的一子一女,也都不到 15 岁。他们两家明明知道我是"五类分子","革命"领导也向他们关照过,但两家大小,都给我一个特别的称呼:"大先生"。特别是我的那位女东家,多次当着两家人的面(两家合用一间房吃饭)说:"现在的天下是乱了,像大先生这样的人,是个老好人(我当年 45 岁),怎么会是五类分子?"他们确实吃得很节省,但总是努力让我吃点好的。怕我不吃,经常挟在我的饭碗里。旁桌的周家,因为做木匠,手头宽裕一点,吃得比较好,女东家常常端了菜碗过来,把较好吃的菜挟在我的饭碗里,实在让我感动。

另外还有不少让我感动很深的事。例如有一天晚上,两个红卫兵跑来:"今晚全系革命师生要批斗你,走!"这类事我早已习惯,立刻服服贴贴地让他们押走。批斗的场所在离我住户大约 500 米的一座空屋里,要跨越一条架在小涧上的木桥(只是一块木板)才能进入。屋内的"革命群众"一见我这个"牛鬼"被押入,"万岁"与"打倒"之声顿时大作,当然"万岁"是指他们的崇拜者,而"打倒"就是指我。湖州比杭州较为"宽大"的一点是,杭州的批斗用"喷气式",而在湖州,只要我弯腰低头就可以了。这一夜,登台的"革命师生"不少,虽然唱的都是老调,但 70 度的弯腰,双手又不准放到膝盖上撑一下,一个多钟头下来,也是够受的。好容易等到"万岁"和"打倒"的口号,特别是每次挨斗时最盼望的一声"滚出去"。滚出去是不再有红卫兵押解的,我自己开门而出,却不料刚跨出门,就有一只手挽住我的手臂,扶我跨过小涧上的木板,原来是住户周家的十二三岁小儿子,他是跟在押解我的红卫兵身后,一直在室外等我的,在门缝中瞧着我弯腰挨斗的过程,怕我挨斗后走不稳掉在小涧里,又怕我黑暗中摸不到家。一路替我捶腰捶背,我感动得几乎流下眼泪。

另一次是田头批斗。那是一个时阴时雨的黄梅天下午,我在自己的小队劳动,一位"革命"教师带着二三个红卫兵,气势汹汹地赶来,押解我到一个称为油溪坂的地方进行田头批斗,那里有一个路亭,举头可见,离我处不到千米,但半途上要跨过一条人为的田间泥沟,有一米多深,人工铲削的泥壁很陡,几乎是垂直的。红卫兵的押解,倒是起了扶持作用,动作虽然粗暴,但毕竟把我推下了泥沟,又拉我上了泥沟。靠我自己实在是过不了这条泥沟的。当时,油溪坂田头已经站了许多"革命"群众和一些被动员来的农民。批斗领导人则在路亭内。我押到后,批斗会随即开始,"万岁"和"打倒"嚷成一片。只是天气并不帮助他们,原来的小雨滴逐渐变大,几个领导在路亭内策划鼓动,他们淋不到雨,但站在田坂上的人都耐不住了,于是批斗会只有三四人发言,草草了事。我就冒雨从原路回到小队劳动的地方,虽然路途不远,却担心因为没有红卫兵的押解,我怎样跨过这条泥沟呢? 正在犹豫之间,看到泥沟边上站着两个人,走近一看,原来是自己小队的年轻人,其中一位立刻跑过来给我披上簑衣,戴上斗笠,用手拉我跨下泥沟,对面的一位立刻拉我上了泥沟,这两只手虽然都很粗,却十分温暖,一直暖到我心头。雨终于下大了,生产队这天下午也就不再劳动,收工回家。

在王部院,除了我自己所在的小队以外,其他当然有人认为我是一个"老反动","老牛鬼",是大学里的"五类分子"。甚至也有最关心我的几位小朋友,怀疑我到底是否反对毛主席,向大学生"放毒"? 有一天傍晚在住户门口院子里乘凉,周家的小儿子问我"六间头"④有一套"大先生"的连环画,一共十来张,最后一张是我淹在河里,快淹死了,但双手高举着一本书,书名有 3 个字,但他只认识第一个"水"字。他问我这本书是不是反毛主席的,书里是不是有"毒"? 这本书当然是《水经注》,他们都已年过10 岁了,却只认得一个"水"字,这是因为"文化大革命",农村里的正规小学已经停办了二三年,偶尔有所谓"农学"要孩子们去上几天,但语文课是用"红宝书"教学的,"红宝书"上大概找不到"经"字和"注"字。

认他们的提问中,让我意识到,在多次批斗会和造反派的宣传中,他们也怀疑这位"大先生"到底有没有反对毛主席和向大学生"放毒",而漫画中的这本在溺死以前还捧着不放的有一个"水"字的书,对"大先生"一定是一本关键的书。于是我告诉他们,这本书叫做《水经注》,是一本古书,是专门写中国河流的书,你们湖州的太湖,也写在里面。这本书的本身并不反对毛主席,也没有"毒"。但是我喜欢这本书,常常读这本书,这是有"罪"的,因为我的时间多花在读这本书上,就不读《毛选》,这就算反对毛泽东思想。有的大学生学我的样,也读这本书或者其他另外的书,也不读《毛选》,这就算我对他们"放毒"。所以我们不再读这本书,要专心读《毛选》,改造思想。你们要正确地看这套漫画,"革命"师生画这套漫画,他们是挽救我。

我和小朋友们说这些话,当然出于无奈,而且完全言不由衷,以后想起来,感到很惭愧,也很懊悔。我不是基督徒,但从初中一年级起就读《圣经》,而且读得很认真,衷心服膺其中的道理。摩西在西奈山接受耶和华的"十诫",其中有一条就是:"不可作假见证,陷害人。"记得当年解释《圣经》的老师说:我们都不是会"作假见证,陷害人"
的坏人。但是我们要把这条诫语解释得宽广些,也就是说,我们不要说谎。老师当年
对《圣经》的解释对我触动很大,因为我反省在小学里、在家里都说过谎。从此以后,
我就随时检点,宁可不说话,但不说谎话。可是自从 1957 年以后,我又在无可奈何的
情况下说谎话,而在牛棚中,说谎话则习以为常。我毕生或许有 90% 以上的谎话是从
1957 年以后开始的,而"文革"以后的谎话,必然占了 90% 中的极大部分。不过这些
骗神骗鬼的谎话,都是出于无奈,因为那是一个不说谎话就活不下去的时代。但是在
湖州王部院的劳改中,我却向这五六位平时爱护我、保护我的小朋友说了谎话。今天
回忆起来,实在是我那年在湖州最值得忏悔的事。

二、杼山的争论

在王部院劳改以后 20 年,又发生了一件事关湖州而值得回忆的事,而且其事又在
妙西。王部院当年是属于妙西公社的,王部院人不管老老少少,都把妙西看作一个大
地方。凡是在王部院解决不了的事,大家都会脱口而说:"到妙西去"。我在那里劳改
的 4 个月中,因为看病配药,曾两次到过那里,对妙西这个小小的集镇,颇有一点印象,
事隔多年而又几次旧地重访,真是一种巧合。

由于改革开放带来了政治气氛的相对宽松,社会上发生了许多新的事件,其中有
两件都与我有点关系。第一件是当时喊出了拨乱反正的口号,由于 10 年大乱,的确有
许多事急需反正。另一件是被"文化大革命"砍伤了的传统文化急待振兴。对于拨乱
返正,当时面临的重要问题之一是"文化大革命"中被篡改了的许多地名。例如在杭
州,竹杆巷改了枪杆巷,羊坝头改了硬骨头巷,全国都是如此。不返正当然不行,所以
从中央到地方,都成立了地名委员会从事地名的整顿工作。浙江省地名委员会有十几
位委员,多由各厅局长兼任,我是唯一的知识分子委员,并且先后主编了《杭州市地名
志》[⑤]和《浙江古今地名词典》,[⑥]在这方面做了一些工作。

"文革"在其开始之初就以"封资修"、"破四旧"等口号,糟蹋和破坏了中国的传
统文化,所以在上世纪 80 年代之初,全国掀起了一个研究文化的高潮,对文化的一般
研究和专题研究可谓风起云涌。如《中国文化源》一书所说:"人们曾经作过统计,全
世界从各门学科、各个角度给文化下的定义竟有 250 种之多。"[⑦]仅仅由我作序的"文
化书",就有《中国历史文化地理》、[⑧]《绍兴酒文化》、[⑨]《绍兴桥文化》[⑩]等。而 1990 年
发生在妙西的事件,实际上就是这段时期中由于文化热潮的掀起而涉及地名的问题。

当时,在省地名委员会的领导下,各市县都成立了地名办公室,对被"文革"篡改

的大量地名进行整顿，工作量很大，而最重要的成果是编纂各市县的《地名志》。《湖州市地名志》完成于 1983 年，是一部 16 开、精装字数达 65 万的巨著，是省内各市县中编纂得很好的一种。此志在《自然地理实体——山》章内有"宝积山"一条，叙明高 40 米，在湖州西南 12.5 公里，并于条下作注："本名杼山，唐贞观六年于此建妙喜寺；宋治平二年改名宝积禅寺，因而杼山也称宝积山。寺已久废，其址改建为学校。"这一条对杼山的记叙正确无讹，当时也并无不同意见。而以后发生的争论是因为接着出现的"文化热"而引起的。我为张步天教授《中国历史文化地理》卷首所写的序中曾经提到："在中华文化这个宏观概念之下，还有许许多多从这种宏观文化派生出来的各种类型的具体文化，……如酒文化、茶文化、石刻文化、木雕文化等等"。那年在妙西镇发生的事情，就是茶文化引起的。因为妙西（古称妙喜）在唐代建有妙喜寺，附近有一座杼山，而据传"茶圣"陆羽曾在此撰写《茶经》，并在此终老，其墓就在杼山。这是一个当地长期流行的传说。陆羽是唐德宗（780—805）时代复州竟陵（今湖北省潜江县附近）人，《新唐书》有他的一篇不到 600 字的传记，其中有几句提及他与茶的关系的话："羽嗜茶，著《经》三篇，言茶之原、之法、之具尤备，天下益知饮茶矣，时鬻茶者至陶羽形置炀突间，视为茶神。"

《茶经》卷八确实提到"浙西以湖州上"的话，并注："湖州生长城县顾渚山"，但不及杼山，至于他终老何处，《新唐书》绝未及此。不过由于杼山的故事在湖州流传已久，所以就成为湖州的一种文化资源，在旅游业发展起来以后，又可转化成一种能直接创造经济效益的旅游资源。就是因为这个原因，上世纪 80 年代后期，湖州市内部竟有人跳出来抢夺杼山这个地名。

事情大概是这样，当人民公社制度没有取消以前，妙西公社以北有一个南埠公社，公社中心建在南埠镇。当时，镇上有几位人物获得了在市内有发言权的地位，于是就有一些人发难，提出《湖州市地名志》错了，此志记叙的宝积山（杼山）并不在妙西，应该在南埠。陆羽写《茶经》和终老之处，是在南埠的一座山上，那座山才是真正的杼山。由于这些人当时有颇大的能量，而矛头又直指湖州市地名办公室。这样，市地名办公室就只好要求，请省里的专家到现场去开个论证会，论证杼山到底在妙西抑在南埠。

省地名办公室（当时设在省测绘局）就找我商量。我是省地名委员，而杭州大学历史地理研究中心（我是主任）又为研究生开设地名学课程，从职务和专业两者，我都是义不容辞。我在同意去湖州前查核了一些资料，发现杼山在妙西是绝无疑问的，为什么会出现这样的争论？但争论已发生，而且耳闻南埠方面的声势甚大，当然应该去看个究竟。于是 1990 年 10 月 12 日，在到湖州劳动改造以后的 21 年以后，再次去到湖州。这天,省地名办的几位工作人员,包括省测绘局局长,以及杭州大学历史地理研究中心的两位副教授,一行七八人去到湖州市内。尽管出发以前我已经听到了一些争论的内幕,而且查阅了资料,但是我并不坚信自己一定无讹。我赞同胡适"大胆假设,小心求证"[①]的名言,事情必须到湖州"小心求证"以后才能决定。

不过在到湖州以后的当天晚上,我就闻到了对于这场争论的很不正派的气味。一位当地的"社会贤达",因为曾在省里开会时见过面(那是一种聊天的会议),到宾馆访问我。在谈话中,我立刻听出来,他既不懂地名,也不懂地理,而且对湖州的历史也不甚了了,并不是一个做学问的人,而言论却有明显的倾向性,是一个南埠的说客,但却说不出一点点道理。我当然感到相当懊丧,却还是克制自己,叮嘱当时也在场的两位副教授:这位先生不过是为南埠讲几句好话,尽管他对地理、历史、地名一类的学问看来一窍不通,但他可能是一位其他方面的专家,我们不要对此多作计较,事情必须要在现场考察以后再说。

到湖州的次日就进行现场考察,市里的某些领导、地名办公室和其他一些人陪同我们到南埠和妙西踏勘。第三天在市里举行论证会,来了不少人,包括当地媒体和电视台的记者。省、市地名办的人都发了言,他们一致认为《湖州市地名志》没有错,杼山确实在妙西。随我同去的两位副教授也发了言,同意省、市地名办公室的意见。但持相反意见的发言也有好几位,他们举出种种"理由",认为杼山应该是我们踏勘时在南埠攀登的那座山头。

那天我是被安排在最后一个发言的,但当时我实在已经没有发言的兴趣了。因为我确实认为,这实在不是一个论证会,会上的发言并非学术上的交锋,而是一批做学问的人(或许被对方认为是"书呆子")和一批不懂学问也不做学问而一味强词夺理的人的无谓争论。我们的两位副教授的发言,还想让这些不懂学问的人能懂点学问,他们引经据典,提出了诸如《元和郡县图志》、《太平寰宇记》、《嘉庆重修一统志》等之类的文献。其实,对于那些声称杼山在南埠的人来说,都是隔靴搔痒,他们压根儿都不会懂得这是些什么书。幸亏那天我带去了民国初年杭州武林印刷厂印刷的、由同治湖州知府宗源瀚主编的《浙江省舆图并水陆道里记》,此图共4册,在当时算是新式地图,因为地图用了等高线,并且按方格计量,具有比例尺的作用。其中《吴兴县图》这一幅,标明"五里方圆图"。而图上所绘,杼山正在妙西之西,按"五里方圆"计量,离妙西镇还不到5里。有这样的地图作证,杼山怎能搬到南埠去呢?

这次论证会后,我曾应《湖州社会科学》之约,在该刊1991年第2期发表了一篇《杼山地望论证》的文章,由于这天论证会的启发,我写的实在是篇科普文章,向这些人介绍一点科普知识。因为会上的发言人中,也有在职位上从事文博工作但其实很不通这一行的人,他口口声声地说《嘉泰吴兴志》是湖州最早的方志,如何如何等等。我就在此文中列了一张简表,列举了《嘉泰吴兴志》以前的24种湖州古代方志。在湖州的古志中,按时代说,《嘉泰吴兴志》排行第二十五。又由于在会上发现许多人根本没有去查过自古至今的湖州地图,甚至根本不值得地图是什么,有什么作用,所以我用较多语言介绍了一些地图知识,直至在杭州任过知府的宗源瀚所主编的一整套浙江地图。

不过在那次论证会以后,对于杼山的争论,据说仍然持续了一段时期,因为当时那一方有几位可以在市里说话的人,他们坚持杼山属于南埠,而且到处树声势,造舆论,做了不少手脚。但是由于上起北京中国地名委员会,下到省地名委员会,以及后来主管地名事务的民政部和省民政厅,当然包括湖州市民政局地名办公室,一直坚持原则,所以他们想把杼山搬到南埠去的"愿望",一直没有实现。

杼山的争论倒是让妙西人对自己的文化资源和旅游资源重视起来,这些年来,他们对杼山和它的文化古迹作了重新的修葺:树立了杼山的碑碣,重新修建了陆羽墓,并按原址修建了三癸亭。当时寓居台湾的陈立夫老先生尚在世,陈老是湖州人,他们请他题写了"三癸亭"的匾额。现在,妙西镇杼山又成了一个值得游览的景点。

这其间,我曾几次到了妙西镇,可惜没有时间到王部院去看当年的朋友们,实在不胜遗憾。

注释:

① 现在的年轻人已经不懂"牛棚"是什么。我在拙著《郼学札记》(上海书店出版社2000年版,《当代学人笔记丛书》之一)卷首《自序》中有几句简单的解释:"所谓'牛棚',就是当原来就十分脆弱的宪法被一手撕毁后,在全国各地普遍设置的、不必通过公检法和不必出具逮捕令的随时可以关押芸芸众生主要是知识分子的特殊监狱。因为被关押在这种特殊监狱的人,当时统称'牛鬼蛇神',所以这种监狱被称为'牛棚'。"

② 当时惯用的虐待"牛鬼"的批斗方式,一个红卫兵按住受斗者的头和腰,使之弯曲到70度到80度,另外两个红卫兵拉住受斗者的两条手臂,使之向后左右开弓,使受斗者形同一架喷气式飞机,用以折磨受斗者的肉体。

③ 《人民日报》1984年4月7日评论员文章《彻底否定无产阶级文化大革命》,即举"杭州大学地理系活人展览"为例证。关于"活人展览",《光明日报》著名记者叶辉在其《杭州大学一部分人至今还坚持错误观点不改》的报道中有详细说明,参阅叶辉著《走向光明——叶辉新闻作品选》,浙江大学出版社1998年版。

④ 生产大队的公房,供大队开会和其他活动之用,一排共6间,当地通称"六间头"。地理系

在此布置了一个阶级斗争展览室。

⑤　浙江人民出版社 1989 年版。

⑥　浙江教育出版社 1991 年版。

⑦　1988 年 10 月,上海曾举行"中国文化源"学术讨论会,有来自国内外的 30 余位学者参加,
会后整理出《中国文化源》的论文集,百家出版社 1991 年版。

⑧　张步天著,湖南教育出版社 1993 年版。

⑨　绍兴市政协编,中国大百科全书出版社 1990 年版。

⑩　绍兴市交通局编,上海交通大学出版社 1996 年版。

⑪　"大胆假设,小心求证",是胡适提出的做学问的名言,但这种方法古人早已使用,我在拙撰
《评胡适手稿》及《我说胡适》二文中已有详细说明。二文均收入于拙著《水经注研究四
集》,杭州出版社 2003 年版。

原载《徐霞客与吴越文化暨湖州旅游
文化研讨会论文集》(内部刊印),2004 年

回忆与汉学家萧邦齐相处的日子
——兼论其他几位国际汉学家的汉学研究

《湘湖——九世纪的中国世事》中译本已经译校完成,将与中国读者见面。这是一种国际汉学家的研究成果,但如我在《宋代浙江经济史研究》①中译本卷首《序言》中提及日本汉学家斯波义信的研究成果时所说:"例如对于萧山湘湖,他引及了美国瓦尔巴莱索大学历史系主任萧邦齐教授(R. K. Schoppa)于1989年在耶鲁大学出版社出版的专著:《湘湖——九个世纪的中国世事》(*Xiang Lake——Nine Centuries of Chinese Life*)。此书是萧邦齐教授在我的研究室经过半年的文献研究和实地考察而写成的,是目前我们可以看到的对于湘湖历史地理研究的最完备的成果。"

我把萧邦齐关于湘湖的著作说成是"目前我们可以看到的对于湘湖历史地理研究的最完备的成果",并不是一句眼下有些人撰写书评时的捧场话。由于从上世纪80年代之初起,我曾经多次出国访问讲学,结交了不少国际知名的汉学家,又阅读了许多外国汉学家的著作,让我看到了国际汉学研究的进步。如我在《中华帝国晚期的城市》②中译本《后记》中所说:

他们几乎完全没有受到传统汉学的束缚。我愿意明确地指出,像施坚雅、斯波义信等美国和日本的汉学家,与前一代著名的西欧汉学家如伯希和(P. Pelliot)、费琅(G. Ferrand)、马伯乐(H. Maspero)、鄂卢梭(L. Aurousseau)等相比,其进步主要就在这里。我说这话,当然绝无贬低前一代西欧汉学家的卓越成就的意思。但是与本书撰者的这一代汉学家相比，西欧汉学家们的不足，恰恰就是他们或多或少地还没有摆脱旧汉学的窠臼。

什么是"旧汉学的窠臼"？我在这篇《后记》中曾引用了日本汉学家秋山元秀的话："人文学性的历史记述。"要对秋山先生的这句话作出具体的解释，必须花费许多笔墨，读者如需洞悉，请阅读他的原作《施坚雅编（中国王朝时代晚期的城市）》。③秋山先生是一位精于中国历史地理研究的汉学家。既然已经引及了他，我当然应该提出我在另一篇拙作《论日本学者的中国历史地理研究》④中曾经说过的一句话："历史城市地理研究或许是日本学者在中国历史地理研究中成果最多的和最富于创造性的部门。"现在我必须在此补充一句，日本汉学家当然也包括西方汉学家，对中国历史上的水系和河湖的研究，也同样深感兴趣和富于成果。其实，历史城市研究与历史水系研究本来就是密切相关的。以上述施坚雅的这部巨构为例，尽管从书名来说是一部历史城市研究著作，但施坚雅本人就随时随地注意着历史城市与历史水系的关系。例如，他在此书第一编《导言》中论述长江上游与东南沿海的城市时就提出："这些地区中，长江上游与东南沿海二区，其大城市的位置似乎实际上都是由水系结构决定的。"⑤

日本汉学家也是一样。1985年，我整个学期都在国立大阪大学，讲学之余，读了不少彼邦汉学家的著作。日本"中国水利史研究会"的创立者佐藤武鸣教授于1980年从市立大阪大学退休，他的友好和学生，为他出版了两部论文集：《中国水利史论集》⑥和《中国水利史论丛》。⑦前者收入论文13篇，后者收入论文18篇。多由对中国水利史有长期研究的汉学家执笔。例如在《论集》中，本田治教授所撰《宋元时代の夏盖湖水利について》一文，中国就拿不出一篇与此相当的文章。

这里又使我回忆起一件3年前的事：这年暑期，为了赶写几篇约稿，也为了躲避在杭州的应酬繁杂，我们夫妇于7月中返回绍兴寓所以争取较多的工作时间。却不料到8月上旬，我接连得到李伯重教授从北京和周生春教授从杭州传递而来的消息，说八月中旬浙大文学院举行的国际学术讨论会中，澳大利亚国立大学的伊懋可教授（Mark Elvin）将出席宣读他的论文《洱海》。因为他是继施坚雅、斯波义信等国际著名汉学家退休以后的一流汉学家，为了实际需要和礼貌，所以我务必到会，在他宣读论文以后，用英语对他的论文作比较全面的评论。我和伊懋可教授确实相识，在杭州大学并入浙江大学以前，他曾在我的研究室谈论过半天有关汉学研究的问题。以后彼此并通过几次信件和互赠过一些作品。但我并不知道他这次要出席会议，更想不到提出这样一个位于偏远地区的高原湖泊的课题。浙大随即传给我他的《洱海》论文，密密麻麻的20页，而离会期已不到5天。面对着这样一篇大块文章，我实在一筹莫展。从他在文末所列的参考资料目录中，可以窥及不少国外收藏的文献以及他本人对洱海深入考察的成果。

　　伊懋可对洱海的研究,也正说明了我在前面提出的国际汉学家对于中国水系河湖的研究兴趣。会议主持者要我对他的文章提出即席评论,我颇体谅他们,因为实在是事非得已。不过其中还存在一点他们并不知情的侥幸,因为在这次会议的中国代表中,或许只有我与洱海有过一面之缘。事情属于一种偶然的机遇,就在这前一年,中国地理学会在昆明举行历史地理学术讨论会,会后有一次虎跳崖和长江第一弯的考察,曾在大理待过两天,全部考察者中或许只有我想到洱海,其间不过十几公里,却没有大路,也没有正规的交通工具。通过一位宾馆服务员,我们夫妇雇到一辆农民的土式马车,颠颠簸簸地用一个多小时到了洱海西岸,我花了半天时间沿湖南北察看,让我大体上看到这类深度较大的高原湖泊,同样循着湖泊的沼泽化自然规律发展。那天,我自己心中有数,我就是依靠这半天的机遇而在会上信口开河的。

　　我已经忘记了这个国际学术讨论会的名称,浙大在开会前一天派车到绍兴接我们夫妇到花家山庄,伊懋可已经在宾馆等我,再次相见,当然非常高兴。由于他是到会的外国学者中最有声望的学者,大会开幕式以后由他第一个宣读论文。他的语言很简练,但是由于论文很长,大约用了1个小时时间。因为他的发言是会议事前安排的重点发言,我也按惯例用三四十分钟评论了他的研究成果,并且坦率地说了我对这个高原湖泊的"经历"。从几个方面称赞了他的论文,最后希望他今后继续研究云贵高原的湖泊,并且在这些湖泊的沼泽化现象上予以重视。记得我在发言中提到:过去我实在没有读过有关洱海的专业性论文,所以他的论文不仅是在洱海研究中获得的杰出成就,并且对当前学术界并不注意的这个地区的所有高原湖泊都具有重要的价值。

　　会议开了几天,因为在伊懋可论文的评论中开了头,所以其他几位外国学者如来自剑桥大学、东京大学、加州大学的,也都由我用英语作了发言。我实在是因为伊懋可的与会而临时被"征调"出席的,除了会上的发言以外,会前会后,我都没有好好地读过这篇文章。但在评论中对他此文的很高评价,这是因为,在伊懋可以前,几乎没有人对洱海用现代科学的方法作过研究,甚至找不到一种可以与他的研究相比较的任何成果。这和萧邦齐研究的湘湖很不相同,虽然以前也没有对湘湖进行科学研究的文献,但是按中国传统编纂的志书却颇不少,例如清毛奇龄的《湘湖水利志》3卷,於世达的《湘湖考略》1卷,民国周易藻的《萧山湘湖志》1卷(外编1卷、续志1卷)等。甚至国际汉学家也曾予注意,日本的斯波义信就写过《〈湘湖水利志〉和〈湘湖考略〉——浙江省萧山县湘湖水利始末》和《〈湘湖考略〉——浙江省萧山县湘湖水利始末》[⑧]等文,除了介绍历来有关湘湖的这两种文献以外,也对湘湖水利的历史地理过程作了一番议论。当然,所有这些文献,萧邦齐在他的研究中都作了仔细的阅读。

现在把话题转入萧邦齐的湘湖研究。首先顺便说一点他和我的关系。我第一次知道他的姓名比我们见面要早得多。上世纪 80 年代之初，我们刚刚从闭关锁国的状态中苏醒过来，国际汉学家就开始与我发生了关系。当时，著名的美国汉学家施坚雅已在斯坦福大学建立了宁绍研究室，由于他在《地理学报》（这是很少几种在那个时代可以让外国人看到的刊物）上读到过我在宁绍地区研究中的几篇论文，所以写信给我，建议由他和我各组织一些学者，共同从事这个地区的研究。他开给我的名单中，我记得起的有斯波义信和曼苏恩（Susan Mann，后来知道她就是施坚雅夫人），另外一位就是萧邦齐。不过名单中只是 R. K. Schoppa，萧邦齐这个汉名是后来知道的。既然列入了施坚雅的名单，说明他必然对宁绍地区的研究具有兴趣。当然，那时我并不知道他对这个地区的水系河湖已有较深的研究。

1985 年，我在国立大阪大学访问讲学，当时，施坚雅夫妇也正在东京庆应大学从事研究工作。他们为了渴望与老朋友重聚一次，特地于 2 月 16 日到大阪过他的生日，这天晚上，施坚雅夫妇（这是我第一次见到他夫人曼苏恩）、斯波义信夫妇和我们夫妇，在大阪市中心梅田的一家著名和餐馆团聚。曼苏恩是美国人，但能说一口流利的日语，这样，3 位夫人和 3 位先生的聚谈就实际上分成两组。我已经为那次聚会写了文章。[⑨]因为在《中华帝国晚期的城市》以及我即将发表的此书书评上花了不少时间，互道晚安时已经接近午夜 12 点，原来打算向他探询的关于美国汉学家宁绍地区研究情况已经没有再谈的时间，否则我或许在那个晚上就能略悉萧邦齐的研究情况。

出乎意料的是，在那次聚会以后不久，大概是 3 月的那一天，与我的办公室紧邻的斯波忽然让我看一封萧邦齐从美国寄给他的信。信上说的大概是：他希望到杭州大学我的研究室作一段时期的研究工作，研究浙江省历史上的水利，而主要对象是萧山湘湖。他已经获悉我正在大阪大学，所以希望斯波能从中斡旋此事，让我同意他的要求。在这封信中，我才知道他是瓦尔巴莱索（Vaiparaiso）大学的历史系主任。

斯波知道我工作很忙，但还是希望我尽可能满足他的要求。因为斯波知道，在接纳外国学者方面，我已经同意了广岛女子大学堤正信副教授早已提出的要求。所以这里又得插入一段关于堤正信的故事。1983 年秋，我曾应邀到关西大学大学院（研究生院）讲学，日本的著名地理学家河野通博当时是该校的台柱教授，他利用我在该校讲学的机会，以日本地理学会会长的身份，为我举行了一次公开演讲会，有二三十所大学的史、地教师参加听讲，堤正信也从广岛赶来。演讲以后，他请了一位翻译（他能说不少汉语，但英语较逊）同到我当时住宿的新大阪花园王宫饭店见我，要求我接受他到杭州大学研究聚落地理，因为他读到过我在《地理学报》发表的这一类论文，并且在当时已获得我主编的《中国六大古都》。[⑩]堤正信是米仓二郎教授的高足，米仓先生是日本地理学界大家都尊重的元老,是著名的聚落地理学家。我当时的回答大概是:我个人基本上可以同意,但必须向中国政府办手续,这种手续是相当麻烦的(当时的情况确实如此)。却不料次日晚上,我接到了米仓先生的电话,他以一口相当流利的英语先作了自我介绍,然后介绍堤正信,称赞他是一位刻苦勤奋、学术有成的青年,诚恳地推荐他到我的研究室进修。我很礼貌地回答了他,内容与昨日和堤面谈的一样。

我在关西大学执教两个月后返国,而堤正信竟接踵而至,他是利用一个旅游团的旅游签证而来的。他向我转达了米仓先生(他年逾古稀早已退休)的问候和广岛女大今堀诚二校长的感谢,并告诉我,他们学校已经通过文部省向中国政府办理手续,一旦批准,他就尽快带他夫人和两个孩子来杭州。我陪同他在地理系包括我的研究室转了一圈。他们的旅游团这一天是游览杭州,他当然放弃了这个机会。

日本学者对于中国当时的审批手续显然过于乐观。1985 年年初我到国立大阪大学时,才知道这种审批过程大概花了 1 年。米仓先生和今堀校长对我都深表谢意,并且热诚地邀请我利用这一次在大阪的机会到广岛作短期的访问讲学。这样,我们夫妇于这年 4 月去了广岛。堤正信一直陪同我们,在访问讲学之暇,游览了南部日本的主要名胜——宫岛,并考察了濑户内海中的不少岛屿。我们从广岛返回大阪后不久,堤正信一家 4 口就从福冈搭国际民航来华,学校外事办公室为他们安排了专家楼的食宿,地理系则给他布置了学习的场所,所以当我在大约 1 个月以后返国时,一切都已安排就绪了。堤立刻把他刚刚出版的第一部聚落地理著作《集落の社会地理》⑪送给我,而且向我细叙了他的研究计划。他的老师米仓先生以研究印度聚落地理著名,当年,由于日本与中国在学术交流上的隔阂,他不得不选择印度,曾多次到印度从事这方面的研究。现在,中国已经开放,所以堤决定以中国聚落地理为研究对象,由于这种研究必须同时学习中国历史地理,米仓先生和他都认为我能接受指导教师的任务,这是他的极大幸运。其实,我在访问广岛时,米仓先生和今堀校长向我介绍过堤的情况,他们对他的扎实基础和勤奋好学都高度赞赏,认为他必然能成为日本后一辈的著名地理学家和汉学家。

我每周为他讲一次课(半天),由于他自己知道需要提高英语水平,所以要求我用英语讲授。至于汉语,他可以随时向系里和研究室里的教师学习。平时,他整天在系里安排的座位上埋头学习,并对全系教师都按十分拘谨的日本礼俗问候施礼,因而得到大家的尊重和好评。这样过了两个月,暑假开始,这以前,他已经与我多次商量好一种利用假期到各地考察的计划,外办为他出具了不少介绍信,我也替他写了些私人信函,以便他顺道拜访一些地理学界的名流。在不到两个月的时间里,他几乎跑遍了半个中国,每天作日记、拍照,比较各地区的聚落差异,以备作他日后撰写论文和深入研究的需要。现在回忆起来,使我感到最懊悔的是,包括学校外办和我,在接受他来校进修以前,都并不知道他患有相当严重的心脏病。由于近两个月的暑热季节奔波之苦,返杭后又紧张地整理考察所获的资料,开学不过两周,他的心脏病在一个晚上复发了。他的夫人美智子和专家楼的工作人员,立刻联系求救,学校医生随即赶到,市内的著名心血管医生也接踵而至,学校领导、外办人员都焦急地守候着医生的抢救,我的夫人由于必须在病人家属和医生之间做翻译,全场都屏息凝神,只有她 1 人不停地传话。后来她告诉我,她随同我去日本多次,在国内大学里既教日语,也经常为来访外宾翻译,而这个晚上是她毕生最紧张、最痛苦的一次翻译经历。

抢救花了二三个小时,但堤正信的 35 岁年轻生命结果无法挽回,于这天凌晨在杭州大学专家楼逝世。学校为他举行了隆重的追悼会,校长、党委书记、广岛女大的一位副校长以及堤在日本的家属至亲,都到场向遗体告别。我作为他的指导教师,在追悼会上宣读悼词。事后,广岛女大曾经为他出过一本悼念的小册子,其中也有杭大地理系师生的文章。当年,我实在十分伤感,既为日本失去了一位年轻有为的地理学家而痛惜,又为他们一家——一直操持家务的夫人和两个尚在幼儿园的子女担心。我花了许多口舌与那位能说英语的副校长商量堤正信实属因公殉职,所以广岛女大对他的遗族在诸如抚恤金等方面应多加照顾。他答应回去向今堀校长转达我的意见。此后的几年中,虽然堤美智子几次写信给我,说她在广岛的一家咖啡馆找到一份工作,而女儿早苗和儿子耕作都进了小学,生活还可以过得去,但是我不免仍为她们一家耿耿于怀。

1989 年冬,我应聘担任广岛大学客座教授,到那里讲授《比较城市学课程》。出国以前,我夫人首先想到的是美智子和她的两个孩子,几次上街买了好些实用的礼物,例如估计早苗和耕作的身材用得上的衣服等等。在抵达广岛的当天晚上,就在宾馆与美智子通了电话。她知道我们初到甚忙,约定在第三日晚上带孩子到宾馆看望我们。记得那天晚上,我们夫妇在宾馆门口翘首盼望,忽然驶来一辆轿车,开门出来的就是美智子和早苗、耕作,并且随带一只精美的大盒子,是她准备好和我们在宾馆共进一顿和式晚餐的,里面有许多美味的食品如鳗鱼、寿司之类,在房间里边吃边谈。她说咖啡馆的工作并不繁重,待遇也不低,特别是早苗和耕作都进了小学,按日本的义务教育制度,孩子在小学和初中里,家长可以说完全没有负担,一切课业用品包括教科书,都由学校发给,并且还有一顿免费的午餐。所以她还能花钱买了辆便宜的"中古车"(日本人称二手车为"中古车"),用起来还方便,放假时常带一对子女到郊外玩玩,因为他们爸爸在世时总是这样做的。后来回忆那年到广岛,与美智子一家的团叙,我们夫妇都感到是最大的慰藉。

对于堤正信的遗族,我还要在此文中赘述一段我必须回忆的文字。这是 2001 年,我的一位上世纪80年代初期的进修学者,今湖南城市学院的张步天教授,以其多年耕耘的《山海经解》[12]全稿,在年初就寄到我手上,要求我为他校阅并作序。张步天是一位经历坎坷的知识分子,叶光庭先生曾在一篇文章中提到过他:"这位学者,初进大学,年仅十九岁就中了'阳谋',成为全国最年轻的右派。"[13]他受尽了多年苦役的磨难,但一直坚持白天苦役,晚上自学不辍。1980年平反以后,进入益阳师专教书,随即到我的研究室进修,先后出版了好几部在学术界颇有影响的专著,并长期潜心于《山海经》的研究。他是我在这20多年里所有国内进修学者和研究生中特别勤奋的一位,我虽然很忙,但为了不让他失望,这年暑期,我回到比较安静的绍兴寓所为他校阅并作序。却不料到绍兴半个多月就感到小腹部疼痛,小腹左下角突起一个硬块,在室内也步履维艰。到了这个年龄,必然想到这或许就是我的一种最后的病症。我一面坚持床上校书,一面回忆自从上个世纪50年代以来的遭遇,不禁暗自庆幸。在大群受苦受难的知识分子之中,我实在是侥幸的。特别是在牛棚[14]之中,我亲自见闻不少难友由于受不住肉体的折磨和人格的侮辱而纷纷自杀。最后获得的无非是一个"平反昭雪"和一群可怜的遗孤。我却能历尽折磨,得来这几年可以从事著述的余生,在这个世道中,已经属于少数。所以面临这种来势凶恶的疾病,我在心理上相当坦然。由于我在日本的研究生和朋友不少,他们也有在暑期中来过绍兴的,我的病况,竟传到美智子耳中,而且居然决定携子女到绍兴探望。这年9月22日,一辆的士把她们一家3口驶到我的绍兴寓所。幸亏我在杭州的研究生当她们抵杭之时就向我通报,我在绍兴的亲戚赶紧为我买好一些礼品。美智子当然带来了不少礼品,而特别让我高兴的是与她同来的女儿早苗和儿子耕作,已经是一对漂亮英俊的大学生。他们其实是怀着一种诀别的心情赶来的,但言谈中并不露声色,说了些广岛的情况和两位大学生学习的专业以及对未来的希望。他们当然认为我所得的是不治之症,为了不使我劳累,虽然是不远千里而来,但不过一个多小时就告辞。临别时,美智子拥抱了我夫人,并在耳边用日语说了几句悄悄话,随即原车回杭,次日就飞返日本。后来我夫人告诉我,美智子和她说:"陈先生是堤正信的老师,所以我们必须来看望他。陈先生已经功成名就,日本人也都很敬仰他,何况他得的并不是不治之症。"实际上是一番诀别的话。

美智子一行离去后,我们的女儿、女婿也驱车赶到,他们是因为我们要接待日本客人而延迟的。到杭州后就连夜上医院检查,一查查了好几天,结果却是出人意料的"疝气"。当然,到了这样的年龄,开刀已非所宜,但使用一个"疝托",就基本上解决了行动不便的问题。得到这种诊断结果以后,我首先是挂电话告诉美智子,并要她立刻转告早苗和耕作,谢谢她临别与我夫人所说的耳语,我的疾病确非不治之症。虽然从此以后,除了晚上睡觉以外,小腹部一直系着一个"疝托",但是仍可照常工作:写文章,为研究生讲课,出席各种学术会议。

以上说了一大堆,既回忆了国际上的若干著名汉学家如施坚雅、斯波义信、米仓二郎、伊懋可和他们从事汉学研究的卓越成就,又写了一位年轻的日本地理学家堤正信的勤奋好学和不幸遭遇以及我和他们一家的亲切关系。现在再回到萧邦齐和他的《湘湖》,因为这毕竟是我在这本中译本末尾撰写这篇后记的主题。萧邦齐与堤正信本来是可以在杭州共同相处的,我曾经告诉过堤关于萧邦齐要求到杭大的事,堤感到非常高兴,这不仅是因为这位美国学者比他年长成熟,更是因为堤自知其英语较逊,与美国学者同在一个研究室,就可以作为他的英语老师。而事实是,堤在杭大发生的变故,或许对萧邦齐来华的时间发生了影响。

萧邦齐到杭大从事湘湖研究的要求是非常殷切的。因为后来我知道,他在写信给斯波表达他到杭大的希望后不久,适逢杭大校长薛艳庄教授和党委书记夏越炯教授在美国印地安纳大学访问,因为该校与杭大有相互交换进修教师的关系。他获悉此事后,曾驱车几百公里赶到印地安纳与杭大的两位领导见了面,希望他们敦促我接受他到地理系的要求。薛、夏两位回国后告诉了我这件事,所以我曾和外事办公室作过联系,要他们及早促成此事。但是由于随即发生的堤正信事故,如我在陈志富所撰《浦阳江防汛与管理》[15]一书中所写的《序》中提及的:"只是因为一件偶发的事故,推迟了他来华的时间。故他的正式书面申请审批的过程中,遭遇到了日本广岛女子大学副教授堤正信先生的变故,……审批者就谨慎起来,要萧邦齐先生提出体格检查表。他不明原委,颇感惶恐,而信件往返,直到1986年暑期以后,才带了夫人和孩子来到我的研究室。"[16]

不过对于萧邦齐的来到,特别是他提出对于萧山湘湖研究的明确要求,研究室确实作过一番准备。因为在整个研究室中,除了我曾因浦阳江下游河道的研究,在上世纪的60年代之初实地去考察多次并发表了《论历史时期浦阳江下游的河道变迁》[17]一文外,其余人员对这个地区的都并不熟悉,为了让他们事前对这个近在咫尺的地区做点实地考察,大家开始查阅有关湘湖和萧山的历史水利资料。当时,《萧山县志》正在修纂,我又带了研究室的两位副教授和几位研究生,到萧山去做了几天现场踏勘。除了环湘湖湖址(因湘湖的大部分已经垦废)仔细考察外,还到了在萧山水利上关系较大的诸如麻溪坝、峙山、小砾山等地。《萧山县志》主编费黑先生在我们的考察中给予许多帮助,此外,萧山地质队中有我们的毕业同学,他们也为我们提供了不少资料。作为一个地理系教师和研究生组成的考察队伍,我们的考察对象当然不是纯人文科学性的,除了萧邦齐提出的湘湖和萧山水利外,我们的考察仍然与一般的地理考察一样,包括地质、地貌、水文、土地、植被、生物等自然地理要素。

萧邦齐一家来到杭州以后,学校已经为他们安排了专家楼的一套住房,我们也随即在研究室作了第一次晤谈。他送我的见面礼是他的一本出版于哈佛大学出版社的著作:《中国的士大夫与政治改革——二十世纪早期的浙江省》。[18]我看了书名和出版社,当然很高兴。后来又挤出了一点时间对全书作了一次浏览,发现其中有不少资料,在中国大陆是很难找到的。所以这里要赘插一句,虽然我已经年迈,而且工作一直很忙,但我还是希望能获得一点间隙时间,组织力量,把此书翻译出来,这对许多关心浙江20世纪早期的人,一定是很有价值的。

再说我们的第一次见面,我发现他的中国话说得很不错,只是因为我自己感到说不好普通话,所以谈话仍以英语为主。由于杭大外事办公室在他到来以前,已把国家教委的批文转发给我。[19]他来杭州大学的目的要求已经完全清楚,所以对湘湖研究的具体问题并未多谈。我记得当时曾对他的姓氏不经意地提出一个询问。因为我年轻时常常喜欢玩玩外国文字,也玩过一番德语,结果当然是和我玩弄的其他外文一样:一窍不通。但是我记得,Schoppa 这个姓氏似乎来自德语。我向他顺便提及于此,他立刻告诉我,他们确实是德国人,是他父亲才移民到美国的。

由于我那几天确实相当忙,所以在隔了二三天以后,才由当时的外办主任陪我到专家楼看望他们一家。萧夫人是一位和蔼可亲而且漂亮的西方人,3个孩子中,长女卡拉(Kara)和次子德莱克(Derek)出于韩国前妻,所以都具有东方人的体貌,幼女海赛(Heather)出于现在的夫人,长得活泼可爱。因为专家楼与我家相去不远,可以便利地往来,正如我在上述陈志富著作的《序》中所说:"我们之间,包括我的小外孙和他的小女儿之间,相处得非常愉快。"他们的长女和次子,当时已属小学低年级年龄,杭州却没有外国人子女的学校。但不久以后我就知道,他(她)们在杭州的几个月中,萧夫人一直是一位亲密而勤恳的家庭教师。所以这个秋天,他们一家在杭州的生活显然是融融乐乐的。他在此书扉页上,特地写了一句:"卡拉、德莱克和海赛:此书为我们在杭州度过的那个秋天留念。"充分说明了他们一家对杭州的美好回忆。

萧邦齐是一位勤奋努力、学有根底的汉学家,他在杭州的日子里,除了由我陪同他外出采访考察以外,每天的工作日程都是很紧张的。上午是他有什么问题或者是我约他讨论的时间,并阅读学校图书馆、系资料室和研究室的资料,午后每天都去西湖孤山浙江省图书馆古籍部读书,直到傍晚图书馆下班时才返回。研究室的同事们也曾几次(例如假日)陪同他们全家参观西湖和其他杭州名胜,这对萧夫人和孩子们当然是很感兴趣的,但我们两人之间谈论的,往往是西湖的形成、杭州城市的发展以及若干名胜点的一些历史掌故之类,虽然荡漾于美丽的山水之间,但我估计他随时都思考着他的研究课题,也或许是探索下一个汉学研究的对象,对湖山美景,他的兴趣并不很大。有时我也陪他访问某些著名学者,例如当时担任浙江农业大学图书馆馆长的游修龄教授,这是一位著作很多的农史学家。因为我发现,凡是对中国历史上农田水利有兴趣的外国汉学家,他们也往往关心中国的农业发展史。当然,这一类访问都是在杭州市内进行的。

离开杭州的旅行考察主要有两次,每次都花上近一周时间。第一次是去萧山湘湖,这是他到我们研究室来的主要目标,而且是一次非常成功的考察。我应该感谢当时萧山县领导,他们的大力支持,是我们的考察工作获得成功的重要因素。与几个月前我带了研究室师生前去考察的情况不同,因为其间有一个外国人,在中国的政治语言中称为"外事"。当时,"改革开放"虽然已有好几年,在大城市里,"外事"已经逐渐习惯;但在萧山,街上一旦出现一位高鼻蓝眼睛的"异类",还能出现围观的情事。现在,一位外国人,要在这里住下来从事考察研究,显然是这几十年来的第一次。首先遇到的问题是,全县还没有一处可以让外国人住宿的宾馆(在中国的新词汇中叫做"涉外宾馆"),萧山城市规划中的最大宾馆萧山饭店当时才刚刚奠基。感谢县领导的苦心安排,在一座称为农垦大楼的顶层(大概是五楼)为我们布置了房间,虽然谈不上什么卫生设备和作为一个旅馆的其他条件,但是我和萧邦齐都有一个单间,其余还有三四间供同行的研究室教师和研究生合用,被褥之类都是新的。一日三餐,都为我们准备了丰盛的食品,全由萧山县招待。我们当然是备了一辆中巴去的,但县里也为我们配备了车辆,在整个湘湖(包括大部分已经围垦成陆的地区)和其他有关的水利设施,对我们充分开放,通行无阻。

考察几天以后,我又一次发现了萧邦齐对萧山的渊博知识。他向我提出要求,希望到南沙考察一次。南沙是由于钱塘江河口北移以后在萧山县北到曹娥江口形成的一个半岛,面积达40万亩以上,一部分属于绍兴,大部分属于萧山。但对于南沙的形成及其与钱塘江河口的关系,他早已了如指掌,他要求到那里去的目的是看一看南沙人的特殊聚落——草舍。对于南沙的特殊聚落形态,我曾于上世纪50年代作过几次踏勘。这片土地直到清代才趋于稳定,从此陆续从萧山、绍兴移入农民进行垦殖,土壤脱咸不久,当然不能种植水稻,主要的作物是棉花以及黄麻、瓜类等等。由于居民少、土地大,入迁者多是萧、绍两县的贫苦农民,所以整个地区很少瓦房,均是结草为庐,形成一片特殊的草舍聚落。每座草舍都是独立门户,各户的草舍之间,相隔多在二三十米之间,没有萧绍农村中的毗邻现象。这种聚落形态的产生,除了每户耕作的土地面积较大外,主要是为了防火。由于长期以来营建这种草舍的经验,所以草舍具有一种经济实用的特殊结构,当地人自赞为"冬暖夏凉"。这实在是一种十分特殊的聚落类型。但是自从上世纪50年代以来,由于粮食购销制度的原因,南沙半岛的情况与慈溪的三北半岛相似,他们不种植水稻,没有政府的统购任务,与"里坂"⑳相比,他们变得富裕起来,草舍已经为瓦房所取代了。所以当萧邦齐提出这个要求时,萧山人感到没有把握,建议到南沙最北的南阳镇去试试,那里或许还有这种聚落的残余。于是一早从县城驱车到南阳,镇长招待我们,并举行了一个座谈会,萧邦齐提出了不少有关南沙的农田水利问题,都由镇长和参加座谈的几位老农解决。而最后提出的有关"草舍"的事,却很让镇长作难,因为在他的印象里,这里的农民绝无再住"草舍"的。幸亏在座有一位老农,他仿佛记得还有那一户留着一间草舍堆杂物,去年还没有拆除,不妨去看看。道路很小,中巴和小车都用不上,我们只好跑路,好在南沙一望无际,没走上三四里,一座破旧的"草舍"就远远地看到了。终于到了"草舍"边上,虽然破旧不堪,但还不失原样。萧邦齐实在喜出望外,在舍南舍北,拍了不少照相。

这天是我们在萧山考察的最后一天。晚上,萧山水利局为我们举行了一个规模不小的座谈会,主要是为了让萧邦齐和杭大师生提出一些有关湘湖和萧山水利的问题,因为我们已经考察了许多地方,必然有一些需要讨论的问题。这次座谈会出乎意料地使萧邦齐感到满意。我在上述为陈志富的著作所写的《序》中记及此事:

> 记得有一次在萧山举行座谈会,湘湖师范的一位水利史专家杨钧先生发言,他说,自从浦阳江口的小砾山排灌站落成以后,湘湖的历史使命也就完成了。我随即把杨先生的话译给了他。他对此深感兴趣,不断就此提出问题。因为在座有另外几位先生不同意这种观点,座谈会变成辩论会,来言去语很多,会场空气顿时活跃起来,我忙着把各种发言转达给他,让他自己去作判断。这一次他很兴奋,在杭州、萧山、绍兴等地曾经举行过多次座谈会,这大概是他认为收获最大的一次。

我们外出旅行考察的另一次是到绍兴,由于这个地方从水利史的角度来说在浙东具有代表意义,而他也非常热衷。此外,绍兴的名声大,是一座古都和历史文化名城,除了考察水利以外,还具有访问游览意义。反正我们的车子座位多,所以我也邀请他夫人与子女同去,他当然非常高兴。绍兴是我的老家,朋友很多,当时的市水利局局长还是我的学生。在绍兴的考察和游览中,市水利局盛鸿郎局长确实出了大力。除了几处著名胜迹的参观外,水利考察全由盛局长安排。特别是这个地区自从明朝以来迄于今日的水利枢纽三江闸。我们在那里参观考察了很久,萧邦齐对此很感兴趣,提出了不少甚有见地的问题。

萧邦齐后来在他专著卷首的"谢言"上写了一大段感谢和称赞我的话,让我不胜汗颜,我为陈志富浦阳江著作作《序》中提及此事:"他的话或许说得过于客气,他在中国的时候,我与其说作为他的指导者,还不如说作为他的翻译。……凡是外出访问考察或举行座谈会,我总是在场把各种浙江方言:杭州话、萧山话、绍兴话等即时翻成英语。"对于这个地区的人习惯于在各种场合都说方言,我已经有了经验。记得1980年秋我陪同以施坚雅为首的一个规模颇大的代表团访问宁波、绍兴,代表团中有一位伦敦经济学院教授,能说一口相当流利的普通话,本来可以由他们自己承担翻译任务,但当时面临的事实是,在这一带的不少文化界头面人物,他们也照样使用方言,例如在宁波的一次座谈会上,一位名牌中学的校长发言,内容很有价值,却是一口纯粹的宁波方言。以后几年,到这一带来的外国文化代表团不少,我常常被派作名义上的接待人和实际上的"洋泾浜"翻译。所以在这方面我已颇为习惯,但那次陪萧邦齐一家到绍兴,倒是出了一点"洋相",我为邹志方教授所著《陆游诗词浅释》一书所写的《序》中曾提及此事:

> 我曾与研究中心的几位教师和研究生陪同他到绍兴访问。在沈园壁上,他忽然要求我把《钗头凤》译成英文,因为他对此词仰慕已久,只是不能完全理解词意。我对他的突然袭击颇觉惶然失措,说实话,问题不在于英文,而是我对放翁此词的一知半解。但在当时的情况下,我只好硬着头皮生吞活剥地为他翻译,自知词不达意。随行的几位师生也都为我捏一把冷汗。虽然他对我的翻译评价不低,但我自己心里有数,实在问心有愧。

以上是我和汉学家萧邦齐教授1986年秋季相处的大概回忆。他回国以后不过两年,就寄赠给我《湘湖》,我立刻逐篇略读,确实以他对9个世纪湘湖变迁史的精湛研究和不少独特的创见而赞佩,又闭目凝神,回忆在那个秋天我们的愉快相处。

自此以后,我们又见面过两次,一次是他因为对沈定一的研究而来华到沈的老家——衙前镇作短暂的考察,时间约在上世纪90年代之初。外办挂来电话,我立刻赶到校中,因为我已买好这天下午去西安的机票,所以只好请我的研究生阚维民君陪同前去,并电话请萧山地方志办公室接待,结果由该办公室主任陈先信先生陪同并招待了他们。1995年,我就收到了他签名寄赠的著作《血路——沈定一在中国革命中的传奇》[21]。我感到十分内疚的是,那天由于我早已约定到西安主持史念海先生的一位博士生的论文答辩,无法陪他同行,而他在其书的卷首"谢言"中,仍然写上了我的名字。在中国,这叫做"无功受禄"。

我和他的最近一次见面也已经是3年前的事了。当时他离开瓦尔巴莱索已经好几年,而在巴尔的摩尔著名的罗亚拉学院(Loyola College)执教。记得是2000年7月,他写信给我,谈及他希望在绍兴一带选择汉学研究的课题。或许因为他知道绍兴是我的老家,所以才向我提出他的这种研究计划。当时,绍兴的情况,确实已和他1986年访问时很有变化,现在已经创建了高等学府绍兴文理学院,并且聚集了一批对越文化研究有兴趣和成果的学者。所以我复信给他,赞赏他的研究计划,并欢迎他再度到绍兴访问。事情的过程相当顺利,这年 9 月 30 日,当时我们夫妇居住在绍兴寓所,阙维民教授陪同他们夫妇再次光临。因为事前早有联系,文理学院领导以及几位对越文化研究有素的教授共同作了座谈,并以一顿丰盛的午宴招待我们。他们此来是旧地再游,我们则是老友重逢。绍兴如今有了屋宇宏伟、拱桥流水的高等学府,大家的心情都很愉快。在席间,既交流他的汉学研究经验和计划,也讨论文理学院越文化研究成果和设想,并且漫谈稽山镜水的自然环境和越中的风土人情,好在阙维民教授正从美、英两国游学回来,可以由他传递语言,我获得了解脱,悠闲于杯盘之间了。只是在谈论中有谁提到"麻雀、豆腐、绍兴人"的话,[22]这是维民君所无法理解的,萧邦齐夫妇当然更不知所云,我只好又开口作了一番解释。这是一句绍兴人值得自豪的话,我认为对汉学研究和越文化研究都有重要意义。

我和萧邦齐教授相处近 20 年,值得回忆的事很多,这次由于《湘湖》的翻译,溯昔抚今,在中译本书末,写上这样一堆拉杂的往事。我如今已经老迈,而萧邦齐教授尚在盛年,期望他在汉学研究中作出更大的成就。

2004 年 8 月于浙江大学

注释:

① 斯波义信著,徐海荣、徐吉军译,京华出版社 1999 年版。

② The City in Late Imperial China,Edited by G. William Skinner,Standford University Press,Standford,California,1977. 中译本,叶光庭等译,陈桥驿校,中华书局 2000 年版。

③ 原载日本《史林》1979 年第 62 卷第 1 期。胡德芬译,载《杭州大学学报》(哲学社会科学版)1980 年第 4 期。

④ 《历史地理》第 8 辑,上海人民出版社 1988 年版。

⑤ 中译本第 14 页。

⑥ 佐藤今朝夫发行,东京国书刊行会 1981 年版。

⑦ 佐藤今朝夫发行,东京国书刊行会 1984 年版。

⑧ 原载佐藤博士退官纪念《中国水利史论丛》,转载于胡德芬译《中国历史地理论丛》第 3 辑,陕西人民出版社 1988 年版。

⑨ 《民国〈鄞县通志〉与外国汉学家的研究》,《陈桥驿方志论集》,杭州大学出版社 1997 年版。

⑩ 中国青年出版社 1983 年版。

⑪ 广岛《溪水社》1985 年版。

⑫　《山海经解》上、下册，天马图书有限公司 2004 年版。

⑬　《陈桥驿教授改变我的一生》，《中华读书报》2004 年 2 月 18 日。

⑭　现在的年轻人已经不懂得什么是"牛棚"。兹引拙著《郦学札记》（上海书店出版社 2000 年出版）卷首《自序》中的几句话解释："所谓牛棚，就是当原来就十分脆弱的宪法被一手摧毁以后，在全国各地普遍设置的、不必通过公检法和不必出具逮捕令的随时可以关押芸芸众生主要是知识分子的特殊监狱。因为被关入这种特殊监狱的人当时统称为'牛鬼蛇神'，所以这种监狱被称为'牛棚'。"

⑮　浙江大学出版社 1991 年版。

⑯　此事系外事办公室所告，但经过详情不悉。

⑰　《历史地理》创刊号，上海人民出版社 1981 年版。

⑱　Chinese Elites and Politcal Change——Zhejiang Province in the Early Twentieth Century, Harvard University Press, 1982.

⑲　杭州大学外事办公室复制给我的文件是由中华人民共和国国家教育委员会颁发的。题为《关于安排一九八六学年美国官方研究学者来华事》，外办并附有一封萧邦齐用中文写的亲笔信（复制），其中有一句："在杭大我跟地理系的陈桥驿教授作研究。"

⑳　"里坂"，萧山和绍兴农民，习惯上称"南沙"为"沙地"，称"南沙"以南的老垦区为"里坂"。

㉑　Blood Road——The Mystery of Shen Dingyi in Revolutionary China, University of California Press, 1995.

㉒　"麻雀、豆腐、绍兴人"，是一句绍兴（包括旧绍兴府）俗语，但不知始于何时？因为麻雀与豆腐是到处可见的东西，则绍兴人也是到处可见的。

原载《湘湖——九个世纪的中国世事》，杭州出版社 2005 年版

关于翻译的一点回忆

1976 年确实是个很重要的年代，但并不是"划时代"的年代。

在抗日战争最艰苦危急的时候（湘桂线为敌打通，敌军一直占领贵州独山），我下定牺牲的决心，签名加入了"青年远征军"（当时在一所国立大学一年级），1950 年后，这段经历就成了我一个所谓"历史大污点"，1955 年搞"肃反"，曾因此被隔离审查。"文革"开始，我是在聂某人大字报贴出后第三天（事前早已布置）就戴上"反动学术权威"帽子进牛棚的。在牛棚当然吃尽苦头。1973 年的一天上午，从牛棚出来不久的我，正在一间房内与其他 10 多位"牛鬼"读"红宝书"（上午读此书，下午做苦工）。忽然一个工宣队员敲门叫我名字，我当然认为是"外调"，但跟他到办公室，看到是我们大学的一位革委会副主任陪同另一位坐着，我颇吃惊，"外调"者由革委会副主任陪来，有什么大事看了？但那一位却向我微笑，并说："陈先生请坐（"先生"二字更使我吃惊）。"然后从皮包里取出一个文件交给我看，是国务院文件。当时我心头很慌，看得不仔细，内容大概是："文革"已经取得了伟大的成就，唯一美中不足的是与国际的交流少了，所以决定有外力力量的 9 个省市翻译一套外国地理书，由各省市出版局革委会负责。原来此人是省出版局来的。此人随后告诉我："九个省市中浙江名在其中，是我们的光荣，我们经过多方面的研究，浙江部分决定请你陈先生负责。"我真是大吃一惊，惶恐万状。浙江几所大学都有外语系，我既非外语系中的高人，又是牛鬼蛇神，怎能担当此任。革委会副主任对"牛鬼"的话就不是那么温和了："这是命令，你照着做就是了。"于是我随即离开学校,为出版局工作,好在额上没有"牛鬼蛇神"的印记。出版局花钱,手上有这样一份大来头的文件,于是我就跑全国图书馆。我们分到的翻译内容是南亚诸国(因为他们知道我除英语外还懂得一些梵语),我的工作是要把这类书的英文字改译成中国方块字,当时我一个人在旅馆里就不停地为此改改写写,几近两耳不闻窗外事了。所以,1976年的变化,我是在旅馆里听到的,当时因为我早三年就相对"自由"了,所以触动不大。

1976年初冬,我出席国内学术会议。1977年,美国和日本的汉学家就主动写信给我,随即,预约我到国外讲学和担任客座教授的函件也接踵而来了。从1977年下半年起,我自知翻译组的事已经无暇继续下去了。于是,经过多方寻找,我于1978年找了一位在做刻蜡纸差使的"右派"者(与我同龄,国立大学外语系毕业),顶替我的事务。名义上仍由我来翻译,但实事由他干,他的中英文都极佳,他曾为此在《中华读书报》上发表了一篇文章,但文题我极不赞同。此文提及的当时全国最年轻的右派张步天,已经发奋地把时间赶上去,现在已出版了约10种专著。

原载《书脉》2007年第8期

我的早年经历

罗校长和范教授要为我编纂出版一本《庆贺陈桥驿先生九十华诞学术论文集》，我实在愧不敢当。正如绍兴城建档案馆馆长屠剑虹研究员所撰《影响深远，功效显著——记陈桥驿先生史料陈列馆》(绍兴市越文化研究会编《越风》(2011—2012)，南海出版公司2013年版)一文中记叙的我当年的几句话："一开始就明确表示反对"，"实在是小题大做，多此一举，没有这个必要"。说实话，对罗、范两位给我的厚遇，我在思想上也是如此。当然，对二位如此盛情，我实在十分感动。现在，书已在进行排印，二位嘱我在卷首也写几句自己的话，我当然遵命。

我们家是个大家庭，我自幼丧母，却是我祖父的长孙。所以从童年起，我的学业之事，就由祖父包揽。他所教的就是《唐诗三百首》和"四书"之类，所以在虚龄10岁插班入小学以前，一直是在"子曰诗云"中过日子，而且也感到有些兴趣。我回忆祖父当年所说的话，倒是毕生受益的。他原话的大意是：我现在教你的，不论不全懂，甚至全不懂(全不懂的实在极多)，但只要你背得滚瓜烂熟，将来年纪大起来，就会懂得的。

他听不进像我二叔祖这样也是有清代功名者的话，但当我初小毕业前夕，却接受了一位他早年学生的意见，请家教让我读英语。所以我在进入高小前的这年暑期，就开始请了一位家教让我读《开明英语课本》，这位家教也主张每课都要背熟，而且英语与古文不同，只有不全懂的，却没有全不懂的。我在拙著《八十逆旅》(中华书局2011年版)的《旧地重游》篇中，曾记及由于避日寇侵扰之难，我曾在会稽山麓的一个小山坡上,借助英文字典,花七八个月时间,背熟莎翁的几篇名篇,并其他诸如《女士或老虎》、《项链》、《最后一课》等名篇约 20 篇,当时都属于不全懂,甚至也有全不懂的,但后来年长了,确实完全懂得,并且派上用场。对于这些名篇,至今虽然时隔 70 多年,但我仍能大致背得出来。

总得进小学,这是全家人的意见,所以插班考入省立第五中学(以后改为省立绍兴中学)附属小学二下级。但是我感到小学教学的内容实在太简单,兴趣还是放在家里的"子曰诗云"上面。附小的制度是一二年级为"低段",三四年级为"中段",五六年级为"高段"。这年暑期以后,我升到了"中段"的最低班三上级。各科都有专门的教师,课程也多了。级任教师杨芝轩(女)先生(当时没有"老师"的称呼,学生称教师都作"先生")任国语课(今称"语文"),用的是商务印书馆的国语课本第五册,我即在课内翻阅课本,只是一篇写一位名叫黄香的孝子文中,一句"江夏黄香,天下无双"的话,我不懂得"江夏黄香"的意义。回去问祖父,他说,江夏是地名,他也不很清楚,总在今湖北省一带。"江夏是地名",这一句我懂得后,国语课我实在不必再读了。以后从四年级直到五、六年级,对我来说,其实都是如此。

算术教师是董先生,也是用的商务课本,后来我知道,这些都叫"整数四则",后几个学期也不过是多了"小数点"、"分数",还有一些用文字的所谓"应用题",也都是很简单的,我虽在练习簿上都写上了,但实在没有意思。念小学! 念小学! 这是我几位叔叔、叔母包括我父亲都向祖父说过的,我进了附小,校舍原来是停办的第五师范(初师),房子多,校园大,我当时也很高兴。但后来知道小学里念的是这样一些浅薄的东西,除了升到三上级以后,在社会和自然二科中听到一些新知识,例如三上级时,恰恰碰上美国胡佛和罗斯福二位竞选总统,虽然我在家里的《上海新闻报》上已经见到此事,但总统要全国人民投票选出来的事,却是社会科教师吴文钦先生讲清楚的,我对这一类较有兴趣。

三上级的算术教师董先振先生与我父亲相熟,当时绍兴的金融业发达,钱庄很多,我父亲在一家钱庄任职,董先生与这家钱庄有些关系,常到那里吃中饭。他经常当了我父亲和其他职员的面称赞我的聪明和好记性,样样都懂。但是也有一句是,上课一直不专心,看另外的书,"不读正书"。有一天,父亲曾当着祖父和我的面说,附小董先生说我"不读正书"。祖父立刻为我挡驾,说我现在正在读"巾箱本"的《诗经》,并不是"不读正书"。附小里发的"正书",他都看过了,阿均(我的小名)没有什么好读的。以后我才体会到,父亲所传的"不读正书"的话,其实是说给祖父听的,因为他担心祖父教我的这类东西,会不合当今需要,会影响我的前途。其实,"不读正书"的事,我以后在初中和高中念书时也都是这样。

我进中学以后，"七七"、"八一三"战事先后爆发，也就是我国正式宣布抗日战争的开始。由于双方军事实力的很大差距，1937 年战争爆发不久，日寇随即侵占了浙西杭、嘉、湖大片地区。在钱塘江边与我们隔江对峙，但尚无越江侵占浙东的迹象。所以宁绍一带的学校照常在原校舍开学上课。虽然各校都作了修建防空壕等一类的准备，也有敌机过境，但我们只是在听到空袭警报时到防空壕去躲避一下，当时也并未出现敌机对城市的轰炸情事。

日寇对浙东不设防城市的骚扰性轰炸是从 1939 年上半年开始的，当时我就读于省立绍中（即今绍兴仓桥附近的绍兴初中）的初秋二下。这年春四月，政府已经获得我方在敌后情报人员的情报，说是笕桥机场运到了许多轻型炸弹，显然是对浙东城市轰炸用的。政府也立刻通知学校、机关和居民应变。因此，学校随即开始要学生一早出城到郊外上课，中饭由校工挑送，各级自择不同的适于从事教学的郊区，当然非常不便。但整个 4 月份中，并不见敌机行动，学校到郊区上课的制度虽仍继续，但思想开始麻痹，并有怨声载道的情况。而敌机在 5 月份的某天终于开始行动，我们在郊区的小山阜上，看到几架敌机在城区盘旋轰炸，爆炸声震动我们心弦。如此约半小时，敌机飞离，而全城一片烟尘。事后知道，省立绍中和附小都落了弹，由于炸弹都是轻型的，所以破坏力不大，死伤也不多，但绍中里一位名叫金阿传的工友，却在这次轰炸中遇难。从此，每隔个把礼拜，都要来这样骚扰一次。后来人们也发现，敌机虽然用这些轻型炸弹轰炸，但是并不轰炸城市内的要害部门。这就让人们预测到，宁、绍等浙东城市，是列入于日寇侵占日程上的。

学校是必须搬迁的。经过反复选择，省立绍中决定搬迁到诸暨枫桥镇以东约 10 里的花明泉村，并在嵊县（今嵊州）崇仁镇的廿八都村建立一个分部。绍中是个有高、初中和简易师范的大型学校，全校的图书仪器和其他教学设备数量巨大，但当年的社会环境对教育是高度重视的。经费由省教育厅提供当然不在话下，而中国长期的儒学传统对学校搬迁是个有利条件，据说在选择搬迁校址时，还有不少乡镇竭力争取。此外，我国的宗法社会，让各乡镇都不缺乏祠堂、家庙之类，这是学校最好的落脚点。在花明泉这个大村中，村口一幢规模很大的新祠堂，与它并建的同样大规模的老祠堂，再加上一座也是紧靠这两座祠堂而已经停办了的丝厂，3 座大房子，就把这个省立中学高、初中和部分简易师范所需的教学和食宿都解决了。校本部以及各个实验室，也都在这 3 座房子中安顿下来。

从绍兴到会稽山北麓的航船终点娄宫埠头，然后登岸行走，经过名胜地兰亭入诸暨县境而至枫桥，这是一条当年可行黄包车的大路，从枫桥东折走上小路，不过 10 里即到花明泉村。故自娄宫至此，总共约 40 里，大半天时间就到新迁校址。这年秋季我就在此续学,因为我们是初秋三,即初中毕业班,学校照顾,以老祠堂的正厅作为我们的教室。当年我重视图书馆甚于教室,即去离校本部不到一里的另一座大祠堂察看,见馆内一切已安顿就绪,韦勃斯特大字典也已安置原来的铁架上面。音乐教室设在此处,在搬运中或许是最为笨重的钢琴,已经擦得锃亮,令人欣慰。

因为是初中毕业班(其实初春三也是毕业班,但学校习惯一直重视秋季班),我这个"不读正书"的人,得略知一点新学年中的新课程。新课程是平面几何与化学两门,我翻阅了教科书,又听了两次课,觉得都很简单,于是又做了以后在一篇什么文章中自称"不足为训"的事。

在英语方面,我虽然早已背熟了20多种名篇,但是我在绍中图书馆翻阅收藏的《密勒氏评论报》,发现陌生的单词极多,因我以往读背的都是文学作品,面对政治词汇实在所知很少。当时,我手头的英文字典是祖父当年同意要我读英语时,到绍兴城内最大的一家仅有这种字典的越州书局买下的、平海澜编的《标准英汉字典》。这样一本当时流行的最大字典,我竟想到把它所收的全部单词背下来,而且随即实施。到村口一处树林中布置了一个座位,以红色印泥圈点,除了上课时间不得不坐在教室里以外,其余时间都在树林里下这项功夫。直到高中一的第一个学期,整部字典的每一个单词才都点上了红色圈点。在念字典的同时,也是因为在旧书店买到了原版《纳氏文法》,初阅几页就认为这是一部极好的英文文法读物,我预备把它翻译出来,虽然数量较大,但是我并不计较,因为在上课时间可以从事这项工作,所以也就开始进行。但在高中一第一学期的寒假中,我在绍兴城内一家旧书店中看到《纳氏文法》在10年前已经有一位名叫陈文祥的先生翻译,在上海群益书社出版,现在竟已进了旧书店了。700多页的书,当时我已译了400多页,此事实在让我十分懊丧。不过在以后的教书生涯中,仍然感到,当年虽然浪费了许多时间,但是毕竟还是受益不浅的。

我在花明泉读完两个学期,于1940年暑前毕业,准备投考高中。这一年,教育厅考虑到所属省立中学都已迁乡,但浙东各城市都仍相对安谧,假期中学生多返回城市,下乡赴考不便,所以实行了历来仅此一次的省立中学(包括省立高工和高商)的统一招生,每位参考学生可填3个志愿,考地仍设在除了杭、嘉、湖3城以外的浙东各原校在城内校址。组织力量,在丽水的省立联高(原是为浙西流亡学生所设)统一阅卷,然后在全省最大日报,即从杭州迁到金华的《东南日报》公开发榜。当时我应祖父之嘱填了两个志愿,第一志愿仍是省立绍中,第二志愿是我家有亲戚所在并且声名甚佳的省立金华中学。

由于宁、绍、金、衢、温、严等省立学校试卷都要集中到丽水(即处州),阅卷费时,所以到考试半个多月以后,才在《东南日报》上发榜。我当然为第一志愿所录取,不仅名列前茅,而且是"公费生"。当时,教育厅为了鼓励优秀学生,所以在各校名额中均有5%的公费生。省立绍中只招一班(50人),其中在录取名额中注明为公费生的共有3人。享受"公费生"待遇的学生,所有全部膳费、制服费、书籍费等,全由国家提供。省立中学都是委托各地的"浙江地方银行"收费的。父亲凭学校录取通知书到银行缴费,而取回的收据上只是一条"各费已缴"的银行印章。祖父非常兴奋,曾以这张收据给当时在家的几位叔叔和叔母看。我这个"不读正书"的学生,暑期后又到花明泉念高中。却在高秋一的下学期(1941),由于日寇突然侵占绍兴城市,枫桥地处绍兴到诸暨的大路边缘,为了安全原因,我们花明泉总部停办,全体迁往嵊县崇仁廿八都分部,从此,省立绍兴中学,就在距绍兴比花明泉稍远的廿八都安顿下来。那里也有许多祠堂、家庙,而地方人士和村民也竭诚地欢迎我们。

1941年秋,我在廿八都念高中秋二。令人兴奋的是,盟军在欧洲已经取得了对法西斯德国的一连串胜利。在亚洲,一直凭借空军优势对我们滥施轰炸的日本,这一年第一次受到美国空军的轰炸。美国轰炸机群从接近日本的航空母舰起飞,第一次突如其来地轰炸了东京及其他城市,然后飞到浙江衢州机场降落。我们早已听到衢州机场的兴建,当时还不知道它的作用竟在于此。所以当这个消息见诸报端以后,廿八都的绍中师生们确实无比激动。

日寇为了挽救自己的败局,特别是避免屡遭美机轰炸处境,因而在1942年春发动了意在摧毁美机在中国着陆点的衢州机场,即当年所称的浙赣战役。侵驻宁绍的日寇迅速地向南进军,首先占领诸暨和嵊县。所以我在绍中念高秋二下学期还不到两个月,学校不得已宣告暂时解散,当年我虚龄已到20岁。

此后的事,因为在拙著《八十逆旅》多有叙及,不再赘复。现在年逾9旬,溯昔抚今,确实不胜感慨。

(本文为陈桥驿先生专为本书而作,写于2013年10月8日。题目为编者所加)

2013年10月8日
原载《庆贺陈桥驿先生九十华诞学术论文集》,
浙江大学出版社2014年版

永记导师侯仁之先生的教导

我所敬爱的侯仁之先生与世长辞了。他是一直器重我的历史地理学前辈,所以我对他的悼念倍感深切。我国历史地理学界的元老是顾颉刚先生。他的3位高足,谭其骧先生、侯仁之先生、史念海先生,都是我经常受教的前辈,所以在这篇悼念侯先生的文章中,我想先写一段赘言。

谭、侯二先生都长我12岁,史先生长我11岁,都是在这门学科中悉心教导我的前辈,也是我为人为学的榜样,所以我想先记叙一点有关这方面的掌故。谭、侯两位都出身燕京大学,但南方人读书早,所以谭先生班级高,顾先生在工作忙碌时,曾因对谭先生的赏识,请他代过"中国沿革地理"的执教。当时史先生就读于辅仁大学,此校也是顾先生执教的,所以史先生也听过谭先生的课程。虽然都属于代课性质,为时不长。但以后直到这3位老迈,侯与史对谭的称呼,在任何场合,都称"谭先生",而谭称侯为"仁之",称史为"筱苏"(史先生号),这样的称呼,从来是一丝不苟的。我也是在稍后获知了其间缘由,这就是老一辈学者处世为人的准则,虽然都是年齿相仿的学者,但在彼此的称呼上,却从来是在任何场合中执著不变的。这种在称呼上的态度,其实也就是当时他们为学,亦即做学问的态度。与当今的情况已经颇有差距。所以我旧事重提,或许值得我们当代学人反省和学习。

现在言归正传,说说我对侯先生的悼念。我于1950年稍后就执教于杭州的浙江师范学院地理系,对历史地理学颇感兴趣。虽然对当时学校图书馆所藏的《禹贡》半月刊常所阅读,但对这门学问的系统脉络却并无头绪。直到 1962 年读到了侯先生的《历史地理学刍议》[①]论文以后,才对这门学问有了比较全面的理解。而尤为难得的是,次年(1963 年)就与这位前辈见了面。

中国地理学会于 1963 年秋选择杭州举行了一次规模甚大的学术讨论会,身为科学院副院长的地理学界前辈竺可桢先生也亲自莅会,会议在一天的全体大会以后,随即按地理学的不同分支进行分组会议。历史地理当然是其中的一组,这是我第一次识荆这位前辈(谭先生因为在北京开会而迟到了两天,史先生没有与会)。所以在小组会开始时,组内除侯先生为首外,其余仅南京的徐近之先生和我等五六人。我对侯先生当然执礼甚恭,但我立刻发现,由于他已经看到过我发表和出版的一些文字,所以在组内对我特别器重。当时我提出的论文是我在地理学的野外实习基地上的一点心得,即关于古代绍兴地区天然森林破坏的问题。[②]但侯先生却特别重视此篇,对此篇评论了一个多小时,最后认为这是一篇很好的历史自然地理论文,由他推荐给地理学的最高级刊物《地理学报》发表。由于我在组内几次提到当前的历史地理学论文中,一般都缺乏地图或是虽有地图而绘得并不正确的议论。他对我的这番议论也非常赞赏,几次敦促我在这方面写些文章,因为他知道我执教于地理系,对地图是内行的。这次会后不到一年,我忽然收到了当年极少数的对外交流期刊《中国建设》(*China Reconstructs*)英文版的约稿,请我写一篇中国古代地图绘制的文章,这显然是他的推荐,也是我生平第一次用英文写作发表的文字。[③]

此会以后,我们曾几次互通信件,他的每次信上,都是对我的赞赏和鼓励,确实使我愧不敢当,但也促使了我在这门学科上的努力学习和继续提高。不过由于让文化人所特别畏惧的历次“运动”随即频繁发生,我们的通信也就被迫中断了。[④]

我国于 1976 年秋发生了巨大的政治变化,他在北京获悉了我们两人除了在“十年灾难”中都是“牛棚”人物外,在其他的几次“运动”中都未受牵连,立刻主动地写信给我,实际上是敦促我,因为文化人在写作和发表方面以后都会获得相对的自由,要我做好准备,在历史地理学这门学科中继续努力。他每次给我的信都是对我的鼓励教育,我当时都反复诵读。只是因我的家乡绍兴市,在市内的一条所谓“古城老街”上为我修建了一所“陈桥驿史料陈列馆”,[⑤]把我的一切著作文字、资料卡片及我与中外学者往来的信卡,全部用一辆大卡车载入该馆,以致侯先生历来对我的意义深远的信件都已不在身边。但我于 1985 年寄给他求教的拙著《水经注研究》(以后简称《一集》),[⑥]他曾于当年 10 月 30 日给我一封表彰和勉励我的复信,因此信中的一段文字尚记叙在我的《水经注研究二集》[⑦]之中,所以至今存在,可以在此录出:

　　这一著作,为《水经注》的研究开拓了一个新途径,甚是可喜。且为专攻历史地理学的青年,提供了一个研究经典著作的范本,为此又不能不为后来者称庆。

侯先生虽然自己学富五车,但在后辈面前一直是很谦逊的,他在此信上所说的"后来者"显然包括我在内,而我也正因为他的这个"后来者"而继续于《水经注》的研究,以后又续写了《三集》⑧和《四集》⑨两部郦学论文集。

其实,在侯先生开始获悉我从事郦学研究以后,因为此书是历史名著,是历史地理学领域中的要籍,所以他很早就对我的这种研究勖勉有加。在上述我寄请他斧正的我的第一部研究成果《水经注研究》中,就有他指导并敦促我写成的一篇《我读〈水经注〉的经历》。事情的大概经过是这样:

1979 年底,以谭其骧先生为首的十几位来自上海、北京、杭州等地的历史地理学者,集中在上海赶写以竺可桢先生为主编的《中国自然地理》中的《历史自然地理》分册。侯先生因为本身任务甚重,没有参加此书编写。但是到这年年底前的最后几天,他却从北京赶到上海。他来上海的目的是为了与我们讨论历史地理学这门学科今后的发展。所以主要只与谭先生及我谈论这个课题。当时,我们都从"牛棚"出来不久,言谈之间,不免也要述及"文革"中的故事。我在拙著《水经注校证》⑩卷首以《我校勘〈水经注〉的经历》作为《代序》,其中有一段提及:"我向他诉说了我因读郦而遭受的坎坷以及在'牛棚'中继续冒险读此书的事。他不仅敦促我把此事经过写出来,而且还透露了我的这番经历,以致《书林》主编金永华先生不久专程到杭州求索此稿。"此稿的题目《我读〈水经注〉的经历》就是当年侯先生在上海为我命定的。此稿除了在《书林》⑪发表外,以后又收入了《一集》,作为此集的第一篇。所以我的郦学研究能够小有收获,侯先生的指导也是值得感谢的。

最后再举一个有关古都研究的例子。事情大概发生于 1980 年初,中国青年出版社的编辑胡晓谦先生忽然从北京到杭州找我,并携有侯先生致我的一信,信中专述一件事,说他已经看到了台湾的一位王恢先生编著了一部《中国五大古都》⑫(其实当时我手上也有了此书)。而大陆却尚无这类作品。他认为我们必须也有这样一部书,而且以我担任此书的主编为最适宜。从这封信和专请胡晓谦先生来杭这一事件中,可以看到侯先生对中国历史地理的关心程度,我当时确实深为感动。但困难的是,由于我们这个国家从长期的闭关锁国忽然转变到对外开放,前来访问的外宾络绎不绝,而我由于在语言上的某些方便,当时的外事任务甚重,实在挤不出时间来担任此书的主编。所以只好恭恭敬敬地写了一封复信,交胡晓谦先生带回北京,向侯先生陈述我当时的处境和不能胜任此书主编的原因。我送走胡晓谦先生以后,虽然感到对不起侯先生,但总认为他可以另外物色一位学者承担主编任务。这样的书,既然在台湾都已经出版了,几座古都均在大陆,我们确是应该有此一部的。却想不到过了一礼拜,胡晓谦先生又到杭州来了,当然又携了侯先生的信件。信中指出,由于我在学术界的熟人较多,而且作为主编,还应考虑到在学术界的声名(这是他对我的偏爱)。此外,他又附加了一个对主编的有利条件,即是古都中的北京由他负责撰写。读了侯先生此信,我实感到再难以婉拒,所以我请胡先生在杭州多住一天,让我考虑如何处理以及给侯先生写复信的事。侯先生当时根据台湾所出此书,考虑我们也出《中国五大古都》。但我的考虑是,我在杭州高校执教已届30年,杭州却不在台湾出的"五大古都"以内。而事实上,杭州不仅在吴越国时已经建都,而南宋是中国传统的正式王朝,在此建都150年之久,所以杭州理应列入"大古都"之列。为此,侯先生既然如此偏爱于我,再次推辞,实在有失礼貌,但如接受主编任务,则此书应包括杭州在内,名为《中国六大古都》,而"杭州"由我撰写,显然义不容辞。所以胡先生次日来时,我告诉他,由于侯先生的坚持并为我创造条件,我只好勉为其难,接受这个"主编"任务,但古都应包括"杭州"在内,作《中国六大古都》,我请他代交侯先生的复信,所说大体也是如此。

侯先生即复信表示同意,而且不久就把他的"北京"稿件寄来,我除了动手撰写"杭州"外,立刻发信向其他各古都的熟友约稿,虽然经过一番周折,但我在约稿中都指出"北京"由侯仁之先生亲自撰写的话,所以整个过程还算顺利,《中国六大古都》得于1983年在中国青年出版社出版。我虽署名"主编",但此书之所以能在较短时间内出版,而且内容得到学术界的称许,这其实是依靠侯先生声名和筹划。

就在《中国六大古都》出版之时,史念海先生在西安发起建立"中国古都学会"。这个学会后来获得了很快的发展壮大,许多古都都建立了分会,经常在各地举行古都研究的学术会议,并且摄制了专题影片。史先生对中国古都研究当然厥功甚巨,但是从全局来说,侯仁之先生应该是我国古都研究的开创人。

我与侯仁之先生交往频繁,整个过程,都是他对我的作育栽培。从形式上说,只有一次是他开口要求我的。事情大概在上世纪80年代之初,当时由于我接受了国务院文件规定的翻译外国国情文献任务。在当时被国务院认定有翻译力量的9个省市的分工中,有人提出我曾学过梵文,所以把南亚诸国的翻译派给了我。其实我的梵文水平极低,所以不得不在事前到北大求教我国最精通梵文的季羡林先生。季先生当时正主持"中国南亚学会",他就把我推上南亚学会常务理事的位置,嘱我主持此学会杭州分会事务,所以到北京的次数增加了,但每次去京,都不忘拜访侯先生,并且常在事前向他报告我去京的日子。

当时他指导的,以后都成就卓著的3位研究生是于希贤、唐晓峰、尹钧科3君。他事前告诉我,到京后要为他的这3位研究生讲一次课。我当然必须遵命。那天晚上在一个较大房间中为3位作了一次"中国历史地理"的漫谈。讲课结束以后,侯先生又与我谈了颇久,他谦虚地说此课对他也很有启发,特别是赞赏我的知识面宽广,在讲课中引及了许多门学科,这实在是中国历史地理学发展的重要方向。这个晚上我就反复思考,这次为他的研究生讲课是他事前要求我的,而课后又赞赏我,特别是我在讲课中涉及了多门其他学科。他的话当然不假,但其间除了首肯我讲课的内容外,同时也是对我的一种指导,要我今后在中国历史地理的研究中重视与其他学科的结合。为此,我以后又撰写了《多学科研究吴越文化》一文,受到有些学者的推崇(朱松乔《倡导"多学科研究吴越文化"的当代大师》,《越风》(2011—2012),南海出版社 2013 年版),而其实此文的写作,也是为他的研究生讲课以后,从他对我的称赞中所受到的启发。

尊敬的导师侯仁之先生离开我们走了,但我永远怀念他对我的教导。

2013 年 11 月于浙江大学

注释:

① 侯仁之《历史地理学刍议》,《北京大学学报》(自然科学版)1962 年第 1 期。

② 陈桥驿《古代绍兴地区天然森林的破坏及其对农业的影响》,《地理学报》1965 年第 2 期。

③ 陈桥驿 Map–Making in Ancient China, China Reconstructs. 1966,(4)

④ 在"文革"开始前半年,我们仍有信札来往。

⑤ 屠剑虹《影响深远,功效显著——记陈桥驿先生史料陈列馆》,《越风》2011—2012,(上海)南海出版社 2013 年版。

⑥ 陈桥驿《水经注研究》,天津古籍出版社 1985 年版。

⑦ 陈桥驿《水经注研究二集》,山西人民出版社 1987 年版。

⑧ 陈桥驿《郦学新论——水经注研究之三》,山西人民出版社 1992 年版。

⑨ 陈桥驿《水经注研究四集》,杭州出版社 2003 年版。

⑩ 陈桥驿《水经注校证》,中华书局 2007 年版。

⑪ 陈桥驿《我读〈水经注〉的经历》,《书林》1980 年第 3 期。

⑫ 王恢《中国五大古都》,台湾学生书局 1979 年版。

原载《中国历史地理论丛》2014 年第 1 期

贺《中国历史地理论丛》历三十二春秋

——并纪念史念海先生

　　《中国历史地理论丛》是由我敬佩的史念海先生设计策划而创刊的。当时,史先生的老师顾颉刚先生尚健在,顾先生对此十分赞赏,欣然命笔题了刊名。自从《禹贡》半月刊停顿以来,这是我国历史地理学界首创的并且冠以"历史地理"之名的学术期刊。对于中国历史地理这门学科的传承发展,此刊实在意义深远,史念海先生功居其首,值得钦敬。由于史先生当年扶植培养的一批学术精英,使此刊不仅后继有人,赓续不辍,而且质量提高,内容创新,同行学者,众所共见。现在此刊从开创伊始,已历经32 个春秋,发行到第 28 卷第 110 辑,这是一个值得祝贺的年代和卷期,溯昔抚今,不胜感慨,所以不揣浅陋,略书数言,以表达我的心情。

　　我国于 1976 年 9 月上旬,发生了"人亡政息"的政治巨变。如当年国家文学领导人之一韦君宜在其晚年恍悟以后正式出版的《思痛录》上所说:"只念一本(书),""别的都是反动"①那个时代过去了,一般文化人阅读、写作和发表、出版,都有了相对的自由。当年,我们面临的一个迫切任务是竺可桢先生主编的《中国自然地理》全书中的《历史自然地理》分册,必须分工写作,以求完成。但多数执笔人都从"牛棚"出来不久,谭其骧和侯仁之这两位前辈,都还没有在他们自己的学校里从事集会组织的条件。在此一筹莫展之时,史念海先生以他的胆识和魄力,挺身而出,邀请大家到陕西师大讨论这件大事。当时虽然"人亡政息",但"两个凡是"的压力仍然深重,并且还有一批铁杆人物,他们盼望"文化大革命"隔几年再搞一次的"遗训"有朝一日还能实现,让他们重举"造反有理"的大旗。所以当年史先生所承担的压力和所冒的风险我们虽然无从获悉,但会上还不得不邀请从宝鸡来的贫下中农"代表"出席,而像侯仁之先生这样身份的学者,也只能坐硬座车到西安赴会,情况可见一斑。而史先生却举止若定,使会议得以有序进行;最后终于安排了各篇作者和以后的写作、审稿、集会等程序;《中国自然地理·历史自然地理》才得以在 1982 年于科学出版社出版。②

　　自从这一次会议以后,我对史先生在学术上奋不顾身的事业心确实感佩奚似,曾全面向他道出我的心情,请他收我作为他的额外门生,对我多加教导。但史先生却是虚怀若谷,我们初见不久,他就对我多次奖掖,褒赞有加。他第一批招收的研究生是辛德勇、费省、郭声波 3 位,有幸在史先生门下学习。但史先生认为,在历史地理学中,历史自然地理具有很大的重要性,但当时的历史地理学界,多是从历史系出身,而我却是长期执教于地理系的,却因此承他谬爱,专请我到西安为他的这 3 位高足讲解历史自然地理,为时长达半月。他自己也每次都出席旁听,事后还多次与我讨论有关方面的问题,我实在愧惶感动。

　　记得有那一年各地多雨,国内不少地区发生水灾。他为此在西安做东,举行一次江、河、淮、汉等大河的学术会议,以历史河川地理的角度从事深入探讨,吸取经验教训。当时他身任陕西师大副校长,恰逢在会前有了外事活动,他必须接待来访外宾,因而竟临时把主持这次学术会议的任务交给了我。我当时实在受之有愧,力所不胜;却又是长者之嘱,却之不恭,只好勉为其难,接受了这项任务,也幸蒙与会各方专家的谅解,总算圆满地完成了这 3 天的会议。史先生对我如此器重,实在也是对我的鞭策,鼓励我在业务上加倍努力。

　　还有一件实在使我既感动又惶恐的事。我因自幼就爱读《水经注》,以后年事稍长,就写了些与此事有关的笔记。有一位香港朋友,因为与该处《明报》熟悉,所以从上世纪 80 年代后期起,大陆文化人在写作和发表有了相对自由以后,这位港友就一直把我的这些笔记在香港《明报月刊》发表。史先生随即获悉此事,即函嘱我在他的《论丛》发表,我当然遵嘱,从此改在《论丛》发表。不过事情以后又有了变化,我的一位朋友路伟先生担任了上海书店出版社领导,他急需编纂一套《当代学人笔记丛书》,特地来杭亲访,认为我的郦学笔记散刊各处,而著作权都是我的,是否能汇集起来,加上我手头尚未发表的,总成一帙,列入他的丛书,不仅喜爱者可以人手一册,而且也不至于散失。③他的主张有一定道理。当时计算,我在《明报》和《论丛》发表的,加上手头尚有的,共有 140 余篇,汇成一册,确也便于收藏。但当时尚陆续在史先生的《论丛》中发表,我的改变意向,必须事前向史先生交代,取得他的同意。时值"十年灾难"以后,于是我也不免意气用事,随即先写了一篇文字粗莽、语言尖刻的《自序》,寄路倞先生,看他是否有此胆识,在他的《笔记丛书》中收入这篇《自序》。同时写了一封致史先生向他深表抱歉的信,禀告我的郦学笔记将汇集成书,征求他的同意,并附上我在来日成书时的这篇《自序》,不过是为了向他证明,上海书店出版社将在拙编卷首刊出这篇《自序》。史先生随即复信,对我能应约为这些笔记汇成专集表示鼓励和祝贺,同意我此后不在《论丛》续寄郦学笔记稿件。但使我吃惊不小的是,他竟把我这篇只是为了向他证明我已拟令出专书的《自序》,刊入于《论丛》1998 年第 4 期。《论丛》是名人主编,带领一门学科的重要期刊,而我的这篇《自序》,是我个人在灾后的一种发泄。《论丛》刊登这样《自序》,实在是极冒风险的。在我收到这期《论丛》时,我当时的几位研究生,也都为此捏了一把冷汗。现在回忆起当年情景,我个人当然不必说,我周围的教师、朋友、学生,也都对这位前辈的为事、为学、为人,感到无比的赞叹和激动。

现在回到《中国历史地理论丛》的本题上来,史先生本人是众所周知的大忙人,但不管如何繁忙,他对中国历史地理这门学科却特别关心。上世纪 70 年代的最后一二年中,他几次专函与我讨论筹划出版此刊之事。他深悉并谅解谭其骧先生忙得不可开交,所以建议此刊由他并侯仁之先生与我共同轮值主编。每人主编一期,依次轮流。而创刊的第一期当然由他负责。我虽然自知是个后辈,而且才低力弱,但对于素所敬仰的前辈,当然勉力遵命。所以随即复信,表示完全赞佩并同意他的建议。却不料这位前辈对我这个后学逾格赞赏和提携,函告我希望此刊能在 80 年代初创刊,[④]并且已请他的老师顾先生题了刊名。他自己正在筹划创刊号的编辑事宜,第 2 期请侯仁之先生主编,嘱我为第 3 期预作准备。但随即我又获悉,侯先生由于从事北京城市和内蒙古沙漠的研究,无暇承担主编此刊的时间,所以在我主编了此刊第 3 期后,此刊一直由史先生独立承担。

一个人主办这样一种学术性极高的期刊,当然是一种沉重的负担。但由于史先生采用了一面办刊,一面培养人才的手段,终于达到了刊物人才双丰收的成果。刊物愈办愈精,而人才也与日俱增。在约请作者、审阅稿件等业务上,培养了许多出色的接班人,使《中国历史地理论丛》长期来在我国甚至国际上声名卓著,成为中国历史地理的权威论坛。我因曾三度应邀,先后在日本 3 所著名大学,作为客座教授执教过 3 个学期,其间也在其他不少大学讲学。日本的同行学者,对这份期刊无不十分重视,并且高度评价。我的定居在加拿大执教的儿子陈三平,也曾在此刊发表稿件,尽管他眼下出版的专著甚多,但见面时言谈之中,也因曾能在此刊发表文章,深感不胜荣幸。

此刊初创时期,采用以"书号"的形式出版。正是因为史先生培养后继的接班精英,从 1987 年开始,一面扩大了版面,并且改用"刊号"出版,成为正规的期刊,特别是各期的内容,日新月异,精益求精。现在,此刊从史先生开创以来,经过了多年的惨淡经营,已经经历了32个年头,出版了110期之多,为中国历史地理学的发展,作出了巨大的贡献,而且必将继续在这门学科中带领学者们共同向前。

我年逾9旬,虽然也曾在史先生的栽培下对此刊略尽绵薄,但以后目睹此刊的欣欣向荣,又精又专,内心雀跃,无可言表,聊以此文,用表纪念与祝贺之意。

2013 年 11 月于浙江大学

注释:

① 韦君宜《思痛录》,十月文艺出版社 1998 年版。

② 以后获悉,此书是国际上第一本历史自然地理的专著,所以曾到国外展览交流。

③ 此书最后以《郦学札记》为名,由上海书店出版社 2000 年出版。

④ 创刊号于 1981 年由陕西人民出版社出版。

原载《中国历史地理论丛》2014 年第 2 期

越王句践的故都

　　绍兴是个历史文化名城,不仅扬名国内,而且载誉海外。它之成为历史名城,当然不是偶然的,而是许多因素综合作用的结果。主要因素之一,则是因为它是春秋越国的故都,至今已有近 2500 年历史。

　　春秋越国是个小国,原来建都在会稽山中嶕岘,胸怀大志的越王句践即位以后,迁都到会稽山与山(阴)会(稽)平原接触地带的平阳。就在此时,强邻吴国的军队长驱直入,包围了会稽山。句践忍辱负重,作为人质,到吴国过了 3 年囚奴生活,直到公元前 490 年,才被吴王夫差释放回国。就在这一年,他放弃旧都平阳,决心另建新都。他的谋臣范蠡大夫认为"不处平易之都,据四达之地,将焉立霸主之业?"要达到"平易"和"四达",当然应该把国都建于山会平原之上。但当时这里还是一片潮汐出没的沼泽平原,要建都谈何容易。

　　他们终于找到了今绍兴城所在的这片地形有利的土地。因为在这个幅员不过 10 里的范围内,深厚的冲积层中,耸立着高低不等的 9 座孤丘,其中最大的 3 座,即今龙山、戢山和塔山,三足鼎峙,形势优越。山上森林茂密(燃料),泉水充沛(饮料),是一块理想的建都胜地。于是,就在公元前 490 年,经过范蠡的精心设计,首先利用龙山兴建了一座周围 2 里 223 步的小城。在山麓修造了宫殿。因为强邻压境,以伍子胥为首的吴国主战派随时都有入侵的可能,迅速建成这座小城,使越国既有了一个政治中心,也得到了一座军事堡垒。小城西北隅以龙山为屏障,山巅造起一座飞翼楼(今望海亭),实际上是个瞭望台,可以远眺当时陈兵钱塘江边的吴国的动静。接着,在小城以东又兴建了一座大城,周围达 20 里 72 步,功能也和小城不同,它是越国的经济中心和生产基地。小城和大城互相联通,当时称为大越城,是越国的首都。今绍兴城区的位置,基本上就是越国的大越城。我国的很多古都,从始建到今天,位置多已几经播迁,很少找得到象绍兴这样一个古城,地理位置基本稳定。

越王句践在大越城惨淡经营,经过"十年生聚,十年教训",终于使越国转弱为强,一举覆灭吴国,并且迁都琅琊(今山东胶南县附近),北上称霸,建立了他的"霸主之业"。句践在大越城建都 20 年,不仅为绍兴这个历史名城奠定了城池街衢的物质基础,并且还给这个古都树立了卧薪尝胆的艰苦精神。

使绍兴这个历史名城获得成就的另一重要因素是后汉的鉴湖工程。山会平原土地广阔,气候温暖,水源充沛,具有发展农业的优越条件。主要的缺陷就是土地泥泞,土壤斥卤,缺乏灌溉的淡水。后汉永和五年(140),会稽太守马臻在曹娥江和钱清江之间,修筑了以绍兴城为中心的堤塘 127 里,拦蓄从会稽山北流的许多河流,使堤塘以南形成一个狭长水库,这就是古代的鉴湖。有了鉴湖蓄积的大量淡水,山会平原北部的 9000 顷土地,就变成一个旱涝保收的鱼米之乡,使这个古城欣欣向荣,蒸蒸日上。

当然,一个历史文化名城的形成,除了物质财富以外,精神文明的提高尤为重要。在这方面,东晋发生的人口移动,为绍兴在文化上的突飞猛进创造了优越的条件。当时,北方动乱,中原士民纷纷南迁,绍兴由于鉴湖工程带来的富庶,成为中原难民的重要投奔之所,而稽山镜水的优美风景,更吸引了中原的许多望族和文人学士到这里定居。著名的书法家王羲之于东晋永和九年(353)年 3 月 3 日在会稽山中的兰亭举行了一次修禊之会,参加的著名文人共达 42 人之多,人文鼎盛,可见一斑。

绍兴成为历史文化名城过程中的最后一次重要的进展是它在南宋一代中的飞跃。建炎三年(1129)10 月,金兵南下,宋高宗走避绍兴,驻跸两月,使它一度成为南宋的政治中心。但金兵紧紧尾随,当年 12 月高宗又东奔避难,从明州入海逃到温州。次年,金兵撤退,宋高宗又从温州移居绍兴,第二次成为南宋的临时首都,为时达 1 年零 8 个月之久。这两度驻跸在政治、经济、文化等方面都给这个古城带来了很大的繁荣。以后虽然定都临安,但朝廷的宫学和陵寝(即宋六陵)都在绍兴,使它事实上成为南宋的陪都。当时,除了首都临安以外,绍兴和金陵(今南京)成为全国最大的两个城市。

如上所述,越王句践的故都,为这个历史名城奠定了基础,而后汉的鉴湖水利促进了农业发展,东晋的人口移动带来了文化飞跃,南宋成为临时首都,获得了政治、经济和文化的繁荣。这些都是绍兴成为历史文化名城的重要因素。

原载《经济日报》1986 年 12 月 28 日

还我蓝天还我绿水

离开故乡半个多世纪,不管漂泊到哪里:在巴西里约热卢的美丽海滨,在亚马逊河的赤道雨林里,在纽约的自由女神像下,在东京的银座大街上,只要闭上眼睛,脑际浮现的,永远是稽山镜水的美好风光。

由于出版了几十本著作,由于在国内外高等学校及学术界的交流和担任了国外几所大学的客座教授,这些年来,一直得到国内外一些报刊的谬赞。我的助手经常留心这类评论,把它们一一收集起来让我过目。在许多评论中,使我最不胜雀跃的,是我国著名历史学家杨向奎教授的几句话。他为我国著名历史地理学家史念海教授的著作《河山集三集》(人民出版社 1988 年版)所写的序言上说:

> 陈桥驿先生是从研究宁绍平原起家的,他六十年代在《地理学报》上发表的两篇关于宁绍平原鉴湖森林变迁的论文,立即引起注意。以后对宁绍平原城市、聚落、水系变迁的研究都被认为是宁绍平原研究的权威,因此在国内外都很著名。

杨先生对我的评论当然受之有愧,但使我感到鼓舞。他的话,说明了我对故乡的一片赤子之心。我确实研究过宁绍平原,但我所发表的论文,都是以绍兴为核心的。半个世纪中,尽管身在异乡但是我花了 20 多年时间,跑遍著名图书馆,为故乡撰成了《绍兴地方文献考录》;我从美国国会图书馆,引回了故乡流落在那里的乾隆抄本《越中杂识》。当然,我为故乡所做的微不足道,远远报答不了故乡对我的哺育教养,只算是一个长期在外的游子,对故乡表达一点怀念之情吧。

　　现在,令人高兴的是,这些年来,故乡有了很大的发展,生产提高了,经济繁荣了,
人民富裕了,我每年到故乡几次,这些都是我亲眼目睹的。但是,使我十分担忧的是,
故乡的美丽自然环境却受到了颇大的损害,"山阴道上行,如在镜中游",历来脍炙人
口。但是,这面晶莹明亮的镜子,现在已经蒙上了尘埃,变得模糊不清了。连我小时写
作文常用的"蔚蓝色的天空"也难得见到了,这虽然是生产发展和工业化过程中难免
发生的现象,但是故乡的优美自然环境,是我们祖先几千年来胼手胝足、辛勤改造的结
果,也是我们子孙世世代代生存的必要条件,决不能够在我们这一代受到损害。去年
举行的鉴湖建成1850周年学术讨论会上,我已经提出了"还我蓝天,还我绿水"的呼
吁。现在已经到了必须保护我们的自然环境的时候了,为了我们的子孙后代,让我们
尽一切努力,保护稽山镜水的美好自然环境吧!

原载《野草》1991 年第 2 期

关于绍兴历史文化的一组文章[*]

山阴县和会稽县

绍兴城始建于越王句践七年(前490),当时称为大越城,后人因其设计者范蠡大夫之名,也称蠡城。大越城作为越国之都只有18年,因为句践二十五年(前472),国都北迁琅邪(今山东胶南、日照二县间)。当然,大越城仍是于越的民族中心。秦王政二十五年(前222)平江南,在这一带建会稽郡,下辖20余县,县名如由拳、乌程、余杭、乌伤等等大都袭用越语,但大越改为山阴,武原改为海盐,却都是汉语。大越城从此成为山阴县治。当时会稽郡治在吴(今苏州),一直要到东汉永建四年(129),以今钱塘江为界,分成吴及会稽两郡,绍兴才成为会稽郡治,城内就出现郡、县两个衙门。

山阴是个大县,特别是两晋之间,北人大批南迁,山阴县内迁来了不少北方望族,户口增加,经济和文化都有很大发展。到了南北朝陈代(557—588),把山阴县分为山阴、会稽两县,这样,城内就出现了一个郡衙,两个县衙。在浙江,明清两朝有11府,杭嘉湖称下3府,府城内部都有两个县:杭州(钱塘、仁和),嘉兴(嘉兴、秀水),湖州(乌程、归安),但上8府中只有绍兴是这样。

---

* 题目为编者所加。

　　山会两县的县界,南段大致以若耶溪(今平水江)为界,城内则以从南门到昌安门的府河(或称城河,又称市河)为界。府河出昌安门北流入三江口,仍是两县之界。

　　山会两县虽然紧邻,县治又在同一城内,但由于并存达1300多年之久。因此在风俗习惯甚至语言等方面,都存在一些差异。例如从语言来说,洗衣服的"洗",山阴人作"hü",会稽人作"fü";蛋黄的"黄",山阴人作"huang",会稽人作"fuang";灰尘的"灰",山阴人作"hui",会稽人作"fui"。过去绍兴人用稻草作燃料,草灰留在灶下的灰仓里,常有农民进城买去作肥料,这些农民大街小巷喊"换灰"。从这个"灰"的发音中,可以立刻知道他是山阴人或会稽人。在城内,山会两县只隔一条狭窄的府河,但是这种语音差异照样存在。最近几十年来,由于人口流动频繁,绍兴城内的这种语音差异或许已经消除,但在农村,只要仔细区别,这种差异仍然存在。贺知章诗说"乡音无改",确实不错。

原载《绍兴日报》1992 年 1 月 3 日

城内河港

　　越中自古为水乡泽国。清蒋士铨在乾隆中致张椿山(《忠雅堂文集》卷八)说:"越郡为泽国,城中河流纵横,界面若棋局,其阔处可并三艇,狭处仅容舟。"绍兴人称宽阔的河流为"大河港",狭窄的河流为"小河港"。在过去,城内凡较大的住宅常称"台门",绝大部分"台门"都是前门傍街,后门临河。

　　我老家住在明隆庆五年状元张元忭的邸宅,称为"状元台门",前门是车水坊(今人民路),后门就是一条小河。此河从庞公池而来,经过小郎、大郎、莲花、凤仪诸桥,与旧子城(即于越小城)的城河汇合。河虽狭窄,但交通便利。三月扫墓,五、六明瓦的大船,在我家后门停泊上下,平时有事出门,到莲花桥小船埠头雇一只脚划船,也从自己后门上船,绍兴人形容为"跨脚上岸"。

　　因为河港多,所以桥梁也多,城里人把桥名从一到十地排列起来(包括谐音):大木桥、凰仪桥、三脚桥、螺蛳桥、鲤鱼桥、福禄桥、七方桥、八字桥、酒务桥、日晖桥。还有一些把桥名连起来的对联,倒如:"大郎小郎车水饮莲花",这是四条桥名;"北海鲤鱼谢公钓",这是 3 条桥名。可惜都想不出下联。

　　现在,城内的许多河港都早已填平,桥梁也仅存虚名。对此,我原来认为这是城市发展的必由之路,城内有许多河港,在这工业社会里,水源污染,维持不易,与其成为一条条臭水沟,倒不如填平为妥,久而久之,也就不大再向往童年时代满城河港和在自己家后门河中摸鱼摸虾的情趣了。

80 年代以后，由于接受了日本几所大学的聘书，作为他们的客座教授，不时到彼国讲课，访问了那里的许多大小城市，看到不少小城市中，溪流潺潺，晶莹可爱，大都市亦不乏河流纵横者，如京都，这座 200 万左右人口的大城市，全城河流纵横，水源都从鸭川而来。这些河流，往往水深不过膝，但清澈见底。日本人对这些河流的管理是很严格的，市民们都很自觉地保持这些河流的整洁。看到日本的河川景色，我时常回忆绍兴城内曾经有过的许多河港，真正不胜神往。

原载《绍兴日报》1992 年 2 月 8 日

前街和后街

山、会两县隔府河而治，府河以西是山阴大街，以东是会稽大街。从清道桥到江桥一段，是两县的繁华地段。但山阴是府治所在，地位高于会稽，所以在清朝初年，两街已分别称为山阴县前街和会稽县后街。到民国两县合并，虽然县衙设在会稽（即明清会稽县衙），街市却显然以山阴大街为主，从此，山阴大街就通称"大街"，会稽大街则定名"后街"。两街规模原来相去不远，但 30 年代之初，山阴大街的清道桥、江桥段经过拓宽，铺设沥青，成为绍兴第一条柏油马路，于是两街规模悬殊。大街商店栉比，市面繁华，而后街只有一些批发店和小字号，还有许多房子作了大街商店的栈房。绍兴人空闲时，特别是从乡下上城的，都要上大街去逛逛，成为"嬉大街"。

大街与后街之间有不少桥梁，从清道桥到江桥一段。从南到北有县西桥、日晖桥、大善桥、利济桥 4 座，清道桥以南，桥梁更多，如通市桥、竹园桥、隆兴桥、市门桥、五福桥、大云桥等，不下十余座。山会分治时期，这些桥上是所谓"山阴不管，会稽不收"的地方，殴斗和其他作奸犯科的事件，常在这里发生。除了桥梁以外，不少兼有两街房屋的商店和住家，就在狭窄的府河上建造水阁以沟通，影响府河交通，并有碍观瞻。康熙、乾隆两代的绍兴知府，屡次出示禁止、并拆毁已建水阁，在府治仪门下及江桥张神祠各立禁碑。因为府河虽窄，却是两县县界，关系重要。明末张岱在《疏通市河呈子》（《琅嬛文集》卷五）中指出："府城南利植门至北昌安门一带，中分两县，直达三江，吸万壑千溪，由胃肠腹心而脉归尾阁。"情况确实如此。

现在府河早已填平，前街和后街合二为一。我于 80 年代之初来到绍兴，看到这项工程正在进行，曾向有关方面建议：马路宽，大厦高，当然是现代化城市的标志，但并不能表现绍兴的特色。绍兴是水乡，前后街合并的办法，最好是拆除前街东屋和后街西屋,让两街隔河相望,两岸植树种花,并将府河渠化,河上驶电瓶船,这个城市才能充分表现出水乡特色。不过在我提出这种设想时,工程已经全面展开,我的建议属"马后炮"。好在现在保留了南段的一条步行街,府河依然存在,也可差强人意了。

原载《绍兴日报》1992 年 2 月 9 日

绍兴得名

绍兴是南宋高宗登位后的第二个年号,这是大家都熟知的。宋高宗于建炎三年(1129)10 月因金兵尾追从杭州逃到越州,驻跸州廨,使越州第一次成为一个汉族正统王朝的临时首都。但由于金兵随即追到,他于这年 12 月东奔下海从台州到温州。次年初,金兵撤退,于是他于这年 4 月从温州回到越州,越州第二次作为南宋的临时首都,而且在次年(1131)改元,易建炎为绍兴,这一次他在越州驻跸达一年半以上,于绍兴二年(1132)初才把朝廷移到杭州,但他迁杭的诏书是绍兴元年 11 月颁布的,据熊克《中兴小纪》卷十一所载:"诏绍兴府馈运颇艰,难以久驻,移跸临安。"不过他在改元之初,就把年号加于他改元之地,改越州为绍兴府。这就是陆游在嘉泰《会稽志序》中所说的:"唐幸梁州故事,升州为府,冠以纪元。"所谓"唐幸梁州故事",指的是唐建中四年(783)朱泚之变,德宗出奔梁州,次年改元兴元二年,诏改梁州为兴元府。高宗移跸杭州,但朝廷陵寝建在绍兴,朝廷宫学也创办在绍兴,这大概就是陆游所说的"越为陪都"一语的来由。其实,在南宋的一切文献中,都没有绍兴为陪都的记载,陆游的话可能是根据当时的实际形势而写的。

上面所说的只是越州改为绍兴府的地名变化过程,并不是绍兴这个地名的解释,绍兴的地名解释,其实就是绍兴的年号解释。宋高宗以绍兴为年号,据《说岳传》,囚禁在五谷城的宋徽宗大为惊慌,因为"绍"字的一半是"刀在口上",对于一个囚徒,这种恐惧是可以理解的。有人认为"绍兴"这个年号有中兴之意,这是不错的,所以熊克当时所写的编年体笔记称为《中兴小纪》。陆游在《嘉泰志序》中所说的"中兴之业",也是这个意思。但陆游的这一类说法,还不过是约略言之。有人认为绍兴得名于"绍祚中兴",也是于事无据。幸亏宋徐梦莘在其《三朝北盟会编》卷一四四中录下了当时的诏书原文,使这段为历来绍兴方志和其他文献所忽视的文字能保存下来:

> 绍兴元年正月一日己亥大赦改元。敕曰:绍奕世之宏休,兴百年之丕绪,爰因正岁,肇易嘉名,发涣号于治朝,霈鸿恩于寰宇,其建炎五年,可改绍兴元年。

　　由此可知,"绍兴"一名,来源于"绍奕世之宏休,兴百年之丕绪"一句的两个首字。

原载《绍兴日报》1992 年 2 月 13 日

古城书店多

　　绍兴是历史文化名城,历史上读书人多,藏书家亦多。如陆游的老学庵,祁承爜父子的澹生堂,徐树兰的古越藏书楼,都名闻遐迩。还有刻书多,据王国维《两浙古刊本考序》(《观堂集林》卷二一):"(南宋)绍兴为监司安抚驻所,刊书之多,几与临安埒。"而"(元)一代大著述,如胡氏《通鉴音注》,王氏《玉海》,皆于其乡学刊行"。另外是书店多。这几多为城市带来了书香气。

　　由于家庭的影响。我读高小时就喜欢逛书店。当时大街上书店不少,最著名的是墨润堂和越州书局。墨润堂创建于同治年间,开始称为墨润堂书庄,设在西营内,专业本刻、石印,以后在大街水澄桥以南开设门市部,称为墨润堂书苑,除出售图书外,兼营文具,所以它具有出版社和书店的双重性质,墨润堂印书不少,流行很广,所以声誉颇盛。日本东京大学东洋文化研究所所长斯波义信教授,曾于 1981 年将日本东北大学汉学家狩野直禧教授珍藏的《绍兴府城衢路图》复制赠我,内容非常详细,图下署"浙绍墨润堂石印"。斯波考证这是 19 世纪的作品。

　　另一家位于水澄桥下东首的越州书局,距墨润堂不过 10 米,它的优点是双开间店面,店堂宽敞,全部书籍均开架出售,多是沪版新书,它对学生的吸引力超过墨润堂。我从小在家中只读四书五经等旧书,越州书局就成为我青年时得新知识的窗口。我高小时代在此买到的新书不少,有《苦儿努力记》、《木偶奇遇记》、《鲁滨逊漂流记》等,都是上下两册的翻译作品,其中如《苦儿努力记》我读了好几遍,思想上所受影响很大。

　　锦文堂也是我每次"嬉大街"必到之处,它在大善寺进门南首,专售沪版一折八扣书,后来又降为一折七扣,也是全部开架,所以不仅买书的人多,看书的人也多,这里出售的书,全是清一色的淡咖啡封面,多半是标点古书,错字和错误的标点,就连我这个小学生也能发现不少,但是便宜,虽然定价出奇的高,经过一折七扣,一部 4 册的《徐霞客游记》只卖两角大洋。我在这里买到的书不少,有《山海经笺注》、《道德经》、《梦溪笔谈》、《阅微草堂笔记》等等。

　　大街的南段,从富民坊口起直到蕙兰桥一带,是一个旧书市场,有招牌的旧书店就不下 10 家,还有不少书摊。我读初中以后,买书的兴趣开始转到这里,在这里我买到过不少乡土文献,如《越谚》、《麻溪改坝为桥始末记》、《闸务全书》等等,还有一部杜春生的《越中金石记》,版本甚好,我非常爱惜,可惜经过半个世纪的风风雨雨,早已不存了。

原载《绍兴日报》1992 年 2 月 16 日

兰亭今昔谈

兰亭是绍兴的著名胜迹,它因王羲之等 42 位名流在此修禊,并由王羲之写成一篇在我国书法艺术上登峰造极《兰亭集序》而扬名于世。但是王羲之等于东晋永和九年(353)聚会的兰亭,并非今天的兰亭,而且相去颇远。清全祖望曾写过一篇《宋兰亭石柱铭》的文章,认为东晋兰亭的位置,"去今亭三十里"。我在 1/50000 的地形图上按比例尺计算晋兰亭与今兰亭的直线距离约为 11 公里,证明他所说不错。

全祖望是从《水经注》的记载中获悉东晋兰亭的位置的:"湖南有天柱山,湖口有亭,号曰兰亭,亦曰兰上里,太守王羲之、谢安兄弟数往造焉。"这里所说的"湖口"指鉴湖湖口。鉴湖早已湮废,无法定位,但天柱山的位置古今不变,它位于今南池到平水之间的横鹏岭南。这就是"去今亭三十里"的根据。在王羲之等修禊以后,兰亭又几度迁移。《水经注》接着说:"太守王廙之,移亭在水中,晋司空何无忌之临郡也,起亭于山椒,极高尽眺矣。亭宇虽坏,基陛犹存。"说明在东晋一代,兰亭从鉴湖口移到湖中,又从湖中移到天柱山顶。东晋以后,在南朝梁、陈间人顾野王的《舆地志》中,兰亭位置又有变化:"山阴郭西有兰渚,渚有兰亭,王羲之所谓曲水之胜境,制序于此。"东晋兰亭,不管在湖口、湖中或天柱山顶,位置都在山阴东南。但到了南朝后期,兰亭却出现以"山阴郭西"鉴湖上一个岛屿"兰渚"之上。但南朝兰亭也不是今兰亭,因为今兰亭的位置,即使在鉴湖全盛时期也不可能濒湖,更不要说是湖中岛屿了。

今兰亭在山阴西南。首先指出今兰亭位置的是北宋末年的华镇,他在一篇《兰亭记》上说:"山阴天章寺,即逸少修禊之地,引溪流相注。"天章寺与兰亭于元末焚于火,但以后又重修。抗战时期省立绍中因日机轰炸一度在兰亭上课,著名国文教师姚轩卿,尚在今兰亭后天章寺故址看到"瓦砾蔓草,一片荒凉,惟殿门残剩"(《蟫翁随笔》)。明郡守沈啓于嘉靖二十七年(1548)在天章寺北重建兰亭,清康熙三十四年(1695)又"奉敕重修",完成了今兰亭的格局。

今天,兰亭已成为一个中外知名的旅游胜地,游客们在这里尽情享受崇山峻岭,茂林修竹,流觞曲水,亭台楼阁的胜景,也不必计较它的沧桑经历了。

原载《绍兴日报》1992 年 3 月 15 日

荒草凄迷宋六陵

从旅游资源的角度说,宋六陵的破坏是绍兴的一个沉重损失。陵墓破坏始于元初,元世祖时,江南释教总统杨琏真伽,为了盗取暗葬珠宝,盗发陵墓。从此,宋六陵就破坏殆尽。

宋六陵位于县城东南会稽山下的攒宫,名为六陵,其实除南宋高、孝、光、宁、理、度六帝陵墓外,还有北宋徽宗陵和哲宗的孟皇后陵。与历代帝皇陵墓相比,宋六陵显得相当简朴,因为建陵之初,就有人认为等来日恢复中原以后,仍须归葬,这里不过是暂时安置,所以地名成为"攒宫"。

帝王陵寝就其本身来说,不过是历代统治者的一堆朽骨,但由于它的历史背景、建筑风格、自然景色、文物价值等因素,皇陵和其他一些著名墓葬,往往成为旅游的热点。宋六陵集中了七八座帝王后妃的陵墓于风景优美的会稽山下,水陆交通方便,与这个地区的其他风景点如禹陵、兰亭、东湖等相去不远,具有得天独厚的条件,所以陵墓的破坏,对于绍兴的旅游和文物,损失实难估计。

在地方经济许可的情况下,宋六陵是应该考虑修复的。或许有人认为,花费人力物力,建造一些假物,有什么意思?从旅游资源来说,修复是完全值得的。因为陵墓虽已不存,但基址却是真实的,从长远的后代来说,"假物"完全无碍于后人的游兴,也毫不影响游客从中获得知识。其实,宋六陵即使在南宋时也并非完全真实,徽宗陵即是其例。徽宗死于五国城,南宋花了沉重代价才向金人索回棺木在此安葬,但当杨琏真伽盗发此墓时,发现棺内只有"朽木一段"(《越中杂识》下卷),这是当年金人的骗局。作为南宋朝廷的政治和外交,这是一件事隔百余年才被发现的失败和笑柄;但作为一处名胜古迹,它完全不会因当年金人的这场骗局而逊色,反而更有影响。

原载《绍兴日报》1992 年 3 月 20 日

勤劳聪慧绍兴人

绍兴人有不少优良品质,主要是能够吃苦耐劳,富于事业心。这或许是这个地方

"卧薪尝胆"的传统教育所致,即所谓"绍兴精神"。另外,绍兴人比较聪明,这可能与稽山镜水的优美地理环境有关,即所谓人杰地灵。由于这些品质,所以绍兴自古出人才,各行各业都有知名人物。

自清乾隆以来,绍兴人口的迅速增加,又给予绍兴人一种强大的压力。为了求生存,不得不向外县、外省甚至外国发展。据乾隆十六年(1791)的山阴县人口统计(见嘉庆《山阴县志》),全县计122119户,1002582人;嘉庆七年(1802)则增加到1008832人。当时的会稽县人口可查考,但明万历、清康熙统计的会稽县人口,均约为山阴县的一半。按此比例,则乾嘉年代的绍兴人口已超过150万。所以绍兴人源源流向外地。由于以上所述的优良品质,而且性情平和,容易与客地土著相处,所以多能安居客地,有利于客地的发展。上海《申报》在光绪七年(1881)4月17日登过一则消息:"自粤匪(清朝对太平天国的污词)乱后,土民稀少,山乡尤甚,若余杭、武康、安吉、孝丰等邑,遗黎更属寥寥。……以故客民纷至沓来,视为利薮。顾其中亦不相同,最安静者为绍兴人,皆置产乐业,为子孙永远计,与土著殊觉和洽。"这些地方统称"下三府",至今还有大量绍兴移民的后代。他们初到那里,靠着一身上岸能挑,落船能摇的本领在客地站住足跟。所以下三府一直流行一句俗谚:"赚得动绍兴钿,好比活神仙。"这话说出了绍兴移民与土著之间的技术差距。

还有大量绍兴人流向省外。且不说在外当官的,他们有的混迹各地衙门,充当幕友(师爷),有的靠着酱缸、染缸、折扇等行业,走遍全国。所以有"麻鸟(diao)、豆腐、绍兴人"之谚,意思是,凡有麻雀和豆腐之处,都有绍兴人。其实,绍兴人的足迹。早已超越了麻雀和豆腐。我在美国、日本等地都见到不少绍兴人,美国和日本当然是有麻雀和豆腐的。但那年我在巴西圣保罗也遇着一位绍兴人,已经是第三代了,操葡萄牙语,但还能说几个绍兴方言的词汇,他爷爷当年就是贩卖折扇,辗转到巴西的。巴西没有豆腐,虽有麻雀,但体形与北半球的大不相同。他告诉我,在巴西,里约热内卢和玛瑙斯等地都有绍兴人。这些城市我都访问过,可惜未曾见着这些同乡人。

愿天涯海角的所有绍兴人,都服膺"绍兴精神",为家乡争光。

原载《绍兴县报》1992年3月26日

《兰亭》话沧桑

东晋永和九年的兰亭之会,集中了当时全国知名的文人学士42人,他们流觞饮酒,即兴赋诗,一共做了30多首诗,由王羲之写序,孙绰写后序。王羲之的序,历史各书引载,题目很多,如《兰亭诗序》、《兰亭集序》、《曲水序》、《临河序》等,《会稽掇英总集》和《嘉泰会稽志》的题目最长,作《上巳日会兰亭曲水诗并序》。全文共 325 字,相传由王羲之用鼠须笔在乌丝阑茧纸上一气写成,成为书法艺术上登峰造极的作品,作为一篇文章,如上所述有许多题目;但作为一种书法,一种碑帖,它统称《兰亭序》,或简称《兰亭》。

据说《兰亭》真迹,在王羲之家族中世代相传,最后传到一个削发为僧的七世孙智永身上。智永也是一位书法家,临终前把《兰亭》传给他的弟子辩才,当时已经是唐朝初年。唐太宗酷爱《兰亭》,当他获悉真迹在辩才手中,就派了他的御史萧翼,打扮成为贩卖蚕种的商人,到越州骗走了辩才的《兰亭》。辩才竟因此悔恨交加而死。《兰亭》从此就到了唐太宗手中。所以陆放翁诗说:"茧纸藏昭陵,千载不复见。"昭陵是唐太宗的陵墓,在西安西北的九嵕山上。

萧翼行骗当然只是一种传说,但唐太宗酷爱书法却是事实。唐代不少书法家都有临摹《兰亭》的作品,民国六年上海有正书局影印的《定武本》,流行甚广,即是唐欧阳询的临摹本。清乾隆帝也酷爱《兰亭》,他所汇集的许多《兰亭》临摹本,称为《兰亭八柱帖》,上海书画社 1973 年影印出版的《唐人摹兰亭墨迹三种》,即是《八柱帖》的一部分,其中的冯承素摹本,即所谓《神龙本》,学者以为与真迹最为近似,所以久负盛名。1964 年北京出版社汇集故宫所藏历代临摹的《兰亭》,影印出版了《兰亭墨迹汇编》,已经集其大成。

近二三十年中,曾经流行《兰亭》非王羲之手笔的种种说法。附和与异议者都有其人。据我所见,《兰亭》中"每览昔人"及"后之览者"二"览"字,均写作"揽"字。《说文解字》无此"揽"字,王羲之当然知道,他之所以以"揽"作"览",其实是为了避讳。从《晋书·王览传》,知道王览有子名"王正";从《王羲之传》,知王正是王羲之的祖父,所以王览是王羲之的曾祖。这两个"揽"字,不正是《兰亭》出于王羲之的铁证吗?

原载《绍兴日报》1992 年 4 月 1 日

书法的圣地

绍兴是个历史文化名城,在传统的各种优秀文化中,书法是其中之一。王羲之于东晋永和九年(353)三月初三日,在兰亭挥毫,用鼠须笔把一篇 325 字的《兰亭诗序》,一气写在乌丝阑茧纸上,铁划银钩,龙飞凤舞,成为我国书法艺术中登峰造极的作品。

所以绍兴至今仍以每年阴历三月初三为书法节。

或许就是因为王羲之的缘故,绍兴人历来特别重视书法。父母教育子女学好书法,往往用一句话:"字是出面相!"我小时上过私塾,每日午前必须写大字一张,让塾师画了圈,然后才放午学。后来进了小学,每日午后第一节课,叫做"书法训练",也是练习写字。

整个绍兴社会,历来都为书法提供条件。写字最重要的莫过于纸笔,绍兴产竹纸,是作书的佳品。宋朝的著名书家米芾在一首《越州竹纸诗》中说:"越筠万杵如金版,安用杭油与池茧?高压巴郡金丝阑,平欺泽国青华练。"当时,杭州油纸、池州茧纸、四川金丝阑纸、泽国青华练纸,都是国内名纸,但在米芾诗中都不及越州竹纸。竹纸是将竹腐烂后捣碎作为纸浆而制作的,捣碎的工序十分重要,就是米芾所说的"万杵",有了"万杵"工夫,纸浆充分稠和,做成的纸张就光滑细腻。

笔是写字的必需工具,绍兴产笔,质量不在湖州之下。我幼年时,城内著名的笔店有3家:卜鹤汀、六也斋、丁三品。卜鹤江在大街水澄桥北,六也斋和丁三品都在上大路口。卜鹤汀的"鸡狼毫",六也斋的"本选羊毫",丁三品的"大缘颖",都是名品。此外还有供各种儿童学书的一般品种,如"十里红"、"小大由之"等等,既廉价,又实用。

曾经有一段时期,各地漠视书法,特别是毛笔字。甚至毛笔在市场上也很难买到。80年代初期我开始去日本讲学,发现日本的小学生和初中生每天都要花半小时练习用毛笔写汉字。1989年我在广岛大学讲课,广岛市长荒木武先生会见了我们夫妇,会见中他赠送我们的礼物,就是用精美盒子盛装的毛笔,因为毛笔是广岛的名产,与日本相比,我常为我国儿童忽视练习毛笔字而焦心。不少中小学生甚至大学生写字拙劣潦草。过去的老一辈人教训那些不用心练字的后辈:"写得像曲蟮(蚯蚓)爬一样!"不过近年以来,小学已开始重视书法练习,情况已有所好转了。希望绍兴这个出过王羲之的书法家之乡,今后能出现更多的优秀书法家。

原载《绍兴县报》1992年4月2日

历史交通博物馆

绍兴有一个历史交通博物馆,既有价值而又富于情趣。

这个博物馆在钱清与柯桥之间,所以成为历史交通博物馆,因为平行于萧山和绍兴之间的4条建造于不同时代的道路,在这里全部露面,宛如陈列在博物馆里一样。

最偏东的一条是运河,称为西兴运河或浙东运河。这是公元3世纪末、4世纪初

的晋会稽内史贺循主持疏凿的,但实际存在可能还远远早于此时。至今虽然至少已有
1700 年时间,但仍然舟行如梭。紧靠运河的是一条用石板铺成的官塘路,最早见于记
载的是唐元和十年(815)观察使孟简主持修建的运道塘,实际存在的时间看来也比此
要早。它不仅是这个水乡泽国中的一条重要陆路,而且也是在运河上行舟的纤路,所
以又称为古纤道,现在已成为全国文保单位。官塘路以西是 20 年代修建的公路,公路
的西侧是 30 年代修建的铁路。在不过 100 米宽度的土地上,自东到西,平行排列着四
条西北、东南向的年代悬殊的道路,而至今仍然相安无事,各自继续发挥着它们在交通
上的作用,真是历史上的一种奇迹。有的绍兴人看惯了这种景观,未加思考,毫不在
意。但只要仔细地思考一下,就会省悟到,这实在是别处很难看到的现象,即此一端,
绍兴就不愧为一座历史文化名城。

外国人对这个历史交通博物馆的兴趣就非常浓厚。记得那年陪同日本地理学界
的元老,年逾 8 旬的广岛大学名誉教授米仓二郎先生来到这里,他极感惊异,流连久久
而不忍离去,对运河和古纤道拍了许多照片,后来又到阮社太平桥上逗留甚久,也拍了
不少照片,过了几年,我去广岛大学任教,他热情邀请我们夫妇去他家作客,给我们看
了访问绍兴时的照相簿,其中他站在古纤道、运河边和太平桥上的照片占了好几页,前
面有一个标题,"绍兴历史交通博物馆"。我们看了都很受感动。作为绍兴人,这确实
是一种荣耀。

原载《绍兴县报》1992 年 4 月 9 日

钱　清

绍兴是个文物之邦,不仅它的方言、俚语充满书卷气,其地名也不同凡响。城内地
名如"题扇桥"、"躲婆弄"之类,其来历引人入胜;城外地名,也有许多渊源悠久,发人
深省的掌故。"钱清"就是其中之一。

钱清得名于后汉郡守刘宠。他于汉桓帝时任会稽郡守,是一位关心百姓疾苦的好
官。任满后去首都洛阳,在今钱清的西小江船埠头,发生了一个动人的故事。这个故
事记载在《后汉书·刘宠传》。我尝试用现代汉语翻译如下:

　　这里的百姓忠厚朴实,有的到老还没有进过城,但很受官吏的骚扰。刘宠免
除苛捐杂税,查禁官吏的非法行为,合郡称安。他被调任去作总管工程建设的京
官,山阴县有五六位眉发已白的老人从若耶溪里山赶出来,每人背了一百大钱赠
送刘宠,刘宠慰问他们说:父老何必辛辛苦苦地赶来。回答说:我们是里山粗人,

从来没有见到过太守。别人当太守时,官吏到民间索取,昼夜不绝,弄得通宵狗叫,百姓不得安宁。从您上任以来,晚上听不到狗叫,百姓看不到皂吏,老来逢到圣明,你却要离任而去,所以带了点盘川奉送。刘宠说:我的政绩哪能达到你们所说的呢,有劳各位父老谢谢?说着,他从父老手上取了一枚大钱而去。

刘宠事前毫无思想准备,但却处理得合情合理,表现了他清廉爱民的本色。收取一枚大钱,表达了他的全部心情。

为了纪念这位值得尊敬的太守,人们在船埠头上造了一座"一钱亭",并且把地名称为钱清。

小小一个地名,经历了近2000年的漫长岁月,至今仍然是这样地令人起敬。这正说明,对于是非善恶,人们心中有数,只要是真正为民造福的,用不着长篇大论,两个字的地名就具有这样的威力。

原载《绍兴日报》1992 年 4 月 18 日

师爷——封建官制的产物

绍兴师爷一名,历来褒贬互见,有些绍兴人颇以此自豪,历史上的确出过一些名师爷,例如《秋水轩尺牍》著者许葭村,就是一位师爷。但也有不少人不喜欢这个名称,甚至加上"刀笔吏"的恶名。作为明清文官制度中的一种既成事实,这是一个值得研究的课题。

自从隋朝以来,中国的文官制度是和科举制度密切相连的。尽管历代都有卖官鬻爵的事,但总的说来,没有功名的人当官,毕竟是少数。这里有一个突出的矛盾是,科举制度的必修课程是四书五经,但通得过科举选拔的人,绝大部分要外放当父母官,不管是知府、知县都是集行政、司法权于一身,除了一般政务以外,还得坐堂审官司。对于后者,与他的十年寒窗绝不相关。在全部四书五经中,只有一句话涉及官司,这就是《中庸》所说的:"听讼,吾犹人也,必也使无讼乎。"这句话的本意,还是不要让人打官司。

在中国,虽然传说皋陶就定了"五刑",但实际上历代有关刑法和民法的典籍极少,即是有,也不属科举必修之列。例如宋有《宋刑统》,清有《大清会典》,但不仅科场中没有这类书的地位,而且由于书的条例简单而含糊,在实际审判中用途不大,历代审判中非常有用的却是各地的《判例》,这当然是一个读书人在十年寒窗中所必读,也不屑读的东西,这就是"刑名师爷"在各级衙门中活跃的道理。其实,衙门中的师爷名称很多,如"文案师爷"、"钱谷师爷"等,不胜枚举。

师爷是幕友,并非一定绍兴籍,但绍兴人作这一行的较多,这是事实。这种事实反映了绍兴读书人多的情况,读书人多,也就是知识分子多。知识分子的出路,一条是科举,但在全部知识分子中,不要说会试、殿试,通得过乡试的也是少数。从绍兴来说,县考(包括府、道考)与乡试获捷的比例,大概是三十甚至四十比一。也就是说要三四十个秀才中才有一个举人,所以科举这条出路虽然影响极大,但最终能吸收的知识分子,数量实在有限。像绍兴这样一个知识分子成堆的大邑,通不过乡试关的人数很多,他们的一条出路是坐馆(教书),另一条出路就是依靠已经踏上仕途的亲朋援引,到各地衙门当幕友,这就是绍兴师爷的后备大军。

传说中的师爷办案的故事很多,但多半是添枝加叶、饭后茶余的谈助而已。我童年时曾听到我祖父在什么笔记上看到的一则故事,真实性甚大,可以作为师爷办案的一例:绍兴大禹陵从明代起就列入国家祀典,清康熙二十八年(1689),康熙亲临祭陵,大批文武官员在禹庙台阶上排班行九叩礼,康熙在最前,依次排列有中央人员、浙江巡抚、将军(驻防浙江的八旗最高长官)、藩台、臬台、绍兴府及山阴、会稽两县的官员等等。或许是由于皇帝在上,过于紧张,行九叩礼时,藩台竟不慎将朝冠掉落在地,被前排的将军瞥见,因为将军与藩台有隙,典礼后将军就向朝廷参奏。这属于大不敬,非同小可。吏部下文令巡抚查复。巡抚当然要保住同僚即掌一省财政大权的藩台,却又不敢得罪满籍的将军,所以复文如何拟订,就成为一件不寻常的大事。抚台衙门召集省垣各衙门的所有师爷彻夜研讨,并出高价悬赏。结果由一位师爷拟出 8 字复文,以 1 字 1000 两银子的高酬解决难题。此 8 字(实为 9 字,但第一字不计酬)是:"臣位列在前,礼无后顾。"这 8 字之妙,在于既冠冕堂皇地推卸了自己的责任,文字本身并无开罪将军之处,却暗示了,假使将军确实见到藩台掉落朝冠,将军同样"位列在前",回头后顾,自己就属不敬。朝廷接到这样的复文,事情也就不了了之。

原载《绍兴日报》1992 年 4 月 24 日

中国威尼斯

绍兴在第四纪全新世是一片浅海,这不仅在地质史上已经考证属实,70 年代在搞所谓的人防工程中,在地表下约 12 米深处,普遍存在一片蛎壳层。我曾采取了一枚硕大的蛎壳放在我家书橱里作标本,因为这是浅海的最好物证。后来发生了海退,成为一片沼泽。经过多年来的疏导改造,排水入海,才有今天河湖交织、良田沃野的局面。

在高处看平原,禾稼丰苗,阡陌纵横,都像浮在水面一样。所以我老早就有认定绍兴是中国的威尼斯的想法。

我第一次说出这句话是在 1980 年。这年 10 月,美国一个文化代表团到宁绍平原考察,为首的是著名汉学家施坚雅(G. W. Skinner),他是我的朋友,曾在斯坦福大学建立了一个宁绍研究室。省里知道这件事,所以要我陪同他们考察。车到柯桥,在下车参观以前,我照例在车上用英语作了十几分钟介绍,我讲了这个集镇的历史和特点,讲了后汉时代蔡邕取柯亭屋上椽竹作笛的故事。最后我说:绍兴是水乡,是中国的威尼斯;柯桥是典型的江南水乡集镇,是绍兴的威尼斯。

我说完以后,耶鲁大学的一位年轻助理教授忽然提问:"威尼斯的比喻是你提出的吗,过去有没有这样的说法?"我不假思索地回答:"我没有看到过去有谁说过这样的话,这是我的想法。"我说这话以后不到一年就后悔。当时,因为代表团人数近二十,除了其中几位名流外,对于这位年轻人,我只知道他是耶鲁大学历史系的助理教授,却不知姓甚名谁,所以已经无法向他更正了。

事情是这样,此事以后的次年,加拿大不列颠哥伦比亚大学的赛明思教授(M. S. Samuels)来到杭州,他手上带了纳盖尔导游百科全书中的中国卷,在此书的 1090 页摘有一个法国人格罗赛(Groster)在一篇《中国风光》中有关绍兴一节,他是 18 世纪末叶游览绍兴的。我当时立刻把它抄下,现在直译如下:

> 它(指绍兴城)位于广阔而肥沃的平原中,四面被水所包围,使人感觉到宛如在威尼斯一样。

就现在所知,格罗塞是第一位指出绍兴是中国威尼斯的人。当那位耶鲁大学的年轻助理教授问我时,我由于没有读到过纳盖尔导游百科全书,所以信口回答,却不知已铸成错误,后悔莫及。这也说明了读书的重要,不读书,就会孤陋寡闻,坐井观天而反自以为是,我们应该吸取这个教训。

原载《绍兴县报》1992 年 5 月 14 日

价值连城的越中旅游资源

由于生活内容的不断丰富,旅游成为日常生活所必需,各地旅游业因此异军突起,身价百陪。对于历史文化名城,旅游资源的开发利用实在是得天独厚、价值连城。这是因为,旅游资源从外观上虽然是自然和人文的综合体,但说到底,它是历史文化的产物。

就看看绍兴吧。当公元前 10 世纪，一批批披发文身的越人开始从会稽山地迁入平原的时候，平原还是一片积水遍地、斥卤泥泞的沼泽。对于当时的自然和人文，管仲有一句最不堪入耳的贬语："越之水重浊而洎，故其民愚极而垢。"就靠越王句践在"十年生聚、十年教训"中发展了农业，围堤筑塘，使沼泽得到逐步改造。而后汉太守马臻主持鉴湖工程，使南塘以南的大片沼泽成为一泓碧水。于是，这个被公元前 7 世纪的北方大国宰相目为穷山恶水的地方，到了公元 4 世纪，就被许多文人学士誉为"千岩竞秀、万壑争流"、"山阴道上行，如在镜中游"的山水胜境。这就是历史文化的创造。

越中多岩石，羊山、柯山、迤门山以至新昌南明山，原来都不过是一片岩石，但是经过历史上的人工改造和雕琢，羊山石佛、柯岩云骨、东湖洞穴、南明山大佛，包括许多造型美观的石桥，逶迤古朴的古纤道等等，都成为举世罕见的旅游资源。自然风景当然是旅游资源的基础，但不经过历史文化的渲染、就不可能获得知名度。秦望山不过是会稽山的一座山峰，由于万乘之君曾在两千多年前登山刻石纪功，所以名擅四海。剡溪只是曹娥江的一段上游，却因雪夜访戴的故事，使它充满诗情画意。兰亭，因为 42 位东晋名士的聚会，因为一篇千古流传的《兰亭》，博得后人的永远怀念与追求，使它成为国际知名的旅游胜地。

历史文化是无价之宝，富裕的国家也曾尝试花钱购买。我参观过纽约最大的大都会博物馆，里面充满了各式各样"购买"的历史文化；中国的牌坊华表、伊朗的城堡、埃及的神庙、土耳其的清真寺、墨西哥的马雅建筑，还有中国的青瓷、印度的铜器、埃及的木乃伊、印第安人的头饰，并且还特聘苏州的园林工人建造了一座小巧玲珑的苏式园林——明园，我看了整整半天。现在回想起来，正像童年花两个铜元到大善寺看西洋镜一样，一个展区接一个展区，宛如西洋镜的一张张拉片；而讲解员的声音，就像西洋镜艺人的吆唱。

再举个例子，有一年我有幸观赏了巴西与阿根廷之间的号称世界无匹的伊瓜苏瀑布。70 米的落差，确是大自然的杰作，越中名瀑数五泄，从落差来说，实在无法与它相比。但是在五泄，人们不仅观赏瀑布，还可以诵读 1500 年前《水经注》的生动描写，寻访山崖上的名人题咏、摩崖石刻，既是一张自然风景的观赏，又是一种高尚的文化享受。而在伊瓜苏，除了瀑布喧腾、游人絮聒以外，我回忆不起还有什么？因为那里没有历史，没有文化。

越中旅游资源确实价值连城，它们为这座历史文化名城大放光彩。作为一个绍兴人，这是值得自豪的，但责任也是重大的。我们当然要发展经济，提高物质生活。但却也不能让大烟囱蒙蔽蓝天，让印染等厂的污水、肥料，污染绿水。我们必须使稽山长青,鉴湖永秀、把我们的宝贵旅游资源完美地传给下一代。

原载《绍兴日报》1992 年 5 月 24 日

越瓷和陶瓷之路

　　绍兴在古代有许多精美的产品,越瓷便是其中一绝。它不仅誉满天下,还使绍兴成为一条古代国际大道的起点,这条国际大道,即是可以媲美丝绸之路的陶瓷之路。

　　越窑青瓷开始擅名于唐代。当时,邢州(今河北邢台)白瓷颇有与越瓷相颉颃之势,多亏陆羽在《茶经》中撑腰。他说:"若邢瓷类银,越瓷类玉,邢不如越一也;若邢瓷类雪,则越瓷类冰,邢不如越二也;邢瓷白而茶色丹,越瓷青而茶色绿,邢不如越三也。"陆羽高度评价越瓷后不到百年,另一位诗人陆龟蒙,为越瓷写下了千古传诵的诗句:"九秋风露越窑开,夺得千峰翠色来。"所以历来比喻越瓷的色泽为"雨过天青"。

　　越瓷至吴越钱氏的"秘色器"而达到顶点,"秘色",即其配色技巧秘不示人之意。最近由于到西安主持博士生答辩,顺便参观了 80 年代初期因发现佛指舍利而轰动一时的扶风县法门寺地宫,竟得到意外收获。这里藏有咸通年代(860—874)送入的秘色器 13 件,则越窑秘色器在钱氏以前半个多世纪就已经出现。13 件中已有 3 件移至西安陕西历史博物馆展出。为了求得满足,我又去这个博物馆一饱眼福。在这些精品面前,我恍然回忆到几年前日本陶瓷专家三上次男教授邀请我们夫妇到东京出光美术馆做客的情况。在一座 8 层大楼之中,到处都是著名的古代瓷器,而越窑秘色器同样琳琅满目。现在,我在西安所见的,与当年在东京所见的一样,胎薄如纸,色明如镜。作为一个绍兴人,我不禁对祖辈的这种绝技感到无比自豪。

　　当年三上教授对我们的热情邀请,是为了答谢我夫人翻译他的名著《陶瓷之路》在中国出版。正是这位国际知名的陶瓷学家,发现了陶瓷之路这条国际大道。自从唐天宝十年(751)高仙芝在怛罗斯(今哈萨克的江布尔)被大食人击溃以后,北方的丝绸之路从此中断。于是,随着越瓷的风行,以越州为起点的这条从海上通向南洋、印度、波斯湾、西亚和东非的海上航路开始兴起,也有人称它为海上丝绸之路。但三上教授曾经亲自踏勘过沿途的许多港口,几乎每个港口都发现越瓷碎片,所以他提出了陶瓷之路这个名称。

原载《绍兴日报》1992 年 6 月 28 日

"卧薪尝胆"和"生聚教训"

对于"卧薪尝胆"和"十年生聚、十年教训"这些话,绍兴人大多熟悉。当年,越王句践通过这些话,使越国从小到大,由弱变强,最后覆灭吴国,称霸中原。这中间,"卧薪尝胆"表示决心,是一种精神力量,而"生聚教训"则是具体的措施。后者如没有前者,即缺乏精神力量的支持,事情可能就会半途而废,一无所成;而前者如没有后者,则可能就成为一种形式,成为一句空洞的口号。

"生聚教训"的措施,是句践于公元前490年从吴国释放返国后开始的。"生聚"就是发展生产,而首先面临的问题,就是《吴越春秋》引及的范蠡的话:"今欲定国立城,人民不足,其功不可以兴,如之奈何?"于是句践就采取具体措施,如《国语·越语》所载:他下令,壮汉不准娶年纪大的女人为妻,年纪大的男子不准娶青年女子为妻。女子17岁不嫁,男子20岁不娶,父母有罪。分娩前要汇报,公家派医生守护。生男孩,给2壶酒,1条狗(狗在当时是肉食);生女孩,给2壶酒,1头猪。生育3人,公家给乳母;生育2人,公家给补贴。于是,人口很快增加起来。最后达到我在《古代于越研究》(《民族研究》1982年第1期)中所计算的,全国有30万人之谱。这样,才使农业和手工业的发展不虞劳动力匮乏。依靠青壮年男子的增加,越国最后建成了一支如《吴越春秋》所载的"习流二千人,俊士四万,君子六千,诸御千人"的总数达5万人的庞大军队。

在"生聚"的同时,必须进行"教训"。以人口来说,"生聚"只能增加数量,"教训"才能提高质量。要人们熟练而积极地从事农业和手工业劳动,当然需要"教训",要提高军队的战斗力,就更需要"教训"。句践"教训"他的军队,如《墨子·兼爱》所说:"焚舟失火,鼓而进之,其士僵前列,伏水火而死,有不可胜数也。"《论衡·率性篇》也记载:"句践试其士于寝宫之庭,赴火死者不可胜数。"经过这样训练的军队,所以能一举击溃吴军。"十年生聚、十年教训"的计划,始于句践七年,到二十五年获胜而迁都琅邪,提前两年完成。

由此可见,"卧薪尝胆",必须和"生聚教训"结合起来,才有完整的教育意义。

原载《绍兴日报》1992年7月9日

绍兴的船

绍兴自古是水乡泽国，所以《越绝书》记载越王句践的话说："以船为车，以楫为马。"句践在城北25公里的海边建立了船宫，即是越国的造船基地，并且拥有一支"戈船300艘"的舰队。历代以来，绍兴人既善于用船，也能够造船。

我幼年时代见到的绍兴船，还是很值得回忆的。当时城内河港交错，城外山青水秀，正是各种船只用武之地。乌篷船是绍兴河港中的特有景色，这类船一般受人雇佣，从三明瓦到六明瓦称为大船，船舱内明窗净几，风味不凡。三明瓦以下统称中船，船虽小而航行快。最小的是脚划船，假使船首再加一个扳梢的，一小时能走10多公里。大船和中船属于船行所有，供人们婚丧喜庆租用，需要事前约好日子。一年之中，这类船的旺季是清明前后的扫墓季节，城内城外，乌篷船连樯接橹。绍兴谚语："正月灯，二月鹞，三月上坟船里看姣姣。"这个季节用船，必须早日向船行预定，船价也比较高。至于脚划船则属于"摆埠头"性质，好像现在的三轮车和出租汽车一样，随叫随到。

另外一种是埠船，多是白篷船，船身一般比三明瓦小，但是灵活轻快。这是一种有一定路线和班次的交通船。开船时，船工站在船头上敲打小锣以招徕乘客。在县城和附近的重要集镇如柯桥、东浦、皋埠等之间，一条埠船每天要往返两次，叫做"四埭头"。船工当然是很辛苦的。

另外还有一种夜航船，这是比较远程的交通船，船身大于六明瓦，白篷，按班次航行于绍兴到西兴、曹娥、嵩坎等集镇之间。夜航船客货并载，底舱装货，舱上铺板载客，在船上一宿，次日就到。过去的出门人经济多不宽裕，夜航船速度虽慢，但旅客既利用了夜间时间，又省下了一个晚上的客栈费用，所以有不少人愿意乘夜航船。

现在，城内因为河港大部填塞，船只已无用武之地。城外仍然船来船往，不失水乡特色。不过，从前依靠桨划橹摇，现在已多半改用柴油机。从技术角度来说，这是一种进步；但从环境保护来说，实在也值得忧虑。

原载《绍兴县报》1992年7月9日

越国的宝剑

早在春秋时代，越国就发展了矿山采掘、冶金和武器制造等手工业。从《越绝书》的记载中，知道铜矿的采掘和冶炼，在六山和姑中山，锡矿在锡山。此外如称山、炭渎、炼塘等地,都有冶金工业的分布。冶金工业是为了制造武器,特别是剑。现在尚存的地名,如上灶、下灶等,都是当年制剑工业的所在。

古代绍兴富于铜矿,《战国策》说:"涸若耶而取铜。"这话现在可以理解,因为直到今天,秦望山下的同康一带,仍有含铜量很高的铜矿石。

不过纯粹的铜不能制剑,纯铜剑是不经一击的,必须加入其他金属成为合金,这就需要剑师的高超技术。句践的父亲允常曾请著名剑师欧冶子炼成 5 把名剑,分别是湛卢、纯钩、胜邪、鱼肠、巨阙。后来,胜邪、鱼肠、湛卢 3 剑为吴王阖闾所得,其余留在句践手中。《越艳书》特别有《宝剑》一篇,记载了著名相剑师薛烛,应句践之召为句践鉴定宝剑的经过。当句践命人取出"纯钩"名剑时,《越艳书》记述薛烛的一段,真是神乎其神:

> 简衣而坐望之,手振拂扬,其华捽如,芙蓉始出,观其钑(指宝剑的饰物),烂如列星之行;观其光,浑浑如水之溢于塘;观其断,岩岩如琐石;观其才,焕焕如冰释。此所谓纯钩耶。

句践的这些名剑,现当然早已不存。但近代出土的越国青铜剑如"越王剑"、"越王旨者于赐剑"、"越王之子剑"等,为数不少。特别是 1965 年在湖北江陵县纪南城附近的楚墓中出土的"越王句践剑",无论从冶铸技术和艺术加工等方面,都已达到非常精湛的水平。

秦一统天下后,越国的制剑业顿时衰落。但冶金业仍未停止,从春秋战国以来的冶炼铸造技术,也仍为一些能工巧匠所保留下来。这种技术随即转到铜镜铸造方面,从汉代以至三国,绍兴曾一度成为全国的铸镜中心。近代出土的不少神兽镜和画像镜,都是绍兴的产品。日本考古学家梅原末治撰写了一本《绍兴古镜聚英》的专著,书内搜罗了大量近代出土的绍兴铜镜。

从春秋战国的制剑到汉代三国的铸镜,这或许是军事工业转化为民用工业的极早例子吧。

原载《绍兴日报》1992 年 7 月 15 日

《大地》杂志与《绍兴水城》

世界各国、各地区多有地理杂志出版,但图文并茂,用大量照片配以文字的地理杂志尚不多见。这中间最著名的是历史悠久的美国《国家地理杂志》月刊(*National Geographic*),16 开本,每册约 160 页,用高级纸张彩色精印,内容涉及世界各个角落。

现在,我们可以引为自豪的是,美国《国家地理杂志》以外的同类型地理杂志,已于80年代在中国台湾诞生,这就是台湾锦绣文化企业创办的《大地》地理杂志(月刊)。这种杂志在开本、页码、装潢、内容、形式以至照片和文字的布局等方面,都已经达到了与美国《国家地理杂志》非常接近的水平。《大地》月刊发行是现在每期已近20万册,在国际上已具有重大影响。

《大地》刊载全世界各地的文章,也刊载祖国大陆的报道。对于大陆的报道,一般多由他们自己派记者及摄影师前来采访。有时,他们也约请大陆的名流学者撰稿。

我由于文字上的因缘,和《大地》杂志有过联系。他们的总编和顾问曾几次到杭州访问我,约我为之撰稿。这次,我又应他们的约请,并为了家乡的在外影响,撰写了《绍兴水城》一稿,内容涉及绍兴的悠久历史、名胜古迹、民情风俗和这个历史文化名城的优秀文化传统及建设成就,并由《绍兴县志》编委会精心设计,配摄了一套具有代表性的精彩照片。图文相得,深受他们的欢迎。他们把这篇文章,发表于该刊今年9月号上,作为这一期的重要篇目推出。另外,在这以前,他们也曾派记者到过绍兴,写了一篇《古越绍兴之旅》的短文,介绍到绍兴旅游的一般交通食宿情况。我要求他们把此短文置于该期的卷末。同期刊物中有两篇关于绍兴的文章,是该刊所从未有过的,这也说明他们对绍兴的重视。所以,随着《大地》月刊9月号的出版,绍兴这个历史文化名城,必将通过该刊广阔的发行网名扬四海,大大提高知名度。

原载《绍兴县报》1992年12月1日

古今鉴湖

绍兴平原是鉴湖的产物。这话很有道理。因为在四、五千年以前海水退出以后,平原成为一片潮汐斥卤、泥泞积水的沼泽地。后汉修成鉴湖,在今铁路线以西和以南,出现了一个200多平方公里的大湖,比现在的西湖大30倍。这样,南部平原的沼泽地都被湖水淹没,而且有了这样一湖淡水,垦殖北部平原的9000顷土地就具备了条件。从后汉到两晋,鉴湖以北的濒湖地带首先得到垦殖,北部平原的农业开始获得发展。平原沃野,鱼米之乡的格局逐渐出现。到了隋唐,北部沿海海塘全部完成,鉴湖湖塘从此成为南塘。海塘的完成,使远离南塘的土地也具备了垦殖条件,但鉴湖对它们却鞭长莫及。这样就造成北部平原灌溉缺水,而南部平原200多平方公里土地淹没在湖水之下,浪费了土地。因此,在南部围垦湖田,让水体转移到北部,就成为大势所趋。此事在北宋盛行,到南宋就基本完成。南塘不复存在,原来的鉴湖成为一片河港交错,阡陌纵横的农田。湖水转入北部,形成如瓜渚湖、狭猱湖等许多新的湖泊。和南部一样,成为一片水网密集的农田,出现了今日绍兴平原的面貌。现在绍兴平原的全部河湖网,都是古代鉴湖的遗迹,所以仍可成为鉴湖。

从古代鉴湖修成到湮废的过程,本来就是一件顺乎自然,合乎水利发展的事。但有些人由于听惯了历史上对鉴湖的夸赞,却没有去研究绍兴水利发展的实际情况,以致在两宋之间,当鉴湖湮废已成定局之时,就有不少人出来,援引典故,呼吁复湖。他们认为鉴湖湮废必将为绍兴带来灾难。由于这些人名声大,而且引用古人古事,所以很有社会影响,明清两代山阴、会稽两县的地方志中,都把它们的话奉为圭臬,让后人长期保留着一种对古代鉴湖湮废的惋惜情绪。其实这些都是不谙水利者的杞忧。古代鉴湖早已完成了它的历史使命,南宋以后的鉴湖发挥了比古代鉴湖更为重要的作用。知识浅薄的人往往空想过去,却看不到当前的任务。今天,绍兴人的重要任务,在于保护好这一片大好河湖水网,也就是保护好今天鉴湖。

原载《绍兴日报》1993 年 4 月 1 日

"中国威尼斯"水城随感之一

2003 年 10 月 18 日,家乡绍兴举行了一次"水城市长论坛"的盛会,不少水城市长和其他领导来到绍兴,畅论了水城的方方面面,内容丰富而生动。有机会参与这样的盛会,真是不胜荣幸。

各水城领导在介绍自己的城市时,常称其城市是"中国的威尼斯",威尼斯是世界著名的水城,发言中把自己所在的城市与威尼斯作比,或许无可非议。不过我由于有过这方面的一些经历,对这种比喻相当敏感。

事情是这样,1980 年,由于我们国家加快开放步伐,各式各样的外国人接踵而来。对于这种突如其来的国际交流形势,我们实在是仓促应战。例如这年暑期,美国匹兹堡大学的数十位学生,到杭州大学办中国文化班。十几位上讲台的教师,只有教育系的一位教授和我两人直接使用英语,其余的都要和翻译一起上台,上课如同说相声,实在让人笑话。

在纷至沓来的外国人中,日本和西方的汉学家属于捷足先登的一批,他们在国外长期通过文献研究汉学,现在可以进入中国,亲眼看看他们的研究对象。这年 10 月,以美国著名汉学家施坚雅(G. W. Skinner)为首的文化代表团就来到杭州。代表团有十五六位成员,都是美国一流大学的学者。接待单位浙江省社科院也是仓促应战,他们知道施坚雅教授在斯坦福大学建有"宁绍研究室",而且与我通信已有年余,所以他们委托我代表他们接待,由他们的人事处长协助我工作。代表团考察的目的地是宁绍地区,抵达杭州后就继续上路,而第一站就是绍兴。

我们用一辆日产面包车从杭州驶向绍兴。我的身份除了是代表省社科院的接待者外,在旅途中我还兼了翻译和导游的任务。车过钱清,我们在一处比较空旷的地方暂停,让他们欣赏一下水乡风光,特别是现场介绍了我所谓的"交通博物馆"。因为这里平行着4条不同时代的交通道路:先秦的浙东古运河、唐朝的运道塘、20年代修成的公路、30年代修成的铁路,把杭州和绍兴紧紧地联系起来。"交通博物馆"是我事前准备好的节目,他们对此极感兴趣,后来甚至流传到日本,日本学者告诉我,是美国人告诉他们我的这个"发明",他们也想来看看。

从"交通博物馆"上车后,另一件我事前没有准备却是与本文有关的事发生了。他们手上都有地图,提出了要看看柯桥名镇的要求。我征求人事处长许先生的意见,他表示同意,于是我们在柯桥停车。下车以前,我简单地介绍了一点柯桥的情况:从蔡邕的笛子说起,一直谈到镇上古老的运河、街道和桥梁。因为事前没有准备,或许是情不自禁,最后画蛇添足地说了一句:绍兴是中国的威尼斯,柯桥是绍兴水乡集镇的代表。

返回车上时,代表们都很满意,OK之声不绝。一位耶鲁大学教授悄悄地移坐到我座边,轻声与我谈论:"你说绍兴是中国的威尼斯,这话有根据吗?"我立刻意识到我的威尼斯之比,的确言出孟浪。因为当时我还是一个不曾跨出国门一步的十足土包子。我随即打断了他的话,告诉他:很对不起,这完全是个人的随口发言,我从未去过威尼斯,只是想象而已。不过他的议论倒是诚恳的,他接着说,他曾去过那里好几次,但看了柯桥以后,比比威尼斯,实在别有风味。他又说,刚才我在介绍中谈及的蔡邕的故事非常重要,因为他认为威尼斯的所以特别出名,除了水城以外,莎士比亚的《威尼斯商人》也起了很大作用。绍兴的历史文化比威尼斯悠久丰富得多,所以他认为绍兴的声名显然超过威尼斯。我们的谈论刚刚结束,车已到达了交际处(今绍兴饭店前身),这是当年绍兴唯一可以接待外宾的地方。

尽管这位耶鲁教授的谈话是诚恳而友好的,但是对以绍兴比威尼斯"有根据吗"的问题,我一直萦萦于怀。我希望能找到"根据",而且是外国人著作中的根据。因为中国人以威尼斯比自己的城市,显然是一种"借光",让自己陷入"高攀"的处境。外国人以威尼斯比某个中国城市,我们就没有"高攀"之嫌,可以心安理得地接受。此外,这位教授对于威尼斯的出名也有《威尼斯商人》之功,是我过去不曾虑及的卓识。记得在当时的车谈中,我在这方面倒是占了上风,因为这篇文章虽长,但我读书的"死记硬背"笨法子,让我在中学时代就背熟了许多外国名篇,在车上即席为他背了两段,让他看到这个黄皮肤黑头发的东方人也有这样一手。

当时,我正担任着按一个国务院文件组织的全国9个省市翻译外国地理文献的浙江省负责人(文件上说由于"文革"而与外国隔膜了),手上的外文资料不少,曾经尝试找寻这种"根据",也到上海和北京查过,结果都是徒劳。

1982年,我第一次访问美国,除了讲学外就是跑图书馆查资料。当时使我很惭愧的是,由于长期封闭的后果,那边的图书馆里已经普遍地用电脑查索资料,而我竟连电脑也没有摸着过。国会图书馆是美国最大的图书馆之一,正是此馆两年前通过施坚雅的关系让我引进了家乡流落在外的孤本《越中杂识》,为了可以顺便向他们说声谢谢,一位美国朋友陪我去了,接待我的是位女士,她慷慨地答应我参观书库和查索资料。我乘机向她提了一个要求,有没有西方文献记及威尼斯与某些中国城市比较的资料,而且告诉她特别要注意长江三角洲和珠江三角洲。

这个下午,查看了几种国内罕见的《水经注》版本和一些地方志,并且浏览了若干值得我们翻译的西文书。在馆内逗留了约摸3个多小时,离馆以前向这位女士告辞。她居然已经为我查到了我嘱托的资料。使我感到惊愕和喜出望外的是,她通过电脑查到的西方文献中比较威尼斯和中国城市的唯一资料,竟恰恰就是绍兴。这就是我后来几次在文章中引及的18世纪末叶法国传教士格罗赛(Grosler)的描述:"它(指绍兴城)位于广阔而肥沃的平原中,四面被水所包围,使人感觉到宛如在威尼斯一样。"这段话收在《纳盖尔导游百科全书——中国卷》的第1090页(*Nagel's Encyclopedia Guide—China.* P. 1090)。

我当然无法也不必告诉那位耶鲁大学教授:以绍兴比威尼斯,我已经找到"根据"了。我摆脱了"高攀"之嫌,当然也懂得这方面的礼貌,不会口吐"屈就"的话。但是有两点还是有必要说明的:第一,绍兴建城于公元前5世纪,比威尼斯足足早了10个世纪。第二,莎翁的《威尼斯商人》确是篇脍炙人口的名著,这篇16世纪的作品,让威尼斯增添光彩。而绍兴,从先秦以至近代,传世名著,锦绣文章,真是车载斗量!

我很赞赏这位美国教授以环境和学术作为一个城市的评价尺度,确实深得要领。为此希望家乡绍兴,也希望我国的所有水城,环境变得更为美好,学术获得更大发展。

原载《绍兴县报》1992年4月18日

努力让少年儿童有一个尽善尽美的生长环境

少年儿童是国家、民族的希望,这是大家都能说的话,也是大家都懂得的道理。所以世界各国都重视少年儿童的保护和培养,努力让少年儿童有一个尽善尽美的生长环境。

世界各国,特别是比较发达的国家,它们对少年儿重的保护和培养,总不外乎经济上的扶助和文化上的培养两个方面。经济上的扶助是为了创造让少年儿童有在文化上获得培养的条件,所以前者实际上是为了后者。而后者的目的十分明显,要让少年儿童有文化,有教养,成为未来国家的主人翁。

从经济上扶助来说,方面是很广泛的,国家在财政支出上,总有一大笔钱是为了少年儿童。举个简单的例子,比如小学生在校的午餐问题。世界上许多发达国家的小学生甚至初中生,是由学校免费供应午餐的。也有些国家不是全部免费供应午餐,如美国,但可以申请免费,由学校审查批准,这样,全国仍有 40% 以上的初中生和小学生获得免费午餐。由于采用餐券的办法,所以同学之间并不知道谁的午餐是免费的。在巴西首都巴西利亚,不仅供给中小学生午餐,而且发给校服。这类例子很多,其实,在现代国家的预算中,岁出数字一般都很庞大,但为少年儿童支付这些钱,不会占国家总预算中的多少比重。所以,各国政府多愿意在这方面提经费。因为少年儿童这一代,对于国家、民族以致全人类前途的重要性,这是大家都看到的。

当然,也有一些国家是在极端困难的情况下为少年儿童提供经济扶助的。日本就是一个例子。日本在第二次世界大战战败后，真是山穷水尽，由于沿海渔船队的毁灭，国民食品中唯一的蛋白质来源断绝。又因小学校舍大量炸毁，只好并校上课，小学生往往要步行几公里上学，在多年战争营养极度缺乏的情况下，小学生体质单薄，甚至有在上学路上倒毙的。当时，日本国家的财政枯竭，内阁成员除首相有汽车外，各部大臣均借助公共交通或自行车上班，各人自带午餐，均是番薯、大根（即萝卜）。在这样的困境中，内阁竟通过了全国小学生免费供应午餐的措施，而且竭尽国库的可能，供给营养较好的饭菜。我在日本讲学时，常常听到有些教授讲起此事。有的人，眼前对政府常持批评态度，但谈起此事，往往仍然感慨万分。这当然对日本战后的复兴起了重大作用。

以上举的是对少年儿童在经济上提供扶助的例子。经济上的扶助，仅仅是让少年儿童成长的一种条件。世界上确实还存在许多必须在经济上加以扶助的少年儿童，在非洲、亚洲、拉丁美洲等地区都大量存在。但是少年儿童的成长并不单纯是体质上的成长，特别重要的是在文化教育上的成长。所以从全世界来说尽管少年儿童还有不少需要经济上的扶助，但从主要的和长远的来看，文化教育的问题已显得更为重要。

从我们国家来说，40多年来，少年儿童在经济上的条件确实有了很大的进步。随着社会经济情况的好转，特别是计划生育工作的开展，少年儿童在体质上健康发育的条件比过去有了极大的改善。尽管这种改善在地区上还存在很大差异，而且即使在经济条件优越的地区，也不断出现一些新的问题。但是我们必须看到时至今日，摆在我们面前的重要问题，显然是少年儿童在文化教育上的问题。儿童们随着年龄的增长，假使没有相应的文化教育的熏陶和培养，就必然要影响我们下一代国民的素质，这将成为我们国家、民族的严重问题。每一个人在其成长的历程中，都有一个为时短促的少年儿童时代，在这个短促的时代中他们所接受的各种文化教育的质量，对他们毕生具有重要意义。即使是一个天资超人甚至可以称为神童的人，假使不抓紧这个短促的时期，则机会就被错过，神童也就成为庸人。北宋著名政治家、唐宋八大家之一的王安石，就亲自见到过这样的事例。他在一篇《伤仲永》的文章里，介绍了他家乡的一个名叫仲永的神童，他5岁就能作诗，而且指物作诗，立刻成篇，全县无不称奇。于是，许多人就送给他钱，送他礼品。他父亲竟满足于此，领着仲永到处亮相，攒积钱财，却忽视了对他的教育培养。王安石见到仲永时，仲永已经十二三岁，虽然还能作诗，但却已比不上幼年了。7年以后，王安石经过家乡，再去打听仲永的情况，别人告诉他，仲永已黯然无光，与一般人一样了。王安石非常惋惜，所以写文章记下了这样一个神童的毁灭。

我国历史上的另外一个神童是唐朝的著名诗人白居易。他五六岁就学诗，9岁已懂得声韵。但是他日后的成功,却是他发奋勤学的结果。据他自己回忆,他从少年到青年的努力经过:"苦节读书,二十已来,昼课赋,夜课书,间又课诗,不遑寝息矣,以至于口舌成疮,手肘成胝。"说明即使是一个神童,也必须有良好的教育和培养,才能获得日后的成就。否则就会落得像仲永一样。

对于资质一般甚至偏低的少年儿童,只要在儿童时期抓紧文化上的培养教育,同样能够后来居上,成为良才。中国的一部古老经书《中庸》上就说过:"人一能之己十之,人十能之己千之,果能此道矣,虽愚必明,虽柔必强。"

这就说明了对于少年儿童的文化教育的重要性。少年儿童的文化教育,一部分任务是由学前教育和学校教育负担的。在我国,九年制义务教育的实施,包括其他一些补充措施(例如"希望工程"),对我国少年儿童在文化素质上的提高,具有十分重要的作用。但少年儿童除了学校以外,从空间上说,他们还要接触一个比学校大得多的社会,从时间上说,除了上学的时间以外,他们还有许多节假日,特别是漫长的暑假和寒假。因此,除了学校教育以外,在灌输少年儿童文化知识,增进少年儿童身心健康,提高少年儿童德、智、体、美素质方面,我们还有广阔的阵地和大量的工作。譬如,出版界应该出版大量优秀的少年儿童读物,电影、电视界需要拍摄许多内容生动丰富的少年儿童电影和电视。而特别重要的是各地(包括省、市、县、乡、镇等),更宜有专供少年儿童活动的园地,如儿童公园、儿童游乐场、迪斯尼乐园、儿童图书馆等等。这些机构,不仅要为少年儿童准备一个环境优美、设备齐全、内容多样、知识丰富、趣味浓厚、有益身心的活动场所,接纳当地少年儿童的日常游览娱乐,寓德、智、体、美等各种文化知识于游览娱乐的设施之中;并且要定期组织少年儿童的各种时令活动和节假日活动等等,使少年儿童在体质上和文化教育上都能获得相应的成长。要使少年儿童在学校以外,还有一个对他们具有巨大吸引力的场所,这个场所不仅能让他们陶冶性情,增长体质,并且从中获得许多有益的文化知识。

对于少年儿童的学校教育,我们已经有了几千年的实践,积累了丰富的经验。但是对于学校以外的大千世界之中,我们怎样为少年儿童创造一个在体质上和文化上都能获得增长的环境,这实在是一个新课题,值得我们深入研究。

为了少年儿童,为了我们国家民族的下一代,应该大家来各抒己见,贡献大家的经验和智慧,提高我们的认识和工作方法,把今后的少年儿童文化工作提高到一个新的水平。

原载《儿童文化研究丛谭》,中国社会科学出版社 1993 年版

重视少年儿童的道德教育

——谈一点小道理

　　少年儿童是国家发展、民族兴旺的希望，这是大家都懂得的道理。每个人都有他的一段少年儿童时期，这段时期很短促，但对一个人的毕生关系重大。这段时期又是一生中可塑性最大的时期，人生在这个时期中所受的熏陶教育，往往可以决定他的一生。所以儿童文化的问题，实在至关重要。

　　少年儿童要有很好的知识教育，也要有很好的道德教育。前者是文化，后者也是文化。知识教育是为了奠定少年儿童今后在知识上登堂入室的基础，使他们今后成为有学问的人；而道德教育则是为了让少年儿童从小就懂得做人的基本准则，让他们成为在日后不仅有学问而且能够用学问造福社会的人。所以我认为从儿童文化这个领域来说，特别是结合我们现在的情况，后者或许比前者更为重要。

　　在少年儿童的道德教育中，有大道理，也有小道理。谈大道理的人很多，文章也很多。我现在谈一点小道理。简单地说，就是要少年儿童从小就接受良好的教养，使他们从小就懂得长大了要做一个知书达理，温良恭俭，易于与人相处，富于社会责任感的人。中国古代对少年儿童的教育重视所谓"洒扫、应对、进退"。我说的小道理，大致就是这些方面。下面我想谈两件在书上看到的和自己经历的小事。

　　记得有一年在日本国立大阪大学讲学，空闲时常到图书馆走走，也在阅览室翻阅一些杂志画报，偶然在一本杂志中看到一位驻英国的日本女记者的文章，一时很受感动,尽管现在早已忘记这位女记者的姓名和这本杂志的名称,但文章的内容还能基本回忆起来。文章叙述了这位女记者在东伦敦郊区的一次遭遇,情节大概是这样的:

她为了到郊区采访某一件事情,搭公共汽车去到这个地方,采访完毕后在一个十字路口忘记了公共汽车站的所在。左顾右盼,乡下行人很少,一时找不到可以问路的人,但距此不远,有一块小小的草坪,那里有七八个孩子正在嬉耍。她就跑过去问孩子,她走近草坪停顿下来,预备物色一个较大的孩子问路。正在这时,这群大概都是七八岁的孩子之中,有一个年纪较大显然是指挥者的孩子,也不过十二三岁,发现了这个已经站在跟前的黄皮肤、黑头发的东方女人,似乎有什么事要询问。他立刻叫孩子们停止游戏,自己跑步到一棵树下捡起他因为做游戏而脱放在地上的一顶旧便帽戴起来,整了一下他身上穿着同样不讲究的衣服,拍拍裤上因做游戏而沾着的草屑,像一个绅士模样地走近这位女记者,脱帽,鞠躬,然后用完整的英语问(这本身就是一种礼貌,因为他面对的是一位外国人,所以要用完整的英语):“您有什么需要我帮助的吗?”女记者告诉他,她忘记了这里附近的公共汽车站所在。他立刻恭敬地带领她穿过一条捷径到了公共汽车站,汽车随即到了,女记者一面上车,一面向他道谢。他又一次脱帽,鞠躬,并且说:“不客气,不客气,这是我应该做的。”当这位女记者乘坐的公共汽车拐过一个大弯驰过这片草坪时,他老早从捷径溜回草坪,并且已经脱掉帽子,和孩子们玩得很热火了。

这位女记者最后在这篇文章里评论了英国的这种绅士教育,她说了些什么,我已经不甚记得了。但是她强调了这一次偶然的遭遇给她的深刻印象。她看得出来,他们都是郊区农民的孩子,绝对不是从伊顿学校(英国的贵族学校)出来的。但是他们都很有纪律,当为首的孩子一挥手,喧哗立刻停顿下来,没有谁多说一句话。另外使她久久难忘的是这个大孩子的恭谦有礼、不亢不卑的态度和惟妙惟肖的绅士模样。

这篇文章对我也留下了深刻的印象。我不想和这位女记者一样也用一大段文字来议论英国的绅士教育,因为这涉及英国历史发展和社会制度等各方面的渊源,几句话是说不清楚的。但让孩子们有纪律,懂礼貌,这无论如何是一件好事。而从这位日本女记者的一次偶然遭遇中,说明英国人在这方面是做得非常成功的。

我自己也有过这样一次偶然的经历。那是80年代之初,我访问了拉丁美洲的大国巴西,在这个国家的首都巴西利亚住了好几天。当时我们学校地理系的城市规划专业委托我一个任务,因为巴西利亚是一个位于巴西全国的几何中心完全新建的首都。它的整个城市和一切建筑在事前都经过缜密的规划。其中主要的建筑如政府大楼、国家银行大楼、歌剧院以及市中心的大厦群等,都是世界各国的著名建筑家设计的。他们要我把这个城市的主要部分和有代表性的建筑拍摄成幻灯片,以供他们专业科研和教学的需要。我住在我国驻巴西大使馆,离城市有五六公里,而且市区的范围很大,所以要完成这个任务,实在很不容易。我把此事告诉了驻巴西大使徐中夫先生,他立刻慷慨地说:"用我的坐车好了。"于是有一天的一清早,由健谈的北京人张师傅驾驶大使坐车,让我在全市拍摄照片。有了交通工具,我很快地拍完了市中心的不少典型建筑,接着是拍住宅区。巴西利亚是新建城市,它不像里约热内卢和圣保罗等其他大城市,还没有出现贫民窟,城市住宅主要有两类,政府的中级以上官吏、大学教师、工程师、医师、富裕商人以及其他地位相当的人,都住在市郊的花园洋房中;中级以下的人员和一般市民则住在市内按规划兴建的公寓中。公寓一般是七八层,外观也很漂亮。我在一座公寓前下车,预备拍照。但公寓的一个门口站着一个十四五岁的日本孩子。巴西有日侨100多万人,所以我知道他绝不会是中国人。为了礼貌,我用蹩脚日语向他打了个招呼,我说:"早上好",又说:"我不是日本人,是从北京来的中国人(这是因为在巴西,台湾去的中国人颇多,但大陆去的中国人极少),我不懂葡萄牙语,日本语也说不好,请原谅,我能在这里拍几张照片吗?"他立刻向前走了几步,作90度的鞠躬,很恭敬地用英语说:"早上好。"又说:"我已经初中二年级了,在学校里学的外语是英语,您说英语好了。"于是我们就用英语交谈,他的英语当然不好,当想不出词汇时,常常加入日本语常说的"ぁの""ぁの",我不得不即时为他补上他想要说的词汇。但是我们毕竟能交换彼此的意见。他在回答我的每一句话前,总要微微弯腰,并用日语称一声"先生"。我为了想把公寓看得仔细一些,在拍了几张照片以后,不好意思地向他说:"这座公寓的外观很漂亮,我实在很想看一看它的内部结构。"他立刻不假思索地欢迎我到他家里去看。他家就住在底楼,进门过道上有换拖鞋的柜子,我立刻主动换鞋,他感到很抱歉,又叫一声"先生",并且说:"巴西人是不脱鞋子的,我们还是日本的习惯,真是对不起您了。"在客厅坐下来后,他立刻上厨房拿饮料,用日本人的恭敬方式双手捧饮料送上来。交谈以后,才知道他的祖父原是日本矿工,30年代从广岛移民来巴西。在圣保罗市郊种蔬菜,现在还在圣保罗养老。有一个姑母住在里约热内卢,他母亲恰巧去姑母那里了,而父亲照例在政府上班,所以家里只留他1人。他们的房子,除了使用沙发的西式客厅外(有的日侨家庭还保留着席地而坐的和式客厅),还有3个房间,都铺着地毯。我向他提出:"我能够使用你们的厕所吗?"他立刻站起来,又弯腰叫"先生",说:"您请便吧!"就引导我到厕所门口。还是日本的老习惯,进厕所要换另一双拖鞋。其实,我用厕所,是想看一看他家厕所是单马桶还是双马桶,因为这是巴西生活水平的标志之一。双马桶就是一个用作便器,另一个用作便后冲洗身体。他们的厕所是双马桶,说明在巴西,这种卫生设备已经普及到一个政府低级雇员的宿舍里。

　　在他家坐了半个多小时，我起身告辞，他一面送我，一面说，因为父母都不在家，没有好好招待，实在抱歉。其实，对于这样一个萍水相逢的不速之客，他已经送上了两种饮料，还有日本人传统的小豆糕。他还不过是个孩子。至今回忆起来，仍然使我不胜感动。

　　送我上车时，又来一次典型的日本式鞠躬，手掌按住双膝，90 度弯腰。车子发动了，他仍然弯腰不动，连开车的张师傅也连连称赞："日本人真懂礼貌，连小孩子也是这样。"

　　上面举的英国孩子和日本孩子的例子，这些孩子们的家庭层次都是不高的。但是他们都很懂得中国古人所重视的应对、进退的道理，彬彬有礼，落落大方。这些孩子们身上所表现的这种良好气质，当然不是一朝一夕教育出来的，也不是做几个报告，搞几次宣传活动可以得到的，而是他们长期以来传统的社会风尚，是家庭、学校、社会，大家遵循着一种公认的道德准则共同合作的成果。

　　中国和外国不同，我们有自己的国情。我们不会要我们的少年儿童练习戴帽、脱帽、鞠躬这一套英国绅士的礼节，也不必要孩子们双手握膝弯腰 90 度，并且说一些少年老成的客套话。但是让孩子们懂得待人接物的礼貌，这无疑是十分必要的。我们要让孩子们懂得，说怎样的话，做怎样的动作，是有礼貌的，让他们养成说这样的话，做这样的动作的习惯；反之，说怎样的话，做怎样的动作，是没有礼貌的，要他们不说那样的话，做那样的动作；对那些已经会说那样的话，做那样动作的孩子，要尽最大的努力让他们戒除那些坏习惯。

　　其实，上面所说的那位日本女记者所看到的英国乡下孩子以及我在巴西看到的那个低级雇员家庭的日本孩子，他们所说的话和所做的动作，显然不会是他们父母手把手地教的，而是他们日常看惯了他们父母和其他周围的大人所说的和所做的，因而也照着说、照着做的。这就是中国人的老话："身教重于言教"，或者说："潜移默化。"所以我说这是家庭、学校、社会，大家遵循着一种公认的道德准则共同合作的结果。而这中间首先是家庭。孩子们的语言和动作，往往就是父母的语言和动作的翻版。由此可见，在这个问题上，父母的责任何等重大。说得更广泛一些，那就是，要孩子们说文明的话，做文明的动作，首先就要大人们说文明的话，做文明的动作。

　　在这方面，我可以随便举一个现在似乎是司空见惯的、许多人并不在意的、大人们的例子：十几个人开一个不拘形式的小会，特别是在夏天，常有那么一二个甚至两三个人作一套许多人都不会过问、也不便过问的表演。这种表演一般分作 3 段：第一段，脱掉塑料凉鞋，把一双光脚踩在自己的塑料鞋上，或者干脆踏在地板上或地毯上；第二段，把其中的一只脚搁起来，踏在椅子上，双手抱住膝盖，下巴靠近膝盖，或者干脆放在膝盖上；第三段，双手顺着膝盖、小腿往下摸，最后是摸脚丫。这些先生们，一面做这样的动作，却并不影响他一面同时发言，讲大道理，谈笑自若。当然，每一位这样的先生，表演也并不完全相同，有的三段全演，有的只演其中的一二段。可以设想的是，这些先生们在集体场合这样做，在家庭里当然也是这样做，而且可以做得更放肆。他们这样做，他们的孩子也就学着这样做。虽然，在我们这个大千世界里，这不过是一个微不足道的例子，是一个在我们的社会里不必大惊小怪的小动作。但是应该承认，这是一种极不文明，极不体面，也极不礼貌的动作。

　　语言也是一样。在这方面，因为我是一个教师，现在又只教研究生的课，所以很少有与社会群众说话的机会。不过，由于我的研究室间或也有美国、日本等外国学者前来进修或做研究工作，我既是他们的指导者，而实际上又兼任他们的翻译。他们外出调查考察，我得陪同他们，访问各种人物，并且在乡、镇、市、县举行各种座谈会。在这类场合中，我经常遇到一些既不能翻译，又不便翻译的语言。甚至某些当干部的，他们的语言有时也并不文雅，而且粗鄙得令人吃惊。有的人，说几句话就要夹入一句"骂娘《三字经》"。有时一句话中夹入几次，实在不堪入耳。他们面对来访的外国人说这样的话，说明对此已经习以为常，毫不在乎，因而他们在家庭里可能说得更为粗鄙。在这样的家庭里，怎么能出现语言文雅的孩子呢？

　　上面说了一些小故事，举了一点小例子，讲了一番小道理。但是我认为，对于我们的少年儿童，这实在并不是小事。让孩子们讲究礼貌，懂得待人接物的道理，这是少年儿童道德教育中的一个重要方面。我们研究儿童文化，这也是一个值得重视的课题。

原载《儿童文化研究丛谭》，中国社会科学出版社1993年版

《中国一绝》

地球上最著名的内陆盆地:塔里木盆地

　　塔里木盆地是我国最大的内陆盆地,也是地球上最著名的内陆盆地。从地理位置来说,它是世界上距海最远的内陆盆地,北距北冰洋,东距太平洋,都有 3800 公里,南距印度洋,也有 2200 公里。从地形来说,它是最完整和最封闭的内陆盆地。它北以天山为屏障,南接昆仑山和阿尔金山,盆地的核心是我国最大的沙漠塔克拉玛干沙漠(又称塔里木沙漠)。盆地东西长 1400 公里,南北宽 550 公里,面积约 53 万平方公里。盆地四周的高山,高达海拔 4000 米—6000 米,盆地内部则为海拔 800 米—1300 米。

　　盆地的气候以干燥、多风和气温变化剧烈为特色。整个盆地的年降水量都在 50 毫米以下,有的不到 25 毫米,例如东部的若羌,从 1954 年到 1970 年的 17 年中,平均每年的降水量为 15.6 毫米,其中 1957 年只有 3.9 毫米。这里的大风在古人诗词中常见描述,唐岑参《走马川行奉送出师西行》说:"轮台九月风夜吼,一川碎石大如斗,随风满地石乱走。"又说:"半夜军行戈相拨,风头如刀面如割。"根据实地观测,塔克拉玛干的风沙日占全年的 1/3,南缘的且末,风沙日每年达到 145 天。风速在 5 级—6 级以上的十分常见,而且常常因大风而引起沙暴。塔里木盆地冬季天气严寒,许多地方的一月平均气温都在 0℃ 以下,极端低温可达 -30℃。岑参诗:"都护宝刀冻欲断"和"瀚海阑干百丈冰"等,都是这种严寒的写照。但夏季酷热,七月平均气温多在 34℃ 以上,极端高温常常超过 40℃ ,如若羌为 43.6℃ ,和田为 46.5℃ ,民丰和且末两县之间的安迪尔兰干,1967 年曾有 67.2℃ 的高温纪录。

塔里木盆地的地面主要是沙漠,塔克拉玛干沙漠东西长 1000 公里,南北宽 400 公里,面积约 33.76 万平方公里,占盆地面积的 64% 。在第四纪冰期,周围高山冰雹水源充沛,挟带大量泥沙堆积在盆地内部,以细沙为主的沉积厚度达到 500 米。但从中更新世以来,气候趋于干旱,冰川退缩,水源锐减,而且风力强劲,原来的深厚沉积成为沙源,形成大片沙漠。沙漠以流动沙丘为主,占沙漠面积的 85% ,沙丘的一般高度为100 米—150 米,高的达 200 米—300 米。沙漠西部因西北风的影响,沙丘向东南移动;东部则因东北风的影响,沙丘向西南移动。在地球上,由如此高大的沙丘所构成的大面积流动性沙漠,除了阿拉伯半岛上的鲁卜哈利沙漠外,没有其他沙漠可以与塔克拉玛干相比。

但塔克拉玛干沙漠也并不是一望无垠的荒漠,我国最长的内陆河塔里木河就从西向东,流贯沙漠内部。它汇集了帕米尔、昆仑山和天山西段的许多以冰川为上源的河流,主要有阿克苏河、叶尔羌河、和田河等。在历史上,它还接纳过其他一些源于帕米尔及昆仑山的河流如喀什噶尔河、渭干河、孔雀河、克里雅河等。从前,它汇合孔雀河注入罗布泊。1952 年在尉犁县筑坝,与孔雀河分离,河水经铁干里克故道注入台特马湖。从正源叶尔羌河源头算起,塔里木河全长 2179 公里,在我国仅次于长江、黄河和黑龙江,居第四位。塔里木河在这片干燥缺雨的沙漠中形成一条绿色走廊,这就是世界罕见的荒漠森林——天然胡杨林。胡杨(Populus diversifolia)在郦道元《水经注》中称为胡桐,维吾尔语叫做托克拉克,意谓“沙漠中的英雄”。它是一种落叶乔木,树身高大,一般在 15 米以上,甚至超过 20 米,粗壮的胡杨干径可达数人合抱,在塔里木盆地,胡杨林的面积约有 28 万公顷,是重要的森林资源。

上面说的是塔里木盆地的自然景观,这中间,诸如高大的流动性沙丘,茂密的胡杨林,都属世界罕见。从这片盆地的人文景观来说,则富于人类历史上的稀有事物。根据竺可桢在《中国近五千年来气候变迁的初步研究》中的论证,我国在晚全新世到公元初年(西汉末期)以及公元 600 年—1000 年(隋唐时期),曾经出现过相对温暖湿润的时期。竺可桢的这一论断,在塔里木盆地有明显的证据。《汉书·西域传》说:“西域以孝武时始通,本三十六国,其后分至五十余,皆在匈奴之西,乌孙之南,南北有大山,中央有河,东西六千余里,南北千余里,东则接汉,阨以玉门阳关,西则限以葱岭。”《西域传》记载的,其实就是汉代的塔里木盆地。据荀悦《汉纪》,把这些国家除最大的楼兰外分成小国和次大国两类。他说:“婼羌国、沮沫国、……凡二十七国,小国也,小者七百户,大者千户;扜弥国、于阗国、……凡此九国,次大国,小者千余户,大者六七千户。"司马彪《续汉书》说："至于哀、平，有五十五国也。""哀、平"，指的是西汉哀帝（前6—前1）、平帝（1—5）。说明在公元前后，这里有 55 国，而从 700 户到六七千户的规模来看，则当时盆地之中实际上已经存在 50 多座大小城市，盛况可见一斑。而且荀悦《汉纪》和《汉书·西域传》所记载的户口，大概还没有把这个佛教盛行的地区的大批僧侣统计在内。以于阗国（今和田）为例，荀悦把它列入次大国，而《汉书·西域传》记载此国："户三千三百，口万九千三百，胜兵二千四百人。"但当晋代法显和尚经过这里时，据他在《法显传》中的目击记载："其国丰乐，人民殷盛，……众僧乃数万人。"单单一座名叫瞿摩帝的大寺院："三千僧共犍槌食。"而这样的大寺院很多，"其国中十四大僧伽蓝（即寺院），不数小者"。所以这些城市，在当时已称得上是通都大邑。现在这些古城已有许多从沙漠中发掘出来，如北部的楼兰古城、南部的尼雅古城等，都有较大的规模，这些都是竺可桢所论证的相对温暖湿润时期的历史见证。

当时，这个地区的工农业已经相当发达，以冶铁工业为例，规模就很可观，《水经·河水注》引释氏《西域记》说："屈茨北二百里有山，夜则火光，昼日但烟，人取此山石炭，冶此山铁，恒充三十六国用。"这里的屈茨，也称龟兹，即今盆地北缘的库车一带。在整个塔里木盆地的边缘地带以及盆地内部的塔里木河干支流沿岸，绿洲连绵，水草丰美，发展农业的潜力很大。从西汉起，许多绿洲都发展了屯田。也以上述库车一带为例，《水经·河水注》说："昔汉武帝初通西域，置校尉，屯田于此，搜粟都尉桑弘羊奏言：故轮台以东，地广，饶水草，可溉田五千顷以上。其处温和，田美，可益通沟渠，种五谷，收获与中国同。"《河水注》又记及索劢在楼兰屯田："大田三年，积粟百万。"农业效益可见一斑。当然，在这个干燥地区发展农业，水利具有十分重要的意义，也就是桑弘羊所说的"益通沟渠"。在这方面，盆地的劳动人民具有丰富的经验，他们不仅利用河湖等地表水，而且也利用蕴藏丰富的地下水，这就是有名的坎儿井灌溉。

坎儿井在古代称为井渠，在《史记·河渠书》中就有记载。这是一种在沙漠地区利用地下水的灌溉渠道，是盆地中维吾尔等族人民的创造。整个坎儿井包括明渠、暗渠和直井 3 部分，人们在挖掘暗渠（地下渠道）时，必须每隔 20 米—30 米挖掘一口直井，以便运出暗渠施工中挖出的泥沙。在地形、地质有利的地段，让暗渠流出地面，成为明渠，以供灌溉之用。直井的深度由引水处至明渠口，按一定的坡度逐渐变浅，最深的直井可达数十米。一个坎儿井必须挖掘数十口直井，所以工程量很大。坎儿井的长度一般在 3 公里左右，最长的可达 10 公里以上。暗渠愈长，深入地下水面愈深，井口的出水量就愈大。坎儿井灌溉的优点在于它的结构简单，不用提灌设备，而且常年流水，水量稳定。由于暗渠不受日光照射，所以蒸发量很小，水的利用率高。坎儿井在盆地农业发展中具有重要意义。

　　塔里木盆地在历史上最著名的是它在交通上的价值。沙漠中的交通当然是困难的,《法显传》曾记载从焉夷国(今焉耆回族自治县)到于阗一段穿过沙漠的旅程:"行路中无居民,沙行艰难,所经之苦,人理莫比。"但是这条道路恰恰就是名闻遐迩的"丝绸之路"。从河西走廊西行,出阳关后循塔里木盆地南缘,经鄯善(今若羌)、于阗这一段,是丝绸之路的南道;从敦煌经高昌(今吐鲁番)、龟兹这一段,是丝绸之路的北道。从龟兹穿塔克拉玛干到于阗,这是丝绸之路中的一段捷径。所以塔里木盆地在丝绸之路中处于枢纽的地位。

　　塔里木盆地,这片辽阔的、神秘的、举世传诵的土地,在西域城邦国家时代,曾经兴盛一时,但曾几何时,干旱驱走了人们,风沙掩没了城市;在丝绸之路的东西交通中。多少驼铃马帮,在这片茫茫瀚海中往复旅行,遭遇到法显所说的"所经之苦,人理莫比"。到了19世纪末期,一些西方的探险家也相继来到这里,如瑞典人斯文赫定,英籍匈牙利人斯坦因,法国人伯希和,俄国人普尔热瓦尔斯基等,他们发现了不少沙漠中的古城,并取走了大量文物,当然也经历了许多困难和危险。例如斯文赫定,他于1895年带了一个探险队从叶尔羌河沿岸的麦盖提进入沙漠,计划横越沙漠到和阗河。走了一个多月,竟因干渴而夺去了几个人的生命,他自己总算侥幸地死里逃生。而塔里木盆地的万古奥秘,仍然没有完全揭开。

　　中华人民共和国成立以后,曾经多次组织了综合考察队对这片盆地进行了考察,也遇到了许多困难甚至牺牲,但是盆地的奥秘终于逐渐揭开了。特别令人振奋的是,在这连绵的沙丘之下,竟是一片巨大的油田,沉睡了千万年的茫茫大漠,在下一个世纪,肯定要发生翻天覆地的巨变。

"群山之祖":昆仑山

　　昆仑山是一座雄伟的大山,又是一座神秘的名山。它的高峻而漫长的庞大身躯,它的复杂而曲折的渊源来历,为地球上一切山岳所无与伦比。

　　昆仑山是一座古老的褶皱山脉,它西起帕米尔高原东部,向东延伸,成为新疆和西藏的分界,这一段高度最大,海拔在5000米—7000米之间,主峰木孜塔格山,位于新疆和西藏的边境,高达海拔7723米。此外如公格尔山(7719米),慕士塔格山(7546米)等,也都是云雾缭绕,白雪皑皑,是地球上有数的顶巅。它东西绵亘达2500公里,像一架硕大无朋的屏风,屹立在塔里木盆地和羌塘高原这两块传奇式的土地之间。昆仑山的东段,山势稍低于西段,但地形的复杂则有过之而无不及。它从北到南分成3支:北支称为祁漫塔格山,它构成柴达木盆地的西南边缘;中支阿尔格山,东延为布尔汗布达山及阿尼摩卿山。这座以藏语命名的山岳，意谓"祖父大玛神之山"，汉语称为积石山，又是一座充满神话的山岳；南支是可可西里山，东延为巴颜喀拉山，这是长江和黄河两大河流的发源地及分水岭。昆仑山东延，直到四川边境，与岷山和邛崃山相接，这就是广义的秦岭的开端。摊开中国地形图，昆仑山从西到东，雄踞全国的中央，宛如中国内陆的脊骨。全国境内大大小小的山脉似乎都从昆仑山分支而出，在科学的地质学和地貌学没有为人们所掌握以前，曾经流行过一种"群山一祖"的说法，认为昆仑山就是群山之祖。这种说法当然不对，因为在大陆上隆起的山脉，分别属于不同的地质年代，有古生代的，有中生代的，也有新生代的。例如昆仑山是古生代的褶皱山脉，而喜马拉雅山则是新生代的褶皱山脉，不能牵扯在一起。但人们从地图上看中国地形，昆仑山确实具有群山拥戴的形势。它确实不同凡响，出类拔萃，在这意义上称为"群山之祖"也不为过。

昆仑山还有它一段曲折复杂，引人入胜的渊源来历。"昆仑"一词，据学者们考证，属于外来语。但这个外来语传入中国为时甚早。在不少先秦著作中，昆仑一名已经出现。当然，在那时，昆仑山是一座神话中的山岳，也没有具体的地理位置。最早记下这个名称的是《山海经》和《楚辞》。《山海经》曾经两次提及此山，《西山经》说：

> 昆仑之山，是实惟帝之下都，神陆吾司之。……河水出焉而南流，东注于无达；赤水出焉而东南流，注于汜天之水；洋冰出焉而西南流，注于醜涂之水；黑水出焉而西流，注于大杆。

《海内西经》说：

> 海内昆仑之墟在西北，帝之下都，昆仑之墟方八百里，高万仞。……面有九井，以玉为槛。

《楚辞·天问》说：

> 昆仑县圃，其居安在？增城九重，其高几里？四方之门，其维从焉？西北辟启，何气通焉？

这里，《西山经》记载了它是帝之下都，是河水、赤水、洋水、黑水等众水之源。《海内西经》记载了这个"帝之下都"的范围和高度，广八百平方里，高八万尺（周制八尺为仞）。《楚辞》则记载了它的内部结构，有县圃、增城和四方之门。

此外，另一些古籍对它还有各种离奇的描述。到了西汉的《淮南子·墬形训》中，把所有这些先秦传说集中起来，写成一篇出色的神话故事。说昆仑山"高万一千里百一十四步二尺六寸"，"旁有二百四十门"，其中有"倾宫、旋室、县圃、凉风、樊桐"等建筑，山上有河水、赤水、弱水、洋水四水，这是"帝之神泉，以和百药，以润万物"，昆仑山按高度分为凉风之山、县圃、上天三级，"上天"就是"太帝之居"。

　　昆仑山从一座神话中的山岳,成为一座实有其山的山岳,为时在汉武帝时代(公元前126年以后)。据《史记·大宛列传》所载:

　　　　汉使穷河源,河源出于阗,其山多玉石,采来,天子案古图书,名河所出山曰昆仑山。

　　这里的汉使是张骞,天子当然指汉武帝。这里的所谓河源,实际上就是现在塔里木河支流之一的和田河上源。至于这个错误是张骞造成的,抑或当时当地确有这样的传说,那就不得而知,但是总是张骞把这个错误传来的。而汉武帝对照古图书,就这样把所谓河源(今和田河源)所出的山岳名为昆仑山。至于当时所按的是什么图书? 司马迁是了解事情始末的。他说:

　　　　今自张骞使大夏之后也,穷河源,恶睹《本纪》,所谓昆仑者乎? 故言九州山川,《尚书》近之矣,至《禹本纪》、《山海经》所有怪物,余不敢言之也。

　　这就说明,所谓古图书,就是《禹本纪》和《山海经》。《禹本纪》早已亡佚,幸亏司马迁在《大宛列传赞》中引及了它一句说:“《禹本纪》言河出昆仑,昆仑高二千五百余里,日月所相避隐为光明也。”则汉武帝所按的无非是“河出昆仑”四个字。至于《山海经》,汉武帝所按的除了《西山经》的“河水出焉而南流”外,大概还同时根据了《海内西经》的“面有九井,以玉为槛”的说法,因为这和张骞传来的“其山多玉石”是可以牵强附会的。这实际上就是清代学者李慈铭所说的:“自《山海经》有河出昆仑一语,于是张骞凿空,而汉武求之于阗葱岭矣。”

　　正因为此,所以在汉武帝为昆仑山定位以后,仍然有许多人为这座神秘的山岳提出许多光怪陆离的说法,在唐朝编纂的类书《艺文类聚》中,引用了包括《水经》在内的12种古籍中对于昆仑山的五花八门的记载;而宋朝编纂的类书《太平御览》中,竟搜罗了27种古籍对于昆仑山的众说纷纭的议论。直到清代,历史学家万斯同在他的一篇《昆仑辨》的文章中指出:“古之论河源者,皆谓出于昆仑,而传记所载不一。……吾为博考古书,其言昆仑者约有十余家。”清胡渭在其名著《禹贡锥指》中说:“传记言昆仑凡四处:一在西域,一在海外,一在酒泉,一在吐蕃。”另一位清人陶葆廉在其《辛卯侍行记》中说:“按传记言,昆仑凡七处:一在海外,一在西宁,一在肃州,一在新疆,一在青海南,一在卫藏之北,一在北印度。”昆仑山,它的如此丰富多彩的渊源,令人惊叹、神往。

　　但是今天,这座著名、神秘的山岳,却不偏不倚地从西向东,逶迤在我们祖国大陆的正中。世界各国的地图,都在这座山岳上标着“昆仑”的名称。昆仑是外来语,但它早已融合在祖国的文字之中。西汉扬雄所撰的《太玄经》说:“昆仑旁薄。”宋司马光注:“昆仑者,天象之大也。”用司马光的话解释昆仑山,更显出了昆仑山的崇高伟大。

"震旦国中第二奇山":鸟吊山

《水经注》在其卷四十《浙江水》篇中有一个故事,故事说的实际上是一种候鸟,但内容很动听:

> 昔大禹在位十年,东巡狩,崩于会稽,因而葬之。有鸟来,为之耘,春拔草根,秋啄其秽,是以县官禁民,不得妄害此鸟,犯则刑无赦。

这个故事叫做"会稽鸟耘",乍听好像十分无稽,但故事的流传很早,比《水经注》早得多的《论衡》中已经有这种记载,而且王充对此作了解释。《论衡·偶会篇》说:

> 雁鹄集于会稽,去避碣石之寒,来遭民田之毕,蹈履民田,啄食草粮,粮尽食嗛,春雨适作,避热北去,复去碣石。

另外,王充在《论衡·书虚篇》中也论述了这种现象:

> 传书言,舜葬于苍梧,象为之耕;禹葬于会稽,鸟为之田。盖以圣德所致,天使鸟兽保佑之也,世莫不然,考实之,殆虚言也。

王充接着解释为什么这是"虚言":

> 实者,苍梧多象之地,会稽众鸟所居。《禹贡》曰,彭蠡既潴,阳鸟悠居,天地之情,鸟兽之行也。象自蹈土,鸟自食苹,土蹶草尽若耕田状;壤靡泥易,人随种之。

王充确实是个渊博的学者,经过他的解释,"苍梧象耕",不过因为"苍梧多象之地";而"会稽鸟耘",实际上是一种候鸟现象。"雁鹄集于会稽,去避碣石之寒"。说明候鸟在一年中往复迁移的现象,我国古籍记载甚早,而且很早就作出了解释。现在我们都知道,有一些栖居在北方的鸟类,冬季到南方避寒,例如雁,我们称为冬候鸟;也有一些栖居在南方的鸟类,夏季到北方生育繁殖,例如燕,我们称为夏候鸟;当然,候鸟的问题也并非十分简单,在它们的栖居、迁移、生活、繁殖等方面,还有许多非常特殊和有趣的现象,值得我们继续深入研究。《水经注》卷三十七《叶榆河》篇中记载了一个群鸟飞集即所谓"鸟会"的故事:

> (叶榆)县西北八十里有吊鸟山,众鸟千百为群,其会,鸣呼啁哳,每岁七八月至,十六七日则止,一岁六至。雉雀来吊,夜燃火伺取之。其无嗛不食,似特悲者,以为义,则不取也。俗言凤凰死于此山,故众鸟来吊,因名吊鸟。

《水经注》记载的吊鸟山,按地理位置在今云南省。郦道元足迹绝未到过这些地方,则1400多年前的这种记载,其内容又是如此奇特的一种鸟类现象,是否属实,尚有可疑。但在郦道元记载此事以后约1000年,著名的明代旅行家徐霞客确实到达了这个地方,他在《滇游日记》(《徐霞客游记》中的一篇)己卯(崇祯十二年,即 1369 年)三月初二记载中,也记载了邓州凤羽(今云南省洱源县南)众鸟来集的奇怪现象,只是地名与《水经注》稍有不同,《水经注》作"吊鸟山",而徐霞客作"鸟吊山"。徐霞客说:

> 晨餐后,尹具数骑,邀余游西山,盖西山即凤羽之东垂也,条冈数十支,俱东向蜿蜒而下,北为土主坪。……从土主庙更西上十五里,即关坪,为凤羽绝顶,其南白王庙后,其山更高,望之雪光皑皑而不及登。凤羽,一名鸟吊山,每岁九月,鸟千万为群,来集坪间,皆此地所无者,土人举火,鸟辄投之。

郦道元在《水经注》中记载的这种特异的鸟类现象,徐霞客在 1000 年以后加以证实。不过,徐霞客到达鸟吊山的时候正值三月,而这种奇怪的鸟会要到九月(郦道元说七八月)才出现。所以徐霞客虽然亲历其地,但并未实见其事。当然,他对于这座众鸟聚会的山头完全作了肯定。既然《滇游日记》称为鸟吊山,而《水经注》作吊鸟山,后者或许是郦道元的传讹。从徐霞客的"凤羽,一名鸟吊山"一语中,我们现在可以确定此山的地理位置,因为今凤羽镇位于洱源县以南约 15 公里,东距洱海约 25 公里,恰在点苍山脉东麓。则鸟吊山当然是点苍诸峰的山岳之一。以洱海和大理为中心的这个地区,包括点苍山,和鸡足山,是云南省著名的风景区。这个风景区中出现鸟吊山的这种"鸟会"奇景,真是为大自然锦上添花。

从徐霞客的记载到今天,为时又过了近 400 年,鸟吊山的"鸟会"是否仍然存在呢? 云南人民出版社 1985 年出版的校注本《徐霞客游记》,在这一天的日记之后,有校注者云南大学教授朱惠荣所作的一条注释:

> 这种动人的奇景至今仍然存在,每年中秋前后,在大雾迷蒙、细雨绵绵的夜晚,成群结队按一定路线迁徙的候鸟,迷失了方向,在山间徘徊乱飞,当地群众在山上四处点燃火把诱鸟,火光缭乱,群鸟乱扑。鸟吊山的奇景,在云南不止一处,墨江哈尼族自治县坝海公社瑶家寨附近的大风丫口,至今每年秋天总有二三晚"鸟会",有时也出现在春季。

朱惠荣说"每年中秋前后",则郦道元所说的"每岁七八月至"和徐霞客所说的"每岁九月"都没有错。

从《水经注》的记载直到《滇游日记》和《徐霞客游记》的现代注释,有一件事是值得我们关注的。郦道元说:"夜燃火伺取之";徐霞客说:"土人举火,鸟辄投之";朱惠荣说:"当地群众在山上四处点燃火把诱鸟。"从郦道元到朱惠荣,时隔 1400 多年,燃火捕鸟的习俗未变,这倒是令人忧虑的。参加"鸟会"的鸟,显然是过境的候鸟,应该加以保护,怎能大量诱捕? 前面已经提及《水经注》的记载:"县官禁民,不得妄害此鸟,犯则刑无赦。"与会稽古代的这种保护候鸟的措施相比,云南鸟吊山群众这种长期捕杀候鸟的习俗,当然是十分不幸的。不过,最近我在云南民族出版社出版的《民族文化》1986年第6期中,读到了《鸟吊山》一文,深感慰藉,因为诱捕候鸟的事,现在显然已经停止了。该文作者杨圭臬描述他目睹这种"鸟会"的经过:

> 鸟雀越来越多,简直像雨点般朝火光扑来。有的叽叽喳喳啼叫,有的引颈长鸣,震动山谷。这时,只要拿一根长竹竿,随意刷打就可以打下许多鸟雀。据说,过去也是这样的,但近年来已再也没有人打鸟了。只有偶尔用网兜捕捉几只奇异的鸟类饲养。而上山的都是来"赶鸟会",欣赏这种罕见的大自然奇观。

至于大量的候鸟来自何处? 杨文中也有较详的说明:

> 一位特地从昆明动物研究所赶来参加"鸟会"的科学工作者告诉我,这些鸟中,大部分是从青海湖的鸟岛飞来的,像领鹬这种鸟,就只有青海湖才有。我感到很惊奇,他慢慢地跟我说,这些都是候鸟,每年冬天都要飞到孟加拉湾一带过冬,到第二年春天返回,鸟吊山刚好是候鸟南迁的中途站,于是便有那么多鸟雀了。

候鸟的栖居、迁移、生活、繁殖现象,世界各地都有存在,当然不足为奇。但像鸟吊山这样,作为候鸟迁移途径中的一个中途站,出现几千年来赓续存在的"鸟会"现象,在世界文献上却极少见到。昆明动物研究所的专家从"鸟会"中出现的领鹬,断定参加"鸟会"的群鸟是从青海湖的鸟岛迁居到孟加拉湾去的。对此,我在地图上得到了一个饶有趣味的发现,即是,青海湖的鸟岛和云南的鸟吊山,虽然直线距离约有1250公里,但两者的经度位置都在东经99°,也就是说,这些候鸟从鸟岛到鸟吊山的飞行,是一条从北到南的直线。假使从鸟吊山再循东经99°的位置向南飞行1250公里,就到达泰国湾(暹罗湾),即泰国南部的佛丕府和巴蜀府沿海,这一带,也正是大批候鸟越冬的栖居地。为此,这些以鸟吊山为中途站的候鸟,它们的越冬地,或许不是孟加拉湾而是泰国湾。从鸟岛到泰国湾的直线距离为2500公里,鸟吊山正居其中。假使事情确实如此,即大批候鸟的确是循东经99°每年作直线往返飞行,那么,这个问题在动物地理学的研究中将具有重大价值,而鸟吊山无疑就是研究这个课题的最理想的地点。由此看来,鸟吊山及其奇异的"鸟会",不仅是一种宝贵的旅游资源,值得开发;而且在科学研究上,它或许具有更为重要的意义。

天下第六大河:黄河

黄河,论长度有5464公里,论流域面积有75.24万平方公里,当然算得上是一条大河。不过按长度,它在世界大河中只占第六位;按流域面积,它在世界大河中更落后到第二十七位。但是黄河的输沙量,每年平均达16亿吨,世界大河无出其右。世界上

流域面积最大的河流是南美洲的亚马逊河(615 万平方公里),但输沙量只有黄河的
1/4。世界上长度最大的河流是非洲的尼罗河,但输沙量只有黄河的 1/14。与中国最
大的河流长江相比,黄河的流域面积只有长江(1809 万平方公里)的 1/24,黄河的多
年平均流量(1350 立方米每秒)还不到长江多年平均流量(14300 立方米每秒)的 1/
10,但黄河的输沙量比长江(4.78 亿吨)大 3 倍多。长江(据宜昌测站)的多年平均含
沙量,每立方米为 1.14 公斤,而黄河(据陕县测站)每立方米高达 36.9 公斤,黄河是长
江的 32 倍。从上述这些数字中可以看到,黄河是一条非常特殊的河流,其中特别突出
的当然是它的输沙量。若把它每年平均输出的 16 亿吨泥沙堆积成高、宽各 1 米的堤
坝,那么,这条堤坝就可以从地球到月球往复 3 次。黄河的如此庞大的输沙量。为世
界上一切河流所望尘莫及。

对于黄河这条特殊的河流,第一件必须说明的大事是河源。关于黄河之源,最早
见于《山海经》,《西山经》说:"不周之山,东望渤泽,河水所潜也。"《海内西经》说:"昆
仑之墟,方八百里,高万仞。……河水出东北隅,以行其北,西南又入勃海,又出海外,
即西而北入禹所导积石山。"《山海经》的意思是,黄河发源于昆仑山,流到渤泽(今罗
布泊)而潜入地下,在地下流了几千里,禹才从积石山把黄河导出来。所以《禹贡》说:
"导河积石,至于龙门。"这样,黄河发源于昆仑山而潜入于罗布泊,伏流几千里,然后
再从积石山引导而出。这就是流行于古代的所谓"黄河重源"。在科学不发达的古
代,许多人曾长期深信不疑。北魏时代,郦道元撰《水经注》,他称得上是一位熟谙河
流的专家,却也被这种谬论缠得无法自解。他说:

> 高诱称河出昆山,伏流地中万三千里,禹导而通之出积石山。按《山海经》,
> 自昆仑至积石千七百四十里。自积石出陇西郡至洛,准《地志》可五千余里。又
> 按《穆天子传》,天子自昆山,入于宗周,乃里西土之数,自宗周瀍水以西,至于河
> 宗之邦,阳纡之山,三千有四百里,自阳纡西至河首四千里,合七千四百里。《外
> 国图》又云,从大晋国正西七万里,得昆仑之墟,诸仙居之。数说不同,道阻且长,
> 经记绵褫,水陆路殊,径复不同,浅见未闻,非所详究,不能不聊述闻见,以志差
> 违也。

郦道元显然被高诱所注的《淮南子》、《山海经》、《地志》、《穆天子传》、《外国图》
等几本书中所写的这些荒诞不经的数字弄得莫名其妙。其实,这些数字永远是无法详
究的,郦道元不仅没有弄清这些数字的真假,更重要的是他无法判别"黄河重源"的荒
谬。所以他也不得不重复前人的错误,在《水经注》中说:"河水又东注于渤泽,即《经》
所谓蒲昌海也。……河水之所潜也。其源浑浑泡泡者也。东去玉门阳关千三百里,广
轮四百里,其水澄渟,冬夏不减,其中洄湍电转,为隐沦之脉,当其澴流之上,飞禽奋翮

于霄中者,无不坠于渊波矣,即河水之所潜,而出于积石也。"

黄河重源的谬说,一直要到唐朝才开始有人提出不同意见。贞观九年(635),李宗道等率军至吐谷浑(今青海省境),《新唐书·吐谷浑传》引李宗道的话:"柏海近河源。"柏海就是今札陵、鄂陵二湖,李宗道等曾亲自目击这里的自然景观:"次星宿川,过柏海上,望积石山,观河源。"后来杜佑撰《通典》,就采用了唐初的这种发现。但是由于重源之说因袭已久,影响深远,所以流传仍然极广。到了元朝,至元十九年(1280),忽必烈特派都实为招讨使,专程查访河源,写了查访报告,这就是收入于《元史·河渠志》中,由翰林学士潘昂霄所撰的《河源记》,这是潘昂霄按都实用蒙古文所写的查访报告译成汉文的。此文批判了过去对河源的说法:"其说怪迁,总其实,皆非本真。"而他实际所观察的河源:"按河源在土蕃朵甘思西鄙,有泉百余泓,沮洳散涣,弗可逼视,方可七八十里,殿高山下瞰,灿若列星,以故名火敦脑儿,火敦,译言星宿也。"都实的这次考察,十分明白地否定了旧的重源之说。此后,明清两代,都对河源作过实地考察,清乾隆中,阿弥达考察河源,直达星宿海以西300里处的巴颜喀拉山北麓,实际上已经到了真正的河源。中华人民共和国成立以后,又对河源进行了多次考察,所以现在我们已经完全清楚,黄河发源于青海省巴颜喀拉山西段雅合达泽山东麓的马曲(约古宗列渠)。另一上源是马曲以南的卡日曲,出于各姿各雅山麓,在星宿海以东与马曲汇合。"黄河重源"流传了几千年,现在我们把当作一件传奇,一个掌故,当作黄河历史上的一种佳话吧。

黄河从青海发源,东流经四川,北折进入甘肃,从宁夏直到内蒙古托克托县的河口镇,全长3472公里,是黄河的上游。这一段,黄河奔流于高原峡谷之中,沿途流经龙羊、刘家、盐锅、红山、黑山、青铜诸峡谷之间,并在贺兰山以东,狼山和大青山以南构成所谓河套。从河口镇急转南下,黄河成为陕西和山西二省的界河,直到河南省的孟津之间,长1122公里,是黄河的中游。这一段,水势湍急,在山西、陕西二省界上构成壶口瀑布,并穿越龙门峡谷,在华山以东急转向东,形成一个接近90°的河曲,《水经注》用非常生动的语言描写这一河曲奇观:"华岳本一山当河,河水过而曲行,河神巨灵,手荡脚踏,开而为两,今掌足之迹,仍存华岩。"东折以后,又经历三门、砥柱之险,才进入平原。这一段黄河,奔流在黄土高原之上,挟带了大量黄土,水色浑浊。早在西汉,就有了"一石水,六斗泥"的记载。从孟津以下到入海为下游,全长870公里。由于沿河是一片平原,流速缓慢,两岸均赖大堤束水,就出现了所谓悬河(地上河)的现象,郑州、开封等大城市,均在河床以下。例如开封,黄河大堤的堤基,就高出这个城市7米。黄河从河南进入山东,从垦利县东北注入渤海。

黄河是中华民族的摇篮,滔滔黄水,世世代代哺育着我们各族人民。今天,流域范围内,劳动人民播种着一亿九千万亩土地,干支流上有许多大型灌溉区,如内蒙古河套灌区,陕西宝鸡引渭灌区,宁夏青铜峡灌区,山东位山灌区,山西汾河灌区等,灌溉面积都超过百万亩。黄河流域居住着将近 1 亿人口。干支流沿岸有许多著名的大城市,包括七大古都中的西安、洛阳和开封以及青海(西宁)、甘肃(兰州)、宁夏(银川)、内蒙古(呼和浩特)、山西(太原)、河南(郑州)、山东(济南)各省区的省会,这些都是流域中的重要政治、经济和文化中心。干支流上还有许多大型水电站,如龙羊峡和刘家峡,装机容量都在 100 万瓩以上,盐锅峡、青铜峡和三门峡,装机容量都在 25 万瓩以上。古往今来,滚滚黄流,已经为人们创造了大量财富。

当然,我们也必须看到,黄河同时也为我们民族带来了许多灾难。由于它流过大片土质疏松的黄土高原,它的含沙量和输沙量都大得惊人。因此,黄河具有善淤、善决、善徙的特点。自从有历史记载以来,黄河下游决口泛滥约有 1500 余次,较大的改道有 20 次—30 次,其中特别重大的改道也已有 6 次。中国东部,北起海河,南到淮河,纵横 25 万平方公里,黄河下游像钟摆一样地在这个地区南北摆动,几千年来,这个地区的各族人民,由于黄河洪水,已经付出了难以估计的代价。

中华人民共和国成立以来,我们已经着手对黄河进行了有计划的治理。例如,在中上游从事植树造林和水土保持工作,加强了下游的堤防,兴建了东平湖等大型滞洪区,整治了下游河道以及如上面提及的大型灌溉和水电工程。当然,由于如上所述的黄河在全世界河流中超乎寻常的含沙量和输沙量,由于黄河下游河道早已高出地面,许多原因和困难,使黄河的治理不可能在短期内奏效。但是,随着人们对黄河研究的深入,随着科学技术的不断发展和进步,在今后的日子里,我们一定能把黄河彻底治好。

黄河,我们的民族从这里诞生,在这里融合壮大。滔滔黄水,它是我们民族的凝聚力。我们的民族将日益兴旺发达,通过对黄河的根治,黄河流域也必然要建设得更为繁荣美好。

天下第一运河:中国大运河

清康熙间,比利时传教士南怀仁曾在中国担任钦天监的官职,引进不少当时的科学技术。他撰有《七奇图说》一种,把世界历史上出现的 7 种巨大人工建筑称为"七奇"。这"七奇",按他书中的排列,分别是:巴比伦国王的空中花园,地中海罗得岛的太阳神阿波罗巨像,埃及金字塔,土耳其哈利卡纳苏的摩索拉斯王陵墓,土耳其以弗所的阿苔密斯神庙,希腊奥林匹亚宙斯神庙的宙斯神像,埃及亚历山大城法罗斯岛的灯塔。这"七奇",除金字塔以外,其余的不是焚于兵火,就是毁于地震,现在都早已荡然无存。其实，论人工建筑，既伟大而又经久的，显然应数我国的长城和运河。

这里且说运河。对于中国的运河，现在大家谈论的，往往就是沟通北京和杭州的通常所称的京杭运河，而译成外文又称大运河（Grand Canal）。这条运河沟通海河、黄河、淮河、长江、钱塘江5个流域，全长达1794公里，在世界上的所有运河中，论长度确实首屈一指。但其实，京杭运河不过是中国的庞大运河网中的一条。而中国的整个运河网，不论是历史的古老和地区的广泛，都远远超过京杭运河，实为世界上一切国家所望尘莫及。

中国东部，北起海河平原，中经黄淮平原，南与长江三角洲相接，平畴连绵，河湖交错。在古代，水运是最便利的运输手段。对于我国古代的运河开凿，一般都据《左传》哀公九年（前486）的记载："吴城邗，沟通江淮，"论断吴王夫差开邗沟，是我国最早的运河。但夫差开邗沟，已在春秋末叶，而《水经·济水注》的记载："偃王治国，仁义著闻，欲舟行上国，乃通沟陈、蔡之间。"这里的"偃王"即徐偃王，传说是徐戎的首领，为时当在西周，比夫差早得多。"通沟陈、蔡之间"，其实就是后来的所谓鸿沟水系，位于今河南和安徽二省之间。所以在战国时代完成的《禹贡》一书中，我们已经可以看到这一带实际上早已存在的许多运河，尽管这些运河可能并不长，但他们沟通了许多河流，例如《禹贡·兖州》："浮于济、漯，达于河"；《青州》："浮于汶，达于济"；《徐州》："浮于淮、泗，达于河。"说明当时在黄河、济水、漯水、汶水、泗水和淮河等河流之间，都已经相互沟通。包括吴王夫差所开凿的沟通长江和淮河的邗沟在内，都属于中国最古老的运河。由此可见，早在春秋前期，黄河、济水、淮河等大河之间已经沟通，而到了春秋后期，淮河与长江也由于邗沟的开凿而沟通。所以，在公元前5世纪以前，北起黄河，南到长江，已经出现了一个四通八达的运河网。但黄河以北的情况，因为缺乏资料，所以不很清楚。

黄河以北的运河修凿，最主要的是白沟，这是曹操在东汉建安九年（204）完成的。曹操自从在官渡之战击败袁绍以后，为了经营河北，进一步彻底摧毁袁氏的根基，于建安九年在原黄河支流淇水入黄之处，以大枋木筑堰，遏淇水入白沟，白沟沟通了洹河和漳河，从此舟运就可进入今河北省境内，而曹操在其征讨过程中，在今河北省境内又开凿了平虏渠和泉州渠，把整个海河水系沟通起来，奠定了隋代永济渠的基础。对于我国河北平原的运河网，曹操是有很大贡献的。

按照上面的叙述，可见早在公元3世纪初，我国东部从南到北，已经完成了一个庞大的运河网，在世界历史上找不到这样的例子。当然，这个运河网是在一段漫长的时期里陆续完成的，开凿运河的目的也各不相同，徐偃王开运河沟通陈、蔡之间，是为了"欲舟行上国"；吴王夫差开邗沟，是为了到北方参与黄池之会；曹操开运河贯通今河北省境,是为了对袁氏用兵。所以从全国来说,并无一个运河网的总体规划,也没有一个明显的河网枢纽。在这方面,一直要到隋炀帝时代才获得实现。

隋炀帝即帝位后,开始营建东都洛阳,包括修凿以洛阳为中心的运河网。即位当年,就动工开凿通济渠,从洛阳经浚仪(今开封)沟通淮河,然后再疏凿原有的邗沟,使江淮水道畅通。接着又疏凿江南运河,从长江以南的京口(今镇江)开始,循太湖东侧,经今嘉兴以抵钱塘江北岸的杭州。在黄河以北,他利用曹魏时代的白沟开凿永济渠,循今卫河(即南运河)北上,直达独流镇(今天津静海附近),然后利用今永定河上溯到达蓟(今北京)。这样,以东都洛阳为中心的全国运河网就告完成。当然,不论是通济渠、邗沟和江南运河,或是黄河以北的永济渠,都有原来的河道可以利用,但整修疏凿的工程量还是很大的。全部工程在公元7世纪初完成,这是世界历史上最早出现的庞大运河网,它比后来名扬中外的大运河要早580年。

元朝建都于大都(今北京),有赖于江南的粮食,所以必须使南北漕运畅通。当时,在北方,从今天津到临清的卫河,沟通江淮的邗沟,特别是江南运河,都仍然通畅。但是由于黄河的多次决口泛滥和河道迁徙,卫河以南的旧永济河段以及盱眙以北的旧通济河段都已无法利用。因此,南北运河最便捷的路线必须通过今山东省西境。这一段地形比较复杂,施工相当困难。其中南段有许多湖泊如微山湖、独山湖等可以利用,工程较易,主要是从济州(今济宁市)以北到大清河以南的安山一段约150里,沿途有不少丘阜,地形较高,必须建闸蓄水,才能维持运河水位。这条运河于至元十八年(1281)动工开凿,沿途按不同高程建有济州、开河、安山、寿张等闸,称为济州河。江南粮食从此可以直航到大清河南今山东省梁山县的安山。但安山至临清一段约250里,仍然无法通航。所以此后约有10年时间,南粮运抵寿张以后,要通过两种运输方式才能到达大都。一是循大清河出海,通过海运从天津再度入口。另一种方式是从寿张进行陆运,到临清再从卫河北上。一直要到至元二十六年(1289)动工开凿寿张和临清之间的会通河以后,大运河全部航程中最困难的一段才告完成。由于地形和水源的关系,这一段250余里的河道中,建闸竟多达31座。接着,从今北京昌平县附近入大都城经通县沟通白河(北运河)的通惠渠也于至元三十年(1293)完成,从此,从今北京城内的船舶,可以南航直达杭州城内,南北大运河全部完成。

中国是世界上最早大规模开凿运河的国家,公元7世纪初期完成的以隋东都洛阳为中心的运河网,是世界上最早和规模最大的运河网;公元13世纪完成的从元大都到杭州的南北大运河,是世界上最长的运河。

原载《中国一绝》,上海文化出版社1993年版

东瀛散记

博物馆

博物馆是丰富人民科学知识和文化生活的一种公共设施。每个国家或城市，其博物馆的数量、规模以及参观人数的多少，是这个国家或城市文化发达的重要标志。我平生参观过不少博物馆，或许称得上在这方面比较见过世面的人。某些博物馆或其中的某一方面，给我以深刻的印象，至今不忘。

在国外，一个不大的城市往往就有许多个大小博物馆。像杭州这样一个国际有名的城市，直到80年代初期，仍只有一个浙江博物馆，未免相形见绌。但后来情况有了改变，1984年成立了浙江自然博物馆（可惜由于没有展览厅，至今未正式开放），以后又接连成立了茶叶、丝绸、中药、宋窑等专业博物馆，实在令人欣慰。不过同时也发生了让人困惑的事情，这就是博物馆的参观者不多，特别是某些专业博物馆，竟出现接连若干天没有一个参观者的现象。这不禁使我想起了日本的博物馆。

日本不仅博物馆多，而且参观者也多。大规模的综合性博物馆如奈良、京都和东京的国立博物馆整日门庭若市。但这类博物馆在日本只占少数，各地的博物馆多数都是小规模的和专业性的。另外，大博物馆中也经常举行各种观众面较狭的专业性展览。但我在那里参观过的所有专业性博物馆以及大博物馆中的专业性展览，发现观众仍然相当可观。我可以举出两例子。

第一次是大阪市立博物馆的地图展览。当时我执教于大阪大学，并不知道有这种展览。美国明尼苏达大学的地图学专家徐美龄教授正在台湾探亲，写信给我，说她要在返美途中转道大阪参观这个展览，要我为她作出安排。于是我求助于大阪大学的地图学教授海野一隆先生，当她到大阪之日，由海野先生和我们夫妇陪她前去参观。这是一个专业性很强的展览，3个展室，陈列的都是古今世界上的著名地图或复制品，却想不到观众挤得满满的，到复制室登记复制的也络绎不绝。我们上午10时入馆，下午3时离馆，这期间观众一直熙熙攘攘。

第二次是兵库县龙野市的酱油博物馆。龙野市是一个只有4万人口的小城市，但它生产风行日本全国的"东"字牌酱油，所以市内有个酱油博物馆。全馆无非一个大展厅和四五个小展室，展出的是酱油在日本的生产历史，从江户时代的手工生产到现代的自动化生产，包括各种工具、原料来源和产品运销等等。这是一个规模极小和专业性极强的博物馆，但观众仍然不少，还有排了队的小学生由老师带着参观的。

修建一座博物馆谈何容易，但要使博物馆真正发挥作用或许更难。花大量人力物力修建的博物馆，结果门可罗雀，这当然是一种很大的不幸。人们去博物馆，一般是利用工余学余，但工余学余能去的场所很多，人们总是根据不同的阶层、不同的文化程度、不同的教养、不同的兴趣和爱好而定。博物馆兴旺发达，这是一个地方文化水平和文明程度的重要标志，当然是好事。但事情却并不简单，今天，要把泡在跳舞厅、卡拉OK厅、游戏机房……等之中的一部分人，即使是其中极小的一部分人吸引到博物馆中去，也有极大的难度。说到底，这是大众的素质问题，是许多人已经大声疾呼而且必须继续大声疾呼的问题。

大阪城

中日两国有共同的文化渊源，历史上有许多事物是相似的。但也有差异很大的东西，建立城市就是一例。中国建城，在不同历史时期中，总是先修建一座夯土、垒石或砌砖的城垣，城外掘以城壕，然后在城垣内建立衙署、庙宇、民居、街衢等等，逐渐形成一个城市。但日本却不同，任何城市，都从建立城下町开始，城下町面积不大，周围也掘以城壕。町内主要是一座与北京前门箭楼相似的高层建筑，称为天守阁。城下町是衙署所在，城壕以外，以后逐渐建起民居和街衢等等，最后形成一个城市。在中国，我们称某某城，实际上指的某某城市；而在日本，所谓某某城，所指仅是某某城市的城下町。我几次去日本作客座教授，参观过的这种"城"，少说也有几十座。参观日本的"城"，其实就是登临作为城下町象征的天守阁。每座天守阁，规模很不相同，但建筑格局一律。现在大多作为展览该城发展史的博物馆。这样的"城",看多了,印象也就淡薄了。其中却有一座"城",给我以深刻的印象,至今不忘,那就是大阪城。大阪城的天守阁有 8 层,高达百余米,是日本规模最大的天守阁之一。但是使我感慨至深的,并不是这座规模宏大的建筑物,而是发生在这座建筑物上的两种不同凡响的场面。

大阪城为丰臣秀吉所建,时在正亲町天皇天正十一年(1583),到 1983 年是它的400 周年。这年 10 月,举行盛大的庆祝活动,还向西安秦俑博物馆借去两具兵马俑在天守阁展出,以增加庆祝气氛。同时决定替整座天守阁"洗澡",要让这大屋顶建筑每层的每一块琉璃瓦和整座建筑的每一寸墙壁都洗刷干净以迎接节日。替这样一座巨大的建筑"洗澡",真是不可想象,但是他们想出了办法——动员登山运动员。在报上登广告,号召附近的登山运动员,在规定的日子里,自带登山用具到大阪城为天守阁"洗澡"。

这年秋季,我在吹田市的关西大学研究生院讲课,离大阪不远。9 月 4 日是个礼拜日,青年教师西村和男及听我讲课的韩国籍博士生金秀雄陪我去大阪城观光。老远看到天守阁屋上的许多人影,金秀雄才恍然记起报上登广告要登山运动员为天守阁"洗澡"的事。日子选在礼拜天,这是因为这些运动员都是有职业的,只有礼拜天才有时间。这天一早,他们带了登山工具、开了自己的小汽车或摩托车从各地赶来。我们于午前到那里,他们已经干了几个钟头了。

这真是一种紧张热烈的场面。许多人攀悬绳索在各层屋顶,还有许多人借绳索悬挂在这座庞大的建筑墙上。水从屋顶用皮管冲下来,每层窗口有许多青少年学生,他们忙着为登山运动员更换抹布和刷子,又找机会向他们口中灌饮料和喂蛋糕、面包等食品,以维持他们的体力。但是一切都是静悄悄的,除了水声以外,没有其他吆喝呼唤之声,这种场面,真是动人心弦。

这一天的大阪城,除了这种紧张热烈的场面以外,还有一种平淡无奇的场面,却同样感人至深。按我的想法,为了替天守阁"洗澡"这件兴师动众的大事,天守阁外院,完全有理由挂上一块"暂停参观"的牌子。但是他们照常开放,当然,困难是有的,各层大屋顶的水,最后汇总到底层,底层屋檐上流下的水,形同瀑布。观众进入天守阁,岂不一身淋湿。早有人考虑及此,一个伞厂送来几百把伞子,一群中小学生在售票处门口管理此事,入门者每人借用一把,进入这个"瀑布区"后,又有人把伞收回,交给参观完毕走出来的观众,让他们顶住"瀑布",到大门口再把伞交还。天守阁整天开放,几百把伞轮番使用,没有一个观众淋水。

由于对大阪城的这两种场面的感动,第二天我留意了《朝日新闻》和其他几种报纸,的确都报道了此事,但报道的重点是天守阁经过"洗澡"焕然一新,迎接建城 400

周年等等,对于参与这两种场面的人,没有说一句诸如"无私奉献"或"忘我精神"之类的话。开始我颇以这种报道为不平,后来在日本的日子久了,才知道这类公益服务在日本是寻常事,不必在报上宣扬褒赞,自然更用不着什么表彰会、庆功会之类的形式。公益服务在日本之所以深入人心,有赖于经常的家庭教育、学校教育和社会教育,这类事,人们不仅司空见惯,而且司空做惯。所以既不需要也不计较事后的表扬了。

农村的忧虑

　　近年来我们在开会讨论或日常闲谈时,常常关心我们的农业问题,诸如原有的耕地缩小,现存的耕地抛荒,主要农产品粮、棉、油菜的减产,农民经营农业积极性降低等等,这些问题当然令人担心。因而也使我想起了日本的农村。

　　住在日本城市里,见到的是一片繁荣的景象。但若有机会到农村看看,就不得不为其农村的现状和未来而忧虑。第二次世界大战以前,日本是纯粹的小农经济,农业技术的特点是"多肥多劳"。一切农活全赖手工,所以需要许多劳动力。其优势在于大量施用化肥,因此必须培育耐肥的水稻品种,经得住重肥而不倒伏,获得极高的产量。著名品种如"藤坂五号",耐肥而且耐寒,适宜于在北海道和奥羽地方播种。第二次世界大战以后进行了所谓"农地改革",农村面貌迅速改观,战前的"多劳"被迅速发展的机械化所代替,农村劳动力顿时大大多余。日本农村由长子当家和继承产业,长子的兄弟在日本称为"二三男",处于依附长兄的地位,于是,"二三男"就纷纷离家进城,另谋生计。时日推移,长子的儿子辈成长了,他们也无心务农,大学毕业的当然不再返乡,不上大学的也离乡入城。时至今日,在乡务农的多半都是老人。

　　为了考察濑户内海的地理概况,我曾于1985年到江华岛(属广岛)住了两宿,初入日本农村,就让我大吃一惊。屋舍空虚,居住的多是老人;耕地荒芜,野草长到一人高。为数不多的商店,每家都挂着"急募"的告示(招募营业员)。特别令人诧异的是柑桔园。这个地区是日本主要的柑桔产区,全岛丘陵地上都是柑桔园。我们到那里正是4月,树上挂满了去冬未采的果实,任你采摘。我们采来尝尝,确实是极好的品种。树下则堆满了去年、前年……掉下的腐烂了的果实。柑桔园的主人,毫不留恋地抛掉他们的产业进城去了。

　　1989年,我在广岛大学任教,为了进一步了解日本农村,该校经济地理系教授村上诚先生陪我们夫妇驱车整日,访问了市郊的不少农村。其中菜农两胜祖一家的情况是具有代表性的。这一家世代务农,土地是祖产,共70余公顷,原有价值5000万日元的住宅一幢,由于高速公路征地,征去30余公顷,所得款又建成5000万元的住宅一幢。老夫妇均已年过60。两个儿子都不在家,30余公顷的菜地全靠男当家一人劳动。主要种植做咸菜的"广岛菜"(一种大白菜),小部分土地种高档菜,如大蒜、韭菜、菠菜等。"广岛菜"送往当地农协的加工厂,不必自己加工;高档菜送往市内超级市场,需要整形和包装,这工作多在晚上做,女当家也参加。两胜祖有3辆汽车,农业机器一应俱全。他置备两幢住宅,或许是为他的两个儿子打算。但其实,两个儿子一个在东京的什么公司,另一则已由公司派驻墨西哥,兄弟俩肯定是一去不复返了。老夫妇最多还能劳动10年,到那时。有谁来继承他们的家产和事业呢?

像两胜祖这样的农家在广岛市郊并非个别,他们的一副家产,在日本的中产家庭中算是殷实的,5000万元一幢的住宅,城里的大学教授,假使没有祖产或其他收入,则购置亦非易事。但他们所经营的事业,却令城里人却步。男当家一年的劳动,加上女当家的辅助劳动,全年所得约日元600余万,成本占四成,纯收入约360万。他们不需缴纳农业税,但要支付很高的地价税,对此,他们靠出租一幢住宅对付。问题是付出如此大量劳动所得的360万元,在城里不过相当于一个大学助教的收入(工资加上一年两度不缴所得税的奖金)。这其实就是他们的两个儿子远走高飞的主要原因。

回程车上,我和村上先生讨论了这方面的问题。他是研究经济地理学的,这些问题他早已看到,但是他说,眼下没有妥当的解决办法。城里人有了钱,超级市场里可以买到一切农产品,譬如桔子,冬半年吃北半球产的,夏半年吃南半球产的,城里人一年四季都吃桔子,有谁还担心柑桔园荒芜的事呢?

对此,日本政府的唯一办法,也只能是尽可能维持其主要农产品大米的市场价格,不让一粒外国大米进口。为了调剂粮食总量的不足,又通过工业品的倾销,从美国、加拿大、澳洲等国换回小麦,而米麦的价格相差得出奇。在超级市场里,1公斤大米的价格,等于2.5公斤上白面粉。由于许多日本家庭都有食用大米的习惯,所以尽管面粉便宜,但大米仍能高价居奇。这种方法虽然对当代农民具有安抚作用,但若想以此把农民的下一代留在农村,恐怕并不容易。此外,像去年那样全国大米歉收,政府想破例输入一些外国大米,即遭到农民的激烈反对;若坚持不进口,则城市大米供应必将难以为继因而处于两难的境地。

各国的国情不同,其存在于农业中的问题也不同,日本当然是个经济发达的国家,但农村中却存在着如此难治的症结,实在不容乐观。

书店有感

在看到上海南京东路新华书店将被拆迁的消息以后不到几天,绍兴墨润堂书苑经理徐道方先生写信前来告急；由于城市建设的发展，绍兴市决定要把书苑所在的这条马路拓宽，原来的店铺都得拆迁。这家书苑创建于清同治元年，蔡元培刚刚中了举人，就替它写了招牌，已有130年历史。书苑的影响很大，我曾从日本引回过它当年刊行的文献。前年8月书苑创始者徐氏后裔徐道方，筹集资金，恢复了这家书苑，经营高档书刊和字面，风格高雅，成绩斐然，已有好几位访问绍兴的日本学者向我称道这家书苑的不同凡响。

在近年来书店不景气和接二连三的拆迁风波中，我不禁想起了日本的书店。日本是个多书店的国家，在城市里，除了到处可见的书摊以外，没有哪一个街区不开设几家大小书店的。书店多，进书店读书的人多，买书的人多，这是到处可以看到的现象，我在日本作客座教授，因为其中有两所大学都在大阪市近郊，所以大阪是我居住最久的城市，那里，除了各处林立的大小书店以外，我十分向往的是市中心梅田的两家大书店。第一家是大阪电车站内的"纪伊国屋书店"。它位于梅田地下街与地上街之间，全店就是一座大厅，面积大约超过1000平方米，分成许多"书区"，每个"书区"都有账台供顾客付款。所有的书全部开架，购阅都很方便，所以整天都挤满了读者和购者。顾客之多，显然超过附近的几家大百货商店，如"阪急"、"大丸"之类。"纪伊"以品种齐全出名，刚刚出版、别的书店尚未进货的最新书以及出版已久、别处早已售罄的旧书，都可以在这里买到。大厅中的流动服务员，主动地接受顾客问讯，和气而热情地为顾客奔波找书。好不容易找到一本书送到顾客手上，但这位顾客原来只是位读者而非买主，他们也绝不介意。这种服务态度令人感动。从"纪伊"出来就是梅田车站的巨大候车厅，走下候车厅的高台阶，马路对面是另一家"旭光书店"。和"纪伊"不同，它是一座小巧的四层楼建筑，四层都是开架的书，显得拥挤，但店员们同样地热情和气。它的特色是书的档次高、主要是学术著作，理工农医和人文科学，门类俱全。所以"纪伊"的顾客各种社会层次都有，而"旭光"的顾客多是教授学者和各行各业的技术人员。在大阪，我曾多次往来于这两家书店之间，流连忘返。

大阪、京都、东京等大城市，都有"中文书店"，专门出售日本出版的和从中国大陆、港台，以及新加坡等地进口的中文书籍，日本研究汉学的人不少，所以各处的"中文书店"照样生意兴旺。在这几处"中文书店"中，我都看到过我自己的著作，异地相逢，倍感亲切。

东京当然也有许多书店，因为我去那里都有比逛书店更重要的事，所以无暇光顾。但也有一次例外。那次，我和当时的大阪大学教授后来成为东京大学东洋文化研究所所长的斯波义信先生同行，住在日比谷区的学士会馆。那是一所由东京大学和京都大学校友创建的专门接待两校校友的招待所，设备不错而价格优惠，斯波是东京大学校友,沾了他的光,我们夫妇也往进了这所会馆。我立刻发现,这是一条书店街,除了满街书摊和许多小型的书店和旧书店以外,东京的不少出版社及其门市部如岩波书店、平凡社、讲谈社、大明堂、三省堂、小学馆等等,不下数十家,都集中在这条街上,而每一家都是顾客盈门,熙熙攘攘。那一次东京之行主要是到几所大学作短期讲学和到几家大图书馆找资料,但结果在这条街的书店里也花了许多时间,收获不小。

书店是一面国家科技进步、文化发展和人民好学的镜子,日本的书店之多以及在书店中所见到的情景,令人长久难忘,他山之石,可以攻玉。绍兴墨润堂书苑的位置在咸亨酒店斜对面,离鲁迅纪念馆不过数百米,中外游客都会光顾书苑看看,这家温文雅致、古色古香的书苑,就不啻是绍兴这座历史文化名城的文化窗口。为了文化事业,为了这家复业才一年多但在国内外已经发生了很大影响的古老书苑,我立即给绍兴市的几位我熟悉和不熟悉的领导写了信。希望在马路拓宽以后,为这家古老书苑安排一处有利的位置,现在,令人高兴地听到南京东路新华书店得以保全的消息希望墨润堂书苑也有一个好的结果吧。

原载《联谊报》1994 年 2 月—5 月各期

殷都沧桑话安阳

中国是个古老国家,我们有许多传说中的古都:黄帝都有熊,尧都平阳,舜都蒲坂,禹都安邑。但是这些古都并无科学根据,黄帝、尧、舜、禹,都是传说中的人物,当时没有文字,现代考古发掘,也从来没有获得证据。在中国的古都中,唯一有文字,有科学的考古证据的就是安阳。这是我国七大古都之中最早的古都。著名考古学家夏鼐说:"商代殷墟文化实在是一个灿烂的文化,具有都市、文字和青铜器三个要素。"殷墟就在安阳西郊,是安阳市区的一部分。说起来真是一个离奇曲折的故事,人们能够终于找到这个中国最早的古都,就靠夏鼐所说的"文字",这就是名震寰宇的甲骨文。

专家从中药"龙骨"中发现并破译了甲骨文。灿烂的殷文化,使人们意识到,安阳是中国最早的古都。

清光绪二十五年(1899),国子监祭酒王懿荣在北京官邸得了疟疾病,延医服药。在一味称为"龙骨"的中药中,看到上面有刻划的符号。他是一位金石学家,凭他的金石文字知识,推断这是一种古代的文字。于是就向中药铺购买这种"龙骨",以后又通过古董商收购,辗转追踪,终于获悉"龙骨"来自安阳的小屯村,其实就是龟甲和牛的肩胛骨。这种刻划在甲骨上的符号,经过古文字学家刘鹗(铁云)、王国维、罗振玉等人的研究破译,才知道这是殷商使用的文字,因为刻在甲骨上,所以称为甲骨文。因为它的内容主要是占卜辞,也叫契文。这是我国最早的文字,它和埃及的纸草文字,巴比伦的楔形文字,印度的印章文字,同属世界最早的文字。

人们从中药"龙骨"发现和破译了这种文字,又从这种古老的文字追踪到它的出土之处,于是。以小屯为中心的这座殷商古都就奇迹般地顿时在人间重现,考古学家在这座 3000 年前建立的都市中,发掘出它的基础和大量青铜器,当然也包括成千上万的甲骨文,这就是灿烂的殷文化。从此人们才意识到,安阳是中国最早的古都。

商朝是个游牧社会。好像现在尚存的许多游牧社会一样,他们逐水草而居。从它的始祖契到开国的汤,共历 14 王,都城迁了 8 次;盘庚又从奄(今山东曲阜一带)迁到北蒙,北蒙就是殷墟。从此不再迁移,共历 12 王,国号称为殷,历时达 273 年。从长期定居的事实可以看出,人们已经开始经营农业,社会比过去有了进步。

考古发掘中的巨大收获首先是甲骨文。"司母戊大鼎"的青铜成分的化学分析,令今人对先人的聪明才智绝倒。

盘庚始建的这座都城废墟既然找到,于是考古学家就对它进行发掘。正式发掘始于 1928 年,一直发掘到 1937 年抗日战争爆发而被迫中止。10 年之中,共发掘了 15 次,收获巨大。建国以后继续发掘,基本上获悉了这座古都的规模和布局。古都建立在卫河(南运河)的支流洹河两岸,以小屯村为中心,东至洹河东岸的郭家湾,西至北辛庄,北至三家庄,南达苗圃北地,东西长约 6 公里,南北宽约 4 公里,面积约 24 平方公里。

发掘中的巨大收获首先是甲骨文。在 1936 年的第 13 次发掘中,仅在一个坑中,就发现甲骨 17000 多片。至今已发掘出甲骨 16 万片,平均每片以 10 字计算,共有 160 万字。其中经常使用的文字约近 5000 个,能破译为现代汉字的约 1800 个。甲骨文的内容包括王室祭祀、天象、田猎、年岁、农业、征伐等方面的记载。单单从文字上说,它是我国文字所谓"六书"的滥觞。有不少字,都是符合象形、会意等"六书"原理的。例如"册"作"卌",即是竹简串联的形状;"田"作"田"就是阡陌交错的耕地;"星"作"㞢",就是仰望天空的星座;"彗"作"羽",就是有尾巴的彗星等等。此外,关于天文、历法、医学、数学、化学等,它都有所记载。所以甲骨文真是一部殷商的百科全书。

在殷墟的发掘中,这个古老的首都,布局十分清楚。洹河南岸以小屯村为中心的地区是殷商王朝的宫寝宗庙所在地。在宫殿区周围有一条人工挖掘的沟渠。宽 7 米—14 米,深 5 米—10 米,长 750 米,从北到东,与洹河河曲互相沟通,宛如后来的护城河。大量甲骨文,主要从这一带出土。宫殿周围,分布了密集的居民点、手工业作坊和墓。已经发掘出来的宫殿址有 53 座,都建立在厚厚的夯土台基之上,由夯土墙、木质梁柱、门户廊檐、草秸屋顶等构成。多数基址呈长方形,其中大的长达 85 米,宽 14.5 米,柱础多是石础,用直径约 10 厘米—30 厘米、厚约 10 厘米的天然石块作成,也有用铜础的。例如在一座较大的宫殿中,有 3 行柱础,共 30 个,其中有 10 个铜础。

　　手工业工场也有许多被发掘出来。殷商的手工业主要是铸铜、烧陶和制骨,从殷
墟出土的大量青铜器、玉器、象牙雕、石器、骨器、木器、蚌器等,多是这些工场的产品。
其中最重要的是青铜器,包括各种祭具、酒具、日用品、马具和武器等。在所有出土的
青铜器中,1939年在北郊武官村北地殷墟大墓中发掘出来的"司母戊大鼎",是至今全
世界收藏的最大青铜器。此件高133厘米,长111厘米,宽78厘米,重875公斤,因腹
部内壁有"司母戊"三字铭文,所以称为"司母戊大鼎"。全鼎以雷纹为底,饰以夔龙
纹,鼎耳作猛虎吞噬状,两侧为鱼纹及小夔龙纹,鼎足有兽面纹,造型庄重大方,真是一
件青铜器中的稀世之宝。可能是商王文丁为了祭祀其母"戊"所铸。其原料是由铜、
锡、铅三种金属熔铸而成的青铜合金,经过化学分析,此鼎青铜的成分是:铜88.77%,
锡11.64%,铅2.79%,令人对3000多年前的工匠的聪明而绝倒。

　　**发掘出11座殷王大墓。安阳古都的殷商遗迹,最重要的莫过于小屯村以北的殷
墟博物苑。**

　　在宫殿的外围,包括洹河南的孝民屯、四盘磨、王裕口、后冈以及洹河以北的大司
空村等地,有许多手工业作坊、居民点和墓葬。其间分布着许多水井、道路和用来藏物
的窖穴。在墓葬群中,特别著名的是1976年在小屯村西北发掘的妇好墓。墓室呈长
方形。墓口南北5.6米、宽4米,上下深7.5米,墓中有随葬物1928件,包括玉器、宝
石器、骨器、象牙器、蚌器等。许多器物上都有铭文。妇好是盘庚以下第三代殷王武丁
之妻,她的名氏在卜辞中常见,因为她是一位南征北伐的女将军。其中有一片卜辞中
提到,她曾率领一支13000人的大军对外征战。她是殷商的一位重要人物,所以墓葬
特别豪华。

　　从小屯以北渡过洹河,在西北冈、前小营、武官村、侯家堡一带是殷王陵区。分成
东、西两区,已经发掘出11座殷王大墓,这些王陵占地甚大,有的达1000余平方米,其
中不少墓穴已被盗掘过,但仍然出土铜鼎、铜戈、铜瓿等许多陪葬品。各王陵墓中都有
殉葬坑的设置,说明了殷商的残酷风俗——人祭。在甲骨文中,已找到有关人祭的甲
骨共1350片,卜辞1992条,共杀13052人。另有1140条未记人数,如按比例计算,则
为7470人,共计20522人。这个数字当然也包括各种祭祀用的人祭。王陵区也发现
不少祭祀坑,每坑中被杀的有8人—10人不等,这些白骨累累的殉葬坑和祭礼坑,现
在有不少都被发掘出来。

　　殷商的最后一代君王纣是个大暴君,他的暴虐无道,在《封神演义》中有大量描
写。现在安阳还有一处羑里城遗址,这是他拒谏嫉贤把周文王西伯昌投入监狱的地
方。后来他的儿子西伯发(周武王)组织军队,覆灭殷商,暴君纣自焚于鹿台,中国历
史上的周朝从此开始。现在,羑里城遗址,在安阳城南15公里(属汤阴县),是河南省

重点文保单位。此外，纣兵败自焚的鹿台在淇县城西的太行山麓，纣残害忠良的比干摘心台在淇县城内西北隅，都尚存遗址。

现在，安阳古都的殷商遗迹，已经得到修复和保护，供旅游者参观考察。除了上述羑里城等以外，最重要的莫过于小屯村以北的殷墟博物苑。博物苑坐落于殷墟宫殿区，占地600亩，北、东两面临洹河，西、南两面以前述人工沟渠为界。考古学家们按殷代格局修复了好几座宫殿，它们不仅是殷商宫殿，而且也是博物馆，陈列了大量殷墟出土的甲骨、青铜器和其他文物。妇好墓和白骨累累的祭祀坑，也都按原状保留在博物苑之内。进入博物苑，左顾右盼，宛如进入了3000年以前的殷商时代，不禁为之神移。

安阳古都的另一部分——邺都。"西门豹治邺"的故事就发生在这里。三国时曹操在这里建了铜雀台。

现在让我们再来看看安阳古都的另一部分——邺都。邺都在今安阳市区以北约20公里，现在是河北省临漳县的一个集镇，称为邺镇。邺都当然比殷墟要晚，但在春秋齐桓公时代也已经筑城。战国时代，曾作为魏国的国都，当时有一个名叫西门豹的人在此作县令，县令是个小官，但史学权威司马迁，为他在《史记》中专门写了一篇，内容非常生动。

西门豹到此上任时，县里正演着"河伯娶妇"的闹剧。因为邺县在漳河之边，漳河经常泛滥成灾，县里的三老、廷掾和巫祝等恶势力，乘机为非作歹，岁岁选一位姑娘，混说河伯娶妇，向百姓索取"嫁妆"。只花1/10办"嫁妆"，其余都入私囊。到时，把姑娘打扮起来，放在床上，让她浮在漳河上，最后淹死，所以有漂亮姑娘的家庭，都带了女儿往外乡逃难。后来西门豹也到场送嫁。轿子抬了一个哭哭啼啼的姑娘到河边，看送嫁的有几千人。西门豹要姑娘下轿让他看看，说：姑娘不漂亮，请巫祝去与河伯说一声，改日再送漂亮的，于是手下人立刻把巫祝这个可恶的老妪投入河中。等了一会又说：为什么还不回来，要她的弟子去催一催。接连抛下去三个弟子，却都没有回音。又请三老去催促，把三老抛入河中，仍不见回来。于是西门豹说他们去了却不回来，只好有劳廷掾和豪长们了。廷掾和地方土豪立刻跪下来叩头出血，说出了他们为河伯娶妇，实在是诈取钱财的鬼把戏。"河伯娶妇"的骗局才被戳穿。从此，西门豹着手修治漳河水利，在漳河开了12条渠道，引水灌田，邺地人民得以安居乐业，邺都从此成为一个富足的都城。三国时曹操在这里大事建设，使它成为一座全国著名的都城。曹操在邺都西北兴建了金虎台、铜雀台和冰井台三座高台，合称三台。三台中最雄伟的是铜雀台。唐杜牧名诗："东风不与周郎便，铜雀春深锁二乔。"二乔是三国吴乔公的两个女儿，美貌绝色，大乔嫁与孙策，小乔嫁与周瑜，曹操在邺都建了这座铜雀台，准备在打败东吴后把二乔送到这里金屋藏娇的。可惜一场东风，火烧赤壁，曹操被周瑜打得个溃不成军,铜雀台藏娇的计划完全落空。但是铜雀台毕竟是宏伟壮丽的,此台有屋百余间,高 27 丈,顶巅有铜雀,舒翼若飞,从邺城以外几十里就可看到。三台相隔 60 步,其间有阁道相连。曹魏以后,五胡十六国各朝的东魏和北齐,作了进一步的增修,使三台比曹魏时更为崇高壮丽。现在,铜雀台和冰井台早已被漳水冲毁,唯金虎台的遗址仍然存在。

此外,邺都附近有许多古迹,安阳市正北约 15 公里的丰乐镇有西门大夫祠,内有西门豹塑像。祠东 2 里有西门豹投巫处,祠西 10 里有他兴修水利时在漳河所开的水渠闸口和渠道遗迹,闸口以东至今还保留着 2 里多长的古渠道。曹魏时代的古迹更多,如曹操练兵讲武城遗址,训练水军的宣武池遗址,曹操拴马的古老大柏树以及曹丕皇后甄氏墓等等。

从殷商到北宋,安阳出过傅说、苏秦、蔺相如、高欢、韩琦等 5 位宰相。岳飞的故乡也是安阳。安阳及附近的名胜古迹,不胜枚举。

安阳古都因为历史悠久,人杰地灵,从殷商到北宋,曾经出过五位宰相。每一位都留下了古迹。第一位是殷商宰相傅说,他辅佐武丁治理国政,使殷商获得很大发展。他微贱时曾以山岩为家,此岩在林县石板岩以南,至今称为王相岩。战国时,苏秦主张联横,曾为六国宰相,安阳市西郊柴库村有苏秦拜相台,台址尚存。战国时,赵国的著名宰相蔺相如,他在强秦面前毫不畏缩,是"完璧归赵"的名相。大将廉颇,曾向他"负荆请罪"。今安阳市西水冶镇有蔺相如故里。南北朝东魏宰相高欢,他起兵讨伐杀害北魏孝庄帝的尔朱兆,以少敌多,在韩陵山全歼尔朱兆,因而在安阳韩陵山建定国寺,为安阳八景之一。又在邺城建仙都苑,在林县林虑山建避暑山庄,均负盛名。北宋宰相韩琦,是仁宗、英宗、神宗的三朝宰相,今安阳城内有韩琦庙、昼锦堂和三绝碑等古迹。

安阳也出过不少武将,前面提及的武丁的王后妇好,是中国历史上最早的女将。另一位著名大将是宋朝的岳飞,他的故里汤阴在安阳市南,有宏大壮丽的岳飞庙,庙前两侧墙上分镌忠、孝两大字,山门石阶上跪着秦桧、王氏、万俟卨、张俊、王俊 5 具铁像,高台两侧悬一副对联:"蓬头垢面跪阶前,想当年宰相;端面垂旒临座上,看今日将军。"全庙苍松翠柏,布置辉煌。此外,汤阴以东还有岳飞故里及其先茔,古迹仍存。

除了上述以外,安阳及其附近的名胜古迹,多得不胜枚举。例如,安阳境内还有全国文物保护单位,国宝修定寺塔,又称唐塔,建于唐肃宗乾元元年(758),全塔有浮雕砖 3775 块,构成一座造型美观别致的佛塔,其浮雕精美绝伦,举世无匹。又有北魏所建的灵泉寺,有石窟、石塔等许多胜迹,号称"河朔第一古刹"。安阳城内的文峰塔,建于后周广顺二年(952),造型独特,结构精巧,是全国名塔之一。安阳市西南水冶镇的珍珠泉,由八处泉水汇成,水域面积达 10000 余平方米,泉水上涌如珍珠,现已建成大型园林,是一处人间胜境。安阳西南的小南海,群山环抱,百泉争涌,风景清幽。附近还有著名的北齐石窟。小南海西北有原始人洞穴遗址,据考证距今 20000 年—25000 年。内黄县的二帝陵,传说是五帝时代颛顼和帝喾的陵墓。滑县的明福寺塔,建于唐宝历二年(826),也是我国著名的唐塔之一。浚县有大伾山和浮丘山两组文物群,大伾山是黄河自西向东转流向北的转角点,形势非凡,它的文物群中,以高达 8 丈的大佛著名。浮丘山的文物群以碧霞宫第一,此庙建于明嘉靖二十一年(1542),有殿宇 80 多间,雄伟精致。此外,浚县还有一座造型端庄、雕刻细腻的石牌坊——恩荣坊。建于明万历四十五年(1617),是"三间、四柱、五楼"式的石结构建筑,雕工之精,无与伦比,其中有狮子 13 对,张牙舞爪,栩栩如生,因此名闻遐迩。安阳市北郊的袁林,林木繁茂,建筑讲究,是袁世凯墓所在。

　　以上是安阳古都的简略介绍,这是中国现存的最早古都,是一座由都市、甲骨文和青铜器构成的举世无匹的古都。名胜古迹,在这里多得不可胜数。到安阳观光,确能使人眼花缭乱,应接不暇,这既是一种结合古老历史和丰富实物的高尚典雅的文化旅游,也是一种享受自然风光和观察人文胜迹的知识旅游。此中情趣,只能让目击者自己去领略了。

原载《风景名胜》1996 年第 12 期

编写"徐学"教材刍议

徐霞客逝世迄今,已有355年,由于他的非凡业绩和崇高精神,所以从明崇祯年代起,就有人撰写纪念他的文章。清乾隆四十一年(1776),《徐霞客游记》的第一种刊本(在此以前只有抄本流传),由其族孙徐镇整理刊印问世。从此,徐霞客的生平事迹逐渐广为人知,各种表彰和纪念的文章也开始增加。从清代以至民国,陆续不断。这中间,民国十七年(1928)丁文江所编《徐霞客游记》在上海商务印书馆出版,卷首并有丁氏编撰的《徐霞客年潜》。这是学术界对徐霞客研究的一块重要里程碑,也是对《游记》进行科学研究的嚆矢。抗日战争期间,浙江大学于民国三十年(1941)12月20日在该校战时校址贵州遵义举行"徐霞客先生逝世三百周年纪念会"。商务印书馆于民国三十七年出版了这次会议的论文集《地理学家徐霞客》,收入了竺可桢、张其昀、叶良辅、谭其骧、任美锷、黄秉维等10位学者的论文。从此,徐霞客及其《游记》,即所谓"奇人奇书",在学术界受到了更高的重视。

最近十几年来,徐霞客研究又掀起了新的高潮,此中过程,我已先后撰有《论徐学研究及其发展》[①]和《扩大徐霞客研究》[②]两文说明,不拟赘述。这次高潮是从1983年全国纪念徐霞客"诞辰四百周年"筹备委员会在江苏无锡的会议开始的。我在这次会议中提出了"徐学"这个词汇,建议把徐霞客研究作为一种专门的学问,此后得到了广泛的响应。我提倡的"徐学",当然是科学的徐学。10多年以前,我对"徐学"的顾虑有二,第一是唯恐这种研究流于神秘化。由于有人对"奇人奇书"之说作歪曲的理解,把"徐学"引入歧途。如明末吴国华、陈函辉、钱谦益等人所渲染的,诸如"登昆仑天柱,参西番法宝","至昆仑,穷星宿海,……望见外方黄金宝塔","再登峨嵋,北抵岷山,极于松潘"等等。因为直到 80 年代,对于徐霞客的峨嵋之行,学术界居然还有人参差半信。所以我曾撰《关于徐霞客与江源的问题》[③]一文,指出:"对于前人的学术成就,也必须实事求是地予以总结和评价,既不应妄加贬损,也不宜渲染过分。这是科学的态度,也是尊重前辈学者的态度。"我的第二种顾虑是怕"徐学"研究流于形式化,纪念颂扬一片热闹,但是最终只不过是一些美丽辞藻,应酬文章。所以我在提出"徐学"之始,就以已经成熟而为国际学术界所公认的"郦学"相比。直到 90 年代我为香港郦学家吴天任教授著的《郦学研究史》[④]一书作序时,我仍然提及"徐学"。我说:"称《徐霞客游记》研究为'徐学',是我在八十年代所首先提出,虽然各方纷纷响应,但'徐学'作为一种专门的学问,还有待不断研究和提高,庶几名副其实。"值得高兴的是,徐学界近年来在频繁活动的热烈气氛中,也并未冷落学术研究的进行。这几年来,徐学研究的成果称得上欣欣向荣。虽然与郦学研究的状况相比,还有很大的差距,但只要徐学界共同努力,在今后的一切徐学活动中,都重视学术研究这个环节,徐学的繁荣发展是可以预期的。

我在拙作《论徐学研究及其发展》一文中曾指出:"徐学是一门内容广泛的学问,它既涉及自然科学,也涉及人文科学,诸如地理学、地质学、民族学、科学史、文学等,都与徐学研究有密切关系。"说明徐学作为一种专门的学问,它不仅渊博,而且高深,具有很强的专业性,是各行各业专家们的研究对象。但是我在拙作《扩大徐霞客研究》一文中也指出了郦学和徐学除了它们的专业性以外的另一方面,这就是:"这两门学问的普及性,即对祖国大好河山的赞美,乃是这两门学问留给后世的,让广大人民接受教育,为广大人民所共同享受的部分! 所以徐学既是一种专门的学问,也是一种普遍的知识。对于前者,除了各类专家以外,在高等学校中涉及地理、地质、旅游、历史、中文等系;对于后者,如上面指出的:让广大人民接受教育,为广大人民所共同享受,这是人民的一种喜闻乐见的知识,同时也是一种爱国主义教育。"所以我认为,中小学生也都有必要通过学习徐霞客的业绩和精神,培养他们的爱国主义情操。从这样的观点设想,则我国的各级学校,都有使用徐学教材的必要。为此,各种徐学教材编写,将是徐学界今后的一项重要任务。

我所建议的编写徐学教材,当然不是在各级学校专门开设徐学课程,而是把徐学的各种内容,按不同情况编入各种学校的有关课程中去。例如在高等学校,前面已列了涉及徐学的系科,而这些系科与徐学的关系也各不相同,譬如旅游系,则徐学内容应该编入诸如旅游学概论和中国旅游史等课程中去。在地理系,有关徐学的内容可以相应地编入普通自然地理学(特别是地貌学与河流水文学)和人文地理学的课程中去。

在地质系,普通地质学课程中涉及石灰岩的章节,徐霞客的发现与贡献,应该给予历史地位。在历史系,中国通史之中,徐霞客列入明代科学家可以当之无愧。在中文系,《游记》不仅是这种文学体裁的杰出典范,而且其中的生动语言和细致描写,显然有裨于语言文学的教材。除了上述在各系课程中分别结合以外,我认为徐学还可以作为一门有关学科的公共选修课,这就需要有一种适合各系科的、完整的徐学教材。这样的教材当然不是轻而易举,而是要求徐学界从长计议,共同研究,然后编写出来。

在中小学教材中,徐学知识主要是分别编写到地理、历史,包括当前若干省市正在试用的新教材自然科学和社会等课程中去。中小学的语文课和小学的常识课,也都应该结合徐学的内容。此外,徐霞客足迹甚广,凡他旅游考察所到的地区,都可以编写乡土教材,介绍当地的美好自然风景和徐霞客当年的旅程记载,这些都是十分可贵的爱国主义教材。

如上所述,在大、中、小学的教学内容中结合徐学,无论从学术研究和思想两方面来说,都有非常重要的意义,也是徐学界义不容辞的任务。当然,教材编写从篇目设计、内容选择、文字运用、图片结合等方面,都有很大的讲究,必须谨慎从事。好在这十几年来的徐学研究,已经为这项工作奠定了良好的基础。现在,我们不仅已经出版了几种版本的《游记》,好几种徐学研究的专著,发表了一批质量较高的徐学研究论文;而普及性的徐学读物,也相当广泛地流行。此外,以《游记》作底,用现代汉语逐字逐句对译的《徐霞客游记全译》,[5]不久也将问世。所以,这项工作虽有较大的难度,但是由于十几年来的努力,我们从事这项工作的条件已经基本具备。因此,我认为现在已经到了提出这种建议的时机。

希望徐学研究繁荣昌盛,在我们国家的精神文明建设中发挥应有的作用。

注释:

① 《浙江学刊》1988 年第 2 期。

② 《千古奇人徐霞客》,科学出版社 1991 年版。

③ 中国科协、中国地理学会、中国国土经济研究会、江苏省社联《纪念徐霞客诞辰四百周年文集》,1987 年版。

④ 台湾台北艺文印书馆 1991 年版。

⑤ 由云南大学朱惠荣教授翻译,将在贵州人民出版社出版。

原载《徐霞客研究(第 1 辑)》,学苑出版社 1997 年版

北美散记

尼亚加拉瀑布

尼亚加拉瀑布位于加拿大和美国之间,是举世闻名的大瀑布之一。我曾经观赏过南美洲巴西和阿根廷之间的伊瓜苏瀑布,因为它的落差达 70 米,所以号称世界第一。但是从瀑布的宽度、声势气魄、山川形胜等方面评比,尼亚加拉无疑是世界瀑布中的翘楚。

从多伦多驱车到瀑布下,还要不到 1 小时,而在这以前,瀑布的澎湃之声早已震人耳膜。瀑布的观赏地形成了一座城市,就叫尼亚加拉瀑布城。美国与加拿大之间,排列着互相联结的 5 个大湖,瀑布就在五大湖的最东边两湖伊利湖和安大略湖之间。两湖之间有一段不长的河流,叫做尼亚加拉河,这真是造物主的精心雕琢,尼亚加拉河在这里出现一个巨大的落差,而在落差发生的崖壁上,河心横亘着一个名叫山羊岛的岛屿。这样,小岛两边,河流形成两条分叉,瀑布就在这两条分叉上倾泻而下。东边的称为亚美利亚瀑布,西边的称马蹄形瀑布。亚美利亚瀑布宽 328 米,落差 56 米。这个瀑布的西端,又有一块突出的岩石,叫做鲁那岛,把这个瀑布分开,西边一片宽度不过 10 米左右,称为"新娘的面纱"。马蹄形瀑布呈新月形,宽 675 米,落差 54 米,所以比亚美利亚瀑布更为壮观。站在美国一边河崖,亚美利亚瀑布当然一览无遗,但由于山羊岛的阻隔,马蹄形瀑布却不能窥其全豹。所以要向河心架出一个长长的看台,才能双瀑并见。站在加拿大一边河岸,则两个瀑布都奔腾咆哮在你面前,面对着这里呈现的触目惊心的场景,我看绝大多数平凡的芸芸众生,都无法描摹和比拟。就算它是两堵硕大无朋的城垣吧,但城垣为什么一刻不停地奔流倾泻? 算它是两幅从天而挂的匹练吧,但匹练为什么云腾浪啸,雾露沾人? 算它是一轴巨型图画吧,图画为什么如此怒涛汹涌,轰然雷鸣? 这就是大自然,伟大,奥秘,莫测高深!

在儿子的怂恿下,我们夫妇壮着胆登上直冲瀑布的游船。先冲向亚美利亚,回头再冲马蹄形,虽然离瀑布泻落点都在 10 米以上,虽然尽一切力量控制自己,但是却无论如何也压抑不了一种异乎寻常的感受:心为之摇,目为之眩。

回到岸上,脱下淋透了水花的雨披。儿子对我说:"你熟读《水经注》的孟门瀑布一段,对此有什么感想?"我说:"正是因为我是研究《水经注》的,所以我考察过孟门瀑布(今称壶口瀑布),这个瀑布宽不过 30 米,落差只有 20 米,但郦道元能够写出如此栩栩如生的千古文章,足见文学描写确实是一种天赋。我没有这种天赋,今天,搜尽枯肠,也不过一句套语:叹为观止!"

千岛河

加拿大和美国之间的五大湖,最后成为圣劳伦斯河的水源,东流从加拿大注入大西洋。五大湖最东边与圣劳伦斯河连结的是安大略湖,就在河湖连结之处,加、美两国之间有一处旅游胜地,叫做千岛河。听到这个名称,不禁想起了新安江上的千岛湖,两者何其相似。千岛湖实际上有 1087 个岛屿,而千岛河的岛屿多达 1865 个。千岛湖的出现是由于在新安江上拦河筑坝,原来的淳(安)遂(安)盆地淹为水库,盆地中的许多丘陵露出水面,就成为岛屿。千岛河的形成却是由于地质年代中的冰川作用,因为冰川的磨蚀,地形变得支离破碎,所以出现许多岛屿。与千岛湖不同,千岛湖中有许多大岛,而千岛河中绝大部分都是小岛,其中还有不少是露出水面的一块块礁石。在这些礁石上面,可以清楚地看到冰川磨蚀的痕迹,地质学上称为"擦痕"。我是地理系的教师,在浙江带学生野外实习,找一处冰川擦痕真不容易,但这里到处都有,真是一本极好的地质学教科书。

圣劳伦斯河的这一段是加拿大和美国的界河。两国在这段河岸上都设有不少游览点,可以登上豪华的游艇入河游览。我们是从加拿大的甘那纳克登上游艇的,对岸就是美国的克莱敦,同样也是一个游艇码头。从各个游览点启航的许多游艇,穿梭在密如繁星的岛礁之间,有时,挂红枫旗的加拿大游艇与挂星条旗的美国游艇并肩而行,双方游客互相挥手问好,倒是别有一番风味。所有岛屿都是加、美两国人的私人产业,岛上都建了各式各样的别墅。据说在上百年前两国政府出卖这些岛屿时,每个岛屿只卖几块钱。

既然岛屿都是私人产业,所以不可能像我们的千岛湖一样,登上几个岛去观光。千岛河的游客是不允许登上任何一个岛屿的。只不过是在游艇上看看各岛的风格不同的别墅和庭园,饱餐圣劳伦斯河的秀丽风光而已。各岛上的别墅和庭园的确都有精致的设计,使人应接不暇,可惜它们都关闭着,主人们一年来几次,或者是几年来一次。

游艇上的导游令人佩服。她如数家珍地用英语和法语介绍罗列在两边的重要岛屿,兼及岛屿主人的掌故和岛上布置,并且穿插一些让人发噱的诙谐语言和笑料。游艇在千岛河上环行一转约摸要3个小时,她的抑扬顿挫的语调始终不曾间断,这或许是我国导游者值得学习的。

枫　叶

枫树是加拿大最常见的树种,枫叶是加拿大的国徽和国旗。加拿大地广人稀,每个城市除了高楼栉比的"堂通"(市中心)以外,城市的其余部分实在看不出城乡的分别。街道与街道之间,住宅区与住宅区之间,常常间隔着大片绿地。加拿大人爱种花木,住宅周围除了大片草坪以外,必然还有许多颜色鲜艳的花草树木,其中当然少不了枫树。

加拿大的枫树品种很多,叶型有大的,有小的,有如同国旗一样分成三岔的,有分成五岔的,也有整片不分岔的。在夏季,各种枫树都绿荫葱茏;但一到秋季,颜色的区别就出来了。有深红的,浅红的,深黄的,浅黄的,还有紫色的,有紫得近乎黑色的。中国人常用"万紫千红"形容春天,而在加拿大,使用这个词汇的最恰当季节是深秋。

在加拿大看枫叶,除了"堂通"以外,其实到处都可以观赏。街道上可以看行道树,住宅区可以看各家各户的庭园树,都是那么五彩缤纷,体态各具,足够一饱眼福。但是要真正了解加拿大为什么选择这样的树叶作为她的国徽和国旗? 也就是说,要真正看到枫叶作为这个国家的奇胜绝景,那就得到魁北克的森林中去。而时间最好是9月底或10月初,初霜降临了以后。

我们就是在这个季节驱车进入魁北克森林的。在蜿蜒的柏油公路的两边,千千万万棵树种和叶型不同的枫树,密集地挤在一起,各种颜色交错掩映,在阳光的照耀下,五彩杂陈,光芒闪烁,使人眼花缭乱。落叶已经开始,红的、黄的、紫的叶片,在晴朗的秋空中飞舞翻滚,而飘落在林间的叶片,又逗引着人们捡取。让游客们仰望俯视,左顾右盼,应接不暇。

在公路比较宽广处设有停车场,让游客们停车,或步行深入林中,或在林边特置的餐桌上野餐。欧洲来的游客总是住在魁北克或安大略的城市里,然后租用当地汽车自己驾驶而来(北美各地都有出租汽车供旅客自己驾驶的公司),所以无法判断他们的真正来处。但美国游客可以从汽车牌照中获悉他们的来处。我特地注意了停车场的车辆,有不少来自加利福尼亚州和得克萨斯州的。从加州到魁北克,驱车需要 4 个整天,从得州来也要 3 个整天。我真佩服美国人的游兴,但同时也领会了加拿大枫叶的巨大魅力。

古典操练

加拿大的冬季长达 5 个月,冰雪封冻,天气严寒,大家都蛰居在家里。但夏季是一个黄金季节,草木葱翠,百花争妍,而游客云集,市场兴旺。为了促进旅游业的发展,除了各旅游胜地有各种推陈出新、招徕旅客的设施以外,各大城市,也都由政府或其他公共团体举办各种兴趣活动。用以吸引游客,繁荣市场。在首都渥太华,最受人瞩目的就是国会大厦广场上的古典操练。

国会大厦在渥太华西北部的一片低矮丘阜上,是一座高达 92.2 米的雄伟建筑。大厦前面是一块广大的草坪,古典操练就在这草坪上进行。这是每年七八两月旅游旺季在首都最引人入胜的活动。每天操练一场,时间约在上午 9 时到 10 时之间。不管是游客或市民,谁都可以前去观赏,不收门票,也绝无其他索需。人们围在草坪四周,或坐在国会大厦门外的栏杆上,等待操练的到来。

全副古典戎装的队伍是从面对国会大厦的一条宽广大街上整队进来的。带头的是乐队,后面是骑着高头大马、身挂指挥刀的军官。随后是 100 多个身背老式毛瑟枪的士兵,全部红色军装,足登高统皮靴,头戴貂皮军帽,帽边覆盖了前额后脑以及两耳直到颈部。看上去是黑头红身,宛如回到了 18 世纪。军乐悠扬,鼓声铿锵,正步趋入草坪,确有一副威风凛凛的气派。进场站定,随即分成几队,于是就口令相传,操练顿时开始。所谓操练,其实也不过是立正、稍息、持枪、背枪、正步行进等等,无非是 18 世纪英国皇家《步兵操典》中的程式。主要是因为打扮奇特,所以特别引起观众的兴趣。这样操练了个把钟头以后,又把分散的队伍集中起来,仍然是乐队领头,吹吹打打地扬长而去。

队伍全部出场以后,我忽然发现,草坪四角,仍然站立着 4 个古典军人。开始还以为他们忘记了归队,后来才意识到,整场操练,根本不是什么军事活动,而是一种实足的旅游活动。留在草坪上的这 4 位古典人物,是专供游客拍照用的。果然就有一些游客站在貂皮帽、红军装边上摄取镜头。我们夫妇为好奇心所驱，也就凑热闹和一位18世纪的赳赳武士合影留念。

我在北美看到不少城市在发展旅游业上的各种饶有趣味的活动，形式随地而异，内容丰富多彩，而且常常赠送一些小礼品，或让游客品尝一点地方小食品，却并不索取费用。使游客流连忘返，留下深刻的回忆。诸如此类，都值得我们借鉴。

黄巴士

在北美，许多城市的出租车都是黄色的，所以马路上时常可见黄色汽车驰骋。但是另外还有一种黄色汽车，只在早晨和下午看到。多数是大型的，和我们城市里的公共汽车一样；也有中型的，与我们的大面包车差不多。北美有些华人，叫这种车为"黄巴士"。

每辆黄巴士的头上都写着"校车"两字，在北美，它是一种通行无阻的车辆。美国各地曾颁布法律，不许家长自己用小车接送孩子上学，小学生上学放学，一律乘坐公家的这种黄巴士。因小学大多没有停车场，上下学时也正值工作人员上下班时，在北美叫做"冲闯时间"。各小学门口，挤满了送孩子的车辆，势必影响交通。所以学校为全校学生在各住宅区附近安排了接送点，学生一律按时在接点上下车。加拿大没像美国硬性规定不让家长接送，但是也劝说家长不要自己接送，而且采取了一套减少家长接送的软办法，就是让学校的校门和各教室门开得很晚。每天早上，要让分头接学生的各路大小校车抵达前几分钟，学校才打开大门。有好几位值日老师站在门口欢迎学生，每个教室也在此时开门，班主任老师站在门口。学生进入大门和教室门时，师生都互说早安。这样，假如家长自己送孩子，去早了，要吃闭门羹，站在门口不好受；去晚了，这个互说早安的场面已经过去，也会觉得没有意思。所以往往是小学生自己要求坐校车，不要父母接送。由于北美的中、小学并无分区入学的规定，有的学生可能住处离校很远，所以学校都备了不少辆大小校车，停在规定的停车场，一日两度，分头接送。

因为坐在这种黄巴士内的都是国家未来的主人翁，所以这是政府严格保护的车辆。凡是黄巴士停车、学生正在上下之时，任何车辆，包括总统和高级官员的坐车在内，都必须停下来，不得超越。我儿子家附近的拐角上，恰巧是两个学校的接送点，而不远处住着一家上海人郑先生，是我们常常见面的朋友，他驱车上班时，常常遇着前后两辆黄巴士在接学生，他就不得不停车等待。有时甚至耽误了他的上班时间。郑先生是80年代初出来定居的，"文革"前在中学读过《李有才板话》。他对黄巴士的经常挡驾相当头痛，有一次见面时，他用李有才的口吻说："黄巴士，真神气，好比北京大红旗。大红旗里大首长,黄巴士里小把戏。"这是他说的气话,其实他何尝不知道,黄巴士里的小把戏,在若干年以后,不仅有大首长,也有大科学家、大文豪、大实业家……等等。不然的话,北美政府也不会如此重视黄巴士了。

敬老慈幼

敬老慈幼原是中国人的传统美德,但是相当长的时间里,在"敬老"这方面,显然出过一点问题,这当然是有许多原因的。因为老年人都从旧社会过来,或是"思想"顽劣,或是"立场"不稳。以我所执教的学校为例,"文化大革命"时,大部分老教师都进了牛棚。这当然是往事,但它的社会影响,都不会以"彻底否定"而立刻改观。前年,我们理发室杨老师傅的一席语,使我茅塞顿开。因为我连续在外地开会几个月,回家后去理发,他一见就说:"陈老师,你好久不来这里理发了,是不是在外面理发? 在这里,我们认得你是一位名教授(这一点委实不敢当),尊重你,不让你等候,并且把生活做好。你要到外面理发店,像你这样一个老头子,又是这么一身打扮,那些剃头师傅根本不把你放在眼里。"的确,我是去外面理过发,而得到的"待遇"果然和杨师傅所说的一样。

对于慈幼,由于独生子女的关系,这些年来,不免也有些家庭走上歪道。4位老人围着一个孩子团团转,百依百顺,有求必应。一位朋友告诉我一个确实见闻,在一所贵族学校(我极端反对这类学校)的篱笆内(这类学校多半是住读的),一个孩子拿着一张百元钞票嚷嚷:"叔叔,给我买一包北锅巴,多余的给你。"

在这方面,我在加拿大所见的,或许有点借鉴。

在慈幼方面,首先是政府,孩子一出生,政府就发牛奶费,每月30多加元,一直要发到10岁,这当然是纳税人的钱。对于父母来说爱子女是人类天性,加拿大人一般说来,子女也不多,但是他们并不溺爱。"黄巴士"是最好的例子,搭"黄巴士"上学当然没有家长自己接送的舒服。何况加拿大许多人家都不止一辆汽车,而母亲多半只管家务,很有时间接送。我离开此国在去年10月上旬,早上已经浓霜蔽野,孩子们习惯还着短裤,站在接送点等校车,每人的大腿都冻得发紫,但家长们都并不在这方面肉痛自己的子女。

对于老人,加拿大有各种社会保险,生活是有充分保障的。举个简单例子,老年人偶得小痛,感到自己不宜开车去医院,就可以随手打个电话,医院立刻会开来一辆形如面包车的专供接送老人看病的车子,车上专门有护士侍候,到医院看了病,不必住院的就原车送回,这一切,照例都不必付钱。当然,这种享受限于加籍公民或已经获得定居权的老人。至于像我们老夫妇这类短期逗留的人,社会上也有一些优待。譬如进公园,这个国家要收票的公园本来极少,对于老年人,就有对折到七折的优待。又譬如进自助餐馆,北美人管叫这种自取自吃价格一样的餐馆为"不费得"。老年人进"不费得"因为胃口小,照例打七折,而且账房很有眼力,绝不需要你出示证件,吃完付钱时,发票上一定给你打好折扣。这类事,我们遇过多次。

60 岁以上的老年人,假使没有退休金,也没有子女供养(包括有子女而不供养),就可以享受政府的生活补助金,一般是每月一千加元,并且可以住到一种每月只花200 元的政府公寓去。这种公寓也有 3 个房间,并厨房、卫生间,包括一个简单的停车房。

加拿大国土广,资源多,人口少,人民的文化素质很好,政府清廉而办事效率高,这些都是它在敬老慈幼的事业上达到较高水平的原因。

图书馆

在国外,我每到一个城市或一所大学,总是首先关心图书馆,因为那里有我所需要的东西,而且其中有许多是国内得不到的。记得有一年我们夫妇到东京,安顿好住宿以后就跑图书馆,一直到跑遍几个主要的图书馆,满足了我预定的要求以后,才想起这是我们第一次到东京,还没有登过东京塔、上过银座呢。于是再走马看花地到这些地方应一应景。我也有我的理论,因为东京塔、银座等等,我们在电视上,画报上早已看到了,但是藏在图书馆里的书,电视上是永远看不到的。而且说真的,国外的图书馆从不亏待我,每一次进去,没有一次是空手出来的。不说别的,这些年来国内大修方志。我已经前后从国外图书馆引回了 4 种流落在外的浙江省方志孤本。例如绍兴流落在异域的乾隆抄本《越中杂识》,就是我从美国国会图书馆引回的。

说起国外图书馆,有一点值得我们惭愧。我们这边,许多图书馆,取出一本书来就要钱,不管你看不看。稍稍珍稀一点的版本,要价就更吓人。我的一位研究生曾经抱怨说,假使当年英国图书馆也是这样,马克思这个穷汉恐怕写不出《资本论》来。在国外,凡是我到过的地方,在馆内看书没有要钱的,不管你看的是什么版本。要复制,也不管是什么版本,按规定的同样价格收费。记得那年受常山人之托,在日本宫内省图书馆复制该县流落他乡的孤本、康熙抄本《常山县志》。尽管这个图书馆的性质是并不公开的皇宫图书馆,而这本书的性质又是世上孤本,但他们绝没有一点敲竹杠的意思,这样一部大书的复制费用,按东京行情,只不过 3 张电影票或二三公斤桔子的价钱。

　　此番我在北美,不论是加拿大和美国,照例跑了不少图书馆,收获不小,但是没有花过一分钱。就以加拿大首都渥太华的公共图书馆为例,这个图书馆的书是全部开架供读者选借的,由于看到了也有我的四五种著作放在架上,不免对它产生了一点偏爱。其实,按照它所规定的借书手续的方便程度,也不得不让人对它有所偏爱。向这个图书馆申请借书权必须向它写信,只要连续写给它的两封信都是同一地址,它就认为你有固定住所,就会复信同意你借书。从此,你每次可借书14册,借期3星期,到期还可以办续借手续,当然这一切都是免费的。后来到美国看看,绝大部分图书馆也都是免费的,著名的如国会图书馆、纽约公共图书馆、斯坦福大学图书馆、康奈尔大学图书馆等等都是这样。也有少数图书馆是收费的,但收得很少,如柏克莱加州大学图书馆,每年收费10美元。宾州大学图书馆,每年收费25美元。对于美国读者来说,这点费用实在微不足道。

　　西方世界形形色色,有的我们应该学,有的我们不应该学。对于为人民提供知识的图书馆,我们是应该学的。

魁北克

　　魁北克是加拿大的一个省,面积达154万平方公里,是全国最大的省;人口650万人,居全国各省第二。它和加拿大首都所在的安大略省毗连,以渥太华河为界。与作为加拿大国家象征的议会大厦,相距不过半英里。我们在加拿大住了几个月,经常到这个省内去。我对这个省的印象是辽阔、美丽、富饶。繁荣的城市,洁净的环境,便利的交通,茂密的森林,空气清新,土地肥沃,是一片令人怀念的好地方。

　　我到过魁北克的许多城市和风景点,其中特别使人向往的是加拿大的旧都蒙特利尔。这是全国仅次于多伦多的第二大城,登上市中心233米的皇家山眺望,全城就映入眼底,确是一个美丽的城市。特别是著名的嘉廷植物园,这个占地75公顷的园林,拥有26000种植物和10个花园,其中的中国花园面积很大,内有亭台楼阁,湖泉假山,是我所见过的国外的最好中国园林,美国纽约大都会艺术博物馆中的苏州式园林明轩,实在无法与它相比。我在这个园林里左顾右盼,流连忘返。

　　魁北克真是加拿大的一片乐土,但它却也同时是加拿大的一种烦恼。因为民族和语言的问题,长期以来已经成为这个和平、安静的北方国家的心腹大患。这是历史造成的,是欧洲殖民者的残酷殖民史的后遗症。在欧洲人到北美的殖民史中,法国人首先进入加拿大。早在1640年,法国人已经到了魁北克,在蒙特利尔及其他地方定居。但接着,英国人也来了。为了对殖民地的争夺,终于引起了1756年—1763年的所谓七年战争。法国军队被打败了,只好屈膝求和,订立了1763年的"巴黎和约"。英国人获得了法属北美殖民地,并且确立了它在印度的势力。此后,英国殖民者竭力扩张和巩固他们在加拿大的地位,驱逐了许多比他们先到的法国人和他们的后裔。我曾在美国南部路易斯安那州的沼泽地看到一些当年从加拿大被赶出来的法国人显得贫困落后的情形。他们现在当然说英语,但在村庄内部,相互间仍说200年前的法语,这种法语,就连现代法国人也很难听懂。听说,在这些村庄里,还代代相传地留存着一些当年受英国人迫害、从北美北部逃到南部过程中的种种历尽艰难痛苦的故事。

当然,许多法国人还是坚持定居在魁北克,忍受着英国殖民者的不公平待遇,继续保持着他们的宗教、语言、风俗、习惯,而一度作为加拿大国都的蒙特利尔,至今仍是除了巴黎以外全世界通用法语的最大城市。尽管当前的加拿大政府已经不同于过去,他们承认并尊重魁北克省的特殊历史,例如,加拿大政府的文件都用英、法两种文字颁发,人们进入魁北克省,一切标志如公路路牌、机关名称等,也都用两种文字表示。但是200多年的宿怨,是并不容易一旦消除的。魁北克人经常鼓吹独立,脱离加拿大,自成一个主权国家。这次我们在加拿大期间,正逢魁北克闹独立甚嚣尘上之时。魁北克以外的整个加拿大,不免人心惶惶。因为这个全国第一大省一旦独立,不仅加拿大在政治、经济上的损失不可弥补,而这个世界大国的领土,也将被腰斩而支离破碎。我们离加赴美时,情况尚未明朗,直到10月底,我们在美国的电视上看到了魁北克公民的投票结果。独立派仅以1.2个百分点之差失败。魁北克总算仍然留在加拿大国内,但独立派人们高呼:"几年后我们必然胜利。"

魁北克事件值得全世界深思。冷战已经基本结束,国家与国家之间的大规模热战看来也很少可能发生,这是世界进步,人类幸福的征兆。但各国内部的民族问题却显然成为任何一个多民族国家都不容忽视的问题。加拿大是一个政治民主、社会进步的国家,魁北克即使独立,也不会引起一场民族战争。但看看世界上的其他角落,某些国家内,民族战争和残杀,正在此起彼伏地发生。所以这个问题实在是当前一切多民族国家的领导人和政治家都应该重视、预见和事前防范的问题。

去美国

现在交通便利,去美国不算什么新鲜事。何况我又不是初次去美国。却为什么写这个题目。是不是因为美国人的服务好。对,但也是我过去领教过的。有人说,在美国,服务也是商品。不错,收小费就是一种把服务当作商品的例子。自从我到日本担任客座教授以后,我颇因美国的这种商品化的服务而瞧不起它。因为日本的服务行业不收小费,服务却同样周到。但这一次去美国却多少改变了我原来的态度,因为我看到了他们的高度效率,受到了他们的额外服务。

我们夫妇是凭瓦尔巴莱索大学校长的正式邀请书而在加拿大渥太华美国领事馆取得签证的。按照路程,我们应该从渥太华径飞芝加哥,因为这所大学离芝加哥很近。但是儿子和媳妇送给他们在国内的两位姐姐每家一套新式厨房用具,两个老人看着这两大件行李发愁,唯一的办法是先到美国南部我们小儿子家中把这两大件安顿下来。于是我们买了美国航空公司从渥太华到巴尔的摩的国际航班,然后再转美国国内航班到我们小儿子所在的路易斯安那州首府巴登鲁日,令人不安的是,起程前两天,美国的天气预报发出了墨西哥湾的飓风警报。和我国的台风一样,这是一种可怕的热带风暴。但是由于机票已经买好,退票改期,也非我们所愿,所以决定冒一点险按日启程。

10月4日凌晨,轻轻地吻别了酣睡中的孙子,儿子和媳妇驱车送我们到渥太华国际机场,因为我们是老人,送行者可以进入国际候机室,一直到6时半飞机起飞。不过一个多小时,我们在巴尔的摩着陆,顺利通过海关,两件大行李也只花两美元由一位黑人搬运工帮我们送到国内航班行李处,并且带领我们到候机室门口。因为我们是老人,立刻有一辆电瓶车开过来,欢迎我们上车,在极长的候机室走廊上送我们到这个航班的候机室。却被告知,因为飓风,许多到南方的航班取消了。于是电瓶车把我们转送到一个小小的航行办公室,那里,一位女士告诉我们:"真对不起,因为飓风,到巴登鲁日的航班取消了。我们为你们安排了到夏洛特的航班,再从夏洛特换机到新奥尔良。"她同时立刻挂通我们小儿子的电话,告诉他原因,并让我们也通话。小儿子说,既然如此,你们只好在候机室等。因为原来9点多可以起飞的,现在要到下午5点。晚上9点才到新奥尔良,他驱车去接我们。我们实在很懊恼,因为不仅要在候机室泡8小时,而小儿子得在晚上开车一个多小时从巴登鲁日到新奥尔良。我坦率地告诉这位女士,这种改变对我们两个中国老人很不方便,但这是天时,也是无可奈何的事。她则再三表示抱歉。于是我们只好坐在候机室,喝咖啡,吃点心。却不料在12点左右,又有一位女士找到我们:"你们是陈先生夫妇吗?为了让你们早点到达目的地,我们已和亚特兰大的台尔泰航空公司联系上了。你们乘我们的航班去亚特兰大,那里有台尔泰的航班直飞巴登鲁日。"说着又和我小儿子挂通电话,又让我们和小儿子说话。当时,离这个航班起飞已经不到10分钟,几个人忙着电脑重新打印机票和行李票。而我最担心的,是早已传送到去夏洛特班机的两大件行李,怎能在这短时间中取出来送到即将起飞的亚特兰大班机上。我告诉了她们这个顾虑,她们说:"请你放心,一切都会办好的。"等到办好手续,这个班机的空姐已经赶到候机室接我们,领我们通过甬道登机。当时,飞机已经发动,我们刚就座,飞机就进入跑道起飞了。一个多小时后在亚特兰大着陆,于是我们下机走出甬道,却不料甬道口等着一位胸挂"美航"的女士,看到我们就说:"你们好。你们是陈先生夫妇吗?你们要在这里换乘'台尔泰'的班机,请在此稍等,我们已请'台航'的人到这里接你们。"正说着,一位胸挂"台航"的先生已经快步赶到了。自我介绍:"我是台尔泰的马登,特来接你们去我们的候机室。"由于我们手上各有一件小行李,他立刻接去我妻子的行李,领我们上路。穿过几条走廊,走了几百米,又下地铁,地铁开了两站,才到达"台航"领地,至此我才知道亚特兰大机场真大。马登先生带我们到规定的候机室坐定,握手道别。

　　1个多小时以后,"台航"班机起飞,再1个多小时,我们就到巴登鲁日。我所担心的我们两个女儿的新式厨房用具也安然无恙,而且小儿子正等着我们。见面就说:"台尔泰派人接了你们没有?"原来是他挂电话给亚特兰大机场总管理处,要求他们给两位中国老人特殊照顾。我对此不胜感慨,因为谁都知道,在美国,历史悠久的泛美航空公司几年前被竞争垮了。而"美航"和"台航"正是当前剧烈竞争的对手。但是为了一对老人旅客的方便,他们却能紧密地合作,而且这种合作是在几分钟之间用电话联系成功的。两家激烈竞争着的公司,共同给了我们一次令人满意的服务,只凭我儿子对亚特兰大机场的一个电话。没有找熟人说情,没有后门,当然更用不着请客送礼。总之,没有多花一分钱。我们也曾向马登先生道谢,但是他说:"这是我应该做的。"当然,讲理论的人会说:"这种服务仍然是商品。"这话我承认,我也愿意当哪一天我们解放了全人类,然后再解放了我们自己以后;当哪一天按劳取酬甚至按需分配的美好日子到来以后,我们再也不需要这种商品性的服务。不过至少在今天,这种作为商品的服务,只要不是"黑市"市场,而是明码标价,只要我这个穷教授付得起,这种商品我愿意买。

鬼节与感恩节

　　自从美国瓦尔巴莱索大学校长林达·里查德的正式邀请书寄到以后,我们就开始筹划离加赴美的事。但我们念小学的孙子却缠住我们。要爷爷奶奶过了"哈罗文"再走。"哈罗文"是什么?用汉文意译就是"鬼节"。与国内在农历七月十五以后闹"盂兰盆会"的那个节令相仿。这个节日原来始于罗马天主教的"万圣节",即11月1日。据说这个节日中,上帝要赐福予他的一切信徒。中世纪的英国教会,才把这个节日的前一天,即10月31日称为"哈罗文"。这实在是个儿童的好玩节日,这天晚上,儿童们都打扮成鬼的样子,到各家各户去要糖果。而各家也都早已准备了许多糖果,欢迎这帮"小鬼"的到来。节前,各商场不仅出售糖果,并且出售"鬼服"。而我的媳妇早已为她儿子买了一套黑色鬼服,加上一个狰狞的面具。在鬼服买到的那天晚上,孙子已经试过装,戴了面具到爷爷奶奶跟前亮过鬼相。抱歉的是,我们还是没有接受他的挽留,到美国他叔叔家过了这个节日。

这个晚上,小两口手捧糖果,站在门内候"鬼"。只要门铃一响,就立刻开门,用糖果向这些小鬼们贿赂。我们老两口没有这种任务,索性出门看看各家各户的迎鬼场面。除了悬挂在门口树上的各种模拟鬼以外,鬼节前各市场都出售重达10公斤左右的大南瓜,到这时才知道,这种黄色大南瓜供鬼节专用,人们把南瓜挖空,雕出眼、鼻、嘴,涂上颜料,有的还在眼上装起小灯泡放在门口眨眼。这个晚上,真是一个鬼的世界。这实在是个让儿童们开心的节日。不过我想到,在加拿大和美国北部,10月底正是庄稼收割完毕的季节。所以让孩子们玩乐的鬼节,或许因收获以后,大人们有了空闲,家里又有了粮食,这才让孩子们乐一乐的。

鬼节以后,我们又在美国过了感恩节,和鬼节不同,这可是个了不起的大节,而且这个节日不是来自欧洲,它是北美自己的节日。节日起源于麻州的普利茅斯,这是因为1720年9月16日从英国南安普敦启锭的"五月花号",经过在大西洋上100多天的风吹浪打后,终于在同年12月26日到达今普利茅斯,抵岸共102人,而次年即在当地获得丰收。为了感谢上帝的恩情,所以在北美才有这个节日。这个节日当然也和秋收有关,所以定在每年11月的最后一个礼拜四。对于北美来说,这个节日实在是超过圣诞节,可与我国的春节相比。中小学和许多机构都休假1周,在外地的人们尽可能要回家团聚。此外,从感恩节这天起,圣诞节的一切场面也就铺开了。因为在北美,圣诞节不仅是个宗教节日,而且是个商业节日。从感恩节起到圣诞节的个把月时间中,各商场的营业额一般要抵得上平时的半年。从这一天开始,各商场和街道上就张灯结彩,并且扎起许多圣诞树,各种应节礼品纷纷陈列出来,天上有做广告的飞机,路上有做广告的彩车,家家户户的邮箱中,每天都会塞满各商场的减价广告。这种从感恩节开始的节日气氛,一直要持续到圣诞节以后。

"南北战争"

南北战争(1861—1865)是美国历史上的唯一一次内战。这是100多年以前的往事。却不料在我们夫妇抵达巴登鲁日后的几天,我们就被投入这场著名的战争。当时,枪炮轰鸣,硝烟弥漫,战马长嘶,战鼓铿锵。我们身历其境,却并不心惊胆战,因为这是一场模拟战争。

在路易斯安那州首府巴登鲁日以北不到100公里的哲斐逊城附近,内战时期,曾于1864年10月7、8两日发生过一次剧战。当年的战场是在一片空旷的洼地上,现在基本上没有变化。于是,由西佛罗里达历史学会组织设计,在这场战役131年以后的同月同日,举行这一次模拟战争。我们是从媒体上看到这条新闻而赶来观战的。

这天早上我们驱车北行,先到哲斐逊城,这是一座只有几万人口的小城。当年的战场在城北约3公里处,是一片大约四五平方公里的洼地,洼地西边有一片森林,当年是南军集中和隐蔽之处。洼地以东是一带高地,当年是北军集中和布防之处。进入这个古战场以后,由于战争尚未开始,我们参观了高地附近的北军之营,也是按当年实迹布置的。这里搭起了许多帐幕,包括司令部、军官营帐、士兵营帐、医院、仓库和其他各种后勤营帐,都是上个世纪的式样。有不少在医院、食堂服役的女士,她们都穿着电影《乱世佳人》中的服式。还有一些背着老式毛瑟枪站岗的士兵,他们的制服,也都是北军原来的格式。

战争按当年时间是从下午一点半开始的,有临时搭设的看台,让我们坐着观战。南军首先从森林里冲出来,进入洼地,而北军在洼地边缘的战壕中按指挥官的号令射击。接着双方进行炮战。当然,枪炮都是打不伤人的,而炮弹落地爆炸的火光和烟尘。都是事前置放在草地下而用电钮触发的。这样互相轰击了一阵,双方的冲锋号吹响了,南军的骑兵从森林里出来,北军士兵后退脱逃,立刻被指挥官用手枪就地枪决(这也是当年历史事实)。近战和肉搏以后,北军开始败退,南军登上高地,北军指挥官蔡特莱斯·勒·普蒂上尉终于双手托起指挥刀向南军投降。于是战争结束。看台上响起一阵掌声。使我纳闷不解的是,看台上的许多黑人观众,也照样兴高采烈地鼓掌。这或许是一种美国性格,他们把这个模拟战争完全当作一样玩乐,早已忘记这段历史了。

"战争"结束以后,我们走下看台,刚才举刀投降的那位"上尉"先生,现在又挂了指挥刀,戎装未卸,站在战壕边上。或许是他发现了我们老夫妇是一对黄种老人,主动地过来与我们招呼握手,并且合影留念。我和他打趣说:"我看你勇敢,只是历史要你投降,否则的话,你是会打胜仗的。"他大笑着说:"不,我是莫比尔城(中国旧译美俘)一个医药批发商,素来胆小。只因我身材魁梧,他们才派我当这个角色。要是真打仗,我是不会来的。"于是我们相互大笑,这又是一种美国性格。

"欢迎中心"

我们决定作一次佛罗里达州的旅行。不坐飞机,而是开车前往。小两口轮流驾驶,老两口则看看沿途风景,或者打个盹儿,既有旅游的情趣,又是一种天伦之乐。比坐飞机确实要好得多。

但是路程很远,从路易斯安那到佛罗里达,要经过密西西比和阿拉巴马两个州,也就是要 3 次进入别州州境。以中国作比,就是 3 个省境,在高速公路上,车行甚速,一进入密西西比州境,就看到一座大房子,花草树木,布置甚美,还排列着不少供旅人野餐的桌子,房子门口挂着一块"欢迎中心"的牌子。

"欢迎中心"这类词汇在公路上出现,我相当熟悉。因为在国内,不要说省境,过一个县境或市境,就会受到一个大牌坊的欢迎,而且牌坊两侧写得更为热情。所以对于这个"欢迎中心"的"欢迎",我并不在意。下车时想到的,只是或许这里有一个什么关卡,要交一点费用,让我儿子破费几块美元而已。却不料进入大门,随即得到免费的热咖啡和冰可乐的接待。这个中心包括好几间布置得洁净大方的房间,在一个房里挂了现任州长和历任州长的照片。写着一篇简明的州情介绍。另外几个房间里,则摆列着几十种有关这个州的资料,任人自取,其中有不少是这个州的旅馆、游乐场、名胜地等的广告。每间房子里都有大小沙发,供旅人休息,我好奇地看了每个房间,取了一些资料,包括一张折叠起来的这个州的大比例尺地图。

好几位女士管理着这个中心,对于我们这几位能用英语和她们交谈的黄皮肤旅客特别感兴趣,问长问短,并且合影留念。就这样,我们通过密西西比州境进入阿拉巴马州,同样是一座漂亮的建筑,同样挂着"欢迎中心"的牌子,受到同样的接待。最后进入佛罗里达州境,和前面两州不同的是,除了热咖啡和冰可乐以外,还有一杯鲜桔水,因为这个州是美国的桔乡。

回程中,由于要观赏墨西哥湾,因此走的是一条公路支线。我当时心里有个疑问,从四面八方通向一个州的大小公路不知有多少条,是不是每个入境处都能得到"欢迎"?这个疑问在进入阿拉巴马州时就得到解决了。这条公路入境处没有"欢迎中心",却有一个挂着"休息室"牌子的房子,进门一看,同样熟咖啡和冰可乐,摆设也和"欢迎中心"一样,就是房子小一些,我们同样得到欢迎。这种欢迎是实在的,是旅人们所需要的。

卡纳维尔角

卡纳维尔角是全世界媒体上常常出现的地名,佛罗里达州是美国最东南部介于大西洋和墨西哥湾之间的一个半岛,由于气候温暖和阳光充足,这里到处都是游乐园。特别是冬天,当加拿大和美国北部早已天寒地冻的时候,这里还是一个阳光煦煦的温暖世界。这个州到处都有可以玩乐的地方,但对我印象最深的无疑就是卡纳维尔角。

从地理上说,它无非是佛罗里达州东缘大西洋沿岸的一个岬角,但是因为这里是著名的肯尼迪航天中心所在之处,60年代末期的登月飞行和现在的航天飞行都从这里出发。所以原来是一片沿海荒滩、泻湖斥卤的沼泽地区,现在已经名震世界。

其实,航天飞机的组装和发射并不在卡纳维尔角,航天中心总部在这个岬角以西的一个名叫梅立特的狭长岛屿上,组装大厦和发射台则在梅立特岛以北的另一小岛上。它们与卡纳维尔角之间,隔了一个称为香蕉湖的南北狭长的泻湖,梅立特岛并包括北部组装发射的另一小岛,南北长不过24英里,东西最宽处也不到10英里。在这样一块小小的地面上,30多年来,已有几千亿美元投放在这里,真是不可思议。

梅立特岛上的航天中心,主要供展览、咨询和参观者休息之用。这里有陈列着各种资料的房间,可以免费自取。有咨询中心、航天电影院、旅游剧场、购物中心、餐厅、咖啡厅等等。大厦四周的广场上,有各种火箭、登月舱、航天飞机等,多数都是实物。广场北端有一座称为"空间镜"的宇航员纪念碑,最令人感动,这是一面用许多块金属镜拼起来的硕大镜子,在阳光照射下闪闪发光,每块镜子上都写着为宇航事业捐躯的宇航员姓名。这个纪念碑建于1991年,当时已有14位宇航员的姓名,到1992年,又增加了两位。参观者登上这个特殊纪念碑的台基,都情不自禁地肃立致敬。

梅立特岛以北的这个小岛,是航天飞机组装发射的关键所在。从航天中心大厦专门有豪华的双层大轿车送游客前去参观。一进入此岛,首先是一座组装大厦。这几年来的主要组装工程,是把航天飞机与火箭组合起来。两者都是庞然大物,组装完成后,载入一辆特制的巨型载重车,此车车身的自重就达2700吨,可以在组装大厦进进出出,所以组装大厦的高大可以想见。载重车从组装大厦出来,在一条特殊的、能承受超级载重的道路上缓行,时速限制3英里,从组装大厦到发射台,要走两小时,然后装上发射台准备发射。发射台已经靠近大西洋沿岸,东西共有两座,相距约2公里。其中西侧的一座,就是1986年1月28日发射"探险者号"爆炸,7位宇航员遇难的发射台,当轿车驶过北台时,令人不胜悼念。发射台旁有一水塔,贮水达30万吨,开始不理解为什么要贮存如此大量的水,经解释才明白,发射以后,整个发射台及其近旁的温度剧升,于是立刻放出这30万吨冷水以冷却这骤然剧升的高温。

在航天中心,对于如何严格训练宇航员的问题,有实物展览和详细说明。但是对如何选拔宇航员,却并未提及。关于这方面,由于我的小儿子是物理学博士,又在大学担任高级研究员,所以了解情况,他告诉我,宇航员的选拔是根据宇航局公布的学历要求和身体条件而自己报名申请的。他们学校的物理系主任曾报名申请,但长久未得回信,他写信讯问,回信说了现在我们正在考虑有两个博士学位的申请者,要等这一批考虑完毕以后,再考虑只有一个博士学位的申请者。由此可知,作为一个宇航员,在学历和专业知识方面的要求,也是十分严格的。

墨西哥湾

从地理学上说,墨西哥湾真是造物的奇迹。和世界上其他的"湾"相比,例如我国的渤海湾,它比渤海湾大 16 倍,比日本海、黄海、东海等都要大得多。它的最大深度是渤海湾的 173 倍,所以其体积比渤海湾大 933 倍。比黄海也大 137 倍,因此它虽然名为"湾",其实是一片大海。

墨西哥湾中的最大奇迹是暖流,即是著名的"湾流"。这一股表面水温达 28℃ 的海水,宽度有 60 公里—80 公里,厚度有 700 米,流速每昼夜达 130 公里,它横越大西洋流到西欧沿海,造成西欧的温和湿润的气候。又流向北冰洋沿岸,使俄罗斯在北极圈以北的慕尔曼斯克奇迹般地成为不冻港。所以人们说,墨西哥湾是一座大自然的锅炉。

但是它也经常大发雷霆,这就是如同我国东南沿海的台风一样的热带风暴。而且从历史纪录来看,它比我国的台风有过之而无不及,在得克萨斯州的休斯敦附近,2000 吨级的海船,曾被吹上陆地。

由于我长期向往这个举世闻名的海湾,我们从佛罗里达的回程一直沿着湾岸行驶。可惜 10 月初的一场飓风,把海湾沿岸的村镇、森林等吹得支离破碎。虽然时隔月余,却还伤痕累累,没有恢复过来。我们因为顺着湾岸东行,路程拉长,从早到晚,才到达湾岸著名的旅游胜地巴拿马城,尚在佛罗里达州境内。风暴后的巴拿马城显得千疮百孔,所有濒海的旅馆,有的整座倾圮,有的伤残过半,我们用电话联系好的这家费施德旅馆,底楼因全部进水而封闭,底楼以上已经抢修完毕,总算让我们在此安身。

次日早晨,我们下海滩欣赏海湾美景。墨西哥湾海滩与众不同的特色是白沙,沙滩又细又软,沙包洁白得如同皑皑白雪。它和碧蓝的海水相映,在清晨的阳光照耀下,使人心旷神怡。小两口早已脱了鞋袜,卷起裤管下了海,我一时兴来,"老夫聊发少年狂",也下海享受一层层从海上卷来的拍岸浪花的冲击。另外一个任务就是采集标本,作为一个地理学者,这既是我的专业,也是我的兴趣,我用装胶卷的空盒装满几盒白沙,又选拾了许多贝壳,它们和我在卡纳维尔角大西洋上所采集的有很大区别,使我得到很大的满足。

最后我站在海滩上,仰望蔚蓝而深邃的晴空,俯视白浪镶嵌、碧蓝而透明的海水。当年,我曾为故乡的《野草》撰文,呼吁"还我蓝天,还我绿水"。在这里,我都看到了,但是这里不是我的故乡,我顿时勾起了强烈的怀乡心情,故乡原来有"山阴道上行,如在镜中游"的美丽自然风光,它的将来,一定会打扮得比全世界各地都秀丽动人。

"你自己摘"

佛罗里达州是美国的桔乡,在这个州境内驱车旅行,公路两边,到处都有桔园。虽然,由于柑桔品种的多样化,一年四季,大部分时间这里都有成熟的柑桔,但深秋和初冬,仍是柑桔成熟的重要季节。套一句《老残游记》的话:一路桔果金黄,绿叶扶疏,颇不寂寞。不少桔园门口,常常设有一个门市部,上面挂着一条横幅,横幅上只写5个英文字母,译成汉语,就是"你自己摘"。

尽管桔子在美国是最便宜的水果,但是在长久驱车的疲劳中,看到夹道的累累佳果,似乎还不足以望梅止渴。终于有一次,我们在一处"你自己摘"门市部门口停下车来。早有一位女士笑着出来欢迎,商品架上除了各种柑桔和柑桔酱外,还在盘中放着请你品尝的剖切柑桔并印制精美的说明书。女掌柜告诉我们,园内目前成熟的有6个品种,都是本州的名种,于是我们付给5美元,她给我们一只可以装五磅的塑料口袋,我们随即入园"你自己摘"。

桔园很大,布置幽雅,每个品种都标上牌子,我们首先当然是品尝,这是"你自己摘"的顾客入园后必然要做的第一件事,其实,"你自己摘"的广告,也包括了让你游园、休息和品尝在内。我觉得这6个品种都很好,而且各有特色,说明在竞争如此剧烈的商品社会里,不是具有特色的好品种,根本不能栽种在园内。最后我们动手"你自己摘"各种品种都摘一点,塞满这一只塑料袋。

柑桔园看到的一种现象,使我老伴惋惜不止,这就是,不管哪一个品种,树下都有大量成熟自落的果子,远远看去,树上是一片金黄,树下也是一片金黄,早落下来的已经腐烂,晚落下来的却还新鲜完整。我们在采撷时,经常是踹着这些"落果"作业的,实在有些于心不忍,我老伴说,这个门市部的工作人员,附近也还有几家店铺,他们下班回家时,可以来捡取,装满几个大口袋回家。其实,这是不可能的,柑桔如此便宜,而时间又这样宝贵,下了班,大家开车回家,有谁会对这些"落果"发生兴趣呢?

离开桔园,在车上,我对老伴说,你不记得那年在日本广岛看到的桔园吗?那年我在广岛大学作客座教授,曾经去游览了濑户内海中的一些岛屿。那里正是日本的桔乡,丘陵上有大片桔园,树上挂着当年的果实,树下堆着去年的或是前年的果实。至于桔园主人,他们早已抛弃了这些产业进城去了。当时,陪同我们游览的广岛大学经济地理学教授村上诚说,城里赚的钱多,他们还要这些桔园干什么?至于城里人,他们只晓得上超级市场买桔子,冬季吃北半球的桔子,夏季吃南半球的桔子,有谁会想到这些荒芜的桔园呢？

在中国，像我们这样老一辈读过四书五经的人，知道"暴殄天物"的话，比我们稍晚一辈的也往往在家壁上读过《朱柏庐治家格言》。但现在的年轻人大都不知道这些老话了，不管这些老话对不对，像我们这样一个并不富裕的国家里，我想我们总要避免佛罗里达式的浪费，当然更不应该出现广岛现象。

橡　树

中国的地名有不少用树木命名的，而且其中有很出名的。例如哈尔滨北部的三棵树，是一个大家都知道的火车站名。山西洪洞县的大槐树，因为移民频繁，是研究中国移民史学者的重要对象。福建泉州因为五代时重筑城垣，周围种植刺桐树，所以外国人一直称它为刺桐城。如此等等，不胜枚举。

在美国有大量称为"奥克"的地名。第二次世界大战时，原子弹研究中心在田纳西州的奥克里季，那时当然是保密的，战后才公布出来，中国报刊把这个地名译成"橡树岭"，直到现在，《辞海》中还收着"橡树岭"这一条，释文简单："即奥克里季。"这样一译，"奥克"就成为橡树了，其实，当年第一个翻译这个地名的人，显然没有好好念过植物学，因为在植物分类学中，实在没有"橡树"这种树木，"奥克"是山毛科的树类，应该译成栎树，这种树在浙东山区很普遍，树上结满栎果，椭圆形，棕色，每个果实有一只小小的"碗"托着，山乡人把它磨碎制成棕色的冻状物，叫做"柴子豆腐"。

美国称"奥克"的地名实在太多，我翻了手头一本较大的美国地图卷末的地名索引，能够绘入地图的"奥克"，竟在100处以上，还有更多是绘不上地图的。中间最多的是"奥克兰"，有30处之多，如按我们约定俗成的译法，应译"橡树地"。其中最大的是旧金山附近的奥克兰城，我到过那里，是一座有50万人口的城市，特别是它的中国城，我认为比纽约和旧金山的中国城都显得宽广、清淡、漂亮。可是现在已经找不到橡树了。田纳西州的橡树岭当然很出名，不过它只有3万多人口，只能算作一个镇，我虽然没有到过那里，但是我相信，现在恐怕也不会有多少橡树。因为我到过好几个冠以"奥克"的地方，都没有看到橡树。一个地方开发以后，原始面貌往往就被破坏了。

但是我终于找到了一处没有绘上地图，却是生长着茂密的橡树的"奥克"，这是路易斯安那州密西西比河沿岸的奥克爱丽。这是一个上世纪的庄园的名称，范围极大，一进入园门，就看到一棵棵四五人合抱的大橡树，树冠蓝天，林中显得昏暗。而满地散布着的橡子，走一步就可听到踏碎这些果实的声音。从林中转来转去，终于走出橡树林，登上庄园主当年的二层楼住宅，宅内陈列着许多19世纪30年代庄园初建时的家具,走上二楼,扶着阳台扶栏眺望。我顿时感到吃惊,生平从未到过这里,但风景却这样面熟,宛如旧地重游,阳台正对是一条四五米宽的大路,直指密西西比河河堤,大路两旁,每边对称地排列着 12 棵数人合抱的巨大橡树,树冠浓郁,互相毗连,有的已下垂到地面。树根也相互盘结,好像起伏在地上的游龙。站在阳台上思索良久,终于领悟到:展现在我眼前的是现实的奥克爱丽,而作为这个古老庄园特异景色的两排对称的大橡树,早已通过油画和照片,传播到中国的许多公共场所和家庭的客厅之中。我能够到此一游,不仅是一次巧遇,实在也是一次幸遇。于是我就细读这个庄园的说明书,知道这些橡树在庄园初建时早已存在,树龄多在 250 年以上,眼前最引人入胜的这两排庞然大物,原来每排有 14 棵,由于密西西比河的一次改道,冲毁 4 棵,所以现在只剩每排 12 棵了。

我在两排大树之间缓步前进,左顾右盼,走完了这段百米左右的林荫道,登上密西西比河大堤,欣赏了一会儿这条闻名世界的滚滚巨川,回过身来,正对橡树林荫道,久久不愿离开。我终于在这个到处以"奥克"命名的国家里看到了橡树,而且是这样雄伟壮丽的橡树。

金门大桥

站在金门大桥之畔,我不禁为之神驰,面对着鬼斧神工的金门海峡和浩瀚无垠的太平洋,我立刻想起了太平洋彼岸的家乡,那里有我经常跨越的钱塘江大桥。这两条大桥竟是同年完成的,在世界桥梁史上,都有它们各自的显赫名声。虽然两座大桥是一对同年兄弟,但是按照当年我国比美国远远落后的经济实力和科技水平,我们能够在两年多时间中完成这样一座铁路和公路两用的双层桥梁。而美国建造金门大桥,尽管这座桥梁确实有它的显著特点,但毕竟花了 4 年时间(1933—1937)。所以,在这山海壮丽、结构宏伟的金门大桥面前,我仍然为祖国的钱塘江大桥而充满自豪。

金门海峡的形势确实不同凡响,美国的全部太平洋沿岸,从北向南,延伸着一条与海紧贴的海岸山脉。恰恰就在此留出一个 2000 米宽的缺口。在这个狭窄的缺口之内,却又豁然开朗,出现一个南北百余公里、东西 20 余公里的内海,南部称为旧金山湾,北部称为圣百布罗湾。在金门峡和这个内海的沿岸,分布着数不清的城市,港口、要塞、国家公园、度假村、名胜地和 7 个机场,其中两个是国际机场。此外,在这个内海上,东西横贯了 4 个大桥,其中最长的圣美妥大桥长达 12 公里。在这样一个气象万千的地区,它们与太平洋之间的出入孔道金门大桥,无疑是个十分关键的天堑。

金门大桥全长 2814 米,却只用两个桥墩,这是因为它是世界上最早建成的巨型悬索桥（吊桥），有6条行车道的整座桥梁是通过悬在两个桥墩的高梁上的两条粗大坚实的钢索和无数根从这两条钢索垂直下悬的钢索所支撑着的。在当年，这显然是一种十分大胆的设计，因为两根钢索的自身重量就有2700吨，今天看来，比它更长的悬索桥有的是，纽约的纳罗斯大桥就是其中之一。但是回想60多年以前，设计者的胆识和魄力，的确令人佩服。

小儿子陪我们俩老从行人道上北进，鼓足勇气，走到第一个桥墩的钢架之下，凭栏眺望，太平洋和旧金山湾一览无遗。记得往年在厦门鼓浪屿看到清代书法家何绍基的摩崖题刻："脚力尽时山更美，"老年旅游者的心情古今一样，把他的"山"字换成"海"字，就是我们当时的心态。天色已近薄暮，由于明天还有驰过大桥去考察红杉森林的计划，于是就依依不舍地回头南行，在桥南太平洋的一个海滩上观看太平洋日落胜景。这一天没风，天朗气清，我们凝视着一轮红日从大洋远处的地平线上慢慢下去。我曾多次观看大海上的日出和日落，但是都没有像这一次的心有所感，因为那边正是我们的祖国。

"世界爷"

美国是个森林较多的国家，森林面积占国土之比，虽然远不及北欧各国和日本，但是它有一些特殊树种，是其他国家所罕见的。红杉就是其中之一，由于这种树的树龄很长，有达数千年的，在我国的地理教科书上称它为"世界爷"。

我看到过不少森林，我或许是国内为数不多的考察过巴西亚马逊河流域赤道雨林的地理学者。但是从自然风景的观点说，由于这种森林的茂密封闭，大白天也昏暗一片，除了它的三层楼现象（即树的本身，树下的攀悬植物和树冠挤轧而出现的一片在顶层开花的寄生植物）比较稀罕外，实在没有什么可说的。美国南部沼泽地上的塞普莱斯森林（一种特殊的柏科树类），由于树干上挂满了像马尾巴一样的寄生植物，所以别有风趣。在国内见到的森林中，我很欣赏在青海看到的白杨林，白杨在南方是干径不大的树种，由于此树怕地下水位高和潮湿，南方的杨树一般只能活10多年，而在青海的成片白杨林，树干竟有大到两人合抱的。在浙江省内，西天目山的柳杉林是佼佼者，此树挺拔英俊，森耸可爱。

美国的红杉是世界闻名的，尼克松首次来华时，曾以此树树苗3棵相赠，种在杭州植物园。当时植物园花了大力气，为它们专设一园，用特制的日光灯和人工喷雾保护它们，但是到底水土不服，10多年前我还去看过一次，一棵已经死去，其余两棵也是瘦骨伶仃。

这次访美，虽然是著名的"世界爷"森林离旧金山颇远，但我儿子知道我的爱好，决心驱车让我去考察一番。由于这种树类喜爱湿润，所以红杉森林都分布在太平洋沿岸。我们驱车通过金门大桥，柏油公路逶迤在崎岖高峻的海岸山脉之中。经过一个多小时的山重水复的驰骋，终于到达了加州太平洋沿岸最著名的"茂林国家公园"。公园沿着一条称为红杉溪的小河，坐落在一块两山夹峙的谷地中，范围极大。骤见满山遍谷的红杉大树，一时间给人的印象，实在无法表述，似乎是被什么鬼怪带入了魔窟，不禁毛发悚然；又好像儿时读《格利弗游记》，误入了大人国之中。定了一会神以后，才恍悟原来是到达了慕名已久的"世界爷"巨林。记得七八年以前，我们夫妇曾在几位朋友的陪同下，瞻仰了西天目山的"大树王"。当时，我们要用 5 个人，才可合抱这棵巨型柳杉。但在这里，七八人合抱的大树实在不算稀罕，到处可见，不仅干径粗大，而且树身极高，茂林公园里最高的一棵红杉，高达 120 米，真是人间奇观。这些大树的树龄，至少在 1000 年以上。"世界爷"的名称真是恰如其分。

回程中，我在车上贪婪地阅读公园提供的说明书，知道红杉森林之所以能长期存在，够得上"世界爷"的封号，是因为这种树分布在潮湿的太平洋沿岸，这个地区发生森林火灾的可能性较小。而且由于红杉体内水分很多，却并无油脂（例如松树的松香），自身具有防火能力。林火是森林的大敌，但红杉森林在这方面得天独厚。

行万里路，读万卷书，吾心足矣。

原载《野草》1999 年第 3、4、5 期

效率和礼貌

　　一个城市要成为文化名城,其条件总不外乎硬件与软件两者,硬件方面,除了作为一个现代城市的各种设施如宾馆、商场、市场、剧院、中心广场、公园之类外,作为文化名城,则还要考虑诸如图书馆、博物馆之类,可以开列出一大篇名目。但软件却很简单,可以概括为"人的素质"一句话。当然,所谓人的素质,指的是城市人民的群体素质,也就是社会素质。我的看法是在中国,不论是杭州和其他城市硬件的发展都相当快,在不少方面,已经不低于某些发达国家的同级城市。但软件方面的落后程度却很显著。因此,从杭州创文化名城这个课题来说,我认为提高软件更是当务之急。

　　议论人的素质,内涵相当广泛,但我只说两个方面,即效率和礼貌。因为我认为这是素质的重要指标,却又是包括杭州在内的许多中国城市的薄弱环节。而对创文化名城来说,更是要害所在。我谈不出什么理论,只举我亲历的两个例子。

　　80 年代以后,中国掀起复修地方志的高潮,这当然是好事。不少市县开始调查当地的历代志书,设法到全国图书馆复制配补。但有些志书只有国外个别图书馆收藏,配补就有困难。常山县有一部康熙二十二年的《常山县志》抄本,收藏于日本宫内省图书寮,是举世唯一的孤本。常山县领导找我,因为不久前我从美国国会图书馆引回过一部乾隆抄本《越中杂识》,也是人间孤本。常山人知道我担任了日本几所大学的客座教授,所以特地赶来托我。走时我颇有顾虑,东京的著名图书馆我早已跑遍,但宫内省图书寮属于皇宫,情况比较特殊。我只好写信托我的朋友,东京大学东洋文化研究所所长斯波义信教授。不久,他居然把这部 15 卷孤本的胶卷寄来了。而其实他只花了 3 天时间:第一天写申请,第二天就被通知获准,第三天他请一位助手把此书摄成胶卷。后来有朋友问我,假使事情反过来,有一部日本的孤本收藏在中国的某个图书馆,日本人委托一位中国教授引回,我们能有这样的效率吗?

1990 年斯波先生到杭州,新的《常山县志》出版不久。常山县领导派了两位专人,到杭州向斯波先生赠书。两位说了一些感谢他引回孤本的话,当我翻译完毕,斯波先生立刻站起来,向两位作日本式的深鞠躬,一面接受赠书,一面说:"方志原来就是你们常山的,引回是理所当然,这是我应该做的。倒是我必须谢谢你们的赠书。"斯波先生是国际知名的汉学家,我确实为他的礼貌待人而感动。

1995 年,我在加拿大的几所大学讲学结束后,应邀去美国讲学。由于身边带了两件大行李,所以决定先到在路易斯安纳州立大学执教的小儿子家中落脚,放掉行李,然后轻装到各地讲学。因此,我们夫妇买了美国航空公司从渥太华到巴尔的摩的机票,再由此转机到小儿子所在的巴登鲁日。那天早晨,执教于加拿大卡莱敦大学的大儿子送我们登机。在加拿大,老人是允许送行者陪同进入国际候机室的。显示牌通知开始登机时,大儿子最后又一次挂电话给他弟弟,告诉他接机的准确时间。我们在巴尔的摩进海关后,一踏进候机室,一辆电瓶车立刻迎上来让我们老人登车,沿几百米的候机室长廊,送我们到机票上规定的候机室。却被告知,由于墨西哥湾的热带风暴,航班已被取消。电瓶车又送我们到一个小小的办公室,一位女士接待我们,说因为天气原因,"美航"的许多南方航班不得不取消。她说了许多抱歉的话,并且从没有取消的航班中,为我们安排南行路线:乘下午 5 时班机到夏洛特,转机到新奥尔良。于是挂通我小儿子的电话,要他开车到新奥尔良接。我们当然很懊恼,原来午前就可到巴登鲁日,现在要晚上 7 点才到新奥尔良。我和这位女士说,天时是无可奈何的,但对于我们两位老人,实在太受折腾了。她当然没有办法,无非再次说些抱歉的话。我们只好上咖啡厅喝咖啡吃点心,然后在沿廊坐下小憩。忽然又有一位女士匆匆地找我们:"是陈先生夫妇吗?我们已经查到今天唯一一班到巴登鲁日的班机,是台尔泰公司从亚特兰大始发的,我们已经同台尔泰联系好了。这里 12 点有班机到亚特兰大,现在请你们登机吧。"这时离 12 点已经很近,二三位女士忙着给我们换机票,而我则担心很可能已经送进夏洛特班机的行李。我提醒了她们这件事,但她们说:一切都办妥了,请放心吧。当她再一次挂通我小儿子的电话时,空姐已经走出甬道来接我们了。我们刚就座,飞机就滑入跑道起飞。我坐在机上想:"美航"与"台航"不是激烈竞争着吗?声势很大的泛美航空公司不是前几年就被他们竞垮了吗?为什么为了两位中国老人,两个竞争对手可以合作为我们服务?亚特兰大很快就到,当我们从机舱走出甬道,一位挂着

"美航"胸章的女士正等着："是陈先生夫妇吗？请在此稍等,台尔泰会派人接你们。"说着,一位挂着"台尔泰"胸章的高个子就到了。"我是台尔泰的马登,特地来接你们。"他拿起我夫人的手提包就走。走了几百米又下地铁,开了两站才到台尔泰领域。亚特兰大机场真大,要不是马登先生,我们确实是有困难的。到了台尔泰候机室,我当然连声感谢他,但是他说："这是我应该做的,祝你们旅途愉快。"我们终于在下午三点多到巴登鲁日着陆,小儿子正等着我们。

在不到一天的旅行中,我们欣赏了一支效率和礼貌的交响曲。这就是那个社会的群体素质,难道不值得我们学习吗?

原载《政协通讯》(绍兴)1999 年第 3 期

说古地图

据已故韩长根教授统计，古代文献包括现存及有目无书者，盖不下 15 万种，其中尚存世可供披览检证的，也在 12 万种以上。（见岳麓书社版《昭明文选的研究与流传》）

这里无须从汉字发明、书画同源说起。查考一下我国古籍，即可感受渊源深远的图文并茂的传统。然而，一个严重问题是，在古籍流传过程中，图的亡佚概率远远超过文字。因为在雕版印刷盛行以前，文献的流传主要依靠书手和画手的传抄，但书手易致而画手难觅，故传抄者往往存文弃图，也就直接造成图的大量亡佚。

古籍中的图，内容广泛，特别值得重视的是地图。据《汉书·地理志》载述，可知班氏曾亲睹成图极早的《秦地图》。《史记·淮南王列传》载："王日夜与伍被、左吴等案《舆地图》。"《索隐》引《志林》说，"《舆地图》汉家所画。"又，《战国策·赵策》："臣窃以天下地图案之，诸侯之地，五倍于秦。"可惜这些古地图今已不复得见。

唐元和宰相李吉甫为其主持编绘的《元和郡县图志》撰《序》云："起京兆府，尽陇右道，凡四十七镇，成四十卷，每镇皆图在篇首，冠于叙事之前。"但南宋程大昌于淳熙二年重刊此书时作《序》说："此于唐家郡县疆境，方面险要，必皆熟谙当时图籍。……宪宗得以坐览要害，而逾定策划者，图之助多也，惜乎其不存。"前后不过 300 多年，就已有志无图，能不叹惜！

宋真宗诏令全国普修《图经》，据《玉海》卷十四"祥符修图经"条所记，各州县《图经》共 1566 卷,于祥符三年(1010)修成。同条又说:"昔汉萧何先收图籍,赵充国图上方略。……今闰年诸州上地图,亦其比也。图则作绘之名,经则载言之别。"隔两年各州要向朝廷呈进图籍一次,其频密可知。但祥符《图经》至今犹存者不过 6 种,且皆有文无图。

古籍中图文并举的文献,多为地域性著述,即地理书与方志之类。《元和郡县图志》因系宰相领衔且今残存而特别出名。其实此前图文并举的文献已甚可观。如《隋书·经籍志》载录的《隋区宇图志》129 卷,《隋诸州图经集》100 卷等。隋以前,则有《三辅黄图》(成书年代诸说不一,《水经注》曾引及,说明至迟在南北朝初期),而《华阳国志·巴志》言及的《巴郡图经》,曾为东汉巴郡太守但望于永兴二年(154)上桓帝书中所引及,说明成书当在东汉前期。可惜这些古代图志,除《三辅黄图》尚残存文字外,其他也都荡然无遗。

历史上也有一些地域性著述,原书无图而由后人为之绘图的,《水经往》即可为典型例子。郦道元为《水经》作《注》时曾参阅地图,昔时拙撰《郦氏据图以为书》中已谈过此事。后代学者鉴于地图的重要性,而作《水经注》图者不乏其人,如南宋程大昌,清初至光绪年黄仪、汪士铎、杨守敬等。对此,我另有文详为论述。

即上所言,我以为,在古籍整理工作中,对于古地图的保存与研究,应予格外的重视。

原载《古籍新书报》2002 年第 2 期

水环境：映射水城文化光芒

　　绍兴是一座古城，也是一座水城，多少年来积聚了丰富多彩的水文化。公元前490年，越王句践在这里建成了作为国都的城邑，现在仍然苍翠屹立的龙山、戢山和塔山，成为这座古老水城在2500年中地理位置稳定不变的坐标。

　　说起这个地区的沧桑经历，实在不平凡。第四纪最后一次海进以前，古代越人已经在宁绍平原发展了较高的文化。从余姚河姆渡到萧山跨湖桥，考古学者给我们提供了信服的材料。但全新世以后掀起的海进，驱散了这支已有一定文明程度的部族。除了流散外移的以外，他们大部分进入了会稽山丘陵，这就是《吴越春秋》所说的"人民山居"，部族在这里"随陵陆而耕种"，过了几千年刀耕火种的生活。海退发生的时候，丘陵中已经土瘠林稀，而平原则是一片潮汐出没的沼泽。穷山恶水，就是这个地区的原始面貌。公元前5世纪末在这里建城立都，一切都是从头开始。

　　越王句践在此修建堤塘、拒咸蓄淡，发展农业，从事所谓"十年生聚，十年教训"的惨淡经营。《越绝书》记载的"山阴故水道"，是比邗沟为时更早的运河。从这个时期开始，沼泽平原逐渐得到改造，为以后的镜湖水利奠定了基础。后汉永和五年（140），会稽郡守马臻把自从句践以来历代修建的堤塘连接并加固，成为一条长达120余里的堤防，从会稽山丘陵发源的许多河流都注入这条长堤以南，形成一个面积超过200平方公里的水库——镜湖（从宋代起称为鉴湖）。穷山恶水终于改造成青山绿水。王羲之诗："山阴道上行，如在镜中游。"美好的自然环境，肥沃的良田沃畴，吸引了大量外来居民的移入。东晋永和九年(353年),以王羲之为首的全国一流名士42人,在镜湖口的兰亭修禊,流觞曲水,饮酒赋诗,成为这个地区文化高度发展的标志。

由于镜湖的灌溉,平原北部垦殖加速,加上沿杭州湾的堤塘修筑完备,两宋以来,鉴湖水体逐渐北移,南北毗连,成为一片广阔的水网平原。及至明代三江闸建成,于是,曹娥江以西,浦阳江以东,包括山阴、会稽、萧山,形成一个独立的三江水系,河湖交错,土地肥沃,是富庶的鱼米之乡。所有这个漫长的水利兴修过程,明代著名学者徐渭有个精辟总结:"缵禹之绪。"禹的治水传说起源于绍兴,禹陵也在绍兴,历代绍兴人民一直以禹的治水精神和方法改造这个地区的自然环境。绍兴城乡从穷山恶水到青山绿水,从沮洳沼泽到沃野平畴的变化,就是"缵禹之绪"的成果。

建于公元前490年的越国都城,即以后的会稽郡城、越州和绍兴府城,是"缵禹之绪"的设计和指挥中心。它不仅为广大平原筹划河网湖陂、堤塘涵闸、田畴聚落的合理布局,其本身更显得气派非凡:诸凡道路商铺河港桥梁,街坊宅舍,衙门官署,唐元稹《重夸州宅景色》所谓"会稽天下本无俦",城市规模可见一斑。特别是作为一座水城,水上交通是城市设计者的重要考虑。其中尤其是作为中国南北大运河组成部分的浙东运河,也就是先秦即已存在的"山阴故水道"。这条河道从萧山来,由绍兴北门入城,经过城内的重要街区,从东门出城去到上虞。运河穿城而过,是这座水城不同凡响的特色,也是水城文化的精华。

不幸的是,半个世纪以来,这座古城和水城受到了很大的破坏,河流填塞了,桥梁拆毁了,许多古色古香的街巷消失了,渊源深厚的大量古城文化和水城文化遭到了一次严重的历史浩劫。这是我们眼睁睁看到的事实,实在让人忧心忡忡。长期来的优美环境,一句老话:每况愈下。

现在,令人欣慰的是,绍兴水城在最近七八年来已经发生了否极泰来的转变。水利部门在各级领导的支持下,开始了对这座水城水环境和水文化的修复和重建工作,而且应该说成绩斐然,获得了广大人民的称赞和拥护。

绍兴是我国南北大运河上的著名沿运古城,这些年来,对于这座水城的重建工作也是从运河开始的。1999年发动了整治淤塞湮废的环城河。绍兴环城河是运河的重要组成部分,由于废弃已久,恢复工程是艰巨复杂的。在政府的有力领导和水利部门的擘划经营下,18余公里的河道终于在3年之内整治完成,沿河布置,焕然一新,不仅恢复了运河的功能,而且成为绍兴水城一个出色景点。

继环城河整治以后,水利部门又在城市北郊的运河之滨兴建"运河园",实在就是一座运河博物馆。从文化的意义上说,运河园的工程比环城河更为复杂,其成果也更为丰富多彩。因为诸凡有关这条古老运河的沧桑经历和历史地理以及所有的人物文化等等,都要经过千方百计的搜集,把得来非易的许多实物(包括复制品),进行精心设计和历史复原,在这里展示出来。运河园建成一年以来,凡是到此访问的人,无不以这座运河博物馆的设计布局而赞叹,都感到获益匪浅。外地沿运城市的参观者也络绎不绝,都认为绍兴运河园为他们作出了一个榜样,他们也要在自己的沿运家乡建设起这样的运河园来。现在,绍兴的水利部门还在广泛搜集,锐意经营,绍兴运河同必将获得进一步的充实和发展。

前面已经提到"缵禹之绪"的话。禹治水的精神和方法,虽然是一种传说,但一直受到人们的崇敬,具有极为重要的民族凝聚力。有清一代,康熙和乾隆都亲临绍兴,到会稽山祭祀禹陵。他们的御舟就是从大运河南下的,驻跸于绍兴偏门鹿湖庄,这里兴建了他们的行宫,而御舟就停泊在行宫边的龙横江,这是一条宽广秀丽的运河支流,当然也是运河的组成部分。现在,行宫当然早已夷毁,但御舟停泊的龙横江仍依然坦荡。康乾二帝从运河南下亲临祭禹是当年的一件大事,并且关涉运河文化。现在,经过周密设计,在早已夷毁的康乾行宫基址,一座大型园林鹿湖园已于最近建成,美轮美奂,掩映于龙横江畔,显现了水城文化的光芒。

绍兴是中国南北大运河沿运的著名古城和水城,恢复这个地区的优美水环境,延续这个地区的悠久水文化,绍兴人动手从运河做起,这种思路是正确的,而环城河、运河园和鹿湖园的先后完成,效果也是显著的。保护水文化虽然任重而道远,但我们相信,只要在理念上不断丰富,品位上不断提高,绍兴的水文章一定能做得更好。

原载《中国水利报》2006 年 6 月 8 日

柯水园记

　　柯水园落成于柯邑,越中园林,平添此后起奇葩,非独柯人起居之佳境,抑亦越人之所同乐也。越中园林于传甚早,《吴越春秋》有"立苑于乐野"之记,可为于越建园之始,但事在先秦,茫昧难得其实。洎乎后汉,太守马臻于永和五年创镜湖,自然风光骤变,王羲之所谓"山阴道上行,如在镜中游"也。右军于晋永和九年,集举国名士四十余人,修禊于会稽山下镜湖湖口,崇山峻岭,茂林修竹,曲水流觞,宴饮赋诗,故兰亭实为记叙确凿之园林嚆矢。从此,越中山川秀丽,人文汇萃,产业丰裕,土地沃衍,园林于焉频见于史籍。其大者,如会稽太太守孔灵符之永兴墅,据《宋书·孔季恭传》所载:"于永兴立墅,周回三十六里,水陆地二百六十五顷,含带二山,又有果园九处。"又如谢灵运之始宁园,按《宋书·本传》记叙:"移籍会稽,创修别业,傍山带江,尽幽居之美。"而康乐复自为《山居赋》,举凡园内之山川形势、田园风景、飞禽走兽、草木花果,无不细叙,极言其园林之胜。时至唐季,越中园林益盛,如严长史园林擅名于大历年间,而方干别墅则萦波于镜湖之中。城中名园初见于宋,城西有西园,亭台楼阁,兼卧龙山与王公池山水之景;城南有沈园,园林虽小,而壁词感人,世代传诵。按,西园原是官府园林,但如《嘉泰会稽志·节序》所记:"二月二日始开西园,纵郡人游观,谓之开龙口。"官府园林而定期与民同乐,是岂公园之滥觞耶?亦越中园林之佳话也。而越中园林实于斯为盛。以后因逢元季之乱,城乡纷扰,园林式微。直至明万历间,邑中学人陶奭龄在其《小柴桑·喃喃录》称:"少时越中绝无园林,近始多有。是知明朝前叶越地尚来规复隔代之厄,足见园林兴衰与世道治乱实在休戚相关。近十年来,越中园林叠兴,其中尤以运河园与鹿湖园最为杰出。而今柯水园崛起于平原水网之间,是乃后起之秀,亦越地昌盛、柯邑兴隆之实证也。柯桥为越中古镇,《后汉书·蔡邕传》注引张骘《文士传》云:"吾昔曾经会稽高迁亭,见屋椽竹东间第十六可以为笛,取用,果有异声。"《世说新语》引伏滔《长笛赋》称其处为"柯亭之馆"。《文化浙江》言:"柯水两岸往来不便,故架桥于柯水之上,取名柯桥。"是知斯邑、斯桥,由来尚矣。其名云"柯",当溯于柯山柯水。柯山为会稽山西脉,柯水导源于东麓,其地也,云骨挺拔,七星幽邃,自来有八景之奇。盖柯境之洞天,亦越中之福地也。年来,柯邑兴旺,日新月异。柯桥水街之修整,为越中水街文化重树古式形象;范蠡园之创建,是此邑商贸文化大振鸿图表征;而柯水长廊之轮奂,乃吾越水乡文化精雕。如今,古川长流,新园映带,锦绣河山,斯焉为最。缅怀创业维艰,柯人功绩可嘉。眸睇园林秀美,越地益添光辉。聊赋拙诗,用表衷心之赞,亦志应景之贺:

> 为有柯水出柯山,又得柯园湖荡间。
>
> 八景自此应曰九,后来居上位列先。

丙戌夏日撰于浙江大学

原载《绍兴风景园林与水》,上海世纪出版社 2008 年版

水城绍兴*

　　江南地,钱塘畔,有绍兴一城得山光水秀地利,繁衍而生。远自夏朝,就进入了中国政治势力争夺战中。神禹召见诸侯在先,吴越争霸、南宋偏安、民国革命等在后,绍兴的重要性不待言喻。

　　城内有鉴湖、曹娥、浦阳三江水系流贯,纵横密布,风格多变,形成绍兴独特的水城景观。东汉时期修建的镜湖(即鉴湖),以及明朝沿海修筑的三江闸,不但发展了米稻茶丝等农业经济,带来了绍兴的繁荣富庶,也形成了"镜湖清绝"、"一城春浸"的美景。

　　由水城衍生而来的悠久历史、文物胜迹以及杰出人物,使得绍兴在1982年就被列入中国首批24个历史文化名城之一,也同时成为一个名闻中外的具有水乡风光和深厚历史文化底蕴的旅游城市。今年是绍兴建城2500周年。2500年来,其城址一直固定不变,这在中国众多的古都中,只有苏州可与之媲美。

夏朝神禹　古今辩证

　　在中国传统历史书上,上起《史记》,下迄近代教科书,都把禹作为夏朝的开国

---

　　*　与颜越虎合著,署名陈桥驿、颜越虎。

君主。

传说禹即位以后，曾到江南巡狩，在绍兴会稽山召集全国诸侯会议，后来就死于斯，葬于斯，所以会稽山有古老的禹陵和宏伟的禹庙。

这种说法有许多矛盾和破绽，但长期以来大家并不计较。而且，这些神话是写在《尚书》这部经书的"禹贡"篇里，并不仅于《山海经》、《淮南子》等神仙志异中。在古代，经书具有至高无上的权威。直到20世纪20年代，才有顾颉刚在《古史辨》中提出："禹是南方民族神话中的人物，""这个神话的中心点在越（会稽）"。这个论断，如今已被充分证实。

证据之一是考古学研究的成果。在绍兴以东的余姚河姆渡发现了新石器时代遗址。在绍兴城北的马鞍山麓，也发现了凤凰墩和仙人山新石器遗址。这些遗址距今都六七千年，与北方的仰韶遗址相当，甚至更早，完全证实了中华民族是多元的，而且说明古代绍兴是越文化的中心，完全不同于黄河流域的汉文化，也用不着"禹"这位神话中的人物把两者牵扯在一起。

证据之二是地质学和古地理学的研究成果。通过古海岸和贝壳堤等的研究，证实这一带在第四纪发生过3次海进。在最后一次海进即所谓"卷转虫海进"开始以前，海面比现在要低100多米，宁绍平原与舟山群岛相连，大陆架全部出露。古代越人在这片宽广平坦的沃土上繁衍生息。随后的海进使宁绍平原沦为一片浅海。这就是我国古书中记载的"洪水茫茫"和"荡荡洪水"。越人在此期间纷纷流散，有的进入会稽山中，过着"随陵陆而耕种，或逐禽鹿以给食"的迁移农业和狩猎业生活。

他们在会稽山上北眺，看到祖辈口口相传的安乐土地成为茫茫大海，便希望有一位神明出现，为他们驱走海水，好回到祖先安居的土地，这就是"神禹"传说的由来。

《任昉述异记》里又有防风氏古乐的传闻，其源于神禹时代。至今越地的人民仍保留这种古乐，并有祭祀防风氏的风俗仪式。

另外，在绍兴夏禹陵墓处有"鸟雀耘草"的美闻。传说，这些鸟雀能在春天拔根，秋天除秽；更稀罕的是，"大小有差，进退有行，一盛一衰，往来有常"，仿佛受过训练的士兵一样。

今日我们着手查访一下这个地区的舜、禹故迹，仅在绍兴、上虞、余姚3县境内就查到18处。从这些故迹与流传的神话中，我们可以感觉到，禹应该是生于斯、长于斯、立功于斯、葬于斯，完全是土生土长的。这些故迹中，最重要的是绍兴的舜王庙、禹庙和禹陵。

春秋越王，复国雪耻

　　按照考古学的研究成果，越人的出现已有好几万年；但从历史学观点，一直到公元前11世纪，越国才见于历史文献。这就是《竹书纪年》周成王二十四年的"于越来宾"。当时，海水早已北退，平原成为一片泥泞的沼泽，越人正从闭塞的会稽山内部奔向平原。

　　向北发展，就和与它同族的吴人接触，由于领土纠纷，酿成了世代的战争，胜负互见，《吴越春秋》一书既详载其史。流传于耳的"卧薪尝胆"、"西施浣纱"等故事就发源于此地彼时。

　　在公元前412年的一次交锋中，越国败北，越王勾践在吴国给吴王夫差当了两年多人质后，返回越国，立即在今绍兴城的泥泞沼泽上，利用附近的9座小山建城。于当中建成了一座坚固的军事堡垒，称为小城；王宫就安置在9座小山中最高的卧龙山麓。接着，又在小城以东建成毗连的大城。小城和大城合称为大越城，就是越国的国都。

　　经过"十年生聚，十年教训"的艰难过程，勾践把弱小的越国经营得相当强大，并最终灭亡了吴国，复国雪耻。且北渡江淮，与齐、晋诸侯会于徐州，至贡于周天子，成为春秋一代中的最后一位霸主。

　　周定王元年（公元前468年），越迁都琅邪（今山东省胶南县附近），使越国的势力达到顶峰。然而，旧都大越城仍然是越国民族的中心，今日可以在绍兴城西处寻得昔日城迹。

　　越国在琅邪定都200多年，到了越王无疆时代（前334）为楚国所败，楚国占领了属于越国的大部分土地，一直到钱塘江北岸。但钱塘江以南的旧越国中心，依然在越国王族的控制之下，直到秦始皇在公元前3世纪占领这一地区为止。

　　现在，越国早成往事，越族也已流散，但雄伟的越王殿和卧龙山上其他越国故迹如飞翼楼（今称望海亭）、文种大夫墓等，依旧引人流连，供人凭吊。

汉之镜湖，晋之兰亭

　　绍兴昔有"山阴"之名，起自于秦；东南地区最古老、最大的水利工程——镜湖，建始于汉。有晋之际，绍兴因为农田水利的扩大增建，地面景观为之一改，逐渐吸引风流雅士游赏定居。"山阴道上行，如在镜中游，"便是王羲之对此地的赞美。

　　在秦始皇统治时期，绍兴曾有一段"冰冻时期"。为了根除越族势力，他强迫越人迁离,把大越城改名为山阴;并亲自于公元前210年登上会稽山的一座主峰,在那里刻石纪功。后来,这座山就被叫做秦望山。

为削弱地方势力,秦始皇在此建立会稽郡,却把郡治设在吴(苏州)。从秦到西汉的200多年中,绍兴基本上处于相对停滞的时期。不过,东汉以后,这里又加速发展,出现了汉顺帝永建四年(129)的"吴会分治"——把原来的会稽郡分成吴和会稽两郡,吴郡之治在吴,会稽郡之治设在山阴。

吴会分治后不过10年,会稽郡太守马臻就主持完成了东南地区最古老的大型水利工程——镜湖(宋代起称为鉴湖)。这个工程以郡城为中心,向东西各筑堤共长127里。以南直到会稽山麓,形成一个面积超过200平方千米的人工湖泊,昔日的泥泞沼泽都淹入了湖底。对湖以北直到沿海的9000顷泽卤之地进行灌溉。

镜湖完成以后,泥泞沼泽顿时成为一片秀水,湖光山色,自然面貌迅速改变。所以当两晋间北方战乱之时,北人大批南迁到此,这里不仅在经济和文化上出现"今之会稽,昔之关中"的盛况,在自然风景上,更吸引了北方的许多望族到此定居。

东晋永和九年(353)三月三日,为了欣赏这里的山水美景,王羲之和其他著名文人谢安、谢万等42人,在天柱山(会稽山的一座山峰)下兰亭聚会,饮酒赋诗,成为我国文化界在历史上的一件空前盛事。

该盛会上,王羲之为这些诗篇写了一篇序言,即著名的《兰亭诗序》。文章当然好,但后来更为人们所称道的是他的书法。这是我国书法艺术史上的登峰造极之作。

有唐盛事,越州三绝

晋朝以后是南北朝,南朝定都建康(今南京);会稽郡仍然拥有政治势力。在南朝半壁江山中,山阴俨然与建康齐名,其重要性不言而喻。

南北朝以后是隋唐,中国又恢复一统。唐朝是中国的盛世,当时,会稽郡已改称越州。由于这里的山水优势,使更多名流从全国各地来到越州。

唐朝中期,著名诗人白居易为杭州刺史,元稹为越州刺史,两人相互应和,就近作诗,一时传为佳话。元稹在他的《重夸州宅景色》一诗中说:"会稽天下本无俦。"足以说明越州之美确实不比寻常。

政治人文进入稳定时期,再配合经济的大幅成长,山阴逐渐成为驰名海内外的大城。

入唐以后,山阴在经济上的蓬勃发展,因为鉴湖灌溉的效益,加上沿海海塘至此已经全部完成,使得鉴湖以北的9000顷土地得到开垦,粮食产量大增。南部会稽山地的茶树种植此时也已开始,而且品质优良。

另一方面,手工业也开始发达,其中最著名的是越窑、越纸和越罗。

所谓越窑,就是这一带烧制的青瓷器。越窑青瓷具有一种晶莹透彻的微青色,古人称为"雨过天青"。

越纸虽然从东晋以来就开始闻名,但入唐以后才名声大噪。越纸成为越中名产,除了纸质精良外,还与历来许多书法家、文学名流之士有因果关系。唐宋八大家之一的韩愈曾经写过一篇《毛颖传》,文中称越纸为"会稽楮先生"。

唐代开始出名的另一种越州手工业产品叫越罗。隋大业年间,越罗已列入贡品。"织为云外秋雁行,染作江南春水色。"唐代诗人白居易对越罗之美赞颂不已。

越窑、越纸和越罗可说是唐代越州三绝,对于越州经济发展和知名度提高有重要意义。

南宋陪都,沈园旧事

宋朝以后,越州的经济和文化有了更大的发展。从农业来说,由于北部平原的9000顷土地已经全面开垦,河湖网已经整治完竣,原来积蓄在鉴湖的大量淡水开始向北转移,鉴湖本身也围垦成一片河湖环绕的肥沃农田。

建炎四年,宋高宗把年号改为"绍兴",定次年(1131)为绍兴元年;并把这个具有"中兴"之意的年号赐给越州,升越州为绍兴。绍兴地名就是这样得来的。

虽然高宗随即迁往临安(今杭州),但绍兴仍然获得很大的发展。朝廷的宫学和其他一些机构仍在绍兴,南宋帝王的陵寝也建于会稽山下,即后来著名的宋六陵。南宋一代,绍兴实在是个陪都。当时的许多城市建设现在仍有不少遗存,著名的八字桥即是其中之一,它是江南水乡城市桥梁的代表。

在南宋故迹中,特别著名的是城南的沈园。它是越中著名的园林之一,占地10余亩,景色极佳。它是爱国诗人陆游常游之地,这里流传着一段凄美的爱情故事。

陆游年轻时娶妻唐婉,恩爱甚笃,后因婆媳不睦,只得忍痛离异。31岁那年陆游独自到沈园春游,巧遇唐婉及其后夫。陆游不胜感伤,题下《钗头凤》一词。据说,唐婉回家不久,便抑郁而终。

40年后,年过古稀的陆游重游沈园,又题下两首《沈园》:"城上斜阳画角哀,沈园非复旧池台。伤心桥下春波绿,曾是惊鸿照影来。""梦断香消四十年,沈园柳老不吹绵。此身行作稽山土,犹吊遗踪一泫然"。

元代以降，名士迭出

　　明、清两朝，绍兴手工业工场兴起，主要是酒坊、丝绸坊和锡箔坊。其中绍兴酒坊，历久不衰，用鉴湖之水酿制的绍兴酒也进入了全盛时代。清康熙元年（1662），高长兴、沈永和、谦豫等酒坊先后创设，状元红、加饭、善酿等品种渐趋定型，内销北京和北方各地，外销南洋、日本等国，"越酒行天下"的局面渐渐形成。

　　从元代以后，比绍兴酒更有名的是绍兴的名士。元代，王冕以画梅名闻天下，杨维桢为诗坛领袖。明代，徐渭开创"青藤画派"；王守仁"心学"影响甚广。在明末清初之际，倪元璐、刘宗周、祁彪佳、王思任、陈洪绶或慷慨赴死，或绝食而亡，或削发为僧，他们以自己的言行充分证明了绍兴确是"报仇雪耻之国，非藏垢纳污之地"。在清末的反清斗争中，"鉴湖三杰"秋瑾、徐锡麟、陶成章前仆后继，壮怀激烈。此后，鲁迅、蔡元培、周恩来等诸多绍兴名士为中华民族的崛起奋斗不息，留下了辉煌业绩。

原载《百科知识》2010 年第 12 期（下）

大运河

　　人类终于在 20 世纪登上了月球。我的年轻时代,登月还是一件科学界可望而不可及的事,但当时就有学者指出:有朝一日,当人类登上月球之时,回头观看地球上的人工建筑,能看到的只有两件,而且都在中国,其一是大运河,其二是万里长城。从当年科学界的这种言论中,说明这两件中国古代的人工建筑,确实举世无双。所以它们都被世界上各种重要的辞书所重视。以美国出版的世界最大的字典之一即《韦氏新世界字典》为例:"万里长城"(Great Wall)与"大运河"(Grand Canal),都被作专门词汇收入。

　　现在先说运河。"运河"这个词汇,在英语系统中是从中古英语演化而来的 Canal,但在中国,《新唐书·地理志》就已经出现"运河"这个词汇,比英语的 Canal 要早600 年。所以"运河"绝非英语 Canal 的汉译,而是中西词汇的通用。

　　中国古籍中最早记及开凿运河之事,是《水经注》卷八《济水篇》中:"偃王治国,仁义著闻,欲舟行上国,乃通沟陈蔡之间。"由于徐偃王是位传说中与周穆王打过交道的人物,其时当在公元前 11 世纪到 10 世纪之间,所以不能作为信史。但《左传·哀九》(前 486):"秋,吴城邗,沟通江淮。"这条运河即是邗沟,又称邗溟沟,则属于信史。说明我国古代开凿运河,为时极早。《水经注》卷五《河水篇》曾记及一个"四渎津"的地名(在今山东临清东南),《注》文说:"自河至济,自济入淮,自淮达江,水迳周通,故有四渎之名也。"说明当时江、淮、河、济已经沟通,当然利用了不少天然河道,但毕竟也有不少地段需要以人工运河沟通。此外,隋炀帝在公元7世纪开凿运河,这是一般史书上都有记载的众所周知的事。

现在专说举世闻名的"大运河",一般所指的"大运河",是从北京自北而南沟通杭州的这条运河,有时也被称为"京杭运河"。但其实,它是跨过钱塘江一直经绍兴、余姚而直达宁波的。由钱塘江以南的一段开凿甚早,被人们称为"浙东运河",所以被排除在"大运河"之外了。

前面已经提及,从《水经注》记及的"四渎津"这个地名看,中国南北早有很大一片地区是可以通航的,所以这个地区很早就获得了繁荣发展。但从北京到杭州而再达宁波,而成为一条全线通航的、闻名全球的"大运河",则始于元朝。元朝定鼎,建都于大都(今北京城西南隅),大批官员兵民集中到这个原来人口稀疏的地区,对粮食的需要急遽上升,但粮食来源主要依靠南方的产粮区。当时,南北之间已有大段运河存在,今山东以南的所谓"南四湖"(南阳湖、独山湖、昭阳湖、微山湖)也已经存在,南北长达120余公里,因位于今济宁以南而得名。于是首先就开凿从济宁到南四湖的济州河,于元至元二十年(1283)年完成,南四湖与今江苏境的邗沟原来沟通,从此,从济宁就可直达杭州以至宁波。但要从济宁向北沟通大都(北京),其间还有整条"大运河"中最艰难的一段,即是从济宁到临清之间的河道,特别是从须城(今山东省东平县)西南安山到临清连接北运河(实即海河支流之一的卫河)的这百余公里,因为地形崎岖,施工艰难,所以直到至正二十六年(1366)完成,当时称此一段为会通河,全长不过125公里,而由于其间的水位差异,竟要建闸31处。过往船舶需要通过这31处闸门,有时还得在闸门下候水,通航有一定困难。但不管怎样,举世闻名的南北大运河终于完成。

"大运河"建成以后,元、明、清三代,首都均在北京,南来北往,樯橹相接,成为南北物资运输的唯一捷径。对于沿运各省及附近大片地区的经济发展,具有极为重要的价值。而对于三代朝廷来说,南粮北运尤为重要,在当时称为"漕运"。"漕运"成为北京建都的重要条件,所以朝廷对"大运河"的保护维修,确实极端重视。而明朝曾因此而颁布了对"大运河"的"行河八因":"因河未泛而北运,因河未冻而南还,因风南北为运期,因风顺流为运道,因河安则修堤,因河危则决塞,因冬春则沿堤修治,因夏秋则据堤防守。""行河八因",对于这条南北交通大动脉的使用、保护和维修,考虑得确实十分周到,这也说明了这条举世唯一的大运河的重要价值。直到今天,虽然地形崎岖,航行较难的会通河这125公里,由于清宣统三年(1911)津浦铁路建成而湮废。但一到济宁,就可以在码头上看到各种矿产、煤炭和其他笨重商品,依然堆积如山。大批船舶,仍然昼夜不断地装运南下,因为航运仍是最廉价而且可以重载的运输手段。而且这大量货品到达杭州以后,仍可以通过三堡船闸进入钱塘江,然后从钱塘江南的峙山船闸进入宁绍平原,循以后称为浙东运河而到其实是大运河南方终点的宁波。

南北大运河的确实长度,统计数字较有出入,比较通用的是 1780 公里,但这个数字只是从北京到杭州的长度,还没有把至今仍然通航的从今钱塘江南岸到运河终点宁波的这一段约 200 余公里计算在内。所以大运河的实际长度应该是 2000 公里。在地球上开凿这样一条漫长而至今仍然极大部分可以通航的运河,古代的中国人在这条河道上从设计到开凿所花费的巨大力量,真是难以想象。

大运河不仅是中国的骄傲,也是世界历史上的一件值得高度称赞的宝贵遗产。它是从公元以前的战国时代开始分段开凿,而直到 14 世纪才全部完成。所以按修凿年代,它是一种古迹。但直到今天,除了百余公里的会通河以外,全河仍然在发挥航运作用。这是全世界人民都看到的事实,不必我在此赘言了。

据手稿整理

其 他

（讲话 发言 书信 诗词）

加强西北历史地理学的研究
——在丝绸之路暨历史地理学术讨论会上的开幕词

甘肃省丝绸之路研究会与中国地理学会历史地理专业委员会及交通部公路交通史编委会共同举办的历史地理及丝绸之路学术讨论会经过一年的准备,现在终于如期举行了。请允许我代表甘肃省丝绸之路研究会、中国地理学会历史地理专业委员会和交通部公路交通史编委会向到会的各位领导、各位来宾、各位代表、国外学者表示热烈的欢迎。这次会议能够在兰州举行,这是甘肃省、兰州市和兰州大学等领导的支持分不开的。特别是几位负责具体筹备工作的同志,他们辛勤努力,为会议的准备工作而奔波劳累。请再次允许我代表甘肃省丝路研究会、中国地理学会历史地理专业委员会和交通部公路交通史编委会向支持这次会议的各级领导同志和参加具体筹备工作的各位同志表示衷心的感谢。

中国地理学会历史地理专业委员会于去年8月在北京举行会议时,把这次会议定名为"大西北开发与历史地理学术会议"。开发大西北是我们党和国家的号召,各行各业都应该响应这种号召。历史地理学界当然也不例外,所以我们聚在一起,来讨论一下有关大西北的历史地理问题(当然也不排斥讨论历史地理的其他问题)。对于大西北的历史地理问题,兰州和西安等地的学者曾经做了长时期的工作,获得了可观的成绩。但从全国来说,大家注意的还是很不够的。今天我们聚会在一起,算是一个开头,为今后加强这方面的研究工作制造一点舆论,扩大一些影响。让全国的历史地理工作者对这个地区予以更多的注意。与其他许多学科的工作者共同努力，为开发和建设我国的大西北贡献一份力量。

大西北包括陕西、甘肃、宁夏、青海、新疆、内蒙古的西部等省区，土地约占全国总面积的35%，但人口约只占全国总人口的7%，真是地广人稀，有极为远大的发展前途。党中央的号召当然是十分英明，大西北在土地和各种资源方面，都拥有极大的潜力。这个地区的开发经营，对于我们整个国家的发展，具有重要的意义。关于这一点，古人也早已看到。清全祖望在其《刘继庄传》一文中指出："有圣人者出，经理天下，必自西北水利始。"大西北在整个国家中所据的地位，全祖望在两个多世纪以前就已经论定。现在可以证明，他的话没有错误。对于西北的水资源问题，全祖望在此文中也说道："故西北非无水也，有水而不能用也，不为民利，乃为民害，旱则赤地千里，潦则漂没民居，无地可潴，无道可行，人固无如水何，水亦无如人何。"关于这方面，因为全祖望不是水利专家，足迹也未曾到达西北，所以我们不能判断其所言是否确切。不过，即使西北的水资源确实贫乏，我们也得千方百计地来解决这个问题。当然，首先还得全面地来了解这个问题。总之，要开发和建设西北，我们必须尽最大的努力，各门学科都有大量的工作要做。

对于地理工作者来说，一个地区的开发和建设，他们总是扮演开路先锋的角色。这是因为，对任何一个地区进行科学的研究和从事各种建设的任何一个部门，首先都必须详细地了解这个地区的自然地理和人文地理概况；而这项工作，无疑是应该由地理工作者来完成的。对于一个地区的现代地理环境，包括自然地理环境和人文地理环境，都是历史地理环境的延续和发展。因此，从地理学内部来说，对于任何一个地区的研究，历史地理学显然应该走在现代地理学的前头。对于西北这片广阔的地区，现代地理学的研究，已经做了不少工作，其中若干单项自然地理要素如冰川、沙漠等的研究，并且已经取得了较大的进展。在历史地理研究方面，也已在沙漠、植被和河流等的变迁方面做了不少工作。在沙漠方面，例如对毛乌素、乌兰布和等沙漠的历史地理研究，都获得了卓著的成绩。对于不少地区的历史植被的变迁，工作正在深入。在河流方面，如对黄河河源勘探史的研讨，对黄河若干段落历史时期侵蚀、切割等的研究以及对黄河若干支流如泾、渭河和其他河流如塔里木河等变迁的研究，也都获得了不少成果。在历史人文地理方面，除了边疆沿革地理和若干历史城市地理以及农业水利等的研究外，研究成果最多的是丝绸之路。当然，对于丝绸之路的研究，这是许多门学科的共同成就，它可以单独地形成一门称为"丝路学"的学问，这门学问，有远大的发展前途，历史地理学者在丝路学领域内所做的工作，主要是这个地区历史交通运输地理、历史文化地理和中西交通史的研究等。我们也应该加紧努力，做好我们在"丝路学"这门学问中应该做的工作,让丝路学这门学问获得更快的发展,让大西北这片伟大的土地得到更好的开发。

　　尽管历史地理工作者已经在这个地区做了不少工作,但是要和大西北的广大土地相比,成果还是不多的。而且从整个大西北来说,过去的历史地理研究成果,在地理分布上显得很不平衡,除了本区东缘的小范围地区及丝绸之路一线外,在广大的腹地中成果很少,有许多地方还完全空白。从历史地理学的各个部门来说,在大西北的研究中,发展也很不平衡。不论在历史自然地理或人文地理方面,单项要素的研究比较多,综合的研究就相当缺乏。特别是对整个大西北在历史时期中自然地理环境和人文地理环境的变迁的综合研究,显得非常不足。所有这些方面,今后都是摆在我们面前的重要课题,必须在前人研究的基础上,继续深入和扩大,在西北历史地理的研究中,提出更多更好的成果,为开发和建设大西北贡献我们的力量。

　　祝大会成功,祝代表们身体健康。

原载《西北史地》1986 年第 4 期

中国地理学会黄土高原历史地理暨 历史地图学术讨论会开幕词

各位领导、各位来宾、各位代表、女士们、先生们：

我代表中国地理学会历史地理专业委员会向到会的领导、来宾、代表，致以热烈的欢迎和亲切的问候，敬祝大家在会议中生活愉快，身体健康，感谢山西省、太原市、山西大学等单位的大力支持，感谢山西省地图编委会、山西大学黄土高原研究所、山西地理学会等单位所做的大量准备工作，使我们能够在太原举行这次盛会，祝愿这次会议取得丰富收获，圆满成功。

自从1986年在兰州举行了历史地理和丝绸之路学术讨论会以后，在这两年时间中，我国的历史地理学有了很大的发展和进步。我们取得许多优秀的研究成果。首先，我们的老一辈历史地理学家，我们学科的带头人谭其骧先生的《长水集》上、下两集出版了。此书收集了谭先生多年来的重要研究成果，此书的出版，是我国历史地理学界的一件大事，是值得我们大家鼓舞欢迎的，更是值得我们大家认真学习的。我国历史地理学界的老前辈侯仁之先生主编的《北京历史地图集》已经正式出版，这部规模宏大、内容浩瀚的历史地图集，是我国城市历史地图集的典范，它必然要在国内外发生巨大的影响，我国历史地理学界的另一位老一辈学者史念海先生的《河山集》三集，也在这个期间出版。史先生在年逾古稀以后，坚持野外实地考察，不断获得高质量的研究成果，这是我们历史地理学者，特别是中青年历史地理学者应该努力学习的。此外,在这段时期中,我国历史地理学界的优秀成果还有很多;以通论性的中国历史地理著作为例,就先后出版了马正林先生主编的《中国历史地理简论》,张步天先生的专著《中国历史地理》上、下册,王育民先生的专著《中国历史地理概论》上册等,通论性的中国历史地理的相继出版,这是我们学科趋向成熟的标志,是值得我们高兴的。在这段时期中,还出版了苏北海先生的专著《西域历史地理》、靳生禾先生的专著《中国历史地理文献概论》、周振鹤先生的专著《西汉政区地理》,叶骁军先生编的《中国都城历史图录》第一、四两集,地球物理研究所、复旦大学中国历史地理研究所、地图出版社等编绘的《中国历史地震图集(明时期)》,杨建新、卢葦先生的专著《丝绸之路》,周振鹤、游汝杰先生的专著《方言与中国文化》等等,也都受到学术界的好评。我所举的这些例子,都是成果中的荦荦大者,此外还有不少高质量的专著和论文,不再一一列举。在目前学术文化界处境比较困难,出版和发表很不容易的情况下,历史地理学界在这两年中能够获得这样的优异成绩,这是很不简单的。此外,我们还有许多规模庞大的集体科研项目,例如国家大地图集中历史地理图卷的编绘等,也正在积极进行。我们必将再接再厉,争取更大的成绩,为繁荣和发展历史地理学而继续努力。

现在,我们近百位历史地理工作者,又团聚一堂,在太原举行这样的学术会议。山西省的历史地理工作者,花费了极大的精力,为我们创造了在这里聚会的条件,这是值得感谢的。在中国历史上,山西是开发最早的地区之一,也是文化最古老,历史最悠久的地区之一,这里是我们民族文化的重要摇篮。传说中的尧都平阳(今临汾西南),舜都蒲坂(今永济蒲州镇),都在今山西境内,传说中的禹都之一安邑(夏县西北),也在今山西境内。这类传说当然未必可信,但是它所反映的这个地区开发甚早的事实,都是不必怀疑的。山西省在历史上是汉族繁衍生息的重要基地,但也是许多少数民族角逐的重要场所。省境内有不少汉语地名与少数民族语地名并存的现象,这是一个最好的证明。太原就是这样,《穀梁》昭公元年:"中国曰太原,夷狄曰大卤。"由于汉族与少数民族的频繁接触和杂处,使这个地区成为我们民族融合的主要舞台。在历史上,今山西省境,为我们伟大的民族——中华民族的形成、发展和壮大作出了重要贡献。中华民族在历史上的融合和形成,当然经过一个漫长的时代和复杂的过程,但是历史上有两个重要的年代,在这两个年代中所发生的关键性的事实,可以充分说明这种融合的过程。第一个年代是公元前307年,就在这一年,汉族的著名新派领袖赵武灵王宣布:"胡服骑射以教百姓。"第二个年代是公元494年,就在这一年,少数民族(鲜卑族)的英明君主魏孝文帝元宏正式下诏:"禁士民胡服。"这两个年代相隔8个世纪,两位领袖所宣布的内容很具有戏剧性,但其实就是我们民族融合的有力见证和具体标志。而这两个重要年代的地理背景主要都在山西。战国赵都虽在邯郸,但武灵王胡服骑射后,随即横过整个山西北境,即达黄河之滨;魏孝文帝禁士民胡服的决定发布于他迁都洛阳的当年,平城(今大同)是他的旧都,山西是他的基业,北魏的汉化过程主要在山西完成。我说这些,主要是为了说明山西省在我们国家的民族、历史、文化等许多方面,都是一个特殊而伟大的省份。今天我们能在这个省份举行历史地理学术讨论会,真是不胜荣幸。

从地理学和历史地理学来说,山西省也具有光辉的传统。在我国历史上,山西省曾经出过不少著名的地理学家,直到今天,他们在我国的历史地理学领域仍然具有重要影响。仅仅晋朝一代,这里就出了3位杰出的地理学家。第一位是裴秀(224—271),众所周知,他是我国古代最著名的地图学家。他所主绘的《禹贡地域图》18篇和《地形方丈图》虽然都已失传,但是他的地图学理论即所谓"制图六体",长期成为我国地图绘制的准则,直到新式的地图学理论从西方传入以后。第二位是郭璞(276—324),他以他的丰富地理知识,注释了许多地理书和其他书籍。他注释《山海经》和《穆天子传》,这两种都是我国最古老的地理书。他注释扬雄的《方言》,这是我国最早的方言地理学研究,此外他还注释了《尔雅》和其他书籍。第三位是法显(约337—约422),他冒着生命危险,跋涉于人踪罕见的沙漠和高山地区,从今新疆帕米尔进入印度,在印度13年,足迹遍南亚,最后从海道回国,撰写了著名的《法显传》(《佛国记》)一书,成为我国历史上最早的一部实地考察的外国地理专著。这3位出自山西省的古代地理学家的研究成果,在我们今天的历史地理研究中,仍然都具有很高的价值。

山西省在地理学和历史地理学研究方面的优越历史传统,这些年来得到了很好的继承和发扬。在这个省份里,地理学研究工作、历史地理学研究工作和其他与地理学有关的研究工作,都是非常出色的。例如,《山西省自然地图集》,篇幅浩瀚,内容丰富,印制精良,在全国其他省区还找不到这样的例子。现在,内容完备,规模宏大的历史地图集,正在积极绘制,这次会议中就有部分成果可以让代表们观摩研究。山西大学的黄土高原研究所,是一个具有强烈地方特色的研究所,建立6年以来,已经做了大量工作,获得了许多重要的研究成果,我们这次的学术讨论会,黄土高原历史地理演变和发展,就是一个重要的内容。我国黄土高原的面积有40多万平方公里,所以这个研究所,不仅担负着山西省15万平方公里黄土高原的研究任务,并且承担着我国整个黄土高原的研究任务。黄土高原不仅是我国独特的地貌形态,同时也具有重要的国际意义。所以这个研究所任重道远,全国地理学界对他们是寄予极大希望的,此外,山西省的其他为地理学和历史地理学有关的工作,也都是成绩卓著的,例如,地名学是与历史地理学关系密切的学科,山西省的地名工作和地名学研究在全国具有重要地位。《地名知识》现在已经成为我国地名学界最重要的刊物,这个刊物,从它筚路蓝缕的初创时期,到现在发展壮大,我都是一个积极的读者,我亲眼看到这个刊物从小到大。从幼稚到成熟的过程。现在,它不仅闻名于国内,并且远行于国外,我亲眼看到在国外好几个图书馆里收藏和陈列着这个刊物。山西省的地方志修纂工作在国内也处于领先的地位,它不仅开始早,而且工作扎实,成绩斐然,象《武乡县志》《沁水县志》等都已经出版,这中间,地理工作者也是作出了许多贡献的。

今天,我们在这样一个地理学和历史地理学研究既有优越历史传统,又有丰硕现代成果的地方,举行这样一次历史地理学的盛会,其意义确实是十分深远的,通过这次会议,我们一定能够得到更大的收获;对于这次会议的愉快回忆,也必将深远、长远地留在每位代表的心中,感谢大家。

1988 年 9 月 7 日于太原
原载《山西地图》1989 年第 1 期

谈谈慈溪地理特色

刚才俞佐萍主任要求我们对志稿少讲好话,多挑毛病,但我一开头就想讲好,不是我信口开河。因为慈溪刚刚出版了《盐政志》,已经得到人家好的评价,并且传到了日本。

顺此,我想介绍一点方志在国外的信息。与方志相当的东西,美国叫《区域手册》,与我们的方志不完全相同,但它每区一册,区里的什么东西都有,接近百科全书。在日本有许多方志,与我们一样已经有了传统。国外对中国的方志很重视,搜集得很多,保存得很好,利用也很方便。日本国会图书馆收藏中国方志4000种,家谱900种。美国国会图书馆的目录,四十年代初朱士嘉先生就编有目录专著出版。我就是从这本目录中得到浙江很重要的方志《越中杂识》(乾隆稿本)的信息,通过一位朋友复印寄来,经过校点由浙江人民出版社出版。最近还搞到二部孤本方志:康熙《象山县志》和康熙《常山县志》,前者原藏美国斯坦福大学,后者原藏日本皇宫图书馆。费用也极少。

下面谈谈慈溪的地理特色。慈溪境内有条界线,叫彩屏山丘陵,由此就有了上林湖,而上林湖历史上的越窑,早在唐代陆龟蒙就赞叹"九秋风露越窑开,夺得千峰翠色来",这是不得了的事。上林湖是陶瓷之路的重要起点("陶瓷之路"一词,出自日本三郎次男的著作),是慈溪的特色。

在彩屏山丘陵以北,即大古塘以北,是块很大的平原,我们称"三北平原",又叫做

"三北半岛"。大古塘初筑于北宋庆历七年,由县令谢景初主持修筑而成,这个谢景初是位了不起的人物。他开创了三北历史的新局面。现在我们《中华人民共和国地名辞典》分 31 卷(册),我主编《浙江卷》,稿子全面汇总后,我发觉"三北平原"这一条重要的词目没有,就由我写上。三北平原一直在向北推移出去,每年平均 20 米;在三北半岛外面,现在还有一块三北浅滩,还有 400 多平方公里。我同外国朋友介绍说,这里有个海塘博物馆,是个三北半岛形成的博物馆,它从庆历七年筑大古塘起,二塘、三塘、四塘、五塘、六塘、七塘、八塘、九塘,一直到十塘,这个博物馆,肯定会引起国内外学者的极大兴趣。因此,我认为三北平原也就是三北半岛,应该成为新县志中的一个特点。历史上,慈溪经济为何会发展起来,我们说它有自己的"白色优势",就是指盐和棉花。

由于三北平原作为县志特色这一要求,那么在海岸地貌、商业活动、人口流动等几部分,都要有所加强。

这里附带提一下,"人物"篇部分总的讲写得很好,但有一点应重视,即在地方志上有贡献的人,要有记载。慈溪是出方志家的地方,明代孙鑛你们收进去了,但你们没有记他编的一部很重要的地方志,即与张元忭合编的万历《绍兴府志》50 卷,是明朝最佳方志之一,有 15 个分志,200 多个目,102 幅图,16 册。另外还有二位清代慈溪人,一位叫王嗣皋,他曾主修过康熙《绍兴府志》58 卷,他又修过康熙《山阴县志》的人物志。另一位叫冯一梅,曾在衢州正谊书院担任过举长,他修过光绪《龙游县志》。慈溪的方志学家肯定不止这几个,我们可以查史料,把他们记入新县志中。

还有几个问题想补充:一是志书索引问题,过去没有很好重视,现已开始有所改变。索引是个科学的手段,可使志书发挥更大的作用。《慈溪县志》准备搞索引,这是件很好的事情。二是志书篇幅问题,如果志书资料丰富,真正有用,我认为不必拘泥于90 万字还是 100 万字。为什么《鄞县通志》530 万字,在国外如此有名?我有个学生在美国斯坦福大学,专门将《鄞县通志》中重要的内容输入电子计算机里。因为它有很有用的史料,如造灵桥、郎江桥时,几个公司与外人签订的合同就收录在里面。所以我认为字数可服从史料内容,不必限得太死。

过去修志,县太爷叫两个秀才去搞就是,哪有现在这样组织一个专门班子,还请来这么多专家来评议呢。这就是新志能够成功的主要因素。

(本文根据录音整理节选,未经本人审阅)
原载《慈溪修志通讯》,1990 年第 10 期

中国文化研究纵横谈
——在浙江省中国文化研究会成立大会开幕词

　　文化是一个含义广泛的词汇，它是一种无所不有、无所不在的概念。人类社会自从出现有组织的生产活动以后，文化就开始出现，并且赓续存在。以浙江省为例，"建德人"的存在，也可确定到距今 10 万年的时代，在地质时期中，处于晚更新世的后期，正当第四纪历次海侵中的星轮虫(asterorotalia)海侵时期。在这个时期，今浙江省境内就出现了原始人类，浙江省的远古文化，从此就已经存在。当然，这是一种口口相传的文化，由于原始居民的迁移和语言的消亡，这种文化的内容还有待研究。接着，在晚更新世之末，今浙江省境内又经历了假轮虫(pseudorotalia)海侵。全新世初期，又发生了第四纪的最后一次海侵即卷转虫(ammonia)海侵。当时就发生了今省境内越族居民的迁移和流散。顾颉刚先生早在 30 年代就在他的著作《古史辨》中指出："禹是南方民族神话中的人物，""这个神话的中心点在越(会稽)"。由于现代科学如地质学、地史学、第四纪学、古地理学、历史地理学、考古学等学科的发展，顾颉刚先生的论断，正在不断地获得证实。但是由于这也是一种口口相传的文化，所以也有待不断研究。到了公元前 11 世纪之末，在《竹书纪年》周成王二十四年下，出现了"于越来宾"的文字记载，这是有关于今浙江省境内最早的文字记载，也就是说，今浙江省境内的远古文化，已经从口口相传的文化发展到有文字记载的文化。浙江省境内丰富多彩的文化，就是这样流传下来的。

　　从全国来说,我们祖国是一个泱泱大国,我们的文化悠久卓越,深远广大。人们常常称这种文化为华夏文化,每一个中国人,都在这种文化的哺乳和熏陶下成长壮大;每一个中国人,同时也都担负着延续、发展和充实这种文化的责任。历代以来,多多少少有识之士,赞美和弘扬我们的文化,为发展和丰富我们的文化而尽心竭力。当然,也难免有些见识浅薄的人,他们数典忘祖,贬低甚至否定我们的文化。这样的中国人当然只占极少数,其实,他们根本就不懂得我们的文化。

　　文化在某种程度上是一种广泛而又抽象的概念,不是胸有成竹的人,生活在这个关系复杂、交流频繁的大千世界之中,往往容易产生一种迷惘感,这也就更说明了当今我们研究中国文化的重要意义。孔子是我们中国文化的重要标志之一。许多外国人,包括研究中国的外国学者,他们对孔子很感兴趣,热衷于研究这位古代伟人,他们希望通过对他的研究而追索中国文化的发展。但是因为他们不是中国人,没有长期地受中国文化的哺育和熏陶,因此,他们许多人从事这种研究,但其中不少人的研究不得要领,我曾经在这个问题上写文章批评过外国人。

　　我有一位美国朋友,著名的汉学家施坚雅(G. William Skinner),他于70年代初期主编出版了一部汉学名著《中华帝国晚期的城市》(*The City in Late Imperial China*)。此书收入了10多篇很有价值的论文,但其中也有一些不了解中国文化、隔靴搔痒的文章。芮沃寿(Arthur F. Wright)《中国城市的宇宙论》一文即是其例,他的所谓"宇宙论",把汉族人民说成是一种祭祀恭敬、信奉虔诚的一种儒教、道教和佛教相结合近乎狂热的宗教徒。我在《评〈中华帝国晚期的城市〉》(原载《杭州大学学报》1985年第1期,转载《新华文摘》1985年第8期)一文中指出:

　　　　在历史上,汉族人民的宗教信仰及其参加典礼、举行祭祀之类的活动,外国学者确实是颇难理解的。我本人算是一个出身于所谓书香门第的知识分子,祖父是个在清朝有功名的学者,所以我从小就受着儒教的熏陶,家庭里的各种祭祀活动,形式上自然是非常严格的。等到成年进入社会,并且还赶上了参加县里的祭孔仪式。在这类气氛肃穆的场合里,说实话,我的内心从来就没有认真对待过,而且据我所知,像我这样的人是相当多的。这其实不是什么秘密。孔夫子早就在这方面做出了榜样。季路去问他事奉鬼神的事,孔子说:"未能事人,焉能事鬼?""敢问死。"曰:"未知生,焉知死。"(《论语·先进》)也就是这位孔夫子告诉我们:"祭如在,祭神如神在。"(《论语·八佾》)仪式当然应该端庄肃穆,事情则不过如此而已。

　　孔子是我国历史上许多杰出人物之一。古往今来,我国历史上还有大量各方面的杰出人物。他们的思想、行为、功勋、业绩、一代一代地汇成一股波澜壮阔的洪流,构成了中国文化的重要部分。而且在整个华夏文化中,历史人物仅仅是其中的一个方面,我们还有广阔的土地,众多的人民,宝贵的资源,丰富的物产,所有一切自然景观和人文景观,都是中国文化的基石和泉源,它们都是孕育和发展伟大、灿烂的华夏文化的物质基础。

前面已经说过,文化是一种无所不有,无所不在的广泛概念,大而言之,有一个国家,一个民族的文化,小而言之则有一个地方的文化。记得1989年冬季,我受聘到日本广岛大学任客座教授,有一次旅行到广岛以东的兵库县赤穗市,在那里逗留了半天,日本人讲礼貌,赤穗市长岩崎俊男先生知道了我们夫妇在赤穗,一定要和我们会面。我由于在50年代出版过一本《日本地理》的书,近年来又连续受聘担任了日本3所大学的客座教授,不少日本人把我当作一个"知日派"。岩崎先生在谈话中要我谈谈日本各地的地方文化,我没有准备,即席漫谈。我说:尊处赤穗是盐文化(赤穗靠制盐起家),附近的相生市是船舶文化(播磨造船公司有分厂在那里,造船工人及家属占全市人口的1/4),龙野市是酱油文化(出产"东"字牌酱油,风行日本全国),再偏东,宝塚市是歌舞文化(日本的歌舞剧发源于此)。至于几个大城市,大阪神户是商业文化,京都、奈良是古典文化,东京则是混杂文化。岩崎先生当时很佩服我的分析,称我是名不虚传的"知日派"。其实,只要对日本各地方特色作过一点初浅的研究(这些地方我都实地考察过),懂得日本各地赖以发展的文化基础,即席发表我上述这点见解是并不困难的。

中国是个大国,幅员广袤,人多物博,地方文化当然更是千姿百态,丰富多彩。由于文化的广泛性,任何一个地方,一切自然要素和人文要素,只要它们与地方文化发展有密切关系,我们都可以并且应该进行深入的研究。去年一年中,仅绍兴一地,就出版了两种《绍兴酒文化》的专著,从不同角度研究酒文化与绍兴发展的关系。两书都得到了社会上的一些好评。这就是一个地方文化研究的现成例子。从浙江省来说,地方文化研究的方面甚广,课题甚多,有着远大的发展前途。远古文化的研究如河姆渡文化和良渚文化等,实际上早已超出了地方文化研究的范围,如今成为全国性的重要课题。从民族史的角度来说,绍兴的越文化,温州的东瓯文化,以及以建德一带为中心的山越文化,都值得进一步研究。从地区开拓史的角度来说,杭嘉湖平原的运河文化,沿海特别是宁波的海港文化,舟山的岛屿文化等等,也都是有价值的课题。以土特产为课题的地方文化研究,在浙江省有着极大的潜力,除了上面提及的绍兴酒文化以外,例如上虞、余姚、慈溪的越窑文化,龙泉的青瓷文化,庆元的香菇文化,安吉的竹文化等等,不胜枚举。此外,东阳是百工之乡,百工的发展与季节性外流,和东阳的发展关系至大,值得研究百工文化;嵊县是越剧之家,越剧现在红遍大江南北,几乎成为我国最大的地方剧种,所以有必要研究越剧文化;青田是省内向海外移民的重要县份,青田人漂洋过海,在国外很有影响,可以研究移民文化。由此可见,文化研究的课题真是俯拾即是。我们应该整理一下,作出一个初步计划,根据课题的轻重缓急和我们的力量,积极地从事我们的研究工作。

这里必须指出,我们对于中国文化的研究,并不是单纯地为研究而研究。我们研究中国文化的过程,同时也是弘扬中国文化的过程。从总体来说,在我们这个伟大国家的土地上孕育和发展的文化,是历代以来,我们的祖祖辈辈不断创造,不断完善,不断提高,不断充实的成果。而这种创造、完善、提高、充实的任务,要由我们和我们的子孙世世代代继承下去。中国文化是卓越而博大的,如何使这种卓越而博大的文化得到更好的发展和弘扬,责任就在我们身上。在地方文化的研究中,这一方面特别值得我们的重视。我在为《绍兴酒文化》(中国大百科全书出版社1990年版)一书所写的序言中指出:

> 酒在社会文化上所发生的作用,就其主流而言,取决于社会的性质和社会文化发展的程度。在一个具有优越的社会文化传统和文化发展程度较高的社会里,酒可以成为社会文化中的一个积极组成部分,它和这个社会的关系是和谐而相得益彰的,它有助于促进社会的交流,充实人们生活享受的内容,增加人们之间的谅解和友谊,使整个社会变得富于活力和感情,变得更丰富多彩,从而推动社会文化的发展。在另外一种社会文化中,酒可以成为一种粗暴、仇恨、淫佚、放荡、颓废的推动力,是犯罪的触媒,成为社会文化发展的一种消极因素。

由此可见,社会文化的性质和发展程度,也就是社会文化的基础。我们必须努力创造、完善、提高、充实这种社会文化的发展基础,使我们的文化更为光辉灿烂。

最后需要指出的是,中国文化内容丰富,方面广大。它也曾经吸引了许多外国人的爱好和研究。从清代末期起,就有不少外国学者从各个不同的方面对中国文化进行研究,获得了不少成果。对于其中的一些人,如英籍匈牙利人斯坦因(M. A. Stein)、俄国人普尔热瓦尔斯基(Н. М. Пржевалъский)之流,他们潜入我国领土,盗窃我国的文物,成为帝国主义者的文化特务,对于这些人物及其研究,我们当然反对。但是对于真正从事学术研究的外国汉学家,他们进行中国文化的研究,我们不仅欢迎,而且愿意与他们合作。我自己眼下就有一个由日本文部省提供资金的中日合作中国文化研究课题:"西南的丝绸之路,"正在计划去西南进行一次考察。浙江省中国文化研究会在以后具备条件的时候,也要进行与外国学者的合作研究。

外国学者的中国文化研究,有的内容已经取得了卓越的成果,值得引起我们的重视。从上个世纪末到这个世纪初,西欧特别是法国的一些著名汉学家如伯希和(P. Pelliot)、沙畹(E'Chavannes)、马伯东(H. Maspero)等人,他们对我国的不少古籍和若干地区的文化研究,发表过大量成果。不少中国的古代名著,就是通过他们的翻译在西欧出版的。在西欧汉学家中,最近几十年间特别著名的是英国的李约瑟(Joseph Needham),他的皇皇巨著《中国科技史》(*Science and Civilization in China*),拥有我国古代科技发展的大量资料和详细记载,是一部值得赞赏的著作。在美国,著名汉学家施坚雅(G. William Skinner)在 70 年代主编出版的巨著《中华帝国晚期的城市》(*The City in Late Imperial China*)一书,也在世界上享有很高荣誉。书内有许多精辟的论断和丰富的资料。例如,施坚雅提出的关于中国从唐朝后期开始发生的"城市革命"的理论,就引起了中外学者的高度重视。对于浙江,书内有一篇日本学者斯波义信写的《宁波及其腹地》(*Ningpo and Its Hinterland*)的论文,施坚雅在此书《导言》中称赞这篇论文:"斯波关于宁波城市经济的描述,在现有叙述传统中国城市的英语著作中,可能是最完备的一种。"我在前面提及的那篇书评中也不得不指出:"我应该补充施坚雅的话,在我所读到的关于宁波城市的中文著作中,像斯波这样的论文,实在也是凤毛麟角。"因为我国学者自己撰写的有关宁波的历史城市发展的论文,至少到现在,还没有超过他的水平。

外国学者研究中国文化,在研究方法和研究精神等方面也都有值得我们重视之处。以斯波研究宁波城市的历史发展为例,为了搜集清代宁波及其附近地区的资料,他特地跑到北海道的函馆,因为清代有许多函馆渔船到中国沿海一带捕鱼,他们常常到宁波港停泊、补给和修理,而他们的航行日记中,都记录了宁波港当时许多自然景观和人文景观,诸凡港道、气候、设施、市场、物价等等,都有所涉及。而这些航行日记,现在均由函馆港口博物馆所保藏。他的研究成果之所以受到国际学术界的赞扬,与他的细致踏实的研究方法有密切关系。日本学术界对于有关中国文化研究的文献资料的搜集情况是令人吃惊的,我自己也有过这样的经历。1989 年冬季我在广岛大学讲学,在开讲第一课时,首席教授森川洋先生主持开课式,他为我作介绍,讲台上叠着我的32 种专著(包括译著和主编书)这些都是从广岛大学图书馆临时借出来的。广岛虽然也是日本大城市之一,但它在文化传统上不能与东京、京都、大阪等城市相比,而广岛大学图书馆居然也收藏了我的著作达 32 种,确实使我吃惊。在我国自己的图书馆中,包括杭州大学图书馆在内,我估计是收藏不了我的 32 种著作的。我举这个例子,主要是为了说明,日本学术界搜求中国文化的文献资料的努力和成效,值得引起我们的重视和效法。我们欢迎外国学者研究中国文化,但是中国文化毕竟是我们自己的东西,在这个领域的研究中,权威应该是我们自己。我们一定要在中国文化的研究中攀登高峰,作出更大的贡献。

原载《浙江学刊》1991 年第 4 期

中国历史地理暨楚越洞庭文化
（国际）学术研讨会开幕词

各位领导、各位来宾、女士们、先生们：

我在这里高兴地宣布：国际中国历史地理暨楚越洞庭文化学术研讨会现在开始。

我首先要感谢从四面八方赶到长沙来参加这次研讨会的各位学者，特别是不远千里从海外来到这里参加会议的贵宾。我谨在此向各位致以最崇高和最热烈的欢迎。

中国是个历史悠久、幅员辽阔的国家，这为我们历史地理学的研究建立了最广泛的基础，也为这门学科在我国的繁荣发展提供了最优越的条件。我国的传统历史地理学——沿革地理学，至迟在《汉书·地理志》时代已经成熟，至今已有 2000 年历史。本世纪 30 年代"禹贡学会"的成立和《禹贡》半月刊的出版，标志着在顾颉刚先生的创导之下，科学的中国历史地理学在我国的诞生。而随着老一辈的历史地理学家，特别是谭其骧、侯仁之、史念海 3 位先生，缵顾先生之绪，发扬光大，终于形成了今天中国历史地理学著述丰硕、人才辈出、欣欣向荣、蒸蒸日上的局面。今天我们在这里集会，一方面缅怀顾颉刚、谭其骧等许多已故的老一辈历史地理学家的创业维艰，为我们的学科发展所奠立的丰功伟绩；另一方面更要庆贺侯仁之、史念海两位老师正在继续领导着我们学科的繁荣和进步。我谨在此恭祝他们两位健康长寿，这也是我们历史地理学界的共同愿望。

中国地理学会历史地理专业委员会，多年以来，在谭其骧、侯仁之、史念海 3 位前辈学者的领导之下,获得了很大的成就。除了学科人才的培养和学术水平的提高以外,我们学科还建立了一个良好的传统,这就是学术研讨会的经常举行。我们不仅汇集国内历史地理学者,并且邀请国际上的知名学者与会,使国内外的历史地理学者有一个彼此交流、互相琢磨、共同提高的机会,以求得学术繁荣和学科发展。除了由专业委员会举办的这类学术研讨会以外,我国的著名大学,也举办这样的会议。例如1990年上海复旦大学举办的祝贺谭其骧先生80寿诞历史地理学术讨论会,1992年西安陕西师范大学举办的祝贺史念海先生80寿诞的学术研讨会,这些会议也都盛况空前,取得了卓越的效果。

历史地理专业委员会举办的学术研讨会,每次都是根据举办地区的历史地理特色,规定一个讨论的侧重点——当然,代表们宣读论文和学术讨论的范围,并不受侧重点的约束,仍然是广泛的——1986年在兰州举行的学术研讨会,侧重点是丝绸之路的历史地理;而1988年在太原举行的学术讨论会,侧重点是黄土高原的历史地理。这一次,由于会议在长沙举行,所以我们讨论的侧重点是楚越洞庭的历史地理。

在中国的上古,国境内分布着许多不同的民族,它们后来都加入了中华民族的大家庭。但在起初,它们各有各的居地,各有各的文化。所以早期的中国国境范围之内,存在着许多不同的民族文化。在这许多民族文化之中,黄河中游的汉文化,长江中游的楚文化和东南沿海的越文化,是其中的佼佼者。楚文化在地理位置上居汉、越文化之中,它接受汉、越文化的双重影响。特别是楚、越地理毗邻,关系密切,秦一统以后,东南越人又陆续内迁进入楚地,两种文化的接触交流,历史上有许多例证。如著名的《越人歌》,载于汉刘向《说苑·善说篇》,这就是榜枻越人与楚令尹鄂君子晰同舟游乐时的即兴歌词。

附《越人歌》:

"滥兮抃,草滥予,昌枑泽予,昌州州,鍖州焉乎,秦胥胥,缦予乎,昭澶秦踰,渗惿随河湖。"

《越人歌》楚译:

"今夕何夕兮,搴中州流,今日何日兮,得与王子同舟,蒙羞被好兮,不訾诟耻,心几顽而不绝兮,知得王子,山有木兮木有枝,心说君兮君不知。"

(以上均据刘向《说苑》卷十一《善说篇》)

所以楚、越文化是我国民族和地区文化中的两种渊源悠久、关系密切的文化类型。这两种文化的发生、发展、联系、交流,是这个地方历史地理上的十分重要而饶有兴趣的课题,值得我们深入研究。

洞庭文化则是楚文化中的一种特殊类型。洞庭湖是古代云梦泽的一部分,直到本世纪初期,它还是我国最大的淡水湖。洞庭湖接纳湘、资、沅、澧,又通过长江与湖北省相联系,它的影响所及,是一片范围广阔的地区。这是我国著名的鱼米之乡,深渊而庞大的水体,自古以来,抚养了这个地区的无数生灵,而它的辽阔伟大,波浪滔天的湖面如《水经·湘水注》所说:"湖水广圆五百余里,日月若出没其中。"它不仅受到人们的崇敬膜拜,而且让人们有神秘莫测之感。所以这里既是产生"柳毅传书"的美丽缠绵的神话的地方,也是产生《岳阳楼记》的千古文章的地方。山青水秀的美好自然风光,是"洞庭龙女"生动描述的地理基础;而"先天下之忧而忧,后天下之乐而乐"的开阔胸襟,正可和这里的浩渺无垠相比照。洞庭文化既是一种宏伟壮阔的文化,也是一种优美细腻的文化。这种文化的孕育和演变,与这个地区的历史地理有着密切的关系,历史地理学者对此必然会发生强烈的兴趣。

以上所说的是这次学术研讨会所在地区的历史地理特色之一,也是我们学术讨论的侧重点。当然,如我在前面已经指出的,除了我们特别就这个侧重点组织的论文以外,学术研讨会并不受这个侧重点的约束,各位学者完全可以根据各自提出的论文和各自的兴趣讨论问题,畅所欲言,使我们的研讨会开得生动活泼,让我们通过这个研讨会,在学术上有所收获,有所提高。

最后,我除了再次感谢今天光临会议的各位领导、各位来宾和各位学者以外,我还要对为这次学术研讨会进行了大量准备工作的湖南省有关人士、湖南师范大学、益阳师范专科学校有关人士和其他人士表示最诚挚的感谢。

祝研讨会成功,祝各位女士、各位先生身体健康。

谢谢大家。

原载《中国历史地理暨楚越洞庭文化(国际)
学术讨论会论文集》(内部印行),1993年

在陆羽《茶经》故里(湖州杼山)
旅游文化研讨会上的讲话

女士们、先生们、来宾们:

今天我参加"陆羽《茶经》故里(湖州杼山)旅游文化研讨会",感到不胜荣幸。

茶是一种饮料,是世界上历史最悠久的饮料。陆羽《茶经》是关于茶的最古老专著。作为茶和《茶经》的祖国,作为名闻遐迩的产茶名省浙江省,作为陆羽撰写《茶经》和被他评论为品质上等的湖州,这都是值得自豪的。对于茶,我们特别值得自豪的还在于它的普及性。茶的种植、制作和传播,有许多专家作过研究,也发表过许多著作,我无非懂得一点皮毛。茶从中国传到汉字文化圈诸国,又从汉字文化圈诸国传到欧美,这种过程,现在也已经基本研究清楚。但是有一点必须指出,茶在今天这样繁多的饮料市场中能够取得这样的地位,而且地位又如此地巩固,中国的茶文化能够如此美好悠远,除了它有益于健康等等原因外,关键在于这种饮料的普及性。我们可以想得到,在茶的初期,产量很少,价格很贵,它必然是少数人才能享受的东西。到后来才慢慢地普及到民间。于是,在中国民间出现了"粗茶淡饭"一类的话;在日本民间出现了"日常茶饭事"一类的话。问题是我们不知道中国和日本的这一类民间流行的语言是什么时候开始的。做学问需要寻根究底,我们终于在元曲中查到了这类话,武汉臣在他的《玉壶春》第一折上说:"早晨起来七件事,柴米油盐酱醋茶。"这就是我们后来流行的"开门七件事"的起源。由此可见,最迟到 13 世纪,茶已经成为民间的普通饮料。我们知道早在唐朝,茶已经传入汉字文化圈的一些国家,但它能够普及到全世界,恐怕是从这以后发生的事。于是,我们的茶文化就走向世界。在国内,对于一杯茶的事,大家司空见惯,不会有什么感觉,但是在国外,我经常因为看到了茶,就想到我们的民族,我们的国家。

我的老家是绍兴,绍兴人足迹遍天下,绍兴人有一句豪言壮语,叫做:"麻雀、豆腐、绍兴人。"意思是有麻雀和豆腐的地方都有绍兴人。其实,绍兴人的足迹或许比麻雀和豆腐更广。但是我曾几次与我的老乡们说,这是过去的情况,现在,交通如此便利,人口流动又如此频繁,今天我们说这类话,眼光要放得远些,思想境界要开阔些,语言也要雅致些。根据我多次在国外的体会,这句话应该改为:"茶道、汉字、中国人。"

这里,我所说的茶道,不是流行于日本的诸如表千家、里千家、武者小路千家等末茶茶道,那是日本高僧荣西禅师从南宋归国后在日本流行起来的。现在派系繁多,过程复杂。虽然精神和宗旨甚好,但当前我们做不了,欧美国家更做不了。我所说的茶道,是亲朋友好之间的茶叙,清茶一杯,促膝谈心,这种形式,在欧美也行得通,而且现在已经开始流行。至于汉学,这是一门庞大渊深的学问,从上个世纪后期到这个世纪前期,欧洲出了不少著名的汉学家:伯希和、马伯乐、沙畹等等,这个世纪,继续有一些后来居上的欧美汉学家,如费正清、李约瑟、施坚雅等等。但是他们每个人的成功,都直接间接依靠了中国学者和中国文献的帮助。现在,茶道、汉学、中国人可以说已经普及了整个世界,而茶道事实上是我们的开路先锋。汉字文化圈内当然不必说,在汉字文化圈之外,现在也到处有我们的茶道,有我们的汉字,有我们中国人。

茶是我们中国的特产,通过茶道养心养性,广交朋友,是我们中国人的处世方法和优秀文化传统,这是我们值得自豪的。今天,"陆羽《茶经》故里(湖州杼山)旅游文化研讨会"的举行,也就是借了我国渊源浓厚的茶文化的光。中国的茶产地遍及十几个省区,但湖州却负有盛名。这是天时、地利、人和三者配合的结果,绝不是偶然的。从天时说,茶是亚热带作物,产地的天文位置(经纬位置)必须在亚热带,这是先决条件,而湖州正是有这个得天独厚的条件。在地利上,茶对土地有 3 种要求:地形要有一定的高度,土壤要有一定的酸度,大气要有一定的湿度。湖州的顾渚山、杼山和其他丘陵区,都具备这样的条件。在人和方面,我国的茶圣陆羽,对湖州作了崇高的评价,他写了《茶经》,又写了《杼山记》,而颜真卿也写了《杼山妙喜寺碑铭》。这些人文条件,不仅抬高了湖州茶的身份,同时也是湖州的重要旅游资源。在天时、地利、人和样样具备的优越条件下,我们希望通过对自然的和人文的旅游资源的开发,发扬湖州的茶道,让湖州在茶道、汉学、中国人这三位一体的优势中作出更大的贡献。

1996 年 1 月 8 日于杭州

原载《浙江学刊》1996 年第 2 期

在范蠡研讨会上的讲话

有机会参加肥城市召开的范蠡研讨会,我感到由衷的高兴。我与刚才发言的程兆奎先生联系已经3年了,通过好多封信讨论范蠡,我同意他讲的观点。在肥城这样一个地方,召开这样一次学术会议,是非常有意义的、有价值的。在这里我不准备谈论文,借机会谈点感想,我是杭州大学的教师,我的老家是浙江绍兴。绍兴在春秋战国时期,同山东省有着密切的关系。越国前期,国都在绍兴,到战国初,也就是越国后期,他的国都迁到山东胶南县(琅琊)。这是绍兴与山东省的一种密切的关系。还有第二层关系,范蠡前半生,是在绍兴这个地方发展的,他帮助越王句践,把越国从一个弱国变为强国,从小国变为大国,最后消灭吴国,成了很强的国家。平常说春秋五霸,我主张有六霸,最后一霸就是吴王夫差,因为他在中原黄池主持会议,各国之间他为首,不过时间很短就败了,战国,被史称为燕赵韩魏楚秦齐七雄,我认为还该加一个越国,消灭吴国后,它是当时最强大的国家。

范蠡大夫的前期,作为一个政治家、军事家,他的成就和业绩,是在浙江绍兴,后半生作为实业家、商业家,其成就是在山东,范蠡最后归宿,就是在肥城。这是浙江绍兴与山东肥城另一层密切的关系。

我不是专门研究范蠡的,我所知道的一点范蠡的知识,是我从研究《越绝书》《吴越春秋》这两本书开始的,搞学术研究,都强调文献资料的权威性,范蠡前半生,研究范蠡就以这两本书为依据。表面上这两本书是汉人所撰,经考证实际主要保存战国时代的原始资料。关于范蠡后半生,做为实业家、做为商人,最权威的资料应是《史记·越王句践世家》《史记·货殖列传》,同时作为北方人,他对北方一些史籍做过详细调查,应当是可靠的。

70 年代末期,上海古籍出版了新版《越绝书》,是由我的研究生参考各种版本书校对后,我写序出版的。是当前最流行、最权威的研究范蠡前期参考工具书。在来山东前,由浙江大学一位副教授纂校的新版《吴越春秋》一书,约 30 万字。由我题写书名,年底由古籍出版社出版。

范蠡后期,做为商业家,其中史料是《史记·货殖列传》《史记·越王句践世家》提供的。其他资料,都是以此引用的。做为范蠡研究会,为提高范蠡研究学术水平,都要以这些有学术价值的权威著作为主。浙江绍兴有一个越国研究会,他们研究的主要内容是越国前期,这个研究会有几位学者,也准备参加会议,但是不巧,因为今年是旅游年,绍兴正在搞风情节、王羲之书法节。他们都参与组织这两个节,来不了。我希望两处加强联系。

来时我想到七言四句诗首,吟一下:

　　欸乃一声入五湖,肥城有幸埋陶朱。

　　官风笃实商风正,千秋万代做楷模。

范蠡后半生搞实业,开始应该是水产业为主,后搞畜牧养殖。范蠡的最后归宿是肥城陶山,做为肥城应该看成是件光荣的事。范蠡做官,"十年生聚,十年教训",使越国由弱变强,他的官风是正的。他做为商人,还富好行其德,商业道德也是很好的。所以说,他做官经商都可做后人的楷模,实际上他也是知识分子的楷模。在上海参加国际学术会议,我发表了一篇有关胡适的文章,说到胡适先做学问,后做官。事务繁忙,还写了 3 篇学术论文。孔夫子曾有两句话"学而优则仕,仕而优则学",一般人想着前一句忘掉后一句。而胡适做官后还想着做学问。我不希望知识分子做官后,都要去做学问,但希望知识分子做官后,多关心一下做学问的事。这是我文章的观点。

范蠡有《养鱼经》《致富奇书》《兵法两则》《陶朱公商训》等书传世。他为官做生意都很忙,还要写书做学问,值得我们学习。

今天上午到陶山看了范蠡墓,我即兴又咏一首七言四句诗:

　　陶山西麓一堆土,朱公之名高千古。

　　假冒伪劣俱辟易,留得真金不怕火。

为了纪念范蠡,我写下这首诗,诗不好很见笑的。

今天到肥城来参加这样一个研讨会,我很高兴。我祝愿通过这个研讨会,使范蠡研究学术水平得到提高。同时,也使肥城大大提高在社会的知名度。也祝肥城各方面的工作尽快地更大地得到发展。

最后再吟诗一首,赞肥城:

世外桃源莫可知,世内桃源就在此。

人人都夸桃源好,范蠡精神永不死。

1997 年 4 月 12 日

原载《范蠡研究论文集》,学苑出版社 1998 年版

在绍兴鹿湖园开园典礼上的讲话

女士们、先生们,各位领导和来宾们:

今天我有这个机会身在鹿湖园,面对龙横江,溯昔抚今,实在感慨万千。面对在场的女士、先生、领导和来宾们,我想说一句,我或许是第一个到过这里的人。我今年虚度84,当年我还是一个小学三年级的年仅10岁的孩子,一个礼拜天,我们七八个小朋友,从龙山脚下的小学出发,一致决定到偏门外"乾隆皇帝"到过的地方去,就是这个鹿湖庄。我们这些孩子蹦蹦跳跳,一边问路一边跑,走出旱偏门,终于到了今天我们所在的这个地方。虽然只是几十户农民的村子,但是大家都兴高采烈的唱歌欢呼,"我们到了乾隆皇帝的地方了!"这是70多年以前的事,而在我的回忆中,还像昨天一样。

当时的情景与眼前完全不同的是,乾隆行宫已完全夷毁,所见只有村民的竹篱茅舍,泥墙瓦房。但也有与今天完全相同的,那就是青山绿水的美丽水环境。那天我们这些孩子边问边跑的行程中,曾经有好几处带有"湖"字的地名:我们踏过"跨湖桥",找到"鹿湖庄",附近还有一个名叫"湖南岸"的村子。这个"湖"是什么? 后来才知道,这就是隋唐称为镜湖到宋朝称为鉴湖的古代大湖,现在我们所在的地方,当时都在湖区之中。王羲之的名诗:"山阴道上行,如在镜中游。""山阴道上",就是从跨湖桥经过马太守庙,再从河山桥、亭山到会稽山麓的兰亭的这条陆道。现在的鹿湖园和龙横江所在之处,正是山阴道和鉴湖的汇聚胜地,是绍兴自然风景的精华所在,也正是18世纪乾隆皇帝选择在这里驻跸的原因,我们大家今天在此聚会,真是不胜荣幸。

　　这里有必要追述镜湖或鉴湖的伟大水利工程。这是东汉太守马臻于东汉永和五年(140)创建的。全湖周围300多里,面积超过200多平方公里。是汇聚会稽山三十六源的巨大水库。马太守以无比的魄力和精心的设计创建此湖,是绍兴自远古以来治水传统中的重大成果。

　　绍兴平原在距今六七千年以前因为第四纪海进而成为一片海域。海水退去以后,留下的是一穷山恶水的自然环境。南部的会稽山,由于越人几千年的刀耕火种,森林烧伐,水土流失。而北部平原由于海水的长期浸灌,成为一片潮汐出没的泥泞沼泽。正是因为这样一片穷山恶水的自然环境,所以才在这里诞生了大禹治水的传说:大禹历尽艰辛,治山治水,9年于外,三过家门而不入,是一种非凡的大公无私精神。他的治水方法,是针对会稽山距海不远的自然条件,顺乎自然,因势利导,引水入海,即著名的所谓疏导。大约距今2500年前,越王句践实际上就遵循大禹传说中的治水精神和方法,兴建富中大塘等水利工程,拒咸蓄淡,垦殖平原。马太守创鉴湖,也就是继承了大禹的传说和句践的实践,穷山恶水的自然环境从此全面改观。鉴湖的充沛蓄水灌溉北部平原"九千顷"斥卤之地,使之渐成沃壤。直到明嘉靖十六年(1537)汤绍恩太守兴建三江闸,绍兴平原终于成为一片旱涝保守稳产高产的鱼米之乡。绍兴从大禹传说发展到近代这种艰难经营和丰硕收成,前贤已经作了4个字的总结,那就是:"缵禹之绪"。"缵禹之绪",这就是我们越中人民长期笃行的"绍兴精神"。

　　"缵禹之绪"是没有止境的,"绍兴精神"是永远发展的。今天,我们聚集在鹿湖园,面对龙横江。我们的近处,就是如同一条蟠龙的环城河,还有浙东古运河和内容包罗尽致的运河与绍兴水环境博物馆——运河园。这就是"缵禹之绪"的继续,"绍兴精神"的光辉!

　　女士们,先生们,各位尊敬的朋友们:今天,我们在这个"山阴道上行,如在镜中游"的胜地聚会,既是难得的机会,也是无上的荣幸。我们有责任也有信心,世世代代奉行"缵禹之绪"的教训,永远发扬艰苦卓绝的"绍兴精神"。我们要让绍兴、浙江、中国和全世界,永远循着"可持续发展"的道路前进。

2006年4月1日
据手稿整理

在京杭大运河保护与申遗研讨会上的讲话

女士们、先生们、参加大运河保护和申遗考察的各位政协委员和专家们和出席这次杭州研讨会的各位女士、先生们：

我在垂老之年能够追随各位参加这样一次有意义的活动，实在不胜荣幸。但是我能够参加这次活动，可以说是来之不易的。除了年龄较大以外，因为我没有退休，工作较忙，当前正值有几位研究生即将进行论文答辩之时，有一定的指导工作。此外，我在加拿大定居的儿子、媳妇、孙子，恰在我外出之时回国探视。所以开始比较犹豫，但是在几方面的敦促之下，我在国外的两家子女，也通过电脑屏幕要我以工作为重，所以最后才决定与汪波副教授一起参加这次活动。

我毕生的确花了不少时间研究河川水利的历史地理，与这方面有关的著作，已经出版了 25 部，在国内外（包括港台）就这个问题发表过不少论文和作过多次学术报告；而且承蒙杭州市委王国平书记的信任和嘱咐，正在全国组织这方面的著名专家，主编一部规模较大的《中国运河开发史》。所以才下了决心参加这次考察活动。

对于中国的南北大运河，这的确是一件了不起的伟大工程，国内外都一直关注。1954 年，交通部的一位领导，曾经到杭州与我谈论这个课题。上世纪 80 年代之初，可以称为世界最大期刊之一的美国国家地理杂志(National Geographic)的 3 位记者也曾经到杭州与我讨论中国大运河，事后出版了专门的文章（我手头有）。说明中国大运河,确实举世闻名,不同凡响(今年4月20日的香港《文汇报》以整个版面发表了这方面的文章)。

在这次出发前夕,5月8日上午,《钱江晚报》记者韩兢女士陪同一位丹麦学者到了舍下,我们用英语交谈,谈了两个多小时。我告诉她中国大运河的伟大和我们申遗的强大优势,主要是:第一,全世界最悠久的运河开凿历史;第二,全世界最长的运河里程;第三,全世界积累最深厚的运河文化。他表示非常同意和赞赏,并且说还要再访问我。

因为当时我是与外国学者谈话,所以我没有谈到大运河在保护和申遗方面的不少弱势。这次参加了这个活动以后,在这方面让我有了更大的了解,不过要讨论这方面的问题,必须写大篇文章,不能在这个讨论会上谈,俟我稍有时间时,我一定会把这篇文章写出来,并且公开发表。

在这里必须提出的是我们这条大运河的名称问题。这条运河,开凿的年代各段不同,但它们的名称,都有权威文献可据。例如邗沟出于《左传·哀九》,济州河与会通河出于《元史·河渠志》,浙东古运河出于《越绝书》卷八《地传》。我想请教在座各位,"京杭大运河"之名出于何种权威典籍。假使有,我就采用;假使没有,则我认为还是以中外通行的"大运河"(Grand Canal)或南北大运河为妥。

谢谢大家!

2006年6月17日

原载《中国鉴湖》第2辑,中国文史出版社2015年版

80 生日庆典答词

今天,家乡绍兴的朋友们为我这样一个平凡的知识分子举行如此场面的祝寿活动,我内心当然无比感激,却也非常惭愧。

人生一世,80 年的时间不算短促,差不多快到算总账的时候了。但是总结一下,我对家乡和我的全部本职工作,我实在没有作出什么贡献,当然深感有愧于心。

我是一个喝鉴湖水、吃绍兴饭长大的人,对家乡的感情实在极端深厚。经常想到家乡对我的厚赐与关怀,却没有机会也缺乏能力为家乡服务。加上像我这样一辈年龄的知识分子,生平遭际也确实相当坎坷。溯昔抚今,备增汗颜,既辜负家乡父老师长的栽培教育,也不副当今家乡朋友们的厚爱期望。

记得不久以前,家乡园林界人士,为了美化若耶溪风景,需要装饰一书画碑刻之类,承绍兴市政协的偏爱,专函嘱咐于我,家乡的事我当然不敢怠慢,不得不搜索枯肠,涂鸦献丑,拼凑了一首思念家乡叹自愧的七绝:

> 栉风沐雨到八旬,又向山阴道上行;
>
> 脚力已尽心未老,千岩万壑不了情。

这当然是一首劣诗,但却表达了我对家乡的深厚感情和歉疚。首句"栉风沐雨"的话,与我同辈的大部分知识分子都有相似的遭遇,我在初中二年级就逢到卢沟桥事变,在日本侵略者的进攻下,从初中到高中是在枪声惊耳、炸弹临头、学校搬迁、连年奔波的恐怖艰难日子中度过的。家乡沦陷以后到内地求学,在敌军封锁线上遇敌我枪战,弄得血染衣衫,几遭不测。同辈同学之中,许多人就死于敌人的炮火炸弹之下。

1949 年迎来了全国解放,当然额手称庆。鼓舞欢腾。希望从此能定下心来做一点学问。但不幸的是,由于极左路线的干扰,历次运动,特别是针对知识分子的运动相继而来,最后终于发动了史无前例的无产阶级"文化大革命"。从上世纪 50 年代后期起,大多数知识分子丧失了 20 年左右的工作时间,对于整个民族和国家这实在是一宗不可估量的巨大损失。所幸在我的花甲之年以前,获得了改革开放的重要转变,让我重新投入本职工作,在领导的支持关心下,至今已全心全意地工作了 20 多年。这就是此诗首句"栉风沐雨"的含意。

此诗的以后 3 句主要是思念家乡的。自从改革开放以来,我每年都要回乡几次。与家乡领导和各界人士接触,向他们请教,使我获益不浅。特别是这些年来,目睹家乡经济文化的发展,真是一日千里,确实体现了"山阴道上,应接不暇"的情景。我虽然年迈力衰,即诗中所说的"脚力已尽",但对家乡的"千岩万壑",实有不了之情,所以才写了"心未老"的话,"心未老",其实是表达了我对家乡的素愿,希望在有生之年,还能为家乡作一点贡献。

当然,诗中的"不了情",也是对我的全部本职工作而言的。因为我从 40 岁到 60 岁之间,失去了近 20 年的工作时间,这是我一生精力最充沛旺盛的时候,我确实为此痛惜。在改革开放的伟大政策到来以后,我一直抱着与时间赛跑的信念,要在我的剩余生命中把失去的时间抢回来。这些年中,由于领导的支持关心,学术界人士的协调合作,家乡朋友们的帮助爱护以及不少中青年学者和助手的得力配合,我的这种愿望,或许稍有成效。举个例子,"文革"开始时,大字报揭发我有 13 棵"大毒草"的"滔天罪行"。也就是当时我已出版了 13 本书。经过改革开放以来这 20 多年的积累,据我的研究生的统计,我的专著、译著、主编、古籍点校等书,现在已超过了 60 种。当然,按我的年龄来说,这仍然是极小的数字。而今而后,我还必须锲而不舍,勇往直前。

假使上苍还能给我几年时间,我希望在领导的支持和朋友的帮助下,继续在学术上埋头拼搏,例如,我与中华书局和其他出版社已经签订的合同必须完成,我还想组织翻译几种有价值的国外名著,并且尽最大努力,完成不断面临的其他写作工作。由于领导关心和朋友们的帮助,我为研究生讲课的时间已经大量缩减,但我必须兢兢业业地把他(她)们带好。

今天的祝寿会,对我既是一种荣誉,也是一种鞭策,有生之年,我将永远铭记这个日子,由衷地感谢和纪念生我育我的家乡,感谢家乡的朋友和领导,感谢今天从外地赶来的各位朋友和领导,谢谢大家。

2002 年 10 月 27 日

原载《陈桥驿先生八十华诞》(内部印行),2003 年

在《浙东运河绍兴市区段环境整治一期工程文化布展方案》评审会上的发言

一、浙东运河的价值。

以可持续发展的观点,应予全面整治,分段整治和分期整治是具体可行的整治办法。

运河是人工开凿的水道,运河文化是随着运河的出现而出现的。浙东运河既是我国见诸记载的3条先秦古运河之一,文化内涵十分丰富。运河在交通运输上的价值,古今已经不能相比,为此,就更突出了文化内涵的重要,所以这个《方案》"先文化,后工程"的整治步骤是值得赞赏的。

二、《方案》包括概况、设计理念、布局结构、景段设计、绿化布局5部分,景段设计是《方案》的重点。总的评价,《方案》是全面而完整的,3个景段的具体设计也基本合理可行,当然也还有补充和修改余地。但总体格局可以大体确定。

三、有一个问题必须现在提出来让大家注意,上面提到分段整治和分期整治是具体可行的整治办法,但不管是分段或分期,参与其事者,脑袋中必须有浙东河的整体概念。过去由于在整体概念上的无知,曾在这方面犯了许多错误,70年代填废山阴、会稽两县间的府(河)就是最显著的事例。总有一天,这条河道要重新挖开来,让绍兴成为有一条绿带南北纵贯的单面街水城,如同柯桥、东浦等格局一样。苏州城内干将河的填而又挖,可以作为绍兴的榜样。

　　从总体概况来说，直到南宋鉴湖完全湮废以前，运河是从西郭门进城，从都泗门出城，穿城而过的。凡此种种，不管整治计划怎样落实，但整治者都要通盘了解。

　　此外，浙东运河是一个整体，文化的内涵是综合性的。所以，在整治其中的一段时，必须经常考虑到其他段落，以做到整体的完美和协调。举点例子，譬如，《概况》中提到柯桥、东浦，就不能不考虑阮社，阮社是个名村大村，村内有"籍咸桥"，这是竹林七贤与"阮社"这个村名必有联系。此外，柯桥、东浦、阮社三足鼎立，是最大的 3 个酒乡，依靠运河，发展了酒文化。

　　其实，东浦并不在运河干流上，所以沿运的重要支流，虽然不在整治计划之内，但在文化渊源上是一体的。鉴湖三十六源在鉴湖湮废以后都成了运河的支流，其中最重要的是若耶溪（平水江）。这是东汉鉴湖出现以后绍兴文化的重要地域，东晋永和九年集中全国第一流名士的兰亭修禊，是绍兴文化在全国领先的标志，而兰亭其实就在这里的天柱山下（今兰亭是明代仿制的）。这里是浙东唐诗之路的重点所在，唐代起，由于植茶业的兴起，借水运之便，这里开始形成一个包括（诸）暨县的平水茶区，出现了与酒文化比美的茶文化。

　　要思考的方面甚多，不胜枚举。希望在《方案》实施的过程中，全面研究和考虑，为以后浙东运河的全面整治在工程上考虑文化，在文化上锦上添花。

　　祝评审会成功！

2002 年 12 月 31 日

原载《中国鉴湖》第 2 辑，中国文史出版社 2005 年版

在浙江大学2010年度"竺可桢奖"颁奖仪式上的答谢辞

褚校长,书记,各位领导,各位来宾,各位老师、同学:

今天,在这个浙大四年一次的颁奖会上,我是受奖者,我深知这是全校师生和评委对我的关爱,是对我长期从事的教学、科研工作的肯定。而我只是尽力做了我该做的事,因此而获得这样的殊荣,让我万分感激和感慨。它勾起了我对竺校长的无限崇敬和思念。竺校长对浙大的贡献不待细说,仅就其治学、治校的精神而言,真是一面催人奋进的镜子,一经对照,便自知不足。竺校长曾经说过:教育的目的不但是在改进个人,还要影响于社会。与他的这句名言对比,我实在感到惭愧。

竺校长的道德学问是当代学人的楷模。我虽已八八高龄,但是实际上其生也晚,没有能在课堂上聆听竺先生讲课,引为毕生之憾。但是实际上,我毕生为学,都仰仗了竺先生的精神学问。举个例子。我在改革开放以后,曾多次应邀出国讲学,足迹远达南美巴西,在讲学的课题中,曾在几所大学(如美国的斯坦福大学和加拿大的多伦多大学等)讲过 The Study of the Catastrophic Weather in China(中国的灾害天气研究)。而课题的内容,实际上都以竺校长《中国近五千年来气候变迁的初步研究》为依据(《考古学报》1972年第1期,《竺可桢文集》与《竺可桢全集》均收入)。没有他的这篇精博宏文,我在国外是做不出这个学术讲演的。所以从道德学问来说,我受惠于竺校长的,实在多不胜举。所以在今天浙大授予我"竺可桢奖"的隆重仪式中,让我又一次感到竺校长的伟大,溯昔抚今,令人感慨无穷。

感谢在座各位对我的关爱。我虽已年高力衰,但至今仍每天笔耕不止。有一分热,发一分光,力图在有生之年,为民族、国家和社会多作一点贡献。

谢谢大家。

2010 年 6 月 8 日

据手稿整理

在浙江省旅游规划座谈会上的发言[*]

前天我去出席省旅游规划座谈会,会议是由浙江旅游规划设计院主办的。省旅游局重要成员(局长、副局长、有关处长等)均出席。省市有关旅游的专家、教授等四五十人与会。我其实与旅游无关,因为或许是我年老,他们要尊我一下,由院长陈健亲自前来接我(其实会议在黄龙饭店对面的世贸大楼举行,从我处步行而去,5 分钟也就够了),并事前联系好由我的一位研究生陪同。到了那里以后,看到排好的座次,明摆着是要我第一个发言的。而主持人在介绍时,除了介绍领导外,出席的专家教授中,也只介绍了我一人。实在不好意思。会议开始,纪根立局长讲了话,我才知道,今年在浙江是旅游规划年。所以这个座谈会是应时的,也是很重要的。我在领导讲话后,被指定为第一位发言,我是没有讲稿的(毕生上课也是如此),虽然一周前已约我,但我的发言是会前两三天才考虑,包括与您的电话联系。发言较长,下面把有关绍兴环城河与古运河整治的一段回忆下来:

前年(2001)在一次徐霞客研究会的预备会议,与纪根立局长一起。因为我们相识已久,他与我私下聊天中谈及,2000 年乌镇的游客达到 90 万,他在绍兴时,假使柯桥、安昌等镇不重点搞乡镇企业,而是像乌镇一样抓旅游业,则发展显然超过今天。他是一位认真负责的领导人,谈话中颇有自责的意思。我当时就和他说:在当时,发展乡

---

* 这是给时任绍兴市水利局副局长邱志荣信中回忆的内容。

镇企业是大势所趋,何况像柯桥、安昌(特别是柯桥)处于重要交通线上的集镇。在乡镇企业高潮中,任何一位领导人都会让这些交通方便和具有相当经济基础的集镇发展乡镇企业的。

柯桥与安昌等集镇发展乡镇企业的重要条件是水。现在,绍兴发展旅游业的重要优势也仍是水。绍兴是举世闻名的“水城”,早在18世纪末,法国传教士格罗赛(Grosler)就把绍兴比作威尼斯(见《纳盖尔导游百科全书——中国卷》)。而台湾的著名刊物(图文并重)《大地》派专人到大陆请我写一篇《绍兴水城》(发表于该刊1992年9月号),说明绍兴的旅游业可以在这个水字上大做文章。当然,治水是水利部门的事,水利部门有他们的治水规划,绍兴水利部门治水规划的总的目的是绍兴水环境的可持续发展,但是这和旅游部门发展以水为主题的旅游规划不仅没有矛盾,而且相得益彰。

去年10月,承蒙绍兴各界为我举行80寿诞祝寿会,而市水利局安排的祝寿活动是在晚上邀请与会者游览绍兴环城河。游览以后,不少从沪杭来的祝寿朋友都与我谈了他们的感受,他们一致称赞环城河的整治工程,使绍兴水城锦上添花。让我感到为家乡的水利旅游双丰收而自豪。

今年,绍兴市水利局又推出了古运河市区段的整治规划。我曾仔细地研究了这个规划,而且写了书面发言。我认为,环城河的整治当然是成功的,但在整个长江三角洲,几乎每个城市都有环城河,但运河纵贯这个地区,沿运城市为数不多,绍兴能在环城河以后再做一篇古运河的文章,则绍兴水城在长江三角洲将成为优势无双。

绍兴古运河是浙东运河的核心河段,往年我曾经专题写过《浙东运河》的文章,这是一条先秦就存在的运河,沿河文化悠久,文物众多,此河的整治成功,实在可称水利与旅游的双绝。现在,此河的整治工程正在加紧进行,估计6月底以前可以完成,届时请各位专家去参观评议一下。

需要说明的是,当前绍兴整治的是古运河的市区河段,但浙东运河是一个整体,绍兴水利局的规划中已经注意了这一点。所以我殷切希望,不论从水利与旅游的观点,整条浙东运河都应该可同当前正在整治的绍兴市区段那样地加以整治。这就需要规划,除了水利部门的规划以外,旅游部门也可以出谋策划,让这条古老的水道获得新生,让这条古老水道从水利和旅游各方面,都能符合可持续发展的要求。

最后请各位注意关于我国运河的一种概念,我对此考虑了很久(我是《中国运河史》一书的顾问)。中国的运河修凿历史悠久,从先秦到近代,遍布全国各地的运河,为数甚多。但著名于全球的是国境东部纵贯南北的这一条,对于这条运河,人们常常称为“大运河”,也称为“京杭运河”。我认为这两个名称都可以存在,也都已有了它们的规范的为国际所承认的外文翻译。不过,对于这两个名称的涵义,我感到应该更严格地加以解释：京杭运河，因为其称谓已有地名界限，即起于北京，终于杭州。大运河，即英语规范名称为 The Grand Canal 的，它应该起于北京，终于宁波。大运河各段都有自己的名称，如在北京和河北省境内的北运河、南运河，山东省境内的鲁运河，江苏省长江以北的中运河和里运河，长江以南到钱塘江以北的江南运河，钱塘江以南的浙东运河。大运河是由这些具有不同名称的河段构成的，所以大运河的概念，应该包括浙东运河在内。

以上是发言的回忆重写。因为当时就是即席发言，所以非常潦草，请修补。

2003 年 3 月 5 日

原载《中国鉴湖》第 2 辑，中国文史出版社 2015 年版

给《学术界》的信

主编先生：

　　昨日又收到蒙赠的贵刊第6期，我手头赠刊不少，但自从读到贵刊后，颇感情有独钟。

　　第6期文章我已经匆匆一读，对不少文章感慨甚深。《论美国强盛之道（上）》确实深获我心，我多次在彼邦讲学，又有两个儿子在彼邦大学执教，多年来潜伏心中的话，此文泰半已经表达。在贵刊中读到这样的文章，真属难能可贵。

　　《以仁心说，以学心听，以公心辨》一文，特别是"学术腐败的根本问题……"（P.122）一段，的确写得入木三分。记得我在70岁以前曾承担职称工作10年，包括省一级的学科组也由我负责。我感到在我参与的这段时期，至少是高校职称还是公正的（我也参加其他方面评委，那就不能与高校相比了），但我卸去这个责任以后，近年来在我身边议论此事的愈来愈多，情况和贵刊此文相类，实在不胜感伤，贵刊能发表这样的文章，揭露这种学术界腐败现象，当然有助于社会。

　　为了请您改正我的邮编、地址，趁此机会，略谈几篇文章的读后感，不胜荣幸。

　　专此 并祝

编祺

陈桥驿

2000 年 12 月 5 日

原载《学术界》2001 年第 1 期

为《洛阳市志》出版给洛阳市
地方史志办公室的贺函

洛阳市地方史志办公室：

　　欣闻经过多年惨淡经营的《洛阳市志》已经全部问世，这是洛阳市有史以来的一项巨大文化工程，也是我国方志史上必将特别记录的重要事件，值得高度评价，热烈庆祝。

　　洛阳在历史上是九朝古都，在地理上处天下之中。《洛阳市志》缵史之宏绪，得地之灵秀，在市领导的支持擘划和全体修纂同仁的辛勤耕耘之下，终于脱颖而出，成为这20年新志之林中的翘楚，在地方志理论和各种研究工作中，都有重要价值，令人钦敬！

　　我在上世纪80年代，为了拍摄《中国七大古都》电视系列片，曾对洛阳作过相当详细的实地考察，对这座著名古都建立了深厚感情。以后由于《洛阳市志》的修纂，一再披览先后出版的各册志书，并且曾在《河洛史志》中作过多次褒赞和评论，所以对这部志书的卓越成就，早在意料之中。值兹全志出版，大功告成之时，再次表示我对《洛阳市志》的祝贺，对全体修志同仁的慰问和钦佩。

　　希望洛阳市的志书、年鉴和其他地方文献的编撰事业，希望洛阳市的经济、文化和旅游事业，能够继续欣欣向荣，蒸蒸日上！

2002 年 11 月 23 日于浙江大学

原载《河洛史志》2002 年第 4 期

关于拒绝科研课题的信

科研处黄清华老师：

您好，有一件事必须向科研处与您说明一番了。

这次申报课题，我实在是为了学校而不得已填表的。我曾在电话中向您说明，我一直奉行三个"不"，其中两个"不"，一就是不申请课题，我至今没有花过国家一分钱的科研经费（因为我出版著作已超过60部，自以为一部著作就是一个课题）。二是自从上世纪80年代之初起，我曾经多次出国，而且是带了夫人出国，但是我绝未花过国家一分钱外汇。

这次申报课题，据研究生转达你们的意见是《运河开发史》，运河当前正是一个热门，所以我报了《中国运河开发史》。因为对于过去国内外对中国运河的著作，我手头大都存有，但都不满意。所以邀集了我的研究生（毕业的和在学的）6人，由我主持，通过大量的文献查证和实地勘察，用两年时间，完成一部估计80万字的《中国运河开发史》。在表格中，我说明了：在我们此书出版以后，要达到在半个世纪或更长的时间中，学术界毋需也不必再研究这个课题。

我花了对我来说是很宝贵的3天时间才填好表格（因为我从来不曾填过这类表格），但后来研究生又向我转达你们的意见，因为课题是属于省内的，因此应该把名称改为《浙江省运河开发史》。这种改变让我一时不知所措，当然应该怪我与研究生和你们之间没有沟通好，我没有领会你们的精神。我当时只好告诉研究生，她们如果愿意接受这个课题,她们可以做下去。又过了两天,研究生告诉我关于研究经费的问题,我定的 10 万元太多了(我是按《中国运河开发史》的要求定的,因为实地考察要花较多钱),至多只能报 2 万。到此,我只能请研究生转告你们,我不能接受这个课题。

我不能接受这个课题的原因是:对于《中国运河开发史》,我要求达到的水平是在半个世纪内学术界毋需再从事这方面的研究。假使课题改成《浙江运河开发史》,则我必须向你们汇报,从浙江省的运河来说,我早已作过不少研究,不仅从历史地理学的角度研究并掌握了许多文献资料,而且沿河(除了少数几段)作过实地考察。早在 1984 年,以中国唐史学会、杭州大学为首的五六个单位,曾经组织一些研究者于这年 7 月 14 日—8 月 25 日作过一次沿运河实地考察,这次考察就是史念海先生与我发起的。最后于 1986 年在上海人民出版社出版了《运河访古》一书,我为此书撰写了《浙东运河的变迁》一文(又收入于我的论文集《吴越文化论丛》,中华书局 1999 年版)。最近 3 年中,绍兴市、县恢复古运河文化,兴建了一处"运河园",在国内产生了较大影响。我为这个"运河园"做了不少工作,一踏进园门,第一块石碑《运河记事序》就是我的署名作品。

今年,由于绍兴"运河园"的影响,杭州也开始对古运河的重视,成立了"运河集团",从事修治和恢复文化遗迹的工作。我接受"运河集团"的要求,为他们用正楷撰写了《南北大运河略记》一文,现在已镌在石碑上,树立在运河之旁。又因此受《杭州师院学报》之约,为他们撰写了《南北大运河》一文,并已为上海出版的全国高校文科学报汇刊所摘刊。所以我认为对于浙江运河,在文化工程和水利工程上,当然还有许多工作要做(现在正在做),但从历史地理学角度研究开发过程等等,这些工作我历年来已经做了,所以这个课题可以不必再立。

顺便要向你汇报的,因为我年事稍高(我出生于 1923 年),所以我的时间比中青年人要宝贵得多。记得今年年初为了拆迁房子事,郑造桓书记曾到我家造访,因为我的藏书与资料逾万,兼有不少善本、稿本,处理困难(在杭州大学时代,他曾多次到我家看望)。我在向他汇报中,提及为了节约时间,我已经多年(至少 5 年)没有参加体检,他嘱咐我今后千万要参加。但今年我仍未参加,因为我感到体检要花 1 天时间,对我来说,也是宝贵的。今年到 10 月底,我已经交出了 90 万字的书稿(其中 60 万字是中华书局约稿,此外是其他各处的约稿)。到年底,估计至少还有 10 万字的任务(都是约稿)。我对中华书局、上海辞书出版社、台湾三民书局以及香港的一些学术机构,还有不少已经承诺的积欠,我必须扣日子还清。所以我没有双休日,也不过节假日,我是计算着工作过日子的。

所以这个课题不申报了,请谅解我这个老年人的这番苦心。

专此,并致

敬礼!

向科研处各位老师问好!

陈桥驿

2005 年 11 月 4 日

原载《光明日报》2006 年 10 月 29 日

关于"不能把徐学捆绑在旅游业上"的通信

汤家厚先生：

来信收悉，我忙得喘不过气来，85 岁了，因为不退休，内内外外的事务太多，欠下了大量文债。我的徐学文章，都在早前学会 16 开本《专刊》和后来的《徐霞客研究》，以及还有什么《徐霞客在浙江》之中。履历也写不出，好在手上有点拙作的复印件，撕下两种，请您拼凑吧。

"徐学"是我上世纪 80 年代初第一次在无锡开筹备会时就提出的。我想让它和郦学一样成为一门有气候的学问，但后来使我失望。我是研究郦学的（《光明日报》2006 年 10 月 29 日有大版报道）。粗粗算一下，国外起码有 15 所大学邀我作过《水经注》研究的报告，但国内从来没有什么郦学会或《水经注》研究会，也从未有过这类活动，那年山西省想由我出面弄个组织，我拒绝了。学问就是学问，用不着沸沸扬扬。外国人不照样请你吗，港、台（"中央研究院及几所大学"）我也都去讲过。

我原来希望"徐学"也能像郦学那样，各地都活动频繁，开始我很抱希望。但后来就看出，我们走错了。我非常赞赏旅游业的发展，我撕给您其中一纸，就是我为一本名叫《人文旅游》的书所写的文章，编者还专为此文写了按语。我也赞同徐学研究可以促进旅游业的发展，双方相得益彰。但是不能把徐学捆绑在旅游业上，一捆上去，就很难解下来。闹得这样轰轰烈烈，国外有大学请我们去作徐学研究报告吗？

　　我当然还是希望徐学能像郦学一样成为一门国际的学问，但现在看来很困难。国内能有像胡适那样的著名学者，以他毕生的最后 20 年时间潜心郦学，国际上也有好几位著名的郦学家。徐学要做到这样，看来还有遥远的日子，首先要让它"独立"，从旅游业的捆绑上解下来。我的看法不一定正确。

　　因为忙，匆匆，恕草。

　　　祝

编祺

陈桥驿

2007 年 3 月 19 日

原载《徐霞客研究》第 15 辑，学苑出版社 2007 年版

为"2011 杭州·亚洲食学论坛"给大会主席赵荣光先生的贺信

荣光先生道席:

景仰先生主持饮食文化高峰论坛之伟业,亦感激各方专家不远千里发表卓见之热诚。夫饮食之事大矣哉,《汉书·郦食其传》有言:"王者以民为天,而民以食为天。"1988 年,复旦大学两度邀请国内外专家论文化,据汇集此会议之专著、百家出版社1991 年所出《中国文化源》记录:"全世界从各门学科、各个角度给文化的定义有二百六十余种之多。"

而此番饮食文化论坛,愚意以为:饮食不仅创造人类文化,抑且延续人类文化。人类如无饮食文化,从何而来? 我自知不学无术,但认为议论如此重大课题,回顾与展望都事关必要。

公元 10 世纪以前,灿烂一时之玛雅文化消失无踪,后人解释甚多,其中之一即认为由于不事耕作,缺乏粮食。此事虽属臆测,但世界各国因饥馑而民亡国破,实例甚多,中国亦不在外。更有甚者,为人上者,毕生寻欢作乐于宫闱之中,全不知外间事,臣奏百姓无粮瘐毙,竟云"何不食肉糜?"是谓昏君。亦有蓄心以诛杀大臣为得计,乐意于招致人民饿亡而舒坦,是谓暴君。或昏,或暴,虽皆往事,但祯祥妖孽乃是定律,故回顾实有必要,而饮食当然为首。

至于展望,事属人类前景,尤须特别重视。而丰衣足食,举世大同,《礼运》早有专篇，无须此愚疾垢人饶舌矣。

　　敬祝先生康泰，论坛成功。

陈桥驿敬启

原载《留住祖先餐桌的记忆：2011 亚州
食学论坛文集》，云南人民出版社 2011 年版

为古都研究事给毛曦教授的信

毛曦教授：

谢谢您的来信。但因收到晚，复得迟了，请原谅。

我确是浙大地球科学系的在职教授，虽然年已89，但因1994年国家人事部（全国仅此一次）的文件，规定我是不退休的教授，即所谓终身教授，所以您的信寄到系里是不会丢失的。只是我从来不上班，寓处距浙大又有5公里，时值暑假，系里大概缺乏人，所以送来得晚了。

古都的事比较麻烦。《六都》是我的前辈侯仁之先生一再催我而写的。侯与我，都是由于语言上的方便，1979年起经常在国际学术界的邀请下，在国外讲学，所以看到了台湾王恢的《中国五大古都》（当时大陆与台湾尚无关系），侯先生几次嘱我写，我推不了，但由于长期在杭州执教（当时在杭州大学），我感到杭州曾为吴越及南宋国都，而后者是中国传统的正式王朝，由我写，如不列杭州，我是无法向杭州人交代的，所以才写了《六都》，但事前与侯、谭二位前辈商量过。台湾随即也出了大号照相本《六都》，并请我作序，河北美术出版社又出了8开本英文本《六都》（也由我作序）。《六都》出版这年秋，以史念海先生为会长的"中国古都学会"在西安举行成立大会（我任副会长，谭、侯两先生为顾问），而我恰应受日本文部省之聘去日本大学院（研究生院）讲课，不能与会，中国青年出版社特打包由我以此书100册带到日本赠送。由于此事的影响扩大，与六都有关的电视台随即合作设计一部《中国六大古都》电视片，而且已经开拍。于是,安阳市委宣传部长就亲自从河南赶到杭州与我商量:安乡(疑应为"阳",手稿恐误)能否算作"大都",我能否再写一部"七都",电视片也相应名为"七都",一切费用均由安阳负责。我与谭先生商量,谭意倾向安阳可以列入。因此,安阳就邀请史念海先生与我到该市考察近 10 天,河南省委宣传部一位副部长一直随同。最后我们同意,所以我写《七都》,卷首请谭先生作序。此后,不少古城,为了"大"、"小"之事,经常派人、来信与我商讨,所以我实在应付为难,才编了词典,说明了古都能称"大"的条件。实在有一本"苦经"。而且作为一个学术问题,中国与外国学者(我因语言上的方便,1979 年以后经常应邀与夫人在国外)的看法也并不相同。我有许多国际汉学家朋友,著名的如美国首席汉学家 G. W. Skinner,他在其名著 *The City in Late Imperial China* 中,就有一套识法。所以,古都的事实在让我受了多年的累,而其实我并不是研究古都的。当然,把郑州列入其中,这是我和许多人都不赞成的。

承您寄给我大作,十分感谢。现在我又老又忙,每天来客及电话不断,当抽空好好拜读。不过,在这个问题上,我不会再发表什么拙见。

谢谢您。敬祝

康泰!

陈桥驿

2011.7.5

据手稿整理

给"禹贡学会"成立 80 周年纪念会的贺信

禹贡学会建立于 1934 年初,并同时出版《禹贡》半月刊。经当年前辈学者的惨淡经营,《禹贡》半月刊从 1934 年 3 月出版其第 1 期起,到 1937 年抗日战争开始而被迫停刊,一共出版了 7 卷 82 期。在当年物力维艰的情况下,学会先辈尽心竭力,曾在学术界发生了不小的影响。学会与刊物,实为中国历史地理学的正式发端。今年是学会建立 80 周年,溯昔抚今,感慨万端,确实值得当今中国历史地理学界及其相关学术界的回顾与纪念。

前中国科学院地理研究所郭敬辉副所长,曾亲口告诉我,他在青年时代,曾因见此学会的建立和刊物的出版而感奋奚似,所以曾不自量力,向刊物投寄稿件。讵不知创刊诸前辈,不仅采用其稿,而且还对他加以作育栽培,不仅让这位清寒学子完成学业并且毕生投入史地工作之中。我对学会与刊物所知甚少,但仅此一端,足见当年的影响实不容低估。今日我国历史地理学界之所以欣欣向荣,蒸蒸日上,禹贡学会与《禹贡》半月刊实为重要的发端。为特略书数言以表崇敬学会诸前辈之意,亦为今后之学科发展,寄予殷切希望。

陈桥驿于浙江大学
2014 年 2 月
据手稿整理

诗词选编

江阴徐霞客故居即席题(1983)

郦学渊源长,徐学后来昌。郦学与徐学,相得而益彰。[1]

暨阳吟(1985)

于越流风远,埠中在暨阳。西子音容渺,典范照故乡。

为绍兴史建国先生赋越州吟(1988)

不说越州不知道,一说越州不得了。
神禹本非中原物,句践乃是我乡宝。
青山绿水会稽景,聪明勤俭绍兴佬。
莫怪老夫眼格小,越州就比他州好。

上林湖边现场说青瓷（1992）

上林湖边凑新诗，陶瓷古道话原始。
秘器曾夺千峰翠，雨过天青会有时。

墨润堂书苑复业有感（1992）

西营无处觅旧庄，秋官第边起新堂。
得闲应往南城走，街头巷尾有书香。[②]

为钲如妹忆老宅（1995）

莲花桥边车水坊，状元门第鸿儒庄。
宽敞明堂稚童乐，辉煌中厅宾客忙。
修竹摇摇绿畦菜，翠柏亭亭傍古樟。
大父书声大母笑，儿孙犹忆旧时光。

为妻题所绘墨兰（1996）

又经冰雪又经霜，时节到来仍芬芳。
文成幽草书有绿，吟到奇花韵亦香。

为绍兴旅港同乡会会长章传信先生赋绍兴山乡（1999）

山里有山湾里湾，紫红坐北大庆南。
客乡仍结同乡力，恰似挡柱与扁担。[③]

为绍兴旅港同乡会永远名誉会长车越乔先生赋绍兴水乡（1999）

浦阳碛堰曹娥嘴，山阴湖泽会稽水。
男儿立业在四方，客边常梦家乡美。[④]

香榧诗（2000）

暨阳有木雅名榧，红豆杉科此独稀；
葱葱绿枝翠实瘦，尖尖苍果白玉肥。
三载结子叹不易，亿年留种惊孑遗；
愿将嘉树传天下，寰宇皆得赏珍奇。⑤

读《汤江岩》有感（2001）

也算半个暨阳人，生平竟未闻汤岩。
开卷得见洞壑秀，闭目能摩山水真。
五指擎天天不坠，千佛落地地有缘。
我欲乘风飞去看，胜景从来非等闲。⑥

贺来新夏教授八旬华诞（2001）

史地原来史为首，老兄领前弟在后。
宏文连篇作玑珧，大著等身尊泰斗。
古今递变皆精通，天人际会俱深究。
记否十五年前语，南人北相是福寿。⑦

《东阳市志》首发式

遵教无须觅马生，吴宁江头多菁英。
新志煌煌何所听，风声雨声读书声。

五　泄

五级飞清千嶂翠，西龙幽壑东龙水。
老来到此绝胜处，脚力尽时山更美。

《平湖县志》首发

物华天宝黄金区，地灵人杰是名都。

一带长塘锁东海，九派清流汇当湖。

旧籍林林冠二浙，新书卓卓震三吴。

浩瀚卷帙百万言，请君拭目观鸿图。⑧

为《中国地名》百期致贺（2001）

寰宇何其大，历史何其久。世上多少事，地名实为首。

有刊获人心，此学得深究。百卷复百卷，不胫而自走。⑨

贺侯慧粦老师乔迁新居（2001）

负笈钱唐忆旧事，半生劬劳为人师。

新居有乐乐何在？莘莘学子叩门时。⑩

绍兴市政协若耶溪碑廊征诗（2002）

栉风沐雨到八旬，又向山阴道上行。

脚力已尽心未老，千岩万壑不了情。

"湘湖论道"口占一绝（2006）

三水拱围葫芦宝，葫芦风光无限好。

一别葫芦二十年，葫芦不竭我不老。⑪

清平乐·九十自述(2011)

九旬年纪,诸事在眼底。磨砺不移躬耕志,一樽还酹天地。

家乡恩情深记,稽山镜水梦忆。冥顽不灵如我,犹以越人自励。

陈桥驿

辛卯冬

复旦大学中国历史地理研究所建立三十周年致贺并有感(2012)

风风雨雨三十年,赢得华夏第一研。

有赖龙头创巨业,喜获虎翅继先贤。

一门二右蒙灾难,十载数变濒危艰。

天降大任于诸君,切记仍是读书人。

仰望谭门弟子陈桥驿敬书

　　附记:龙头指宗师季龙先生。读书人请参阅中华书局 2007 年出版、现已 3 版之拙编《水经注校证》卷首拙序所云:"读书有罪,读书人有罪"语。

注释:

① 徐霞客诞辰四百周年筹委会在无锡开会时去江阴故居,此诗提出"徐学",为"徐学"一词流行之始。

② 墨润堂为百余年老店,初称书庄,兼刻兼印,设于大街西营。1950 年后停业。经徐氏后人努力,1992 年在城南秋官第附近复业。

③ 章先生家乡在城南紫红大庆,属山乡。山乡人出门肩挑,除扁担还用一根挡柱,挡柱助行,并分扁担之力。

④ 车先生家乡在城北车家弄,是水乡。曹娥江口历来摆动于东汇嘴与西汇嘴之间。

⑤ 引自杨士安博客:2000 年 3 月 28 日,陈桥驿先生来信,其中有《香榧诗》一首。

⑥ 此书暨石裕堂先生寄赠,五指山、千佛岩均为此景点胜迹。

⑦　15年前首次相见,来兄萧山籍贯,执教津门,身躯魁梧。因与之戏语:"南人北相,福寿无量。"相与大笑之。

⑧　浙西有"金平湖,银嘉善"之谚。

⑨　引自《中国地名》

⑩　侯慧姝老师提供,后注明"毛侯学棣甲申春月"

⑪　引自网络。原注:2006年4月在浙江省萧山举行的"古都文化使者湘湖论道"中,陈先生兴致盎然的写了一首诗:"三水拱围葫芦宝,葫芦风光无限好。一别葫芦二十年,葫芦不竭我不老。"(葫芦喻指湘湖)其中"一别葫芦二十年"就是指他曾经和美国汉学家萧邦齐于1986年来萧山研究湘湖一事,距今已有20载。